D1701079

SCHRIFTEN ZUR LANDESKUNDE SIEBENBÜRGENS

ERGÄNZUNGSREIHE ZUM SIEBENBÜRGISCHEN ARCHIV

HERAUSGEGEBEN VOM
ARBEITSKREIS FÜR SIEBENBÜRGISCHE LANDESKUNDE E. V.
HEIDELBERG

Band 7/IV

JOSEPH TRAUSCH, FRIEDRICH SCHULLER
HERMANN A. HIENZ

SCHRIFTSTELLER-LEXIKON DER SIEBENBÜRGER DEUTSCHEN

Unveränderter Nachdruck der Ausgaben
1868, 1870, 1871, 1902

Mit einer Einführung herausgegeben
und fortgeführt von
HERMANN A. HIENZ

1983
BÖHLAU VERLAG KÖLN WIEN

SCHRIFTSTELLER-LEXIKON DER SIEBENBÜRGER DEUTSCHEN

Band IV

von

FRIEDRICH SCHULLER

Unveränderter Nachdruck der 1902 in
Hermannstadt erschienenen Ausgabe

1983
BÖHLAU VERLAG KÖLN WIEN

CIP-Kurztitelaufnahme der Deutschen Bibliothek

Trausch, Joseph:
Schriftsteller-Lexikon der Siebenbürger Deutschen / Joseph Trausch. Friedrich Schuller. Hermann A. Hienz. — Unveränd. Nachdr. / mit e. Einführung hrsg. u. fortgef. von Hermann A. Hienz. —
Köln, Wien: Böhlau
  (Schriften zur Landeskunde Siebenbürgens; Bd. 7)
  ISBN 3-412-03883-0
NE: Hienz, Hermann A. [Bearb.]; HST; GT

Bd. 4. Von Friedrich Schuller. — Unveränd. Nachdr. d. Ausg. Hermannstadt 1902.—1983.
NE: Schuller, Friedrich [Bearb.]

Copyright © 1983 by Böhlau Verlag GmbH & Cie, Köln
Alle Rechte vorbehalten

Ohne schriftliche Genehmigung des Verlages ist es nicht gestattet, das Werk unter Verwendung mechanischer, elektronischer und anderer Systeme in irgendeiner Weise zu verarbeiten und zu verbreiten. Insbesondere vorbehalten sind die Rechte der Vervielfältigung — auch von Teilen des Werkes — auf photomechanischem oder ähnlichem Wege, der tontechnischen Wiedergabe, des Vortrags, der Funk- und Fernsehsendung, der Speicherung in Datenverarbeitungsanlagen, der Übersetzung und der literarischen oder anderweitigen Bearbeitung.

Printed in Germany
Satz: Satz und Grafik Helmut Labs, Köln
Druck und Bindung: Proff GmbH & Co. KG, Bad Honnef
ISBN 3-412-03883-0

Schriftsteller-Lexikon

der

Siebenbürger Deutschen.

IV. Band
(Ergänzungsband zu J. Trausch, Schriftsteller-Lexikon oder biographisch-literärische
Denkblätter der Siebenbürger Deutschen)

von

Dr. Friedrich Schuller.

Hermannstadt.
Druck und Verlag von W. Krafft.
1902.

Inhalts-Übersicht.

	Seite
Vorwort	V
Verzeichnis der mehrfach erwähnten Schriften und deren Abkürzungen	IX
Biographische und litterarische Ergänzungen und Nachträge (Abraham—Böhrer)	1
Anhang über die parlamentarische Thätigkeit der sächsischen Abgeordneten in dem verstärkten Reichsrat 1860/1861, auf den siebenbürgischen Landtagen in Hermannstadt 1863/1864 und in Klausenburg 1865/1866, ferner im österreichischen Reichsrate 1863/1865 und auf dem ungarischen Reichstage 1865 bis September 1901	535
Alphabetisches Namenregister über die von J. Trausch herausgegebenen drei Bände und den vorliegenden Ergänzungsband des Schriftsteller-Lexikons	561

Vorwort.

Vierunddreißig Jahre sind vergangen, seit Josef Trausch den ersten Band seines Werkes „Schriftsteller-Lexikon oder biographisch-litterärische Denkblätter der Siebenbürger Deutschen" bei Johann Gött und Sohn Heinrich in Kronstadt erscheinen ließ.*) Da eine vollständige Neubearbeitung dieses Werkes gegenwärtig und für längere Zeit aus mehrfachen Gründen unmöglich schien, entschlossen sich Herausgeber und Verleger der vorliegenden Arbeit eine Ergänzung und Vervollständigung des Trausch'schen Lexikons in der Weise vorzunehmen, daß dessen Biographien und litterarischen Angaben durch Nachträge und Berichtigungen weitergeführt und verbessert, und wo es möglich sei, abgeschlossen würden. Selbstverständlich mußten diejenigen sächsischen Schriftsteller, welche Trausch aus irgend einem Grunde nicht aufgenommen hat, beziehentlich nicht aufzunehmen vermocht hat, jetzt berücksichtigt werden.

Es wird vielleicht manchem scheinen, als ob ich in der Aufnahme von „Schriftstellern" zu weit gegangen wäre, daß mancher Name ruhig hätte wegbleiben können, ohne daß dadurch dem ganzen Werke ein Schaden erwachsen wäre, daß eine Schulprogrammarbeit oder eine andere kleine Schrift noch lange keinen Schriftsteller mache u. dgl. mehr. Allen diesen Einwänden gegenüber bemerke ich, was schon Trausch in seinem Vorwort besonders betonen zu müssen geglaubt hat, daß die Aufnahme auch kleinerer Schriften eine Folge des Bestrebens nach Vollständigkeit gewesen ist. Ferner sind Trausch und ich nicht die ersten, welche in Arbeiten, die unserem Schriftsteller-Lexikon ähnlich oder gleich sind, auch kleinere

---

*) Der erste Band erschien 1868, der zweite 1870, der dritte 1871, vgl. auch Schlußwort im dritten Bande S. 603.

Schriften aufgenommen haben. Weder diesen Autoren noch Trausch und mir ist es aber deshalb eingefallen, die Verfasser kleinerer Arbeiten denen größerer Werke an die Seite zu stellen und sie den Gelehrten beizuzählen.

Über die Bestimmung der vorliegenden Arbeit gelten auch heute noch die Worte Johann Seiverts, die er seinem Vorberichte zu seinen „Nachrichten von siebenbürgischen Gelehrten und ihren Schriften, Preßburg 1785" einfügte. Auch die vorliegende Arbeit will, wie die J. Seiverts, in erster Linie „das Gedächtnis unserer sächsischen und ausländischen Gelehrten, die im Schoße unserer Völkerschaft gelebt haben, sowohl, als die von ihnen hinterlassenen gedruckten und handschriftlichen Denkmäler ihres Fleißes erneuern."

In der Behandlung der einzelnen Artikel habe ich mich an Trausch beziehentlich an Johann Seivert angeschlossen. Abgewichen von Trausch bin ich nur in dem Punkte, daß ich die Arbeiten unserer Schulprogramme lediglich bei dem Namen ihrer Autoren und nicht, wie Trausch, auch bei dem der Gymnasialdirektoren, während deren Amtsführung dieselben gedruckt worden sind, anführe.

Die Quellen, aus denen ich geschöpft habe, sind verschiedener Art. Die Noten am Schlusse der einzelnen Artikel, welche diejenigen Druckwerke anführen, in denen biographische Nachrichten zu finden sind, gewähren den besten Einblick in meine Quellen. Die bedeutendsten derselben werden übrigens auch am Schlusse dieses Vorwortes angeführt. Neben Druckwerken, Tageblättern, Wochenschriften, Programmen, u. s. w., welche benützt worden sind, mußten oft, namentlich zur Ermittlung von Geburts- oder Todestagsdaten, Pfarrämter, Gymnasialdirektionen, ja sogar unsere allgemeine ev. Pensionsanstalt um Auskunft gebeten werden. Mit Dank gegen alle diese sei es gesagt, daß mir ihre Unterstützung fast nie verweigert wurde. Weniger gut ist es mir ergangen, wenn ich von noch lebenden Autoren über sich selbst biographische oder litterarische Auskünfte erbeten habe.

Der Anhang „Über die parlamentarische Thätigkeit der sächsischen Abgeordneten" gehört, wie ich mir dessen wohl bewußt bin, sachgemäß nicht in ein Schriftsteller-Lexikon. Erwägt man aber, daß gerade viele der Besten unseres Volkes einen großen Teil ihres Lebens der bei uns wenig dankbaren Aufgabe eines Volksvertreters widmen mußten, und erwägt man ferner, daß oft in diesen parlamentarischen Reden ein gut Stück auch geschichtlicher Arbeit steckt, so wird man mein Vorgehen wohl nicht tadeln dürfen. Vielen, so hoffe ich, wird übrigens der Anhang eine willkommene Zugabe sein. Die freundliche Förderung dieses Teiles meiner Arbeit insbesondere die Bearbeitung der parlamentarischen Thätigkeit der sächsischen Abgeordneten im ungarischen Reichstage (1865—1901) danke ich dem Herrn Ministerialrate a. D. und langjährigen früheren Reichstagsabgeordneten Friedrich Schreiber.

Für die Besorgung der Revision der Korrektur bin ich meinem Freunde und Kollegen Herrn Gymnasialprofessor Franz Arz zum größten Danke verpflichtet. Ferner spreche ich meinen Dank auch an dieser Stelle aus dem Kustos und dem Kustosadjunkten des Brukenthal'schen Museums, den Herren Professoren M. Csaki und W. Weiß für die wohlwollende Unterstützung, welche sie stets meiner Arbeit zuteil werden ließen.

Ein allgemeines alphabetisches Namenregister über die von Trausch herausgegebenen drei Bände und über den vorliegenden Ergänzungsband soll das Nachschlagen, besonders in den ersten drei Bänden, in denen leider lebende Kolumnentitel fehlen, erleichtern.

Hermannstadt, am 5. März 1902.

Der Verfasser.

Verzeichnis
der mehrfach erwähnten Schriften und deren Abkürzungen.

Allg. d. Biogr. = Allgemeine deutsche Biographie. Auf Veranlassung Seiner Majestät des Königs von Bayern herausgegeben durch die historische Kommission bei der königl. Akademie der Wissenschaften. Leipzig 1875 ff. Verlag von Duncker und Humblot.

Arch. f. Lkde., I—IV = Archiv des Vereins für siebenbürgische Landeskunde 4 Bde. Hermannstadt und Kronstadt 1843—1850.

Arch. f. Lkde., N. F. I—XXX = Archiv des Vereins für siebenbürgische Landeskunde. Neue Folge 1.—9. Bd. Kronstadt 1853—1870, 10.—30. Bd. Hermannstadt 1872—1900.

Aus dem Schatzhause der heiligen Schrift. Sechs Vorlesungen über Bibel und biblische Geschichte. Sonderabdruck aus den Kirchlichen Blättern. Hermannstadt, Buchdruckerei W. Krafft 1898.

Bielz Trans. I—III = Bielz E. A., Transsilvania. Wochenschrift für siebenbürgische Landeskunde, Litteratur. . . . 3 Jahrgänge. Hermannstadt 1861—1863.

Bilder aus der vaterländischen Geschichte, herausgegeben von Dr. Fr. Teutsch I. und II. Bd. Hermannstadt, Druck und Verlag von W. Krafft 1895 und 1899.

Biographisches Jahrbuch und deutscher Nekrolog Herausgegeben von Anton Bettelheim, Berlin. Druck und Verlag von Georg Reimer 1897—1900. Bd. I—IV.

B. G.-P. = Bistritzer Gymnasial-Programm.

Brümmer I, II = Brümmer Franz, Lexikon der deutschen Dichter und Prosaisten des neunzehnten Jahrhunderts. Vierte völlig neu bearbeitete und stark vermehrte Ausgabe. Erster Bd. A—L., zweiter Bd. M—Z. Leipzig. Druck und Verlag von Philipp Reclam jun. (1895)

Ersch u. Gruber Encyc. = Ersch und Gruber Allgemeine Encyklopädie der Wissenschaften und Künste. Leipzig 1818 ff.

Friedenfels, Bedeus = Friedenfels Eugen von, Josef Bedeus von Scharberg. Beiträge zur Zeitgeschichte Siebenbürgens im 19. Jahrhundert. 2 Bde. Wien, Braumüller 1876—1877.

Groß, Kronst. Drucke = Kronstädter Drucke 1535—1886 Ein Beitrag zur Kulturgeschichte Kronstadts von Julius Groß. Professor und Bibliothekar am evang. Gymnasium in Kronstadt. Festschrift dem Verein für siebenbürgische Landeskunde gelegentlich seiner Jahresversammlung zu Kronstadt im August 1886 gewidmet.

Kronstadt, Druck von Johann Gött und Sohn Heinrichs 1886. In Kommission bei H. Zeidner.

H. G.-P. = Hermannstädter Gymnasial-Programm.

Hinrichsen = Hinrichsen Adolf; Das litterarische Deutschland. Mit einer Einleitung von Professor Dr. C. Beyer, Berlin und Rostock 1887. Verlag der Albini-stiftung (Carl Hinstorffs Verlag).

— Dasselbe. Zweite vermehrte und verbesserte Auflage. Berlin 1891. Verlag des „Litterarischen Deutschlands."

Hundert Jahre sächs. Kämpfe = Hundert Jahre sächsischer Kämpfe. Zehn Vorträge aus der Geschichte der Siebenbürger Sachsen im letzten Jahrhundert. Hermann-stadt, Druck und Verlag von W. Krafft 1896.

Jöcher Chr. G. Allgemeines Gelehrtenlexikon. 4 Bde. Leipzig 1750. Ergänzungen dazu 2 Bde.

K. V. J. = Jahrbuch des siebenbürgischen Karpathenvereins. Hermannstadt 1881—1900.

Kirchliche Blätter = Kirchliche Blätter aus der evang. Landeskirche A. B. in den siebenbürgischen Landesteilen Ungarns. Evangelische Wochenschrift für die Glaubensgenossen aller Stände. Hermannstadt, W. Krafft I—IV. 1898—1901.

Korr. f. Lde., = Korrespondenzblatt des Vereins für siebenbürgische Landeskirche. Hermannstadt 1878—1901.

K. G.-P. = Kronstädter Gymnasial-Programm.

M. G.-P. = Mediascher Gymnasial-Programm.

Meltzl-Herrmann, Das alte und neue Kronstadt = Herrmann G. G. v. Das alte und neue Kronstadt. Ein Beitrag zur Geschichte Siebenbürgens im 18. Jahr-hundert, bearbeitet von Dr. O. v. Meltzl. Hermannstadt, 2 Bde. 1883—1887.

Meusel, teutsch. Schriftst. = Meusel Joh. Georg. Lexikon der vom Jahre 1750—1800 verstorbenen teutschen Schriftsteller. Leipzig 1805 ff. Gerh. Fleischer.

Mühlb. G.-P. = Mühlbächer Untergymnasial-Programm.

Petrik Bibl. Hung. = Petrik Géza Bibliographia Hung. 1712—1860. Magyar-ország bibliographia 3 Bde. Budapest 1888.

Repertorium über einen Teil der Siebenbürgen betreffenden Litteratur, zusammen-gestellt von Heinrich Herbert. Hermannstadt. In Kommission bei Franz Michaells 1878.

Sch. G.-P. = Schäßburger Gymnasial-Programm.

Schuler Libloy Litteraturgesch. = Schuler v. Libloy Friedrich. Kurzer Überblick der Litteraturgeschichte Siebenbürgens Sylvestergabe. Hermannstadt 1857.

Sächs. Lebensbilder = Sächsische Lebensbilder von Franz Obert. Stadtpfarrer in Kronstadt. Verlag von C. Graeser, Wien 1896.

S.-R. G.-P. = Sächsisch-Reener Untergymnasial-Programm.

S. d. T. = Siebenbürgisch-deutsches Tageblatt. Hermannstadt, Josef Drotleff 1874 bis 1900.

S. d. W. = Siebenbürgisch-deutsches Wochenblatt. Hermannstadt 1868—1873, I—VI.

Siebenb. Verein f. Naturw. = Der siebenbürgische Verein für Naturwissenschaften in Hermannstadt nach seiner Entstehung, seiner Entwicklung und seinem Bestande. Hermannstadt, Druck von Josef Drotleff 1896.

und deren Abkürzungen.

S. Qu. = Siebenbürgische Quartalschrift Hermannstadt. Hochmeister. 7. Bde. 1790 bis 1801.

S. V. K. = Siebenbürgischer Volkskalender mit dem Beamten- und Militärschematismus. N. F. Hermannstadt, Druck und Verlag von Steinhaussens Nachfolger (Adolf Reißenberger).

Szabó Károly, Régi magyar könyvtár II. Budapest 1885. (Enthält die nichtmagyarischen in Ungarn und in Siebenbürgen 1473—1711 gedruckten Bücher).

Szinnyei, M. J. = Szinnyei J., Magyar irók élete és munkái. Budapest 1890 ff. A—H. (Leben und Werke ungarischer Schriftsteller.)

Fr. Teutsch, Sch.-O. = Die siebenbürgisch-sächsischen Schulordnungen mit Einleitung, Anmerkungen und Register, herausgegeben von Dr. Fr. Teutsch, Seminardirektor in Hermannstadt 2 Bde. Berlin A. Hofmann und Comp. 1888 und 1892.

Trausch-Netoliczka, Handschriftenkatalog = J. F. Trauschs Handschriftenkatalog bearbeitet und ergänzt von Dr. Oskar Netoliczka, Professor und Bibliothekar I. Teil. Kronstadt, Honterusdruckerei von Johann Gött's Sohn 1898. II. Teil. Ebenda 1900.

V. u. M. = Verhandlungen und Mitteilungen des siebenbürgischen Vereins für Naturwissenschaften. Hermannstadt 1850—1900. Bd. I—L.

Weszprémi Biogr. Medicor. = Weszprémi, Biographia Medicorum Hungariae et Transsylvaniae. Viennae.

Wurzbach = Wurzbach Konstantin von, Biographisches Lexikon des Kaisertums Österreich, enthaltend die Lebensskizzen der denkwürdigen Personen, welche seit 1750 in den österreichischen Kronländern geboren wurden und darin gelebt und gewirkt haben. 60 Bde. Wien 1857—1891. Verlag von L. C. Zamarski, später Verlag der k. k. Hof- und Staatsdruckerei.

Zimmermann Franz, das Archiv der Stadt Hermannstadt und der sächsischen Nation. Hermannstadt 1887. Verlag des Archivs. II. Aufl. Ebenda, 1901.

Abraham Friedrich,

geboren am 5. Oktober 1836 in Reps, absolvierte 1858 das Gymnasium in Schäßburg und bezog hierauf die Hochschulen in Jena und Wien, um Theologie zu studieren. Von 1862 bis Anfang 1872 wirkte er zuerst als Lehrer, dann als Rektor und Aushilfsprediger in Reps. Von 1872—1887 war er Pfarrer in Fogarasch und seit 1887 ist er Pfarrer in Hamruden.

Er schrieb:

1. Zum Pobragusee. K. V. J., V. (1885.)
2. Zur Girbova bei Ober-Venicze. Ebenda, V. (1885.)
3. Die Höhlen bei Ober-Comana. Ein Beitrag zur Höhlenkunde Siebenbürgens. Ebenda, VII. (1887.)
4. Zum Kolzu Vistea mare. Ebenda, VII. (1887.)
5. Über den Negoi zum Vuleasee. Ebenda, XI. (1891.)
6. Bad Lobogó bei Karlshütte — (Szt.-Kereßtbánya). Ebenda, XIV. (1891.)

Ackner Johann Michael.
(I, 1).

Ferner:

1. Neuentdeckte vaterländische archäologische Gegenstände 1836 bis 1845. Arch. f. Ldke., IV, 18.
2. Geologisch-paläontologische Verhältnisse des siebenbürgischen Grenzgebirges. Ebenda, 228.
3. Römisch-deutsche Altertümer. Ebenda, N. F. IV, 104.

  Wurzbach, I, 4.
  Friedenfels, Leben, I, 91; II, 443. 446.
  Arch. f. Ldke., XIX, 403.
  Szinnyei, M. J., I, 42.
  Allg. d. Biogr., I, 39 von Zieglauer.

Adelphus Michael (Adleff)
(I, 9 und 125 in der Anmerkung; III, 546)

wurde als Sohn des Weißkircher Pfarrers Johann Adelphus in Weißkirchen geboren. Er studierte (1593) an dem Gymnasium in Kronstadt und wurde 1594 an der Universität Frankfurt an der Oder immatrikuliert. Von

1608—1619 (?) Pfarrer in Bogeschdorf führte er mit dem Superintendenten Weihrauch die Kirchenvisitation im Bogeschdorfer Kapitel durch, dessen Dechant er wiederholt gewesen. Er starb vor dem 20. April 1619. Außer den von Trausch angeführten Arbeiten sind auch einige von M. Adelphus stammende lateinische Gedichte bekannt geworden und im Korr. f. Ldk., XVIII. (1895), 69, abgedruckt worden.

     Arch. f. Ldk., XIX, 35.

Agnethler Daniel

wurde am 14. November 1715 zum Rektor des Hermannstädter Gymnasiums berufen. Diese Stelle bekleidete er bis zum 20. Juli des Jahres 1719, wo er zum Pfarrer in Gierlsau gewählt wurde. Als solcher starb er am 24. März 1734.

> Agnethler Daniel et Schmied Christianus: Theses theologicae de Christo servatore nostro, quas sub praesidio viri pereximii, clarissimi ac doctissimi M. Petri Herrmanni, R. in gymnasio Cibiniensi publice defendent Daniel Agnethler, rex adolescentium, Christianus Schmied bibliothecarius. Anno 1709 die 15. Julii.
> Cibinii per Michaelem Helczdörffer Anno MDCCIX.

Agnethler Michael

erscheint in den Jahren 1682 und 1683 als Lektor I. am Gymnasium in Hermannstadt.

> Exercitatio ethica de bono hominis supremo ejusque instrumentis. 4⁰. Thoruni 1678.

Agnethler Michael Gottlieb.
(I, 9).

> Gedichte auf Michael Gottlieb Agnethler bei dem Antritt seines akademischen Lehramts auf der Julius-Karls hohen Schule (Helmstädt) 31. Oktober 1751. Helmstädt gedruckt mit Drimborn'schen Schriften.
> Carpzow (Joh. Beneb.), Memoria M. G. Agnethler, Helmst. 1752 4⁰.
> Weßprémi, Biogr. Medicor. Cent. 1, 3.
> Wurzbach, I, 7.
> Allg. d. Biogr., I, 140 von Schuler-Libloy.
> Szinnyei, M. J., I. 80.

Albelius Simon.
(I, 15).

> Die Grabdenksteine der ev. Stadtpfarrkirche in Kronstadt. K. G.-P., 1886, 15.
> Szinnyei, M. J., I, 104.

Albert Georg,
(II, 17),

geboren am 24. April 1807 in Kronstadt, war nach Absolvierung seiner Gymnasial- und Hochschulstudien zuerst Gymnasiallehrer und dann Prediger in seiner Vaterstadt, trat 1877 in Pension und starb am 4. August 1884.

Seine Arbeiten f. Trausch a. a. O.

Szinnyei, M. J., I, 109.

Albert Michael,
(III, 546),

geboren den 21. Oktober 1836 in Trappold bei Schäßburg, als Sohn des wohlhabenden Landmannes Michael Albert, kam im Herbste 1847 auf das Gymnasium in Schäßburg, das gerade während seiner Studienzeit seine Blütezeit erlebte. G. D. Teutsch, Fr. Müller, J. Haltrich waren seine Lehrer. Welcher Geist aber damals das Schäßburger Gymnasium beseelte, schildert Albert später selbst in zutreffender Weise: „Politische Ideen", schreibt er, „blieben uns jungen Leuten ferne. Dafür fühlten wir uns beseelt und gehoben durch die Ideale des wissenschaftlichen Geistes, der auf dem waldumgebenen, hohen Schulberge Schäßburgs, von lebhaften ehrenvollen Traditionen getragen, eine eifrig gepflegte Heimstätte fand. Die Schuldisziplin war sehr strenge aber nicht kleinlicher Art und das jugendliche Gemüt verbitternd und erdrückend. Römische Mannestüchtigkeit, die virtus, stand täglich gebieterisch vor unserer Seele; mit den Mächten des gemeinen Lebens lehrte man uns wenig rechnen: geistige Strebsamkeit, unnachsichtliche Pflichterfüllung, strenges Rechtsbewußtsein lehrte man uns als edlen Stolz empfinden." Schon in den letzten Jahren seiner Gymnasialzeit brach Alberts poetische Begabung, von den Lehrern, besonders Haltrich, früh erkannt und gefördert, sich Bahn. Aus dieser Zeit stammen drei reinlich geschriebene Hefte Gedichte: „Im Sommer 1855", „Frühlings Erwachen, Liederkranz", „Vermischtes", (1856). Eine größere Anzahl derselben sind später, zum Teil umgearbeitet, in seine Gedichtsammlung aufgenommen worden. Diese ersten Anfänge Alberts, die unzweifelhaft unter dem Einflusse Rückerts und Heines stehen, — Dr. A. Schullerus hat in seiner Biographie Alberts einige noch niemals veröffentlichte Gedichte Alberts dieser Periode herausgegeben, — sind wie sein Biograph a. a. O. sagt, gekennzeichnet eben so durch echte unmittelbare Empfindung, wie andererseits durch den einfachen engbegrenzten Inhalt und die schmucklose, fast herbe Form. Was in späteren Dichtungen der Albert'schen Lyrik eigen ist, die Weite der poetischen Lebensanschauung, dazu die Fülle der Bilder, der gesättigte Wohllaut der Sprache, das fehlt diesen Jugendgedichten noch ganz.

Nach Absolvierung des Gymnasiums im Jahre 1857 begab sich Albert zunächst nach Jena, um sich dem theologischen und philosophischen Studium zu widmen. Während hier auf Albert die Vorlesungen Hases über Kirchengeschichte und die Kuno Fischers über Geschichte der Philosophie den tiefsten

Eindruck machten, fand er für seine fachwissenschaftlichen Studien — vornehmlich deutsche Sprache und Litteratur — keine Förderung; so zog er im Herbste 1858 nach Berlin. Hier hörte er gotische Sprache und das Nibelungenlied bei Maßmann, germanische Mythologie bei Mannhardt, Nithard bei Haupt, Ästhetik bei Helfferich, Goethes Poetik bei Kirchner. Und mehr noch vielleicht als die Vorlesungen, die Albert in Berlin besuchte, regten ihn hier die Museen, Konzerte und Theater an und machten seine Seele empfänglich für alles Edle und Bedeutungsvolle im Leben. Ein zweimaliger Ausflug in den Thüringer Wald (Herbst 1857 und Pfingsten 1858), wie eine Meeresfahrt von Hamburg nach Helgoland suchte er auch poetisch zu verwerten.

Im Sommer 1859, nach Beendigung des damals den sächsischen Theologen vorgeschriebenen zweijährigen Hochschulstudiums, ging Albert nach Wien, um hier noch ein Jahr zu verbleiben. Seine Hoffnung, die Hilfe der Eltern nicht mehr in Anspruch zu nehmen, und sich selbst durch Privatstunden seinen Unterhalt zu erwerben, erfüllte sich zwar nicht, doch wendete er sich gerade hier mehr als in Jena und Leipzig wieder dem poetischen Schaffen zu. Hier schrieb er im Herbste 1859 das Gedicht „Schiller und Goethe in der Unterwelt", das, von seinem einstigen Lehrer Haltrich bei der Festtafel des Schillerfestes in Schäßburg vorgelesen, zuerst den Namen Alberts in weitere Kreise trug. In diesen Wiener Aufenthalt fällt ferner nach Inhalt und Anlage sein Karl XII. Auch an andern Entwürfen, welche Albert noch hier beschäftigten, fehlte es nicht.

Gerade ein Jahr war vorübergegangen, daß Albert nach Wien gekommen war, als die Stunde schlug, da er sich wieder der Heimat zuwendete. Da er zunächst in Schäßburg keine Anstellung finden konnte, nahm er eine solche an dem Bistritzer Gymnasium an. Aber schon im nächsten Jahre wurde er an das Gymnasium seiner Vaterstadt berufen. Hier entfaltete er — seit 1. September 1878 war er bis zu dessen Aufhebung am Schlusse des Schuljahres 1891/2 auch Leiter des dortigen ev. Volksschullehrerseminars — bis zu seinem am 21. April 1893 erfolgten Tode eine segensreiche Lehrerthätigkeit. Ganzen Generationen heranwachsender Schüler ist durch ihn das Verständnis für deutsche Sprache und deutsche Poesie erschlossen worden.

Seit 1863 verheiratet, lebte er auch materiell gut gestellt in behaglichem Familienglück, das nur 1872 durch den Tod eines Knaben jäh gestört wurde.

Seit seiner Rückkehr in die Heimat hat Albert es als seine Lebensaufgabe angesehen, in inniger Freundschaft mit dem Romandichter Traugott Teutsch „poetische Werke zu schaffen und entgegen dem einseitig betonten Betriebe wissenschaftlicher Forschung dem freien künstlerischen Schaffen auch in unserem Volke sein Recht zu verschaffen." In welch' unwandelbarer Liebe und Treue sein Volk aber Alberts gedacht hat, zeigt das nach seinem Namen benannte Internat des Schäßburger Gymnasiums (Alberthaus) und die Alberttafeln an seinem Wohnhaus in Schäßburg und an seinem Geburtshaus in Trappold. [Vgl. hierüber: Die Tage der Erinnerung in Schäßburg am 28. und 29. Juni 1894 im S. d. T., 7763, 64, 68. (1899.)] Nach der von Dr. Adolf Schullerus im Korr. f. Lde., XXI, S. 114 nach einem von Michael Albert selbst angelegten Verzeichnis veröffentlichten Michael Albert-Bibliographie, schrieb Albert:

a) **Selbständige Werke und größere Dichtungen:**

1. Die Flandrer am Alt. Historisches Schauspiel in fünf Akten. Erste Aufl. Leipzig, O. Wigand. Zweite Aufl. Hermannstadt, W. Krafft 1883. 8°. 120 S. [Bespr.: S. d. T., 14. und 23. Juli 1883; Deutsche Zeitung vom 25. und 26. Oktober 1883; Roseggers Heimgarten 1883, 2. Heft, VIII; Deutsches Tageblatt, Berlin, November 1883; Deutsche Wochenschrift vom 18. November 1883; Pester Lloyd 13. Dezember 1883; Österreichische Rundschau, 12. Heft, Dezember 1883; Korrespondenzblatt des allgem. deutschen Schulvereines, 4. Heft, November 1883; Kölnische Zeitung vom 25. Dezember 1883; Straßburger Zeitung vom 9. Februar 1884. Aufführungen in Hermannstadt am [[16.]]*) August 1884 [[Vgl. S. d. T., Nr. 3055, 3246 (1884)]], in Kronstadt zu Weihnachten 1884, weiter in Schäßburg und in Bistritz durch Dilettanten, in Medlasch, S.-Reen und Bistritz durch die Theatergesellschaften Dorn und Köstler.]

2. Harteneck. Trauerspiel in fünf Akten. Hermannstadt, W. Krafft 1886. 8°. 148 S. [Bespr.: S. d. T., 15. Juli 1886; Ebenda, Nr. 4004 und 4005 von Th. Lill; Kronstädter Zeitung 23. und 24. Juni 1886; Blätter für litterarische Unterhaltung 28. August 1886; Wiener Zeitung 9. Oktober 1886; Pester Lloyd 18. Dezember 1886; Sieb. Volksfreund Nr. 2, 1887; Deutsche Dichtung (Herausgegeben von Emil Franzos) II. Bd., 12. Heft (von M. Koch). Aufgeführt am 20. und 23. Juni 1891 in Bistritz und am 29. Juni 1894 in Schäßburg durch Dilettanten.] [[S. d. T., Nr. 6252 (1891) und die Tage der Erinnerung in Schäßburg am 28. und 29. Juni 1891, Schäßburg, C. Herrmann 1891.]]

3. Altes und Neues. Gesammelte, siebenbürgisch-sächs. Erzählungen 1890. Hermannstadt, W. Krafft, 8°. 467 S. Enthält: Herr Lukas Seiler, S. 1—31. (Zuerst im Sächsischen Hausfreund, Kronstadt 1861.) Die Dorfschule, S. 31—143. (Zuerst in der „Aehrenlese" I, Nr. 11—26. Hermannstadt 1866. Daraus auch als Separatabdruck bei Fr. Michaelis Hermannstadt. 8°. 80 S.) Die Kandidaten, S. 143—237. (Zuerst S. d. W., 1872, Nr. 1—17. Daraus auch separat bei Fr. Michaelis Hermannstadt. 8°. 121 S.) Traugott, S. 237—309. (Zuerst im S. d. T., vom 9. Dezember 1874 u. ff. Daraus auch separat bei Fr. Michaelis Hermannstadt. 12°. 102 S.) Auf dem Königsboden, S. 309—383. (Zuerst S. d. T., 1880. März und April.) Else, S. 383—413; Ein Sträußchen am Hute, S. 413—425; Die Gewerbegenossen, S. 425—449; Fortgang mit Hindernissen, S. 449—467.

4. Ulrich von Hutten. Historisches Drama in fünf Akten. Hermannstadt, W. Krafft 1893. 8°. 132 S. (Bespr.: S. d. T. vom 21. Dezember 1893; Kronstädter Zeitung 1893, Nr. 302. Aufgeführt im November 1891 in Hermannstadt, zur Installationsfeier des Bischofs D. Fr. Müller.)

5. Gedichte. Hermannstadt, W. Krafft 1893. 8°. 297 S. (Bespr.: S. d. T. vom 20. Dezember 1893. [[Kronstädter Zeitung Nr. 298 vom 22. Dez. 1893.]] Einzeldrucke in früheren Jahren in verschiedenen Kalendern und Zeitschriften.)

6. Das Haus eines Bürgers. Novelle. Hausfreund 1868.

7. Die Literaten. Novelle. S. d. T., Nr. 1133—1158, vom 14. September bis 13. Oktober 1877.

---

*) Die in [[ ]] befindlichen Stellen sind Zusätze des Herausgebers.

8. Das Wirtshaus am Harbach. Eine Reiseerinnerung. Neuer Volkskalender. (Hermannstadt, W. Krafft.) Jahrg. 1890, S. 72—135.
9. Der Amerikaner. Novelle (1888). Neuer Volkskalender, Jahrg. 1892. S. 88 ff.
10. Kloß und Trotz. Komische Lokaloperette in zwei Aufzügen. Musik von Emil Silbernagel. 2. Aufl. (In drei Aufzügen). Schäßburg, Fr. Jördens 1881. 8°. 40 S. Wiederholt in Schäßburg aufgeführt.
11. Angelina, oder die Türken vor Schäßburg. Romantisch-komische Operette, Musik von E. Silbernagel. Schäßburg, Fr. Jördens 1887. 8°. 42 S. —. 2. Aufl. Angelina. Ein Singspiel in drei Akten. Schäßburg, Jördens 1891. 8°. 51 S. (Wiederholt in Schäßburg und Hermannstadt aufgeführt.)
12. Sezia. Romantische Oper in drei Akten. Musik von Emil Silbernagel. Schäßburg, Jördens 1894. 8°. 52 S.
13. Karl XII. Trauerspiel in fünf Aufzügen. 1860. 4°. 206 S. Manuskript.
14. In der obersten Baiergasse. Burleske. Aufgeführt 1877 in Schäßburg. Manuskript.
15. Im Hotel Stern. Burleske. Aufgeführt 1878 in Schäßburg. Manuskript.
16. Ein Vereinsgast. Komische Lokalscene in sächsischem Dialekt. Aufgeführt 1878 in Schäßburg. Manuskript. 4°. 21 S.
17. Rettung durch die Feuerwehr. Dramatische Lokal-Humoreske in einem Akt. Aufgeführt 1883 in Schäßburg. Manuskript. 4°. 27 S.

b) Litterarische Aufsätze und Feuilletons:

Über Viktor Kästners Gedichte (Hermannstädter Zeitung 1862, Nr. 285). Über die Kalenderlitteratur des Jahres 1866 (Ährenlese 1866, I. Jahrg., Nr. 4 und 5). Aus dem Hargittagebirge (S. b. W., 1868, Nr. 25—28). Nationalität und Kosmopolitismus, Ein Zeitgespräch (Ebenda, 1869, Nr. 27, 29 und 30).*) Von Tusnab nach dem St. Annensee und dem Büdös (Hausfreundkalender 1873). Über Gustav Freytags Roman „Die Ahnen" I. ‚Ingo und Ingraban' (S. b. W. 1873, Nr. 19). Über G. Freytags Roman „Die Ahnen" II. ‚Nest der Zaunkönige' (S. b. T., 17. Januar 1874). Die Welt ohne Übel (Ebenda, 3. März 1874). Die Fahrt nach dem Lande der Freiheit (Ebenda, 25. März 1874). Ostermythus (Ebenda, 11. April 1874). Der Pilgrim (Ebenda, 2. Mai 1874). Der verzogene Liebling (Ebenda, 20. Mai 1874). Die Parabel vom Recht und vom Unrecht (Ebenda, 9. Juni 1874). Eine Scene am häuslichen Herd (Ebenda, 17. Juli 1874). Über Tr. Teutsch' Trauerspiel „Sachs von Harteneck" (Ebenda, 1. September 1874). Freiheitsfackeln (Ebenda, 30. September 1874). Osenheim der Größere (Ebenda, 19. Februar 1875). Über G. Freytags „Ahnen" III. ‚Brüder vom deutschen Hause' (Ebenda, 24. März 1875). Ostergedanken (Ebenda, 28. März 1875). Musikalische Plaudereien (Ebenda, 14. Mai 1875). Drei Kreuzer! Wer giebt mehr? (Ebenda, 8. Juni 1875). Festbericht über das Schüllerjubiläum (Ebenda, 28. und 29. September 1875). Die Nihilisten (Ebenda, 12. Oktober 1875). Kunstplauderei (Ebenda, 5. Dezember 1875) Zum Weihnachtsfeste (Ebenda, 25. Dezember 1875). Eine stille Katastrophe (Ebenda, 31. Mai 1876). Urbilder (Ebenda, 10. Juni 1876). Musik (Ebenda, 15. Juli 1876). Pfingsten (Ebenda, 20. Mai 1877). Die Repser Burg (Schäßburger Kalender

---

*) Über die Mitarbeit Alberts an dem S. b. W. s. auch den Artikel Franz Gebbel.

1879). Schäßburg wie es weint und lacht (Schäßburger Kalender 1879). Leitartikel zum 1. Januar (S. b. T., 1. Januar 1879). Die erste Nummer (Großkokler Bote 15. Januar 1879). Geistesströmungen (S. b. T., 3. Februar 1879). G. Freytags Roman „Die Geschwister" (Ebenda, 10. März 1879). An der Schwelle des zweiten Quartales (Großkokler Bote, 30. März 1879). Stimmungsbilder (S. b. T., 7. Juni 1879). Papier (Großkokler Bote, 22. Juni 1879). Ein Kapitel sächsischer Geschichte (S. b. T., 12. und 13. September 1879). Neujahr (S. b. T., 1880). Der Hermannstädter Männerchor „Hermania" in Schäßburg (S. b. T., 31. Mai 1881). Ein hohes Gut (Ebenda, 15. Juni 1881). „Aufruf" und „Offene Erklärung" für die am 11. Juni 1882 in Schäßburg abgehaltene deutsche Volksversammlung und Bericht darüber (Ebenda, 15. Juni 1882). Schwarzburg von Tr. Teutsch (Ebenda, 8. September 1882). Dr. Wilhelm Jordan in Schäßburg (Ebenda, 26. September 1882). Musikbericht, Mendelssohns Paulus (Ebenda, 22. Dezember 1882). Fr. Fr. Fronius, Bilder aus dem sächsischen Bauernleben (Großkokler Bote, 23. September 1883). Litterarische Reminiszenzen und Streifzüge (S. b. T., 8.—10. Oktober 1884). Argosy Braces (Ebenda, 7. Februar 1885). Die Blumen im Volksleben (Siebenb. Volksfreund 1887, Nr. 13). Im Sehfeld der Loupe (S. b. T., 17. September 1889). Schäßburg (Illustriertes Fremdenblatt, 20. Juni 1891). Litterarische Verirrungen (Großkokler Bote, 3. Januar 1892). Ein Ausflug in das südwestliche Deutschland und in die Schweiz, Aus meinem Reisetagebuch, Sommer 1892 (S. b. T., Nr. 5721 ff. Auch separat, Hermannstadt, W. Krafft. 8°. 34 S.) M. F. G., Geprüft und bestanden (Ebenda, 11. Dezember 1892). Tr. Teutsch, Georg Hecht (Ebenda, 24. März 1893).

c) Litterarhistorische und pädagogische Abhandlungen:

1. Die Ruinae pannonicae des Christian Schesäus. Sch. G.-P., 1872/73. 8°. 75 S.
2. Das Rosetum Franckianum. Ein Beitrag zur siebenb.-sächs. Litteraturgeschichte. Sch. G.-P., 1881/82. Auch im Sonderabdruck. Hermannstadt, W. Krafft. 4°. 36 S.
3. Nachwort zur Seminarorganisation (Deutsche Schulblätter, 1880, Nr. 9).
4. Zum Lateinunterricht an unsern Seminarien. Antwort auf die in den „Deutschen Schulblättern" gegen das „Nachwort zur Seminarorganisation" enthaltene Polemik (Schul- und Kirchenbote, 1. Mai 1880).
5. Der deutsche Sprachunterricht in der Volksschule (Schul- und Kirchenbote, März 1889).
6. Aufgabe und Lehrgang des deutschen Sprachunterrichtes in unserer Volksschule; die namentlich auch in dem Lehrer liegenden Bedingungen des Unterrichtserfolges (S. b. T., 22. Juni 1889. Auch im Sonderabdruck 8°. 16 S.).
7. Über das Schöne. Vortrag. 1869. 4°. 42 S. Manuskript.
8. Ludwig Uhland. Vortrag. 1877 und 1887. 4°. 40 S. Manuskript.
9. Theodor Körner. Vortrag. 1891. Manuskript.
10. Über den deutschen Sprachunterricht in den sächsischen Mittelschulen. Referat der Schäßburger Lehrerkonferenz für den Mittelschullehrertag. Manuskript.
11. Zweck und Ziel des deutschen Unterrichtes an unseren Mittelschulen. Korreferat, vorgetragen in der Mittelschulkonferenz 16.—19. Mai 1883 in Hermannstadt. Manuskript.

Das „Gesangbuch für die ev. Landeskirche A. B. in den siebenbürgischen Landesteilen Ungarns. Herausgegeben im Auftrage der Landeskirchenversammlung, Kraft des der ev. Landeskirche zustehenden Verlagsrechtes dermalen im Verlage von Jos. Drotleff in Hermannstadt. 1898", enthält im „Andachtsbuch" die folgenden Gedichte von Albert: „Weihnachten auf dem Friedhof", „Frühling", „Frühlingstrost" und „Totenklage".

  Hinrichsen, Das litterarische Deutschland. (Selbstbiographie Alberts.)
  Brümmer, I. (Artikel Albert.)
  Sch. G.-P., 1893.
  Korr. f. Ldek., XVI. (1893.)
  Selbstbiographische Skizze. Abgedruckt in: Die Tage der Erinnerung in Schäßburg am 28. und 29. Juni 1894. Schäßburg, E. Herrmann 1894.
  Neuer Volkskalender. W. Krafft 1894, V. Jahrg. Kurze Lebensskizze mit dem Bilde Alberts und dessen letztem Gedichte: Die Reichstagswähler von Schlandorf.
  Neuer und Alter Hauskalender für 1894. Hermannstadt, Steinhaußens Nachf. (Ad. Reissenberger).
  Hundert Jahre sächs. Kämpfe 313.
  Teutsch Fr., Bilder aus der vaterl. Gesch. I. 307 und II. 465.
  S. d. T., 5888 und 6159.
  Tägliche Rundschau, 1896. Nr. 273 und 274.
  Szinnyei, M. J., I, 110.
  Dr. A. Schullerus, Michael Albert. Sein Leben und Dichten. Arch. f. Ldek., N. F. XXVIII, 237 und im Separatabdruck.

Albrecht Gustav Wilhelm, Dr. phil.,

geboren am 5. Juli 1858 in Hermannstadt, trat 1867 in das Hermannstädter ev. Gymnasium ein, welches er bis zur Vollendung seiner Gymnasialstudien 1875 besuchte. Nach Ablegung der Maturitätsprüfung verbrachte er zunächst ein Jahr als ordentlicher Hörer an der Hermannstädter Rechtsakademie, wandte sich dann aber, seiner Neigung folgend, nach Wien, um sich daselbst von 1876 bis 1879 durch das Studium der Mathematik und Physik für das Lehramt vorzubereiten. Hieran schloß sich ein zweieinhalb jähriger Aufenthalt an der Berliner Universität, welcher ihm auch durch den persönlichen Verkehr mit Gelehrten wie den Philosophen Paulsen, Steinthal, Lotze und Lazarus, den Mathematikern Weierstraß, Kronecker und Kummer, den Naturforschern Gustav Kirchhoff, du Bois-Reymond und Helmholtz in Bezug auf sein Wissen und seine geistige Bildung reichen Gewinn bot. Im Frühjahre 1882 nach Wien zurückgekehrt, vollendete er zunächst seine Inauguraldissertation, die jedoch nicht im Drucke erschienen ist, über die „Theorien der Elektrizität, welche auf der Annahme von fernwirkenden Kräften beruhen."

  Nach Ablegung der staatlichen Lehramtsprüfung und der Rigorosen an der Wiener Universität am 26. Mai 1883 zum Doktor der Philosophie promoviert, beschäftigte sich Albrecht vorwiegend mit geschichtlichen Untersuchungen auf dem Gebiete der elektrischen Erscheinungen. Während er als Erzieher in einer Wiener Familie thätig war, lehrte er gleichzeitig 1883/84 als Probekandidat an dem Wiener Staatsgymnasium im IX. Bezirke und folgte Ende April 1885 einem Rufe als supplierender Gymnasiallehrer an das Staatsgymnasium in Mährisch-Trübau, an welchem er bis September 1886 verblieb. Die ungünstigen Beförderungsverhältnisse an den österreichischen Mittelschulen, welche damals im wesentlichen auf die Berücksichtigung des Dienstalters hinausliefen, nötigten Albrecht in den folgenden Jahren den Dienstort häufig zu wechseln und der Reihe nach an dem deutschen Staatsgymnasium in Kremsier, an der deutschen Staatsoberrealschule in Brünn und an dem deutschen Staatsgymnasium in Olmütz als supplierender Lehrer zu wirken. Im Jahre 1891 erhielt er endlich eine Lehrerstelle am Brünner ersten deutschen Staatsgymnasium, welche er nach drei Jahren mit einer Professur an der höheren deutschen Staatsgewerbeschule in Brünn vertauschte, an der er auch gegenwärtig thätig ist.

Von Albrecht erschienen im Drucke:

1. Geschichte der Elektrizität mit Berücksichtigung ihrer Anwendungen. Wien, Hartleben 1885. (Vgl. Korr. f. Lde., IX, 112.)
2. Über einige physikalische Grundbegriffe. Ein Beitrag zur Logik der Naturwissenschaften. Programm des Gymn. in Mährisch-Trübau 1886.
3. Über die Bestimmung der wägbaren Masse. Bemerkungen zur Methodik des naturwissenschaftlichen Unterrichtes. Programm der Brünner deutschen Staatsoberrealschule 1888.
4. Über den Begriff des elektrischen Potentials und seine Verwertung im Mittelschulunterrichte. Programm des Brünner ersten deutschen Staatsgymnasiums 1892.
5. Über Adam Ries und die Entwickelung der Rechenkunst. Verlag des Vereins zur Verbreitung gemeinnütziger Kenntnisse in Prag. 1894.
6. Die Elektrizität. Mit 38 Abbildungen. Heilbronn a. N., Verlag von Schröder und Comp. 1897.

Albrich Johann.
(I, 20).

Weßprémi, Biogr. Medicor. Cent. II et III.
Benkö, Transsylvania II, 620.
Szinnyei, M. J., I, 112. Allg. d. Biogr., I, 324 von E. v. Trauschenfels.

Albrich Karl d. Ä.,
(I, 27; III, 547),

geboren am 1. Februar 1836 als das jüngste Kind des Advokaten und Professors der Rechte am Hermannstädter Gymnasium, Johann Karl Albrich, (I, 18), der jedoch schon im April 1839 starb, trat im September 1843 in die große Rudimentistenklasse in Hermannstadt ein und legte zehn Jahre darauf am Gymnasium seiner Vaterstadt die Maturitätsprüfung ab. Die im Jahre 1850 begonnene Organisation der sächsischen Gymnasien traf ihn in der Sexta des Gymnasiums. Die durch den Organisationsplan den mathematischen Studien, welche bei der alten Studieneinrichtung stark vernachlässigt waren, eingeräumte Bedeutung und Ausdehnung weckten, unterstützt durch den klaren Vortrag des damaligen Konrektors Schneider und den großen Eifer, mit welchem sich Carl Fuß seiner neuen Aufgabe als Lehrer der Geometrie unterzog, in ihm Neigung und Liebe zu den mathematischen Studien. So entschied er sich für das Studium der Mathematik und bezog im Oktober 1853 das Wiener polytechnische Institut. An diesem und an der philosophischen Fakultät der Wiener Universität absolvierte er im Oktober 1857 seine akademischen Studien. Nachdem er im Dezember dieses Jahres in Wien die Lehramtsprüfung für Mathematik und Physik an Oberrealschulen abgelegt hatte, kam er schon am 8. Januar des darauf folgenden Jahres als Professor der Mathematik und Physik an das Schemnitzer ev. Lyzeum. Zwei Jahre darauf, im Mai 1860, erhielt er, hauptsächlich auf Verwendung Rannichers, seine Anstellung am ev. Gymnasium seiner Vaterstadt. Das Anstellungsdekret enthielt allerdings die einschränkende Bestimmung, daß er entweder die theologische Prüfung abzulegen oder bei einer Apertur an die Realschule überzutreten habe.

Schon bei der Organisation der Gymnasien hatte man von der Hermannstädter Kirchengemeinde erwartet, sie werde ihre Realschule zu einer vollständigen erweitern. Die Verhandlungen der Statthalterei mit dem Presbyterium waren aber ohne Erfolg geblieben. Auf eine von Albrich veranlaßte Anregung des Hermannstädter Gewerbevereins beschloß das Presbyterium schon im März 1863 prinzipiell die Errichtung der Oberrealschule, und die Angelegenheit nahm nun Dank den Bemühungen Rannichers einen raschen Fortgang, zumal die damalige politische Lage mit Bestimmtheit erwarten ließ, daß ein Majestätsgesuch um Gewährung einer Staatssubvention jährlicher 5000 fl. nicht erfolglos bleiben würde. Schon im September 1864 wurde die vierte Klasse eröffnet, an welche sich in den beiden folgenden Jahren die fünfte und sechste anschlossen.

Im Juli 1865 wurde die Anstalt unter eine eigene scientifische Leitung gestellt und Albrich mit derselben betraut.

Seit 1863 war Albrich auch Lehrer und Leiter der Sonntagsschule und hatte somit hinreichende Gelegenheit, die traurigen Zustände dieser Schule und die Notwendigkeit zu erkennen, durch den schon damals an den österreichischen Fortbildungsschulen eingeführten Abendunterricht der Gewerbelehrlinge deren Ausbildung zu fördern. Ein in diesem Sinne in der Generalversammlung des Gewerbevereines im Januar 1867 gestellter Antrag blieb ohne Erfolg. Erst als die Nationsuniversität auf Grundlage der Gutachten von Albrich und Meschendörfer für die Errichtung von Gewerbeschulen jährliche Dotationen systemisierte, konnte im Jahre 1872 in Hermannstadt die Gewerbeschule errichtet werden, zu deren Direktor Albrich gewählt wurde.

Aus dieser Doppelstellung führte Albrich seine am 26. Juli 1892 erfolgte Wahl zum Direktor des ev. Gymnasiums und der damit verbundenen Lehranstalten an die Spitze der ev. Schulanstalten Hermannstadts.

Neben seiner Arbeit in der Schule hat Albrich auch nach vielfach anderen Richtungen eine hervorragende Thätigkeit entwickelt, die allerdings immer mehr oder weniger mit der Schule in Verbindung gestanden ist oder noch steht. Seit dem Jahre 1868 ist er mit einer ganz kurzen Unterbrechung Mitglied des ev. Presbyteriums und hat als Referent in Schulangelegenheiten sich wesentliche Verdienste um die Hermannstädter ev. Kirchengemeinde und um die von dieser erhaltenen Schulanstalten erworben. Seinen humanen Ansichten und der energischen Vertretung derselben ist die zeitgemäße Erhöhung der Bezüge der Mittelschullehrer des ev. Gymnasiums und der Realschule in Hermannstadt zuzuschreiben. Immer wieder ist er im Presbyterium und in der Gemeindevertretung für die bessere Ausstattung der ev. Schulen eingetreten, an der Durchführung des Projektes, ein neues Heim für die ev. Volksschule zu bauen, hat Albrich in erster Reihe gearbeitet. Seine Stellung als Vorstand des Direktionsrates der Hermannstädter allgemeinen Sparkassa, welche er seit April 1887 bekleidet, ist mehr als einmal den ev. Schulanstalten Hermannstadts zu Gute gekommen.

Von besonderer Bedeutung ist die Arbeit Albrichs, die er der allgemeinen Pensionsanstalt der ev. Landeskirche in Siebenbürgen geleistet hat. Als 1870 diese Anstalt auf die von Kaan vorgezeichneten mathematischen Grundlagen gestellt wurde, hat Albrich die hiezu notwendigen Berechnungen gemacht. Hiemit begann seine Thätigkeit bei diesem Institute. Er ist auch in der Folge der Zeit bei derselben als mathematischer Konsulent thätig gewesen. So hat Albrich auch bei den Änderungen, welche die XVIII. und XIX. Landeskirchenversammlung zum Vorteile der ganzen Anstalt und zum Wohle aller der im Dienste der Kirche und Schule der ev. Landeskirche A. B. in Siebenbürgen Stehenden beschlossen hat, neben dem Gründer und unermüdlichen Förderer der Anstalt (Josef Bedeus) einen wesentlichen Anteil.

Im Jahre 1890 wurde Albrich zum Mitglied des Landeskonsistoriums gewählt und zum Landeskirchenmeister berufen. Als er am 10. November 1895 dieses Mandat wegen Überhäufung mit Amtsgeschäften niederlegte, übertrug ihm dasselbe die XVIII. Landeskirchenversammlung aufs Neue.

Albrichs wissenschaftliche Befähigung würdigte die höchste ev. Kirchenbehörde, indem sie ihn zum Mitglied der Lehramtsprüfungskommission ernannte.

Der siebenbürgische Verein für Naturwissenschaften und der Verein für siebenbürgische Landeskunde beriefen ihn schon im Anfang der siebziger Jahre in ihren Ausschuß.

Anläßlich seines 40=jährigen Lehrerjubiläums (8. Januar 1898) erhielt Albrich namentlich aus seiner Vaterstadt zahlreiche Beweise hoher Achtung und Verehrung. Der Lehrkörper des Gymnasiums, der Real= und Elementarschule überreichte ihm eine geschmackvoll ausgestattete Adresse.

Außer den im I. Bd., 27 und III. Bd., 547 angeführten Arbeiten sind von Albrich veröffentlicht worden:

1. Anwendung der Differenzenreihen zur Berechnung der irrationalen Wurzeln einer höheren Gleichung. H. G.=P., 1866.

2. Jahresberichte der Gewerbeschule in Hermannstadt 1873–1892, in diesen:

Bericht über die gewerblichen Fortbildungsschulen in Deutschland. 1874.

Anfangsgründe des projektiven Zeichnens. 1876.

Das wichtigste aus der Physik in 28 Lesestücken. Zum Gebrauche in den Gewerbeschulen. 1879.

Ferner:

3. Die Organisation des gewerblichen Unterrichts in Österreich. Vortrag, gehalten im (Hermannstädter) Gewerbeverein am 17. November 1884. 8°. Hermannstadt, Jos. Drotleff 1884.
4. Die Bewohner Hermannstadts im Jahre 1657. Arch. f. Ldke., N. F. XVII.
5. Demeter Kereßturis Tagebuch über die Belagerung Hermannstadts durch Georg Rakoczi II. Ebenda, XIX.

Seit dem Jahre 1893 veröffentlichte Albrich auch die Programme des ev. Gymnasiums in Hermannstadt und der damit verbundenen Lehranstalten. Außer den Schulnachrichten, welche jedes Jahr daselbst von ihm bearbeitet wurden, erschien im Programm des Schuljahres 1895/96 von Albrich:

Geschichte des ev. Gymnasiums A. B. in Hermannstadt. [Bespr. Korr. f. Ldke., XIX. (1896), 126].

Das Korrespondenzblatt für siebenbürgische Landeskunde enthält folgende größere Arbeiten Albrichs:

1. Die Sonnenuhr an der Hermannstädter Kirche VI. (1883), 83.
2. Die Wandinschrift des Schäßburger Dominikanerklosters. Ebenda, VIII. 1885, 19.
3. Der Zementgewinn der Hermannstädter Kammer 1565—1570. Ebenda, X. (1887.)
4. „Die Kapelle" in Hermannstadt. Ebenda, XXI. (1898), 96.

S. b. T., Nr. 7316 und 7317. Vierzigjähriges Dienstjubiläum Albrichs. Szinnyei, M. J., I, 113.

Albrich Karl d. J.,

geboren den 2. November 1861 zu Hermannstadt, absolvierte daselbst das Gymnasium 1879, studierte zunächst das Wintersemester 1878/79 als außerordentlicher Hörer an der Hermannstädter k. u. Rechtsakademie, dann Theologie und Mathematik und Physik an den Universitäten in Bern, Berlin und Wien. Nach kurzer Thätigkeit am Untergymnasium in S.-Reen, an der Realschule in Kronstadt und an der ev. Mädchenschule in Hermannstadt, erhielt er im Jahre 1888 seine gegenwärtige Anstellung als Professor an der ev. Realschule in Hermannstadt.

Er veröffentlichte:

1. Über Erzeugung und Verwendung der Elektrizität mit besonderer Berücksichtigung und näherer Beschreibung der in der Ausstellung vorgeführten Apparate und Maschinen. Vortrag, gehalten am 30. Juni 1893 in der I. elektrischen Ausstellung. 8°. Hermannstadt, W. Krafft 1893.
2. Der Unterricht in Mechanik auf geschichtlicher Grundlage. H. G.-P., 1894. [Vgl. Korr. f. Ldke., XVIII, (1895), 3].
3. Albrich K. und K. Capesius Naturlehre auf geschichtlicher Grundlage. Separatabdruck aus Rein „Encyklopäd. Handbuch der Pädagogik." Langensalza 1897, Beyer und Söhne.

Amlacher Albert, Dr. phil.,

wurde zu Broos am 27. Dezember 1847 geboren. Nachdem er den ersten Schulunterricht in Broos und Mühlbach genossen, besuchte er das Untergymnasium in Hermannstadt und dann das Obergymnasium in Schäßburg, das er am 13. Juli 1868 absolvierte. Dankbare Erinnerung bewahrt er aus dieser Zeit seinen unvergeßlichen Lehrern, dem spätern Bischof D. Fr. Müller, dem Stadtpfarrer von S.-Reen Gottfried Orendi und Josef Haltrich, denen er die reichste Anregung für sein späteres Leben verdankt.

Im Herbste 1868 bezog er die Universität Jena, um sich dem Studium der Theologie und des Lehramtes zu widmen. Den tiefsten Eindruck machte hier des Kirchenhistorikers Hase sympathische Erscheinung auf den Jüngling. Im Oktober 1869 begab er sich an die Universität Berlin, an der er zwei Jahre verweilte. Hier erlebte er die große Zeit des deutsch-französischen Krieges und hingerissen von jener heiligen Begeisterung, die damals die Herzen aller Deutschen ergriff, stellte er sich mit in die Reihen seiner Freunde und Studiengenossen und machte den deutsch-französischen Feldzug als Felddiakon von September 1870 bis März 1871 mit.*)

Ein Stipendium der ev. Landeskirche setzte ihn in die Lage noch ein viertes Studienjahr auf der Universität Heidelberg zuzubringen, die er im Herbste 1871 bezog. Im Sommer 1872 legte er hier sein Doktorexamen ab.

Im Herbste 1872 in seine Vaterstadt zurückgekehrt, sendete ihn diese als Abgeordneten in die Nations-Universität. 1873 wurde er akademischer Lehrer und ein Jahr später Konrektor an der ev. Hauptvolksschule in Broos, in welcher Stellung er bis zum 27. November 1881 blieb, an welchem Tage er zum Stadtprediger in Mühlbach gewählt wurde. Von hier wurde er von der Gemeinde Rumes am 15. Januar 1891 einhellig zu ihrem Pfarrer berufen.

Amlacher hat zahlreiche Novellen, Schilderungen und Reisebeschreibungen in deutschen Familienzeitschriften veröffentlicht, insbesondere haben „Das Buch für Alle", die „Allgemeine Familienzeitung", die „Illustrierten Blätter für den häuslichen Kreis", die „Illustrierte Chronik der Zeit" und die „Gartenlaube" seinen Erzählungen stets gerne ihre Spalten geöffnet.

Außerdem erschien von ihm im Drucke:

1. Die Tropfsteinhöhle von Csigmó. Brooser Anzeiger, 1863. August Nagel in Broos.
2. Ali Beg. Historische Erzählung. Ebenda, 1864.
3. Rood, der Graf von Broos. Historische Erzählung. Ebenda, 1864.
4. Ein urkundlicher Beitrag zur Geschichte des Brooser Kapitels. Arch. f. Ltbe., N. F. XIII, 1877.
5. Die Türkenschlacht auf dem Brotfelde. S. b. T., 1766—1768. (1879.) Auch im Sonderabdruck erschienen. Hermannstadt, Drotleff 1879.
6. Aus der „guten alten Zeit" einer Sachsenstadt. Beiträge zur Geschichte der Stadt Broos im ersten Viertel des XVII. Jahrhunderts (1600—1628). S. b. T.,

---

*) Siehe auch den Artikel Franz Gebbel unter Amlacher Albert.

Nr. 1599—1605 (1879). Auch im Sonderabdruck erschienen. Hermannstadt, Drotleff 1879.

7. Urkundenbuch zur Geschichte der Stadt und des Stuhles Broos bis zum Übergange Siebenbürgens unter Erbfürsten aus dem Hause Österreich. (1690.) Arch. f. Ldk., N. F. XV. [Vespr. Korr. f. Ldk., II, (1879), 95. Ebenda, III. (1880), 34.]

8. Eine Besteigung des Retjesat. K. V. J., I. (1880.)

9. Damasus Dürr ein ev. Pfarrer und Dechant des Unterwälder Kapitels aus dem Jahrhundert der Reformation. Festgabe des Unterwälder Kapitels zur Feier des 400-jährigen Geburtstages Dr. Martin Luthers. Hermannstadt 1883. Josef Drotleff. [Vespr. Korr. f. Ldk., VI, (1883), 131.]

10. Ein Ausflug ins Mühlbachgebirge. S. b. T., (1885). Auch im Sonderabdruck erschienen. Hermannstadt, Drotleff 1885.

11. Die Czergeder Bulgaren. Mitteilungen der kön. böhm. Gesellschaft der Wissenschaften. Prag, 1888.

12. Wanderungen im Mühlbachgebirge K. V. J., IX, (1889); X, (1890).

Mühlb. G.-P., 1882.
Szinnyei, M. J., I, 156.

Andrae Gustav

wurde in Mediasch am 29. Juli 1854 geboren und absolvierte daselbst das Gymnasium im Jahre 1872. Er studierte hierauf in den Jahren von 1872—1875 an den Universitäten in Leipzig, Heidelberg, Berlin und Jena Theologie, Mathematik und Physik. Am 26. Dezember 1876 erwählte ihn das ev. Presbyterium seiner Vaterstadt zum Lehrer am ev. Gymnasium.

Er veröffentlichte:

Behandlung derjenigen Erscheinungen, welche den Beweis liefern, daß Bewegung, Wärme, Elektrizität und Magnetismus als gegenseitig in beliebiger Ordnung auftretende Verwandlungserscheinungen aufgefaßt werden können. M. G.-P., 1887.

Armbruster Christof

ist der Sohn des reichen,*) 1542 gestorbenen früheren Hermannstädter Königsrichters und Grafen der sächsischen Nation Mathias Armbrusters, des Bruders der Gattin des 1543 gestorbenen Hermannstädter Königsrichters und Grafen der sächsischen Nation Georg Huet. Christof hatte in Wien und Padua studiert und besonders auf der letztgenannten Universität eine hervorragende Stellung eingenommen. Später trat er in Ferdinand I. Dienste

---

*) Arch. f. Ldk., N. F. VI, 435. Am 20. Juni 1559 erhielt Christof Armbruster von Ferdinand I. einen Adelsbrief, wodurch er, seine Gattin Magdalene Seyberlich, die Nachkommen seines verstorbenen Bruders Georg und seiner Schwester Margarethe in den ung. Adelsstand erhoben wurden, oder eigentlich der frühere Adel erneuert wird. Arch. f. Ldk., N. F. X, 263.

und verließ lieber das Vaterland, als daß er der Gegenpartei Ferdinands hätte dienen mögen. Mit Ferdinand I. machte Christof Armbruster dessen Reisen mit und befand sich 1550 mit ihm auf dem Reichstage in Augsburg. Am 8. April 1551 wurde er von Ferdinand gemeinsam mit dem Pester Richter Andreas Kene an den Großwardeiner Bischof Mathias Zaberbini in Angelegenheit der Verproviantierung der Festung Gyula geschickt. 1555, 1556, 1558 führte er als „Perceptor pecuniarum regiarum ad Cameram Hungaricam praesentatarum" Rechnungen, deren Originale im ungarischen Nationalmuseum in Budapest aufbewahrt werden.

Christof Armbruster stand mit dem späteren Primas von Gran, Anton Verantius, im Briefwechsel. An Christof Armbruster allein richtete Verantius nach seiner Abreise aus Siebenbürgen einen Brief und zwar am 2. September 1550.*)

Die späteren Schicksale Christof Armbrusters sind unbekannt.

Armbruster schrieb ein Spottgedicht, das nur noch in einer ungarischen Übersetzung und wahrscheinlich nur in einem einzigen Exemplar in dem ungarischen Nationalmuseum in Budapest vorhanden ist. Es führt folgenden Titel:

Gonoz azzonyembereknek erkelchekroel vallo aenek. Kit zerze zebeni Ormprust Christoff egy kopott ebagnenek bozzusagara, kit oztan egy baratia keressere magyar nielure fordita. Viennae Austriae excudebat Egidius Aquila (zwischen 1550—1552) 15 Seiten stark. — Einen Auszug hat daraus veröffentlicht Mátray Gábor, Történeti, bibliai és gúnyoros magyar énekek dallamai a XVI. századból. Pesten 1859, 55—64.

Arz August, Dr. med.,
(I, 33)

starb am 11. Dezember 1886 im 71. Lebensjahre.

S. b. T., 3954 (1886).
Friedenfels, Bedeus, II, 30.
Szinnyei, M. J., I, 264.

Arz Franz,

geboren 4. November 1851 in Hermannstadt, absolvierte das dortige Gymnasium 1869, studierte 1869—73 an den Universitäten Jena, Berlin und Leipzig Theologie und Philologie. Im Jahre 1875 wurde er an das Untergymnasium in S.-Reen und 1878 an das Gymnasium seiner Vaterstadt als Lehrer berufen. Außer mehreren Übersetzungen magyarischer Erzählungen, die er im S. b. T. veröffentlichte, schrieb er:

1. Die sozialen Zustände in Homers Ilias und Odyssee. S. R. G.-P., 1878.
2. Die Frau im homerischen Zeitalter. H. G.-P., 1898. [Bespr. im Korr. f. Lde., XXI, (1898), 139, S. b. T., 7562 (1898) und Egyetem. philolog. közl., XXIII, 937.]

---

*) Szalay László, Verancsics Antal összes munkai. Pest 1857. VII, 102–104.

Arz Gustav d. Ä.
(III, 548)

in Hermannstadt geboren am 23. November 1838, als Sohn des damaligen Hermannstädter Stadtpredigers, nachherigen Pfarrers in Bulkesch und Urwegen, Karl Arz.

Den ersten Unterricht erhielt er von seinem Vater und den beiden Schul-Rektoren von Bulkesch, Josef Herbert und Martin Malmer. Vom Jahre 1849 bis 1856 besuchte er das Gymnasium in Hermannstadt. Auf den Hochschulen in Tübingen, Erlangen und Wien studierte er Theologie und Naturwissenschaften, worauf er am 31. Januar 1862 zum Lehrer an das ev. Untergymnasium in Mühlbach berufen wurde. Hier bekleidete er vier Jahre lang auch das Rektorat des Gymnasiums, bis ihn die Gemeinde Urwegen im Juni 1874 zu ihrem Pfarrer erwählte.

Außer diesem Pfarramte bietet ihm noch Veranlassung zu öffentlichem Wirken seine Berufung als Mitglied der Prüfungskommission für Kandidaten des naturgeschichtlichen Lehrfaches, als Ausschußmitglied des Vereins für siebenbürgische Landeskunde, als Vertreter des Reußmärkter Stuhles in der sächsischen Universität, als Dechant des Mühlbächer Kirchenbezirks und des Unterwälder Kapitels und als Mitglied des ev. Landeskonsistoriums A. B.

Im Drucke sind von ihm erschienen:

1. Geographische und naturhistorische Verhältnisse Mühlbachs und seiner Umgebung. Mühlb. G.-P., 1865 und 1866. — Dieselbe Arbeit wurde auch abgedruckt in den V. u. M. XVII, und ist auch im Sonderabbruck erschienen.
2. Meteorologische Beobachtungen für Mühlbach aus dem Jahre 1868, Mühlb. G.-P., 1869. — Die übrigen Arbeiten von Arz s. Denkblätter III, 549.

Mühlb. G.-P., 1875.
Szinnyei, M. J., I, 265.

Arz Gustav d. J.

wurde am 15. November 1864 als der Sohn des Mühlbächer Gymnasiallehrers Gustav Arz (s. oben) geboren. Er besuchte zuerst das ev. Untergymnasium seiner Vaterstadt, dann das Obergymnasium von Hermannstadt, welch' letzteres er am 2. Juli 1882 absolvierte. Als erste Universität bezog er Zürich, wo er besonders durch Professor Heim in das Studium der Geologie eingeführt wurde. Nach längeren Reisen in der Schweiz, in Tirol und in Italien begab er sich auf die Universität Leipzig, an der er während der Jahre 1883/84 und 1884/85 verblieb und sich besonders bei Professor Zirkel dem Studium der Mineralogie und Petrographie und bei Professor Credner dem der Geologie widmete. Das Studienjahr 1885/86 brachte er in Klausenburg zu. Hier legte er auch die Lehramtsprüfung ab. Im Jahre 1886/87 diente er am Mühlbächer Untergymnasium das Probejahr und stellte während desselben eine „Sammlung der Baumaterialien" für das Hofmuseum in Wien zusammen. Im Frühjahre 1888 kam er als Lehrer an das ev. Obergymnasium A. B. in Bistritz, aber schon im Jahre 1893 folgte er dem Rufe der Gemeinde Deutsch-Budak bei Bistritz und 1899 dem der Gemeinde Dobring, die ihn zu ihrem Pfarrer erwählten.

Von ihm erschien:

1. Geologische und petrographische Schilderung der Rodnaer Alpen. B. G.-P., 1892.
2. Eine Bergfahrt in die Rodnaer Alpen. K. V. J., XIV. (1894.)
3. Ein geologischer Streifzug von Deutsch-Budak auf den Henyul. Ebenda, XVII. (1897.)
4. Geologische und andere Beobachtungen längs der Straße von Bistritz nach Romuli. Ebenda, XVIII. (1898.)

Arz Martin.
(I, 34).

Arch. f. Ldbe., XIX, 387.
Szinnyei, M. J., I, 265.

Bachmaier Johann, Dr. med.,
(I, 41),

geboren am 21. Juni 1812 in Kronstadt, studierte auf den Gymnasien in Kronstadt und Hermannstadt und später an der Universität in Wien, wo er am 9. Mai 1841 zum Dr. med. befördert wurde. Am 8. August desselben Jahres traf er in seiner Vaterstadt ein, um die ärztliche Praxis auszuüben. Im Jahre 1850 wurde er zum Stadt- und Distriktualphysikus ernannt. Seine Ernennung zum Kreisarzt in Szilagy-Somlyo im Beginne der Bach'schen Ära nahm er nicht an, sondern begnügte sich mit der Stellung eines Bezirksarztes in Kronstadt. Im Jahre 1861 trat er wieder in seine frühere Stellung als Stadt- und Distriktualphysikus ein und blieb in derselben bis zur politischen Umgestaltung des Sachsenbodens im Jahre 1876. Dann wurde er im neuen Kronstädter Komitat provisorisch zum Komitatsphysikus ernannt und hatte diese Stelle bis zur Neuwahl im Dezember 1877 inne. Seitdem bekleidete er kein öffentliches Amt. Er starb plötzlich am 26. Juli 1885 in Karlsbad.

Im Jahre 1850 erhielt er vom russischen Kaiser für ärztliche Dienstleistungen beim russischen Militär im Jahre 1849 in Kronstadt einen Brillantring und von der österreichischen Regierung für ähnliche Dienste bei österreichischen Soldaten eine Vergütung von 100 fl. Außerdem wurde er im Juni 1877 mit dem goldenen Verdienstkreuz mit der Krone ausgezeichnet.

Er schrieb:

Diss. inaug. med. Aetiologiam morborum cachecticorum pertractans. Vindobonae, typis Caroli Ueberreuter 1841.

Szinnyei, M. J., I, 319.

Badewitz Karl F.
(I, 41; III, 549)

bewahrte auch, nachdem er Hermannstadt verlassen hatte und wieder in das deutsche Mutterland übersiedelt war, dem sächsischen Volke eine warme Teilnahme. Als Redakteur mehrerer deutscher Provinzblätter hat er oft mit seiner Feder das sächsische Recht verteidigt. Er starb am 1. Oktober 1882 in Dresden.

1. Das Turnen, eine notwendige Pflicht auch der Waisenhäuser und Erziehungsanstalten. 8°. Berlin 1844.
2. Übungstafeln für den Unterricht in der Militärgymnastik. Hermannstadt 1853. Th. Steinhaußen VIII, 72 S.

Szinnyei, M. J., I, 330.

Ballmann Joh. Michael.
(I, 47).

Trausch führt I, 54 unter Nummer 9 von Ballmann eine Sammlung von Dokumenten und Urkunden, die Geschichte Siebenbürgens betreffend, in drei starken Quartbänden, an.

Nach Fr. Zimmermann (Arch. f. Lde., XIX, 112) lautet der Titel dieser Handschrift: „Chartophylax ad custodienda varia historiam Transsilvaniae spectantia documenta," in zwei Quartbänden. Einen dritten Band, der nach Trausch existieren soll, hat Zimmermann nicht gefunden. Nach Fr. Obert (s. u.) befinden sich von Ballmann in der Bibliothek des Mediascher Gymnasiums noch folgende von Trausch nicht angeführte Manuskripte: Weltgeschichte, Denkwürdigkeiten zur Geschichte der Sachsen, Geschichte Siebenbürgens bis zur Schlacht bei Mohács. Endlich findet sich dort der wertvolle Briefwechsel Ballmanns mit Aranka über den Ursprung der Szekler.

Franz Obert, Sächs. Lebensbilder. Verlag von Carl Graeser, Wien 1896, 8.
Szinnyei, M. J., I, 445.

Bartesch Peter

wurde in Kronstadt am 9. Februar 1842 geboren. Nach Absolvierung der Kronstädter Unterrealschule machte er das dortige Obergymnasium als Volontär mit und besuchte hierauf bis 1862 als ordentlicher Hörer das k. k. Polytechnikum und die Architekturschule der k. k. Akademie der bildenden Künste in Wien. Nach Beendigung seiner Studien kehrte er in seine Vaterstadt zurück und erhielt 1864 die Bewilligung sich als Baumeister, Ingenieur und Architekt niederzulassen. Vom 23. Mai 1866 bis zum 24. Juni 1884 war er städtischer Ingenieur von Kronstadt. Seit der Gründung der Gewerbeschule in Kronstadt trug er an derselben bis 1885 Baukunde vor.

Von dem Jahre 1885 an lebt er in Wien und ist im k. k. Handelsministerium als Architekt angestellt.

Die Frucht einer Studienreise durch Ungarn, Österreich, Deutschland und Italien, auf der er sein Augenmerk auch auf die verschiedenen Arten der Städtereinigung gerichtet hatte, war sein

Bericht über die Reinigung der Städte von menschlichen Abfallstoffen. Joh. Gött und Sohn Heinrich, Kronstadt 1872.

Szinnyei, M. J., I, 631.

Barth Josef

wurde den 19. Oktober 1833 in dem Hause einfacher Landleute in Tobsdorf geboren. Bis zu seinem dreizehnten Lebensjahre besuchte er die Dorfschule seines Geburtsortes. Hierauf kam er „in die Fremde" als sogenannter „Subaltern" in die Volksschulen nach Baaßen, Großprobstdorf und Hetzeldorf, um daselbst zum Besuche eines Prediger- und Lehrerseminars vorbereitet zu werden. Allein diese Hoffnung erfüllte sich nur teilweise, denn zu jener Zeit wurden die „Subalternen" hauptsächlich zur Bedienung der Lehrer und ihrer Familien verwendet, Unterricht und Erziehung genossen dieselben fast gar keine. Da war es kein Wunder, daß Barth, als er im September 1850 das Prediger- und Schullehrer-Seminar in Mediasch bezog, ohne jede wissenschaftliche Vorbereitung daselbst eintraf. Unausgesetzter Fleiß setzte ihn jedoch in den Stand das Fehlende in kurzer Zeit nachzuholen, so daß er nach Verlauf des vierjährigen Seminarkurses 1854 mit bestem Erfolge die Maturitätsprüfung ablegen konnte. Im September desselben Jahres wurde Barth als Schulrektor nach Meschen und nach einundeinhalbjähriger Dienstzeit daselbst als städtischer Elementarlehrer nach Mediasch (1856) berufen. Im Jahre 1861 kam Barth als Pfarrer nach Kleinprobstdorf und 1864 als Pfarrer nach Langenthal, wo er auch gegenwärtig lebt und wirkt.

Eine besondere Vorliebe für die Natur veranlaßten Barth schon während seiner Lehrerjahre in Mediasch, in freien Stunden das dortige Hattertgebiet forschend zu durchstreifen und alles zu sammeln, was zu den Naturprodukten gehörte. Bald entschloß er sich jedoch, seine Aufmerksamkeit allein der Botanik zuzuwenden. Den entscheidenden Einfluß hiebei nahm auf ihn der damals in Wien weilende Botaniker Dr. Ferdinand Schur, Verfasser der „Enumeratio plantarum Transsylvaniae", welcher durch die richtige Bestimmung fraglicher siebenbürgischer Spezimina und durch Vermittlung eines Tausches mit ausländischen Botanikern und Tauschvereinen bei Barth die Lust und den Eifer zur Botanik so sehr weckte, daß derselbe im Laufe der Zeit fast mit allen Tauschvereinen und vielen Einzelnen in Europa in Verbindung trat.

In einem Zeitraume von 25 Jahren hat Barth im Tauschwege ein „Herbarium normale" angelegt, das über 20.000 Exemplare Phanerogamen und Kryptogamen fast aus allen Ländern Europas umfaßt, so daß Barth wohl die größte Sammlung in Siebenbürgen besitzt.

Barths Publikationen sind folgende:

1. Systematische Aufzählung der im großen Kokelthale zwischen Mediasch und Blasendorf wildwachsenden Pflanzen. V. u. M. XVII und XVIII. (1866) und (1867).
2. Eine botanische Exkursion auf das Gebirge Piatra Csáki. Ebenda, XIX. (1868).
3. Polygala sibirica L., eine für Siebenbürgen neue Pflanze. Ebenda, XXI. (1871).
4. Herbarium Transsylvanicum. Die Laubmoose Siebenbürgens, gesammelt und herausgegeben von Josef Barth, ev. Pfarrer A. B. in Langenthal. Im Selbstverlage des Herausgebers. Lief. I, 50 Laubmoose, Nr. 1—50. 1871. Dasselbe, Lief. II, Nr. 51—100. 1873.
5. Herbarium Transsylvanicum. Die Flechten Siebenbürgens, gesammelt und herausgegeben von Josef Barth, ev. Pfarrer A. B. in Langenthal. Lief. I, 50 Flechten, Nr. 1—50. Im Selbstverlage des Herausgebers. 1873. Beide Exsiccaten-Sammlungen sind jedoch nicht weiter fortgesetzt worden.
6. Systematisches Verzeichnis derjenigen Pflanzen, welche J. Barth auf mehreren Exkursionen in Siebenbürgen im Jahre 1876 gesammelt hat. Arch. f. Ldk., N. F. XV.
7. Eine botanische Exkursion ins Hatzegerthal, dann in die beiden Schilthäler und auf das Pareng- oder Paringulgebirge vom 22.—26. August 1882. V. u. M., XXXIII. (1883).
8. Eine botanische Exkursion auf die Vlegyháza. Ebenda, XLII. (1892).

Kleinere Arbeiten Barths brachte auch das Korr. f. Ldk., X.

Szinnyei, M. J., I, 635.

Basilius Leonhard.
(I, 63).

Von ihm rührt ferner her:

Ἐφόδια doctrina, pietate et morum comitate commendatissimo juveni d. Joanni Alberto Magariensi Transs. cum post lautam studiorum suorum messem in Germania factam in dulcissimam patriam se reciperet, dedicata ἑνώσεως ἐν τῇ φιλίᾳ ἕνεκα ab amicis et popularibus. Witebergae, typis S. Gronenbergii 1590.

Arch. f. Ldk., N. F. XVII, 39.
Szinnyei, M. J., I, 659.

Baumann Ferdinand,

Sohn des Webermeisters gleichen Namens, wurde in Mühlbach am 22. Januar 1840 geboren. Nachdem er das Untergymnasium seiner Vaterstadt und das Obergymnasium in Hermannstadt absolviert hatte, studierte er von 1859 bis 1861 an der Universität in Jena. Am 2. Februar 1864 am Mühlbächer Gymnasium angestellt, wurde er am 9. Juni 1870 zum Konrektor und am 19. November 1893 zum Direktor dieser Anstalt erwählt.

Er veröffentlichte:
1. Die Erbgrafen des Unterwaldes. Mühlb. G.-P., 1868.
2. Geschichte der „terra Siculorum terrae Sebus" des Andreanischen Freibriefes oder des adeligen Gutes Gießhübel bei Mühlbach. Ebenda, 1874.
3. Die Schenkung der Stadt und des Stuhles Mühlbach an die Brüder Johann und Andreas Pongratz. Ebenda, 1876.
4. Zur Geschichte von Mühlbach. Ebenda, 1882. [Bespr.: Korr. f. Ltde., V, (1882), 129, S. d. T., 2699.]
5. Zur Geschichte von Mühlbach 1526—1571. Ebenda, 1889.
6. Geschichte des Gymnasiums A. B. in Mühlbach, samt einer Abbildung der Schule. Ebenda, 1896. [Bespr.: Korr. f. Ltde., XIX, (1896), 127.]

An Stelle des erkrankten Direktors Johann Wolff veröffentlichte Baumann ferner das Programm des Untergymnasiums in Mühlbach für das Schuljahr 1887/88.

Seit 1893 redigierte Baumann als Direktor die Schulnachrichten in den Programmen der genannten Anstalt.

Szinnyei, M. J., I, 713.

Baumgarten Johann Christian Gottlob.
(I, 64).

Kanitz, Versuch einer Geschichte der ung. Botanik, 146.
Arch. f. Ltde., N. F. XI, 143.
Allg. d. Biogr., II, 160 von [Michael] Fuß.
Szinnyei, M. J., I, 716.

Bausner Bartholomäus Antonius von,
(I, 70),

Sohn des als Pfarrer von Urwegen gestorbenen Bartholomäus Bausner, studierte 1724 in Jena, starb am 19. Juni 1774 als civitatis sedisque (Cibiniensis) projudex.

Weßprémi, Biogr. Medicor. Cent. II, 1, 22.
Katona, Hist. crit., XXXII, 905.
Szinnyei, M. J., I, 718.
Arch. f. Ltde., N. F. XVII, 442.

Baußnern Guido, Edler von
(I, 75; III, 551)

wurde am 25. August 1839 in Komorn geboren, wo sein im Jahre 1872 als pensionierter k. k. Oberst verstorbener Vater Josef damals als Hauptmann in Garnison war. Baußnern absolvierte 1857 das ev. Gymnasium in Hermannstadt und diente dann einige Jahre als Kavallerieoffizier in der k. k. Armee. Im Jahre 1860 kam er nach Hause, um sich den juristischen Studien zu widmen. Nach Absolvierung derselben (1866) begann er seine öffentliche Wirksamkeit. Eine kurze Unterbrechung erfuhr diese im Jahre 1869 und 1870, wo Baußnern bei der damals neu errichteten k. ung. Honved als reaktivierter Kavallerieoffizier anderthalb Jahre hindurch diente, jedoch infolge eines Konfliktes mit seinen obersten Behörden aus Anlaß des deutsch-französischen Krieges wieder austrat, (s. Trausch Denkblätter, III, 551 und Baußnern Guido v., Deutschland und Österreich-Ungarn, 58) um seine politische Thätigkeit wieder fortzusetzen.

Im Jahre 1872 zum Reichstagsabgeordneten in Reps gewählt, schloß sich Baußnern der damaligen Deakpartei an, unterlag bei den darauf folgenden allgemeinen Neuwahlen und wurde nach einer Unterbrechung von 1½ Jahren im Jahre 1874 neuerdings in den Reichstag gewählt, wo er bis Ende März 1878 dem sogenannten Klub der sächsischen Abgeordneten angehörte. Anfangs April 1878 dankte Baußnern ab und motivierte diesen Schritt in seinem an die Wähler des Mediascher Wahlkreises — seit 1875 war er nämlich Mediascher Abgeordneter — gerichteten Abdankungsberichte vom April 1878.

Gelegentlich der im Juli desselben Jahres vollzogenen Neuwahlen wurde Baußnern vom Agnethler Wahlkreise zum Reichstagsabgeordneten gewählt und trat in die von Koloman Tißa gegründete und geführte liberale Partei ein. Vom Jahre 1879 angefangen wirkte er auch als Mitglied der ungarischen Delegation.

Im Juni 1891 wurde er zum Obergespan des Fogarascher Komitates ernannt.

Seine Artikel s. Trausch, I, 75 und III, 551.

Ein Teil der daselbst angeführten Aufsätze fand Aufnahme in sein Werk

Deutschland und Österreich-Ungarn. Abhandlungen, Reden und Briefe 1868—1889. Leipzig, Dunker und Humblot 1890.

Über seine Reichstagsreden s. hier den Anhang.

Szinnyei, M. J., I, 719.

Baußnern Josef von,
(I, 76; III, 551),

starb als Advokat in Budapest in den 80-er Jahren.

Kurze Übersicht über den Wirkungskreis der k. k. öffentlichen Notare. 8°. Arad 1860.

Szinnyei, M. J., I, 720.

Baußnern Karl von,
(I, 76),

heiratete das zweitemal eine Breslauerin, aus welcher Ehe ein Sohn Waldemar zurückblieb, welcher gegenwärtig als Musikdirektor in Dresden thätig ist.

Karl von Baußnern starb als pensionierter k. k. Finanz-Rechnungs-offizial Ende der 70-er Jahre in Hermannstadt.

Szinnyei, M. J., I, 720.

Bedeus von Scharberg, Josef d. Ä.,
(I, 82; III, 554)

hinterließ im Manuskripte außer den in Trausch I, 93 angeführten Werken auch eine Autobiographie unter dem Titel: „Geschichte meines Lebens und der mich berührenden Zeitereignisse". I. Teil 1783—1847, 4 Bogen Einleitung, 146 Bogen Text; II. Teil 1848—1854, 140 Bogen Text; III. Teil, Beilagenfaszikel.

Friedenfels, Bedeus, Beiträge zur Zeitgeschichte Siebenbürgens, s. Artikel Friedenfels Eugen.
Allg. d. Biogr., II, 242 von [E. v.] Friedenfels.
Wurzbach, I, 219.
Über Bedeus' schriftstellerische Thätigkeit siehe besonders: Friedenfels, Bedeus, a. a. O., II, 339.
Szinnyei, M. J., I, 748.

Bedeus von Scharberg, Josef, Dr. jur.,
(I, 94; III, 556),

Sohn des am 6. April 1858 gestorbenen k. siebenbürgischen Oberlandeskommissärs und k. k. wirklichen Geheimen Rates gleichen Namens (I, 82; III, 554; IV, 23), geboren zu Hermannstadt am 22. Juli 1826, verlebte seine Kindheit in Wien, wo sein Vater damals bei der k. siebenbürgischen Hofkanzlei diente, machte nach dessen Übersiedelung nach Hermannstadt im Jahre 1837 seine Studien an dem dortigen ev. Gymnasium, wo Friedrich Phleps, Joh. Karl Schuller, Josef Schneider u. A. in ihm den Wissensdrang nährten. Daneben lief Privatunterricht in der französischen und ungarischen Sprache, im Zeichnen und in der Musik.

Nach Absolvierung des Gymnasiums 1844 wendete er sich dem juridischen Studium an der eben errichteten sächsischen Rechtsakademie in Hermannstadt zu. Unter dem Direktorate Gottfried Müllers führten die Vorträge Josef Zimmermanns, Heinrich Schmidts, Friedrich Hanns in zweijährigem Kurse ihn mit seinen strebsamen Mitschülern Jakob Rannicher, Friedrich Schreiber, Karl Kirchner u. A. in die Vorhallen der Staatswissenschaften und des vaterländischen Rechtes ein und leiteten ihn zu eingehender Benützung der Quellen des Wissens in der Litteratur und den Archiven an. Daneben versäumte er nicht in der Liedertafel, der er zeitweilig als Schriftführer diente, Musik zu pflegen, den Sinn für die bildende Kunst durch fleißige Studien in der Baron Brukenthal'schen Bildergallerie nach Goethes und Lessings Schriften zu bilden, und schloß sich dem von Babewitz geleiteten Turnvereine an. Mit lebendigem Eifer erfüllt, sich für seinen Beruf würdig vorzubereiten, um nach dem von seinem Vater ihm gegebenen Vorbilde, seinem Volke und seinem Vaterlande Siebenbürgen dienen zu können, trat er nach einer Reise, welche ihn nach seinen eigenen Aufzeichnungen durch einen Teil von Deutschland, der Schweiz und Österreichisch-Italien führte, im Herbste 1846 zuerst bei der k. siebenb. Gerichtstafel in Verwendung, dann bei dem Hermannstädter Stadt- und Stuhlsmagistrate. Nachdem er am 12. Februar 1847 bei dem k. siebenb. Gubernium den Diensteid abgelegt hatte, wurde er, wie es damals üblich war, vorerst im Expedit, dem Protokolle und der Registratur mit dem Manipulationsdienst bekannt gemacht, kam dann in Dienstleistung bei dem k. siebenb. Oberlandeskommissariat und wurde hierauf mit Dekret vom 29. November 1847 zum Honorärkonzeptspraktikanten ernannt und der Präsidialkanzlei des damaligen Gouverneurs Grafen Josef Teleki zugeteilt.

Erfüllt von der Begeisterung,*) welche eben damals in dem sächsischen Volke erwachte als Nachhall des allerwärts sich regenden neuen Lebens, trat der in den Status des k. Landesguberniums aufgenommene Beamte seinen Beruf an. Siebenbürgen, noch von den Wogen des Sprachkampfes erschüttert, sollte gerade mit dem von der konservativen Partei durchgesetzten, den Anforderungen der Billigkeit widerstreitenden Urbarialgesetze beglückt werden. Dem Einflusse des Hofkanzlers Baron Josika gegenüber war es dem freisinnigen Gouverneur Grafen Josef Teleki nicht gelungen, die Annahme des unter dem Vorsitze des Oberlandeskommissärs Bedeus von der systematischen Landtagsdeputation ausgearbeiteten Entwurf im Landtage durchzusetzen. Da brachte das Jahr 1848 die gewaltsame Wendung, die alle bestehenden Verhältnisse zerriß.

Noch vor dem Zusammentritte des Klausenburger Landtages, der die Union proklamieren sollte, nahm der junge Honorärkonzeptspraktikant einen Urlaub, um im Elternhause in seiner Vaterstadt die Entwicklung der Dinge abzuwarten. Da nach dem Landtage das Gubernium der Auflösung entgegenging, so blieb ihm unbenommen, den Sommer hindurch in der 6. Kompagnie der städtischen Bürgerwehr unter Hauptmann Frühbeck militärische Übungen zu treiben und in der Bedienung von Feldgeschützen sich unterweisen zu lassen. Ohne an den politischen Demonstrationen sich zu beteiligen, folgte er aufmerksam den Schritten der Vertreter der Stadt und der sächsischen Kreise, nicht überrascht von der gleich einer Lavine mit wachsender Gewalt und Schnelligkeit hereinbrechenden Revolution. Als in Siebenbürgen der kommandierende General derselben entgegenzutreten sich entschloß und bei dem unzureichenden Stande der ihm zu Gebote stehenden Truppen die Unterstützung der gutgesinnten Bevölkerung begehrte, welche schon zum Zwecke der Selbsterhaltung dieselbe zu leisten bereit sein mußte, wurde bei der ersten Gelegenheit die 6. Bürgerwehrkompagnie, in welcher Bedeus diente, unversehens zum Ausmarsche als Begleitung eines Artillerietransportes bis Fogarasch kommandiert und von dort mit einer Militärabteilung und dem Leschkircher Landsturm nach Kokelburg dirigiert, um sodann bis Maros-Vásárhely vorzurücken. Von dort bald nach Hause entlassen, wurde Bedeus als Bataillonsadjutant der Bürgerwehr, welche längere Zeit hindurch den Garnisonsdienst zu besorgen hatte, unter

---

*) Als Ausfluß derselben stellt sich das in Geltch's Liederbuch aufgenommene Gedicht, "Siebenbürgens Wappen" u. m. a. dar.

Major Graef fortdauernd verwendet, bis Hermannstadt im März 1849 von Bem genommen wurde und ein großer Teil der Bürgerwehr dem Militär auf dem Rückzuge in die Walachei sich anschloß. Dort mußte er bei seinen schon früher dahin geflüchteten Eltern fünf Monate lang weilen, zuerst in Otna bei Rimnik, dann in Crajova und endlich in Bukarest, wo sein Vater die Verteilung der Unterstützungsgelder an die siebenbürgischen Flüchtlinge zu überwachen hatte.

Um den Freunden in Wien einen Überblick der Ereignisse in dem seit Monaten abgesperrten Siebenbürgen an die Hand zu geben, verfaßte Bedeus aus dem ihm gerade zu Gebote stehenden Behelfen eine „Darstellung des Verhaltens der sächsischen Nation während der Unruhen in Siebenbürgen im Jahre 1848 bis zur Räumung des Landes von seite der kaiserlichen Truppen." (Manuskript.)

Im Herbste 1849 nach Hermannstadt zurückgekehrt, wurde er von dem zur Wiederherstellung der Ordnung im Lande entsendeten Zivil- und Militärgouverneur Baron Wohlgemuth als Konzeptsadjunkt zur Dienstleistung bei dem ihm beigegebenen Regierungskommissär Ed. Bach berufen und trat im Juni 1850 bei dem k. k. Ministerium des Innern in Wien in Verwendung. Neben litterarischen und nationalökonomischen Studien verwendete er dort die freie Zeit zu einer ausführlichen Arbeit über die Haltung der Sachsen im Jahre 1848 und 1849 (Manuskript), womit eine möglichst vollständige Reihe von Aktenstücken mit erläuterndem Texte zur Veröffentlichung gebracht werden sollte.

Erst im Mai 1851 wurde ihm die ungeduldig erwartete Ernennung zum provisorischen Gouvernements-Konzipisten in Hermannstadt zu teil, welche ihm möglich machte, seine Braut Selma, Tochter des k. k. Majors a. D. Anton Täuffer heimzuführen, mit der er am 28. Juni den Ehebund für das Leben schloß.

Neben der praktischen Verwendung suchte er in den nächsten Jahren angesichts der bevorstehenden Organisation der Verwaltung auch die theoretische Befähigung durch Ablegung der praktisch-politischen Prüfung zu erlangen, was er mit ebenso gutem Erfolge erreichte, wie früher bei der vor der kön. Gerichtstafel abgelegten kleinen Zensur.

In verschiedenen Bureaus verdiente er sich die Zufriedenheit seiner Vorgesetzten, bis er unter einem galizischen Beamten, in dessen aus polizeilicher Praxis mitgebrachtes Gebahren er sich nicht zu finden verstand, so unvorsichtig war, die nach Aufarbeitung der ihm zugeteilten Stücke freibleibende Zeit zu Hause zur Fertigstellung des Aufsatzes über das Mediascher Stadtbuch zu verwenden. (Arch. f. Lkde., N. F., III.) Die Zurücksetzung, welche er und die eingeborenen Beamten fast insgesamt gegenüber den fremden unter dem Gouverneur Fürst Schwarzenberg erfuhren, trug dazu bei, daß der bis dahin einer Standeserhöhung widerstrebende Sohn dem Vater, der von Wien gedrängt wurde, den dem Kommandeur des Leopoldordens zustehenden Anspruch geltend zu machen, auf die an ihn gestellte Frage dem Einschreiten zustimmte, das die Erhebung seines Vaters in den Freiherrnstand der damals ungeteilten österreichischen Monarchie brachte, eines Titels, der nach der Auflösung der alten Ordnungen nun annehmbar erschien.

Seit Errichtung der k. k. Kreisämter im Oktober 1854 als Kreiskommissär zuerst III. Klasse, dann II. Klasse dem in Hermannstadt aufgestellten zugeteilt, wußte Bedeus dort auch die Anerkennung seines galizischen Kreisvorstehers zu erwerben, die ihm bei der Organisierung der Urbarialgerichte die Beförderung zum Beisitzer des Hermannstädter Gerichtes erwirkte (Zahl 8358 M. J. vom 20. Dezember 1857). Bei dem Umschwunge der Verhältnisse, welche auch die Auflösung der Urbarialgerichte im November 1861 herbeiführte, wurde er in Disponibilität versetzt, bis er im Dezember 1863 als Referent zur Dienstleistung bei dem damals in Hermannstadt amtierenden Gubernium einberufen wurde, wo er in Militär- und später in Gewerbeangelegenheiten arbeitete. Daraus ergab sich, daß er in dem nach Hermannstadt einberufenen Landtage, dem er als Abgeordneter des 3. Wahlbezirkes des Kokelburger Komitates von 1863—1865 angehörte, als Berichterstatter der zur Abänderung einiger Bestimmungen des Heeresergänzungsgesetzes entsendeten Kommission bestellt, dieselbe zu vertreten hatte.*) Als Mitglied der in Sachen der Landeseinteilung und Verwaltungsorganisation entsendeten Kommission hielt er sich das Vorbild der sächsischen Munizipalverfassung in zeitgemäß verbesserter Form vor Augen.

Seine Auffassung der politischen Lage hatte er in einem Aufsatze: „Zur Landtagsfrage" (S. B., 1861, Nr. 141—4), dargelegt, dann in dem 1862 (S. B., Nr. 248) veröffentlichten: „Die Denkschrift der sächsischen Nations-Universität vom 3. Juli 1848 und vom 29. März 1862." Andere Aufsätze hatten Verwaltungsfragen zum Gegenstande, so „Die Autonomie und ihre Begrenzung" (S. B., 1862, Nr. 105—8). „Zur Regelung des Gemeindewesens" (S. B., 1863, Nr. 41). „Aus der Zeit der Regulation" (S. B., 1863, Nr. 7 u. ff.) u. a. m.

In andere Gebiete fallen die sonstigen Aufsätze aus diesen Jahren, wie das in Nr. 29 v. J. 1861 des S. B. abgedruckte „Kommissions-Gutachlen des Hermannstädter Presbyteriums über die provisorischen Bestimmungen", der in Nr. 67 u. ff. 1862 erschienene Artikel „Die Verbindung von Kirche und Schule" und „Drei Universitätsjahre" (Nr. 16 der Schul- und Kirchenzeitung, 1862), zu deren Reihe noch der in Nr. 2 des Schul- und Kirchenboten, 1868, aufgenommene Aufsatz „Eine brennende Frage" gehört.

Als Abgeordneter des Schäßburger Stuhles im Klausenburger Landtag (1865) schloß er sich der Sondermeinung der sächsischen Mitglieder an. Seine Anschauungen hierüber sind in dem Aufsatze: „Die Verständigung" (S. B., 1866, Nr. 30—34), enthalten.

Von 1865 dem Hermannstädter Obergerichte zugeteilt, war er dort bis zu dessen Auflösung als stimmberechtigter Votant und Referent beschäftigt und wurde über sein Ansuchen mit Erlaß des k. ung. Justizministers vom 28. Juli 1869, Z. 10403 in den Ruhestand versetzt, womit er nach fast 23-jähriger Verwendung aus dem Staatsdienste trat. Von Wert für ihn war, daß er die Vaterstadt, deren Schulen den drei Söhnen und einer Tochter deutsche Bildung eröffnete, nicht verlassen und sich dem behördlichen Organismus des neuen Systems nicht einfügen mußte.

---

*) Ausschuß Bericht, 532 des Urkundenbuches und Stenograph. Protokoll, 967, 1634 und 1642, s. auch den Anhang.

Bald darauf eröffnete sich ihm ein anderer Wirkungskreis, indem er von der Hermannstädter Stadtkommunität, welcher er seit dem 1. August 1860 angehörte, am 29. November 1869 zum Orator gewählt wurde. Aus seiner Feder stammt unter anderen Arbeiten das in Nr. 138 des S. B. 1863 abgedruckte Kommissionsgutachten über den von der Nations-Universität herausgegebenen Entwurf eines Agrarstatuts.

In dem Geiste seines um die Ordnung des Gemeindehaushaltes hochverdienten Vorgängers Friedr. Schneider, dessen Gedächtnis er später aus Anlaß seines Todes in der vom S. D. T., Nr. 533 und 534 veröffentlichten Rede feierte, waltete er seines Amtes, so daß die ehrende Anerkennung seiner Mitbürger ihm zu teil wurde, namentlich auch bei seiner Wiederwahl im Jahre 1874 und zuletzt, da er das durch die Umgestaltung des Gemeindewesens der sächsischen Städte zufolge des neuen Landesgesetzes beseitigte Ehrenamt am 30. September 1877 niederlegte. Vorher hatte er noch die Ermächtigung erhalten, bei der Ausscheidung und Übergabe der Fonde des Hermannstädter Stuhles an die neue Komitatsverwaltung mitzuwirken, auf deren Organisierung er als Mitglied der Munizipalvertretung und dann als deren Vizepräses Einfluß zu nehmen berufen war.

Die unseligen Experimente, mit welchen zuerst unter dem Walten der dem Ministerium eingeräumten freien Hand, dann mit der an dem Werke der Versöhnungsära immer ungescheuter rüttelnden Gesetzgebung die sächsische Munizipalverfassung nach und nach beseitigt wurde, stellten ihm nicht nur die Aufgabe, in den Vertretungskörpern, denen er angehörte, sich als treuer Sohn seines Volkes zu bewähren. Sie gaben ihm auch den Stoff für die im S. d. W. aufgenommenen Aufsätze, wie: „Eine überraschende Nachricht" (3, 1868), „Eine Erweiterung des Sachsenbodens" (98), „Die neuen Regulativpunkte" (222), und zu den späteren „Betrachtungen über unsere Munizipalreform" S. d. T., (Nr. 3747—49). Das Zustandekommen des Dualismus führte mit der Lostrennung der Länder der Stefanskrone von Österreich auch zur Beschränkung des bis dahin für den Gesamtumfang der Monarchie geltenden Staatsbürgerrechtes auf das Gebiet des ungarischen Staates. Bedeus verfehlte nicht, daraus bezüglich des von seinem Vater überkommenen österreichischen Baronates die Schlußfolgerung zu ziehen, daß dasselbe sowohl nach seiner Entstehung, als der mit der Vorschrift des Landesgesetzes nicht übereinstimmenden Form des Diplomes in der neuen Ordnung der Dinge in Ungarn eher auf eine mißliebige Bekrittelung zu rechnen haben würde, als auf die schützende Anerkennung von Seite der konstitutionellen Regierung. Hiefür boten die nicht vereinzelten Fälle, wo es zweckmäßig befunden wurde, für derartige aus der Zeit des Absolutismus stammenden Standeserhöhungen eine neuerliche Verleihung anzusuchen und zu erteilen, verstärkten Anhalt. Bei dieser Sachlage verschmähte es Bedeus an dem Gebrauche des Freiherrntitels festzuhalten und war nicht geneigt der behördlicherseits erhaltenen Andeutung, er möge bei den derzeit im Amte stehenden Machthabern um eine erneuerte Gnadenbezeugung sich bewerben, willfährig zu folgen. Eingedenk des im Jahre 1860 abgelegten Bürgereides und der damit übernommenen Verpflichtung zur Wahrung der in der sächsischen Munizipalverfassung begründeten Rechtsordnung, welche jeden Standesunterschied ausschloß, fand er sich bestimmt, die offene Erklärung abzugeben, daß er diesen Titel seinem Namen fortan weder selbst beifügen wolle noch von andern beigefügt wissen möchte. (S. d. W., Nr. 30, 1873.)

Noch zur Zeit, als die Hermannstädter Stuhlsversammlung ihre Abgeordneten in die sächsische Nationsuniversität entsendete, war er mit dieser Mission betraut worden und nahm an dem Herbstkonfluxe des Jahres 1868 sowie an dem anfangs 1871 eröffneten Teil, bis er wegen Krankheit schweren Herzens gerade dann austreten mußte, als es der künstlich geschaffenen Mehrheit gegenüber galt, den im Unionsgesetze noch nicht ganz vernichteten Rechtsboden gegen weitere Schmälerung zu verteidigen.

Die freie Zeit während seiner langsam fortschreitenden Genesung benützte er zur Beendigung seiner rechtsgeschichtlichen Studie „Das sächsische Nationalvermögen." Hermannstadt 1871, welche zur Abwehr der dasselbe bedrohenden Angriffe dienlich war.

In den folgenden Sessionen der Nationsuniversität im Herbste 1872, dann 1873/4, zu Ende 1874 und 1875 und zuletzt in den Jahren 1877—79 nahm er wieder thätigen Anteil namentlich als Obmann des 1874 eingesetzten Ausschusses zur inventarischen Aufnahme und Wahrung des Nationalvermögens. Einen Auszug aus dem von Bedeus zusammengestellten Elaborate über den Bestand und die Bestimmung desselben enthält der Rechenschaftsbericht über die Sitzungsperiode der sächsischen Nationsuniversität 1880—82.

Von der Funktion als Obmann des sächsischen Parteiausschusses trat er nach dem Tode des als Schriftführer fungierenden Franz Gebbel, dem er seinerzeit bei den einleitenden Schritten zur Schaffung des S. d. W. 1868 hilfsbereit beigestanden, zurück, da zersetzende Unterströmungen begannen, denen wirksam zu begegnen, keine Mittel geboten waren.

Verbittert zog er sich von dem Felde politischer Wirksamkeit zurück, da der Boden gesetzlich gewährleisteter Rechte entzogen, der Weg der Verteidigung versperrt,*) für Beschwerdeführung nirgends ein offenes Ohr zu finden und der innere Zusammenhalt, in dem allein noch eine Gewähr für die Zukunft des sächsischen Volkes zu hoffen war, in wachsender Unentschiedenheit immer loser wurde. Sollte seine Gesundheit nicht tiefer geschädigt werden, mußte er sich dem widerwärtigen Getriebe entziehen und der Aufgabe entsagen, die er im Dienste der sächsischen Nation zu verfolgen bis hieher sich für verpflichtet gehalten. Ihr Verband war aufgelöst. Es galt nun auf anderen Gebieten die übriggebliebene Kraft zu verwenden und dem Zwecke dienstbar zu machen, die zerfallenen Glieder des eigenen Volkes durch geistige und wirtschaftliche Bande zusammenzufassen.

Nicht fremd waren ihm von Jugend auf die Angelegenheiten der ev. Kirche A. B., der sächsischen Volkskirche, deren Leitung sein Vater als langjähriger Vorsitzer des Oberkonsistoriums mit unermüdetem Diensteifer führte, so daß der Eintritt in diese Behörde, welchen die Beförderung zum Urbarialgerichtsrate nach der damaligen Konsistorialverfassung ihm eröffnete (1858),

---

*) Rechenschaftsbericht der sächsischen Universitätsabgeordneten. 1878, 20. (Bedeus' Antrag auf Entsendung einer Deputation an Se. Majestät wurde nicht zur Verhandlung zugelassen.)

ihn in einen bekannten Geschäftskreis führte. Bei der Einführung der neuen
Kirchenverfassung im Jahre 1860 in das Presbyterium gewählt, fand er
dort ein Feld reger Thätigkeit, indem er bei den kommissionellen Vorarbeiten
in Betreff der besseren Einrichtung der Mädchenschulen, der Erweiterung der
Realschule, der Regelung der Gehaltsverhältnisse der Prediger sowie der
Mittelschullehrer, dann bei den Kassakontrierungen und der Rechnungsprüfung
beschäftigt durch eingehende Benützung des Presbyterialarchives sich einen
Einblick in die Vergangenheit und die früheren Zustände zu schaffen bedacht
war. Besondere Befriedigung gewährte ihm, daß er durch seine vielseitigen
Verbindungen als Mitglied der verschiedenen weltlichen und kirchlichen Ver-
tretungskörper und Institute in die Lage kam, die Bewilligung der zum
Zustandekommen der Oberrealschule erforderlichen Dotationen, namentlich
der auf 12 Jahre zugesagten Staatsdotation von 5000 fl. mit Wort und
Feder anzuregen, zu befürworten und zu erwirken. (Vgl. Statut über die
Errichtung einer Oberrealschule in Hermannstadt in der Siebenb. Zeitschrift
für Handel, Gewerbe und Landwirtschaft. 1867, 81.)

Er schied aus dem Presbyterium, als er am 10. November 1868 zum
Ehrenamte des Landeskirchenkurator berufen wurde. Dem Landeskonsistorium
gehörte Bedeus schon seit 1861 zunächst als weltlicher Ersatzmann dann als
wirkliches Mitglied an und übernahm, als 1865 der Sekretär der Landeskirche Jakob Rannicher zum k. Gubernialrat ernannt wurde, die Versehung
dieses Dienstes unter Mithilfe des provisorischen Aktuars Franz Gebbel,
bis dieser von der Landeskirchenversammlung in dies Amt berufen wurde.
Für diese Versammlung hatte Bedeus den Rechenschaftsbericht über die Verwaltung und Verwendung der Fonde der Landeskirche seit 1862 bis 1864,
dann die Vorlage über die Mühlbacher Sinekuren und den Entwurf einer
Vorlage über die Errichtung einer allgemeinen Pensionsanstalt der Landeskirche
ausgearbeitet und den Ausschußbericht in Betreff der Intervallfrage verfaßt.

Zum Direktor der ins Leben gerufenen Pensionsanstalt ernannt, lag
ihm ob, alljährlich einen Bericht über die Gebahrung derselben zusammen-
zustellen zum Zwecke der Veröffentlichung in Form eines Rundschreibens des
Landeskonsistoriums durch die Kirchenbehörden und das Jahrbuch der Landeskirche, wo sie zu finden sind.

Für die Fortentwickelung der Anstalt besorgt, war er dafür namentlich
auch durch die Abfassung und Vertretung der für die VI., VIII. und
IX. Landeskirchenversammlungen bestimmten Vorlagen über die an den
Satzungen vorzunehmenden Änderungen thätig, sowie durch die Einbringung
späterer immer wieder durch die staatliche Gesetzgebung hervorgerufenen
Nachträge, welche die XIV. und XV. Landeskirchenversammlungen beschäftigten.

Auch die in der VI. Landeskirchenversammlung angenommene Vorlage
über die Bedeckung der allgemeinen Bedürfnisse der Landeskirche ist sein Werk.
In der Landeskirchenversammlung von 1890 hatte er über die Umwandlung
der das Zehntentschädigungskapital bildenden siebenbürgischen Grundentlastungs-
obligationen, bei deren Durchführung er dem damit betrauten Bischof D. G. D.
Teutsch auf dessen Wunsch zur Seite stand, zu berichten.

Bei den Vorberatungen anderer Vorlagen, die zum Ausbau der Kirchenverfassung zu dienen hatten, namentlich der Schulordnung, der Eheprozeß-

und der Disziplinarordnung beteiligte er sich in eingehender Weise, häufig in einer Richtung, die zunächst nicht zur Geltung gebracht werden konnte, seither aber doch Eingang gefunden hat. So ist vor kurzem an die vor einem Vierteljahrhundert von Bedeus beantragte Ausübung des Verlagsrechtes der Landeskirche durch Herausgabe eines neuen Gesangbuches gegangen worden. Sofort nach seiner Erwählung zum Landeskirchenkurator am 11. November 1868 hatte Bedeus bei der Abnahme des von dem neuen Bischof D. G. D. Teutsch in Gegenwart des Regierungsvertreters abzulegenden Diensteides seines Amtes zu walten, und zwar in derselben Kirche, wo er bei anderer Gelegenheit den versammelten Reichstagswählern den ausersehenen Reichstagskandidaten Jakob Rannicher vorzuschlagen und zu empfehlen veranlaßt war. An der Seite des Bischofs hatte er zur Überreichung der gegen den Entwurf des Mittelschulgesetzes gerichteten Vorstellung des Landeskonsistoriums sich an das a. h. Hoflager zu begeben, und auch nachdem er das durch zweimalige Wiederwahl ihm übertragene Ehrenamt 1877 niedergelegt hatte, führte ihn eine ähnliche Sendung in Angelegenheit der Entschädigung des indebite geleisteten Naturalzehntens mit der entsendeten Deputation des Landeskonsistoriums nach Pest. Er ist auch langjähriges Mitglied des siebenb. Hauptvorstandes der ev. Gustav-Adolf-Stiftung. Schon von dem ersten Landeskonsistorium wurde er in das Kuratorium des Baron Samuel Brukenthal'schen Museums entsendet, nachdem er in einem Auszuge aus den die Stiftung betreffenden Akten die diesbezügliche Aufgabe der obersten Kirchenbehörde nachgewiesen hatte, und ist nicht müde geworden dem ihm gewordenen Auftrage zu entsprechen.

Seine historisch-litterarische Thätigkeit gab den Anlaß, daß ihn der Verein für siebenb. Landeskunde in seinen Ausschuß berief (1872). Vielleicht kann Bedeus noch die erhoffte Muße gewinnen, mit der litterarischen Verwertung des zur Vervollständigung früherer Arbeiten gesammelten Materials sich zu beschäftigen. An dem S. d. W. war Bedeus seit dessen Gründung ein eifriger Mitarbeiter (s. hierüber den Artikel Franz Gebbel). Den Weg von seiner Wirksamkeit auf kirchlichem Gebiete zur Arbeit auf wirtschaftlichem Felde bahnte ihm der Erfolg seiner Bemühungen um die Errichtung der allg. Pensionsanstalt der ev. Landeskirche. Mitte 1867 von dem Gründungskomitee der allg. Versicherungsbank Transsylvania zur Mitwirkung bei der Schaffung dieses vaterländischen Unternehmens eingeladen, ließ er sich bereit finden, an der Feststellung des Statutenentwurses teilzunehmen und als Mitglied des Gründungskomitees das von demselben ausgegebene Programm mitzuunterfertigen. In Mitten des Verwaltungsrates suchte er, sobald er in dem neuen Fache durch das Studium litterarischer Behelfe und Zeitschriften heimisch geworden, bei der Ausgestaltung der Anstalt mit behilflich zu sein.

Er fand bereitwillige Anerkennung, indem er zum Vizepräsidenten und 1873 zum Präsidenten des Verwaltungsrates gewählt wurde. Nach mehrjähriger Wirksamkeit in dieser Stelle trat er 1881 aus dem Verwaltungsrate, wo er entbehrlich geworden war, aus. Doch blieb er dauernd mit der Anstalt in Verbindung, indem das mit der Bodenkreditanstalt und dem siebenb.-sächs Landwirtschaftsverein abgeschlossene Vertragsverhältnis den Anlaß zu fortgesetztem Verkehre bot. Diese beiden Gesellschaften waren es, welche seine Arbeitskraft und Arbeitsfreudigkeit immer mehr in Anspruch nahmen.

Wie Bedeus für die Erhaltung und Neugestaltung des 1845 be=
gründeten Landwirtschaftsvereines mit nachhaltiger Ausdauer und langsam
keimendem Erfolge thätig gewesen, findet sich in dem zur fünfzigjährigen
Jubelfeier des Vereines herausgegebenen Buche „Entstehung, Umgestaltung
und Entwickelung des siebenb.=sächs. Landwirtschaftsvereines und dessen
Wirksamkeit in den Jahren 1845—1895" geschildert. Im Nachworte ist
eine Reihe von bezeichnenden Aussprüchen aus den von Bedeus fast all=
jährlich erstatteten Geschäftsberichten zusammengestellt. In welchem Geiste er
die Aufgabe erfaßt hatte, dem Zerfall des Vereines zu begegnen und in ihm
ein Band des Zusammenhaltes der ihres Bestandes als politischer Körper
entkleideten Nation zu bewahren, hat er offen dargelegt in dem am 4. Mai 1866
der Vereinsversammlung vorgelegten Verwaltungsberichte, der in der Siebenb.
Zeitschrift für Handel, Gewerbe und Landwirtschaft 1866 abgedruckt ist. Der
in Todesschlaf verfallene Verein wurde in der 1857 abgehaltenen Versammlung,
zu deren Einberufung Bedeus von dem früheren Präsidenten die Ermächtigung
erhalten hatte, zu neuem Leben erweckt. Die dort gewählte Oberverwaltung,
insbesondere dessen Schriftführer Bedeus hatte zunächst für den Verein eine
den geänderten Verhältnissen angepaßte Grundlage zu schaffen und durch
fortgesetzte Bemühungen die Bestätigung der neuen Satzungen zu erwirken.

Nachdem dies bei Benützung eines günstigen Augenblickes endlich nach
Jahren erreicht und mit der stufenweisen Konstituierung vorgegangen worden
war, fiel bei der am 16. August 1887 vorgenommenen Wahl der Ober=
verwaltung dem zum Vereinsvorsteher erwählten Träger des Gedankens auch
die schwere Aufgabe der Ausführung zu, welcher er sich mit unabläßigem
Eifer und unverdrossener Ausdauer unterzog, wofür ihm letztlich der Lohn
langersehnter Teilnahme von Seite des Bauernstandes und herzliche Aner=
kennung zu teil geworden ist. Der ehemalige Urbarialgerichtsrat kann nur
eine Genugthuung darin finden, daß die namens des Vereins seit seinem
Aufleben erbetene Ausdehnung des Kommassationsgesetzes auf den Königsboden
zur Geltung gekommen und von zahlreichen Gemeinden ausgenützt wird, wie
es andererseits dem Leiter des Vereins zur Befriedigung gereichen mag, daß
die von der Oberverwaltung seit ihrer ersten Einsetzung angestrebte Errichtung
einer Ackerbauschule aus Mitteln des Nationalvermögens bei der sächsischen
Nationsuniversität Anklang und Ausführung gefunden hat und dem landwirt=
schaftlichen Fortschritte die Wege weist. Es muß ihm Freude machen, wenn
feldpolizeiliche Maßregeln, welche, dem gewesenen k. k. Kreiskommissär aus
seiner Amtspraxis bekannt, der Anwendung auf die geänderten Verhältnisse
wert erscheinen, nach immer wieder vereitelten Versuchen, in Mitte unserer
munizipalen Vertretungskörper Statute zu schaffen, zu welchen der landwirt=
schaftliche Verein wiederholte Anregung gegeben, endlich auf Grund des Landes=
gesetzes angeordnet und ausgeführt werden.*) Den größten Wert mag er aber
dem Gelingen der im Auftrage des Vereins begründeten Bodenkreditanstalt
in Hermannstadt beilegen, welche als Ersatz für die von dem Hermannstädter

---

*) Hier ist auch der im S. d. W. 1871, 489 erschienene Aufsatz: Über Rind=
viehzucht, worin Bedeus die Einführung der Pinzgauer Hornviehrasse anriet, zu
erwähnen, sowie das Gutachten über die Feststellung eines Minimums für die
Teilbarkeit des Grundbesitzes (S. d. T., Nr. 2245 und 46).

Landtage nicht zu stande gebrachte Landeshypothekenbank dienen sollte. Als Bedeus sah, daß die noch beschränkten Mittel der Pensionsanstalt dem Kapitalbedarf der sächsischen Landbauer, welche bei den wenigen städtischen Sparkassen nur unzulängliche Befriedigung finden konnten, nicht genügte und bei dem von dem niedrigen Kurse der Wertpapiere bewirkten Geldabfluß außer Landes der Wucher auf sächsischem Gebiete blühte, drängte es ihn, als Mittel der Gegenwehr eine zur Ausgabe von Pfandbriefen berechtigte Krebitanstalt zu stande zu bringen, welche dem Landmanne unkündbare Darlehen gegen Sicherstellung auf Grund und Boden und unter Anwendung des bei der Pensionsanstalt bereits zur Anwendung gekommenen Amortisationssystems zu gewähren vermöchte. Erst nach mehrjährigen Verhandlungen konnte er die ministerielle Genehmigung der Satzungen erwirken und nachdem ein Teil der Anteilscheine gezeichnet worden und er den Rest derselben vorläufig auf sich genommen hatte, 1872 mit Ermächtigung der Oberverwaltung zur Eröffnung der Anstalt gehen. Dabei kam die Bereitwilligkeit der mit der Verwaltung der Pensionsanstalt betrauten Direktionsmitglieder und des damaligen Direktors der Transsylvania, welche ihre Dienste ohne Anspruch auf Vergütung anboten, und die Bewilligung dazu von dem Landeskonsistorium erhielten, sehr zu statten, da von dem erst beginnenden Geschäfte ein höherer Ertrag noch nicht erwartet werden konnte. Die Einführung der Pfandbriefe an der Börse und deren Absatz in Gang zu bringen, waren ihm seine vielseitigen Verbindungen und das Vertrauen, das ihm entgegengebracht wurde, behülflich. Den Bericht hierüber erstattete Bedeus der am 16. März 1873 abgehaltenen konstituierenden Versammlung (veröffentlicht im S. d. W., 1873, 214). In den alljährlich ausgegebenen Geschäftsberichten fehlte ihm nie der Stoff, von stets neuen Wendungen in der Entwicklung der Anstalt, wozu die gesetzlichen Anordnungen und wechselnden Verhältnisse führten, Mitteilung zu machen, und von der wachsenden Ausbreitung des Geschäftsumfanges, von dem wachsenden, der Anstalt gewonnenen, Vertrauen und dem von Jahr zu Jahr sich mehrenden Ertrage zu berichten, wovon ein ansehnlicher Teil für volkswirtschaftliche Zwecke und hauptsächlich dem landwirtschaftlichen Verein gewidmet ist, dessen Bestand und Wirksamkeit dadurch wesentlich gestützt wird.

Daß Bedeus seine Aufmerksamkeit nicht nur der eigenen Anstalt zuwendete, zeigt die Reihe der im S. d. T. von ihm erschienenen Aufsätze, welche zunächst in Nr. 3759 „Die Hermannstädter Bodenkreditanstalt", dann aber in Nr. 3765 u. ff. „Die Reform des Sparkassawesens in Ungarn", in Nr. 3948 u. ff. „Unsere Vorschußvereine in ihren Satzungen" und in Nr. 5287 „Die Siebenbürger Vereinsbank" behandelten. Satzungen und Prospekt der letzteren Bank sind gleichfalls von Bedeus verfaßt, selbstverständlich im Einvernehmen mit den übrigen Gründern. In ihr soll, wie er meint, ein Mittelglied zur Hebung des Handelsverkehrs und der heimischen Produktion erwachsen, das auch auswärtiges Kapital heranzuziehen berufen sein wird.

Die Kräftigung des Sachsenvolkes von innen heraus gilt ihm als das gemeinsam zu verfolgende Ziel, als der einzige Rettungsanker in der es umbrandenden See. Mit den zu Gebote stehenden spärlichen Mitteln haushälterisch umzugehen, hält er für ein Gebot der Vorsicht, die langsames

Fortschreiten vorzieht gefahrdrohenden Rückschlägen oder Verlusten. Denn er hat es erfahren, wie schwer die Nachwirkungen mißlungener Unternehmungen verwunden werden. Wie er freudig das Zustandekommen einer Reihe von Fabriken, an deren Begründung auch sein Vater sich mehrfach beteiligte, in seiner Jugend begrüßt und ihre Geschäftsführung mit Aufmerksamkeit verfolgt hatte, so mußte er dann schmerzlich beklagen, wie eine nach der anderen dem Wechsel der Verhältnisse zum Opfer fiel, denen Widerstand zu leisten, die unzureichende Kraft nicht gewachsen war. Weniger beschwerte ihn, daß er mit dem geschmälerten väterlichen Vermögen auch Sorgen und einige Lasten überkommen hatte, denn er war genügsam erzogen und fand es erträglicher, nach Erfordernis der Umstände sich einzuschränken, um die Erziehung der Kinder zu bestreiten, als um Gunst und reichen Lohn sich zu bewerben. Er wollte in uneigennützigem Wirken seinem Volke dienen und seine Unabhängigkeit bewahren.

Es kamen allerdings Jahre, wo er von den schweren Schlägen, welche die sächsische Nation trafen, tiefgebeugt, und von erschütternden Erfahrungen im Gemüte und Gewissen hart bedrängt, auch in seiner Gesundheit geschädigt, nahe daran war, den Mut sinken zu lassen und der erfolglos scheinenden Arbeit zu entsagen. Daß er sie aber nicht lassen konnte, hat ihn erhalten und wieder gehoben, bis er endlich froh werden konnte des lohnenden Erfolges und der Ehren, die selbst von auswärtigen Körperschaften ihm zuerkannt wurden. Schon 1874 und 1875 war er von der steiermärkischen und k. k. Landwirtschaftsgesellschaft in Wien zum korrespondierenden Mitglied ernannt worden. Gelegentlich des fünfhundertjährigen Jubiläums der Universität Heidelberg (August 1886) wurde er von der juristischen Fakultät honoris causa zum Doktor der Rechte ernannt (S. b. T., 3846).

Schwer verwand Bedeus den Verlust seines Stiefbruders Eugen v. Friedenfels und der auch ihm so teuern Männer Franz Gebbel und Bischof Teutsch. Mit überlebenden Freunden hatte er die Schwelle des Alters mit dem 70. Geburtstage zu überschreiten an der Hand der treuen Lebensgefährtin und Pflegerin, die mehr als 45 Jahre ihm in Leid und Freud zur Seite gestanden, mit ihm teilend die Sorgen für die in der Ferne zerstreuten Kinder und Enkel.

Mit der Zeit, die andere zu geselligem Umgange verwenden, immer sparsam, sucht Bedeus Erholung und Anregung mannigfacher Art in dem Lesen von zahlreichen sachlichen und Tagesblättern, welche ihn in laufender Übersicht der Ereignisse im In- und Auslande erhalten, wobei ihm durch den Rückblick auf die Erlebnisse längst vergangener Zeit erleichtert wird, sich über die Gegenwart ein festes Urteil zu bilden.

Mit dem sichern Glauben an die Notwendigkeit des Bestandes des in der Monarchie vereinigten Staatenbundes verbindet er die zuversichtliche Hoffnung auf die im Sachsen noch nicht erloschene Kraft der Selbsterhaltung, die in seiner Kirche und Schule wurzelt, und sieht ab von den Auswüchsen der freiheitlichen Fortentwicklung und des Verfassungslebens, dessen Aufleben er in der Jugend freudig begrüßt hat und von dem er noch die Erfüllung der staatlichen Aufgabe auch gegenüber den die Gesellschaft bedrohenden auflösenden Elementen erwartet, jedoch nur dann, wenn der Geist der Gerechtigkeit und Versöhnlichkeit erstarkt, aus dem der segenbringende Friede erblüht.

Im September 1898 legte Bedeus, durch Kränklichkeit hiezu veranlaßt, seine Stelle als Direktor der Bodenkreditanstalt nieder und kaum ein Jahr darauf erklärte er, daß er seines vorgerückten Alters wegen und mit Rücksicht auf seine geschwächte Gesundheit von seinem Ehrenamte als 1. weltlicher Beisitzer des Landeskonsistoriums und zugleich als Direktor der allgemeinen Pensionsanstalt der Landeskirche zurücktreten müsse. Mit tiefer Wehmut gedachte Bischof Müller in der letzten kirchenregimentlichen Sitzung der 19. Landeskirchenversammlung vom 29. August 1899 dieses Ausscheidens Bedeus' aus der obersten Schul- und Kirchenbehörde, der er nahezu seit vier Jahrzehnten angehört habe. Dr. Josef Bedeus, führte Bischof Müller weiter aus, sei nicht nur der Schöpfer der allgemeinen Pensionsanstalt der Landeskirche, sondern er habe an allen größeren Arbeiten derselben, so beispielsweise auch in der Agenden- und Gesangbuchskommission tiefsten und lebendigsten Anteil genommen. Es sei daher die Pflicht der Landeskirche, ihm hiefür zu danken, und er beantrage diesen Dank protokollarisch auszudrücken. Tief bewegt und unter Hochrufen stimmte die Kirchenversammlung diesem Antrage zu.

Friedenfels, Bedeus, I, 42, 144, 196; II, 82, 166, 181, 214, 305 ff., 312, 320.
Dr. Joseph Bedeus v. Scharberg. Von Dr. Fr. Teutsch im Kalender des Siebenbürger Volksfreundes für 1896, N. F. I. Redigiert von Dr. A. Schullerus und Dr. Fr. Teutsch. Hermannstadt, Druck und Verlag von Jos. Drotleff.
S. d. T., 3846 (1886), von G. D. Teutsch.
Ebenda, 7816 (1899).
Szinnyei, M. J., I, 745.

Beldi Karl, Dr. med.,
(I, 95)

wurde am 9. Mai 1811 in Kronstadt geboren. Zuerst war er Apotheker und hatte als solcher auch das Diplom als Magister der Pharmacie am 29. Oktober 1833 in Wien sich erworben. Von diesen Studien jedoch nicht befriedigt, wandte er sich der Medizin zu und studierte in Wien, Padua, Prag, Pavia; in letzterer Stadt wurde er am 23. Februar 1841 zum Dr. med., am 18. Juni zum Dr. chirurg. promoviert, dann in Wien am 30. Oktober 1841 zum Magister der Okulistik und am 23. Dezember zum Magister der Geburtshilfe. Das Jahr 1842 brachte er mit Studien in Berlin und Paris zu und kehrte hierauf wieder nach Wien zurück. Hier war aus dem siebenb. Vaccinationsfond im Jahre 1843 eine Stelle für „Operations-Zöglinge" mit einem jährlichen Gehalt von 360 fl. C.-M. für Siebenbürger gebildet worden. Er war der erste, der diese Stelle auf zwei Jahre erhielt, und zwar vom 1. Februar 1843—1845. Am 14. März 1845 erhielt er das Diplom als Operateur. Bald darauf kehrte er in seine Vaterstadt zurück und übte daselbst die ärztliche Praxis aus. Am 1. Januar 1854 wurde er zum Primararzt des Bürgerkrankenhauses daselbst ernannt. Im Jahre 1849 war er in einem der vielen Militärspitäler thätig. 1878 erhielt er das goldene Verdienstkreuz mit der Krone. Beldi starb nach monatelangem Siechtum am 2. Oktober 1880.

Er schrieb:

Diss. inaug. de Moscho a doctore Carolo Beldi. Ticini Regii ex typograph. Bizzoni J. R. Univ. Typogr. 1841.

Szinnyei, M. J., I, 787.

Bell Albert Friedrich

wurde am 29. April 1843 in Hermannstadt geboren, wo er auch das ev. Gymnasium A. B. 1861 absolvierte. Nachdem er zwei Semester die Hermannstädter Rechtsakademie besucht hatte, bezog er die Universitäten Jena und Wien, um daselbst Theologie und Philosophie zu studieren. Von 1869 an war er Supplent an der Hermannstädter Mädchenschule und zugleich bis 1871 auch Kanzlist bei dem Landeskonsistorium der ev. Landeskirche. Seit 1872 ist er Direktor der ev. Mädchenbürgerschule in Hermannstadt.

Er veröffentlichte:

1. Zur Geschichte der Alpinistik-Hochtouren in den Alpen. Sonderabdruck des S. d. T., 3238—3242. Jos. Drotleff 1881.
2. Ein Ausflug auf den Negoi. K. B. J., II. (1882.)
3. Uhlands Charakterbild. S. d. T., 4066 ff. (1887.)
4. Die Entwicklung der Hermannstädter Mädchenschule. Sonderabdruck des S. d. T., 6259 ff. (1894.)
5. Das siebenbürgische Hochland. Nach Skizzen von F. A. Bell, F. Krauß, C. J. Römer, E. Sigerus und E. Weingärtner. Mit 32 Illustrationen von J. Weber und einer Karte. (Europäische Wanderbilder, Nr. 175, 176.) Zürich, Orell Füßli und Comp. 1894.
6. Zur Geschichte des Feuerlöschwesens. Festgabe zum 25-jährigen Jubiläum der freiwilligen Feuerwehr in Hermannstadt. 1873—1898. Gedruckt und in Kommission bei W. Krafft. 1898. [Bespr. S. d. T., 7532 (1898.)]

Bell Georg,

geboren in Rod am 22. Oktober 1832, besuchte nach Absolvierung des Schäßburger Gymnasiums die Universitäten in Tübingen und Berlin, wurde am 2. September 1856 als Lehrer am Schäßburger Gymnasium und den damit verbundenen Lehranstalten angestellt und übersiedelte am 19. Mai 1876 in das Pfarramt Rod. Nach fast 42-jähriger Amtswirksamkeit wurde er auf sein Ansuchen am 31. Januar 1898 in den Ruhestand versetzt, aus welchem Anlaß Bischof Müller dem Scheidenden Dank und Anerkennung aussprach.

Von ihm erschien:

1. Geschichte des Schäßburger Gymnasiums (Fortsetzung), umfassend die Zeit 1741—1807. Sch. G.-P., 1864.

2. Anhang zu Fr. Marienburgs „Gedenkbuch des Bogeschdorfer Kapitels". Aus Marienburgs Nachlaß zusammengestellt von G. Bell. Arch. f. Ldbe., N. F. XXI.

Bezüglich der Mitarbeit Bells am S. b. W. f. auch den Artikel Franz Gebbel.

Bella Johann Leopold,

geboren am 4. September 1843 zu St. Nikolau in der Liptauer Gespanschaft, besuchte das Gymnasium zuerst in Leutschau, dann in Neusohl und kam 1863 auf die Universität in Wien. Unter dem Einfluß des Hof- und Domkapellmeisters Gottfried Preyer und unter persönlicher Anleitung des Hoforganisten Simon Sechter entwickelte sich Bella in Wien zum Musiker von allerstrengster, konservativer Richtung und erhielt als solcher 1866 seine erste musikalische Anstellung als Gesanglehrer am Seminar in Neusohl. Im Jahre 1869 einstimmig zum Stadtkapellmeister in Kremnitz gewählt, wirkte er auch hier treu seiner Richtung, bis ihm ein Staatsstipendium 1873 eine Studienreise nach Deutschland ermöglichte, von welcher er sowohl in seiner ganzen Weltanschauung als auch in seinem künstlerischen Empfinden und Bekenntnis umgewandelt, heimkehrte. Seit 1881 steht er als Musikdirektor an der Spitze des öffentlichen Musikwesens in Hermannstadt, dessen Pflege und Förderung er sich wohl im Zusammenhang mit dem klassischen Grund und Boden doch im engen Anschluß auch an die neueren Kunstrichtungen zur Lebensaufgabe gestellt hat. Pietät für die unvergänglichen Schöpfungen der Klassizität, Liebe zu der unserem Empfinden näher stehenden Romantik in voller Wärme zu erhalten und von diesem unversiegbaren Doppelquell ein Verständnis auch für das Moderne abzuleiten und zu wecken ist für Bella auch Beweggrund zu seiner schriftstellerischen Thätigkeit geworden. Nachdem er schon während seiner Studienzeit in Neusohl und in Wien und in seinen beiden ersten Anstellungen zahlreiche Artikel und Korrespondenzen für litterarische, Kirchen- und Musikzeitungen geliefert hatte, schrieb er in der vorhin angedeuteten Absicht für das „S. b. T." außer sonstigen Beiträgen bemerkenswerte Abhandlungen zu:

1. Gades „Zion", S. b. T., 2408 ff. (1881.) (Erschien auch im Sonderabbruck. Hermannstadt, Drotleff 1881.
2. Wilhelm de Haans „Harpa". [Ebenda, 3129 ff. (1881)].
3. Brahms deutschem „Requiem". [Ebenda, 2725 ff. (1882)].
4. Händels „Messias". [Ebenda, 3634 ff. (1885)].
5. Liszts „Prometheus". [Ebenda, 4340 ff. (1888)].
6. Richard Strauß' „Wanderers Sturmlied". [Ebenda, 4565 ff. (1888). Erschien auch im Sonderabbruck. Hermannstadt, Drotleff 1888.]

Ferner erschien von Bella:

„Eine Orgel unserer Zeit". Beitrag zur Klärung der Ansichten und zur Anbahnung des Fortschrittes in Bezug auf unsere Kirchenorgeln. Hermannstadt, Jos. Drotleff 1891. (Sonderabbruck aus dem S. b. T., 1894.)

Auch an der Redaktionsarbeit für das neue Gesangbuch der evang. Landeskirche hat Bella hervorragenden Anteil genommen.

Als Komponist schuf er zahlreiche Werke aller Kunstgattungen, von denen jedoch außer kleineren Stücken ohne Opuszahl und außer Beiträgen für musikalische Sammelwerke und periodische Ausgaben nur wenige veröffentlicht wurden, unter denen wir jene, die für uns praktisches Interesse haben, hier anführen:

1. Op. 1. „Christus factus est". Motette mit lateinischem und deutschem Text für 5- bis 6-stimmigen gemischten Chor. Leipzig, Kahnt.
2. Op. 2. Drei Lieder. Wien, Guttmann.
3. Op. 4. Sonate für drei Violinen. Leipzig, Breitkopf und Härtel.
4. Op. 5. Vier Lieder. Leipzig, Kahnt.
5. Op. 7. Saul und David, geistliche Ballade für eine Baßstimme mit Begleitung der Orgel. Leipzig, Kahnt.
6. Op. 12. Drei Lieder. Hermannstadt, Schmiedicke-Meyer.
7. Vierstimmiges Choralbuch zu dem Gesangbuch der ev. Landeskirche A. B. in den siebenbürgischen Landesteilen Ungarns, bearbeitet von J. L. Bella und Oskar Wermann, Hermannstadt 1898. Verlag des Landeskonsistoriums. Lith. Anst. von C. C. Röder, Leipzig.

Im Herbste 1899 vollendete Bella die nach Richard Wagners Entwurf von Oskar Schlemm textierte Oper „Wieland der Schmied" in drei Akten.

Benigni Josef Heinrich Edler von Mildenberg.
(I, 95).

Hellbach (Joh. Christ. v.), Adels-Lexikon. Ilmenau 1825. Voigt. 8°. I, 121.
Friedenfels, Bedeus, I, 32 f., 91, 309); II, 50, 53, 54, 86, 111, 118, 165, 182, 343, 400—401, 441, 443, 462.
Allg. d. Biogr., II, 333 von [E. v.] Friedenfels.
Wurzbach, I, 270.
Szinnyei, M. J., I, 848.

Benkner Johann d. Ä.
(I, 103).

Allg. d. Biogr., II, 336 von [E. v.] Trauschenfels.
Szinnyei, M. J., I, 855.

Berger Albert, Dr. phil.,

wurde am 30. September 1864 in Naghág (Hunyader Komitat) geboren, absolvierte im Juli 1882 das Bistritzer Gymnasium und studierte Philosophie und Theologie an den Universitäten Tübingen, Heidelberg, Leipzig, Berlin und Klausenburg. Seit 1888 an der Neuordnung des damals gänzlich verwahrlosten und vernachlässigten alten Bistritzer Archivs arbeitend, wurde er im März 1892 am Bistritzer Gymnasium als Professor angestellt.

Veröffentlichte Arbeiten:

1. Die Doktordissertation: A harmadfoku egyenlet gyökeinek némely nevezetesebb viszonyairól. Besztercze 1888.
2. Urkunden-Regesten aus dem alten Bistritzer Archive. I. Teil von 1203—1490. V. G.-P., 1893. [Bespr. im Korr. f. Ltde., XVI, (1893), 138]; II. Teil von 1491—1516. Ebenda, 1894, [rez. Korr. f. Ltde., XVII, 11, (1894)]; III. Teil von 1517—1526. Ebenda, 1895, [rez. Korr. f. Ltde., XVIII, (1895), 132].
3. Volkszählung in den 7 und 2 Stühlen, im Bistritzer und Kronstädter Distrikte vom Ende des XV. und Anfang des XVI. Jahrhunderts. Korr. f. Ltde., XVII, 5 und 6. Erschien auch im Sonderabdruck.
4. Verzeichnis der Bistritzer Oberrichter. In der Festgabe der Stadt Bistritz den Mitgliedern des V. f. Ltde. gewidmet anläßlich der am 13. und 14. August 1897 in Bistritz abgehaltenen 49. Generalversammlung dieses Vereines. Bistritz, Verlag der Stadt Bistritz. Druck von Theobor Botschar, 1897. [Bespr. im Korr. f. Ltde., XX, (1897), 113.]

Berger Andreas,

geboren am 13. Oktober 1850 in Großalisch, absolvierte 1871 das Gymnasium in Schäßburg und begab sich hierauf an die Universität in Jena, um Medizin zu studieren. Ohne sein Studium zu beenden, widmete er sich hierauf der militärischen Laufbahn und absolvierte im Mai 1878 die Hermannstädter Kadettenschule. 1878 wurde er zum Lieutenant im Infanterieregiment Friedr. Wilh. Großherzog von Mecklenburg-Strelitz Nr. 31 ernannt, dem er auch gegenwärtig als Hauptmann angehört.

Er schrieb:

1. Eine Nachtwanderung über den Negoi zum Bulleasee. K. V. J., IX. (1889).
2. Aus dem Arpaschthale nach Bukarest. Ebenda, XII. (1892).
3. Eine Negoipartie zu Pfingsten 1893. Ebenda, XIV. (1894).
4. Auf Schneeschuhen über das Zibinsgebirge. Ebenda, XV. (1895).

Bergleiter Johann.
(I, 108).

Allg. d. Biogr., II, 989 von [G. D.] Teutsch.
Friedenfels, Bedeus, I, 113; II, 337.
Szinnyei, M. J., I, 940.

Bergleiter Stephan Adolph.
(I, 112).

Im Manuskript (im Sup.-Arch.) ist von Bergleiter noch folgende Dissertation vorhanden:

Utrum J. Christus vaticinatus fuerit, se post triduum resurrecturum fore,
disseruit Stephanus Adolphus Bergleiter. 1837.

Szinnyei, M. J., I, 941.

Bergler Stefan.
(I, 114).

Über f. litterar. Arbeiten, bef. P. Burmanni, Praef. ad Aristophanem,
  (1760), 2—14.
Gesner J. Mathias, Prael. Isag. in Eruditatem universalem, 524.
Struvii, Bibliotheca Historiae litter. 2263.
Nouvelle Biographie générale... publiée sous la direction de M. le
  Dr. Hoffer. Paris 1853. V, Sp. 517.
Erſch und Gruber, Allg. Encyklopädie I. Sekt., IX. Teil, 125.
Meltzl-Hermann, Das alte und neue Kronstadt. I, 217 ff.
Allg. d. Biogr., II, 391 von Halm.
Wurzbach, I, 312.
Szinnyei, M. J., I, 941.

Bertleff Andreas,

geboren am 18. Auguſt 1856 in Klein=Biſtriß, abſolvierte das Gymnaſium
in Biſtriß im Jahre 1877 und ſtudierte Theologie und altklaſſiſche Philologie
drei Jahre hindurch an der Univerſität in Wien. Im Jahre 1883 erhielt er
in Biſtriß ſeine bleibende Anſtellung als Gymnaſiallehrer. 1890 wurde er
zum Pfarrer in Weilau und am 14. Auguſt 1894 zum Pfarrer in Schön=
birk gewählt.

Er ſchrieb:

Beiträge zur Kenntnis der Klein=Biſtrißer Mundart. V. G.=P., 1888.

Szinnyei, M. J., I, 970.

Bertleff Johann Georg

wurde am 14. September 1833 in Deutſch=Budak geboren, abſolvierte 1855
das Gymnaſium in Biſtriß und ſtudierte hierauf in Wien und Halle. Nach
ſeiner Rückkehr in das Vaterland fand er eine Anſtellung als Elementarlehrer
in S.=Reen, 1860 wurde er Profeſſor am Gymnaſium in Biſtriß, am 29. März
1868 Pfarrer in Windau. Seit 1872 war er Pfarrer in Weißkirchen. Er
ſtarb am 14. Februar 1876.

Er ſchrieb:

Beiträge zur Kenntnis der Röſner Volksſprache. V. G.=P., 1867, 1868.

Szinnyei, M. J., I, 970.

Bertleff Martin
(I, 129)

erscheint schon 1697 als öffentlicher Professor in Thorn.

Der Exodus Hamelensis, den Trausch (a. a. O., 129) nie gesehen, hat folgenden Titel:

> Exodus Hamelensis, quam auxiliante d. t. o. m. sub praesidio M. Martini Böhm, gymn. Thorun. Prof. publ. praeceptoris sui ac patroni omni observantiae cultu ad cineres usque devenerandi in auditorio maximo. A. O. R. 1687 d. 31 Julii horis consuetis defendit auctor et rependens Martinus Bertleffius Sax. Transsil. Thorunii imprimebat Christianus Bekk. Gymn. Typogr. 4°. 16 Bl.

Korr. f. Ltbe., XVIII. (1895), 89.
Szinnyei, M. J., I, 970.

Verwerth Friedrich Martin, Dr. phil.,

wurde als Sohn des Apothekers Friedrich Verwerth am 16. November 1850 in Schäßburg geboren. Mit den Studien am Gymnasium seiner Vaterstadt verband er die pharmaceutischen Vorstudien in der Apotheke des Vaters. Im Jahre 1868 legte er vor der gesetzlichen Prüfungskommission die Tirocinialprüfung ab. Zu Beginn des Herbstes 1869 bezog derselbe die Universität Wien, an der er bis zum Sommersemester 1871 als ordentlicher Hörer an der philosophischen Fakultät verweilte und während dieser Zeit hauptsächlich theoretische und praktische Studien aus Chemie im Laboratorium des späteren Hofrates und Herrenhausmitgliedes Dr. Ernst Ludwig, Professor für medizinische Chemie, betrieb. Nebenher lief der Besuch der Vorlesungen aus Botanik bei Karsten und Böhm, aus Zoologie bei Schmarda, aus Mineralogie bei Reuß, aus Experimentalphysik bei v. Leng und aus Chemie bei Rochleder. Für das Studienjahr 1871/72 übersiedelte Verwerth an die Universität Graz und bestand am 13. November 1871 die erste strenge pharmaceutische Prüfung. Die chemischen Studien wurden in den Vorlesungen und im Laboratorium Professor v. Pebals fortgesetzt und die Vorlesungen aus Pharmakognosie bei Clar, aus Mineralogie und Geologie bei Peters und aus Pflanzenanatomie bei Leitgeb gehört. Am 18. Oktober 1872 erwarb sich Verwerth das Diplom des Magisteriums der Pharmacie. Zur weiteren Ausbildung in der Chemie ging er im Herbste 1872 an die Universität nach Heidelberg und arbeitete hier während zwei Semestern im Laboratorium des Geheimrates Bunsen und besuchte dessen Vorlesungen aus anorganischer Chemie, ferner die Vorlesungen aus Geschichte der Chemie, theoretischer Chemie und Krystallographie, aus Mineralogie, Experimentalphysik und organischer Chemie. Am 6. Dezember 1873 wurde er zum Doktor der Philosophie promoviert.

Den Rest des Winters 1874 verbrachte Verwerth in der Heimat bei seinen Eltern, die er über ehrenvollen Antrag Professor Ludwigs im April 1874 wieder verließ, da ihm durch dessen Vermittlung zu Beginn des Sommersemesters 1874 die Stelle eines Universitätsassistenten an der Lehrkanzel für Mineralogie und Petrographie des Hofrates G. Tschermak verliehen worden war. Schon am 7. September desselben Jahres wurde er über Vorschlag Tschermaks zum Assistenten am ehemaligen k. k. Mineralienkabinette ernannt.

Bei der Neuorganisation des Beamtenkörpers gelegentlich der Eröffnung des neuen k. k. naturhistorischen Hofmuseums erhielt er am 30. Dezember 1885 die Stelle des Kustosadjunkten und am 26. Juni 1888 die eines k. u. k. Kustos in der mineralogisch-petrographischen Abteilung des Museums. Am 3. Juli 1888 wurde nach Beschluß des Professoren-Kollegiums der philosophischen Fakultät dessen Zulassung als Privatdozent für Petrographie an der Universität in Wien vom Unterrichtsminister Baron Gautsch bestätigt. Mit allerhöchster Entschließung seiner Majestät vom 6. April 1894 erfolgte dessen Ernennung zum a. ö. Professor der Petrographie an der Wiener Universität. Durch Dekrete vom 6. Februar und 28. März 1897 wurde Berwerth zum k. u. k. Kustos I. Klasse und Vorstand der mineralogisch-petrographischen Abteilung des k. u. k. Hofmuseums ernannt. Im Jahre 1893 wurde Berwerth zuerst mit Subvention der Intendanz des k. k. naturhistorischen Hofmuseums und dann der k. Akademie der Wissenschaften mit der geologisch-petrographischen Aufnahme eines Durchschnittes durch den östlichen Zentralkamm der Alpen in der Ankoglgruppe betraut.

An dem Leben der Siebenbürger Sachsen in Wien hat Berwerth von jeher regen Anteil genommen, und so wurde er schon 1887 zum Vorstand der Sektion „Wien" des siebenbürgischen Karpathenvereins gewählt.

Außer an mehreren kleinen Studienreisen, welche Prof. Fuchs veranstaltete, beteiligte sich Berwerth auch an einer achtwöchentlichen geologischen Studienreise durch Südtirol, die Schweiz und Italien bis nach Neapel, woran sich ein Ausflug nach Sizilien mit dem Besuche von Messina, Catania und die Ersteigung des Ätna anschloß.

Im Januar 1891 begab sich Berwerth nach Heidelberg, um sich am mineralogisch-geologischen Institute von Prof. Rosenbusch mit den neueren Errungenschaften in der Petrographie bekant zu machen. Von Heidelberg aus zog er dann nach Paris, um die dortigen Sammlungen und wissenschaftlichen Institute (Collége de France, Ecole des Mines, Musée d'histoire naturelle im Jardin des plantes) zu studieren.

Wissenschaftliche Arbeiten:

1. Ein Umwandlungsprodukt des Ludwigit. In Tschermaks mineralogischen Mitteilungen. 1874.
2. Hänglinger Ludwigit. Ebenda, 1875.
3. Ein neuer Fundort von Pharmakosiberit. Ebenda, 1875.
4. Serpentin von New-Jersey. Ebenda, 1875.
5. Salze von Königsberg in Ungarn. Ebenda, 1875.
6. Felsarten aus der Gegend von Rosignano und Castellina maritima, südlich von Pisa. Ebenda, 1876.
7. Untersuchung zweier Magnesiaglimmer. Ebenda, 1877.
8. Analyse des Chondrodit von Pargas. Ebenda, 1877.

9. Untersuchung des Lithionglimmer von Paris, Rožna und Zinnwald. Ebenda, 1877.
10. Über Nephrit aus Neu-Seeland. In den Sitzungsberichten der Wiener Akademie, LXXX. 1880.
11. Über Bawenit aus Neu-Seeland. Ebenda, 1880.
12. Kommt Nephrit in den Alpen vor? Neues Jahrbuch für Mineralogie, I. 1881.
13. Über die chemische Zusammensetzung der Amphibole. In den Sitzungsberichten der Wiener Akademie, LXXXV. 1882.
14. Nephrit aus dem Sannflusse in Untersteiermark. Wien, Anthropologische Gesellschaft. Mitteilungen, 1883.
15. Analyse der kalten Quelle bei Vröbersdorf im Leithagebirge und Analyse der warmen Quelle bei Vröbersdorf. In F. Karrer, Geologie der Kaiser Franz-Joseph-Hochquellenleitung, Wien 1877, auch in den Abhandlungen der geologischen Reichsanstalt, IX.
16. Analyse eines Diabases am Rio de Santa-Cruz auf Luzon, Analyse eines Gabbro von Luzon und Analyse eines Diabastuffes am Bache Poray auf Luzon. In Dr. Rich. v. Drasche: Fragmente zu einer Geologie der Insel Luzon. Wien 1878.
17. Analyse eines Covellin als Überzugspseudomorphose. In den Sitzungsberichten der Wiener Akademie, LXXIX. 1879.
18. Über Diabase aus dem westlichen Teile des Balkan. Ebenda, LXXXI. 1880.
19. Analyse des Herrengrundit. Groth Zeitschrift für Kryst., III. 1879.
20. Über ein neues Vorkommen „Krystallisierten Sandsteins" bei Gersthof nächst Wien. In Annalen des naturhistorischen Hofmuseums, I. 1886.
21. Über Gesteine von Jan Mayen. In dem Werke: Die internationale Polar-forschung 1882—83. Die österreichische Polarstation Jan Mayen III. Wien 1886.
22. Ein neues Vorkommen von Herberit. Annalen des naturhistorischen Hofmuseums, II. 1887.
23. Das Meteor vom 21. April 1887. Ebenda, 1887.
24. Dritter Nephritfund in Steiermark. Ebenda, 1888. Auch abgedruckt in den Mitteilungen des naturwissenschaftlichen Vereins für Steiermark. Jahrgang 1887.
25. Über ein Jadeitbeil aus Tražozna Lhota in Mähren. In den Mitteilungen der Anthropologischen Gesellschaft in Wien. N. F. VIII, 1888.
26. Über Jadeitbeile aus Ungarn. Ebenda, N. F. VIII, 1888.
27. Reisebericht, Ausflüge im siebenbürgischen Erzgebirge. Annalen des naturhistorischen Hofmuseums, III. 1888.
28. Vesuvian-Pyroxenfels von Piz-Longhin. Ebenda, IV. 1889.
29. Die Nephrit-Jadeitfrage. In den Mitteilungen der Anthropologischen Gesellschaft in Wien, N. F. X. 1890.
30. Altkrystallinische Gesteine im Wiener Sandstein. Annalen des naturhistorischen Hofmuseums, V. 1890.
31. Bericht über eine mit Subventionen von seite des k. k. Unterrichtsministeriums und von seite des k. u. k. Obersthofmeisteramtes unternommenen Studienreise nach Deutschland, Frankreich und der Schweiz. Ebenda, VI. 1891.

32. Die beiden Detunaten. K. B. J., XIII. 1893.
33. Über Alnölt von Alnö mit einer Tafel in Farbendruck. In den Annalen des naturhistorischen Hofmuseums, VIII. 1893.
34. Über vulkanische Bomben von den Kanarischen Inseln, mit einer Tafel. Ebenda, IX. 1894.
35. Naimann E. und Berwerth F. Analyse des Alnölt von Alnö. Annalen des naturhistorischen Hofmuseums, X. Wien 1895.
36. Berwerth F. Dacittuff-Konkretionen in Dacittuff. Ebenda, X. Wien 1895.
37. Becke F., Berwerth F. und Grubenmann U. Berichte über den Fortgang der Arbeiten zur petrographischen Erforschung der Zentralkette der Ostalpen. Anzeiger der kais. Akademie der Wissenschaften, 1895, 1896, 1897.
38. Berwerth F. Mikroskopische Strukturbilder der Massengesteine in farbigen Lithographien. 32 Tafeln. Lieferung I. mit 8 Tafeln. Stuttgart 1895. Lieferung II. mit 8 Tafeln. Stuttgart 1897.

Szinnyei, M. J., I, 973.

Berwerth Wilhelm Josef Friedrich,

geboren am 23. August 1850 in Schäßburg, absolvierte 1869 das Gymnasium seiner Vaterstadt und widmete sich an den Universitäten Heidelberg, Leipzig und Bonn dem Studium der Theologie, Geschichte und Geographie. Seit 1873 ist er Lehrer am Gymnasium in Schäßburg.

Außer kleineren Arbeiten erschien von ihm:

Fachwissenschaftlicher Katalog der Bibliothek des Gymnasiums in Schäßburg, mit einer Einleitung über deren Entwicklung. Zusammengestellt von Wilhelm Berwerth und Theodor Fabini. I., II., III. Teil. Sch. G.-P., 1880, 1881, 1882.

Bielz Eduard Albert, Dr. phil.,

(I, 133, wo irrigerweise Ernst statt Eduard als Vorname angegeben ist; III, 557)

wurde am 4. Februar 1827 in Hermannstadt geboren, wo sein Vater Michael Bielz 1821 die erste Steindruckerei in Siebenbürgen errichtet hatte. Er absolvierte 1846 das ev. Gymnasium seiner Vaterstadt, beendigte die juridisch-politischen Studien 1848 an der dortigen Rechtsakademie und diente dann zwei Jahre in der k. k. Armee als Infanterist und Lieutenant, worauf er im September 1850 in den Zivil-Staatsdienst übertrat. Hier fand er zunächst bei den neuen k. k. politischen Behörden eine Verwendung als Bezirksamtskonzipist in Déva, sowie als Unterbezirkskommissär in Dobra, wonach er 1851 eine Anstellung bei den Finanzbehörden in Siebenbürgen erhielt, wo er vom Konzipisten zum Finanz-Bezirkskommissär in den drei Rangsklassen vorrückte und bei der Übernahme der Finanzverwaltung durch das k. ung. Finanzministerium 1867 zum Finanzsekretär befördert wurde. Infolge seiner wissenschaftlichen Thätigkeit auf dem Gebiete der Landeskunde und Statistik Siebenbürgens berief ihn das k. ung. Handelsministerium im Oktober 1869 zur Mitwirkung bei der Volkszählung in Ungarn, mit deren Durchführung das statistische Landesbureau in Budapest betraut war, und ernannte ihn bei der neuen Organisierung dieses Amtes im April 1871 zum Ministerialsekretär und Stellvertreter des Amtsvorstandes. Die ungarische Akademie der Wissenschaften aber erwählte ihn im Mai 1873 zu ihrem korrespondierenden Mitgliede.

Bei der Aufstellung der k. Volksschulinspektoren in den einzelnen Landesteilen Ungarns ernannte ihn der k. ung. Minister für Kultus und Unterricht im Juni 1873 zum Schulinspektor für den Königsboden und bei der neuen Einteilung der Schulbezirke 1876 zum Schulinspektor des Hermannstädter Komitates, in welcher Eigenschaft ihm bei der bleibenden Anstellung der Titel eines königlichen Rates verliehen wurde. In den Jahren 1874 und 1875 berief ihn die k. ung. Regierung zum Mitgliede der gemischten internationalen Kommission zur Feststellung und Beschreibung der Landesgrenzen gegen Rumänien, wobei er diese Grenzen ihrer ganzen Länge nach von der Bukowina bis zum Bodzauerpasse im Osten Siebenbürgens und von da auf den südlichen Grenzgebirgen bis zum Banate (zum Teil wiederholt) bereiste, aber in den letzten Jahren durch die Unbilden der Witterung im Hochgebirge ein schweres Augenleiden sich zuzog, an welchem zuerst sein rechtes und dann (1878) auch sein linkes Auge erblindete, so daß er nun vom öffentlichen Staatsdienste zurücktreten mußte und in den bleibenden Ruhestand versetzt wurde. Im Jahre 1896 erhielt Bielz in Anbetracht seiner Verdienste um die vaterländische Naturgeschichte, Geographie und Statistik von der Universität in Klausenburg den Titel eines Doktors der Philosophie h. c. Bielz war außerdem Vorstand des siebenbürgischen Vereins für Naturwissenschaften in Hermannstadt, Ausschußmitglied des Vereins für siebenbürgische Landeskunde und zweiter Vorstand und Ehrenmitglied des siebenbürgischen Karpathenvereins, Ehrenmitglied des germanischen Museums in Nürnberg und der „Associatiunea Transilvana"; ferner, wie schon erwähnt, korrespondierendes Mitglied der k. ung. Akademie der Wissenschaften in Budapest, der k. u. k. geologischen Reichsanstalt in Wien, der Academie d' Archéologie de Belgique, der Société Royal Malacologique de Belgique und vieler anderer naturwissenschaftlicher Gesellschaften. Im Kreise zahlreicher Freunde und seiner Familie feierte Bielz am 4. Februar 1897 in voller Geistesfrische seinen 70. Geburtstag. Bis in die letzten Stunden seines Lebens hat ihm die Natur die volle Rüstigkeit des Geistes und des Körpers verliehen. Er starb am 27. Mai 1898.

Als Ergebnis seiner schriftstellerischen Thätigkeit erschienen von E. A. Bielz teils selbständig, teils in verschiedenen Zeitschriften folgende Arbeiten:

1. Fauna der Wirbeltiere Siebenbürgens, eine systematische Aufzählung und Beschreibung der in diesem Lande vorkommenden Säugetiere, Vögel, Amphibien und Fische. Hermannstadt 1856. (Eine vom Verein für siebenb. Landeskunde gekrönte Preisschrift.) Die zweite Auflage dieses Buches erschien als Sonderabdruck aus den V. u. M., XXXVIII. (1880.) Hermannstadt 1888.

2. Kurzgefaßte Erdbeschreibung von Siebenbürgen, für den Schulgebrauch bearbeitet, mit einer kleinen Übersichtskarte, Hermannstadt 1856, — von welcher bereits 1857 eine zweite vermehrte Auflage notwendig wurde.
3. Handbuch der Landeskunde Siebenbürgens, eine physikalisch-statistisch-topographische Beschreibung dieses Landes. Hermannstadt 1857. Beigegeben war diesem Buche die Übersichtskarte des Großfürstentums Siebenbürgen nach der neuen politisch-gerichtlichen Einteilung mit Angabe aller bedeutenden und bemerkenswerten Ortschaften dieses Landes, im Maße von 1:864000, bearbeitet von E. A. Bielz, welche der Verfasser schon 1854 in der lithographischen Anstalt seines Vaters herausgegeben hatte.
4. Beitrag zur Kenntnis der geognostischen Verhältnisse des Bodens von Hermannstadt. V. u. M., VI. (1855.) Es wurde hiebei auf die geologischen Bildungen dieser Gegend Rücksicht genommen, wie sie in der Karte der geognostischen Verhältnisse des Großfürstentums Siebenbürgen, zusammengestellt von E. A. Bielz, angegeben erscheinen, welche der Verfasser 1851 (an gleichem Orte und in gleichem Maßstabe, wie die oben angeführte Übersichtskarte) veröffentlicht hatte und die unter verändertem Titel und in etwas verschiedener Form auch der Arbeit von D. Czekelius über die Verbreitung der Salzquellen und des Steinsalzes in Siebenbürgen. V. u. M., V, sowie in neuer Auflage M. J. Ackners Mineralogie Siebenbürgens mit geognostischen Andeutungen (Hermannstadt 1855) beigegeben war.
5. Über das Vorkommen und die Verbreitung der Mineralkohlen in Siebenbürgen. V. u. M., IX. (1858.)
6. Über den mutmaßlichen Erfolg der Vespeisung der Stadt Hermannstadt mit gutem Trinkwasser durch Bohrung von artesischen Brunnen. V. u. M., IX. (1857.)
7. Bericht über die geologischen Übersichtsaufnahmen in Siebenbürgen durch die k. k. geologische Reichsanstalt in Wien in den Jahren 1859 und 1860, erstattet von E. A. Bielz, bei welcher der Verfasser im Auftrage und mit Unterstützung der siebenbürgischen Statthalterei mitgewirkt hatte. V. u. M., X und XI. (1859 und 1860.)
8. Fauna der Land- und Süßwasser-Mollusken Siebenbürgens, Hermannstadt 1860 und in zweiter Auflage 1867.
9. Beitrag zur Geschichte und Statistik des Steuerwesens in Siebenbürgen, mit zahlreichen Tabellen. Hermannstadt 1861. (Separatabdruck aus der Transsylvania, dem Beiblatt des Siebenbürger Boten.)
10. Beitrag zur Geschichte merkwürdiger Naturbegebenheiten in Siebenbürgen. V. u. M., XIII und XIV. (1862 und 1863.)
11. Die jungtertiären Schichten nächst Crajova in der Walachei. V. u. M., XV. (1864.)
12. Ein Blick auf Siebenbürgen und Bilder aus Siebenbürgens Karpathen. (Österr. Revue, Wien 1864 und 1865.)
13. Dakische Tetradrachmen, ein Beitrag zur Münzkunde Siebenbürgens mit 6 Tafeln Abbildungen dieser schüsselförmigen Hohlmünzen aus halbedlem Metalle. (Arch. f. Ldk., N. F. XI.)

14. Reisehandbuch für Siebenbürgen mit einer kleinen Karte und drei Städteplänen, Hermannstadt 1881 [Bespr.: S. b. T., 2307; Korr. f. Lde., IV, (1881), 97; Österr. Alpenzeitung, 1881, Nr. 69; Neue freie Presse, 1881, Nr. 6111] dessen zweite Auflage unter dem Titel: Siebenbürgen, ein Handbuch für Reisende, mit einer Übersichtskarte, Städteplänen und Umgebungskärtchen 1885 in Wien (bei C. Graeser) erschien.
15. Das Tierleben der siebenbürgischen Karpathen. K. B. J., I. (1881.)
16. Die Mineralquellen und Heilbäder Siebenbürgens. Ebenda, II. (1882.)
17. Der Meteorsteinfall von Mocs. V. u. M., XXXII. (1882.)
18. Die Gesteine Siebenbürgens (Mineralien und Felsarten), ihr Vorkommen und ihre Verwendung. K. V. J., III. (1883.) Eine zweite Auflage dieser Arbeit erschien in den V. u. M. 1887 unter dem Titel: Die Gesteine Siebenbürgens, eine systematische Aufzählung der in diesem Lande vorkommenden Mineralien und Felsarten. Auch im Sonderabdruck.
19. Beitrag zur Höhlenkunde Siebenbürgens, mit einer Übersicht der bis jetzt bekannten Höhlen, Klausen und Dolinen. K. B. J., V. (1885) und VI. (1886.)
20. Siebenbürgens Käferfauna nach ihrer Erforschung bis zum Schlusse des Jahres 1886. V. u. M., XXXVII. (1887.) Auch im Separatabdruck.
21. Der Gebirgssee Ghilkostó oder Berestó in der Gyergyó und seine Entstehung in neuerer Zeit. K. V. J., VII. (1887.)

Außer diesen Arbeiten erschienen ferner von E. A. Bielz folgende Aufsätze, Karten u. s. w.:

I. Zur Mineralogie und Geologie:

1. Das Conchylienlager bei Heltau. Transsylvania, 1846, 242—243.
2. Verzeichnis der goldführenden Haupt- und Nebenflüsse Siebenbürgens, nach handschriftlichen Daten von Zehentmayer. V. u. M., III, 1852, 101—106.
3. Naturhistorische Reiseskizzen (Exkursion nach der Höhle Buntsäße). Ebenda, 171—176, 187—192.
4. Die in Siebenbürgen vorkommenden Gosaupetrefakten. Ebenda, 177—178.
5. Karte der geognostischen Verhältnisse des Großfürstentums Siebenbürgen. V. u. M., V. 1854.
6. Über das Vorkommen des Quecksilbers und seine Anwendung bei der Goldgewinnung in Siebenbürgen. V. u. M., VI. 1855, 161—165.
7. Über das meergrüne Gestein von Perşany, Dus u. s. w. V. u. M., VIII. 1857, 33—34.
8. Über den angeblichen Lazurstein von Ditró. V. u. M., XII. 1861, 134—136.
9. Die jungtertiären Schichten nächst Crajova in der Walachei. V. u. M., XV. 1864, 76—78, 243—247.
10. Neues Lager tertiärer Schaltierpetrefakten. V. u. M., XVI. 1865, 151—152.
11. Warum im inneren Becken Siebenbürgens keine Erdölquellen vorkommen? Ebenda, 216—219.
12. Über den Steinkohlenschurfschacht bei Michelsberg. V. u. M., XIX. 1868, 187—189.

13. Die Trachyttuffe Siebenbürgens. V. u. M., XXV. 1875, 86—88.
14. Bemerkungen über das Vorkommen von hydraulischem Kalk in der Nähe von Hermannstadt. V. u. M., XXIX. 1879, 64—65.
15. Das eigentümliche Erdharz in den Steinkohlenlagern am Vulkanpaß. V. u. M., XXXVII. 1887, 143.
16. Die in Siebenbürgen vorkommenden Mineralien und Gesteine nach den neuesten Untersuchungen revibiert und zusammengestellt. V. u. M., XXXIX. 1889, 1—82.
17. Miocänes Petrefaktenlager von Michelsberg. V. u. M., XLIII. 1894, 92—93.
18. Pontische Ablagerungen in Siebenbürgen. Ebenda, 94—96.
19. Geologische Mitteilungen (unter verschiedenen Titeln). V. u. M., XLIV. 1895, 94—101.

II. Zur Botanik:

20. Das Vorkommen und die Verbreitung des Sadewachholders (Juniperus Sabina L.) in Siebenbürgen. V. u. M., XXXVI. 1886, 48—50.
21. Die in Siebenbürgen wildwachsenden Arten der Syringa. Ebenda, 51—54.

III. Zur Zoologie:*)

22. Die Fauna der Wirbeltiere Siebenbürgens nach ihrem jetzigen Bestande. V. u. M., XXXVIII. 1888, 15—120.
23. Eine Gemsenjagd auf dem Kerzer Gebirge. Ebenda, 147—151.
24. Zoologische Notizen zur Fauna Siebenbürgens. V. u. M., I. 1850, 138—142. (Mus ratus L., Castor fiber L., Bos primigenus Bojan. und Capra ibex L.)
25. Über die in Siebenbürgen vorkommenden Fledermäuse. V. u. M., XXXVI. 1886, 76—84.
26. Siebenbürgens Fledermäuse. V. u. M., XXXVII. 1887, 143.
27. Beitrag zur Untersuchung der rabenartigen Vögel. V. u. M., IV. 1853, 54—57.
28. Frühlingsvogelzug in Siebenbürgen im Jahre 1863. V. u. M., XIV. 1863, 49.
29. Charadrius morinellus L., eine für Siebenbürgen neue Vogelart. V. u. M., XV. 1869, 56—58.
30. Über das Vorkommen des Birkhuhnes in Siebenbürgen. V. u. M., XLVI. 1896, 89—90.
31. Übersicht der lebenden Fische Siebenbürgens. V. u. M., IV. 1853, 172—185.
32. Zwei neue Schließmundschnecken. V. u. M., III. 1852, 31—32.
33. Beitrag zur Kenntnis der siebenbürgischen Land- und Süßwasser-Mollusken. V. u. M., IV. 1853, 113—124, 162—165.
34. Nachträge und Berichtigungen zum Verzeichnis der Land- und Süßwasser-Mollusken Siebenbürgens. V. u. M., V. 1854, 87—88.
35. Malakologische Notizen aus Siebenbürgen. V. u. M., VII. 1856, 220—228.
36. Eine malakologische Exkursion in das Burzenland. V. u. M., IX. 1858, 142—151.

---

*) Die Aufführung der Schriften erfolgt hier nicht in chronologischer, sondern in systematischer Anordnung.

37. Über einige neue Arten und Formen der siebenbürgischen Mollusken-Fauna. V. u. M., X. 1859, 212—226.
38. Malakozoologische Notizen. V. u. M., XII. 1861, 59—63.
39. Vorarbeiten zu einer Fauna der Land- und Süßwasser-Mollusken Siebenbürgens. V. u. M., X.—XIV. 1859—1863 (in zahlreichen kleineren Artikel, später zusammengefaßt in der unter Nr. 8 angeführten Buchausgabe).
40. Die Beschädigungen an den Schalen der Süßwassermuscheln und ihre Ursachen. V. u. M., XIV. 1863, 99—108, 122—126.
41. Revision der Nacktschnecken Siebenbürgens. Ebenda, 147—151, 207—210.
42. Über das Vorkommen der Pupa truncatella Pfr. und einiger anderer seltenerer Mollusken im Kerzer Gebirge. Ebenda, 228—230.
43. Systematisches Verzeichnis der Land- und Süßwasser-Mollusken des österreichischen Kaiserstaates. V. u. M., XVI. und XVII. 1865 und 1866. (Zahlreiche kleinere Artikel.)
44. Die Gegend um Klausenburg als Wohnort der seltensten Schnecken. Az erdélyi Muzeumegylet évkönyvei, V. 1868—1870, 10—12.
45. Drei neue Spezies aus der Familie der Caraboidae. Entomologische Zeitung des entomologischen Vereines in Stettin, XI. 1850, 100.
46. Beiträge zur Käferfauna der Walachei. V. u. M., I. 1850, 39—45.
47. Entomologische Notizen. Ebenda, 175—181.
48. Systematisches Verzeichnis der Käfer Siebenbürgens. V. u. M., I. 1850, 96; II. 1851, 18—43.
49. Der Schloßberg bei Déva in entomologischer Beziehung beschrieben. V. u. M., II. 1851, 146—154.
50. Entomologische Beiträge. V. u. M., III. 1852, 13—16, 61—66, 99.
51. Nachtrag zum Käferverzeichnisse Siebenbürgens. V. u. M., IV. 1853, 222—223.
52. Die Vermehrung der Käferfauna Siebenbürgens. V. u. M., XLV. 1896, 52—55.

IV. **Zur Landeskunde und Verschiedenes.**

53. Bilder aus den Karpathen. Österr. Revue, VI, 170—189; VII, 205—215.
54. Exkursionen in Siebenbürgen. V. u. M., XX. 1869. (Zahlreiche kleinere Aufsätze.)
55. Trigonometrische Höhenmessungen aus dem Osten Siebenbürgens. V. u. M., XXVI. 1876, 71—78.
56. Unser Vereinsgebiet. K. V. J., I. (1881), 10—33.
57. Eine Gemsenjagd auf dem Kerzer Gebirge. Ebenda, I. (1881.)
58. Über die Ersteigung und den Absturz an der Westseite des Königsteins. Ebenda, VII.
59. Die Burgen und Ruinen in Siebenbürgen. K. V. J., XVIII. (1898), 57—92 (I. Teil) und XIX. (1899), 5—49.
60. Nekrologe auf M. Fuß, E. v. Friedenfels, Fr. Fronius, J. L. Neugeboren, Fr. Herbich, Ludwig Reissenberger, E. Fr. Maetz in V. u. M., XXXIV., 1. XXXVI., 1. XXXVII., 1. XXXVIII., 1. u. 7. XLV., 1. XLVI., 1.

Bielz redigierte ferner auch:

Die neue Folge der „Transsylvania", Wochenschrift für siebenbürgische Landeskunde, Litteratur und Landeskultur 1861—63, beteiligte sich bei der Herausgabe der ersten Auflage des unter der Leitung des k. u. statistischen Landesbureaus erschienenen Ortslexikons der Länder der ungarischen Krone. (A magyar korona országainak helységnévtára, Budapest 1873). Schließlich bearbeitete er die neuen Auflagen von J. Michaelis' Erdbeschreibung und Geschichte von Ungarn. Hermannstadt 1880, bezüglich 1888.

    Friedenfels, Bedeus, II, 446.
    Hinrichsen, Das litterarische Deutschland.
    Wurzbach, I, 392.
    Szinnyei, M. J., I, 1052.
    S. d. T., 7035, (1897); (zum 4. Februar 1897).
    Ebenda, Nekrolog, 7433, (1898).
    Korr. f. Ldbe., XXI (1898), 76.
    Kronstädter Tagblatt Nr. 122 (1898).
    Kalender des Siebenbürger Volksfreundes für das gemeine Jahr 1899. XXX. Jahrgang. N. F. IV. Redigiert von Dr. A. Schullerus und Dr. Fr. Teutsch. Hermannstadt. Verlag J. Drotleff.
    Siebenb. Verein f. Naturw., 12.
    B. u. M., XLVIII, (1898) enthält: Dr. J. Capesius, Eduard Albert Bielz. Anhang: Verzeichnis der von E. A. Bielz veröffentlichten litterarischen Arbeiten.
    K. V. J., XIX, (1899), 1. (Nekrolog), 82 (Denkrede J. Römers auf Bielz).

Bielz Michael.
(III, 557).

    Wiener Zeitung 1866, Nr. 269.
    B. u. M. XVII. (1866).
    Allg. d. Biogr., II, 625 von [M.] Fuß.
    Wurzbach, I, 391.
    Friedenfels, Bedeus, I, 91; II, 444.
    Siebenb. Verein f. Naturw., 5.

Binder Friedrich
(I, 186; III, 560)

war zuerst Lehrer und Rektor an der Hauptvolksschule in Reps, dann Pfarrer in Klosdorf. Im Jahre 1882 kam er als Pfarrer nach Scharosch und starb als solcher am 7. Juni 1894.

    Seine Werke f. a. a. O.

    Szinnyei, M. J., I, 1069.

Binder Georg
(I, 145)

wurde am 9. Mai 1815 als der Sohn des damaligen Lektors und nachmaligen Bischofs D. Georg Paul Binder in Schäßburg geboren. Nach Absolvierung des Schäßburger Gymnasiums (1833) machte er seine Studien zuerst in Klausenburg und Wien und ging dann 1835 nach Berlin, wo namentlich Karl Ritter und Alexander v. Humboldt nachhaltig auf ihn einwirkten. Nach seiner Rückkehr in die Heimat (1838) erhielt er eine Lehrerstelle an dem Gymnasium seiner Vaterstadt (1840), die er jedoch schon fünf Jahre darauf mit dem Pfarramte, das ihm die Gemeinde Wolkendorf übertragen hatte, vertauschte. 1850 wurde er Pfarrer in Henndorf und 1855 Pfarrer in Kaisd. 21 Jahre ist Binder als solcher erfolgreich thätig gewesen. Nachdem er 1876 emeritiert worden, zog er nach Schäßburg und starb daselbst am 9. April 1888.

Binder war ein rastlos thätiges Mitglied des Vereins für siebenbürgische Landeskunde. Bei der Feier des 100-jährigen Geburtstages Alexanders von Humboldt am Schäßburger Gymnasium legte er durch Widmung des ersten Betrages den Grund zur Humboldtstiftung an dieser Anstalt, deren Zweck „die Förderung des naturwissenschaftlichen Unterrichts im Geiste Humboldts" ist.

Außer den in Trausch I, 145 erwähnten Schriften hat Binder noch veröffentlicht:

1. Einiges aus Sigmund Sz. Kiralyis ungarischem Werk: Der siebenbürgische Bergbau, in Kurz Mag. I.
2. Stellen und Auszüge aus einem ungedruckten Zeitbuche des bekannten Schäßburger Notarius Georg Krauß. Ebenda, II.
3. Über einige wünschenswerte naturwissenschaftliche Untersuchungen in Siebenbürgen. Arch. f. Ldе., I. 1.
4. Beiträge zur Staatskunde von Siebenbürgen. Ebenda, II. 96 u. 253.
5. Die Witterungsbeobachtungen auf der Karlsburger Sternwarte, 1843. Ebenda, II. 170.
6. Beurteilung von Siebenbürgens geographisch-topographischem u. s. w. Lexikon des Ignaz Lenk von Treuenfeld. Ebenda, VII. 71.
7. Zur Geschichte der Höhenbestimmungen in Siebenbürgen. Ebenda, N. F. I. 88.
8. Aus dem Leben G. P. Binders. Ebenda, N. F. XV. 3.

Friedenfels, Bedeus, II, 54, 442, 473.
S. d. T., 4358, (1888).
Korr. f. Ldе., XI. (1888.)
Wurzbach, I, 399.
Szinnyei, M. J., I, 1069.

Binder Georg Paul, Dr. theol.
(I, 136).

Am 29. Juni 1894 wurde G. P. Binders Geburtsstätte im Magistratsgebäude auf der Burg in Schäßburg durch eine Granittafel geschmückt.

1. Rede bei der dreihundertjährigen Jubelfeier der Augsburger Konfession, gehalten von G. P. Binder 1830 in Schäßburg. Veröffentlicht 1881. Hermannstadt.
2. Lied am Schlusse des Jahres 1808; Kriegslied aus dem Jahre 1809: Auf, Brüder, auf, mit uns ist Gott. — Die Befreiung Deutschlands von einem Teutschen. Arch. f. Ldde., N. F. XXII.
3. Oden Binders veröffentlicht. Ebenda, N. F. XIV.
4. Zay-Binder'sche Neuordnung in Schäßburg. Veröffentlicht in Fr. Teutsch Sch.-O. II, 180—183.

Im Manuskripte — im Nachlasse G. D. Teutschs — ist ein Bericht Binders über die von ihm gemeinsam mit Peter Lange aus Kronstadt, Josef Wächter und J. A. Zimmermann aus Hermannstadt in Nationalangelegenheiten im Mai 1848 nach Wien und Innsbruck an das allerhöchste Hoflager unternommene Reise vorhanden.

Ein Zug zum Lebensbild G. P. Binders von D. G. D. Teutsch. Arch. f. Ldde., N. F. XIV.
Aus dem Leben G. P. Binders, von Georg Binder. Ebenda, N. F. XV.
Denkrede auf G. P. Binder, von D. G. D. Teutsch. Ebenda, N. F. XXII.
M. Schuller, Rede zur Eröffnung der geistlichen Synode der ev. Kirche A. C. in Siebenbürgen. Synodalverhandlungen von 1867. Hermannstadt.
S. b. W., 1868, Nr. 3, 34. Zur Erinnerung von [D. G. D. Teutsch.]
Zur aktenmäßigen Geschichte der §§ 114, 150 und 151 der Kirchenverfassung. Verhandlungen der IV. Landeskirchenversammlung. Hermannstadt 1868.
Allg. d. Biogr., II, 644 von D. G. D. Teutsch.
Selbstbiographie G. P. Binders in: Die Tage der Erinnerung in Schäßburg am 28. und 29. Juni 1894. Schäßburg, Kommissionsverlag C. Herrmann 1894.
Rede zur fünfzigjährigen Jubelfeier des Eintrittes ... G. P. Binders in den Dienst der Schule und Kirche von G. D. Teutsch. Gedruckt auch in: G. D. Teutsch, Predigten und Reden, herausgegeben von Fr. Teutsch. Leipzig, Breitkopf und Härtel 1894.
Höchsmann Johann, Georg Paul Binder, Bischof der ev. Landeskirche in Siebenbürgen. Kronstadt 1897, J. Götts Sohn.
Friedenfels, Bedeus, I, 91, 154, 195; II, 41, 48, 171, 174, 249, 272, 314, 443, 471.
Wurzbach, I, 399; XXII, 481; XXVIII, 327.
Sch. G.-P., 1872, 4 und 1896, 150.
Fr. Teutsch, Sch.-O. II, XXIV.
Szinnyei, M. J., I, 1070.

Binder Johann,

am 8. März 1721 in Mühlbach getauft, studierte in Hermannstadt und Enyed, war darauf von 1741 bis zum Juni 1744 als geschworener Notär bei der königlichen Tafel. Im Jahre 1746 zum Sekretär in seiner Vater-

Stadt erwählt, diente derselbe als Stadthann und Stuhlsrichter bis zu seinem am 14. Januar 1788 erfolgten Tode.

Binder hinterließ Aufzeichnungen in seinem Hausbuche, die interessant und, soweit eine Kontrolle möglich ist, zuverlässig sind. Das Hausbuch ist Kleinquart in Leder gebunden. Seite 1—18, 81—92 sind ausgerissen, 158—161 sind unbeschrieben, 163 bildet den Schluß. Binders Aufzeichnungen wurden benützt von Chr. Möckel (s. d.) in seiner Arbeit:

Die Durlacher und Hanauer Transmigranten in Mühlbach. Mühlb. G.-P., 1884.

Korr. f. Ldk., XVIII, (1895), 20.

Binder Johann.

(I, 147).

Horányi, Nova memoria I, 483.
Katona, Historia critica XLV, 568.
Wurzbach, XIX, 387.
Allg. d. Biogr., II, 647 von Zieglauer.
Szinnyei, M. J., I, 1072.
Arch. f. Ldk. XIX, 387.

Binder Josef

wurde am 4. Mai 1838 in Hermannstadt geboren und besuchte nach Absolvierung der dortigen Realschule zunächst das Polytechnikum in Wien und dann die Forstakademie in Mariabrunn bei Wien. Seit dem 17. September 1857 Forstkandidat, wurde er 1859 k. k. Förster bei der kroatisch-slavonischen Militär-Forstdirektion in Agram. Seit Mai 1874 ist er Forstmeister seiner Vaterstadt.

Er schrieb:

Instruktion für die Anfertigung der forstwirtschaftlichen Betriebspläne. Hermannstadt 1881.

Szinnyei, M. J., I, 1073.

Binder Karl, Dr. med.,

wurde am 9. Juli 1832 in Schäßburg geboren, absolvierte am 16. September 1851 das Gymnasium seiner Vaterstadt und studierte hierauf in Wien Medizin. Nach kurzem Aufenthalt in Kroatien erhielt er die Marktarztstelle in Aguetheln (1863), woher er 1875 nach Hermannstadt übersiedelte. Er starb am 1. Januar 1889.

Er veröffentlichte:

Die persönlichen und allgemeinen Schutzmaßregeln gegen die Cholera. Hermannstadt, Franz Michaelis 1884.

S. b. T., 4582 (1889).
Szinnyei, M. J., I, 1073.

Binder Ludwig,

geboren am 17. Juli 1864 in Mediasch, absolvierte das Gymnasium daselbst 1882 und studierte von da an bis 1886/87 an den Universitäten Berlin, Wien, Heidelberg, Tübingen und Klausenburg Theologie, Geschichte, Geographie und Latein. Im Jahre 1888 wurde er als Gymnasiallehrer in Mediasch angestellt.

Er schrieb:

Der Lehrplan der ungarischen Staatsgymnasien und die ihn betreffenden Instruktionen. Aus dem Magyarischen übersetzt. M. G. P., 1894.

Binder Michael

wurde am 29. September 1849 in Stein geboren. Nach Absolvierung des Kronstädter Gymnasiums im Jahre 1872 studierte er Theologie an den Universitäten in Jena und Berlin. August 1875 wurde er zum akademischen Lehrer an der höheren Volksschule A. B. in Reps, drei Jahre darauf zum Rektor und Leiter der dortigen Gewerbeschule gewählt. Im Jahre 1891 trat er als Substitut von Deutsch=Tekes in das Pfarramt über und ist seit 6. Februar 1895 Pfarrer in Katzendorf.

Binder veröffentlichte

vom Schuljahre 1878/79 bis 1890/91 die Jahresberichte der Repser Gewerbeschule (Druck von W. Krafft, Hermannstadt). Der Jahresbericht des Schuljahres 1886/87 enthält von Binder eine Art Leitfaden für den „Unterricht der Nationalökonomie in Gewerbeschulen."

Bisterfeld Johann Heinrich.
(I, 152).

1. Elementa logica in usum scholae Albensis. Albae Iuliae 1635. (2. Ausgabe 1641, 3. Ausgabe 1645. Ebendaselbst, 4. erweiterte Ausgabe, Großwardein 1649.)
2. Indices VII. ad Prodromum religionis triumphantis Johannis Henrici Alstedii. Albae Iuliae 1641.
3. Ars concionandi. Lugd. Bat. 1654.

4. De divina eminentia et efficientia S. scripturae. Ebendaselbst 1654.
5. Phosphorus catholicus seu epitome artis meditandi. Ort und Jahr?

  Georgi, Allg. Europ. Bücher-Lexikon I, 160, 162.
  Weßprémi, Biogr. Medicor. Cent. IV, 242.
  Allg. d. Biogr., II, 682 von [Gustav] Seivert.
  Szinnyei, M. J., I, 1091.

Birthler Friedrich,

geboren am 28. November 1841 in S.-Reen, absolvierte 1860 das Gymnasium in Schäßburg, worauf er die Rechte an der Wiener Universität und der Rechtsakademie in Hermannstadt studierte. Am 10. November 1864 trat er als Magistratssekretär in die Dienste seiner Vaterstadt, sodann mit der am 1. Januar 1872 erfolgten Übernahme der Justizverwaltung durch den Staat in Staatsdienste. Nachdem er als Unterbezirksrichter bei den Bezirksgerichten in S.-Reen, Großschenk und Buziasch in Verwendung gestanden, wurde er als Gerichtsrat zunächst bei dem Gerichtshof in Temesvar und dann bei dem in Maros-Vásárhely eingeteilt. Wegen zunehmender Augenschwäche trat er 1892 in den Ruhestand. Birthler lebt seit dieser Zeit in S.-Reen.

  Er schrieb:

1. Die Choleraepidemie zu S.-Reen im Jahre 1873. V. u. M., XXIV.
2. Über die Varietäten des Carabus Rothi Dej. Ebenda, XXXV.
3. Über siebenb. Caraben und deren nächste Verwandte. Ebenda, XXXVI.
4. Die Zusammenlegung der Grundstücke, Kommassation. Hermannstadt, J. Drotleff 1891. Neue Ausgabe 1895.

  Über seine Mitarbeit an dem S. d. W. s. hier den Artikel Franz Gebbel.

  Über seine Thätigkeit als Deputierter des 1863/64-er Landtages s. den Anhang.

Bomel Thomas.
   (I, 159).

  Allg. d. Biogr., III, 118, von Schuler-Libloy.
  Szinnyei, M. J., I, 1205.

Böhm David

ist im Jahre 1844 in Waltersdorf bei Bistritz geboren, besuchte zunächst die dortige Dorfschule und dann das Gymnasium in Bistritz. Im Jahre 1864 bezog er die Hochschule und widmete sich dem Studium der Theologie und klassischen Philologie. In den ersten Jahren seiner Dienstleistung in S.-Reen (November 1868 bis Juli 1882) legte er die Lehramts- und theologische Prüfung in Hermannstadt ab. Seit September 1882 bekleidet er die Stelle des Direktors an den ev. Volks- und Bürgerschulen in Bielitz (Schlesien).

Außer mehreren Aufsätzen in der ev. „Kirchenzeitung für Österreich" (der Protestantismus und die ev. Schule, Amos Comenius, zum 14. Mai 1889, Bischof G. D. Teutsch, Hans Sachs) veröffentlichte er folgende Arbeiten:

1. Einfluß des Volkstribunates auf die Gestaltung der Verfassung während der Republik. S.-R. G.-P., 1874 und 1875.
2. Beiträge, welche C. J. Caesar in seinen Kommentarien: „De bello Gallico" zur Ethnologie der Germanen liefert. Ebenda, 1881. (Bespr. Korr. f. Ltde. IV. 1881, 99.)
3. Das Maroschthal oberhalb S.-Reen. K. V. J., II.

Szinnyei, M. J., I, 1297.

Böhm Michael

wurde am 10. November 1839 in Waltersdorf geboren und absolvierte 1861 das Gymnasium in Bistritz, worauf er auf den Hochschulen in Wien Theologie, Mathematik und Physik studierte.

Nach seiner Rückkehr in die Heimat fand er am 6. Februar 1865 eine Anstellung am Gymnasium in Bistritz. Am 23. September 1875 wurde er Pfarrer in Schönbirk und am 2. Mai 1895 Pfarrer in Klein-Bistritz.

Er schrieb:

Lösung des Apollonius'schen Berührungsproblems mit Hilfe der geometrischen Oerter. V. G.-P., 1875.

Bömches Friedrich
(III, 560)

starb am 22. März 1898 in seiner Villa im Cottageviertel in Wien als Oberinspektor der Südbahn und Hafenbaudirektor im Ruhestande im Alter von 68 Jahren. Sein Name ist verknüpft mit dem Bau des neuen Hafens von Triest, der nach seinen Plänen und unter seiner Leitung ausgeführt worden ist. Der Bau der Dämme bot große Schwierigkeiten, die Bömches mit großem technischen Geschicke erfolgreich bewältigte. Bohrungen auf dem Meeresgrunde ergaben bis zu einer Tiefe von 20 Metern nur Schlamm, aufgelöste Erde und Thonmergel. Um einen festen Grund für das Mauerwerk der Dämme zu schaffen, ließ Bömches ungeheure Steinblöcke in den Meeresboden versenken. Im Jahre 1876 wurde das erste, 1879 das zweite Bassin und 1883 das Petroleumbassin eröffnet. Bömches galt allgemein als Autorität in seinem Fache und wurde vielfach als Fachmann zu Rate gezogen.

Seine Arbeiten s. III, 561. Hiezu kommt:

Relazione sulla esposizione mondiale in Vienna nell' anno 1873.

Szinnyei, M. J., I, 1308.

Bönicke Hermann,

geboren am 26. November 1821 zu Endorf (Provinz Sachsen in Preußen) als Sohn armer Eltern, besuchte von 1832 bis 1839 das Gymnasium in Quedlinburg und machte dann seine Studien in der Musik bei dem dortigen Organisten F. W. Liebau von 1839 bis 1842. Nach seines Lehrers Tode wurde Bönicke Organist an der St. Benedikti-Kirche und Musikdirektor des Gesangvereins in Quedlinburg. Im Jahre 1856 übersiedelte er nach Aschersleben als Organist an der St. Stephani-Kirche und wirkte gleichzeitig als Gesanglehrer an der Real- und Bürgerschule und als Musikdirektor des dortigen Gesangvereins. Auf dem Sängerfeste in Nürnberg im Jahre 1861 lernten ihn Musikfreunde aus Hermannstadt kennen und bewogen ihn, die hier erledigte Organisten- und Stadtkantorstelle zu übernehmen. In dieser und als Lehrer des Gesanges am ev. Gymnasium und den damit verbundenen Lehranstalten, als Musikdirektor und Chorschullehrer des Hermannstädter Musikvereins und Chormeister der Liedertafel „Hermania", des späteren „Hermannstädter Männergesangvereines", endlich als Lehrer des Klavierspieles entfaltete Bönicke eine erfolgreiche Thätigkeit. Er hob das Musikleben Hermannstadts, das bis dahin hinter der Entwicklung Deutschlands und Österreichs zurückgeblieben war, auf die Höhe der Zeit und wurde dadurch maßgebend für die Musikpflege auch der übrigen siebenb.-sächsischen Städte. Am meisten pflegte Bönicke die Musik Beethovens, Mozarts, Mendelsohns und Schumanns, ohne jedoch andere klassische und moderne Werke zu vernachlässigen. Er war ein fruchtbarer Komponist, dessen Arbeiten für Männerchor und gemischten Chor, mit und ohne Orchester und Klavierbegleitung, für Solostimmen, für Pianoforte und Orgel u. s. w. vielfache Anerkennung gefunden haben und zu einem namhaften Teile im Drucke erschienen sind. Bönickes musikpädagogische Werke erheben sich durch ihre eigenartige, zielbewußte und künstlerische Gediegenheit hoch über die unübersehbare Menge analoger, zumeist fabrikmäßiger Arbeit empor. Bönike starb am 12. Dezember 1879.

Der Hermannstädter Musikverein und Freunde des Gestorbenen ehrten sein Andenken, indem sie auf seinem Grabe einen Denkstein errichteten. Überdies führte der Musikverein noch einige seiner ungedruckten Kompositionen der Veröffentlichung zu.

Hauptwerke Bönickes:

1. Vorschule für das Klavierspiel. Leipzig, Verlag von Merseburger.
2. Kunst des freien Orgelspieles. Leipzig, bei Brandstätter.

Gesangschulen:

1. Der Gesangunterricht nach dem Gehör.
2. Chorgesangschule in drei Kursen.
3. Chorgesangschule für Männerstimmen. Sämtliche in Leipzig bei Brandstätter erschienen.

S. b. T., 1821, 1822, 1825 (1879).
Jahresbericht des Hermannstädter Musikvereines für das Vereinsjahr 1879. Hermannstadt, Buchdruckerei W. Krafft, 1888.

H. G.-P., 1880, 74.
S. d. T., 2816, 2971 und 2998 (1883).
Aus dem Leben des Hermannstädter Männergesangvereines, der früheren Hermannstädter Liedertafel „Hermania". Gedenkblätter, Hermannstadt 1888.
Der Hermannstädter Musikverein. Eine Skizze seiner Geschichte u. s. w. von Wilh. Weiß. Hermannstadt 1889.

Brandsch Friedrich

wurde am 22. Februar 1839 in Mediasch geboren. Nach Absolvierung des Gymnasiums seiner Vaterstadt im Jahre 1857 bezog er die Universitäten in Leipzig, Wien und Berlin um sich dem Studium der Theologie und Philologie zu widmen. Seine erste Anstellung erhielt er am 12. August 1860 als Gymnasiallehrer in Mediasch, folgte dann einem Ruf zum Pfarrer von Bußd im Jahre 1869 und wurde hierauf am 16. Dezember 1875 Pfarrer in Scharosch.

Er veröffentlichte:

Über die Erziehung des Kindes bis zur Schule. M. G.-P., 1866.

Brandsch Gottlieb

wurde am 10. Dezember 1835 in Mediasch geboren, wo er im Jahre 1854 das Gymnasium absolvierte. Seit dem September dieses Jahres widmete er sich an den Universitäten in Leipzig und in Wien, neben der Theologie hauptsächlich dem Studium der Physik, Mathematik und Geschichte. Am 1. September 1857 wurde er als supernumerarius an der sogenannten Realschule in Mediasch angestellt, aber schon im nächsten Jahr kam er an das Gymnasium und Seminarium als Lehrer. Am 25. März 1868 berief ihn die ev. Kirchengemeinde in Mortesdorf und im Oktober 1873 die ev. Gemeinde in Eibesdorf zu ihrem Pfarrer. G. Brandsch gehört seit 1869 als Beisitzer dem Schelker Bezirkskonsistorium an und versah vom Jahre 1892 bis 1895 das Bezirksdekanat, das er jedoch krankheitshalber niederlegen mußte. Vom Jahre 1880 an wurde er von der Landeskirche als Ersatzmann in das Oberehegericht berufen. Brandsch war überdies 14 Jahre hindurch auch Dechant des Schelker Kapitels.

Er schrieb:

Einige Bemerkungen zum Unterrichte in der geometrischen Formenlehre. M. G.-P., 1865.

Brandsch Heinrich

wurde am 20. Februar 1847 in Mediasch geboren und absolvierte daselbst im Jahre 1864 das Gymnasium. Nach Beendigung seiner Hochschulstudien, die er in Jena, Berlin, Heidelberg und Wien machte, wurde er am 12. Dezember 1869 als Professor am Gymnasium seiner Vaterstadt angestellt. Am 29. Oktober 1880 wurde er Pfarrsubstitut in Mergeln und 1890 Pfarrer in Bekokten. Seit 1886 ist er Mitglied des Schenker Bezirkskonsistoriums.

Er schrieb:

Durch alle Punkte irgend eines Kegelschnittes werden untereinander parallele gerade Linien gezogen. Die innerhalb des betreffenden Kegelschnittes fallenden Stücke dieser parallelen Geraden werden in dem Verhältnis p : q geteilt, und es sind die wichtigsten Eigenschaften der Teilungslinie aufzusuchen und anzugeben. M. G.-P., 1879.

Brandsch Karl d. Ä.
(I, 168)

wurde als Sohn des nachmaligen Mediascher Stadtpfarrers Simon Gottlieb Brandsch am 13. März 1818 in Tobsdorf getauft.*) Der Geburtstag ist in der Matrikel, wie es damals allgemein üblich war, nicht angegeben. Er absolvierte das ev. Gymnasium in Mediasch am 17. Juli 1837 und bezog hierauf das Kollegium in Maros=Vásárhely, woselbst er bis 1839 studierte. Von diesem Jahre bis zum Jahre 1841 widmete er sich in Berlin dem Studium der Theologie, Philosophie und Mathematik. Im Jahre 1843 wurde er am ev. Gymnasium in Mediasch lector extraordinarius, am 23. August 1848 ordinarius, am 24. Mai 1854 Konrektor des Gymnasiums und am 25. Juni 1855 nach dem Abgange Andreas Gräsers Rektor, welche Stelle er bis zu seiner am 26. November 1867 erfolgten Präsentation als Pfarrer in Großschenk bekleidete. Als solcher ist er am 8. Oktober 1894 gestorben.

Brandsch war einer der tüchtigsten Schulmänner, der auf Jahrzehnte hindurch dem Mediascher Gymnasium den Stempel seines Geistes aufgedrückt hat. Er war streng und gewissenhaft im Dienste und von ungewöhnlicher Humanität und Liebenswürdigkeit im Umgange.

Bei dem Inslebentreten der neuen Kirchenverfassung wurde er Bezirksaltuar im Mediascher Kirchenbezirke, dann weltliches Mitglied des Bezirkskonsistoriums. Im Schenker Bezirke verwaltete er das Bezirksdekanat über 20 Jahre, seit dem Jahre 1870 war er auch Mitglied des Landeskonsistoriums.

Im politischen Leben ist Brandsch zweimal besonders hervorgetreten. Die Stadt Mediasch wählte ihn in den 1863/64=er Landtag zu ihrem Abgeordneten. Auf dem ersten Sachsentag in Mediasch im Jahre 1872 war er Vorsitzer.

Seine Schriften s. I, 168.
Über seine Thätigkeit auf dem 1863/64=er Landtage s. den Anhang.

Vgl. Korr. f. Ldk., XVII, 1894, 136.
S. d. T., 6333 (1894).
Ebenda, 5769 (1892). (25=jähriges Pfarrerjubiläum.)
Szinnyei, M. J., I, 1316.

---

*) In I, 168 ist irrtümlich das Jahr 1819 als Geburtsjahr angegeben.

Brandsch Karl d. J.,

geboren am 24. Juni 1851 zu Mediasch, absolvierte das dortige Gymnasium 1868. Er besuchte zunächst ein Semester hindurch die Rechtsakademie in Hermannstadt und bezog dann die Universitäten Heidelberg, Berlin und Leipzig, um sich dem Studium der Philosophie, Mathematik und Theologie zu widmen. (1868—1872.) In die Heimat zurückgekehrt fand er seine erste Anstellung als Rektor in Großschenk. (15. März 1875.) Seit 26. Februar 1883 war er Lehrer am ev. Landeskirchenseminar und seit dem 9. August 1893 ist er Pfarrer in Burgberg.

Von ihm erschien:

1. Denkrede auf A. Comenius, gedruckt in „Die Comeniusfeier am ev. Landeskirchenseminar in Hermannstadt". S. b. T., 5565 ff. Sonderabbruck des S. b. T. Hermannstadt. Drotleff 1892.
2. Über Schulanstalten. Vortrag. S. b. T., 5790.

Brandsch Rudolf,

geboren am 1. Juni 1858 in Mediasch als Sohn des Gymnasialdirektors und späteren Pfarrers von Großschenk, Karl Brandsch, absolvierte das Mediascher Gymnasium im Jahre 1875, blieb jedoch bis zu Ostern des folgenden Jahres aus Rücksicht auf seine Jugend und Gesundheit noch im Kreise seiner Familie in Großschenk. Darauf bezog er die Universität Leipzig, und widmete sich daselbst durch drei Jahre dem Studium der Theologie, Geographie und Geschichte. Nur schwer schied er aus der ihm lieb gewordenen Universitätsstadt (Ostern 1879) um seine Studien an der Universität in Berlin zu vollenden. Hier trat nun seine Beschäftigung mit der Theologie mehr in den Hintergrund; dagegen setzte er mit großem Eifer seine historischen und philosophisch-pädagogischen Studien fort. An der philosophischen Gesellschaft des Professor Paulsen und dem historischen Seminar des Professor Nitzsch nahm er zwei Semester hindurch regen Anteil. Außerdem besuchte er Treitschkes Vorlesungen über Politik. Mit den Vorbereitungen zum philosophischen Doktor-Examen beschäftigt, starb er am 22. Juli 1880 in Jena, wo er auch begraben liegt.

Zur Erlangung der philosophischen Doktorwürde schrieb er:

Kaiser Friedrich's III. (IV.) Beziehungen zu Ungarn in den Jahren 1440—1453. M. G.-P., 1883. Auch im Sonderabbruck erschienen in Hermannstadt, S. Filtsch's Buchdruckerei (W. Krafft) 1883.

S. b. T., 2018, 2020 (1880).
M. G.-P., 1883.
Szinnyei, M. J., I, 1317.

Brecht von Brechtenberg Andreas
(I, 172)

schrieb außer den a. a. O. genannten Arbeiten:

1. Des Fürsten von Siebenbürgen, Michael Apafy I. letzte Liebe. Blätter für Geist, Gemüt und Vaterlk. 1838, 103.
2. Corona oder das Lied von der neuen Kronstädter Glocke. Lyrisch-didaktisches Gedicht in 19 Gesängen. Hermannstadt, Samuel Filtsch 1840.

Szinnyei, M. J., I, 1332.
S. V.-K., XLI, 1892.

Brecht Josef Clemens, Brechtenberg v.
(I, 174).

1. Dissertatio metaphysica de vita dei. Francoforti ad Viadrum. 1677.
2. Göttliche Zähl-Arth der Zeithen. Mit Göttlichen Geschichten begleitet. (Hermannstadt 1714.)

Meltzl-Hermann, Das alte und neue Kronstadt. I, 219.
Szinnyei, M. J., I, 1330.

Brem Ignatz Anton,

geboren den 8. Juni 1788 zu Znaim in Mähren, widmete sich der Pharmacie und ward diplomierter Apotheker, trat dann als Chemiker in die fürstlich Auersperg'schen Werke zu Lukowitz in Böhmen und errichtete 1826 eine eigene chemische Produkten- und Schwefelsäure-Fabrik in Prag.

Bei der Prager Industrie-Ausstellung im Jahre 1836 erhielt Brem für seine Produkte, namentlich für die in Böhmen zum erstenmale ausgeführte Darstellung von Schwefelsäure aus Kiesen, die goldene Medaille. Durch verunglückte Bergwerksunternehmungen genötigt, seine Fabrik wieder aufzugeben, trat er im Jahre 1848 als Direktor in die Pester chemische Produktenfabrik und kam von da im Jahre 1853 in gleicher Eigenschaft in die Hermannstädter Schwefelsäure-Fabrik.

Seit seiner Übersiedelung nach Hermannstadt war Brem ein sehr thätiges Mitglied des siebenb. Vereins für Naturwissenschaften. Brem starb am 4. Juni 1858.

Er veröffentlichte:

1. Bemerkungen über den von Herrn Dr. Fr. Schur an die Kronstädter Handels- und Gewerbekammer über das Vorkommen der am Berge Büdös befindlichen Schwefel- und Alaunerde, dann Torflager, im September d. J. abgegebenen Bericht. V. u. M., IV. (1853), 189.
2. Über die Steinkohlen von Urikány am Vulkanpasse, Michelsberg und Holbak, Ebenda, V. (1854), 106.

3. Über Ablagerung der Schwefelkiese, Alaunschiefer und fossilen Brennstoffe in Siebenbürgen. Ebenda, V. (1851), 191.
4. Analyse der am Berge Bübös vorkommenden Schwefel- und Alaunerde. Ebenda, VI. (1855), 35.
5. Chemische Analyse der Mineralquelle Rohrbach im Großschenker Bezirk. Ebenda, VII. 1856, 39.

B. u. M., IX. (1858), 90.

Brenner von Brennerberg Franz, Dr. med.,

wurde in Kronstadt am 1. September 1858 geboren. Nachdem er in seiner Vaterstadt das Untergymnasium absolviert, studierte er in Graz an der Staatsoberrealschule und machte in Klausenburg im Jahre 1877/78 die Obergymnasialstudien privatim und hierauf ebendaselbst die Maturitätsprüfung im Jahre 1878. Nachdem er ein Jahr in Klausenburg Medizin studiert hatte, begab er sich zur Fortsetzung seiner Studien nach Wien und wurde hier am 10. April 1886 zum Doktor der gesamten Heilkunde promoviert. Gleich darauf wurde er als Anstaltsarzt an die k. k. Theresianische Akademie berufen und bekleidet auch gegenwärtig diese Stelle.

Schon während seiner Studienzeit hatte er über Auftrag des Professor Nothnagel, an dessen Klinik er arbeitete, Untersuchungen über Pneumoniecoccen länger als ein Jahr angestellt, deren Resultate von Dr. v. Jaksch in seinem Werke: „Klinische Diagnostik von Krankheiten mittelst bakteriologischer, chemischer und mikroskopischer Untersuchungsmethoden," veröffentlicht wurde.

Brenner Martin.
(I, 179).

Horányi, mem. Hung. I, 315.
Arch. f. Ldk., X, 260 und XVI, 246.

Briebrecher Rudolf

wurde am 23. April 1866 in Groß-Alisch geboren. Nach Absolvierung des Gymnasiums in Mediasch im Jahre 1884, bezog er die Universitäten Halle a./S., Berlin und Budapest, um sich dem Studium der Theologie, sowie der Geschichte und lateinischen Philologie zu widmen. Von 1889 bis 1892 war er an den ev. Schulanstalten in Oberschützen thätig. Seit 1892 ist er Lehrer an der ev. Realschule in Hermannstadt.

Er schrieb:

1. Der mutinensische Krieg. Programm der ev. Schulanstalten in Oberschützen. 1891 und 1892.
2. Der gegenwärtige Stand der Frage über die Herkunft der Rumänen. H. G.-P., 1897. [Bespr. S. d. T., 7223 (1897); Korr. f. Ldk., XX. (1897), 135.]

Briebrecher bearbeitete ferner für den I. Band „Bilder aus der vaterländischen Geschichte", herausgegeben von Dr. Fr. Teutsch, folgende Abschnitte:

1. Die Schlacht bei Dürnkrut an der March.
2. Ludwig der Große.
3. Die Schlacht bei Mohács.
4. Der Thronstreit zwischen König Ferdinand und Johann Zapolya.
5. Nikolaus Zrinyi.
6. Aus der Kuruzzenzeit, und
7. Die pragmatische Sanktion.

Für den II. Band schrieb er:

1. Baukunst und Kunsthandwerk.
2. Aus dem Schulleben der Vergangenheit.
3. Die Union der Sachsen von 1613, und
4. Unsere Vereine.

Ferner erschien von ihm in „Hundert Jahre sächsischer Kämpfe", zehn Vorträge aus der Geschichte der Siebenbürger Sachsen im letzten Jahrhundert, Hermannstadt, W. Krafft 1896,

Unter dem Absolutismus 1850—1860.

Bruckner Wilhelm, Dr. phil.,
(I, 198; III, 562)

wurde am 12. August 1835 in Großschenk geboren, wo sein Vater Assessor des damaligen Stuhlsoffiziolates war. Nachdem er im Jahre 1853 das Gymnasium in Schäßburg absolviert hatte, widmete er sich den juridischen Studien an der Hermannstädter Rechtsakademie und an der Universität in Wien (1853—1857) und praktizierte dann bis zum Jahre 1860 bei der damaligen Finanzprokuratur. Von dieser Zeit an wendete er sich der Advokatur zu, und zwar anfangs in Broos und dann in Hermannstadt. Hier wurde er schon im Jahre 1862 zum Rechtsvertreter der sächsischen Nations-Universität gewählt. Als sechs Jahre hierauf statt der aufgelösten Kammer-Prokuraturen Privat-Anwalte für das Militär-Ärar bestellt wurden, erhielt er seine Ernennung zum Rechtsvertreter des Militär-Ärares. In beiden Eigenschaften fungiert derselbe auch gegenwärtig. Seit dem Jahre 1870 war er fast ununterbrochen Abgeordneter der sächsischen Nations-Universität, sowie Mitglied der Hermannstädter Stadt- und Stuhlsvertretung, später des Komitates. Seit dem Jahre 1875 ist er auch Präsident der Advokatenkammer in Hermannstadt und in der Reichstagsperiode 1875—1878 und neuerdings seit 1897 Abgeordneter der Stadt Hermannstadt im ungarischen Abgeordnetenhause. Seit 1878 ist er Obmann des Hermannstädter sächsischen Partei- (später Kreis-)ausschusses, sowie Präsident der von ihm mitbegründeten Verſicherungsbank „Transſylvania" und ſeit 1884 Direktor des Hermannſtädter Vorſchußvereins. Bruckner war Mitarbeiter an dem S. d. W. (S. hier den Artikel Franz Gebbel.)

Er veröffentlichte:

1. Die Reformen Kaiſer Joſef II. in Siebenbürgen. Inauguraldiſſertation. Jena 1867. Druck von W. Rah.
2. Beleuchtung der dem hohen Abgeordnetenhaus in Peſt überreichten Denkſchrift der angeblich zum Königsboden gehörigen Gemeinden der ſogenannten Filialſtühle Szeliſtye und Talmatſch wegen Regelung ihrer ſtaatsrechtlichen Verhältniſſe. Hermannſtadt, S. Filtſch (W. Kraſft) 1869. Auch ins Ungariſche überſetzt unter dem Titel: Megvilágitá»a a mélyen tisztelt pesti képviselöházhoz intézet azon emlékiratnak, melylyel a királyföldhöz állitólag tartozó Szelistye és Talmács fiókszékekbeli községek közjogi viszonyaik rendezését kérelmezik. Nagy-Szeben, Filtsch S. (Krafft W.) 1869.
3. Siebenrichter und Nicht-Siebenrichter. (Eine Anregung für die Univerſität.) Sonderabdruck des S. d. T., 996 ff. (1877.)
4. Aus der Zeit vor der allgemeinen Wehrpflicht. Vortrag. S. d. T., 6186 ff. (1895.)
5. Die politiſche Entwicklung von 1860—1876, in „Hundert Jahre ſächſiſcher Kämpfe", 237.
6. Reiſeerinnerungen. Druck und Verlag, W. Kraſft, Hermannſtadt 1893. [Beſpr. S. d. T., 5787; Korr. f. Ltde., XVI. 1893, 29. Zweite vermehrte Auflage. Ebenda, 1896. S. d. T., 7085. (1897.)]
7. Die revindizierten Gebirge im Lotrugebiete. K. V. J., XVII. (1897.)

Szinnyei, M. J., I, 1357.

Bruckenthal, Karl Freiherr von.

(I, 183).

Friedenfels, Bedeus, I, 36, 165, 234; II, 305.
Szinnyei, M. J., I, 1355.
Meltzl-Herrmann, Das alte und neue Kronſtadt. II, 93, 101.
Arch. f. Ltde., XVIII, 184, 202, 320.

Bruckenthal, Michael Freiherr von.

(I, 183).

1. Note des Komes Michael von Bruckenthal an den kön. Kommiſſär Michael von Benyovßky vom 25. Mai 1798. Gedruckt in Meltzl-Herrmann, Das alte und neue Kronſtadt, II, 625 und S. d. W., 1870, 212, 230, 215, 261, 278, 291.
2. Vorſtellung des Tit. Herrn Komes Nationis M. Baron v. Bruckenthal an die kön. Miniſter in Wien ab anno 1800. Ebenda, II, 645 und S. d. W., 1868, 6, 23, 38.

Allg. d. Biogr., III, 393 von E. v. Trauſchenfels.
Friedenfels, Bedeus, I, 8, 24, 27, 220, 229, 231, 249, 250 f., 413.

Meltzl-Herrmann, Das alte und neue Kronstadt, I, 420, 456; II, 34, 38, 40 ff., 66, 68 ff., 94, 202, 208, 217, 223, 253, 279 ff., 285, 304, 399, 454, 456, 463 ff., 489, 514, 521, 532 ff., 549, 551.
Arch. f. Ldde., XVIII, 164, 168, 179, 182, 184, 211, 234, 267, 313 ff., 331.
Szinnyei, M. J., I, 1354.

Brukenthal, Samuel Freiherr von.
(I, 188).

Allg. d. Biogr., III, 395 von [Ludwig] Reissenberger.
Wurzbach, II, 168.
Arneth, Alfred Ritter von, Geschichte Maria Theresias. 8. Bde. Wien 1868—1877.
Szinnyei, M. J., I, 1356.
Teutsch Fr., Bilder aus der vaterl. Gesch., I, 228.
Derselbe, Sch.-O., CXV ff.
Meltzl-Herrmann, Das alte und neue Kronstadt, I, 1883; II, 1887.
Theil Dr. R., Konrad v. Heydendorf, Arch. f. Ldde., N. F. XIII. bis XVIII. u. zw.: XIII., 343 f., 571, 573; XIV., 233, 235, 237; XV., 128, 153, 158, 160 f.; XVI., 657 f., 660, 664 ff., 673; XVIII., 21 f., 54, 70 f., 81 ff., 91, 117, 120, 125 f., 128, 277 ff., 283, 297, 308, 320.
Schuller Fr., Dr., Aus sieben Jahrhunderten. Acht Vorträge aus der siebenb.-sächs. Geschichte. Hermannstadt, Druck und Verlag von W. Krafft 1895, 170.

Buchholzer Andreas,

geboren am 3. Mai 1834 in Großprobstdorf, absolvierte 1853 das ev. Lehrerseminar in Schäßburg, war 1853—1854 Rektor der Volksschule in Trappold und 1854—1871 Lehrer und Musikdirektor in Reps. Seit Oktober 1871 ist er Lehrer an der Obervorstädter ev. Elementarschule in Kronstadt.

Von ihm erschien:

1. Der Schulgarten. Vortrag. Kronstadt, J. Gött u. Sohn Heinrich 1877.
2. Katechismus des Obstbaues. Kronstadt, Alexi 1886.
3. Buchholzer und Wilk, Liederstrauß für Volks-, Bürger-, Real- und Untergymnasialschulen, enthält ein-, zwei- und dreistimmige Lieder, sowie das wichtigste aus der Theorie des Gesanges. Dritte, vermehrte und verbesserte Auflage. 1896. I., II. Heft (1. und 2. Schuljahr). III. Heft (3. Schuljahr). IV. Heft (4. Schuljahr). V. Heft (5. Schuljahr). VI. Heft (6. Schuljahr). VII., VIII. Heft (7., 8. und 9. Schuljahr). Kronstadt, Verlag von H. Zeidner.

Buchholzer Ernst,

geboren am 21. März 1866 in Mediasch, absolvierte dort das Gymnasium im Jahre 1884 und bezog hierauf die Universitäten Jena, Klausenburg, Halle a./S., Berlin und Straßburg, um sich für das Lehr- und Pfarramt vorzubereiten. Nach seiner Rückkehr in die Heimat zunächst als Lehrer an der ev. Knabenelementarschule in Hermannstadt angestellt (1891), wurde er 1894 supplierender Professor an der Realschule, 1896 Lehrer an der ev. Mädchenbürgerschule und 1898 Professor am ev. Gymnasium in Hermannstadt. Seit 1896 ist Buchholzer Redakteur der im Verlage von W. Krafft in Hermannstadt erscheinenden „Akademischen Blätter".

Von ihm erschien:

1. Schopenhauer und Goethe in ihrem Verhältnis zu den Frauen. Vortrag, Hermannstadt, Josef Drotleff (1893). Sonderabdruck aus dem S. d. T., 5796 ff., (1893).
2. Die Volkspoesie der Siebenbürger Sachsen. Vortrag, Sonderabdruck aus den „Kirchlichen Blättern" 1898. W. Krafft, (Hermannstadt 1898).
3. Die siebenbürgisch-sächsische Volksdichtung. Zur Einführung für die Festvorstellung zur Teutschdenkmal-Enthüllungsfeier in: Vortragsordnung der Festvorstellung zur Teutschdenkmal-Enthüllungsfeier. Druck von Josef Drotleff, Hermannstadt, o. J. [1899].
4. „Auf nach Siebenbürgen!" Wanderbüchlein durch das siebenbürgische Sachsenland. Mit einer Karte und 28 Illustrationen. (Zusammengestellt von Ernst Buchholzer.) Verlag von Thormann und Goetsch, Berlin 1900.

Buchinger Johann Georg.
(I, 199).

Szinnyei, M. J., I, 1374.
Arch. f. Lkde., XIX, 603.

Budaker Gottlieb Georg,
(I, 200; III, 563),

geboren in Bistritz am 1. Mai 1825*) absolvierte das Gymnasium seiner Vaterstadt im Sommer 1844 und studierte hierauf Theologie und Philosophie an den Universitäten Leipzig und Breslau. Im Februar 1847 an die ev. Mädchenschule A. B. in Bistritz berufen, diente er daselbst nur ein Semester und wurde dann an die neuerrichtete Bürgerschule in Bistritz übersetzt. Aber schon nach einjähriger Dienstzeit an dieser Anstalt, kam er an das Bistritzer Gymnasium, dessen Rektor er seit dem 20. Juni 1853 war. Er ist zugleich der letzte Gymnasialdirektor, der von der städtischen Kommunität gewählt wurde. Mehr als neun Jahre bekleidete Budaker diese Stelle. Es war eine schaffensfreudige Zeit, die Einführung des österreichischen Organisationsentwurfes für die Gymnasien bedeutet einen Markstein und zugleich großen Fortschritt in der Entwicklung der sächsischen Gymnasien. Budaker war Mitglied jener Kommission, welche Anfang der sechziger Jahre unter dem Vorsitze des Präsidenten des ev. Oberkirchenrates in Wien, Josef Andreas Zimmermann, den Entwurf zu einer Verfassung der ev. Kirche A. B. in

---

*) Trausch a. a. O. ist irrtümlich der 4. Mai als Geburtstag angegeben.

Siebenbürgen ausarbeitete, aus welchem die jetzige Kirchenverfassung für die ev. Landeskirche A. B. in Siebenbürgen durch die dazu gesetzlich berufene Körperschaft, die ev. Landeskirchenversammlung, hervorgegangen ist. Im Herbste des Jahres 1862 zum Lechnitzer Pfarrer gewählt, wurde Bubaker am 10. Dezember 1862 in dieses Amt eingesetzt. Nicht lange erfreute er sich ungestörter, seelsorgerischer Wirksamkeit; er wurde nämlich zum Deputierten für die Jahre 1863 und 1864 in den Hermannstädter Landtag gewählt und im Jahre 1870 von dem Bistritzer Landwahlkreis in die sächsische Universität entsendet, eine Entsendung, die immer wieder bis zum heutigen Tag erfolgte. Am 25. September 1875 trat Bubaker in das Pfarramt seiner Vaterstadt ein. Am 3. Mai 1882 wurde er zum Dechanten des Bistritzer Kirchenbezirkes gewählt. Mehr als 14 Jahre bekleidete er dieses Amt, welches er dann, um sich wenigstens teilweise zu entlasten, niederlegte. Seit dem 17. März 1870 ist Bubaker Mitglied des ev. Landeskonsistoriums. In dem Kampfe, welcher bald nach dem Ausgleiche zwischen Österreich und Ungarn im Jahre 1867 den Sachsen um ihre politische Existenz, dann um die Erhaltung ihrer Eigenart aufgezwungen wurde, stand Bubaker unentwegt auf der Seite seines Volkes, für dessen Rechte er mit Wort und Schrift eintrat.

Zu den im I. Bande, Seite 200 angeführten Arbeiten Bubakers ist noch hinzuzufügen:

1. Bericht der Vertrauensmänner Gottlieb Bubaker und Gottfried Ziegler aus Bistritz über ihre gewerbliche Studienreise in der Bukowina und einem Teil der nördlichen und nordwestlichen Moldau im Juni 1881. Hermannstadt, Druck und Verlag von Jos. Drotleff, 1882.
2. Predigt gehalten in Hermannstadt am Tage der Eröffnung der Landeskirchenversammlung der ev. Kirche A. B. in Siebenbürgen den 11. Dezember 1887. Hermannstadt, W. Krafft 1887.

Über seine Mitarbeiterschaft an dem S. b. W. f. hier den Artikel Franz Gebbel.

Über seine Thätigkeit auf dem Hermannstädter Landtag vom Jahre 1863/64 s. den Anhang.

S. b. T., 6501, 6507. (70. Geburtstag.)
Szinnyei, M. J., I, 1381 mit der falschen Bemerkung, daß Bubaker am 6. Januar 1867 gestorben sei.
Lebensskizze im Bistritzer Kalender für das Schaltjahr 1896. Verlag von Theodor Botschar, Bistritz 1895.

Bubaker Martin

wurde am 6. April 1846 in Bistritz geboren, absolvierte im Jahre 1865 das dortige Gymnasium und studierte hierauf in Wien und Jena Theologie und Philologie. Seit dem 10. April 1871 dient er als Gymnasiallehrer und seit dem 26. Dezember 1883 als ev. Stadtprediger in Bistritz.

Er veröffentlichte:

Über die Erziehung der Jugend bei den alten Römern. B. G.-P., 1883.

Capesius Bernhard Julius,

geboren am 29. Oktober 1840 in Großschenk, legte 1859 die Maturitätsprüfung am Hermannstädter ev. Gymnasium A. B. ab. Nachdem er zunächst zwei Jahre hindurch an der Volksschule in Agnetheln als Lehrer gewirkt (1859—1861), studierte er drei Jahre hindurch in Wien und Jena Theologie, Mathematik und Physik. Am 18. November 1870 wurde er als Gymnasiallehrer in S.-Reen angestellt und starb am 19. April 1881 nach langer, schwerer Krankheit in Hermannstadt.

Er veröffentlichte:

Goltzsch's verbundener Zahl-, Sach- und Meßunterricht. S.-R. G.-P., 1879.

S.-R. G.-P., 1881, wo irrtümlich der 22. April als Todestag Capesius' angegeben ist.

Capesius Gottfried

(I, 204 und III, 563)

wurde am 24. November 1815 in Thalheim geboren. Nach Absolvierung des Hermannstädter Gymnasiums bezog er die Hochschule. Nach Vollendung der Universitätsstudien in Berlin wurde Capesius als Lehrer am Hermannstädter Gymnasium angestellt, wo ihm 1861 das Rektorat übertragen wurde. In den letzten Jahren von körperlichen Leiden, die auch auf seine Arbeits- und geistige Spannkraft lähmend wirkten, vielfach heimgesucht, wurde ihm, nach längerem Urlaube, auf sein Ansuchen am 18. Mai 1878 die Versetzung in den Ruhestand gewährt. Er starb am 11. September 1880.

Seine Arbeiten s. Trausch I, 204; III, 563.

H. G.-P., 1876.
S. b. T., 2047 (1880.)
Szinnyei, M. J., II, 6.

Capesius Gustav,

geboren den 15. Mai 1845 in Hermannstadt, absolvierte das ev. Gymnasium daselbst 1862, studierte von 1862—1863 die Rechte in Hermannstadt, von 1863—1866 Mathematik, Physik und Theologie auf den Universitäten Wien, Leipzig, Berlin und erhielt im April 1871 eine Anstellung an der Hermannstädter Oberrealschule. Von 1883—1889 war er Sekretär des Siebenbürgischen Vereins für Naturwissenschaften in Hermannstadt. Von ihm erschien die Abhandlung:

Über elektrische Beleuchtung. Mitt. f. Natw. XXXIII, (1883).

Capesius Josef Franz, Dr. phil.,

wurde am 21. Juli 1853 in Probstdorf am Harbach geboren, wo sein Vater Bernhard Franz Capesius Pfarrer war. Bis zu seinem dreizehnten Jahre erhielt er vom Vater Unterricht, worauf er im Jahre 1866 in die vierte Klasse des Hermannstädter Gymnasiums eintrat, das er dann 1871 absolvierte. Nachdem er ein Jahr im Elternhause zugebracht, studierte er, bis Ostern 1876 in Leipzig und dann nach halbjährigem Aufenthalte in der Heimat 1876/77 in Berlin außer Theologie noch Mathematik, Physik, Philosophie und Pädagogik. Im August 1877 promovierte er auf Grund der Dissertation: „Die Hauptmomente in der Entwicklungsgeschichte der Herbart'schen Metaphysik" und einer aus Mathematik, Physik und Philosophie abgelegten Prüfung. In die Heimat zurückgekehrt, übernahm er in einem Privathause eine Erzieherstelle und legte 1878 die Lehramtsprüfung ab. Infolge einer schweren Erkrankung wurde Capesius gezwungen, nicht allein seine Stelle niederzulegen, sondern jeder anstrengenden Beschäftigung zu entsagen. Nachdem er durch mehrere Jahre der Ruhe, die er auf dem Lande zugebracht, seine Gesundheit gekräftigt hatte, wurde er im September 1885 als Professor an das ev. Landeskirchenseminar berufen. Seit Juli 1896 ist er Direktor dieser Anstalt. Im November desselben Jahres wurde er vom königl. ung. Unterrichtsminister zum Mitglied des Unterrichtsrates ernannt.

Capesius ist seit 27. März 1894 auch Vorstandsstellvertreter des siebenb. Vereins f. Naturw. in Hermannstadt.

Als selbständige Veröffentlichungen erschienen von ihm:

1. Die Metaphysik Herbarts in ihrer Entwicklungsgeschichte und nach ihrer historischen Stellung. Ein Beitrag zur Geschichte der nachkantischen Philosophie. Leipzig, H. Mathes 1878.
2. Die hauptsächlichsten Forderungen des erziehenden Unterrichtes. Ein Vortrag vom vierten siebenbürgisch-sächsischen Lehrertage. Langensalza, Beyer und Söhne 1887. [Bespr. im Korr. f. Lde., X, 1887, 124.]

An größeren Aufsätzen veröffentlichte Capesius:

1. Die Klassifikation im Lichte des Erziehungsideales. Deutsche Schulblätter. Herausgegeben von Graef und Hommer I, 1879/80.
2. Zwei brennende Fragen unseres nationalen Bildungswesens. Schul- und Kirchenbote 1885.
3. Über zweckmäßige Einrichtung des Volksschullehrerseminars. Ebenda, 1890.
4. Die Bedeutung der Himmelskunde für die Volksschule. Ebenda, 1892.
5. Beiträge zur Beleuchtung der Bürgerschulfrage. Ebenda, 1893.
6. Gesamtentwicklung und Einzelentwicklung. Jahrbuch des Vereins für wissenschaftliche Pädagogik. Dresden 1889.
7. Methoden und Methodik. Ebenda, 1890.
8. Ein Lehrgang aus Chemie auf geschichtlicher Basis. Ebenda, 1894.
9. Mitteilungen über die Bodenverhältnisse Hermannstadts auf Grund von Brunnengrabungen. V. u. M., 1891.

10. Moritz Gnist. Eine Skizze seiner wissenschaftlichen Lebensarbeit. Ebenda, 1892 und im Sonderabdruck. [Bespr. im Korr. f. Ltde., XVI, (1893), 85.]
11. Gebirgskurorte und Gebirgskultur. K. B. J., IX. (1889.)
12. Unsere Beziehungen zum Mond. Ein Vortrag S. b. T., 1893.
13. Der Apperzeptionsbegriff bei Leibniz und dessen Nachfolgern. Programm des theol.-päd. Seminars der ev. Landeskirche in Hermannstadt. 1894. Druck von Jos. Drotleff.
14. Die siebenbürgisch-sächsische Volksschule in Vergangenheit und Gegenwart. Vortrag vom sechsten siebenbürgisch-sächsischen Lehrertage. In dem Berichte über denselben 1894.
15. Die Entstehung und Entwicklung des siebenbürgischen Vereins für Naturwissenschaft. In „Der siebenbürgische Verein für Naturwissenschaften in Hermannstadt nach seiner Entstehung, seiner Entwicklung und seinem Bestande." Hermannstadt, Druck von Jos. Drotleff 1896. (S. 1—50.)
16. Gesamt- und Einzelentwicklung. In Reins Encyklopädischem Handbuch der Pädagogik 1896. Langensalza, Beyer und Söhne. [Erschien auch im Sonderabdruck.]
17. Johannes Honterus. Vortrag, gehalten auf dem achten sieb.-sächs. Lehrertag in Kronstadt am 23. April 1898. Schul- und Kirchenbote 1898, Nr. 11 und 12. [Bespr. im Korr. f. Ltde., XXI, (1898), 121.]
18. Eduard Albert Bielz, Rede zur Eröffnung der Generalversammlung am 28. Dezember 1898. V. u. M., XLVIII, 1899.

Gemeinsam mit Karl Albrich jun. gab Capesius heraus:

Naturlehre auf geschichtlicher Grundlage. Sonderabdruck aus Reins Encyklopädischem Handbuch der Pädagogik, 1897. Langensalza, Beyer und Söhne.

Capesius redigiert als Seminardirektor (seit 1897) die Schulnachrichten in den Programmen des theol.-pädag. Landeskirchenseminars in Hermannstadt und veröffentlichte ferner in den „Kirchlichen Blättern" Jahrgang 1898, (auch im Sonderabdruck unter dem Titel „Aus dem Schatzhause der heiligen Schrift". Hermannstadt, Buchdruckerei W. Krafft 1898 erschienen), folgende drei Vorträge:

1. Das nachexilische Judentum.
2. Jesus von Nazareth.
3. Jesus Christus.

Capesius Karl

wurde am 27. Juni 1844 in Großschenk geboren, absolvierte das Gymnasium in Schäßburg 1863, studierte 1864—1868 an den Universitäten Wien und Berlin Theologie, Mathematik und Physik, und wurde am 20. August 1871 als Lehrer am Unter-Realgymnasium in S.-Reen angestellt. Anfangs März 1874 wegen schwerer Erkrankung beurlaubt, starb er am 7. April desselben Jahres in Martinsberg.

Er schrieb:

Über Dualismus und Monismus des menschlichen Seins. S.-N. G.-P., 1873.

Szinnyei, M. J., II, 7.
S.-N. G.-P., 1874.

Capesius Viktor, Dr. jur.,

am 1. April 1839 in Hermannstadt geboren, absolvierte 1855 das ev. Gymnasium und 1858 die k. k. Rechtsakademie seiner Vaterstadt und besuchte dann 1858/59 die Universität in Wien, 1859/60 die Universität in Graz, an welch' letzterer er sich 1861 den juridischen Doktorgrad erwarb.

Nach mehrjähriger praktischer Verwendung als Advokaturskonzipient in Graz und Leoben legte er 1863 die Advokatenprüfung bei dem Oberlandesgerichte in Graz ab und wurde Anfang 1864 zum Advokaten in Hermannstadt ernannt, wo er in dieser Eigenschaft bis Ende 1868 verblieb. Nach der Anfang 1869 erfolgten Freigebung der Advokatur in Österreich, übersiedelte er nach Wien, wo er bald zu den geachtetsten Rechtsanwälten zählte.

Schon während seines Hermannstädter Aufenthaltes trat Capesius zunächst in der „Hermannstädter Zeitung vereinigt mit dem Siebenbürger Boten" in einer Reihe sehr bemerkter Artikel, dann als damaliger Korrespondent der „Neuen freien Presse" für die durch Königswort und Königseid verbrieften Rechte der sächsischen Nation ein. An der Seite Franz Gebbels wirkte er ferner bei Schaffung des „Siebenbürgisch-Deutsches Wochenblatt" mit und gehörte bis Ende 1868 dem zur Leitung dieses Blattes bestellten Redaktionskomitee an, welches damals aus Franz Gebbel, Josef Bedeus und ihm bestand. (Über seine Mitarbeit an diesem Blatte s. auch den Artikel Franz Gebbel.)

Nach seiner Übersiedlung nach Wien war er noch längere Zeit hindurch als Korrespondent der „Neuen freien Presse" und einiger auswärtiger Blätter, dann in dem 1869 ins Leben gerufenen „Deutschen Verein" in Wien, dessen Vorstand er durch eine Reihe von Jahren angehörte, thätig. Capesius veranlaßte wiederholt Kundgebungen dieses Vereines, dann der deutschen Parteitage in Krems, Gmunden u. s. w. zu Gunsten des damals vom Magyarismus stark bedrängten sächsischen Volkes. An der Gründung der Ende 1870 geschaffenen „Deutschen Zeitung" in Wien, in deren Spalten er ebenfalls wiederholt für seine Nationsgenossen eintrat, war Capesius mitbeteiligt.

Als treuer Anhänger des evangelischen Glaubens war Capesius auch auf ev. kirchlichem Gebiete durch eine lange Reihe von Jahren in seiner Stellung als Presbyter und Schulvorstandsmitglied der ev. Gemeinde A. C. in Wien, als niederösterreichischer Senioratskurator und später als Superintendentialkurator sowie als Mitglied dreier ev. Generalsynoden, in welcher er 1889 und 1890 die Stelle des Vizepräsidenten einnahm — und durch 12 Jahre als Mitglied des evangelischen Synobalausschusses A. C. thätig.

In diesen seinen kirchlichen Stellungen war er Verfasser mehrerer an die Reichsvertretung gerichteten Petitionen, in welchen der Schutz und die Hilfe des Parlaments gegen mehrfache der evangelischen Kirche Österreichs widerfahrenen Rechtsverletzungen angerufen wurde.

Im Jahre 1870/71 war er Mitglied des vom deutschen Verein in Wien eingesetzten „Hilfskomitee's für die deutschen Verwundeten." In dieser Eigenschaft wurde ihm das vom König Johann von Sachsen gestiftete „Erinnerungskreuz für die Jahre 1870/1871" verliehen.

Dr. Capesius veröffentlichte:

1. Zur Lage der Siebenbürger Sachsen. Flugblatt des deutschen Vereins in Wien. Zweite vermehrte Auflage. München, Theodor Ackermann 1878.

[Die zweite Auflage enthält außer dem am 24. November 1877 unter dem gleichen Titel im deutschen Vereine in Wien gehaltenen Vortrag Dr. Capesius' noch die Stimmen der „Neuen freien Presse" (4803 vom 9. Januar 1878) und der „Deutschen Zeitung" (Nr. 2172 vom 18. Januar 1878) über diese Angelegenheit.]

2. Erlaubte nächtliche Ruhestörung. Ein Rechtsfall mitgeteilt auf Grund erflossener Entscheidungen des hohen k. k. Obersten Gerichtshofes und des hohen k. k. Ministeriums des Innern. Wien, L. Rosner 1884. II. Teil. Das Verfahren von dem hohen k. k. Verwaltungsgerichtshofe und die Entscheidung des letztern. Wien, Verlag von L. Rosner 1885.

3. Rechtsschutz im Mietverhältnis. Sonderabdruck eines Abschnittes aus der in den „Jahrbüchern für die Dogmatik des heutigen römischen und deutschen Privatrechts" XXIII, 155 ff. erschienenen Abhandlung:

„Rechtsschutz gegen injuriöse Rechtsverletzungen" von Dr. Rudolf v. Ihering mit Zustimmung des Verfassers und Verlegers veranstaltet. Jena, Verlag von Gustav Fischer 1885.

4. Moritz Freiherr von Königswarter. Lebenslängliches Mitglied des h. Herrenhauses und niederösterreichischer Landtagsabgeordneter. Ein Charakterbild aus der Gegenwart. Wien 1887. Im Verlage des Verfassers.

5. Ein Schiedsgericht! Ein Beitrag zu der in der Plenarversammlung der niederösterreichischen Advokatenkammer vom 24. November 1890 angeregten Frage der Reform der bestehenden ständigen Schiedsgerichte. Wien 1891. Im Selbstverlage des Verfassers.

6. Die Zustände in der evangelischen Gemeinde A. C. in Wien. Charakterbilder. Wien 1895. Kommissionsverlag Anton Reimann, Buchhandlung, vormals Karl Graesers Sortiment.

Capesius Wilhelm
(I, 205)

wurde am 28. November 1813 in Thalheim geboren. Nach Beendigung seiner Studien am Gymnasium in Hermannstadt, bezog er 1834 die Universität Berlin — wo er neben Theologie hauptsächlich altklassische Philologie und Geschichte studierte. 1836 kehrte er von der Universität zurück, wurde 1838 an der Elementarschule und 1841 am Gymnasium in Hermannstadt angestellt. Hier war er von 1847—1860 Lehrer der lateinischen Sprache und der Geographie und Geschichte ausschließlich am Obergymnasium. Am 21. Januar 1860 wurde er Pfarrer in Thalheim und 1867 Pfarrer in Neudorf. Am 20. Februar 1887 wurde er nach 49-er Dienstzeit über sein eigenes Ansuchen emeritiert und starb am 26. April 1891 in Hermannstadt. Vom Dezember 1863—1881 war er auch Mitglied des Bezirks-Konsistoriums.

Seine Arbeit s. a. a. O. I, 205.

Szinnyei, M. J., II, 7.

Capesius Wilhelm d. J.,

geboren in Hermannstadt am 3. Oktober 1848, absolvierte im Jahre 1867 das Gymnasium daselbst und studierte hierauf in Berlin und Heidelberg Theologie, Geographie und Geschichte. Nach seiner Rückkehr in die Heimat wurde er zunächst akademischer Lehrer an der Hauptvolksschule in Leschkirch, dann Lehrer an der Hermannstädter Mädchenhauptvolksschule, hierauf Stadtprediger in Hermannstadt und 1890 Pfarrer in Neppendorf. Seit 1899 ist er Bezirksdechant des Hermannstädter Kirchenbezirkes.

Er veröffentlichte:

Rede am Sarge des Herrn Wilhelm Neudwich, Kaufmann. Hermannstadt, Josef Drotleff 1887.

Capesius hat ferner mit H. Herbert, St. Kast und D. Fr. Teutsch den I. Band der Quellen zur Geschichte Siebenbürgens (Rechnungen aus dem Archiv der Stadt Hermannstadt und der sächsischen Nation 1380—1516 Hermannstadt 1880) bearbeitet.

Capinius Martin.

(I, 205).

Allg. d. Biogr., III, 771 von [E. v.] Friedenfels.
Korr. f. Ldk., XV, (1882), 49; XVI, (1883), 114.
Szinnyei, M. J., II, 8.

Christoph Simon.

(I, 212).

Variarum manuscriptorum a Simone Christoph (vulgo Gaitzer) congestorum volumen primum.

(Über dessen Inhalt siehe Transch-Netoliczka, Handschriftenkatalog, Nr. 19).

Szinnyei, M. J., II, 64.

Clausenburger Michael.
(I, 217).

1. Disputatio IV. De affectionibus entis in genere et perfectione ejus in specie. Resp. Coronae 1657.
2. Carmen gratulatorium in honorem … Andreae Göbelii, Corona Transylvani … Fol. Wittebergae 1662.

   Szinnyei, M. J., II, 80.

Clemens Andreas.
(I, 217).

Aus seinem Nachlasse wurde veröffentlicht:

Walachisch-deutsches und deutsch-walachisches Wörterbuch. II. Aufl. Hermannstadt, W. H. Thierry'sche Buch- und Kunsthandlung 1836.

Aus dem Leben eines sächsischen Pfarrers. Selbstbiographie Andreas Clemens', S. d. T., 5334—5339 (1892).

Szinnyei, M. J., II, 80.

Clos Petey.
(I, 220).

Diesem ist wahrscheinlich auch zuzuschreiben:

1. Unmaßgeblicher Entwurf eines schwachen Versuchs von der Versorgung der Armen und Abwehrung der Bettelplage in Kronstadt. Manuskript. Trausch-Netoliczka, Handschriften-Katalog Nr. 796.

Nach derselben Quelle (Nr. 865) schrieb Clos auch:

2. Unmaßgebliches Bedenken über das frei zu lassen anverlante (!) stille Beisetzen der Leichen wie auch über das Aufbreiten der hiezu zu verordnenden Teppichte.

   Meltzl-Hermann, Das alte und neue Kronstadt. I, 374, 457, 460, 461, 468 f., 471.
   Szinnyei, M. J., II, 83.

Closius Stephan v., Dr. med.
(I, 225).

Closius St. Gottlieb und Hißmann Michael, Gedicht auf P. Karl v. Brukenthal und Michael Gottlieb von Reißenfels bei ihrer Abreise von Göttingen. Fol. Göttingen 1776.

Meltzl-Hermann, Das alte und neue Kronstadt. I, 342, 345, 371, 376, 381, 385, 387, 412, 470; II, 179, 188, 189, 198, 223, 492.

Colb Lukas.

(I, 226).

Allg. d. Biogr., IV, 397 von [G. D.] Teutsch.
Melzl-Hermann, Das alte und neue Kronstadt. I, 140, 458.
Arch. f. Ldde., N. F. XIX, 108.

Connert Daniel,

geboren am 9. Dezember 1853 in Meschen, absolvierte 1874 das Gymnasium in Mediasch und bezog hierauf, um sich dem Studium der Theologie und des Lehramtes zu widmen, die Universitäten Tübingen, Leipzig und Klausenburg. Am 14. Dezember 1879 am Mediascher Gymnasium als Lehrer angestellt, wurde er am 17. August 1892 Pfarrer in Frauendorf. Seit dem 11. Februar 1897 ist er auch Dechant des Schelker ev. Kirchenbezirkes.

Er schrieb:

Die allmähliche Vervollkommnung der Wirbeltiere. M. G.-P., 1888.

M. G.-P., 1880, 37.
Szinnyei, M. J., II, 105. (Der Vorname daselbst falsch: David.)

Conrad Julius,

geboren am 24. April 1833 in Leschkirch, absolvierte im Jahre 1852 das Gymnasium in Hermannstadt und studierte hierauf bis zum Jahre 1858 am Polytechnikum und an der Universität in Wien. Von 1859 bis 1866 war er Direktor der Stearinkerzen-Fabrik in Hermannstadt. 1866 wurde er als Lehrer an der Hermannstädter Realschule angestellt und am 4. Juli 1899 auf sein eigenes Ansuchen unter Anerkennung der langjährigen treuen Dienste in den bleibenden Ruhestand versetzt.

Er veröffentlichte:

1. Entwicklung der Gerhardt'schen Theorie der chemischen Typen. H. G.-P., 1868.
2. Leitfaden für den Unterricht in der Chemie, zum Gebrauche in der Gewerbeschule, unter vorwiegender Verwendung der einschlägigen Objekte, Apparate und Experimente von seiten des Lehrers. Hermannstadt, S. Filtsch's Buchdruckerei. (W. Krafft) 1882. In Kommission bei Franz Michaelis.

Szinnyei, M. J., II, 106. (Conrad ist daselbst irrtümlich als Gymnasiallehrer angeführt.)

Conrad Oskar

wurde am 23. Mai 1852 in Karlsburg geboren. Er absolvierte 1875 die Rechtsakademie in Hermannstadt, worauf er zunächst als Rechtspraktikant bei dem k. Gerichtshof in Hermannstadt (1875—1877) und dann als

Stuhlrichteradjunkt in Mühlbach diente (1877—1882). Vom November 1882 an war er Magistratsrat und seit 1890 ist er Bürgermeister in Mühlbach.

Von ihm erschien außer kleineren Aufsätzen historischen und volkswirtschaftlichen Inhaltes, die im S. b. T., im Korr. f. Ldbe., im Siebenb. Volksfreund und im Mühlbächer Wochenblatt veröffentlicht wurden:

1. Die Pflege unseres Gewerbewesens. Druck von Gustav Winkler, Mühlbach 1886. (Der Reinertrag war dem Mühlbächer Bürger- und Gewerbeverein gewidmet.)
2. Das Mittelgebirge und das Goldseifengebiet bei Mühlbach. K. V. J., II (1882).
3. Das Projekt einer Handelsgesellschaft im Lichte unserer Volksgeschichte und unseres Volkscharakters. Hermannstadt, Jos. Drotleff 1897.

Conradt Johann Georg,

geboren in Hermannstadt am 13. November 1742, erscheint 1777 als Registrator des sächsischen Nationalarchivs. Als solcher ist er der Schöpfer der neuen Registrierung und Anordnung der Urkundenabteilung des sächsischen National- und Hermannstädter Archivs. Ob er nur auf dem Landtage von 1792 als Deputierter anwesend war, oder auch andere Landtage besucht hat, kann ich nicht bestimmen. Conradt starb am 28. September 1821 als Senator in Hermannstadt.

Von seiner Hand rührt her:

Journal über die Verhandlungen des siebenbürgischen Landtages in Klausenburg vom 21. August bis 20. Oktober 1792. Foliobrand, 262, im Hermannstädter und Nationalarchiv. Vgl. Zimmermann das Archiv der Stadt Hermannstadt und der sächsischen Nation. Hermannstadt 1887. Verlag des Archivs.

Csaki Michael,

geboren am 17. Januar 1858 in Mediasch, absolvierte im Jahre 1876 das Gymnasium seiner Vaterstadt und besuchte hierauf die Universitäten Wien (1876—1878) und Leipzig (1878—1879), um Theologie, Geschichte und Geographie zu studieren. Nach seiner Rückkehr in die Heimat war er kurze Zeit als Supplent an der Mediascher Bürgerschule thätig, 1880 wurde er Rektor an der Hauptvolksschule in Agnetheln und 1885 Professor an der Mädchenbürgerschule in Hermannstadt. Im Jahre 1892 wurde er Kustosadjunkt und 1895 Kustos im Brukenthal'schen Museum.

Er schrieb:

1. Jahresbericht der ev. Hauptvolksschule in Agnetheln über 1882/83, 1883/84, 1884/85.
2. Schulkalender für Lehrer, Rektoren und Schulinspektoren der ev. Landeskirche A. B. in Siebenbürgen, I, auf das Schuljahr 1886/87, II, auf das Schuljahr 1887/88. Hermannstadt, W. Krafft 1886 und 1887.

3. Von Hermannstadt nach Petrozseny und Vajda-Hunyad. S. d. T., 5392 (1891). Auch im Sonderabdruck erschienen. Hermannstadt, Jos. Drotleff 1891.
4. Skizzen zu einem Führer durch das Brukenthal'sche Museum. S. d. T., 6357 ff. (1895). Auch im Sonderabdruck erschienen. Hermannstadt, Jos. Drotleff 1895.
5. Zur Geschichte der Familie Brukenthal. S. d. T., 6386—6389.

Csallner Alfred Karl, Dr. phil.,

geboren am 3. Mai 1864 in Bistritz, absolvierte 1882 das Gymnasium seiner Vaterstadt und studierte hierauf Theologie, Philosophie und Philologie in Wien, Leipzig, Tübingen und Klausenburg. Auf der zuletzt genannten Universität promovierte Csallner am 28. Mai 1892 zum Doktor der Philosophie. Er wirkte zuerst drei Jahre als Lehrer an den Schulanstalten in Oberschützen und dann (seit 1. September 1891) als Professor an dem Gymnasium in Bistritz.

Er schrieb:

1. De jure connubii variisque matrimonii generibus apud Romanos. Felsö-Eör. (Ober-Wart) 1891.
2. Festschrift des Bistritzer Gesangskränzchens aus Anlaß seiner 25-jährigen Gründungsfeier. Anhang: Jahresbericht über das 25. Vereinsjahr 1896. Bistritz, Th. Botschar 1897.
3. Die römische manus und ihr Verhältnis zur patria potestas. P. G.-P., 1898.

Csallner Daniel
(III, 564)

wurde am 1. Februar 1835 in Bistritz geboren. Hier besuchte er auch das Gymnasium und absolvierte dasselbe im Herbste 1853. Die Liebe zum Lehrerberuf ließen ihn das Studium des Lehramtes und der Theologie erwählen. Dem Willen der Eltern gemäß sollte er in Wien studieren, aber hier hielt es ihn nicht, und so zog er mitten im Semester nach Leipzig und nach Jahresfrist nach Tübingen. Nach seiner Rückkehr in die Heimat wurde er am 6. August 1855 als Lehrer für Mathematik und Physik am Gymnasium und den damit vereinigten Lehranstalten seiner Vaterstadt angestellt. Bei der 1866 erfolgten Organisierung der Bistritzer Mädchenschule wurde er mit der Leitung derselben betraut. Drei Jahre darauf, am 27. Mai 1869, wurde er zum Rektor des Gymnasiums erwählt.

Am 18. Januar 1873 berief ihn die ev. Gemeinde Wallendorf zu ihrem Seelsorger, am 5. August 1896 wurde er zum Dechanten des Bistritzer Kirchenbezirkes gewählt.

Er veröffentlichte ferner:

Bericht des Bistritzer Bezirkskonsistoriums der ev. Landeskirche A. B. in den siebenbürgischen Landesteilen Ungarns über die Zeit seiner Amtswirksamkeit vom 29. Oktober 1894 bis 29. Oktober 1898. Bistritz 1898.

P. G.-P., 1873.
Szinnyei, M. J., II, 153.

Czeibert Elias,

aus Fogarasch gebürtig, lebte um die Mitte des 17. Jahrhunderts und war, wahrscheinlich seiner ungarischen Sprachkenntnisse wegen, Prokurator (Rechtsanwalt) Hermannstadts und der sächsischen Nation. Als Begleiter der Hermannstädter Abgeordneten war er auf den siebenbürgischen Landtagen in den Jahren von 1662 bis 1672 anwesend und hat über diese Berichte und Tagebücher geschrieben. In seinen Mitteilungen tritt nicht selten seine Eitelkeit und Ruhmredigkeit hervor, aber seine Sach- und Personenkenntnis, seine eingehende Schilderung der täglichen auch kleinern Vorgänge, deren scharfer, tadelfreudiger Beobachter er war, machen seine Berichte äußerst lehrreich und lassen sie in mancher Richtung geradezu als eine Ergänzung der Landtagsakten erscheinen. Alexander Szilágyi hat sie in den „Mon. comit. regni Transsilvaniae" und zwar im 13., 14. und 15. Bd. zuerst veröffentlicht.

Es sind die folgenden:

1. Bericht über den Landtag vom 10.—26. März 1662. Szilágyi, Mon. com. reg. Trans. XIII, 103.
2. Bericht über den Landtag vom 10.—16. September 1665. Ebenda, XIV, 130.
3. Bericht über den Landtag vom 8.—15. November 1665. Ebenda, 146.
4. Bericht über den Landtag vom 1.—26. Februar 1666. Ebenda, 164.
5. Tagebuch über den Landtag vom 10. Januar bis 3. Februar 1668. Ebenda, 297.
6. Tagebuch über den Landtag vom 15.—21. Juli 1668. Ebenda, 339.
7. Bericht über den Landtag vom 25. Januar bis 4. März 1669. Ebenda, 363.
8. Bericht über den Landtag vom 25. Februar bis 11. März 1670. Ebenda, XV, 96.
9. Bericht über den Landtag vom 25. November bis 23. Dezember 1671. Ebenda, 222.
10. Bericht über den Landtag vom 10.—20. Oktober 1672. Ebenda, 305.

Czekelius Daniel,
(I, 232),

am 12. Dezember 1806 in Hermannstadt geboren, besuchte nach Absolvierung des Gymnasiums seiner Vaterstadt das Polytechnikum in Wien und machte hierauf Reisen nach Schemnitz in Ungarn und Freiberg in Sachsen sowie nach dem Harz zum Studium des Bergwesens. Auch nach Tirol kam er und war hier einer der ersten Großglocknerbesteiger. In die Heimat zurückgekehrt, fand er zuerst eine Staatsanstellung im Baufach und zwar in Vajda-Hunyad, von 1839 bis 1856 in Hermannstadt, dann bis 1865 in Temesvar, hierauf wieder in Hermannstadt, wo er 1869 als Leiter der siebenbürgischen Landesbaudirektion krankheitshalber in den Ruhestand trat und am 17. Oktober 1871 starb.

Czekelius war seit der Gründung des naturwissenschaftlichen Vereins in Hermannstadt Mitglied desselben und führte jahrelang die Vorstandschaft in demselben.

Er schrieb:

1. Über das Vorkommen eines Stoßzahnes des vorweltlichen Elephanten nächst Neußen im Hermannstädter Bezirk. V. u. M., III. (1852.)
2. Bemerkungen über das Alluvium in Siebenbürgen. Ebenda, IV. (1853.)
3. Die Verbreitung der Salzquellen und des Steinsalzes in Siebenbürgen. Ebenda, V. (1854.)
4. Notizen über die Thermen von Olah-Toplicza, Lunka-Peßkar und Csik-Toplicza. Ebenda, XVII. (1866.)
5. Nekrolog auf Michael Bielz. Ebenda, XVII. (1866.)
6. Eine Antwort zu der Klage über Mangel an Gerberlohe in Siebenbürgen. Sonderabbruck aus Nr. 20 und 21 des S. d. W., 1871.

V. u. M., XXIII. (1873), 1.
Der siebenb. Verein f. Naturw. in Hermannstadt nach seiner Entstehung, seiner Entwicklung und seinem Bestande. Hermannstadt, Jos. Drotleff 1896, 10.
Szinnyei, M. J., II, 490.

Czekelius Daniel Kurt Hermann, Dr. med.,

geboren in Temesvar den 12. November 1857, absolvierte 1877 das Gymnasium in Hermannstadt und studierte hierauf Medizin in Graz, Würzburg und Wien. An dem letzteren Orte erwarb er sich am 13. Dezember 1884 den medizinischen Doktorgrad, worauf er Sekundararzt im Wiedener Spital in Wien wurde. Nach seiner Rückkehr nach Hermannstadt wurde er hier zuerst stellvertretender Arzt im Franz Josef-Bürgerspital und am 10. Dezember 1892 Direktor dieses Spitals und Stadtphysikus.

Er schrieb:

1. Beiträge zur Lepidopteren- und Odonaten-Fauna in Siebenbürgen. V. u. M., XLVI. (1896), 82.
2. Kritisches Verzeichnis der Schmetterlinge Siebenbürgens (mit einer Karte und Angabe der Fundorte). Ebenda, XLVII. (1897), 1—78.
3. Beiträge zur Schmetterlingsfauna Siebenbürgens. Ebenda, XLVIII. (1898), 151.
4. Bericht über die Kanalisation in Hermannstadt 1899.

Czekelius Friedrich Ernst,

am 9. Januar 1845 in Hermannstadt geboren, besuchte die Schulen seiner Vaterstadt und bezog nach Ablegung der Maturitätsprüfung am Schlusse des Schuljahres 1861/2 die Universität Wien und dann Jena, wo er sich dem Studium der Theologie, Geschichte und Geographie widmete. Im Jahre 1866 kehrte er in die Heimat zurück und nahm 1867 eine Anstellung an dem Realgymnasium in S.-Reen an. Nach zweijähriger Wirksamkeit an derselben folgte er einem Rufe an die Volksschule in Heltau, aber schon

1871 nahm er eine Anstellung an den Schulen seiner Vaterstadt an. Er diente zuerst an der Elementar- dann an der Mädchenschule und schließlich an der Realschule. Seit 1. Februar 1898 lebt er im Ruhestande in Hermannstadt.

Von Czekelius sind erschienen:

1. Einige Bemerkungen über den geographischen Unterricht in der Volksschule. S.-R. G.-P., 1869.
2. Ein Bild aus der Zeit der Gegenreformation in Siebenbürgen. In der „Sammlung gemeinverständlicher wissenschaftlicher Vorträge von R. Virchow und F. von Holtzendorff." Heft 465. Berlin, 1885. Habel. [Bespr. im Korr. f. Ldb., IX, (1886), 12.]
3. Die Teilnahme der Siebenbürger Sachsen an den schlesischen Kriegen. 1741—1746. H. G.-P., 1889 und 1890.

Szinnyei, M. J., II, 490.

Czekelius Josef
(I, 232)

wurde 1814 geboren und am 19. August dieses Jahres getauft. Er starb am 14. Juni 1878 in Hermannstadt.

Szinnyei, M. J., II, 492.

Czekelius Simon

aus Schäßburg schrieb:

De coelibatu sacerdotum et de missa. Vitebergae 1671.

Szinnyei, M. J., II, 494.

Czynk Eduard,

geboren zu Kronstadt am 29. September 1851, absolvierte in seiner Geburtsstadt das kath. Gymnasium und trat mit dem 19. Jahre in den Staatsdienst ein. Im Jahre 1883 wurde er Postamtsvorstand, später Inspektor. Kurz vor seinem Tode wurde sein sehnlicher Wunsch, in seine Geburtsstadt übersetzt zu werden, erfüllt. Er starb am 20. Januar 1899.

Die Hauptwerke Czynks sind:

1. Der Bär. Verlag von Joh. Leon son. Klagenfurt 1892.
2. Die Waldschnepfe. Verlag von Paul Parey. Berlin 1896.
3. Das Auerwild. Verlag von J. Neumann. Neudamm 1897.
4. Das Sumpf- und Wasserwild und seine Jagd. Paul Parey. Berlin 1898.

Außer zahlreichen kleineren Arbeiten Czynks, die in verschiedenen ornithologischen und Jagdzeitschriften erschienen (s. ein ausführliches Verzeichnis derselben im VI. Bd. der Zeitschrift „Aquila"), schrieb er in das Werk „Die hohe Jagd", Verlag von Paul Parey, Berlin 1898—99 folgende Artikel:

Das Wildschwein, die Gemse und der Bär.

Ferner veröffentlichte er:

Die Zwergmaus (mus minutus Pall), naturgeschichtliche Skizze aus Siebenbürgen. V. u. M., XXIX. (1889.)

Aquila VI. (1899.)

Daichendt Michael Gottfried

wurde am 28. Juli 1856 in Mühlbach geboren.. Mit seinem 10. Lebensjahre kam er nach Bistritz und besuchte hier das Gymnasium. Da jedoch seine Eltern arm waren, und irgend eine Unterstützung im Falle des Studiums nicht vorhanden war, wurde er Lehrling bei einem Kupferschmied, erhielt den Gesellenbrief und zog in die Fremde. Doch der Drang und die Liebe zum Studium überwand alle Hindernisse, er kehrte nochmals an das Gymnasium in Bistritz zurück, besuchte die vier oberen Klassen desselben und legte 1878 die Maturitätsprüfung ab. Er widmete sich nun dem Studium der Theologie und Philologie und bezog die Universität in Wien und dann in Tübingen. In die Heimat zurückgekehrt, wurde er nach kurzer Dienstzeit an der Mädchenschule in Bistritz 1884 an das dortige Gymnasium berufen. Er starb nach schwerem rheumatischen Leiden am 15. Oktober 1898 in Bistritz.

Er veröffentlichte:

1. Leitfaden für die Verfassungslehre von Ungarn in kurzer übersichtlicher Darstellung zum Gebrauche an den ungarischen Gewerbeschulen. Bistritzer Gewerbeschulprogramm 1883. Erschien auch besonders im Verlag von M. Haupt's Buchhandlung in Bistritz, 1883.
2. Das Wichtigste aus der vaterländischen Geschichte in zusammenhängender Darstellung für Schüler an Gewerbe- und Volksschulen. Bistritzer Gewerbeschulprogramm 1884.
3. Zünftiges aus Siebenbürgen im 17. Jahrhundert nebst einigen Sitten und Gebräuchen der Kupferschmiedezunft. Mit urkundlichen Beilagen. Ebenda, 1886.
4. Die Lektüre des Cornelius Nepos mit Bezug auf die Charakterbildung der Schüler. B. G.-P., 1890.
5. Stürmische Zeiten. Eine Stadtgeschichte aus dem Nordosten des siebenbürgischen Sachsenlandes aus dem 17. Jahrhundert. Erschien zuerst im Feuilleton des S. d. T., 5881, ff., (1892), dann in Buchform bei C. Csallner in Bistritz, 1895.
6. Unter Cypressen. Erzählung aus den Tagen des alten Rom. S. d. T., 6174 ff. (1894).

7. Der Schmied von Rösen. Libretto für die gleichnamige Volksoper in 4 Akten. Musik von J. Fiala, Regimentskapellmeister im 63. Infanterie-Regiment. Die Lieder aus dieser Oper sind in Kommission bei M. Haupt in Bistritz erschienen. 1892.

Im Manuskripte liegen von Daichendt vor:
1. Ruhtrant. Libretto für eine Operette in 3 Akten, 1894. Musik von J. Fiala.
2. Authari. Libretto für eine Operette in 3 Akten, 1894.
3. Aristalb. Libretto für eine Oper in 2 Akten.

Daichendt war Mitbegründer der im Jahre 1891 entstandenen „Bistritzer Zeitung" (politisches Wochenblatt). Bis zum Jahre 1895 hat er gemeinsam mit G. Sigmund, Professor in Bistritz, die Redaktion dieses Blattes geleitet.

B. G.-P., 1899.
Szinnyei, M. J., II, 570.

Davidis (David) Franz.
(I. 235.)

Ferner:

1. Elegia, Scripta ad Eximium D. Franciscum J. V. Doctorem ac Vicarium ecclesiae Albensis in Transsylvania ... Maecenatem suum semper colendum. (Das einzige Exemplar befindet sich in der ungarischen Akademie der Wissenschaften in Budapest.)
2. Responsum ministrorum Ecclesiae Colosvariensis ad scripta varia Martini a Calmancha in Causa Coena Domini edita Colosvarini. Anno 1556, die 25. Julii. (Arch. f. Ldbe., N. F. II, 249.)
3. Az Vrnac Vaczoraiarol Valo közenséges keresztyéni vallas. Colosvarot, 1559. (Ohne Namen.)
4. Defensio Orthodoxae Sententiae de Coena Domini (Klausenburg), 1559 (Ohne Namen.)
5. Scriptum Francisci Davidis anno domini 1566. (Lampe, Hist. eccl. Hungar.) (152—154.)
6. Ejusdem Francisci Davidis Responsio ad Argumenta, quibus Hypostasin Spiritus Sancti Petrus Caroli stabilivit. (Lampe, Hist. eccl. Hungar. (154—158.)
7. Propositiones in Disputatione Albensi coram Regia Majestate a. D. Georgio Blandrata et Francisco Davidis propositae Limitationi Ministrorum, qui ex Ecclesiis Hungaricis Disputationi interfuerunt. (Klausenburg) 1566. (Nach A. Jakab ist dieses Werk nichts anders als die „Sententia concors pastorum et ministrorum Ecclesiae Dei" betitelte Beilage des im Jahre 1566 in Klausenburg gedruckten Catechismus ecclesiarum Dei) (f. b).
8. Catechismus Ecclesiarum Dei in natione Hungarica per Transsilvaniam. Claudiopoli 1566. (Ohne Namen.)

9. Disputatio prima Albana seu Albensis habita 1566, 24 Februar. Ebenda, 1566. (Ohne Namen.)
10. De Falsa et Vera Vnius Dei Patris, Filii, et Spiritus Sancti Cognitione. Libri Dvo. Albae Juliae 1567.
11. Theses Thordae Disputandae ad XIII. diem Nouembris et in Synodo Varadina, die 22 Augusti publicatae. Ebenda. (Ohne Namen.)
12. De Mediatoris Jesv Christo hominis Divinitate, Aequalitateque libellus. Ebenda, 1568. (Ohne Namen.)
13. De Regno Christi Liber primus. De regno Antichristi Liber Secundus. Accessit Tractatus de Paedobaptismo et Circumcisione. Ebenda, 1569. (Ohne Namen.)
14. Propositiones Francisci Davidis ex Ungarico Sermone in Latinum conversae et in eadem Synodo Varadiensi (Anno 1569) exhibitae. (Lampe, Histor. eccl. Reform. in Hung. et Transyl.) (228—230.)
15. Elsö Resze az szent irasnac külön külön reszeiböl vöt predicaciocnac az atya istenröl, ennek kedig az ö fiaról az Jhesvs Christvsrol es az mi öröcseguncnec peczetiröl az szent lelekröl. Gyula-Fehérvár 1569.
16. Könyvetske Az igaz Kerestyéni Keresztségröl, és a Pápa Antichristusnac Maymozássaról .... Kolozsvár 1570.
17. Responsio pastorum ac Ministrorum Ecclesiarum in Transsylvania, quae vnum Deum Patrem Christi Jesum Christum filium Dei crucifixum vnvmque amborum spiritum confitentur. Ebenda, 1570. (Ohne Namen.)
18. Az Egy ö magatol való Felséges Istenröl, és az ö igaz Fiarol, a Nazareti Jezusrol, az igaz Messiasrol, A szent irásból vöt vallástéttel. Ebenda, 1571.
19. Litterae convocatoriae, una cum Propositionibus in Synodo Vasarhellyiana disputandis ad diem XX. Mensis Septembris, hujus Anni 1571. Ebenda.
20. Libellus parvus, XXX Thesibus Blandratae oppositus, in quo disseritur, Jesum Christum vocari nunc non posse Deum, cum non sit verus Deus ... Ebenda, 1578. (Ohne Namen.)
21. Confessio Francisci Davidis de Jesu Christo, quam ex carcere exhibuit Regnicolis, paulo ante mortem Thordae in Transylvania, in conuentu regni. 17. April. Anno 1579.
22. Isteni dicsiretek imádságos és vigasztaló énekek. (Nach Szinnyei II, 650 müssen diese nach 1575 in Klausenburg erschienen sein.)

Handschriftlich liegen von Davidis vor:

1. De Justitia, Theses tres, quas Fr. Davidis in aedibus suis in quorundam praesentia caepit quaerere.
2. Articuli Synodi Thordanae ad diem 24 Febr. initae A. 1579.
3. Agenden, kirchl. Gelegenheitsreben und Psalmen. Übersetzungen.

Sämtliche Handschriften befinden sich in der Bibliothek des Klausenburger unitar. Kollegiums.

Allg. b. Biogr., IV, 787 von [G. D.] Teutsch.
Jakab Elek, David Ferencz emléke Budapest 1879. (Alex. Jakab
    Erinnerung an Franz Davidis.)
Fr. Teutsch, Sch.-D. I, XLIV.
Szinnyei, M. J., II, 642. (Daselbst die ung. Litteratur über Davidis.)

Decani Gustav

wurde am 12. September 1834 in Bistritz geboren, wo er 1853 das Gymnasium absolvierte. Ursprünglich zum Mediziner bestimmt, siegte in ihm die ausgesprochene Neigung zum Lehrfache und so studierte er in Leipzig, Tübingen und Wien Theologie, Mathematik und Physik. Im Herbste 1856 kehrte er nach Hause zurück und wurde schon im nächsten Jahre an das Gymnasium seiner Vaterstadt als Lehrer berufen. 1872 und neuerdings 1875 war er Reichstagsabgeordneter der Stadt Bistritz. Von der Gemeinde Mettersdorf zum Pfarrer gewählt, trat er daselbst am 10. Januar 1877 seinen neuen Beruf an. Am 12. November 1896 wurde Decani emeritiert und lebt seitdem in Bistritz.

Er schrieb:
Die höhere Bildung unserer Zeit und das Gymnasium. B. G.-P., 1872.

B., G.-P., 1877.
Szinnyei, M. J., II, 714.

Über seine Thätigkeit als Reichstagsabgeordneter s. den Anhang.

Decani Samuel
aus Bistritz schrieb:
Disputatio theologica de divina Scripturae S. eminentia .. sub praesidio ... domini Henrici Bisterfeldii ... publice defendere conabitur Albae Juliae 1641.

Szinnyei, M. J., II, 716.
Szabó Károly, Régi M. könyvtár II, 160.

Decani Stephan.
(I, 250).

Decani Stephen [?] Ausführliche Beschreibung der Belagerung der Stadt Nösen am 22. Februar 1602. Trausch-Netoliczka, Handschriftenkatalog, Nr. 489.

Szinnyei, M. J., II, 714.

Deidrich Georg.
(I, 251).

Arch. f. Ldk., N. F. XVII, 35.
H. G.-P., 1861.
Meltzl-Herrmann, Das alte und neue Kronstadt, I, 135.
Szinnyei, M. J., II, 749.

Dengler Albert,

am 23. April 1852 in Bistritz geboren, absolvierte daselbst das Gymnasium im Jahre 1872. Nach Beendigung seiner Hochschulstudien, die er in Wien, Leipzig und Jena machte und die sich auf Theologie, Geschichte und Geographie in erster Linie erstreckten, wurde er 1876 in Bistritz an der Mädchenschule und 1880 als Lehrer am Gymnasium angestellt. Als solcher starb er am 26. September 1886.

Er veröffentlichte:

Geschichte Ungarns mit besonderer Berücksichtigung der siebenbürgischen Verhältnisse. I. Teil. Von den ältesten Zeiten bis zur planmäßigen Kolonisierung des Landes mit Deutschen unter Geisa II. B. G.-P., 1885.

B. G.-P., 1887.

Dietrich Heinrich Gustav, Dr. chem.,

(I, 256)

wurde am 11. April 1841 in Kronstadt geboren. Nachdem er zuerst Apotheker gewesen, legte er in Ödenburg die Maturitätsprüfung ab und wurde in Wien am 29. Januar 1864 zum Doktor der Chemie promoviert. Im Jahre 1866 machte er den Feldzug in Italien als Feldapotheker mit. Von 1866 bis 1868 war er Leiter einer pharmazeutisch-chemischen Fabrik in Wien, dann daselbst bis 1873 Professor für Chemie und Physik an der Privatoberrealschule in der Josefstadt. Im Jahre 1881 fand er eine Anstellung bei dem k. k. Montanärar und bekleidete die Stelle eines Berg- und Hüttenchemikers in Pribram. Ihm zu Ehren wurde ein in Siebenbürgen neuentdecktes Mineral, ein Zinkalaun, vom Sektionschef Baron Schrödinger mit dem Namen „Dietrichit" belegt.

Neben mehreren Analysen veröffentlichte Dietrich ferner:

Chemische Skizzen. In Prof. Sigmunds „Siebenbürger Mineralwässer".

Von 1881—1882 redigierte er auch den montanistischen und pharmazeutisch-chemischen Teil der in Leitmeritz erscheinenden Zeitschrift „Rundschau".

Szinnyei, M. J., II, 875.

Dietrich von Hermannsthal Gustav Michael

wurde am 4. November 1818 in Bistritz als der älteste Sohn des im Jahre 1836 als Major gestorbenen Michael Friedrich Dietrich geboren. Früh schon entstand in dem Knaben die Neigung zum Militärstande, so daß er 1835 in das 1. Szekler Grenzregiment, dem auch der Vater angehörte, eintrat. 1836 rückte Gustav Dietrich zum Kaiser-Kadetten vor; 1842 wurde er Lieutenant, 1848 Oberlieutenant. Als solcher wurde er in das siebenbürgisch-sächsische Jägerbataillon übersetzt, in welchem er während des Feldzuges 1848/49 zum Hauptmann emporstieg. Nach Beendigung des Kampfes 1849 erhielt er den Auftrag durch Entwaffnung der Szekler-ortschaften im Nyarad- und kleinen Kokelthal die gesetzliche Ordnung wieder herzustellen. Im Jahre 1857 erfolgte die Übersetzung Dietrichs in das 24. Jägerbataillon und 1859 die Ernennung zum Major und Kommandanten des 29. Feldjägerbataillons, mit dessen Errichtung er während des Krieges in Italien 1859 betraut worden war; 1864 wurde er Oberstlieutenant und im Kriege gegen Preußen Oberst. In diesem Kriege war Dietrich der böhmischen Armee zugeteilt und hat u. a. auch an der Schlacht bei König-grätz teilgenommen. Seit 1868 im Ruhestand, wurde er 1870 in die nicht-aktive k. k. Landwehr-Infanterie übersetzt und lebte bis zu seinem am 9. Oktober 1882 erfolgten Tode, hauptsächlich dem Studium der Geschichte seines Volkes ergeben, in Hermannstadt.

Von Dietrich erschien:

Unter Österreichs Doppelabler, kriegsgeschichtliche Erinnerungen an und für seine Landsleute. Arch. f. Ldbe., N. F. XVI. und XVII. (Ergänzungen hiezu Korr. f. Ldbe., VI. 1883. Bespr. Wiener Zeitung vom 12. November 1882.)

S. b. T., 2681, (1882).
Arch. f. Ldbe., N. F. XVI, 551.
Szinnyei, M. J., II, 877.

Dörschlag Carl

wurde am 15. November 1832 in Hohen Lukow bei Rostock in Mecklenburg-Schwerin geboren und bezog, nachdem seine Eltern inzwischen nach Preußen übersiedelt waren, 1846 eine Realschule mit lateinischem Unterricht (Höhere Bürgerschule) in Graudenz. Bald brach sich seine Neigung zur Kunst Bahn und so trat er 1851 in das Atelier des Professor Brücke in Berlin ein. Dörschlags Beanlagung fand, nachdem er sich in der Akademie der Künste hatte immatrikulieren lassen, weitere Förderung. Er konnte seine Studien an der Hochschule mit Erfolg fortsetzen, was von derselben durch Zuer-kennung von zwei Preisen im „Aktsaal" und in der „Kompositionsklasse" anerkannt wurde.

Studienaufenthalte in Dresden, wo er die schon in Berlin gemachte Bekanntschaft mit Oskar Pletsch erneuerte, und in München hatten seinen Blick erweitert und sein Urteil gefestigt. Im Jahre 1858 trat er in das mit der Akademie in Verbindung stehende „Meisteratelier" Professor Julius Schraders ein, wo er nun Bilder nach eigenen Entwürfen ausführte und sich mit diesen an den großen akademischen Kunstausstellungen beteiligte. Bei Schrader studierte Dörschlag mit kurzen Unterbrechungen vier Jahre hindurch. Die Bekanntschaft, die er noch in Berlin mit Siebenbürger Sachsen, vermittelt durch Wilhelm Kamner (der mit ihm das Brücke'sche Atelier be-suchte) gemacht hatte, und die im Laufe der Jahre zur festgefügten Freundschaft geworden war, sollte dann die Ursache werden, daß Dörschlag sein Vaterland verließ und (1862) nach Siebenbürgen kam. Hier fand er zunächst an der Unterrealschule in S.-Reen als Zeichenlehrer seine erste Anstellung. Nach kurzer Zeit kam er in derselben Eigenschaft an das ev. Gymnasium nach Mediasch. Seit 1870 ist er ordentlicher Lehrer an der mit dem ev. Gymnasium A. B. verbundenen Realschule in Hermannstadt. Hier hat Dörschlag in seinem Beruf als Lehrer einen größeren ihn deshalb mehr befriedigenden Wirkungskreis und für sein Kunststreben Anregung und Verständnis durch einige Kunstfreunde (insbesondere durch Adolf von Stock) und durch die schöne anfangs überschätzte, damals aber gerade nach Charles Boners abfälligem Urteile viel zu gering geachtete Gemälde=Sammlung des Baron Brukenthal'schen Museums gefunden. Seine Bestrebungen, den Zeichenunterricht in den sächsischen Schulen zu heben, führten zu den von ihm angeregten Zusammenkünften der dem ev. Landeskonsistorium unterstehenden Zeichenlehrer in Schäßburg (vgl. Kronstädter Zeitung, Juni 1874), Reps und Hermannstadt in den Jahren von 1874—78, in denen allgemeine Prinzipien des modernen Zeichenunterrichtes, Lehrpläne für denselben, Instruktionen für die Zeichenlehrer und die Inspektion nach seinen Entwürfen beraten, festgestellt und dem Landeskonsistorium unterbreitet wurden. Die Bemühungen hatten zwar nicht einen ganzen Erfolg, doch wurden die Lehrpläne in den sächsischen Anstalten im Freihandzeichnen im Sinne der gemachten Vorschläge eingeführt. Unter seinen Hermannstädter Schülern und Schülerinnen, die er auch später in ihrem Studium der Malerei zu fördern suchte, ragen besonders Robert Wellmann, Fritz Schullerus († 1899) und Arthur Coulin und Hermine Hufnagel († 1898) hervor.

Ungezählt sind die Gemälde, die Dörschlag während seiner Studienzeit und seines Lebens in S.-Reen, Mediasch und Hermannstadt geschaffen hat. Neben Altarbildern (in Kleinschenk, Botsch, Weilau, Zuckmantel, Brenndorf, Haschag, Obernendorf, Burgberg, Hermannstadt [Johanniskirche], Petrozseny u. a.) malte er Stilleben [„Trauben und Melonen" im Brukenthal'schen Museum] eine Ansicht von Michelsberg [Brukenthal'sches Museum], Portraits, (Franz Gebbel, G. D. Teutsch, A. v. Stock, Major Herzberg, dessen Kinder und Enkel, Dr. W. Bruckner, Bischof Fr. Müller u. a.), und die Theatervorhänge in Hermannstadt und Kronstadt. Von Dörschlags Hand rühren auch die Wandmalereien und der Kinderfries im „Latzeltempel" auf der unteren Promenade in Hermannstadt her. Für die Kirchen von Kleinschenk, Zuckmantel, Petrozseny, Hammersdorf u. a. wurden auch die Altäre nach seinen Entwürfen ausgeführt.

Um seinen Kunst=Anschauungen Geltung zu verschaffen, hat Dörschlag auch zur Feder gegriffen und ist namentlich im S. b. T. für die Kunst warm eingetreten.

Außerdem veröffentlichte er:

1. Die Frau als Beschützerin der Kunst im Hause. Vortrag. Kronstädter Zeitung vom 3.—12. August 1877.
2. Über die Entwicklung des Zeichenunterrichtes an den der ev. Landeskirche A. B. in Siebenbürgen unterstehenden Mittelschulen im Zeitraum der letzten zwanzig Jahre. H. G.-P., 1884.

Dokoupil Wilhelm,

geboren am 30. Mai 1852 zu Boskowitz in Mähren, wurde nach Absolvierung der Oberreal- und technischen Hochschulstudien am 1. Oktober 1872 Lehrer am Realgymnasium in Gaya in Mähren, von wo er im August 1874 zum Direktor der in Bistritz damals neubegründeten Gewerbeschule berufen wurde. In dieser Stellung verblieb er bis zum 31. Dezember 1883 und folgte am 1. Jänner 1884 einem Rufe des Ministeriums für Kultus und Unterricht als Direktor der zu Hořic in Böhmen neuerrichteten k. k. Fachschule für Bildhauer und Steinmetze, in welcher Stellung er sich auch jetzt befindet.

In den Jahren 1888—1892 wurden unter der technischen Leitung Dokoupils mehr als 400 österreichischer, sächsischer und preußischer Kriegerdenkmale auf den böhmischen Schlacht- und Gefechtsfeldern von Königgrätz, Jicin und Königinhof restauriert und zahlreiche neue Denkmale aufgestellt. Dokoupil ist Ehren- und korrespondierendes Mitglied einer Reihe in- und ausländischer Akademien und gelehrter Gesellschaften, technischer Referent des Zentralvereins zur Erhaltung der Kriegerdenkmale vom Jahre 1866 in Böhmen und Regierungskommissär für die Inspektion der gewerblichen Fortbildungsschulen. Im Jahre 1899 wurde er zum Regierungsrate ernannt.

Während seines Aufenthaltes in Siebenbürgen hat Dokoupil veröffentlicht:

1. I.—IX. Jahresbericht der Gewerbeschule zu Bistritz in Siebenbürgen für die Schuljahre 1874/75 bis inklusive 1882/83. Bistritz 1875—1883. Verlag der Gewerbeschule.
2. Anwendung der algebraischen Analysis auf die Lösung 30 geometrischer Konstruktionsaufgaben. Verlag von Karl Winiker in Brünn, 1875. (Auch als Abhandlung im I. Jahresbericht der Gewerbeschule erschienen.)
3. Die Bauhölzer. Ein Beitrag zur Kenntnis der Baumaterialien. Bistritz, bei J. E. Filtsch's Erben 1876. (In II. vermehrter Auflage bei Fr. Linz in Trier 1878.)
4. Das Eisen als Baustoff. Ein Beitrag zur Kenntnis der Baumaterialien. Bistritz, bei J. E. Filtsch's Erben 1877. (Auch als Abhandlung im III. Jahresberichte der Gewerbeschule erschienen.)
5. Die Lehrmittel und Schülerarbeiten auf der 1878-er landwirtschaftlichen und gewerblichen Ausstellung. (Im V. Jahresberichte der Bistritzer Gewerbeschule.)
6. Materialien zu einem Lehrbuche der chemischen Technologie an Gewerbeschulen. I. Teil: Technologie der Tierstoffe. II. Teil: Technologie der Pflanzenstoffe. (Als Abhandlung in dem VI.—IX. Jahresberichte der Bistritzer Gewerbeschule erschienen.)

Dokoupil zeichnete ferner eine Übersichtskarte des Bistritzer Gerichtshofsprengels und eine große Spezialwandkarte des vereinigten Bistritz-Naßoder Komitats und veröffentlichte eine Reihe meist technologischer Abhandlungen in den ersten zwei Jahrgängen der Hintz'schen „Blätter für Handel und Gewerbe in Siebenbürgen" und in verschiedenen Fachzeitschriften Österreich-Ungarns und Deutschlands.

In seiner gegenwärtigen Anstellung gab er heraus:

1. Die böhmische Ausgabe des Werkes „Steinmetz-Arbeiten im Hochbau" I. und II. Serie. Verlag von G. A. Graeser in Wien, 1888 und 1895.
2. Ethnographischer Almanach des Hořicer Bezirkes (Národopisný Slorník okresu Hořického). Hořic 1895.
3. Führer über das Schlachtfeld von Königgrätz. (Herausgegeben im Vereine mit Dr. Josef Taušík.) Verlag der Brüder Perina in Königgrätz. 1. Aufl. 1891, 2. Aufl. 1897.

Dokoupil ist ferner Mitarbeiter des bei J. Otto in Prag in böhmischer Sprache erscheinenden Konversations-Lexikons „Ottův Slovník Naučný", in welchem er außer Artikel aus dem Gebiete der Bildhauerei und Steinmetzerei die wichtigsten Transsylvanica veröffentlicht, letztere in solch' einem Umfange, wie dies noch in keinem der bestehenden zahlreichen Lexika geschehen ist. Es finden hier — bis Ende März 1900 sind 16 Bände (A—L) herausgegeben — die Biographieen hervorragender, wissenschaftlich, politisch und litterarisch thätiger oder thätig gewesener siebenbürgischer Persönlichkeiten, ferner Beschreibungen siebenbürgischer Städte, Orte und Komitate eingehende Berücksichtigung.

Mährens Männer der Gegenwart. III. Teil, 24 und V. Teil, 111. Brünn 1889, 1892.
Slovník Naučný von Dr. Fr. L. Rieger. XII, 665.
Ottův Slovník Naučný. VII, 773.
Narodni-Album. (Mit Photographie), 236. Prag 1899.

Drandt Johann.
(I, 262).

Arch. f. Ldbe., XVIII, 24.
Meltzl-Herrmann, Das alte und neue Kronstadt. I, 171, 176.
Szinnyei, M. J., II, 1082.

Drauth Samuel Friedrich
(I, 266)

wurde nach einer Familienchronik am 29. August 1735 (nicht 1736, wie Trausch angiebt) geboren.

Szinnyei, M. J., II, 1082.

Drotleff Josef,

geboren am 2. Juni 1839 in Hermannstadt, absolvierte 1855 das dortige ev. Gymnasium und im Jahre 1858 die damals dreikursige k. k. Rechtsakademie in Hermannstadt. Er trat am 19. August 1858 beim Hermannstädter Stadt- und Stuhlsmagistrat als beeideter, unbesoldeter Konzepts-

praktikant ein, diente ununterbrochen seiner Vaterstadt, wurde 1884 zum
städtischen Polizei-Direktor und am 29. Dezember 1894 zum Bürgermeister
gewählt.

Drotleff's Vater gleichen Namens hatte 1850 in Hermannstadt eine
Buchdruckerei gegründet. Hiedurch wurde Drotleff, als der einzige Sohn,
mit dem Geschäftlichen einer Druckerei vertraut. Er widmete seine freien
Stunden dieser Thätigkeit und erwarb sich Fachkenntnisse darin. Das hatte
zur Folge, daß der auf dem volkswirtschaftlichen Gebiete schriftstellerisch
thätige Zivilingenieur Peter Josef Frank im Jahre 1865 sich mit Drotleff
zur Herausgabe der „Zeitschrift für Handel, Gewerbe und Landwirtschaft"
verband, und daß nach dreijährigem Bestande derselben Franz Gebbel im
Frühjahr 1868 an Drotleff wegen Umwandlung der Zeitschrift in ein
politisches Wochenblatt herantrat. Das Übereinkommen kam leicht zu Stande,
und am 1. Juni 1868 erschien das „Siebenbürgisch-deutsche Wochenblatt",
dessen einzelne Nummern zur Hälfte politischen, zur Hälfte volkswirtschaftlichen Inhalts waren. Während den politischen Teil die unerreichte Feder
Franz Gebbel's redigierte, besorgte Drotleff die Zusammenstellung des zweiten,
volkswirtschaftlichen Teiles. Er schrieb die meisten Aufsätze hinein, bis am
1. Januar 1874 an Stelle des im damaligen nationalen Verteidigungs-
kampfe räumlich nicht mehr zureichenden Wochenblattes im alten Verlage
das Siebenbürgisch-Deutsche Tageblatt erschien.

Ein Jahr früher, am 1. Januar 1873, fingen die „Landwirtschaftlichen
Blätter für Siebenbürgen" an zu erscheinen. Sie verdanken dem Zusammen-
wirken des neu an die Ackerbauschule in Mediasch berufenen Schuldirektors
A. Saalfeld mit Drotleff ihr Entstehen und in den Jahren 1881 bis 1886,
wo Drotleff die Redaktion zumeist allein besorgte, auch den Bestand.

So war Drotleff hauptsächlich auf dem Gebiete der periodischen
Litteratur thätig. Als eine selbständige litterarische Arbeit ist zu erwähnen
eine Vorlage Drotleff's an die Stadtvertretung:

Zur Umgestaltung unseres städtischen Armenwesens. 1891, gr. 8°, 80 S.

Dück Josef
(I, 267)

wurde am 12. Januar 1814 in Kronstadt geboren. Nach Absolvierung des
Gymnasiums seiner Vaterstadt studierte er drei Jahre hindurch an der
Universität zu Berlin und an der protestantisch-theologischen Fakultät in
Wien. Nach seiner Rückkehr wirkte er als Gymnasiallehrer, bis er im Jahre
1852 zum Prediger in der Blumenau in Kronstadt ernannt und am 19. Ok-
tober 1862 zum Pfarrer in Zeiden erwählt wurde.

Dück starb als emeritierter Pfarrer von Zeiden in Kronstadt am
9. Januar 1883.

Ferner:

Zeidener Denkwürdigkeiten vom Jahre 1335 bis zum Jahre 1817. Nebst einem
Anhang. 1. Verzeichnis der Zeidener Pfarrer und Richter bis 1877. — 2. Vermächtnisse und Widmungen für die ev. Kirche und Schule. Festgabe zur Er-

Innerung an die zum zweitenmale in Zeiden stattgefundene Versammlung des Burzenländer ev. Zweigvereins der Gustav Adolf-Stiftung am Peter- und Paulstage 1877. Kronstadt, J. Gött und Sohn Heinrich 1877.

Im Manuskripte (im Superintendentialarchiv in Hermannstadt) ist von Dück noch folgende Dissertation vorhanden:

Historia Gymnasii Coronensis, 1844.

S. d. T., 2758 (1883).
Kronstädter Zeitung, 12. Januar 1883.
Korr. f. Ldk., VI.
Szinnyei, M. J., II, 1151.

Dürr Damasus,

in Brenndorf bei Kronstadt geboren, legte den Grund zu seiner Bildung auf dem Honterusgymnasium in Kronstadt, in dessen Schüleralbum 1553 der Rektor Petrus Weresius seinen Namen eintrug. Nachdem er wahrscheinlich schon im Jahre 1554 diese Anstalt verlassen, treffen wir ihn 1559 auf der Hochschule zu Wittenberg „dem Mund des ehrwürdigen Herrn Philippi Melanchthonis" lauschend. Neben der Theologie dürfte Dürr wahrscheinlich auch Naturwissenschaften studiert haben, da er selbst angiebt, daß er auch ein Schüler des ebenso der Beherrschung der griechischen Sprache wie seiner Naturkenntnisse wegen berühmten Professors der medizinischen Fakultät Vitus Winshemius gewesen sei. Ob Dürr noch eine zweite Universität besucht hat, und wann er in die Heimat zurückgekehrt ist, wissen wir nicht. Im Jahre 1570 finden wir ihn als Pfarrer in Kleinpold. Im Jahre 1584 wählte ihn das Unterwälder Kapitel zum Dechanten. Ebenso im nächsten Jahre. Er starb 1585. Von Dürr rührt ein im Unterwälder Kapitelsarchiv befindliches Predigtenmanuskript her. Dasselbe bildet, nach Dr. Albert Amlacher, „einen stattlichen Folianten, der, in gepreßtes braunes Leder gebunden, auf vorzüglichem Papier 1120 engbeschriebene Seiten enthält. Auf der Innenseite des vordern Einbanddeckels desselben befindet sich eine Bemerkung von der Hand des bekannten Chronisten und Dobringer, später Mühlbächer, Pfarrers Math. Victoris (s. d.), des Inhaltes, daß er (Victoris) zwei Bände von Damasus Dürr, Pfarrer in Kleinpold, verfaßter Predigten über die Sonntagsevangelien von Johannes Czek für zwei Kübel Weizen gekauft habe, wodurch die Angabe des alten Kapitelsbuches, daß ursprünglich zwei solcher Bände vorhanden gewesen, bestätigt wird. Den Schriftzügen nach zu schließen, von dem Dechanten Andreas Gunesch († 1703) eingetragen, folgt auf dem ersten Blatte — das nicht mehr vorhandene Titelblatt scheint mithin schon zu jener Zeit gefehlt zu haben — die Notiz, daß das Buch, von wem, wird nicht gesagt, dem Unterwälder Kapitel geschenkt worden sei. Was den Inhalt jener beiden Predigtbände anbelangt, so stimmt derselbe mit dem von Victoris gegebenen, wenigstens für den uns erhaltenen Band, nicht ganz überein, denn dieser enthält nicht nur ‚Predigten über die Sonntagsevangelien', sondern besteht vielmehr aus drei von einander ganz unabhängigen Teilen, die, zu verschiedenen Zeiten verfaßt und auf ungleiches

Papier geschrieben, auch drei gesonderte Ideenkreise behandeln und nur erst später durch den Einband mit einander vereinigt worden sind. Der erste Teil (S. 1—707) umfaßt eine nach dem kirchlichen Kalender geordnete, chronologisch fortlaufende Reihe Predigten über die Perikopen der Sonn- und Hochfesttage vom ersten Adventsonntag bis zum Gründonnerstag aus den Jahren 1554—1578, und am Ende, gleichsam als Anhang, drei Passionspredigten über das XVII. Kapitel des Johannesevangeliums. Es ist dies also die erste, das Winterhalbjahr umfassende Hälfte einer von Damasus Dürr verfaßten Kirchenpostille. Der zweite Teil (S. 719—921), mit noch vorhandenem Titelblatt,*) enthält im Jahre 1573 gehaltene Passionspredigten und Betrachtungen über Texte aus allen vier Evangelien, indes der dritte Teil (S. 923—1120), dessen Titelblatt**) mit dem bedeutsamen Motto: Absit hinc morsus sycophantae gleichfalls erhalten ist, eine Sammlung von Predigten über die mindern Feste (Apostel- und Marientage) umfaßt, die 1570 abgeschlossen wurde. Am Ende des ersten, sowie hinter mehreren Reden des dritten Teiles befinden sich zahlreiche unbeschriebene Papierblätter eingeschaltet, auf welchen wahrscheinlich später noch etliche Nachträge Platz finden sollten. Hält man nun die Nachricht des alten Kapitelsbuches, wornach Dürr sein Predigtwerk 1585 abgeschlossen, mit dem Umstande zusammen, daß die jüngste der Reden in dem oben beschriebenen Bande aus dem Jahre 1582 stammt, und erwägt gleichzeitig damit die Thatsache, daß in eben demselben die Predigten aus der ersten Hälfte des Kirchenjahres enthalten sind, so ist es unzweifelhaft, daß der uns erhalten gebliebene Foliant ehemals den ersten Band der uns von dem ebenso begabten, als fleißigen und gelehrten Manne hinterlassenen ‚zwei Foliobände Predigten' gebildet hat."

Der Wert und der Rang, den diese Predigtsammlung in der Litteratur unseres Völkchens einnimmt, besteht zweifellos nicht nur darin, daß dies das einzige von einem Volksgenossen im XVI. Jahrhundert in deutscher Sprache geschriebene Werk dieser Art ist, das, abgesehen von seiner Bedeutung für die theologischen Fachkreise, besonders dem Sprachforscher und Kulturhistoriker eine reiche Fundgrube erschließt, sondern wohl auch mit darin, daß uns aus seinen Zeilen das Bild eines wahrhaft evangelischen, berufstreuen und berufsfreudigen Seelsorgers, eines ebenso unerschrockenen Redners wie wahren Volksfreundes, eines Gelehrten von großem Wissen, eines Menschen voll Herz und Gemüt und von mildem, freiem Urteil, eines zärtlichen Gatten und Vaters, mit einem Worte das Bild eines ganzen Mannes entgegentritt. Denn was zunächst diesen Predigten einen ganz eigenartigen Reiz verleiht, ist der Umstand, daß uns Dürr durch eine ansehnliche Menge von Bemerkungen, die er an den Rand oder am Schlusse seiner Reden anzubringen pflegt, in seine Geisteswerkstatt sehen und so zu sagen sein Schaffen belauschen läßt, daß er uns Leid und Freud seines Hauses und seines Herzens Stimmungen offenbart, und damit alle Saiten rein mensch-

---

*) In passionem Salvatoris Domini nostri Jhesu Christi secundum quatuor Evangelistas tractata: Anno 1573. Authore Damaso Dyr, Brendorffen.

**) Breves explicationes Evangeliorum, quae in Sanctorum feriis proponi solent. Per Damasum Dürr, pastorem Apoldiae inferioris, pro sua Ecclesia concinnatae. Anno Domini M.D.LXX.

licher Empfindungen anklingen macht. Diese mit den Predigten in keinem eigentlichen Zusammenhange stehenden, ausnahmslos in lateinischer Sprache gemachten Aufzeichnungen sind wohl bisweilen durch einen in der Rede enthaltenen Gedanken hervorgerufen, meist aber davon ganz unabhängige Reminiscenzen an die Ereignisse des Tages, an dem die Arbeit floß.

Damasus Dürr, ein ev. Pfarrer und Dechant des Unterwälder Kapitels aus dem Jahrhundert der Reformation. Aus seinen Predigten und handschriftlichen Aufzeichnungen geschildert von Dr. Albert Amlacher. Eine Festgabe des Unterwälder Kapitels der ev. Landeskirche A. B. in Siebenbürgen zur Feier des 400-jährigen Geburtstages Dr. Martin Luthers. Hermannstadt, Druck von Jos. Drotleff 1883.
Korr. f. Lbde., VI, (1883), 123.
Wilhelm Schiller, Damasus Dürr in den Bildern aus d. vaterl. Geschichte II, 164.

Duldner Johann

wurde am 19. März 1854 in Schäßburg geboren, absolvierte das dortige Gymnasium am 13. Juli 1874 und machte darauf seine Universitätsstudien in Tübingen, Berlin und Graz. (1874—1878.) Außer Theologie studierte er Geographie und Geschichte. Am 14. August 1881 wurde er als Lehrer an der Bürgerschule seiner Vaterstadt angestellt.

Er schrieb:

1. Der Schäßburger Rektor Georg Seraphin 1669—1677. Sch. G.-P., 1889.
2. Gabriel Polnar, Bischof von Bosnien. Arch. f. Lbde., N. F. XXIV.
3. Zur Geschichte des Überganges Siebenbürgens unter die Herrschaft des Hauses Habsburg: Das Jahr 1686. Ebenda, XXVII.

Gemeinsam mit seinem Vater Martin Duldner (s. d.) gab er heraus:

Aus der Vergangenheit und Gegenwart der Gemeinde Radeln. Schäßburg, 1882.

Szinnyei, M. J., II. 1129.

Duldner Martin

wurde am 18. September 1825 in Schäßburg geboren. Im Jahre 1847 absolvierte er das Gymnasium seiner Vaterstadt und studierte sodann bis 1849 in Leipzig Theologie. Nach seiner Rückkehr in die Heimat war er zunächst kurze Zeit Hauslehrer in der wegen der Kriegsunruhen in Schäßburg weilenden Familie des Grafen Gabriel Bethlen aus Kreisch und fand sodann am 10. September 1850 Anstellung am Gymnasium in Schäßburg. Vom Jahre 1855 bis 1859 bekleidete er die Stelle des Montagspredigers (Pfarrvikars) und gleichzeitig die eines Lehrers „der höheren Mädchenschule" seiner Vaterstadt. Im Jahre 1859 wurde er ins Pfarramt von Wolkendorf und 1872 ins Pfarramt von Radeln berufen.

Außer Aufsätzen im Schul- und Kirchenboten und in dem von Viktor Hornyansky in Pest herausgegebenen „Evang. Wochenblatt" veröffentlichte er gemeinsam mit seinem Sohne Joh. Duldner (s. d.):

Aus der Vergangenheit und Gegenwart der sächs. Gemeinde Radeln. Schäßburg, 1882. Festgabe zur Erinnerung an die Jahresversammlung des Schäßburger Zweigvereins der Gustav Adolf-Stiftung in Radeln am 29. Juni 1882.

Szinnyei, M. J., II, 1129.

Eder Josef Karl.

(I, 268).

Zum Teil von der Hand Eders rührt eine Handschrift her, betitelt: Diplomatarium Claudiopolitanum LXIV diplomata ad cognoscendum veterem ejus urbis statum pertinentia continens ex autographis transsumtum et collectum. (Quartband im Budapester Nationalmuseum, Quart. Lat. 1269.) Die 64 Abschriften erstrecken sich auf die Jahre 1316 bis 1568. (Arch. f. Ldbe., XIX, 118.)

Von Eders Arbeiten wurden ferner veröffentlicht:

1. Politischer Zustand der Sachsen vor engerer Vereinigung der drei Nationen. Arch. f. Ldbe., I, 31.
2. Wer waren die Provinziales in Siebenbürgen? Ebenda, N. F. VII, 429.

Eine Zuschrift Eders an die sächsische Nationsuniversität veröffentlichte J. Filtsch. Ebenda, N. F. II, 158.

Századok, 1879 (Paul Hunfalvy).
Arch. f. Ldbe., XIII, 343; XIX, 117.
Allg. d. Biogr., IV, 642 von [G. D.] Teutsch.
Wurzbach, III, 428.
Friedenfels, Bedeus, I, 219 f.
Szinnyei, M. J., II, 1192.

Eitel Victor Adolf

wurde am 20. April 1845 in Groß-Schenk geboren. Im Jahre 1854 brachte ihn sein Vater, der inzwischen in Tarteln und hierauf in Mergeln Pfarrer geworden war, an das Gymnasium in Schäßburg. 1863 erhielt Eitel das Reifezeugnis und entschloß sich die Heidelberger Universität aufzusuchen, um sich für das Lehramt vorzubereiten. Angeregt durch den vorzüglichen Unterricht, den er am Schäßburger Gymnasium in der Geschichte erhalten, faßte er von Anbeginn seines Hochschulstudiums den Plan in Geographie und Geschichte die facultas zu erwerben. So hörte er denn während seines zweijährigen Aufenthaltes in Heidelberg in erster Linie Häussers, Wattenbachs und Duckens geschichtliche Vorlesungen. Bei Reuchlin-Meldegg und Holzmann besuchte er germanistische und bei Zeller geschichtsphilosophische Kollegien. Schenkel, Hitzig, Holzmann und Rothe führten ihn in das theologische Studium ein. In Jena, wo er sich im November 1865 immatrikulieren ließ, besuchte er die Vorlesungen Schleichers, Dr. A. Schmidts, Hases, Ebers, Kuno Fischers und Klopfleischs. Am 5. Juli 1866 verließ er Jena und begab sich in die Heimat zurück.

Nach Ablegung der Lehramtsprüfung fand er zunächst als Kanzleibeamter des ev. Landeskonsistoriums in Hermannstadt seine erste Anstellung. Im Oktober 1869 wurde er zum Lehrer für das geschichtliche Fach an das Gymnasium nach Schäßburg berufen und am 26. November 1876 von dem dortigen ev. Presbyterium zum Montagsprediger erwählt, mit welcher Stelle zugleich das Direktorat der dortigen ev. Mädchenschule A. B. verbunden ist.

Im Jahre 1880 wurde er zum Pfarrer in Groß-Laßlen gewählt und am 17. März 1886 in das durch den Tod des Fr. Fr. Fronius erledigte Pfarramt der Gemeinde in Agnetheln berufen.

Er veröffentlichte:

1. Festpredigt über Joh. 21, 20—24, gehalten bei Gelegenheit der Hauptversammlung des Gustav Adolf-Vereins am 15. August 1897 in Bistritz. Sonderabdruck aus den „Kirchlichen Blättern" Nr. 17. W. Krafft (1897).
2. Aus alter und neuer Zeit. — Zur Geschichte des kirchlichen Lebens. — Das kirchliche Leben in der Gegenwart. Gedruckt in: „Aus der Vergangenheit und Gegenwart des kön. freien Marktes Agnetheln". Hermannstadt, W. Krafft 1900.

Emrich Martin,

geboren am 12. April 1812 in Bistritz, längere Zeit hindurch Mitpächter und Leiter der Glashütte in Görgény-Üvegcsür, beschäftigte sich mit Vorliebe mit Botanik, infolge dessen er auch mit dem Naturforscher Michael Fuß im Briefwechsel stand. Er starb am 2. Juni 1892 in S.-Reen.

Er veröffentlichte:

Ein Beitrag zur Kenntnis des siebenbürgischen Glashüttenwesens.

Szinnyei, M. J.

Ewerth Johann
(I, 279)

wurde in Birthälm am 5. Januar 1793 geboren, besuchte die Elementarschule in Birthälm, dann das Gymnasium in Mediasch. Im Jahre 1814 und 1815 vollendete er seine Studien auf der Universität in Jena. Nach seiner Rückkehr erhielt er seine Anstellung als Gymnasiallehrer in Mediasch, im Jahre 1823 wurde er Stadtprediger daselbst und promovierte im Jahre 1830 in das Pfarramt der Gemeinde Bußd. Von hier wurde er im Jahre 1844 zum Pfarrer nach Groß-Kopisch und am 20. August 1849 nach

Meschen zum Nachfolger Stefan Ludwig Roth's berufen. Hier starb er
am 12. Juli 1869.

In den Jahren von 1859 bis 1862 war er Generaldechant.

Seine Arbeiten s. I, 279. Im Manuskripte (Superintendential-
Archiv) ist von ihm folgende Dissertation vorhanden:

An educatio publica domesticae praeponenda vel posthabenda? 1838.

Szinnyei, M. J., II, 1471.

Fabini Friedrich.
(I, 279).

Siebenb. Volksfreund, 1845.
Szinnyei, M. J., III, 31.

Fabini Johann

wurde am 10. August 1825 in Mediasch geboren und absolvierte im Jahre
1843 das Gymnasium in Schäßburg. Nachdem er hierauf anderthalb Jahre
im Hause des Baron Dominik Kemény in Klausenburg als Privatlehrer
thätig gewesen, ging er im Herbste 1845 zum Studium der Theologie nach
Halle, 1846 nach Berlin und 1847 nach Tübingen. Hier nötigte ihn im
Frühjahr 1848 der Revolutionssturm zur Rückkehr in die Heimat. In seiner
Vaterstadt übernahm er, da er sich während seiner Universitätszeit auch
mit dem Turnen beschäftigt hatte, vorerst die Leitung der neuerrichteten
Turnanstalt und wurde dann (1849) als Gymnasiallehrer angestellt. Bei
Einführung der neuen Kirchenverfassung wählte ihn die Scheller Bezirkskirchenversammlung zum Aktuar ihres Bezirkes und später auch zum weltlichen Konsistorialmitglied. Im Jahre 1866 berief ihn die Gemeinde Bogeschdorf zu ihrem Pfarrer. Als solcher wurde er 1870 zum Beisitzer in das
Mediascher Bezirkskonsistorium und 1872 zum Dechanten dieses Kirchenbezirkes gewählt. Nachdem Fabini im Jahre 1877 eine Wiederwahl zum
Dechanten abgelehnt hatte, berief ihn in demselben Jahre die neunte Landeskirchenversammlung als Beisitzer in das Oberehegericht. Zu Ende 1880
erhielt er den Ruf als Pfarrer nach Pretai. Von 1870 war er auch Vorstand des Mediascher Zweigvereines der Gustav Adolf-Stiftung und seit
1886 Dechant des Mediascher Kapitels, seit 1889 Mitglied des Hauptvorstandes der Gustav Adolf-Stiftung. Die 15. Landeskirchenversammlung
endlich wählte ihn zum Ersatzmitglied des Landeskonsistoriums. Er starb
am 22. Januar 1899.

An litterarischen Arbeiten Fabinis, die zur Veröffentlichung gelangt
sind, sind hervorzuheben:

1. Über den Weinbau in Siebenbürgen. M. G.-B., 1863.
2. Recht und Brauch der ev. Landeskirche A. B. in Siebenbürgen. Hermannstadt,
1882. Verlag von Franz Michaelis.

S. b. T., 7633 (1899).

Fabini Johann Gottlieb.
(I, 281).

Von ihm ist im Manuskripte in der Budapester Universitäts-Bibliothek vorhanden:

„Ars oculistica", Abschrift von Dr. Paul Balogh. 8°. 699 S.

Szinnyei, M. J., III, 33.

Fabini Samuel Josef
(I, 283)

wurde am 28. Juli 1794 in Haschagen geboren. Früh verwaist, wurde er von seinem mütterlichen Großvater Mag. Johann Schmidl, Stadtpfarrer in Mediasch, erzogen und absolvierte das dortige Gymnasium im Jahre 1813. Der Krieg der drei verbündeten Ostmächte gegen Napoleon I. und die infolge des im Jahre 1811 erfolgten österreichischen Staatsbankerottes nicht eben glänzenden Vermögensverhältnisse hinderten ihn sofort die Universität zu beziehen. Fabini nahm im Frühjahr 1814 eine Hauslehrerstelle bei dem Tafelrichter Daniel Zeyk in Maros-Vásárhely an. Hier lernte er nicht nur die Verhältnisse des ungarischen Adels kennen, sondern der Aufenthalt daselbst förderte auch seine Ausbildung in der magyarischen Sprache und der Besuch der Vorlesungen am reformierten Kollegium und die Benützung der Teleki'schen Bibliothek machten ihn zu einem der bedeutendsten Kenner der vaterländischen Geschichte und Rechtsverhältnisse. Hier schloß er auch mit dem spätern Talmatscher Pfarrer und großen Urkundensammler Martin Reschner und dem Tabularkanzelisten Josef Trausch bis zum Tode dauernde treue Freundschaft. Im Herbst des Jahres 1815 bezog er die Universität Tübingen; die Jahre 1816 bis 1818 war er in Livorno im Schweizer Großhandlungshaus Louis Senner Hauslehrer, woselbst er die französische und italienische Sprache erlernte. Das Studienjahr 1818/19 brachte er wieder in Tübingen zu. Ende des Jahres 1819 wurde er am Gymnasium in Mediasch als Lehrer angestellt und avancierte dort am 25. Mai 1823 zum Konrektor. Nach fünf Jahren wurde er Stadtprediger in Mediasch und am 12. Februar 1830 Pfarrer in Waldhütten.

Neben den Berufsgeschäften fand er hier auch Zeit, sich mit den die sächsische Nation bewegenden Fragen zu beschäftigen. Schon im Jahre 1817 hatten die Stadtpfarrer von Hermannstadt und Bistritz, Johann Filtsch und Traugott Klein, über die Gründung eines wissenschaftlichen Vereins unter den Sachsen Briefe gewechselt. Doch lag die Hand des Metternich'schen Systems zu bleiern auf allen Verhältnissen, als daß diese Gedanken hätten zur That werden können. Später, im Jahre 1830, erließen Josef Benigni v. Mildenberg und Karl Neugeboren eine gedruckte Aufforderung zur Gründung einer Gesellschaft zum Zwecke der Herausgabe noch nicht bekannter, die vaterländische Geschichte, Politik, Statistik und Rechte betreffender Ausarbeitungen. Aber auch dieser Schritt hatte keinen Erfolg. Als aber auf dem 1834-er siebenbürgischen

Landtag die Bewegung unter den Magyaren anfing, die Hegemonie im Lande an sich zu bringen und namentlich ihrer Sprache die Oberherrschaft zu sichern, begannen sich die Geister im Anblick der herannahenden Gefahr zu einigen. Eine im Jahre 1836 in Hermannstadt tagende Konferenz über sächsische Schulangelegenheiten, die über Beschluß des Oberkonsistoriums zusammengetreten war, führte hier Fabini mit Josef Trausch und J. K. Schuller zusammen. Der zu gründende Verein wurde eifrig besprochen und die Versendung des Aufrufes dazu beschlossen. Doch wieder scheiterte die Sache. Ende des Jahres 1838 besprach J. K. Schuller die Frage in den „Blättern für Geist, Gemüt und Vaterlandskunde". Daran schloß sich eine Beleuchtung der Frage von Georg Binder im Jahre 1839. So war alles vorbereitet. Da erschien am 22. September 1840 in der „Transsilvania" und am 24. September in den „Blättern für Geist, Gemüt und Vaterlandskunde" die vom 14. September 1840 datierte und von Fabini und den Mediascher Senatoren Daniel und Samuel Gräser unterzeichnete Einladung an alle Freunde siebenbürgischer Landeskunde jeder Nation und jeden Standes, zur Konstituierung des Vereins am 8. Oktober in Mediasch zusammenzutreten. Es erschienen 76 Männer aus den verschiedensten Teilen der sächsischen Nation und während der Sitzungen traten am 8. und 9. Oktober noch acht Mitglieder dem Verein bei. So wurde der Verein für siebenbürgische Landeskunde gegründet.

Am 24. Juni 1844 wurde Fabini zum Generalsyndikus gewählt und am 18. Februar 1845 zum Pfarrer in Reichersdorf. Inzwischen hatten sich die Nationalitätenverhältnisse im Lande immer mehr zugespitzt. In den öffentlichen Blättern war der Krieg schon entbrannt. Fabini war in den „Blättern für Geist, Gemüt und Vaterlandskunde", sowie im „Satellit" und in der „Transsilvania" publizistisch vielfach thätig. So kam das Jahr 1848. Am 26. Juni trat die „verstärkte außerordentliche Nationaluniversität" zusammen und beschloß, eine aus sieben Mitgliedern bestehende Deputation nach Pest und Wien behufs Wahrung der nationalen Rechte zu entsenden. Als der Innerminister in Pest Franz Deak die Deputation empfing und dieselbe nach der Abgabe der Erklärung, daß die Sachsen nur dann für die Union Ungarns und Siebenbürgens stimmen könnten, wenn ihnen ihre historischen Rechte garantiert würden, fragte: „Was? auch Sie stellen noch Bedingungen?" antwortete Fabini: „Es wäre traurig, Exzellenz, wenn wir um unser gutes Recht bitten und betteln müßten". Als dann im Spätjahr die Nationsuniversität ein vollständiges Jägerbataillon ins Feld stellte — das heutige 23. Feldjägerbataillon —, gab er demselben zwei seiner Söhne, von denen der älteste, Theodor, als Held in der Schlacht bei Piski fiel, während der jüngere, Ludwig, noch heute nach mehr als einem halben Jahrhundert als Feldzeugmeister der Armee angehört.

Der Absolutismus, den die 50=er Jahre brachten, war nicht geeignet, öffentliches Leben zu erzeugen. Dafür aber wirkte Fabini auf dem Gebiet der Kirche und Schule ersprießlich. Am 3. August 1852 wurde er Stadtpfarrer in Mediasch und fast gleichzeitig Generaldechant. In dieser Eigenschaft führte er während der Abwesenheit des Bischofs in Wien die Feier des Reformationsfestes in der Landeskirche ein. Für das Mediascher Gymnasium erwirkte er die Erlaubnis zu einer Kollekte in der Monarchie und in Deutschland, die demselben mehr als 10.000 Gulden einbrachte. In der Zehntentschädigungsfrage war er im Verein mit dem Bischof Georg Paul Binder ungemein thätig. Ende des Jahres 1859 erließ er einen „Aufruf an die Glaubensgenossenschaft der ev. Landeskirche Siebenbürgens zum Anschluß an den Verein der Gustav Adolf-Stiftung." Doch die Hermannstädter Kreishauptmannschaft sistierte am 14. Februar 1860 die Versendung des Aufrufes. Fabini rekurierte am 3. März an die Statthalterei. Als er wochenlang vergebens auf die Erledigung gewartet hatte, richtete er am 6. Juni ein Gesuch an das Kultusministerium in Wien, „um von höchsten Orten Recht und Gerechtigkeit zu erbitten". In der Zwischenzeit hatte aber die Statthalterei die Frage dem Oberkonsistorium zur weiteren Verhandlung zugewiesen und betont, daß gegen den Gustav Adolf-Verein nichts einzuwenden sei, wenn die Kirchenbehörde die Angelegenheit in die Hände nähme. Am 20. April 1861 teilte Fabini der Landeskirchenversammlung mit, daß er noch im Laufe des Jahres die Schritte zur Bildung des Vereins thun werde. So trat im August desselben Jahres die konstituierende Versammlung des Gustav Adolf-Vereins in Mediasch zusammen und Fabini wurde einstimmig zum Vorstand gewählt.

In demselben Jahre wurde Fabini von der ersten Landeskirchenversammlung zum Vikar des Bischofs gewählt. Eine Wiederwahl lehnte er 1865 ab. Während dieser letzten vier Jahre war er auch als Abgeordneter von Mediasch auf dem im Jahre 1863 nach Hermannstadt einberufenen Landtag thätig.

Am 14. September 1870 wurde das 50-jährige Dienstjubiläum Fabinis gefeiert. Das Mediascher Kapitel und der Lehrkörper des Mediascher Gymnasiums veröffentlichten hiezu eine Festschrift: „Urkundenbuch zur Geschichte des Mediascher Kapitels bis zur Reformation".

Mit seinem vollendeten achtzigsten Lebensjahre am 28. Juli 1874 trat Fabini in den Ruhestand, am 18. Februar 1877 verschied er.

Er veröffentlichte:

1. Der Sachsen Zukunft. Elegie zur 700-jährigen Feier des Einwanderungsjubiläums. Kronstadt, gedruckt bei Johann Gött, 1843.

2. Leichenpredigt über 2 Petri, 1, 13—15 gehalten von J. F. (S. 18—19 in der Stand- und Leichenrede bei der Beerdigungsfeier weil. des hochw. Herrn Johannes Bergleiter, Superintendenten der A. C. in Hermannstadt 1843.)

3. „Promemoria" (an den Reichsrat), worin die Geistlichkeit der evang. Landeskirche A. C. in Siebenbürgen ihr Gesuch um baldige Entschädigung ihres Zehntens aus dem Grundentlastungsfonde und um Bemessung derselben nach dem Schlüssel der verifizierten neunjährigen Durchschnitts-Fassionen näher begründet. Wien, 30. September 1857. — Abgedruckt in G. D. Teutsch, Zehntrecht, S. 261 ff.

4. Ehrfurchtsvollste Danksagung für den Allerhöchst bewilligten Vorschuß auf den 1857-er Zehntentgang 2c. Wien, 18. Januar 1858. Abgedruckt in G. D. Teutsch, Zehntrecht, S. 289 ff.

5. Aufruf an die Glaubensgenossenschaft der ev. Landeskirche Siebenbürgens zum Anschlusse an den evangelischen Verein der Gustav Adolf-Stiftung. Kronstadt, 1860. Druck von Joh. Gött.

Über Fabinis Thätigkeit auf dem 1863/04 siebenbürgischen Landtag f. den Anhang:

 Denkrede auf Josef Fabini von D. G. D. Teutsch. Arch. f. Ldbe., N. F. XIV, 249.
 Friedenfels, Bedeus, II, 54, 174, 442 ff.
 S. b. T., 959, 960, 962; 100-jähriger Geburtstag, 6271 (1894).
 Szinnyei, M. J., III, 34.

Fabini Theodor

wurde am 12. April 1852 in Mediasch geboren, absolvierte daselbst am 12. Juli 1870 das Gymnasium, studierte drei Jahre auf den Universitäten in Wien, Leipzig, Berlin und Heidelberg und erhielt seine erste Anstellung als Lehrer an der Hauptvolksschule in Großschenk am 14. März 1875. Am 24. Juli 1877 wurde er als Lehrer an das Gymnasium in Schäßburg berufen, in welcher Eigenschaft er auch gegenwärtig thätig ist.

Fabini gab gemeinsam mit Wilh. Berwerth (s. b.) 1880 ff. den fachwissenschaftlichen Katalog des Gymnasiums in Schäßburg und mit Dr. Fr. Teutsch: Die Studierenden aus Ungarn und Siebenbürgen in Leipzig. Arch. f. Ldbe., N. F. X, 465 heraus.

 Sch. G.-P., 1878.
 Szinnyei, M. J., III, 36.

Fabricius Johann.
(I, 285).

Von ihm befindet sich in der Handschriftensammlung des ungarischen Nationalmuseums folgendes Manuskript:

 Syllecta et Programmata, 1670—75.

 Szinnyei, M. J., III, 57.

Fabricius Josef Christian
(I, 288)

gestaltete als Rektor das Schulwesen in Kronstadt vollständig um. Er teilte das Obergymnasium in drei streng geschiedene Klassen, führte einen mittleren Kurs ein, in welchem die Interpretation und Lektüre leichtere Klassiker den Übergang zu den schwierigeren im höheren Kurs vermitteln sollte. Der von Fabricius eingeführte Lehrplan stand bis zum Jahre 1846 (K. G.-P., 1898, 5) in Geltung.

Fabricius' „Entwurf einer neuen Einrichtung der Kronstädter Evangelischen Knaben-Schulen," gedruckt in Fr. Teutsch, Sch.-O. II, 141.

K. G.-P., 1898, 4, 5.
Fr. Teutsch, Sch.-O. II, XXIII.

Fabricius Josef, Dr. med.,

wurde am 23. Januar 1865 in Craiova geboren. Er besuchte das Honterus-gymnasium in Kronstadt, das er im Jahre 1884 absolvierte, worauf er in Graz, Heidelberg und Wien Medizin studierte und an der letzt-genannten Universität zum Doktor universae medicinae promoviert wurde. Von 1890—92 war er Operationszögling an der chirurgischen Klinik des Hofrates Billroth, von 1892—94 Operationszögling an der geburtshilflichen und Frauenklinik des Hofrates Chrobak in Wien und trat dann in das unter der Leitung des Primarius Dr. Hermann von Erlach stehende Maria-Theresia-Frauenhospital in Wien ein, wo er die Stelle eines stellvertretenden Direktors bekleidet.

Seine litterarische Thätigkeit umfaßt folgende Schriften:

1. Über den Verschluß des Schenkelkanales bei Operationen von Schenkelhernien, eine anatomische Studie. Festschrift, gewidmet Th. Billroth. — F. Enke, Stuttgart 1892.
2. Über Komplikationen beim Heilungsverlaufe subkutaner Frakturen. Aus der chirurgischen Universitätsklinik des Herrn Hofrat Professor Dr. Th. Billroth. Archiv für klinische Chirurgie. XLVII.
3. Über eine neue Methode der Radikaloperation von Schenkelhernien. Zentralblatt für Chirurgie. 1894.
4. Über die Radikaloperation von Cruralhernien. Vortrag auf dem XI. internationalen medizinischen Kongreß zu Rom. Erschienen in den Kongreßberichten.
5. Über Myome und Fibrome des Uterus und deren Einfluß auf die Umgebung, mit spezieller Berücksichtigung des Verhaltens der Tuben. — Aus der gynäkologischen Klinik des Herrn Professor Dr. R. Chrobak. Erschienen im Verlage von W. Braumüller. Wien 1895.
6. Zur Technik der Alexander-Alquis'schen Operation. Zentralblatt für Gynäkologie 1895.
7. Über die operative Behandlung von Cruralhernien. Wiener klinische Wochenschrift 1895.
8. Über Cysten an der Tube, am Uterus und dessen Umgebung. Archiv für Gynäkologie. L.
9. Über Perforation eines malignen Ovarialtumors in die Tube. Aus dem Laboratorium der Klinik Chrobak. Wiener klinische Wochenschrift 1896.
10. Ruptur einer Pyosalpinx bei vorhandener Gravidität. Laparotomie. Heilung. Wiener klinische Wochenschrift. 1897.

Fabritius August, Dr. med.,

Sohn des Kronstädter Stadtphysikus Dr. Josef Fabritius, wurde am 26. Januar 1857 in Kronstadt geboren. Nachdem er das Honterusgymnasium 1874 absolviert hatte, studierte er in Wien und Heidelberg Medizin. Am 30. März 1881 in Wien zum Doktor der gesamten Heilkunde promoviert, wurde er zunächst Operationszögling an der chirurgischen Klinik des Prof. Billroth bis September 1882 und dann Assistent bei Prof. Czerny in Heidelberg (Sommersemester 1883). Den Winter 1883/84 brachte er in Jena zu und ließ sich im November 1884 in Kronstadt als Arzt nieder. Hier stellte er sich gleich in den Dienst des unter der Leitung seines Vaters stehenden k. ung. Landesaugenspitals wurde im Januar 1889 Honorar-Augenspitalsarzt und nach dem Rücktritte seines Vaters am 1. Januar 1896 Leiter des k. ung. Landesaugenspitals in Kronstadt.

Er veröffentlichte:

1. Fortschritte auf dem Gebiete der Medizin. Vortrag gehalten am 8. März 1885. Erschien zuerst in der Kronstädter Zeitung, 105—116 1885, dann auch als Sonderabdruck als Nr. I. der Kronstädter gemeinnützigen Vorträge.
2. Über den heutigen Stand der Altersstaarextraktion. Vortrag, gehalten bei Gelegenheit der sächs. Vereinstage im August 1891 in Schäßburg. V. u. M., XLI.
3. Das k. u. Landesaugenspital in Kronstadt. In: Beiträge zu einer Monographie der k. freien Stadt Kronstadt. Festschrift für die Mitglieder der 26. Wanderversammlung ungarischer Ärzte und Naturforscher. Herausgegeben auf Kosten der Festgemeinde Kronstadt. Buchdruckerei von Joh. Gött und Sohn Heinrich 1892.
4. Arzt und Publikum. Vortrag, gehalten am 2. November 1894. Kronstädter Zeitung, 262 (1894) und im Sonderabdruck.
5. Zur Erinnerung an das am 1. Juli 1895 abgehaltene 50-jährige Doktorjubiläum des Herrn Dr. J. Fabritius, Stadtphysikus in Kronstadt. Kronstadt 1895.
6. Prof. Theodor Billroth. Vortrag, Kronstädter Zeitung, 82 (1896) und im Sonderabdruck. Kronstadt, J. Gött's Sohn 1896.

Szinnyei, M. J., III, 76.

Fabritius Josef, Dr. med.,
(I, 292)

wurde am 18. November 1818 in Schäßburg als Sohn eines Spenglers geboren. Nach Beendigung der Gymnasialstudien in seiner Vaterstadt im Jahre 1837 und nachdem er zwei Jahre lang Erzieher im Hause des Dr. Josef Wächter in Hermannstadt gewesen, bezog er 1839 die Universität in Wien. Dort wurde er am 1. Juli 1845 zum Doktor der Medizin und in den beiden folgenden Jahren auch zum Magister der Geburtshilfe und zum Magister der Augenheilkunde befördert. Gleichzeitig hatte er von 1845 bis 1847 den Operationskurs bei Prof. Schuh mitgemacht.

Nachdem er noch einige Monate zu seiner weitern Ausbildung in Paris zugebracht hatte, ließ er sich im November 1847 als Arzt in Kronstadt nieder. Im Jahre 1849 stand er während der Revolution in mehreren Notspitälern in Verwendung und hatte das Glück von dem damals herrschenden Kriegstyphus, dem außer zahlreichen Verwundeten auch mehrere Ärzte zum Opfer fielen, verschont zu bleiben.

Während seiner langen ärztlichen Thätigkeit hatte er eine Reihe von Epidemieen durchzumachen und hat zu deren Bekämpfung erfolgreich beigetragen. So herrschten in den Jahren 1848, 1866, 1873 und 1893 teilweise verheerende Choleraepidemieen in Kronstadt.

In den Jahren 1853—1862 und 1873—1876 bekleidete er die Stelle eines Gerichtsarztes und übernahm 1866 während sechs Wochen als behandelnder Arzt das neu errichtete Choleraspital in Kronstadt, nachdem er bei dem Ausbruche des Krieges in diesem Jahre kurze Zeit das Truppenspital seiner Vaterstadt geleitet hatte. Von 1872 bis 1895 war er Landesaugenarzt und Leiter des Kronstädter k. ung. Landesaugenspitals, und seit 1877 gleichzeitig auch Stadtphysikus von Kronstadt.

Am 1. Juli 1895 hatte Fabritius das seltene Glück in vollkommener geistiger Frische sein 50-jähriges Doktorjubiläum feiern zu können, zu dem ihm alle Zivil- und Militärärzte des Burzenlandes ihre Glückwünsche darbrachten. Aus dem gleichen Anlaß erneuerte die Wiener Universität dem Jubilar das Doktordiplom. — Am 14. Dezember 1898 trat er in den Ruhestand.

Fabritius veröffentlichte:

1. Die Mineralquellen zu Zaizon in Siebenbürgen. Naturhistorisch und medizinisch dargestellt. Wien bei Carl Gerold 1845.
2. Dr. Josef v. Greissing. [Ein Nachruf.] Kronstädter Zeitung, Nr. 7 und 8 (1890) und daher im Sonderabdruck. Druck von Joh. Gött und Sohn Heinrich 1890.
3. Humanitätsanstalten in Kronstadt. In: Beiträge zu einer Monographie der k. freien Stadt Kronstadt. Festschrift für die Mitglieder der 26. Wanderversammlung ungarischer Ärzte und Naturforscher. Herausgegeben auf Kosten der Festgemeinde Kronstadt, Buchdruckerei von Joh. Gött und Sohn Heinrich 1892.

  S. d. T., 4328 ff., 4545 (1888).
  Zur Erinnerung an das am 1. Juli 1895 abgehaltene 50-jährige Doktorjubiläum des Herrn Dr. Jos. Fabritius, Stadtphysikus in Kronstadt. 1895. S. hier den Artikel August Fabritius.
  Szinnyei, M. J., III, 76.
  Gusbeth Ed. Dr., Zur Geschichte der Sanitätsverhältnisse in Kronstadt. Kronstadt 1874, 76.
  Derselbe, Das Gesundheitswesen in Kronstadt. VII. Bericht 116; XI. Bericht 178; XII. Bericht 176.

Fabritius Karl
(I, 290)

wurde am 28. Oktober 1826 in Schäßburg geboren. Nachdem er das Gymnasium seiner Vaterstadt absolviert hatte, bezog er im Jahre 1847 die Universität Leipzig, um Theologie, klassische Philologie und Geschichte zu studieren. Hier trat er in das von Professor Wachsmuth geleitete historische Seminar ein. Im Jahre 1849 beendigte er seine Universitätsstudien und begab sich nach Wien, wo er bei dem Schulrat J. K. Schuller eine freundliche Aufnahme fand.

Im Jahre 1850 nahm er die Stelle eines Gesellschafters im Hause des Grafen Franz Nádasdy an. Von hier kam er nach Preßburg, und redigierte kurze Zeit die Preßburger deutsche Zeitung. In demselben Jahre wurde ihm die Leitung des Hermannstädter „Siebenbürger Boten" angeboten, doch behielt er diese nur in den Monaten August und September. Im Oktober dieses Jahres erhielt er die Stelle eines Gymnasiallehrers in Schäßburg. 1855 wurde er zum zweiten und 1865 zum ersten Stadtprediger in Schäßburg gewählt, in welcher Stellung er verblieb, bis ihn im Jahre 1868 die ev. Gemeinde A. B. in Trappold zu ihrem Pfarrer wählte. Inzwischen war er teils durch Erbschaft teils durch eigenen Erwerb zu einigem Vermögen gelangt, so daß er sich sorgloser sowohl seinen Studien, als auch den öffentlichen Angelegenheiten widmen konnte. In den Jahren 1872—75 und 1875—78 war er Reichstagsabgeordneter und brachte den größten Teil dieser Zeit in Pest zu. Politisch trat er anfangs in die Deakpartei, nach der Fusion aber in die liberale Partei ein. Schon in den sechziger Jahren nahm er thätigen Anteil am politischen Leben als einer der Führer der damaligen Jungsachsen.

Im Jahre 1879 legte er sein Pfarramt freiwillig nieder. Mit historischen Studien in der Budapester Universitäts-Bibliothek beschäftigt, stürzte er am 11. Dezember 1880 nachmittags in der Dämmerung, irriger Weise in das Maschinenhaus eintretend, hinab und verletzte sich innerlich schwer. Der neuerliche Ausbruch eines alten Nierenleidens führte am 2. Februar 1881 seinen Tod herbei.

Fabritius war seit 1872 korrespondierendes Mitglied der ungarischen Akademie der Wissenschaften in Budapest.

Fabritius ist der Verfasser folgender Arbeiten und selbständiger Werke:

1. Denkschrift über die gegenwärtigen Verhältnisse der Deutschen in Siebenbürgen. Die Grenzboten 1848, Freytag und Schmidt, 256—60. (Die Denkschrift wurde Ende Mai 1848 von dem Leipziger Ostmarkenverein an das Frankfurter Parlament geschickt.)
2. Die Vereinigung Ungarns mit Siebenbürgen. Ebenda, I, II; 1848, 301—312, 351—366.
3. Der Kampf in Siebenbürgen. Ebenda, 453—470. (Der Schluß dieses Artikels blieb Manuskript.)
4. Der Krieg gegen Bem. Ebenda, 1849, 64.
5. Beiträge zur Kirchengeschichte des Sachsenlandes. In: Schul- und Kirchenzeitung für den ev. Glauben in Siebenbürgen 1851.
6. Die Überschwemmung Schäßburgs 1601—1602 im „Sächs. Hausfreund" 1852.
7. Schäßburger Klag-, Warnungs- und Trostlied, gedichtet zur Zeit der Pest, 1709. Ebenda, 1853.
8. Die Einnahme und Plünderung Schäßburgs 1601—1602. Ebenda, 1858.

9. Die Belagerung von Schweidnitz 1762 und der Schäßburger Michael Wald-hüter. Ebenda, 1863.
10. Die Burg bei Schönberg. Blätter für Geist, Gemüt und Vaterlandskunde 1853.
11. Eine mündliche Quelle für die Geschichte Vorßeks. Ebenda, 1855.
12. Schäßburger Verhandlungen in Konsistorialangelegenheiten im Anfange dieses Jahrhunderts. Ebenda, 1856.
13. Miscellen: Zur Reformationsgeschichte von Hermannstadt. Eine seltene Münze Ebenda, 1858.
14. Der Brand Schäßburgs im Jahre 1676. Arch. f. Lde., N. F. I, 220 ff.
15. Beiträge zur Kirchengeschichte unter Kaiser Karl VI. Ebenda, 238 ff.
16. Die Siebenbürgischen Studierenden auf der Universität zu Wittenberg im Reformationszeitalter. Ebenda, II, 134 ff.
17. Zwei Funde in der ehemaligen Dominikanerkirche zu Schäßburg. Ebenda, V, 1 ff.
18. Bericht über die Auffindung und Öffnung eines dakischen Grabes am Kulterberg bei Schäßburg. Ebenda, V, 287 ff.
19. Bilder aus der innern Geschichte Hermannstadts in der ersten Hälfte des 18. Jahrhunderts. Ebenda, VI, 1 ff.
20. Der Religionsstreit auf den siebenbürgischen Landtagen von 1691 und 1692. Ebenda, VI, 107 ff.
21. Das Religionsgespräch zu Schäßburg im Jahre 1598 und des Weißenburger Propstes, nachherigen Graner Erzbischofs, Anton Verantius Briefe an Siebenbürger Sachsen. Ebenda, X, 233 ff.
22. Aus alten Meßbüchern und Brevieren. Ebenda, X, 373 ff.
23. Namen und Verwendung der Jesuiten, welche von 1730—1773 in den siebenbürgischen Ordenshäusern wirkten. Nach den gedruckten Jahreskatalogen der Ordensprovinz Österreich zusammengestellt. Ebenda, XI, 167 ff.
24. Zur Reformationsgeschichte des Mediascher Kapitels. Ebenda, XI.
25. Honterus auf der Rückreise in die Heimat 1533. Ebenda, XI.
26. Das Testament des Schönberger Plebans Mattheus von Reps aus dem Jahre 1502. Ebenda, XII, 373 ff.
27. Lucas Josef Marienburg und dessen Regesten zur Geschichte der Gottmeister'schen Familie. Ebenda, XIII, 370 ff.
28. Jobok's von Kussow Steuerforderung an die zwei Stühle Schelk und Mediasch von 1438. Ebenda, XIV, 558 ff.
29. Die Ali Pascha-Steuer und die Schäßburger. Ebenda, XV, 84 ff.
30. Die ev. Kirche und das Spital zu Schäßburg. Trauschenfels, Magazin für Geschichte und Litteratur, N. F. I, 1859.
31. Die Baumgartensteuer in Schäßburg und zur individuellen Reklamation in Schäßburg. Siebenbürgische Quartalschrift 1860.
32. Münzenfund in Schäßburg. Hermannstädter Zeitung 1861, 10.
33. Rechenschaftsberichte gehalten an seine Wähler in Schäßburg: a) am 28. Februar 1869 in „Siebenbürgische Blätter" Nr. 19 und 20, 1869 und im Sonder-

abbruck; b) am 12. Mai 1872. Ebenda, 1872 und im Sonderabbruck; c) am 15. April 1873. Hermannstädter Zeitung 1873, 91; d) am 26. Mai 1874; e) am 13. Juni 1875; f) am 12. Mai 1877, Sonderabbruck; g) am 14. Juli 1878.

34. Der Prozeß des Schäßburger Bürgermeisters Johann Schuller von Rosenthal. (Fontes rerum Austriacarum IX.) Wien 1852.
35. Siebenbürgische Chronik des Schäßburger Stadtschreibers, Georg Kraus 1608 bis 1665. Wien, 1862—64. (Fontes rerum Austriacarum Scriptores III, IV. Im III. Bde. VII—CIII findet sich die von Fabritius geschriebene Abhandlung betitelt: Die Schäßburger Chronisten des XVII. Jahrhunderts s. Trausch I, 291.)
36. Urkundenbuch zur Geschichte des Kisder Kapitels vor der Reformation und auf dem Gebiete desselben ehedem befindlichen Orden. Hermannstadt, 1875. (Enthält 317 Stück Urkunden teils vollständig, teils im Auszug, mit Vorwort.)
37. Pemfflinger Márk szász gróf élete, különös tekintettel a reformatio elterjedésére az erdélyi szászok között. Budapest 1875. A magy. tud. akadémia könyvkiadó-hivatala.
38. Erdélynek Honter János által készitett térképe 1532-ből. Ebendort, 1878. [Die Karte, besprochen im Korr. f. Ldbe., I. (1878); 85, 105.]
39. Die beachtenswerte Mahnung des Vereins der Gustav Adolf-Stiftung an die kleinen Leute, welche große Ziele erlangen wollen. Predigt beim Festgottesdienste des Zweigvereines der Gustav Adolf-Stiftung in Schäßburg am 29. Juni 1871 in Trappold. Schäßburg, 1871.
40. Vázlatok a Rozsnyai régi városi könyvből. Századok, 1877 Mai- und Juni-Heft.
41. Pekri Lörincz levele egy jesuitahoz 1706-ban. Történelmi tár 1878. I, 206.
42. Brutus János Mihály életéhez. Ebenda, 1879. II, 337.
43. Vázlatok az erdélyi szászok ipari tevékenységéről az 1595—1605-diki hadi években, főtekintettel a nagyszebeni műötvösségre. Archaeol. Ért. 1879, 60.

Im Manuskripte sind von Fabritius vorhanden:

1. Repertorium zur Geschichte Siebenbürgens.
2. Die Geschichte des Jesuiten-Ordens in Siebenbürgen.
3. Biographie des Sachsengrafen Joh. Sachs von Harteneck.
4. Die Reverse sächsischer Städte für Georg Rákóczi I.
5. Verhandlungen der Hermannstädter wegen Abtretung einer Kirche an die Katholiken.
6. Zur Herkunft der Sachsen in Siebenbürgen.
7. Joh. Hunyadis Leben.
8. Aufstand der Siebenbürger gegen König Mathias 1467.
9. Die Belagerung von Bistritz durch Basta.
10. Die Kalender von 1486 in der Schäßburger Gymnasial-Bibliothek.
11. Die Pilger aus Ungarn in d. Rheinlanden.

12. Die beiden Accorden 1692.
13. Geschichtliche Entwickelung der Verfassung der ev. Landeskirche A. B. in Siebenbürgen. (Letztere überreichte er im Jahre 1868 dem Minister für Kultus und Unterricht Baron Josef Eötvös.)
14. Aktenstücke betreffend die Nachtwache in Schäßburg.
15. Sächsische Biographien. Eine Sammlung gleichzeitiger Aufzeichnungen und Leichenreden.

Über die Reichstagsreden Fabritius' s. b. Anhang.

  Korr. f. Lbde., IV. (1881), 23.
  Szinnyei, M. J., III, 76.
  Kozma Ferencz, Emlékbeszéd Fabritius Károly, Budapest 1883. A magy. tud. akadémia könyvkiadó-hivatala.

Fay Martin.
(I, 293).

Das Archiv der Stadt Hermannstadt und der sächsischen Nation bewahrt von Fay folgendes Manuskript auf:

Codex jurium decimalium cleri Saxonum, Papier 346 Blätter, Folio, Halbpergamentband. Auf Blatt 2 alter Titel: Codex iura decimalia sive ius in decimas cleri Saxonum Transilvaniae complectens, abs reverendissimo atque doctissimo domino Georgio Jeremia Hanero, ecclesiarum per Transylvaniam Augustanae confessioni addictarum superattendente meritissimo, gravissimo, contra moderni fisci regii inopinatos insultus dilucidata, demonstrata, defensa: exque suis manu propria conscriptis pagellis ordino contraversiarum chronologico collecta atque descripta per Martinum Fay, pastorem Sarosiensem iisdem in annis, quo luci publicae sunt exposita.*)

  Arch. f. Lbde., XVI, 431; XIX, 115.
  Allg. d. Biogr., VI, 590 von [G. D.] Teutsch.
  Szinnyei, M. J., III, 220.

Felmer Martin.
(I, 295).

Nachrichten der walachischen Völkerschaft Siebenb. Arch. f. Lbde., N. F. VII, 414.

Über dessen Handschrift: „Von dem Ursprung der sächsischen Nation" (Trausch I, 300) s. Korr. f. Lbde., XVIII, (1895), 86 und 127.**)

---

*) Vgl. Franz Zimmermann, das Archiv der Stadt Hermannstadt und der sächs. Nation. Hermannstadt, 1887. Verlag des Archivs.
**) Das Tagebuch Felmers (1747—1756) (Trausch I, 300) befindet sich in der Baron Brukenthal'schen Bibliothek in Hermannstadt. Einzelnes aus demselben veröffentlicht im Arch. f. Lbde., XVII, 93; XIX, 333. Die Hermannstädter Schulordnung von 1756—58 veröffentlicht in Fr. Teutsch Sch.-O., I, 176—242.

Siebenb. Quartalschr., VI, 389.
Meusel, teutsch. Schriftst., III, 305 f.
Felmers Selbstbiographie in der Matrikel der Pfarre Heltau.
Allg. d. Biogr., VI, 616 von Fr. Müller.
Wurzbach, IV, 172.
Arch. f. Ldde., II, 159; N. F. XIII, 349; XVII, 92; XIX, 344.
Fr. Teutsch, Sch.-O. I, CVII.
H. Wittstock: Aus Heltau Vergangenes und Gegenwärtiges. Gedenkblatt zum vierhundertsten Gedächtnistage Dr. Martin Luthers. Hermannstadt, Michaelis 1883, 11.
Szinnyei, M. J., III, 349.

Femger Daniel,

geboren am 13. September 1712 in Mediasch, absolvierte wahrscheinlich das Gymnasium seiner Vaterstadt und wurde am 8. Oktober 1734 in Jena immatrikuliert. Nach seiner Rückkehr in die Heimat war er eine zeitlang Montagsprediger in Hermannstadt, von 1752 an Pfarrer in Hahnbach und von 1765 an Pfarrer in Großscheuern. Er starb am 1. Dezember 1784 nach wiederholtem Schlaganfall und wurde am 3. Dezember d. J. in der Hermannstädter ev. Stadtpfarrkirche begraben. Wiederholt war er Stellvertreter des Syndikus und Dechanten, doch lehnte er die ihm zweimal angetragene Würde eines Dechanten jedesmal ab.

Von ihm rühren her:

1. Annalia viro summe venerabili clarissimo nec non doctissimo domino Georgio Hanero, philosophiae doctori longe gravissimo regiae liberaeque civitatis Mediensis, hactenus pastori primario uti consumnatissimo ita celebratissimo in annum cIɔ Iɔ cc XXXVII ac novissimum a novo connubio primum a primatu Episcopali, per universae Transylvaniae ecclesias evangelico Lutheranas divino nutu nuperrime concesso, quae maecenati domino ac patrono suo ad urnam usque observantia summa prosequendo in cultus devoti argumentum expandit Daniel Femger. Mediensis s. s. Theol. et Phil. Stud. Jenae. Litteris Fickelscherianis.

2. Empfindsamste Trauer- und Trost-Rede über den höchst verpflichtenden Abschied Mariä Theresiäs von Ihro weiland kayser-königl. Majestät Sohn, Joseph dem Andertern, und von allen Ihren Unterthanen. Zu dem Ende in den Druck gegeben und unter die Zuhörer in Großscheuern ausgetheilt, damit auch der Landmann den allgemeinen Schmerz empfinden lerne, und seine Pflichten gegen hohe Landes-Obrigkeiten wiederholter Weise sich und seinen Kindern tief einprägen möge. Hermannstadt 1781.

Siebenb. Prov. Blätter, II, 197.
Arch. f. Ldde., N. F. XII, 327.
Szinnyei, M. J., III, 364.

Fichtel, Ehrenreich Johann von.
(I, 303).

Zu Trausch I, 305, Nr. 5 macht Neugeboren in der Allg. b. Biogr. VI, 772 die Bemerkung: „Ob er unser Fichtel war, der mit J. P. C. Mole die ‚Testacea microscopia aliaque minuta etc.' beschrieb, bleibt zweifelhaft, da dieser Mitherausgeber sich nach Heinrich G. Bronn (Nomenclator palaeontologicus p. XLII) nicht J. E. F. sondern L. F. schrieb".

Von Fichtel rühren ferner her:

1. Physikalisch-metallurgische Abhandlung über die Gebirge und Bergwerke in Ungarn. Berlin und Stettin 1780.
2. Nachricht von den Versteinerungen des Großfürstentums Siebenbürgen mit einem Anhange und beygefügter Tabelle über die sämtlichen Mineralien und Fossilien dieses Landes. Nürnberg 1780.

Ersch und Gruber, Allg. Encyklopädie, XLIII, 476.
Allg. b. Biogr., VI, 771, von Neugeboren.
Szinnyei, M. J., III, 466.

Filkeni Bartholomäus.
(I, 307).

De bonis operibus. 1671. (Controvers. Calviniarum Disp. VIII.)

Szinnyei, M. J., III, 479.

Filkenius Zacharias
(I, 308)

war der Sohn des Wolkendorfer Pfarrers Simon Filkenius und um das Jahr 1601 geboren. 1621 Kollaborator des Schäßburger Gymnasiums, erscheint er 1622—1634 als Ratsschreiber von Schäßburg, 1635 als Stuhlsrichter und 1637 als Königsrichter des Repser Stuhles. In dieser Stellung starb er am 14. Februar 1642.

Außer dem in Trausch a. a. O. erwähnten handschriftlichen Werke sind auch seine Aufzeichnungen, die er aus den Jahren 1619—32 in das alte Schäßburger Ratsprotokoll eintrug, wertvoll. Vgl. K. Fabritius: Die Schäßburger Chronisten des 17. Jahrhunderts in der Einleitung zur Siebenbürgischen Chronik des Schäßburger Stadtschreibers Georg Krauß 1604—1665. (Fontes rerum Austriacarum Scriptores III, XXIX.) Einzelne Abschnitte des Enchiridion rerum variarum veröffentlichte G. D. Teutsch im Arch. f. Ldbe., II und IV.

Allg. b. Biogr., VII, 9 von [G. D.] Teutsch.

Filstich Johann von.
(I, 308).

Wurzbach, IV, 228.
Szinnyei, M. J., III, 486.

Filtsch Daniel.
(I, 316.)

1. Pflichten vor die erwachsene Jugend, aus der christlichen Sittenlehre von D. F. 8°. Hermannstadt, Martin Hochmeister 1785.
2. (Filtsch Daniel und Seivert Jo.) Fortuna redux publicae laetitiae causa, in festo quod onomasticum est ... Adolpho Nicolao libro baroni a Buccow ... piis votis celebrata a musis gymnasii Cybiniensis. Fol. Cibinii Johannes Barth 1762.

Siebenb. Quartalschr., IV, (1795), 95.
Arch. f. Ldde., N. F. XIII, 42; XVIII, 12, 131; XIX, 352.
Allg. d. Biogr., VII, 9 von [G. D.] Teutsch.
Szinnyei, M. J., III, 488.

Filtsch Eugen d. Ä.

wurde 1817 in Broos geboren, absolvierte 1836 das Gymnasium in Hermannstadt und studierte hierauf Theologie. Nach Beendigung seiner Studien wurde er an der Schule seiner Vaterstadt als Lehrer angestellt. Später wurde er zum Stadtprediger und 1869 zum Pfarrer in Szakadat gewählt. Er starb als solcher am 2. Februar 1880.

Er schrieb:

1. Mineralogische Mitteilungen über Olahpian. V. u. M., II, (1851).
2. Exkursion nach Beßarabaßa und Ribicze. Ebenda, IV, (1853).
3. Über das Vorkommen der Braunkohlen am roten Berge bei Mühlbach und nächst Rekitte. Ebenda, V, (1854).
4. Ferienreise in das siebenbürgische Erzgebirge. Ebenda, VIII, (1857). Erschien auch im Sonderabdruck.

Szinnyei, M. J., III, 492.

Filtsch Eugen, Dr. phil.,

geboren am 25. April 1856 in Hermannstadt, machte daselbst seine Gymnasialstudien und bezog 1874 die Universität Leipzig, wo er sich bis 1878 dem Studium der Theologie, deutschen Sprache, Philosophie und Pädagogik widmete. Nach Beendigung des Quadrienniums erlangte er in Leipzig den philosophischen Doktorgrad und begab sich hierauf in seine Heimat zurück. Schon am 1. November 1878 wurde er zum akademischen Rektor der Hauptvolksschule in Neußmarkt gewählt, und trat dann, nach Ablegung der Lehramts- und theologischen Prüfung in den Dienst der ev. Kirchengemeinde seiner Vaterstadt, indem er zunächst als Mädchenschullehrer (1882 bis 1883), dann als Professor an der Realschule (März 1883 bis August 1883) und endlich als Stadtprediger und Leiter des Lutherhauses (1883 bis 1892) erfolgreich wirkte. Seit dem 13. April 1892 ist er Pfarrer der ev. Gemeinde in Bukarest.

Von Filtsch erschienen im Drucke:

1. Goethes Stellung zur Religion, Inauguraldissertation zur Erlangung der philosophischen Doktorwürde an der Universität Leipzig. Sonderabbruck aus Zillers Jahrbuch für wissenschaftliche Pädagogik 1879. 8°. 98 S. Langensalza, Beyer u. Söhne.
2. Geschichte des deutschen Theaters in Siebenbürgen. Ein Beitrag zur Kulturgeschichte der Sachsen. Arch. f. Ltbe., N. F. XXI, XXII, und im Sonderabbrucke.
3. Das deutsche Theater in Hermannstadt. Sonderabbruck aus Nr. 4162—66 und 4168—70 des S. b. T. Hermannstadt, Buchdruckerei Drotleff, 1887. 8°. 27 S.
4. Das Fasten. Predigt über Matth. 9, 14, 15. Der Reinertrag ist für den ev. Schulkinderhort in Hermannstadt bestimmt. Kronstadt, 1890 Gött und Sohn.
5. Goethes religiöse Entwickelung, ein Beitrag zu seiner innern Lebensgeschichte. Gotha, Verlag von Fried. Andr. Perthes, 1894. 8°. VI und 366 S. [Besprechung hierüber im S. b. T., 6101—04. (1894), Litteraturzeitung, 9 (1894) von Professor Minor, hieraus abgedruckt im S. b. T., 6159, (1894). Korr. f. Ltbe. XVII, (1894), 20.]

Daneben schrieb Filtsch zahlreiche Artikel vorzugsweise pädagogischen Inhaltes für die „Deutschen Blätter für erziehenden Unterricht" herausgegeben von Friedr. Mann in Langensalza, für die deutschen Schulblätter in Bistritz und für den Schul- und Kirchenboten. Seit dem Jahre 1882 bis zu seiner Übersiedlung nach Bukarest brachte das Siebenbürgisch-Deutsche Tagblatt häufig Besprechungen, Referate und Rezensionen von ihm über Erscheinungen auf dem Gebiete der schönen Litteratur. Kurze Zeit hindurch (1891) war Filtsch auch Redakteur des damals im Verlage von W. Krafft in Hermannstadt erscheinenden „Siebenbürgischen Volksfreundes".

Szinnyei, M. J., III, 492.

Filtsch Johann.
(I, 319).

Das Bruckenthal'sche Museum bewahrt von ihm vier Foliobände Collectanea Transsilvanica und einen Folioband Transsilvanica auf. Die erste Handschrift enthält — nach Fr. Zimmermann, Arch. f. Ltbe., N. F. XIX, 119 — nur neun Abschriften von Urkunden aus der Zeit vor der

Schlacht bei Mohács, dafür aber desto mehr neuere Dokumente aus dem 18. und dem Anfang des 19. Jahrhunderts, ferner Arbeiten von Simon Schreiber, Daniel Gräser, Martin Arz, Friedrich Seivert, Georg Soterius, verschiedene Handschriften und Drucke über das Zehntrecht, Auszüge aus Urkunden des Hermannstädter Kapitelarchivs, Verzeichnisse der Urkunden der Heltauer Kirchengemeinde und Sichelschmiede.

Die zweite Handschrift enthält außer zahlreichen Urkundenabschriften einige historische Schriften, Rektoren- und Geistlichen-Kataloge, genealogische Nachrichten über die Familien Gottsmeister, Haas, Waldhütter, Oltard, Miles, Herman und Simonis und Regesten von Urkunden des Hermannstädter Archivs. Unter den 61 Urkundenabschriften aus der Zeit vor 1526 sind die Kopien der Heltauer Urkunden, weil aus den Originalen selbst kopiert, schätzenswert.

Über das Verdienst Filtsch's um die Entstehung und Herausgabe der kritischen Sammlungen Schlözers zur Geschichte der Deutschen in Siebenbürgen ist zu vergleichen die von Trausch I, 320 erwähnte Handschrift B. J. Bedeus', welche Dr. Fr. Teutsch im Arch. f. Lkde., N. F. XXVII, 283 ff. veröffentlicht hat.

Allg. d. Biogr., VII. 10 von Fr. Müller.
Selbstbiographie von Filtsch in der Matrikel der Pfarre Heltau. (Handschrift bis 1797 reichend.)
Arch. f. Lkde., XIX, 375.
Friedenfels, Bedeus, II, 441.
Szinnyei, M. J., III, 490.

Filtsch Josef Wilhelm

wurde am 7. Oktober 1844 in Kronstadt geboren, wo sein Vater, ein geborener Hermannstädter, sich als Glasfabrikant niedergelassen hatte. Nach Beendigung des Gymnasiums und eines vierjährigen Studiums der Rechtswissenschaft trat er im Jahre 1866 als Sekretär bei dem Stadtgerichte in den Dienst seiner Vaterstadt. Nach der Neuorganisierung der Gerichte im Jahre 1871 wurde er zum Notär bei dem Kronstädter kön. Gerichtshofe ernannt und waltete als Untersuchungsrichter bis er im Jahre 1875 als Bezirks-Unterrichter nach Szamos-Ujvár versetzt wurde. Unzufriedenheit mit den politischen Verhältnissen unseres Vaterlandes erzeugte in ihm eine tiefe Verstimmung, die ihn veranlaßte, seine Beamtenlaufbahn aufzugeben und nach Amerika auszuwandern. Im Jahre 1880 zog er hinüber und betrieb einige Jahre im Verein mit seinem bereits 14 Jahre in Amerika lebenden Bruder Karl in Texas Ökonomie. Gelegentlich eines vorübergehenden Aufenthaltes in Südfrankreich, wo er die Seidenzucht zu studieren beabsichtigte, erhielt er die Aufforderung, die Schriftleitung der Kronstädter Zeitung zu übernehmen, wozu er sich nach einigem Zögern bereit erklärte. Vom 1. September 1884 an bis zum Juni 1888 leitete er das Blatt im strengnationalen Geiste. Vom Jahre 1888 bis zum August 1895 war er Reichstagsabgeordneter für den Oberländer Wahlbezirk des Burzenlandes. Als solcher hat er sich hauptsächlich bei der Verhandlung des Gesetzes über die Errichtung der Kinderbewahranstalten im Frühjahre 1891 als mutiger Verteidiger unserer nationalen Rechte hervorgethan. Im Juli 1895 wurde er zum k. u. Matrikelinspektor in Temesvár ernannt. Er starb am 6. Oktober 1895.

Er schrieb:

1. Zur Sprachenfrage in Ungarn. Sonderabdruck aus der Kronstädter Zeitung. Kronstadt, Joh. Gött und Sohn Heinrich 1885.
2. Festblatt für die Kronstädter Vereinstage 18.—25. August. (Kronstadt 1886.)
3. Die Stadt Kronstadt und deren Umgebung. Mit zwei Plänen von Kronstadt und einer im k. u. k. militär-geograph. Institut in Wien ausgeführten Umgebungskarte von Kronstadt. Wien 1886. (Buchdruckerei W. Krafft, Hermannstadt).
4. Programmrede. S. b. T., 4436, 38 (1888).

Über seine Reichstagsreden s. hier den Anhang.

S. b. T., 1939 (1880), 6634 (1895).
Szinnyei, M. J., III, 493.

Filtsch Thomas,

erscheint in der Zeit von 1764—1768 zunächst als Kollaborator und dann als Lektor am Gymnasium in Hermannstadt. Er war später Pfarrer in Stolzenburg.

Ode an den König Andreas II. bey der feyerlichen Installation des ... Herrn Samuel Edlen von Baußnern zum Komes. Fol. Hermannstadt 1768.

Arch. f. Lbde., N. F. XIX, 484.

Fink Heinrich,

geboren zu Kronstadt am 15. April 1862, absolvierte das Kronstädter Gymnasium 1881 und studierte in Jena, Berlin, Bern und Klausenburg Theologie, Mathematik und Physik. Seit 1887 ist er an den Mittelschulen seiner Vaterstadt als Lehrer angestellt.

Er schrieb:

Die Bestimmung der Krümmung doppelt gekrümmter Linien oder Flächen. K. G.-P., 1890.

Szinnyei, M. J., III, 502, verwechselt den gleichnamigen Vater mit dem Sohne, ferner ist daselbst zu berichtigen, daß die Programmarbeit Finks 1890 und nicht 1891 erschienen ist.

Fischer Georg,

geboren am 17. Oktober 1843 in Minarken bei Bistritz, absolvierte 1862 das Bistritzer ev. Gymnasium und machte hierauf seine theologisch-philosophischen Hochschulstudien in Wien und Tübingen. Seit 1865 diente er zunächst als Lehrer an der Mädchenschule und der damaligen Realschule in S.-Reen und seit 1868 als Gymnasiallehrer in Bistritz. Am 8. August 1879 wurde er zum Stadtprediger und Mädchenschuldirektor in Bistritz und am 18. Juni 1882 zum Direktor des Bistritzer ev. Gymnasiums gewählt.

Fischer veröffentlichte zahlreiche Aufsätze im Korr. f. Lkde., war Korrespondent des S. b. W. (s. hier den Artikel Franz Gebbel) und beteiligte sich 1871 an der Herausgabe des „Neuen Bistritzer Wochenblattes", von dem jedoch im ganzen nur 48 Nummern erschienen sind.

Fischers größere Arbeiten sind:

1. Zur Geschichte der Stadt und des Kapitels Bistritz im ersten Jahrzehnt des XVIII. Jahrhunderts. B. G.-P., 1879.
2. Aus dem Innerleben des Bistritzer Kapitels im Anfange des XVIII. Jahrhunderts. Bistritz, Theodor Botschar 1887. (Festgabe des Bistritzer Gymnasiums und Seminars für Bischof D. G. D. Teutsch zu seinem siebzigsten Geburtstage.)
3. Geschichte des Bistritzer ev. Gymnasiums A. B. bis zum Jahre 1762. B. G.-P., 1896. [Bespr. Korr. f. Lkde., XIX, (1896), 127.]

Ferner veröffentlichte Fischer die Programme des Bistritzer ev. Gymnasiums von 1887 weiter, für welche er die Schulnachrichten über das Gymnasium, das Seminar und die Knabenelementarschule schrieb.

Szinnyei, M. J., III, 520.

Flechtenmacher Christian.
(I, 327).

Konte Stefan Szechenyi. (Mit cyrillischen Lettern.) 8°. Jassi. 1839.

Fogarascher Carl,

geboren zu Heldsdorf (bei Kronstadt) am 29. April 1845, widmete sich, nachdem er die Gymnasialstudien in Kronstadt, die rechts- und staatswissenschaftlichen Studien aber an der Universität in Wien vollendet und die Advokatenprüfung abgelegt hatte, der Advokatenlaufbahn. Diesen Beruf übte er in Kronstadt und Mostar in der Zeit von 1874—92 aus. Erkrankt suchte er Heilung in Budapest, wo er am 5. Mai 1892 starb.

Mehrere Jahre hindurch war er auch Lehrer an der Gewerbeschule in Kronstadt.

Er schrieb:

1. Index zur deutschen Ausgabe der ungarischen Gesetzsammlung. Kronstadt 1883. Römer und Kamner. 8°. 31 S.
2. Der Kampf und die Harmonie der wirtschaftlichen Interessen. Ein Vortrag, gehalten im Kronstädter Gewerbeverein von Carl Fogarascher. Elster Jahresbericht der Gewerbeschule in Kronstadt. Joh. Gött und Sohn Heinrich 1883.
3. Das Handwerk und seine Zukunft in Ungarn. Monographie von C. Fogarascher. Zwölfter Jahresbericht der Gewerbeschule in Kronstadt. Joh. Gött und Sohn Heinrich 1884.

Szinnyei, M. J., III, 586.

Folberth Ernst,

geboren 1842 in Klausenburg, absolvierte 1860 das Gymnasium und studierte hierauf in Wien und Jena Theologie. Am 1. September 1871 wurde er Professor am ev. Gymnasium in Bistritz, zehn Jahre darauf Pfarrer in Weilau und am 17. März 1886 Pfarrer in Birk.

Er schrieb:

Der Unterricht in der ungarischen Sprache an den Lehranstalten der ev. Landeskirche A. B. in Siebenbürgen. B. G.-P., 1881. [Bespr. im Korr. f. Ltde., IV, (1881) 98.]

Szinnyei, M. J., III, 611.

Folberth Friedrich, Dr. phil.,

wurde am 21. Januar 1833 in Mediasch geboren. Er besuchte die Volksschule und das Gymnasium seiner Vaterstadt, trat aber infolge der durch den 1848—49-er Krieg veranlaßten Unterbrechung des Unterrichtes aus der Schule aus, um sich dem Apothekerberuf zu widmen. Im Jahre 1852 bezog er die Universität in Wien und beschäftigte sich daselbst im Redtenbacher'schen Laboratorium mit dem Studium der Chemie. Nachdem er Magister der Pharmacie geworden war (1854), kehrte er zunächst in die Heimat zurück, von wo er jedoch bald (1855), von seinen bisher erworbenen Kenntnissen nicht befriedigt, die Universität in Gießen besuchte. Hier erhielt er den Doktorgrad der Philosophie. Nach dem Tode seines Vaters (1858) übernahm er die Leitung der bis dahin von diesem geführten Apotheke. Gleichzeitig arbeitete er auch weiter in seinem chemischen Privatlaboratorium. Besonders beschäftigten ihn Jahre hindurch über Aufforderung der Landesregierung vorgenommene Untersuchungen einer größeren Anzahl siebenbürgischer Mineralwässer. Daneben fand er jedoch genügend Zeit, am politischen und kirchlichen Leben seines Volkes und seiner Vaterstadt hervorragenden Anteil zu nehmen. Am 15. Mai 1895 starb er nach mehrjährigem Siechtum.

Im Drucke liegen von Folberth folgende Arbeiten vor:
1. Die Heilquelle von Baaßen, chemisch untersucht. V. u. M., VI. (1855.)
2. Über die Zusammensetzung des Naghagits. Ebenda, VIII. (1857.)
3. Die Robnaer Sauerbrunnen, chemisch untersucht. Ebenda, X. (1859.) (Erschien auch im Sonderabdruck.)
4. Die Mineral- und Gasquelle von Kováßna, chemisch untersucht. Ebenda, XI. (1860.)
5. Ein Beitrag zur Kenntnis der siebenbürgischen Weine. Ebenda, XIII. (1862.)
6. Beitrag zur Kenntnis der Borßeker Mineralquellen. Ebenda, XIV. (1863.)
7. Balneologische Beiträge über Baaßen und Niedereiblsch. Ebenda, XIX. (1868.)

Manuskripte:
1. Die Weinbereitung. Zwei Vorträge. (1871.)
2. Die Cholera in Mleblasch im Jahre 1873.
3. Analyse der Erzherzog Josef-Quelle in Elöpatak. (1889.)

S. d. T., 6517. (1895.)

Frätschkes Karl
(I, 333)
starb am 23. Juni 1871.

Karl Frätschkes, geboren am 20. Mai 1834, gestorben am 23. Juni 1871. Lebensbild von Heinrich Neugeboren. Bukarest Verlagsbuchdruckerei Thiel & Weiß, 1872.

Frätschkes Samuel
(I, 334)
starb am 27. August 1877.

Friedenfels, Bedeus, II, 443.

Frank Andreas
(I, 337)

lebte um die Mitte des 17. Jahrhunderts. Er war ein Hermannstädter Bürger, auf mehreren siebenbürgischen Landtagen anwesend und hat über die Landtage auf 1657—1661 Berichte und tagebuchartige Aufzeichnungen hinterlassen. Diese finden sich in dem Frank-Codex (Acta comitialia) im Hermannstädter und Nationalarchiv, einem Sammelbande (Folio, 336 S. in Pergamentumschlag), der neben den Berichten auch Urkundenabschriften (1657—1661) und auf S. 149—259 die von C. Albrich veröffentlichten „Acta dierum" Demeter Kereßturis enthält. (Arch. f. Lkde., N. F. XIX.)

Nicht von allen Berichten ist jedoch Frank der geistige Urheber. Während er drei von diesen mit seinem Namen unterschrieben hat, und diese somit als sein ureigenstes Werk anzusehen sind, sagt er selbst von vier andern Berichten, daß er sie entlehnt habe. Von wem er diese genommen, läßt sich jetzt nicht nachweisen, es wäre aber nicht unmöglich, daß diese, wie Alexander Szilágyi vermutet,*) wenigstens teilweise Demeter Kereßturi zum Verfasser haben.

Nach A. Szilágyis Urteil**) sind Franks Berichte „mehr wert als alle die vielen Tage- und Jahrbücher, welche aus dieser Zeit erhalten sind, von Szalárdy bis Johann Bethlen und von Krauß bis Graffius, denn aus seinen Berichten erfahren wir, was wir in jenen vergebens suchen, die Erklärung der Ereignisse jener Zeiten."

Eine nicht genaue Abschrift des Frank-Codex befindet sich in der Kalocsaer Bibliothek.

Inhalt des Frank-Codex:

1. Gleichzeitiger Bericht über den Landtag von Weißenburg, 25. Oktober bis 2. November 1657.
2. Gleichzeitiger Bericht über den Landtag von Mediasch, 9. bis 31. Januar 1658. (Der Bericht ist von Frank einem andern Autor entnommen.)
3. Tagebuchartige Aufzeichnungen (1658). (Gebr. Történelmi tár, 1888-diki évfolyam. Budapest, 1888, 36—41.)
4. Gleichzeitiger Bericht über den Landtag von Schäßburg, 5. bis 12. Oktober 1658. (Gedruckt in Szilágyi, Mon. com. regn. Trans., XII, 68—76.)
5. Gleichzeitiger Bericht über den Landtag von Maros-Vásárhely, 6. bis 11. November 1658. (Der Bericht ist von Frank einem andern Autor entnommen. Gedruckt in Szilágyi, a. a. O., 84—92.)
6. Gleichzeitiger Bericht über den Landtag von Bistritz, 26. Februar bis 26. März 1659. (Der Bericht ist von Frank einem andern Autor entnommen.)
7. Gleichzeitiger Bericht über den Landtag von Mühlbach, 14. Mai bis 16. Juni 1659. (Gedruckt in Szilágyi, a. a. O., 277—291.)
8. Gleichzeitiger Bericht über den Landtag auf dem „campus Keresztes", 20. bis 30. August 1659. (Der Bericht ist von Frank einem andern Autor entnommen. Gedruckt in Szilágyi, a. a. O., 338—354.)
9. Gleichzeitiger Bericht über den Landtag von Maros-Vásárhely, 24. September bis 7. Oktober 1659. (Gedruckt in Szilágyi, a. a. O., 374—400.)
10. Gleichzeitiger Bericht über den Landtag von Schäßburg, 25. Oktober bis 10. November 1660. (Gedruckt in Szilágyi, a. a. O., 451—452.)
11. Gleichzeitiger Bericht über den Landtag von S.-Reen, 24. Dezember 1660 bis 22. Januar 1661.
12. Gleichzeitige Tagebuchaufzeichnungen über die Fürstenwahl, 5. September bis 1. November 1661. (Gedruckt in Szilágyi, a. a. O., 531.)

---

*) Történelmi tár. Évnegyedes folyóirat. Kiadja a magyar történelmi társulat. 1888-diki évfolyam. Budapest 1888, 63.
**) a. a. O., 36.

Szilágyi veröffentlichte im Történelmi tár (1888) auch Auszüge aus Franks Tagebüchern.

    Szinnyei, M. J., III, 719.
    Történelmi tár, 1888, 35—36, 41—42, 62—63.
    Szilágyi, Mon. com. regn. Trans., XII, 537—538.
    Zimmermann Franz, Das Archiv der Stadt Hermannstadt und der sächs. Nation. Hermannstadt 1887, 42, 43.
    Korr. f. Ltbe., XII, (1889), 55.

Frank Peter Josef
(I, 338)

wurde am 27. Juni 1827 geboren und absolvierte 1846 das Gymnasium in Hermannstadt. Für den technischen Beruf sich entscheidend, besuchte er zunächst das Polytechnikum in Wien, ging aber dann, da anläßlich der Revolution in Wien die Vorlesungen daselbst eingestellt wurden, an die Karlsruher technische Hochschule. Hier besuchte er die Kollegien für Straßen-, Brücken-, Hoch- und Maschinenbau. Die Ferien benützte er regelmäßig zu praktischer Verwendung in Maschinenfabriken und zu Studienreisen. Auf den letzteren, die sich auf Österreich, Deutschland — mit Ausnahme Preußens — Oberitalien, die Schweiz, Belgien und einen Teil Frankreichs erstreckten, besichtigte er außer den technischen Lehrmittelsammlungen Eisenwerke, eine große Anzahl der verschiedensten Fabriken, insbesondere landwirtschaftliche Maschinenfabriken und die französischen Kunstmühlen.

Nach Beendigung seiner Hochschulstudien trat er 1851 als Baueleve bei der siebenbürgischen Landes-Baudirektion ein und wurde sowohl bei der Direktion selbst als auch bei den Bauämtern von Hermannstadt, Klausenburg, Maros-Vásárhely und Bánffy-Hunyad verwendet. Nachdem er die Staatsprüfung abgelegt, verließ er jedoch den Staatsdienst und widmete sich der Privatindustrie, insbesondere der Waldindustrie im Sebes-Köröschthale bei Bánffy-Hunyad und der Mühlenindustrie bei Kronstadt und in Talmatsch bei Hermannstadt. In dieser Zeit diente er auch mehrere Jahre an der Hermannstädter Oberrealschule als Supplent.

Von seite des Handelsgremiums, des Gewerbevereins und der Stadtvertretung in Hermannstadt wurde er wiederholt in Eisenbahnangelegenheiten nach Budapest, Wien und Bukarest entsendet.

Nach Einbußung seines ganzen ersparten Vermögens sah sich Frank genötigt in einem Alter von fünfzig Jahren von vorne anzufangen. Da ihm in der Heimat die Möglichkeit einer entsprechenden Verwertung seiner Fähigkeiten versagt blieb, entschloß er sich einen Kreis für seine Wirksamkeit in Rumänien zu suchen. Hier bekleidete er zehn Jahre hindurch die Stelle eines Stadtingenieurs in Piatra und dann die eines Kreisingenieurs in Berlad und Slatina. Seit Niederlegung auch dieses seines letzten Amtes befaßte er sich mit volkswirtschaftlichen Studien und litterarischen Arbeiten.

Schon in seinen jungen Jahren war Frank Mitarbeiter verschiedener Blätter, insbesondere des Siebenbürger Boten, der Kronstädter Zeitung, der Siebenbürgischen Quartalschrift, der Hermannstädter Zeitung, des S. d. T., der Münchner Allgemeinen Zeitung, des deutschen Wochenblattes in Berlin, der Allgemeinen Bauzeitung und mehrerer rumänischer Zeitungen.

Selbständig erschienen von Frank:

1. Siebenbürgische Zeitschrift für Handel, Gewerbe und Landwirtschaft. 1868 bis 1869. Hermannstadt.
2. Siebenbürgens hervorragende Bestimmung als Industrieland. Hermannstadt 1868.
3. Calea ferata Pitesci—Sibiu. Bukarest 1872.
4. Die Anschlüsse der ungarischen an die rumänischen Bahnen. Eine Denkschrift zu Gunsten der Hermannstadt—Rotenturmer Linie nebst den Verhandlungen der Bukarester Kammer vom 19. und 20. Februar 1873. Pest 1873. K. u. Hofbuchdruckerei von J. Herz.
5. Vorgänge und Grundsätze bei der Kommassation. Hermannstadt 1877.
6. Wirtschaftliche Resultate, eine Parallele zwischen Siebenbürgen und Rumänien. Hermannstadt 1889.
7. Gegenwart und Zukunft der Siebenbürger Sachsen. Hermannstadt 1892. Verlag von J. Drotleff. [Bespr.: S. d. T., 5537 (1892); Korr. f. Ldbe., XV, (1892) 40. Für das Deutschtum im Ausland Nr. 5 (1892); Bistritzer Zeitung, 2. April 1892; Hermannstädter Zeitung, Nr. 47, 1892.]

Im Manuskripte liegen vor:

1. Die Volkswirtschaft Rumäniens.
2. Die Geldinstitute Siebenbürgens.

Frank von Frankenstein Valentin.

(I, 339).

Exercitatio philosophica de aequitate. 4°. Altdorffi 1666.

Zieglauer, Harteneck und die politischen Kämpfe seiner Zeit. Hermannstadt 1870, 44 und 97.
Allg. d. Biogr., VII, 263 von [E. v.] Friedenfels.
Das „Rosetum Franckianum" ein Beitrag zur siebenb.-sächs. Litteraturgeschichte von Michael Albert. Sch. G.-P., 1882. [Vgl. hiezu Korr. f. Ldbe., XX, (1897) 22.]
Szinnyei, M. J., III, 720.

Franzenau Josef von,

geboren am 4. März 1802 in Nagyág, absolvierte das Gymnasium in Temesvár, worauf er das Berg- und Forstwesen in Schemnitz studierte. Nachdem er seine Studien vollendet, wurde er als Forst- und bald darauf als Bergpraktikant aufgenommen und als solcher bei dem k. k. Thesaurariate in Hermannstadt verwendet. 1832 wurde er zum Nagyáger Einfahrer ernannt, 1839 als dortiger Bergverwalter substituiert und im Jahre 1844 als solcher definitiv bestätigt. Er starb am 14. Februar 1862 als wirklicher Bergrat und Referent des Bergbaues bei der siebenbürgischen Berg-, Forst- und Salinen-Direktion in Klausenburg.

Franzenau hat sich in der wissenschaftlichen Welt als Lepidoptereologe bekannt gemacht.

Er veröffentlichte:

Lepidopterologische Mitteilungen. V. u. M., III, (1852), 181; VII, (1856), 20; X, (1859), 25.

V. u. M., XIII, (1862), 21.

Friedenfels, Eugen, Freiherr von (Drotleff)
(III, 566)

starb am 31. Januar 1885.

Er veröffentlichte ferner:

1. Über Artemia salina und andere Bewohner der Soolenteiche in Salzburg. V. u. M., XXX, (1880).
2. Weitere Beobachtungen über Artemia salina. Ebenda, XXXV, (1885).

Eine sehr ausführliche, anerkennende Besprechung seines Hauptwerkes: „Josef Bedeus von Scharberg, Beiträge zur Zeitgeschichte Siebenbürgens im 19. Jahrhundert" brachte das S. b. T., (1875) in den Nummern 592—94, 597 und 603—607; ebenso Sybel, Historische Zeitschrift, N. F. 3. Bd.

Über seine Mitarbeit an dem S. b. W. s. hier den Artikel Franz Gebbel.

S. b. T., 3387, 3389, (1885).
V. u. M., XXXVI. (1886).
Siebenb. Volkskalender mit dem Beamten- und Militärschematismus für das Jahr 1890. XXXIX. Hermannstadt, Verlag von Steinhaußens Nachfolger (Adolf Reissenberger).
Friedenfels, Bedeus, I, 41, 120, 172, 401; II, 40, 41, 53, 55, 66, 86, 94, 139, 181, 229, 306, 312, 320, 321.

Friedenfels, Rudolf, Freiherr von (Drotleff).
(III, 572).

Nach seiner am 3. April 1874 erfolgten Pensionierung, bei welcher Gelegenheit ihm die Allerhöchste Zufriedenheit mit seiner vieljährigen treuen Pflichterfüllung ausgesprochen wurde, versah er nur noch die Funktionen als landesfürstlicher Kommissär bei der österreichischen allgemeinen Bodenkreditanstalt, in welcher Stellung er seit 1864 thätig war, und lebte sonst still und zurückgezogen im Schoße seiner Familie. Er starb am 11. Januar 1881.

Friedenfels, Bedeus, I, 41, 172; II, 90, 214, 279, 305, 312, 320.
S. b. T., 2153, 2164, (1881).
V. u. M., XXXVI. (1886).

Friedsmann Friedrich Johann,

geboren am 16. Januar 1805 in Probstdorf, besuchte das Gymnasium in Hermannstadt und nach dessen Absolvierung die ev.-theologische Fakultät und die Universität in Wien. Außer Theologie und Philosophie betrieb er hier eifrig englische, französische und italienische Sprachstudien. Im Herbste 1826 kehrte er in die Heimat zurück und wirkte zunächst als Hauslehrer. Von 1834—35 war er Konrektor an der Großschenker Volksschule. Aus dieser Anstellung wurde er von der ev. Gemeinde Jakobsdorf zum Pfarrer gewählt. Seit 1860 war er auch Dechant des Großschenker Kirchenbezirkes. Er starb am 30. Juli 1864.

Friedsmann ist der Verfasser stimmungsvoller Gedichte und Übersetzer mehrerer Gedichte der englischen Dichter Thomas Moore und Lord Byron sowie der Dichterin Miß Hemans, welche von ihm in den Blättern für Geist, Gemüt und Vaterlandskunde 1839, mit der Chiffre F. kenntlich gemacht, veröffentlicht worden sind.

Von ihm rührt ferner her:

Lithographierte Totalansicht und Einzelbilder von Großschenk wie Festgruß. Allen verehrten Mitgliedern der im August 1863 in Großschenk tagenden vaterländischen Vereine dargebracht. 4°. Hermannstadt, Th. Steinhaußen 1863.

Fritsch Ludwig,

geboren am 9. Juli 1859, absolvierte 1877 das Gymnasium seiner Vaterstadt und widmete sich sodann dem Studium der Rechtswissenschaften an der Hermannstädter Rechtsfakultät. Nach Beendigung seiner juridischen Studien trat er zunächst als Praktikant bei dem k. u. Gerichtshof in Maros-Vásárhely und hierauf bei dem Hermannstädter Komitatsamte ein. Im Jahre 1886 wurde er Redakteur des S. d. T. In dieser Stellung blieb er bis zum Jahre 1895, wo er zum Kontrollor der sächsischen Universität erwählt wurde; seit 1898 ist er Konzipist dieses Amtes.

Neben seiner Mitarbeit an dem S. d. T. schrieb er Leitaufsätze in heimische und auswärtige Blätter. Der Kalender des Siebenbürgischen Volksfreundes brachte von Fritsch mehrere Humoresken in sächsischer Mundart.

Ferner veröffentlichte er:

Das sächsische Bürgerhaus. Vortrag. Sonderabbruck des S. b. T., 4596—98. Hermannstadt, Jos. Drotleff 1898.

Fröhlich Josef,

geboren den 25. Oktober 1844 zu Schäßburg, absolvierte daselbst 1865 das Gymnasium und studierte hierauf in Wien, Tübingen und Berlin Theologie und klassische Philologie. Im Jahre 1869 wurde er Gymnasiallehrer in seiner Vaterstadt und 1882 Pfarrer in Kaisd.

Außer zahlreichen Aufsätzen, welche Fröhlich im S. d. T., in den landwirtschaftlichen Blättern, im Korr. f. Lde., im Schul- und Kirchenboten, veröffentlichte, erschien von ihm:

1. Abriß der Jsagogik. Hermannstadt, Verlag von Closius 1876.
2. Abriß der Sittenlehre. Sch. G.-P., 1879.
3. Was der Tierarzt unseren Bauern ans Herz legt. Hermannstadt, Volksschriften-Verlag W. Krafft (Heft 4) 1893.

Szinnyei, M. J., III, 815.

Fronius Franz Friedrich
(I, 348)

wurde am 9. Januar 1829 in Radesch geboren, wo sein Vater, Johann Georg Fronius, Pfarrer war. Nachdem er in der Volksschule seines Heimatsortes den ersten Unterricht erhalten hatte, kam er 1838 an das Gymnasium nach Schäßburg, das damals unter der Leitung des Rektors Friedrich Theullmann stand. Von seinen Lehrern schätzte Fronius vor allem M. Schuller, G. Binder, G. D. Teutsch und J. K. Goos. Insbesondere aber war es J. K. Goos, der ihn gleich seinem Sohne hielt und den er dankbar bis zu seinem Tode verehrte. Nach Absolvierung des Gymnasiums im Jahre 1847 bezog er die Universität Leipzig, um sich zum Lehrer und Seelsorger heranzubilden. Hier besuchte er die theologischen Vorlesungen von Winer, Theile, Krehl, Tuch, Niedner und Fricke und die philologischen Kollegien bei Haupt, Jahn, Kloß, Stallbaum. Geschichte hörte er bei Wachsmuth, Philosophie bei Hartenstein und Weiß, Psychologie und Pädagogik bei Lindner, Katechese bei Plato, Naturgeschichte bei Naumann und Kunze und Nationalökonomie bei Roscher. Nach zwei und einem viertel Jahr (am 20. November 1849) verließ Fronius Leipzig, um in die Heimat zurückzukehren. Hier fand er alles durch die Revolution verändert, in dem väterlichen Hause schwere Trauer über den Tod seines Schwagers K. Goos und der Gattin desselben. In diesen beiden hatte er, wie er später selbst schreibt, seine zweiten Eltern verloren. Nur wenige Monate blieb Fronius in Groß-Alisch, wo sein Vater 1848 Pfarrer geworden war, und begab sich dann nach Hermannstadt, um hier die Erziehung der Kinder des k. k. Generals und damaligen Militär-Distriktskommandanten Chavanne zu übernehmen. Der Aufenthalt in dem glänzenden Hause des Generals erlangte schon nach sechs Monaten dadurch sein Ende, daß Fronius in eine erledigte Lehrerstelle an das Schäßburger Gymnasium berufen wurde. (Oktober 1850.) Wie die übrigen Gymnasien des Sachsenlandes trat gerade damals auch das Schäßburger in die neue Organisation ein, welche, auf der Grundlage des Organisationsentwurfes für die Gymnasien und Realschulen Österreichs durchgeführt, den sächsischen Lehranstalten den Weg einer neuen Entwicklung öffnete. Den Fortbestand aller dieser Anstalten hatte schon am 22. August 1850 die sächsische Universität durch ihre Widmung jährlicher 50.000 Gulden C.-M. für die Gymnasien ermöglicht. In dem Lehrerkreise, in den Fronius in Schäßburg nun eintrat, war er einer der eifrigsten und pflichtgetreuesten; seine ernste und vielseitige wissenschaftliche Bildung, sein tiefes Verständnis der jugendlichen Seele, sein gesamtes Wesen, das nie nach bloßem äußern Scheine jagte, sondern gewissenhaft die Sache wollte und ein lebendiges Bewußtsein von der Bedeutung organischer Einordnung in ein Ganzes hatte, bot reiche Bürgschaft für beste Lehrerthätigkeit. Er hat sie in fruchtbarster Weise geübt, vielseitig verwendet in Ober= und Untergymnasium namentlich in Religion, deutscher, lateinischer, griechischer Sprache und Naturgeschichte. Insbesondere nahm während seiner Thätigkeit als Lehrer seine Vorliebe für Naturgeschichte immer mehr zu und vorzüglich der Botanik schenkte er seine besondere Aufmerksamkeit. Um die einheimischen Pflanzen kennen zu lernen, unternahm er mit Michael und Karl Fuß, mit E. A. Bielz und L. Reißenberger größere und kleinere Ausflüge in die Karpathen (Götzenberg, Büdösch, Hargitta, Kuhhorn, Schuler, Bucsecs, Negoi, Budislav, Szurul, Frumoase u. a.). Nach mehr als achtjähriger Thätigkeit am Gymnasium in Schäßburg wurde er im Frühjahr 1859 zum Pfarrsubstituten nach Arkeden berufen. In diesem seinem neuen Wirkungskreise hat er tiefe Einblicke in das Volksleben gethan und die Sitten, Gebräuche und Gewohnheiten unserer Landbevölkerung nicht nur mit geschärftem Forscherauge sondern auch mit einem warm empfindenden Gemüte beobachtet. Die geheimsten Regungen der Volksseele waren ihm vertraut und meisterhaft wußte er sie in seinen Bildern aus dem sächsischen Bauernleben in Siebenbürgen darzustellen.

Im Jahre 1868 von der Marktgemeinde Agnetheln zu ihrem Pfarrer berufen, führte er den von seinem Vorgänger G. D. Teutsch begonnenen Schulbau zu Ende und schuf einen Schulgarten, der in seiner Zweckmäßigkeit und Schönheit Fronius' Namen weit durch das Land trug. Schließlich bewirkte er, daß eine der von der sächsischen Nationsuniversität errichteten Gewerbeschulen nach Agnetheln verlegt wurde.

Als Dechant stand Fronius längere Zeit an der Spitze des Kapitels, und war mehreremale Abgeordneter der Landeskirchenversammlung. Auch war er Mitglied des Ausschusses des Vereins für siebenbürgische Landeskunde, des siebenbürgisch=sächsischen Landwirtschaftsvereins, gehörte dem Verein für Naturwissenschaften fast von dessen Beginn an und stand im eifrigen Verkehr mit der k. k. zoologisch=botanischen Gesellschaft in Wien, sowie mit mehreren in= und ausländischen Botanikern. Im Jahre 1874 vertrat er als Abgeordneter unsern Gustav Adolf=Hauptverein bei der Hauptversammlung in Stuttgart und wurde zum Vertreter des Großschenker Stuhles im Konflux der sächsischen Nationsuniversität erwählt.

Wiewohl Fronius die politische Wirksamkeit etwas weiter ablag, hat er doch namentlich in den fünfziger und siebziger Jahren regen Anteil an dem publizistischen Kampfe für das sächsische Recht genommen. Er starb am 14. Februar 1886 in Agnetheln. Auf Anregung des Lehrerkollegiums der Agnethler ev. Hauptvolksschule ist Fronius im Agnethler Schulgarten ein Denkmal gesetzt worden.

Die schon in Arkeden begonnenen Bilder aus dem sächsischen Bauernleben setzte Fronius mit Glück in Agnetheln fort. Sie sind gesammelt unter dem Titel:

1. Bilder aus dem sächsischen Bauernleben in Siebenbürgen. Ein Beitrag zur deutschen Kulturgeschichte, bei C. Graeser in Wien in erster Auflage 1879 erschienen. [Voranzeige hierüber Korr. f. Ltde., I, (1878), 128. Bespr. Ebenda, II, (1879), 17; Jenaer Litteraturzeitung 1879, Nr. 3; Zarncke Litter. Zentralblatt 1879, Nr. 3; Beilage zur Wiener Abendpost 1879, Nr. 28 und 66; „Im neuen Reich" 1879, Nr. 4; Nationalzeitung (Berlin) 1879, Nr. 133; Beilage zur Allgemeinen Zeitung (München) 1879, Nr. 98; Freiburger Zeitung vom 31. Dezember 1879; Litteraturblatt für germanische und romanische Philologie, Nr. 4 1880; Kritische Revue (Moskau) 1880, 606.] Die zweite veränderte Auflage der Bilder erschien 1883. [Bespr. im S. b. T., 2958 (1883); Deutsche Litteraturzeitung, Nr. 4 (1884), Korr. f. Ltde., VI, (1883), 142.] Die letzte Auflage erschien als dritter Band der Siebenbürgisch-deutschen Volksbücher 1885.
2. Festrede, gehalten bei der Jahresversammlung des siebenbürgischen Hauptvereines der ev. Gustav Adolf-Stiftung in Hermannstadt am 13. August 1871. Kronstadt, Johann Gött und Sohn Heinrich 1871.
3. Zwei Tage auf dem Szurul und sechs Tage im Szeklerlande. Arch. f. Ltde., N. F. III.
4. Zur Erinnerung an Joh. Christ. Gottl. Baumgarten. Ebenda, XI.
5. Zur Charakteristik der siebenbürgischen Karpathenflora. K. V. J., I, (1881).
6. Zwei botanische Exkursionen auf die Frumoase und den Bucsecs. V. u. M., VI, (1855).
7. Beobachtungen während des Jahres 1855 und 1856 über periodische Erscheinungen im Tier- und Pflanzenreiche aus der Umgebung von Schäßburg. Ebenda, VII, (1856).
8. Eine naturhistorische Exkursion auf den Negoi. Ebenda, VII, (1856).
9. Ausflug auf die Hargitta am 1. Juni 1857. Ebenda, VIII, (1857).
10. Eine naturhistorische Exkursion in das Szeklerland. Ebenda, IX, (1858).

„Ein litterarisches Kabinettstück, aber zugleich eine politische That" waren Fronius' 13 litterae obscurorum virorum, welche zu ihrem größeren Teile (I—XI) in der Siebenbürger Quartalschrift (Hermannstadt 1860, Druck von Theodor Steinhaußen) und zum kleineren (XII. und XIII.) in der Hermannstädter Zeitung (1861 v. Closius'sche Buchdruckerei) erschienen. (Vgl. hierüber: Hundert Jahre sächsischer Kämpfe, S. 275 ff.) Nebenbei soll hier nur bemerkt werden, daß die sectio nova und sectio tertia der litterae obscurorum virorum nicht aus der Feder Fronius' herrühren. Nach längerer Ruhe setzte Fronius seine politisch-humoristischen Briefe, die er in der Quartalschrift unter dem Titel litterae obscurorum virorum begonnen, im S. b. T. als Michael Fröhlich von der kleinen Kokel fort.

In: Der siebenbürgisch-sächsische Bauer. Eine sozial-historische Skizze, Hermannstadt 1873, behandelte Fronius den siebenbürgisch-sächsischen Bauern in „Brauch und Sitte".

Denkrede auf Fronius von D. G. D. Teutsch. Arch. f. Ltde., N. F. XXI.
Korr. f. Ltde., IX, 36.
S. b. T., 3702 (1886).
Vogtländer Anzeiger (Plauen) 1886, Nr. 46.

Wiener Zeitung, 1886, Nr. 197.
V. u. W., XXXVII, (1887).
S. V. K., 1888 und 1889.
Szinnyei, M. J., III, 799.

Fronius Johann Friedrich,

geboren am 12. Oktober 1840 in Reußen, besuchte das Untergymnasium in Mühlbach und das Obergymnasium in Hermannstadt, das er 1860 absolvierte. Nach Beendigung seiner Hochschulstudien in Berlin und Jena wurde er am 25. November 1866 als Gymnasiallehrer in Mühlbach angestellt. Am 30. Dezember 1875 bat er um die Entlassung aus dem Dienste dieser Anstalt und lebte bis zu seinem Tode (1898) als Privatmann in Mühlbach.

Er schrieb:

Über den Geschichtsunterricht auf Gymnasien und die Zweckmäßigkeit der Verbindung der Geographie und Geschichte beim Unterricht. Mühlb. G.-P., 1871.
Mühlb. G.-P., 1876.
Szinnyei, M. J., III, 801.

Fronius M. Markus.
(I, 349).

Fronius' „Consilium de schola" sowie einige Paragraphe seiner „Praecognoscenda" betitelten Vorarbeit für seinen Organisationsentwurf, ferner die auf die Schule bezüglichen Abschnitte seines Visitationsbüchleins wurden mitgeteilt von Dr. Fr. Teutsch in den Sch.-O. I, 107 und 130.

Trausch kennt die von Fronius noch auf der Schule in Hermannstadt verfaßte und in Druck gegebene Dissertation „De verbo in divinis" nicht. Nach Meltzl-Herrmann, Das alte und neue Kronstadt I, 220, Anmerkung 2 hat Fronius 88 Handschriften und nicht, wie Trausch I, 356 f. angiebt, nur 26 hinterlassen.

Fr. Teutsch, Sch.-O., I, LXIX und LXXVIII.
Die Grabdenksteine der ev. Stadtpfarrkirche in Kronstadt. K. G.-P., 1886, 16.
Meltzl-Herrmann, Das alte und neue Kronstadt. I, 220.
Szinnyei, M. J., III, 801.

Fronius Michael.
(I, 366).

Meltzl-Herrmann, Das alte und neue Kronstadt. II, 93, 162, 182, 188, 194, 198, 201, 207, 215, 223, 251, 253, 257, 279, 299, 327, 366, 492, 494, 498, 514, 524, 529, 531, 533, 547, 549, 576.
Arch. f. Ldbe., N. F. XVIII, 35, 183, 186, 297.
Szinnyei, M. J., III, 805.

Frühbeck Franz,

(I, 385; III, 574),

geboren 1812 in Elisabethstadt, entstammte einer im vorigen Jahrhundert aus Felsberg in Oberösterreich nach Hermannstadt eingewanderten Familie. Sein Vater Josef war praktizierender Arzt in Hermannstadt und kaufte das Gasthaus zur blauen Kugel in der Mühlgasse an, wo er die heute noch bestehende Badeanstalt begründete.

Franz Frühbeck erwarb in Craiova (Rumänien) eine Apotheke, welche er vom Jahre 1844 bis 1851 inne hatte. In diesem Jahre verließ er Rumänien und kam nach Hermannstadt zurück, wo er die Leitung der Badeanstalt übernahm. Durch ihn wurde die Anstalt durch Errichtung des Dampfbades und Erbauung der kalten Voll= und Douchebäder erweitert. Er starb in Hermannstadt am 9. April 1870.

Seine Arbeit s. I, 385.

Szinnyei, M. J., III, 823.

Füger von Rechtborn Maximilian Alois, Dr. jur.

(I, 387; III, 574).

Für sein Wirken auf dem Felde der Rechtswissenschaft wurde Füger mit der goldenen Medaille „viribus unitis" ausgezeichnet. Auch erhielt er außer zahlreichen anderweitigen Anerkennungen von der Universität in Lemberg das Ehrendiplom eines Doktors sämtlicher Rechte.

Für sein gemeinnütziges Wirken ist ihm von mehreren Städten das Ehrenbürgerrecht verliehen worden.

Selbst nach dem Austritte aus dem Staatsdienste gab sich Füger nicht der wohlverdienten Ruhe hin und stellte insbesondere der ungarischen Codifikationskommission manche Operate zur Verfügung. Schließlich verfaßte er einen Kommentar zum österreichischen Wechselrechte, welchen er jedoch nicht mehr in Druck legen ließ.

Nach seiner Versetzung in den Ruhestand im Jahre 1868 verblieb er bis zum Jahre 1879 noch in Hermannstadt. Er starb am 20. November 1884 nach kurzer Krankheit im 80. Lebensjahre in Linz.

Wurzbach, V, 4.
Szinnyei, M. J., III, 862.

Funk Andreas

(I, 389)

nahm regen Anteil an dem „Neuen Hermannstädter Gesangbuch" von 1793, dessen Herausgabe er beschleunigt wissen wollte, um das neue schlechte Bistritzer Gesangbuch zu verdrängen. (Vgl. Brief Funks an Daniel Filtsch vom 9. Oktober 1790 im Archiv für Geschichte des deutschen Buchhandels 1892, 15, 175.)

Arch. f. Lkde., XVIII, 24, 64, 105.
Szinnyei, M. J., III, 389.

Fuß Karl.
(I, 390; III, 574).

Von ihm erschienen ferner folgende Arbeiten:
1. Eine Exkursion von Tihutza bis Borßek. Arch. f. Lkde., N. F. I, 389.
2. Die Schwimmkäfer Siebenbürgens. Ebenda, N. F. IV, 80.
3. Die Tasterkäfer Siebenbürgens. Ebenda, 103.
4. Die Knopfkäfer Siebenbürgens. Ebenda, N. F. VI, 28.
5 Die Käfer Siebenbürgens. N. F. VIII, 339.

Denkrede von G. D. Teutsch auf Karl Fuß, im Arch. f. Lkde., N. F. XII. 383.
Ebenda, XIX, 430.
Friedenfels, Bedeus, I, 91, II, 182, 444.
Szinnyei, M. J., III, 851.

Fuß Michael
(I, 391 und III, 574)

wurde am 5. Oktober 1816 in Hermannstadt als der älteste Sohn des dortigen Gymnasiallehrers Christian Fuß geboren. Seine erste Ausbildung erhielt er an dem damals zehnklassigen Gymnasium seiner Vaterstadt, das er 1832 absolvierte. Um sich dem Studium der Theologie zu widmen, ging er nun, da ein Besuch einer außerösterreichischen deutschen Universität sehr erschwert war, an die protestantisch-theologische Fakultät nach Wien. Einen teilweisen Ersatz für die geringe wissenschaftliche Förderung, die die Fakultät bot, fand Fuß in dem Umgange mit den zahlreichen Landsleuten, die damals in Wien studierten, und in den großartigen Sammlungen der Hofbibliothek, dem Theater und in dem Leben der Kaiserstadt überhaupt. Daß er sich mit Naturwissenschaft in Wien besonders beschäftigt hat, schreibt G. D. Teutsch in seiner Denkrede über Fuß, finden wir nicht.

Nachdem Fuß im Jahre 1834 in die Heimat zurückgekehrt war und einen kurzen Aufenthalt bei den Eltern in Großscheuern genossen — sein Vater war schon 1830 Pfarrer daselbst geworden —, übernahm er die Rektorstelle an der Volksschule in Großscheuern. Drei Jahre darauf (1837) wurde er als Lehrer an das Gymnasium seiner Vaterstadt berufen und wirkte hier durch seine gründliche philologische Bildung ebenso einflußreich auf seine Schüler, als er das Fach der Naturgeschichte in der tüchtigsten Weise vertrat. Seine schon als Gymnasiast wohl nur dilettantisch betriebenen botanischen Studien erhielten bestimmtere Ziele und erfolgreiche Förderung durch seinen jüngeren Bruder Karl, der 1837 von der Berliner Universität zurückkehrte, wo er tiefere botanische Studien getrieben hatte. Beide Brüder haben von da an sich gegenseitig in ihren Studien gefördert. Mehr als zwanzig Jahre hatte Fuß im Schuldienste gearbeitet — im Jahre 1854 war er zum Konrektor ernannt worden —, als ihn am 30. Mai 1861 die ev. Gemeinde in Gierelsau zu ihrem Pfarrer erwählte.

Als solcher hat er an der bedeutungsvollen Landeskirchenversammlung von 1862 teilgenommen und seither auf keiner dieser Versammlungen gefehlt. Im Jahre 1865 wurde er Ersatzmann des Landeskonsistoriums und vom April 1869 an thatsächlich einberufen. Die Landeskirchenversammlung wählte ihn 1870, 1874 und 1880 zum Superintendentialvikar. Schon vom Jahre 1862 an war er auch Mitglied der Kommission zur Prüfung der Kandidaten des Lehramtes und der Theologie. „Wiederholt vom Landeskonsistorium zur Visitation einzelner Gymnasien entsendet, an anderen seit einer Reihe von Jahren regelmäßig im Auftrag desselben als Kommissär bei den Maturitätsprüfungen fungierend, hat er auch hier die Bildungsmächte seiner Kirche und seines Volkes gerne und mit voller Hingebung fördern helfen und als langjähriger Vorsitzer des Hermannstädter Zweigvereins der Gustav Adolf-Stiftung durch die Macht seiner Persönlichkeit die Herzen für die milde Arbeit ihrer Liebesthätigkeit gerne erwärmt."

Nachdem Fuß 17 Jahre als Pfarrer in Gierelsau gewirkt hatte, berief ihn die ev. Gemeinde Großscheuern im Oktober 1878 zu ihrem Pfarrer. Hier raffte ihn eine Lungenentzündung unvermutet am 17. April 1883 dahin.

Dem Verein für siebenbürgische Landeskunde und dem siebenbürgischen Verein für Naturwissenschaften hat Fuß seit ihrer Gründung angehört.

Der erstgenannte Verein berief ihn 1844 in seinen Ausschuß. In den Jahren von 1850—53 war er auch Sekretär dieses Vereines. Ebenso hat er auch dem naturwissenschaftlichen Verein ununterbrochen als Ausschußmitglied angehört.

Der naturwissenschaftliche Verein der bairischen Rheinpfalz Polichia in Dürkheim ernannte ihn zu seinem Ehrenmitgliede. In der k. k. zoologisch-botanischen Gesellschaft in Wien war er ordentliches Mitglied. Seine reiche Pflanzensammlung ebenso seine botanische Bibliothek ist seinem Willen gemäß an den naturwissenschaftlichen Verein in Hermannstadt übergegangen. Ein Herbarium, 9978 Arten umfassend, hatte in den Jahren von 1878—80 das ev. Gymnasium in Hermannstadt von ihm erworben.

Er veröffentlichte ferner:

1. Das Bienenmädchen, eine Holzmenger Volkssage. Transsylvania, Beiblatt zum Siebenbürger Boten, 1841.
2. Iliana, eine Volkssage aus dem Zoodthale. Ebenda, 1845.
3. Verzeichnis derjenigen Pflanzen, welche entweder ausschließlich oder doch hauptsächlich in Siebenbürgen wildwachsend angetroffen werden, nebst Angabe ihres Fundortes und der wichtigsten Synonymen. Arch. f. Ldpe., II.
4. Alphabetische Zusammenstellung der sächsischen, ungarischen, walachischen und deutschen Trivialnamen in Siebenbürgen wildwachsender oder allgemein kultivierter Pflanzen. Ebenda, III.

5. Litterarische Anzeige über Ercsei, Nemes Tordamegye Floraja und Sternheim, Übersicht der Flora Siebenbürgens ꝛc. Ebenda, III.
6. Über eine neue Hepatica. (H. transsylvanica Fuß) V. u. M., I, (1850.)
7. Zur Cryptogamenflora Siebenbürgens. Ebenda, IV, VIII, XVI.
8. Notizen zur Flora Siebenbürgens. Arch. f. Ldke., N. F. I.
9. Bericht über den Stand der Kenntnis der Phanerogamen-Flora Siebenbürgens mit dem Schlusse des Jahres 1853. H. G.-P., 1854.
10. Bericht über eine Reise in die nordöstlichen Karpathen Siebenbürgens. V. u. M., V.
11. Zur Flora Siebenbürgens. Ebenda, V.
12. Über Heufflers Specimen florae chryptogamae vallis Arpasch. Ebenda, V, VI, VIII.
13. J. C. G. Baumgarten, Enumerationis Stirpium Transsilvaniae Indigenarum Mantissa I. Auctore M. Fuss. Cibinii, 1846.

Nach der Beendigung und Herausgabe der Flora excursoria (siehe Trausch I, 343) beschäftigte sich Fuß mit der Zusammenstellung der Zenturien des Normalherbars. Sechs dieser Zenturien waren schon zur Ausgabe gelangt, als ein im Fuß'schen Arbeitszimmer ausgebrochener Brand die bereits fertiggestellten fünf weiteren Zenturien und die großen Doubletten-Vorräte getrockneter Pflanzen fast gänzlich zu Grunde richtete. Von nun an wandte Fuß seine Aufmerksamkeit hauptsächlich den bisher in Siebenbürgen so vernachlässigten Cryptogamen-Pflanzen zu. Als Ergebnis dieser seiner Arbeiten erschien:

14. Systematische Aufzählung der in Siebenbürgen angegebenen Cryptogamen. Arch. f. Ldke., N. F. XIV.

Im Manuskripte ist von Fuß (im Sup.-Archiv) noch folgende Dissertation vorhanden:

De Jacobo atque ejus epistola, 1837.

Denkrede auf M. Fuß von D. G. D. Teutsch im Arch. f. Ldke., N. F. XIX.
S. b. T., 2839, 41, 42, 47, (1883).
V. u. M., XXXIV, (1884).
Korr. f. Ldke., VI, (1883) 59.
S. V. K. für das Jahr 1885. Verlag von F. A. Reißenberger. Hermannstadt, 1884.
Friedenfels, Bedeus, I, 91; II, 444, 446.
Szinnyei, M. J., III, 853.

Gaudi Wilhelm Karl
(II, 1)

wurde am 30. November 1816 in Kronstadt geboren und absolvierte das Gymnasium seiner Vaterstadt. 1836 erhielt er das pharmaceutische Diplom und wurde bald darauf in der Apotheke des Panteleimon-Spitales in Bukarest angestellt. Im Jahre 1860 wurde er Intendant dieses Spitales und 1864

Direktor an der Coltea-Apotheke in Bukarest. Er starb als solcher am 26. Januar 1866.

Seine Arbeit s. Trausch a. a. O.

Szinnyei, M. J., III, 1048.

Gebbel Franz

war geboren am 25. Juli 1835 zu Klausenburg, wo sein Vater, Friedrich Gebbel, Gubernialkanzlist, später Expedits-Adjunkt war. Seine Mutter, Therese von Hirling, eine Hermannstädterin, war eine Frau von ungewöhnlicher Bildung und hohem Adel der Seele. Er blieb das einzige Kind seiner Eltern. Von 1842 an besuchte er das Kollegium der Unitarier in Klausenburg. Schon 1845 verlor Gebbel den Vater, die Mutter führte von nun an allein den Sohn. Als im Jahre 1849 das Gubernium aufgelöst wurde, siedelte seine Mutter, welche sich an ihren Schwager, den Gubernialrat Karl Gebbel, angeschlossen hatte, nach Hermannstadt über. Hier absolvierte Franz Gebbel 1852 das Gymnasium und besuchte dann die Rechtsakademie daselbst. Das erste Studienjahr war noch nicht zu Ende, als er seine Mutter verlor. Jetzt hätte er seiner Neigung, das Bergwesen zu studieren, folgen können, doch that er es nicht und blieb bei seiner juridischen Laufbahn und absolvierte 1855 die juridische Fakultät in Hermannstadt mit glänzendem Erfolge. Nachdem er dann eine Reise durch Mitteldeutschland und Belgien zur Weltausstellung nach Paris gemacht hatte — die Schweiz und Oberitalien hatte er schon 1854 besucht — ging er nach Wien, um seine juridischen Studien fortzusetzen. In diesen wurde er jedoch häufig durch körperliches Unwohlsein gestört. „Meine geistige Verstimmung," schreibt er selbst, „wird durch immer wiederkehrendes Unwohlsein fortwährend wach erhalten. Die letzten Wochen habe ich geradezu in angenehmem Wechsel zwischen Kopfweh, Schwindel, Indigestionen und Katzenjammer über die jämmerlich verlorene Zeit zugebracht. Mein Selbstvertrauen ist um ein gutes oder schlechtes Stück herabgesunken. Doch hoffe ich aus dieser Krisis siegreich, vielleicht auch geläutert hervorzugehen." Neben seinen juridischen Studien wurden von ihm eifrig die lateinischen Klassiker, philosophische und pädagogische Werke gelesen. Ebenso wurde der deutschen Litteratur, der magyarischen, französischen, englischen Sprache und ihren Litteraturen eingehende Aufmerksamkeit zugewendet. Schon in Wien hat Gebbel dann auch das Studium der Kultur und Rechtszustände seines Vaterlandes und seines eigenen Volkes beschäftigt, wie er dort schon die Entwicklung unserer Kirchenverfassung mit warmem Herzen verfolgte. Am 28. Mai 1851 hatte nämlich das ev. Oberkonsistorium A. B. in Siebenbürgen, von der Überzeugung durchdrungen, daß die im Jahre 1807 am allerhöchsten Orte genehmigte Vorschrift für die Konsistorien der Augsburger Konfessionsverwandten einer teilweisen Umgestaltung bringend benötige, die auf Grund des ihr zustehenden Rechtes der Selbstgesetzgebung und Selbstverwaltung ausgearbeitete „Kirchenverfassung der ev. Augsburger Konfession in Siebenbürgen" am Hofe zur Bestätigung unterbreitet und damit die Kirchenverfassungsfrage ins Rollen gebracht. Mit Bezug auf diese und die politische Umwälzung des letzten Jahrzehntes schrieb Gebbel 1859: „Unsere Aufgabe ist es, den Kern festzustellen, um welchen sich die Rechte nationalen Seins sammeln können, um in neuer Form etwas zu leisten, was der alten vergangenen Tüchtigkeit und unserer Geschichte würdig ist und uns fähig macht auch fernerhin eine Geschichte zu haben d. h. nach wie vor ein Volk zu bleiben. Dieser Kern aber, das ist meine innerste Überzeugung, — ist zunächst der Protestantismus in Kirche und Schule, dann aber unser Deutschtum. Die nächste Aufgabe für jeden bewußt handelnden Sachsen wäre demnach, das Bewußtsein in diesen beiden Richtungen dort, wohin ihn das Schicksal stellte, zu erhalten und zu fördern, in diesen Richtungen Gemeingeist und Opferfreudigkeit zu beleben, — denn so allein haben wir als Volk eine Zukunft."

Diese Worte des vierundzwanzigjährigen Franz Gebbel sind zum Programm seines eigenen für unser Volk so bedeutsamen Lebens geworden. Während seines Wiener Aufenthaltes hatte Gebbel Gelegenheit gehabt, den Komes-Stellvertreter Konrad Schmidt kennen zu lernen und von diesem mit verschiedenen Arbeiten betraut zu werden. Die Folge hievon war, daß dieser am 10. Oktober 1862 „des Dienstes befand, Gebbel zum Accessisten bei dem sächsischen Nationalkomitiate mit einem Jahresgehalte von 500 fl. ö. W. zu ernennen".*) Schon am 15. Oktober b. J. dankte Gebbel für die ihm gewordene Anstellung und machte die Anzeige, daß er noch vor Ende des Monats seinen Dienst antreten werde. Nachdem er thatsächlich am 31. Oktober den Diensteid abgelegt, trat er am 1. November 1862 in sein Amt ein.**) Schon am 12. Mai des folgenden Jahres berief ihn das Landeskonsistorium „bis zur weiteren Verfügung der Landeskirchenversammlung zur aushilfsweisen Dienstleistung als Aktuar dieser Landeskirchenbehörde" und wies ihn Baron J. Bedeus zu, der nach dem Rücktritte Rannichers die zeitweilige Führung des Sekretariates des Landeskonsistoriums übernommen hatte.

In der dritten Landeskirchenversammlung (1865) giebt Bedeus im Zusammenhange mit jener Stelle des Rechenschaftsberichtes, welche von der provisorischen Fortführung der Sekretärsgeschäfte handelt, die erläuternde Erklärung ab, daß er in der provisorischen Führung des Sekretariates von dem interimistischen Aktuar in wirksamer Weise unterstützt worden sei. Es liegt die Vermutung außerordentlich nahe, daß der bescheidene Bedeus über diese Unterstützung mehr gesagt, als der bescheidene interimistische Aktuar im Protokolle aufgenommen haben dürfte.

Dieselbe Landeskirchenversammlung erwählte Franz Gebbel in ihrer Sitzung vom 10. November einstimmig zum Landeskirchensekretär. Als solcher hat er die Protokolle der III.—VIII. Landeskirchenversammlung verfaßt. Welche Landeskonsistorialvorlagen ihn zum Verfasser haben, läßt sich aus den gedruckten Protokollen in den wenigsten Fällen ersehen. Denn nur eine einzige Arbeit, die Gebbel im Dienste der Kirche gemacht hat, zeigt seinen Namen. Es ist dies der Aufsatz: „Zur aktenmäßigen Geschichte der Para-

---

*) Kom.-Z. 1050/862 im Komitialarchiv.
**) Kom.-Z. 1153/862. Ebenda.

graphe 114, 150 und 151 der Kirchenverfassung." (Verhandlungen der IV. Landeskirchenversammlung, 50 ff.) Mit Gewißheit läßt sich jedoch behaupten, daß es kaum eine Landeskonsistorialvorlage bedeutenderen Inhaltes an die Landeskirche geben dürfte, auf welche Gebbel nicht wesentlichen Einfluß genommen. Seine Arbeit und umfassende Wirksamkeit als Landeskirchensekretär läßt sich nur aus seiner charakteristischen Handschrift im Archive der Landeskirche erkennen und übersehen.

Von Gebbel rühren von größeren Arbeiten ohne jeden Zweifel her:

1. Rundschreiben an sämtliche Bezirkskonsistorien und Pfarrgemeinden der ev. Landeskirche A. B. in Siebenbürgen. (L.-K.-Z. 663 ex 1865. Gedruckt in den Verhandlungen der Landeskirchenversammlung, III, 41), mit welchem die dritte Landeskirchenversammlung einberufen wurde.

2. Rechenschaftsbericht über die Amtswirksamkeit des ersten Landeskonsistoriums, Periode 1861—1865. Vorlage für die Landeskirchenversammlung. (L.-K.-Z. 897 ex 1865. Gedruckt ebenda, III, 45 ff.)

3. Rundschreiben des Landeskonsistoriums, womit die (vierte) Landeskirchenversammlung einberufen wird. (L.-K.-Z. 552 ex 1867. Gedruckt in den Verhandlungen der Landeskirchenversammlung IV, 45.)

4. Zur aktenmäßigen Geschichte der Paragraphen 114, 150 und 151 der Kirchenverfassung. (L.-K.-Z. 696 ex 1877. Gedruckt in den Verhandlungen der Landeskirchenversammlung IV, 50, s. oben.)

5. Vorstellung der Landeskirchenversammlung an den k. ung. Minister für Kultus und Unterricht, enthaltend die Bitte um Aufrechthaltung der siebenbürgischen Religionsgesetze. (L.-K.-Z. 877 ex 1868. Gedruckt in den Verhandlungen der Landeskirchenversammlung V, 118 ff.)

6. Rechenschaftsbericht über die Amtswirksamkeit des zweiten Landeskonsistoriums Periode 1865—1870. Vorlage für die Landeskirchenversammlung. (L.-K.-Z. 256 ex 1870. Gedruckt in den Verhandlungen der VI. Landeskirchenversammlung, 67 ff.)

7. Vorlage des Landeskonsistoriums betreffend die Abänderung und Klarstellung einzelner Bestimmungen der Kirchenverfassung. (L.-K.-Z. 1370 ex 1869. Gedruckt in den Verhandlungen der VI. Landeskirchenversammlung, 329 ff.)

8. In der Vorlage des Landeskonsistoriums, enthaltend die Aktenstücke über die Eingaben mehrerer Personen des geistlichen und weltlichen Standes aus einigen magyarischen Pfarrgemeinden des Kronstädter Kirchenbezirkes, betreffend die Lostrennung derselben aus dem Verbande der ev. Landeskirche A. B. in Siebenbürgen, beziehungsweise Konstituierung als selbständiges magyarisches Bezirksdekanat, hat Fr. Gebbel die Vorstellung des Landeskonsistoriums an den k. ung. Minister für Kultus und Unterricht ausgearbeitet. (Gedruckt in den Verhandlungen der IX. Landeskirchenversammlung, S. XXXIII bis LXXXI.*)

---

*) Aus der Feder Gebbels sind uns ferner zwei Gedichte bekannt, ein Sonett (veröffentlicht im Sächsischen Hausfreund, herausgegeben von E. v. Trauschenfels für das Jahr 1880), und ein Jugendgedicht „Beruhigung", (veröffentlicht in: Franz Gebbel von Josef und Adolf Schullerus).

Alle diese Arbeiten Gebbels zeichnen sich durch Geist, Klarheit und Gründlichkeit aus, in jenen unvergleichlichen Schriftstücken jedoch, die in Kollisionsfällen mit der Staatsgewalt an die letztere gerichtet wurden, wird auch die künftige Generation blankgeschliffene Waffen zur Verteidigung der Fundamentalrechte unserer ev. Landeskirche finden. Gebbels Verdienst nach dieser Richtung fällt umso schwerer ins Gewicht, weil er, während derartige bedeutungsvolle Arbeiten ihn in Anspruch nahmen, zwischendurch den Einlauf des Amtes und hunderterlei kleinere Geschäfte zu erledigen hatte, die fast ihm allein oblagen, da er erst 1874 eine Aushilfe in seinem jetzigen Nachfolger Karl Fritsch erhielt.

Vierzehn Jahre nur war es Gebbel vergönnt, seiner Kirche zu dienen und gemeinsam mit Bischof Teutsch zu arbeiten, der am 19. September 1867 sein Vorgesetzter geworden war.

Neben die Arbeit Gebbels im Dienste seiner Kirche tritt in würdiger Weise seine Thätigkeit als politischer Führer seines Volkes, und da ist nun sein Name für ewige Zeiten mit dem Siebenbürgisch-Deutschen Wochenblatte verknüpft. "Er war der Schöpfer, der Träger, die Seele desselben. Wie aus einem Geiste hervorgegangen, stehen die kaum ein halb Dutzend zählenden Jahrgänge dieser Zeitschrift da, auf jedem Blatte deutlich tragend das Gepräge seines Geistes." Durch Gebbel vor allem ist das Siebenbürgisch-Deutsche Wochenblatt eine Zeitung geworden, die ihres Gleichen, nicht nur in Siebenbürgen, wenig finden wird.

"Ungeachtet der Stürme der Jahrhunderte hat die Weisheit und Kraft der Väter es verstanden, hier ein bescheidenes deutsches Gemeinwesen aufzurichten und zu erhalten bis auf den heutigen Tag. Fluch der Hand, die es wagen könnte, dies heilige Erbe der Väter gering zu halten, es anzutasten oder leichtfertig zu verprassen." In diesen Worten begrüßte Gebbel in dem ersten Artikel die Leser der neuen Zeitschrift. Dieses Glaubensbekenntnis aber, das Gebbel hier ausgesprochen, hat das Blatt hoch gehalten mit jener idealen Festigkeit, mit jener Verachtung alles Gemeinen, mit jener völligen Hingebung an das Volk, die den Leiter des Blattes, Gebbel, auszeichneten. Der Grundgedanke, der sich durch die sechs Jahrgänge des Wochenblattes durchzieht, ist: das deutsche Wesen in Ungarn muß den Einfluß erhalten, der ihm vermöge der kulturellen Bedeutung zukommt, insbesondere darf nicht das Recht der sächsischen Nation, das auf Gesetzen und Verträgen beruhende, dem Magyarismus aufgeopfert werden. In diesem Sinne hat das Blatt gegen Lug und Trug, gegen Haß und Unverstand, gegen Böswilligkeit und Unwissenheit gestritten mit einer Kraft und Schärfe, wie sie nur im Kampfe für die Wahrheit möglich ist. Wo es im eigenen Volke eine Schwäche entdeckte, wo es ein feiges Beiseitestehen fand statt hingebender Teilnahme an der Sache des Volkes und des Rechtes, da hat es mannhaft aufgerufen zur treuen Arbeit. Es war berechtigt, wenn von dieser Arbeit das Blatt, da es aufhörte zu erscheinen, sagte: "Leb' wohl denn, treue Arbeit am Wochenblatt, die du so viele der Besten dieses deutschen Volkes in festem, selbstlosen Ringen nach idealen Gütern so lange hast geeint, die du den Grund gelegt für manchen würdigen Entschluß für manneswerte That. Die du dem Volke den Anker reichtest ihn auszuwerfen in dem Sturm und einzutreiben in den Fels des Glaubens an sich selbst."

Welche Bedeutung aber das Wochenblatt sich erworben, darüber sagt Gebbel zutreffend in seinem Schlußartikel vom 31. Dezember 1873: „Ein Kind seiner Zeit ist dieses Wochenblatt gewesen. Und doch wird manches, was es brachte, was es schuf, sein eigenes Dasein überdauern. Es war die erste Zeitschrift Siebenbürgens, die ihren Weg fand weit über die Grenzen des Landes hinaus. Schriftsteller europäischen Rufes fanden den Inhalt des Wochenblattes ihrer Aufmerksamkeit wert; — seit dem Beginn seines Bestandes wurde sein Inhalt Woche für Woche in Zarnckes „Litterarischem Zentralblatt" der deutschen Leserwelt in einer Reihe mit dem Inhalt der ersten Zeitschriften Deutschlands angezeigt. Bibliotheken und Lesehallen bewahren die Jahrgänge des Wochenblattes ebenso auf, wie gar mancher seiner eifrigen Leser. Das ist wohl Bürgschaft genug für seinen bleibenden Gehalt." Daß das S. d. W. auch draußen in dem Mutterlande Beachtung gefunden, hat seine tiefe Berechtigung nicht zum wenigsten darin, daß die glühende Begeisterung seines Leiters für die deutsche Sache sich auch auf die Teilnahme an der Entwicklung Deutschlands erstreckte, und in der Auffassung und Beurteilung der dortigen Ereignisse sich kundgab. Es ist das nie großartiger zu Tage getreten als im Jahre 1870—71. Als der deutschfranzösische Krieg ausbrach, da hat kein deutscher Stamm außerhalb Deutschlands mit größerer Erhebung den deutschen Siegen zugejubelt, keiner inniger sich gefreut über die großartige neue politische Gestaltung Deutschlands als der Stamm der Sachsen in Siebenbürgen. Das Wochenblatt aber war es, das dieser Freude immer wieder Ausdruck verlieh.

Dem ehrlichen Kampfe des S. d. W. war nicht der Sieg verliehen. Immer trüber wurden die Zeiten. Immer rücksichtsloser fielen die Angriffe Schlag auf Schlag auf das Recht der Deutschen in Ungarn, auf das gesetzlich geschützte Recht der Sachsen in Siebenbürgen. Ein „Wochenblatt" konnte nicht mehr genügen im Kampfe für die höchsten Güter des Lebens und so hörte mit Ende Dezember 1873 das Wochenblatt als solches auf und wurde in das Siebenbürgisch-Deutsche Tageblatt verwandelt, dessen treuer Mitarbeiter Gebbel wurde.

Als Gebbel die Redaktion des Wochenblattes niederlegte, nagte schon unheilbare Krankheit an seinem Lebensmarke und fest stand in ihm, wie Wittstock in seiner Denkrede auf Franz Gebbel sagt, „der Glaube, daß auch sein kurzer, inhaltreicher Lebensgang bald ein Ende nehme; daß er bald auch noch von einer anderen treuen Arbeit, der Arbeit seines Lebens, werde Abschied nehmen müssen. Die ihm in jenen Jahren näher standen, die wissen, daß mit gar mancher Zeile des Wochenblattes, die Gebbel schrieb, oft schreiben mußte, gar mancher Tropfen seines edlen Herzblutes, gar mancher Atemzug seines Daseins dahingegeben wurde. Wie mancher Artikel, der uns durch die Klarheit der Gedanken, durch die Wärme der Empfindung durch den Adel und die Kraft der Sprache heute noch hinreißt, ist von ihm geschrieben worden, nachdem er zuvor den von Krankheit erschlafften Leib und den von amtlichen Arbeiten erschöpften Geist mit seiner unbeugsamen Willenskraft aufgerüttelt und zur Arbeit gleichsam munter gemacht hatte. Dieser eiserne Entschluß zur Arbeit und diese nimmer müde Treue in der Arbeit waren aber bei ihm die Folgen jenes starken, unerschütterlichen Pflichtgefühls, welches, ein Grundzug seines ganzen Wesens, ihn nie an sich selber denken, sondern immer nur auf das sehen ließ, was die Pflicht des Amtes oder des Lebens ihm auferlegte; des Pflichtgefühls, welches ihn so sehr beherrschte, daß er trotz seiner nicht gewöhnlichen Arbeitsleistung sich doch zuweilen wie ein halber Müßiggänger vorkam. Wie oft haben seine schwerbesorgten Freunde ihn dringend gemahnt, dem eigenen Wohlbefinden größere Sorgfalt zuzuwenden; doch der Gedanke an die Pflicht, nicht allein an die bezahlte, sondern an die Gewissenspflicht, ließ für seine Erwägung alles Übrige in den Hintergrund treten. So hielt ihn das Bewußtsein der Pflicht auch dann noch aufrecht, da Tausende an seiner Stelle körperlich und geistig zusammengebrochen wären. Es hielt ihn aufrecht, während er unter körperlichen Schmerzen und Leiden Jahre im voraus den Tod langsam aber sicher herankommen sah. Es hielt ihn aufrecht und an die Pflichten des Amtes gebunden, bis der letzte Rest seiner Arbeitskraft aufgebraucht war und er vom Arbeitstisch hinweg aufs Sterbelager ging, um nach 130-tägigem schwerem Leiden das Auge zu schließen, das zwar, so viel es die eigene Person betraf, ruhig und gefaßt, doch um der höhern Güter willen, an denen seine Liebe hing, und um der Zukunft seines Volkes willen wehmutsvoll dem Tod entgegensah."

Wie Franz Gebbel selbst in seinem Lebenslauf erzählt, den er seinem liebsten Freunde und Pfleger Albert Arz von Straußenburg ein Monat vor seinem Tode in die Feder diktierte, war er seit 1869 Mitglied der Hermannstädter Kreis- später Komitatsversammlung. Das Vertrauen der Stadt und des Stuhls Hermannstadt entsendete ihn wiederholt in die sächsische Nationsuniversität. Jede weitreichende politische Mission, mochte die Aufforderung zu deren Annahme auch noch so dringlich erscheinen, lehnte er beharrlich unter Berufung auf die Pflichten seines kirchlichen Amtes ab. Für das Glück des eigenen Familienlebens, das ihm versagt blieb, fand er Ersatz in der Familie seiner Cousine Marie und deren Gatten Albert Arz.

In seiner hinterlassenen schriftlichen Anordnung sprach er sich bezüglich der Grabrede folgendermaßen aus: „In dieser Rede bitte ich, Rücksicht zu nehmen auf 2. Cor. 1, 12: „Unser Ruhm ist der, nämlich das Zeugnis unsers Gewissens," das ist derjenige apostolische Ausspruch, mit dem ich, gleichsam wie mit einer Verpflichtung für mein Leben, mein Amt in der Kirchenversammlung am 10. November 1865 übernommen habe. Auf den Rest des zitierten Verses lege ich kein Gewicht, d. h. mein ganzer Ehrgeiz beschränkte sich auf die Bethätigung dieser angeführten Worte."

Am 16. Mai 1877 war Franz Gebbel aus dem Leben geschieden und zwei Tage darauf auf dem Hermannstädter ev. Friedhofe ins Grab gebettet. Zehn Tage schon nach seinem Tode bildete sich in Hermannstadt ein Komitee, welches zum Zwecke der Errichtung eines Franz Gebbel-Denkmals folgenden Aufruf erließ:

„Volksgenossen! Niemals haben wir die Schuld gegen Franz Gebbel tiefer empfunden, als in jenem schmerzvollen Augenblicke, in welchem sich das Grab über seiner sterblichen Hülle schloß.

Das Leben dieses Mannes war ausschließlich uns geweiht. Er hat es mit selbstloser Hingabe in aufreibender Arbeit für sein Volk, für die

Erhaltung deutschen Rechtes, deutscher Bildung und Gesittung in diesem Lande gesorgt.

Jeder Sachse ehrt sich selbst in der Ehre dieses Toten.

Daher laden wir zur Errichtung eines Denkmals für Franz Gebbel ein.

Verkörpern wir auch für kommende Geschlechter das Andenken an den unvergeßlichen Mann, der sein Volk in böser Stunde geeint und bis zum letzten Hauche ungebrochenen Mutes auf den Sieg der gerechten Sache vertraut hat!"

Der Aufruf fand überall im sächsischen Volke begeisterten Anklang und so wurde am 18. Mai 1880 das Denkmal auf dem Grabe Gebbels unter der Teilnahme des ganzen sächsischen Volkes aufgestellt. Das Grabdenkmal ist eine vierseitige Pyramide aus blaugrünem Granit, der auf allen vier Seiten geschliffen ist, und hat eine Höhe von 10 Fuß und ein unteres Stufenausmaß von 4 Fuß 6 Zoll Länge und 3 Fuß 10 Zoll Tiefe. Das Porträtmedaillon, das die Büste Franz Gebbels darstellt, ist in dem Atelier Zumbuschs, von seinem besten Schüler Strobel, einem Siebenbürger Sachsen, unter des Meisters Leitung und Mitwirkung hergestellt worden. Das Denkmal traf schon am 3. Dezember 1879 in Hermannstadt ein, doch wurde die Aufstellung desselben der Winterszeit wegen bis in den Mai 1880 verschoben.

Auf dem Marmor stehen die Worte:

Unser Ruhm ist das Zeugnis unsres Gewissens.
2 Cor. I. 12.

Franz Gebbel,
Secretär der evangelischen Landeskirche A. B.

geboren 26. Juli 1835, gestorben 16. Mai 1877.

Dem treuesten Sohne der Sächsischen Nation, dem nie gebeugten Kämpfer für Recht und Wahrheit

Seine Volksgenossen.

Bei der Enthüllungsfeier, die mit einem von Professor Wilhelm Weiß komponierten und von der Gesellschaft der Musikfreunde (nachher Hermania genannt) gesungenen Liede eingeleitet wurde, hielt der damalige Pfarrer von Hetzeldorf Franz Obert die Rede auf dem Grabe. Von da begaben sich die Teilnehmer in den Saal zum „Römischen Kaiser", der die dicht gedrängte Menge kaum fassen konnte. In einstündigem Vortrage führte hier Pfarrer Heinrich Wittstock aus Heltau in fesselnder Weise das Leben und Charakterbild Franz Gebbels aus.

Nach Beendigung des Vortrages konstituierten sich die anwesenden Spender für das Franz Gebbel-Denkmal als Versammlung, um die Rechnungsablegung von Seite des Komitees über die eingeflossenen Beiträge und über die Kosten des Denkmals entgegenzunehmen und über die Verwendung des Restes der Beiträge zu entscheiden. Bezüglich des letzten Punktes stellte das Komitee zwei Anträge: Erstens eine Gebbelstiftung zu errichten, welche den Zweck haben solle, der Pflege deutsch-evangelischer Bildung und Gesittung zu dienen, zweitens die Oberaufsicht über diese Stiftung dem Landeskonsistorium zu übergeben. Beide Anträge wurden von der Versammlung angenommen.

So wirkt Gebbel durch die seinen Namen tragende Stiftung auch nach seinem Tode noch segensreich in seinem Volke.

Die Mitarbeiter und die von diesen in das S. b. W. geschriebenen Artikel — die Korrespondenzen und das Beiblatt desselben (Handel, Gewerbe und Landwirtschaft) konnten aus verschiedenen Gründen nicht berücksichtigt werden — sind die folgenden:

Albert Michael: 1868, 25—28.*) Aus dem Hargittagebirge; 1869, 27—30. Nationalität und Kosmopolitismus; 1872, 1—10, 12—17. Die Kandidaten; 1873, 19. Besprechung Gustav Freytags Ingo und Ingraban; 1873, 46. Die Heimkehr von Wien. (Gedicht).

Amlacher Albert: 1869, 42. Vor Metz! 1872, 51. Aus dem Konflux V.

Arz Albert, Straußenburg von: 1868, 10. An alle Jurisdiktionen; 1869, 3. Rechtsverneinung; 1869, 21—24. Die neue Gerichtsordnung; 1869, 28. Zur Justizreform; 1871, 5 und 6. Ein Gesetzesvorschlag auf Plünderung; 1871, 16. Recht — nicht Gunst; 1871, 20. Impotenz; 1871, 30 und 31. Die Prozeßnovellen; 1871, 37. Zur sächsischen Munizipalfrage; 1871, 39. Drei Nationalitätengesetze; 1871, 40. Benedeks geheimer Plan.

Bedeus Josef, (Freiherr von): 1868, 5. Die Stuhlsversammlung in Hermannstadt; 1868, 23. Das Unionsgesetz; 1868, 24. Noch etwas zum Entwurf des Unionsgesetzes; 1868, 26. Der Entwurf zu einer neuen Wahlordnung für das Sachsenland; 1868, 31. Die Nationsuniversität; 1869, 1. Die Nationsuniversität; 1869, 7. Eine Erweiterung des Sachsenbodens; 1869, 14. Die neuen Regulationspunkte; 1869, 16—22. Aus der Zeit vor der Regulation; 1869, 18. Die neue Landesregierung; 1869, 38. Die Delegationen; 1871, 3. Erklärung der Mehrheit der sächsischen Universitätsmitglieder in Angelegenheit der Munizipalreform. (Überreicht in der Sitzung vom 14. Januar 1871.)

Bell Georg: 1872, 47—49. Die siebente Landeskirchenversammlung.

Binder Karl, Dr. med.: 1872, 22. Ein siebenbürgisches Volkslied.

Birthler Friedrich: 1870, 34—36. Die Vereinstage in S.-Reen.

Bruckner Wilhelm, Dr. phil.: 1868, 14. Holznot in Siebenbürgen; 1871, 17—19. Zu den Studien des Herrn Horvath; 1871, 26. Vorstellung der sächsischen Nationsuniversität an das ung. Abgeordnetenhaus, betreffend den Nobilitarbesitz der sächsischen Nation und der Stadt Kronstadt; 1871, 35. Parallelen; 1871, 43. Und noch einmal der Talmatscher Prozeß; 1872, 2, 3, 5. Gebeugtes Recht; 1872, 43 bis 52. Wochenschau; 1873, 17. Teures Recht; 1873, 47. Vorstellung der Hermannstädter Kreisvertretung an den Herrn Minister des Innern in Angelegenheit des Munizipalgesetzes.

Budaker Gottlieb, Georg: 1870, 45—47. Aus dem Nösnergau. Skizzen zur Amtsreise des Superintendenten; 1873, 48. Vorstellung der Bistritzer Distriktskommunität in der Sprachenfrage.

Capesius Josef: 1873, 35—36. Der siebenbürgisch-deutsche Protestantentag in Leipzig.

Capesius Viktor, Dr. jur.: 1868, 2. Eine Interpellation und deren Beantwortung; 1868, 3, 4. Zur heutigen Justizpflege; 1868, 6. Zur Jahresversammlung des Vereins für siebenbürgische Landeskunde; 1868, 8, 16. Advokatur.

Drotleff Josef: 1869, 26. Zur Regulation.

Ernst Friedrich: 1868, 18—30. Die Nationsuniversität. 1869, 5—14. Der Konflux vom Jahre 1868; 1871, 3, 4, 6, 9—13, 19—22. Der Konflux des provisorischen Regulativs; 1871, 5, 6, 8. Die sächsische Munizipalautonomie und die Staatsweisheit; 1872, 49, 50, 52. Aus dem Konflux; 1873, 1—3. Aus dem Konflux.

---

*) Die Jahreszahl bezeichnet den Jahrgang, die Ziffern hinter der Jahreszahl geben die Nummer des S. b. W. an.

Fischer Georg: 1869, 21. Zwei Gebrechen unserer Mittelschulen und ein Vorschlag zur Behebung derselben; 1871, 18. Repräsentation der Bistritzer Distriktskommunität an das k. ung. Ministerium des Innern, in der Angelegenheit des Munizipalgesetzes für den Königsboden; 1872, 45. Ein Kapitel aus der Geschichte der Lehrernot.

Friedenfels Eugen, Dr. jur. von: 1868, 15. Die Denkschrift der Filialstühle Szelistye und Talmatsch; 1869, 43, 44. Reichsstraßenauflassung in Siebenbürgen.

Gebbel Franz: 1868, 1. An die Leser; 1868, 2. Pfarrerwahlen; 1868, 5. Landesgesetzsammlung; 1868, 8. Schäßburg im Kurutzenkriege; 1868, 9. Landeskonsistorium; 1868, 11. Die Einberufung der sächsischen Nationsuniversität; 1868, 12. Zur Einberufung der sächsischen Nationsuniversität; 1868, 16. Die sächsische Nationsuniversität; 1868, 24. Am Martinstag; 1868, 26—30. Die Landeskirchenversammlung; 1868, 31. Zum Jahresschluß; 1869, 14. Die Reichstagswahlen; 1869, 19. Bürgertreue; 1869, 20. Die Regulation kommt in Fluß. 1869, 29, 30, 31. Die erste Session des Reichstages I, II, III; 1869, 30. Willkommen; 1869, 48. Hermannstadt und das provisorische Regulativ; 1869, 52. Zum Jahresschluß; 1870, 1. Zum neuen Jahr. 1870, 7. Die Landeskirchenversammlung; 1870, 30, 31—46, 48, 49, 51. Kriegschronik; 1870, 43, 44. Der Ausgangspunkt für die Verfassung des künftigen Deutschlands; 1870, 49. Die Einberufung der sächsischen Nationsuniversität; 1870, 52. Ein großes Jahr; 1871, 4 u. f. w. Kriegschronik; 1871, 12. Wahrheit nicht Dichtung; 1871, 13. Das Haus ist zerfallen; 1871, 17. Ein Heft Reden; 1871, 18. Zweierlei Feste; 1871, 46, Apokryph; 1871, 48. Gegen den Strom; 1871, 49. Eine Konferenz; 1871, 50. Gemeindegesetz; 1871, 52. Verloren; 1872, 1. Ein neuer Krieg; 1872, 1. Männer herbei; 1872, 17. Concordia; 1872, 19. Höchste Preise; 1872, 21, 22. Zum Sachsentag in Mediasch; 1872, 24. Das sächsische Nationalprogramm; 1872, 30, 31. Ein romänisches Nationalprogramm; 1872, 32, 33. Die Reform des Sachsenlandes; 1872, 36. Vorstellung der Kronstädter Kreisvertretung vom 9. Juli 1872 gegen die Jesuiten; 1872, 38. Die Reichstagswahlen im Sachsenlande; 1872, 39. Nach der Kaiserbegegnung; 1872, 41. Die Revision der schweizerischen Bundesverfassung; 1872, 51, 52. Repräsentation der sächsischen Nationsuniversität an den k. ung. Minister des Innern, betreffend die munizipale Regelung des Königsbodens; 1872, 34. Ein Prätendent; 1873, 9. Eine Verfügung des Justizministers; 1873, 10, 11. Das Thot'sche Legat; 1873, 12. Vos, non vobis; 1873, 20, 21, 23. Germanisierung, Entartung; 1873, 26. Die Reichstagssitzungen; 1873, 28. Eine Rede Deaks; 1873, 29. Die Sprachenfrage und die Sachsen; 1873, 34. Zwei Neumärkter Wahlen; 1873, 42. Vorstellung der Hermannstädter Kreisversammlung vom 20. September 1873; 1873, 53. An die Leser. 1868, 1—6, 9—16, 18—22; 1869, 1—14, 18—52; 1870, 1—3, 17, 21—52; 1871, 1—18, 21—29, 42—52; 1872, 1—42, 47; 1873, 1—42, 49—53 schrieb Gebbel auch die Wochenschau im S. b. W.

Gebbel Karl: 1873, 26. Aus der ev. ref. Landeskirche.

Gooß Carl: 1871, 7. Besprechung von „Segesvár s nagy költönk Petöfi itt történt halálának elethü leirasa; 1872, 34. Die Jahresversammlung des Vereins für siebenbürgische Landeskunde.

Guist Moritz: 1871, 45—51. Das Zibin- und Mühlbachgebirge; 1872, 26, 28—32. Über Kunst und ihre Zweige.

Gull Josef: 1873, 50. Rede am 6. Dezember 1873 über das Sprachengesetz, im Ageordnetenhaus.

Hager Michael: 1872, 32. Die Reichstagswahlen im Sachsenlande.

Haltrich Josef: 1869, 2. Hasenohren; 1869, 7, 8. Charakteristik der Zigeuner; 1870, 51. „Altdeutschland in Frankreich hinein"; 1871, 17. Ignoranzkarten von Frankreich; 1871, 40. Volksschullehrernot; 1871, 44. Verspätung, Volkslied. 1872, 43—50. Die Fremdwörter in der deutschen Sprache; 1873, 5. Über die Verschiedenheit der deutschen Schullehrer-Seminarien; Internat und Externat. 1873, 9. Besprechung von: Theologischer Schutt von Ludwig Korobi; 1873, 14. Über Mädchenbildung und Mädchenerziehung; 1873, 16. Niemand und Nichts; 1873, 17. Besprechung von: „W. E. Hartpole Lucky: Geschichte der Ursprunges und Einflusses der Aufklärung in Europa"; 1873, 21. Besprechung von: „Ein Weg zur Erkenntniß" von Dr. Gerhard Zillganz; 1873, 27, 28. Das revidierte Volksschulgesetz des Herzogtums Gotha; 1873, 32. Corren über direkte und indirekte Besteuerung und die Steuern in Großbrittanien; 1873, 33. Einige Hauptmomente aus dem Kampf des Realismus mit dem Humanismus; 1873, 34, 35. Schule und Sittlichkeit; 1873, 36, 37. Schule und Haus. 1873, 44. Deutsche Mundarten von Friedrich Giehne — Besprechung.

Häner Heinrich: 1872, 35. Vereinsbummeleien; 1872, 38, 49. Harmlose Briefe; 1873, 1. Harmlose Briefe; 1873, 11, 14, 27. Hermannstädter Plaudereien; 1873, 33. Ein Hexenprozeß. Häner arbeitete ferner 1873 an der Wochenschau der Nr. 2—28 mit.

Heinrich Franz Karl: 1871, 47. Der Gustav Adolf=Verein in Stettin; 1872, 31. Die Reichstagswahlen im Sachsenlande; 1872, 35. Die 9. Jahresversammlung des siebenbürgischen Hauptvereines der Gustav Adolf=Stiftung; 1873, 35. Vom Siebenbürgischen Hauptverein der Gustav Adolf=Stiftung.

Hersurth Franz: 1873, 21. Ein Jubiläum.

Hintz H.: 1871, 34—36. Gemälde Siebenbürgens, entworfen von Kamners Reliefkarte dieses Landes und vorgetragen in der Versammlung des Vereins für siebenbürgische Landeskunde zu Hermannstadt den 14. August 1871.

Hoch Josef: 1872, 4. Zur Seminarfrage; 1872, 26. Der Sachsentag und die magyarischen Tagesblätter; 1872, 32. Die Reichstagswahlen im Sachsenlande.

Höchsmann Joh.: 1869, 11. Ein „Bureaukrat"; 1869, 17. Zentralisation und munizipale Autonomie; 1870, 2—14. Die Kommandierenden Siebenbürgens in den Jahren 1704 und 1705.

Kapp Gustav: 1868, 10. Das neue Wehrgesetz; 1868, 25. Die Nationalitäten-Frage; 1869, 7. Befreiungen und Begünstigungen nach dem neuen Wehrgesetz; 1869, 10. Das Nationalitätengesetz; 1869, 25. Die Justiz=Reform; 1869, 27. Die Justizdebatte im Unterhause; 1869, 32. Die Vereinstage; 1869, 33—35. Zur Rekrutierung; 1869, 39. Die Kosten für Justiz und Verwaltung im Sachsenlande; 1870, 2. Ein Rückblick auf den Reichstag. 1870, 17, 18. Zur Munizipalreform; 1870, 19—23, 25—28. Die Gemeinde=Munizipalreform; 1870, 29. Städteordnung; 1870, 37. Zur Lage; 1870, 42. Administrationskosten; 1870, 43. Der Reichstag in Pest; 1871, 26—29. Ministerielle Metamorphose; 1871, 40, 41. Die Steuern, die Administrationskosten und die Munizipien; 1871, 71. Die Administrationskosten der Munizipien; 1872, 20. Ein Blick auf die Wahlbewegung; 1872, 30. Die Reichstagswahlen im Sachsenland; 1873, 40—46. Der Staatshaushalt Ungarns; 1873, 42. (Halb) Wochenschau; 1873, 51. Die Sprachenfrage im Abgeordnetenhause Ungarns. Kapp schrieb ferner 1871 die Wochenschau in Nr. 31—33, 35—41.

Kaufmann Wilhelm: 1871, 10. Freie Bahn, — wer's dafür halten will.

Kinn Gustav Friedrich: 1873, 37. Neuer Wein in neue Schläuche.

Klein Karl: 1870, 39, 40. Unsere Schulräume; 1870, 50. Aus der Hermannstädter Kreisversammlung; 1871, 30. Zum ersten allgemeinen siebenbürgisch=sächsischen Lehrertage; 1871, 34—36. Der Lehrertag in Hermannstadt; 1871, 38. Der Kindergarten; 1872, 41, 43. Schatten und Licht. 1872, 42. Zur Feststellung des Wirkungskreises der Presbyterien und größeren Gemeindevertretungen; 1873, 31. Die wahre Heimat ist die Sprache; 1873, 32. Die Unterrichtssprache; 1873, 34. Schatten und Licht.

Korodi Ludwig: 1872, 21. Hochpolitisches; 1872, 25. Ein Rechenschaftsbericht und ein Kandidationsprogramm; 1872, 30. Eine Mädchenschule; 1873, 19. Noch einige Bemerkungen zu dem Berichte des Reichstagsabgeordneten Friedrich Wächter; 1873, 47. Aus dem Buch der Croner Chronika.

Krasser David: 1868, 26, 27. Pfarrer Johann Michael Moeckel † 10. Mai 1866; 1868, 41. Das kirchliche Doppelfest in Kelling; 1870, 25, 26. Die Synodalversammlungen der ev. Geistlichen A. B. (9.—13. Juni 1870.) 1870, 45. Betrachtungen über die äußere Politik Ungarns. 1870, 48. Die Sprache der Nemesis vor Paris; 1870, 50. Die Stellung Österreich-Ungarns zur Pontusfrage; 1871, 2. Der deutsch=französische Krieg und die Interventionsfrage; 1871, 20. Idyllische Zustände auf dem Lande; 1881, 23. Vanae sunt sine viribus irae; 1871, 47. Das sächsische Pfarrhaus 1871 (Gedicht); 1872, 14. Das verhätschelte Kind; 1872, 31. Die Reichstagswahlen im Sachsenland; 1873, 24. Die Logik des Mediascher Nationalprogrammes.

Lassel Franz: 1871, 47, 48. Gutachten der Kronstädter Gemeinde-Schulkommission in Angelegenheit der Errichtung einer Kommunalschule.

Linz Franz, Dr. jur.: 1872, 32. Die Reichstagswahlen im Sachsenlande.

Malmer Martin: 1868, 7. Wie stehen wir denn doch eigentlich zu einander? 1868, 30. Eine Reiseskizze von Washington bis Pest; 1869, 33. Gustav Adolf-Verein; 1869, 34. Der musikalische Teil der Vereinsfeste in Hermannstadt; 1869, 39—52. Haberburg; 1869, 51, 52. Predigerkonferenzen; 1870, 7, 14, 15, 21. Haderburg; 1872, 24. Armer Bauer; 1873, 8—10. Aus den Aufzeichnungen eines sächsischen Landpfarrers.

Marienburg Friedrich (Georg): 1872, 30. Programm der sächsischen Wähler im obern Wahlkreise des Kokelburger Komitates; 1872, 48. Wider Bonaparte (Übersetzung des Emil Rittershaus'schen Gedichtes ins Magharische.)

Matthiae Mathias: 1873, 11. Verzeichnis der Beamten des Repser Stuhles; 1873, 34. Reps vor fünfzig Jahren und jetzt.

Maurer Friedrich: 1872, 29. Maturitäts-Prüfungen; 1869, 41—50. Volksschule und Schulmeister.

Melas Heinrich: 1872, 20. Die Schäßburger Advokaten über die Justizzustände; 1869, 10. Das Nationalitätengesetz.

Meyndt Johann Georg, Dr. phil.: 1873, 5. Besprechung von: „Deutsche Satzlehre in Beispielen aus Klassikern" von Arno Hercher.

Michaelis Johann: 1870, 43. Warum lesen unsere Bauern so wenig?

Müller Friedrich: 1868, 3, 4. Aus dem sächsischen Volksleben; 1868, 9. Abermals eine Interpellation; 1868, 9—10. Zur Frage der Internate; 1868, 17. 1861 und 1868; 1868, 18. Nach den Kandidatenprüfungen; 1868, 19. Bewahre uns vor solchen Freunden; 1868, 23. Woher und Wohin? 1868, 25 und 29. Stimmen aus der Vergangenheit für die Gegenwart; 1868, 27, 28. Zur Reform der Vertretungskörper im Sachsenlande; 1868, 31. Errungenschaften; 1869, 2. Friedensbedürfnis; 1869, 3. Streiflichter über die hohe Politik; 1869, 8—10. Zur Wahlbewegung im Sachsenlande; 1869, 15. Das provisorische Regulativ und die 1847/48-er Gesetze; 1869, 15—18, 20. Bemerkungen zum ungarischen Gesetz über den öffentlichen Volksschulunterricht. 1869, 19. Worauf warten sie noch? 1869, 21. An die sächsischen Deputierten in Pest; 1869, 23. Die Sonntagsschule in Landgemeinden; 1869, 24—27. Zur Reform der evangelisch-sächsischen Mittelschulen in Siebenbürgen; 1869, 36. Umschau; 1869, 40, 41. Konfessionelle Streiflichter aus Ungarn; 1869, 45. Scheidewege; 1869, 47. Zu den Wahlen; 1869, 51, 52. Zur Reform der Volksschule; 1870, 1, 2, 4. Zur Reform der Volksschule. 1870, 3. An unsere Deputierten in Pest; 1870, 3, 4, 6. Vorstudien zur nächsten Landeskirchenversammlung; 1870, 8—12. Aus der Landeskirchenversammlung; 1870, 22. Die österreichischen Deutschen und Deutschland; 1870, 32. Österreich und der Krieg; 1870, 33. Ungarn und der Krieg; 1870, 34. Zur Friedensliga; 1870, 34. Sächsische Stimmungen; 1870, 40. Vor der orientalischen Frage; 1870, 41. Der Rückfall von Elsaß und Lothringen an Deutschland; 1870, 44, 45, 47, 48, 50, 51. Sächsisches Kommunalleben aus der Zeit des Absolutismus; 1870, 46. Gedanken eines Weitsichtigen; 1870, 47. Die Stellung Österreichs zur russisch-türkischen Frage; 1870, 51. Der Konflux und das Nationalvermögen; 1871, 1. Aus dem Harbachthale; 1871, 2. Vorstellung der Leschkircher Stuhlsversammlung an die sächsische Nationsuniversität; 1871, 6. Wer den Rechtsboden verläßt; 1871, 7. Ein zweiter Akt der orientalischen Frage; 1871, 8, 9. Zum Lehrplan der neu einzurichtenden Seminarien der ev. Landeskirche; 1871, 12. Wie man den Rechtsboden zerstört; 1871, 11—16. Rebeblumen; 1870, 23, 24. Städtische Elementar- und Mädchenschulen; 1871, 34. Die fünfundzwanzigste Jahresversammlung des Vereins für siebenbürgische Landeskunde; 1871, 38. Am 14. September; 1871, 42—47. Die Unfehlbarkeit des Papstes und die sogenannten Altkatholiken; 1872, 8. Zur Seminarfrage; 1872, 25. Die Ortschaften Siebenbürgens mit einer Bevölkerung über 2000 Seelen nach dem Stande vom 1. Januar 1870; 1872, 31. Die Reichstagswahlen in Sachsenland; 1872, 37, 38. Die Sachsen im Unterhause; 1872, 40. Resignierte Ideen; 1872, 46. Die Anhörung der „Betreffenden" in der

Munizipalfrage des Königsbodens: 1873, 2. Zum Wiederbeginn der Reichstagssitzungen; 1873, 18. Wir können nicht warten; 1873, 20. Besprechung von: „Das deutsche Handwerk und die soziale Frage von J. F. H. Dannenberg"; 1873, 22. Wille und Wirkung; 1873, 22. Zur Mittelschulfrage; 1873, 38, 39. Vom Gustav Adolf-Verein in Kassel: 1873, 41, 42, 44, 45, 47. Reiseerinnerungen; 1873, 53. Die Magyaren und andere Ungarn.

Neugeboren Emil: 1871, 2—4. Das provisorische Regulativ und die Stadtrepräsentanz von Mühlbach.

Neugeboren Heinrich: 1869, 13, 16, 19, 22. Erörterung der Urteile für das Kronstädter Internat; 1870, 43. Ein moderner Hans Sachs; 1871, 44. Euer Hoch-, Hochehr- und Hochwohllehrwürden; 1871, 45. Zum 10. November. Wie Schillers Tod noch während seines Lebens gefeiert wurde; 1871, 52. Besprechung von: „Die Sachsen in Siebenbürgen. Eine ethnographische Skizze von Reinhard Zöllner; 1872, 4, 7. Zur Kronstädter Eisenbahnfrage; 1872, 8. Deutsches Zentralmuseum für Völkerkunde.

Obert Franz: 1870, 50. Die Betrachtung der bevorstehenden Sonnenfinsternis in den Schulen; 1871, 13. Protokollar-Erklärung der Mediascher Kreisvertretung vom 22. März 1871; 1871, 49. Adresse der Universität der sächsischen Nation an Se. k. u. k. apost. Majestät zum 2. Dezember 1873; 1868, 8. Der Gesetzentwurf zur Regelung des Volksschulunterrichtes in Ungarn.

Orendi Gottfried: 1872, 35, 37. Vom Lehrertag.

Philp Rudolf: 1870, 16. Eckardt in Hermannstadt; 1870, 17: De Gustibus; 1870, 19, 20. Zur Stellung der Hermannstädter Elementarlehrer; 1870. 22—27. Über Sprachgesetze und Sprachentwicklung. Vorlesung; 1870, 46. Aus Hermannstadt; 1871, 40, 11, 48, 50. Gute Bücher; 1872, 15. Gesundheitspflege in Schulen. 1872, 16, 17. Unsere Wintervorlesungen; 1873, 3, 4. Unsere Wintervorlesungen; 1873, 12, 14, 15. Besprechung von: „Salamon, König von Ungarn" von Julius von der Traun; 1873, 15. Drei Vorträge; 1873, 22, 23, 24, 26, 27. Orthographie; 1873, 24, 25. Vom Mediascher Lehrertag.

Mannicher Jakob: 1869, 27. Rede desselben in der Reichstagssitzung vom 1. Juli 1869 in der Debatte über die Justizvorlage; 1871, 48—50. Über die Gewerbefreiheit. Rede im Unterhause vom 18. November 1871.

Reißenberger Karl Friedrich: 1870, 42. Am Rhein; 1872, 46. Ludwig Uhland; 1873, 31. Siebenbürgisch-deutsche Sprachforschungen; 1873, 32. Die Enthüllung des Uhlanddenkmals in Tübingen.

Reißenberger Ludwig: 1872, 21—23, 26. Über Erdbeben; 1872, 36, 38—43. Über Wetterprophezeiung; 1873, 1—8. Bericht über kirchliche Altertümer.

Römer Julius: 1870, 35. Von den deutschen Universitäten. (Heidelberg).

Schreiber Friedrich: 1868, 13. Die Aufschwung des Vereinswesens in Siebenbürgen; 1868, 17. Die Komitate und Szeklerstühle seit den Restaurationen; 1868, 22. Straf-Rechtspflege. (Übertretungen): 1869, 2, 3. Die Komitate und Szeklerstühle am Vorabend der Wahlen; 1869, 12. Reverse; 1869, 16. Die Ministerialverordnung über den Instanzenzug der politischen Behörden in Urbarialstreitsachen und Übertretungen; 1869, 17. Die Landtagswahlen in außersächsischen Siebenbürgen; 1869, 28. Johannes Rouge in Pest; 1869, 29. Unser Abgeordnetenhaus; 1869, 35. Pester Briefe; 1869, 37, 38. Die katholische Autonomie in Siebenbürgen; 1869, 42. Auf der ersten siebenbürgischen Bahn; 1869, 49, 50. Zur römisch-katholischen Bewegung; 1870, 7. Die hauptstädtische Presse; 1870, 10. Die katholische Autonomie im Abgeordnetenhause; 1870, 12. Zur Unterrichtsdebatte; 1870, 16. Zur Frage der Restaurationen; 1870, 21. Ein Anklang: 1870, 39. Die siebenbürgischen Städte und Taxalorte vor Einführung des Munizipalgesetzes; 1870, 40. Der Juristentag in Pest; 1870, 41. Die Söhne Haifs. (Nationalität oder konfessionelle Frage.) 1870, 47. Zur Frage der adeligen Mautfreiheit; 1871, 24. Wissenschaft im Attila; 1871, 26. Der französische Professor in Pest; 1871, 32. Zu dem Plattensee: 1871, 37—39. Ofen zur Zeit der Anjous und seine Beziehungen zu Hermannstadt. Vortrag, gehalten in der Versammlung des Vereins für siebenbürgische Landeskunde zu Hermannstadt am 14. August 1871; 1871, 51. Aus der Hauptstadt; 1872, 9, 12, 16, 28. Aus der

Hauptstadt; 1872, 29. Zur Praxis des Volksschulgesetzes; 1872, 33. Das serbische Volksschulgesetz; 1872, 36. Zur Frage der Militärbequartierung; 1872, 40. Der dritte ungarische Juristentag; 1872, 44. Das Gemeindegesetz und die sächsischen Stadtgemeinden; 1872, 50, 51. Der Sprachzwang in der Hauptstadt; 1873, 11. Die Unterrichtsdebatte im Abgeordnetenhause; 1873, 15. Kleiner Krieg; 1873, 21, 37. Aus der Hauptstadt; 1873, 33. Der Rosenauer Fall; 1873, 40. In der Bißtra; 1873, 50. Eine Bewegung unter den Zipser Deutschen; 1873, 5. Chinesisches (Gedicht); 1873, 7. Hermannstädter Plaudereien.

Schuller Michael Gottlieb: 1873, 49—51. Schäßburg vor sechzig Jahren.

Schuster Friedrich Wilhelm: *) 1868, 10. Ein Testament; 1868, 12. Zu den Namensveränderungen in Ungarn; 1868. 12. Offenes Bekenntnis;* 1868, 16. Lied von den kleinen Seelen;* 1868, 20, 21. Träume; 1869, 5. Nur ein Tröpflein Wahrheit!* 1869, 9. Die neue Litanei;* 1869, 13. Diplomatischer Zapfenstreich;* 1869, 14. Frühlingselegie;* 1869, 16. Der Lord und sein Hund;* 1869, 18. Nocturno;* 1869, 33. Instruktionen;* 1869, 35. Trinklied;* 1869, 38. Der Besuch; 1869, 38. Bienchens Studienreise;* 1869, 40. Pandorens Kinderbescherung;* 1869, 42. Romanze;* 1869, 47. Es kommt noch eine andere Zeit;* 1870, 3. Der Alte und sein Pfeischen;* 1870, 6. Was kümmert's mich;* 1870, 8. Privatvergnügen;* 1870, 9. Aschermittwochkorrespondenz; 1870, 11. Die Wahrsagerin;* 1870, 28. Ein feiner Junge;* 1870, 30. Rechtlose im Rechtsstreit; 1870, 36. Das politische Gleichgewicht in Europa; 1870, 49. Aus den Lehrjahren eines alten Jungen; 1870, 52. Aussichten; 1871, 4. Bekenntnisse schöner Seelen; 1871, 6. Anekdoten; 1871, 19. Japanesischer Hymnus; 1871, 22. Besprechung von: Sammlung der deutschen Kriegs- und Volkslieder des Jahres 1870. Herausgegeben von Ernst Wachsmann. (Berlin, 1870); 1872, 13. Jesuitismus; 1872, 33. Die Reichstagswahlen im Sachsenlande; 1873, 5. Ein Totengericht.

Schuster G. Friedrich: 1872, 18—20. Johann Michael Schultes. (Eine Selbstbiographie.)

Seiwerth Gustav: 1868, 1—24. Der Schatz; 1868, 31. Gute Nacht; 1869, 32—34. Die Kunst unter den Sachsen; 1869, 40—50. Ein sächsischer Pfarrhof; 1870, 32. Der archäologische Fund bei Hammersdorf; 1872, 8. Martin Meschner. (Nekrolog); 1873, 9. Hermannstädter Plauderei.

Teutsch Friedrich: 1871, 27. Die deutsche Sieges- und Friedensfeier in Berlin; 1871, 42. Bespricht: „Deutsche Reden" von Giesebrecht; 1872, 5. Erinnerungstage; 1872, 46. Am Reformationsfest; 1873, 39—41. Die deutsche Arbeit.

Teutsch G. D., Dr. phil.: 1868, 3. 12. Juni. Zur Erinnerung; 1868, 13, 14, 15. Zur Lage. 1868, 14, 15. Schulsachen; 1868, 18. An die Adresse des Pester Lloyd; 1868, 19. Der Entwurf des ungarischen Volksschulgesetzes; 1868, 20. Ein Nachruf; 1868, 21. Das Hermannstädter Obergericht; 1868, 22. Noch einmal das Hermannstädter Obergericht; 1869, 1. Zum neuen Jahre; 1869, 4. Schulsachen; 1869, 10, 11. Zu den nahen Reichstagswahlen; 1869, 26. Der 31. Mai in Worms; 1869, 44. Zum Ministerwechsel; 1869, 46. Der neue Minister; 1869, 47. „Die Regierung muß im Sinne der Gesetze geführt werden"; 1869, 48. „Specialis ramus sacrae coronae"; 1870, 2, 3. Aus alter Zeit für die Gegenwart; 1870, 14. Zur drohenden Organisation der ersten Gerichtsinstanz; 1870, 15. Rück- und Umschau; 1870, 36. Zum 2. September; 1870, 37. Litteratur; 1870, 38. Rom; 1870, 40. Straßburg; 1871, 1. Ein fünfhundertjähriges Jubiläum; 1871, 2. Rechtsboden; 1871, 4. Besprechung von: „Geschichte des sächsischen Dorfes Großpold" von David Krasser; 1871, 10. Der Friede; 1871, 10. Wie man den Rechtsboden findet; 1871, 21, 22. Über Nationalität und Muttersprache. Stimmen der deutschen Wissenschaft; 1871, 27. Korrespondenz aus Schäßburg; 1871, 27. Besprechung von: „Verfassung der ev. Landeskirche A. B. in Siebenbürgen. Umrisse zu einem Leitfaden für die oberste Klasse unserer Gymnasien und Seminarien." Von Franz Lassel; 1871, 30. Vom großen deutschen Kriege; 1871, 32. Zur kommenden Festwoche; 1871, 37, 38. Zur Geschichte des sächsischen Nationalvermögens; 1871, 42. Das Törzburger Dominium und der moderne Kommunismus; 1872, 3. Das Deutsche Reich, Ungarn und das deutsche

---

*) Die mit * bezeichneten Überschriften sind Titel von Gedichten.

Recht in Siebenbürgen; 1872, 5. „Daß wir ihnen die ungarischen Verhältnisse lieb machen"; 1872, 6. Worte und Thaten; 1872, 7. Eine neue Staatsaktion; 1872, 9. Ungarn und die europäische Kultur; 1872, 10. Zur Kulturstatistik von Ungarn und Siebenbürgen; 1872, 11. Dem „Pester Lloyd"; 1872, 14. Auferstehung; 1872, 15, 16. Politische Träume und Geschichte; 1872, 18. Zur Arbeit am innern Frieden; 1872, 19. Die Hochschule in Straßburg; 1872, 23, 24. Ein Ausblick in die Zukunft; 1872, 28. Vom nächsten Reichstag; 1872, 36. Aus den Ergebnissen der Volkszählung; 1872, 42. Das historische Recht in Ungarn und die sächsische Nation; 1872, 43. Zum bevorstehenden sächsischen Munizipalgesetz; 1872, 44. Die künftige sächsische Nationsuniversität; 1872, 44. Siebenbürgisch-deutsche Kalender für 1873; 1872, 52. Der Tag graut; 1873, 1. Zum neuen Jahr; 1873, 6. Zur deutschen Schulerziehung; 1873, 7. Zeitbetrachtungen; 1873, 8. Unverzagt! 1873, 13. Rechtlich und sittlich unmöglich; 1873, 14. Eine Stimme der Wissenschaft; 1873, 16. Ostern; 1873, 17. „Ein Mann ist viel wert in so teurer Zeit"; 1873, 27. Andreas Freiherr von Schaguna; 1873, 30. Zum Gesetzentwurf über den Mittelschulunterricht; 1873, 39. Die „Abrundung der Munizipien"; 1873, 40. Abermals zur „Abrundung der Munizipien"; 1873, 41. „Sein oder Nichtsein"; 1873, 42. Besprechung von: Kirchengeschichte von Dr. K. R. Hagenbach; 1873, 42. „Die auf Gesetzen und Verträgen beruhenden Rechte"; 1873, 43. Aus unserem Kirchenleben; 1873, 45, 47, 48. Zeitbetrachtungen; 1873, 49. Zum 2. Dezember; 1873, 49. Adresse des Landeskonsistoriums der ev. Kirche A. B. in Siebenbürgen an Se. k. u. k. apost. Majestät zum 2. Dezember 1873; 1873, 52. Zum innern Mohatsch.

Theil Rudolf, Dr. phil.: 1871, 14. Der Konflux des provisorischen Regulativs; 1872, 47, 48. Aus dem Konflux; 1873, 48, 50—52. Aus der Nationsuniversität.

Trausch Josef: 1871, 20—23. Zur Geschichte der Wirksamkeit der sächsischen Nationsuniversität in älterer und neuerer Zeit.

Trauschenfels Eugen von, Dr. jur.: 1868, 2. Privilegien; 1868, 7. Das Hermannstädter Obergericht; 1868, 14. Ein Attenstück aus dem ungarischen Abgeordnetenhause; 1868, 15. Die Denkschrift der Filialstühle Szelistye und Talmatsch; 1868, 16. Zur Durchführung der Union. Verwaltung; 1868, 17. Zur Durchführung der Union. Rechtspflege; 1868, 18. Zur Durchführung der Union. Nationalitätenfrage; 1869, 1, 2—6, 8, 9, 12. Zur Frage der Zusammensetzung munizipaler Vertretungskörper höherer Ordnung; 1869, 37. Zur Feststellung der Kompetenz der sächsischen Nationsuniversität; 1870, 8. Ausschluß der Lehrer und Kommunalbeamten aus dem Gemeinderat; 1870, 9, 10. Siebenbürgische Stiftungen und Fonde unter der Verwaltung des Ministeriums des Innern; 1872, 12, 13. Das Kronstädter Zuchthaus und der Justizminister.

Wächter Julius: 1872, 51 und 1873, 2, 8, 9, 10, 16—18, 20. Mitteilungen über die Schweiz.

Weiß Wilhelm: 1872, 23. Die Grundsteinlegung zum Wagner-Theater in Bairenth; 1872, 28. Ein verschollenes Grab.

Wittstock Heinrich: 1868, 11, 12. Die Vereinstage in Bistritz; 1868, 20. Zu den Kandidatenprüfungen; 1869, 1—5. Szenen aus dem Kuruzenkriege; 1869, 13. Aus dem Amtsleben eines sächsischen Pfarrers; 1869, 22. Reisebriefe; 1869, 30. Leberecht Uhlich in Hermannstadt; 1869, 33. Die Verhandlungen des Vereins für siebenbürgische Landeskunde 1. bis 4. August 1869; 1869, 43. Zu den jetzigen Wahlen; 1869, 46. Was nun? 1869, 48. Der Entwurf zu einer neuen Organisation unserer Ehegerichte; 1869, 49. Die Ersatzmänner in den neuen Vertretungen; 1870, 4. Trübe Aussichten; 1870, 5. Die Adreßdebatte im Wiener Reichsrate; 1870, 5. Das römische Concil; 1870, 7—9. Europäische Zustände; 1870, 13. Weltlich oder geistlich; 1870, 20. Nationales Stillleben; 1870, 21. Zwei Kaisertümer; 1870, 36. Der deutsch-französische Krieg; 1870, 49. Die orientalische Frage; 1871, 1, 3—9. Zwei Sachsengrafen; 1871, 25. Die Arbeiten der Finanzkommission in der letzten Nationsuniversität; 1871, 32—34. Konfessionelle oder konfessionslose Schule? 1871, 33. Die achte Jahresversammlung des siebenbürgischen Hauptvereines der Gustav Adolf-Stiftung; 1871, 36. Die Verfassungswirren in Frankreich und Österreich; 1871, 41. Die altkatholische Bewegung; 1871, 47. Der neue Minister des Äußern; 1872, 1. Ein neuer Krieg; 1872, 8. Ausgleichspolitik; 1872, 10, 11. Römische Briefe; 1872,

12. Die parlamentarischen Vorgänge in Pest; 1872, 26. Rückblicke auf den Rechenschaftsbericht der Hermannstädter Reichstagsabgeordneten; 1872, 34. Die Vereinstage in Mediasch; 1872, 35. Über die zweckmäßige Einrichtung von neuen Schulbauten; 1872, 37, 38. Die Festtage in Speyer; 1872, 40—49. Reise-Erinnerungen I; 1873, 6. Kirchliche Unduldsamkeit; 1873, 8. Lehrernot; 1873, 30. Stromayr; 1873, 30, 31. Politische Schönfärberei; 1873, 35. Neuer Wein in alte Schläuche; 1873, 36. Linke Nationalökonomie; 1873, 37. Die Abrundung der Komitate und das Sachsenland; 1873, 42, 44. Neue Schlagwörter; 1873, 45—48, 52. Zur sächsischen Geschichte neuerer Zeit; 1873, 50. Auflösung überall; 1873, 53. Repräsentation der sächsischen Nationsuniversität an den Minister des Innern betreffend die munizipale Regelung des Königsbodens; 1873, 53. Repräsentation der sächsischen Nationsuniversität an den Minister des Innern, betreffend die beabsichtigte Abrundung der Munizipien.

Wohl Wilhelm Albert: 1872, 33. Die Reichstagswahlen im Sachsenlande.

Wolff Johann: 1868, 29. Erlkönig in guter Gesellschaft; 1869, 6. Karnevalistisches; 1869, 9, 15, 26. Von den deutschen Universitäten (Tübingen, Leipzig, Wien). 1869, 20—21. Bagatellen aus dem neuesten Kuruzenkriege; 1869, 28, 30, 31. Aus ungarischen Gymnasien; 1869, 36. Badeblüten aus Elöpatak; 1871, 23, 24. Die deutsche Universitätsjugend; 1871, 33, 41. Harmlose Betrachtungen eines kleinstädtischen Nachtwächters; 1871, 38. Die Reichstagswahlen im Sachsenlande.

Wolff Karl, Dr. jur.: 1870, 18—20. Wochenschau; 1870, 18. Die westleithanische Verfassungskrise.

Ziegler Johann: 1873, 23. Zum Jubiläum Hase's; 1873, 47. Ein Gruß aus Jena.

Zai Michael: 1872, 34. Die Reichstagswahlen im Sachsenlande.

Zimmermann Josef: 1873, 6—8. Instruktion der Hermannstädter Stadtkommunität für ihre Landtagsdeputierten in der Sprachenfrage.

Zintz Ferd.: 1869, 43. Von den deutschen Universitäten (Jena); 1870, 24, 25. Von den deutschen Universitäten (Berlin); 1870, 28. Aus dem Unterwalde.

S. d. T., 1031, 1032, 1039, 1040, (1877).
Schul- und Kirchenbote, XII, 6.
S. d. T., 1738, (1879); 1946, 1947, (1880); 1948—1951. Die Franz Gebbelfeier. (Die Nummern 1918—1951, erschienen auch im Sonderabdruck unter dem Titel: Die Franz Gebbelfeier in Hermannstadt am 18. Mai 1880. Hermannstadt, Josef Drotleff 1880. Die Rede Oberts am Grabe Gebbels ist auch abgedruckt in: Franz Obert, Sächsische Lebensbilder, 208.
S. d. T., 1949—1951 (1880) Denkrede von H. Wittstock.
S. d. T., 2657—2558 (1882) Zur Erinnerung an Franz Gebbel. Ein deutscher Kämpfer in Siebenbürgen. Nationalzeitung (Berlin) 1882, 103.
S. d. T., 2585 (1882) Gebbelstiftung.
S. d. T., 4081 (1887) Erinnerungen an Franz Gebbel.
Franz Gebbel von Josef und Adolf Schullerus. Volksschriften-Verlag. W. Krafft, Hermannstadt, 2. und 3. Heft.
Hundert Jahre sächs. Kämpfe, 279 (Fr. Gebbel als Redakteur des S. d. W.)

Gebell Andreas

gehört, obwohl seine Schreibart des Namens von jener der übrigen Familienmitglieder abweicht, dem Hause der Schäßburger „Goebel" an (s. Johann Goebel). Er wurde am 13. November 1622 getauft und verlor frühe seine Eltern. Dennoch scheint er eine sehr sorgfältige Erziehung und eine gründlichere Schulbildung genossen zu haben, als es für einen Zunftmann seiner Zeit gewöhnlich war. Nachdem er, wie sein Vater, Schneider geworden, heiratete er 1645 Sara, die Tochter des späteren Königsrichters Stefan Man des Jüngeren. Seit 1663 Ratsgeschworener, erscheint er 1672 als Stuhls- seit 1673 als Königsrichter von Schäßburg und nahm öfters als Abgeordneter der Stadt teil an Universitätssitzungen und Landtagen. Er starb eines plötzlichen Todes am 30. März 1677. Gebells Verdienst besteht hauptsächlich in der Pflege und Anregung zu geschichtlichen Aufzeichnungen. Von seinem regen Eifer in dieser Beziehung zeigt u. a. auch eine größtenteils von ihm genommene Abschrift des Graffius'schen „Pastor Transsylvanus Saxo."

In das von ihm 1676 angelegte Protokoll der Schneiderzunft trug er wenige Tage vor seinem Tode ein:

Die Beschreibung der Feuerbrunst (in Schäßburg) von 1676. (Gedruckt im Arch. f. Ldle., N. F. I, 228.)

In dem oben erwähnten Codex, in welchem sich auch der „Pastor Transsylvanus Saxo" findet, zeichnete er auf die

Limitatio Universitatis Saxonum in Transilvania.

K. Fabritius, Die Schäßburger Chronisten des XVII. Jahrhunderts. Fontes Rerum Austriacarum Scriptores III, LXIII—LXV.

Geltch Johann Friedrich.

(II, 2).

Von Geltch ist im Manuskripte (im Superintendentialarchiv) folgende Dissertation vorhanden:

De prototypo categoriarum simulqre de schematismo antinomiarum philosophiae critica. 1838.

Allg. b. Biogr., 8, 552 von (Fr.) Müller.
Friedenfels, Bedeus, II, 52.
Szinnyei, M. J., III, 1113.
Franz Obert, Sächsische Lebensbilder, 124.

Gemmarius Thomas.

(II, 3).

Wir stoßen bei ihm, sagt Fr. Teutsch (Arch. f. Ldle., XIX, 13) auf allerlei Schwierigkeiten. Es ist durch Transch (Denkbl. I, Vorb. XIII; Kurz, Magazin zc. II, 340. Vgl. Korr. f. Ldle., 1880, 15; Archiv für Geschichte des deutschen Buchhandels, VI, 19) schlagend nachgewiesen, daß vom Druck der Grammatik (s. Transch II, 3) in Hermannstadt im genannten Jahr unmöglich geredet werden könne. Geschrieben kann Gemmarius sie haben, und es steht nichts im Wege, daß er sie dem Sohn des Markus

Pemfflinger widmete, obwohl die älteste Nachricht erst aus dem Jahr 1659 stammt, und der Verfasser daselbst Gemasus genannt wird. Sicher ist nur: 1521 ist ein Thomas Gemasy von Hermannstadt in Wien immatrikuliert und im Jahre 1525 ist ein Thomas Gemmarius (wohl derselbe) Mitglied der Verbrüderung des h. Leichnams in Hermannstadt, doch ist er am 26. Dezember 1526 nicht mehr am Leben. Daß er Rektor gewesen, wird dort nicht berührt.

Szinnyei, M. J., III, 1114.

Gerger Andreas.

De theologia in genere sub moderamine sacrosanctae trinitatis ... publice disputabit. 8°. Cibinii. Johann Barth, 1696.

Gestalter Michael.

(II, 4).

Im Jahre 1875 wurde er in den Ruhestand versetzt und starb in Hermannstadt am 11. Mai 1883.

Die Abhandlung „Die Baden-Durlach'schen Deutschen in Mühlbach" wird (II, 4) irrtümlich Gestalter zugeschrieben. (Vgl. hier den Artikel Möckel Joh. Michael).

Szinnyei, M. J., III, 1192.

Giesel Johann Georg

wurde am 6. August 1810 in Kronstadt, seinem Geburtsorte, getauft. Nachdem er 1832 das Gymnasium seiner Vaterstadt absolviert und in den nächsten Jahren seine Hochschulstudien beendigt hatte, wurde er (1835) als Lehrer an das Honterusgymnasium berufen und rückte bis zur Stelle des Konrektors auf. Im Jahre 1846 wurde er in Wolkendorf und zehn Jahre darauf in Marienburg zum Pfarrer gewählt. Als solcher starb er am 10. Januar 1890.

Giesel redigierte mit Geltch, Schiel und Michaelis die „Schul- und Kirchenzeitung" vom 1. März 1851 bis Ende Dezember 1852. (Kronstadt, Joh. Gött.)

Er veröffentlichte:

1. Festkantate, gewidmet dem Verein für siebenbürgische Landeskunde; aufgeführt bei Gelegenheit der Generalversammlung desselben in Kronstadt im Jahre 1843. Gedichtet von J. G. Giesel, Gymnasiallehrer, in Musik gesetzt von J. Hedwig, Chordirektor an der ev. Stadtpfarrkirche zu Kronstadt. Kronstadt, Joh. Gött. 8°. 8 S. [Ohne Jahr.]

2. Bruchstücke aus der Geschichte der vaterländischen geistlichen Zehnten mit besonderer Bezugnahme auf unsere Walachen.*) Magazin für Geschichte Siebenbürgens II, 1846—1847.

3. Lieder zum Honterusfeste im Jahre 1851. Kronstadt 1851.

S. d. T., 7894, 7895 (1890).
Szinnyei, M. J., III, 1211.

Girscht Andreas

wurde am 17. Juni 1826 in Draas geboren. In reiferem Alter bezog er das Gymnasium in Schäßburg, welches er 1847 absolvierte. Da er seinem Herzenswunsch, eine Hochschule zu besuchen, aus Mangel an Mitteln entsagen mußte, ließ er sich in demselben Jahre in seinem Geburtsorte als Lehrer anstellen. Nach wenigen Jahren ging er als Prediger-Lehrer nach Stein. Von da rief ihn sein Geburtsort wieder zurück, wo er seinem alten Oheim in der Seelsorge treu zur Seite stand. Darauf wurde er Pfarrer in Retersdorf und dann Prediger-Lehrer in Agnetheln. Am 15. Oktober 1885 wählte ihn die Gemeinde Dunnesdorf und am 10. Januar 1894 die Gemeinde Malmkrog zu ihrem Pfarrer. Nach längerem Leiden ist er hier am 1. Juni 1897 gestorben.

Er schrieb:

1. Über religiöse Bildung in der Volksschule. (Erschienen im II. Bd. der Vierteljahrschrift für Seelenlehre, herausgegeben von H. Neugeboren und L. Korodi.) Kronstadt 1860. Verlag von Johann Gött.

2. Über den hohen Wert der neuen Seelenlehre in Bezug auf unsere Selbsterkenntnis und Selbstbildung. Ebenda, III, 1861.

3. Was bedeuten die Zeichen der Gegenwart auf dem Gebiete des ev. Volkslebens für das ev. Lehramt und was fordern sie von ihm? Schul- und Kirchenbote 1891, Nr. 6, 7, 8.

Im schriftlichen Nachlasse Girschts fanden sich noch mehrere Aufsätze: „Bericht eines Volksschullehrers über die auf der Wiener Weltausstellung gewonnenen Anschauungen und Erfahrungen", „Der Schulmeister und sein Gewissen", „Grundzüge der Seelenlehre als Naturwissenschaft."

Mehrere Gedichte von Girscht hat H. Neugeboren in den „Kirchlichen Blättern", Verlag von W. Krafft, Hermannstadt, II, 1898 veröffentlicht.

Zum Andenken an Andreas Girscht von Heinrich Neugeboren. Kirchliche Blätter II, Nr. 4 und 5 (1898).

Glatz Julius Karl,

geboren am 18. Mai 1821 in Wien, lehrte von 1850—53 die ungarische Sprache am ev. Gymnasium in Hermannstadt. Am 15. September 1853 wurde er als Professor der deutschen Sprache und Litteratur an das

---

*) Übersetzt aus dem Originalmanuskript des Grafen Josef Kemény.

reformierte Kollegium nach Maros-Vásárhely berufen, doch legte er schon im Oktober 1854 seine Stelle krankheitshalber nieder. Von 1855 bis zu seinem im Juli 1873 erfolgten Tode war er zunächst Beamter bei der ungarischen Hofkanzlei in Wien und nach deren Auflösung Ministerialbeamter in Budapest.

Er gab heraus:

Szeget szeggel. Lustspiel in 1 Akt, von Karl Kisfaludy. Mit einem biographischen Abriß des Verfassers, mit grammatischen Anmerkungen, Erläuterungen (Fabeln, Allegorien) und mit einem kleinen Wörterbuche versehen. Zum Gebrauche an Mittelschulen. Hermannstadt 1852.

Szinnyei, M. J., III, 1227.

Göbbel Johann.
(II, 5).

Lustrierungsbericht über das Kronstädter Gymnasium (1845) von Friedrich Phleps und Johann Göbbel. Gedruckt in Fr. Teutsch Sch.-O., II, 347.

Arch. f. Ldbe., N. F. XIX, 439.
Szinnyei, M. J., III, 1334.

Goebel Johann.
(II, 6).

K. Fabritius weist in seiner Abhandlung „Die Schäßburger Chronisten des XVII. Jahrhunderts" (Fontes rerum Austriacarum Scriptores III, LVIII) auf das unzweifelhafteste nach, daß ein Goebel mit dem Taufnamen Johann in Schäßburg im ganzen 17. Jahrhundert nicht lebte, folglich auch nicht der Verfasser der ihm von Kemény (Deutsche Fundgruben, II, 140) zugeschriebenen Chronik sein kann. Warum Trausch II, 6, obgleich er auf die Abhandlung Fabritius' verweist, die Kemény'sche Ansicht beibehält, ist unverständlich.

Gondosch Michael

wurde am 3. Oktober 1837 in Pintak geboren. Nach Absolvierung des Bistritzer Gymnasiums im Jahre 1858 studierte er Theologie, Philologie und Philosophie in Wien. Seit dem 2. Februar 1861 diente er zunächst in provisorischer und seit 1862 in definitiver Anstellung als Gymnasiallehrer in Bistritz bis zum 4. Juli 1874, wo er von der Gemeinde Senndorf zum Pfarrer gewählt wurde. Von hier ging er in der gleichen Eigenschaft nach Treppen und 1891 nach St. Georgen.

Er schrieb:

Zum lateinischen Unterricht in der Quarta. V. G.-P., 1874.

V. G.-P., 1875.
Szinnyei, M. J., III, 1290.

Gooß Karl

wurde am 9. April 1844 als der Sohn des damaligen Direktors des Schäßburger Gymnasiums Karl Gooß in Schäßburg geboren. Schon 1849 starb sein Vater und wenige Monate darauf seine Mutter. Nach dem Tode der Eltern übernahm sein Großvater mütterlicherseits, Joh. Georg Fronius, seine Erziehung. Dieser war damals Pfarrer in Groß-Alisch. Dem Pfarrhofe von Groß-Alisch hat sich Gooß sein Leben lang zu großem Dank verpflichtet gefühlt. Hier hat er seine Nebenmenschen betrachten und sich selbst ihnen gegenüber betragen gelernt, hier hat er seine glücklichsten Tage zugebracht.

So war es erklärlich, daß sich Gooß, der von der zweiten Elementarklasse die Schule in Schäßburg besuchte, mit seinem neuen Aufenthaltsorte nur schwer befreundete, und daß während seines ganzen Gymnasialstudiums seine liebsten Zeiten die Ferien waren, die er in Groß-Alisch zubringen durfte. Von seinen Lehrern bewahrte Gooß bis zu seinem Tode insbesondere D. G. D. Teutsch und D. Fr. Müller die größte Hochachtung und Dankbarkeit. Namentlich rühmte er die Vielseitigkeit des Letzteren, die anknüpfend an den gerade vorliegenden Gegenstand dem Schüler nach allen Seiten hin Einblicke zu eröffnen verstand, die einfache und edle Form seines Vortrags, die überall mit dem Inhalt im Einklang stand, und besonders sein feines Gefühl für das Schöne und die Kunst.

Dank diesen seinen vortrefflichen Lehrern hatte Gooß eine solche Liebe zum Geschichtsstudium erfaßt, daß er sich beim Abgang vom Gymnasium (1862) die Frage nach einem Fachstudium gar nicht erst vorzulegen brauchte. Er wußte, daß die Geschichte allein ihm volle Befriedigung zu geben im stande sei. Aber schon auf der ersten Universität, die er besuchte, in Heidelberg, wendete er auch der lateinischen Sprache seine Aufmerksamkeit zu.

Für die Geschichte fand er damals in Wattenbach und Häußer die begeisternden Führer in dem Studium der historischen Quellen. In Häußers Seminar wurde damals gerade die Jugendgeschichte Friedrich II. nach den Quellen durchgearbeitet. Durch diese Übungen that Gooß den ersten Blick in das Material der Geschichte und kam zugleich zur Überzeugung, „daß zum Studium der Geschichte mehr als Interesse und ein gutes Gedächtnis gehöre".

Seine theologischen Studien wurden in Heidelberg besonders durch Rothe (Ethik und Kirchengeschichte) und Schenkel (Exegese des Römerbriefes) gefördert. Bezüglich seines Heidelberger Studiums macht einmal Gooß selbst das Geständnis, daß er daselbst im ganzen mehr Eindruck empfangen als verarbeitet habe.

Die Neuheit des Lebens, die reizende Lage der Stadt, das Studentenleben mit seinem romantisch-ritterlichen Zauber und selbständigen Wesen haben auf Gooß einen nachhaltigen Eindruck gemacht. Von Heidelberg ging er nach Jena. Hier führten ihn Stickel und Hase auf dem theologischen Gebiete weiter. Sein Verständnis des klassischen Altertums erweiterte und vertiefte sich bei Nipperdey, Moriz Schmidt und Gädechens.

Auf das eifrigere Studium der klassischen Philologie hat bei Gooß mit den größten Einfluß geübt der Pfarrer des Dörfchens Burgau bei

Jena Dr. Paul, der sich stets freundlich des jungen Studierenden angenommen und ihn immer wieder auf die Bedeutung der klassischen Philologie hingewiesen. Neben dem theologischen und philologischen Studium wurde die Geschichte nicht vernachlässigt, namentlich waren die Übungen im historischen Seminar bei Professor Adolf Schmidt von förderndem Einfluß. Große Freude bereiteten Gooß ferner die Vorlesungen Dr. Klopffleisch's über die deutsche Mythologie, denn mit diesem Colleg waren Exkursionen verbunden, auf welchen Märchen und Kindersprüche gesammelt und Ausgrabungen gemacht wurden. Letztere fesselten Gooß' ganze Aufmerksamkeit. „Wir haben," so schreibt er einmal, „einige Keltengräber ausgegraben und zahlreiche Skelete, Steinwaffen und wenig Bronze gefunden. Das Wesentliche waren die Erörterungen, welche Dr. Klopffleisch daran knüpfte, und die ich in Siebenbürgen einmal recht gut zu verwerten hoffe."

Nach anderthalbjährigem Aufenthalte in Jena bezog Gooß für ein Semester noch die Universität in Berlin. Hier hörte er Lepsius und Droysen und besuchte eifrig die Museen.

Nach Hause zurückgekehrt, fand er sofort eine Anstellung am Schäßburger Gymnasium, in der er hauptsächlich als Geschichtslehrer begeistert und begeisternd fast 15 Jahre gewirkt hat.

Seiner schriftstellerischen Thätigkeit zollten auch Fachleute in Deutschland, z. B. Mommsen vollste Anerkennung. Der Verein für siebenbürgische Landeskunde berief Gooß in seinen Ausschuß. Das Landeskonsistorium der siebenbürgischen Landeskirche ernannte ihn 1873 zum Kommissär für die Prüfungen der Kandidaten der Theologie und des Lehramtes auf dem Gebiete der Geographie, der Profan- und Kirchengeschichte. Auch am politischen Leben seines Volkes hat Gooß regen Anteil genommen.

In seiner Vaterstadt selbst war er unermüdlich auf dem Gebiete des öffentlichen, kommerziellen und politischen Lebens thätig. Seit dem Jahre des österr.-ung. Ausgleichs bis in die Todestage Gooß' standen sich hier zwei Parteien — zuerst unter dem Namen der Alt- und Jungsachsen, dann unter dem der sächsischen Volkspartei und der liberalen Partei — in den wichtigsten kommunalen und politischen Fragen scharf gegenüber. Gooß war immer ein sehr eifriger, entschlossener und beredter Führer der sächsischen Volkspartei und trat insbesondere gegen jede Vergewaltigung von magyarischer und magyarisierender Seite mit rücksichtslosem Feuereifer auf. Im Jahre 1878 wählte ihn die Stadt Schäßburg zu ihrem Vertreter in die sächsische Universität.

Am 11. April 1880 verfiel Gooß in ein schweres Gehirnleiden, von dem ihn der selbst bereitete Tod am 23. Juni 1881 befreite.

Gooß' Arbeiten:

1. Archäologische Analekten. Arch. f. Lkde., N. F. IX, XI, XII.
2. Studien zur Geographie und Geschichte des Trajanischen Daziens. (Mit einer Karte.) Sch. G.-P., 1874.
3. Untersuchungen über die Innerverhältnisse des Trajanischen Daziens. Arch. f. Lkde., N. F. XII.
4. Die römische Lagerstadt Apulum in Dazien. Sch. G.-P., 1875.

5. Skizzen zur vorrömischen Kulturgeschichte der mittleren Donaugegenden. Arch. f. Lde., N. F. XIII, XIV.

6. Chronik der archäologischen Funde Siebenbürgens. Ebenda, XIII.

(Die Chronik, im Auftrage des Vereins für siebenb. Landeskunde zusammengestellt, war in einem Sonderabbruck zugleich die Festgabe, die der genannte Verein der achten Versammlung des internationalen Kongresses für vorgeschichtliche Anthropologie und Archäologie in Budapest [1876] darbrachte).

7. Die vorgeschichtliche Zeit Siebenbürgens. Ein populär-wissenschaftlicher Vortrag. S. d. T., 1101 ff. (1877) und im Sonderabbruck.

8. Bericht über die von Frl. Sophie von Torma im August 1877 ausgestellte Sammlung prähistorischer Funde. Arch. f. Lde., N. F. XIV.

9. Die neueste Litteratur über die Frage der Herkunft der Rumänen. Korr. f. Lde., I, (1878), 17, 28.

10. Zur Rumänenfrage. Ebenda II, (1879), 26.

Gooß war ferner auch Mitarbeiter an den „Archäologisch-epigraphischen Mitteilungen aus Österreich".

S. d. T., 2285, 2287 (1881).
Sch. G.-P., 1881.
Korr. f. Lde., IV, (1881), 83.
Export (Berlin), 1881, Nr. 33.
Századok 1881, 7. Heft, 639.
Arch. f. Lde., N. F. XVII. (Denkrede auf Gooß, von G. D. Teutsch.)
Ebenda, XXII, 621.
Hundert Jahre sächs. Kämpfe, 303.
Szinnyei, M. J., III, 1291.

Gotterbarmet Jakob

(II, 10)

schildert in ergreifender Klage die Schicksale und den Zustand der Hermannstädter Schule, als er dahin (1661) als Lektor kam. (Arch. f. Lde., N. F. XVII, 53 und H. G.-P., 1896, 36.)

Szinnyei, M. J., III, 1316.

Gottschling Adolf,

geboren in Alzen am 14. März 1841, absolvierte das Gymnasium in Hermannstadt im Jahre 1860, worauf er die Hochschule in Wien bis zum Ende des Schuljahres 1864/65 besuchte und an der theologischen und philosophischen Fakultät sowie an der Technik immatrikuliert war. Im Jahre 1865 als Lehrer an die Oberrealschule nach Hermannstadt mit der Verpflichtung berufen, die Lehramtsprüfung in Wien abzulegen, kehrte er in seine Heimat zurück, die Prüfungen für das philosophische Doktorat unterbrechend, von welchen er zwei Rigorosen, das philosophische und mathematische, bereits abgelegt hatte. Nach Ablegung der Lehramtsprüfung wurde er im Jahre 1867 definitiv angestellt.

Im Jahre 1883 wurde Gottschling zum Mitglied der Oberverwaltung des siebenbürgisch-sächsischen Landwirtschaftsvereins und 1886 zum Mitglied des Kuratoriums der Mediascher Ackerbauschule und 1889 zum Sekretär des genannten Vereines gewählt.

Seine litterarische Thätigkeit begann er im Jahre 1877 mit den im „S. d. T." veröffentlichten Wetterberichten und einigen volkswirtschaftlichen Aufsätzen. Seit 1883 war er Mitarbeiter an den „Landwirtschaftlichen Blättern für Siebenbürgen" und übernahm 1886 deren Leitung. Am 1. September 1900 wurde er auf sein eigenes Ansuchen nach 35-jähriger Dienstleistung von dem ev. Landeskonsistorium A. B. mit dem Ausdrucke der Anerkennung für die mit unermüdetem Eifer und ausgezeichnetem Erfolge geleisteten Dienste in den bleibenden Ruhestand versetzt.

Außerdem schrieb er:
1. Die Wetterprognose auf Grundlage der Zyklonentheorie. H. G.-P., 1880.
2. Anleitung für meteorologische Beobachtungen. V. u. M., XXXII, (1882).

Die Arbeit, im Auftrage des Vereins für Naturwissenschaften entstanden, erschien auch als Broschüre. Hermannstadt, Buchdruckerei der v. Closius'schen Erbin.
3. Übersicht der Witterungserscheinungen in Hermannstadt im Jahre 1883. V. u. M., XXXIV, (1884.) — Ebenso für das Jahr 1884. Ebenda, XXXV. (1885). — Ebenso für die Jahre 1885 und 1886. Ebenda, XXXVII, (1887). — Ebenso für die Jahre 1887, 1888, 1889. Ebenda, XLI, (1891). — Ebenso für die Jahre 1890 und 1891. Ebenda, XLII, (1892). — Ebenso für die Jahre 1892, 1893 und 1894. Ebenda, XLV, (1895).

Gottschling Paul Rudolf
(II, 11)

wurde in Hermannstadt am 17. April 1721 geboren.

Meusel, teutsch. Schriftst. II, 624 ff.; IX, 446; XVII, 756.
Kläbe, Neuestes gelehrtes Dresden. Leipzig, 1796, 46.
Hahmann, Dresdens Schriftsteller und Künstler. Dresden, 1809, 175.
Szinnyei, M. J., III, 1321.

Graef Friedrich Jakob,

geboren am 19. Juli 1846 in Minarken, absolvierte 1868 das Gymnasium in Bistritz. Nachdem er hierauf drei Jahre hindurch in Wien an der theologischen und philosophischen Fakultät Vorlesungen gehört hatte, ging er an die Universität in Leipzig und schloß sich hier vor allem an Zarncke, Hildebrand und Ziller an. Nach einem weiteren Studienjahr, das er in Heidelberg und

Zürich zubrachte, kehrte er in die Heimat zurück und wurde am 24. August 1873 an die Mädchenschule und im November desselben Jahres an das Gymnasium in Bistritz berufen. An dieser Anstalt wirkte er bis zum Jahre 1882, wo ihn die ev. Kirchengemeinde in Bistritz zum Prediger wählte. 1883 wurde er Pfarrer in Petersdorf und 1897 Pfarrer in Mettersdorf.

Von Graef wurden außer zahlreichen Artikeln in der Bistritzer Wochenschrift, dem S. d. T. und den landwirtschaftlichen Blättern veröffentlicht:

1. Der Christbäumchendieb. Erzählung. S. d. T., 1889.
2. Die Tobiaseiche. Erzählung. Ebenda, 1887.
3. Das verlorene Gewissen. Ebenda, 1887.
4. Der Ziegelmacher. Ebenda, 1894.
5. Mein Herzjunge. Neuzeitliches Erziehungsbild aus Siebenbürgen. Ebenda, 1894. (Erschien auch in Buchform. Druck von Jos. Drotleff, Hermannstadt, 1894.)
6. Die Waldmühle. Novelle. Der siebenbürgische Volksfreund, redigiert von Fr. Herfurth. Kronstadt, Verlag von W. Hiemesch.
7. Die Scheidewand. Erzählung. Landwirtschaftliche Blätter. 1896. (Erschien auch im Sonderabdruck. Druck von Jos. Drotleff, Hermannstadt 1896.)

Pädagogische Aufsätze veröffentlichte Graef im Schul- und Kirchenboten und in den von ihm und A. Hommer durch zwei Jahre (1879—1881) herausgegebenen „Schul- und Kirchenblättern". (Druck bei Th. Botschar und Verlag bei J. F. Graef, Bistritz.) Der entschiedene Standpunkt der wissenschaftlichen Pädagogik führte Graef zu einer Polemik mit dem Redakteur des „Ungarischen Schulboten", J. Rill (Budapest), aus welcher

8. Die Zuchtrute für einen pädagogischen Redakteur. Leipzig, Matthes 1879

hervorging. In den Jahren von 1880—1885 redigierte Graef auch den Bistritzer Handkalender. In diesen schrieb er neben geschichtlichen Arbeiten Novellen und heimische Schwänke.

B. G.-P., 1874 und 1883.

Gräser Andreas.
(II, 14; III, 577).

1. Statuten des Mediascher Kapitels von 1397. Arch. f. Ldbe., II, 205.
2. Siebenbürgisches Steuerwesen 1720—1727. Ebenda IV, 45.
3. Urkundliche Mitteilungen zur Geschichte Siebenbürgens. Ebenda, N. F. I, 75.
4. Karaffas Projekt von 1690. Ebenda, N. F. I, 162.
5. Die Steuerberechnung nach Zahlhäusern in den zwei Stühlen. Ebenda, 189.
6. Erbauungszeit der Mediascher Stadt- und Ringmauern. Ebenda, 197.
7. Curriculum vitae Michaelis Bayer. Ebenda, 201.

Kronstädter Zeitung, 1869, Nr. 11.
Allg. d. Biogr., IX, 585 von [G. D.] Teutsch.
Szinnyei, M. J., III, 1425.

Graeser Daniel.
(II, 15).

Allg. d. Biogr., IX, 586 v. [Ferdinand von] Zieglauer.
Szinnyei, M. J., III, 1426.

Gräser Daniel.
(II, 16).

Predigt über Jeremiae 6, 16, am ersten Tage des Jahres 1786 zu Mediasch.
Preßburg, 1786

Arch. f. Ldbe., XVIII, 177, 336.
Vereinigte Ofner-Pester Zeitung, 1833, Nr. 81.
Szinnyei, M. J., III, 1427.

Graeser Gustav,

geboren in Mediasch am 20. September 1847, absolvierte daselbst das Gymnasium 1868 und studierte hierauf Theologie und klassische Philologie in Tübingen und Leipzig. 1873 wurde er Gymnasiallehrer in S.-Reen und 1874 in Mediasch.

Er schrieb:

Οἱ Ἑλλήνων τε καὶ Ῥωμαίων μέγιστοι θεοὶ πρὸς ἀλλήλους συμβάλλονται κατὰ τοὺς ὁμοίους καὶ διηγημένους χαρακτῆρας αὐτῶν. M. G.-P., 1882.

Graeser Karl Andreas,

geboren am 5. Februar 1849 in Mediasch, widmete sich seit seinem 14. Lebensjahre dem Buchhandlungsfache und trat bald als Buchhalter in die Firma Joh. Hölzel in Olmütz, der er auch später acht Jahre als Kompagnon angehörte. 1875 gründete er in Wien die Verlagsbuchhandlung Graeser in der Akademiestraße und übersiedelte auch hierher. Der Verlag nahm durch die rührige Thätigkeit Graesers einen bedeutenden Aufschwung. Namentlich waren es Schul- und Hilfsbücher, mit denen er sich beschäftigte, so die vom österreichischen Unterrichtsministerium herausgegebenen Vorlagenwerke, die in allen Schulen eingeführten Ausgaben deutscher Klassiker mit Kommentaren von hervorragenden österreichischen Schulmännern und Gelehrten. Graeser wurde für seine Verdienste auf verlegerischem Gebiete mehrfach durch kaiserliche Handschreiben und 1890 durch die Verleihung des Titels kaiserlicher Rat ausgezeichnet, auch wurden einige seiner Verlagserscheinungen in die kaiserliche Familienbibliothek aufgenommen. Auch vortreffliche Jugendschriften nationalen Inhaltes und besonders national siebenbürgisch-sächsische Werke erschienen in seinem Verlage.

Er starb am 22. August 1899.

1. Verlagskatalog von Karl Graeser in Wien, 1877—1897. Weihnachten 1897, k. u. k. Hofbuchdruckerei Fr. Winicker und Schickardt, Brünn.
2. Zur Aktivierung von Fachschulen für Buchhändler. Bericht, erstattet im Auftrage des „Vereines der österreichischen Buchhändler". Sonderabdruck aus der Österr. Buchh.-Korresp. 1887. 8°. (Als Manuskript gedruckt.)

S. b. T., 7809 (1899).

Graffius Lukas.
(II, 22).

Die von Trausch II, 25 unter Nummer 9 angeführte Handschrift Graffius' hat den folgenden Titel:

J. N. J. Kurtze Anmerkungen über Herrn Joh. Christ. Schäffers Archidiacon Querfurtensis Abbildung des wahren Lebendigen Glaubens in und bey der Rechtfertigung vor Gott aus bloßer Liebe der reinen Lähre und Göttlichen Wahrheit, gestellet von Luca Graffio Superint. Anno 1726, Mense Februario.

Zur Widerlegung der Pietisten schrieb Graffius ferner:

„Doctrina de fide viva."

Seine Anführung (Anweisung) zur lateinischen Sprache (Trausch a. a. O., II, 25, Nummer 11) veröffentlichte Fr. Teutsch, Sch.-O. I, 150.

Teutsch Fr., Sch.-O. I, XCVI.
Meltzl-Herrmann, Das alte und neue Kronstadt, I, 210 ff.
Szinnyei, M. J., III, 1410.

Greißing Christoph von.
(II, 27).

Empfindungen ... bei der Nachricht des in Wien ... verstorbenen Herrn Josef Mabatsch (von Chr. Heyser und Chr. Greißing). Kronstadt 1808.

Szinnyei, M. J., III, 1454.

Greißing Josef von, Dr. med.
(II, 28)

wurde am 1. August 1798 in Kronstadt geboren. Nach Beendigung der Gymnasialstudien in seiner Vaterstadt bezog er die Hochschule in Wien, um sich dem Studium der Medizin zu widmen.

Am 20. Januar 1823 zum Doktor in Wien promoviert, begann er seine ärztliche Thätigkeit zunächst in Kronstadt, machte aber im Jahre 1829 nach Rumänien, wo damals die orientalische Pest wütete, einen Ausflug um die gefährliche Seuche zu studieren. Nach wenigen Monaten kehrte er

in die Vaterstadt zurück und wurde am 2. Mai 1832 zum Stadtphysikus
ernannt. Erst nach 45=jähriger Wirksamkeit (1877) trat er von dieser Stelle
zurück. Während dieser langen Zeit hatte er oft Gelegenheit nach den ver=
schiedensten Richtungen hin seine volle Thätigkeit zu entfalten, insbesondere
in den Epidemiejahren 1831, 1848, 1866 und 1873.

Aus seiner Vorliebe zum Studium der Chemie erfloß das gründliche
Eindringen in die Bäderkuren, deren Pflege er sich während seines langen
Lebens zur entschiedensten Aufgabe machte. Dieser Richtung seines Strebens
verdankt Zaizon die Einführung in die Reihe der vaterländischen Bäder,
wozu er vielfältige Opfer brachte.

Im Jahre 1851 war ihm vom Fürsten Schwarzenberg und Dr. Keller=
mann die Stelle eines Landes=Medizinalrates angetragen worden; er nahm
sie jedoch nicht an.

Zur Feier seines 50=jähr. Doktorjubiläums erhielt er 1873 von dem Wiener
medizinischen Doktorenkollegium eine lateinische Beglückwünschungsadresse.

Bei seinem Eintritte in das 91. Lebensjahr am 1. August 1888
wurde er von seiten des Kronstädter Magistrates und der Stadtvertretung
hochachtungsvollst begrüßt.

Er starb in der Nacht vom 6. auf den 7. Januar 1890. Ihm zu Ehren
haben die Ärzte Kronstadts die „Dr. Jos. v. Greißing'sche Stiftung" gemacht,
aus deren Zinsen solche Instrumente und Bandagen für aus dem Spital ent=
lassene Kranke angeschafft werden sollen, für welche kein anderer Fond besteht.

Außer den in Trausch II, 29 angeführten Arbeiten Greißings sind
noch zu erwähnen:

1. Illustrationen der Heilwirkung der Mineralquellen von Zaizon. Widmung
   der 18. Hauptversammlung der ungar. Ärzte und Naturforscher bei ihrer
   Anwesenheit am 4. September 1875 in Zaizon. Druck von Joh. Gött und
   Sohn Heinrich [1875].
2. Wie wurde Zaizon zum Badeorte? Kronstädter Zeitung, Nr. 128, 129, (1887).

S. d. T., 4891 (1890).
Kronstädter Zeitung, Nr. 7 und 8 (1890). [Nachruf von Dr. Jos. Fabritius.]
Szinnyei, M. J., III, 1453.

Greißing Karl von, Dr. med.
(II, 26)

wurde am 11. Juli 1828 in Kronstadt geboren. Nach Absolvierung des
Gymnasiums seiner Vaterstadt studierte er in Wien Medizin und wurde
am 2. März 1855 Doktor der Medizin, am 30. desselben Monats Ma=
gister der Geburtshilfe und am 15. Mai Doktor der Chirurgie. Nach
seiner Rückkehr in seine Vaterstadt wurde er am 24. Oktober 1855 zum
Sekundararzt im Krankenhaus ernannt. In dieser Stellung blieb er bis
zu seinem Tode. Er starb in Kronstadt am Typhus am 7. März 1876.

Seine litterarische Thätigkeit s. Trausch II, 26.

S. d. T., 669 (1876).
Szinnyei, M. J., III, 1454.

Greißing Valentin von.
(II, 30).

Jos. Dück, Geschichte des Kronstädter Gymnasiums. Kronstadt 1845, Gött.
Allg. b. Biogr., IX, 635 von [Dr. Eugen von] Trauschenfels
Szinnyei, M. J., III, 1453.

Grimm Josef Andreas, Ritter von, Dr. jur.,
(II, 34),

am 16. April 1818 in Svojsic in Böhmen geboren, längere Zeit hindurch Professor an der Rechtsakademie in Hermannstadt und Statthaltereirat, mußte bei der Veränderung der Verhältnisse in Ungarn im Jahre 1861 wie alle übrigen Beamten in seine Heimat zurückkehren und war noch einige Jahre als Statthaltereirat in Prag thätig, bis er unter Belcredi pensioniert wurde. Hierauf wurde er Landesadvokat in Prag und 1870 und 1871 in Budweis, in welcher Zeit er eine große Thätigkeit auf politischem Gebiete entwickelte. Er hat insbesondere für die spätere Politik des Grafen Taafe vorgearbeitet und in kostspieligen Flugschriften in deutscher und tschechischer Sprache, in periodischen Blättern und auf jede mögliche Weise für die Vermittlung der Gegensätze und für die Dämpfung der Leidenschaften in Böhmen zu wirken gesucht. Nachdem das Ministerium Hohenwart, in dessen Auftrage er die politische Aktion in Böhmen geleitet hatte, gefallen war, bedurfte das darauf folgende Bürgerministerium seiner nicht mehr. Umnachteten Geistes starb Grimm in der Prager Irrenanstalt am 18. Februar 1877.
Seine Werke s. Trausch II, 34—38.

Friedenfels, Bedeus, II, 259, 294.
Szinnyei, M. J., III, 1472.

Groß Julius

wurde am 23. März 1855 in Kronstadt geboren, wo er 1873 das Gymnasium absolvierte. Er studierte von 1873—1875 in Jena und von 1875—1877 in Leipzig Theologie und altklassische Philologie, 1878 wurde er als Bibliothekar, 1882 als Fachlehrer für Latein und Griechisch am ev. Gymnasium in Kronstadt angestellt. 1894 wurde er zum Direktor dieses Gymnasiums und der damit verbundenen Lehranstalten gewählt.

Von ihm sind erschienen:

1. Katalog der von der Kronstädter Gymnasialbibliothek bei der 400-jährigen Luther Feier in Kronstadt ausgestellten Druckwerke aus dem Reformations-Zeitalter. Kronstadt 1883. [Vespr. Korr. f. Lde., VI, (1883), 191].
2. Kronstädter Drucke 1535—1886. Ein Beitrag zur Kulturgeschichte Kronstadt's. Kronstadt 1886.
3. Über Jugendlektüre und Schülerbibliotheken. K. G.-P., 1888.

4. Zur ältesten Geschichte der Kronstädter Gymnasialbibliothek, Arch. f. Ldbe., N. F. XXI.
5. Georg Michael Gottlieb v. Herrmann und seine Familie. Kronstädter Kultur- und Lebensbilder. Ebenda, N. F. XXII.
6. Aus den Briefen des Gubernialsekretärs Joh. Theodor v. Herrmann. Ebenda, N. F. XXIII.
7. Zur Geschichte der Heydendorff'schen Familie. Ebenda, N. F. XXIV.
8. Ein Fund römischer Konsulardenare bei Tartlau im Burzenland. Korr. f. Ldbe., XIV, (1891), 5.
9. Die Rosenauer Burg von Julius Groß und Ernst Kühlbrandt. Herausgegeben vom Ausschuß des Vereins für siebenbürgische Landeskunde. Mit 12 Abbildungen. Wien 1896. Carl Gräser (W. Krafft). Gr. 8°.
10. In dem Werke: Aus der Zeit der Reformation. Vorträge, gehalten im Auditorium des ev. Gymnasiums A. B. in Kronstadt in den Jahren 1897 und 1898. Festschrift zur Honterusfeier. Kronstadt, Buchdruckerei Schlandt 1898, rührt von Groß her die Einleitung und der zweite Vortrag: Renaissance und Humanismus in Italien und Deutschland.

Seit 1894 redigiert Groß als Direktor die Programme des ev. Gymnasiums in Kronstadt. In diesen veröffentlichte er:

1. Reden, gehalten bei der Einführung des Rektors Julius Groß in sein Amt am 26. April 1894. — Vorträge über Italien. — Eine Schulreise nach Rom. K. G.-P., 1895.
2. Skizzen von einer Studienreise nach Griechenland: 1. Homerische Stätten, 2. Olympia, Ebenda, 1897.
3. Geschichte des ev. Gymnasiums A. B. in Kronstadt (1845—1869). Festschrift zur Honterusfeier. Kronstadt, Honterusdruckerei J. Götts Sohn 1898. [Bespr. S. b. T., 7561 (1898); Korr. f. Ldbe., XXI, (1898), 119.]
4. Athen. — Die großen Gedanken und Schöpfungen des 16. Jahrhunderts. Festrede. — Schulnachrichten. (Die Honterusschulfeier im Jahre 1898 ıc.) K. G.-P., 1899.

Szinnyei, M. J., III, 1489.

Gündisch Georg

wurde am 19. September 1852 in Heltau geboren. Nachdem er in Hermannstadt das ev. Gymnasium A. B. und die Rechtsfakultät absolviert und kurze Zeit bei dem dortigen k. u. Bezirksgerichte praktiziert hatte, trat er in das Auditoriat des k. u. k. Heeres ein. Hier wurde er am 1. November 1877 Oberlieutenant-Auditor, am 1. Mai 1880 Hauptmann-Auditor und am 1. November 1887 Major-Auditor. Im April 1893 wurde er zum Justizreferenten des 4. Corps in Budapest, am 1. Mai 1894 zum Oberstlieutenant-Auditor und am 1. November 1899 zum Referenten des Militärobergerichtes ernannt. Seit 1. Mai 1900 ist Gündisch Oberst-Auditor.

Er veröffentlichte:

Bestimmungen der Wehrvorschriften über die Einberufung des Mannschaftsstandes und über das Verfahren im Falle der Nichtbefolgung eines Einberufungsbefehles. Budapest 1892. Im Selbstverlage des Verfassers. (Das Werkchen erschien auch in ungarischer Sprache.)

Szinnyei, M. J., III, 1571.

Guist Karl Georg Johann, Dr. jur.,

geboren am 13. Mai 1827 in Karlsburg, kam 1840, nachdem er zu Hause den Elementarunterricht genossen hatte, an das Hermannstädter Gymnasium, das er 1848 absolvierte. Er trat hierauf in die Bürgergarde ein und machte die Schlacht bei Piski mit. Lange Zeit wußten seine Eltern nichts von ihm, bis sie endlich erfuhren, daß er nach Rumänien geflüchtet sei und dort am Typhus schwer krank liege. Erst im Juli 1849 kehrte er in die Heimat zurück. Im Spätherbst dieses Jahres bezog er die Universität in Wien, später in Leipzig und Tübingen, um sich dem Studium der Rechte zu widmen. Nach Beendigung desselben (1853) wurde er sofort als Auskultant bei dem Hermannstädter Gerichte angestellt und bald darauf zum Landesadvokaten ernannt. Im Jahre 1854 ging er nochmals nach Wien, um sich den Doktortitel zu erwerben. In dieser Zeit lernte ihn der schwedische Gesandte kennen und schätzen und wollte ihn als Privatsekretär mit sich nehmen. Guist lehnte diesen Antrag aber ab, weil er in der Heimat für sein Volk wirken wollte. Neben seinen vielen Berufsgeschäften war ihm die Pflege der Musik Herzensbedürfnis und er hat als Vorstand der damaligen „Hermania" (des jetzigen Männergesangvereins) derselben vielfache Förderung angedeihen lassen.

Im Sommer 1863 mußte Guist mit einer Kommission wegen Grenzstreitigkeiten in das Hochgebirge gehen. Dort zog er sich eine heftige Erkältung zu, kränkelte und starb am 20. Oktober 1863 in Volkatsch, wo er zur Wiedererlangung seiner Gesundheit wollte. Sein Leichnam wurde nach Hermannstadt überführt und auf dem ev. Friedhofe beigesetzt. Seine Freunde schmückten sein Grab mit einem Denkmal.

Guist ist der Verfasser zahlreicher stimmungsvoller Gedichte, die aber nur zu einem kleinen Teile — sie wurden durch den damaligen Musikdirektor Hermann Boenicke vertont — in die Öffentlichkeit gekommen sind, u. zw.:

1. Stiftungslied „Währe für immer, du deutscher Gesang." 2. Festchor, zum erstenmal gesungen bei dem Sängerfest in Großschenk (1863): „Wenn aus West die Winde sausen." 3. An das Vaterland — später „Mein Heimatland" umbenannt —: Wolkenhöhen Tannenrauschen. 4. Preis der Frauen: „Wenn in des Busens stillen Räumen."

Guist's „Lied vom Schlendrian" hat in dem Liederbuch der Siebenbürger Deutschen, herausgegeben von J. F. Geltch, Aufnahme gefunden.

Guist Moritz

wurde am 23. Februar 1834 in Bolkatsch als Sohn des dortigen Pfarrers Joh. Karl Guist geboren. Zunächst bis 1846 vom Vater, dann von dem Hermannstädter Realschulprofessor Fr. Schuster privatim unterrichtet trat Guist 1848 in das Hermannstädter Obergymnasium, welches er, nachdem die Revolution den Unterricht fast ein ganzes Jahr unterbrochen hatte, im September 1853 absolvierte. Wahrscheinlich bestimmten ihn äußere Gründe sich dem technischen Studium zu widmen, die er im selben Jahre am Wiener Polytechnikum begann. Jedoch erkannte er schon nach einem halben Jahre, daß dieses Studium nicht ganz mit seiner Neigung übereinstimme und vertauschte es daher mit dem der Theologie und des Lehramtes, das er zunächst an der Wiener theologischen Fakultät betrieb. Er hörte aber nicht allein theologische Vorlesungen — neutestamentliche Hermeneutik, Kirchengeschichte, Exegese und Homiletik — sondern setzte auch am Polytechnikum die Beschäftigung mit Elementarmathematik und Physik fort und legte aus der ersteren eine Prüfung ab. Für das nächste Studienjahr 1854/55 begab er sich nach Tübingen, wo er höhere Mathematik bei Bach und Chemie bei Schloßberger studierte. Dazu kamen auch theologische, ethische und pädagogische Kollegien, bei Baur, Palmer, Köstlin, Meyer, über alt- und neutestamentliche Einteilung, Dogmengeschichte, Homiletik und Katechetik, Ethik und Pädagogik. Außerdem besuchte er die Vorlesungen des Ästhetikers Fr. Vischer über die Geschichte der neueren deutschen Poesie, Geschichte der deutschen Malerei und über Shakespeares Dramen. In Berlin, dessen Universität er im Wintersemester 1855/56 besuchte, hörte er außer theologischen Vorlesungen, Psychologie bei Trendelenburg, Geschichte der neueren Philosophie bei Wuttke, Integrale bei Ohm und Meteorologie bei Dove. Der Ruf der Göttinger Universität auf mathematisch-physikalischem Gebiete veranlaßte ihn den Sommer 1856 hier zuzubringen. Er besuchte hier die Vorlesungen von Dirichlet über die Lehre von den Kräften, welche im umgekehrten Verhältnisse des Quadrates der Entfernung wirken und über die Theorie der Kugelfunktionen, bei Listing über mathematische und physikalische Geographie ferner Kollegien über hebräische Grammatik, Kirchengeschichte und Kirchenrecht.

In die Heimat zurückgekehrt beschäftigte er sich zunächst in Hermannstadt mit Privatstunden und Supplierungen an der öffentlichen Schule, und nahm — da sein anfänglicher Plan in Wien die staatliche Lehramtsprüfung abzulegen an äußern Hindernissen gescheitert war — im Februar 1858 eine Stelle am Mühlbächer Untergymnasium an. Im selben Jahr bestand er die damals vorgeschriebene Pfarramtskandidatenprüfung und wurde im Januar 1862 in eine „philologisch-historische Lehrerstelle" des Hermannstädter Gymnasiums berufen, wo ihm indes mit baldigem Aufrücken in die höhern Klassen vorwiegend mathematisch-naturwissenschaftliche Fächer zugeteilt wurden. Im Mai 1876 wurde er Direktor des Gymnasiums und starb als solcher am 23. Juni 1892.

Die wissenschaftlichen Arbeiten Guists lassen sich in zwei Hauptgruppen bringen, die sich auch zeitlich von einander scheiden. Zunächst sind es meteorologische Probleme, die er mit geschickter Handhabung des Beobachtungsmaterials, mit sicherer Beherrschung des mathematischen Kalküls und in beständigem Hinblick auf die fundamentalen Aufgaben dieser Disziplin in Angriff nimmt und damit wertvolle Beiträge zur Theorie meteorologischer Berechnungen liefert. In den späteren Jahren beschäftigten ihn mehr astronomische Arbeiten, unter denen namentlich hervorzuheben sind ein „Beitrag zur Erforschung der Natur der Kometen" und seine letzte Abhandlung „Über die atmosphärische Ebbe und Flut", welche eine die Meteorologie und Astronomie gemeinsam berührende Frage — welche seit 100 Jahren die ersten Forscher beschäftigt hat — sehr erfolgreich behandelt. Gelegentlich weiß er auch — in den Bemerkungen zum homerischen Hymnus auf Hermes philologische und meteorologische Forschung mit glücklichem Griff zu vereinigen, wie ihn überhaupt seltene Vielseitigkeit des Wissens und Weite des geistigen Horizontes auszeichnete. Damit verband sich seines ästhetisches Verständnis und künstlerische Gestaltungsgabe, die schon seinen wissenschaftlichen Arbeiten in Bezug auf Sprache und formelle Abrundung ein eigenes Gepräge verleiht, namentlich aber in zahlreichen populärwissenschaftlichen Vorträgen, die das Hermannstädter Publikum besonders zu schätzen wußte, zu wirksamem Ausdruck kam. Auch einzelne seiner Gedichte sind durch die Komposition befreundeter Tonkünstler (Bönicke und Bella) an die Öffentlichkeit gedrungen.

Guist hat der Lehramtsprüfungskommission seit deren Organisation als Fachkommissär für Mathematik und Physik angehört. In seinen letzten Lebensjahren war er Vorstand des Hermannstädter Musikvereins und Vorstandstellvertreter des siebenbürgischen Vereins für Naturwissenschaften.

Von Guist sind die folgenden Arbeiten veröffentlicht worden:

1. Über die Bestimmung der Temperaturverhältnisse eines Ortes aus wenigen Beobachtungen am Tage. Mühlb. G.-P., 1860.
2. Meteorologische Beobachtungen in Mühlbach aus den Jahren 1858/89 und 1859/60. Ebenda, 1861.
3. Ein Beitrag zur Hygrometrie. V. u. M., XII, (1861).
4. Zur Naturgeschichte des grauen Geiers (Vultur cinereus). Ebenda, XIII, (1862).
5. Beobachtungen von Polarbanden in Mühlbach und Hermannstadt. Ebenda, XIV, (1863).
6. Über den Witterungsgang des Jahres 1862/63 in Hermannstadt. Ebenda, (XV), 1864.
7. Zur Interpolation von fehlenden Gliedern in den Beobachtungsreihen periodischer Naturerscheinungen. H. G.-P., 1863.
8. Rede zur Humboldtfeier am 13. September 1869. Hermannstädter Zeitung vereinigt mit dem Siebenbürger Boten, 1869, 994.
9. Zur Berechnung der Ergebnisse von Temperaturbeobachtungen, welche in kleinern Zeitintervallen angestellt wurden. H. G.-P., 1870.
10. Das Zibin- und Mühlbachgebirge. Vortrag. S. d. W., 1870. [Später auch im K. V. J., I, (1881) abgedruckt.]
11. Johannes Kepler. V. u. M., XXIII, (1873).
12. Über die Kunst und ihre Zweige. S. d. W., 1873.

13. Ein Beitrag zur Erforschung der Natur der Kometen. Ebenda, XXVI, (1876).
14. Einige Bemerkungen zu dem homerischen Hymnus auf Hermes. H. G.-P., 1876.
15. Aus der Entwickelungsgeschichte der Erde. V. u. M., XXVIII, (1878).
16. Die Milchstraße. Ebenda, XXIX, (1879).
17. Der innere Marsmond und die Kant-Laplace'sche Hypothese. Ebenda, XXIX, (1879).
18. Die heutige Astronomie und Alexander von Humboldts Kosmos. Ebenda, XXX, (1880).
19. Kunst, Künstler und Publikum. Vortrag. S. d. T., 2278 (1881).
20. Beitrag zur Prüfung der Kant-Laplace'schen Hypothese. H. G.-P., 1882.
21. Bab Homprob. K. V. J., II (1882).
22. Über die Dämmerungserscheinungen des Winters 1883/84. V. u. M., XXXV, (1885).
23. Über die atmosphärische Ebbe und Flut. H. G.-P., 1887.
24. Ansprache zur Eröffnung der Prüfungen 1890. S. d. T., 5047. (1890).

Aus dem Nachlasse Guists wurde veröffentlicht:
25. Ein Ausflug nach Petrozseny. K. V. J., XIII, (1893).

Guist Moritz. Eine Skizze seiner wissenschaftlichen Lebensarbeit von Dr. J. Capesius. V. u. M., XLII, (1892), (auch im Sonderabdruck erschienen).
H. G. P., 1892.
S. d. T., 5636, 38, 40 (1892).
Korr. f. Ltde., XV, (1892), 112.
S. V. K. f. 1893.
Szinnyei, M. J., III, 1546.

Gull Joseph,

geboren in Schäßburg am 5. Dezember 1820, absolvierte das dortige Gymnasium 1839 und besuchte hierauf die Maros-Vásárhelyer Rechtsfakultät. Hier legte er 1844 vor der k. Tafel und bald darauf auch vor der sächsischen Nationsuniversität in Hermannstadt die Advokatenprüfung ab. Die Advokatur übte er zunächst jedoch nicht aus, sondern trat in demselben Jahre beim Schäßburger Stadt- und Stuhlsmagistrat als Honorär-Sekretär in den Dienst. Den 1848-er Klausenburger Landtag besuchte er als gewählter Stellvertreter des Abgeordneten des Schäßburger Stuhles Karl Goos d. Ä. Mit diesem und dem Abgeordneten der Stadt Schäßburg G. D. Teutsch war er Parteigänger der Union und begleitete dieselben in der gleichen Eigenschaft als gewählter Stellvertreter in den 1848-er Pester Landtag. Mit den andern sächsischen Abgeordneten verließ Gull aus Anlaß der Weigerung, in die sächsischerseits betreffs der Durchführung der Union gestellten Forderungen einzugehen, den Landtag und trat mit Beginn des Bürgerkrieges in die auf kaiserlicher Seite stehende Schäßburger Bürgerwehr ein. Hier nahm er an der Einleitung einer Rettungsaktion für den nach Schäßburg in Ketten gebrachten Stephan Ludwig Roth teil. — Nach Abschluß der Revolution führte er zunächst sein Amt beim Schäßburger Magistrat weiter, legte dasselbe jedoch aus Anlaß der neuen Verwaltungs-Organisation durch den Absolutismus im Jahre 1851 nieder und übte bis 1861 die Advokatur aus. Im Jahre 1861 wurde Gull mit der Wiederherstellung des sächsischen Verfassungslebens zum Senator und Stadthannen, im Jahre 1866 zum Bürgermeister von Schäßburg gewählt. Als solcher wirkte er bis zu seinem freiwilligen Amtsaustritte im Jahre 1881. In politischen Vertretungen erschien Gull in den Jahren 1861 und 1862 in der Nationsuniversität, im 1863/64-er Hermannstädter Landtag, in den 1864/65-er Jahren im Vereinigten Wiener Reichsrat u. zw. überall als ausgesprochener Anhänger eines einheitlichen Gesamt-Österreich und nunmehriger entschiedener Gegner der Union Siebenbürgens mit Ungarn. Im 1865-er Klausenburger Landtag suchte er zum mindesten feste Unionsbedingungen im sächsischen Interesse zu erwirken. Im neuen ungarischen Abgeordnetenhause war Gull in den Wahlperioden von 1867—1869 und 1872—1875 Abgeordneter des Schäßburger ländlichen Wahlbezirkes, von 1881—1896 Abgeordneter des Großauer Wahlkreises, als Glied zunächst der altsächsischen, sodann der vereinigten sächsischen Volkspartei, in dieser Eigenschaft 1867—1869 und 1872—1874 Mitglied der reichstägigen „Deak-Partei" und 1892—1895 Mitglied der reichstägigen „liberalen Partei", 1874—1875 und 1881—1891 außerhalb des Verbandes einer Reichstagspartei. — Von kirchlichen Vertretungskörpern war Gull langjähriges Mitglied des Landeskonsistoriums, des Schäßburger Presbyteriums und Bezirkskonsistoriums und des kirchlichen Oberehegerichtes. Seit 1896 von einem Schlagflusse gelähmt, starb er in seiner Vaterstadt Schäßburg am 23. Juni 1899.

Gull hat für den ersten Band des Urkundenbuches der ev. Landeskirche von G. D. Teutsch die Übersetzung der ungarischen Stücke besorgt. Ferner sind seine Reden in der Nations-Universität, in Land- und Reichstagen und die von ihm in seiner Eigenschaft als Abgeordneter dieser Vertretungskörper entworfenen sonstigen Schriftstücke, insbesondere was zwingende juristische Darlegung anbelangt, von litterarischer Bedeutung.

Von seiner Hand rühren her:

1. (Angenommener) Entwurf zu einer Geschäftsordnung der sächsischen Nations-Universität, in der Einleitung mit einer Darlegung des sächsischen „Rechtsstandpunktes." (Authentische Veröffentlichung der Verhandlungen der sächsischen Nations-Universität Seite 9—17. Hermannstadt, bei Josef Drotleff 1861.
2. Während der Durchberatung dieses Entwurfes gehaltene Rede zur Verteidigung der Bezeichnung „Sachsenland." (Ebenda, 129—136.)
3. Entwickelung seines gesamt-österreichischen Standpunktes. (Ebenda, 185—189.)
4. An die Wähler der Landgemeinden des Schäßburger Stuhles für den 1872/75-er Landtag. Beilage zu Nummer 453 (1875) des S. b. T.
5. Programmrede 1881. S. b. T., 2310, 11 (1881).
6. Rechenschaftsbericht. S. b. T., 4108 (1887).

Über Gulls Thätigkeit auf dem Hermannstädter 1863/64-er Landtage, in dem 1864/65-er österreichischen Reichsrate und im ungarischen Parlamente s. den Anhang.

Steinacker: Gustav Kapp. Hermannstadt 1898. Verlag von Ludwig
   Michaelis.
S. d. T., 5169 (1890); 7759 (1899).
Kirchliche Blätter III, Nr. 9. (Nekrolog.)
Kalender des Siebenbürger Volksfreundes, herausgegeben von Dr. A.
   Schullerus und Dr. Fr. Teutsch für das gemeine Jahr 1900.
   XXXI, (N. F. V). Hermannstadt, Verlag von J. Drotleff.
Hoch Karl, Die Entwickelung unserer Politik seit 1848 [im Rahmen
   eines politischen Lebensbildes Josef Gull's]. Buchdruckerei Friedrich
   J. Horeth in Schäßburg 1899.

Gunesch Andreas.
(II, 41).

Wurzbach, VI, 34.
Allg. d. Biogr., IX, 133 von [H.] Herbert.
Szinnyei, M. J., III, 1554.

Gunesch Andreas
(II, 45)

starb am 7. August 1875 in Wien.

Wurzbach, VI, 34.
Szinnyei, M. J., III, 1555.

Gunesch Gustav

wurde am 26. Januar 1836 in Lechnitz geboren, wo sein Vater Georg Friedrich Gunesch ev. Pfarrer war. Nachdem er 1855 am Bistritzer Gymnasium die Maturitätsprüfung abgelegt hatte, begab er sich nach Wien und ließ sich an der protestantisch-theologischen Fakultät als ordentlicher und an der Universität als außerordentlicher Hörer einschreiben. In drei Semestern, die er in Wien zubrachte, hörte er theologische und geschichtliche Vorlesungen. Anfang April 1857 verließ er Wien und zog nach Jena. Auch hier blieb er drei Semester und zwar bis zum Schlusse des Studienjahres 1857/58. Unter den Professoren Jenas bewahrte Gunesch bis zu seinem Tode warme Verehrung Hase, Rückert, Droysen und Kuno Fischer. Am Schlusse seiner Universitätszeit war es ihm vergönnt, an dem dritten Jubiläum der Jenaer Universität teilzunehmen. Am 26. August 1858 war er wieder in der Heimat und begann schon am 1. September d. J. seine Lehrerthätigkeit an der Elementarschule. Am 1. September 1859 wurde er an das Gymnasium berufen und wirkte hier unter dem Rektorate Budakers und Wittstocks. Am 1. November 1869 wählte ihn das ev. Presbyterium zum Rektor der Mädchenschule mit der Bestimmung, an dieser Anstalt wie am Gymnasium in gleicher Stundenanzahl Unterricht zu erteilen. Als Mädchenschuldirektor erwirkte er bei dem Presbyterium die Erweiterung der ihm unterstehenden Schule auf fünf Klassen. Nach der Berufung des Gymnasialdirektors Daniel Csallner zum Pfarrer in Wallendorf erwählte ihn das Presbyterium am

14. Februar 1873 zum Direktor. Doch schon am 23. Oktober 1875 berief ihn die ev. Gemeinde in Lechnitz zu ihrem Pfarrer. Als solcher starb er 1891.

Gunesch schrieb:

1. Die Zeit Andreas II. Ein kleiner Beitrag zu einem Handbuch der siebenbürgischen Geschichte in Charakterbildern. B. G.-P., 1873.
2. Zum lateinischen Unterrichte in der Quarta. Ebenda, 1874.

Als Rektor des Bistritzer Gymnasiums redigierte Gunesch die Programme dieser Anstalt von 1873—1875.

S. b. T., 5251 (1891).
B. G.-P., 1876.

Gusbeth Christof Carl,

geboren den 15. März 1842 in Kronstadt, absolvierte 1859 das ev. Obergymnasium seiner Vaterstadt und studierte im Winterhalbjahre 1859/60 als Bergbauhochschüler an der Berg- und Forstakademie in Schemnitz, wendete sich aber, da ihm bei näherer Kenntnis der Verhältnisse mancherlei an diesem Berufe nicht gefiel, seiner ursprünglichen Neigung folgend, dem Lehrerberufe zu. Er hörte zu diesem Zwecke im Sommerhalbjahre 1860 an der Hochschule und evangelisch-theologischen Fakultät in Wien, von 1860 bis 1862 in Jena, von 1862 bis 1863 wieder in Wien theologische und philosophische Vorlesungen und kehrte 1863 zu Ostern in seine Vaterstadt zurück.

Hier stand er von 1863 bis 1864 in suppletorischer Verwendung an dem Gymnasium, der Real- und Elementarschule und wurde September 1864 als Lehrer der vierten Elementarklasse angestellt. Seit September 1868 als ordentlicher Lehrer an der Realschule wirkend, ist er seit dem Jahre 1878 zugleich scientifischer Leiter derselben.

In der Reichstagsperiode 1881 bis 1884 vertrat Gusbeth als Abgeordneter seine Vaterstadt in dem ungarischen Reichstage.

Von ihm erschienen:

1. Die Grabsteine in der Westhalle der ev. Stadtpfarrkirche in Kronstadt. Abbildungen von Fr. Hermann, Zeichenlehrer, Text von Christof Gusbeth, Professor. K. G.-P., 1886. (Als Sonderabzug wurde die Schrift bei Gelegenheit der Festtage des siebenbürgischen Landeskundevereins in Kronstadt als eine der Festgaben der ev. Stadtpfarrgemeinde an die Teilnehmer verteilt.)
2. Erinnerungsblatt an die Feier des hundertsten Geburtstages des Senators Johann Tartler, des edlen Stifters unseres Waisenhauses und mehrerer Stipendien für ev. sächsische Studierende. Mit dem Bildnisse Johann Tartlers. Kronstadt, 8. April 1894. Im Auftrage des ev. Presbyteriums verfaßt von Christof Gusbeth, Presbyter. Buchdruckerei von J. Gött's Sohn [Das Schriftchen enthält: a) einen kurzen Lebensabriß des edlen Stifters, b) die Namen der bisherigen 51 Waisenhauszöglinge und 57 Stipendisten nebst Angabe ihrer jetzigen Lebensstellung.]

Szinnyei, M. J., III, 1557.

Gusbeth Eduard, Dr. med.,

ist in Kronstadt am 30. August 1839 geboren. Nachdem er das Honterus-gymnasium (1858) absolviert hatte, bezog er die Hochschule zu Wien, wo er 1864 zum Doktor der Medizin und Chirurgie und zum Magister der Geburtshilfe promoviert wurde. Vom September 1864 bis 23. Januar 1865 war er Sekundararzt in der niederösterreichischen Landesirrenanstalt zu Wien. Darauf kehrte er in seine Vaterstadt zurück, um daselbst die ärztliche Praxis auszuüben. Im Sommer 1865 und 1866 war er Badearzt in Baizon.

Gusbeth hat folgende Schriften veröffentlicht:

1. Zur Geschichte der Sanitätsverhältnisse in Kronstadt. Kronstadt, 1884. Druck von Römer und Kamner.
2. Öffentliche Gesundheitspflege. Vortrag, gehalten am 15. März 1885. (Kronstädter Zeitung, 170—179, 1885. Auch im Sonderabdruck.)
3. Die Landärzte im Kronstädter Komitate. Buchdruckerei von Joh. Gött und Sohn Heinrich. 1887. [Bespr. Korr. f. Lfde., X, (1887), 84.]
4. Wirkungen des Bergsteigens. K. V. J., VII, (1887).
5. Die Bewegung der Bevölkerung im Kronstädter Komitat in den Jahren 1876—1887. Kronstadt. Druck von Albrecht und Zillich. 1888.
6. Das Sanitätswesen in Kronstadt im Jahre 1884. (Kronstädter Zeitung, 94 bis 100, 1885.)
7. Das Sanitätswesen in Kronstadt im Jahre 1885. (Kronstädter Zeitung, 79—102, 1886.)
8. Das Sanitätswesen in Kronstadt im Jahre 1886. (Kronstädter Zeitung, 75 bis 125, 1887.) Die beiden letztern Zusammenstellungen erschienen auch im Sonderabdruck.
9. Das Sanitätswesen in Kronstadt im Jahre 1887. 74 S. Druck von Josef Kamner in Kronstadt. 1888.
10. Das Sanitätswesen in Kronstadt im Jahre 1888. V. Jahresbericht. Kronstadt, Druck von Adolf Albrecht, 1889, 107 S.
11. Das Sanitätswesen in Kronstadt im Jahre 1889. VI. Jahresbericht. Kronstadt, Druck von A. Albrecht. 1890, 96 S. [Bespr. Korr. f. Lfde., XIII, (1890), 70.]
12. Das Sanitätswesen in Kronstadt im Jahre 1890. VII. Jahresbericht. Kronstadt, Druck von A. Albrecht. Nebst Anhang. [Bespr. Korr. f. Lfde., XIV, (1891), 78.]
13. Das Gesundheitswesen in Kronstadt im Jahre 1891. VIII. Jahresbericht. Kronstadt, Buchdruckerei Alexi 1892.
14. Die Gesundheitspflege in Kronstadt im 19. Jahrhundert. In der Festschrift: „Beiträge zu einer Monographie der k. freien Stadt Kronstadt". Kronstadt, Buchdruckerei von Joh. Gött und Sohn Heinrich 1892.
15. Die vorherrschenden Infektionskrankheiten in Kronstadt im 19. Jahrhundert. Festgabe für die vom 22.—25. August 1892 in Kronstadt tagende XXVI.

Wanderversammlung der ungarischen Ärzte und Naturforscher. Kronstadt, Buchdruckerei Alexi 1892.

16. Das Gesundheitswesen in Kronstadt im Jahre 1892. IX. Jahresbericht. Kronstadt, Buchdruckerei Alexi 1893.

17. Das Gesundheitswesen in Kronstadt im Jahre 1893. X. Jahresbericht. Kronstadt, Buchdruckerei Johann Gött's Sohn 1894. [Bespr. Korr. f. Lbde., XVII, (1894), 149.]

18. Stammtafeln einiger Familien aus Kronstadt und andern Orten. Zusammengestellt von Dr. Eduard Gusbeth. Als Manuskript gedruckt. Buchdruckerei von Johann Gött und Sohn, Kronstadt 1895.

19. In welchem Alter sollen die Kinder mit dem Schulbesuch beginnen. Vortrag. Buchdruckerei Schlandt, Kronstadt. Sonderabbruck aus dem Kronstädter Tageblatt 1897.

20. Das Gesundheitswesen in Kronstadt in den Jahren 1894, 1895, 1896. XI. Bericht. Kronstadt, Buchdruckerei Schlandt 1897.

21. Das Gesundheitswesen in Kronstadt in den Jahren 1897 und 1898. XII. Bericht. Kronstadt, Buchdruckerei Schlandt 1899.

Szinnyei, M. J., III, 1557.

Haas Christian,

geboren 1635 in Hermannstadt, war, nachdem er seine Hochschulstudien im Auslande vollendet hatte, von 1656—1661 Lehrer und dann Rektor des Hermannstädter Gymnasiums. Am 12. April 1661 wurde er in Gierelsau, 1664 in Neudorf und 1670 in Heltau Pfarrer. Den 27. Mai 1682 wählte ihn die Synode in Mediasch zum Bischof, nachdem er bereits früher zum Pfarrer von Birthälm erwählt worden. Als zwei Jahre später, 16. Juni 1684, der gelehrte Jakob Schnitzler gestorben, wählte ihn Hermannstadt zum Pfarrer. Haas war entschlossen den Ruf anzunehmen; dadurch wäre der Sitz des Bistums wieder nach Hermannstadt gekommen. Aber die geistliche Universität erhob Widerspruch dagegen; nach Weißenburg brachte Generaldechant Michael Pancratius dem auf dem Landtag daselbst anwesenden Sachsengrafen die schriftliche Erklärung; darüber entstanden auf der Synode in Hermannstadt im Dezember 1684 zwischen den „weltlichen Herren" und der geistlichen Universität langdauernde Verhandlungen. Diese sah darin eine Verletzung des Kirchenrechtes, eine Eigenmächtigkeit des weltlichen Standes, einen Angriff auf ihre Rechte und Privilegien, drohende Gefahren für die Zukunft. Auch das Hermannstädter Kapitel als die „andere Hälfte der Universität" fürchtete für seine Stellung. Nach vielen gegenseitigen „Allegationen" und „Exceptionen", die nicht immer ohne „beißende Worte" blieben, wollte die Synode endlich ihre Einwilligung zur Übertragung des Bischofsitzes nach Hermannstadt geben, wenn die „Herren Dynasten" sie bezüglich ihrer Rechte und Freiheiten „assecurirten"; aber Haas lehnte schließlich den Ruf doch ab und blieb in Birthälm, wo er schon den 16. September 1686 starb.

Christiani Haas rectoris Cibiniensis oratio: quanta deus beneficia cohorti nostrae arae et scholae praestiterit, quid ante memoriam patrum et nostro saeculo, quid demum sequi possit. 1659. (Trausch-Netoliczka, Handschriftenk., 497.)

> G. D. Teutsch, Die Bischöfe der ev. Landeskirche A. B. in Siebenbürgen. Statistisches Jahrbuch der ev. Landeskirche A. B. in Siebenbürgen. I, 1863, 14.
> Arch. f. Ldbe., N. F. XVII, 52, 53, 127.
> H. G.-B., 1896, 35.

Haasenwein Johann.
(II, 48).

Nach Fr. Zimmermanns Archiv der Stadt Hermannstadt und der sächs. Nation. Hermannstadt 1887, 97 wurde das Kunstbuch des Hans Haasenwein und Conrad Haas in den Jahren 1417—1569 geschrieben. Die Handschrift — Papier, 392 Blätter, Quart, Lederband — behandelt die Pulvererzeugung, das Geschützwesen und die Kriegsmaschinen und besteht aus drei von verschiedenen Händen geschriebenen Teilen. Der erste Teil, Blatt 1 bis einschließlich 36, ist in den Jahren 1417—1459 geschrieben durch „Hanns Haasenwein auß dem Haasenhoff bei Landshut geborenn im Bayerland"; der zweite Teil, Blatt 37 bis einschließlich 110, rührt von einer andern Hand der zweiten Hälfte des 15. Jahrhunderts her; auf Blatt 110 und 111 finden sich Zeichnungen des Zeugwartes Conrad Haas; der dritte Teil, mit einem nicht numerierten, früher auf Blatt 111 aufgeklebten Blatt beginnend, ist von „Conrad Haas vonn Dornbach bey Wien in Oesterreich", kaiserl. Zeugwart und Zeugmeister in Ungarn und Siebenbürgen, in den Jahren 1529—1569 geschrieben worden.

> Zimmermann, Archiv der Stadt Hermannstadt ꝛc. 1887, 97.
> Szinnyei, M. J., II, 209.

Hager Michael.
(II, 50).

> Österreichisches Militär-Konversationslexikon, herausgegeben von Hirtenfeld und Dr. Mehnert. Wien, gr. 8°. III, 21.
> Wurzbach, VII, 199.
> Kayser, Neues Bücherlexikon. (Leipzig, Schumann 4°.) VII. Teil, 379; IX. Teil, 370; XI. Teil, 406.
> Szinnyei, M. J., IV, 299.

Hain Daniel Johann,

am 16. Oktober 1822 in Schäßburg geboren, absolvierte 1843 das Gymnasium seiner Vaterstadt und wurde nach Beendigung seiner Hochschulstudien (1847) als Lehrer am Gymnasium in Schäßburg angestellt. Im

Jahre 1865 erwählte ihn die ev. Kirchengemeinde in Katzendorf zu ihrem Seelsorger. Als solcher starb er 1894.

Er schrieb:

Beiträge zur Witterungskunde Siebenbürgens. Sch. G.-P., 1854.

Szinnyei, M. J., IV, 251.

Haltrich Josef
(II, 51; III, 578)

wurde am 22. Juli 1822 in S.-Reen geboren. Nachdem er die damals bestehenden vier Klassen der ev. Volksschule seiner Vaterstadt absolviert und auch durch zwei Jahre den Privatunterricht des nachmaligen Stadtpfarrers von S.-Reen Johann Kinn genossen hatte, kam er in die damalige Quarta des Gymnasiums in Schäßburg, wo der Unterricht in der lateinischen Sprache begann. Haltrich wurde bei seinem verhältnismäßig reiferen Alter der Schulbesuch leicht und mit den sichtbaren Fortschritten, die er machte, wuchs seine Freude am Lernen. Diese hat ihn dann bei dem steten freundlichen Wohlwollen seiner Lehrer und im Umgang mit treuen, frohen Jugendgenossen das ganze Schulleben hindurch begleitet. Die achteinhalb Jahre seines Schülerlebens gingen ihm — nach seinem eigenen Geständnisse — dahin wie ein lieblicher Traum, der nur einmal, im vorletzten Jahre, durch den plötzlichen Tod und Verlust eines Studiengenossen und Freundes, an den er sich damals am festesten angeschlossen, schmerzlichst gestört wurde.

Nach Ablegung der Maturitätsprüfung im Jahre 1845 zog Haltrich an die Universität Leipzig, wo er durch zwei Jahre außer den vorgeschriebenen theologischen Studien klassische und deutsche Philologie betrieb und historische und philosophische Vorlesungen besuchte. Unter den damaligen Professoren der Universität zogen ihn am meisten an: Die Theologieprofessoren Winer, Großmann, Theile, Fricke; die Professoren der Philologie Gottfried Hermann, Ad. Becker, Haupt, Stallbaum, Westermann und von den Professoren der Geschichte und Philosophie namentlich Wachsmuth, Wuttke, Drobisch und Hartenstein. An Professor W. Wachsmuth, dessen historischem Seminar Haltrich angehörte, besaß er einen wohlwollenden Freund. Im zweiten Jahre übertrug Wachsmuth ihm sein Famulat, das Haltrich bei geringer Mühe nicht nur den häufigen belehrenden Verkehr mit dem Professor ermöglichte, sondern ihm auch eine ausgiebige Unterstützung bot. Unter den siebenbürgisch-sächsischen Landsleuten, welche damals in Leipzig studierten, knüpfte sich zwischen Wilh. Schuster, Friedrich Müller und Haltrich, wie von selbst, ein Freundschaftsbündnis für das Leben, das, durch die gleichen oder verwandten Studien und den auch später fortgesetzten häufigen schriftlichen und persönlichen Verkehr genährt, sich bis zum Tode Haltrichs erhalten hat. In der freien Zeit machte Haltrich in Gesellschaft von heimischen und deutschen Studiengenossen häufige Ausflüge, auch Turnfahrten mit den Leipziger Turnern in der ganzen Umgegend von Leipzig. Zweimal benützte er auch die Ferien zu weiteren Reisen; einmal nach Berlin, wo er 14 Tage hindurch die Vorlesungen der ihm dem Namen und den Schriften nach bekannten Professoren Jakob Grimm, Karl Ritter, Lachmann, Ranke, Böckh besuchte, ein andermal mit zwei Landsleuten nach Halle, Magdeburg, Wolfenbüttel, Braunschweig, Hannover, Göttingen, Kassel, Eisenach, Gotha, Erfurt, Weimar. Im Herbste des Jahres 1847 kehrte Haltrich in die Heimat zurück. Hier verblieb er, einen kurzen Ausflug nach Schäßburg abgerechnet, bis Ende Dezember; dann begab er sich nach Klausenburg, um zu Anfang des Jahres 1848 als deutscher Hauslehrer von vier Knaben bei dem Grafen Johann Bethlen, dem Älteren, einzutreten. In Klausenburg wohnte er dem berühmten Unionslandtage und den meisten Versammlungen der sächsischen Abgeordneten als stiller Zuhörer bei. Nach einem dreimonatlichen Leben auf dem Lande in Vajda-Kamarás gab er infolge einer schweren Krankheit, die er überstanden, und von einem hartnäckigen Wechselfieber überfallen, seine Hauslehrerstelle auf und lebte eine Zeit lang zur Herstellung seiner Gesundheit im Elternhause.

Kurze Zeit nur noch war er daheim, da kamen jene bewegten, unheilvollen Tage, in denen S.-Reen größtenteils und so auch das Haus seiner Eltern in Flammen aufging. Fieberkrank zog er am 1. November zu Fuß mit seinen Eltern und Verwandten flüchtig bis nach Bistritz, wo er drei Wochen verweilte. Hier erst erfuhr er durch eine Privatmitteilung, da seit Anfang September der Postverkehr gestört gewesen, daß er am 9. September*) jenes Jahres am Schäßburger Gymnasium als Lehrer angestellt worden. Aber erst im Dezember dieses Jahres übernahm er sein Lehramt und zwar nicht für lange, denn bereits im Februar des Jahres 1849 zog er infolge der Kriegswirren, an die Schäßburger Garde sich anschließend, welche mit den Garnisonstruppen die Stadt verließ, bis Fogarasch und von da zu Wagen nach Kronstadt. Von hier kehrte er Ende März, nachdem Hermannstadt und Kronstadt in die Hände des Generals Bem gefallen, wieder nach Schäßburg zurück und nahm mit dem beginnenden Frühjahre seine Lehrerthätigkeit wieder auf.

Von da an ist er 24 Jahre hindurch dem Schäßburger Gymnasium als einer der gewissenhaftesten und tüchtigsten Lehrer, die es gehabt hat, treu geblieben. An dem seit dem 1. November 1850 neuorganisierten Gymnasium**) hat er bis zum Jahre 1869 durch den Reichtum und die Tiefe seiner Kenntnisse, durch die erwärmende Teilnahme an allem, was zur frischen Entfaltung jugendlicher Kraft und geistigen Strebens beitragen konnte, durch seine selbst unter Entbehrungen ungeschwächte Berufsfreudigkeit und seltene Ausdauer hauptsächlich als Lehrer der altklassischen und deutschen Litteratur, als vieljähriger äneifernder Turnlehrer segensreich gewirkt. Am 25. Juli wurde er als Rektor an die Spitze der Anstalt gestellt, die er drei Jahre hindurch mit eifrigster Hingebung treu und umsichtig geleitet

---

*) G. D. Teutsch giebt in seiner Denkrede auf Haltrich (Vgl. Arch. f. Lde., N. F. XXI. 208) den 9. November als den Tag der definitiven Anstellung an. Haltrich selbst bezeichnet in seinem curriculum vitae, das er 1872 dem Landeskonsistorium überreichte, in Übereinstimmung mit einem vom Schäßburger Presbyterium ausgestellten Dienstzeugnis den 9. September als Tag der ersten Anstellung.

**) Sch. G.-P., 1873, 77.

hat. Am 12. August 1872 verließ er Schäßburg, das ihm zur zweiten Heimat geworden war, um das ihm am 6. Juni 1872 von der Gemeinde Schaas übertragene Pfarramt zu übernehmen: In diesem starb er am 17. Mai 1886.

Außer seiner eigentlichen Berufsthätigkeit in Kirche und Schule ist J. Haltrich vielseitig mit Vertrauensämtern seines Volkes und seiner Kirche betraut gewesen. Er war lange Zeit Mitglied der Schäßburger Stadt= gemeindevertretung, des Schäßburger ev. Bezirkskonsistoriums und Bezirks= Ehegerichtes, wiederholt Vertreter des Kirchenbezirks in der Landeskirchen= Versammlung und viele Jahre hindurch Mitglied der Prüfungs-Kommission für die Kandidaten der Theologie und des Lehramtes. Im Jahre 1859 ernannte ihn das germanische Nationalmuseum in Nürnberg zum Mitgliede seines Gelehrtenausschusses und 1860 berief ihn der Verein für siebenb. Landeskunde in seinen Ausschuß.

Seit 1851 giebt es kein gutes sächsisches Blatt*) in Siebenbürgen, unter dessen Mitarbeitern Haltrich fehlte. Überdies hat Haltrichs Lied bei heiteren und ernsten Veranlassungen, bisweilen abwechselnd mit der klassischen Übersetzung einer Pindarschen Ode, selten im Kreise der Freunde gefehlt. Hier soll nur auf dessen edles Gedicht: „Das Gastmahl bei Kriton" hingewiesen werden, das er zu seinen griechischen Distichen Bischof G. P. Binder zu dessen 50=jährigem Dienstjubiläum darbrachte. (Gedruckt in: Die Feier des 50=jährigen Dienstjubiläums von G. P. Binder. Schäßburg 1858.)

Was Haltrich der siebenbürgisch=sächsischen Volkskunde war, sagt am treffendsten der tiefe Kenner unserer Volkskunde Johann Wolff, indem er schreibt:**) Ein ganzes Menschenalter ist Josef Haltrich für die Erforschung des siebenbürgisch=deutschen Volkstums thätig gewesen. Mit unermüdlichem Fleiße hat er auf heimischem Boden das weite Gebiet, das Jakob und Wilhelm Grimm der deutschen Wissenschaft aufgethan, durchsucht und durchforscht. Idiotismen und Redensarten, Sprichwörter und Rätsel, Kinderreime und Kindergebete, Lieder und Spiele, Märchen, Sagen und Schwänke, Segensformeln und Schelten, altertümliche Bräuche, abergläubische Meinungen und mythische Überlieferungen, Personen=, Orts= und Feldnamen, Inschriften an Haus und Gerät, das alles hat ihn unausgesetzt beschäftigt. Keine Äußerung des sächsischen Volksgeistes in Sprache, Sitte, Glauben, Poesie und Recht däuchte ihm zu gering; auch die unscheinbarste hob er auf und suchte sie für die Erkenntnis der Volksseele zu nützen. Unter seinen Stammesgenossen hat auf dem Felde der volkstümlichen Überlieferung keiner mit solch hingebender Treue und mit so glücklicher Hand gesammelt wie er und kein anderer so nachhaltig wie er zu thätiger Teilnahme angeregt. An anderer Stelle sagt J. Wolff über Haltrichs Arbeiten zutreffend: Es ist nicht zum Geringsten seiner Schriften Verdienst, daß die Teilnahme für alles Volksmäßige in Sprache, Sitte, Brauch und Poesie unter uns eine rege und damit auch die Liebe zu dem Volksgeiste, wie er sich in den volkstümlichen Über=

---

*) Über seine Mitarbeit an dem S. d. W. s. hier den Artikel Franz Gebbel.
**) Zur Volkskunde der Siebenbürger Sachsen. Kleinere Schriften von Josef Haltrich. In neuer Bearbeitung herausgegeben von J. Wolff. Wien 1885. Verlag von Karl Graeser. Vorrede V.

lieferungen mit lieblicher Ursprünglichkeit und Treuherzigkeit ausspricht, eine tiefere und allgemeinere geworden ist. Auch außerhalb Siebenbürgens sind diese Schriften freundlich aufgenommen worden, selbst von Männern wie Jakob und Wilhelm Grimm, Wachsmuth, Simrock, Mannhardt, Frommann, Schröer, Reinhold Köhler, Rudolf Hildebrand; die eine und die andere ist auch der deutschen Wissenschaft zu gute gekommen.

Haltrichs Arbeiten:

1. Zur deutschen Tiersage. Sch. G.-P., 1855.
2. Deutsche Volksmärchen aus dem Sachsenlande in Siebenbürgen. 1. Auflage, Berlin 1856. Verlag von Julius Springer. 2. Auflage, Hermannstadt 1877. In Kommission der Verlagshandlung der von Closius'schen Erbin und der Habersang'schen Buchhandlung in Schäßburg. Verlag von Karl Graeser vormals Sallmayer und Komp. in Wien. [Besprochen von J. Wolff im S. b. T., 1059—1063 und 1067 (1876); Museum, Litterarisch-belletristisches Unterhaltungsblatt der Neuen Frankfurter Presse Nr. 286 vom 7. Dezember 1877.] 3. vermehrte Auflage. Mit zahlreichen Illustrationen nach Originalzeichnungen von E. Peßler. Wien 1882, C. Graeser. [Bespr. im Korr. f. Ldek., V, (1882), 35 von J. Wolff; Litterarisches Zentralblatt Nr. 49 (1882) von Reinhold Köhler; Allgemeine Zeitung 7. Januar, Nr. 7 (1883.); Österreichische Rundschau, herausgegeben von A. Ebllinger 1. Heft, 1883, 92; deutsche Litteraturzeitung Nr. 3, 1884 von E. H. Mayer.] Zum viertenmal wurden Haltrichs Märchen aufgelegt als zweiter Band der Siebenbürgisch-deutschen Volksbücher. Wien, Graeser 1885.
3. Die Stiefmutter, die Stief- und Waisenkinder in der siebenb.-sächs. Volkspoesie. Den Mitgliedern des Vereins f. Ldek. zu dessen Generalversammlung in Schäßburg im August 1856 die Stadt Schäßburg. Wien aus J. B. Wallishaußens k. k. Hoftheaterdruckerei 1856.
4. Das Zehntrecht der ev. Pfarre in S.-Meen seit der Reformation bis zum Jahre 1848 Magazin für Gesch. ꝛc. Siebenbürgens, N. F. I.
5. Zur Geschichte von S.-Meen seit den letzten hundert Jahren. Arch. f. Ldek., N. F. III, 275. Auch im Sonderabdruck erschienen.
6. Bildliche Redensarten, Umschreibungen und Vergleichungen der siebenbürgisch-sächsischen Volkssprache. In Frommanns Zeitschrift: Die deutschen Mundarten, V, (1858).
7. Liedergabe in der Mundart von S.-Meen und Schäßburg. Ebenda, VI, (1859).
8. Das Fremde in der deutschen Sprache. Hermannstädter Zeitung 1861, Nr. 85—91.
9. Plan zu Vorarbeiten für ein Idiotikon der siebenb.-sächs. Volkssprache. Verlag von Joh. Gött in Kronstadt 1865. (Die Arbeit war schon 1862 im Manuskript dem Verein f. siebenb. Ldek. abgegeben worden.)
10. Negative Idiotismen der siebenb.-sächs. Volkssprache. Sch. G.-P., 1866.
11. Zur Kulturgeschichte der Sachsen in Siebenbürgen. Hermannstädter Zeitung 1867, Nr. 92 und im Sonderabdrucke.
12. Kulturhistorische Skizzen aus Schäßburg. Sächsischer Hausfreund vom Jahre 1868, 69.

13. Deutsche Inschriften aus Siebenbürgen, ein Beitrag zur epigrammatischen Volkspoesie der Deutschen. Festgabe der Stadt Schäßburg zur Generalversammlung des Vereins für siebenb. Landeskunde. Hermannstadt 1867.
14. Zur Charakteristik der Zigeuner. S. b. W., 1869, Nr. 7 und 8.
15. Die Macht und Herrschaft des Aberglaubens in seinen vielfachen Erscheinungsformen mit einigen Beispielen aus dem Siebenbürger Sachsenland. Im Selbstverlage des Verfassers 1871.
16. Die Fremdwörter in der deutschen Sprache. (Vortrag.) S. b. W., 1872, Nr. 43.
17. Bericht über den Stand der Vorarbeiten zu einem siebenbürgisch-deutschen Wörterbuch. Arch. f. Ldbe., N. F. XII. [In diesem Bericht ließ Haltrich hoffen, daß er in kurzer Zeit das Gerüste aufstellen und den Bau beginnen werde. Am 31. August 1877 trat jedoch das reiche durch zwanzig Jahre mit seltenem Fleiße und sichtlicher Liebe gesammelte Material an seinen Schüler J. Wolff (s. diesen) ab. Vgl. Korr. f. Ldbe., III, 77.]
18. Sächsischer Volkswitz und Volkshumor. Im Auszuge vorgelesen in der Generalversammlung des Vereins für siebenb. Ldbe. zu Schäßburg am 24. August 1878. Gedruckt im Sächs. Hausfreund, herausgegeben von Dr. Eugen Trauschenfels, vom Jahre 1881. [Bespr. Korr. f. Ldbe., IV, (1881), 33.]
19. Die Welt unserer Märchen und unserer Kinder. Vorgelesen in der Generalversammlung des Vereins für siebenb. Landeskunde in S.-Meen am 23. August 1881. Zuerst veröffentlicht im S. b. T., 2402 ff. (1881). Erschien auch im Sonderabdruck. [Bespr. Korr. f. Ldbe., V, (1882), 24.]

Von verschiedenen Seiten, insbesondere auch von Frommann aufgefordert, seine Abhandlungen, Aufsätze und Vorträge gesammelt herauszugeben, übertrug Haltrich diese Aufgabe, da ein andauerndes Augenleiden ihm eine tiefgehende anstrengendere Arbeit unmöglich machte, an J. Wolff. Unverändert konnte und wollte er nämlich die Abhandlungen nicht abdrucken lassen.

Sie mußten dem Fortschritte der Wissenschaft gemäß umgeändert werden. Wolff unterzog sich dieser Aufgabe und so entstand ein stattlicher Band unter dem Titel:

Zur Volkskunde der Siebenbürger Sachsen. Kleinere Schriften von Josef Haltrich. In neuer Bearbeitung herausgegeben von J. Wolff. Wien 1885. K. Graeser. (S. Artikel Wolff Johann.)

In den Jahren 1870—72 redigierte Haltrich als Rektor das Schäßburger Gymnasial-Programm.

Sch. G.-P., 1873, 77.
S. b. T., 3779, 3783, 3816, 3965 (1886).
Denkrede auf Haltrich von G. D. Teutsch im Arch. f. Ldbe., N. F. XXI, 206.
Siebenb. Volkskalender für 1889 und für 1892. Hermannstadt, Druck und Verlag von Th. Steinhausens Nachfolger (Adolf Reissenberger).
Korr. f. Ldbe., IX. (1886), 71.
Haltrich-Wolff. Volkskunde der Siebenbürger Sachsen. Vorrede, V.
Szinnyei, M. J., IV, 372.
Hundert Jahre sächs. Kämpfe, 299.
Sch. G.-P., 1897, 68.

Haltrich Karl,

geboren in Birk bei S.-Reen am 7. Februar 1840, absolvierte das Gymnasium in Schäßburg 1859 und studierte hierauf bis 1861 an der Universität in Jena Theologie, Geographie und Geschichte. Am 19. August 1861 wurde er als Gymnasiallehrer in S.-Reen angestellt, trat am 27. April 1862 für kurze Zeit aus und im Spätherbst 1862 wieder ein. Am 12. September 1865 wurde er als geisteskrank der Landesirrenanstalt in Hermannstadt übergeben, wo er bis zum Frühjahr 1870 verblieb. Am 29. Mai 1870 wurde er neuerdings in S.-Reen angestellt, und am 31. August 1875 auf sein eigenes Ansuchen mit einer Abfertigung aus dem Verbande der Lehranstalt entlassen. Er starb 1890 im Armenhaus in Hermannstadt.

Er schrieb:

Sächsische Ortschaften aus der Arpadenzeit. S.-R, G.-P., 1871.

Haltrich Konrad,

am 21. Mai 1863 in Schäßburg geboren, absolvierte das Gymnasium daselbst am 17. Juli 1882, studierte darauf während der folgenden vier Jahre an den Universitäten in Jena, Bern, Berlin und Klausenburg klassische Philologie beziehungsweise Theologie und wurde am 21. August 1887 als Lehrer am Gymnasium seiner Vaterstadt angestellt. Seit dem 18. Dezember 1895 ist er Pfarrer in Brenndorf.

Er veröffentlichte:

Bemerkungen zu dem ev. Religionsunterrichte in unsern Gymnasien. Sch. G.-P., 1893.

Haner Georg.
(II, 54).

1. Aus Briefen des M. Georg Haner 1713—1740 von Heinrich Wittstock. Arch. f. Ldbe., XVI, 606—628.
2. Über Haners Nota bene Majus und dessen Delineatio hist. eccl. Trans. (Trausch, a. g. O., 59) s. Arch. f. Ldbe., N. F. XIX, 110.

Nouvelle Biographie générale.... publiée par M. M. Firmin. Didot fréres sous la direction de M. le Dr. Hoefer. Paris 1850. gr. 8°. XXIII, Sp. 291.
K. Fabritius, Die Schäßburger Chronisten des 17. Jahrhunderts. Fontes rerum Austriacarum Scriptores III, LXXVII—LXXXII.
Wurzbach, VII, 298.
Allg. b. Biogr., X, 507 von G. D. Teutsch.
Szinnyei, M. J., IV, 416.
Meltzl-Herrmann, Das alte und neue Kronstadt. I, 213, 460 f., 467 f.
Arch. f. Ldbe., N. F. XVI, 169, 170.
Sch. G.-P., 1896, 59, 60.

Hauer Georg Jeremias
(II, 60)

wurde nicht, wie Trausch a. a. O. angiebt, in Groß-Schenk, sondern in Reisb geboren. Die reichen Sammlungen Hauers bilden gegenwärtig einen Bestandteil der Bibliothek der ev. Landeskirche A. B. in Hermannstadt. Hauers Conservatorium documentorum (Trausch II, 64, Nr. 10) ist vorzugsweise für die Geschichte des 18. Jahrhunderts eine wichtige Fundgrube wertvollen Quellenmaterials (Arch. f. Ldbe., N. F. XIX, 111).

Über Hauers Chartophylax ad custodienda varia historiam Transsilvaniae civilem spectantia documenta antiquonova siehe ebenda 111.

Hauers

De modo constituendae novae in Transsylvania Academiae opinio (1762) veröffentlichte Fr. Teutsch in den Sch.-D. I, 277.

Meusel, deutsche Schriftst. V, 132.
Wurzbach, VII, 299.
Arch. f. Ldbe., N. F. XV, 155; XVI, 158, 429; XVIII, 8, 11, 194.
Allg. b. Biogr., X, 508 von G. D. Teutsch. (Daselbst eingehende
  Schilderung der Thätigkeit Hauers als Bischof.)
Fr. Teutsch, Sch.-D. I, XXXVIII, CXVIII, CXXII.
Szinnyei, M. J., IV, 419.

Hann Friedrich,
(II, 69)

1. Statistischer Beitrag zur siebenbürgischen Urgewerbskunde. Arch. f. Ldbe., III, 1.
2. Zur Geschichte des siebenbürgischen Handels vom Jahre 972—1845. Ebenda, 139 und 267.
3. Über die siebenbürgische Staatssteuer. Ebenda, IV.
4. Innere bürgerliche Verwaltung von Leschkirch im 17. Jahrhundert. Ebenda, IV.

Nach Friedenfels (Bedeus, II, 454) soll Hann auch Lord H. Broughams „Essay on the British constitution" in die deutsche Sprache übersetzt haben.

Von 1845 an redigierte Hann das litterarische politische Beiblatt zum Siebenbürger Boten „Transsilvania", von deren Redaktion er jedoch 1848 zurücktrat, „um keine Spaltung in der allgemeinen Überzeugung betreffs der Union Siebenbürgens mit Ungarn zu verursachen." (Allg. b. Biogr., X, 521.)

Friedenfels, Bedeus, I, 91, 120, 309; II. 41, 182, 451.
Allg. b. Biogr., X, 520 v. [Eugen v.] Friedenfels.
Szinnyei, M. J., IV, 432.

Hann von Hannenheim, Julius, Dr. phil.,

geboren am 22. Oktober 1861 zu Hermannstadt, hat das dortige Gymnasium im Jahre 1880 absolviert, dann je zwei Jahre an der Hochschule in Wien und Jena theologische und philosophisch-historische Studien getrieben. Nach Erlangung des philosophischen Doktorgrades an der letztgenannten Universität erhielt er seine erste Anstellung am 25. November 1886 als Rektor der höheren ev. Volksschule A. B. zu Tekendorf. Dieses Amt bekleidete er bis zum 2. September 1888, um dann bis zum 3. Juni 1890 seiner Vaterstadt als Elementarlehrer zu dienen. Aus dieser Stellung berief ihn das Landeskonsistorium in seiner Sitzung vom 19. Mai 1890 in das neu geschaffene Amt des Reisepredigers der ev. Landeskirche A. B. zu Blasendorf, welches er, am 4. Juni des letztgenannten Jahres zum Geistlichen ordiniert, bis 5. Januar 1892 versah, um es an diesem Tage mit dem Stadtpredigerdienste an der ev. Pfarrgemeinde A. B. zu Hermannstadt zu vertauschen. Als solcher war er mehrere Jahre hindurch auch Aktuar des Hermannstädter Bezirkskonsistoriums. 1899 wurde er zum Pfarrer in Holzmengen gewählt.

Er veröffentlichte:

1. Ungarn unter Bela II. und Geisa II. in seinen Beziehungen zu Deutschland (Inaugural-Dissertation). Hermannstadt, W. Krafft 1884. [Bespr. Korr. f. Ldk., IX, (1886), 11.]
2. Der Hermannstädter Bürger- und Gewerbeverein 1840—1890. (Zur Feier des 50-jährigen Bestandes dieses Vereines.) Hermannstadt, W. Krafft 1890.
3. Mathias Vietors zeitgenössische Aufzeichnungen aus dem 17. Jahrhundert. Arch. f. Ldk., N. F. XXII.

Szinnyei, M. J., IV, 433.

Hartenek, Zabanius Johann, Sachs von.
(III, 533, s. Zabanius Johann, Sachs von Harteneck.)

Hausmann Wilhelm
(II, 75)

lebt gegenwärtig als Privatgelehrter in Türkös bei Kronstadt.

1. Die Hargitta, über ihre nähere Umgebung in Bezug auf ihre Naturverhältnisse. V. u. M., XI, (1860).
2. Der Nucifraga caryocatactes. Beitrag zu seiner Naturgeschichte. Ebenda, XII, (1861).
3. Die Sumpfohreule, Strix brachyotus, ihre Aufenthaltsorte und ihre Naturgeschichte. Ebenda, XII, (1861).
4. Neueste geognostisch-mineralogische Untersuchungen der Zernester Gebirge Csuma und Fontina Roncsi. Ebenda, XV, (1864).

5. **Turdus saxatilis**. Die Steindrossel. Naturgeschichte derselben nach Beobachtungen aus der Umgebung Kronstadts. Ebenda, XVI, (1865).
6. Vogelvarietäten in Siebenbürgen, aufgefunden und beschrieben. Ebenda, XX, (1869) und XXVIII, (1878).
7. **Bubo maximus**. Der Uhu, Beiträge zur Naturgeschichte desselben nach Beobachtungen aus der Umgebung Kronstadts. Ebenda, XXX, (1880).
8. Der graue Siebenschläfer. (Myoxus glis.) Arch. f. Ltbe., N. F. XIV, 411.
9. **Muscardinus avellanarius**. Der Haselschläfer. Ebenda, XV, 401.
10. Die Zwergmaus (mus minutus). Ebenda, XXI, 709.
11. Unsere Rabenarten. Ebenda, XXIV, 373.

Szinnyei, M. J., IV, 728.

Hebler Mathias.
(II, 75).

Teutsch G. D., Die Bischöfe der ev. Landeskirche A. B. in Siebenbürgen in „Statistisches Jahrbuch der ev. Landeskunde A. B. in Siebenbürgen" 1863.
Allg. d. Biogr., XI, 201 von Fr. Müller.
Arch. f. Ltbe., N. F. XVII, 21.
Szinnyei, M. J., IV, 567.

Hedwig Johann.
(II, 83).

Schwaegrichen, Hedwigii vita in Hedwig, Species muscorum frondosorum, opus posthumum, 1801. Appendix 301—327.
Jessen, Botanik der Gegenwart und Vorzeit. 1864.
Kanitz August, Versuch einer Geschichte der ung. Botanik. Halle. 1865.
Sachs J., Geschichte der Botanik vom 16. Jahrhundert bis 1860. 1875.
Allg. d. Biogr., XI, 230 von Reichardt.
Kanitz Ágost, Megemlékezés Hedwig Jánosról. 1892.
Szinnyei, M. J., IV, 578

Hedwig Johann Lukas,
(II, 92),

am 5. August 1802 im einfachen Hause sächsischer Landleute zu Heldsdorf im Burzenlande geboren, kam als zehnjähriger Knabe an die Kronstädter Honterusschule. Er begann hier seine Laufbahn als „Schütze", d. h. für seine Dienstleistungen, die er den „Studenten" erwies, erhielt er Unterricht, Beaufsichtigung, Kost und Wohnung im Schulgebäude. Der Schmerz der Trennung vom Elternhause und den Gespielen der Kindheit war bald überwunden durch die Freude an „viel vollstimmigerer Musik", die er dort hörte. „Welch' freudige Bewegung ergriff mich, als ich zum erstenmale Baßgeige, Waldhorn, Trompeten und Pauken sah und hörte," ruft er einmal aus. Aber über der Musik versäumte er das Lernen nicht. Als 17 jähriger Jüngling schon konnte er das Gymnasium ehrenvoll verlassen. Er begab sich, der Sehnsucht seines Herzens folgend, am 28. April 1819 nach Wien in den Mittelpunkt großartigen Kunstlebens, um sich hier die Meisterschaft in seiner Kunst zu erwerben. Dort hat nun Hedwig das harte Joch der Armut inmitten der hauptstädtischen Pracht und Verschwendung tragen müssen. Schon im zweiten Jahre seines Aufenthaltes hörten die spärlichen Unterstützungen, die ihm seine armen Eltern gewähren konnten, auf. Aber der von Haus aus an Genügsamkeit und Arbeit gewöhnte Jüngling verzagte nicht. Er suchte sich nun durch freilich nicht glänzend bezahlte Musikstunden, durch Musizieren in Gärten, Gasthöfen, Tanzsälen und kleineren Schauspielhäusern sein täglich Brot zu erwerben. Außer seinen Berufsarbeiten nahm ihn die Schaffung selbständiger Werke in Anspruch. Zahlreiche Leichengesänge, Volkslieder und anderes wurde in Musik gesetzt. Ein großer Teil davon errang dem Tonsetzer auch daheim im Burzenlande große Anerkennung. Als 1839 die große Orgel in der Kronstädter ev. Stadtpfarrkirche eingeweiht werden sollte, ersuchte man ihn, die Festkantate dazu zu komponieren. Es gelang ihm das in einer Weise, die ihm das höchste Lob seiner Volksgenossen eintrug. Auch ging ihm 1840 ein anderer Herzenswunsch in Erfüllung. In Kronstadt war die Stadtkantorstelle erledigt. Sofort beriefen die Kronstädter den rühmlich bekannten Hedwig in dieselbe. Nach 21 jähriger Abwesenheit kehrte er als gereifter Mann in die Heimat zurück. Die erlangte Stelle sagte seiner Neigung ganz zu und entsprach seiner Begabung. Seit 1842 vom Stadtorganisten Heinrich Mauß auf das verständnisvollste unterstützt, wirkte er höchst segensreich auf die Belebung der musikalischen Bildung im Burzenlande und auf die Auffrischung der Kirchenmusik ein; der Ton des Lobes und der Freude war ihm darin am liebsten, Tonmalerei galt ihm als das Erstrebenswerteste. Besonders gelungen ist ihm in dieser Hinsicht sein leider unvollendetes größeres Tonwerk „Der Allmacht Wunder, ein Donnerchor". 1844 übernahm er an der von einer Gesellschaft von Musikfreunden gegründeten Violin= und Gesangschule die Leitung der Gesangsklasse, zu der sich im folgenden Jahr eine zweite und später eine dritte gesellte. Mit welcher Liebe und Hingebung er sich diesem Institute widmete, davon gaben die jährlichen öffentlichen Prüfungen glänzendes Zeugnis. Für den Unterricht bearbeitete er seine „Kronstädter Gesangsschule", die, in Druck gelegt, viele Jahre als bewährter Leitfaden bei dem Gesangunterrichte gedient hat. Zu der im Sommer des Jahres 1845 veranstalteten dritthundertjährigen Jubelfeier der Gründung des Kronstädter Kaufhauses komponierte Hedwig ein vom Webermeister Thomas gedichtetes Lied, das, wie alles von ihm, den Stempel der Gediegenheit an sich trug. Die Melodie wurde später für das 1846 von Maltke gedichtete Lied „Siebenbürgen, Land des Segens" verwendet. In den unruhigen Zeiten des 1849 er Jahres mußte Hedwig den Taktstock mit der Waffe der Bürgerwehr vertauschen. Im Januar desselben Jahres trieb ihn der rauhe Kriegsdienst hinaus nach Honigberg. Dorther holte er sich ein Nervenfieber, dem er nach kaum sechstägigem Krankenlager am 8. Januar 1849, erst 47 Jahre alt, erlag.

Am 17. Mai 1896 wurde Hedwigs Geburtshaus in Heldsdorf mit einer Gedenktafel geschmückt.

K. G.-P., 1898, 43—44.
Kronstädter Tageblatt, Nr. 113, 114 (1896).

Heidendorf Michael von,

am 15. März 1840 in Mediasch geboren, absolvierte das Gymnasium daselbst 1859 und studierte hierauf Theologie und Philosophie an den Universitäten in Leipzig, Jena und Berlin. Am 25. August 1865 wurde er als Lehrer am Gymnasium in Mediasch angestellt. Am 1. November 1874 zum Konrektor an dieser Anstalt erwählt, legte er schon am 13. November 1875 sein Amt nieder, indem er dem Rufe der ev. Gemeinde in Bukarest folgte und daselbst eine Stelle als ordinierter Lehrer annahm.

Er schrieb:

Friedrich Fröbel und sein Kindergarten. M. G.-P., 1874.

M. G.-P., 1876, 61.
Szinnyei, M. J., IV, 624.

Heinrich Franz Karl d. Ä.
(II, 96)

starb als Pfarrer in Leschkirch am 20. Mai 1869.

Szinnyei, M. J., IV, 633.

Heinrich Franz Karl d. J.
(III, 579)

wurde am 8. April 1841 in Hermannstadt geboren, absolvierte 1858 das Gymnasium in Mediasch und begab sich im September dieses Jahres nach Jena, um sich dem Studium der Theologie und Geschichte zu widmen. In seinen historischen Studien förderte ihn insbesondere Professor Droysen und der Privatdozent Roßmann. Als Droysen nach Berlin berufen wurde, folgte Heinrich diesem dahin nach. Ende 1860 kam er an die theologische Fakultät in Wien und blieb daselbst bis 1861, wo er in die Heimat zurückkehrte. Gleich nach seiner Rückkehr wurde er Lehrer am Gymnasium in Mediasch, am 13. Februar 1874 Konrektor und am 1. November desselben Jahres Direktor dieser Anstalt. An dem politischen Leben nahm er mehrfach Anteil. Im Jahre 1877 entsendete ihn der Mediascher Wahlkreis in den ungarischen Reichstag. Am 27. Juli 1881 berief ihn die ev. Gemeinde A. B. in Hetzeldorf zu ihrem Pfarrer. Als solcher starb er am 15. Juli 1892.

Heinrich redigierte während seines Rektorates in Mediasch die Programme der von ihm geleiteten Anstalt in den Jahren von 1875—1881.

Er schrieb ferner:

Gabriel Bethlen. M. G.-P., 1868.

S. d. T., 5655 (1892).
Szinnyei, M. J., IV, 633.

Heinrich Gustav Adolf,

geboren am 23. Februar 1852 in Magarei, absolvierte 1870 das Gymnasium in Mediasch und studierte hierauf bis 1874 an den Universitäten in Leipzig, Jena und Heidelberg Theologie und deutsche Sprache. Am 16. August 1874 wurde er an dem Untergymnasium in S.-Reen angestellt. Hierauf nahm er eine Stadtpredigerstelle in Mediasch an und ist seit dem 16. Februar 1892 Pfarrer in Leschkirch.

Er schrieb:

Agrarische Sitten und Gebräuche unter den Sachsen Siebenbürgens. S.-M. G.-P., 1880. [Die Arbeit Heinrichs wurde besprochen und ergänzt von H(ans) W(olff) in S. d. T., 2316, 17, 21—24. Vgl. auch Korr. f. Lbde., IV, (1881), 32.]

Heitz Andreas,

geboren am 20. September 1838 in Mühlbach, bezog nach Ablegung der Maturitätsprüfung am Hermannstädter ev. Gymnasium die Universitäten Leipzig und Jena (1858—1860). In die Heimat zurückgekehrt, wurde er zunächst am Untergymnasium seiner Vaterstadt als Lehrer angestellt. Von 1863 bis 1874 wirkte er daselbst als Prediger, Mädchenlehrer und Direktor der Mädchenschule. 1874 wurde er zum Pfarrer der ev. Gemeinde in Petersdorf bei Mühlbach und im September 1890 zum Stadtpfarrer seiner Geburtsstadt gewählt.

Als Direktor der Mädchenschule veröffentlichte er:

Beiträge zum Frô-Mythus aus Märe und Sitte der Deutschen in Siebenbürgen. Mühlb. G.-P., 1870.

Szinnyei, M. J., IV, 648.

Heitz Rudolf

wurde am 14. Dezember 1852 in Mühlbach geboren, wo er das Untergymnasium besuchte. Nachdem er in Hermannstadt das Obergymnasium 1871 absolviert hatte, erhielt er die Stelle eines Korrepetitors und Aufsehers in dem ev. Waisenhause in Hermannstadt und studierte gleichzeitig drei Jahre hindurch an der dortigen Rechtsakademie. Nicht befriedigt von diesem Studium, erwarb er sich 1875 durch Ablegung der pädagogisch-didaktischen Prüfung die Eignung zum Volksschullehrer. Im Herbste dieses

Jahres eröffnete sich ihm die Möglichkeit, die Universität in Wien zu beziehen, um sich dem Studium der Theologie und Philosophie zu widmen. Nach zweijährigem Aufenthalte daselbst begab er sich an die Universität in Tübingen und studierte hier hauptsächlich Botanik und Mineralogie. Seit 1878 ist er Gymnasiallehrer in Mühlbach.

Er schrieb:

1. Einige Bewegungserscheinungen im Pflanzenreich. Mühlb. G.-G., 1887.
2. Das kirchliche Gemeindeleben Mühlbachs im 18. Jahrhundert. Ebenda, 1892. [Vespr. Korr. f. Ldbe., XV, (1892), 143.]

Mühlb. G.-P., 1879.

Helch Michael,

geboren am 13. Mai 1838 in Rohrbach bei Groß-Schenk, absolvierte 1856 das theologisch-pädagogische Seminar in Schäßburg, wurde am 14. Dezember desselben Jahres Rektor an der Volksschule in Probstdorf und am 1. Dezember 1878 Prediger in Großau.

Er gab heraus:

1. Mitteilungen aus der Lehrerzusammenkunft in Wurmloch. Hermannstadt, 1870.
2. Präparationen zum Rechenunterricht in der Volksschule für die drei ersten Schuljahre. 1875.

Szinnyei, M. J., IV, 653.

Heldmann Andreas

(II, 96)

wurde 1688 in Birthälm geboren. Nach Absolvierung seiner Gymnasialstudien in Mediasch und Hermannstadt zog Heldmann wahrscheinlich 1713 oder 1714 nach Schweden und ließ sich an der Universität in Upsala am 16. September 1715 immatrikulieren. An dieser Hochschule erhielt er am 28. August 1719 die Lehrerstelle für deutsche Sprache, die er bis zum 17. November 1750 bekleidete. Heldmann starb in Holm wahrscheinlich Anfang 1770, da am 5. Februar desselben Jahres seine Pension von seinen Erben behoben wurde.

Außer den in Trausch a. a. O. genannten Werken schrieb er noch:

Testamente tui den Svenska Ungdomen. 1749.

Wurzbach, VIII, 247.
Allg. d. Biogr., XI, 685 von G. D. Teutsch.
Szinnyei, M. J., IV, 654.

Hellwig Wilhelm,

(II, 98; III, 579),

geboren am 21. Dezember 1832 in S.-Reen, absolvierte 1854 das Gymnasium in Schäßburg und studierte hierauf bis 1856 Theologie und Naturwissenschaften an den Universitäten Tübingen und Berlin. Nachdem er kurze Zeit als Mädchenschullehrer in seiner Vaterstadt und als Volksschullehrer in Maros-Vásárhely gedient hatte, wurde er am 13. Juni 1859 Konrektor der S.-Reener Bürgerschule und am 20. Mai 1861 Rektor dieser Anstalt. Über Hellwigs Antrag wandelte die ev. Kirchengemeinde in S.-Reen die Bürgerschule zur Unterrealschule um und betraute ihn mit der Einrichtung und provisorischen Leitung der neuen Lehranstalt. Am 20. November 1864 wurde er definitiv zum Direktor der Unterrealschule gewählt, und blieb in dieser Stellung auch als die Anstalt 1869 sich in ein Unterrealgymnasium und 1883 in ein Untergymnasium umwandelte.

Hellwig hat sämtliche Programme dieser Lehranstalt seit 1865 veröffentlicht. Außer den Schulnachrichten und der Chronik schrieb er in dieselben:

1. Die Entwickelung der S.-Reener ev. Knabenschule seit dem Jahre 1848. S.-R. G.-P., 1865.
2. Der Floßhandel auf dem Mieresch. Ebenda, 1866.
3. Die Witterungsverhältnisse von S.-Reen in den Jahren 1868—1877. Ebenda, 1883.
4. Geschichte, Beschreibung und Einweihungsfeier des neuen Gymnasialgebäudes der ev. Kirchengemeinde A. B. in S.-Reen. Ebenda, 1894.

S. b. T., 2447 (1882).
Szinnyei, M. J., IV, 675.

Helth Kaspar.*)

(II, 101; III, 580).

Nach G. D. Teutsch in der Allg. d. Biogr. dürfte Helths Geburt um das Jahr 1520 anzusetzen sein. Helth ist nach seiner eigenen Aussage ein Siebenbürger Sachse gewesen. Er starb 1574 oder 1575 während des Druckes seiner ungarischen Chronik. Daß er, der deutsche Mann, sagt G. D. Teutsch a. a. O., mit in erster Reihe geholfen dem ungarischen Volke die Bibel in seiner Muttersprache zu geben, dann daß er mit jener Chronik thatsächlich und erfolgreich die moderne ungarische Geschichtschreibung begonnen, ist sein unvergängliches Verdienst.

Außer den in Trausch a. a. O. angeführten Werken sind noch zu erwähnen:

1. Catechismus minor azaz, a keresztyeni tudomanac reuideden valo sumaya. Colosuarba nyomtatot Helthai Gaspar és György Hoffgreff altál. 1550. (Das einzige Exemplar befindet sich in der Bibliothek des siebenb. Museumsvereines in Klausenburg.)

---

*) Ung. nennt er sich Helthai, d. i. Heltauer.

2. Salamon királynak az David király fiának Markalfal való tréfa beszédeknek rövid könyve... Klausenburg 1577. (Die Übersetzung dieses Werkes — so sagt Szinnyei in „Magyar Irók élete és munkái" IV, 688 — schreibt Franz Toldy und nach ihm noch bestimmter Zsoltán Beöthy Helth zu. Unvollständige Exemplare dieser ersten Ausgabe befinden sich in der Bibliothek des siebenb. Museums und in der der ungarischen Akademie der Wissenschaften. Dieses Werk Helths hat mehrere Ausgaben erlebt, von denen die folgenden bekannt sind: Klausenburg 1585; Monyorókerék 1591; Leutschau 17. Jahrhundert; Ofen bis 1744 breimal; ebendort 1749, bis 1760 sechsmal ferner 1786; Waitzen 1795; Ofen 1808 und Gran 1885 mit einer Einleitung von Ladislaus Körösy. Über die Quellen, Ursprung und Geschichte dieses Werkes schrieb Arnold Ipolyi eine Abhandlung im „Uj M. Museum" 1855, I.)

Über das bei Trausch II, 116, Nr. 8 unter dem Titel „Hispánai Vadásság" angeführte, angebliche Werk Helths schreibt K. Fabritius im Arch. f. Ldkde., N. F. X, 240: „Graf Kemény hatte als Verfasser Kaspar Helthai und den Titel des Buches „Hispánai Vadásság" (Spanische Jagd) genannt. Keine von beiden Angaben entspricht dem Wortlaut des Titelblattes dieses Buches". Fabritius hat vergebens nach Helths Namen gesucht. Der Titel des Werkes, das mit einem zweiten zusammengebunden ist, welches in der Helth'schen Druckerei 1570 gedruckt worden, lautet:

Halomellyel á meg testessült ördeg, a papa Antichristus Hispaniaba az együgyü iambor Keresztyéneket, az Evangeliumnac köuetöit, halhatlan, álnakságockal és mesterségöckel még körüli, ki keresi, meg fogia, És minden marhaiokkat el véuén, kimond-hattlan kegyetllen kényockal meg kényoza és rettenetes halalockal meg öli, Az ő Pilésses hoheri, Es az ő bolond szolgai, a meg vackitot Feiedelmec altal, Egy iámbor Keresztyén és tudos Hispaniol altal, Gonsalvius Reginaldvs altal iratott, és ki adatott. Anno domini 1570.

Allg. d. Biogr., XI, 711, v. [G. D.] Teutsch.
Fr. Toldy, A magyar nemzeti irodalmi története Pest, 1865.
Derselbe, A magyar költészet története. Pest, 1867.
Sybel, Historische Zeitschrift. München 1867.
Derselbe, Magyar kölîök élete 1. Teil. Pest, 1870.
Szinnyei, M. J., IV, 685, wo die magy. biogr. Litteratur über Helth ausführlich angegeben ist.

Henning Gottfried Wilhelm d. Ä.,
(II, 119),

geboren am 12. Juni 1829*) in Schäßburg, absolvierte 1847 das dortige Gymnasium, 1850 die Rechtsakademie in Hermannstadt und trat dann nach siebenmonatlicher Verwendung bei der damals noch als oberste Verwaltungsbehörde und Appellationsgerichtshof fungierenden sächsischen Nationsuniversität in den Staatsdienst über. Seit 1. Februar 1883 lebt er als Finanzrat im Ruhestande in Bistritz.

---

*) Der Geburtstag ist in II, 119 nicht richtig angegeben.

Henning veröffentlichte außer den in II, 119 angeführten Arbeiten — teilweise unter dem Pseudonym Erwin Sachs — folgende u. zw.:

a) Fachwissenschaftliche Werke:

1. Gesetze und Vorschriften über Stempel und Gebühren. Mit alphabetischem Gebührentarif, Tabellen für Verzugszinsen und vollständigem Sachregister. Nach der amtlichen Ausgabe der „Pénzügyi törvények és szabályok" bearbeitet und mit dem Stempel- und Gebührengesetze vom Jahre 1873 ergänzt von G. W. Henning, k. ung. Finanzsekretär. Budapest 1873. Verlag von Moritz Ráth.
2. Das neue Stempel- und Gebührengesetz, wirksam vom 1. Januar 1888 an, nebst den noch geltenden ältern gesetzlichen Bestimmungen. Zum Selbstunterrichte für Handels- und Gewerbsfirmen, geistliche und weltliche Behörden, Gesellschaften, Korporationen, Vereine, Geldinstitute, öffentliche Notäre und Advokate, Staats-, Kommunal- und Privatbeamte partienweise geordnet von G. W. Henning k. ung. Finanzrat i. R. Hermannstadt, Druck und Verlag von Josef Drotleff 1888. [Erschien auch in magy. Übersetzung unter dem Titel: Az új bélyeg és illet. törvény érvényes 1888. január hó 1-jétől fogva.. ɔc. in demselben Verlage.

b) Übersetzungen aus dem Magyarischen:

Ungarische Heimats-, Liebes- und Heldenlieder. Deutsch im Versmaße des Originaltextes von G. W. Henning. Wien, A. Hartleben, 1874. (Eine zweite Auflage in Vorbereitung.)

c) Belletristische und publizistische Arbeiten:

1. Vaterländische Novellen: Martin Eisenburger, Eine Volks- und Familiengeschichte von Erwin Sachs (Pseudonym). Romanbeilage zum „Siebenbürgischen Volksfreund", 1891. Kronstadt, Verlag von Wilhelm Hiemesch.
2. Willbald, Ein Roman von Erwin Sachs (Pseudonym). Dritte verbesserte Auflage. Romanbeilage zum „Siebenbürgischen Volksfreund", wie oben, 1891.
3. Charakter- und Genrebilder in der Wiener Beamtenzeitung. 1880—1894. (Baron Salmen. Eine Skizze von Freundeshand. — Professor Karl Koller. — Friedensausstellungen. — Die neue Haushaltungsschule in Hermannstadt. — Sommerferien u. a.)
4. Vaterländische Humoresken in mundartlicher Prosa im „Siebenbürgischen Volksfreund". 1894.
5. Fünf Volkslieder (Pseudonym E. Sachs) in Herfurth's „Sächs. Volksliederbuch". (W. Krafft in Hermannstadt 1895.)
6. Vaterländische Gedichte (Huets Hochzeit). Bistritzer Zeitung Nr. 30, 1894. Sachsenboden. Ebenda, Nr. 22, 1894. Komes Petrus Haller. Ebenda, Nr. 42, 1894: Agnetheln, Legende. (Ebenda, Nr. 2, 1896.) Zur Erinnerung an den 6. März 1888. S. b. T., 4352. In Krafft's „Volkskalender 1894" Nachruf an G. D. Teutsch (Pseudonym E. Sachs) in Dr. Fr. Oberts „Sächs. Hausfreund" 1898: Die vier ersten Szenen des ersten Aktes seines Dramas „Die deutschen Ritter im Burzenlande."

Zu diesen Arbeiten Hennings kommen noch zahlreiche Artikel, die im S. d. T. und in der Bistritzer Zeitung veröffentlicht worden sind.

Im Manuskripte liegen vor:

Drei Dramen: Die deutschen Ritter im Burzenlande (f. o.), Johannes Honterus, Die Honterusschüler vor Marienburg; ferner eine Sammlung von geistlichen und weltlichen Sprüchen, Redensarten u. dgl. und „Siebenbürgische Lieder."

Szinnyei, M. J., IV, 703.

Henning Gottfried Wilhelm d. J.

wurde am 18. August 1858 als Sohn des Vorigen in Bistritz geboren. Nach Absolvierung des Gymnasiums studierte er an den Universitäten in Klausenburg, Wien, Berlin und Halle a. S. Philosophie und Theologie. Nach seiner Rückkehr in die Heimat wirkte er zunächst als Hilfslehrer für die deutsche Sprache an der Klausenburger Handelsakademie. Im Jahre 1890 wurde er zum Pfarrer in Buckmantel und 6 Jahre darauf zum Pfarrer in Radeln gewählt. Henning ist Mitarbeiter des in Wien erscheinenden „Ev. Hausfreundes". Auch sind im „Siebenbürgischen Volksfreund" mehrere Gedichte und kleinere Aufsätze von ihm erschienen.

Er gab ferner heraus:

Die zehn Gebote und das Vaterunser. Verlag von Fr. Teutsch. Schäßburg (1897). [Bespr. im S. d. T., 7239 (1897)].

Henning Karl, Dr. med.,

geboren am 14. Februar 1860 in Broos als zweiter Sohn des damaligen Konzeptsbeamten und spätern Finanzrates i. R. Gottfried Henning, (f. d.) besuchte die Schulen in Bistritz, Klausenburg und Temesvár. Das erste Universitätsjahr als Mediziner brachte er in Klausenburg zu, von wo er an die Wiener Universität ging. Schon am Gymnasium ein preisgekrönter Turner, war er Mitbegründer und erster Obmann des deutschnationalen Wiener akademischen Turnvereins. Bald zog er die Aufmerksamkeit des Professorenkollegiums auf sich durch wissenschaftliche Arbeiten nicht minder, als auch bei Bewerbung um die in der Folge ihm verliehene Smetana'sche Stiftung durch ein Gesuch, dessen Beilagen eine Reihe bemerkenswerter Publikationen in Fachblättern bildeten. Schon seit Beginn seiner Studienzeit mit der Ausführung höchst minutiöser Illustrationen für Fachwerke betraut, gab er 1886 einen groß angelegten „Atlas der Anatomie" heraus, der aber infolge äußerer Umstände nicht über das erste Heft gedieh. Im Jahre 1888 errang er den Doktorgrad und deckte nach langwierigen Versuchen das Geheimnis jener Masse auf, aus welcher die weltberühmten Pariser Moulagen — farbig-plastische Darstellungen der pathologischen Anatomie — angefertigt sind, worauf er von der österreichischen Regierung

1892 zur Weiterausbildung in diesem Kunstfache nach Paris und London entsendet wurde. Nach Wien zurückgekehrt, widmete er sich diesem Fache. Seit 1898 ist er Vorstand der Universitäts-Anstalt für Moulage in Wien, der einzigen derartigen des Kontinents.

Von ihm erschien u. a.:

Aus Herzenstiefen. Ernste und heitere Klänge. Karl Graeser, Verlagshandlung. Wien [1897]. Sr. königl. Hoheit Herzog Dr. Karl Theodor in Bayern, dem hochherzigen Gönner der Künste und Wissenschaften, in tiefster Verehrung gewidmet vom Verfasser. Das äußere Titelblatt trägt die Überschrift: Aus Herzenstiefen. Lieder eines Siebenbürger Sachsen. [Bespr. Wissenschaftliche Beilage zur Leipziger Zeitung 1899, Nr. 14 (2. Februar)].

Henrich Gustav,

geboren am 24. Januar 1864 in Hermannstadt, legte daselbst im Jahre 1883 die Maturitätsprüfung am ev. Gymnasium A. B. ab und trat nach Beendigung seiner Fachstudien an dem Abiturientenkurs der Wiener Handelsakademie in Wien in eines der ersten Handels- und Fabrikshäuser Österreichs als Comptoirist ein. Seit dem 18. Mai 1886 ist er Beamter der Hermannstädter allgemeinen Sparkassa. Hauptsächlich infolge eines von ihm im Hermannstädter Bürger- und Gewerbevereine gehaltenen Vortrages: „Über eine Fachschule für den praktischen Unterricht in den Kontorfächern im Anschluß an eine Gremial-Handelsschule" wurde im Herbste 1889 eine Kontorfachschule an die Hermannstädter Gremial-Handelsschule angeschlossen, und der Unterricht an dieser Henrich übertragen.

Er veröffentlichte:

1. Über eine Fachschule für den praktischen Unterricht in den Kontorfächern im Anschluß an eine Gremialhandelsschule. Vortrag, S. b. T., 1888. Auch im Sonderabdruck erschienen.
2. Das Pfandbrief-Geschäft vom Standpunkte der Buchhaltung. Hermannstadt, Wien und Leipzig, Michaelis und Seraphin 1892.
3. Über die Buchungen bei der Diskontierung von Effekten und Coupons. Zeitschrift für Buchhaltung. I. Linz 1892.
4. Über kaufmännischen Unterricht. Vortrag. S. b. T., 1894. Auch im Sonderabdruck erschienen.
5. Die Buchung des Reservefondes bei gesonderter Verwaltung desselben. Zeitschrift für Buchhaltung V. Linz 1896.

Henrich Johann Daniel
(II, 120)

starb am 2. Januar 1872 in Hermannstadt.

Szinnyei, M. J., IV, 701.

Heintz Martin (Hentzius).
(I, XV).

Nach Fr. Teutsch*) erscheint in den Rechnungen der Stadt Hermannstadt**) in den Jahren von 1544—1547 ein M. Hentzius als Prediger von Hermannstadt.***) Dann ist er 1563 als Pfarrer von Kelling bezeugt.†) Außerdem erscheint 1572 und 1573 ein M. Hentzius als Hermannstädter Rektor und 1536/37 einer als Student in Wittenberg.††) Nun kann, wie Fr. Teutsch richtig schließen dürfte, doch nicht derselbe 1536/37 Student in Wittenberg gewesen sein, 1544—1547 Prediger in Hermannstadt und zwar 1547 concionator in claustro dominicanorum, 1563 Pfarrer in Kelling und 1572/73 Hermannstädter Rektor; es bleibt nichts anders übrig als zwei (Vater und Sohn) anzunehmen, wovon der erste Prediger (1544 bis 1547) und Kellinger Pfarrer, der andere Rektor (1572/73) in Hermannstadt war.

Jedenfalls ist Martin Hentzius nicht in der Zeit von 1543—1547 Rektor und zwar der erste ev. Rektor, wie Trausch I, XV angiebt, gewesen.†††)

Herbert Heinrich,

Sohn des Sparkassadirektors Friedrich Michael Herbert in Hermannstadt, wurde am 27. Juli 1838 zu Hameruden bei Reps geboren. Er studierte, nachdem er 1855 die Reifeprüfung an dem evang. Gymnasium A. B. in Hermannstadt abgelegt hatte, Rechtswissenschaft an der dortigen Rechtsakademie und trat im Herbste des Jahres 1858 als Rechtsauskultant in den Staatsdienst. In diesem blieb er bis zum Frühjahr des Jahres 1861, das ihm infolge der Auflösung der k. k. Behörden die Versetzung in Disponibilität brachte. Im Herbste des genannten Jahres bezog er die Universität Heidelberg, wo er sich dem Studium der Geschichte widmete, nachdem er in früheren Jahren sich mit den Naturwissenschaften, insbesondere mit der Koleopterologie, beschäftigt hatte. Er setzte seine Studien in Berlin und Jena fort, worauf er im Herbst des Jahres 1863 nach Hermannstadt zurückkehrte, an dessen ev. Gymnasium A. B. er sogleich als Lehrer angestellt wurde. Diese Stelle hat er bis zu seiner 1895 erfolgten Versetzung in den Ruhestand bekleidet. 1866 wurde er Sekretär des Vereines für siebenbürgische Landeskunde und 1872 auch dessen Hauptkassier; beide Ämter verwaltete er bis 1890; seit 1877 gehört er dem Ausschuß dieses Vereines an. Vom Jahre 1885 bis zum Jahre 1890 war er Sekretär des Oberehegerichtes der ev. Landeskirche A. B. in Hermannstadt.

---

*) Geschichte des ev. Gymnasiums in Hermannstadt. Arch. f. Ldbe., N. F. XVII, 16. Anmerkung 4.
**) Quellen zur Geschichte Siebenbürgens. I. Rechnungen. Hermannstadt 1880.
***) Korr. f. Ldbe., III, (1880) 16.
†) Arch. f. Ldbe., N. F. II, 250.
††) Arch. f. Ldbe., N. F. II, 136; Fraknoi K., Magyarországi tanárok és tanulók a Bécsi egyetemen a 14. és 15. Században. Budapest 1874, 296.
†††) Korr. f. Ldbe., III, (1880), 16.

Herbert hat veröffentlicht:

1. Nachtrag zum Käserverzeichnisse in Siebenbürgen. V. u. M., IX, 1858.
2. Beiträge zur Geschichte von Schule und Kirche in Hermannstadt zur Zeit Karls VI. H. G.-P., 1872.
3. Repertorium über einen Teil der Siebenbürgen betreffenden Litteratur. Hermannstadt 1878. Ergänzungen hiezu Korr. f. Ldbe. I, 1878. [Bespr. Ebenda, 101.]
4. Der innere und äußere Rat Hermannstadts zur Zeit Karls VI. Arch. f. Ldbe., N. F. XVII.
5. Die Reformation in Hermannstadt und dem Hermannstädter Kapitel. Festschrift zur vierhundertjährigen Gedächtnisfeier der Geburt Dr. Martin Luthers. Im Auftrage der Lehrerkonferenz des ev. Gymnasiums A. B. in Hermannstadt und der mit demselben verbundenen Realschule verfaßt. Hermannstadt 1883. [Bespr. Korr. f. Ldbe., VI, (1883), 129.]
6. Die Gesundheitspflege in Hermannstadt bis zum Ende des 16. Jahrhunderts. Arch. f. Ldbe., N. F. XX.
7. Das Rechnungswesen Hermannstadts zur Zeit Karls VI. H. G.-P., 1888.
8. Der Haushalt Hermannstadts zur Zeit Karls VI. A) Die Bürgermeisterrechnungen. B) Die Wirtschaftsrechnungen. Arch. f. Ldbe., N. F. XXIV.
9. Die Gesundheitspflege in Hermannstadt zur Zeit Karls VI. H. G.-P., 1893.
10. Die Rechtspflege in Hermannstadt zur Zeit Karls VI. Arch. f. Ldbe., N. F. XXVII. [Bespr. Korr. f. Ldbe., XIX, (1896), 88.]
11. Das Zunftwesen in Hermannstadt zur Zeit Karls VI. Mitteilungen aus dem Hermannstädter Magistratsprotokolle. Ebenda, XXVII.
12. Öffentliches Leben in Hermannstadt zur Zeit Karls VI. Ebenda, XXVIII.
13. Geschichte des Vereins für siebenbürgische Landeskunde. Ebenda, XXVIII.
14. Die Quellen zur Geschichte Siebenbürgens aus sächsischen Archiven. Herausgegeben vom Ausschuß des Vereins für siebenbürgische Landeskunde I, 1. Abteilung: Rechnungen I, Hermannstadt 1880, bearbeitete Herbert gemeinschaftlich mit W. Capesius, St. Kast und Dr. Fr. Teutsch.

Von kleineren Aufsätzen, die er in der Allg. d. Biogr., dem Korr. f. Ldbe., dem Schul- und Kirchenboten und dem S. d. T. veröffentlichte, erwähnen wir: Zur Frage der Umgestaltung, bezüglich Ergänzung des siebenbürgisch-sächsischen Schulwesens (S. d. T., 1874, Nr. 50) und das Lehrerseminar in Gotha (Schul- und Kirchenbote V, 149).

Hinrichsen Adolf: Das litterarische Deutschland. Berlin und Rostock. Verlag der Albumsstiftung 1887, 238.
Szinnyei, M. J., IV, 729. Ebenda, 730 wird irrtümlich Josef Herbert der von H. Herbert herrührende Nachtrag zum Käserverzeichnisse Siebenbürgens zugeschrieben.

Herbich Franz, Dr. phil.

wurde 1821 in Preßburg geboren.*) Nachdem er die Schulen in Czernovitz absolviert und zwei Jahre (1840 und 1841) an der Josefs-Akademie in Wien studiert hatte, bezog er die k. Bergakademie in Schemnitz und beendigte daselbst von 1841—1844 die montanistischen und forstwissenschaftlichen Studien. Als absolvierter Bergakademiker erhielt Franz Herbich hierauf bei den Manz'schen Bergbau-Unternehmungen in der Bukovina eine Anstellung und diente dort von 1845 bis 1854 als Gruben-Offizier, Kontrollor und Markscheider. Schon hier widmete er seine freie Zeit der Erforschung der Mineralien der Bukovina.

Im Jahre 1854 kam Herbich nach Siebenbürgen und war in den Eisenwerken von Szent-Kereßtbánya und Füle (bis 1859), dann beim Kupferbergwerke in Balánbánya bei Szent-Domokos als Verwalter und Direktor angestellt. In dieser Zeit nahm sein Interesse für die geologischen Verhältnisse seiner neuen Heimat von Jahr zu Jahr zu. Von Füle aus besuchte er die verschiedenen Teile des Hargittá-Gebirges, den Altburchbruch bei Rákos, den Persányer Höhenzug und das Burzenländer Gebirge bis zu seinem höchsten Gipfel, dem Bucsecs, machte hier überall interessante geologische Beobachtungen und sammelte wertvolle Gesteine und Versteinerungen. So entdeckte er in dieser Zeit die wechselvollen mesozoischen Gebilde des Altburchbruches mit den Fundorten zahlreicher Versteinerungen, dann den krystallisierten Hämatit (Eisenglanz) am Kakukhegy bei Füle.

Von Füle aus machte er im Jahre 1858 eine größere Studienreise durch Deutschland bis Belgien, bei welcher Gelegenheit er in Tübingen von Professor Quenstedt sehr wertvolle paläontologische Gegenstände und von Krantz in Bonn seltene Gesteinarten erwarb und mitbrachte, die später mit seinen reichen Sammlungen aus Galizien, der Bukovina und den östlichen Teilen Siebenbürgens in den Besitz des siebenbürgischen Museums in Klausenburg gelangten.

Von Balánbánya aber durchforschte er die Gegend von Ditró und Vorßék und die Gebirgsausläufer des Nagy-Hagymás; dort entdeckte er 1859 den Nephelin-Syenit mit dem schönen blauen Sodalith oder Ditroit, welcher durch seine Mitteilungen zuerst der wissenschaftlichen Welt bekannt wurde. In den Gebirgszügen des Nagy-Hagymás aber gelang es ihm damals, jene reichen Fundorte mesozoischer Versteinerungen aufzufinden, welche er später in so ergiebigem Maße für die Wissenschaft ausbeutete.

Herbich wurde am 1. Oktober 1869 als Kustos-Adjunkt am siebenbürgischen Museum in Klausenburg angestellt, um welches er sich große Verdienste erworben hat. In den Jahren von 1870—1875 beteiligte er sich an den Arbeiten des neu errichteten k. ung. geologischen Institutes, indem er als provisorischer Hilfsgeologe mit der Übersichts-Aufnahme des östlichen Siebenbürgens betraut wurde und bei dieser Gelegenheit das Széklerland in jeder Richtung durchforschte, wobei er zahlreiche neue Fundorte von Versteinerungen entdeckte und von den reichlich zusammengebrachten Gegenständen die Sammlungen des k. ungarischen geologischen Institutes und des siebenbürgischen Museums in ausgiebiger Weise beteilte.

---
*) V. u. M., XXXVIII, (1888), 7.

1875 von der Klausenburger Universität zum Dr. der Philosophie promoviert, habilitierte er sich an der genannten Universität als Privatdozent für Vorlesungen über die geologischen Verhältnisse der österreichisch-ungarischen Monarchie. Vier Jahre darauf (1879) wurde er vom gemeinsamen Finanzminister auf zwei Jahre zum Bergwesen-Referenten für Bosnien und die Herzegovina mit dem Titel eines Bergrates ernannt.

Im Sommer 1882 eröffnete sich für Herbich ein neues Feld der Thätigkeit, indem auf Antrag des Universitäts-Professors Dr. J. Szabó die beiden Ministerien für Landwirtschaft, Gewerbe und Handel, sowie für Kultus und Unterricht die Mittel gewährten zur genauern geologischen Aufnahme der Grenzgebirge zwischen Siebenbürgen und Rumänien, deren Ergebnisse in die nach dem Beschlusse des internationalen geologischen Kongresses in Bologna herauszugebende „neue geologische Karte von Europa" aufgenommen werden sollten; dabei hatte Herbich die Aufnahme des schwierigen Terrains zwischen dem Törzburger und Ojtozer Passe übernommen und entledigte sich dieser Aufgabe in den Sommermonaten der Jahre 1882 und 1883 in erfolgreicher Weise. Schon im nächsten Winter stellte er die neue geologische Übersichtskarte dieses großen Gebietes zusammen, welche im verkleinerten Maßstabe in die oberwähnte neue geologische Karte von Europa aufgenommen wurde. Im Jahre 1884 stellte er eine vollständige Sammlung der Gesteine des erwähnten Karpathengebietes für das siebenbürgische Museum zusammen, welche auf der ungarischen Landesausstellung vom Jahre 1885 vorkam und mit Recht das Wohlgefallen aller Fachmänner erregte. In demselben Jahre machte er eingehende Studien über die Kalkklippen am Ostrande des siebenbürgischen Erzgebirges, namentlich in der Umgebung des Piatra Czaki, bearbeitete deren Fauna in meisterhafter Weise und stellte die betreffenden Versteinerungen im siebenbürgischen Museum aus.

Im Jahre 1885 beutete er auch einen schon 1883 im Törzburger Passe auf romänischer Seite entdeckten reichhaltigen Fundort neocomer Versteinerungen aus, machte eingehende Studien über die Fauna dieser Schichten und übersandte deren mit 30 Tafeln Abbildungen ausgestattete Beschreibung zur Herausgabe an das geologische Institut von Rumänien.

Schließlich entdeckte er im Sommer des Jahres 1886 bei Ürmös an der Ostseite des Persányer Höhenzuges ein reiches Lager von Versteinerungen der obern Kreide.

Herbich wurde von der k. k. geologischen Reichsanstalt in Wien, von der Gesellschaft der Naturforscher in Cherbourg und von dem ungarischen geologischen Institute zum korrespondierenden Mitgliede gewählt, außerdem war er ordentliches Mitglied der k. k. zoologisch-botanischen Gesellschaft in Wien, des Bukovinaer Vereins für Landeskultur und Landeskunde und durch eine längere Reihe von Jahren auch des siebenbürgischen Vereins für Naturwissenschaften zu Hermannstadt, dann gründendes Mitglied des siebenbürgischen Museum-Vereins in Klausenburg. Er starb am 15. Januar 1887.

Herbich veröffentlichte:

1. Beschreibung der bis jetzt bekannten Mineralspezies der Bukowina. Leipzig 1852.
2. Über die Braunkohlenformation in Ost-Siebenbürgen. Hingenaus Zeitschrift für Berg- und Hüttenwesen 1859.

3. Über die Roteisensteine von Alsó-Rákos und Vargyas. Ebenda, 1859.
4. Die Urschieferformation der Ost-Karpathen und ihre Erzlagerstätten. Österreichische Zeitschrift für Berg- und Hüttenwesen 1861.
5. Geologische Skizze von Borszék. B. u. M., XIII, (1862).
6. Geologische Ausflüge auf den Bucsecs. B. u. M., XVI, (1865).
7. Geologische Streifungen in dem Altburchbruche zwischen Felsö- und Alsó-Rákos. Ebenda, XVII, (1866).
8. Eine geologische Exkursion von Balánbánya an den Böröstó, nach Békás, Gsebánypatak u. s. w. Ebenda, XVII, (1866).
9. Beiträge zur Paläontologie Siebenbürgens: Die Petrefakten der Kreide, des Jura und der Trias. Ebenda, XIX, (1868).
10. Die Einteilung der Eruptivgesteine Siebenbürgens. (Az eruptiv kőzetek beosztásáról Erdélyben.) Jahrbuch des siebenb. Museumvereins VI.
11. Der Basaltobsidian, ein neues Vorkommen in Siebenbürgen. Ebenda, VI.
12. Über einen für Klausenburg beantragten artesischen Brunnen. Ebenda, VI.
13. Die geologischen Verhältnisse im nordöstlichen Siebenbürgen mit einer Karte der Gyergyó. Jahrbuch des k. ung. geologischen Institutes. I, (1871).
14. Geologische und paläontologische Beschreibung des Szeklerlandes mit 30 lithographischen Tafeln und einer geologischen Karte. Ebenda, V, (1878) 304 Seiten.
15. Montanistisch-geologische Beobachtungen in Siebenbürgen: a) Die Karpathischen Klippen; b) Die Fauna der Kalkklippen im östlichen Siebenbürgen; c) Die erdölhaltigen Gesteine bei Sósmezö am Ojtoz-Passe; d) Die Liaskohle bei Neustadt und Rosenau in der Umgebung von Kronstadt; e) Die Silbererzlagerstätte in der nordöstlichen Gyergyó. Jahrbücher des siebenb. Museumsvereins 1875, 1877, 1878.
16. Geologische Erfahrungen am Ostrande des siebenbürgischen Erzgebirges. Földtani közlöny 1877.
17. Paläontologische Beiträge zur Kenntnis der siebenbürgischen Karpathen. Orvostermészet-tudományi értesitő. Kolosvárt 1885.
18. Paläontologische Studien über die Kalkklippen des siebenbürgischen Erzgebirges mit 21 Tafeln. Jahrbuch des k. ung. geologischen Institutes. VIII, (1886).
19.. Paläontologische Beiträge zur Kenntnis der rumänischen Karpathen I. Kreidebildungen im Quellengebiete der Dambovitia. Mit 17 Tafeln Abbildungen. Publikationen des siebenbürgischen Museumsvereins. Nr. 1. Klausenburg 1887.

Szinnyei, M. J., IV, 730.
Orvos-termeszet-tudományi Értesitő. (Koch Antal, Emlékbeszéde, erschien auch in deutscher Sprache im Jahrgang 1887 des Földtani közlöny. Budapest 1887.)
B. u. M., XXXVIII, (1888), 7.

Herfurth Franz Karl, Dr. theol.

wurde am 1. Januar 1853 zu Kronstadt geboren. Nachdem er daselbst das Honterusgymnasium im Jahre 1871 absolviert hatte, wandte er sich der theologischen Laufbahn zu und wählte sich die klassischen Sprachen zu

Fächern für das Lehramt. Unter den erhebenden Eindrücken der deutschen Siege, die auf Frankreichs Schlachtfeldern das neue Deutsche Reich geboren hatten, kam er an die Universität nach Berlin; aber schon nach dem ersten Semester wandte er sich nach Jena, um dorther 1873 und 1874 wieder nach Berlin zurückzukehren. Das Winterhalbjahr 1874/75 brachte er in Leipzig zu. Er hörte in Berlin Moritz Haupt, Vahlen, Mommsen, Kiepert und Bonitz, in Leipzig Rietschel, in Jena Bursian, Delbrück und Moritz Schmidt. Dabei folgte er mit innerster Freude seinen theologischen Führern. Damals hatte die wissenschaftlich-kritische Richtung in Jena besonders glänzende Vertreter. Neben dem „alten Hase" lehrten R. A. Lipsius und Otto Pfleiderer; in Berlin der alte Vatke und der nachherige Basler Professor Dr. P. W. Schmidt. Diese „freisinnige" Richtung erfüllte das Herz des Studenten ganz und Schriften vom Standpunkte des Schweizers Heinrich Lang waren damals seine Lieblinge. Ferner hörte er gerne geschichtliche und philosophische Vorlesungen und besuchte auch E. Häckels Vorträge über „Schöpfungsgeschichte" und „Anthropogenie". In Leipzig besuchte Herfurth auch Tuiskon Ziller's pädagogische Vorlesungen und war Mitglied von dessen pädagogischem Seminar. Dabei nahm Herfurth regen Anteil am deutschen Studentenleben und zwar vom Standpunkte einer die damalige Studentenwelt stark erregenden und umfassenden Reformbewegung.

Nach vierjährigem Hochschulstudium kehrte er im Herbste 1875 in die Vaterstadt heim und fand zeitweilige Verwendung an den Schulen derselben, feste Anstellung aber am Gymnasium vom 1. September 1876 an. 12½ Jahre hat er in den beiden obersten Gymnasialklassen die theologischen Disziplinen, dazu lateinische, griechische, deutsche Sprache und auch philosophische Propädeutik unterrichtet. Es war ihm große Freude, sich den Schülern auch außerhalb der Schulräume zu widmen. Zu gemeinsamer Lektüre (biblische und deutsche Schriften) und zur Einführung in die Grundformen der Kunst versammelte er sie im Hause, machte gerne Spaziergänge mit ihnen in die schöne Umgebung Kronstadts oder in die Burzenländer Gebirge und unternahm mit ihnen auch die ersten Schulreisen (1882 Reps; 1883 und 1884 Hermannstadt—Schäßburg).

1881 berief ihn das Landeskonsistorium in die Prüfungskommission für die Kandidaten des Lehramts und der Theologie. 1883 und 1885 war er Mitglied und Referent in der vom Landeskonsistorium einberufenen Mittelschulkonferenz. 1880 betraute ihn im Verein mit andern die Kronstädter Kommunität mit der Herausgabe der „Quellen zur Geschichte der Stadt Kronstadt", welcher Aufgabe er bis Ende 1888 nachgekommen ist. Dabei nahm er lebhaften Anteil an der Pflege und Mitarbeit des öffentlichen Lebens in Vertretungen und Vereinen, auch als Mitarbeiter unserer Zeitungen und gab selbst das Sonntagsblatt, den „Siebenbürgischen Volksfreund", heraus.

Im Januar 1889 wurde Herfurth von den Vertretern der Burzenländer Gemeinde Neustadt eingeladen sich um die dortige Pfarre zu bewerben und wurde am 10. Februar einhellig in dieselbe gewählt. Am 26. März trat er in das neue, durchaus anders geartete Arbeitsgebiet ein. Die ursprüngliche Neigung fand nun volle Befriedigung. Am 23. Februar

1894 wurde Herfurth von der Bezirkskirchenversammlung zum Bezirksdechanten gewählt; die Wahl wurde am 21. Dezember 1897 einhellig erneuert. 1894—1897 war er Mitglied und Referent der vom Landeskonsistorium bestellten Kommission zur Herstellung des neuen Gesangbuches. 1895 begleitete er Bischof D. Müller nach Eisenach zur Enthüllungsfeier des vom Bildhauer Donndorf gefertigten Lutherdenkmals. Im September 1895 vertrat er den Siebenbürgischen Hauptverein auf der Hauptversammlung des evang. Gustav Adolf-Vereins in Hannover. 1897 und 1898 nahm er Anteil an den Landesfesten mehrerer Gustav Adolf-Hauptvereine (Schleswig-Holstein; Provinz Sachsen; Leipzig; Dresden 2c.) Seit 1895 ist Herfurth als Vertreter der Stadt Kronstadt auch Mitglied der Sächsischen Universität. Am Tage der Kronstädter Honterusfeier, 21. August 1898, wurde ihm die Auszeichnung zu teil, daß die königlich-preußische Albertus-Universität zu Königsberg „dem Dechanten des Kronstädter Kirchenbezirks, der nach Vollendung theologischer und philosophischer Studien an deutschen Universitäten während 12-jähriger Dienstzeit am Kronstädter Gymnasium die Quellen zur Geschichte seiner Vaterstadt mit Erfolg herausgegeben, nachher aber im geistlichen Amte nicht nur um die ev. Kirche und Schule sich bestens verdient gemacht, sondern auch um Schutz und Pflege nationaler Sitte und Sprache unermüdlich und erfolgreich sich bemüht hat, — die Rechte, Freiheiten und Ehren eines Doktors der heiligen Schrift honoris causa übertrug".

Von Herfurth sind erschienen:

1. Was ist studentische Reform? Ein Wort an die deutsche Studentenschaft. Jena Frommann 1875.
2. Warum sind wir noch Christen? Predigt. Eisfeld 1876.
3. Quid venusti et elegantis in verborum elocutione Homeri carmina habeant. K. G.-P., 1879.
4. F. Herfurth und G. Schiel, Ungarische und siebenbürgische Studierende in Jena. Arch. f. Ldke., N. F. XII, 312.
5. Der Gustav Adolf-Verein ein Hort des Protestantismus. Predigt. Kronstadt 1880. Römer und Kamner.
6. Wie hat der Ostergedanke auch heute noch so viel Trost und Ermunterung für uns. Predigt, Kronstadt 1880.
7. Quellen zur Geschichte der Stadt Kronstadt. I und II, Kronstadt 1886 und 1889. (Beide Bände redigierte Herfurth und hat auch den größern Teil derselben bearbeitet. S. auch den Artikel Friedrich Stenner.)
8. Der Siebenbürgische Volksfreund. Ein Sonntagsblatt für Stadt und Land. Begründet und herausgegeben von F. Herfurth. Gedruckt in Kronstadt bei Joh. Gött und Sohn Heinrich. Herfurth redigierte diese Zeitschrift 1886—1892.
9. Unser geselliges Leben. (Kronstädter gemeinnützige Vorträge, Nr. 3.) Kronstadt, Johann Gött und Sohn Heinrich. 1886.
10. Was ich euch predigen will? Eingangspredigt 1889. Kronstadt, H. Zeidner.
11. Weichet nicht, weder zur Rechten, noch zur Linken. Kronstadt 1889.

12. Predigt zum Gedächtnis des am 2. Juli 1893 dahingeschiedenen Bischofs D. G. D. Teutsch. Kronstadt 1893.
13. Predige das Wort. (Predigt). Kronstadt 1894.
14. Über religiöse Bildung. Womit und wie können wir unsere erwachsene Landjugend in ihren freien Stunden beschäftigen? Zwei Vorträge. Hermannstadt, Drotleff 1892.
15. G. D. Teutsch. Rede, gehalten am 12. Dezember 1893 im Saale des Honterusgymnasiums. Hermannstadt, W. Krafft, (1894). [Bespr. Korr. f. Ldbe., XVII, (1894), 47.]
16. Sächsisches Volksliederbuch. Herausgegeben von Franz Herfurth. Hermannstadt, W. Krafft 1895. [Bespr. Korr. f. Ldbe., XIX, 1896, 7.] — Zweite Aufl. mit Notendruck. 1900, ebenda.
17. Aus Heimat und Ferne. Vier Vorträge. Verlag von Karl Gräser. Wien 1898: 1. St. L. Roth, der Volkserzieher und Volksfreund. — 2. Deutsche Fahrten. — 3. Erzieht unsere Schule sächsisch? — 4. Erzieht unsere Schule evangelisch? [Bespr. Korr. f. Ldbe., XXI, 19; Christl. Welt, 1898, Nr. 35 und 36; Der Protestant, 1898. Berlin, 13. August 1898; Aus unseres Herrgotts Kanzlei. Magdeburg, Nr. 36, 1898; Ev. Gemeindeblatt für Rheinland und Westfalen, 1898; Kronstädter Zeitung, 30. Dezember 1897.]
18. Das sächsische Burzenland. Zur Honterusfeier herausgegeben über Beschluß der Kronstädter evang. Bezirkskirchenversammlung A. B. Kronstadt, Gött 1898. Über Anregung und unter Leitung und Mitarbeit Herfurth's zustande gekommen, entstammt unmittelbar seiner Feder Vor- und Schlußwort und der Aufsatz „Bruderschaft und Schwesterschaft." [Bespr. Kronstädter Zeitung, Nr. 127 und 128, 1899; Hermannstädter Zeitung, vereinigt mit dem Siebenbürger Boten, Nr. 165 1899; S. d. T., 7783—7870 mit Unterbrechungen; Sächsischer Gustav Adolf-Bote. Dresden, X, Nr. 2, 1899.
19. Ordnung des öffentlichen Gottesdienstes. Hermannstadt 1899. Drotleff. (Auch als Anhang der Noten-Ausgabe des landeskirchlichen Gesangbuches erschienen. Diese Gottesdienstordnung ist mit Hinzuziehung des Pfarrers J. Reichart und des Musikdirektors R. Lassel von Herfurth ausgearbeitet worden.)

In dem Andachtsbuch des neuen Gesangbuches rührt das Gedicht „Für unser Volk" von Herfurth her.

Außer diesen Arbeiten sind von Herfurth zahlreiche Berichte und Aufsätze in verschiedenen Zeitungen und Zeitschriften erschienen. Wir verweisen nur auf einige Aufsätze pädagogischen und theologischen Inhalts im Schul- und Kirchenboten, die auch in Sonderabzügen verbreitet worden sind:

1. Die biblischen Wunder und deren Behandlung in der Volksschule. 1882.
2. Schulreisen der Kronstädter Gymnasiasten. 1884.
3. Schaffet das Gift aus unseren Gymnasien. 1884.
4. Von der Mittelschulkonferenz in Hermannstadt. 1886.
5. Unsere Mundart in der Schule. 1888.
6. Die Zucht im Obergymnasium. 1889.

7. Unser Landprediger. 1894.
8. Stoff für die Beratungen in den Ortskonferenzen der Volksschule. 1897.
9. Vor G. D. Teutsch's Standbild. 1899.

Schließlich sind zu erwähnen die im Siebenbürgischen Volksfreund und nachher in dem Krafft'schen Neuen Volkskalender, im Kalender des Siebenbürger Volksfreunds und im kleinen Kronstädter Kalender in größerer Zahl erschienenen launigen Erzählungen und Schwänke in Kronstädter Mundart, deren etliche wie der „Burmes Krästel", der „Buhmes Piter", „Kathreny löst te schwegen?", „Der geschetch Kriß" ɛc. in weiteren Kreisen bekannt geworden sind.

> Hinrichsen A., Das litterarische Deutschland. Berlin und Rostock. Verlag der Albumsstiftung, 1887.
> K. G.-P., 1889, 31.
> Szinnyei, M. J., IV, 759.

Herman Andreas,

Sohn des Bischofs Lukas Herman, studierte 1693 in Hermannstadt und 1697 in Jena.

Er schrieb:

> Dissertatio Theologica. De fidei temporariae et justificantis differentia ... Praeside Johanne Zieglero. Resp ... Cibinii 1693.
>
> Szinnyei, M. J., IV, 765.

Herman David.

(II, 121).

> Wurzbach, VIII, 389.
> Allg. d. Biogr., XII, 167 von G. D. Teutsch.
> Szinnyei, M. J., IV, 770.

Hermann Friedrich,

geboren am 6. September 1841 in Schäßburg, absolvierte 1855 die ev. Unterrealschule seiner Vaterstadt, besuchte 1855/56 die dortige vierte Untergymnasialklasse, erlernte 1856—1859 das Tischler- und Drechslergewerbe, widmete sich 1859—1864 in Budapest, Graz und Wien der Bildhauerei und vervollständigte 1864—1867 seine Ausbildung in diesem Fache an der Akademie der bildenden Künste in Wien. Nach der Rückkehr in seine Vaterstadt errichtete er daselbst eine Bildhauerwerkstätte und ist seit 1872 Zeichen- und Modellierlehrer an der Kronstädter städtischen Gewerbeschule, seit 1876 zugleich Zeichenlehrer an der ev. Real- und Mädchenschule. In dieser letztern Stellung übernahm er bei der Gründung der Kindergärtnerinnen-Bildungsanstalt auch ihren Zeichenunterricht.

Die Grabsteine in der Westhalle der ev. Stadtpfarrkirche in Kronstadt. Abbildungen von Friedrich Hermann, Zeichenlehrer, Text von Christof Gusbeth. K. G.-P., 1886.

Hermann Leonhard.
(II, 124).

Wurzbach, VIII, 391.
Szinnyei, M. J., IV, 787.

Hermann Lucas.
(II, 126).

Wurzbach, VIII, 391.
Meltzl-Herrmann, Das alte und neue Kronstadt, I, 20, 73, 76, 134, 139.
Szinnyei, M. J., IV, 788.

Hermann Martin, Dr. med.,

geboren am 25. August 1643 in Kronstadt, besuchte während sieben Jahren verschiedene Universitäten und bereiste Deutschland, Holland, Frankreich, England und Italien. Von 1670—1692 war er Physikus und von 1681 auch Senator in Kronstadt. Er starb am 24. März 1692.

Er schrieb:

Canones Logici Selectiores, quos in celebri Gymn. Coronensi tempore examinis publici praeside M. Martino Albrichio rectore Gymnasii ejusdem ad disputandum proposuit. Respondens ... Ad diem 8. Octobris. Anno 1659 Coronae.

Szinnyei, M. J., IV, 789.

Hermann Peter.
(II, 128).

Wurzbach, VIII, 392.
Szinnyei, M. J., IV, 799.
H. G.-P., 1896, 45.

Hermann Stephan.
(II, 129).

Wurzbach, VIII, 392.
Szinnyei, M. J., IV, 779.

Herman*) Victor Gustav Eugen, Edler von,

der letzte männliche Nachkomme der Herrmann'schen Familie, wurde am 24. August 1825 in Kronstadt geboren. Nachdem er hier die ev. Schulen bis zur siebenten Klasse besucht hatte, trat er am 16. November 1835 in die k. k. Ingenieur-Akademie in Wien ein, wo er bis zum 15. Oktober 1843 verblieb. 1844 wurde er Ingenieur-Lieutenant, 1847 Oberlieutenant, 1849 Hauptmann, 1859 Major. Er war Geniedirektor zu Kronstadt, Hermannstadt, Karlsburg und Theresienstadt und Befestigungsbaudirektor in Südtirol, dann Geniedirektor in Mantua, Großwardein und Komorn. Im Jahre 1866 wurde er zum Oberstlieutenant befördert und drei Jahre darauf dem General-Genie-Inspektor Erzherzog Leopold zugeteilt. Im Jahre 1877 wurde er Generalmajor. Seit 1881 infolge eines Blutschlages an der rechten Seite gelähmt, trat Herman im Jahre 1882 in Graz als Feldmarschalllieutenant in den Ruhestand. Er starb 1891 in Wien.

Von Herman erschien:

Denkschrift über die Einmündung des Marchflusses in die Donau mit Beziehung auf deren beiderseitige Regulierung. Mit einer Karte. Wien 1886.

Arch. f. Ldde., N. F. XVI, 545; XVII, 676, 681; XXII, 598.

Herrmann George Michael Gottlieb von.
(II, 129).

Das alte und neue Kronstadt von George Michael Gottlieb von Herrmann, kgl. Rath. Ein Beitrag zur Geschichte Siebenbürgens im 18. Jahrhundert bearbeitet von Oskar von Meltzl. Herausgegeben vom Ausschuß des Vereins für siebenbürgische Landeskunde. I. Von dem Übergang Siebenbürgens unter das Haus Habsburg bis zum Tode der Kaiserin-Königin Maria Theresia (1688 bis 1780). Hermannstadt, in Kommission bei Franz Michaelis 1883. 8°. XLV, 476 S. und Namen- und Sachregister (12 S.). II., Von dem Regierungsantritte Kaiser Josef II. bis zum Ende des 18. Jahrhunderts 1780—1800. Hermannstadt, in Kommission bei Franz Michaelis 1887. 8°. 645 S. und 7 S. Namen- und Sachregister.

Achtjährig verfaßte Herrmann 1744 ein Leichengedicht in Alexandrinern auf seine jüngere Schwester Rosine. Der Anfang derselben ist abgedruckt: Arch. f. Ldde., N. F. XXII, 103; ebenso ist dort (S. 327) ein von Herrmann gedichtetes Kirchenlied, „Der Christ im Leiden" zum Abdrucke gelangt.

Von Herrmann liegt im Manuskripte vor:

Extractus miscellaneorum partim documentorum, partim litterarum etc. ad historiam ut et notitiam juris patriae facientium.

---

*) Diese Schreibweise des Namens ist von dem letzten Sprossen der Herrmannischen Familie gebraucht worden.

Über den näheren Inhalt dieses Extractus s. Trausch-Netoliczka Handschriftenkatalog Nr. 603.

Annalen der Litteratur und Kunst des In- und Auslandes. Wien, Anton Doll, IV, 531.
Wurzbach, VIII, 390 in den Quellen.
Arch. f. Lkde., XV, 147; XVI, 429, 433; XVIII, 39, 303.
Meltzl-Herrmann, Das alte und neue Kronstadt, I, XXV bis XLIV, 323, 332, 387, 393, 396, 400, 414 f., 438 f., 444, 454; II, 70, 95, 98, 179, 187, 193, 209, 217, 223, 230, 253, 268, 279, 299, 326, 356, 492, 494, 514, 523, 527, 530, 533, 538, 550, 555, 559, 604.
G. M. G. von Herrmann und seine Familie, Kronstädter Kultur- und Lebensbilder. Herausgegeben von Julius Groß. Arch. f. Lkde., XXII, enthält: Vorwort: 1. Lebenslauf des Georg Michael Gottlieb von Herrmann, von ihm selbst verfaßt den 21. August 1800, s. Trausch II, 145, Nr. 20. 2. Aus den in den Jahren 1799 und 1800 von Georg Herrmann an Mich. von Heydendorf geschriebenen Briefen. Lektüre und litterarische Arbeiten Herrmanns. 3. Tagebuch, vom 1. Januar 1801 angefangen, das Merkwürdigste von den Alltagsgeschichten von Kronstadt, vornehmlich aber Georg Herrmanns eigene, in seinem Lebenslauf nur bis 1799 fortgeführte Lebens- umstände umfassend. 4. Letzte Lebensjahre und Tod Herrmanns. 5. Herrmanns Vorfahren.
Szinnyei, M. J., IV, 775.

Herrmann Johann Theodor von
(II, 131)

Bruder des Georg Michael Gottlieb von Herrmann (II, 120; IV, 196) wurde am 26. Juli 1743 in Kronstadt geboren. Bis zum Jahre 1753 wurde er von dem nachherigen Prediger zu St. Bartholomä Petrus Veber und von 1753—1758 von seinem Bruder Georg unterrichtet. Am 13. April 1761 als Gubernial-Kanzlist in Hermannstadt angestellt, wurde er im Jahre 1766 zum Kanzlisten II. Klasse und im Jahre 1771 zum Kanzlisten I. Klasse befördert. Seit dem Jahre 1776 war Herrmann ununterbrochen als Sekretär an der Seite Brukenthals beschäftigt und wurde 1786 zum Gubernialsekretär ernannt. Er blieb auch nach der Pensionierung Brukenthals bei dessen Nachfolger Präsidialsekretär und starb als solcher am 8. Juni 1790. Er erfreute sich eines hohen Ansehens bei seinen Zeitgenossen.

Er schrieb:

1. L'heureux retour de Son Excellence Monseugneur le Baron de Bruken- thal... Célèbre Herrmannstadt le 12 Mars l'an 1768. Imprimé chez Samuel Sárdi l'an 1768; wiederholt Arch. f. Lkde., XXIII, 107 f.
2. Ein deutsches Neujahrsgedicht von Herrmann a. a. O., 132.
3. Eine Rede Hermanns. Ebenda, 526.
4. Aus den Briefen des Gubernialsekretärs J. Th. von Herrmann. Mitgeteilt von Julius Groß. Arch. f. Lkde., N. F. XXIII, 73.

Arch. f. Lkde., XIII, 89; XVIII, 175, 176; XXII, 111, 112; XXIII, 73, 74.
Meltzl-Herrmann, Das alte und neue Kronstadt II, 35, 70, 93, 149 ff., 152, 197, 215, 281, 282.

Herzog Michael

wurde am 14. Juni 1826 in Tekendorf geboren und studierte nach Absolvierung des Bistritzer Gymnasiums von 1847—49 an den Universitäten Tübingen, Leipzig und Wien Theologie und Naturwissenschaft. Von 1852 bis 1860 wirkte er als Lehrer am Gymnasium in Bistritz und von da bis zu seinem am 16. Juni 1891 erfolgten Tode als ev. Pfarrer in seiner Heimatsgemeinde Tekendorf.

Er veröffentlichte:

Über die Phanerogamenflora von Bistritz. B. G.-P., 1859.

Szinnyei, M. J., IV, 819.

Heydendorf, Michael Conrad von
(II, 148),

hinterließ eine Selbstbiographie in einem Quartbande, der 1740 Seiten umfaßt. Das Manuskript beginnt mit den folgenden Worten: Dieses ganze Monuskript soll sehr geheim werden, und sonst niemand, als einem meiner lieben Söhne, der es nach seinen Umständen am Besten besorgen kann, bleiben. Mediasch den 5. April 1784. M. v. H.

Das Manuskript, das eine Geschichte des sächsischen Volkes in der zweiten Hälfte des 18. Jahrhunderts mit eingeflochtenen biographischen Notizen enthält, wurde von Dr. R. Theil unter dem Titel:

1. Michael Conrad von Heydendorf. Eine Selbstbiographie.
Im Arch. f. Lkde., N. F. XIII, XIV, XV, XVI, XVIII, mitgeteilt.

Michael Conrad von Heydendorf hinterließ ferner

2. Geschichte der Heydendorff'schen Familie, wie ich (Michael von Heydendorff sen.) solche teils aus den Erzählungen der Vorfahren vernommen, teils selbst erlebt und erfahren habe, den Nachkommen zur Warnung und Lehre geschrieben. Veröffentlicht von Julius Groß im Arch. f. Lkde., N. F. XXIV, 236—250.

3. Ein Familienbuch „Heydendorf'sche Biographie" (Arch. f. Lkde., N. F. XXIV, 233), das von Daniel Conrad v. Heydendorf begonnen worden, hat der Sohn, — unser Michael Conrad v. Heydendorf — fortgesetzt und beschlossen. Dieses Familienbuch wurde ebenfalls von J. Groß a. a. O., 251 ff. veröffentlicht.

In der Mediascher Gymnasialbibliothek befinden sich von Heydendorf ferner 8 Bde. Collectanea (Urkundenabschriften) und ein weiterer Quartband ohne Titel (ebenfalls Urkundenabschriften enthaltend), vgl. Arch. f. Lkde., N. F. XIX, 114.

M. G.-P., 1874, 45.
Arch. f. Lkde., N. F. XIII, 339, 341, 343, 345, 571, 574; XIV, 229, 231, 233, 234, 236, 238, 244, 245, 246; XV, 135, 137, 146, 147, 150, 154, 158; XVI, 162, 167, 168, 171, 190, 191, 426, 427, 430,

447, 654, 660, 662, 670, 680, 682; XVIII. 5, 16, 17, 19, 24, 25, 26, 28, 29, 34, 35, 42, 43, 45, 68, 94, 95, 99, 101, 119, 166, 170, 179, 181, 183, 191, 221, 222, 233, 242, 243, 244, 260, 261, 264, 265, 166, 267, 323, 325, 328, 329, 331, 336, 242, 344, 345. Melzl=Herrmann, Das alte und neue Kronstadt, I, 264 ff., 317, 323; II, 95, 127 ff., 158, 196, 212, 238, 280, 401, 546.
Groß Julius, Zur Geschichte der Heydendorf'schen Familie Arch. f. Ldbe., XXIV.
Seraphin Fr. W., Aus den Briefen der Familie von Heydendorf (1737—1800). Ebenda, XXV.
Allg. b. Biogr., XII, 854 von [E. v.] Friedenfels.
Szinnyei, M. J., f. Artikel Conrad Mich. von Heydendorf.

Heyser Christian.
I, 60; II, 151; III, 580.

Die gerettete Fahne oder die Schlacht auf dem Brotfelde. Ein historisches Drama in fünf Aufzügen. J. Gött und Sohn Heinrich 1885. (Trausch a. a. O., 156 Nr. 6. [Bespr. Korr. f. Ldbe., VIII, (1885), 97.]

Groß „Kronstädter Drucke" führt unter Nr. 1433 noch an von Heyser:

Empfindungen ... bei der Nachricht des in Wien ... verstorbenen Herrn Josef Mabatsch (von Chr. Heyser und Chr. Greißing). Kronstadt 1808.

Wurzbach, VIII, 464.
Szinnyei, M. J., IV, 857.
Schullerus Adolf, Mich. Albert, Sonderabbruck, 63.

Hillner Johann
wurde am 25. September 1840 in Groß=Laßlen geboren. Im Schuljahre 1852/53 trat er in das Schäßburger Seminarium und zwei Jahre später in das dortige Gymnasium ein, welches er 1861/62 absolvierte. In den Jahren 1862—1865 studierte er an den Hochschulen in Heidelberg und in Jena Theologie, deutsche Sprache, Geographie und Geschichte, angeregt und gefördert von den Professoren Rothe, Schenkel, Hase, Hilgenfeld, Häußer, Kuno Fischer, Schleicher.

Im August des Jahres 1865 erhielt er eine Lehrerstelle am Gymnasium in Schäßburg und bekleidete dieselbe bis zum 13. Dezember 1877, wo ihn die Gemeinde Mehburg zu ihrem Seelsorger berief.

Er veröffentlichte:

Volkstümlicher Glaube und Brauch bei Geburt und Taufe im Siebenbürger Sachsenlande. Ein Beitrag zur Kulturgeschichte, Sch. G.=P., 1877.

Szinnyei, M. J., IV, 876.

Himesch Karl Heinrich,

am 4. April 1864 in Kronstadt geboren, absolvierte 1883 das theologisch-pädagogische Seminar daselbst, worauf er 1884 die Stelle eines Lehrers an der innerstädtischen Knaben-Elementarschule seiner Vaterstadt erhielt, in der er auch gegenwärtig thätig ist.

Zu seiner weiteren Ausbildung erwirkte er sich für das Wintersemester 1887/88 einen Urlaub und begab sich auf die Universität Jena. Hier beschäftigte er sich als Mitglied des unter Professor Rein stehenden pädagogischen Universitäts-Seminars insbesondere mit der Herbart-Ziller'schen Pädagogik.

Gemeinsam mit Christiani Johann Fr. gab Himesch heraus:

Fibel, Rote Ausgabe für Stadtschulen. Grüne Ausgabe für Landschulen. Verlag von H. Zeidner, Kronstadt 1891. [Bespr. im Schul- und Kirchenboten 15. September 1891, im S. d. T., 16. September 1891, in der Bistritzer Zeitung 7. Mai 1892, in der Schlesischen Schulzeitung Breslau, 5. Februar 1892.]

Gemeinsam bearbeitet von Himesch und Mich. Teutsch, erschien:

Rechenbuch für die Mittelstufen der Volksschulen, sowie für die unteren Klassen der Bürgerschulen. Verlag bei H. Zeidner, Kronstadt 1898. [Bespr. in der Kronstädter Zeitung vom 24. November 1898.]

Außer diesen beiden Arbeiten sind von Himesch erschienen:

1. Der Gesinnungsunterricht im ersten Schuljahre nach seiner theoretischen Begründung und praktischen Gestaltung. Verlag von H. Wunderlich. Leipzig 1894. [Bespr. in der Deutschen Schulpraxis vom 25. November 1894, Schul- und Kirchenbote 15. September 1894.]
2. Die Willensbildung. Eine psychologisch-pädagogische Betrachtung. Verlag bei Hermann Beyer und Söhne in Langensalza 1896.
3. Rechenbuch für Elementar- und Volksschulen (Unterstufe). Verlag von H. Zeidner. Kronstadt 1897. [Bespr. S. d. T., 7266 (1897).]

Himesch hat auch zahlreiche kleinere Aufsätze pädagogischen Inhalts im Schul- und Kirchenboten und in der „Deutschen Schulpraxis" (Leipzig) veröffentlicht.

Szinnyei, M. J., IV, 869.

Hintz Georg Gottlieb
(II, 159)

starb am 6. April 1876 in Klausenburg.

1. Gedächtnispredigt zur dankbaren Erinnerung an den am 14. April 1837 in Maros-Vásárhely verstorbenen Pfarrer der ev. luth. Gemeinde in Klausenburg A. C. Herrn Martin Liedeman. 1837.

2. Rede am goldenen Hochzeitsfeste des Michael Bell, Prediger zu Klausenburg. Kronstadt 1845. Johann Gött.

Szinnyei, M. J., IV, 888.

Hintz Johann Andreas
(II, 160; III, 581)

wurde am 30. November 1815 in Mühlbach geboren, wo sein Vater damals Magistratsrat war. Seine Familie stammt jedoch aus Schäßburg. Hier absolvierte er auch das Gymnasium und wendete sich dann dem Rechtsstudium in Klausenburg zu. Nach längerem Aufenthalte in Wien, kehrte er in die Heimat zurück und trat in den Dienst der Nationsuniversität. Im Jahre 1851 legte er die Advokatursprüfung ab und ging als Advokat und zugleich als Sekretär der neu errichteten Handels- und Gewerbekammer nach Kronstadt. Das im Jahre 1853 von ihm niedergelegte Sekretariat übernahm er wieder im Jahre 1872. Er hat dasselbe bis zu seinem am 26. August 1888 erfolgten Tode verwaltet.

Er veröffentlichte ferner:

1. Bericht der Handels- und Gewerbekammer in Kronstadt über die Gewerbe-, Handels- und Verkehrsverhältnisse im Kammergebiet (südöstliches Siebenbürgen) für die Jahre 1878 und 1879. Erstattet an Se. Exzellenz den königl. ung. Minister für Ackerbau, Gewerbe und Handel. 1882; ist auch magyarisch herausgegeben worden.
2. Bericht der Handels- und Gewerbekammer in Kronstadt über die Gewerbe-, Handels- und Verkehrsverhältnisse im Kammergebiet (südöstliches Siebenbürgen) für die Jahre 1880 bis 1884. Erstattet an Se. Exzellenz den königl. ung. Minister für Ackerbau, Gewerbe und Handel. 1886; ist auch magyarisch und rumänisch erschienen.
3. Entwurf einer Geschäfts-Ordnung für die Kronstädter Handels- und Gewerbekammer. Jahr unbekannt.
4. Verteilung der Arbeiten in der Kronstädter Handels- und Gewerbekammerkanzlei auf den Sekretär und vier Hilfsbeamten. 1884.
5. Kronstädter Handelsgebräuche, 1877. Anhang zu den Kronstadt-Hermannstädter Handelsgebräuchen, herausgegeben von der Kronstädter Handels- und Gewerbekammer im Jahre 1877. 1882; auch magyarisch und rumänisch.
6. Das wandernde Siebenbürgen. Eine statistische Studie von Johann Hintz, Advokat in Kronstadt und Sekretär der Handels- und Gewerbekammer. Kronstadt 1876. Johann Gött und Sohn Heinrich.
7. Blätter für Handel und Gewerbe in Siebenbürgen. Redigiert von Johann Hintz. Joh. Gött und Sohn Heinrich. Kronstadt 1878 und 1879.
8. Die romänische Ausstellung in Hermannstadt vom 27. August bis 6. September 1881. Kronstadt 1882. Joh. Gött und Sohn Heinrich.

9. Die Errichtung einer Gewerbehalle in Kronstadt. Das Kaufhaus in Kronstadt. Kronstadt, Joh. Gött und Sohn Heinrich 1883. [Ohne Angabe des Verfassers erschienen.]

10. In „Der siebenbürgisch-sächsische Bauer. Eine sozial-historische Skizze. Hermannstadt 1873", schrieb J. Hintz der siebenbürgisch-sächsische Bauer in „Feld und Haus."

S. d. T., 4474 (1888).
S. V.-K. für 1896, 56: Skizzen über A. W. Marienburg und Johann Hintz von Joh. Leonhardt.
Szinnyei, M. J., IV, 890.
Wurzbach, IX, 44. (Vorname, Geburtsjahr und -Ort sind daselbst falsch angegeben.)

Hißmann Michael.
(II, 166).

Prantl schreibt über Hißmann in der Allg. d. Biogr., XII, 503: Das Hauptfeld seiner litterarischen Thätigkeit lag in der Psychologie, welche eben zu jener Zeit in den Fluß zahlreicher Controversen zu kommen begann. Er vereinigte dabei die geschichtliche Richtung des vorigen Jahrhunderts, indem er mit großer Belesenheit in die frühere Litteratur zurückgriff, mit der neu auftauchenden Forderung einer auf Erfahrung begründeten Seelenkunde, und somit war er ein lebhafter Gegner des Dogmatismus der Wolffianer sowie er sich auch in sehr heftigen Ausdrücken gegen die Kirchenväter (besonders Augustin) und überhaupt gegen die Theologen äußerte. Es war der englisch-französische Sensualismus, welchen er in Deutschland mit allem Nachdrucke vertrat, indem er sich an Locke, Condillac, Bonnet, Helvetius, Robinet, Hartley, Search, Priestley u. a. anschloß und in solchem Sinne grundsätzlich die Immaterialität und Einfachheit eines eigenen Seelenwesens bestritt. Dabei übte er auch eine scharfsinnige Kritik an den Ansichten des von ihm übrigens hochgeachteten Leibniz und griff schneidig in die damaligen Streitigkeiten über den sogenannten influxus physicus ein, welcher ihm nur dann als erklärlich erschien, wenn die Seele eine materielle Komplexion sei. Eine einläßliche Geschichte der Psychologie (welche wir allerdings noch von der Zukunft erwarten müssen) würde an Hißmann einen immerhin hervorragenden Autor zu besprechen haben.

Pütter Joh. Stephan, Versuch einer akademischen Gelehrtengeschichte von der Georg-Augustus-Universität. Göttingen 1765 und die Folgejahre. Vanderhoef und R. 8, II, 64.
(De Luca). Das gelehrte Österreich. Ein Versuch. Wien 1776. Ghelen 8°. I, 1 Stück 200.
Wurzbach, IX, 57.
Allg. d. Biogr., XII, 503 v. Prantl.
Szinnyei, M. J., IV, 909.

Hoch Karl,

geboren am 8. Dezember 1866 in Schäßburg, absolvierte 1885 das dortige Gymnasium und widmete sich dann dem juristischen Studium in Klausenburg und Berlin. Nach Beendigung desselben fand er 1890 eine Anstellung bei dem Hermannstädter und 1892 bei dem Schäßburger Magistrate. Gegenwärtig ist er in Schäßburg Magistratsnotär.

Er veröffentlichte:

1. Nationalismus und Nationalitätenpolitik. S. d. T., 5463, 5165 und 5466 (1891) und im Sonderabdruck.
2. Die Entwickelung unserer Politik seit 1848 [im Rahmen eines politischen Lebensbildes Josef Gulls]. Sonderabdruck des Großkokler Boten. Buchdruckerei, Friedrich J. Horeth in Schäßburg 1899.

Hoch Josef

wurde am 7. Februar 1838 in Schäßburg geboren. Hier absolvierte er 1857 das Gymnasium und studierte hierauf Theologie und Naturwissenschaften an den Hochschulen in Jena, Berlin und Wien. Im April 1860 kehrte er in die Heimat zurück und wurde zunächst zur Aushilfe an das Mediascher Gymnasium berufen. Im Mai 1861 wurde er in seiner Vaterstadt zuerst als Gymnasiallehrer und 1865 als Fachlehrer für Naturwissenschaften an der Realschule angestellt. Zwei Jahre darauf, zu einer Zeit, als die hochgehenden Wogen des politischen Parteilebens in Schäßburg auch auf das kirchliche Gebiet hinüber schlugen, wurde er Presbyterialaktuar. Dieses Amt nahm, bei der erhöhten Arbeit des Presbyteriums, die gesamte Zeit Hochs, die die Schularbeit ihm übrig ließ, in Anspruch. Kaum hatte er nach zweijähriger Amtsführung das Presbyterialaktuariat niedergelegt, so ersuchte ihn das Presbyterium ein Stiftungsurkunden- und Normalienbuch für systemisierte Einnahmen der Schäßburger Kirchen- und Schulfonde auf Grund der ämtlichen Akten und Protokolle zusammen zu stellen. Die anfangs unscheinbare Arbeit wuchs zur Größe zweier dickleibiger Foliobände an. Am 25. Juli 1872 erwählte ihn das ev. Presbyterium in die durch J. Haltrichs Wahl zum Pfarrer von Schaas erledigte Rektorstelle am Gymnasium. Dieses neue Amt verwaltete er jedoch nur bis zum 24. November dieses Jahres, worauf er, dem Rufe der ev. Kirchengemeinde in Wurmloch folgend, in das Pfarramt übertrat.

Während seiner Lehrerthätigkeit hat Hoch als Referent in der Lehrerkonferenz und Korrespondent im „Schul- und Kirchenboten", in der „Hermannstädter Zeitung" und im „Siebenbürgischen Wochenblatte" (s. hier Franz Gebbel) an der Diskussion von Schulfragen, insbesondere der Real-, Bürger- und Gewerbeschulfrage in Schäßburg und später als Pfarrer an kirchlichen Fragen als Mitarbeiter des S. d. T. teilgenommen. Ebenso ließen ihn auch die politischen Ereignisse, die unser Volk in letzterer Zeit bewegten, nicht unbeteiligt.

Er schrieb:

1. Geschichte des Schäßburger Gymnasiums. [Fortsetzung der von Dr. G. D. Teutsch im Jahre 1851 begonnenen (s. G. D. Teutsch) und von G. Bell (s. G. Bell) 1864 weitergeführten Geschichte des Schäßburger Gymnasiums.] Sch. G.-P., 1871.

2. Geschichte des Schäßburger Gymnasiums. (Neuere Zeit bis 1850.) Ebenda, 1872.
3. Bericht über einige Petrefakten, welche in der Umgebung von Schäßburg gefunden wurden. (Mit einer Tafel.) Arch. f. Ldke., N. F. X.
4. Vorläufiger Bericht über einige Beobachtungen und Versuche bezüglich der Natur des schwarzen und roten Brandes an den Weintrauben. Ebenda, N. F. XV.

Sch. G.-P., 1873, 78 und 1897, 77.
Szinnyei, M. J., IV, 924.

Hochmeister Adolf von

wurde am 24. Januar 1823 in Hermannstadt geboren. Nachdem er hier den Grund zu seiner Bildung gelegt hatte, setzte er in den Jahren von 1833—1838 seine Studien an der k. k. theresianischen Ritterakademie in Wien fort und schloß dieselben in den nächsten vier Jahren am k. Lyceum in Klausenburg ab. Im Jahre 1842 trat er beim k. siebenbürgischen Thesaurariat in Hermannstadt in den Staatsdienst; in den Jahren 1843/44 wurde Hochmeister bei dem k. Fiskal-Direktorat in Maros-Vásárhely verwendet und praktizierte gleichzeitig bei der dortigen k. Gerichtstafel als Kanzlist, woselbst er auch die Advokaten-Prüfung pro honore ablegte. Im Jahre 1845 bei der k. k. Allgemeinen Hofkammer in Wien eingetreten, wurde er 1854 zum Ministerial-Konzipisten im k. k. Finanz-Ministerium ernannt. Von Sr. k. u. k. Hoheit Erzherzog Rainer — dem damaligen Präsidenten des k. k. Reichsrates — 1857 als Protokollführer in diesen Körper aufgenommen, und 1860 zum Hofsekretär befördert, wurde er auch bei den vom Mai bis September 1860 währenden Verhandlungen des „verstärkten" Reichsrates dienstlich verwendet. In gleicher Eigenschaft ging Hochmeister 1861 an den k. k. Staatsrat über, wurde 1867 k. k. Sektionsrat und nach Auflösung dieser Centralbehörde über Antrag des k. ungarischen Ministeriums mit allerhöchster Entschließung vom 2. August 1869 in den zeitlichen Ruhestand versetzt. Nachdem die in den Jahren 1870 und 1872 gemachten Versuche bei den gemeinsamen Behörden Verwendung zu finden, nicht zum Ziele geführt haben, lebte Hochmeister seither teils in Wien, einige Jahre auch in Meran, teils in seiner Heimat, in stiller Zurückgezogenheit nicht nur vom Dienste, sondern auch von allem öffentlichen Leben. In früheren und späteren Tagen hat Hochmeister seinen Ideenkreis durch Reisen in Deutschland, Holland, Belgien, England, Frankreich, Schweiz und Ober-Italien zu erweitern getrachtet und mehrere Sommer in den österreichischen Alpenländern verbracht. Die treue Anhänglichkeit an die alte Heimat hat Hochmeister neben anderem auch dadurch bewiesen, daß er die in früheren Zeiten ziemlich beschwerliche Reise von Wien nach Hermannstadt beziehungsweise in umgekehrter Richtung in den Jahren von 1833 bis 1897 im ganzen 51-mal gemacht hat.

Außer zahlreichen Feuilletons, die das S. b. T. in den Jahren von 1874 bis 1878 unter den Titeln von Ost nach West und Süd, ferner von Süd nach West und Ost, und Fahrten und Rasten im Pusterthal veröffentlichte, ist von Hochmeister im Drucke erschienen:

Martin von Hochmeister. Lebensbild und Zeitskizzen aus der zweiten Hälfte
des XVIII. und der ersten Hälfte des XIX. Jahrhunderts. Hermannstadt 1873.
Druck von Theodor Steinhausen. (Im Selbstverlag des Verfassers.) [Bespr.
im S. b. W. 1873, 711, 727, 743. 759, 825.]

Szinnyei, M. J., IV, 926 (wo Geburtsjahr und -Tag falsch angegeben sind).

Hochmeister Johann Georg,

geboren am 1. Mai 1850 in Hermannstadt, absolvierte daselbst das Gymnasium im Jahre 1869 und studierte hierauf an den Universitäten Jena und Leipzig Theologie, Mathematik und Physik. Am 29. Dezember 1872 wurde er zum Gymnasiallehrer in S.-Reen, am 1. Juni 1882 zum Bürgerschullehrer in Hermannstadt und am 19. April 1892 zum Stadtprediger am letztern Orte gewählt.

Er schrieb:

Der vollständig armierte Himmelsglobus als Lehr- und Lernmittel beim Unterricht in der mathematischen Geographie. S.-R. G.-P., 1876.

Szinnyei, M. J., IV, 926.

Hochmeister Martin von.
(II, 171).

Humorist. 25 März 1837, Nr. 36.
Siebenbürger Bote, 14. Januar 1837, Nr. 4.
Wurzbach, IX, 73.
Allg. d. Biogr., XII, 525 von [E. v.] Friedenfels.
Leben und Wirken des Martin Edlen von Hochmeister ... von Adolf
v. Hochmeister (s. d.)
Friedenfels, Bedeus, I, 220.
Szinnyei, M. J., IV, 926.

Höchsmann Johannes,

geboren am 24. September 1841 zu Maniersch, absolvierte 1861 das Gymnasium in Schäßburg und studierte in Jena Theologie und Geschichte. Von der Universität zurückgekehrt, wurde er zuerst Gymnasiallehrer in Schäßburg, 1869 Pfarrer in Dunnesdorf, 1874 in Mortesdorf und 1880 in Martinsdorf.

Außer einigen Aufsätzen und Korrespondenzen im S. b. W. (s. den Artikel Franz Gebbel) und im S. b. T. veröffentlichte er:

1. Die beiden Kommandierenden Siebenbürgens im Jahre 1705. Zuerst gedruckt im S. b. W., (1870), dann vermehrt erschienen 1878 bei G. A. Reissenberger in Mediasch.

2. Zur Geschichte der Rákóczyschen Revolution. Mediasch 1877.
3. Die historische Bedeutung des Jahres 1520. Festschrift, herausgegeben zur Feier des Luther-Jubiläums vom Scheller Kapitel der ev. Landeskirche A. B. in Siebenbürgen. Mediasch, G. A. Reissenberger 1883. 4°. 94 S.
4. Studien zur Geschichte Siebenbürgens aus dem 18. Jahrhundert. I. Arch. f. Ldk., N. F. XI. II. Ebenda, XVI.
5. Zur Geschichte der Gegenreformation in Ungarn und Siebenbürgen. Ebenda, XXVI und XXVII. [Bespr. Korr. f. Ldk., XIX. (1896), 38.]
6. Johannes Honter der Reformator Siebenbürgens und des sächsischen Volkes. Ein Lebensbild aus der ersten Hälfte des XVI. Jahrhunderts. Mit einem Portrait Joh. Honters. Verleger Karl Graeser. Wien 1896. Hermannstadt W. Krafft, Kronstadt H. Zeidner. [Bespr. im S. b. T. 6932 (1896); Korr. f. Ldk., XIX (1896), 122; Századok 1897, 67.]
7. Georg Binder, Bischof der ev.-sächs. Landeskirche in Siebenbürgen. Kronstadt 1897. J. Gött's Sohn. (Auch unter dem Titel: Sächsischer Ahnensaal, Beiträge zur Verwirklichung eines St. L. Roth'schen Lieblingsgedankens. Herausgegeben von Franz Obert, 1. Heft.) Besprechung hierüber von Dr. A. Schullerus im Korr. f. Ldk., XX. (1897), 95.

Szinnyei, M. J., IV, 1329.

Höhr Daniel,

geboren in Schäßburg am 10. September 1837, absolvierte im Jahre 1856 das Gymnasium seiner Vaterstadt und studierte dann zwei Jahre hindurch an den Universitäten Berlin, Jena und Wien neben Theologie und Philosophie hauptsächlich Mathematik und Physik. Am 1. September 1859 wurde er am Gymnasium seiner Vaterstadt in Verwendung genommen und am 4. März 1860 daselbst definitiv angestellt. Am 5. April 1878 wurde er zum Direktor dieser Anstalt gewählt, in welcher Eigenschaft er auch gegenwärtig thätig ist.

Außer den Schulnachrichten in den Programmen des Schäßburger Gymnasiums seit 1878, die er als Rektor veröffentlichte, gab er heraus:

1. Algebraische Aufgaben. Sch. G.-P., 1869.
2. Die Dezimalbruchrechnung und das metrische Maß und Gewicht 2. Aufl. Hermannstadt, W. Krafft 1875.
3. Rechenbuch für die oberen Klassen der Elementar- oder Volksschulen. Hermannstadt, W. Krafft 1888.
4. Lehrbuch der Arithmetik für Untergymnasien und verwandte Lehranstalten. 2 Teile. Verlag von Callmayer und Comp. Wien 1876. Die zweite umgearbeitete Auflage erschien bei W. Krafft 1899 in Hermannstadt.

Sch. G.-P., 1897, 90.
Szinnyei, M. J., IV, 1342.

Homner Andreas,

geboren am 2. Januar 1846 in Schweischer bei Reps, legte am 14. Juli 1866 die Lehrbefähigungsprüfung ab. Seit dem 3. April 1868 ist er Prediger und Rektor in Heidendorf bei Bistritz.

Homner ist zunächst journalistisch thätig gewesen, als Mitarbeiter an dem „Bistritzer Wochenblatte", der „Bistritzer Wochenschrift", „Bistritzer Zeitung" sowie den in Hermannstadt erscheinenden „Landwirtschaftlichen Blättern". Ferner erschienen von ihm im Schul- und Kirchenboten, im „Ung. Schulboten" (redigiert von Josef Rill, Budapest), in der „Ung. Schulzeitung" (redigiert von J. H. Schwicker, später Förster, Budapest) und in der „Allgemeinen deutschen Lehrerzeitung" selbständige Artikel.

1879—1881 gab er im Verein mit J. F. Gräf (s. b.) „Die deutschen Schulblätter" (Druck bei Th. Botschar und Verlag bei J. F. Gräf Bistritz) heraus.

Er veröffentlichte außerdem:

1. Die Geschichte der Volksschullehrerversammlung des Bistritzer ev. Kirchenbezirkes A. B. veröffentlicht im Jahrbuche der Volksschullehrer des Bistritzer ev. Kirchenbezirkes A. B. 1. Heft. Druck von Th. Botschar in Bistritz. 1897.
2. Rückblick auf die Thätigkeit des siebenb.-sächs. Lehrertages in seinem ersten Vierteljahrhundert veröffentlicht in dem „Bericht über den am 15. und 16. August 1897 in Bistritz abgehaltenen VII. siebenb.-sächs. Lehrertag." Kronstadt, J. Gött 1897.

Honigberger Johann Martin
(II, 184)

starb nach seiner Rückkehr nach Kronstadt daselbst am 18. Dezember 1869.

Kronstädter Zeitung, 1869, Nr. 207.
Gusbeth, Zur Geschichte der Sanitätsverhältnisse in Kronstadt. 1884. Daselbst ist S. 141 der 16. Dezember 1869 als Todestag Honigbergers angegeben.
Szinnyei, M. J., IV, 1047.

Honter(us) Johannes.
(II, 197).

Johannes Honter — erst im letzten Jahrzehnt seines Lebens gelangt die lateinische Namensform zur Herrschaft — wurde im Jahre 1498 in der Schwarzgasse (?) zu Kronstadt als Sohn des Lederermeisters Georg Gras (?) — die dichtende Sage weiß von einer späteren Namensänderung des Sohnes — und der Dorothea Honnes geboren. Nachdem er die an der Stadtpfarrkirche gelegene Schule absolviert, geht er wohl 1515 nach Wien, wo er 1522 Baccalaureus, 1525 Magister der freien Künste wird. Sein Aufenthalt während der nächsten fünf Jahre ist in Dunkel gehüllt, das vielleicht einen

Aufenthalt in der Heimat verbirgt. 1530 taucht der „Magister aus Wien" in Krakau auf, wo er als Vorstand des Kontuberniums der ungarischen Nation und, nach einer ansprechenden Hypothese, zugleich Lehrer an der vom Primas Petrus Tornicius gegründeten polnischen Ritterakademie, für seine Schüler die Regeln einer lateinischen Grammatik entwirft, die 1530 erscheint. An Krakau knüpft sich auch die erste Ausgabe der in dem nämlichen Jahre daselbst veröffentlichten ersten Ausgabe der damals noch in Prosa gehaltenen Kosmographie. Zwei Jahre später läßt er in Basel die erste Karte der von den Sachsen bewohnten Teile Siebenbürgens (Chorographia Transylvaniae) erscheinen, und hier ist er vom Humanismus aus wohl auch zuerst mit der Reformation in Berührung gekommen, während der theologische Geist seiner nachmals in Kronstadt im bewußten engen Anschluß an Wittenberg abgefaßten Reformationsschriften zeigt, daß er Eindrücke oder Anregungen aus der Sphäre des Luther vor 1530 nicht empfangen haben kann. 1533 kehrt er, ehrenvollem Rufe folgend, über Kaschau und Großwardein nach Kronstadt zurück, am darauf folgenden Neujahrstage wie bei seiner am Sonntag nach Johanni 1535 vollzogenen Vermählung durch Ehrengeschenke der Gaugemeinde und bald auch, durch die Wahl in die Hundertmannschaft als Vertreter der Purzengäßer Nachbarschaft geehrt. Von einem öffentlichen Auftreten Honters im ersten Jahrzehnte seit seiner Rückkehr ist nichts bekannt. Er lebt im stillen der privaten Unterweisung der Jugend, als „Lektor" der Religion und klassischen Litteratur, wofür ihm 1541 eine Ehrengabe von 50 Gulden aus dem Stadtsäckel zu teil wird, und wirkt durch die Schriften, die er in der von ihm begründeten ersten Buchdruckerei des Landes in rascher Folge erscheinen läßt, voran die lat. Grammatik von 1535 und die 1541 in Hexametern herausgegebene und ein Jahr darauf durch 16 Kartenbilder, zu denen er die Holzstempel eigenhändig geschnitzt hatte, geschmückte Kosmographie. Die Vorreden zu der Sentenzensammlung aus Augustin und zu Augustins Ketzerkatalog lassen seine theologische Entwicklung um 1539 — das Jahr der Herausgabe beider Schriften — im wesentlichen als vollendet erscheinen. Aber erst 1542 — wohl im Zusammenhang mit König Johanns Tod (1540) und mit der Erwählung des Johannes Fuchs zum Stadtrichter (1542) — thut Honter den für die Kirchenverbesserung im Burzenlande entscheidenden Schritt mit der Abfassung seiner Formula reformationis, der — mag nun eine Schrift unter diesem Titel im Drucke erschienen sein oder nicht — die Umgestaltung des Kirchenwesens in Stadt und Land folgte. Wegen dieser kirchlichen Neuerung auf Martinuzzis Betrieb vor den Weißenburger Landtag zitiert, blieb Honter nach dem Wunsche des Stadtrichters Fuchs zu Hause, auf dem Landtag nur geistig anwesend und sieghaft durch die von ihm verfaßte Rechtfertigungsschrift, die reizvolle Apologie (1543). Mit dem 22. April 1544 trat er als Stadtpfarrer zuerst ein öffentliches Amt im Dienste seiner Vaterstadt an. Am 1. Dezember 1544 wurde die neue Schule auf dem Katharinenhof eröffnet, die nach der 1543 dem Rate unterbreiteten Schulordnung Honters (Constitutio scholae Coronensis) eingerichtet war. Im Zusammenhang mit der Neubegründung der Schule erfolgte die Errichtung ihrer Bibliothek. Das Jahr 1544 brachte zugleich eine litterarische Gabe an das Gesamtvolk in dem für die Rechtsentwicklung der Folgezeit bedeutsamen „Handbuch des bürgerlichen Rechts" (Compendium iuris civilis), dem bereits 1539 ein Auszug aus den Pandekten vorangegangen war. Als Grundlage einheitlicher kirchlicher Organisation des Sachsenlandes endlich veröffentlichte Honter, dem seine Kronstädter Gönner die Teilnahme an einer Beratung in Hermannstadt verwehrt hatten, über Aufforderung der Nationsuniversität eine umgearbeitete und erweiterte Ausgabe der Reformatio von 1543, die in dieser Gestalt 1547 lateinisch und zugleich in freier deutscher Übersetzung als „Kirchenordnung aller Deutschen in Siebenbürgen" herauskam und drei Jahre später durch einen Beschluß der sächsischen Nationsuniversität die Rechtskraft des weltlichen Gesetzes erhielt. So war Honters Reformationswerk zu nicht mehr zu erschütternder Festigkeit gediehen, als dessen Schöpfer am 23. Januar 1549 dahinschied, nach seines treuen Organisten Hieronymus Ostermeyer schlicht ergreifender Charakteristik „ein Mann, seinem Vaterland zu dienen, und was demselben nutz, zu fodern und zu fürdern ... In Summa: ein fromb, demütig, lehrhaftig, ehrerbietig, niemand verschmähend, und dazu ein treuer Hirt seiner Schäflein, dessen Seel in der ewigen Ruhe schwebt und lebet ewiglich". Eine Gedenktafel bezeichnet die Stätte, an der sein Vaterhaus gestanden haben soll. Seit 1845 begehen die Kronstädter ev. Schulanstalten alljährlich am Schlusse des Schuljahres das „Honterusfest". Das 1883 gegründete Kronstädter sächsische Erziehungshaus (Alumnat) ist 1898 zur Feier der 400. Wiederkehr seines Geburtsjahres zum „Honterushaus" umgetauft und am 20. August 1898 in Kronstadt ein von dem Berliner Bildhauer Harro Magnussen geschaffenes ehernes Denkmal gesetzt worden, bei dessen Enthüllung die religiös-nationale Begeisterung für den Begründer der ideellen sächsischen Volkseinheit zu großartigem Ausdruck kam. (Vgl. L. Korodi, Die Honterusjubelfeier. Kronstadt 1898. Die Honterus-Festwoche im August 1898. Ebenda 1898.)

Nach einer Zusammenstellung von Dr. O. Netoliczka, umfaßt die einschlägige Bibliographie Folgendes:

A. Schriften von Honter:*)

1. *De grammatica libri II. Cracoviæ per Matthaeum Scharffenberg. 1530. 8⁰.
   Per Mathiam Scharffenbergerum. MD XXX IX. 8⁰. || *Cracoviae. 1551. 8⁰.
2. De Grammatica Libri Dvo. Ex Optimis authoribus ita collecti, ut compendiosa breuitas & accurata distinctio reddat omnia facilia, nunc denuo emendati. 1532. Primus Liber est de octo partibus orationis. Secundus de Syntaxi, Figuris, & ratione

---

*) G. D. Teutsch, Arch. f. Ldk., N. F. XIII, 128. Szabó-Hellebrant, Régi magyar könyvtár, II, III, Budapest 1885—1899. Szinnyei, M. J., IV, 1055. — Von den in unserer Übersicht mit * bezeichneten Schriften sind noch vorhandene gedruckte Exemplare nicht bekannt, deren Existenz also auch pro praeterito unter Umständen zweifelhaft.

carminum. Ad lectorem...8°. A—K = *44 nicht paginierte Blätter.*
Colophon: Cracoviae, Per Mathiam Scharfenbergivm. An.
M.D.XXXII. Mense Maio. *[Die lateinischen Vokabeln sind polnisch wiedergegeben.]*

3. *De Grammatica, Libri duo. Quorum prior est de octo partibus orationis, posterior de syntaxi, figuris et ratione carminum. Adiecta est vocabulis expositio polonica. Cracoviae ex officina Floriani Ungleri, Anno Domini M.D.XXXV. 8°.

4. De Grammatica libri duo. Quorum prior est de octo partibus orationis, Posterior de Syntaxi. Figuris, & ratione carminum. Nunc demum diligenter ab autore recogniti, & supra omnes, quæ hactenus in publicum prodierunt, editiones, optimis regulis, & exemplis locupletati. Adiecta est uocabulis expositio Polonica. 8°. A—K = *44 nicht paginierte Blätter. Colophon:* Impressvm Cracoviae Per Hieronymum Vietorem. Anno MDXXXVIII.

 8°. A—L = *11 Bogen* = *44 nicht paginierte Blätter. Colophon:* Impressvm Cracoviae Per Mathiam Scharfenberck. Anno MDXLI.*) || 8°. A—Liij = *11 Bogen* = *43 nicht paginierte Blätter. Colophon:* Cracouiæ Per Hieronymu Vietor. Anno 1543. Craccoviæ. Matthias Scharffenbergus. XLVIII.**) || 8°. A—Liij = *43 nicht paginierte Blätter.* Craccoviae. Hieronimus Scharffenbergus 1549.**) || 8°. A—L = *11 Bogen* = *44 nicht paginierte Blätter. Colophon:* Craccouiae impressum, in Officina Hieronymi Scharffenbergi, Die 29 Mensis Augusti. Anno å Christo nato. 1549. Cracoviae.**) || 8°. In Officina Hieronymi Scharffen. Anno Domini 1554.**) || 8°. A—L = *44 nicht paginierte Blätter.* Cracoviæ Apud Viduam Hieronymi Scharff. Anno partus Virginei. 1556. || 8°. A—L = *11 Bogen* = *44 nicht paginierte Blätter. Colophon:* Cracoviae, Apud Viduam Hieronymi Scharffenbergi. Anno ab orbe redempto. 1556. || Cracoviae. Ex Officina Mathei Syebeneicher. Anno Do. M.D.L.VIII. || 8°. A—L = *44 nicht paginierte Blätter. Colophon:* Cracoviae, Apud Mattheum Syebeneicher impressum. Anno ab orbe redempto. 1559.

5. De Grammatica, Libri duo. Quorum prior est de octo partibus orationis, Posterior de Syntaxi, Figuris et ratione carminum. Optimis regulis et exemplis locupletati, atque pluribus in locis emendati. Adiecta est expositio Poloni. Cracoviae, Ex officina Haered. Marci Szarf. 8°. *44 nicht paginierte Blätter. Colophon:* Cracoviae Apud Haeredes Marci Szarffenberger M.D.LVIII.

6. *De Grammatica, Libri Dvo. Quorum prior est de octo partibus orationis, posterior de Syntaxi, Figuris, et ratione carminum. Optimis regulis et exemplis locupletati pluribus in locis nouiter. emendati Adiecta est expositio Polonica. Cracoviae. In officina Scharffenbergiana. Anno M.D.LXII. 8°. *44 nicht paginierte Blätter. Colophon:* Cracoviae, in Officina Scharffenbergiana

7. *Compendii Grammatices Latinae Libri II. Coronæ. 1535. 8°. *12 Bogen.*

---

*) ratione: ratioe — carminum: carminnum.
**) ratione: oratione.

Compendii Grammatices Libri Dvo. I. H. C. M.D.LXVII. 8º.
A—M = 12 Bogen = 48 nicht paginierte Blätter. Colophon: Impressvm In Inclyta Transylvaniae Corona. M.D.LXVII.
*Compendium Grammatices Latinæ. Libri II. Coronae. 1577. 8º.
94 Blätter.

8. Rvdimentorvm Cosmographiae libri duo Quorum prior Astronomiae, posterior Geographiæ principia, breuissime complectitur. Caelorum partes, stellas cum flatibus, amnes, Regnaque; cum populis, parue libello tenes. Titelvignette in Holzschnitt: Östliche Hemisphäre. 8º. A—B = 16 nicht paginierte Blätter. Mit einer Landkarte: Vniversalis Geographiæ Typvs. Colophon: Cracoviae Mathias Scharfenbergivs Excudebat. M.D.XXX.
4º. I—N₂. = 3⅛ Bogen = 65—99 Blätter. Colophon: Basileae Ex Aedibus Henrici Petri. Mense Avgvsto, Anno M.D.XXXIIII.
[Nicht selbständig erschienen, sondern in einem Bande mit: Dionysius Apher „De Totivs Orbis situ".] || 8º. A—B = 16 nicht paginierte Blätter. Mit einer Landkarte. Colophon: Cracoviae Mathias Scharfenbergivs Excudebat. M.D. XXXIIII.

9. Chorographia Transylvaniae Sybemburgen. Ornatissimo Senatvi Cibiniensi Dicatvm. Basileae Anno M.D.XXXII. 2º.

10. *Rudimenta Cosmographiae. Libri II. Basileae, 1533. Apud Henricum Petri. 4º.

11. *Rudimenta Cosmographica Libri IV. distincta cum annotationibus Bernardi Fromerii ac Tabulis geographicis aeri incisis per Michaelem Mercatorem Basileae. 1535. 4º. || 1562.

12. *Enchiridion Cosmographicum cum elegantissimis Tabulis. Tiguri 1537. 8º.

13. Συνοψεως γραμματικης βιβλια δυο. I. H. C. M.D.XXXIX. 8º. A—M = 12 Bogen = 48 nicht paginierte Blätter. Colophon: Ετυπωθη εν Κορωνη της Τρανσυλουανιας. Ετει της Θεογονιας α. φ. λ. θ. (1539).

14. Επιτομη της του Αριστοτελους Διαλεκτικης. Επιτομη της του αυτου Ρητορικης. M.D.XXXIX. 8º. A—Z = 6 Bogen = 24 nicht paginierte Blätter. Colophon: Ετυπωθη εν Κορωνη της Τρανσυλουανιας. Ετει της θεογονιας α. φ. λ. θ. (= 1539). Schlussvignette (Kronstädter Wappen).

15. Rvdimenta præceptorvm Dialectices ex Aristotele et alijs collecta. Compendivm Rhetorices ex Cicerone et Quintiliano. M.D.XXXIX. 8º. A—H = 8 Bogen = 32 nicht paginierte Blätter. Colophon: Impressvm in Inclyta Transylvaniae Corona. Anno M.D.XXXIX. Schlussvignette (Kronstädter Wappen).

16. Mimi Pvbliani. Enchiridion Xisti Pythagorici. Dicta Sapientum ex Graecis. M.D.XXXIX. 8º. A—F = 6 Bogen = 24 nicht paginierte Blätter. Colophon: Ex Inclyta Transylvaniae Corona. Schlussvignette (Kronstädter Wappen).

17. Lvcii Annei Senecæ De quatuor nirtutibus Liber unus. Eivsdem De Moribus. Lib. unus. M.D.XXXIX. 8º. A—C = 3 Bogen

= *12 nicht paginierte Blätter. Colophon:* Ex Inclyta Transylvaniae Corona. *Schlussrignette (Kronstädter Wappen).*
18. Catonis Disticha Moralia. Sententiæ Septem Sapientum ex Ausonio. Ex Eodem Opvsculum de Monosyllabis. M.D.XXXIX. 4⁰. A—D₄ = *4 Bogen* = *16 nicht paginierte Blätter. Colophon:* Ex Inclyta Transylvaniae Corona. *Schlussvignette (Kronstädter Wappen).*
19. Sententiae ex libris Pandectarvm ivris civilis decerptae. *Titelrignette (Das Wappen von Ungarn, in Verbindung mit dem Wappen der Familie Szapolyay).* Anno M.D.XXXIX. 8⁰. A—N = *13 Bogen* = *52 nicht paginierte Blätter. Colophon:* Impressvm in Inclyta Transylvaniae Corona. Anno M.D.XXXIX. *Schlussvignette* = *Titelvignette.*
20. Sententiae ex omnibus operibvs Divi Avgvstini decerptae. *Titelvignette: in einem vierteiligen Schilde das Wappen Ungarns und Polens, der Szapolyay und Jagellonen, darüber die fünfzackige Krone.* Anno M.D.XXXIX. 8⁰. a—n = *13 Bogen* = *52 nicht paginierte Blätter. Colophon:* Impressvm in Inclyta Transylvaniae Corona. *Schlussvignette* = *Titelvignette.*
21. Divi Avrelii Avgvstini Hipponensis Episcopi Hæreseon Catalogus. M.D.XXXIX. 8⁰. a—h = *34 nicht paginierte Blätter. Colophon:* Impressvm in Inclyta Transylvaniae Corona. Anno M.D.XXXIX. *Schlussvignette* = *Titelvignette von Nr. 19.*
22. Νειλου Μοναχου κεφαλαια. Αββα Θαλασιου εκ της περί αγάπης και εγκρατείας κεφαλαίων. M.D.XL. 8⁰. A—E = *5 Bogen* = *20 nicht paginierte Blätter. Colophon:* Ex Inclyta Transylvaniae Corona. *Schlussvignette (Kronstädter Wappen).*
23. Epitome Adagiorvm Græcorum & latinorum iuxta seriem Alphabeti. Ex Chiliadibus Eras. Rotterodami. M.D.XLI. 8⁰. A—O = *14 Bogen* = *64 nicht paginierte Blätter. (Vorrede:* Gaspar Pesthiensis stvdiosis Coronensibvs salvtem.) *Colophon:* Impressvm in Inclyta Transylvaniae Corona. M.D.XLI. *Schlussvignette (Kronstädter Wappen).*
24. Πλατωνος οροι. Αριστοτελης περί Κοσμου. M.D.XLI. 8⁰. α—β = *2 Bogen* = *8 nicht paginierte Blätter. Mit besonderem Titelblatt:* Αριστοτελης περι κοσμου. M.D.XLI. 8⁰. A—E = *5 Bogen* = *20 nicht paginierte Blätter. Colophon:* Ετυπωθη εν Κορωνη της Τρχνσυλουανιας. Ετει της Θεογονιας α. φ. μ. α. (= 1541). *Schlussvignette (Kronstädter Wappen).*
25. Disticha Novi Testamenti Materiam & Ordinem capitulorum cuiusque libri per literas initiales indicantia. M.D.XLI. 8⁰. a—c = *3 Bogen* = *12 nicht paginierte Blätter. Schlussrignette (Kronstädter Wappen). Colophon:* Impressvm Coronae. M.D.XL.V. Impressvm Coronae.
26. Rvdimenta Cosmographica. Cum vocabvlis rervm. M.D.XLI. 8⁰. a—g = *7 Bogen* = *28 nicht paginierte Blätter. Colophon:*

Ex Inclyta Transylvaniae Corona. *Schlussvignette (Kronstädter Wappen).*

27. Rvdimenta Cosmographica. Cvm Vocabulis rerum, carmine Hexametro, scripta Ioanne Hontero Coronensi Autore. Vratislaviae. M . D . XLII. 8⁰. A—D = *32 nicht paginierte Blätter.*

28. Rvdimenta Cosmographica. M . D . XLII. 8⁰. a—g = *7 Bogen = 28 nicht paginierte Blätter. Dahinter Tafeln und Landkarten: 14 Blätter. Colophon:* Impressvm In Inclyta Transylvaniae Corona. *Schlussvignette (Kronstädter Wappen). Auf der Tafel* Vniversalis Cosmographia, *am unteren Rande:* Coronae M . D . XLII. Tigvri Apvd Froschouerum. Anno MDXLVI. 8⁰. a—d$_6$ = *30 nicht paginierte Blätter. Dahinter die Landkarten:* a—d$_2$ = *14 nicht paginierte Blätter.* ‖ Anno M . D . XLVIII. 8⁰. a—d$_7$ = *30 nicht paginierte Blätter. Dahinter die Landkarten:* a—d$_8$ = *14 nicht paginierte Blätter.*

29. *Formula Reformationis ecclesiae Coronensis et Barcensis totius Provinciæ. Coronæ. 1542. 8⁰. 32 SS.

30. Reformatio Ecclesiae Coronensis Ac Totivs Barcensis Provinciæ. M. D. XLIII. 8⁰. A—D = *4 Bogen = 16 nicht paginierte Blätter. Colophon:* Impressvm In Inclyta Transylvaniae Corona. *Schlussvignette (Kronstädter Wappen).*
    Cvm Praefatione Philippi Melanthon. Wittembergae Anno M. D. XLIII. 8⁰. A—C = *22 nicht paginierte Blätter. Colophon:* Vittembergae Per Josephum Klug, Anno M. D. XLIII.

31. *Apologia reformationis a clarissimo viro domino M. Ioanne Hontero Coronae anno M. D. XLIII conscripta.*)

32. Ἡσιόδου του ασκρ. Εργα και ἡμεραι και Θεογονια. MDXLIII. 8⁰. *Colophon:* Ετυπωθη εν Κορωνη της Τρανσυλουανιας.

33. *D. O. M. S. Constitutio Scholæ Coronensis a B. M. Jo. Hontero, primo Reformatore ecclesiæ Coronensis, consentiente et approbante Amplissimo Senatu Anno M. D. XLIII. lata et promulgata. *Colophon:* Coronæ Recusum Charactere Hermanniano 1657. 2⁰. 2 Blätter.

34. Compendivm Ivris Civilis in vsvm Ciuitatum ac Sedivm Saxonicarum in Transylvania collectum. M. D. XLIIII. 8⁰. A—Cc = *26 Bogen = 104 nicht paginierte Blätter. Colophon:* Impressvm in inclyta Transylvaniae Corona. M. D. XLIIII. *Schlussvignette (Kronstädter Wappen).*

35. *Terentii comoediae sex. Coronae. [M. D. XLV?]

36. *Θεογνιδος Μεγαρεως Γνωμαι Ελεγιακαι. MDXLV. 8⁰. *Beigedruckt:* Φωκυλιδου ποιμα νουθετικον, *und:* Χρυσα επη του Πυθαγορου. *Colophon:* Ετυπωθη εν Κορωνη της Τρανσυλουανιας.**)

---

  *) Über die handschriftliche Überlieferung vgl. O. Netoliczka in der von ihm herausgegebenen Auswahl Honterischer Schriften (s. unter C), Einleitung p. XI ss.
  **) *Nach Seivert und Trausch von Valentin Wagner.*

37. Reformatio Ecclesiarvm Saxonicarvm in Transylvania. Coronae. M. D. XLVII. 8⁰. A—G = *28 nicht paginierte Blätter. Schlussvignette (Kronstädter Wappen).**)
38. Kirchenordnung aller Deutschen in Sybembürgen. M. D. XLVII. 8⁰. A—L = 44 *nicht paginierte Blätter. Colophon:* Gedruckt zu Cron in Sybembürgen. M. D. XLVII. *Schlussvignette (Kronstädter Wappen).*
39. Agenda fur die Seelsorger vnd Kirchen diener in Sybemburgen. *Titelvignette: Krone auf dem Baumstumpf.* M. D. XLVII. 8⁰. a—g = 7 *Bogen* = 28 *nicht paginierte Blätter. Colophon:* Getruckt zu Kron in Sybembürgen. M. D. XLVII.
40. Der kleine Catechismus. Für die Pfarherr vnd Hausväter. Mart. Luther. 8⁰. A—F = 6 *Bogen* = *24 nicht paginierte Blätter. Colophon:* Gedruckt zu Cron in Sybembürgen. M . D . XLVIII. *Schlussvignette (Kronstädter Wappen).*
M . D . LV.
41. *Odae cum Harmoniis ex diversis Poetis in usum Ludi literarii Coronensis decerptæ. Coronæ. 1548. 8⁰. 80 Seiten.
M . D . LXII. 8⁰. A—F = 6 *Bogen* = *24 nicht paginierte Blätter. Notenanhang: 4 Bogen.*
42. Rvdimentorvm Cosmographicorum Ioan. Honteri Coronensis libri III. cum tabellis Geographicis elegantissimis De uariarum rerum nomenclaturis per classes, liber I. Tigvri Apvd Froschouerum. Anno M . D . XLVIII. 8⁰. A—D = *30 nicht paginierte Blätter. Dahinter die Landkarten:* a—d = *14 nicht paginierte Blätter.*
Auf der Tafel: Vniversalis Cosmographia, *am unteren Rande:* Tigvri M . D . XLVI.
Anno M . D . XLIX. 8⁰. A—D₆ = *30 nicht paginierte Blätter. Dahinter die Landkarten:* a—d₂ = *14 nicht paginierte Blätter. Auf der Tafel:* Typvs Cosmographicvs Vniuersalis, *am unteren Rande:* Tigvri Anno M . D . XXXIII.
Anno M . D . LII. 8⁰. A—D₆ = *30 nicht paginierte Blätter. Dahinter die Landkarten:* a—d₂ = *14 nicht paginierte Blätter. Auf der Tafel:* Vniuersalis Cosmographia, *am unteren Rande:* Tigvri M . D . XLVI. || M . D . LVIII.
Tigvri Apvd Froschouerum Iuuiorem. M . D . LXIIII. 8⁰. A—D₆ = *30 nicht paginierte Blätter.* Tabellae Geographicae: a—d₂ = *14 nicht paginierte Blätter.* || Tigvri Apvd Froschouerum. Anno, M . D . LXV. 8⁰. A—D₆ = *30 nicht paginierte Blätter. Dahinter die Landkarten:* a—d₂ = *14 nicht paginierte Blätter. Auf der Tafel:* Vniversalis Cosmographia *am unteren Rande:* Tigvri MDLXVI.
Antverpiae. Apvd Ioannem Richardum. Cum priuilegio. 8⁰. A—C = *24 nicht paginierte Blätter. Colophon:* Impress. Antuerp. An. M . D . LV. *Die Landkarten:* a—d₂ = *14 nicht paginierte Blätter.* || M . D . LX.
[Zürich?] M . D . LXX. *Auf der Tafel:* Vniversalis Cosmographia, *am untern Rande:* Tigvri M . D . XL. VI. 8⁰. A—D₆ = *30 nicht pagi-*

---

*) Über Varianten im Texte der vorhandenen Exemplare vgl. O. Netoliczka in der Einleitung zu seiner Ausgabe von Honters Ausgewählten Schriften p. XIX s.

nierte Blätter. Tabellae Geogr.: a—d$_2$ = *14 nicht paginierte Blätter.* ||
MDLXXIII. || M . D . LXXVIII.
[Zürich?] Liber I. M . D . LXXXI. 8⁰. A—D$_1$ = *30 nicht paginierte
Blätter. Die Landkarten:* a—d$_4$ = *14 Blätter.*
M . D . LXXXIII. 8⁰. A—D = *4 Bogen* = *32 unpaginierte Blätter.
Dahinter die Landkarten:* a—d$_2$ = *14 Blätter. Auf* a$_3$: TIGVRI
M . D . XL . VI. || M . D . XC. 8⁰. A—D = *30 nicht paginierte Blätter.
Dahinter die Landkarten:* a—d$_4$ = *14 nicht paginierte Blätter. Auf
der Tafel:* Vniversalis Cosmographia, *am unteren Rande:* Tigvri
M . D . XLVI.
Antverpiæ. Apud Joannem Richardum in Sole aureo. Cum Priuilegio. 8⁰. A—D = *31 nicht paginierte Blätter. Dahinter die Landkarten* a—d$_2$ = *14 nicht paginierte Blätter. [16. Jahrhundert.]*

43. Rvdimentorum Cosmographicorum Ioan. Honteri Coronensis Libri IIII. Cum Tabellis Geographicis elegantissimis. *(Titelvignette.)* Antverpiae, Apud Ioannem Richardum Cum Priuilegio. 12⁰. A—D = *31 nicht paginierte Blätter. Colophon:* Antuerp. typis Æ. D. An. 1552.

44. De Cosmographiæ rudimentis, & omnium propè rerum nomenclatura, Libri IIII. Vnà Cvm Tabellis Geographicis praecipuis. Adiectis Eiusdem Autoris tam Astronomiæ, quam Geographiæ principijs.
Ioannis Honteri Coronensis Rudimentorum Cosmographiæ Libri duo. Quorum prior Astronomiæ, posterior Geographiæ principia, breuissime complectitur. In quibus habetur diuersorum locorum noua nomencaltura *[!]* ueteribus nominibus iuncta. 8⁰. *Colophon:* Basileae, Per Henricvm Petri, Anno Domini M . D . LXI. *Nicht selbständig erschienen, sondern als Beilage zu* Procli De Sphæra Liber I. S. 845—940 *und* S. 941—985.
M . D . L . XXXV.*) S. 597—692 *und* 693—737.

45. *Tabulæ II. in Aratum Solensem, cum eiusdem versione, impressae Basileæ. 1565.

46. Rvdimentorvm Cosmographicorvm Ioannis Honteri Coronensis, Libri IIII. Carmine Heroico conscripti. Quibus nunc primùm accessere Instrvctiones De Sphaera Mundi non pœniteudae, *[!]* & ad iuniorum captum satis accommodatæ. Vniversalis item Chronici Compendium nouum: ab initio scilicet Mundi, in praesentem vsque annum: ita vt & τοπου & χρονου epitomen præstare libellus possit — Opera Matthiae Quadi Chalcographi. Coloniae Agrippinae, Sumptibus Wilhelmi Lutzenkirchij. Anno M . DC. 8⁰. A—O = *14 Bogen* = *220 paginierte Seiten. Vorne: Titelblatt, Widmung und Verse. 8 nicht paginierte Blätter.*

47. Rvdimentorvm Cosmographicorvm Ioan. Honteri Coronensis, libri IIII. cum elegantissimis tabellis Geographicis recens sculptis & editis. In hac editione, quantum praestitum sit, cognoscet benevolus Lector, cùm ex singularum tabellarum dispositione, tum ex brevi & accurato omnium nominum in his tabellis

---

*) nomencaltura: nomenclatura.

contentorum Indice. Cum gratia & Privilegio. Pragæ, Typis Schumanianis Anno M.D.XCV. 8⁰. A—C₈ = *3 Bogen = 48 paginierte Blätter. Vorne: Titelblatt, Widmung und Index, 14 nicht paginierte Blätter. Dazu die Karten: a—d₂ = Seite 61—74.*

48. *Rudimenta Cosmographica Libri IV. 4⁰. Duisburg 1595.
49. *Enchiridion totius orbis terrarum. Coronæ s.a. *[16. Jahrhundert.]*
50. Enchiridion Cosmographiae: Continens Praecipvarvm Orbis Regionvm Delineationes, elegantissimis tabulis expressas, solidisque declarationibus illustratas, Carmine Heroico, libris tribus: Avctore Iohanne Hontero Coronense. Accessit Eiusdem liber de variarum rerum Nomenclaturis, in classes tributus. Tigvri Apvd Johan. Wolphivm: Anno cIɔ. Iɔ. III C (= *1597*). 8⁰. A—D₃ = *27 nicht paginierte Blätter. Dahinter 14 Blätter Landkarten* (a—d₂).

Anno cIɔ. Iɔ. CII. *(=1602) u. s. w. Auf der Tafel* Universalis Cosmographia: Tivori M.D.XCVI.

51. *Libellus Græcæ Grammaticæ Philippi Melanchtonis, adjectis Tabellis flexionum quarundam. Coronæ. s. a. 8⁰. *[16. Jahrhundert.]*
52. *Rudimenta Cosmographica libris IV. distincta. Antwerpen 1610.
53. Johannis Honteri Coronensis Transylvani Poema de variarum rerum Nomenclaturis, per classes distinctum = *Buch IV der Kronstädter Ausgabe der* Rudimenta cosmographica *von 1542.*)
    Beigedruckt zu:* Lexicon Latino-Graeco-Ungaricum Auctore Alberto Molnar Szenciensi. Hanoviae Typis Thomae Villeriani 1611 (S. 313 ff.)
54. Briefe:
    1. a) An Andreas Melczer. Grosswardein 1533. (Lateinisch).
       b) An Anton Verantius. Kronstadt 1542. (Lateinisch).
       c) An Martin Weyss. Kronstadt 1547. (Deutsch).
    2. *Approbatio Reformationis Ecclesiæ Coronensis ac totius Barcensis Provinciæ a Clariss. D. MARTINO LUTHERO, PHILIPPO MELANTHONE et JOANNE POMERANO Viteberga Cibiniensi Pastori, suæ Ecclesiæ reformationem petenti transmissa, ex autographo sive originali descripta. Coronæ. s. a. 8⁰. 8 Blätter.

B. Über Honter:

Dav. Czvittinger, Specimen Hungariae literatae. Francofurti et Lipsiae. 1711, 178 ff.
Joh. Seivert, Nachrichten von siebenbürgischen Gelehrten und ihren Schriften. Preßburg, 1785, 170 ff.
Jos. Dück, Geschichte des Kronstädter Gymnasiums. Kronstadt 1845.
[Jos. Trausch], Beiträge und Aktenstücke zur Reformationsgeschichte von Kronstadt. Ebenda, 1865.

---

*) Vgl. Gross, Katalog der von der Kronstädter Gymnasialbibliothek ... ausgestellten Druckwerke aus dem Reformationszeitalter. Kronstadt 1883, S. 36.

Derselbe, Schriftsteller=Lexikon II. Kronstadt, 1870, 197 ff.
G. D. Teutsch, Geschichte der Siebenbürger Sachsen. 2. Aufl. Leipzig 1874. 1, 321 ff. 3. Aufl. [= F. Teutsch, Geschichte der Siebenbürger Sachsen I,] Hermannstadt 1899, 220 ff.
Derselbe, über Honterus und Kronstadt zu seiner Zeit. Im Arch. f. Ldbe., XIII, 93 ff.
Derselbe, Honter: Allgem. b. Biogr., XIII, 78 ff.
Derselbe, Honter: Herzogs Realencyclopädie für protestantische Theologie und Kirche. 3. Aufl., VIII, 333 ff. [F. Teutsch].
Derselbe, Die Reformation im siebenbürgischen Sachsenlande. 6. Aufl. Hermannstadt, 1886.
K. Fabritius: Erdélynek Honter János által készitett térképe 1532-böl. Értekezések a történelmi tudományok köréböl. VII, 7. Budapest 1878.
F. Teutsch, Drei sächsische Geographen des 16. Jahrhunderts. Arch. f. Ldbe., XV, 586 ff.
Derselbe, Aus der Zeit des sächsischen Humanismus. Arch. f. Ldbe., XVI, 227 ff.
H. Herberth, Die Reformation in Hermannstadt und dem Hermannstädter Kapitel. Hermannstadt 1883, 51 ff.
F. Teutsch, Honterus als Geograph: Ausland, 1884, Nr. 1.
F. Müller, Gottesdienst in einer evangelisch-sächsischen Kirche in Siebenbürgen im Jahre 1555. Zeitschrift für praktische Theologie 1884, 150 ff., 259 ff.
F. Teutsch, Die siebenbürgisch-sächsischen Schulordnungen. Berlin 1888. 1, p. VIII ss.
Th. Wolff, Johannes Honterus, der Apostel Ungarns. Kronstadt, 1894.
J. Höchsmann, Johannes Honter, der Reformator Siebenbürgens und des sächsischen Volkes. Wien, 1896.
Szinnyei, M. J., IV, 1896, 1053 ff.
A. E. Nordenskiöld, Periplus an essay on the early history of charts and sailing-directions. Translated from the swedish original by Francis A. Bather. Stockholm 1897.
D. Netoliczka, Johannes Honter. Ein Gedenkbüchlein zur Feier seiner Geburt. Kronstadt. 2. Aufl. 1898.
W. Morres, Johannes Honterus. Kronstadt, 1898.
A. Schullerus, Unsere Volkskirche. Hermannstadt, 1898, 5 ff.
G. A. Schuller, Johannes Honterus: Kalender des Siebenbürger Volksfreundes. Hermannstadt, 1898, 49 ff.
J. Capesius, Honter und die sächsische Schule. Schul- und Kirchenbote, 1898, 233 ff.
F. Obert, Honterus in der Schweiz. Ebenda, 222 ff.
Aus der Zeit der Reformation. Kronstadt 1898, 381 ff.: E. Lassel, J. Honterus.
S. Günther, J. Honter der Geograph Siebenbürgens: Mitteilungen der kais. kön. geograph. Gesellschaft. 1898, 643 ff.
W. Köhler, Über den Einfluß der deutschen Reformation auf das Reformationswerk des Johannes Honter, insbesondere auf seine Gottesdienstordnung: Theologische Studien und Kritiken. 1900, 563 ff.
Kleinere Mitteilungen bez. Vota enthält das Korr. f. Ldbe., I, 85; II, 36, 103; III, 8, 82; IV, 137; VI, 61; VII, 1, 56, 105; VIII, 26, 62; X, 71; XI, 56, 129; XII, 73; XVI, 1; XVIII, 17, 84; XXI, 104; XXIII, 141.
Über Briefe, die von Honter erhalten sind oder ihn betreffen, s. auch Monumenta Hungariae historica IX, 12, 71, 73, 173, 288, 329; XXXII, 308. Arch. f. Ldbe., X, 233 ff.; XI, 445 ff.; XII, 113, 138, 142.

Über ältere Nachrichten vgl. G. D. Teutsch, Über Honterus und Kronstadt zu seiner Zeit (Arch. f. Ldke., XIII, 120 ff.) und F. Teutsch, Die siebenbürgisch-sächsischen Schulordnungen I, (Monumenta Germaniae paedagogica. VI.) Berlin, 1888, I, p. XV, Anm. Dazu: Quellen zur Geschichte der Stadt Kronstadt. II, III. Kronstadt 1889. 1896.

C. Neudrucke:

Der Abschnitt De scholis aus der Reformatio von 1543, sowie der zehnte Titel der lateinischen und deutschen Kirchenordnung von 1547 bei Dr. F. Teutsch, Die siebenbürgisch-sächsischen Schulordnungen I, 3 ff.

Die übrigen bis dahin vorhandenen Texte sind überholt durch die Ausgabe von Dr. O. Netoliczka: Johannes Honterus' ausgewählte Schriften. Wien und Hermannstadt 1898. 8°. 212 Seiten.*)

Als Sonderabdruck aus dieser Ausgabe erschien:

1. Chorographia Transylvaniae. Die älteste Karte der von den Sachsen bewohnten Teile Siebenbürgens. (Mit einer Vorbemerkung). Wien 1898.

Erste Veröffentlichung der Landkarte von Siebenbürgen durch K. Fabritius a. a. O. Abdruck der Karte auch bei Günther a. a. O.

2. Johannes Honterus' Kirchenordnung. Lateinisch und deutsch. Hermannstadt 1900.

Nachbildungen von Tafeln und Karten zur Kosmographie s. in der Ausgabe von Netoliczka, bez. bei Günther und Nordenskiöld a. a. O.

Honterus Johann d. J.

(II, 219).

Korr. f. Ldke., VII. (1884), 1—3.
Szinnyei, M. J., IV, 1059.

Hornyánßky Julius,

geboren 1835, wurde im Jahre 1860 aus Pest als Prediger der ungarischen städtischen Filiale und Lehrer des Magyarischen am Obergymnasium und Seminar nach Kronstadt berufen. Als solcher wirkte er bis zu seinem am 30. September 1879 nach seiner Rückkehr aus einem Bade in Budapest erfolgten Tode.

---

*) Diese Ausgabe umfaßt: 1. Reformatorische Schriften: Sententiae ex omnibus operibus divi Augustini decerptae — Divi Aurelii Augustini Hipponensis episcopi haereseon catalogus — Reformatio ecclesiae Coronensis ac totius Barcensis provinciae — Apologia reformationis — Constitutio scholae Coronensis — Reformatio ecclesiarum Saxonicarum in Transylvania — Kirchenordnung aller Deutschen in Sybembürgen. — 2. Humanistische Schriften: Rudimentorum cosmographiae libri duo — Rudimenta cosmographica 1541 (mit den Varianten der Ausgabe von 1542) — In sententias pandectarum iuris civilis praefatio. 3. Briefe: (an Melczer, Verantius, Weyß). 4. Als Beilage die Karte von Siebenbürgen.

Er veröffentlichte:

1. A Keresztény vallás vezérfonala az ev. prot. konfirmálandók számára. Brassó, Römer és Kamner 1865. 12°. 40 S.
2. Egyházi beszéd, tartva a Reformatio Emlékünnepén, Brassóban November 4-én 1866-ik évben. Brassó, Römer és Kamner 1866. 8°. 16 S.
3. Irene, Trauerspiel in 5 Aufzügen von Karl von Kisfaludy, aus dem Ungarischen übersetzt vom Prediger und Professor Jul. Hornyánßky. K. G.-P., 1868. (Erschien in demselben Jahre auch in besonderer Ausgabe in Budapest.)
4. Der Herr ist auferstanden. Predigt. Kronstadt, Johann Gött und Sohn Heinrich. 1870. 8°. 46 S.
5. Übungsbuch für den ung. Styl in leichten Stücken zusammenhängenden Inhaltes zum Übersetzen aus dem Deutschen ins Ungarische von Julius Hornyánßky und Friedrich Günther. Budapest 1875. Druck und Verlag von Viktor Hornyánßky.
6. Ungarisches Lehrbuch. Kronstadt 1878. Römer und Kamner. 8°. 262 S.

K. G.-P., 1868, 65.
Szinnyei, M. J., IV, 1105.

Horwath Peter,

geboren am 11. Mai 1817 in Heldsdorf, besuchte zunächst die Schule seiner Heimatsgemeinde und dann zwei Jahre hindurch das Gymnasium in Kronstadt, worauf er mit seinem Gönner Peter Lange von Burgenkron nach Wien übersiedelte und daselbst zwei Jahre lang an dem Schottengymnasium studierte. Hierauf kam er abermals an das Kronstädter Gymnasium zurück. Im Jahre 1839 wurde er in Nußbach und 1843 in Brenndorf Prediger. Er starb am 27. Dezember 1887.

Er schrieb:

1. Festgruß beim Einzuge des neugewählten Pfarrers Friedrich Paul in Brenndorf (am 10. Dezember 1859). Kronstadt, Joh. Gött (o. J.).
2. Empfangsworte bei dem Einzuge des neugewählten Pfarrers Wilhelm Kammner in Brenndorf (am 19. Februar 1877). Druck von Joh. Gött und Sohn Heinrich in Kronstadt (o. J.).
3. Predigt am zweiten Sonntag nach Ostern. Schul- und Kirchenbote 1888 und im Sonderabdruck. (Aus Horwaths Nachlasse von dessen Sohn Peter Horwath herausgegeben.)

Szinnyei, M. J., IV, 1292.

Hoßmann von Rothenfels Johann.

(II, 220).

Arch. f. Lkde., XVII, 456—457.
Meltzl-Herrmann, Das alte und neue Kronstadt, I, 142.

Hubbes Johann,

geboren den 6. Dezember 1840 in Helbsdorf, absolvierte 1863 das Honterusgymnasium in Kronstadt und studierte hierauf in Wien und Tübingen Theologie, Mathematik und Physik. Nach seiner Rückkehr in die Heimat (1866) fand er als Kommissär in der Kronstädter allgemeinen Sparkassa seine erste Anstellung. Im Jahre 1868 wurde er an die damals fünfklassige Mädchenschule, dann an die Elementarschule, 1869 ans Gymnasium und 1872 an die Realschule als Lehrer berufen. Seit 1877 ist er Pfarrer in Skt. Bartholomae (Kronstadt). Hubbes hat neben seiner Berufsthätigkeit auch am sonstigen öffentlichen Leben regen Anteil genommen. So übernahm er (1883) in der konstituierenden Versammlung des Kronstädter Komitats-Landwirtschaftsvereines, zu dessen Ehrenpräsidenten der nachmalige Ackerbauminister Graf Andreas Bethlen († 1898) ernannt wurde, die Obmannstelle und wandte von dieser Zeit an ganz besonders seine Aufmerksamkeit der Landwirtschaft zu.

An dem Zustandekommen der Zuckerfabrik im Burzenland hat Hubbes in mehrfacher Richtung mitgearbeitet.

Er veröffentlichte:

1. Wie bildete sich auf natürliche Weise der Auferstehungsglaube bei Jesu Jüngern? Predigt. Kronstadt 1873, Verlag von Frank und Dreßnandt.
2. Anfangsgründe der Chemie. V. Jahresbericht der Gewerbeschule in Kronstadt für das Schuljahr 1877. (Auch im Sonderabdruck.) Joh. Gött und Sohn Heinrich 1877.
3. Dreizehnter Jahresbericht der Gewerbeschule in Kronstadt. Bedeutung und Entwicklung der Naturwissenschaft. Wesen des Lichtes und der Wärme. Ein Vortrag gehalten vor einer gemischten Zuhörerschaft, von J. Hubbes. Joh. Gött und Sohn Heinrich 1885.

Szinnyei, M. J., IV, 1375.

Hübner oder Hiebner Israel.

(II, 221).

Wurzbach, IX, 400.
Szinnyei, M. J., IV, 1484.
H. G.-P., 1896, 39.

Huet Albert,

(auch Hutter, lateinisch Pileus, magyarisch Syveg genannt),

(II, 223)

der jüngste Sohn des von Johann Zapolya zum Hermannstädter Königsrichter und Sachsengrafen ernannten Georg Huet (Hutter), war am 2. Februar 1537 in Hermannstadt geboren. Nachdem er in seiner Vaterstadt die Schule besucht hatte, begab er sich zur Fortsetzung seiner Studien an

die Universität nach Wien und erwarb sich eine allseitige wissenschaftliche
Bildung und besonders ungewöhnliche Sprachkenntnisse. Hierauf trat er in
die Dienste Karl V., Ferdinand I. und Maximilian II. und wurde inner- und
außerhalb der ungarischen Kanzlei beschäftigt. Als 37-jähriger Mann (1574)
kehrte er in seine Vaterstadt zurück.

Drei Jahre schon nach seiner Rückkehr in die Heimat stand er als
Königsrichter von Hermannstadt und als Komes an der Spitze seines Volkes.
In diesem Amte, das er bis zu seinem Tode und zwar über dreißig Jahre
innegehabt, erscheint er nicht nur als Vorkämpfer für die politische Stellung,
für das Recht seines Volkes, ein Streiter für die Herrschaft des habs=
burgischen Hauses in Siebenbürgen, sondern er hat auch nach allen Seiten
für die Lebensbedingungen seines Volkes hervorragend gewirkt.

Gelegenheit, für die Rechte seines Volkes einzutreten, ergab sich leider
übergenug für Huet.

Als die ungarischen und Szekler-Stände die Säkularisation der säch=
sischen Kirchenzehnten beantragten, um der Geldnot des Fürsten abzuhelfen,
da wußte er dem Reichsverwalter Christof Bathori so zu Herzen zu reden,
daß dieser erklärte, der sächsische Zehnten habe unberührt zu bleiben, denn
es komme ihm nicht zu, die Vergabungen zu verstümmeln, die der fromme
Eifer gottseliger Könige dem Dienste Gottes und der Kirche geweiht. . . .
Niemand könne ohne Rechtsprechung und Untersuchung seiner Einkünfte und
Privilegien verlustig gehen, die sächsischen Pfarrer aber vermöge keiner einer
solchen Schuld zu zeihen, die jene Strafe verdiene, da sie ihre Abgaben
entrichten und die Lasten des Landes noch über Gebühr tragen. Wo aber
die Predigt des Wortes aufhöre, da stürzten die Reiche in Trümmer. Wie
würden die Kirchen veröden und die Schulen, welche abscheuliche Barbarei
würde hereinbrechen?

Noch schärfer zeigte sich die deutschfeindliche Gesinnung des ungarischen
Adels, als dieser in Mißhandlung aller geschichtlichen Wahrheit den Sachsen
vorwarf, sie seien nur Fremdlinge im Land, Gäste, und der Magyaren
Eigentum, weil deren Vorfahren, die Hunnen, das Land erobert, „die Blum
des Volkes" erschlagen und fortgeführt und nur den Pöbel zurückgelassen,
damit er ihm biene; sie seien nur geduldet im Lande.

Von der Universität beauftragt, trat Huet abermals vor den Fürsten
— damals Sigismund Bathori — und dessen Räte in Weißenburg (10. Juni
1591) und hielt jene berühmte Verteidigungsrede für sein Volk, die ihm
vor allem den Ruhm eines „Sachsenstreiters" erworben.

Solche Angriffe der beiden Mitstände, gesteigert noch durch den
schweren Druck der Türkenherrschaft, trugen wesentlich dazu bei, daß die
Sachsen sich mehr als je nach einem engeren Anschlusse an das Haus
Habsburg sehnten. Und da ist es wieder Huet gewesen, der für diesen
Anschluß seine ganze Kraft eingesetzt hat. Und als er endlich zur That
geworden, da schrieb Kaiser Rudolf die erhebenden Worte an die Sachsen:
Wir haben es für unsere erste Pflicht gehalten, vor allem zu Euch ein
Wort der Ermutigung zu sprechen, die ihr nach Herkunft und Sprache und
was mehr ist als alles nach angestammter Reinheit der Gesinnung, Deutsche,
das ist unseres Blutes seid . . . Wir haben dem Führer unserer Truppen

und unseren Räten ernstlich befohlen, in allem besondere Rücksicht auf Euch zu nehmen und lassen es uns angelegen sein, daß Euch die Treue, mit der ihr uns ergeben seid, nicht gereue.

Wie hier in diesen Angelegenheiten Huet immer wieder in den Vordergrund tritt, so ist er bei der Ausweisung der Jesuiten, bei der Schaffung und Bestätigung des „Eigen Landrecht der Sachsen in Siebenbürgen", bei der Hebung des Gewerbewesens im Sachsenlande durch neue Ordnungen für die Zünfte und bei der äußeren Befestigung Hermannstadts der unermüdliche Anreger, Förderer und Arbeiter gewesen.

Der Mann aber, der auch im Felde als Führer der von seinem Volke aufgebotenen Scharen unerschrocken die Brust dem Feinde barbot, er hatte auch ein Herz für die stille Arbeit in Kirche und Schule.

Insbesondere ließ er dem Gymnasium in Hermannstadt seine liebevolle und fördernde Teilnahme angedeihen. Wenn das letzte Jahrzehnt des 16. Jahrhunderts für diese Anstalt von ganz besonderer Bedeutung geworden ist, so war dies vor allem Huets Verdienst.

Ein Jahr schon, nachdem er zum Komes gewählt worden, hatte er die sächsische Nationsuniversität zum Beschlusse veranlaßt, tüchtige Lehrer an das Gymnasium nach Hermannstadt zu berufen und die einzelnen Kreise des Sachsenlandes zu verpflichten, mit zu den Kosten der Anstalt beizutragen. Nur Kronstadt sollte hiezu nicht herbeigezogen werden, weil dort Honterus schon ein Gymnasium errichtet hatte.

Noch 1591 hatte Huet den Gedanken nicht aufgegeben, das Hermannstädter Gymnasium zu einer Anstalt für alle sächsischen Gaue zu machen. Mit diesem Jahre begann die eigentliche Reorganisation des Gymnasiums, die mit den neuen Schulgesetzen 1598 beendigt erscheint. Huet hatte in hervorragender Weise an diesen mitgewirkt.

Aber nicht allein geistig förderte er die Anstalt und erwarb sich den Namen eines „Neubegründers" dieses Gymnasiums, sondern er gewährte ihm auch materielle Hilfe. Mit edler Freigebigkeit ließ er die im Jahre 1599 abgetragene Kapelle neben der Schule zur Bibliothek umwandeln und gewiß fehlte seine Hilfe nicht als man daran ging, zwei an die Schule stoßende Gebäude zur Vergrößerung des Gymnasiums anzukaufen. Selbst bei seinem Tode vergaß er diese Anstalt nicht, indem er ihr seine reiche Bibliothek und 2000 Gulden vermachte. Er starb am 23. April 1607 und wurde in der Hermannstädter ev. Stadtpfarrkirche begraben.

1. Bericht Huets an Sigismund Bathori von 1593. Gedruckt Arch. f. Ldk., II, 483.
2. Alberti Hutteri oratio coram principe Sigismundo Bathori, Claudiopoli recitata 30. Mart. 1601. (II, 228, Nr. 2) f. Trausch-Netoliczka, Handschriftenk. Nr. 495.
3. Schola est reipublicae seminarium. (II, 228, Nr. 3 f. G. Haner, Nota bene Majus pastoris Saxo-Transsilvani. Tom. III, 1143. Manuskript in der Bibliothek der ev. Landeskirche in Hermannstadt.) Teilweise gedruckt H. G.-P., 1896, 12.

Wurzbach, IX, 455.
Teutsch Fr. Dr. Der Sachsengraf Albert Huet. Vortrag. S. d. T., 363—367 (1875) und im Sonderabdruck. Hermannstadt, Verlag von Franz Michaelis 1875.

Friebenfels, Bebens, I, 246.
Allg. b. Biogr., XIII, 283 von Fr. Teutsch.
Arch. f. Ldbe., N. F. XVI. 182; XVII, 41, 48.
Teutsch Fr., Sch.-D. I, XLVII.
Derselbe, Bilder aus der vaterl. Gesch. I.
H. G.-P., 1896, 12.
S. b. T., 7452, (Albert Huet. Ein Erinnerungsblatt von Fr. Schuller) und 7453 (1898).

Hunnius Stephan

aus Großschenk gebürtig, studierte in den Jahren 1684 und 1688 in Thorn.

Von ihm rühren her:

1. Theses theologicae pro asserendo et defendendo mysterio ss. trinitatis juxta tenorem sacrarum scripturarum et christianae fidei analogiam. Verteidigt am 15. Juni. Thorn. 4°. 5 Blatt.
2. Discursus de philosophia in genere. 26. Oktober 1688. 4°. 17 Blatt.

Korr. f. Ldbe., XVIII, (1895) 98.

Hutter Georg.
(II, 229).

Eigenhändige Aufzeichnungen Hutters über sein Rektorat an dem Hermannstädter Gymnasium veröffentlicht Fr. Teutsch in seiner Geschichte des ev. Gymnasiums A. B. in Hermannstadt aus der Hermannstädter Gymnasial-Matrikel im Arch. f. Ldbe., N. F. XVII, 65.

Szinnyei, M. J., IV, 1477.
H. G.-P., 1896. 37, 38.

Hutter Jakob, Dr. med.
(II, 231)

wurde am 8. März 1708 in Reußmarkt geboren. Im Jahre 1728 verließ er das Hermannstädter Gymnasium, um sich den Universitätsstudien zu widmen. In Halle wurde er im Jahre 1732 zum Doktor der Medizin promoviert. Nach seiner Rückkehr in die Heimat zunächst Militärarzt in der kaiserlichen Walachei wurde er am 2. Februar 1734 zum Hermannstädter Physikus bestellt. Als solcher kam er am 14. Januar 1738 in die Kommunität und am 20. März 1748 auf Empfehlung des Gouverneurs Grafen Johann Haller von Hallerstein und des Interimskommandanten Grafen Josef Platz in den Senat. Am 9. Oktober 1758 wurde er mit 51 Stimmen zum Stadthannen gewählt. Der Hof bestätigte jedoch nicht ihn sondern den katholischen Andreas von Adlershausen, auf den nur 21 Stimmen gefallen waren. Später zum Bürgermeister gewählt, wurde

Hutter durch kaiserliches Reskript vom 4. Januar 1766 in dieser Würde bestätigt und am 18. November 1767 neuerlich gewählt. Er starb am 10. Februar 1768.

> Seine Arbeit s. Trausch a. a. O.
>
> Arch. f. Lkde., N. F. XVII. 457.
> Szinnyei, M. J., IV, 1478.

Jacobi Julius, Dr. phil.,

geboren am 18. Juli 1867 in Schäßburg, absolvierte daselbst 1885 das Gymnasium und studierte von 1885—1890 Theologie und Philosophie an den Universitäten Jena, Berlin, Klausenburg, Leipzig und Tübingen. Seit 1890 ist er Professor am ev. Gymnasium A. B. in Schäßburg.

Er schrieb:

1. Komjáthi Benedek „Szent Pál levelei". Nyelvészeti tanulmány. (Inauguraldissertation zur Erlangung der philosophischen Doktorwürde an der Universität Klausenburg.) Budapest 1889.
2. Magyarische Lehnworte im Siebenbürgisch-Sächsischen. Sch. G.-P., 1895. [Bespr. im Korr. f. Lkde., XVIII, (1895 139. Nyelvtud. közlemények, XXV, 469. Egy. phil. közlöny 1896, 471.]
3. Kurze Anleitung zur richtigen Aussprache des Magyarischen. Vortrag gehalten in der Lehrerversammlung in Schäßburg. Hermannstadt 1900, W. Krafft.

Jekel Friedrich, Dr. jur.

wurde am 29. Juli 1859 in Marienburg geboren, absolvierte 1878 das Honterusgymnasium in Kronstadt und widmete sich dann dem Studium der Rechte. Zu diesem Zwecke besuchte er zunächst die Rechtsakademie in Hermannstadt, an welcher er namentlich vom Professor des römischen Rechtes Dr. Biermann vielfache Anregung erfuhr. Die nächsten Studienjahre brachte er an der Klausenburger und Budapester und kurze Zeit während der Vorbereitung zu den Rigorosen an der Wiener Universität zu. Im Jahre 1882 absolvierte er in Budapest seine Studien, nachdem er zuvor das erste Doktorrigorosum abgelegt hatte. Nachdem Jekel bis Ende 1883 zunächst in der Advokaturskanzlei des Dr. H. Herell in Kronstadt und Dr. Emil Farkas als Advokaturskonzipist in Budapest beschäftigt gewesen und alle seine Prüfungen abgelegt hatte, wurde er 1884 zum zweiten Vizenotär im Kronstädter Komitate gewählt und fand zunächst bei dem Komitatswaisenstuhle Verwendung. Im folgenden Jahre vom damaligen Obergespan Graf Andreas Bethlen zum Predealer Stuhlrichter substituiert, hatte er ein ganzes Jahr Gelegenheit durch umfangreiche Korrespondenz mit der österr.-ungar. Gesandtschaft und den Konsulaten in Rumänien einen tiefen Blick in die internationalen und Handelsverhältnisse zu thun. Im Jahre 1886 wurde er zum Beisitzer im Komitatswaisenstuhle und nach zweijähriger Thätigkeit in dieser Eigenschaft zum ersten Vizenotär gewählt und bald darauf vom Obergespan Graf Andreas Bethlen zum Tit.-Obernotär des Kronstädter Komitates ernannt. Am 29. April 1893 wurde er zum Komitatsobernotär und am 21. April 1894 zum Vizegespan des Kronstädter Komitates gewählt. Vom Jahre 1889 bis 1895 war Jekel auch Lehrer an der Kronstädter k. ung. Handelsakademie für Handels- und Wechselrecht und Nationalökonomie.

Dr. Jekel veröffentlichte außer den Halbjahres- und Jahresberichten des Kronstädter Komitates, welche er seit 1894 als Vizegespan herausgab, und den Jahresberichten der philharmonischen Gesellschaft in Kronstadt, die er als deren Vorstand seit 1895 publizierte, noch:

1. Brassó vármegye szabályrendeletei és elvi jelentőségű határozatai. Brassó vármegye törvényhatósági bizottságának megbízásából egybegyűjté és sajtó alá rendezete: Dr. Jekel Frigyes Brassó vármegye alispánja. Hivatalos kiadás, I. füzet. Brassó, Alexi könyvnyomdája 1894, II. füzet. Ebenda. III. füzet. Brassó, Schlandt könyvnyomdája. — Deutsch erschienen dieselben unter dem Titel: Statuten und prinzipielle Entscheidungen des Kronstädter Komitates. 1. Heft, zusammengestellt vom Vizegespan Dr. Jekel. Kronstadt, Buchdruckerei Gabony 1900.

2. Die Millenniumsfeierlichkeiten im Kronstädter Komitate. I. Festsitzung des Kronstädter Munizipalausschusses am 16. Mai 1896. II. Enthüllung des auf der Zinne errichteten Denkmales am 18. Oktober 1896. Buchdruckerei Schlandt Kronstadt (1896). — Erschien auch in magyarischer Sprache unter dem Titel: Brassóvármegye Magyarország ezeréves fennállása alkalmából megtartott ünnepélyességei. Brassó, nyomtatott a „Brassói Lapok" nyomdájában 1896.

3. Entscheidung des Vizegespans des Kronstädter Komitates betreffend die Konzessionierung der Entwässerungsarbeiten für die Gemeinde Marienburg. Kronstadt, Buchdruckerei Schlandt 1897. — Erschien auch in magyarischer Sprache unter dem Titel: Brassóvármegye alispánjának 1897 évi márczius hó 20-án alatt kelt határozata Földvár község vizlecsapolási munkálatai engedélyezése tárgyában. Brassó, Schlandt könyvnyomdája 1897.

4. Gedenkrede auf Franz Schubert, gehalten am 30. Januar 1897 gelegentlich der Schubertfeier der philharmonischen Gesellschaft. Kronstadt, Buchdruckerei Schlandt 1897. (Sonderabdruck des Kronstädter Tageblattes).

5. Festlichkeiten aus Anlaß der Anwesenheit Ihrer Exzellenzen des Herrn k. ung. Handelsministers Freiherr Ernst Daniel und des Ministers für Slavonien, Kroatien und Dalmatien Emerich v. Josipovich. Kronstadt, Buchdruckerei Schlandt 1897. (Sonderabdruck des Kronstädter Tageblattes). — Erschien auch in magyarischer Sprache unter dem Titel: Nagyméltóságu báró Dániel Ernő m. kir. kereskedelemügyi miniszter és Josipovich Imre horvát-, szlavon-, dalmátország miniszter urak tiszteletére Brassóban rendezett ünnepélyességek. Külön lenyomat a Brassói Lapok 1897. 39.—40. számaiból.

6. Die Frage des Baues der Eisenbahnlinie Marienburg—Sepsi-Szent-György. Kronstadt, Buchdruckerei Schlandt 1897.

7. Graf Andreas Bethlen. Gedenkrede. Gehalten von Dr. Friedrich Jekel, Vizegespan des Kronstädter Komitates, in der Komitatsversammlung vom 15. Oktober 1898. Kronstadt, Buchdruckerei Schlandt 1898. — Erschien auch in magyarischer Sprache unter dem Titel: Bethleni gróf Bethlen András. Emlékbezséd tartotta Dr. Jekel Frigyes, Brassóvármegye alispánja. Brassóvármegye törvényhatósági bizottságának 1898. október 15-én tartott ülésében. Nyomtatott a „Brassói Lapok" nyomdájában 1898.

8. Johannes Honterus, der große Reformator und Humanist. Festrede, gehalten von Dr. Fr. Jekel, Vizegespan des Kronstädter Komitates, in der Komitatsversammlung vom 2. Mai 1898. Kronstadt, Buchdruckerei Schlandt 1898. — Erschien auch in magyarischer Sprache unter dem Titel: Honterus János a nagy reformátor és humánista. Ünnepi beszéd stb. Brassó, nyomtatott a Brassói lapok könyvnyomdájában 1898.

9. Die Sonntagsruhe. Sonderabdruck des Kronstädter Tagblattes 1898.

10. Die Gemeinde der Mittelpunkt des politisch-administrativen, wirtschaftlichen und kulturellen Lebens von Dr. Fr. Jekel. Kronstadt, Buchdruckerei Alexi.

11. Die Gemeinde Marienburg von Dr. Fr. Jekel. Kronstadt, Buchdruckerei Schlandt 1898.

12. Entscheidung des Vizegespans Dr. Fr. Jekel, betreffend die Konzessionierung der Entwässerungsarbeiten für die Gemeinde Heldsdorf. Kronstadt, Buchdruckerei Schlandt 1898.

13. Die Landwirtschaft und ihre einzelnen Zweige. In: „Das sächsische Burzenland". Kronstadt, Buchdruckerei J. Gött's Sohn 1899.

14. Entscheidung des Vizegespans Dr. Fr. Jekel, betreffend die Konzessionierung der Entwässerungsarbeiten für die Gemeinde Zeiden. Kronstadt, Buchdruckerei Schlandt 1899.

15. Einiges aus dem Gebiete der Musik von Dr. Fr. Jekel, Vorstand der philharmonischen Gesellschaft. Kronstadt, Buchdruckerei von Johann Gött's Sohn 1899.

Jekeli Johann

wurde am 13. Februar 1846 in Mediasch geboren, legte im Jahre 1865 die Maturitätsprüfung an dem Gymnasium seiner Vaterstadt ab und studierte hierauf Theologie, deutsche Sprache, Philosophie und Geschichte an den Universitäten in Wien, Jena und Berlin. In die Heimat zurückgekehrt, fand er 1872 am Gymnasium in Mediasch seine erste Anstellung, seit 1. Mai 1887 war er Pfarrer in Bolkatsch. Wegen andauernder Dienstunfähigkeit wurde er auf sein eigenes Ansuchen am 1. Oktober 1899 pensioniert und starb am 12. Januar 1901.

Er schrieb:

Die Gesetze der Tragödie nachgewiesen an Shakespeares „Macbeth". M. G.-P., 1873.

Jekelius August

ist am 6. November 1861 in Kronstadt geboren. Nach Absolvierung des Honterusgymnasiums im Jahre 1881 studierte er bis 1885 in Hermannstadt die Rechte. Im Jahre 1886 trat er in den Dienst des Kronstädter Komitates als Stuhlrichter im Siebenbörser Bezirk. Drei Jahre darauf wurde er zweiter und 1893 erster Vizenotär. Seit 1898 ist er Honorärobernotär.

Jekelius war seit 1890 ständiger Mitarbeiter der „Kronstädter Zeitung" und dann des „Kronstädter Tageblattes". Von größeren Arbeiten desselben sind hervorzuheben:

1. Die Volksbewegung im Kronstädter Komitate im Jahre 1891. Kronstädter Zeitung 1892 und im Sonderabbruck.
2. Die Volksbewegung im Kronstädter Komitate im Jahre 1892. Ebenda, 1892 und im Sonderabbruck.
3. Die Burzenländer Zigeuner im Jahre 1893. Ebenda und im Sonderabbruck.
4. Die Siebenbörser Csángógemeinden. K. V. J., XV, (1895).
5. Ein sächsischer Handwerker unseres Jahrhunderts 1819—1890. Ein Lebensbild (des Gold- und Silberschmiedes Heinrich Jekelius). Kronstadt [1895], Buchdruckerei Alexi.

Jekelius Ernst,

geboren am 12. Oktober 1862 in Wien, absolvierte 1883 das Gymnasium und 1887 die Rechtsakademie in Hermannstadt, trat ebenda in städtische Dienste, und bekleidet gegenwärtig die Stelle eines Vizenotärs.

Seit 1889 beim S. b. T. als Theaterberichterstatter und Feuilletonist beschäftigt, veröffentlichte er in diesem sowie in andern Blättern eine Reihe von Humoresken, Skizzen und Novelletten. Seit 1897 ist er auch mit der Redaktion der Unterhaltungsbeilage des „S. b. T." betraut.

Er veröffentlichte u. a.:

1. Ein Katzensprung. S. b. T. 5251—52 (1891).
2. Ines. Ebenda, 5526 (1892).
3. Der römische Kaiser. Ebenda, 5640 (1892).
4. Zwei Frauenblicke. Ebenda, 6121 (1894).
5. Waldmeister. Ebenda, 6784 (1896).
6. Ein Sonderling. Kalender des Siebenbürgischen Volksfreundes für das Jahr 1898, XXIX. (N. F. III.) Redigiert von Dr. A. Schullerus und Dr. Fr. Teutsch. Hermannstadt, Verlag und Druck von Josef Drotleff.
7. Kontraste. Skizze. Ebenda, 1899. XXX. (N. F. IV.)

Jekelius Eugen Ferdinand

wurde am 11. März 1859 in Kronstadt geboren. Nach Absolvierung des Honterusgymnasiums im Juli 1877 bezog er die Universität in Wien, um sich für das Mittelschullehramt in Österreich auszubilden. Hier studierte er

Naturgeschichte (insbesondere Pflanzenkunde) und Philosophie. Im Herbste 1879 begab er sich nach München, gab sein Studium für die Lehrerlaufbahn auf und widmete sich, nach Wien zurückkehrend, der Rechts- und Staatswissenschaft. Nachdem er 1880/81 noch in Wien außer seinem Fache auch deutsche Litteraturgeschichte gehört hatte, beendete er an der Hermannstädter Rechtsakademie 1883 seine Studien. Vom 1. Februar 1884 war er Konzipient bei einem Kronstädter Rechtsanwalte, doch gab er diese Stelle nach kurzer Zeit auf, legte am 19. März 1885 das erste Rigorosum ab und erhielt vom 1. April 1885 an die Stelle des Sekretärsadjunkten der Kronstädter Handels- und Gewerbekammer. Am 23. Oktober 1888 wurde er zum Sekretär der genannten Handelskammer gewählt.

Im Jahre 1892 ernannte ihn der Handelsminister Gabriel von Baross zum Mitgliede des Landesgewerberates (országos ipartanács). Schwer erkrankt, mußte er 1898 in den Ruhestand treten und starb am 15. März 1901 in Hermannstadt.

Jekelius veröffentlichte neben politischen und volkswirtschaftlichen Aufsätzen, die teils in der Kronstädter Zeitung, teils im S. b. T. erschienen sind:

1. Bericht der Handels- und Gewerbekammer in Kronstadt über die geschäftlichen Verhältnisse in ihrem Bezirke im Jahre 1889. — Desgleichen für 1891, 1892, 1894, 1895, 1896. Sämtliche Berichte erschienen in Kronstadt im Eigentum und Verlag der Kronstädter Handels- und Gewerbekammer.
2. Dienstes-Disziplinar- und Schadenersatz-Ordnung für die Beamten und Diener der Kronstädter Handels- und Gewerbekammer. Kronstadt 1889.
3. Pensionsstatut für die Beamten und Diener der Kronstädter Handels- und Gewerbekammer. Kronstadt 1890.

S. b. T., 8283, (1901).

Jekelius Friedrich, Dr. med.,

wurde am 12. September 1856 in Kronstadt geboren und bezog, nachdem er in seiner Vaterstadt die Gymnasialstudien beendet, die Hochschulen in Heidelberg und Wien, um Medizin zu studieren. In Wien wurde er am 20. Dezember 1882 zum Doktor der gesamten Heilkunde promoviert. Im Frühjahr 1884 kam er nach Kronstadt zurück, um die ärztliche Praxis auszuüben. Am 10. November 1885 wurde er zum Schularzt der ev. Schulanstalten seiner Vaterstadt und am 20. Juni 1893 zum 2. Stadtarzt gewählt.

Er veröffentlichte:

1. Über die Ursachen der Kurzsichtigkeit unter der Schuljugend. Programm der ev. Mädchenschule in Kronstadt für 1888/89.
2. Augenuntersuchung der Schülerinnen im Schuljahr 1889/90. Ebenda, 1889/90.
3. Über das Koch'sche Heilverfahren. Vortrag, gehalten am Ärzteabend am 9. Januar 1891. Kronstädter Ztg. 1891.

4. Bericht des Lehrkörpers und des Schularztes Dr. Friedr. Jekelius über den am 1. September 1892 in den Mädchenschulen versuchsweise eingeführten ausschließlichen Vormittagsunterricht. Programm der ev. Mädchenschule in Kronstadt 1893 und 1894.

Jickeli Carl Friedrich, Dr. phil.,

wurde am 26. Juli 1850 zu Hermannstadt geboren. Bis zu seinem 15. Lebensjahre besuchte er das ev. Gymnasium seiner Vaterstadt und trat sodann als Lehrling in das Handelsgeschäft seines Vaters. Eine lebhafte Neigung für die beschreibenden Naturwissenschaften veranlaßte ihn, 1870 eine Reise nach Nord-Ost-Afrika zu unternehmen. Nachdem er an verschiedenen Küstenpunkten des Roten Meeres verweilt hatte, bereiste er von Massaua aus das nördliche Abyssinien und vereinigte sich darauf mit Werner Munzinger zu einer Reise in die kaum oder noch gar nicht von Europäern betretenen Länder des Anseba, der Habab und Beniamer. Mit reichen Sammlungen nach Europa zurückgekehrt, begab er sich zur wissenschaftlichen Verwertung derselben 1872 nach Berlin. Außer verschiedenen Aufsätzen in Fachzeitschriften erschienen als abgeschlossene Teile der wissenschaftlichen Ergebnisse seiner Reise zu Nürnberg 1875 von L. Koch, „Ägyptische und Abyssinische Arachniden", 12 Bogen Text und 7 Tafeln, und zu Dresden 1875 von ihm selbst, „Fauna der Land- und Süßwasser-Molusken Nord-Ost-Afrikas, 43 Bogen Text und 11 Tafeln.

Die vielseitige Förderung und Ermunterung, welche er in Berlin besonders von den Professoren Alexander Braun und E. v. Martens und von dem Geographen Dr. Henry Lange erfuhr, einerseits, die Bekanntschaft mit E. Haeckels populären Schriften andererseits, erweiterte sein wissenschaftliches Interesse und lenkte dasselbe in andere Bahnen. Er gab die Fortsetzung der Publikation seiner Reiseresultate auf und begann die Vorbereitung für ein nachträglich abzulegendes Maturitätsexamen. Im Herbste 1879 erwarb er das Zeugnis der Reife am Realgymnasium zu Frankfurt a. M. Während 5 Semester besuchte er darauf nach einander die Universitäten Würzburg, Graz und Heidelberg, und hörte die Vorlesungen folgender Professoren und Privatdozenten: O. Bütschli, V. v. Ebner, Kuno Fischer, A. v. Heider, Gurlitt, Haberlandt, H. Kopp, W. Kühne, L. Medicus, V. Plauer, G. Quinckt, F. E. Schulze, C. Semper, Wislicenus.

Nachdem Jickeli in Heidelberg im Jahre 1882 den Doktorgrad der Philosophie erworben, setzte er seine Studien in Jena fort, wo er zugleich Assistent von Professor E. Haeckel war. Doch schon im Jahre 1883 war er gezwungen in die Heimat zurückzukehren und wieder in das Geschäft seines Vaters einzutreten. In der Heimat ist Jickeli besonders inmitten des siebenb. Vereins f. Naturw., dem er seit seinen Jugendjahren als eifriges Mitglied angehört, vielfach thätig gewesen, zunächst durch Bereicherung und Ordnung der Sammlungen, (in der ethnographischen Sammlung rührt eine ganze Abteilung von ihm her), sodann durch Übernahme verschiedener Funktionen (als Kustos, Bibliothekar, Kassier) und ausgiebigste Förderung aller Unternehmungen und Zwecke des Vereins, der ihn nach dem Tode von E. A. Bielz (1898) zu seinem Vorstand wählte.

Er veröffentlichte:

1. Reisebericht. Malakozoologische Blätter, XX u. XXI, 1872 u. 1873.
2. Beschreibung einer neuen Steppenschnecke. Nachrichtsblatt der deutschen malakozoologischen Gesellschaft in Frankfurt a. M. 1872.
3. Über den Wert der Mündungswandfalten für die Erkennung der Arten von Melampus. Ebenda, 1872.
4. Fauna der Land- und Süßwasser-Mollusken Nord-Ost-Afrikas (Nova Acta der kaiserl. Leop.-Carol. Deutschen Akademie der Naturforscher XXXVII, 1) 43 Bogen Text und 11 Tafeln. [Bespr.: S. b. T., 362 (1875).]
5. Studien über die Conchylien des Roten Meeres. I. Die Gattung Mitra. Jahrbuch der deutsch. Malakozool. Gesellschaft., I.; II. Die Gattung Conus. Ebenda, II.; III. Die Gattungen Ancillaria, Cypraea, Pleurotoma. Ebenda, XI.; IV. Die Gattungen Pyramidella, Obeliscus, Syrnola, Orina, Rissoina. Ebenda, XI.
6. Diagnosen neuer Conchylien. Ebenda, XI.
7. Verzeichnis der auf meiner Reise nach dem Roten Meer in Europa aufgegriffenen Mollusken. Nachrichtsblatt der deutschen malakozoologischen Gesellschaft, VI.
8. Land- und Süßwasser-Conchylien Nord-Ost-Afrikas gesammelt von J. Piroth. Jahrbuch der deutschen malakozoologischen Gesellschaft, VIII.
9. Über Bithynia Boissieri Charp. Nachrichtsblatt der deutschen malakozoologischen Gesellschaft, V.
10. Zur Molluskenfauna Siebenbürgens. V. u. M., XXVIII.
11. Der Bau der Hydroidpolypen (Dissertation.) I. Über den histologischen Bau von Eudendrium Ehrenb. und Hydra L. Morphologisches Jahrbuch, VIII. von C. Gegenbauer, Leipzig. II. Über den Bau der Hydroidpolypen. Ebenda, VIII.
12. Über das Nervensystem der Hydroidpolypen. Zoolog. Anzeiger von J. V. Carus in Leipzig. 1882.
13. Über Hydra. Ebenda, 1882.
14. Über die Copulation von Difflugia globulosa Duj. Ebenda, 1884.
15. Über einen der Begattung ähnlichen Vorgang bei Comatula mediteranea. Ebenda, 1884.
16. Vorläufige Mitteilung über den Bau der Echinodermen. Ebenda, 1884.
17. Über die Kernverhältnisse der Infusorien. Ebenda, 1884.
18. Über das Nervensystem der Asteriden. Ebenda, 1888.
19. Über das Nervensystem der Ophiuren. Ebenda, 1889.
20. Die Unvollkommenheit des Stoffwechsels als Veranlassung für Vermehrung, Wachstum, Differenzierung, Rückbildung und Tod der Lebewesen im Kampf ums Dasein. Hermannstadt, W. Krafft 1901. Festschrift des siebenb. Vereins f. Naturw. zur Feier seines 50-jährigen Bestandes.

Siebenb. Verein f. Naturw., 35.

Josephi Eduard

wurde am 31. Oktober 1846 in Mediasch geboren und absolvierte im Jahre 1865 das dortige Gymnasium. Nach Beendigung seiner Hochschulstudien an den Universitäten in Tübingen, Jena, Berlin und Wien, an denen er sich dem Studium der Theologie und klassischen Philologie widmete, wurde er am 12. Dezember 1869 als Gymnasiallehrer in Mediasch angestellt. Seit dem 17. Mai 1882 ist er Pfarrer in Braller.

Er schrieb:

Zum Unterricht in den alt-klassischen Sprachen auf Gymnasien. M. G.-P., 1875.

Josephi Josef,

geboren am 4. März 1869 in Scharosch bei Mediasch, absolvierte 1889 das Schäßburger Gymnasium, studierte hierauf in Jena, Tübingen und Klausenburg Theologie, magyarische und deutsche Sprache, erhielt 1893 eine Anstellung als Supplent in Reps, 1894 in Mühlbach, 1895 am theol.-päd. Seminar der ev. Landeskirche in Hermannstadt. Nachdem er hier 1896 definitiv als Lehrer angestellt worden, wurde er am 27. Oktober 1899 zum Pfarrer in Bulkesch erwählt.

Josephi war seit der Gründung der im Verlage von W. Krafft in Hermannstadt erscheinenden „Kirchlichen Blätter" Redakteur derselben. Bei seinem Übertritte in das Pfarramt legte er die Redaktion dieses Blattes nieder.

Er schrieb:

Über Madachs „Tragödie des Menschen". Programm des theol.-pädag. Seminars in Hermannstadt, 1899.

Programm des theol.-pädag. Seminars in Hermannstadt, 1896, 1897, 1900.

Jüngling Karl,

am 1. November 1852 in Reps geboren, absolvierte 1873 in Schäßburg das Gymnasium, worauf er ein Jahr als Volksschullehrer in Reps diente. Im Jahre 1874 begann er seine Hochschulstudien in Wien, die er in Jena fortsetzte und in Leipzig abschloß. Als Hauptfach für sein zukünftiges Lehramt hatte er sich neben den theologischen Studien Chemie mit Naturgeschichte als Nebenfach gewählt. 1878 wurde er am ev. Seminar und an der Realschule in Kronstadt für Chemie und Naturgeschichte angestellt.

Außer kleineren Aufsätzen veröffentlichte er:

1. Über Kohlenhydrate. Kr. G.-P., 1881. (Vgl. S. b. T., 2296).
2. Das Trinkwasser der Umgebung von Kronstadt nach seiner Bedeutung für die Gesundheit und seine chemische Zusammensetzung. K. V. J., VII. (1887).

3. **Mineralogisch-chemische Mitteilungen.** Ebenda, IV. (1889).
4. **Fortschritte auf dem Gebiete der Naturerkenntnis im Zeitalter der Reformation.** Gedruckt in der Festschrift: Aus der Zeit der Reformation. Kronstadt, 1898.

Kapp Gustav

wurde am 15. Dezember 1831 in Hermannstadt geboren. Im Jahre 1849 verlor er den Vater und wurde mit einem jüngeren Bruder von der Mutter erzogen. Nach Ablegung der Maturitätsprüfung am ev. Gymnasium seiner Vaterstadt (1850) und nach Vollendung seiner Rechtsstudien trat er im Jahre 1852 in den Dienst des Hermannstädter Stadt- und Stuhlsmagistrates. Bis Mitte 1853 diente er als Kanzlist, dann als Registrator, hierauf bis Ende 1854 als Kommunitätsaktuar. Noch in diesem Jahre zum Magistratssekretär vorgerückt, bekleidete er diese Stelle bis zum Beginn des Jahres 1857; 1857 bis Mai 1861 fungierte er als provisorischer Magistratsrat, auf welchem Posten er als wirklicher Senator nach der Wiederherstellung des Stadt- und Stuhlsmagistrates verblieb. Als nach Zerschlagung des Sachsenbodens in Komitate Hermannstadt eine Stadt mit geregeltem Magistrate wurde, erhielt Kapp am 1. September 1877 durch einstimmige Wahl der Stadtvertretung das Amt des Bürgermeisters seiner Vaterstadt, welches ihm auch bei der am 10. September 1883 erfolgten Neuwahl des Magistrates einstimmig übertragen wurde. Der städtische Verwaltungsdienst war wie er selbst wiederholt erklärt und durch die That bewiesen hat, indem er beispielsweise die Aufforderung, sich zum Vizegespan oder Direktor der Sparkasse wählen zu lassen ablehnte — das Terrain, auf welchem er sich am meisten heimisch fühlte und seine Fähigkeiten in der hervorragendsten Weise verwertete. Es ist das bleibende Verdienst Kapps, daß er von seiner Vaterstadt, die im Jahre 1860 eine Schuldenlast von 597,718 fl. auf sich trug, eine Katastrophe abwendete und die Finanzen der Stadt in musterhafter Weise ordnete. Die von ihm ausgearbeiteten städtischen Budgetvorlagen, die wenigstens, soweit siebenbürgische Städte in Betracht kommen, unübertroffen bastehen, zeugen von bienenhaftem Fleiß, großer Umsicht und das Sichere treffender Sachkenntnis. Bereits im Beginne der Sechziger Jahre gelang es — wie ein aus seiner Feder geflossener Bericht des Magistrats über die Durchführung des 1874-er Stadtbudgets hervorhebt — „die eingerissene Verwirrung aus dem städtischen Haushalte zu bannen, feste und strenge Ordnung in denselben zu bringen, den aus der Vergangenheit überkommenen schweren Verpflichtungen gewissenhaft und umsichtig zu genügen, da, wo es Not that, rüstig weiter zu schaffen, dabei aber immer zwischen Wollen und Können das rechte Maß zu halten." Das war allerdings doppelt schwer, da gleichzeitig infolge der geänderten Verhältnisse — des Herabsinkens der Stadt zur einfachen Provinzialstadt — ein empfindlicher Rückgang in den Einnahmen der Stadt eintrat. Die Schuldenlast der Stadt wurde bedeutend herabgemindert; sie betrug am Ende des Jahres 1879 noch 138,079 fl. Als Bürgermeister suchte Kapp die Frucht seines jahrelangen mühevollen Ringens, die infolge der wachsenden Forderungen des Staates, insbesondere infolge der fortdauernden Überwälzung von Verwaltungsausgaben seitens des Staates

auf die Stadtkommune, sowie der rücksichtslosen Besteuerung der städtischen Einkünfte, auf dem Spiele stand, in aufreibender Thätigkeit festzuhalten.
Wiederholt hat ihn das Vertrauen seiner Mitbürger mit weiter reichenden politischen Missionen betraut. 1865 wurde er in den Klausenburger Landtag, 1867 in den Pester Reichstag gewählt, dem er ohne Unterbrechung bis zum Jahre 1877 angehörte, in welchem er nach seiner Erwählung zum Bürgermeister sein Abgeordnetenmandat freiwillig niederlegte. Über diese Thätigkeit Kapps als Abgeordneter schreibt das S. d. T., Nr. 3197, (1884): Kapps Wirksamkeit auf dem weiteren Gebiete des politischen Lebens ist durch zwei denkwürdige Merksteine abgegrenzt: durch den Klausenburger Landtag von 1865 und den Pester Reichstag, der im Jahre 1876 die sächsische Munizipalverfassung aufhob. Er gehört nicht zu den Getäuschten. Sein Name steht unter der Sondermeinung, welche die sächsischen Abgeordneten und Regalisten des Klausenburger Landtages am 12. Dezember 1865 gegen den auf unbedingte Anerkennung und Durchführung des Unionsartikels von 1848 gerichteten Beschluß der Landtagsmehrheit einreichten und in welcher sie verfassungsmäßige Bürgschaften für den Fortbestand der sächsischen Munizipalverfassung verlangten. Aber er war Zeuge der fast überschwenglichen Verheißungen, mit welchen die damaligen Wortführer des Landtages das Mißtrauen der Sachsen zu beschwichtigen versuchten. Er war Zeuge der Schlußrede des Klausenburger Landtagspräsidenten Baron Franz Kemeny, der den Sachsen vorhielt: „Die sächsische Nation kann darin für sich keinen Nachteil erblicken, daß sie unter den unmittelbaren Schutz der ungarischen Krone kommt und wenn sie ihre Stellung reiflich erwägt, kann sie auch keinen Grund zu Besorgnissen haben: denn ihr Munizipalrecht kann neben der Vereinigung unversehrt fortbestehen, ja da ihr gutes Recht geschützt wird von dem ganzen Ungarlande, wird sie jene glänzende Epoche ihrer Geschichte sich erneuern sehen, die in die Zeit vor der Trennung, in das Zeitalter der ungarischen Könige fällt, aus welcher Zeit ihre schönsten Freiheiten und die Grundpfeiler ihres bürgerlichen Wohlergehens herrühren." Er war dann auf dem Pester Reichstage, auf welchen ihn das Vertrauen seiner Mitbürger 1867 entsendet hatte, Zeuge der Schaffung des 1868-er Gesetzartikels über die detaillierte Regelung der Union zwischen Ungarn und Siebenbürgen, in welchem das „auf Gesetzen und Verträgen" beruhende sächsische Munizipalrecht und der Fortbestand der sächsischen Nationsuniversität unter den Schild des Gesetzes gestellt wurden. Um so schmerzlicher mußten ihn die bewegten Märztage des Jahres 1876 berühren, in welchen er als Wortführer der sächsischen Abgeordneten auf dem Reichstage die Aufhebung der sächsischen Munizipalverfassung, den Bruch des gegebenen Wortes und des 1868-er Unionsgesetzes bekämpfte. Er that es mit männlicher Entschiedenheit, trotz des Bewußtseins, daß — wie er selbst in seiner Reichstagsrede vom 22. März 1876 erklärte — „ich keine glänzende Rednergabe besitze, daß ich einer riesigen Majorität gegenüberstehe und daß ich mit dem, was ich vorbringen werde, von vornherein nur auf Abneigung und vorgefaßte Meinungen und nicht auf Sympathien rechnen darf." Mit dem Zorne des gekränkten Rechtsbewußtseins und doch dem maßvollen Wesen seines Charakters entsprechend, führte er damals aus: „Alle Faktoren Ungarns haben in all'

den förmlichen und feierlichen Erklärungen versprochen, daß es (das Gesetz) gerecht und rücksichtsvoll vorgehen wird. Und siehe da! was geschieht heute? Nichts geringeres, als daß nun, da die Stunde zur Einlösung der Versprechungen gekommen, ein Gesetzentwurf uns vorgelegt wird, der nichts anderes bezweckt und enthält, als die Vernichtung des Königsbodens, die Verweigerung und Verlöschung seines weiteren Fortbestandes. All' das, was das Gesetz von 1868 gewährleistet, sowie die demselben vorausgegangenen feierlichen Verheißungen sind heute nichtig, wirkungslos und bleiben gänzlich außer Betracht. Alle jene Verheißungen erweisen sich als Vorspiegelungen, als tönende Worte und leere Phrasen. Ich habe erwartet, die Gesetzgebung Ungarns werde ihr verpfändetes Wort in anderer Weise einlösen.

Der sächsischen Universität, in welcher Kapp als Deputierter die Stadt Hermannstadt vertrat, hat er bis zu seinem Tode angehört. Ebenso arbeitseifrig beteiligte er sich an dem kirchlichen Leben. Er war Mitglied des Hermannstädter ev. Presbyteriums, des Bezirkskonsistoriums, Kurator des Hermannstädter Kirchenbezirks und Ersatzrichter des ev. Oberehegerichtes. Nicht minder regen Anteil hat Kapp an der Vereinsthätigkeit, insbesondere an der Verwaltung der Hermannstädter Geldinstitute genommen. Sein Werk ist auch der im Jahre 1864 gegründete Hermannstädter Vorschußverein, dem er in den ersten Jahren und später, nach zehnjähriger Unterbrechung, wieder seit 1877 als Direktor vorstand.

Kapp und Franz Gebbel, welche beide innig befreundet waren, sieht das S. b. T. als seine eigentlichen Begründer an.

Allzufrühe ist Kapp unter der Riesenlast der Arbeit, die auf ihm lag, zusammengebrochen. Im Frühjahre 1883 suchte er Heilung von einem Milzleiden zuerst in Karlsbad, dann in Tusnad, kam jedoch noch mehr entkräftet nach Hermannstadt zurück. Zu Anfang Oktober desselben Jahres begab er sich nach Wien, um sich den Herbst und Winter hindurch von den berühmtesten Ärzten behandeln zu lassen. Nachdem er sich noch zuletzt einer Kur in der Wasserheilanstalt zu Kaltenleutgeben unterzogen, kehrte er Ende April 1884, bereits ein sterbender Mann, nach Hermannstadt zurück. Am 13. Mai desselben Jahres ist er hier gestorben.

Was Kapps litterarische Arbeit anbelangt, so muß hier zunächst seine Mitarbeit an dem S. b. W. hervorgehoben werden. So lange dieses bestanden, hat er aus Pest ihm seine Berichte zugesendet, so daß, mit sehr wenigen Ausnahmen, alle Korrespondenzen in dem S. b. W. aus der ungarischen Hauptstadt aus Kapps Feder geflossen sind. Selbstverständlich ist es bei diesen Korrespondenzen allein nicht geblieben, Kapp hat auch zahlreiche selbständige Artikel in dem S. b. W. veröffentlicht. (S. den Artikel Franz Gebbel.)

1. Rechenschaftsbericht der Hermannstädter Reichstagsabgeordneten Jakob Rannicher und Gustav Kapp über den Reichstag vom Jahre 1869—1872 (gehalten in der Hermannstädter Wählerversammlung vom 16. Juni 1872). Hermannstadt, Druck von Theodor Steinhaußen 1872.

2. Rechenschaftsbericht Kapps, gehalten in der Hermannstädter Wählerversammlung am 29. Juni 1875. S. b. T., 455 (1875) (im Auszuge).

Über Kapps Reden im ungarischen Abgeordnetenhause s. den Anhang.

S. b. T., 3166—3168, 3171, 3178 (1884).
Gustav Kapp von Edmund Steinacker. Hermannstadt, Verlag von
 Ludwig Michaelis 1898. (2. Heft des von Franz Obert heraus-
 gegebenen Sächsischen Ahnensaales.)
Gustav Kapp. Seine Wirksamkeit als Beamter und Bürgermeister.
 S. b. T., 7705 (1899).

Kästner Viktor.
(II, 243).

Im Auftrage des Vereins f. sieb. Lde. gab Dr. A. Schullerus die Dichtungen Kästners in zweiter Auflage heraus unter dem Titel: Gedichte in siebenb.-sächs. Mundart von Viktor Kästner mit einem Lebensbilde des Dichters und erklärenden Anmerkungen, 1895, 8°. XLII und 154 S. Verlag von W. Krafft, Hermannstadt.

Über die Art der Herausgabe dieser zweiten Auflage s. den Aufsatz von Dr. A. Schullerus im Korr. f. Ldk., XVII. (1894), 153. vgl. Ebenda, XVIII. (1895), 76.

Ferner:

Die Sage von der Gründung und Zerstörung der Kerzer Abtei nebst einer historischen Einleitung. V. f. S. L. u. V. N. F., I.

Wurzbach, X, 352.
Allg. b. Biogr., XV, 451 von Fr. Müller.
Beilage zur kleinen Abendpost, 118 und 119, „Siebenbürgisch-deutsche
 Poesie", hieraus abgedruckt S. B. K. f. 1883.
Hundert Jahre sächs. Kämpfe, 309.
Schullerus Adolf, Mich. Albert, Sonderabdruck 68.

Kayser Gustav Adolf, Dr. phil.,
(II, 244)

wurde am 24. September 1817 in Hermannstadt geboren. Nachdem er die erforderliche Vorbildung am ev. Gymnasium seiner Vaterstadt erhalten, begab er sich im Jahre 1839 nach Wien und studierte zunächst zwei Jahre hindurch am Polytechnikum. Bei dem Chemiker Meißner oblag er dem Studium der Chemie. Die Jahre 1841 und 1842 brachte er an der Wiener Universität zu und wurde zum Magister der Pharmacin promoviert. An der Berliner Universität, die er hierauf besuchte, hörte er Vorlesungen bei Beyrich, Rammelsberg, Dove, Magnus und Ranke und arbeitete im Laboratorium des Professors Rammelsberg. Das Wintersemester 1843/44 brachte er in Gießen zu. Hier bot sich ihm Gelegenheit Dr. Justus Liebig zu hören und in dessen Laboratorium zu arbeiten. Nachdem er am 11. Mai 1844 zum Doktor der Philosophie promoviert worden, kehrte er in die Heimat zurück. Die Vorliebe Kaysers zu den Naturwissenschaften brachte es mit sich, daß er in Hermannstadt zum Mitbegründer des „Siebenb. Verein f. Naturw." wurde, dem er bis zu seinem Tode ein treues Mitglied geblieben ist. Im

Jahre 1848 wurde er im Lager bei Maros-Vásárhely von einer heftigen Krankheit ergriffen, deren Nachwehen während des Fluchtaufenthaltes in Bukarest in eine äußerst gefährliche Ruhr ausbrach. Zur Erholung besuchte er Hyères im südlichen Frankreich. Aber schon nach zwei Jahren kehrte er in die Heimat zurück, da Anfänge von Luftröhrenschwindsucht ihm bereits das Sprechen beinahe unmöglich machten. Von da an führte er ein sehr zurückgezogenes Leben und trat nach außen wenig hervor. Aber im engeren Freundeskreis wirkte er vielfach anregend und fördernd.

Kayser starb am 10. Januar 1878.

In seinem Testamente hatte er dem Siebenb. Verein f. Naturw. sein schönes ungefähr 1800 Spezies umfassendes Herbar vermacht.

Kayser veröffentlichte folgende Arbeiten:

1. Acidum benzoecum ejusque praeparata. (Dissertation). 1844 (?)
2. Oxalsaure Doppelsalze. Poggendorfs Annalen der Physik und Chemie 1843/44.
3. Chemische Untersuchung des Jalappen-Harzes. Annalen der Chemie und Pharmacie. Herausgegeben von Friedrich Wöhler und Justus Liebig. Heidelberg 1844. (Erschien auch im Sonderabdruck).
4. Über das Tischrücken. V. u. M., IV, (1853).
5. Beobachtungen über ein am 13. Dezember 1863 in Hermannstadt stattgefundenes Gewitter ungewöhnlicher Art. V. u. M., XV. (1864).

S. d. T., 1232 (1878).
V. u. M., XXIX. (1879), 27.
Friedenfels, Bedeus, II, 444.
Siebenb. Verein f. Naturw., 11.

Keintzel Georg, Dr. phil.,

geboren am 1. September 1858 in S.-Reen, besuchte zunächst die Elementarschule und drei Klassen der ev. Realschule in seiner Vaterstadt, hierauf von dem Jahre 1870 weiter das ev. Gymnasium A. B. in Bistritz, an welchem er 1876 die Maturitätsprüfung ablegte. Er studierte hierauf vier Jahre hindurch an den Universitäten Tübingen, Leipzig und Jena Theologie, deutsche Sprache, Philosophie und Pädagogik. In Leipzig war er ordentliches Mitglied des von Professor Dr. Zarncke geleiteten deutschen Seminars und des pädagogischen Seminars von Professor Dr. Ziller, in Jena beteiligte er sich an den Übungen des deutschen Seminars von Professor Dr. Sievers und denen des historischen Seminars von Professor Dr. Schäfer.

Im Juli 1880 erwarb Keintzel in Jena die philosophische Doktorwürde und kehrte im August dieses Jahres in seine Heimat zurück. Nachdem er kurze Zeit an dem Untergymnasium seiner Vaterstadt als Lehrer gewirkt hatte, wurde er als Professor an dem ev. Gymnasium und Seminar in Bistritz angestellt. Seit 1897 ist er Pfarrer in Petersdorf bei Bistritz.

Keintzel veröffentlichte:

1. Der Heliand im Verhältnis zu seinen Quellen. S.-M. G.-P., 1882.
2. Der Konsonantismus des Mittelfränkischen, verglichen mit dem des Sieben=

bürgisch-Sächsischen während des 13. bis zum Beginne des 16. Jahrhunderts. Korr. f. Lbde., VIII. (1885).

3. Die Volkspoesie der Siebenbürger Sachsen, verglichen mit der deutschen Volksdichtung. S. d. T., 8768—8772. (1886).

4. Valea Vinului und seine Umgebung. K. V. J., VI. (1886).

5. Über die Herkunft der Siebenbürger Sachsen, V. G.-P., 1887. Erschien auch im Sonderabdruck bei F. Michaelis in Hermannstadt, 1887. [Vgl. die Beilage Nr. 236 und 237 (1894) der Münchner Allgemeinen Zeitung., Korr. f. Lbde., X. (1887), 93.]

6. Bab Borßéf. K. V. J., VII., (1887).

7. Rösner Dialekt und „Gemeinsächsisch". Korr. f. Lbde., XI. (1888).

8. Eine Wanderung durch die beiden Nordostpässe Siebenbürgens. K. V. J., VIII. (1888).

9. Spuren erloschenen Deutschtums im nordöstlichen Siebenbürgen. Korr. f. Lbde., XIV, (1891).

10. Grammatisches aus dem Gebiete der Bistritzer und S.-Reener sächsischen Dialektgruppe. Ebenda, XV. (1892).

11. Lautlehre der Mundarten von Bistritz und S.-Reen. Mit Berücksichtigung abweichender Lautverhältnisse in den sächsischen Ortsdialekten der Umgebung. Arch. f. Lbde., N. F., XXVI. [Bespr.: von Dr. A. Schullerus, Korr. f. Lbde., XVIII. (1895) 43].

12. Rösner Idiotismen. In der „Festgabe der Stadt Bistritz" den Mitgliedern des Vereins für siebenb. Landesk. gewidmet anläßlich der am 13. und 14. August 1897 in Bistritz abgehaltenen 49. Generalversammlung dieses Vereines. Bistritz Verlag der Stadt Bistritz, Druck von Theodor Botschar 1897. [Bespr.: in S. d. T., 7226 (1897), Korr. f. Lbde., XX. (1897) 113.]

13. Entwicklung der Gottesdienstordnung in unserer ev. Landeskirche seit der Reformation. In: „Anregungen zur Neubelebung unseres ev. Gemeinde-Gottesdienstes." Vier Vorträge, gehalten bei Gelegenheit des liturgischen Kurses am 4. und 5. Juli 1900 in Bistritz. Hermannstadt, Druck und Verlag von W. Krafft 1900.

Kelp Martin
(II, 246)

legte ferner auf der Rückseite der alten Schäßburger Schulmatrikel eine kleine Chronik an.

    K. Fabritius, Die Schäßburger Chronisten des 17. Jahrhunderts.
       Fontes rerum Austriacarum Scriptores III, LXXV—LXXXVII.
    Allg. d. Biogr., XV, 595 von G. D. Teutsch.
    Sch. G.-P., 1853 und 1896.

Kelp Stefan Johann
(II, 249)

starb am 1. April 1882 als Pfarrer von Heidendorf.

Er veröffentlichte ferner:

1. Bericht über die Wirksamkeit des Bistritzer Bezirkskonsistoriums von 1865—1873.
2. Zweiter Bericht über die Wirksamkeit des Bistritzer Bezirkskonsistoriums. 1874 bis 1877.

S. b. T., 2526 (1882).

Kertsch Christian (früher Kärtsch)

wurde in Kronstadt am 12. Februar 1839 geboren, wo er das Obergymnasium als außerordentlicher Schüler besuchte. Im Herbste 1856 wurde er in Wien als Schüler am Polytechnikum aufgenommen und studierte daselbst bis 1862 Mathematik, Physik, Geometrie, Mechanik, Geodesie und Landbau. Darauf begab er sich nach München, wo er an der Bau- und Ingenieurschule zwei Jahre Brücken-, Wasser-, Straßen- und Eisenbahnbau anhörte. Gleichzeitig besuchte er in München auch die Akademie der bildenden Künste. Im Jahre 1864 ging er nach Rumänien und blieb hier nahezu 20 Jahre bald in festen Stellungen, bald als Privatingenieur. Infolge seiner ersten Arbeit in Bukarest wurde er 1865 als Architekt im Kultusministerium angestellt, woher er jedoch schon nach drei Monaten zurücktrat. Bald darauf (1866) wurde er Distrikts-Delimitator (Ausmesser) in Vlașca, dann (1867) in Gorju und Suczava. Als 1868 die Eisenbahnbauten in Rumänien begannen, war er bei dem Unternehmen Dr. Stroußbergs bis 1871 als Sektionsingenieur beschäftigt. Nach Fertigstellung der Linie Bukarest-Galatz und Jassy-Czernowitz kam er in das Betriebsbureau.

Während des russisch-türkischen Krieges im Jahre 1877 und 1878 war er beim Bau der Militär-Eisenbahn Bender-Galatz als technischer Bureauchef bei den Russen angestellt. Nach Beendigung des Krieges quittierte er den russischen Dienst und lebte als Privatingenieur von 1878—1884 in Galatz. Im Jahre 1883 erhielt er die Stadtingenieurstelle in Kronstadt. In dieser Stellung arbeitete er ein Projekt für die neue Hochquellenwasserleitung in Kronstadt aus, das am 12. Februar 1891 einhellig von der Stadtvertretung angenommen wurde.

Während seines Münchner Aufenthaltes gab Kertsch ein Fachblatt unter dem Titel heraus:

Architektonische Studien in München. 6 Hefte. Verlag von Ravicza in München. 1864.

Außerdem sind von Kertsch folgende Arbeiten veröffentlicht worden:

1. Bericht über den dermaligen Stand der Wasserleitungsfrage in Kronstadt. Buchdruckerei J. Gött und Sohn Heinrich 1888.

2. Die Dampftrambahn und deren Einführung in Kronstadt. Buchdruckerei von
J. Gött und Sohn Heinrich 1899, mit 2 Tafeln.
3. Die zukünftige Straßenpflasterung Kronstadts. Buchdruckerei J. Gött und
Sohn Heinrich. 1890.
4. Auszug aus der Denkschrift des städtischen Ingenieurs Christian Kertsch
über die Reinigung und Entwässerung der Stadt Kronstadt. Buchdruckerei
Alexi 1891.
5. Die Schlachthausfrage in Kronstadt. Kronstädter Ztg., 287—294, (1889).

Kertsch ist ferner der Erfinder des Thermometrographen. (Deutsches
R.-Patent 2399 Kl. 42—1879.)

Keßler Eduard.
(III, 586).

Versuch eines Leitfadens der Geometrie für Untergymnasien. Schluß. Kr. G.-P.,
1870.

K. G.-P., 1874, 47 und 48.

Keßler Johann Samuel
(II, 254)

wurde in Hermannstadt am 11. September 1771 als nachgeborener Sohn
des dortigen Archidiakonus J. G. Keßler getauft. Im Jahre 1793 wurde er zum
Fähnrich im k. u. k. Infanterieregimente Mitrovski Nr. 40 ernannt und
starb im Jahre 1796 im bairischen Kloster Eberach an den wahrscheinlich
im Treffen bei Würzburg (3. September 1796) erhaltenen Wunden.

Über die Stellung Keßlers in der siebenbürgisch-deutschen Litteratur
s. „Kirchliche Blätter" 1897 (3), 31.

Von Keßlers Gedichten erschien im Jahre 1797 eine zweite, veränderte
Ausgabe „im neuen Kunstverlag" in Mannheim (8°. VIII und 87 S.) In
dieser streift der Herausgeber — nach Dr. A. Schullerus*) — von Keßlers
Gedichten alles ab, was noch an die landschaftliche Herkunft erinnert, und
erhebt sie in das Bereich der „fühlenden Seele". Der siebenbürgische wird
zum vollwertigen deutschen Dichter. Aus der biographischen Einleitung der
ersten Ausgabe läßt der Herausgeber des Nachdrucks alles Persönliche weg
und breitet über den Verfasser mysteriöses Dunkel. Ihm ist er nicht der
ferne Landsmann, sondern eben ein neuer Stern am deutschen Dichterhimmel.
So führt er die Gedichte beim Lesepublikum ein: „Sie sind Produkte einer
sanft erwärmten Phantasie, eines schönen und innigen Gefühls, und ich denke,
sie dürfen sich neben den meisten Erzeugnissen unserer neueren Musenalmanache,
poetischen Blumenlesen u. s. w. mit Ehren sehen lassen."

---

*) S. Korr. f. Lkde., XX. (1897), 76. und Dr. A. Schullerus, Michael Albert.
Sein Leben und Dichten. Arch. f. Lkde., N. F. XXVIII, 293. Sonderabdruck, 61.

Arch. f. Ldbe., XVII, 672.
Kirchliche Blätter 1897, 3. 7.
Korr. f. Ldbe., XX, (1897), 76.
Schullerus Adolf, Michael Albert. Arch. f. Ldbe., N. F. XXVIII, 293.
Sonderabdruck, 61.

Keßler Karl Adolf,

geboren in Mediasch am 21. Juli 1851, absolvierte daselbst am 14. Juli 1871 das Gymnasium, bezog darauf die Universität in Wien, wo er bis 1877/78 Theologie und klassische Philologie studierte. Seit 6. Oktober 1878 wirkte er als Supplent und dann als definitiver Lehrer am Gymnasium in Schäßburg. Am 7. August 1887 kam er als Pfarrer nach Klosdorf und von hier (6. November 1899) in der gleichen Eigenschaft nach Halvelagen.

Er schrieb:

Zum Unterrichte in der griechischen Sprache nach dem neuen Lehrplan. Sch. G.-P., 1886.

Keßler Stephan.

(II, 255; III, 587).

Von ihm rühren bemerkenswerte Aufzeichnungen im Kirchenbuche zu Bekokten, unter anderen über die schlesischen Kriege, her.

Fr. Teutsch, Sch.-O., II, XXXVI.
Korr. f. Ldbe., XV. (1892), 64.

Kimakowicz Mauritius von,

übersiedelte einige Wochen nach seiner am 22. September 1849 in Klaubuk (Mähren) erfolgten Geburt nach Hermannstadt. Die Umwälzung der früheren Staatseinteilung veranlaßten ihn im Jahre 1868 das damalige röm.-kath. heute k. u. Staats-Obergymnasium zu verlassen und in die ev. Oberrealschule A. B. in Hermannstadt einzutreten. Nach Absolvierung dieser Anstalt (1869) widmete er sich dem technischen Studium in Wien. Schon im Jahre 1873 war er gezwungen nach Hermannstadt zurückzukehren und die Verwaltung des umfangreichen Grundbesitzes seiner Eltern zu übernehmen. Von da ab widmete er alle Zeit, die nicht durch ökonomische Arbeiten in Anspruch genommen war, dem Studium der Naturwissenschaften, der Museologie und der Faunistik. Zuerst vorwiegend die heimischen Vögel beobachtend, zog er später namentlich die Mollusken, dann aber auch die Säugetiere, Reptilien, Amphibien, Fische, Käfer und andere Tierordnungen in den Kreis seiner Forschung.

An der Entwicklung des siebenb. Vereins f. Naturw. zu Hermannstadt, in welchem er seit dem Jahre 1882 als Kustos der zool. Sammlung wirkte, nahm er hervorragenden Anteil, und gehörte zu dem kleinen Kreise, dem der im Jahre 1894 in Angriff genommene Bau des naturwissenschaftlichen Museums in Hermannstadt zu danken ist. Nachdem er mit der Bauleitung betraut war, wurde ihm die Gesamteinrichtung des neuen Museums vollkommen überlassen. Die Verdienste, die er sich hiebei erwarb, waren Veranlassung, daß der naturwissenschaftliche Verein denselben zum Direktor seines Museums ernannte (1895).

Von seinen Arbeiten sind veröffentlicht:

1. Molluskenfauna Siebenbürgens. I. Teil. V. u. M., XXXIII, 1883; II. Teil. V. u. M., XXXIV, 1884; I. Nachtrag. V. u. M., XXXIV, 1884.
2. Stimme der Frösche und Kröten. In der Zeitschrift: Zool. Garten. Frankfurt a/M. XXVI, 1885, 10.
3. Beitrag zur Molluskenfauna Siebenbürgens. V. u. M., XL, 1890.
4. Apparate zum Fang von Micro-Arthropoden. V. u. M., XL, 1890.
5. Prodromus zu einer Monographie des Clausilia-Subgenus Alopia H. und A. Adams.
6. Zur Vogelfauna Siebenbürgens. V. u. M., XLV, 1895.
7. Pinus cembra Lin. V. u. M., XLV, 1895.
8. Biologische Notizen über Mollusken. V. u. M., XLV, 1895.
9. Dr. Arthur von Sachsenheims Mollusken-Ausbeute im nördlichen Eismeer an der West- und Nordküste Spitzbergens. V. u. M., XLVI, 1896.
10. Myriopoden Siebenbürgens. V. u. M., XLVI, 1896.
11. Pelias berus Lin. und var. prester Lin. V. u. M., XLVI, 1896.
12. Abdominalzange der Forficulidae. V. u. M., XLVI, 1896.
13. Das Museum und die Sammlungen des Vereines. In: „Der Siebenb. Verein f. Naturw. zu Hermannstadt nach seiner Entstehung, seiner Entwicklung und seinem Bestande." 1896.
14. Vipera berus Lin. und ihre var. prester Lin. V. u. M., XLVII, 1897.
15. Zur Fauna Siebenbürgens. V. u. M., XLVII, 1897.
16. Die bosnisch-herzegowinischen Zonites-Formen. Nachrichtsblatt der deutschen Malakozool. Gesellschaft, 5 u. 6, 1899.

Kinder von Friedenberg, Johann
(III, 256; III, 587)

wurde am 15. Dezember 1672 als der Sohn des Hermannstädter Wollwebers Johann Kinder getauft. Nachdem er in Enyed und Hermannstadt studiert hatte, verließ er 1692 das Hermannstädter Gymnasium und bezog die Universität Wittenberg. Nach seiner Rückkehr in die Heimat erhielt er am 6. November 1700 die Sekretärsstelle bei dem Magistrate seiner Vaterstadt. Am 2. Januar 1701 kam er in die Kommunität. Seine Verbindung mit dem Komes Harteneck brachte ihm zwar das Todesurteil, aber auch die Begnadigung seitens des kommandierenden Generalen Grafen Rabutin (26. Februar 1704), so daß er wieder als Bürger aufgenommen wurde. Am 2. Januar 1713 erhielt er seinen früher in der Kommunität eingenommenen Platz zurück und wurde hierauf Provinzialnotär (21. Oktober 1716), Senator (1719), Stadthann (1725) und Bürgermeister (1739). Von 1726—1738 weilte er als Abgesandter von Hermannstadt und der sächsischen Nation fast immer in Wien. Am 2. September 1720 von Karl VI. geadelt, erhielt er 1736 den Titel eines kaiserlichen Rates. Er starb als Bürgermeister von Hermannstadt am 30. April 1740.

Seine Werke s. Trausch a. a. O., III, 258.

Benigni und Neugeboren Transsilvania II, 204.
Zieglauer, Sachs von Harteneck. Hermannstadt 1869.
Wurzbach, XI, 264.
Arch. f. Ldkde., XVII, 458.
Meltzl-Herrmann, Das alte und neue Kronstadt I, 78, 216.
Allg. b. Biogr., XV, 749 von G. D. Teutsch, (mit Benützung der Hermannstädter Ratsprotokolle und der Tagebücher Kinders aus der Zeit seines Wiener Aufenthaltes).

Kinn Gustav Friedrich

wurde am 1. August 1839 in S.-Reen geboren und absolvierte 1860 das Gymnasium in Schäßburg. Auf den Universitäten in Jena und Wien widmete er sich hierauf die nächsten drei Jahre hindurch dem Studium der Theologie, Mathematik und Physik und erhielt im August 1863 eine Anstellung als Lehrer an der Elementarschule und bald darauf an der Realschule seiner Vaterstadt. Bis zum Jahre 1867 hatte er alle niederen Reallehrerstellen durchgemacht und wurde zum Konrektor befördert. Im August des Jahres 1868 wurde er zum Stadtprediger in S.-Reen, 1874 zum Pfarrer in Weilau und 1881 zum Pfarrer in Deutsch-Zepling gewählt. Kinn bekleidet seit 1889 das Amt des Bezirksdechanten des S.-Reener Kirchenbezirkes.

Er veröffentlichte außer den Jahresberichten der ev. Kirchengemeinde A. B. in Deutsch-Zepling, die er seit 1884 herausgab:

1. Einige Bemerkungen über die Anordnung des mathematischen Lehrstoffes an der Realschule. S.-M. R.-P., 1867.
2. Festpredigt, gehalten in der ev. Pfarrkirche A. B. in Hermannstadt am 14. August 1892 bei der Hauptversammlung des Gustav-Adolf-Vereines von Gustav Friedrich Kinn, Dechant des S.-Reener Kirchenbezirkes und Pfarrer in Deutsch-Zepling. Sonderabdruck aus dem „Siebenbürgischen Volksfreund" 8°. 8 S. o. J.
3. Bericht über die Amtswirksamkeit des S.-Reener ev. Bezirkskonsistoriums A. B. am Schlusse der Amtsperiode 1893—1897, erstattet der Bezirkskirchenversammlung am 4. August 1897 von G. Fr. Kinn. Hermannstadt, Buchdruckerei Josef Drotleff 1897.
4. Festschrift der ev. Gemeinde A. B. in Deutsch-Zepling, dargebracht allen ihren Freunden und Gönnern gelegentlich der Einweihung ihrer neuen Schule am 17. Oktober 1897. Hermannstadt, Buchdruckerei Josef Drotleff 1897.

Über seine Mitarbeit an dem S. b. W. s. hier den Artikel Franz Gebbel.

Kinn Johann,

(II, 265),

geboren am 24. Juni 1806, war bis zum Juli 1889 Kapitelsdechant und bis zu seinem am 2. November 1891 erfolgten Tode Stadtpfarrer in S.-Reen.

Kirchner Hermann,

am 23. Januar 1861 in Wölflis am Thüringerwalde geboren, erhielt frühzeitig musikalischen Unterricht und besuchte das Gymnasium in Ohrdruf und das herzogliche Landesseminar in Gotha. Nach Ablegung der Staatsprüfung war er einige Jahre Lehrer an dem Gymnasium in Ohrdruf. Von 1886—1889 beurlaubt, studierte er an der königl. akadem. Hochschule für Musik in Berlin und hörte gleichzeitig philosophische Vorlesungen an der Universität. Nachdem er das Zeugnis der Reife erworben, ließ er sich als Konzertsänger und Musiklehrer in Berlin nieder, von wo er Konzertreisen nach allen Teilen Deutschlands, nach der Schweiz, Österreich und Holland unternahm. Im Herbste 1893 übernahm er die Musikdirektor- und Organistenstelle in Mediasch. Von hier aus leitete er schon 1899—1900 den Hermannstädter Männergesangverein, indem er allwöchentlich zu dessen Proben nach Hermannstadt kam. Mit 1. Juli 1900 übernahm Kirchner endgiltig die musikalische Leitung des genannten Gesangvereins und übersiedelte am 1. August b. J. nach Hermannstadt.

Außer Liedern und Chorkompositionen, welche Kirchner, zum Teil nach eigenen Dichtungen, in Leipzig bei Schuberth jun., Simon in Berlin und Oppenheim in Hameln veröffentlichte, gab er heraus:

1. Siebenbürgisch-sächsische Volkslieder I. Heft mit einem Wörterverzeichnis. Ausgabe für Männerchor. Mediasch, Druck und Verlag von G. A. Reissenberger 1897. — II. Auflage (Ausgabe für gemischten Chor oder für eine Singstimme mit Klavierbegleitung), erschien ebendaselbst 1897.
2. Siebenbürgisch-sächsische Volkslieder II. Heft. Ausgabe für Männerchor. Druck von G. A. Reissenberger. o. J. — II. Auflage für gemischten Chor erschien in demselben Verlage.
3. Siebenbürgisch-sächsische Volkslieder III. Heft. Ausgabe für Schulen. Druck von G. A. Reissenberger, Mediasch o. J.
4. Der Herr der Hann. Oper in drei Akten aus dem siebenbürgisch-sächsischen Volksleben. (Text). Kommissionsverlag G. A. Reissenberger, Mediasch 1899.

Die Oper wurde 1899 in Mediasch und 1900 in Hermannstadt mehreremale nach einander mit großem Erfolge unter persönlicher Leitung des Dichters und Komponisten aufgeführt. S. d. T., 7725, 7829, (1899).

Kisch Gustav, Dr. phil.,

ist geboren am 26. März 1869 in Bistritz. Er absolvierte am 14. Juni 1887 das Gymnasium seiner Vaterstadt und studierte in den Jahren 1887—1891 an den Hochschulen in Leipzig, Tübingen, Budapest, Berlin und Zürich

Theologie und Philosophie. In Tübingen erwarb er im Februar 1891 die philosophische Doktorwürde. Nachdem er in den Jahren von 1891—1897 als Lehrer an der Bistritzer ev. Mädchenschule gedient hatte, wurde er am 25. Juli 1897 an das Gymnasium seiner Vaterstadt als Professor berufen.

Er veröffentlichte:

1. Die Bistritzer Mundart verglichen mit der moselfränkischen. Doktor-Dissertation. Halle a. S., E. Karraß 1893. (Sonderabdruck aus den Beiträgen zur Geschichte der deutschen Sprache und Litteratur XVIII. Herausgegeben von Professor Dr. Eb. Sievers. [Bespr.: von Dr. A. Schullerus im Korr. f. Ldbe., XVI. (1893), 74].

2. Bistritzer Familiennamen. Ein Beitrag zur deutschen Namenkunde. Festgabe der Stadt Bistritz, den Mitgliedern des Vereins für siebenb. Landesk. gewidmet anläßlich der am 13. und 14. August 1897 in Bistritz abgehaltenen 49. Generalversammlung dieses Vereins. Bistritz, Verlag der Stadt Bistritz. Druck von Theodor Botschar 1897. [Bespr.: S. d. T., 7224. Korr. f. Ldbe., XX, (1897), 113 und 134].

3. Rösner Wörter und Wendungen. Ein Beitrag zum siebenbürgisch-sächsischen Wörterbuch. B. G.-P., 1900.

Kisch Gustav Oswald,

geboren am 2. August 1842 in Heltau, absolvierte 1860 das Gymnasium in Hermannstadt und studierte zwei Jahre Theologie und Naturwissenschaften in Jena und Berlin. 1862 wurde er Gymnasiallehrer in Bistritz, 1870 Prediger ebenda. 1873 legte er sein Amt freiwillig nieder. Seither lebt er als Privatier in Bistritz.

Er schrieb:

Zur Meteorologie und Klimatologie Siebenbürgens. B. G.-P., 1866.

Kisch Johann Georg
(II, 268)

wurde im Jahre 1873 emeritiert und starb 1874 in Hermannstadt.

Klein Johann,

geboren in Hermannstadt und daselbst am 8. Januar 1817 getauft, beendete seine Gymnasialstudien 1837 in seiner Vaterstadt und studierte von 1838—1841 Theologie an der Wiener ev. theologischen Fakultät. Nachdem er im Wintersemester 1841/42 an der Universität in Jena theologische, geschichtliche und philosophische Vorlesungen besucht, kehrte er in die Heimat zurück und wurde als Lehrer an dem Gymnasium seiner Vaterstadt angestellt. Nach fast

36=jähriger Thätigkeit an diesem, und nachdem er mehr als 12 Jahre als Konrektor des Gymnasiums thätig gewesen, wurde er 1878 auf sein eigenes Ansuchen in den bleibenden Ruhestand versetzt. Er starb am 6. Juni 1885. Klein veröffentlichte an Stelle des erkrankten Direktors Gottfried Capesius das Hermannstädter Gymnasialprogramm des Jahres 1874/75 und schrieb:

Anregungen zur Nacherziehung unserer gewerblichen Jugend. H. G.=P., 1867.

H. G.=P., 1879 und 1885.
S. d. T., 3490, (1885).

Klein Josef Traugott.
(II, 270).

Seine Geschichte der Deutschen im Norden von Siebenbürgen (s. Trausch a. a. O.) ist von Michael Kramer (s. d. Art.) im B. G.=P. 1871 veröffentlicht worden. (Vgl. Arch. f. Ldde. N. F. XIX. 120.)

Kleinrath Josef
(II, 272)

starb 1882 als Pfarrer in Hammersdorf.

Kloeß Viktor Karl

wurde am 3. Juli 1846 in Hermannstadt geboren und absolvierte das dortige Obergymnasium im Jahre 1866. Die Hochschulstudien begann er an der juridischen Fakultät zu Hermannstadt und setzte dieselben, sich der Theologie und dem Lehrfache zuwendend, 1867—1870 an der ev. theologischen Fakultät und an der Universität Wien fort, wo er sich für das Lehrfach der magyarischen Sprache und Litteratur nebst Mathematik und Physik vorbereitete. Die erste Anstellung erhielt er 1871 als Lehrer der obersten Klassen an der ev. Hauptvolksschule A. B. in Heltau, woher er 1875 als Professor für magyarische Sprache und Litteratur an die ev. Oberrealschule A. B. in Hermannstadt berufen wurde, von welcher er in derselben Eigenschaft im Jahre 1877 an das ev. Gymnasium A. B. überging. Diese Stelle bekleidet derselbe, nachdem er inzwischen aushilfsweise den Unterricht in den Jahren 1875—1878 auch an dem Seminar und 1877—1881 an der Realschule erteilt hatte und ebenso in den Jahren 1877—1886 als Nebenlehrer für magyarische Sprache an der ev. Mädchenschule A. B. in Verwendung gewesen war, auch gegenwärtig.

Er veröffentlichte:

1. Schulgrammatik der ungarischen Sprache, I. Heft, I. Jahrgang. Hermannstadt. Franz Michaelis, 1876.
2. Wie soll der Unterricht in magyarischer Sprache an unsern Mittelschulen eingerichtet werden? H. G.=P., 1881. [Bespr.: Korr. f. Ldde., IV., (1881), 98].

Knöpfler Wilhelm

(II, 280)

wurde nicht, wie Trausch angiebt, in Boitza bei Hermannstadt, sondern in Boicza im Hunyaber Komitat geboren.

Vasárnapi Ujság, 1875, 35.

König Heinrich, Dr. med.,

geboren am 13. Juli 1847 in Hermannstadt, absolvierte das ev. Gymnasium A. B. seiner Vaterstadt und bezog im September 1866 die Universität in Wien, um sich dem Studium der Medizin zu widmen. Im Jahre 1868 begab er sich nach Erlangen und wurde Assistent des Professor Dr. Friedrich Albert von Zenker. Den deutsch-französischen Krieg 1870—1871 machte er als Assistent des zum Generalarzt à la suite beim 2. bairischen Armeekorps ernannten Erlanger Professors der Chirurgie Dr. Walther von Heinecke mit. Nach der Rückkehr aus dem Feldzuge machte er die in Deutschland vorgeschriebenen Rigorosen und wurde nach Verteidigung seiner Dissertation: „De pelvi kypho-scoliotica-rhachitica" im Jahre 1872 zum Doktor promoviert. In demselben Jahre wurde er zum ersten Assistenten der königl. geburtshilflichen gynäkologischen Universitätsklinik ernannt, kehrte jedoch nach zwei Jahren in die Heimat zurück und wurde praktischer Arzt in Hermannstadt. Nachdem er nach Ablegung der vorgeschriebenen Rigorosen an der Klausenburger Universität seine Nostrifikation erlangt hatte, wurde er 1882 zum Gerichtsarzte ernannt und erhielt eine Lehrstelle an der königl. ungarischen Rechtsakademie in Hermannstadt. Seit 1894 übt König seine ärztliche Praxis in Budapest aus.

Er veröffentlichte:

1. Das rhachitisch-kypho-scoliotische Becken und dessen Einfluß auf die Geburt. Zeitschrift für Geburtshilfe und Gynäkologie II, 1876. Berlin.
2. Über die Bizaknaer Leichenfunde. Berliner Klinische Wochenschrift, 1890.
3. 41 Jahre im Wasser gelegene, wohlkonservierte menschliche Leichen, ein Beitrag zur phaenako-dynamischen Heilwirkung der Bäder. Wiener medizinische Zeitung, 1893.
4. Zur Behandlung der Scharlachdiphtherie. Wiener international-klinische Rundschau, 1894.

Körner Andreas,

Pfarrer von Treppen von 1693—1714, gestorben als Pfarrer von Heidendorf am 31. Januar 1717, vollendete im Jahre 1704 eine Handschrift (Quartformat Ganzlederband 148 signierte Papierblätter, jetzt im Besitze des Bistritzer Kapitulararchivs). Sie enthält aus den Jahren von 1529—1751 verschiedene historische Notizen, Abschriften und Auszüge von Urkunden, Synodalartikeln,

Gebeten, eine Abschrift von David Hermanns iurisprudentia ecclesiastica (1655), der Reformatio ecclesiarum Saxonicarum in Transylvania (aus dem 1547 zu Kronstadt gedruckten Reformationsbüchlein). Das Wertvollste in der Handschrift ist die auf Blatt 139—148 aufgezeichnete Abschrift der Apologia reformationis Honteri (1543). Sie ist die beste bisher bekannt gewordene Überlieferung der Apologie und von Dr. Oskar Netoliczka in den von ihm herausgegebenen „Ausgewählten Schriften Johannes Honterus'" dem Abdrucke der Apologie zu Grunde gelegt worden.

Arch. f. Ltde., XIX, 107.
Dr. Oskar Netoliczka, Johannes Honterus, Ausgewählte Schriften. Wien, Carl Graeser 1898, XVI.

Konnerth Josef Georg

wurde am 11. März 1845 in Hermannstadt geboren. Nachdem er am 14. Juli 1863 an dem ev. Gymnasium seiner Vaterstadt die Maturitätsprüfung abgelegt hatte, bezog er im April 1864 die Universität Jena, um Theologie, Mathematik und Physik zu studieren. In den vier Semestern seines Jenenser Aufenthaltes hat Konnerth vorwiegend theologische Studien getrieben, indem er von vorneherein die Absicht hatte, die letzten Semester dem Fachstudium zu widmen. So studierte er denn die drei folgenden Semester in Wien hauptsächlich Physik bei Professor Dr. Lang und Astronomie bei Dr. Littrow. Nach seiner Rückkehr in die Heimat fand er vom 1. Dezember 1867 bis zum Schlusse dieses Schuljahres Verwendung als Supplent an der Realschule, dann ging er auf drei Monate auf das Schloß des Grafen Adam Waß in Czege bei Szamos-Ujvar als Erzieher. Gegen Ende des Jahres 1868 wurde er zum Zeichenlehrer am Gymnasium in Mühlbach gewählt. Ein Formfehler machte die Wahl ungiltig. Indessen wurde die akademische Lehrerstelle an der Hauptvolksschule in Heltau frei und bevor es in Mühlbach zu einer Neuwahl hatte kommen können, erhielt er die einstimmige Berufung nach Heltau. Am 17. April 1871 wurde er an die Realschule nach Hermannstadt berufen. Als im Februar 1878 das theol.-päd. Seminar in Hermannstadt als selbständige Anstalt organisiert wurde, nahm er eine Lehrerstelle an diesem an und blieb in dieser bis zum 7. August 1885, wo er von dem Landeskonsistorium zum Direktor des Seminars gewählt wurde. Im Jahre 1889 wurde Konnerth zum Pfarrer in Burgberg und 1893 zum Pfarrer in Großau gewählt.

Konnerth veröffentlichte:

1. Programm des theol.-pädag. Seminars der ev. Landeskirche A. B. in Hermannstadt für das Schuljahr 1885/86. Hermannstadt, Druck von Josef Drotleff 1886.
2. Das projektierte Elektrizitätswerk für Hermannstadt und Heltau von der Schattenseite. Hermannstadt, W. Krafft 1893.
3. Noch ein letztes ernstes Wort zur Wasserkraft-Anlage am Czoodt. Hermannstadt, Buchdruckerei Josef Drotleff 1893.

Korodi Ludwig,

(II, 301),

geboren am 17. Februar 1834 in Kronstadt, erhielt, obgleich sein Vater magyarisch-protestantischer Pfarrer in Geist (Apácza) war, eine deutsche Erziehung und absolvierte 1853 das Kronstädter Gymnasium. Nachdem er in den Jahren von 1853—57 in Berlin, Tübingen und Wien Naturwissenschaften studiert hatte, sattelte er nach der Rückkehr von der Hochschule um und wählte klassische Philologie zum Studium. Im Herbste 1857 wurde er in Kronstadt an der innerstädtischen ev. Elementarschule, später an der Realschule, dann am Untergymnasium und endlich am Obergymnasium als Lehrer angestellt. Am 12. Mai 1884 zum Rektor des Honterusgymnasiums und der damit verbundenen Lehranstalten gewählt, bekleidete Korodi dies Amt bis zum 1. April 1894, wo er, von einem schweren Nervenleiden heimgesucht, auf eigenes Ansuchen pensioniert wurde.

Im Jahre 1876 übernahm Korodi ein sächsisches Reichstagsabgeordnetenmandat, legte es jedoch schon zwei Jahre darauf, da er sich seinem eigentlichen Berufe ganz widmen wollte, in die Hände seiner Wähler zurück und lehnte eine Wiederwahl ab.

Korodi's Arbeiten:

1. Vierteljahrsschrift für die Seelenlehre. Herausgegeben von Heinrich Neugeboren und Ludwig Korodi drei Jahrgänge 1859—61. Kronstadt, Druck und Verlag von Johann Gött.
2. Nausikaa, sechster Gesang der Odyssee des Homer in freien Stanzen übersetzt. K. G.-P., 1863. Auch im Sonderabdruck erschienen.
3. Gedichte von Johann Arany. Aus dem Ungarischen von Ludwig Korodi. Die Hälfte des Reinertrags ist dem Kronstädter sächsischen Schützenvereine gewidmet. Kronstadt, Römer u. Kamner.
4. Theologischer Schutt. Kronstadt, Frank und Dresnandt, 1873. Druck von Johann Gött und Sohn Heinrich. [Bespr.: S. b. W., 1873, 9].
5. Osiris in Kronen. Waldschauspiel. (Mit Anderen hieran gearbeitet.) Kronstadt, J. Gött und Sohn Heinrich 1874.
6. Osiris wieder in Kronen, wie oben. 1879. '
7. Rede zur hundertjährigen Totenfeier G. E. Lessings. Kronst. Ztg., 1881, 32—36 und separat erschienen 1881. Joh. Gött und Sohn Heinrich.
8. Lose Blätter vom Vereine. S. b. T., 2345—48 (1882).
9. Zum Ampoly und Aranyos. K. V. J., III. (1883).
10. Ein Vierteljäculum Vereinsgeschichte. Festspiel dem Kronstädter Gesangvereine zu seinem 25-jährigen Jubiläum gewidmet. Kronstadt, J. Gött 1884.
11. Rede des neuerwählten Rektors (L. K.) am Kronstädter ev. Gymnasium. S. b. T., 3190 (1884).
12. Der Bildungswert der klassischen Studien. Schul- u. Kirchenbote. 1885.
13. Die Überbürdung unserer Kinder in den Mittelschulen. Schul- u. Kirchenbote. 1886.

14. Vajda-Hunyad. S. b. T., 4159—61 (1887).
15. Erziehung zur Aufmerksamkeit durch das Elternhaus. — Religiöse Bildung. (Ansprachen an die Schüler bei Eröffnung des Schuljahres 1887 und 1888). K. G.-P., 1888.
16. Unsere Gymnasien und die neuesten Bewegungen auf dem Gebiete der Gymnasialfragen. Schul- und Kirchenbote. 1889.
17. Gedächtnisrede auf Adolf Diesterweg. (Ebenda. 1890.)
18. Die Einheitsschulfrage in Berlin und Budapest. Die erziehliche Wirksamkeit des Lehrers. K. G.-P., 1892. [Vespr. Korr. f. Ltde., XV. (1892), 143]. (Ersteres auch im Pädagogium von Dittes in Wien erschienen).
19. Meine Ferienfahrt (Tirol, Engadin, Ems) S b. T., 5792—95 (1892).
20. Magyarisch-deutsches Übungsbuch gemeinsam mit Schlandt (s. diesen) herausgegeben Kronstadt, 1892, H. Zeidner.
21. Magyarische Grammatik für Mittelschulen. Kronstadt. Verlag von Heinrich Zeidner, 1897.

Korodi gab ferner die Programme des Honterusgymnasiums während seines Rektorates heraus (1884 bis 1893) und war von 1878—1882 ständiger Korrespondent der „Badischen Landeszeitung", 1870—1873 Hauptmitarbeiter der „Kronstädter Ztg.", 1876—84 regelmäßiger Korrespondent des „S. b. T." Außerdem war er Mitarbeiter der „Siebenbürger Blätter", herausgegeben von Schreiber und Lindner und des „S. b. W." (s. hier Franz Gebbel.)

Über seine Thätigkeit als Reichstagsabgeordneter s. den Anhang.

  Die Einführung des neugewählten Herrn Rektors L. Korodi in sein
   Amt. Kronstadt, Joh. Gött und Sohn Heinrich, 1884.
 Kronst. Ztg. vom 10. April 1894, 82.
 K. G.-P., 1894, 45.

Korodi Lutz,

geboren am 15. September 1867 in Kronstadt, absolvierte das dortige Gymnasium im Jahre 1886, worauf er die Universitäten Bern, Bonn, Budapest und München besuchte, um sich dem Studium der Theologie und klassischen Philologie zu widmen. Nach seiner Rückkehr in die Heimat leitete er von 1893—96 die Redaktion der Kronstädter Ztg., war von 1894 an gleichzeitig Elementarlehrer in Kronstadt und wurde 1896 akademischer Lehrer und scientifischer Leiter der evang. Mädchenschule in S.-Reen. Seit 1899 ist er Gymnasialprofessor in Kronstadt.

Als selbständige Arbeit ist von ihm im Drucke erschienen:

 Die Honterusjubelfeier und die sächs. Vereinstage in Kronstadt 19.—23. August 1898. Ein Festbericht. Mit 6 Illustrationen. Kronstadt 1898. [Vespr. Korr. f. Ltde. XXII. (1899), 14].

Kraft Karl,

in Kronstadt im Jahre 1814 geboren, studierte in Berlin Theologie und erhielt nach seiner Rückkehr in seine Vaterstadt an den ev. Schulanstalten derselben eine Anstellung. Nach 20 jähriger Wirksamkeit an diesen wurde er am 25. Februar 1858 als Pfarrer der ev. Gemeinde Schirkanyen eingeführt. In dieser Stelle starb er am 13. Juli 1893.

Von ihm sind erschienen:

1. Sarkany, Einst und Jetzt, eine Festgabe zur Erinnerung an die zum erstenmale in Sarkany stattgefundene Versammlung des Burzenländer ev. Zweigvereines der Gustav Adolf-Stiftung am Peter- und Paulstage 1879. Dargebracht vom Ortspfarrer Karl Kraft. Kronstadt, Druck von Joh. Gött und Sohn Heinrich 1879 (in Gedichtform).
2. Gedichte von Karl Kraft. Kronstädter Buchdruckerei Alexi 1888. [Bespr. im S. d. T., 4448, (1888)].

Im Manuscripte ist im Sup. Arch. von Kraft folgende Dissertation aufbewahrt:

Quibus ex causis oratorum bonorum numerus sit exiguus? 1846.

Kramer Friedrich
(II, 303),

wurde am 29. Januar 1843 in Bistritz geboren, wo er auch das Gymnasium am 7. September 1861 absolvierte. Nachdem er zunächst eine Hauslehrerstelle im Hause des Fabriksleiters Samuel von Meltzl in Thorda angenommen, begab er sich im Jahre 1862 an die Hochschule in Wien, um sich für das Pfarr- und Lehramt vorzubereiten; die gerade in den Jahren von 1862—67 in großartiger Umgestaltung begriffene Residenz machte einen mächtigen Eindruck auf Kramer. Weniger befriedigte ihn die theologische Fakultät, an der er sich einschreiben ließ. Die Folge hievon war, daß er seiner schon am Gymnasium hervorgetretenen Vorliebe für Geschichte, Geographie und Deutsche Sprache folgend, an der philosophischen Fakultät hauptsächlich germanistische und historische Studien betrieb. Nach Absolvierung des Trienniums in Wien kehrte er im April 1865 nach Hause zurück und übernahm zunächst für ein Jahr in dem Hause des Grafen Alexander Bethlen eine Erzieherstelle in Bethlen. Im Jahre 1866 kam er nach Bistritz zurück, um die ihm übertragene Lehrerstelle an der ev. Knabenelementarschule am 15. September anzutreten. Bald darauf wurde er Lehrer am Gymnasium und am 20. Dezember 1875 Direktor an derselben Anstalt. Am 30. April 1882 berief ihn die ev. Gemeinde in Heidendorf zu ihrem Pfarrer.

Er veröffentlichte:

1. Aus der Gegenwart und Vergangenheit der kön. Freistadt Bistritz. Festgabe für die Mitglieder der am 5., 6. und 7. August 1868 in Bistritz tagenden Vereine. Hermannstadt, 1868. Buchdruckerei des Jos. Drotleff 8°. 34 S. Mit einer lithographischen Ansicht der innern Stadt Bistritz von der südwestlichen Zufahrt.
2. Beiträge zur Geschichte der Stadt Bistritz in den Jahren 1600—1603. Aus den nachgelassenen Schriften Michael Kramer's Prof. in Bistritz. Arch. f. Ldk., N. F. XII.
3. Idiotismen des Bistritzer Dialektes. Beitrag zu einem sieb.-sächs. Idiotikon V. G.-P., 1876 und 1877. [Bespr. von Joh. Wolff im S. d. T., 860 (1876), und Korr. f. Ldk. I. (1878), 5.]
4. Beiträge zur Geschichte der Militarisierung des Rodnaer Thales. Ebenda, 1880. [Vgl. dazu die Berichtigung im Korr. f Ldk., III. (1880.) 112]
5. Bistritz um die Mitte des 16. Jahrhunderts. Auf Grund eines Rechnungsbuches für die Jahre 1547 bis 1553. Arch. f. Ldk., N. F. XXI.
6. Gedenkschrift zur Erinnerung an den 25-jährigen Bestand des Kredit- und Vorschußvereines in Bistritz. Über Beschluß des Vereinsausschusses herausgegeben von Friedrich Kramer, Vereinsvorstand. Bistritz im Selbstverlage des Vereines, 1890.
7. Einige bedenkliche Erscheinungen im Innerleben des Bistritzer Kirchenbezirkes. Bistritz, Theodor Botschar 1895.

Kramer gab ferner in der Zeit von 1876—1882 auch die Programme des Bistritzer Gymnasiums heraus.

V. G.-P. 1883, 23.

Kramer Michael

wurde am 14. Oktober 1840 in Bistritz geboren. Nachdem er am Schlusse des Schuljahres 1859—60 die Maturitätsprüfung abgelegt, ging er nach Wien, wo er sich theologischen, philologischen und historischen Studien widmete. Im Frühling des Jahres 1864 kam er in seine Heimat zurück und fand zunächst als Supplent und dann als Lehrer am Gymnasium seiner Vaterstadt eine Anstellung. Am 2. März 1873 wurde er mit der Direktion der dortigen ev. Mädchenschule betraut. Er starb an der Cholera den 14. März 1873.

Arbeiten Kramers:

1. Geschichte der Deutschen in Nord-Siebenbürgen von Josef Traugott Klein. Mit einer biographischen Skizze des Verfassers. V. G.-P., 1871.
2. Beiträge zur Geschichte der Stadt Bistritz in den Jahren 1600—1603. Aus den nachgelassenen Schriften Michael Kramers, Prof. in Bistritz, herausgegeben von Friedrich Kramer. Arch. f. Ldk., N. F. XII.

S. d. W. 1873, 552, (aus der Bistritzer Wochenschrift).
V. G.-P. 1874.

Krasser David,

(II, 303; III, 589),

geboren am 11. Juni 1821 in Mühlbach, erhielt seine Ausbildung zunächst in der damals auch die erste Obergymnasialklasse (Periodologie) besitzenden Grammatikalschule seiner Vaterstadt und dann an dem Obergymnasium in Hermannstadt. Seine Universitätsstudien machte er 1841/42 in Leipzig und 1842/43 in Berlin. Kaum heimgekommen, trat er am 12. November 1843 an der Mühlbacher Grammatikalschule in den Dienst und wurde im Jahre 1850 deren Rektor, als dieselbe nach dem neuen Schulplane in ein mit der Unterrealschule kombiniertes Untergymnasium umgewandelt werden mußte. Nach drei Jahren wurde er zum Prediger in Mühlbach gewählt, blieb jedoch gleichzeitig noch sieben Jahre am Gymnasium in Verwendung. Im Juni 1860 wurde er zum Pfarrer in Petersdorf und sechs Jahre darauf zum Pfarrer in Großpold erwählt. Vom Jahre 1877—1889 bekleidete er das Amt des Bezirks- und Kapitelsdechanten und vertrat in derselben Zeit den Reußmärkter Bezirk als Deputierter in der sächsischen Nationsuniversität.

Seines fortgeschrittenen Alters wegen lehnte er eine abermalige Wahl als Deputierter in der Nationsuniversität und zum Dechanten des Mühlbacher Bezirkes im Jahre 1889 ab. (f. Jahrbuch für die Vertretung und Verwaltung der ev. Landeskirche A. B. in Siebenbürgen. V. 1889, 303). Er starb am 17. September 1898.

Seine Arbeiten f. II, 303 und III, 569; hiezu kommt noch:

Zur Beleuchtung der Intervallsfrage. Hermannstadt 1874.

Über seine Mitarbeit an dem „S. b. W." f. hier den Artikel Franz Gebbel.

S. b. T., 5332 (1891) und 7527 (1898).

Krasser Friedrich, Dr. med.,

(II, 304; III, 589),

starb in Hermannstadt als praktischer Arzt am 9. Februar 1893.

Einen großen Teil seiner 1869 unter dem Titel „Offenes Visier" gesammelt erschienenen Gedichte veröffentlichte Krasser zuerst in den „Siebenbürgischen Blättern", teils unter voller Namensunterschrift, teils unter dem Zeichen (4.) Hier ist auch sein „Antisyllabus" zum erstenmale abgedruckt worden, der von Bracke in Braunschweig im Anfang der 70-er Jahre mit nachträglicher Einwilligung Krassers in 400.000 Exemplaren verbreitet wurde. In Leipzig erlebte der „Antisyllabus" mehrere Auflagen von nahezu einer Million Exemplaren. Krasser hat auch im S. b. T. mehrere stimmungsvolle Gedichte veröffentlicht. [Unsere Muttersprache 2291 (1881), Zukunftssterne 4266 (1887).]

Allgemeiner Arbeiterkalender für das Jahr 1893. Herausgegeben von der Budapester Buchdruckerei- und Verlagsgenossenschaft.

S. b. T., 3075 (1884), 5829, 5830 und 5831 (1893).

Krauß Georg d. Ä.
(II, 305).

Von ihm rührt ferner her eine kleine Chronik über die Jahre 1646, 1648, 1650, 1653, 1654, 1657, 1658, 1659, 1667, die er auf leeren Blättern des alten Schäßburger Ratsprotokolles (Schäßburger Arch. Z. 480) eintrug.

K. Fabritius, Die Schäßburger Chronisten des 17. Jahrh. Fontes rerum Austriacarum. Scriptores III. XXXIV—LVIII.

Krauß Georg d. J.
(II, 308)

wurde am 25. Januar 1650 als der Sohn des Schäßburger Notärs Georg Krauß d. Ä. (s. d.) in Schäßburg geboren. Von der frühesten Jugend auf erhielt er eine sehr sorgfältige Erziehung und begab sich in seinem 14. Lebensjahre nach des Vaters Willen auf das Gymnasium nach Hermannstadt. Im Jahre 1666 bezog er die Universität Straßburg. Hier hielt er sich bis 1669 auf, war unter der Anleitung des M. J. Reinhardus unermüdet thätig und schrieb 1668 eine gelehrte metaphysische Abhandlung (Hagar Sarae etc. s. II, 308). Nach größeren Reisen begab er sich an die Universität Leipzig. (Arch. f. Landesk., N. F., X, 393). Nachdem er hier noch ein Jahr zugebracht, traf er 1670 in seiner Vaterstadt ein. Hier wurde er am 27. Februar 1671 zum Montagsprediger und am 1. April 1677 zum zweiten Stadtprediger ernannt. Aber schon im nächsten Jahre kam er als Pfarrer nach Schaas. Hier blieb er bis zum 19. Juli 1684, wo ihn seine Vaterstadt in das Pfarramt berief. In schwerer Zeit hat er in dieser Stelle segensreich gewirkt und sich die Liebe seines Volkes in hohem Grade erworben. Am 19. Januar 1711 erhielt er bei der Wahl der in Mediasch versammelten geistlichen Universität gleiche Stimmenzahl mit dem Mediascher Pfarrer und Generaldechanten Lucas Graffius zum Superintendenten. Das Los entschied für Krauß. In dieser Stelle starb er schon am 5. August 1712.

Neben dem obengenannten metaphysischen Werke schrieb er: „Annales sui temporis" in deutscher Sprache, über deren Inhalt, da sie nicht weiter bekannt geworden sind, nichts genaueres gesagt werden kann.

Kurz, Magazin II. 213, 214.
K. Fabritius, Die Schäßburger Chronisten des 17. Jahrh. Fontes rerum Austriacarum. Scriptores III. LXXI—LXXV.

Krempes (auch Krembs) Johann

wurde am 24. Oktober 1628 in Schäßburg geboren. Daß er den Grund zu seiner Ausbildung in Schäßburg legte, ist sehr wahrscheinlich; höhere Studien im Auslande scheint er nicht gemacht zu haben. Im Jahre 1659 erscheint er als Scholasticus, 1660 als Mitglied der ersten Marktnachbarschaft, sicherlich als Schullehrer auf dem Spital in Schäßburg. Vier Jahre darauf finden wir ihn schon als Gehilfen (Sekretär) an der Seite des Königsrichters und seit 1679, wo Krauß d. Ä. (s. b.) starb, als Notarius. In dieser Stellung blieb er bis zu seinem am 13. Dezember 1692 erfolgten Tode.

Krempes erhielt als Mitglied der ersten Marktnachbarschaft in Schäßburg am 26. März 1650 den Auftrag, die von Michael Moses (s. b.) begonnene und von einem Unbekannten bis 1604 weitergeführte Chronik fortzusetzen und schrieb nun in dasselbe Buch, wie Michael Moses seine

1. Große Chronik. [Sie reicht vom Jahre 1606 bis zum 12. Oktober 1660. Das Original befindet sich in der ersten Marktnachbarschaft in Schäßburg.]

Krempes schrieb ferner:

2. Kleine Chronik über die Jahre 1668–1684 in das „General-Register", Buch Nr. 3 im Schäßburger Archiv,

und schilderte

3. den großen Brand vom Jahre 1676 in dem großen Kirchenstellenbuch (30 b und 31 a) das er als Notär zu führen hatte.

K. Fabritius, Die Schäßburger Chronisten des 17. Jahrh. Fontes rerum Austriacarum. Scriptores III. LXV–LXXI.

Krempes Johann.

(II, 312).

Eigenhändige Aufzeichnungen desselben aus der Hermannstädter Gymnasialmatrikel veröffentlicht das Arch. f. Ldbe., N. F. XVII, 71 und das H. G.-P. 1896, 43.

Kovátz Julius,

geboren zu Mühlbach am 12. April 1849, absolvierte 1869 das Hermannstädter Gymnasium und studierte hierauf vier Jahre hindurch an den Universitäten Jena und Leipzig Theologie und klassische Philologie. Seit 1880 ist er Lehrer am ev. Untergymnasium in Mühlbach.

Er schrieb:

1. Mühlbächer Hexenprozesse. Mühlb. G.-P., 1883.
2. Kirchenvisitation im sieb.-deutschen Unterwald Ebenda, 1890.
3. Gymnasium oder Bürgerschule. Eine lokale Schulfrage. Ebenda, 1894.

Kreuz Karl,

geboren 1854 in Kronstadt, wurde 1875 in Wien als Magister der Pharmacie diplomiert, studierte jedoch noch ein Jahr Chemie an der Universität in Gießen. Nach mehrjähriger Thätigkeit als Assistent in Apotheken in Kronstadt, Hermannstadt, Belgrad, Vajda-Hunyad und Wien wurde er in Wien im Jahre 1883 Lehrer der Physik und Pharmakognosie an der Anstalt des allgemeinen Österr. Apothekervereins für Tirolen und zugleich Assistent an der chemischen Untersuchungsanstalt daselbst.

Er hat veröffentlicht:

Pharmakognosia für den Erstunterricht mit Berücksichtigung der österr. Pharmakopöe und des zugehörigen Kommentars. Im Verlage der k. u. k. Hofbuchhandlung Wilh. Frick. Wien, 1886.

Dazu kam infolge des Erscheinens der neuen österr. Pharmakopöe ein kleiner Nachtrag. Ferner enthält „Frommes pharm. Kalender" (1888) und die „Zeitschrift des allgem. österr. Apothekervereins" (1888 ff.) größere Aufsätze von ihm.

Kühlbrandt Ernst

wurde am 10. Mai 1857 in Kronstadt geboren. Bis zum 14. Lebensjahre besuchte er die Volks- und Unterrealschule in Kronstadt, dann die Oberrealschule in Hermannstadt, wo er 1874 absolvierte. Während des Schuljahres 1874/75 war er in der Ingenieurfachschule des Polytechnikums in Graz inskribiert und diente im darauffolgenden Jahre in Kronstadt das Freiwilligenjahr ab. Bei der Fortsetzung seines Studiums wendete er sich dem Lehrfache zu, indem er sich zuerst in Stuttgart und dann in Wien zum Zeichenlehrer ausbildete. Im Jahre 1880 legte er in Wien das Staatsexamen in diesem Fache ab und zog in seine Vaterstadt, wo er 1883 erst am Gymnasium und Seminar sowie an der damit verbundenen Unterrealschule als Professor für Zeichnen und Geometrie und dann auch an der städtischen Gewerbeschule als Zeichenlehrer dauernd angestellt wurde. In diesen Anstellungen ist er auch gegenwärtig thätig.

Im Drucke ist von ihm erschienen:

1. Junggesellen. Schwank in drei Aufzügen. Kronstadt bei Theochar Alexi 1877. (Ohne Namensnennung).
2. Das geometrische Zeichnen im Lehrplan unserer Gymnasien. K G.-P. 1889.
3. Abstecher von einer Studienreise. Kronstadt, Theochar Alexi, 1896.
4. Die Rosenauer Burg. Verfaßt in Gemeinschaft mit Julius Groß. Herausgegeben vom Ausschuß des Vereines für siebenb. Landeskunde. Mit 12 Abbildungen. Wien 1896. Carl Gräser. Gr. 8°. [Bespr. Korr. f. Ltde., XVIII, (1896) 6, Archeologiai értesitö 1896, 7.]
5. Lehrbuch des Zeichenunterrichtes. Herausgegeben vom Verein Österreichischer Zeichenlehrer. Wien 1899. (In diesem Werke schrieb Kühlbrandt den Abschnitt über Perspektivunterricht.)
6. Das sächsische Burzenland (Darin den Abschnitt 2: Die Burgen und Kirchen des Burzenlandes, s. auch den Artikel Franz Herfurth).

7. Die ev. Stadtpfarrkirche A. B. in Kronstadt. 1. Heft. Zur Honterusfeier herausgegeben auf Kosten der ev. Kirchengemeinde A. B. vom Presbyterium. Mit Abbildungen. Kronstadt, J. Gött's Sohn. 1898. Gr. 4⁰. [Rezensiert: Kronstädter Tageblatt 1898, 206, Korr. f. Ltbe., XXI, (1898), 133, Vgl. Ebenda, 146 S. b. T. 7620, (1899,) Zeitschrift für Zeichen- und Kunstunterricht, Wien, 1899, 2. Wissenschaftliche Beilage der Leipziger Zeitung, 1899, 11.]

 Ferner schrieb Kühlbrandt einzelne politische Leitartikel in das S. b. T. Einzelne wissenschaftl. Aufsätze von ihm finden sich in der „Zeitschrift für Zeichen- und Kunstunterricht", herausgegeben vom Verein österr. Zeichenlehrer in Wien, — zahlreiche Leitartikel, Feuilletons, Gedichte u. a. im „Kronstädter Tageblatt".

Kurz Anton.
(II, 314).

Ferner:

1. Höhenlage einiger Berge und Städte Siebenbürgens. Arch. f. Ltbe., I, 108.
2. Das Echo am Königstein. Ebenda, I, 118.

   Friedenfels, Bedeus I, 91; II, 21, 124, 182, 372.

Ladiver.
(II, 319).

 Ladivers Schäßburger Schulordnungen von 1680 veröffentlichte Fr. Teutsch in den Sch.-O. I, 104.

  Allg. b. Biogr. 17, 506, v. G. D. Teutsch.
  Sch. G.-P., 1896, 55.
  Fr. Teutsch Sch.-O. I, LXV.
  Arch. f. Ltbe., N. F. XVII, 68.

Lander Gustav

wurde am 11. November 1862 in Radeln geboren, absolvierte am 12. Juli 1881 das Gymnasium in Schäßburg und studierte hierauf an den Universitäten Bern, Halle a. S., Wien und Klausenburg Theologie, Pädagogik, Geschichte und Geographie. Von 1888 bis 1893 war er Lehrer an der höheren Mädchenschule und Turnlehrer am Gymnasium in Schäßburg. 1893 wurde er in Waldhütten und 1899 in Henndorf Pfarrer. Ein Freund körperlicher Übungen und Anhänger des Vorkämpfers für volkstümliches Turnen in Deutschland, Direktor Dr. O. H. Jaeger in Stuttgart, versuchte er als Turnlehrer und Pfarrer das volkstümliche Turnen auch unter uns Sachsen einzuführen. Von den in diesem Sinne gehaltenen Vorträgen und niedergeschriebenen Arbeiten wurden folgende gedruckt:

1. Das Turnen in der Volksschule auf dem Lande. Schul- und Kirchenbote 1890, 7 und 8.
2. Das Jugendspiel. Ebenda 1892, 7—10.
3. Das Turnen der Altgriechen und Neudeutschen. Ebenda 1892, 21.
4. Volksschulturnen und Jugendspiel. Der VI. sieb.-sächs. Lehrertag, Hermannstadt, W. Krafft 1894.
5. Das Turnen unter den Sachsen in Siebenbürgen. Dr. Karl Euler's Encyklopädisches Handbuch des gesamten Turnwesens. Wien und Leipzig 1896.
6. Über die nationale Bedeutung des Turnens. Der VII. sieb.-sächs. Lehrertag. Kronstadt, Gött 1897.

Lander Johann

wurde am 5. Mai 1827 in Waldhütten geboren. Nachdem er die dortige Volksschule besucht hatte, kam er 1840 an das Schäßburger Schullehrerseminar, trat jedoch 1841 in das Gymnasium über, das er 1847 absolvierte.

Angeborne Vorliebe für Landwirtschaft und die damalige Strömung im sieb.-sächs. Volksleben — Gründung des landwirtschaftlichen Vereines im Jahre 1845 — und damit in Verbindung die Ratschläge des Schäßburger Konrektors G. D. Teutsch und des Meschner Pfarrers St. L. Roth bestimmten ihn zum Studium der Landwirtschaft, das ihm durch die Unterstützung der sächsischen Nationsuniversität und des sieb.-sächs. Landwirtschaftsvereins ermöglicht wurde. Im März des Jahres 1848 begab er sich nach Hohenheim, wo er jedoch nur das Sommerhalbjahr zubrachte. Im Herbst kehrte er des Gold- und Silberausfuhrverbotes wegen nach Österreich zurück und setzte am Polytechnikum zu Graz seine landwirtschaftlichen und naturwissenschaftlichen Studien fort.

Nach seiner Rückkehr in die Heimat fand er im Sommer 1850 in der sächs. Universitätskanzlei Verwendung, wurde dann im November desselben Jahres als Lehrer der Naturwissenschaften am Lehrerseminar zu Schäßburg angestellt, erwarb durch eine theologische Prüfung vor dem Kisder Kapitel im Juli 1855 das vom Bischof G. P. Binder genehmigte Kandidationsrecht und wurde auf Grund desselben im Jahre 1857 zum Pfarrer in Radeln und im Jahre 1865 zum Pfarrer in Henndorf erwählt. Lander war viele Jahre hindurch Vorstand des Schäßburger landwirtschaftlichen Bezirksvereins, ferner Mitglied des Schäßburger Bezirkskonsistoriums und des Mediascher Ackerbauschulkuratoriums. Im Jahre 1899 trat er in den Ruhestand.

Neben größeren und kleineren Aufsätzen landwirtschaftlichen Inhaltes, die Lander in dem Beiblatte des S. d. W. (Handel, Gewerbe und Landwirtschaft) in den „Landwirtschaftlichen Blättern" und im „S. d. T." veröffentlichte, schrieb er:

1. Jahresbericht über die Thätigkeit des Schäßburger landw. Bezirksvereines in den einzelnen Jahrgängen der landw. Blätter von 1873—1893.
2. Zur Hebung unserer Landwirtschaft. (Erschien in dem von der Oberverwaltung

des sieb.-sächs. Landwirtschafts-Vereins herausgegebenen Lesebuch für den sieb.-sächs. Landmann. I, 84.)

3. Die wirtschaftlichen Verhältnisse der Gemeinde Henndorf. Ebenda II, 37.

4. Ein Wegweiser für kommassierte sächsische Bauernwirtschaften. W. Krafft's Volksschriften-Verlag in Hermannstadt, Heft 14—16, 1898. [Bespr. S. d.T. 7450 (1898)].

Lang Friedrich

wurde am 9. Oktober 1841 in Bistritz geboren, absolvierte das Gymnasium seiner Vaterstadt im Jahre 1860, studierte hierauf drei Jahre an den Universitäten Jena und Wien Theologie und Philologie, wurde am 2. Februar 1864 als Professor am Bistritzer ev. Gymnasium A. B. angestellt und starb als solcher am 16. Juni 1898.

Er schrieb:

Goldene Tage zu Rom. B. G.-P., 1878.

Lang Michael

(II, 323)

hat als Rektor über seinen Bildungsgang und die Schicksale des Hermannstädter Gymnasiums in der Matrikel dieser Anstalt wertvolle Aufzeichnungen gemacht.

Krasser, Geschichte des Mühlbächer Untergymnasiums, Mühlb. G.-P., 1857, 20.

Fr. Teutsch, Geschichte des ev. Gymnasiums A. B. in Hermannstadt. Arch. f. Ldke., N. F., XVII. 69.

Fr. Teutsch, Sch.-O., I, LXXXIX u. XC (Auf der letztgenannten Seite Druckfehler Hahnbach statt Hamlesch).

Baumann, Geschichte des ev. Gymnasiums A. B. in Mühlbach. Mühlb. G.-P., 1896, 26.

H. G.-P., 1896, 45.

Lange Martin.

(II, 324).

Allg. d. Biogr. 17, 648 von A. Hirsch, wo das Todesjahr Langes irrigerweise als „nicht bekannt" nicht angegeben ist.

Lange von Burgenkron Emil, Dr. jur.,

wurde am 8. Januar 1840 in Kronstadt als der Sohn des k. k. Statthaltereirates Peter Traugott Lange von Burgenkron (II, 327; IV, 260) geboren. Nachdem Emil Lange die Gymnasialstudien in Kronstadt und Hermannstadt beendigt hatte, widmete er sich bis zum Jahre 1860 den juridischen

Studien an der Wiener Universität, worauf er zwei Jahre darauf zum Doktor der Rechte an der Grazer Universität promovierte. Inzwischen hatte er (1861) seine öffentliche Laufbahn durch den Eintritt in die königl. siebenbürgische Hofkanzlei begonnen. Am 16. April 1862 zum Hofkonzepts= Adjunkten daselbst vorgerückt, wurde ihm am 11. Februar 1867 Titel und Stellung eines königl. siebenbürgischen Hofkonzipisten verliehen. Genau einen Monat darauf mußte er jedoch infolge der Auflösung der königl. siebenbürgischen Hofkanzlei den Staatsdienst aufgeben. Die nächsten Jahre arbeitete er als Advokaturskonzipient, bis er am 1. Dezember 1869 bei der k. k. priv. österr. Nordwestbahn als Konzeptsbeamter für den Dienst der gemeinsamen Zentralverwaltung eintrat. Am 28. Juni 1872 wurde er zum Handelsberichterstatter ernannt und unternahm in der folgenden Zeit zahlreiche Dienstreisen ins Ausland, bis er infolge seiner erworbenen Fachkenntnisse im Eisenbahn=Tarifswesen eine Berufung ins k. k. Handels= ministerium erhielt.

Nach mehr als viereinhalbjähriger Dienstzeit trat er unter schmeichel= hafter Anerkennung seiner geleisteten Dienste aus dem Verbande der österr. Nordwestbahn aus und legte am 29. Juli 1874 den Diensteid als k. k. Ministerialsekretär im Handelsministerium ab. Schon nach nicht ganz zwei Jahren fand sein Übertritt zur k. k. Generalinspektion der österr. Eisenbahnen statt und zwar durch die am 12. April 1876 erfolgte Er= nennung zum k. k. Oberinspektor in der Abteilung für kommerziellen Be= trieb. In dieser Stellung blieb er bis zum 1. Juli 1882, zu welcher Zeit ihm nach dem Abgange seines Vorgesetzten, des zur k. k. Direktion für Staatseisenbahnbetrieb berufenen Regierungsrates Sigmund Steingraber, dessen Stellvertreter er auch war, die selbständige Leitung der genannten Abteilung und späterhin auch jene der Ministerial=Abteilung IX b für Tarifangelegenheiten anvertraut wurde. Mittelst Allerhöchster Entschließung vom 28. Januar 1883 erhielt er Titel und Stellung eines k. k. Re= gierungsrates und war seit 1. Juli 1883 auch landesfürstlicher Kom= missär bei der Österr.=ungar. Staatseisenbahn=Gesellschaft.

In den Zeitraum seiner dienstlichen Verwendung bei der k. k. Ge= neralinspektion der österr. Eisenbahnen fallen nebst der überaus regen An= teilnahme an den Arbeiten der Eisenbahn=Tarifberatung in den Jahren 1882—1883 noch mehrfache dienstliche Sendungen ins Ausland, so in den Jahren 1881—1882 nach Bern zu den internationalen Verhand= lungen über das Eisenbahn=Frachtrecht und über die technische Einheit im Eisenbahnwesen und im Jahre 1884 nach Berlin zu den Unterhandlungen über Eisenbahnanschlüsse.

Seit dem Jahre 1883 war er auch als Regierungskommissär bei den Prüfungen in der Fortbildungsschule für Eisenbahnbeamte thätig, während er früher vom Jahre 1875 angefangen als Dozent in dem Fach= kurse für Verkehrswesen an der vom Vereine der Wiener Handelsakademie gegründeten Wiener Handels=Hochschule bis zu deren im Jahre 1877 er= folgten Auflösung wirkte.

Unterstützt durch rasche, scharfe Auffassung und treues Gedächtnis, gelang es ihm in seiner ministeriellen Stellung sich in der öffentlichen

Meinung den Ruf eines hervorragenden Tariffachmannes zu erwerben, der mit dem Eisenbahnwesen theoretisch und praktisch vollkommen vertraut, infolge seiner umfassenden allgemeinen wissenschaftlichen Bildung es verstand, alle dahin einschlägigen Fragen von höherem Standpunkte aus zu beurteilen und den thatsächlichen Verhältnissen anzupassen und auf diese Weise zur Bildung der dermalen maßgebenden Eisenbahntarif-Theorie wesentlich beizutragen.

Außer dem mit seinem Berufe zusammenhängenden Wirkungskreise war Lange infolge seiner mannigfachen Geschäfts- und Fachkenntnisse auch noch anderwärts vielfach in öffentlicher Richtung thätig. So wirkte er als Verwaltungsrat des Ersten allgemeinen Beamtenvereines durch volle 15 Jahre in diesem Vereine. Am 28. September 1867 wurde er vom Vereine für siebenbürgische Landeskunde zum Bezirkskassier für Wien bestellt und versah dieses Amt durch volle 18 Jahre. Am 3. September 1872 wählte ihn die Kronstädter Handels- und Gewerbekammer zu ihrem korrespondierenden Mitgliede. Im nächsten Jahre wurde er zum Vorstandsmitgliede des Gustav Adolf-Vereines und zum Mitglied der Gemeindevertretung der ev. Gemeinde A. C. in Wien gewählt. Am 21. Juni 1877 zum Presbyter derselben gewählt, war er in dieser Eigenschaft bis zu seinen letzten Lebenstagen eifrig thätig. Vom niederösterreichischen Gewerbevereine wurde er am 11. Mai 1883 zum korrespondierenden Mitgliede ernannt. Endlich wählte ihn in demselben Jahre die neu konstituierte Sektion des siebenbürgischen Karpathenvereines „Wien" zu ihrem Vorstande. Emil Lange starb am 14. August 1886 in Frohnleiten.

Von den seiner Feder entsprossenen mannigfachen sachmännischen Arbeiten ist insbesondere hervorzuheben:

Das Tarifwesen der österreichischen Privateisenbahnen. Wien 1882, Druck und Verlag der k. k. Hof- und Staatsdruckerei.

Der siebenbürgische Volksfreund. Herausgegeben von Franz Herfurth. Kronstadt, Druck von Johann Gött und Sohn Heinrich. II. Jahrg., (1887), 211, 212. Mit Bild.

Lange von Burgenkron Peter Traugott,
(II, 327)

siedelte, nachdem er in den Ruhestand getreten war, nach Kronstadt über. Furchtbare Nervenleiden bereiteten ihm unsägliche Schmerzen und bewirkten eine langsame fortschreitende Lähmung der einzelnen Organe seines Körpers. Frischen Geistes leitete er jedoch bis zum Jahre 1869 die Kronstädter Pensionsanstalt. In seinen letzten Lebensjahren wegen seiner körperlichen Leiden von der Mitwelt fast ganz abgeschlossen, sehnte er sich nach Erlösung von seinen Qualen. Er starb am 18. April 1875.

Sächs. Hausfreund, 1876. Verlag von Joh. Gött und Sohn Heinrich, Kronstadt.
S. d. T., 397, (1875).
Friedenfels, Bedeus II, 41, 155, 230.

Laſſel Eugen d. Ä.

wurde den 21. Auguſt 1837 in Kronſtadt als Sohn des damaligen Stadt‑
predigers und im Jahre 1872 als Petersberger Pfarrer geſtorbenen
Franz Laſſels b. Ä. (II, 336) geboren. Das Gymnaſium abſolvierte er
1855 in Kronſtadt und ſtudierte hierauf bis 1859 in Tübingen, Berlin
und Wien Theologie und altklaſſiſche Philologie. Nach ſeiner Rückkehr in
die Heimat wurde er zunächſt als Lehrer an der Knabenelementarſchule und
1866 als Profeſſor am Gymnaſium in Kronſtadt angeſtellt. Am 4. Juli
1899 wurde er vom Landeskonſiſtorium auf ſein eigenes Anſuchen und
unter Anerkennung der langjährigen treuen Dienſte in den bleibenden
Ruheſtand verſetzt.

Er veröffentlichte:

1. Die römiſche Satyre und ihre Hauptvertreter. K. G.-P. 1865.
2. Franz Laſſel. Eine Lebensſkizze von Eugen Laſſel. Kronſtadt, Johann Gött
   und Sohn Heinrich (1876).
3. Eine Wanderung zum Annenſee, zum Schwefelberge Büdös und zur Almaſcher
   Höhle. K. V. J., III (1883).
4. Eine Beſteigung des Hohenſteins oder Großenſteins (piatra mare) im Burzen‑
   länder Gebirge und ein Beſuch ſeiner beiden merkwürdigſten Schluchten.
   (Ebenda, IV (1884).
5. Wildbad Károly im Siebenbürger Szeklerlande. Ebenda, VI (1886).
6. Zur Methodik des griechiſchen Sprachunterrichtes. K. G.-P. 1887.
7. Zum fünfzigjährigen Beſtehen des Turnens in Kronſtadt. (Ein Gedenkblatt
   für einen längſt Dahingeſchiedenen.) Vortrag für den Kronſtädter Turnverein
   am 8. März 1897 zum Andenken an den erſten Kronſtädter Turnlehrer
   Theodor Kühlbrandt. Sonderabdruck der Kronſtädter Zeitung. 1897.

Laſſel Eugen d. J., Dr. phil.,

geboren am 26. Dezember 1867 in Kronſtadt, beſuchte das Gymnaſium
ſeiner Vaterſtadt und abſolvierte dasſelbe am 15. Juli 1886. Nachdem
er hierauf Theologie und klaſſiſche Philologie auf den Univerſitäten Mar‑
burg, Budapeſt und Berlin ſtudiert hatte, erwarb er ſich den philoſo‑
phiſchen Doktortitel an der Univerſität Marburg (1890) und das Pro‑
feſſorendiplom in Budapeſt (1892). Seit dem 30. Oktober 1894 iſt er
als Profeſſor am Honterusgymnaſium in Kronſtadt angeſtellt.

Er ſchrieb:

1. De fortunae in Plutarchi operibus ratione. Antecedit fortunae notionis brevis
   historia. Dissertatio inauguralis. Marpurgi Cattorum. MDCCCLXXXXI.
2. Reiſebilder. Kronſtadt, Buchdruckerei J. Götts Sohn 1897. (Sonderabdruck
   aus der Kronſtädter Zeitung.)
3. Johannes Honterus. Gedruckt in der Feſtſchrift: „Aus der Zeit der Refor‑
   mation." Kronſtadt, Buchdruckerei Schlandt 1898.

Lassel Franz d. Ä.
(II, 336).

wurde am 23. Januar 1796 (nicht 24. b. M. wie II, 336 angegeben) geboren. Er studierte an der Leipziger und Göttinger Universität. Vom Jahre 1842 bis zum Juni 1872, wo er emeritiert wurde, bekleidete er das Pfarramt zu Petersberg. Er starb am 6. Dezember 1872.

Seine Arbeiten II, 336. Über seine Mitarbeit an dem „S. d. W." s. hier den Artikel Franz Gebbel.

Lassel Franz d. J.
(II, 337; III, 590)

studierte vom 3. November 1841 bis zum August 1843 an der Universität zu Berlin, dann bis zum Herbste 1844 am Polytechnikum in Wien. In seine Vaterstadt zurückgekehrt, diente er sofort als Lehrer am ev. Gymnasium A. B., dessen Rektor er vom 1. Februar 1869 bis zu seinem am 26. Februar 1876 erfolgten Tode war.

Lassel's Arbeiten s. II, 337 und III, 590. Im Sup. Arch. befindet sich im Manuskripte folgende Dissertation von Lassel:

De litteris graecis et romanis, juvenum animos excolentibus et delectantibus commentatio, quam ad locum inter professores gymnasii Coronensis A. C. rite obtinendam palam defensurus est auctor Franciscus Lassel. 1845.

Franz Lassel. Eine Lebensskizze von Eugen Lassel. Druck von Johann Gött und Sohn Heinrich in Kronstadt (1876).

Lassel Rudolf,

geboren am 15. März 1861 in Kronstadt, ließ sich nach Absolvierung des Kronstädter Gymnasiums 1880 an der Leipziger Universität als Studierender der Theologie und Philosophie immatrikulieren und trat 1881 auch in das Leipziger Konservatorium ein, das er 1883 absolvierte. Gleich darauf wurde er Gesanglehrer an der ev. Knaben-Elementarschule in seiner Vaterstadt. Im Jahre 1885 als Musiklehrer am Gymnasium und Seminar in Bistritz angestellt, erhielt er daselbst auch die Chormeisterstelle des Gesangvereins. Am 7. Februar 1887 zum Organisten an der ev. Stadtpfarrkirche und Musiklehrer am Gymnasium und Seminar in Kronstadt gewählt, übernahm er daselbst die Leitung des ev. Kirchenmusikvereins und seit 1889 auch die Chormeisterstelle des Kronstädter Männergesangvereins. Nach der Aufhebung des Kronstädter Seminars erfolgte auf seinen Vorschlag die Gründung des ev. Schülerkirchenchores, dessen Leitung er seither in Händen hat.

Als Organist und hervorragender Klavierspieler, als Vereinsleiter und Musikpädagog rastlos thätig, erringt er sich nun auch als Komponist in immer weitern Kreisen freudige Anerkennung. Von seinen zahlreichen für Orgel, für einzelne Singstimmen, für gemischten, Männer- und Knabenchor mit und ohne Begleitung geschriebenen Werken ist erst ein kleiner Teil im Druck erschienen.

Wir führen hier nur jene an, die allgemeiner bekannt geworden sind:

1. Bußlied für Alt=Solo, gemischten Chor und Orchester oder Orgel. Op. 6.
2. Drei Duette für zwei Singstimmen mit Klavierbegleitung. Op. 7.
3. Zwei Männerchöre, „Es ist ein Traumlicht über dir" und Einsamkeit. Op. 9. Gebr. Hug in Leipzig.
4. Hymne auf Honterus für Männerchor mit Harmoniemusik. Op. 10. Zur Enthüllung des Honterusdenkmals, 21. August 1898.
5. Drei Lieder im Volkston. Op. 11: 1. Sachsenlied für Männerchor (oder einstimmig mit Klavier= oder Orchesterbegleitung) Gedruckt erschienen bei W. Hiemesch in Kronstadt. 2. Mein Sachsenland. Einstimmig mit Klavier oder Orchester. Verlag Lehmann. Für gemischten Chor bei W. Hiemesch. Auch für Männerchor gesetzt. 3. Honteruslied. Verlag Lehmann.
6. Zwei Lieder in siebenb.=sächs. Mundart für mittl. Stimme mit Klavierbegleitung. (Auch mit deutschem Text.) Bei W. Hiemesch.
7. Sechs Lieder im Volkston. Op. 16. Daraus Nr. 5 „Von dir geschieden, bleib' ich dir treu'." Herfurth's Volksliederbuch. Krafft, Hermannstadt.
8. Drei Männerchöre. Op. 20. Daraus Nr. 2, Sachsenhort, „Durch uns're Sachsengauen bringt" W. Hiemesch in Kronstadt.

An größeren Werken, die noch ungedruckt sind, schrieb Lassel:

1. Amor im Pensionat. Singspiel für Frauenstimmen (Chor und Soli) mit Klavier= (auch Orchester=)begleitung. Op. 15.
2. 20 Chöre zur Leidensgeschichte für Männerchor. Op. 22.
3. Die Leidensgeschichte unseres Herrn Jesu Christi. Für gemischten Chor, Solostimmen, Gemeindegesang und Orgelbegleitung. Op. 29.

Außerdem beteiligte sich Lassel auch an dem von J. L. Bella bearbeiteten Orgelbuch zu dem neuen Gesangbuch der ev. Landeskirche A. B. (Hermannstadt, Josef Drotleff) mit zahlreichen Strophen=Zwischenspielen.

Lebel Johann.
(II, 337).

Schuler=Libloy, Kurzer Überblick der Litteraturgesch. Siebenb. Hermannstadt 1857, 40.
Dr. Hans Wolff, Johannes Lebel. Ein siebenbürgisch=deutscher Humanist. Sch. G.=P., 1894.

Lebrecht.
(II, 343).

Neue Annalen der Litteratur und Kunst in dem österr. Kaisertume. Wien, Ant. Doll. II. Jahrg. 1808.
Wurzbach 14, 271.
Allg. d. Biogr. 18, 98, von G. D. Teutsch.
Schullerus Adolf: Michael Albert, Sonderabdruck, 60.

Lenk von Treuenfeld Ignaz,
(II, 346),

geboren am 4. Juli 1766 zu Güns in Ungarn, trat am 7. Oktober 1776 in das Wiener-Neustädter Kadettenhaus ein und wurde am 1. März 1787 als Unterlieutenant zum siebenbürgischen ersten Walachen-Grenz-Infanterie-Regimente eingeteilt. Nach kurzer anderweitiger Verwendung kehrte er 1795 wieder zu diesem Regimente zurück und wurde (1796) zum Kapitänlieutenant befördert. Den Feldzug 1799 und 1800 machte Lenk bei dem kombinierten siebenbürgischen Walachenbataillon mit und zeichnete sich namentlich in der Schlacht bei Stockach und Liptingen am 25. und 26. März 1799 durch Tapferkeit aus, weshalb ihm die allerhöchste Anerkennung zu Teil wurde. Am 7. Mai 1799 wurde er Hauptmann und am 15. Januar 1801 Major. Zwei Jahre darauf erhielt er als Generalkommando-Adjutant und Militärreferent bei dem Militärkommando in Siebenbürgen Verwendung und wurde in dieser Stellung 1805 zum Oberstlieutnant und 1809 zum supernumerären Obersten befördert. Am 3. Februar 1812 war Lenk zum Kommandanten des 1. Szekler Grenz-Infanterie-Regiments ernannt worden. Durch Tausch gelang es ihm jedoch als Kommandant zum 2. Walachen-Grenz-Infanterie-Regiment zu kommen. Im Jahre 1813 ging Lenk als Generalbrigadier nach Pretinia und im nächsten Jahre in derselben Stellung nach Czernowitz. 1817 in gleicher Eigenschaft auf seine Bitte nach Siebenbürgen (Mediasch) versetzt, wurde er 1823 Festungskommandant in Karlsburg. Am 16. Juli 1834 trat er in den Ruhestand, bei welcher Gelegenheit ihm mit Rücksicht auf seine langjährigen in Krieg und Frieden treuen und stets sehr eifrigen Dienste der Feldmarschalllieutenantscharakter ad honores verliehen wurde. Er starb am 12. April 1842 in Wien.

Außer dem im II, 346 angeführten Lexikon gab Lenk heraus:

Erklärung des Stammbaumes sämtlicher 53 Könige von Ungarn von dem ersten Könige Stephan dem Heiligen bis zu dem gegenwärtig glorreich regierenden König Ferdinand V. (1841).

Bezüglich der bei Trausch II, 347 erwähnten „richtigsten und vollständigsten Karte von Siebenbürgen", teilt Friedenfels in der Allg. b. Biogr. 18, 260 mit, daß diese weder im Kartenarchive des k. u. k. Kriegsministeriums noch bei dem k. u. k. militärgeographischen Institute noch unter den Karten der k. u. k. Hofbibliothek in Wien zu finden sei.

Allg. b. Biogr., 18, 258, von (Eugen v.) Friedenfels.
Johann Svoboda: Die k. k. Militärakademie in Wiener-Neustadt. Wien 1873.

Leonhard Daniel Josef

(II, 348)

hinterließ „Denkwürdigkeiten aus meinem Leben", (Allg. d. Biogr., 18, 299).

Daniel Josef Leonhard. Lebensbild eines sächs. Pfarrers und Ge‑
lehrten im Anfang dieses Jahrhunderts von E. A. Bielz im
S. B.-K. f. 1883.
Allg. d. Biogr., 18, 299 von [H.] Herbert.

Leonhardt Johann

wurde am 29. Juli 1859 in Schäßburg geboren. Nachdem er am 15. Juli 1878 die Maturitätsprüfung an dem Gymnasium seiner Vaterstadt abge‑ legt und sich zum Studium der Theologie und der deutschen Sprache ent‑ schieden hatte, bezog er die Universität Leipzig, auf der er drei Semester zubrachte. Für seine berufliche und künstlerische Fortbildung waren hier außer den Kollegien eines Zarncke, Braune, Drobisch, Springer, Fricke, Wundt von großem Einflusse zunächst das von dem Dozenten Hermann Wolff ge‑ leitete „Philosophikum", der regelmäßige Besuch der Gewandhausproben und des Theaters. Im April 1880 bezog Leonhardt für ein Semester die Uni‑ versität Heidelberg. Hier förderten ihn in seinem Fachstudium Bartsch und Behaghel, während die Theologen Hausrath und Bassermann durch persönlichen Verkehr ihm mannigfache Anregung boten.

Von nachhaltiger Wirkung war für Leonhardt dessen Studium in Berlin, wo er am 30. April 1881 immatrikuliert wurde. Professoren wie Müllenhoff, Scherer, Rödiger förderten hier das Fachwissen, Paulsen, Lasson und Pfleiderer das philosophische und theologische Fach. Aber abgesehn von den großen Ein‑ drücken des Lebens in Berlin regten hier sein Interesse für darstellende und produktive Kunst an ein häufiger, besonders gestatteter Besuch der Orchester‑ übungen an der k. Hochschule für Musik, sowie regelmäßiges Studium der k. Museen, und des Theaters. Dazu kamen verschiedene Verbindungen mit Litteraten und Künstlern.

1882 in die Heimat zurückgekehrt, privatisierte er ein Jahr und er‑ hielt dann, 1883, eine Anstellung als Lehrer am Schäßburger Gymnasium und Seminarium. 1890 wählte ihn die Gemeinde Großlaßeln, 1893 die Gemeinde Draas. 1900 die Gemeinde Zeiden zu ihrem Pfarrer.

Leonhardt veröffentlichte in dem in Schäßburg erscheinenden „Groß‑ kokler Boten", den er nach seiner Rückkehr aus Deutschland mehrere Jahre hindurch redigiert hat, seine ersten litterarischen Versuche, schrieb gelegentlich auch in andere einheimische Blätter und Kalender. Von erheblichem Einfluß aber für seine weitere schriftstellerische Entwicklung ist die Wiener „Deutsche Zeitung" gewesen, mit der Leonhardt seit 1883 unter der Redaktion Dr. Johannes Meißner's, später Adam Müller Guttenbrunn's in beständiger Verbindung war.

Da damals unseren einheimischen Schriftstellern oder denen, die es werden wollten, noch nicht so viele große Zeitungen zur Verfügung standen, wie heute die national-deutschen in Wien und sonst, mußte Leonhardt diese

Verbindung hoch schätzen. Sie hatte aber den Nachteil, daß sie Leonhardt für längere Zeit auf die kurze novellistische Skizze einschränkte, die in einer Tagesnummer gebracht werden konnte.

Außer diesen später zumeist in dem Buche „Aus Siebenbürgen" gesammelten kurzen Erzählungen brachte dieses Blatt 1884 (4341, 4360 und 4366) den Aufsatz „Zur Litteratur der Siebenbürger Sachsen", 1894 (7951 und 7955) „Zwei Bischöfe der Siebenbürger Sachsen" (D. G. D. Teutsch und Dr. Fr. Müller), 1895 „Zwei siebenbürgisch-sächsische Dichter" (Michael Albert und Traugott Teutsch) und zahlreiche andere Arbeiten. Litterarhistorische und novellistische Arbeiten von Leonhardt finden sich ferner im „Siebenbürgischen Volkskalender mit dem Beamten- und Militärschematismus, Hermannstadt, Druck und Verlag von Th. Steinhaußens Nachfolger (Adolf Reissenberger 1890, 1892, 1896, 1898.)

Im Buchhandel erschienen von Leonhardt:

1. Aus Siebenbürgen. Novellistische Federzeichnungen. (Zweite veränderte Auflage der Geschichten aus Siebenbürgen). Hermannstadt, W. Krafft 1895.
2. Frau Valk. Drama in 4 Aufzügen. Schäßburg, C. Hermann 1896. [Bespr. S. d. T. noch vor dem Drucke 6687 (1895) und 44 Kronstädter Zeitung 1896.] Erste Aufführung in Mediasch 17. März 1896. [Bespr. in S. d. T. 6778 (1896); das Drama wurde ferner aufgeführt in Schäßburg, Bistritz, Kronstadt, Hermannstadt (1896) und Sächs.-Reen (1898). [Besprechungen hierüber erschienen ferner: M. G.-Pr., 1898. Bilder aus der vaterländischen Geschichte II, 479.]
3. Die Bienenzucht. Orientierende Anregungen für Anfänger. Hermannstadt, G. A. Seraphin 1897.
4. Die Werberin. Volksstück in 4 Aufzügen. Hermannstadt, W. Krafft 1899. Zum ersten und zweiten Male aufgeführt in Schäßburg 1899. [S. b. T. 7676, 7685, 7688, 7691 (1899). Kronstädter Zeitung 75, (1899).]

Kürschner, Litteraturkalender. (Stuttgart Göschen).
Brümmer, Lexikon der deutschen Dichter des 19. Jahrhunderts. Vierte Auflage. 1895. Reclam, Leipzig.
M. Maak, Dichter-Lexikon (Lübeck-Leipzig), 1896.

Lerchenfeld Joseph von Raditschnig

(II, 353)

beschäftigte sich, wahrscheinlich bevor er nach Siebenbürgen kam, mit belletristischen Arbeiten und veröffentlichte einige Bände Poesien und Theaterstücke und zwar in Gemeinschaft mit seinem Freunde Richter:

Gedichte zweier Freunde. Wien 1775. 8°.

Allein gab Lerchenfeld heraus:

1. Der Barbier von Sevillien. Ein Lustspiel in 4 Aufzügen aus dem Französischen. Wien, 1776. 8°.

2. **Der Ehefeind.** Ein Lustspiel in 5 Aufzügen. Wien, 1776. 8°. (nach Andern führt das Stück den etwas unwahrscheinlich klingenden Titel: Der Ehrenfeind).

Über Lerchenfelds botanischen Nachlaß vgl. „Noch einmal über Josef von Lerchenfeld und dessen botanischen Nachlaß" von August Kanitz mit mycologischen Bemerkungen von Stephan Schulzer von Müggenburg in den B. u. M., XXXIV, (1884.)

De Lucca, Das gelehrte Österreich. Wien, 1778. I, 2 St. S. 30.
Wurzbach, 24, 199.
B. u. M., III, (1853); XXXIV, (1884).
Allg. d. Biogr., 18, 424 v. Friedenfels.

Leutschaft Ludwig,

geboren den 10. März 1861 zu Fogarasch, absolvierte 1880 das Gymnasium in Mediasch und studierte hierauf in Leipzig, Bonn, Wien und Heidelberg Theologie und klassische Philologie. Seit 1886 ist er Gymnasiallehrer in Mediasch.

Er veröffentlichte:

Der ev. Religionsunterricht in unsern Mittelschulen. M. G.-P., 1897. [Bespr. S. d. T., 7219 (1897).]

Lieb (Amicinus) Emerich.

(II, 355).

Über dessen Monumenta vetera (Trausch II, 356, 3) s. Arch. f. Ldbe., N. F. XIX, 106.

Lindner Gustav, Dr. jur.,

wurde in Hermannstadt am 3. Februar 1836 geboren, vollendete seine Gymnasialstudien am ev. Gymnasium seiner Vaterstadt im Jahre 1852, besuchte hierauf die Rechtsakademie daselbst und nach deren Absolvierung im Sommer 1855 die Universität in Wien. Im April 1859 erwarb er den juridischen Doktorgrad und trat hierauf zuerst in Wien und bald darauf in Hermannstadt in die Advokaturspraxis, wo er von der sächsischen Nationsuniversität im Jahre 1861 die Befugnis zur selbständigen Ausübung der Advokatur erhielt und hierin im Jahre 1864 von der siebenbürgischen Hofkanzlei nach bestandener Advokatursprüfung bestätigt wurde. Als Advokat wirkte er von 1861 bis 1870. Als einer der Führer der jungsächsischen Partei wurde er vom Marktorte Reps wiederholt zum Abgeordneten in die sächsische Nationsuniversität und im Jahre 1869 auch in den ungarischen Reichstag entsendet.

Im Sommer 1870 wurde Lindner zum o. ö. Professor und Direktor der Hermannstädter Rechtsakademie ernannt. An dieser wirkte er bis zum

Schlusse des Studienjahres 1878/79, wo ihn die rechts- und staatswissenschaftliche Fakultät der Universität Klausenburg als o. ö. Professor auf die Lehrkanzel des ungarischen Verfassungs- und Finanzrechtes berief.

Am politischen Leben nahm Lindner auch als Redakteur der Siebenbürgischen Blätter und der Hermannstädter Zeitung, sowie als Mitglied der Stadt- und Komitatsvertretung teil.

Um das Feuerlöschwesen Hermannstadts hat sich Lindner durch die Gründung der freiwilligen Feuerwehr — sie erfolgte am 24. Dezember 1873 — ein großes Verdienst erworben.

Im Jahre 1878 wurde ihm der Titel eines kön. Rates verliehen. Seit September 1900 lebt er im Ruhestande in Hermannstadt.

Von Lindners litterarischen Arbeiten sind zu erwähnen:

1. Lindner Gustav u. Baußnern Guido v., Bericht der Abgeordneten der sächs. Nationsuniversität — an ihre Wähler in Schäßburg. Hermannstadt, 1871. S. Filtsch (W. Krafft).
2. Die Ergebnisse der neueren Forschungen über die Stellung des Menschen in der Natur. Hermannstadt, Th. Steinhaußen 1873.
3. Das Feuerlöschwesen der k. freien Stadt Hermannstadt. Hermannstadt, 1875. Jos. Drotleff u. Comp.
4. Der Krieg, sein Recht und seine Moral. Hermannstadt 1877. Th. Steinhaußen.
5. Historische Skizze des 25-jährigen Wirkens der Hermannstädter Rechtsakademie.
6. Zur Reform des Bau-, Feuerpolizei- und Versicherungswesens in Ungarn. Budapest, F. Pfeiffer 1877. (Auch ung. in der Magyar Themis, 1877).
7. Das Feuer. Eine kulturhistorische Skizze. Brünn, 1881. R. M. Rohrer.
8. Der Codex Altenberger. Textabdruck der Hermannstädter Handschrift. Klausenburg 1885. Verlag der philos.-philol.-hist. Sektion des siebenbürgischen Museumvereins. (Das Buch trägt denselben Titel auch in magyarischer Sprache). [Bespr. in Korr. f. Ldbe., VIII, 48, 49 ff. u. 75. Litter. Centralblatt, 1885, 25. S. d. T., 3442 (1885). Mitteilungen des Instituts f. österr. Geschichts-Forschung. VI, (1885).]
9. Der Schwabenspiegel bei den Siebenbürger Sachsen. [In: Zeitschrift der Savigny-Stiftung für Rechtsgeschichte. (Weimar) 1885. Auch ung. in Erd. Muz. kiad.]
10. A Kolozsvári kalandos társulatok. Kolozsvár, Ajtai K. Albert 1894.
11. In den Rodnaer Gebirgen. K V. J. XIV, 1894.

Über Lindners Reden im ungarischen Reichstage siehe hier den Anhang.

Listh Johann.

(II, 361).

Uj Magyar Muzeum. Pest, 1854. Juniheft 489.
Allg. b. Biogr., 18, 779 von Fr. Teutsch.

Litschel Johann Wilhelm,

geboren am 22. Mai 1856 in Birthälm, trat 1870 in das theol.=pädag. Seminar in Mediasch ein und wurde nach dessen Absolvierung nacheinander Rektor an der Volksschule in Michelsberg, Pretai, Birk und 1883 an der Vorstadtschule in Bistritz.

Im Jahre 1884 besuchte er den Handfertigkeitskurs in Leipzig. Am 19. Mai 1892 wählte ihn die ev. Kirchengemeinde in Neußdorf (Mediascher Kirchenbezirk) zu ihrem Pfarrer.

Litschel verfaßte folgende Dialektdichtungen:

1. En bereitelt Kommassation. En Komēdi mät gesang ä 4 ofzäg. Nisen 1889. Im Selbstverlage des Verfassers. 2. Aufl. Kronstadt 1895, bei H. Zeidner. (Vgl. S. d. T. 4607).
2. Der Gemtschreiwer. En Komēdi mät gesang än 3 ofzäg. Krīnen 1895. Verlög der båchhondlung H. Zeidner.
3. Valentinus Greff. E beld ois Birthalms Vergongenhīt, 1524—1530. Nisen 1889. Haupts Bāchhondlung (Vergl. S. d. T. 4720 u. 4764).
4. Lisi. E Veld ois dem Liewen än 4 Afzägen. 1899. Hermannstadt, W. Krafft.

Loew Wilhelm

(II, 368)

trat 1874 in den Ruhestand und lebt in Neußmarkt.

Friedenfels, Bedeus, II, 55, 155, 375.

Lupinus Christian,

(II, 369),

geboren 1564 in Großschenk.

Allg. d. Biogr., 19, 647, von G. D. Teutsch, der zur Biogr. Lupinus' wesentlich noch die Hermannstädter Kapitularprotokolle Bd. B. u. C (III u. III β) benützt hat.

Lurtz Franz Eduard.

(II, 371).

Nach 48-jähriger Lehrerthätigkeit trat Lurtz am 1. September 1897 in den Ruhestand. Vom 1. Januar 1851 bis 30. Juni 1887 lehrte er auch an der Kronstädter sächsischen Gremialhandelsschule kaufmännische Arithmetik und Buchführung, und wurde 1862 zum Buch und Rechnung führenden Kirchenvater vom ev. Presbyterium gewählt. Als solcher verwaltete er das ev. Kirchen- und Schulvermögen bis zum Jahre 1889. Als in diesem Jahre die Kronstädter ev. Gemeinde ein Kassaamt für das stark angewachsene Kirchen- und Schulvermögen errichtete, wurde Lurtz als Kassier bei diesem angestellt.

Lurtz veröffentlichte ferner:

1. Berechnung des Pensions-Einheiten-Wertes für alle Altersklassen der Kronstädter allgemeinen Pensionsanstalt. K. G.-P., 1872. (Auch im Sonderabdruck erschienen.)
2. Geometrie für Volksschulen. Kronstadt, Verlag von H. Zeidner 1879.
3. Die klimatischen Verhältnisse der Stadt Kronstadt. Kronstadt, Buchdruckerei von Johann Gött u. Sohn Heinrich 1892. Gr. 8°. 43 S.
4. Rechenschule I. Teil. Die vier Grundrechnungsarten mit unbenannten, einfachen mehrfach benannten ganzen Zahlen und Dezimalzahlen, Kopfrechnen und schriftliches Rechnen. Neunte verbesserte und vermehrte Aufl. (Kronenwährung). Kronstadt 1894. Verlag von Heinrich Zeidner, Buchdruckerei Alexi. 8°.
5. Resultate zur Rechenschule I. Teil. Achte u. neunte Auflage. Ebenda.
6. Rechenschule II. Teil. Teilbarkeit der Zahlen, gemeine Brüche, Dezimalbrüche, welsche Praktik. Einfache und zusammengesetzte Regel de tri, Prozent-, Zinsen-Agio-, Gesellschafts- und Mischungsrechnung, als Anwendungen der Multiplikation und Division. Siebente verbesserte und vermehrte Aufl. Rechenschule II. Teil. Achte verbesserte und vermehrte Aufl. Kronenwährung. 1895.
7. Rechenschule III. Teil. Einfache Regel de tri, Prozent- und Zinsenrechnung, Berechnungen wegen einer früheren Bezahlung, Agiorechnung, zusammengesetzte Regel de tri. Kaufmännische Zinsenberechnung, Gesellschafts-, Mischungs- und Kettenrechnung, Berechnung des mittleren Zahlungstermines, Zinses-Zinsen, Berechnung der Fakturen, des Wechselbiskontes, der Staatspapiere und Aktien, Führung und Abschluß des Konto-Korrente, gewerbliche Buchführung ꝛc. Vierte verbesserte und vermehrte Aufl. Rechenschule III. Teil. Inhalt wie bei der dritten Auflage und außerdem: Grundoperationen mit algebraischen Ausdrücken, Quadrat- und Kubikwurzeln. Permutationen und Kombinationen. Gleichungen des 1. Grades mit einer und mehreren unbekannten Größen. Aufgaben aus der Planimetrie und Stereometrie. Fünfte verbesserte und vermehrte Aufl. Rechenschule III. Teil. Sechste Aufl. (Kronenwährung). 1897. Sämtliche Rechenschulen erschienen im Verlage von Heinrich Zeidner in Kronstadt und wurden auch in die romänische und magyarische Sprache übersetzt.
8. Der Kalender. Sächsischer Hausfreund für 1898. (Erschien auch im Sonderabdruck. 8°. 16 S.)

Lurtz Wilhelm Alexander, Dr. med.,

geboren am 7. November 1857 in Kronstadt, absolvierte daselbst das Honterusgymnasium und besuchte dann die Hochschule in Wien, um Medizin zu studieren. 1882 wurde er in Wien Doktor der Gesamtheilkunde und im Herbst desselben Jahres im Wiedener Spitale bei Mosetig-Moorhof Sekundararzt II. Klasse und bald darauf I. Klasse, in welcher Stellung er bis 1887 verblieb. Während des serbisch-bulgarischen Krieges 1885 wurde er vom Ministerium des Äußern auf den Kriegsschauplatz entsendet und wirkte durch 3 Monate als Chefchirurg des Offizierspitales und der Baracke „Julia" (System Mundy) in Belgrad, während welcher Zeit er auch als dirigierender Arzt auf einem Eisenbahnsanitätszuge auf der Strecke Belgrad-Nisch fungierte. Nach Beendigung des Krieges kehrte er nach Wien zurück. Dr. W. Lurtz ist Arzt des h. souv. Maltheser-Ritterordens, Vorstand der chirurg. Abteilung im Mariahilfer-Ambulatorium, Ehrenmitglied der Wiener freiw. Rettungsgesellschaft u. s. w. Er übt in Wien die ärztliche Praxis aus.

Er veröffentlichte u. a.:

1. Zur therapeutischen Verwertung der Milchsäure. Wien. Medizinische Blätter 19 und 20, 1885.
2. Bericht der ersten chirurgischen Abteilung des k. k. Krankenhauses Wieden pro 1883, 1884 u. s. w. (auch im Sonderabdruck erschienen).

Lutsch Johann.
(II. 376).

G. D. Teutsch: Zwei Jahre aus dem Leben Hermannstadts vor zwei Jahrhunderten. Arch. f. Ldk., N. F., X.
Allg. d. Biogr., 19, 704, von G. D. Teutsch.

Lutsch Johann Adolf

wurde am 30. Oktober 1824 in Hermannstadt geboren. Nach Absolvierung des dortigen Gymnasiums im Jahre 1846 bezog er die Universität Leipzig, um Theologie zu studieren. Das Jahr 1848 nötigte ihn seine Hochschulstudien zu unterbrechen und in die Heimat zurückzukehren. Hier übernahm er zunächst die Stelle eines Stadthauptmannskanzlisten und später die eines Gouvernements-Konzeptsadjunkten. Am 18. September 1853 wurde er als Elementarlehrer, zwei Jahre darauf als Lehrer an der Realschule und 1865 als Lehrer am ev. Gymnasium seiner Vaterstadt angestellt. Am 13. Dezember 1877 wurde er zum Pfarrer in Stolzenburg gewählt. Er starb als solcher am 26. September 1897.

Er schrieb:

Beitrag zu einem Kalender der Flora in der nächsten Umgebung von Hermannstadt. H. G.-P., 1871.

S. d. T., 7231 (1897).

Lutsch von Luchsenstein Stephan.
(II. 373).

Nach G. D. Teutsch (in der Allg. d. Biogr., 19, 707) war Stephan Lutsch im Jahre 1707 geboren und von 1728 an Schüler des Hermannstädter Gymnasiums, dessen Aufzeichnungen seinen Studien ein schönes

Zeugnis geben. 1731 trat er in das kaiserliche Heer ein, errichtete 1760 das Sanitätswächterkorps in Siebenbürgen und wurde 2 Jahre darauf bei Errichtung der Siebenbürger Militärgrenze in besonderer Berücksichtigung zum Oberstlieutenant und Kommandanten des neu aufzustellenden 1. Romanen-Grenzregiments in Orlat befördert. 1769 trat er gegen Konvention von 10.000 fl. aus, die er mit dem nachmaligen Inhaber des 31. Infanterie-Regiments J. And. Benjovsky abschloß. Seine weiteren Schicksale s. Trausch a. a. O.

Von Lutsch befinden sich im Brukenthal'schen Museum in Hermannstadt Zeichnungen von Fortifikationsarbeiten nach der Methode Vaubans, die er 1731 in Karlsburg machte.

Nach Dietrich (s. u.) verfaßte er auch eine systematische Ausarbeitung der siebenbürgisch-walachischen und moldauischen Grenzstreitigkeiten.

 Allg. d. Biogr., 19, 707, von G. D. Teutsch.
 G. Dietrich von Hermannsthal, Unter Österreichs Doppelabler. Arch. f. Ldke., N. F., XVI, 559.
 Dr. R. Theil, Michael Conrad von Heidendorf. Eine Selbstbiographie. Ebenda, XVI, 447, 473, 475.

Maager Karl.
(II, 377).

Er starb am 23. Februar 1887 in Kronstadt.

Über seine Reden als Abgeordneter des Hermannstädter Landtages s. hier den Anhang.

 „Illustriertes Haus- und Familienbuch", herausgegeben von Dittmarsch und Zamarsky Wien 1860, 501.
 Siebenb. Volkskalender von Benigni für 1861.
 Ev. Volkskalender für 1861 von Theodor Ritz. Wien, Tendler und Comp.
 Österreichische Zustände. Zeitgeschichtliche Bilder von Schmidt-Weissenfels. Berlin, Reichhart und Zander 1862.
 Über Land und Meer 1861.
 Rottets Weltgeschichte, drittes Ergänzungsheft S. 64.
 Friedenfels, Bedeus II, 54.
 S. d. T., 4016, 4017. (1887).
 Ein Gedenkblatt für Karl Maager von Heinrich Neugeboren. Kronstädter Zeitung 45, (1887), erschien auch im Sonderabdrucke.
 Aus dem Leben Karl Maagers. S. d. T., 4685 (1889), erschien auch im Sonderabdruck. Verlag von Josef Drotleff. Hermannstadt 1889.
 Nachtrag zu den Mitteilungen aus dem Leben Karl Maagers. Von Heinrich Neugeboren. (Der Todestag Maagers ist hier falsch angegeben). Kronstädter Zeitung 1890 und daraus im Sonderabdruck.

Mägest Hans.
(II, 382).

(G. D. Teutsch erklärt, (Allg. d. Biogr., 20, 60) die Behauptung Trausch's (II, 383), Hans Mägest sei derselbe Johannes de Megies alias de septem castris, der von 1460 an als Mönch im Benediktinerkloster in Mölk erscheint und an den Mölker Annalen mitgearbeitet hat, könne durch nichts begründet werden.

Allg. d. Biogr., XX, 59.

Mätz Johann,

geboren 1826 in Karlsburg, absolvierte 1847 das Gymnasium in Schäßburg und besuchte hierauf die Hochschule in Leipzig, um Theologie und klassische Philologie zu studieren. Im Jahre 1850 wurde er als Gymnasiallehrer in Schäßburg angestellt, 1861 zum Stadtprediger daselbst und 1864 zum Pfarrer in Rohrbach gewählt. Er starb am 3. Juni 1901. Im Verein mit Müller, Haltrich und Fronius hat Mätz eifrig auf dem Gebiete der Volkskundeforschung gearbeitet. Neben mehreren Beiträgen zur sieb.-sächs. Mundart, die in Frommanns Zeitschrift und im Korr. f. Ldk. erschienen sind, schrieb er:

Die sieb.-sächs. Bauernhochzeit. Sch. G.-P., 1860.

Korr. f. Ldk., XXIV, (1901), 84.

Mätz Johann, Dr. jur.,

geboren am 24. September 1865 in Rohrbach, legte 1884 am Schäßburger Gymnasium die Reifeprüfung ab, um sich dann dem Studium der Rechts- und Staatswissenschaften zuzuwenden. Die beiden ersten Jahre studierte er an der Klausenburger, das dritte an der Berliner Universität, das letzte Jahr wieder in Klausenburg, woselbst er nach Ablegung der drei rechtswissenschaftlichen Rigorosen zum Dr. juris promovierte. Nachdem er ein Jahr als Advokaturs-Konzipist in Hermannstadt und 2½ Jahre als Konzipist bei dem k. öffentl. Notar Karl Groß in Schäßburg thätig gewesen, wurde er im Juni 1892 zum Assessor des Komitats-Waisenstuhles und 1901 zum Waisenamtspräses in Schäßburg gewählt.

Er schrieb:

Aus dem Leben der Schäßburger freiw. Feuerwehr 1873—1898. Zur Feier des 25-jährigen Gründungsfestes am 26. Juni 1898. Im Auftrage der Generalversammlung verfaßt von —. Schäßburg, Buchdruckerei und -Binderei Brüder Jördens 1898.

Malmer Martin,

(II, 385),

am 25. Oktober 1823 in Bulkesch geboren, kam 1835 nach Hermannstadt an das Gymnasium. Er besaß ein bedeutendes Sprachentalent, so daß es ihm trotz mannigfaltiger Störungen und Abhaltungen aller Art möglich war, das Gymnasium 1843 mit ausgezeichnetem Erfolge zu absolvieren. Da ihm die Mittel, eine Hochschule zu besuchen, nicht zu Gebote standen, nahm er die Rektorsstelle in seinem Heimatsdorfe an und bekleidete diese vom 1. November 1843 bis Ostern 1846. Er hat diesen Zwang der Verhältnisse später oft als einen Gewinn betrachtet, da er so am besten Gelegenheit gefunden, tief in die ländlichen Verhältnisse einzuwurzeln, denen er sonst doch eher entfremdet worden wäre. Von Ostern 1846 bis August 1848 war er Erzieher im Graf Paul Degenfeld'schen Hause in Erdößáda im Szatmárer Komitate. Auch dieser Zeit hat er oft und gern gedacht, war es ihm doch vergönnt, als Freund der überaus gebildeten Familie behandelt zu werden und als solcher zu scheiden. Nun waren endlich die Mittel vorhanden, die ersehnten Universitätsstudien zu beginnen. Da brach die Revolution des Jahres 1848 aus und statt die Heimat zu verlassen entschloß sich Malmer dem Wunsche St. L. Roths zu folgen, um an seiner Seite vom 15. November 1848 bis 17. Januar 1849 an der Verwaltung des Klein-Kokler Komitates mitzuwirken. Nachdem der Frieden im Lande wieder hergestellt war, begab er sich nach Wien und trieb hier, da es um die theologische Fakultät sehr mißlich bestellt war, juridische Studien und besuchte das historisch-philologische Seminar bei Professor Bonitz. Ein von der sächs. Universität ihm verliehenes Stipendium von 200 fl., das eine freiwillig ohne eigenes Ansuchen gewährte Unterstützung in derselben Höhe aus den Nachbarschaftskassen seines Geburtsortes nach sich zog, ermöglichte Malmer nach drei in Wien zugebrachten Semestern die Universität in Tübingen zu besuchen. Hier erschloß Ferd. Christian Baur in seinen Vorlesungen über neutestamentliche Theologie und Kirchengeschichte des 19. Jahrhunderts Malmer das Verständnis der Bibel, während Ernst Meier ihm den Schlüssel zur poetischen Auffassung der Schriften des alten Testamentes gab. Friedrich Vischers begeisternde Vorträge über Ästhetik, Shakespeare und Goethe, Professor Teufels Erklärungen des Sophokles lieferten dankeswerte Beigaben zu seinem Studium. Nach vollendeten Universitätsstudien wurde er, während er noch in Tübingen weilte, als Lehrer an das Gymnasium und Seminar in Schäßburg berufen. Hier wirkte er von 1852 bis 1855, worauf er in derselben Eigenschaft nach Hermannstadt kam. Am 4. Juli 1861 wurde er für die durch die Berufung Johann Michaelis nach Alzen erledigte Klosterpredigerstelle in Hermannstadt ordiniert. Schon zwei Jahre darauf wurde er zum Pfarrsubstituten in Stolzenburg und 1870 zum Pfarrer in Großau gewählt. 22 Jahre hat er hier seines Amtes gewaltet, 7 Jahre in ungebrochener Kraft, dann 15 oft kränkelnd, aber immer voll Schaffensfreude und Berufseifer. Mit vollem Rechte durfte er in seinem Emeritierungsgesuche sagen, daß sein Beruf ihm Herzenssache und Ehrenpflicht gewesen. Er überlebte den Abschied von diesem nicht ein volles Jahr und starb den 12. Dezember 1893 in Szeliste bei seinem Sohne, bei dem er sich seit seiner Pensionierung niedergelassen hatte.

Außer verschiedenen Gedichten, meistens Zeitgedichten politischen Inhaltes, u. a. Kaiser Julian,*) die in verschiedenen Zeitschriften erschienen sind,

---

*) Benignis V.-K. für das Jahr 1861. Hermannstadt (1860). Druck und Verlag von Theodor Steinhaußen.

und den in Trausch II, 385 und 386 erwähnten Arbeiten schrieb Malmer Erzählungen aus dem Volksleben. Einzelne derselben wurden im S. b. W. (s. hier den Artikel Franz Gebbel) und im S. b. T. veröffentlicht:

1. Die Gemeinde Kornau und ihr wackerer Hann (Richter) Martin Treuenfelder. Eine Dorfgeschichte. S. b. T., 1817—1833. (1879).
2. Ein Bild in Bauerntracht. Aus den Bekenntnissen eines lebenden Pfarrers. Ebenda, 2144—2166, (1881).

Ferner ist von ihm erschienen:

1. Christentum und Gewerbe. Vortrag. S. Qu., 1860.
2. Festrede zur Melanchthonfeier am Hermannstädter ev. Gymnasium, veröffentlicht in Benignis B.-K. für das Jahr 1861. Hermannstadt (1860.) Druck und Verlag von Theodor Steinhaußen.
3. Zwei Pilger im Osten. Schauspiel in fünf Aufzügen. Wien, Verlag von Karl Graeser 1886. Hermannstadt, S. Filtsch's Buchdruckerei W. Krafft. [Bespr.: S. b. T., 3719 (1886)].
4. Trostesworte an die am 8. Mai l. J. von einem großen Brande heimgesuchte Gemeinde Großau, gesprochen am 10. Mai 1891 d. i. am Sonntag vor Pfingsten von ihrem Pfarrer M. M. Hermannstadt, W. Krafft 1891.

S. b. T., 6086—88.

Manchen Georg

wurde am 29. Januar 1844 in Sächsisch-Radesch geboren und besuchte nach Absolvierung der heimatlichen Volksschule das Volksschullehrerseminar in Schäßburg, wo er am 17. Juli 1863 die Maturitätsprüfung ablegte. Am 18. Oktober desselben Jahres wurde er in Schäßburg zum Knaben-Elementarlehrer und am 1. September 1878 zum Mädchenschullehrer gewählt. 1888 berief ihn die ev. Gemeinde in Karlsburg zu ihrem Seelsorger.

Von Manchen sind erschienen:

1. Bilder aus der ungarischen Geschichte Ein Hilfs- und Lesebuch für Schule und Haus. Kronstadt, 1889. Verlag von H. Zeidner. [Vgl. S. b. T., 4915. (1890)].
2. Die ev. Kirchengemeinde A. B. zu Karlsburg. Zu ihrer 100-jährigen Gedenkfeier. Hermannstadt, 1893. Verlag von W. Krafft. [Bespr.: Korr. f. Lde., XVI, (1893), 140.]

Marienburg Adolf Woldemar

wurde am 4. Februar 1861 als Sohn des damaligen Gymnasial-Rektors von Kronstadt Lucas Josef Marienburg geboren. Seine Jugend verlebte er teils in Kronstadt teils in Marienburg, wo sein Vater inzwischen Pfarrer geworden war. Nach dem frühen Tode desselben ging er zunächst für ein Jahr als Musiklehrer und Lehrer der deutschen Sprache nach Rumänien auf das Landgut eines Bojaren, kehrte aber dann in die Heimat zurück, widmete sich dem Studium der Rechte und beendete dieses in Klausenburg. In seiner Vaterstadt betrat er darauf die Laufbahn eines öffentlichen Beamten und wurde Senator. Mißverhältnisse der Folgezeit und eine angeborene Exzentrizität, die ihn stets sich in Extremen bewegen ließ, verdüsterten ihm indessen den frischen Lebensmut und die heitere Lebensanschauung und verwandelten diese Eigenschaften seines Geistes in düstere Insichgekehrtheit, die ihn allmählich zu vollständiger persönlicher Abscheidung aus der Menschengesellschaft hindrängte.

Marienburg besaß ausgebreitete Sprachkenntnisse. Er sprach außer den Landessprachen deutsch, romänisch und ungarisch noch französisch, italienisch und neugriechisch. Auch die Musik wurde ganz besonders von ihm gepflegt. Er gründete einen Musikverein in Kronstadt, konzentrierte die musikalischen Kräfte der Stadt und ermöglichte so die Aufführung größerer klassischer Tonwerke.

In seinen letzten Lebensjahren hatte sich Marienburg neben seinen geistigen Beschäftigungen leidenschaftlich der Landwirtschaft ergeben, die ihm infolge ungewohnter, übermäßiger körperlicher Anstrengungen, da Marienburg überall selbst Hand anlegen wollte, indirekt den Tod zuzog. Eine mehrwöchentliche, vernachlässigte Dissenterie schwächte ihn und überlieferte ihn der in Kronstadt herrschenden Blatternepidemie, der er am 22. Dezember 1841 erlag.

Marienburgs litterarische Thätigkeit hängt zunächst enge mit dem Kronstädter „Wochenblatt" und dessen Beiblättern zusammen. Seit dem Entstehen desselben war er ein eifriger Mitarbeiter, indem er zumeist historische Aufsätze für dieses schrieb. Es sind dies u. a. seine

1. Rückblicke in Burzenlands Vorzeit (Unterhaltungsblatt f. G. Gem. Publizität (Vaterlandskunde) 1836/37.
2. Buntes aus der siebenbürgischen Geschichte. Ebenda.
3. Der Kronstädter Lederer Weiß, genannt Jankula, auf dem moldauischen Fürstenstuhl. Ebenda, 1838.
4. Vaterländische Mitteilungen. Ebenda.
5. Reise nach Konstantinopel. Kronstädter Wochenblatt, 1838.

Außer diesen Artikeln finden sich in den „Blättern für Geist, Gemüt und Vaterlandskunde" auch solche, die Marienburg als Kunstkritiker zeigen. Einer derselben trägt den Titel: Theater und Musik in Kronstadt (Jahrg. 1839, S. 131). Ebenso zeigt sich Marienburg auch als Erzähler. Jedoch trägt nur eine Erzählung: Der Granatapfel (Stundenblumen der Gegenwart, III. Jahrg.) seinen Namen. Außer in das „Kronstädter Wochenblatt" schrieb Marienburg noch in den „Siebenbürger Boten", die Wiener „Theaterzeitung", in das „Pester Tagblatt" Berichte aus vaterländischer Geschichte, aus Kunst und siebenbürgischem Leben.

  Blätter für Geist, Gemüt und Vaterlandskunde 1841, 52 vom 27. Dezember.
  S. V.-K. f. 1866. Litterarische Aufsätze. Skizzen über A. W. Marienburg und Johann Hintz von Johann Leonhardt.

Marienburg Friedrich Georg,
(II, 387),

getauft — nicht geboren, wie Trausch a. a. O. angiebt, — am 11. Juni 1820 in Mühlbach, wo er das Licht der Welt erblickte, absolvierte 1839 das Gymnasium in Hermannstadt und besuchte hierauf bis zum Schlusse des Sommersemesters 1841 die Universität Berlin. Von 1841—1843 hörte er an dem reformierten (ungarischen) Kollegium in Klausenburg neben römischem Recht das siebenbürgische öffentliche und Privatrecht. Im Jahre 1843 trat er in das Lehramt an der Schule seiner Vaterstadt. Als aber im Juli 1844 das Schäßburger Presbyterium ihm eine Lehrerstelle am Gymnasium verlieh, nahm er diese an und verließ Mühlbach. Vier Jahre darauf berief ihn die Gemeinde Nabesch zu ihrem Pfarrer, in der er bis zu seinem am 23. November 1881 erfolgten Tode segensreich wirkte.

Marienburg war Mitglied des Vereins für siebenbürgische Landeskunde seit dessen Bestand und seit 1871 Ausschußmitglied.

Außer den im II. Bande angeführten Arbeiten erschienen von Marienburg:

1. Über das Verhältnis der siebenbürgisch-sächsischen Sprache zu den niedersächsischen und rheinischen Dialekten. Arch. f. Ldke., I, 45.
2. Über die siebenbürgisch-sächsischen Familiennamen. Ebenda, N. F II, 329.
3. Zur Berichtigung einiger alturkundlichen Ortsbestimmungen, u. zw. I. Die terra Siculorum terrae Sebus im Andreanischen Freibrief von 1224. Ebenda, V, 212.
4. Verzeichnis der ältesten Pfarrer des decanatus de Sebus. Ebenda, VIII, 284.
5. Verzeichnis der ältesten nachweisbaren Pfarrer des ehemaligen decanatus de Spring. Ebenda, VI'I, 324.
6. Zur Berichtigung einiger alturkundlichen Örtlichkeitsbestimmungen in Siebenbürgen, u. zw. II. „Aqua nigra" im decanatus de Sebus. — Der sächsische „Unterwald" und die „Silva Blacorum et Bissenorum" — Die „Blachi et Sclavi" im Anonymus Belae R. Notarius. — Ebenda, IX, 202.
7. Zur Berichtigung alturkundlicher siebenbürgischer Ortsbestimmungen, u. zw. III. Die „terra Siculorum in districtu de Sebes" vom Jahre 1397, eine Parallele zur „terra Siculorum terrae Sebus" im Andreanischen Freibrief vom Jahre 1224. Ebenda, XIV, 544.
8. Über einige Eigentümlichkeiten der siebenb.-sächs. Mundart. Magazin für Geschichte, Litteratur und alle Denk- und Merkwürdigkeiten Siebenbürgens. Herausgegeben von E. von Trauschenfels, N. F. Kronstadt, 1859. I, 38.
9. Ausflüge vom Nabescher Burgweg. Ein Beitrag zur Urgeschichte der deutschen Ansiedlungen in Siebenbürgen. Ebenda, I, 195.

Aus Marienburgs Nachlaß wurde herausgegeben:

10. Gedenkbuch des Vogeschdorfer Kapitels. Arch. f. Ldke., N. F. XIX, 30.
11. Die siebenbürgisch-deutschen Namen der Haustiere, und was damit zusammenhängt. Korr. f. Ldke., V, (1882).

12. Bericht über die Lustrierung des Mediascher Gymnasiums von G. D. Teutsch und G. Fr. Marienburg. Gedruckt in Fr. Teutsch, Sch.-D. II, 378.

Marienburg hat sich auch als Dichter bemerkbar gemacht. Mehr als eines der schönsten Lieder im zweiten Hefte des „Liederbuchs der Siebenbürger Deutschen" (Hermannstadt 1851), schreibt G. D. Teutsch in seiner Denkrede auf Marienburg, hat ihn zum Verfasser; voll wahrer und tiefer Empfindung, voll warmen nationalen Gefühls, getragen von edlem Selbstbewußtsein und immer maßvoll leuchten sie vor vielen andern durch schöne Formvollendung hervor und sein „Sachsenadel" wird gewiß die Herzen hier erheben, so lange der deutsche Laut im Lande klingt und wahrhaftiger Bürgersinn in der Seele eine Stätte findet.

Über seine Mitarbeit an dem S. b. W. s. hier den Artikel Franz Gebbel.

Denkrede auf G. Fr. Marienburg, von G. D. Teutsch, im Arch. f. Ldbe., N. F. XIX, 9.
S. b. T., 2415 (1881).
Korr. f. Ldbe., IV, (1881), 148.
Allg. d. Biogr., 20, 379 von G. D. Teutsch.

Marienburg Lucas Josef.
(II, 387).

Von ihm rührt ferner her:

1. Leichenkantate, abgesungen am 25. November 1801 als am Tage der feyerlichen Beerdigung der Wohlseligen Tit. Frau Stadtrichterin, Frau Martha verw. v. Schobeln geb. von Closius. Verfaßt von Lucas Josef Marienburg des Gymnasiums Rektor. (Groß, Kronst. Drucke Nr. 329.) .
2. Leichenkantate auf Samuel Schramm, Stadtpfarrer, von L. J. Marienburg. Kronstadt, gedruckt in der von Schobeln'schen Buchdruckerey, von Fr. Aug. Herfurth. 1807 (a. a. O., Nr. 1432).
3. Lucas Josef Marienburgs Regesten zur Geschichte der Gottsmeister'schen Familie veröffentlichte Karl Fabritius im Arch. f. Ldbe., N. F. XIII, 370.

Dück Josef, Geschichte des Kronstädter Gymnasiums. Kronstadt 1845, 104.
Allg. d. Biogr., 20, 380 von G. D. Teutsch.

Marlin Josef.
(II, 394).

Im Manuskripte hinterließ Marlin eine Selbstbiographie, welche 24 engbeschriebene Quartblätter umfaßt und im Jahre 1845 von Marlin niedergeschrieben wurde. Sie reicht jedoch nur bis zu des Dichters vollendetem 18. Lebensjahre. Die Erlebnisse der Zeit von 1844 bis Februar 1848 sind nur in Schlagworten skizziert. Wie O. Wittstock in seinem Aufsatz: „Josef Marlin. Ein Beitrag zur sächsischen Litteraturgeschichte der vierziger Jahre," (Arch. f. Ldbe., N. F. XXVI, 441) mitteilt, hat er dieselbe a. a. O.

seiner Darstellung der Kindheit und Jugend Marlins zu Grunde gelegt,
vielfach wörtlich mitgeteilt und bloß hie und da manches in der Anordnung
verschoben, Partieen gekürzt, ganz Unwesentliches fortgelassen.

Außer den bei Trausch a. a. O. erwähnten Arbeiten schrieb Marlin
schon im ersten Jahre seines Hermannstädter Aufenthaltes ein Trauerspiel
„Klara Felizian", von dem uns jedoch nur der Titel aufbewahrt wurde.
Denselben Stoff, den er in „Klara Felizian" verwendet hatte, behandelte
er augenscheinlich in dem im Januar 1847 in raschem Zuge entstandenen
Drama „Klara von Vissegrad". Gleichzeitig mit diesem Drama hatte Marlin
ein zweites Schauspiel in fünf Akten „Die Kinder des Volkes" begonnen.
Das Drama „Klara von Vissegrad" wurde von dem Direktor des deutschen
Theaters in Pest zur Aufführung gleich nach seiner Vollendung angenommen,
auch waren die Rollen bereits einstudiert und der Tag der ersten Vorstellung festgesetzt, als das Theater abbrannte (1847.) Durch den Brand
wurde auch Marlins Manuskript vernichtet.

Von den „Kindern des Volkes" findet sich im Nachlasse Marlins
eine Art Szenarium, aus dem sich der Inhalt jedoch nicht herauslesen
läßt. (Arch. f. Ldde., N. F. XXVI, 481.) Das einzige Drama Marlins,
das fast vollständig ausgeführt ist, (es fehlen bloß die Schlußscenen des
letzten, 5., Aktes,) ist der „Dezebalus". Eine kurze Inhaltsangabe mit
einigen Proben giebt O. Wittstock Arch. f. Ldde., N. F. XXVI, 495—504.
Handschriftlich ist außer diesem Drama von Marlin noch ein Lustspiel
erhalten, „Lustspiel der Verwunderungen" betitelt. In der Pester Zeitung
erschienen aus der Feder Marlins neben den „Siebenbürgischen Briefen"
die Novelle „Der Kartenkönig," ferner eine Bearbeitung der sieb.=sächs.
Sage vom roten Königsrichter von Reps, mehrere romänische Sagen und
Märchen sowie eine längere Erzählung „Die Berge von Sugag". „Neben
der journalistischen Thätigkeit Marlins für die „Pester Zeitung" läuft
gleichzeitig seine Mitarbeit an den Kronstädter „Blättern für Geist, Gemüt
und Vaterlandskunde." In diesen erschien 1847 sein „Meister Jeremias
Zwieblein," abgerissene Andeutungen zu einer sächsischen Kultur= und
Litteraturgeschichte, und die Ballade Marlins „Die Rose der Urweg,"
welche die bekannte sieb.=sächs. Sage „Der Brautkranz" behandelt.

Von Romanen oder Anfängen von solchen fand sich im Nachlasse
Marlins „Horra. Kriegs= und Friedensbilder aus dem Volksleben der Romänen
oder Wallachen in Siebenbürgen." „Diese großangelegte historische Erzählung," schreibt O. Wittstock a. a. O., 509 „ist leider nicht ganz vollendet,
hie und da zeigt dieselbe einzelne Lücken, ebenso fehlt ihr die letzte Überarbeitung und — was noch mehr zu bedauern ist — manche Blätter der
Handschrift sind im Laufe der Zeit verloren gegangen. Aber was davon
in Verlust geraten, vermag der Leser leicht zu ergänzen. Horra gehörte
— wenn er vollendet und ausgearbeitet worden wäre — zweifellos zu
dem Bedeutendsten, was je sächsischer Feder entsprungen ist." Karl Bleibtreu
hat Marlins „Horra" zu seinem Roman „Ein Freiheitskampf" verarbeitet.
Ebenfalls unter Marlins Nachlasse befindet sich der Anfang eines Romans
„Ifigenia", der jedoch nicht über die fünf ersten Kapitel gediehen ist.

Allg. d. Biogr., 20, 393 von Fr. Teutsch.
Arch. f. Ldde., N. F. XXVI, 495 und XXVIII, 298.

Matthiä Georg.

(II, 398).

Trausch-Netoliczkas Handschriftenkatalog führt von Matthiä noch folgende Manuskripte an:

1. Historische Beschreibung Siebenbürgens a. a. O., Nr. 394.
2. Excerpta e codice Colbiano: 1361—1364 Ebenda, Nr. 636.
3. Excerpta aliquot ex rescriptis Caesareo-regiis 20. Julii 1742, 25. August 1742, 21. August 1743 emanatis et ex actis diaetalibus anni 1746. Ebenda, Nr. 637.
4. Excerpta ex annotationibus Georgii Herrmanni ad statuta municipalia Saxorum in Transsilvania. Ebenda, Nr. 639.
5. Consignatio aliquot diplomatum in parte II. annalium Hungariae Georgii Pray addictorum 1327—1882. Ebenda, Nr. 643.

Maurer Friedrich Christian

wurde am 26. Januar 1846 in Agnetheln geboren und besuchte zunächst die Schule dieses Ortes. Im Jahre 1857 begab er sich an das Gymnasium in Schäßburg und 1861 an das in Hermannstadt. Noch als Schüler bekleidete er die Stelle eines Informators am ev. Waisenhaus dieser Stadt. Am Schluß des Schuljahres 1862/63 legte Maurer die Maturitätsprüfung ab und begab sich im Oktober d. J. an die Universität Leipzig. Hier hörte er neben theologischen — Einleitung in das neue Testament bei Hoffmann, Einleitung in das alte Testament bei Luch, Erklärung des Evangelisten Johannis bei Brückner — hauptsächlich geschichtliche Vorlesungen u. zw.: Geschichte der französischen Revolution bis zum Konsulat Napoleons bei Wachsmuth und Geschichte des 15. Jahrhunderts bei Wuttke. Ende März 1864 verließ Maurer Leipzig und zog nach Jena. Auch hier betrieb er neben den theologischen geschichtliche und nun auch philosophische Studien. Das Wintersemester 1865/66 brachte er in Berlin und das Sommersemester 1866 in Heidelberg zu. Mitte Juli dieses Jahres kehrte er, da inzwischen der Krieg zwischen Preußen und Österreich ausgebrochen war, nach Hause zurück und trat zunächst in den Dienst der Volksschule in Agnetheln. Am 5. September 1869 an das Unterrealgymnasium in S.-Reen berufen, verließ er diese Anstalt schon im nächsten Jahre, indem er sich als Lehrer am ev. Gymnasium in Schäßburg anstellen ließ (12. Juni 1870). Doch auch hier sollte er nicht zur Ruhe kommen. Am 11. August 1874 legte er seine Stelle nieder und begab sich nach Landau, wohin er als Direktor der neu zu errichtenden höheren Töchterschule berufen worden war. Hier ist Maurer, fern der Heimat, am 28. November 1892 gestorben.

Er veröffentlichte:

1. Beiträge zur Geographie und Geschichte Siebenbürgens als eines Teiles der römischen Provinz Dacia. S.-R. G.-P. 1870.

2. Die Besitzergreifung Siebenbürgens durch die das Land jetzt bewohnenden Nationen. Ein Beitrag zur Siebenbürger Sachsenfrage. Ed. Kaußler in Landau 1872. Zweite verbesserte und durch zwei Beigaben vermehrte Auflage. Berlin 1882. Druck und Verlag von Gebrüder Fickert.
3. Harra. Eine germanische Tragödie. Als Manuskript gedruckt. Ed. Kaußler Landau 1883. (Erschien auch in dritter Auflage als Ch. F. Maurers Goten-Trilogie erster Teil. Emil Thieme Kaiserslautern.)
4. Ganna. Die Seherin der Chatten. Eine germanische Tragödie. Als Manuskript gedruckt. Ed. Kaußler, Landau 1883.
5. Ulfilas. Eine germanische Tragödie. Als Manuskript gedruckt. Ed. Kaußler, Landau 1884.
6. Marksteine in der Geschichte der Völker 1492—1880. Gymnasial- und öffentliche Vorträge. Leipzig 1881. Kummer. [Bespr.: im S. d. T., 2127 (1880)].
7. Entscheidungsschlachten der Weltgeschichte. Leipzig, Verlagsbuchhandlung von J. J. Weber 1882. 2. Auflage. Ebenda, 1890.
8. Der deutsch-französische Krieg 1870/71. Mit Illustrationen und Plänen. Kaiserslautern, Crusius 1889.

Über seine Mitarbeit an dem S. d. W. s. hier den Artikel Franz Gebbel.

Sch. G.-P., 1875.
Korr. f. Lde., XV, (1892), 144.

Mederus Afarele.
(II, 400).

Wilh. Schmidt. Die Stiftung des kathol. Theresianischen Waisenhauses. Hermannstadt, 124.
Meltzl-Herrmann, Das alte und neue Kronstadt. I, XXXIX.

Mederus Peter, Dr. phil.
(II, 400).

Fr. W. Seraphin weist in seiner Arbeit „Sieben Gedichte des Petrus Mederus eines sächsischen „Poeta laureatus" des XVII. Jahrhunderts" (Arch. f. Ldle., N. F. XXIII) ziemlich überzeugend nach, daß das Geburtsjahr des Mederus nicht, wie Trausch angiebt, 1602, sondern 1606 ist.

Von Mederus rühren noch her:
1. Hochzeitsgedicht auf Stephan Greissing und Herrmann Margaretha. 22. April 1646. Coronae. Typis Herrmannianis 4°. 4 Bl. (Kronst. Gymnasialbibliothek).
2. Excerpta ex Kalendariis Mag. Petri Mederi Past. Coron. (in „Siebenbürgische Chroniken und Tagebücher", gesammelt von J. Fr. Trausch. Manuskript in der Kronst. Gymnasialbibliothek F. 38).

Korr. f. Ldbe., XIV, (1891), 42.
Arch. f. Ldbe., N. F. XXIII, 190.
K. G.-B. 1886.
Allg. d. Biogr., 21, 167 von (E. von) Friedenfels.

Meedt Paul

wurde am 15. August 1844 in Zeiden geboren, absolvierte 1865 das Honterusgymnasium in Kronstadt und trat, da ihm die Mittel fehlten eine Hochschule zu besuchen, im Jahre 1866 als Lehrersubstitut und bald darauf als Lehrer an der Schule seines Geburtsortes ein. Nach 14-jähriger Lehrerthätigkeit wurde er zum Vicenotär in Zeiden gewählt. In dieser Stellung befindet er sich auch gegenwärtig.

Neben kleineren Arbeiten — mehrere Gelegenheitsgedichte von Meedt finden sich im Programm für das Fest der Einweihung der neuen Schule in Zeiden 23. Oktober 1887. Druck von Johann Gött und Sohn Heinrich 1887 — veröffentlichte er:

1. Zeiden. Die land- und volkswirtschaftlichen Zustände dieser Gemeinde. Vortrag, gehalten bei der Jahresversammlung des landwirtschaftlichen Bezirksvereins am 16. November 1890 in Zeiden. Sonderabdruck aus dem sächs. Hausfreund 1892 und 1893. Buchdruckerei Alexi Kronstadt. 8°. 54 S.
2. Geschichte des Zeidner Vorschußvereins in den ersten 25 Jahren seines Bestandes, d. i. von 1873—1897. Kronstadt, Buchdruckerei Schlandt 1898. Gr. 8°. 81 S.

Meißner Karl Ludwig, Ritter von.
(II, 406).
Allg. d. Biogr., 21, 245 von (E.) v. Friedenfels.

Meißner Paul Traugott.
(II, 408).
Allg. d. Biogr., 21, 248 von (E. v.) Friedenfels.

Melas Heinrich

wurde am 12. August 1829 in Mühlbach geboren. Sein Vater Samuel Traugott Melas stammte aus einem schon in der Mitte des 17. Jahrhunderts nachweisbaren ev. Pfarrergeschlechte und war Prediger in Mühlbach. Nach Absolvierung der Lateinschule seiner Vaterstadt setzte er 1842 bis 1847 seine Studien am ev. Gymnasium und von 1849—1851 an der sächsischen Rechtsakademie in Hermannstadt fort. Schon im nächsten Jahre nach dem Abgang von der Akademie widmete er sich dem Staatsdienste und gar bald erkannte und würdigte man „oben", welche Arbeitskraft man an ihm besaß, was zunächst darin seinen Ausdruck fand, daß man ihn wie im Fluge von Posten zu Posten jagte, immer dahin, wo es Berge von Rückständen zu erledigen, verwickelte Verhältnisse zu ordnen galt. Nachdem er im Jahre 1852 als Rechtspraktikant bei der k. k. Obergerichtskommission in Hermannstadt und als Aktuar bei dem k. k. Strafgerichte in Broos, 1852—1854 als Gerichtsadjunkt bei den k. k. Gerichtshöfen in Hermannstadt und Maros-Vasarhely und bei dem k. k. Bezirksgerichte in Zilah, 1854—1859 als Gerichtsadjunkt und Gerichtsleiter bei den k. k. Bezirksgerichten Nagy-Enyed, Abrudbanya, Algyógy, Tövis und Hatzeg, 1859—61 als Staatsanwaltschafts-Substitut, zugleich Referent in Zivilsachen bei dem k. k. Gerichtshofe in Szekely-Udvarhely gedient hatte, trat er bei der Auflösung der k. k. Gerichte in Disponibilität, wurde dann 1863 als Rat zum Komitatsgerichtshof in Elisabethstadt einberufen, entsagte aber aus Familienrücksichten noch in demselben Jahre dem Staatsdienste und fungierte bis 1877 als Landesadvokat in Schäßburg. Seine große Gesetzeskenntnis, sein scharfer klarer Geist, seine strenge Rechtlichkeit, seine ungewöhnliche Gewandtheit im mündlichen und schriftlichen Gebrauch der Landessprachen machten ihn zum gesuchtesten Vertreter Schäßburgs. Das Vertrauen seiner Mitbürger berief ihn bald in alle kirchlichen und politischen Körperschaften. Um die ev. Kirche Schäßburgs hat er sich in den Jahren 1878—1881 die größten Verdienste erworben, in denen er als Kurator „ein außerordentliches Maß von Mühe und Zeit diesem Amte zum Opfer brachte," wie der Bericht des Presbyteriums rühmend hervorhebt.

Im Jahre 1889 hat Melas sich eines schweren Herzleidens wegen vom öffentlichen Leben zurückziehen müssen, doch hat er es auch seitdem an seinem Rate nicht fehlen lassen. Das Zustandekommen des 1890-er Sachsenprogramms ist mit seiner Initiative zu verdanken. Der Entwurf, auf Grund dessen die Verhandlungen stattfanden, ist im Wesentlichen sein Werk.

Melas starb am 23. November 1894. Testamentarisch vermachte Melas ein Legat von 10.000 Gulden für die Schäßburger und ein zweites von 500 Gulden für die Mühlbächer Kirche.

Er veröffentlichte:

1. Französische und magyarische Dichtungen in metrischer Übersetzung. Wien, Verlag von Karl Graeser 1885. [(Vgl. S. d. L., 3396 und 3432, (1885).]
2. Gedichte von Alexander Petöfi aus dem Magyarischen übertragen. Verlag von W. Krafft in Hermannstadt, 1891. [(Vgl. S. d. L., 5314, (1891).]

Eigentlich nahe ist Melas mit diesen seinen Arbeiten seinem Volke nicht getreten. Erst als er anfing auch eigene Gedichte in hochdeutscher Sprache und in sächsischer Mundart zu veröffentlichen, kam sein Name auch in die tieferen Schichten des Volkes. Wir erinnern hier nur an das stimmungsvolle Lied „Im April", an den herrlichen „Nachruf an Michael Albert" und an das zum Todestage M. Alberts gedichtete Lied „Drei Todte", dann von den sächsischen Gedichten an das bei dem Tode einer geliebten Nichte geschriebene Lied „Er trouernder Motter" und an seinen Schwanengesang, das „Pleachlied".

Alle diese Gedichte sind in den Jahrgängen 1893 und 1894 des
Siebenbürgischen Volksfreunds (Sonntagsblatt für Stadt und Land VIII.
und IX. Jahrgang. Verlag von W. Krafft in Hermannstadt) und im
Sächsischen Hausfreund auf das Jahr 1894 (Verlag von Johann Gött
und Sohn Heinrich in Kronstadt) erschienen.

Über seine Mitarbeit an dem S. d. W., s. hier den Artikel Franz
Gebbel.

  Arch. f. Ltde. N. F. XXVII, 9.
  S. d. T., 6373, 74, 75, 77. (1894).
  Korr. f. Ltde., XVII, (1894), 119.
  Siebenb. Volksfreund (Wochenschrift im Verlage von W. Krafft)
    1894, Nr. 48.

Melzer Wilhelm,

geboren am 1. Januar 1824, wurde am 9. September 1848 in Schäßburg am ev. Gymnasium angestellt. Am 1. September 1892 wurde er
unter Anerkennung seiner in nahezu 44=jähriger Amtswirksamkeit dem
Schäßburger Gymnasium geleisteten Dienste in den Ruhestand versetzt.

Er schrieb:

  Zur Bestimmung des Ganges der Luftwärme in Siebenbürgen. Sch.
    G.-P., 1857.

Meltzl Oskar v. Lomnitz, Dr. jur.,

geboren 18. Oktober 1843 in S.-Reen, absolvierte im Jahre 1861 das
ev. Gymnasium in Bistritz und 1866 die Hermannstädter Rechtsakademie,
worauf er an der Budapester Universität nach Ablegung der vorschrifts-
mäßigen Rigorosen den Doktorgrad beider Rechte erwarb. Von 1866 bis
1872 diente er bei den Komitatsgerichten in Torda und S.-Reen,
zuletzt in der Eigenschaft als Vize-Staatsanwalt. Gelegentlich der Neuorganisierung der Gerichte im Jahre 1872 wurde er mit der Leitung der
Staatsanwaltschaft an dem k. Gerichtshof in Gyergyo-Szt.-Miklos als
k. Vize-Staatsanwalt betraut, ward im Jahre 1874 zur Oberstaatsanwaltschaft
nach Maros-Vasarhely berufen und wurde im Jahre 1875 zum Professor für
die Kanzel der Nationalökonomie und Finanzwissenschaft an der k. Rechtsakademie in Hermannstadt ernannt. Als solcher wirkte er bis zu der im
Jahre 1886 erfolgten Aufhebung dieser Anstalt. Das im Jahre 1886 in
London tagende Internationale Statistische Institut wählte Meltzl auf
Grund seiner statistischen Arbeiten zum ordentlichen Mitglied. Vom 1. Januar
1886 bis September 1886 war Meltzl Redakteur des S. d. T. Im
nächsten Jahr, 1887, wurde er zum Reichstagsabgeordneten des I. Wahlkreises
der Stadt Hermannstadt erwählt, welches Mandat ihm auch bei den
späteren Neuwahlen im Jahre 1892 und 1896 übertragen wurde. Im
Jahre 1890 übernahm er die Stelle eines Sekretärs der Handels- und
Gewerbekammer in Preßburg. Im Oktober 1898 wurde er zum Direktor
der Bodenkreditanstalt in Hermannstadt gewählt.

Was seine litterarische Thätigkeit betrifft, sind außer zahlreichen in in- und ausländischen Blättern und Zeitschriften erschienenen Artikeln, Abhandlungen, Reden und Vorträgen volkswirtschaftlichen, statistischen, staatsrechtlichen historischen und politischen Inhalts folgende Arbeiten in selbständiger Ausgabe — zum Teil als Sonderabdrücke aus Zeitschriften — erschienen:

1. Über Luxus und Luxusgesetzgebung. Hermannstadt 1870.
2. Die Stellung der Siebenbürger Sachsen in Ungarn. Hermannstadt 1878. Dasselbe auch in ungarischer Sprache unter dem Titel: „Az erdélyi szászok állása Magyarországon. Nagy-Szeben 1878. [Bespr. in Sybel Hist. Zeitschrift VI, 354. (Diese Schrift Meltzls veranlaßte eine Gegenschrift des Hermannstädter Fakultätsprofessors Dr. Adolf Persz vom magyarischen Gesichtspunkte: „Die Nationalitätenfrage im staatsrechtlichen Lichte". Vgl. S. d. T., 1589 (1879) und 1606—1608, 1879)].
3. Die Zusammensetzung des ungarischen Reichstages. Eine staatsrechtliche Studie. Hermannstadt 1880. Der erste, das ungarische Abgeordnetenhaus behandelnde Teil dieser Arbeit ist im Jahre 1892 auch in der von der ungarischen Akademie der Wissenschaften herausgegebenen Zeitschrift „Athenäum" unter dem Titel: A magyar parlament reformja. I. A képviselőház — erschienen.
4. Die sächsischen Nobilitargüter. In „deutsche Wahrheiten und magyarische Entstellungen" (S. 130—165). Leipzig 1882.
5. Zur Reform des ungarischen Oberhauses. Hermannstadt 1884. (Sonderabdruck aus den Nummern 3318—3323 des S. d. T.).
6. Das Alte und Neue Kronstadt, von G. M. G. v. Herrmann, königl. Rat. Ein Beitrag zur Geschichte Siebenbürgens im 18. Jahrhundert, bearbeitet von Oskár v. Meltzl. I. Bd. Hermannstadt, 1883. II. Bd. ebendaselbst 1887. [Der erste Band. bespr. im S. d. T., 2894 ff. und 2905 ff. (1883), Kronst. Ztg. Nr. 140 ff. (1883). Korr. f. Ltbe. VI. (1883), 117; Mitteilungen des Institutes f. öst. Gesch. IV, 642. Österr. Rundschau 1883, Nr. 11. Századok Februar-Heft 1884; Sybel, Hist. Zeitschr. 1884; Allg. Ztg. (München) 1884, Nr. 259. Vgl. S. d. T., 3276; der zweite Band S. d. T., 4178, 79, 82, 83, 88, 93 (1887). Sybel, Hist. Zeitschr. 1888. Heft 5; Jahresberichte der Geschichtswissenschaft, herausgegeben von Jastrow. X, 137; I. und II. Bd., Blätter f. litt. Unterhaltung, 1888, 455.]
7. Statistik der sächsischen Landbevölkerung in Siebenbürgen. Hermannstadt 1885. Sonderabdruck aus dem XX. Bd. des „Archivs des Vereins für siebenbürgische Landeskunde. [Bespr. im Korr. f. Ltbe. IX, 35, 66, 88.; S. d. T., 4058, (1887); B.-A. f. Ltbe. XXII, 645. Litterarisches Zentralblatt (Zarnke, Leipzig) Nr. 23, 1887, 797; „Zeitschrift für die gesamte Staatswissenschaft" 43. Jahrg. 1887. 1. Heft. 226—231; Wiener „Statistische Monatsschrift" 1887, 3. Heft, 95; die „Deutsche Litteraturzeitung" von Fresenius. Nr. 18 vom 1. Mai 1886; „Allgemeine österreichische Litteraturzeitung in Nr. 3 vom 20. April 1886; Export Nr. 45, (1886)].
8. Programmrede, gehalten am 6. Juni 1887 in der Wählerversammlung zu Hermannstadt. [Sonderabdruck aus dem S. d. T., 4100 (1887).]

9. Rede, gehalten im ungarischen Abgeordnetenhause am 17. Januar 1888. Budapest 1888. (Sonderabbruck aus dem „Pester Lloyd".)
10. Ein englisches Buch über Siebenbürgen. Hermannstadt 1888. [Sonderabbruck aus dem S. b. T., 4472—4474 (1888)].
11. Rechenschaftsbericht, erstattet am 14. Oktober 1888. [Sonderabbruck aus dem S. b. T., 4515 (1888)].
12. Über Gewerbe und Handel der Sachsen im 14. und 15. Jahrhundert. (Erschien in populärer Darstellung als Heft I. und V. des „Volksschriftenverlags", dann selbständig in wissenschaftlicher Bearbeitung als Festschrift zur Feier des 50-jährigen Dienstesjubiläums des Bischofs D. G. D. Teutsch. Hermannstadt 1892. Die letztere Arbeit erschien auch in ungarischer Sprache in der Zeitschrift „Századok" u. b. Titel: Ipar és kereskedelem az erdélyi szászoknál a 14. és 15. században. [Bespr. in der Münchner Allgemeinen Zeitung, 1894. Beilage Nr. 236 und 237. Korr. f. Lfde., XVI. (1893), 87].
13. Über den kaufmännischen Fachunterricht. Preßburg 1892. (Nr. I. der von O. v. Meltzl begründeten Serie von Publikationen der Preßburger Handels- und Gewerbekammer). Dasselbe Werk ungarisch u. b. Titel: A kereskedelmi szakoktatásról.
14. Die Unfallversicherung (Nr. II.) Preßburg, 1892. Ungarisch u. b. Titel: A balesetek elleni biztositásról.
15. Über den gewerblichen Fachunterricht. (Nr. III.) Preßburg 1892. Ungarisch u. b. Titel: Az ipari szakoktatásról.
16. Über gewerbliche Produktivgenossenschaften. (Nr. IV.) Preßburg 1893. Ungarisch u. b. Titel: Az iparos termelő szövetkezetekről.
17. Das Gesetz über die Genossenschaften. (Nr. V.) Preßburg 1895. Ungarisch: A szövetkezeti törvény.
18. Das Zoll- und Handelsbündnis mit Österreich. (Nr. VI.) Preßburg 1896. Ungarisch: Vám- és kereskedelmi szövetségünk Ausztriával.
19. Der Gesetzentwurf über die Privatversicherungs-Anstalten. (Nr. VII.) Preßburg, 1896. Ungarisch: A magánbiztositó társulatokról szoló törvényjavaslat.

Außerdem sind noch zu erwähnen mehrere Bände Jahresberichte der Preßburger Handels- und Gewerbekammer 1890—1897, welche zum weitüberwiegenden Teil aus Meltzls Feder stammen.

Über Meltzls Thätigkeit als Reichstagsabgeordneter s. auch den Anhang.

Unter den im S. b. T. und in anderen Zeitschriften erschienenen Artikeln seien folgende angeführt, die nicht bloß Tagesfragen von vorübergehender Bedeutung behandeln:

1. Die Beteiligung am öffentlichen Leben S. b. T., 2375 (1881).
2. Magyaren und Franzosen. Ebenda, 2398 (1881).
3. Unsere Absentisten. Ebenda, 2446 (1882).
4. Neue Enthüllungen Kossuths. Ebenda, 2467, 2460, 2480—2482 (1882).
5. Deutsche Freiheit. Ebenda, 2490 (1882).
6. Die Frauenfrage bei uns. Ebenda, 2665 und 2666 (1882).

7. Ein Wort über Sparkassen. Ebenda, 2950 (1883).
8. Die Versorgung unserer Städte mit Lebensmitteln. Ebenda, 2998, 2999 (1883);
9. Martin Luther. Ebenda, 3012 (1883).
10. Volkswirtschaftliche Betrachtungen. Ebenda, 3014 (1883);
11. Ein Vorschlag zur Hebung unseres Bauernstandes. Ebenda, 3026.
12. Militarismus und Volkswirtschaft, Allgemeine Zeitung. Augsburg 1882. Beilage, Nr. 40, 41 und 42.

Meltzl Samuel v. Lomnitz,
(III, 591),

geboren am 15. Mai 1815 in S.-Reen, war der Sohn des 1757 in Käsmark geborenen Samuel v. Meltzl, der zu Anfang des vorigen Jahrhunderts ausgedehnte Gebirgswaldungen in dem Reener Bezirk des damaligen Torbaer Komitats aus adeligem Besitz ankaufte und nach dauernder Niederlassung in S.-Reen der Begründer des seither blühenden S.-Reener Holzhandels wurde. Samuel v. Meltzl der Jüngere absolvierte nach Beendigung der Gymnasialstudien am evang. Gymnasium in Hermannstadt den damals üblichen juristischen Kurs am ref. Kollegium und an der königl. Tafel in Maros-Vasarhely und am Lyceum in Klausenburg und trat nach einer größeren Reise ins Ausland in den Dienst seiner Vaterstadt. Nach der furchtbaren Zerstörung S.-Reens durch den Sekler Landsturm im Jahre 1848 ward er nach Wiederherstellung der Ruhe im Lande vom damaligen Gouvernement zum Bürgermeister von S.-Reen ernannt, blieb aber nicht lange in dieser Stellung, da er von der Regierung bei der Einrichtung des Grundsteuer-Provisoriums zum Katastralinspektor im Jahre 1850 ernannt wurde. Noch vor Übernahme dieses Amtes erhielt Meltzl, obwohl nicht dem Königsboden angehörig, eine Berufung nach Hermannstadt als Mitglied der von der sächsischen Nations-Universität eingesetzten Kommission von Vertrauensmännern, die mit der Ausarbeitung von Reformentwürfen zur Regelung des Munizipal- und Gemeindewesens des Sachsenlandes betraut war. Hier übernahm Meltzl die Ausarbeitung der Gemeindeordnung für das Sachsenland (abgedruckt in: „Sächsische Aktenstücke" I, 47), die leider, wie alle übrigen Arbeiten der Kommission, unter dem „Leichentuch des Absolutismus" begraben wurde. (S. „Betrachtungen über unsere Munizipalreform", Separatabdruck aus Nr. 3747—3749 des S. b. T.*)

Zunehmende Schwerhörigkeit und Mißmut über die Verhältnisse der damaligen absolutistischen Zeit veranlaßten Meltzl im Jahre 1861 freiwillig aus dem Staatsdienst zu scheiden. Er starb am 21. Dezember 1868. Außer gelegentlichen Artikeln in dem „Siebenbürger Boten" erschien selbstständig von ihm das von dem Klausenburger landwirtschaftlichen Verein eines Preises für würdig erachtete und von dem siebenbürgisch-sächsischen landwirtschaftlichen Verein in vielen Exemplaren verbreitete Werkchen:

---
*) Von Josef Bedeus v. Scharberg d. J.

Anleitung zur Obstbaumzucht. Eine populäre Darstellung mit besonderer Berücksichtigung der siebenbürgischen Verhältnisse. Hermannstadt, Josef Drotleff 1871.

Menning Andreas,

geboren am 5. Januar 1846 zu Groß-Alisch, absolvierte 1867 das Schäßburger Gymnasium und studierte hierauf Theologie und klassische Philologie an den Universitäten Leipzig und Jena (1867—70). Im Jahre 1879 wurde er als Lehrer am Gymnasium in Schäßburg angestellt, 1890 kam er als Pfarrer nach Meschendorf und 1900 als solcher nach Rabesch.

Er verfaßte:

Der lateinische Unterricht in den drei unteren Klassen der Mittelschulen nach den Lehrbüchern von Hermann Perthes. Sch. G.-P., 1884.

Meschendörfer Josef Traugott
(II, 419)

wurde am 1. März 1832 in Petersberg bei Kronstadt geboren. Doch nur die vier ersten Lebensjahre brachte er in seinem Geburtsorte zu, da sein Vater von der Nachbargemeinde Honigberg zum Prediger gewählt, dorthin übersiedelte. Mit sieben Jahren kam er an die ev. Elementarschule nach Kronstadt, stieg aus dieser in das Gymnasium auf und absolvierte dasselbe im Jahre 1851. Er bezog hierauf, um sich der Theologie und dem Lehramte zu widmen, zunächst die Universität Tübingen, wo insbesondere Christian Ferdinand Baur einen tiefen Eindruck auf ihn machte. Neben diesem zog ihn von den Tübinger Professoren am meisten der Aesthetiker Friedrich Vischer an. Außerdem besuchte er Vorlesungen bei E. Meier Einleitung in das alte Testament, bei Palmer Pädagogik, bei Reif Logik, bei Hohl Elementarmathematik und bei Schwegler Erklärung von Tacitus Germania und Juvenals Satyren. Während der Osterferien weilte Meschendörfer an der landwirtschaftlichen Lehranstalt zu Hohenheim als Gast und beteiligte sich unter der Anleitung des dortigen Professors der Pomologie Ed. Lucas gleich den übrigen Zöglingen an den Arbeiten in der Baumschule. Im Frühjahre 1853 begab sich Meschendörfer nach Berlin. Hier war er bestrebt neben der Ergänzung der vorgeschriebenen theologischen Studien sich für seine nächste Stellung als Lehrer vorzubereiten. Die Wahl seines Faches wurde ihm nicht schwer; eine entschiedene Neigung trieb ihn zu der Naturwissenschaft. So hörte er denn in zwei Halbjahren in Berlin: Dogmatik bei Nitzsch, Moral bei Twesten, Exegese des Johannisevangeliums bei Lehnert, Katechetik bei Strauß, Psychologie bei Beneke, allgemeine Botanik bei Braun, mikroskopische Botanik bei Caspari, Mineralogie bei Gust. Rose, Physik, Hydrographie und Meteorologie bei Dove, unorganische und organische Chemie bei Mitscherlich, und weil er bei seiner Rückkehr nach Kronstadt eine Lehrerstelle an der dortigen

Handelsschule, die ihm bereits zugesagt war, zu übernehmen wünschte, auch Handelskunde.

Im Frühling 1854 kehrte er in die Heimat zurück und fand noch in demselben Jahre eine Anstellung in Kronstadt als Fachlehrer der Naturgeschichte am Obergymnasium und zugleich an der Realschule, welch' letzterer Anstalt er später seine ganze Kraft gewidmet hat. Im Jahre 1872 wurde er zum Pfarrer von Petersberg gewählt.

Von Meschendörfer erschienen im Drucke:

1. Die Gebirgsarten im Burzenlande. K. G.-P., 1860.

   Auch unter dem Titel:

   Die Gebirgsarten im Burzenlande. Ein Beitrag zur Geognosie von Siebenbürgen. Kronstadt, bei J. Gött 1860.

2. Anfangsgründe der Chemie für Unterreal- und Bürgerschulen. Kronstadt, bei J. Gött 1864.

3. Versuch einer urweltlichen Geschichte des Burzenlandes. Mit sechs geognostischen Karten in Farbendruck. K. G.-P., 1866 und besonders erschienen bei J. Gött und Sohn Heinrich 1866.

4. Lehrbuch der Naturgeschichte für die untern Klassen der Gymnasien, Realschulen, wie auch für gehobene Volksschulen. Kronstadt, bei J. Gött und Sohn Heinrich. Erste Auflage 1867, vierte Auflage 1890.

5. Wie können wir unserer Landwirtschaft wieder aufhelfen? Vom Burzenländer landwirtschaftlichen Verein gekrönte Preisschrift. Kronstadt, J. Gött und Sohn Heinrich 1879.

6. Aus der Gegenwart und Vergangenheit der Gemeinde Petersberg. Festgabe von der ev. Kirchengemeinde A. B. dargebracht ihren Gästen bei der Jahresversammlung des Burzenländer Zweigvereines der Gustav Adolf-Stiftung am 29. Juni 1885. Kronstadt, 1885. Buchdruckerei von J. Gött und Sohn Heinrich.

7. Häusliche Gebete, seiner Gemeinde dargereicht. Kronstadt, bei A. Albrecht 1889.

8. Der geologische Bau der Stadt Kronstadt und ihres Gebietes. In der Festschrift für die Mitglieder der 26. Wanderversammlung ungar. Ärzte und Naturforscher. Kronstadt, bei J. Gött's Sohn 1892.

9. Lese- und Lehrbuch für die ländlichen Fortbildungsschulen. Herausgegeben von J. Meschendörfer, Wilh. Morres und Dr. Eduard Morres. Kronstadt. H. Zeidner 1895.

Meyndt Johann Georg, Dr. phil.,
(III, 592)

wurde am 29. November 1848 zu Birthälm geboren. Nachdem er im Jahre 1866 die Maturitätsprüfung am Gymnasium in Mediasch abgelegt hatte, bezog er die Hochschule in Heidelberg, um Theologie und Geschichte zu studieren. Von Heidelberg begab er sich nach Leipzig und erlangte hier 1870 den philosophischen Doktorgrad. Nach seiner Rückkehr in die Heimat wurde er als Lehrer am Gymnasium in Mediasch angestellt (1871). Als solcher starb er am 27. Februar 1876 in Nimesch, wo er bei seinen Eltern weilte, an der Tuberkulose.

Seine Arbeit s. Trausch a. a. O., 592.

Über seine Mitarbeit an dem S. b. W. s. hier den Artikel Franz Gebbel.

M. G.-P., 1876.

Michaelis Johann
(II, 420; III, 592)

ist während seiner Amtsthätigkeit in Hermannstadt von hervorragender Bedeutung für das musikalische Leben dieser Stadt gewesen. Schon seit dem Jahre 1839 bestand daselbst ein Musikverein, dessen wohlthätige Wirksamkeit seit dem Jahre 1848 bis zu seiner Wiederbelebung im Jahre 1859 zu erlöschen drohte. Da war es dessen Musikdirektor Michaelis, welcher in den Jahren 1855 bis 1858 die musikalischen Kräfte der Stadt in seiner Wohnung zu gemeinsamer Bethätigung ihres Strebens vereinte. Michaelis starb am 27. Juni 1877 als Pfarrer in Alzen.

Von den von ihm verfaßten Schriften haben die folgenden neue Auflagen erlebt:

1. Erdbeschreibung von Ungarn. 2. Auflage. Neu bearbeitet von E. Albert Bielz. Hermannstadt 1880.
2. Naturgeschichte für Volksschulen. 2. Auflage. Hermannstadt 1880.
3. Deutsche Sprachlehre für Volksschulen. 3. Auflage. Hermannstadt 1880.
4. Konfirmandenbüchlein. Das größere, d. i. christl. Religionslehre für die ev. Jugend A B. in den Hauptvolksschulen sowie in den Untergymnasien und in den Realschulen und für Konfirmanden. 7. Auflage. Nebst einem Anhange: Die Reformation im Sachsenland von D. G. D. Teutsch. 6. Auflage. Hermannstadt 1886.
5. Geschichte von Ungarn. 3. Auflage. Neu bearbeitet von E. Albert Bielz. Hermannstadt 1888.
6. Konfirmandenbüchlein. Das kleinere, d. i. kurzer Unterricht in der christl. Religion für die ev. Jugend A. B. in den Volksschulen und für Konfirmanden. 10. Auflage. Hermannstadt 1889.
7. Fibel. 13. Auflage. Hermannstadt 1892.
8. Religion. Die christliche, für Kinder auf Grund bibl. Erzählungen. 6. Auflage (Ausgabe für Schüler). Hermannstadt 1892.

Vom Jahre 1870 bis zu seinem Tode (1877) gab er den „Kalender des Siebenbürger Volksfreundes" heraus, dessen Erzählungen namentlich auch von Josef Haltrich auszeichnende Würdigung erfuhren. Besonders seien erwähnt: Der einzige Sohn (1870), Reiseabenteuer eines Schulmeisters (1871), Ein Pfarrerleben (1873), Die Nachbarn (1874), Der Pfiffikus (1876), Der arme Pfarrer (1877).

Über seine Mitarbeit an dem S. b. W. s. hier den Artikel Franz Gebbel.

Außerdem ist noch zu erwähnen seine Dissertation:

De schola in usum filiarum magis eruditorum ordinum instituenda 1837. Manuskript im Sup.-Arch.

Johann Michaelis. Der Lebenslauf eines Volksfreundes. Von dessen Sohn Ludwig Michaelis (s. diesen). Hermannstadt, Druck von Josef Drotleff 1893.
Friedenfels Bedeus II, 315.
Kurzer Nekrolog S. b. T., 1066 (1877).
W. Weiß, Der Hermannstädter Musikverein. Hermannstadt 1877.
Allg. b. Biogr., 21, 690 von (H) Herbert.

Michaelis Julius

wurde am 12. August 1838 in Hermannstadt geboren. Er besuchte das Gymnasium seiner Vaterstadt und dann von 1855—58 die Universitäten Tübingen, Erlangen und Wien und wirkte nach Ablegung der Lehr- und Pfarramtsprüfung in Hermannstadt als Lehrer an der Elementarschule und am Gymnasium. Im Jahre 1874 erwählte ihn die Gemeinde Holzmengen zu ihrem Pfarrer. Nach dem Tode seines Vaters Johann Michaelis (1877) trat er auf den Ruf der Gemeinde in Alzen in dessen Stelle ein und starb hier am 27. Juli 1888.

Als Schriftsteller machte er sich in Zeitungsartikeln bemerkbar. Er war u. A. ständiger Berichterstatter der Frankfurter „Deutschen Presse", in welcher von ihm (1873) auch eine längere heitere Novelle: „Eine Bärenjagd in Siebenbürgen" veröffentlicht wurde. Das 1. Heft des Handbuchs für Volksschulen, herausgegeben von Johann Michaelis, Deutsche Sprachlehre, hat Julius Michaelis in zweiter und dritter Auflage selbständig umgearbeitet. Längere Zeit hindurch (1882—84) war er auch Mitarbeiter des Korr. f. Lkde.

S. b. T., 4449 (1888).
Korr. f. Lkde., XI, (1888).

Michaelis Ludwig Johann,

geboren am 27. April 1844 in Hermannstadt, absolvierte 1861 das dortige Gymnasium und studierte hierauf in den darauffolgenden drei Jahren in Wien und Jena Theologie. Nach Ablegung der Lehramtsprüfung (1869) widmete er sich dem Buchhandel. Er gab heraus und verfaßte den „Kalender des Siebenbürger Volksfreundes", Jahrgang 1878—95. Von den Erzählungen des Volksfreund-Kalenders, unter denen die vom Schemmel Tiß die bekanntesten sind, erschienen in Buchform 1891 „Die Johannisglocke von Unterten" [Bespr. S. b. T., 5128, 5186, (1890)] und 1895 „Johann Michaelis der Lebenslauf eines Volksfreundes".

Mieß Johann Christian
(III, 593)

starb am 20. Dezember 1876 als Direktor der allgemeinen Pensionsanstalt in Kronstadt im 67. Lebensjahre.

Milb Johann Gottlieb.
(II, 425).

Milb hat ausführliche Aufzeichnungen aus seinem Leben hinterlassen. Das Pfarramtsarchiv in Arkeden bewahrt mehrere Privat-Protokolle von seiner Hand auf.

>   Sch. G.-P., 1864, 8.
>   Aus dem Leben des ev. sächsischen Dechanten J. G. Milb. (1757—1780) von J. Ziegler. Hermannstadt, J. Drotleff 1886.
>   Fr. Teutsch, Sch.-O. II, XV, (75); XXVI.

Milbt Johann,

ein Hermannstädter (?), wurde im Januar 1510 an der Wiener Universität immatrikuliert. 1524 ist er Rektor der Schule in Hermannstadt. Von dem neuen Geiste der Reformation ergriffen, geriet er mit der geistlichen Gewalt in Konflikt. Er wurde vor das Kapitulargericht geladen, um sich von den gegen ihn erhobenen ehrenrührigen Anschuldigungen zu reinigen. Am 1. März 1524 erschien Milbt vor dem Gerichte und erbat sich eine fünfzehntägige Bedenkzeit. Über den weiteren Verlauf der Angelegenheit ist nichts bekannt. Milbt trat noch in demselben Jahre aus dem Schul- und Kirchendienste aus und bekleidete von 1525—1530 das Amt des Hermannstädter und Provinzialnotarius. Von Milbt rühren Aufzeichnungen zur Zeitgeschichte (1523—1530) in einem Kalender her. Sie wurden von Fr. Müller im Arch. f. Ldke., N. F. XV. (55—60) veröffentlicht.

>   Arch. f. Ldke., N. F., XV, 47; XVII, 12, 13.
>   H. G.-P., 1859, 11, 13; 1896, 5.

Miles Mathias.
(II, 426).

Das Archiv der Stadt Hermannstadt und der sächsischen Nation bewahrt von Miles folgende Handschrift auf:

>   Brocardia antitoppeltiana, qua originum ac occasuum Transylvanorum seu erutarum Transylvaniae nationum earumque ultimi temporis revolutionum hystorica naratione authore Laurencio Toppeltino de Megyes salse ac false comprehensarum refutationem genuinamque horum omnium

sententiam ac originem classicam scriptorum authoritate confirmatam breviter exhibet Mathias Miles, Cibiniensis civis, anno 1669 die 15 Marcii. Papier, 284 S. Folio, Lederband. Index 279—284.

Allg. b. Biogr., XXI, 743 von G. D. Teutsch.

Miles Mathias,
(II, 427)

war der Sohn des Mediascher Rathsherrn Simon Miles. Nachdem er die Mediascher Schule besucht, studierte er in Königsberg und wurde nach seiner Rückkehr in die Heimat zunächst Rektor in Mediasch, dann 1637 Prediger, 1638 Pfarrer in Bogeschdorf, von wo er 1645 als Stadtpfarrer nach Mediasch berufen wurde. Hier starb er 1649 an der Pest.

Die ältesten Bestimmungen über das Gymnasium in Mediasch rühren von Mathias Miles her und sind von ihm selbst in die Mediascher Gymnasialmatrikel Seite 51 eingetragen worden. (Veröffentlicht in Andreas Graeser im M. G.-P., 1852, 14, Fr. Teutsch, Sch.-D, I., 83. Vgl. hiezu auch M. G.-P., 1896, 7.)

Trausch II, 427. Anmerkung 1.
M. G.-P., 1896, 13.
Fr. Teutsch, Sch.-D., LVI.

Möckel Christian,

geboren am 14. November 1849 in Mühlbach, legte 1869 die Maturitätsprüfung am ev. Gymnasium in Hermannstadt ab und studierte von 1869 bis 1872 in Wien, Leipzig und Jena Theologie, deutsche Sprache und Geschichte und Geographie. Nach Abdienung des Einjährig-Freiwilligen Jahres stand er als Supplent und seit 1879 als Lehrer am ev. Gymnasium in Mühlbach im Dienste. 1891 wurde er zum Prediger in Mühlbach und 1894 zum Pfarrer in Petersdorf (Mühlbächer Kirchenbezirk) gewählt.

Er schrieb:

Die Durlacher und Hanauer Transmigranten in Mühlbach. Mühlb. G.-P., 1884. [Bespr. S. b. T., 3619 (1885)].

Möckel Johann Michael,

wurde am 7. Oktober 1818 in Mühlbach geboren. Schon frühe bemerkten seine Lehrer die ausgezeichneten Geistesgaben und namentlich die hervorragende musikalische Befähigung des heranwachsenden Knaben. Deshalb veranlaßten sie seine Eltern den Sohn studieren zu lassen. Infolge dessen ging Möckel 1833 an das Gymnasium in Hermannstadt. Nach Absolvierung desselben widmete er sich dem Studium der Theologie an der Universität in Berlin und wurde, in die Vaterstadt zurückgekehrt, als Lehrer und dann als Prediger angestellt. Die Musik wurde von ihm auch in diesen seinen Anstellungen eifrig gepflegt und durch ihn das Mühlbacher Musikwesen zu einer bedeutenden Höhe gehoben. Im Jahre 1853 erwählte ihn die Gemeinde Petersdorf (bei Mühlbach) und 1860 die Gemeinde Großpold zu ihrem Pfarrer. Möckel hat sich bei Einführung der provisorischen Bestimmungen, später bezüglich der Einrichtung von Pensionsinstituten in den Bezirken und schließlich in Betreff einer zweckmäßigen Verwendung der Sinekuren-Bezüge an den allgemeinen Interessen unserer Landeskirche auf das Wärmste beteiligt. Er starb am 10. Mai 1866. Die Gemeinde Großpold ehrte sein Andenken durch Errichtung eines Denksteines.

Nach G. D. Teutsch (Arch. f. Lkde, N. F. XXII., 21) hat nicht Gestalter, wie Trausch, II, 4 angiebt, sondern Michael Möckel geschrieben:

Die Baden-Durchlach'schen Deutschen in Mühlbach. Ein Andenken an ihre am 6. Januar 1843 begangene hundertjährige Einwanderungsfeier. Kronstadt, Druck von Joh. Gött 1843. (Neuherausgegeben von Dr. Viktor Roth. Mühlbach 1899. Buchdruckerei von J. Stegmann, Mühlbach. 8º. 34 S.)

Doch hat Gestalter die Festrede gehalten, welche an der Spitze des Schriftchens steht, wodurch auch der Irrtum hervorgerufen worden sein dürfte.

S. b. W. I, (1868), 407 und 423. Von David Krasser. Nachruf an Möckel (Gedicht). S. B. 1866, Nr. 115.

Moeckesch Friedrich
(II, 435)

wurde 1881 als Pfarrer von Kleinscheuern in Ruhestand versetzt und starb 1886 in Hermannstadt.

Moeckesch Johann Michael
(II, 436)

wurde am 20. Februar 1823 zum Pfarrer in Reußdörfel (bei Hermannstadt) gewählt und starb nach fast 65-jähriger ununterbrochener Thätigkeit in dieser Stellung am 7. Januar 1888.

Moeckesch Martin Samuel,
(II, 436),

verließ im Jahre 1870 die Pfarre in Marpod und ging nach Rumänien, wo er zunächst in Bukarest im Verein mit seiner Frau eine deutsche Schule leitete, dann ein Lehramt für die rumänische Sprache übernahm. Als ihn ein stetig zunehmendes asthmatisches Leiden diesen Beruf aufzugeben nötigte, nahm er — es war zur Zeit des russisch-türkischen Krieges 1878—79 — zuerst die Stellung eines Verwaltungsbeamten bei den kgl.

rumänischen Bahnen ein und wurde schließlich Abministrator des Invalidenhauses in Bukarest. Nach kurzer Wirksamkeit auf diesem Posten kehrte er 1886, leiblich gebrochen, in seine Heimat (Hermannstadt) zurück, wo er als Lehrer-Supplent für rumänische Sprache am ev. Gymnasium und der damit verbundenen Realschule eine Anstellung erhielt. Im Jahre 1890 starb er im Franz Josef-Bürgerspitale in Hermannstadt. Der Lehrkörper des ev. Gymnasiums veranstaltete dem ganz Verarmten ein würdiges Leichenbegängnis.

Außer den im II. Bande, 437—438 angeführten Werken veröffentlichte Moeckesch:

1. Vor der Abfahrt. Erzählungen, Gedanken und Empfindungen in Verse gebracht von M. S. M. Hermannstadt, Druck von Th. Steinhaußens Nachfolger (Adolf Reißenberger) 1888.
2. Heideblümchen. Zigeunerische Dichtungen und Sprichwörter ins Deutsche übersetzt. Verlag von H. Zeidner, Kronstadt.

Möckesch Viktor,

geboren am 9. Februar 1866 in Hermannstadt, absolvierte 1884 die Kadettenschule daselbst, wurde 1888 Lieutenant und 1891 Oberlieutenant im 31. Linien-Infanterie-Regiment. Nachdem er 1895 der Generalstabsabteilung des XII. Corps zugeteilt worden, machte er in den Jahren von 1895—1897 den Militärintendanzkurs in Wien mit und wurde am 1. Mai 1900 zum Hauptmann und am 1. Mai 1901 zum Militär-Unter-Intendanten ernannt.

Er veröffentlichte:

General der Kavallerie Michael Freiherr von Melas, 1729—1806. Ein Lebensbild für sein Volk. Verlag von G. A. Seraphin. Hermannstadt 1900.

Moeß (Mös) Michael,
(II, 438),

geboren 1809 in Großau, absolvierte 1831 das Gymnasium in Hermannstadt, worauf er die nächsten zwei Jahre am ref. Kollegium zu Nagy-Enyed die Rechte studierte. Im Jahre 1834 trat er als Magistratspraktikant in die Dienste der Stadt Hermannstadt und stieg allmählich bis zum Senator empor. 1853 wurde er Adjunkt bei dem k. k. Bezirksgerichte in Hermannstadt und Ende 1854 Advokat. Als solcher starb er am 20. März 1874 in Hermannstadt.

Seine Arbeit siehe II, 438.

Moldner Andreas.
(II, 439).

Das von ihm herrührende Büchlein „Geistliche Lieder" (a. a. O.) befindet sich gegenwärtig in der Bibliothek des ev. Gymnasiums in Kronstadt. Eingehend behandelt J. Groß den Inhalt des Büchleins im Korr. f. Ldde., IX, (1886), 1—5.

Moltke Leopold Maximilian,
(II, 440; III, 595)

wurde zu Küstrin am 18. September 1819 als Sohn des dortigen Stadtrates Gustav Moltke, welcher als Erster seines Namens das Adelsprädikat „von" abgelegt hatte, geboren. Da der Vater starb, als Max Moltke noch ein Kind war, genoß dieser seine erste Erziehung durch seine ebenso kluge als fein gebildete Mutter. Moltke besuchte in seiner Vaterstadt das Gymnasium, auf welchem er als Musterschüler in jeder Beziehung galt. An der gänzlichen Mittellosigkeit — das Vermögen der beiderseitigen Großeltern hatten die Freiheitskriege verschlungen — scheiterte sein innigster Wunsch, die Universität zu besuchen, und so ging er nach Berlin, wo er in ein Materialwarengeschäft als Lehrling eintrat. Lange hielt der körperlich nicht sehr kräftige Jüngling die ungewohnte Arbeit nicht aus. Dazu kam der heiße Drang, sein Wissen zu bereichern, der ihn endlich bestimmte, in die im Hause seines Lehrherrn befindliche Buchhandlung einzutreten. Das reiche wissenschaftliche Material, das ihm hier zur Verfügung stand, wurde von ihm zu seiner Weiterbildung gründlich ausgebeutet. Im Jahre 1840 ging er als Buchhandlungsgehilfe nach Frankfurt a. O., wo er 1841 seine erste Gedichtsammlung herausgab, deren Veröffentlichung er selbst später als eine verfrühte, weil inhaltlich unreife, richtig kennzeichnete. Von früh auf schon durch Lektüre auf Siebenbürgen und die dort wohnenden Deutschen aufmerksam gemacht, hegte er den Wunsch, dieses Land und seine Bewohner kennen zu lernen. Er nahm, um der Verwirklichung dieses Wunsches näher zu kommen, eine Stelle in Tirnau an, dann eine in Pest, um endlich durch Vermittlung seines väterlichen Freundes, des Pester Buchhändlers Hartleben in die Nemet'sche Buchhandlung in Kronstadt einzutreten. Gewaltig ergriff den Jüngling die herrliche Naturschönheit dieser Stadt. Aus seiner tiefsten Ergriffenheit von dieser und aus seiner aufrichtigen Begeisterung für die Siebenbürger Sachsen schrieb er diesem Volke vor allem sein Volkslied „Siebenbürgen, Land des Segens". In der Zeit seines Aufenthaltes in Siebenbürgen (1841/49) sind viele seiner schönsten poetischen Erzeugnisse entstanden. Er war Gründer eines Kronstädter Männergesangvereines, später auch kurze Zeit (im Jahre 1849) Schriftleiter des „Siebenbürger Wochenblattes" dem er den Namen „Kronstädter Zeitung" gab. Die Stürme der Revolution rissen auch Moltke mit fort. Er glaubte, durch eine Beteiligung an der Erhebung Ungarns gegen Österreich der Sache Deutschlands und mittelbar auch dem Deutschtum der Siebenbürger Sachsen zu dienen, seine eigenen Ideen verwirklichen zu können. Im Mai verließ er Siebenbürgen, um, von Bem zum Lieutenant ernannt, sich der Honved-Armee zuteilen zu lassen. Kurz nach seiner Feuertaufe wurde er (am 13. August 1849) bei Vilagos mit den zersprengten ungarischen Truppen erst russischer, dann österreichischer Kriegsgefangener. Der Zufall führte ihn mit seinem jungen Weibe, das dem Gefangenentransport nachgeeilt war, auf der Landstraße zusammen, wo im Angesicht tausender von Schicksalsgenossen ein herzzerreißender Abschied stattfand. Über Görz, Laibach und Pola wurde nun Moltke nach Triest geführt, wo er, als Lese- und Schreibkundiger, der Bataillonsschreiberei zugeteilt wurde und manche Freiheit genoß, die seinen Gefährten nicht vergönnt wurde. Zwei und ein Viertel Jahre währte hier sein unfreiwilliger Aufenthalt. Endlich aus Österreich ausgewiesen, zog er mit seiner Gattin nach Küstrin, dann (1852) nach Berlin, wo er bis 1864 blieb. Des Lebens Not und Elend hat ihn von Triest an hart verfolgt. Zahlreiche litterarische Unternehmungen zerschlugen sich am Mangel der materiellen Mittel, sie lebenskräftig zu machen. Als deutscher Sprachforscher von großer Gründlichkeit schuf er sich durch zahlreiche Beiträge zu wissenschaftlichen Zeitschriften, namentlich aber durch die von ihm selbst herausgegebene und geleitete Zeitschrift „Deutscher Sprachwart, Zeitschrift für Kunde und Kunst, Hege und Pflege, Schirm und Schutz unserer Muttersprache" einen Namen, den selbst manche sprachwissenschaftliche Absonderlichkeiten nicht zu schmälern vermochten. Die Gebrüder Grimm, unter vielen anderen, schenkten ihm volle Beachtung. Seine sonstige Thätigkeit mußte Moltke leider hauptsächlich im „Bücherfabrikantenfrohn" um „niederen Tagelohn" suchen. Seine Übersiedelung nach Leipzig (1864) ermöglichte ihm, sich dem Studium seines Lieblingsdichters Shakespeare zu widmen. Er gab mehrere eigene und bearbeitete Übersetzungen Anderer der Werke Shakespeares heraus, die ihm den Ruf eines beachtenswerten Shakespeare-Forschers eintrugen. Sein niemals auf greifbaren Lohn gerichteter Sinn ließ ihn aber auch hier nicht zu dem sehr notwendigen materiellen Gewinn gelangen, dessen er zur wirklich vollen Verwertung seiner reichen geistigen Kräfte unbedingt bedurfte. In hohem Alter (1884) fand er durch seine Anstellung als Bibliothekar der Bücherei der Leipziger Handelskammer einigermaßen die wohlverdiente Ruhe. Moltke starb, bis zum letzten Tage körperlich und geistig rüstig, plötzlich am 19. Januar 1894 in Leipzig-Gohlis. Seine irdische Hülle ruht auf dem Leipziger Johannisfriedhofe.

Er veröffentlichte ferner:

1. Festgesang zur feierlichen Einweihung der von Heinrich Maywald in der ev. Pfarrkirche zu Neustadt neuerbauten Orgel. Gedichtet von Leopold von Moltke, in Musik gesetzt von Johann Hedwig. Kronstadt 184?
2. Bühnen-Kaleidoskop ꝛc. (Trausch II, 441). Dasselbe 1849. (Groß, Kronst. Drucke. Nr. 1726, S. 175).
3. Zwei Lieder für die Siebenbürger Sachsen. Ihrer edlen Nation gewidmet von Leopold Moltke (1844).
4. Deutsche Lieblingslieder. Gesammelt und herausgegeben von Max Moltke. Kronstadt 1850, Johann Gött.

Bezug auf die Siebenbürger Sachsen nehmen Moltkes

5. Schutz- und Trutzlieder für die Siebenbürger Sachsen und das Deutschtum in Österreich, 1882.
6. Volksgebet der Siebenbürger Sachsen, 1883.

Moltkes oben erwähnte reiche litterarische Thätigkeit in Deutschland kann hier natürlich im Einzelnen nicht berücksichtigt werden.

S. b. T., 6116 (1894) und 6903 ff. (1896).
K. G.-P., 1898, 44.
Kalender des Siebenbürger Volksfreundes für das Jahr 1899. XXX, N. F. IV, red. von Dr. A. Schullerus und Dr. Fr. Teutsch. Hermannstadt, Druck und Verlag von Jos. Drotleff, 65—71.

Morres Eduard, Dr. phil.,

wurde am 11. September 1851 in Kronstadt geboren. Mit acht Jahren kam er nach Kronstadt in die ev. städt. Elementarschule. Bei der Mittellosigkeit der Eltern trat er bald als Famulus in das Internat ein, dem er fünf Jahre angehörte. Nach Absolvierung des Untergymnasiums besuchte er als Togat das vierklassige pädag.-theol. Seminar, das damals mit dem Obergymnasium in mehreren Fächern verbunden war. Im letzten Jahrgange wirkte er zugleich in einem Erziehungsinstitute als Privatlehrer, in welcher Eigenschaft er nach Beendigung seiner Seminarstudien noch ein weiteres Jahr verblieb. Angeregt von seinem einstigen Lehrer Andreas Tontsch bezog er im Herbst 1872 die Universität Leipzig und trieb hier einerseits als Hörer Zarnckes und Hildebrands Germanistik, während er sich andererseits unter Drobisch und Ziller mit philosophisch-pädagogischen Studien befaßte. Die nachhaltigste Förderung erfuhr er an dem von Ziller geleiteten pädagogischen Universitätsseminar, an dessen Übungsschule er nach einjährigem Praktikantentum zwei Jahre als Oberlehrer wirkte. Am Schlusse seines vierten Studienjahres erwarb er sich nach Vorlegung der Dissertation „Beiträge zur Würdigung von Herders Pädagogik" in der philosophischen Fakultät zu Leipzig die Doktorwürde und zog 1876 in seine Heimat. Seit März 1877 wirkte er an der städtischen Elementarschule seiner Vaterstadt. Nachdem sein Gesuch um Zulassung zur Lehramtsprüfung von seiner obersten Kirchenbehörde abschlägig beschieden worden, weil ihm das Maturitätszeugnis und der Nachweis theologischer Studien fehlte, suchte er das Versäumte nachzuholen, legte die Maturitätsprüfung im April 1881, als Dreißigjähriger, ab und studierte dann an den Universitäten zu Jena, Berlin und Heidelberg unter Hilgenfeld, Hase, Pfleiderer, Hausrath und Bassermann Theologie. Inzwischen besuchte er wie bereits in den 70-er Jahren eine größere Anzahl von Volksschulen und Lehrerbildungsanstalten Deutschlands. Heimgekehrt wirkte er noch vorübergehend an der Kronstädter Elementarschule, übernahm 1883 als Supplent die Lehrstelle für magyarische Sprache am Seminar, worauf er ein Jahr später, nach Ablegung der Lehramtsprüfung, bleibend angestellt wurde. Seit Auflassung des Kronstädter Seminars (1894) wirkte er an der Unterrealschule. Im Jahre 1887 wurde er Leiter des ev.-sächs. Erziehungshauses und 1893 Leiter der Elementarschule.

Morres ist seit 1889 Redakteur des „Schul- und Kirchenboten."

Er veröffentlichte:

1. Herber als Pädagog. (Die oben erwähnte Dissertation). Erschien in Reins Pädagogischen Studien 1. Folge, Heft 9. Wien und Leipzig. Pichlers Witwe & Sohn 1876.
2. Programm der Kronstädter Erziehungsschule. Kronstadt Johann Gött und Sohn Heinrich 1879.
3. Beiträge zur praktischen Durchführung der formalen Stufen des Unterrichtes. Kronstadt, Albrecht 1888. (Enthält Abhandlungen und Präparationen, die vorher im „Schul- und Kirchenboten" erschienen waren.)
4. Nach 25 Jahren. Ein Beitrag zur Geschichte unserer Schul- und Kirchenzeitungen. Kronstadt Zeidner. 1891. (Sonderabbruck aus dem Schul- und Kirchenboten.) Bespr.: Korr. f. Ldke., XV. (1892), 28.
5. Franz Oberts deutsches Lesebuch, Band I, II, III und IV. Neu bearbeitet von Dr. Eduard Morres und Wilhelm Morres. Kronstadt, Zeidner 1895. III erschien 1899.
6. Lese- und Lehrbuch für die ländlichen Fortbildungsschulen. Herausgegeben von J. Meschendörfer, Wilhelm Morres und Dr. Eduard Morres. Kronstadt, H. Zeidner 1895.

Von größeren Aufsätzen, die Morres in dem Schul- und Kirchenboten veröffentlicht hat, sind hervorzuheben:

1. Dörpfelds Theorie des Lehrplans. Sch. K. B. 1874.
2. Schulreisen. Ebenda, 1875.
3. Eine Schulreise. Ebenda, 1875.
4. Pädagogische Reiseerfahrungen. Ebenda, 1875.
5. Steppe und Wüste im Lehrplan der Ziller'schen Übungsschule. Ebenda, 1875.
6. Zillers Vorlesungen über allg. Pädagogik. Ebenda, 1883.
7. Pädagogische Erwägungen über die Schulstrafen. Konferenzvortrag. Ebenda, 1885.
8. Der Lernprozeß und die formalen Stufen des Unterrichts. Ebenda, 1887.
9. Die formalen Stufen im bibl. Geschichtsunterricht. Ebenda, 1887.
10. Die Methodik des magyar. Sprachunterrichts. Ebenda, 1888.
11. Aus der Praxis der Kronstädter Seminarübungsschule. Unter diesem Titel erschienen im 1887-er und den folgenden Jahrgängen des Sch. u. K. B. Präparationen aus verschiedenen Unterrichtsgegenständen.
12. Gesichtspunkte bei der Auswahl der Lesestücke. Ebenda, 1889.
13. Gesichtspunke bei der Beurteilung der Unterrichtsproben. Ebenda, 1889.
14. Diesterweg als Erzieher seiner Kinder. Ebenda, 1890.
15. Über die Behandlung von Gedichten. Ebenda, 1892.

16. J. A. Comenius, Festvortrag. Ebenda, 1892.
17. Präparationen (die wandelnde Glocke, Aufsatz über die Mühle, zum magyar. Sprachunterricht). Ebenda, 1893.
18. Ein Konzentrationsbilb. Ebenda, 1893.
19. Richtpunkte für die Ausarbeitung von Lehrplänen. Ebenda, 1893.
20. Entwurf zu einer Instruktion der Schulkommissäre. Ebenda, 1894.

In den deutschen Blättern f. erziehenden Unterricht:
1. Die deutsche Sage in der Volksschule. 1876.
2. Über die Interpunktion in den untern und mittlern Klassen der Volksschule. 1885.

In den deutschen Schulblättern von J. F. Gräf und A. Homner: Die pädagogische Bedeutung der Handarbeiten (des Handfertigkeitsunterrichts). 1879.

Im „Pädagog. Korrespondenzblatt" herausgegeben von M. Bergner und S. Hoffmann in Leipzig:

Mitteilungen über Dr. H. G. Brzoskas pädagogische Wirksamkeit in Jena. 1882, Nr. 3—5.

Für Dr. W. Rein's „Encyklopädisches Handbuch der Pädagogik" (Langensalza) lieferte Morres die Artikel: Ämter, Aufsicht und Beschäftigung.

Morres Wilhelm

am 22. Mai 1849 in Kronstadt geboren, absolvierte daselbst 1869 das Volksschullehrerseminar, worauf er sofort eine Anstellung als Volksschullehrer in Bartholomä-Kronstadt erhielt. Seit 1878 Rektor, seit 1881 Prediger-Rektor, ist er auch heute noch in dieser Gemeinde thätig. Im Jahre 1875 hat er ein Semester am Universitäts-Seminar Dr. T. Zillers und an der Universität in Leipzig zugebracht.

Er veröffentlichte:
1. Franz Oberts deutsches Lesebuch. Neubearbeitet von Dr. Eb. Morres und Wilh. Morres. I., II. IV. Teil erschienen 1895; III. Teil erschien 1899, sämtliche im Verlage von H. Zeidner in Kronstadt.
2. Lese- und Lehrbuch für die ländlichen Fortbildungsschulen. Herausgegeben von J. T. Meschendörfer, Wilhelm Morres und Dr. Eduard Morres. Kronstadt, H. Zeidner 1895.
3. Stephan Ludwig Roth, der Volksfreund und Held im Pfarrerrock, von Wilh. Morres, mit vier Illustrationen und illustriertem Originaltitelblatt. 1. Bändchen der Zeidner'schen Volks- und Jugendbibliothek. Kronstadt 1898.
4. Johannes Honterus, der Reformator des Siebenbürger Sachsenlandes von

Wilh. Morres, mit sechs Illustrationen und illustriertem Originaltitelblatt. 2. Bändchen der Zeidner'schen Volks- und Jugendbibliothek. Kronstadt 1898.

5. Der Sachsengraf Markus Pempflinger oder deutsche Treue. Geschichtliche Erzählung aus der Reformationszeit. Mit vier Bildern vom akadem. Maler Friedr. Mieß. 3. Bändchen der Zeidner'schen Volks- und Jugendbibliothek. Kronstadt 1898.

6. Michael Weiß, der Stadtrichter von Kronstadt. Eine geschichtliche Erzählung aus der siebenbürgischen Fürstenzeit. Mit vier Bildern vom akadem. Maler Friedr. Mieß. 4. Bändchen der Zeidner'schen Volks- und Jugendbibliothek. Kronstadt 1898.

7. Die deutschen Ritter im Burzenlande. Eine Erzählung aus der Zeit der Sachseneinwanderung in Siebenbürgen. Mit vier Bildern vom akadem. Maler Friedr. Mieß. 5. Bändchen der Zeidner'schen Volks- und Jugendbibliothek. Kronstadt 1900.

8. Am heimischen Herd. Ernste und heitere Geschichten aus dem sächs. Volksleben. Gesammelt von Wilh. Morres. Kronstadt 1900. Verlag von Gabony & Comp. Inhalt: I. Aus vergangenen Tagen: 1. Mein Vaterland die Scholle. 2. Der Friedhof von Hermannstadt. 3. Zuversicht. 4. Stefanus Fillstich, der Sohn des Stadtrichters. II. Volkserzählungen: 1. In meiner Heimat möcht' ich ruh'n. 2. Der Wortmann. 3. Schön Suschen. 4. Was Frauen aus ihren Männern machen können. III. Allerlei Heiteres: 1. En Klotscheprabig. 2. Das pfiffige Bäuerlein.

9. Der Hanklichraub. Sächsisches Volksstück in 4 Aufzügen. In: Neuer Volkskalender für das Jahr 1901, XII. Jahrgang. Hermannstadt. Druck und Verlag von W. Krafft. (Erschien auch im Sonderabdrucke.)

Moses Michael

lebte am Schlusse des 16. Jahrhunderts in Schäßburg, wo er Schullehrer auf dem Spital war.

Er schrieb:

Etliche furnembste vnd merkliche Geschichten, so in Vngarn vnd Sibenburgen gescheen sindt, Seydt der Zeit her 873.

Seine Chronik reicht von 373 bis zum Herbst 1600.

K. Fabritius, Die Schäßburger Chronisten des 17. Jahrhunderts. Fontes rerum Austriacarum Sriptores III, XVIII—XXI.

Müller Friedrich, Dr. theol. et phil.,
(II, 446)

ist der Sohn des Schäßburger Senators Friedrich Müller und der Charlotte Misselbacher. Er wurde am 15. Mai 1828 in Schäßburg geboren. Hier genoß er seinen ersten Schulunterricht und hier besuchte er das Gymnasium, das damals eine Reihe hervorragender Lehrkräfte — M. Schuller, G. P. Binder, Karl Gooß d. Ä., G. D. Teutsch — aufzuweisen vermochte. Im Jahre 1845 absolvierte er das Gymnasium mit ausgezeichnetem Erfolge und begab sich nach Klausenburg, wo er eine Hauslehrerstelle annahm gleichzeitig aber auch seine Studien fortsetzte. In den folgenden Jahren (1846—1848) studierte er an den Universitäten in Leipzig und Berlin Theologie, Geschichte und Philologie. In Leipzig waren es insbesondere die Vorlesungen von Haupt und Wachsmut, in Berlin die der Professoren Ritter, Böckh und Wilh. Grimm, in denen er die nachhaltigsten Eindrücke empfing. In die Heimat zurückgekehrt, erhielt Müller am 13. Juli 1848 seine erste Anstellung als lector extraordinarius (III) an dem Gymnasium seiner Vaterstadt. Trotz seines außergewöhnlich jugendlichen Alters brachte Müller in sein Lehramt eine gründliche wissenschaftliche Bildung mit, die im Bunde mit reichen Anlagen des Geistes und des Herzens mit einem durchbringenden Verstande und einer unermüdlichen Arbeitskraft eine hervorragende Zukunft ihm voraussagen ließ.

Getreu dem Versprechen, das Müller, Josef Haltrich und Fried. Wilh. Schuster — wesentlich durch die Brüder Grimm begeistert — sich auf der Hochschule gegeben, begann Müller mit der Sammlung siebenbürgischer Sagen. Freilich rief ihn zunächst Pflicht und Begeisterung unter die Waffen. In der Schäßburger Bürgergarde ist er als Lieutenant hinter den Barrikaden auf Wache gestanden und hat an den allerdings nicht großen Kriegsthaten der Bürgerwehr, die sich in zweckloſem Hin- und Hermarſchieren ermüdete, teilgenommen. Dann kam der Friede und die Ruhe auch nach Schäßburg. Der Unterricht an der Schule konnte wieder aufgenommen werden. Gar bald erkannte der damalige Rektor des Schäßburger Gymnasiums G. D. Teutsch den ebenbürtigen, geistesverwandten Kollegen in Müller und so ist es gekommen, daß dieser seit dem Beginn seiner Lehrerthätigkeit als tüchtiger Mitarbeiter an die Seite des um 10 Jahre älteren Rektors Teutsch getreten ist. Wie nicht anders zu erwarten war, ist Müllers Lehrerthätigkeit am Schäßburger Gymnasium von nachhaltigem Erfolge begleitet gewesen.

Gemeinsam mit Josef Haltrich bürgerte Müller auch das Turnen in Schäßburg ein und zwar wurde auch dem Mädchenturnen volle Aufmerksamkeit zugewendet.

Im Jahre 1863 war G. D. Teutsch in das Pfarramt nach Agnetheln berufen worden, Müller wurde sein Nachfolger im Rektorate des Schäßburger Gymnasiums. Man wußte damals in Lehrer- und Schülerkreisen, daß mit ihm und durch ihn das Gymnasium in der Bahn seines großen Vorgängers sich weiter vorwärts entwickeln werde. Er war der Mann allgemeinen Vertrauens und allgemeiner Hochschätzung, recht eigentlich der geistige Führer der Stadt und Umgebung. Sein Wort war einschneidend und kam stets zur rechten Zeit, und jedermann, der ihn reden hörte, nahm von seinen Gedanken einen mit sich hinaus ins Leben.

In der Bergschule hielt Müller strenges Regiment. Man wußte, daß sich keiner etwas gegen die Ordnung der Anstalt erlauben dürfte, ohne daß es geahndet wurde. Die Gewissenhaftigkeit und Strenge in der Bewachung der Anstalt war allen bekannt, und Lehrer und Schüler nahmen sich zusammen. Dabei sorgte er, daß die Kollegialität unter den Lehrern nicht abnahm; er brachte die Lehrer einander nahe und suchte das äußere Band, das nach Gesetz und Schulordnung die Lehrkräfte zusammenhielt, dadurch richtiger und schließender zu gestalten, daß er, wie sein Vorgänger G. D. Teutsch, zwanglose Abende veranstaltete, die ohne kostspielige Auslagen die Lehrkräfte im außerämtlichen Verkehr einander befreundet hielt. In solchen Stunden las dann Michael Albert ein Gedicht voll Witz und Humor vor, ein Anderer brachte eine andere Gabe, man sang Lieder aus der Studentenzeit und pflegte heitere Geselligkeit oft bis gegen Mitternacht.

Im Leben daheim ist Müller nicht ohne zeitweilige schwere Sorgen geblieben. Insbesondere brachte eine langwierige ernste Krankheit der Hausfrau dem Hause schwere Zeiten. Auf der andern Seite belebte das Heim Müllers eine lebhafte Kinderschar, die sich tagsüber im Haus und im Garten tummelte, abends aber sich in einer Ecke des Zimmers an Reinecke Fuchs, an den Grimm'schen Märchen und an Robinson ergötzte. Auch der häufige Besuch von Verwandten und Freunden fehlte dem Hause nicht. Melas, Albert, Haltrich u. a. fanden sich ein, um zumeist Tagesfragen in ernste Erwägung zu ziehen, denn ernste Zeiten waren mit dem Beginn der sechziger Jahre auch in Schäßburg eingezogen und je näher die Zeit an 1866 heranrückte, desto schärfer fanden die großen Tagesfragen in Politik und Weltverkehr auch in Schäßburg ihren Wiederschein. Und nach 1866, als es nun hieß den neugeborenen ungarischen Staat einzurichten, da fluteten die Stimmungen und Ansichten zu Sturm und Drang mächtig an. Es ist hier nicht der Ort näher auf den Kampf zwischen den Jung- und Altsachsen in Schäßburg einzugehen. Daß Müller mannhaft für seine Überzeugung, daß die neue Richtung zu keinem Heile führen könne, eingetreten, ist selbstverständlich. Und wenn Müller im Momente auch nicht vergönnt war aus dem Kampfe als Sieger hervorzugehen, so erlebte er die größere Genugthuung, daß seine größten Gegner allmählig zur Einsicht gelangten, Müller habe Recht gehabt.

Bei dem Kampfe wurde aber die Berufsarbeit und, was damit zusammenhing, nicht versäumt. Und so fallen in Müllers Rektoratszeit wichtige Veränderungen in Bezug auf die Lehrverfassung, der Bau einer Turnhalle, zu deren Herstellung die Stadtkommunität den sagenberühmten Goldschmiedturm gewidmet hatte und die zeitgemäße Erhöhung der Gehalte der Professoren. Dabei wurde auch die litterarische Arbeit nicht vernachläßigt. Auch in Bezug auf diese ist Müller in Schäßburg und später in nicht gewöhnlicher Weise hervorgetreten und hat eine Vielseitigkeit entwickelt, die mit Ausnahme der Naturwissenschaften, so ziemlich alle Gebiete unseres wissenschaftlichen Lebens umfaßt. Und als das S. b. W. gegründet wurde, trat Müller als einer der ersten unter seine Mitarbeiter und lieferte ihm Artikel über Artikel bald über kirchliche bald über politische bald über Schulangelegenheiten. (S. den Artikel Franz Gebbel.)

Unter solcher Arbeit war das Jahr 1869 herangekommen, das Müller in einen neuen Beruf aus Schäßburg abberief. Am 20. Juni dieses Jahres erwählte ihn die stattliche ev. Kirchengemeinde von Leschkirch zu ihrem Pfarrer. Nur kurze fünf Jahre hat Müller in dem neuen Wirkungskreise gearbeitet, sie sind aber zum Segen für diese Gemeinde geworden. Mit seinem einstigen Lehrer und Rektor D. G. D. Teutsch trat Müller wieder in allerengste

Fühlung als er 1870 in das Landeskonsistorium und als er am 27. August 1874 in das Stadtpfarramt nach Hermannstadt berufen wurde. Während er im Landeskonsistorium durch seine gründliche Kenntnis aller auf die innere Einrichtung und Verwaltung unserer Kirche und Schule bezüglichen Angelegenheiten und durch seine schlagfertige Beredsamkeit bald in allen organisatorischen Fragen — so hat Müller unter anderem an der vom Landeskonsistorium 1870 festgesetzten neuen Volksschulordnung einen hervorragenden Anteil — einen entscheidenden Einfluß gewann, fand er als Stadtpfarrer von Hermannstadt volle Befriedigung seiner Arbeit und seines Lebens, denn diese Gemeinde, so hat Müller selbst an heiliger Stelle erklärt, war eine solche, die auch dem Ehrgeiz, wenn er nicht persönlicher sondern sachlicher Art war, einen weiten Spielraum bot, eine Gemeinde, in der man viel Gutes schaffen konnte. Neunzehn Jahre hindurch hat er die evangelische Kirchengemeinde in Hermannstadt mit voller Liebe und Hingabe segensreichst geleitet und durch seine hervorragende Kanzelberedsamkeit seinen Namen in ihr unvergeßlich gemacht. In schwerer Zeit für seine Gemeinde hat er sein Amt in Hermannstadt angetreten. Die große Stiftung der Freiherrn Samuel, Karl und Josef von Brukenthal zu Gunsten der ev. Kirche und Schule in Hermannstadt, die nach dem Tode des letzten direkten männlichen Nachkommen Hermann von Brukenthal († 1872) ihrer Bestimmung zugeführt werden sollte, war in Gefahr der ev. Kirchengemeinde verloren zu gehen. Ein Seitenverwandter der Brukenthal'schen Familie erhob Anspruch auf die Brukenthal'sche Stiftung und begann den Prozeß um diese. Unter der Führung des neuen Stadtpfarrers wurde der große Kampf um Recht gegen den Prätendenten des Brukenthal'schen Fideikommisses gekämpft und endlich (1878 beziehungsweise 1883) nach heißem Ringen zum Frommen der Kirche und Schule, der Waisen und der Armen der Sieg davongetragen. Die Flüssigmachung der Brukenthal'schen Stiftung ermöglichte Müller an eine andere große Arbeit zu gehen, an die schon früher in Aussicht genommene, dann aber durch den Eintritt verschiedener Umstände vorläufig wieder fallen gelassene Reorganisierung des evang. Waisenhauses in Hermannstadt.

In den maßgebenden Kreisen der ev. Kirchengemeinde Hermannstadts war man zur Erkenntnis gelangt, daß das Bedürfnis der Gemeinde eine Vermehrung der unterstützten Waisen gebieterisch fordere. Man suchte dieser Forderung durch Einführung jenes gemischten Systems zu genügen, wonach ein Teil der Waisen zu voller Verpflegung, ein anderer, größerer zur Verpflegung tagsüber von der Anstalt übernommen werden sollte. Bei den Waisen der zweiten Kategorie sollte sich jedoch die Verpflegung nicht bloß auf Nahrung, Kleidung und Überwachung sondern auch auf den ersten Schulunterricht zu beziehen haben.

In diesem Geiste ist unter Müllers Anregung und Leitung auf dem Soldisch ein Bethaus (Johanneskirche), eine fromme Stiftung des 1831 als Pfarrer von Neppendorf gestorbenen Johann Engelleiter entstanden, an welche das neue Waisenhaus angeschlossen worden ist, mit dem eine Kinderbewahranstalt (Lutherhaus) und eine Schule (Josefstädter Schule) verbunden wurde. Am 25. März 1882 war der Grundstein zu dem neuen Bau gelegt worden, am 30. Juni 1883 war er beendigt. Die Gesamtkosten betrugen etwas über 56.000 fl. Die Einweihung des Lutherhauses und der Johanneskirche fand an dem vierhundertjährigen Geburtstage Luthers (10. November 1884) durch Bischof D. G. D. Teutsch statt.

Mit Müllers Amtswirksamkeit als Stadtpfarrer von Hermannstadt bleibt ferner für immer die ev. Krankenpflegeanstalt daselbst verknüpft. Er hat sie ins Leben gerufen und ihre ersten und weiteren Schritte geleitet. Nachdem das ev. Presbyterium in Hermannstadt unter seinem Vorsitze am 24. Juni 1886 die Errichtung einer Krankenpflegeanstalt beschlossen und die größere Gemeindevertretung diesen Beschluß am 14. April 1886 gutgeheißen, erfolgte am 30. April 1888 die Genehmigung der Errichtung seitens des k. u. Innerministeriums.

Seit Sommer 1886 hatte sich Müller an mehrere der größeren Diakonissenhäuser in Deutschland mit der Bitte gewendet, zwei Schwestern für 1—2 Jahre nach Hermannstadt zu schicken, damit durch diese einige heimische Lehrschwestern für den Pflegeberuf erzogen würden.

Alle Schritte waren erfolglos geblieben. Nur der Bescheid aus Weimar enthielt den Zusatz, daß Ihre königl. Hoheit die Frau Großherzogin Sophie gerne bereit sei, einige (2—4) Lehrschwestern unentgeltlich in dem Sophienhaus in Weimar ausbilden zu lassen. Mit großer Freude ging man auf diesen huldreichen Antrag ein. So sind denn von allem Anfange die Schwestern der Hermannstädter Krankenpflegeanstalt im Sophienhause in Weimar ausgebildet worden. In den letzten Tagen des Monats Oktober 1888 war das Anstaltshaus fertig geworden, so daß es die ersten drei ausgebildeten Pflegeschwestern beziehen konnten. Wenige Tage darauf wurde die neue Anstalt in feierlicher Weise eingeweiht und ihrer Bestimmung zugeführt. Das rasche Aufblühen derselben — bereits 1890 wurde eine Erweiterung des Hauptgebäudes notwendig und 1897 ein zweites ausschließlich für die Krankenpflege bestimmtes Haus aufgeführt —, das mit der unermüdlichen Sorge Müllers um sie zuzuschreiben ist, zeigen deutlich, wie sehr sie einem tiefgefühlten Bedürfnisse nicht allein der ev. Gemeinde in Hermannstadt entgegenkommt. Die Arbeit an dieser Anstalt ist zu einer der segensreichsten geworden, die in den letzten Jahren in unserer Mitte aufgenommen wurde. Schon heute dringt der Segen der ev. Diakonie durch Errichtung von Filialen vom Hermannstädter Mutterhause auch nach den sächsischen Schwesterstädten (Kronstadt, Schäßburg, S.-Reen) und durch die Landkrankenwärterinnen in die Bauernstuben der Dorfgemeinden hinüber.

Ebenfalls eine Schöpfung der werkthätigen Nächstenliebe wie die Krankenpflegeanstalt, die Müller begonnen und immerdar gefördert hat, ist die Begründung des allg. ev. Frauenvereins. In einer Besprechung gelegentlich der XI. Landeskirchenversammlung in begeisterter Weise von Müller angeregt, hat das ev. Landeskonsistorium dann die Sache in die Hand genommen und durch ein Rundschreiben vom 16. Juni 1883 den Zweck und das Ziel des neu zu gründenden ev. Frauenvereins klargelegt. Am 22. Mai 1884 wurde die konstituierende Versammlung abgehalten, in der die Satzungen beraten wurden. Am 20. Juli 1884 erhielten diese die Bestätigung des Landeskonsistoriums, und so konnte der Frauenverein seine Arbeit beginnen.

Bis einschließlich 1899 haben die Ortsvereine nicht weniger als 200.898 fl. 21 kr. für ihre Zwecke und Arbeiten aufgebracht. Im ersten Jahre betrugen die Einnahmen der Ortsvereine 4301 fl. 63 kr., im Jahre 1899 17.768 fl. 77 kr.

Eine der schwersten Aufgaben seines Lebens erwuchs Müller, als es galt, den Kampf für die unverletzte Erhaltung des garantierten Rechtsstandes unserer Landeskirche bezüglich ihres Mittelschulwesens zu führen und als nach Schaffung des Mittelschulgesetzes es notwendig wurde, unsere Mittelschulen in die neuen Verhältnisse, in die durch das Gesetz gebotenen Änderungen, hinüberzuleiten. Wenn dieser Übergang ohne wesentliche Störungen geschehen konnte, so ist dies vor allem das unvergängliche Verdienst Müllers.

Nachdem schon im Jahre 1883 die ev. Landeskirche Müller an die Stelle des dahingeschiedenen Superintendentialvikars M. Fuß gewählt hatte, hat er als Kommissär bei Maturitätsprüfungen und Schulvisitationen, als ständiger Referent in Mittelschulangelegenheiten, insbesondere, wie oben schon hervorgehoben, seit der staatliche Einfluß auf die konfessionellen Schulen Gesetz geworden, der Volks- und Mittelschule seines Volkes neben D. G. D. Teutsch den wirksamsten innern Halt gegen äußere Zerbröckelung gegeben.

Und als nun am 2. Juli 1893 Bischof D. G. D. Teutsch aus dieser Welt geschieden, da richteten sich alle Blicke auf den Mann, der fast ein halbes Jahrhundert hindurch Schulter an Schulter mit dem Dahingeschiedenen für das Wohl seiner Kirche und Schule den schweren Kampf mitgekämpft hatte, und nahezu einhellig (mit 52 von 55 Stimmen) berief die XVI. Kirchenversammlung ihn in den erledigten Bischofssitz. (21. September 1893.)

Sofort nach seiner Erwählung wurde Bischof Müller im Sinne unserer Kirchenverfassung eingesegnet und in sein Amt eingesetzt. Am 22. September 1893 übernahm der neue Bischof auch förmlich das Amt. Nach der mit a. h. Entschließung ddto Budapest 5. November 1893 erfolgten Bestätigung der Bischofswahl legte Bischof Müller am 11. Januar 1894 den Staatsbürger- und Treueid in der Hofburg in Wien in die Hände Sr. Majestät in der vorgeschriebenen feierlichen Art in Gegenwart des ung. Hofstaates ab. Die Bestätigungsurkunde, am 22. Januar 1894 in der üblichen solennen Form ausgefertigt, betont neben der dem hohen Herrscherhause jederzeit bewiesenen Treue seitens des neuen Bischofs auch die Tadellosigkeit seines Lebens und seiner Sitten und seine übrigen vorzüglichen Geiseseigenschaften.

Am 11. November 1894 wurde Bischof Müller in Gegenwart der zu dieser Handlung besonders einberufenen XVII. Landeskirchenversammlung auch in feierlicher Weise in Amt und Würde eingesetzt.

In tief empfundenen Worten hat der neugewählte Bischof vor dem Altar es ausgesprochen, daß die Aufgabe, die ihm durch das neue Amt geworden, schwer an und für sich, schwerer noch durch die Zeit geworden, in der wir stehen und die auch vor die Landeskirche fort und fort aufs Neue tief eingreifende, folgenschwere Aufgaben hinstellt. Aber er hat auch gleichzeitig dem Gedanken Ausdruck verliehen, daß unsere Kirche stark genug sei auch in der schweren Zeit, in der wir leben, zu dauern, daß sie lebenskräftig und lebensfähig sei. In rastloser Arbeit hat Bischof Müller seit seinem Amtsantritte vor allem sich bemüht, „die Verteidigungswerke unserer

Kirche nach Innen auszubauen" und „was als Band der Gemeinsamkeit von uns zu den Glaubensbrüdern im Mutterlande der Reformation sich hinüber zu schlingen vermag, nach Außen wie untereinander zu halten und zu festigen" „die Einigkeit im Geist durch das Band des Friedens." *)

Seit mehr als zwanzig Jahren ist unsere ev. Landeskirche gezwungen, einen nicht geringen Teil ihrer Thätigkeit solchen Einrichtungen und Vorkehrungen widmen zu müssen, welche nicht aus der freien Entschließung der Kirche, sondern aus der Rückwirkung der bei der Neuordnung und dem Ausbau des ungarischen Staates geschaffenen Gesetze erwachsen sind. Da galt es den neuen Gesetzen die in unserer Kirche bestehenden Einrichtungen anzupassen, die Lücken zu verzäunen und neue Wege zu bahnen, um von den hohen Gütern zu retten, was zu retten war. Mit keiner Maßregel hat aber der Staat in die wichtigsten Lebensgebiete unserer Kirche so tief eingeschnitten als mit den sogenannten kirchenpolitischen Gesetzen, d. i. mit den am 1. Oktober 1895 ins Leben getretenen Gesetzartikeln XXXI : 1894 über das Eherecht, XXXII : 1894 über die Religion der Kinder und XXXIII : 1894 von den staatlichen Matrikeln, welche später noch durch den XLIII. Gesetzartikel vom Jahre 1895 über die freie Ausübung der Religion ergänzt wurden. Die Landeskirche verlor durch diese Gesetze das Recht der Eheschließung und Ehegerichtsbarkeit, den gesetzlichen Schutz hinsichtlich der Religion der Kinder bei gemischten Ehen und das Recht staatsgiltiger Matrikelführung. Die Entziehung der Matrikelführung und der Ehegerichtsbarkeit bedeutete gleichzeitig auch den Verlust eines jährlichen Einkommens von mindestens 27.000 Gulden für die Kirche.

Vergeblich hat Bischof Müller und das Landeskonsistorium wiederholt sich bemüht, für die durch die kirchenpolitischen Gesetze veranlaßten materiellen Verluste unserer Kirche eine entsprechende Staatshilfe zu erhalten. Keine der Vorstellungen hat eine Erledigung gefunden. Dazu kam, daß der Bischof und das Landeskonsistorium den neuen Gesetzen Rechnung tragen und hinsichtlich ihrer Rückwirkung auf die durch sie berührten Verhältnisse der Kirche Vorkehrungen treffen mußten. Zu diesem Zwecke erließ Bischof Müller das Rundschreiben vom 11. September 1895. Es begnügt sich jedoch dieses nicht damit, nur Anweisungen zu geben wie die neuen Gesetze durchzuführen seien, sondern es giebt auch ernste Ratschläge und Anregungen für alle Diener und Glieder der Kirche zur Förderung, Belebung und Vertiefung des innerkirchlichen Lebens.

Von Bischof Müller rühren ferner her jene Vorstellungen an das ungarische Gesamtministerium gegen die unserer Schule und Kirche drohenden Gefahren, die im Entwurf zum Gesetz über das geistliche Einkommen und zum Ortsnamengesetz und in den Beschlüssen des II. Landesschulkongresses lagen.

In die Amtsthätigkeit des Bischofs Müller fallen dann weiters und sind größtenteils seiner Anregung entsprungen oder verdanken ihm ihre Förderung: Die Reaktivierung des Reisepredigers, die Gründung von Diasporagemeinden, der Schul- und Kirchenbau in Venczenz und Batiz, die Erhöhung der

---

*) Zu diesem Sinne erfolgte auf Anregung des Bischofs Müller die Gründung der „Kirchlichen Blätter" (Mai 1897) als Blatt der organisierten Kirche nach Außen aber auch nach Innen zur Sammlung der Geister.

Volksschullehrergehalte, die Schaffung der neuen Bestimmungen betreffend das Pfarramt (1897) und die Herausgabe eines neuen Gesangbuches. Die Zusammenstellung des Gesangbuches sowie im Zusammenhang damit die Abfassung eines Choralbuches hatte schon im Januar 1894 das Landeskonsistorium einer Kommission übertragen, die unter dem Vorsitz des Bischofs Müller aus den Mitgliedern Dr. J. Bedeus von Scharberg, Heinrich Wittstock, Fr. Tr. Schuster, Fr. W. Schuster, Fr. Herfurth, J. L. Vellá und Rudolf Lassel bestand. Auf Grund der Vorschläge dieser Kommission wurden von der XVII. Landeskirchenversammlung (1894) genaue Bestimmungen über die Herausgabe des Gesangbuches festgesetzt, auf deren Grundlage das neue Gesangbuch entstanden ist. Bischof Müller hat um das Zustandekommen desselben das größte Verdienst sich erworben, insbesondere ist das Andachtsbuch darin sein eigenstes Werk.

Neben diese Arbeit des Bischofs, die für das Innerleben unserer Kirche von der größten Bedeutung war, mußten die Annexionsgelüste des Theißer ev. Kirchendistriktes auf einige siebenbürgische Landesstriche als Missionsgebiet energisch zurückgewiesen werden. Auch an ultramontanen Angriffen auf unsere Kirche hat es in dieser Zeit nicht gefehlt. Man empfand es auch in unserer Kirche als ein beunruhigendes Symptom, daß der röm.-kath. Bischof in Karlsburg mit Genehmigung der Regierung den amtlichen Titel „Bischof von Siebenbürgen" anzunehmen und zu führen an der Zeit gehalten hat, eine Thatsache, welche staatsrechtlich und mit Bezug auf die verfassungsmäßige Stellung der andern Kirchen im Lande den Keim von Konflikten in sich barg und auch von unserer Kirche nicht schweigend hingenommen werden durfte.

Galt es aber in der Heimat abzuwehren, so konnte auf einer andern Seite, im Mutterlande, ein Band, das schon Jahrzehnte vorher geknüpft worden, fester geschlungen werden. Der Verein der Gustav Adolf-Stiftung in Deutschland ist in den letzten Jahren unserer Kirche immer näher gerückt und hat auf seiner Hauptversammlung in Dessau nunmehr auch zum Zwecke der Aufbesserung der Pfarreinkommen die Unterstützung unserer Kirche allen Hauptvereinen empfohlen.

Die General-Kirchen- und Schulvisitationen nahm Bischof Müller nach dem von dem Landeskonsistorium gebilligten Grundsatz, daß nicht ganze Bezirke, sondern kleinere Gruppen von Gemeinden der Visitation zu unterziehen seien, im Sommer 1895 auf, wobei die überhaupt zum ersten Male seit dem Bestande der neuen Kirchenverfassung vom Bischof visitierte Gemeinde Klein-Laßeln, sodann nach Einweihung der neu erbauten Kirche in Johannisdorf und des neuen Schulgebäudes in Seiden die Gemeinden Arbegen, Baaßen, Bonnesdorf, Frauendorf, Petersdorf, Puschendorf, Klein-Blasendorf, Blasendorf (in der Diaspora) Hohndorf, Irmesch, Waldorf und Pretai besucht wurden. Im Oktober desselben Jahres folgte im Zusammenhange mit der Schulweihe in Weidenbach, die Visitation der Gemeinden Fogarasch, Scharkany, Zeiden, Weidenbach, Neustadt, Homorod, Leblang, Reps, Schweischer, Keisd, endlich im Frühsommer 1896 (vom 21. April bis 1. Mai) die Visitation der Gemeinden Dunesdorf, Groß-Alisch, Trappold, Henndorf, Agnetheln, Mergeln, Rohrbach und Kleinschenk. Andere bringende

Aufgaben und der schwankende Gesundheitszustand des Bischofs haben dann die Fortsetzung des begonnenen Werkes bis heute unmöglich gemacht.

Daß es einem so arbeitsreichen Leben, wie es das Bischofs Müller immer gewesen, nicht an Auszeichnungen gefehlt hat, die ihm von Korporationen, Vereinen, Universitäten, fremden regierenden Fürsten und von seinem Monarchen zu teil wurden, ist fast selbstverständlich. Schon 1883 verlieh ihm die Universität Marburg den Titel eines doctor philosophiae honoris causa, 1895 wurde er in das Magnatenhaus einberufen und 1896 erhielt er von seinem Monarchen den Eisernen Kronenorden II. Klasse, indes ihn die Klausenburger Franz Josefs-Universität mit dem Titel eines Ehrendoktors der Philosophie ehrte. Zu diesen vaterländischen Auszeichnungen fügte Großherzog Karl Alexander von Sachsen-Weimar-Eisenach das Komthurkreuz des großherzogl. Sachsen-Weimarischen Hausordens oder vom weißen Falken mit dem Stern hinzu, während ihm die altehrwürdige Universität Leipzig 1897 die Würde eines Doktors der Theologie honoris causa übertrug.

Außer den bei Trausch II, 447 angeführten Werken und zahlreichen Aufsätzen in den verschiedensten Zeitschriften (S. d. W., A. Dove: „Im neuen Reich", „Preußische Jahrbücher", „S. d. T." u. a.) veröffentlichte Müller:

1. Die Schäßburger Bergkirche, ein kunstgeschichtlicher Versuch. Arch. f. Lkde., N. F. I. (s. a. Mitteilungen der k. k. Zentralkommission zur Erforschung und Erhaltung der Baudenkmale. I, 1856, 167).
2. Über den älteren sächsischen Kirchenbau und insbesondere die ev. Pfarrkirche von Mühlbach. Blätter f. G. G. u. V., N. F. I, (1853). (Der Aufsatz erschien umgearbeitet auch in den Mitteilungen der k. k. Zentralkommission zur Erforschung und Erhaltung der Baudenkmale. I, Wien 1856 und in teilweise veränderter Form auch im S. V. K. Hermannstadt 1857.)
3. Die Kelsber Burg, die Kirchen zu Bobendorf, Galt und Schwelscher. Blätter f. G. G. u. V., N. F. I, (1853).
4. Die ev. Kirche in Birthälm. Arch. f. Lkde., N. F. II.
5. König Stephan I. von Ungarn und das siebenbürgische Bistum, eine Revision der Quellen. Ebenda, N. F. II.
6. Archäologische Skizzen aus Schäßburg. Ebenda, N. F. II.
7. Die Verteidigungskirchen in Siebenbürgen. Mitteilungen der k. k. Zentralkommission zur Erforschung und Erhaltung der Baudenkmale. II, Wien 1857 und Blätter f. G. G. u. V. XV, (1857).
8. Bericht über Funde in Schäßburg und Mehburg. Mitteilungen der k. k. Zentralkommission zur Erforschung und Erhaltung der Baudenkmale. II, 1857.
9. Die Ruinen am Firtos in Siebenbürgen. Ebenda, III, 1858.
10. Die Bronzealtertümer, eine Quelle der älteren siebenbürgischen Geschichte. Arch. f. Lkde., N. F. III.
11. Römisches Grabmonument bei Birthälm. Mitteilungen der k. k. Zentralkommission zur Erforschung und Erhaltung der Baudenkmale. III, 1858.
12. Römerspuren im Osten Siebenbürgens. Ebenda, IV, 1859.
13. Zur älteren siebenbürgischen Glockenkunde. Arch. f. Lkde., N. F. IV.

14. Die Heidengräber bei Kastenholz. Mit zwei Tafeln. Ebenda, N. F. V.
15. Die ev. Kirche von Seiburg in Siebenbürgen. Mitteilungen der k. k. Zentralkommission zur Erforschung und Erhaltung der Baudenkmale. VI, 1861.
16. Zur Verfassungsangelegenheit der ev. Landeskirche A. B. Hermannstädter Ztg., 1861, Nr. 7, 9, 10, 11.
17. Unsere Pfarrerswahl und der Entwurf des ev. Landeskonsistoriums A. B. vom 16. März 1862. Zur Regelung derselben. (Ohne Angabe des Verfassers und Jahres.)
18. Daß unseren Schulen im Turnen ein längst vermißtes Mittel der Jugendbildung geboten sei. (Eine Schulrede.) Ohne Angabe des Verfassers und Druckortes. [Hermannstadt, Th. Steinhaußen 1863.]
19. Daß in dem Turnen auch unserm Volke ein kräftiges Mittel zeitgemäßer Erziehung geboten sei. Rede bei der Einweihung der Schäßburger Turnhalle am 14. November 1863. Ohne Angabe des Verfassers und Druckortes. [Hermannstadt, Th. Steinhaußen 1863.]
20. Zwei Tage auf Stenarum (bei Schäßburg). Hermannstädter Zeitung vereinigt mit dem Siebenbürger Boten 1867.
21. Referat bezüglich des Lehrplanes für die Seminarien. Buchdruckerei der v. Closius'schen Erbin. (1871.)
22. Die wichtigsten Ergebnisse der durch den III. G.-A. vom Jahre 1869 angeordneten und am Anfang des Jahres 1870 durchgeführten Volkszählung in den Ländern der ungarischen Krone. Hermannstadt, (1872) Verlag von Franz Michaelis. Druck von Jos. Drotleff. (Ohne Namen des Verfassers.)
23. G. D. Teutsch, eine Lebensskizze von Freundeshand. S. V. K. für 1873.
24. Die Inkunabeln der Hermannstädter „Kapellen-Bibliothek". Arch. f. Ldk., N. F. XIV.
25. Gleichzeitige Aufzeichnungen von Thomas Wal, Johannes Wildt und einem Heltauer aus den Jahren 1513—1532. Ebenda, N. F. XV.
26. Archäologische Streifzüge, von Friedrich und Heinrich Müller. Ebenda, N. F. XVI, 1880.
27. Verwahrung und Sondermeinung gegen den Beschluß der Hermannstädter Bezirkskirchenversammlung vom 2. Januar 1880 betreffend die Intervallfrage. (Als Manuskript gedruckt.) Hermannstadt, S. Filtsch's Buchdruckerei (W. Krafft) 1880.
28. Rede des ev. Stadtpfarrers Friedrich Müller, gehalten bei der Grundsteinlegung zum Bethause und zu den damit verbundenen Anstalten (Waisenhaus und Kinderbewahranstalt) auf dem Soldisch am 25. März 1882. Hermannstadt, W. Krafft 1882.
29. Zur Grundsteinlegung des ev. Bethauses, des ev. Waisenhauses und der ev. Kinderbewahranstalt auf dem Soldisch am 25. März 1882 veröffentlicht von Friedrich Müller, Stadtpfarrer. Hermannstadt, Druck und Verlag von W. Krafft 1882.
30. Gottesdienst in einer ev. sächsischen Kirche in Siebenbürgen im Jahre 1555. Ein Vortrag, gehalten in Hermannstadt am 8. Dezember 1883. Erschien in

der Zeitschrift für praktische Theologie 1884, 150 und daraus im Sonderabdruck in Kommission bei W. Krafft Hermannstadt. Druck von Kumpf und Reis in Frankfurt a./M. (1884.) [Bespr.: Deutsche Litteraturzeitung Nr. 44, (1886.)]

31. Materialien zur Kirchengeschichte Siebenbürgens und Ungarns im XVII. Jahrhundert. Arch. f. Ldeb., N. F. XIX.

32. Siebenbürgische Sagen. Zweite Auflage. Wien, K. Graeser 1885. Auch unter dem Titel Siebenbürgisch=Deutsche Volksbücher, I. Band. [Bespr.: Korr. f. Ldeb., VIII, (1885), 143; S. b. T., 3439 und 3658 (1885); Leipziger Tagblatt vom 23 Januar 1886; Nationalzeitung (Berlin) Nr. 134 (1886); Weserzeitung vom 26. Februar 1886, Nr. 14074; Deutsche Wochenschrift (Wien), Nr. 18 (1886); Deutsche Litteraturzeitung Nr. 44 (1886).]

33. M. F. G. Geprüft und bestanden. Novelle. Hermannstadt, W. Krafft 1892. (Sonderabdruck aus dem Siebenbürgischen Volksfreund 1892). [Bespr.: Korr. f. Ldeb., XVI, (1893) 29; S. b. T., 7071].

34. M. F. G. Erlöst. Novelle. Hermannstadt, Druck und Verlag von W. Krafft 1893. (Sonderabdruck aus dem Siebenbürgischen Volksfreund 1893.)

35. Rede aus Anlaß der Beerdigung Sr. Hochwürden des Bischofs D. G. D. Teutsch, am 5. Juli 1893 in der ev. Pfarrkirche in Hermannstadt. Hermannstadt, Druck und Verlag von W. Krafft 1893.

36. M. F. G. Aus der Spätsommerfrische. Erlebtes und Erdachtes. Hermannstadt, W. Krafft 1894. [Bespr.: Korr. f. Ldeb., XVIII, (1895), 28.]

37. Rede zur Eröffnung der 29. Hauptversammlung des siebenbürgischen Hauptvereins der Gustav Adolf-Stiftung in S.-Reen. (Beilage zu dem 32. Jahresbericht des ev. Hauptvereins der Gustav Adolf-Stiftung für Siebenbürgen). Hermannstadt, Selbstverlag des Vereins. Gedruckt und in Kommission bei W. Krafft. 1894. [Bespr.: Korr. f. Ldeb., XVIII, (1895) 12.]

38. Zur Schäßburger Frauenfrage. S. b. T., 6494—96 und im Sonderabdruck. Hermannstadt, Druck von Jos. Drotleff 1895.

39. Rede zur Eröffnung der 17. Landeskirchenversammlung. (10. November 1894.) Gedruckt in Verhandlungen der 17. Landeskirchenversammlung 1894. Hermannstadt, 1895.

40. Festpredigt des Bischofs Dr. Fr. Müller zu seiner feierlichen Einführung in Amt und Würde am 11. November 1894. Gedruckt in Verhandlungen der 17. Landeskirchenversammlung 1894 Hermannstadt 1895.

41. M. F. G. Johann Karl Schuller und die Gräfin Anna Amabel. S. b. T., 6806 ff. und im Sonderabdruck Hermannstadt, Druck von Jos. Drotleff 1896.

42. M. F. G. Licht und Schatten. Kirchliche Blätter Nr. 25, 1897 und im Sonderabdrucke. Hermannstadt, W. Krafft 1897.

43. Rede zur Eröffnung der 18. Landeskirchenversammlung. (28. April 1897.) Kirchliche Blätter Nr. 1 und 2, 1897; S. b. T., 7106 ff. (1897); Verhandlungen der 18. Landeskirchenversammlung 1897. Hermannstadt, Druck von Jos. Drotleff 1897.

44. Der „Siebenbürger Bischof". Kirchliche Blätter, III. Jahrg., Nr. 39 und im Sonderabdruck. W. Krafft Hermannstadt.

45. Eröffnungsrede zur 33. Jahresversammlung des siebenb. Hauptvereins der ev. Gustav Adolf-Stiftung. (21. August 1898.) Kirchliche Blätter II, Nr. 17.
46. Weiherede des Bischofs Müller nach der Enthüllung des Honterusdenkmals in Kronstadt (21. August 1898). Kirchliche Blätter II, Nr. 17.
47. Weihegebet des Bischofs D. Fr. Müller bei der Enthüllung des Teutschdenkmals in Hermannstadt am 19. August 1899.
48. Gebet des Bischofs D. Fr. Müller zur Eröffnung der 19. Landeskirchenversammlung.
49. Ansprache desselben zur Eröffnung der 19. Landeskirchenversammlung. Nr. 46, 47, 48 gedruckt in Kirchliche Blätter 1899 und im Sonderabdrucke Hermannstadt, W. Krafft 1899.
50. Fraterna caritas. (Ein neuer Angriff auf unsere Kirche.) Kirchliche Blätter 1900, Nr. 42 und im Sonderabdruck. Hermannstadt, W. Krafft 1900.

Neuer und alter Volkskalender für das Gemeinjahr 1895. Hermannstadt, Theodor Steinhaußens Nachfolger (Adolf Reissenberger). Mit dem Bilde des Bischofs.
S. V. K. für das Jahr 1895 von E. A. Bielz. Mit dem Bilde des Bischofs.
Neuer Volkskalender für das Jahr 1895. VI. Jahrgang. Hermannstadt, W. Krafft. Mit dem Bilde des Bischofs.
Sch. G.-P., 1897, 59.
S. d. T., 7422 (1898). Siebzigster Geburtstag des Bischofs.
Kirchliche Blätter, I. Jahrgang, Nr. 8; II. Jahrgang, Nr. 2.

Müller Georg Eduard,

geboren in Neustadt am 28. Oktober 1866, absolvierte am 7. Juli 1887 das Kronstädter Gymnasium, und wendete sich dem Studium der Theologie und des Lehramtes zu. Zu diesem Zwecke besuchte er die Universitäten in Jena, Budapest und Berlin und legte 1889 die Grundprüfung aus magyar. Sprache, Geschichte und lateinischer Philologie ab. Mit Verzicht auf die Eigenschaft eines akademischen Kandidaten der Theologie und des Lehramtes der ev. Landeskirche in Siebenbürgen betrieb er seit 1895 archivalische Studien und dient gegenwärtig als Sekretär am sächsischen National- und Stadtarchiv in Hermannstadt.

Er gab heraus:

Vatikanische Urkunden und Regesten zur Geschichte Siebenbürgens in den Jahren 1371—1377. Arch. f. Ldkde., N. F. XXI.

Gemeinsam mit Franz Zimmermann (s. b.) und Karl Werner gab er ferner den zweiten und dritten Band des Urkundenbuches zur Geschichte der Deutschen in Siebenbürgen heraus.

Müller Georg Friedrich

(II, 450)

starb am 3. Januar 1879 als Pfarrer von Scharosch.

Müller Gottfried Johann, Dr. jur. et phil.,
(II, 451)

trat am 1. September 1870 in den Ruhestand. Seit 1875 lebte er in Währing bei Wien, wo er im 84. Lebensjahre am 4. März 1881 starb. Müller war, wie Oskar v. Meltzl in der Allg. b. Biogr. schreibt (s. u.), ein Mann von überaus reichem und vielseitigem Wissen und umfassenden Sprachkenntnissen, dabei von peinlichster Gewissenhaftigkeit in der Erfüllung seiner Berufspflichten.

S. d. T., 2194 (1881).
Allg. d. Biogr., 22, 553 von (O. v.) Meltzl.
Friedenfels-Bedeus, II, 110, 182, 274.

Müller Heinrich, Dr. med.,

geboren am 28. März 1831 in Reps, bezog nach Absolvierung des Schäßburger Gymnasiums die Universität in Wien, um sich dem Studium der Medizin zu widmen. Neben den vorgeschriebenen Fachstudien beschäftigte er sich zwei Jahre hindurch eingehend auch mit analytischer Chemie und stand nach Vollendung seiner Studien ein Jahr hindurch im allgemeinen Krankenhause, namentlich auf der Abteilung des Augenarztes Professor Dr. Jäger, in Verwendung. 1860 kehrte er als Dr. der Medizin und Chirurgie, Magister der Geburtshilfe und Augenheilkunde in die Heimat zurück, um in Reps die ärztliche Praxis auszuüben. Im Jahre 1866 wurde er vom Repser Stuhle zum Physikus gewählt. Dieses Amt bekleidete er bis zur Auflösung des Stuhles (1876), worauf er von der Komitatsversammlung des neugeschaffenen Großkokler Komitates mit dem Amte des Bezirksarztes des Repser Stuhlrichterbezirkes betraut wurde.

Müller veröffentlichte:

1. Das Repser Schwefelbad. In: Dr. K. Sigmund „Übersicht der bekanntesten zu Bade- und Trinkkuren benützten Mineralwässer Siebenbürgens." II. Auflage, Wien 1868, Wilh. Braumüller.
2. Populäre Belehrung über die Behandlung der Cholera. Kronstadt, Johann Gött 1876.
3. Zur Reform des Sanitätswesens in Ungarn. Wien, Nr. 11 und 12 der Wiener Medizinischen Presse. Wien 1894.
4. A Varos usque in Boralt. Korr. f. Lbe., XVIII, (1895), 36.
5. Die ev. Kirche von Galt. Ebenda, XIX, (1896), 1.
6. Die Repser Burg von Dr. Heinrich Müller. Herausgegeben vom Ausschuß des Vereins für siebenb. Landeskunde. Mit 18 Abbildungen. Hermannstadt 1900. In Kommission bei Franz Michaelis.

Müller Heinrich,

geboren am 4. Oktober 1856 in Schäßburg, studierte nach Ablegung der Maturitätsprüfung am dortigen Gymnasium im Jahre 1874 zunächst während des Wintersemesters 1874/75 an der Hermannstädter Rechtsakademie die Rechte. Im Sommersemester 1875 begab er sich nach Bern, um sich dem Studium der Theologie und klassischen Philologie zu widmen. Nach einjährigem Aufenthalte an dieser Universität studierte er an der Hochschule in Berlin, wo er bis zur Rückkehr in die Heimat — Ende Mai 1878 — weilte. Müller wurde zunächst als akademischer Lehrer an der Bürgerschule (1881) dann an der Mädchen=Hauptvolksschule (1883) und schließlich am ev. Gymnasium in Hermannstadt (1885) angestellt. Seit 19. Dezember 1895 ist er Pfarrer in Schönberg.

In der Zeit von 1879—1892 war er auch Kustosabjunkt und von 1892 bis 1895 Kustos am Brukenthal'schen Museum in Hermannstadt. Außer zahlreichen kleinern Arbeiten, die er im Korr. f. Ltbe. veröffentlichte, gab er gemeinsam mit seinem Vater D. Fr. Müller (s. d.) heraus:

Archäologische Streifzüge. Arch. f. Ltbe., N. F. XVI.

Müller Jacob Aurelius.

(II, 455).

1. Die wahrscheinlich von Müller herrührende „Kurze Beschreibung des Hermannstädter ev. Gymnasiums 1778" veröffentlichte Fr. Teutsch in der Sch.-O., I, 338.
2. Gutachten Müllers zu dem Bericht des ev. Oberkonsistoriums vom 28. Dezember 1782 über die Einrichtung der höheren Studien. Gedruckt in Fr. Teutsch, Sch.-O., II, 34.
3. Brief von Joh. Theodor Herrmann an Müller. Arch. f. Ltbe., N. F. XXIV, 414, von D. G. Neugeboren. Ebenda, XV, 298.

Allg. d. Biogr., 22, 517, von G. D. Teutsch.
Friedenfels=Bedeus, I, 214, 220.
Arch. f. Ltbe., XVIII, 175 und XXIV, 414.

Müller Michael Traugott

(II, 459)

starb am 24. Juli 1875 als Stadtpfarrer von Bistritz. Im Sup.-Archiv befindet sich von Müller folgende Dissertation:

De futuro Jesu Christi adventu. 1826, Manuskript.

S. b. T., 477 (1875).

Müller Samuel Jakob.

(II, 459).

Allg. d. Biogr., 22, 673 von G. D. Teutsch.
Arch. f. Ltbe., N. F. XVI, 12.

Myß Eduard, Dr. med.,

wurde am 23. Mai 1836 in Kronstadt geboren. Nach Absolvierung des Gymnasiums seiner Vaterstadt studierte er in Würzburg und Wien Medizin, und wurde am letztgenannten Orte am 13. Mai 1861 Dr. der Medizin, am 23. Mai 1862 Dr. der Chirurgie, am 13. Juli 1863 Magister der Geburtshilfe und am 10. November 1865 Magister der Augenheilkunde. Außerdem hat er bei Prof. Schuh den Operationskurs mitgemacht, worüber er das Diplom am 14. Juli 1863 erhielt. Nach seiner Rückkehr in seine Heimat erhielt er 1865 die Stelle als Augenarzt daselbst. Im Jahre 1871 wurde er Regimentsarzt bei dem 21. Honvedbataillon mit dem Sitz in Hermannstadt. Nachdem er in Pension getreten war, kam er 1885 nach Kronstadt zurück, um hier die zahnärztliche Praxis auszuüben. Seit dem 27. August 1889 war er Kontrollor bei dem Kassaamte der ev. Kirchengemeinde A. B. in Kronstadt. Er starb am 27. Juni 1900.

Er schrieb:

1. Geschichtliche Glossen, K. P. J., VIII, (1888).
2. Drei Wintertouren auf das Schulergebirge. Ebenda, IX, (1889).
3. Über Bekleidung und Ausrüstung bei Hochgebirgstouren. Ebenda, X, (1890).
4. Tourenweiser für die Ausflüge in die Berge und Gebirge der Umgebung von Kronstadt. Mit 3 Zinkographien und 1 lithogr. Übersichtskarte in Farben, gez. von Karl Myß. Kronstadt, Verlag von Adolf Albrecht 1890. Die zweite Auflage erschien unter dem Titel: „Wegweiser für Ausflüge in die Berge und Gebirge der Umgebung von Kronstadt." Verlag von Gabony und Comp., Kronstadt 1898.

Neidel Christoph.

(III, 3).

Ferner:

Gedichte auf Maria Theresia 1741. (Groß, Kronst. Drucke Nr. 280, 50).

Die Grabdenksteine der ev. Stadtpfarrkirche in Kronstadt. K. G.-P., 1886, 21.

Netoliczka Oskar Franz Josef, Dr. phil.,

wurde am 8. Oktober 1865 zu Komorn als Sohn des am 27. Juni 1866 bei Nachod in Böhmen gefallenen Hauptmanns August Netoliczka und der Marie Netoliczka, Tochter des am 1. Februar 1883 verstorbenen Kronstädter Kommunitätsorators a. D. Franz v. Greißing und der Josefine Beckers geboren. Netoliczka besuchte die evang.-sächsischen Schulen in Kronstadt, wo er 1884 das Honterusgymnasium absolvierte. Von Michaeli 1884 bis Ostern 1886 studierte er in Jena, von da an bis August 1888 in Berlin Theologie sowie deutsche und lateinische Philologie und schloß seine akademischen Studien 1889 in Budapest ab, nachdem er am 2. August 1888 in Jena den philosophischen Doktorgrad erworben hatte. Seit dem 7. Januar 1890 ist er ordentlicher Lehrer der deutschen Sprache und Litteratur am evang. Gymnasium A. B. in Kronstadt und unterrichtet in dieser Stellung vornehmlich in den obersten Gymnasialklassen in Religion, Deutsch und philosophischer Propädeutik; seit 1894 ist er Bibliothekar der Anstalt.

Netoliczka veröffentlichte:

1. Schäferdichtung und Poetik im 18. Jahrhundert: Vierteljahrschrift für Litteraturgeschichte von Bernhard Seuffert, II, 1—89. Weimar 1889.
   Daraus abgedruckt: Schäferdichtung und Poetik im 18. Jahrhundert. Inauguraldissertation zur Erlangung der Doktorwürde der philosophischen Fakultät der Universität Jena, vorgelegt von Oskar Netoliczka aus Kronstadt in Siebenbürgen. Sonderabdruck aus der Vierteljahrschrift für Litteraturgeschichte, II, 1—61. Weimar, Druck der Hofbuchdruckerei. [Bespr.: Korr. f. Ltde., XII (1889), 103.]

2. Zu Heines Romanzen und Balladen. K. G.-P. 1890/91. [Bespr.: Jahresberichte für neuere deutsche Litteraturgeschichte. Blätter für litterar. Unterhaltung 1892.]

3. Lehrbuch der Kirchengeschichte für höhere Lehranstalten von D. Friedrich Lohmann. Dritte umgearbeitete und vermehrte Auflage, besorgt von Dr. Oskar Netoliczka, Gymnasialprofessor. Göttingen, Vandenhoeck & Ruprecht 1893. [Bespr.: Korr. f. Ltde, XVI (1893), 140; Zeitschrift f. Kirchengeschichte, XIV, 241 ff. Theologische Litteraturzeitung, 1895, Nr. 13. Zeitschrift f. praktische Theologie, 1895, 89. Ev. Kirchenzeitung 1894, Nr. 29. Protestantische Kirchenzeitung 1894, Nr. 34. Zeitschrift für evang. Religionsunterricht 1895, 80 f.] Die IV. Auflage erschien in demselben Verlage 1897. [Bespr.: Karr. f. Ltde., XXI, 7. Theol. Litteraturzeitung 1898, Sp. 1260. Litterarisches Zentralblatt 1897, 1217. Theologische Rundschau I, 394 f. Theologischer Jahresbericht, 1898. Deutsche Litteraturzeitung, 1898, Nr. 32. Reformierte Kirchenzeitung 1897, Nr. 30.] Die V. völlig umgearbeitete erschien in demselben Verlage 1899. [Bespr. Korr. f. Ltde, XXIII. (1900), 11. Protestantische Monatshefte 1900, 47.] Die IV. und V. Auflage hat den Titel: Lehrbuch der Kirchengeschichte von Dr. O. Netoliczka, Professor und Bibliothekar am Honterusgymnasium in Kronstadt (Siebenbürgen). Vierte (bez. fünfte) völlig umgearbeitete Auflage von D. F. Lohmanns Lehrbuch der Kirchengeschichte, der Neubearbeitung zweite (bez. dritte) verbesserte Auflage. Göttingen, 1897 bez. 1899.

4. Gotthold Ephraim Lessing, Nathan der Weise. Für den Schulgebrauch herausgegeben von Dr. Oskar Netoliczka, Gymnasialprofessor. Wien und Prag, F. Tempsky, 1893. (Freytags Schulausgaben klassischer Werke für den deutschen Unterricht.) [Bespr.: Schul- und Kirchenbote, 1894. Zeitschrift für deutschen Unterricht X, 473 ff.]

5. Deutsches Lesebuch für Mittelschulen. II. Teil. Herausgegeben von Dr. Oskar Netoliczka und Dr. Hans Wolff. Hermannstadt, W. Krafft 1895. [Korr. f. Ltde., XIX. (1896), 23. Jahresberichte für höheres Schulwesen 1895, 25.]

6. Deutsches Lesebuch für Mittelschulen. III. Teil. Herausgegeben von Dr. Oskar Netoliczka und Dr. Hans Wolff. Hermannstadt, W. Krafft 1896. [Bespr.: S. d. T., 6942 (1896). Zeitschrift für deutschen Unterricht, XII, 652 ff.]

7. Eine Schulreise nach Venedig. K. G.-P., 1897. [Bespr.: Korr. f. Ltde., XX, 135.]
8. Kronstädter Kalender für 1898. Herausgegeben von Traugott Teutsch. Kronstadt 1897. Darin von Dr. Oskar Netoliczka: Johannes Honterus. [Daraus abgedruckt: Johannes Honterus u. f. w. (f. Nr. 10)].
9. Zum Honterusdrama von Traugott Teutsch. Sonderabdruck aus der Kronstädter Zeitung vom 22. Dezember 1897 und dem Kronstädter Tagblatt vom 22. und 23. Dezember 1897. Kronstadt, Verlag von H. Zeidner 1897.
10. Johannes Honterus. Ein Gedenkbüchlein zur Feier seiner Geburt. Kronstadt 1898. Druck und Verlag von Johann Götts Sohn. Unter demselben Titel erschien eine zweite durchgesehene Ausgabe. Kronstadt 1898 im Verlag von W. Hiemesch. (Netoliczkas Honterusbüchlein ist auch beigegeben dem Berichte: Honterus und die Honterusfestwoche im August 1898 in Kronstadt. Kronstadt, W. Hiemesch 1898.) [Bespr.: Korr. f. Ltde, XXI. (1898), 63. Kronstädter Zeitung 1897, Nr. 263. S. d. L., 1897, Nr. 7278. Beilage zur Allgemeinen Zeitung 1898, Nr. 190.]
11. Johannes Honterus' Ausgewählte Schriften. Im Auftrage des Ausschusses zur Errichtung des Honterusdenkmals in Kronstadt herausgegeben von Dr. Oskar Netoliczka. Mit Textabbildungen und einer Karte von Siebenbürgen. Wien, Verlag von Karl Graeser. Hermannstadt, W. Krafft 1898. [Bespr.: Korr. f. Ltde, XXI, (1898), 104. Kronstädter Zeitung 1898, Nr. 282. S. d. L., Nr. 7846, (1900). Kronstädter Zeitung 1898. Deutsche Litteraturzeitung 1899, 433 f. Litterarisches Zentralblatt 1899, 257 f. Zeitschrift f. ev. Religionsunterricht XI, 269. Tägliche Rundschau, Unterhaltungsbeilage Nr. 5, 1900 Theologischer Jahresbericht 1899.

Aus der Ausgabe von Honters ausgewählten Schriften ist separat erschienen:

a) Chorographia Transylvaniae. Die älteste Karte der von den Sachsen bewohnten Teile Siebenbürgens. Wien 1898.
b) Die Kirchenordnung des Honterus. Lateinisch und deutsch. (Sonderabdruck für den Schulgebrauch aus: Dr. O. Netoliczka, Johannes Honterus' ausgewählte Schriften Hermannstadt, 1898.) Hermannstadt, W. Krafft 1900. [Bespr.: Protestantische Monatshefte 1900, 408.]

12. J. F. Trausch, Handschriftenkatalog. Bearbeitet und ergänzt von Dr. Oskar Netoliczka. I. Teil. Kronstadt, Honterusdruckerei von Johann Götts Sohn 1898. [Bespr.: Korr. f. Ltde., XXI. (1898), 118.]
13. Die deutsche Reformation, ihr Ursprung und ihre Wirkungen. Gedruckt in der Festschrift: „Aus der Zeit der Reformation." Kronstadt 1898. [Bespr.: Litteraturblatt für germanische und romanische Philologie 1899, 229].
14. Kronstädter Kalender für 1900. Herausgegeben von Traugott Teutsch, Kronstadt 1899. Darin von Dr. O. Netoliczka: D. G. D. Teutsch.
15. J. F. Trauschs Handschriftenkatalog. Fortgesetzt von Dr. Oskar Netoliczka. II. Teil. Kronstadt, Buchdruckerei Johann Götts Sohn 1900. [Bespr.: Korr. f. Ltde., XXIII. (1900), 144. Kronstädter Zeitung 1900, Nr. 276. Deutsche Litteraturzeitung 1901, Sp. 2634.]

16. Goethe und die Antike. Festrede, gehalten bei der Goethefeier des Honternsgymnasiums am 22. Dezember 1899. K. G.-P. 1899/900, (Bespr.: Litterarisches Echo II, Nr. 23. Korr. f. Ltde, XXIV. (1901). Euphorion VIII, 487 f..

17. Kronstädter Kalender für 1902. Herausgegeben von Dr. Oskar Netoliczka. Kronstadt, Johann Götts Sohn 1901. Darin vom Herausgeber: Traugott Teutsch.

18. Deutsches Lesebuch für Mittelschulen IV. Teil. Herausgegeben von Dr. Oskar Netoliczka und Dr. Hans Wolff. Hermannstadt, W. Krafft 1902.

19. Breve chronicon Daciae, Simon Rösners und Hieronymus Ostermayers Chroniken: Quellen zur Geschichte der Stadt Kronstadt IV. Kronstadt 1902.

20. Honterus und Wagner: Trausch-Schuller, Schriftstellerlexikon IV. Hermannstadt 1902.

Auch in den „Kirchlichen Blättern" sind Aufsätze von Netoliczka, in der „Deutschen Litteraturzeitung", im Litteraturblatt für germanische und romanische Philologie, im „S. b. T." in der „Kronstädter Zeitung", im „Schul- und Kirchenbote", im „Siebenb. Volksfreund", und im „Korrespondenzblatt" erschienen, darunter: Zum Rücktritte des Gymnasialdirektors L. Korobi, Kronstädter Zeitung Nr. 82, 1894. (Auszugsweise abgedruckt im K. G.-P. 1894, 45) und: Zu Rektor Korobis Gedächtnis, Kronstädter Zeitung, Nr. 255, 1901.

Neugeboren Dan. Georg.

(III, 5).

Bei Trausch III, 11 falsch datiert: Gebet [um Frieden] .nach den Bedürfnissen der gegenwärtigen Zeitumständen zum Gebrauch der ev. Kirchen in Siebenbürgen auf allerhöchsten Befehl verordnet. Hermannstadt bei Joh. Barth [Oktober] 1830.

1. Unmaßgeblicher Vorschlag zu einer vorteilhaften Einrichtung des Hermannstädter evangelischen Schul- und Kirchenwesens (1796—1797) Fr. Teutsch Sch.-O., II, 99.

2. Die Visitationsartikel von 1818, wiederholt Fr. Teutsch Sch.-O. II, 184.

3. Plan zur Verbesserung des Schulwesens der Augsburgischen Konfessionsverwandten in Siebenbürgen. [Volksschulplan von D. Neugeboren 1821 in Fr. Teutsch Sch.-O., II, 189, (vgl. hiezu ebenda XXXI.)]

Briefe Neugeborens an den Rektor J. A. Müller: Arch. f. Ltde, N. F. XV, 298; an Weber (Buchhandlungsgehilfe in Preßburg) ebenda, 300; an Joh. Teutsch, Stadtpfarrer in Kronstadt, ebenda, 322; Briefwechsel mit dem Vater eines Hermannstädter Gymnasiasten, ebenda, 377; an den Grafen Georg Banffy, ebenda, 386. Brief Neugeborens aus Jena 2. September 1774 Arch. f. Ltde., N. F. XXI, 541.

D. Neugeboren Vierteljahresschrift für die Seelenlehre. Kronstadt 1859. Derselbe: Drei Arbeiten eines vierzehnjährigen Gymnasiasten vor 100 Jahren im Schul- und Kirchenboten 1870.
Allg. d. Biogr., 23, 494, von G. D. Teutsch.

H. Neugeboren: Daniel G. Neugeboren. Ein Lebens- und Charakterbild.
Arch. f. Ldde., N. F. XV, 296, ebenda, XVIII, 326, 336.
Fr. Teutsch, Geschichte des ev. Gymnasiums A. B. in Hermannstadt,
ebenda, N. F. XIX, 364, 374, 377 f.
Fr. Teutsch: Sch.-O., II, XVII.

Neugeboren Emil Julius, Dr. jur.,

geboren in Hermannstadt am 7. Januar 1838, besuchte das ev. Gymnasium seiner Vaterstadt und beschäftigte sich frühe schon unter der nachhaltigen Beeinflussung der reichen Museumssammlungen und unter Anleitung seiner Lehrer und naher Verwandten, der Gymnasialprofessoren und Naturforscher Michael und Karl Fuß, mit naturwissenschaftlichen Studien und Sammlungen. Nach Absolvierung des Gymnasiums wendete sich jedoch Neugeboren dem Studium der Rechts- und Staatswissenschaften zu, das er von 1855—1858 an der Hermannstädter Rechtsakademie betrieb. Seine juristische Thätigkeit begann er, indem er in den praktisch-politischen und judiziellen Dienst bei den damaligen k. k. siebenbürgischen Landesbehörden eintrat. Mai 1859 und Oktober 1860 legte er die praktisch-politische Prüfung und die Prüfung für das Richteramt ab und widmete sich sodann in den Jahren 1861 bis 1870 zunächst dem sächsischen Munizipaldienst als Gerichtssekretär und Votant im strafrechtlichen Senate bei der Jurisdiktion in Mühlbach. Längere Zeit hinburch war er hier auch mit der Substituierung des Fiskaldienstes betraut.

An der Spitze eines Kreises Gleichgesinnter hat Neugeboren in Mühlbach sich eifrig am öffentlichen und sozialen Leben beteiligt, so an der Gründung des heute blühenden Mühlbächer Spar- und Vorschußvereins und der des Bürger- und Gewerbevereins. Im Jahre 1869 erwarb sich Neugeboren das Advokatendiplom und vertauschte jetzt zufolge eines lebhaften inneren Antriebes und über ehrenvolle Aufmunterung seiner ehemaligen Fakultätsprofessoren Zieglauer, Schuler-Libloy, Krainz, Moor und des Hermannstädter Reichstagsabgeordneten Jakob Rannicher die Richteramtspraxis mit dem Lehramte, indem er im August 1870 einer Berufung des damaligen kön. ung. Kultus- und Unterrichtsministers Baron Josef Eötvös an die Hermannstädter kön. ung. Rechtsakademie zunächst als supplierender außerordentlicher Professor für vaterländische Rechtsgeschichte und Verwaltungsgesetzkunde annahm. Am 26. Juli 1872 promovierte er nach zurückgelegten Rigorosen an der Universität zu Budapest zum Dr. jur. utriusque.

Seit November 1873, wo die k. Rechtsakademie als „rechts- und staatswissenschaftliche Fakultät" reorganisiert wurde, hatte Neugeboren die Lehrkanzel für „Ungarisches Verwaltungsrecht und für allgemeine, sowie für österr. ung. Statistik" als ordentlicher öffentlicher Professor bis zu der unter dem Kultusminister August Trefort eingetretenen Auflösung dieser Lehranstalt (1887) inne. Aber auch andere juridische und staatswissenschaftliche Diszplinen hat Neugeboren innerhalb dieses Zeitraumes, bei eingetretenem Wechsel der Professoren, wiederholt auf dem Lehrstuhle suppliert, namentlich: Ungarisches Privatrecht, Bergrecht, Verfassungs- und Verwaltungspolitik. Seit 1879 zugleich mit der Bibliotheks-Verwaltung an der Anstalt betraut, wurde Neugeboren im November 1887 nach dem Ableben des Direktors Dr. Alois Sentz zugleich mit der Abwickelung der noch schwebenden Direktionsgeschäfte betraut.

Hiezu gehörte in erster Reihe die im August 1889 zum Abschluß gebrachte inventarische Übergabe des größten Teiles der bestandenen Bibliothek an das Baron v. Brukenthal'sche Museum, mit dessen Kuratorium von der Regierung ein Übereinkommen getroffen war, und die Ausscheidung der Doubletten und aller solcher Werke, die im Museum bereits vorhanden waren, für die Klausenburger kön. Franz Josef-Universität.

Seit Beendigung dieser Arbeit, für deren korrekte Abwickelung die Anerkennung vom Ministerium nicht vorenthalten blieb, lebt Neugeboren außer Aktivität in seiner Vaterstadt, wo er in Vertrauensstellungen als rechtskundiges Mitglied im Direktionsrate der Hermannstädter Bodenkreditanstalt und in der Revisions-Kommission der allgemeinen evangelischen Pensionsanstalt, sowie als Direktionsmitglied des Hermannstädter Spar- und Vorschuß-Konsortiums des I. allgemeinen Beamten-Vereines der österr. ung. Monarchie thätig ist. Durch eine längere Reihe von Jahren hat er auch der statistischen Kommission des Komitates Hermannstadt hilfreich zur Seite gestanden.

Seine Doktoratsdissertation: „Verantwortlichkeit und Haftung der Verwaltungsorgane in Ungarn" und seine Habilitierungsschrift: „Das ungar. Gewerberecht in systematischer Darstellung" sind infolge Ungunst der Zeitverhältnisse im Druck nicht veröffentlicht worden, weil eine bald darauf erschienene Novelle zum ungar. Gewerbewesen eine wesentliche Überarbeitung verlangt hätte, zu der Neugeboren die Zeit fehlte. An der 1873=er Wiener Weltausstellung, Gruppe XXVI, (Erziehungs=, Unterrichts- und Bildungswesen) beteiligte sich Neugeboren mit „XIV Statistischen Tafeln zum Bildungswesen der Erwachsenen in Hermannstadt".

In den Jahren 1875 bis 1889 bot Neugeboren eine Reihe von populärwissenschaftlichen Vorträgen zu Gunsten des bestandenen Juristen-Unterstützungsvereines und dann wieder zum Zwecke von Anregungen im Hauptstädter Bürger- und Gewerbe-Verein.

Von diesen sind im Drucke erschienen:

1. Zwangsgenossenschaften und freie Gewerbekammern. Verlag der von Closius'schen Erbin. Hermannstadt 1879.
2. Hermannstadt und die Vorbedingungen einer gesunderen und kräftigeren Entwickelung seines städtischen Gemeinwesens. Hermannstadt, Th. Steinhaußens Nachfolger. (Adolf Reißenberger) 1889.

Außerdem hat das S. d. W. (s. den Artikel Franz Gebbel), das S. d. T., die Hermannstädter Zeitung von Neugeboren Aufsätze administrativen, politischen, nationalökonomischen und statistischen Inhaltes gebracht. [S. d. T., 1687, (1879) Der jährliche Getreideertrag in Österreich-Ungarn und sein Verhältnis zur Anbaufläche; Hermannstädter Zeitung, 19, (1884) Nahe Dinge, nächste Ziele; Ebenda, 270, (1884) Zur Frage des Fortbestandes der Hermannstädter kön. ung. Rechtsakademie.]

Aus der Feder Neugeborens rührt auch ein Memorandum vom 8. Januar 1886 bezüglich Einrichtung von Verwaltungslehrkursen an den kön. ung. Hochschulen mit dem Vorschlage eines Probeversuches mit einem solchen zweijährigen administrativen wissenschaftlichen Seminare in Hermannstadt an Stelle der in der Auflösung begriffenen Rechtsakademie her. Dieses Memorandum wurde, unter Billigung des damaligen Komes=Obergespans Moritz v. Brennerberg, dem ungarischen Ministerpräsidenten Koloman v. Tißa und dem Kultusminister August Trefort im Namen des Verfassers sowie in dem des gleichgesinnten Rechtsakademie=Professors Adolf Perß überreicht, fand jedoch keine Beachtung.

Neugeboren Emil Julius Gustav

wurde am 6. Januar 1870 in Kronstadt geboren. Nachdem er das dortige Gymnasium am 7. Juli 1887 absolviert hatte, studierte er von diesem Jahre an bis 1891 in Jena, Budapest und Berlin Theologie, Geschichte und lateinische Sprache. Im Jahre 1896 wurde er als Supplent und 1897 als ordentlicher Lehrer am ev. Landeskirchenseminar in Hermannstadt angestellt. Juli 1900 verzichtete er aus Gesundheitsrücksichten auf die Ausübung des Lehramtes und übernahm die Leitung des S. d. T.

Er schrieb außer zahlreichen Artikeln in der Kronstädter Zeitung und dem S. d. T.:

1. Über die Siebenbürger Sachsen. Eine Verteidigungsschrift. Verlag von G. A. Seraphin. Hermannstadt, Leipzig, Wien, 1898. (Bespr.: S. d. T., 7469, 7470 und M. A. Ztg., vgl. S. d. T., 7480.)
2. Die Zertrümmerung des Sachsenlandes 1876. II. Band der Bilder aus der vaterl. Geschichte, herausgegeben von Dr. Fr. Teutsch.
3. Die Nationalitätenpolitik Koloman von Szells. Fünf Aufsätze von Emil Neugeboren. Nebst einer Erwiderung von K. H. Sonderabdruck des S. d. T., 8205, 8206, 8212, 8216, 8231, 8232, (1901). Hermannstadt 1901, Buchdruckerei Jos. Drotleff. Inhaber Peter Drotleff.

Neugeboren Heinrich
(III, 13 und 598)

wurde in Kronstadt am 26. September 1832 geboren. Nach Absolvierung des Honterusgymnasiums im Jahre 1852 studierte er bis 1855 in Berlin und Wien Theologie und Philosophie und wurde nach seiner Rückkehr in die Heimat als Elementarlehrer und bald darauf als Professor am Honterusgymnasium angestellt. Im Jahre 1861 gründete er mit Theodor Kühlbrandt d. Ä., Franz Lassel u. a. den Kronstädter sächs. Turnverein, dessen vieljähriger erster Vorstand er war. 1872 wurde er zum Presbyterialaktuar gewählt. 1875 ernannte ihn das ev. Landeskonsistorium zum Mitgliede der Kommission für die Prüfung der Kandidaten der Theologie und Philosophie für das Gebiet der Philosophie.

Am 6. Januar 1877 wurde er zum Stadtprediger und 1879 zum Direktor des Burzenländer Witwen- und Waisen-Pensions-Institutes für das ev. Schul- und Kirchenpersonal berufen.

Seit dem 10. August 1889 war Neugeboren Blumenauer und Spitalsprediger in Kronstadt und erwarb sich um seine Gemeinde insbesondere durch die Gründung des Blumenauer Schulbaufondes und Errichtung der Blumenauer sächs. Volksbibliothek große Verdienste. Er starb am 3. April 1901.

Neugeborens Arbeiten s. III, 13 und 598, ferner begann Neugeboren die lateinischen Urkunden der Kronstädter griech.-or. Kirche ins Deutsche zu übersetzen zum Zwecke der Übertragung derselben in die neugriechische Sprache. Die Arbeit wurde jedoch nicht abgeschlossen. Das einzige Heft, das im Drucke erschienen ist, führt den folgenden Titel:

1. Κρηπὶς θεσπισμάτων. Ἐκ τοῦ Λατινικοῦ, ἐν μὲν τῇ Γερμανίδι ὑπὸ Ἐνρίκου Ναιγεβόρεν καθηγητοῦ, ἐν δὲ τῇ Ἑλληνίδι μετενεχθέντων φωνῇ ὑπὸ Ἀντ. Μοσχάτου Διδάκτορος φιλοσοφίας. Ἐν Στεφανουπόλι τὴν 1. Ἰουλίου 1858. Τύποις Ἰωάνου Γέτ 8⁰. 87 S. (Groß, Kronstädter Drucke. Nr. 181).
2. Karl Frätschkes, geboren am 20. Mai 1834, gestorben am 23. Juni 1871. Lebensbild. Bukarest, Verlagsbuchdruckerei Thiel & Weiß 1872.
3. Führer für Kronstadt und Umgebung. Johann Gött und Sohn Heinrich 1874 (ohne Namen des Verfassers).
4. Honteruskalender für Stadt und Land. Kronstadt bei Römer und Kamner 1877.
5. Über die Aufgabe des ev. Predigers. Antrittspredigt, gehalten am 25. Februar 1877. Sonderabdruck aus dem Schul- und Kirchenboten 1877.
6. Daniel Georg Neugeboren. Ein Lebens- und Charakterbild. Arch. f. Lde., N. F. XV.
7. Johann Honterus der Reformator der Sachsen in Siebenbürgen. Verlag von Hugo Klein in Barmen. Nr. 42 der Hefte: für die Feste und Freunde des Gustav Adolf-Vereins 1887. Zweite vermehrte und verbesserte Auflage 1888.
8. Ein Gedenkblatt für Karl Maager. Kronstädter Zeitung Nr. 45 (1887). Erschien auch im Sonderabdruck.
9. Aus dem Leben Karl Maagers. Sonderabdruck aus dem S. b. T. (4685 ff.) Verlag von Jos. Drotleff, Hermannstadt 1889.
10. Eingrußpredigt in der Blumenauer- und Spitalskirche in Kronstadt gehalten am 25. August 1889. Druck von A. Bilger in Dillenburg. Der Reinertrag ist dem ev.-sächs. Schulbaufond gewidmet.
11. Nachträge zu den Mitteilungen aus dem Leben Karl Maagers. Sonderabdruck aus der Kronstädter Zeitung 1890.
12. Der Gustav Adolf-Verein ist wie das Himmelreich gleich einem Senfkorn. Festpredigt bei der Jahresversammlung des Kronstädter Zweigvereines der Gustav Adolf-Stiftung am 29. Juni 1891. Im Selbstverlage des Verfassers. Buchdruckerei des J. A. R. Bretschinger in Klagenfurt. Der Reinertrag ist dem Blumenauer ev. sächs. Schulbaufonde gewidmet.
13. Aus dem Leben eines sächs. Pfarrers vor hundert Jahren. Sonderabdruck des S. b. T. (5534 ff.) Hermannstadt 1892. Druck von Jos. Drotleff.

Außerdem lieferte Neugeboren zahlreiche Beiträge dem Schul- und Kirchenboten, dem S. b. W. (s. hier den Artikel Franz Gebbel), dem S. b. T., der Kronstädter Zeitung, dem Siebenbürgischen Volksfreund, dem sächs. Hausfreund, dem Pädagogium, herausgegeben von Dr. Dittes, der Predigt der Gegenwart, dem Ev. Gemeindeblatt (Wiesbaden), dem Österr. Protestant, der Ev. Kirchenzeitung für Österreich u. a. Zeitschriften. Von ihm rührt auch die Turnerglocke her, welche der Kronstädter Zeitung beigelegt wurde. (Kronstädter Zeitung 1862 Nr. 147, 160, 169, 190, 196, 207; 1863 Nr. 18, 33, 79 und 100; s. auch Groß, Kr. Dr. Nr. 1578.)

Hinrichsen, 429.
S. b. T., 8299 (1901

Neugeboren Johann Ludwig.
(III, 13 und 595).

Seine abnehmenden Körperkräfte nach Vollendung des 80. Lebensjahres nötigten Neugeboren, sich in den Ruhestand zurückzuziehen. Er starb in Hermannstadt am 20. September 1887.

Er veröffentlichte ferner:[1])

1. Goldstufen des Brukenthalischen Museums in Hermannstadt. (Beiblatt des Sieb. Boten. Transsylvania 1842.)
2. Geschichtliches über das Bergwerk Nagyág sowie geognostische Skizzen von der Offenbanyaer Bergwerksgegend. V. u. M., II, (1851).
3. Das Goldbergwerk bei Ruda. Ebenda, III, (1852).
4. Eine Exkursion in das Köröstthal. Ebenda, VII, (1856).
5. Geognostische Skizzen von Siebenbürgen, Arch. f. Lde., N. F. II.
6. Übersicht der geologischen Verhältnisse Siebenbürgens. Ebenda, IV.

Seiner Beschäftigung mit der siebenbürgischen Paläontologie und insbesondere seinem Studium der in den jüngeren Erdschichten des Landes eingeschlossenen tierischen Überreste verdanken u. a. folgende Arbeiten Neugeborens ihre Entstehung:

a) Über siebenbürgische Petrefaktenkunde im Allgemeinen.

1. Litterarische Notiz über M. J. Ackners Monographie „Geologisch-paläontologische Verhältnisse des siebenbürgischen Grenzgebirges längs der kleinen Walachei." Arch. f. Lde., IV und V. u. M., III, (1852).
2. Ausflug nach Porcsesd. Transsylvania, Beiblatt zum Sieb. Boten Nr. 48, 1846.
3. Paläontologische Findlinge in der siebenbürgischen Steinsalzablagerung. Forschungsresultate des Herrn Dr. A. E. Reuß V. u. M., XX, (1869).

---
[1]) Die Zusammenstellung der Arbeiten Neugeborens geschieht hier nach V. u. M., XXXVIII, (1888), 1.

b) **Über fossile Säugetiere.**

4. Fossile Knochen aus dem Diluvium der Kokel bei Mediasch. V. u. M., VII, (1856).
5. Bemerkungen über die Fundstätte eines Elephanten-Stoßzahnes im Rotenturmpasse. (Ebenda, III, 1852.)

c) **Über fossile Fischreste.**

6. Übersicht der bei Porcsesd aufgefundenen fossilen Fischzähne. (Haidingers Bericht III, 1847).
7. Litterarische Notiz über Jakob Heckel's Beitrag zur Kenntnis der fossilen Fische Österreichs mit Bezug auf die Fischreste von Szakabat und im Thalheimer Graben. V. u. M., II, 1851.

d) **Über tertiäre Konchylien.**

8. Fundorte von Tertiärpetrefakten in Siebenbürgen (Zeitschrift der deutschen geologischen Gesellschaft in Berlin, V, 1853) enthält nebst einer Schilderung des Fundortes zu Ober-Lapugy noch die Aufzählung der wichtigsten anderen Fundorte von Tertiärpetrefakten im Lande.
9. Bericht über eine wissenschaftliche Reise nach den Ablagerungen vorweltlicher Konchylien in den Gegenden von Dobra und Vajba-Hunyad (Arch. f. Ldbe., IV, (1850) enthält außer der Beschreibung der Fundorte von Ober-Lapugy, Bujtur, Rakosd u. s. w. noch Angaben über die Umgegend von Großpold, das Eisenwerk von Gyalar u. a.)

aa) **Ober-Lapugy.**

10. Vergleichende Übersicht der Artenverhältnisse der neogenen Gasteropoden des Wiener Beckens und jener von Ober-Lapugy. V. u. M., V, (1854).
11. Neue Gasteropoden von Ober-Lapugy, Ebenda, V, (1854).
12. Notizen über das Vorkommen von Tertiär-Fossilien zu Lapugy. Jahrbuch für Mineralogie ꝛc. von Leonhardt und Bronn 1854; Jahrbuch der k. k. geologischen Reichsanstalt, V, (1854).
13. Die Fauna von Ober-Lapugy, verglichen mit der des Wiener Beckens (Leonhardt und Bronn's Jahrbuch 1857).
14. Zur Feier des 100-jährigen Geburtstages des Cosmos: Pleurotoma Humboldti Neugeboren. V. u. M., XX, (1869).
15. Systematisches Verzeichnis der im Tegelgebilde von Ober-Lapugy vorkommenden Coniferen. Ebenda, XXIX, (1879).

bb) **Von Pank bei Dobra.**

16. Über das erst kürzlich entdeckte Petrefaktenlager zu Pank bei Ober-Lapugy. V. u. M., V, (1854).
17. Systematisches Verzeichnis der bis jetzt in den Tegelstraten von Pank aufgefundenen Gasteropoden. Ebenda, XVI, (1865).
18. Tabellarisches Verzeichnis der bis jetzt bei Pank nächst Lapugy aufgefundenen Miocän-Konchylien, geordnet nach dem geologischen Vorkommen dieser Petrefakten. Ebenda, XX, (1869).

cc) Von Bujtur und aus dem Batizerwald.
19. Der Wald bei Batiz, eine neue Fundstätte tertiärer Conchylien. Ebenda, X, (1859).
20. Systematisches Verzeichnis der in den Straten bei Bujtur vorkommenden fossilen Tertiär-Bivalven-Gehäuse. Ebenda, XXVIII, (1878).

dd) Von Deva.
21. Eine neue Fundstätte tertiärer Konchylien, entdeckt von J. Andrä V. u. M., III, (1852).

ee) Von Nemesed im Banat.
22. Notiz über das erst neulich entdeckte Lager tertiärer Konchylien beim Dorfe Nemesed im Banat. V. u. M., III, (1852).

ff) Von Kostey im Banat.
23. Bericht über einen neuen Fundort tertiärer Konchylien beim Dorfe Kostey im Banat. V. u. M., V, (1854).

e) Über Foraminiferen.
24. Entdeckungen von Foraminiferen des Tegels von Felsö-Lapugy (Transsylvania, Beiblatt des Siebenbürger Boten 1864, Nr. 26).
25. Über die Foraminiferen des Tegels von Ober-Lapugy. Haidinger's Berichte, II. Band 1846 und III. Band 1847.
26. Foraminiferen von Ober-Lapugy: Glandulina, Frondicularia, Amphimorphina, Marginulina und Nodosaria V. u. M., I, II und III, (1850 bis 1852) mit Beschreibungen und Abbildungen.
27. Der Tegelthon von Ober-Lapugy. Ebenda, I, (1850), mit einem Verzeichnis der vorgefundenen Foraminiferen nach dem Vorkommen in verschiedenen Schichten u. s. w.
28. Über A. E. Reuß neue Foraminiferen u. s. w. Ebenda, II, (1851).
29. Lingulina costata von Ober-Lapugy. Ebenda, IV, (1853).
30. Berichtigungen zu den in den Jahrgängen I, II und III, der V. u. M. über die Foraminiferen von Ober-Lapugy erschienenen Aufsätzen. Ebenda, XI, (1860).
31. Neue Miocän-Spiroloculinen aus dem Tegel von Ober-Lapugy. V. u. M., XX, (1869).
32. Foraminiferen von Ribicze. Haidinger's Bericht u. s. w. VII.

f) Über Polyparien.
33. Polyparien von Ober-Lapugy. V. u. M., V, (1854).

g) Über Korallen.
34. Systematisches Verzeichnis der in den Miocän-Schichten bei Ober-Lapugy vorkommenden fossilen Korallen. V. u. M., XXVII, (1877).

h) Über Pflanzenreste.
35. Chara im Thonmergel zu Meschen. V. u. M., II, (1851).
36. Fossile Pflanzen der Tertiärformation von Szakadat und Thalheim nach K. J. Andrae's Forschungen im Auszuge mitgeteilt. Ebenda, IX, (1558).

37. Die fossilen Pflanzen von Szakabat, Thalheim und Vale-Scobinos nach den neuesten Forschungen des Herrn Dionysius von Stur. Ebenda, XVIII, (1867).

S. b. T., 3805, (1886).
Friedenfels, Bedeus, II, 182, 444.
S. b. T., 4188 und 4189, (1887).
Korr. f. Ldke., X, (1887), 116.
V. u. M., XXXVIII, (1888) (von E. A. Bielz).
S. V. K. für 1889 von E. A. Bielz.

Neugeboren Karl.
(III, 15).

Arch. f. Ldke., N. F. IX, 11.
Allg. d. Biogr., 23, 497, von G. D. Teutsch.
Friedenfels, Bedeus II, 343, 400, 441.

Neustädter Michael Gottlieb.
(III, 18).

Wurzbach, 20, 305.
Friedenfels, Bedeus I, 214, 219, 220.
Arch. f. Ldke., N. F. XVI, 203.

Nußbächer Karl

wurde am 8. März 1845 in Kronstadt geboren. Seine Gymnasialstudien beendigte er daselbst im Jahre 1864 und bezog, um Theologie und Philosophie (Geschichte und Geographie) zu studieren, die Universitäten Jena, Berlin und Wien, von welch' letzterer er zu Ostern 1868 nach Hause zurückkehrte. Im Juli des folgenden Jahres wurde er als Lehrer an der innerstädtischen ev. Knaben-Elementarschule angestellt und nach fünfjähriger Dienstzeit in dieser Stelle im August 1874 als Lehrer für Geschichte und Geographie an das theol.-pädagog. Seminar seiner Vaterstadt berufen. Gleichzeitig übertrug ihm das Presbyterium auch die Stelle des Bibliothekars an der Gymnasialbibliothek. In beiden Stellen wirkte er bis April 1878, wo er zum Stadtprediger gewählt wurde.

Nußbächer redigierte seit 1887 den Kronstädter Kalender, welcher zahlreiche Arbeiten aus seiner Feder gebracht hat.

Außerdem ist er an der Herausgabe von einem Verzeichnis der Kronstädter Zunfturkunden (f. Artikel F. W. Seraphin) und den Quellen zur Geschichte der Stadt Kronstadt (f. Artikel Fr. Stenner) Mitarbeiter gewesen.

Obert Franz, Dr. phil.,
(III, 21)

wurde am 6. Januar 1828 in Taterloch, Schelker Kirchenbezirk, als der Sohn des dortigen Pfarrers Daniel Obert (gestorben 1860) geboren. Nach Absolvierung des Mediascher Gymnasiums 1846 bezog er die Universität

Leipzig, woselbst er bis 1848 verweilte. Als Mitglied des dortigen Studentenausschusses beteiligte er sich in hervorragender Weise an der Revolution im Königreich Sachsen, wurde gefangen und dem damaligen k. k. Gesandten in Dresden Grafen Kuefstein übergeben, der ihn nicht auslieferte, sondern über die österreichische Grenze brachte und ihm das nötige Reisegeld in die Heimat vorstreckte. An dem Gymnasium und Seminarium in Mediasch seit 1852 angestellt, wirkte er dort bis zu seiner im Mai 1860 in Schaal erfolgten Erwählung zum Pfarrer in besonders anregender Weise auf seine Schüler. Der Mediascher Gewerbeverein erwählte ihn zu seinem Schriftführer, in welcher Eigenschaft er ebenfalls neuen Gedanken die Wege ebnete, hauptsächlich auf Grund der Schriften St. L. Roths.

Da die damaligen Lehrergehalte in Mediasch auch den billigsten Anforderungen keineswegs entsprachen (120—300 fl.), so suchte er sein Brot durch fleißiges Schreiben in öffentliche Blätter zu erwerben; die Zeitschriften „Am häuslichen Herd", „Augsburger Allgemeine Zeitung", „Der Wanderer", „Die Donau", die „Kronstädter Zeitung" enthalten zahlreiche Aufsätze von ihm.

Als Pfarrer von Schaal entfaltete er in den Jahren 1860—1869 eine rege Thätigkeit. Nicht nur gab er eine Schulwandkarte von Siebenbürgen und das deutsche Lesebuch heraus, die beide auf der Höhe der Zeit standen, sondern er war auch auf kirchlichem und politischem Gebiete äußerst regsam. Er wurde Mitglied des Schelker Bezirkskonsistoriums, Kirchenmeister des Bezirkes und Bezirkssenior. Der untere Mediascher Stuhl entsendete ihn als Abgeordneten zum Hermannstädter Landtag 1863 und 1864, woselbst er Schriftführer war und an den Debatten lebhaft sich beteiligte. Zwei Anträge, die er einbrachte, machten ihn besonders populär: der auf Herabsetzung der Militärdienstpflicht und der auf Gründung von Ackerbauschulen. Von dem Landtag in den Wiener Reichsrat entsendet, zählte er hier bald zu den hervorragendsten Mitgliedern der Linken, politisch mit Herbst, Giskra und Berger befreundet, die hinterher alle im sogenannten Bürgerministerium saßen. Im Reichsrat forderte er ein Minister-Verantwortlichkeitsgesetz und als Berichterstatter strebte er die Verminderung der Personalerwerbsteuer an, wie er auch im Eisenbahnausschusse als Berichterstatter eifrig mitwirkte.

Die Landeskirchenversammlung wählte ihn 1861 zum designierten Ersatzmann im Landeskonsistorium, 1870 zum wirklichen Ersatzmann, in welcher Eigenschaft er die „Schulordnung" verfaßte, an die später die „Vollzugsvorschrift" sich anschloß. In der 6. Landeskirchenversammlung vom Jahre 1870 nahm er auch in der Seminarfrage eine hervorragende Stellung ein und sein Antrag, daß am Seminar Latein nicht gelehrt werden solle, ging durch.

Inzwischen hatte ihn 1869 die Gemeinde Wurmloch zum Pfarrer gewählt. Hier hielt er den ersten Volksschullehrer-Fortbildungskurs ab. Schon im Jahre 1872 wurde er Pfarrer in Hetzeldorf, woselbst er bis 1881 thätig war. In dieser Zeit erschien die „Lebensfrage der Landwirtschaft auf dem Königsboden", und durch ihn wurde der erste Volksschulgarten nach dem Muster von Dr. Schwab eingerichtet.

Als die Eingriffe des Ministeriums in die Rechte des Sachsenlandes immer größer wurden und die deutsche Sprache aus den Gerichtssälen verdrängt werden sollte, faßte Obert den Plan, durch Einberufung eines allgemeinen Sachsentages die Glieder der Nation zusammenzuhalten und zu einigen. So trat der erste Sachsentag am 4. und 5. Juni 1872 in Mediasch zusammen und schuf das erste Nationalprogramm. Von 1872 angefangen entsendete der Mediascher Stuhl bis zu seinem 1876 erfolgten Aufhören Obert als Abgeordneten in die sächsische Nationsuniversität, woselbst er jederzeit für seines Volkes Recht und Ehre eintrat.

Im Jahre 1881 wurde er an Stelle Samuel Schiels zum Stadtpfarrer nach Kronstadt berufen. Was er in dieser Stelle geleistet hat, schließt sich dem vorangegangenen würdig an. Das sächsische Erziehungshaus verdankt ihm seine Entstehung. Es wurde 1883 eröffnet. Obert begründete ferner den Schulkinder-Bekleidungsverein, die Einrichtung der Krankenpflege, führte den Kindergottesdienst ein, errichtete das Lehrlingsheim und stiftete die Gedenkfeier an die Wohlthäter der Schule, wie er auch die Anregung gab, dem Reformator Johann Honterus ein Denkmal zu errichten, das 1898 enthüllt wurde. Am Schlusse des Honterusjahres wurde Obert von der philosophischen Fakultät der Berliner Universität der Titel eines Ehrendoktors der Philosophie und Magisters der freien Künste verliehen.

Obert veröffentlichte ferner:

1. Gedichte eines Verschollenen. In der Siebenbürgischen Quartalschrift 1860.
2. Bemerkungen über ein Teilungs-Protokoll des Schelker Kapitels vom Jahre 1694. Arch. f. Lkde., N. F. VIII, 145.
3. Untersuchungen und Wohlmeinungen über Ackerbau und Nomadenwesen. Aus dem Nachlasse Stefan Ludwig Roths mitgeteilt von Franz Obert. Kronstadt, Johann Gött und Sohn Heinrich 1872. (Sonderabdruck der Kronstädter Zeitung.)
4. Reden von Franz Obert und Heinrich Wittstock am Grabe Franz Gebbels. Kronstadt, Johann Gött und Sohn Heinrich 1880.
5. Schule und Handwerk. Kronstadt, Johann Gött und Sohn Heinrich 1884. (Ohne Angabe des Verfassers.)
6. Die Frauenfrage. Kronstadt, Johann Gött und Sohn Heinrich 1884.
7. Laßt ab von der Dreifelderwirtschaft. (Kronstädter Flugblatt Nr. 1.) Kronstadt, Johann Gött und Sohn Heinrich. (Ohne Angabe des Autors.)
8. Unser Export und dessen Erhaltung. Vortrag. Kronstadt, Johann Gött und Sohn Heinrich 1885.
9. Sonntagsruhe und Sonntagsfeier. (Kronstädter Flugblatt Nr. 2.) Kronstadt, Johann Gött und Sohn Heinrich 1885, erschien auch in magyarischer und romänischer Sprache. (Ohne Angabe des Verfassers.)
10. Über Waisenerziehung. Kronstadt, Johann Gött und Sohn Heinrich 1885.
11. Neues deutsches Lesebuch mit Rücksicht auf die „Vollzugsvorschrift" ꝛc. Erster Teil für das 2. (3.) Schuljahr. 2. mit Bildern versehene Auflage. Kronstadt 1888.
12. Neues deutsches Lesebuch mit Rücksicht auf die „Vollzugsvorschrift" ꝛc. Zweiter Teil für das 3. und 4. Schuljahr. Sechste neu bearbeitete mit Bildern versehene Auflage. Kronstadt, H. Zeidner 1892.

13. Neues deutsches Lesebuch mit Rücksicht auf die „Vollzugsvorschrift" ꝛc. Dritter Teil für das 5. und 6. Schuljahr. 5. mit Bildern versehene Auflage. Kronstadt, H. Zeidner 1893.
14. Unser ländliches Volksbildungsschulwesen. Der sechste siebenb.-sächs. Lehrertag abgehalten am 19. und 20. August 1894 in S.-Reen. Hermannstadt, W. Krafft 1894.
15. Schule und Bildung. Rede. Sächs. Hausfreund für 1895, LVII. Jahrgang. Kronstadt, Johann Götts Sohn.
16. Obert-Morres. Neues deutsches Lesebuch mit Rücksicht auf die „Vollzugsvorschrift" ꝛc. Erster Teil für das 2. Schuljahr. 3. neu bearbeitete mit Bildern versehene Auflage. Kronstadt, H. Zeidner 1895.
17. Obert-Morres. Neues deutsches Lesebuch mit Rücksicht auf die „Vollzugsvorschrift" ꝛc. Zweiter Teil für das 3. und 4. Schuljahr. 7. neu bearbeitete mit Bildern versehene Auflage. Kronstadt, H. Zeidner 1895.
18. Obert-Morres. Neues deutsches Lesebuch mit Rücksicht auf die „Vollzugsvorschrift" ꝛc. Vierter Teil für die letzten drei Schuljahre. 4. neu bearbeitete und mit Bildern versehene Auflage. Kronstadt, H. Zeidner 1895.
19. Obert Franz, Stadtpfarrer. Heimatkunde für die siebenb.-sächs. Volks- und Bürgerschulen. Im Anschluß an das Unentbehrlichste aus der Himmelskunde. 2. Auflage. Kronstadt, H. Zeidner.
20. Sächsische Lebensbilder. Verlag von Carl Graeser Wien 1896. Mit dem Bilde Franz Gebbels. Inhalt:
    1. Im Weinland. Gustav Kühne „Europa. Chronik der gebildeten Welt." Leipzig, B. Lorck, Nr. 2, 1856.
    2. Michael Ballmann. Vorgetragen in der Generalversammlung des Vereins für siebenb. Landesk. in Schäßburg 1867.
    3. Die Herrnhuterei im Sachsenlande. Vorgetragen in der Generalversammlung des Vereins für siebenb. Landesk. in S.-Reen. 1870.
    4. Aus den Papieren eines Landpredigers. Sächs. Hausfreund. Kronstadt, Johann Gött 1865, 1866.
    5. Zur Erntezeit. Sächs. Hausfreund. 1893.
    6. Johann Friedrich Geltch. Vorgetragen in der Generalversammlung des Vereins für siebenb. Landesk. in Schäßburg 1892.
    7. Die Magranten. Karl Gutzkow: Unterhaltungen am häuslichen Herb. Leipzig, F. A. Brockhaus. Drittes Monatsheft 1858.
    8. Therese Jikeli. Vorgetragen in der Jahres-Versammlung des Allg. ev. Frauenvereins in S.-Reen 1894. [Erschien auch im Sonderabdruck. Kronstadt, Joh. Gött und Sohn 1894. Bespr.: S. b. T., 6382 (1894).]
    9. Zur Einweihung des Franz Gebbel-Denkmals. S. b. T. und Kronstädter Zeitung 1880.
    10. Traugott Teutsch, Sächs. Hausfreund 1891. [Bespr.: S. b. T., 6870 (1896).]
21. Stephan Ludwig Roth. Sein Leben und seine Schriften, I. Bd. Stephan Ludwig Roths Leben, II. Bd. Stephan Ludwig Roths Schriften. Wien 1896. C. Graeser. [Bespr.: Korr. f. Ldbe., XIX, (1896), 123; S. b. T., 6919 (1896).]
22. Prolog zu dem Drama „Johannes Honterus" von Traugott Teutsch. Kronstädter Zeitung und S. b. T., (1898).

23. Zur Geschichte des Honterusdenkmals. II. Aufl. Kronstadt, Johann Gött's Sohn 1898.

24. Das Honterusdenkmal von Harro Magnussen. S. d. T., 7493 und im Sonderabbruck.

In den sechziger Jahren finden wir Obert unter den Besten unseres Volkes im Verein mit G. P. Binder, G. D. Teutsch, Fr. Müller, H. Wittstock, Fr. Fr. Fronius u. A. als Mitarbeiter am sächs. Hausfreund, den er seit 1886 mit Traugott Teutsch, seit 1888 allein herausgab. Die dauernde Verwirklichung eines Lieblingsgedankens St. L. Roths bildet der von Obert bereits 1865 begründete „Schul- und Kirchenbote", das ständige Organ für die Interessen der sächs. Volksschullehrer. Seit 1888 hat Dr. Ed. Morres die Leitung dieses Blattes übernommen.

Über Oberts parlamentarische Thätigkeit s. den Anhang.

Kronstädter Zeitung Nr. 4, 1898.
Das Echo. Wochenschrift für Politik, Litteratur, Kunst und Wissenschaft. Berlin, XVIII. Jahrg. 1899, Nr. 868 (16), 621, mit dem Bilde Oberts.
Burschenschaftliche Blätter. Berlin, XV. Jahrg. 15. Oktober 1900, mit dem Bilde Oberts.

Oberth Johann
(III, 24 und 598)

wurde am 26. Juni 1823 in Mediasch geboren, wo er von seinem siebenten Jahre an die Schule besuchte. Nach Ablegung der Maturitätsprüfung im Jahre 1842 studierte er an der prot.-theol. Fakultät in Wien. Nachdem er hier drei Jahre zugebracht und insbesondere die Vorlesungen der Professoren Weinrich, Leitner, Kanka und Patay besucht hatte, setzte er seine Studien in Jena fort. Hase, Karl Schwarz, Stoy wurden hier seine Lehrer. Von Jena berief ihn ein Schreiben des Vaters eines früheren Wiener Schülers für das Sommersemester 1846 in die Salzmann'sche Erziehungsanstalt in Schnepfenthal, um als Hauslehrer seinem Sohne beizustehen. Nach sechsmonatlichem Aufenthalte in Schnepfenthal kehrte er im Herbste 1846 nach Mediasch zurück. Doch war sein Aufenthalt daselbst nur ein ganz kurzer. Denn auf Empfehlung Salzmanns bot ihm der reiche Fabrikant Schachtrupp in Osterode am Harz eine Hauslehrerstelle bei seinen Kindern an. Oberth nahm diese an und lebte an seinem neuen Bestimmungsorte in den nächsten vier Jahren in den angenehmsten Verhältnissen.

Im Jahre 1850 wurde er als lector extraordinarius nach Mediasch berufen. Hier bekleidete er seit 1855 das Amt des Konrektors und seit 1867 das Amt des Rektors am Gymnasium. Im Jahre 1874 wurde er an die Stelle des emeritierten Stadtpfarrers seiner Vaterstadt Josef Fabini zu dessen Substituten und Nachfolger erwählt. Am 8. Februar 1901 trat Obert noch in relativ ungewöhnlicher Rüstigkeit des Körpers und des Geistes in den Ruhestand, nahm aber nach wie vor lebhaften Anteil an allen öffentlichen Fragen und sorgte in unverdrossener Schaffensfreudigkeit weiter mit für das allgemeine Wohl seiner Vaterstadt.

Er starb am 7. November 1901.

Ferner:

1. Johann Fabinis Verteidigungsrede von 1642 für die Rechte der ev. Gemeinde in Bürgesch. Arch. f. Ldek., N. F. I, 203.
2. Zur Erinnerung an J. B. Hornung. Sonderabdruck aus dem S. b. T., 6359 ff. (1894). Druck von Jos. Drotleff 1894.

S. b. T., 8482 (1901).

Oltard Andreas.

(III, 28).

Allg. d. Biogr., 24, 343, von G. D. Teutsch.
Arch. f. Ldek., XVII, 51.

Drendi Gottfried

wurde am 10. November 1838 in Schäßburg geboren. Nachdem er hier im Jahre 1857 das Gymnasium absolviert hatte, begab er sich an die Universitäten nach Jena und Berlin, um Theologie und das Lehrfach zu studieren.

Schon nach zwei Jahren wurde er heimberufen, um an dem Gymnasium, von dem er vor so kurzer Zeit als Schüler geschieden, nun als Lehrer thätig zu sein. Nahezu 12 Jahre hat Drendi am Gymnasium und Seminarium seiner Vaterstadt gedient und wiederholt Moral und Dogmatik, Logik und Psychologie, Deutsche Sprache, Latein und Mathematik gelehrt.

Im Jahre 1871 wurde er zum Pfarrer in Martinsdorf, 1874 zum Pfarrer in Leschkirch, 1891 zum Stadtpfarrer in S.-Reen berufen.

Er veröffentlichte:

1. Zum Unterrichte in der Sittenlehre an evangelischen Mittelschulen mit Bezug auf Dr. Richard Rothe's theologische Ethik. (Mit einem Anhange: Übersicht des Inhaltes der theol. Ethik von Dr. R. Rothe). Sch. G.-P., 1870.
2. Leitfaden zum Unterricht in der ev. Sittenlehre. Im Anschlusse an Dr. R. Rothes theol. Ethik abgefaßt. Hermannstadt Josef Drotleff 1885. [Vgl. Schul- und Kirchenbote 1886, Nr. 3. S. b. T., 3563, 1885] II. Auflage. Ebenda, 1899.
3. Bemerkungen zum Gesetzentwurf über die Feldpolizei. [Sonderabdruck aus Nr. 4698 ff. des S. b. T.]

Über seine Mitarbeit an dem S. b. W. s. hier den Artikel Franz Gebbel.

Drendi Johann Chrysostomus,

am 27. Januar 1826 in Deutsch-Zepling geboren, absolvierte 1847 das Gymnasium. Nach Beendigung seiner Hochschulstudien wurde er am 1. Dezember 1855 am Schäßburger Gymnasium als Lehrer für Mathematik und

Physik angestellt. Längere Zeit hindurch war Orendi an der Bürgerschule in Schäßburg beschäftigt. Im Jahre 1892 wurde er in den bleibenden Ruhestand versetzt.

Er veröffentlichte:

Die letzten Ausläufer des romanischen Baustiles in Siebenbürgen, nachgewiesen an einigen Kirchen des Burzenlandes. Sch. G.-P., 1859.

Orendi Julius,

geboren am 24. April 1862 in Botsch, besuchte das S.-Reener Untergymnasium (1872—76), das Obergymnasium in Bistritz (1876—80), studierte klassische Philologie an den Universitäten in Tübingen, Leipzig, Wien (1880—83), wurde am 5. Dezember 1884 als Gymnasiallehrer in Bistritz angestellt, am 27. Mai 1891 zum Pfarrer in Oberneudorf gewählt.

Von ihm erschien:

1. Marcus Terentius Varro die Quelle zu Livius VII, 2. B. G.-P., 1891.
2. Gutachten über den Entwurf einer Gottesdienstordnung für die ev. Landeskirche A. B. in den siebenbürgischen Landesteilen Ungarns. Schul- und Kirchenbote. Jahrgang XXIX, Nr. 10—12.
3. Bedeutung und würdige Feier des heiligen Abendmahls. Schulrede. Schul- und Kirchenbote. Jahrgang XXIX, Nr. 16.
4. Die Gemeinde Oberneudorf in dem Nösnergau. Hermannstadt 1895.
5. Helft dem Bauer die Schulden zahlen. Bistritz 1896.
6. Unser Wochen-Gottesdienst. Hermannstadt 1898.
7. Gedenket daran. Osterpredigt. Hermannstadt 1899.
8. Die Wiederbelebung unseres Gemeindegottesdienstes. [In: Anregungen zur Neubelebung unseres ev. Gemeindegottesdienstes. Vier Vorträge, gehalten bei Gelegenheit des liturgischen Kurses am 4. und 5. Juli 1900 in Bistritz. Hermannstadt, W. Krafft 1900.]

Orendi Victor

wurde am 13. Juni 1870 in Elisabethstadt geboren. Da er keine Gelegenheit hatte deutsche Schulen zu besuchen, eignete er sich seine Bildung durch Privatunterricht und auf autodidaktischem Wege an.

Er begründete im Jahre 1894 in Marosvásárhely „Das kleine Universum", sozial-belletristisches Wochenblatt, [Herausgeber und verantwortlicher Redakteur Victor Orendi, Druck und Verlag Arpad Abi], das jedoch nach drei Monaten einging. Im Juni 1895 übernahm er die Schriftleitung des S.-Reener Wochenblattes und behielt diese bis Ende Dezember 1896. Nachdem Orendi sich ohne Erfolg bemüht hatte sich eine sichere Stellung in

Hermannstadt, Bukarest oder Wien zu schaffen, kehrte er nach Marosbásárhely zurück, wo er französischen Sprachunterricht erteilt.

Von Orendi erschienen:

Blätter und Blüten. S.-Neen. Verlag von W. Schebesch 1895.

Ostermayer Hieronymus,
(III, 43)

aus Großscheuern gebürtig, wurde von dem Rat der Stadt Kronstadt am 1. Adventsonntag 1530 als ein „in der Tonkunst überaus gebildeter und in musikalischen Weisen hocherfahrener Meister" zum Organisten bestellt. Als solcher starb er 1561.

Allg. d. Biogr., XXIV, 515 von Fr. Teutsch.

Pankratius Michael, Dr. jur.
(III, 44).

J. S. Klein, Nachrichten von den Lebensumständen evangelischer Prediger in Ungarn. Leipzig 1787, II, 337.
Arch. f. Ldbe., N. F. XVII, 67; XIX, 109.
Allg. d. Biogr., 25, 116, von G. D. Teutsch.

Paul Friedrich
(III, 48)

starb am 15. September 1876 als Pfarrer in Brenndorf.

S. d. T., 838 (1876).

Pauschner (Pausner) Sebastian, Dr. med.
(III, 49).

In einem Sammelbande der ev. Landeskirchenbibliothek in Hermannstadt, der verschiedene Drucke des 17. Jahrhunderts und einige Manuskripte enthält, befindet sich auch ein Manuskript, wahrscheinlich des 17. Jahrhunderts. Dieses enthält ein Werk Pausners. Es führt den Titel:

Eine kleine | Unterrichtunge: | Wie Mann sich halten Soll, In der Zeitt, der Un- | gütigen Pestilentz: Doctoris Sebastiani | Pawschnery. | Gedruckt in der Hermanstadt durch M. | Lucam Trapoldner Im Jahr deß | Herren 1530.

Das Buch beginnt mit: „Sebastianus Pauschnerus, der Sieben freyen künste unbt Artzenei Doctor, wünschet den Nahmhafften Wohlweisen Herren Johanni Schirmer, Richter und Rahtlenten, unbt der Stadt Crohn, gnabt unbl friebt, In Christo Jesu unsern Herrn" und führt in der Widmung an, daß er sich „euch Croner Herren, umb mancherley wollthaten" dankbar erzeigen wolle und da augenscheinlich eine Pest drohe, so wolle er diese „kleine Unterrichtung" schreiben, „damit sich ein Jeder bewahren mag." Dann handelt er: Von den Uhrsachen der Pestilentz, Anzeigung Zukünftiger Pestilentz, Wie man Sich vor Pestilentz bewahren Soll, und dabei: von der Lufft, von Speiß und Tranck, von Schlaffen undt Wachen, von Lehrmachen und Füllen, von Ubunge, von Geschicklickeidt des Gemüths, von Unreinen werken, von Artzeney die vor Pestilentz bewahren, Hülffe, So einer an Pestilentz tranck ist. [Vgl. Korr. f. Ldbe., VIII, (1885), 121.]

Pelger Michael,

geboren am 3. Mai 1845 in Eibesdorf, absolvierte 1865 das theol.-päd. Seminar in Mediasch, wurde 1869 ordinierter Lehrer in Karlshütte und 1872 Pfarrer in Petrozseny.

Er verfaßte:

Geschichte der Kolonisation im ungarischen Schielthal und der ev. Kirchengemeinde A. B. in Petrozseny. [Bespr.: Korr. f. Ldbe., XIX, (1896), 125.]

Petri Karl Robert, Dr. phil.,

wurde am 17. Dezember 1852 in Schäßburg geboren. Seine ganze Schulbildung genoß er in seiner Vaterstadt, deren Gymnasium er 1872 absolvierte. Zu Michaelis des Jahres 1873 bezog er die Universität Jena; um sich dem Studium der Theologie und der Naturwissenschaften zu widmen. Nach einem Aufenthalte von fünf Semestern daselbst übersiedelte er 1876 nach Leipzig, wo er sich hauptsächlich mit der Erlernung der mikroskopischen Technik und mit mikroskopischen Untersuchungen auf dem Gebiete der Zoologie und Botanik beschäftigend, am Schlusse des Sommersemesters 1877 unter dem Procancellariate des Professors Dr. Rudolf Leuckart zum doctor philosophiae promovierte.

Im Spätsommer 1877 in die Heimat zurückgekehrt, wurde er Anfang Oktober desselben Jahres als Fachlehrer an der Unterrealschule in Schäßburg angestellt, und als die Unterrealschule im Jahre 1880 nach etwa 40-jährigem Bestande in eine Bürgerschule umgewandelt wurde, erhielt er an dieser Anstalt eine Anstellung als zweiter Bürgerschullehrer. Ende August des Jahres 1885 wurde er mit der Leitung der Gewerbelehrlingsschule in Schäßburg betraut und am 2. September 1891 als Lehrer für Naturgeschichte und Mathematik am Gymnasium angestellt.

Gegenwärtig wirkt er als Direktor an der Bürgerschule.

Außer einigen kleinern Aufsätzen, die teils in den Schäßburger Wochenblättern (Schäßburger Anzeiger und Großkokler Bote), teils im S. b. T. abgedruckt sind, schrieb er:

1. Die Kopulationsorgane der Plagiostomen. Inaugural-Dissert. mit 3 Tafeln. Leipzig, Wilhelm Engelmann, 1877; auch als Sonderabdruck aus der Zeit-

schrift für wissenschaftliche Zoologie. XXX. Bd., 2. Heft. (Diese Schrift ist Prof. Dr. Gegenbaur als dem Begründer der Archipteryglum-Theorie gewidmet.)

2. Dreizehnter Jahresbericht der Gewerbeschule in Schäßburg am Schlusse des Schuljahres 1885/6. Schäßburg 1886. Inhalt: 1. Chronologisch geordnete, authentische Daten zur Geschichte der Schäßburger Gewerbeschule vom 8. Oktober 1884 bis Ende des Schuljahres 1885/6. 2. Schulnachrichten. Beide vom Direktor.

3. Vierzehnter Jahresbericht der Gewerbeschule 2c. vom Schuljahre 1886/7. Schäßburg 1887. Inhalt: 1. Leitfaden für den Anfangsunterricht in Chemie für die II. Klasse der Gewerbeschule in Schäßburg. 2. Schulnachrichten. Beide vom Direktor.

4. Fünfzehnter Jahresbericht der Gewerbeschule am Schlusse des Schuljahres 1887/8. Schäßburg 1888. Schulnachrichten vom Direktor.

5. Ebenso sechzehnter Jahresbericht.

6. Siebzehnter Jahresbericht. Schäßburg 1890. 1. Elemente der Chemie und chemischen Technologie ausgearbeitet für die III. Klasse der Gewerbeschule in Schäßburg vom Direktor. Beilage zum XVII. Jahresbericht 2c. Schulnachrichten vom Direktor.

7. Achtzehnter Jahresbericht 1891. (Enthält keine Arbeit.)

8. Neunzehnter Jahresbericht. Schäßburg 1892. Inhalt: Wie kann und muß der gewerbliche Unterricht eingerichtet werden, um durch denselben den Gewerbestand zu heben. 2. Schulnachrichten. Beide vom Direktor.

9. Zwanzigster Jahresbericht. Schäßburg 1893. (Enthält keine Arbeit.)

10. Einundzwanzigster Jahresbericht 2c. Schuljahr 1893/4. Schäßburg 1894. Inhalt: 1. Bericht der Gewerbeschuldirektion über das für die Schüler der Gewerbeschule eingerichtete Lehrlingsheim. 2. Entwurf zu einer Organisation unserer Gewerbe-Lehrlingsschule auf Grund des mit Verordnung vom 31. August 1893, Z. 33564 herausgegebenen Organisationsstatutes des hohen Kultus- und Unterrichtsministeriums. 3. Schulnachrichten. Alle drei vom Direktor.

11. Ergebnisse entomologischer Exkursionen im Gebiete Schäßburgs. Sch. G.-P., 1885.

12. Über den Stand der Coleopterenfauna der Umgebung Schäßburgs. (Beitrag zur Coleopterenfauna Siebenbürgens.) V. u. M., XLI, (1891).

13. Monographie des Genus Liparus Oliv. Ebenda, XLIII, (1894).

14. Lehr- und Lesebuch für Gewerbe-Lehrlingsschulen. I. Teil. Herausgegeben von Booth, Dr. Carl Petri, Dr. Fr. Schuller und Gustav Schuller. Hermannstadt, Druck und Verlag von W. Krafft, 1896. — II. Teil. Herausgegeben von Dr. Carl Petri, Hermann Salzer und Gustav Schuller. Ebenda, 1897.

Pfaff Leopold, Dr. jur.,

ist geboren am 12. November 1837 in Hermannstadt als das zweite Kind einer kinderreichen Familie, in der sich das Blut sehr verschiedener deutscher Stämme vermischt. Sein väterlicher Großvater war aus Ungarn nach Karlsburg eingewandert, seine Familie war aber weiter zurück in Ober-

Österreich und noch weiterhin wahrscheinlich in Württemberg ansässig gewesen; seine Großmutter von väterlicher Seite stammte aus der Pfalz; sein mütterlicher Großvater aus dem Bambergischen, dessen Gattin war eine Siebenbürger Sächsin. Der Vater Pfaff's war Finanzbeamter, zuletzt Zahlmeister der Landeshauptkasse in Hermannstadt, die Mutter, Elisabeth, das Muster einer ausgezeichneten Hausfrau und Mutter.

Der Knabe, in den ersten Jahren seines Lebens oft kränkelnd, später von sehr guter Gesundheit, erhielt den ersten Unterricht überwiegend zu Hause; in seinem achten Lebensjahre wurde er, um die ungarische Sprache zu erlernen, für ein Jahr „cserébe" nach M.-Ujvar in das Haus eines Freundes des Vaters gegeben. Von da zurückgekehrt, besuchte er das evangelische Gymnasium seiner Vaterstadt (1847—1854), dem er immer die dankbarste Erinnerung bewahrt hat. 1854 bezog er, die Rechte studierend, die Universität Wien. Wie das Gymnasialstudium in seiner ersten Hälfte dem alten, in seiner zweiten dem neuen (österreichischen) Lehrplan angepaßt war, so fiel auch das Universitätsstudium in eine Übergangszeit: die ersten Semesterstudien unter dem Zeichen der Naturrechtslehre, die spätern unter dem der modernen Jurisprudenz. Den größten Einfluß gewannen auf ihn unter seinen Lehrern Arndts, Glaser, v. Stein und ganz besonders Unger, dessen glänzende Behandlung des österreich. Privatrechtes für ihn bestimmend wurde, sich der Pflege des nämlichen Gebietes zuzuwenden. 1860 erwarb Pfaff unter den Auspicien des Kaisers den Doktorgrad, und schritt sofort zur Ausarbeitung seiner Habilitationsschrift: „Zur Lehre von der condictio indebiti nach österreichischem Rechte", gleichzeitig auch in einer Wiener Advokatenkanzlei praktizierend. Diese Schrift ist in dieser Gestalt nie veröffentlicht worden; nur ein kleiner Teil derselben ist, umgearbeitet, 1868 in der Wiener „Gerichtszeitung" erschienen. Die Erweiterung der damals blühenden Rechtsakademie in seiner Vaterstadt bot Pfaff, ehe er noch in der Lage war, von der in Wien erlangten venia legendi Gebrauch zu machen, Gelegenheit, die Vertretung der Lehrkanzel für Römisches und Lehenrecht (Sommersemester 1861) als Adjunkt und Supplent zu übernehmen. Neben diesem viel umfassenden Lehramt hat er auch zwei Semester deutsche Rechtsgeschichte und einmal Rechtsphilosophie in Vertretung verhinderter Fachprofessoren gelesen und spontan so manches Kolleg vierstündig abgehalten zur Ergänzung der mit zehn Wochenstunden ganz ungenügend dotierten Pandekten.

So auch, nachdem er Ende 1862 zum ordentlichen Professor ernannt worden war. 1863 führte er seine Braut, Antonia Falkbeer, mit der er sich schon 1860 verlobt hatte, heim; zwei Kinder, ein Sohn und eine Tochter, vollendeten das Glück dieses Bundes.

Eine kleine, 1868 veröffentlichte Schrift über das Geld als Mittel pfandrechtlicher Sicherstellung veranlaßte 1869 seine Berufung an die Universität Innsbruck als Professor des Römischen und Österreichischen Privatrechts. Den schweren Abschied von der alten Heimat, die er seither 1875 und 1899 wieder besucht hat, erleichterte einigermaßen die schon damals nicht zu verkennende Voraussicht, daß die Tage der Hermannstädter Rechtsakademie, wenigstens als einer deutschen Anstalt, gezählt seien, seines

Bleibens also auf alle Fälle nicht mehr lange sein könne. — Die Innsbrucker Zeit verfloß wie im Fluge. Das Schwergewicht der lehramtlichen Thätigkeit Pfaff's lag in der Vertretung des von ihm in Hermannstadt nicht vorgetragenen österreichischen Rechtes, mit der nun große sachliche Aufgaben vor seinen Augen auftauchten. Dazu kam noch Anderes: Das Leben des Professors an einer kleinen Universität bringt überaus reiche Anregungen mit sich; hier giebt es unausgesetzt Berührungen mit den Vertretern aller Wissenschaften, stete Befruchtungen mit Weltanschauungen, die durch die Pflege anderer Wissenschaften reifen — viel reicher, als in den Weltstädten, wo die Kollegen an derselben Universität sich großenteils kaum persönlich kennen. So war denn sein Leben in dem in Mitten der großartigsten Natur gelegenen Innsbruck ein so zufriedenes, daß er, als 1872 der Ruf nach Wien an ihn erging, die lieb gewordene Stellung mit sehr schwerem Herzen verließ.

In Wien wartete seiner die angestrengteste Arbeit. Hatte das Bedürfnis des Tages — die Ausarbeitung seiner Vorlesungen für das nun übernommene Fach — in Innsbruck nur eine sehr begrenzte litterarische Thätigkeit gestattet, so wurde gerade die letztere in Wien sehr lebendig. Viele Jahre lang war er ein eifriger Mitarbeiter der „Juristischen Blätter" und der 1874 gegründeten „Zeitschrift für das Privat- und öffentliche Recht der Gegenwart", sowie auch anderer Fachblätter. Glaser erschloß ihm das Archiv des Justiz-Ministeriums und machte ihm damit die bis dahin der Öffentlichkeit vorenthaltenen Materialien des bürgerlichen Gesetzbuches zugänglich. Damit war die Möglichkeit gegeben, mit Mitteln, an die in Innsbruck noch nicht gedacht werden konnte, an die Ausführung des Planes einer umfassenden Bearbeitung des österreichischen Privatrechts heranzutreten. Eine Abhandlung über die Materialien des bürgerlichen Gesetzbuches bildete die Einleitung zur Ausführung dieses Planes. Nachdem sodann Jahrelang der neue Stoff gesammelt, gesichtet und durchgeprüft war, schritt Pfaff im Verein mit seinem viel zu frühe aus dem Leben geschiedenen Freunde und Kollegen Professor Franz Hofmann an die Ausarbeitung des Kommentars zum bürgerlichen Gesetzbuche und der zu diesem Werke gehörenden Excurse. Zwei Bände von jedem dieser Werke wurden gleichzeitig in Angriff genommen und nach Kräften gefördert. Leider war die Thätigkeit beider Freunde — neben den laufenden administrativen Arbeiten, die an großen Universitäten oft riesige Dimensionen annehmen — noch von so manchen anderen litterarischen Arbeiten nur zu sehr in Anspruch genommen. Nach dem Tode ihres verehrten Lehrers Arndts besorgten sie fünf auf einander folgende Auflagen seiner Pandekten; der Tod seines Freundes Kranz (in Prag), dem er schon in Hermannstadt nahe gestanden hatte, brachte dessen hinterlassene Manuskripte in Pfaff's Hände; in vieljähriger Widmung seiner ganzen verfügbaren Zeit redigierte er dessen „System des österreichischen Privatrechts" und gab zwei Auflagen davon heraus (f. u). Die Herausgabe des „Codex Theresianus" und seiner Umarbeitungen durch v. Harrasowsky und einige Entdeckungen von interessanten Urkunden in dem genannten Archiv veranlaßten Pfaff zu einer Reihe anderer Arbeiten zur Entstehungsgeschichte des allg.

bürgerlichen Gesetzbuches. Dezember 1896 wurde Pfaff zum Mitgliede des Reichsgerichts ernannt und März 1897 als lebenslängliches Mitglied ins österreichische Herrenhaus berufen.

Arbeiten Pfaffs:

1. Geld als Mittel pfandrechtlicher Sicherstellung, insbesondere das pignus irregulare. Ein Beitrag zur Lehre v. Inhalt und Ausübung des Pfandrechts. Wien 1868.
2. Zur Lehre von Schadenersatz und Genugthuung nach österreichischem Recht. Ein Gutachten, dem österreichischen Advokatentag erstattet. Wien 1880. (Drei Gutachten über die beantragte Revision des 30. Hauptstückes im II. Teil des a. b. G. B. Dem österreichischen Advokatentage erstattet von L. Pfaff, A. Randa, E. Strohal, 1—127.)
3. Rede auf Franz v. Zeiller. Akademische Rede. I. u. II. Auflage. Wien 1891.
4. Zur Lehre vom Gegenstande der condictio indebiti nach gemeinem und österreichischem Rechte, in der Allgemeinen österreichischen Gerichtszeitung 1868.
5. Zur Legalisierungsfrage, in der Zeitschrift für Notariat und freiw. Gerichtsbarkeit in Österreich 1873.
6. Gutachten und Referate, erstattet bem deutschen Juristentage, in dessen Verhandlungen 1874, 1878, 1888, 1889, 1895, 1900.
7. Zur Kritik des Pfandrechtsbegriffes, in Grünhuts Zeitschrift für das Privat- und öffentliche Recht der Gegenwart 1874.
8. Über die Materialien des österreichischen bürgerlichen Gesetzbuches. Ebenda, 1875.
9. Zur Lehre vom Schadenersatz und Genugthuung nach österreichischem Rechte; eine Replik. Ebenda, 1881.
10. Zum Begriffe der Mitbürgerschaft, in den (Wiener) Juristischen Blättern 1882.
11. Eine Episode aus der Geschichte des österreichischen Papiergeldes. Ebenda, 1882.
12. Der Codex Theresianus und seine Umarbeitungen. Ebenda, 1883, 1884, 1885, 1887.
13. Zum österreichischen Schädenrecht. Ebenda, 1885.
14. Gutachten über die Reform der Erbfolge in landwirtschaftlichen Besitzungen. In: 872 der Beilagen zu dem stenographischen Protokolle des österreichischen Abgeordnetenhauses IX. Session.
15. Krainz System des österreichischen allgemeinen Privatrechtes. Grundriß und Ausführungen. Wien 1885, 1889 II. Auflage 1894, (2 Bände).
16. Zur Entstehungsgeschichte des westgalizischen Gesetzbuches, in den Juristischen Blättern 1890.
17. Rezensionen in der österreichischen Gerichtszeitung 1869, Münchner krit. Vierteljahrschrift 1871, Grünhuts Zeitschrift 1873 ff., Jenaer Litteraturzeitung 1874, 1877, Juristische Blätter 1889.
18. Nekrologe in der Gerichtszeitung, Grünhuts Zeitschrift, Bettelheims Biogr. Jahrb. und Juristische Blätter.

Mit Franz Hofmann gab Pfaff heraus:

1. Kommentar zum österreichischen allgemeinen bürgerlichen Gesetzbuche. I/1, 2, II/1—5. Wien 1877—87.
2. Exkurse über österreichisches allgemeines bürgerliches Recht. Beilagen zum Kommentar I/1, 2, II/1—3. Wien 1877—89.
3. Gutachten über den ungarischen Erbrechtsentwurf, im Jogtudományi közlöny, 1888.
4. Fragmentum de formula Fabiana, herausgegeben und erläutert; in den Mitteilungen aus der Sammlung der Papyrus Erzherzog Rainer 1888.
5. Arndts Lehrbuch der Pandekten 10.—14. Auflage. Stuttgart 1879 ff.

Mit Unger und v. Walther, dann mit v. Walther und v. Schey, endlich mit v. Schey und Krusty gab Pfaff heraus:

Sammlung der zivilrechtlichen Entscheidungen des k. k. Obersten Gerichtshofes. Bisher Band 21—36. Wien 1886 ff.

Mit Franz Hofmann ist Pfaff Mitarbeiter von Holtzendorffs Rechtslexikon, III. Auflage, Leipzig 1881. (Artikel: bona fides, causa, Gewalt).

Pfaff ist auch der Verfasser des Fakultätsgutachtens in der Brukenthal'schen Fideikommißsache (s. Achter Jahresbericht an die evang. Gemeinde A. B. in Hermannstadt, erstattet vom Presbyterium 1878, 71 ff.)

Philippi Friedrich

wurde am 4. Juli 1834 in Kronstadt geboren. Im Jahre 1853 absolvierte er das Honterusgymnasium und studierte dann in Tübingen, Berlin und in Wien Theologie, Geschichte und Geographie. Am 1. Januar 1857 kam er als Lehrer an die innere städtische Knabenelementarschule und am 24. November 1862 an das Gymnasium seiner Vaterstadt, wo er 31 Jahre thätig war. Eine gleiche Ausdauer, wie als Lehrer, bewährte er als Bezirkskonsistorialaktuar und als Schriftführer des Sparkassavereins, indem er den ersteren Posten 24 und den letzteren 29 Jahre unverdrossen ausfüllte. Als Bezirkskonsistorialaktuar machte er mit Bischof D. G. D. Teutsch die Generalkirchenvisitation des Burzenlandes im Jahre 1879 mit. Bleibende Verdienste erwarb er sich um den Kronstädter Männergesangverein, dessen Vorstand er 27 Jahre gewesen ist. Als Rektor Ludwig Korobi am 18. März 1893 behufs Herstellung seiner angegriffenen Gesundheit einen längeren Urlaub erhielt, wurde Philippi mit dessen Stellvertretung betraut. In dieser Stellung starb Philippi am 21. Juni 1893.

Von ihm rühren folgende Arbeiten her:

1. Die deutschen Ritter im Burzenlande. Ein Beitrag zur Geschichte Siebenbürgens. K. G.-P., 1861 und 1862. Erschien auch im Sonderabdruck bei Joh. Gött und Sohn Heinrich in Kronstadt.

2. Aus Kronstadts Vergangenheit und Gegenwart. Begleitwort zum Plan von Kronstadt. Festgabe der Stadt Kronstadt an die siebenb.-sächsischen Wandervereine. Kronstadt 1874.
3. Der Bürgeraufstand von 1688 und der große Brand von 1689 in Kronstadt. Ein Beitrag zur Geschichte der Sachsen in Siebenbürgen. K. G.-P., 1878. Erschien auch im Sonderabdruck bei Joh. Gött und Sohn Heinrich, Kronstadt 1878.
4. Eine Kirchenvisitation im Burzenlande vor 300 Jahren. Ebenda, 1879.
5. Erinnerungen an die Generalkirchenvisitation im Burzenlande im Jahre 1879. Kronstadt, Römer und Kamner, 1880.
6. Geschichte des Kronstädter Männergesangvereins. Joh. Gött und Sohn Heinrich Kronstadt 1884. [Bespr.: Korr. f. Ldbe., VII, (1884), 129.]

Ferner veröffentlichte Philippi in Vertretung des Rektors L. Korobi am Schlusse des Schuljahres 1892/3 das Programm des ev. Gymnasiums A. B. zu Kronstadt und der damit verbundenen Lehranstalten, für welches er die Schulnachrichten redigierte.

Philp Rudolf,

am 21. Dezember 1844 in Hermannstadt geboren, absolvierte hier das ev. Gymnasium im Jahre 1861. Da er nicht 17 Jahre alt war, blieb er noch ein Jahr im elterlichen Hause, indem er sich mit geschichtlichen und litterargeschichtlichen Studien beschäftigte und das früher schon begonnene Violinspiel praktisch und theoretisch weiter pflegte. Unter der Leitung des Musikdirektors H. Boenicke machte er auch Studien im Generalbaß und in der Harmonielehre. Im Oktober 1862 bezog er die Universität Jena, um sich dem Studium der Theologie und des Lehrfaches zu widmen. Während eines zweijährigen Aufenthaltes daselbst besuchte er besonders die Vorlesungen von Hase, Rückert, Hilgenfeld, Kuno Fischer, Adolf Schmidt und August Schleicher. Im September 1864 reiste er über München, dessen reiche Kunstschätze er besichtigte, nach Wien. Eifrig wurde hier die Hofbibliothek benützt, aber ebenso eifrig auch das Burgtheater besucht. Nicht minder wurde die Musik gepflegt. Philp rühmte selbst von sich, daß er während der Dauer seines Wiener Aufenthaltes niemals ein philharmonisches Konzert versäumt habe. Der Direktor des Konservatoriums Josef Helmesberger erteilte ihm Unterrichtsstunden im Violinspiel, denen er eine ganz neue oder erst eine eigentliche Richtung seines Spiels zuschrieb. Nach seiner Rückkehr in die Heimat erhielt er zunächst eine Anstellung an einem Privat-Mädchenerziehungsinstitute. Seit dem 11. Februar 1878 war er als Professor am Landeskirchenseminar thätig. Anfang März 1881 erkrankte er, so daß er den Unterricht unterbrechen mußte. Zwar versuchte er denselben seit Ende März in seiner Wohnung weiter fortzusetzen, aber bereits zu Ostern mußte er von diesem Versuche gänzlich abstehen, da aus der anfänglichen Heiserkeit sich eine hartnäckige Entzündung des Kehlkopfes entwickelt hatte. Da sich sein Befinden auch während der Ernteferien nicht besserte, so schritt Philp um einen halb=

jährigen Urlaub ein, welcher ihm bewilligt wurde. Mit Beginn des zweiten Semesters 1881/2 nahm er den Unterricht wieder auf; aber schon am 3. Dezember 1882 sah er sich abermals in die traurige Notwendigkeit versetzt, um einen längeren Urlaub einkommen zu müssen.

Am 10. Januar 1883 erlag er seinem schweren Leiden.

Außer zahlreichen Aufsätzen, die er im S. b. W. (s. hier den Artikel Franz Gebbel), im S. b. T. und im Korr. f. Lde. veröffentlichte, sind von ihm folgende größere Arbeiten im Drucke erschienen:

1. Über Sprachgesetze und Sprachentwickelung. S. b. W., 1870, (345.)
2. Zur deutschen Rechtschreibung. Eine Anregung zur orthographischen Reform. Hermannstadt 1875.
3. Über den Vegetarianismus. Vortrag. S. b. T., 923 ff.
4. Die Grundlage des menschlichen Glückes. Vortrag. S. b. T., 1219 ff.
5. Lebensphilosophie. Vortrag. Ebenda, 1538 ff., (1875).

Programm des theol.-päd. Seminars der ev. Landeskirche in Hermannstadt, 1885/6.
Korr. f. Lde., VI, (1883), 27.
S. b. T., 2757, (1883).

Phleps Friedrich.
(III, 51).

Lustrierungsbericht über das Kronstädter Gymnasium (1845) von Friedr. Phleps und Johann Göbbel. Gedruckt in Fr. Teutsch, Sch.-O., II, 347.

Arch. f. Lde., N. F. XIX, 427.
Friedenfels: Bedeus, II, 178.

Piso Jakob, Dr. jur.
(III, 54).

Allg. d. Biogr., 26, 184, von Fr. Teutsch.

Plattner Johann

wurde am 6. März 1854 in Stolzenburg geboren. Im Jahre 1875 absolvierte er das Hermannstädter ev. Gymnasium und begab sich dann an die Universität Wien, um Theologie und Philologie zu studieren. Nachdem er hier drei Semester zugebracht hatte, bezog er die Universität Jena, wo er ebenfalls drei Semester hindurch hauptsächlich Philosophie studierte.

Nach Hause zurückgekehrt, erhielt er am Unter-Realgymnasium zu S.-Reen seine erste Anstellung und wirkte hier bis zum Jahre 1886, wo er an das ev. Gymnasium nach Hermannstadt berufen wurde. Seit dem 25. Oktober 1897 ist Plattner Pfarrer in Stolzenburg.

Von ihm erschienen:

1. Private und politische Bedeutung des Götterkultus bei den Römern. S.-R. G.-P.; 1883 und 1884.
2. Unser Schülermaterial. S.-R. Gewerbeschulprogramm, 1886.
3. Lateinische Schulsyntax. H. G.-P., 1891 und 1892.

Plecker Georg.
(III, 67).

Die von Trausch unter diesem Namen angeführten beiden Werke schreibt Julius Groß, einem Petrus Plecker zu. Julius Groß, Kronstädter Drucke, Nr. 232, 237.

Pomarius (vor der Latinisierung Baumgarten) Christian
(III, 68)

war von 1534—1539 Notarius seiner Vaterstadt Bistritz. In den Jahren 1546—47 befand er sich in der gleichen Stellung in Hermannstadt und 1552—53 in Kronstadt. Im Manuskripte sind von Pomarius Repertorien über die Archive von Bistritz, Hermannstadt und Kronstadt vorhanden. (Allg. d. Biogr., 26, 402.)

Allg. d. Biogr., 26, 402, von Fr Zimmermann.
Arch. f. Ldbe., N. F. III, 170, 196 ff.; X, 261; XV, 611; XVI, 241.

Poschner Gottfried

wurde am 15. März 1846 zu Groß-Schogen geboren. Nach dem frühzeitigen Tode des Vaters (1849) siedelte die Familie nach Bistritz über. Nachdem er hier seine Gymnasialstudien beendigt, bezog er im Herbste 1866 die Universität in Wien und widmete sich dem Studium der Theologie, Geschichte und Geographie. Nach vierjährigem Aufenthalte in Wien kehrte er im Sommer 1870 nach Bistritz zurück und erhielt zunächst 1871 eine provisorische Anstellung an der Elementarschule und 1872 an der Mädchenschule. An der letzteren Anstalt wirkte er bis zu seiner definitiven Anstellung am Gymnasium in Bistritz im November 1873.

Er schrieb:

1. Gegenreformatorische Bestrebungen in Bistritz im 18. Jahrhundert. B. G.-P., 1884. [Bespr.: Korr. f. Ldbe., VII, (1884), 142.]
2. Das Thal von Borgo-Bistritz. K. B. J., VI, (1886).
3. Der Dalbiban. Ebenda, VI.
4. Duca bei Waltersdorf. Ebenda, VI.
5. Hentyul. Ebenda, VI.

6. Der Koronghis. Ebenda, VI.
7. Das Kuhhorn. Ebenda, VI.
8. Koronghis bis zum Kuhhorn. Ebenda, VII, (1887).
9. Die Bistriclora. Ebenda, VII.
10. Der Czibles. Ebenda, VII.
11. Über den Kereßthegy in das Görgenythal. Ebenda, VII.
12. Pojana Toml. Ebenda, VII.
13. Ein Ausflug in die Marmarosch. Ebenda, XV, (1895).

Preidt Georg.
(III, 73).

Die III, 77 unter Nr. 8 angeführte "Nachricht" wurde gedruckt im Arch. f. Ldk., N. F. XV, 652.

Preidts "Neue Schulordnung" (Trausch a. a. O. 75, Nr. 2) gedruckt in Fr. Teutsch, Sch.-O., II, 82.

Wurzbach, 23, 219.
Meltzl-Herrmann: Das alte und neue Kronstadt, II, 162, 347, 518, 577.
Fr. Teutsch, Sch.-O., II, XVI.

Rampelt Johann

wurde in Meschen am 25. Januar 1832 geboren, absolvierte das Gymnasium in Mediasch 1851 und bezog hierauf die Universitäten in Tübingen und Leipzig, um Theologie zu studieren. Im Herbste 1854 ins Vaterland zurückgekehrt, wurde er am 1. Februar 1855 als Gymnasiallehrer in Mediasch angestellt. Am 26. Februar 1864 wurde er zum Pfarrer in Großprobstdorf und am 13. Januar 1875 zum Pfarrer in Meschen gewählt.

Er veröffentlichte:

1. Stefan Bathori, ein Fürstenbild. M. G.-P., 1862.
2. Volkswirtschaftliche Zustände in den Landgemeinden des Mediascher landwirtschaftlichen Bezirksvereins. Landwirtschaftliche Blätter rc. f. Siebenbürgen 1893. Auch im Sonderabdruck erschienen.

Rampelt war außerdem Mitarbeiter des Schul- und Kirchenboten, der u. a. folgende Aufsätze von ihm brachte:

1. Einige Gebrechen, welche dem gedeihlichen Unterrichte in unseren Dorfschulen hindernd entgegenstehen. II. Jahrgang.
2. Der evangelische Landpfarrer in seinem außeramtlichen Auftreten. Ebenda, XV.
3. Aufgaben des Pfarrers hinsichtlich der Beaufsichtigung der erwachsenen Jugend in unseren Landgemeinden. Ebenda, XXIV.

Rannicher Jakob,

(III, 80),

geboren am 7. November 1823 in Hermannstadt, aus einer „Exulanten"-Familie stammend, besuchte zunächst das Gymnasium seiner Vaterstadt und bereitete sich anfangs mit Eifer für den geistlichen Beruf vor. Seine Predigten — damals war den letzteren Jahrgängen des Gymnasiums mehrfach Gelegenheit dazu geboten — hatten ersichtlich Anziehungskraft zumal auf die Unterstadt, die ihn als den ihrigen mit Stolz auf der Kanzel sah.

Mit dem Abschluß der Gymnasialzeit (1844) trat aber die sächsische Rechtsakademie in Hermannstadt ins Leben, welche, eine Folge der seit dem Sprachkampf in die Jugend getragenen Bewegung, in den ersten Jahrgängen eine verhältnismäßig größere Hörerzahl aufwies und auch ihn darunter zählte. Niemand hat den Geist, in dem diese Anstalt gegründet worden ist, — allerdings unter dem Eindrucke des damals an derselben wirkenden Rechtslehrers Josef Zimmermann — so getreu und voll in sich aufgenommen wie Rannicher. Die neuen Studien lenkten ihn jedoch keineswegs von dem kirchlichen Gebiete ganz ab, sie begründeten vielmehr in ihm die hohe Wertschätzung des verbrieften Rechtes als Schutzwehr für wichtige Lebensinteressen und zwar gerade auch für die der Kirche.

Durch Berührung mit leitenden Männern und angeeifert durch die erregte Stimmung im sächs. Volke, trat er im Jahre 1848 energisch in die politische Arena und in die Öffentlichkeit. Als die kaiserliche Armee Siebenbürgen aufgab, flüchtete auch Rannicher in die Walachei, um von dort nach Wien zu gehen, wo ihn Hofrat Rosenfeld, zunächst im Steuerfach, verwendete. Noch im Jahre 1850 ernannte ihn Graf Thun gleichzeitig mit dem spätern Minister Jireček zum Konzeptsadjunkten im Kultus- und Unterrichtsministerium. Von da an hat Rannicher jene ersprießliche Thätigkeit im Dienste der Regelung der Kirchenangelegenheiten seines Volkes entfaltet, welche ihm nach Inhalt und Wirkung ungeteilte Anerkennung gebracht hat.

Da seine gediegene Arbeitskraft und seine Kenntnis der leitenden Grundsätze seine Anwesenheit am Sitze des Oberkonsistoriums nötig machten, wurde er schon 1856 als Sekretär der Statthalterei in Hermannstadt zugewiesen und damit Mitglied des Oberkonsistoriums. Als Kultusminister Graf Leo Thun im Sommer 1860 Vertrauensmänner nach Hermannstadt zu Beratungen berief, welche die Ordnung der evangelischen Kirchenangelegenheiten Siebenbürgens anbahnen sollten, befand sich auch Rannicher unter diesen Vertrauensmännern und entwickelte eine hervorragende Thätigkeit; die Denkschrift, welche die Vertrauensmänner am 31. August an den Minister richteten, hat Rannicher zum Verfasser. Nicht minder bedeutend und durch ungewöhnliche Kenntnis sowie sachliche und treue Darlegung der geschichtlichen Rechtsentwicklung und des gesetzlichen Standes der evangelischen Kirchenverfassungsfrage ausgezeichnet, schreibt G. D. Teutsch in der Allg. b. Biogr. über Rannicher, sind seine lichtvollen Arbeiten, die er als Statthaltereireferent in dieser Angelegenheit verfaßte, deren sich der Gouverneur Fürst Friedrich zu Lichtenstein pflichtgemäß und warm annahm. In dem am 13. Dezember 1860 in Hermannstadt zusammengetretenen Oberkonsistorium, das durch Deputierte aus allen Kirchenbezirken verstärkt worden, hat Rannicher wesentlich zum Beschlusse mitgewirkt, es sei zur Schlußfassung über die „Provisorischen Bestimmungen" eine nach § 111 derselben zusammengesetzte konstituierende Versammlung so bald als möglich einzuberufen.

Bald darauf mit Stadtpfarrer Schuller aus Schäßburg nach Wien entsendet, ist er, wie Teutsch a. a. O. erzählt, zielbewußt mit großer Einsicht und unermüdet thätig gewesen, bis der Kaiser voll Huld und Gerechtigkeit gegen seine „allzeit getreue" evangelische Landeskirche in Siebenbürgen mit Allerhöchstem Handschreiben vom 19. Februar 1861 dieser eine jährliche Dotation von 16.000 Gulden ö. W. aus dem Staatsschatze gewährte. Die erste Landeskirchenversammlung, welche die neue Kirchenverfassung mit einigen Änderungen unter wesentlicher Mitwirkung Rannichers annahm, wählte ihn in das erste Landeskonsistorium, das ihm die Schriftführerstelle der neuen Oberbehörde übertrug. Nach der Rückkehr zu konstitutionellen Formen im Oktoberdiplom und im Februarpatent wurde Rannicher 1863 Gubernialrat, Regierungsorgan bei dem Hermannstädter Landtag 1863/64 und aus diesem in den Wiener Reichsrat gewählt. Er eilte hoffnungsfreudig hinauf, stimmte aber, mit gereiften Sinnen in das politische Getriebe blickend, bald seine Erwartungen herab und lehnte die Wiederwahl ab. Im Klausenburger Landtag, der schon ein Jahr nachher den Hermannstädter ablöste und desavouierte, war Rannicher der Führer der sächs. Vertreter, von denen 28 seinen Antrag, die Unionsbedingungen erst auf dem siebenbürgischen Landtage festzustellen, unterschrieben.

Im Jahre 1867 erfolgte der Ausgleich mit Ungarn. Rannicher, bald darauf Sektionsrat im k. Kultusministerium, war zum Vertreter von Hermannstadt im Pester Reichstag gewählt. Zu den Anfängen seiner Laufbahn sich als juristisch geschulter und gereister Politiker zurückwendend, hat er hier in gründlichen und formvollendeten Reden an der Gesetzgebung mitgewirkt und die Rechte und Lebensinteressen des sächs. Volkes vertreten. Als der Reichstag unter Initiative der Regierung sich anschickte die dem Aufbau des Nationalstaates im Wege stehende gesonderte Rechtsstellung der Sachsen hinwegzuräumen, ergab sich über die hiebei aktuell gewordene Frage des Austrittes aus der Deakpartei, wesentlich aber darüber, was aus dem Zusammenbruche gerettet werden solle und könne, zwischen Rannicher und den die sächsische Politik daheim leitenden Persönlichkeiten, denen die Mehrheit der sächs. Abgeordneten folgte, ein heftiger Zwiespalt der Meinungen.[1]) Diese wurde bei der durch die drohenden Verluste erregten Volksstimmung zum schmerzhaften Riß erweitert. Eine herbe Absage, zu der auch in Land-

---

[1]) Das S. b. T., Nr. 79 (1874) brachte die Erklärungen von Schreiber, Rannicher und Trauschenfels; die letztere von diesen, die Verteidigung des Austrittes, wurde freudig begrüßt, Schreibers Argumentation abgelehnt, die Subjektivität des Verfassers aber, der sich zur Mandatsniederlegung bereit erklärte, äußerst wohlwollend beurteilt. Über Rannicher, in dessen Enthüllung des „mühsam bewahrten Geheimnisses, daß die Einigkeit der Vertreter fehle", Absichtlichkeit gefunden wurde, und welcher dem Zweifel, ob die Universität das Recht zur Behandlung staatsrechtlicher Fragen behalten könne, Ausdruck gegeben hatte, wurde unbedingt der Stab gebrochen. S. b. T., Nr. 81 (1874).

gemeinden Unterschriften gesammelt wurden, erging an Rannicher, der den Schlag schwer empfunden hat.

Anderthalb Jahre später schwer erkrankt, starb Rannicher am 8. November 1875 in Ofen. Zum Leichenbegängnis waren zahlreiche und hochgestellte Personen erschienen. Ministerialrat Karl Száß — der spätere Bischof — hielt im Hofe des Trauerhauses die Rede. Die in Pest weilenden sächs. Abgeordneten gaben das Geleite bis zum Grabe, wo der Ofner Pfarrer Scholz, dann die Abgeordneten Schreiber und Pfarrer Seraphin Reden hielten. Rannicher war mit rastlosem Fleiß und erstaunlicher Arbeitskraft begabt. Er las viel, oft bis tief in die Nacht, hatte ein gutes Gedächtnis und zähe Willenskraft. So bewältigte er die vielen und großen Arbeiten, die man ihm zumutete. Seine schriftstellerische, auch journalistische Thätigkeit — er redigierte auch zeitweilig die Transsylvania und mit Benigni von Mildenberg gemeinsam den Siebenbürger Boten — war zunächst aktuellen Fragen gewidmet. Auf seinen Briefwechsel verwendete er große Sorgfalt. Mit Bischof D. G. D. Teutsch, der schon als Gymnasialdirektor in Beziehungen zu ihm trat, ist viel gemeinsame Arbeit brieflich besprochen worden, Baron Reichenstein war mit ihm in vertraulichem, selbstverständlich sehr geheim gehaltenem Verkehr, sehr interessant war das freundschaftliche und freimütige Verhältnis zum gr.-or. Metropoliten Baron Schaguna, der Rannichers Rat und Feder nicht selten in Anspruch genommen.

Rannicher hat viel Anerkennung und Auszeichnung erfahren. Mehr als Verdienstkreuz und Orden der Eisernen Krone (1864) wiegen die Wahl in wichtige Deputationen, die zahlreichen Anerkennungs- und Dankschreiben, insbesondere das mit vielen hundert Unterschriften versehene, das ihm nach dem Klausenburger Landtag zukam. Daß das „Volksgericht", welches 1874 über ihn gehalten wurde, kein unbedingt berechtigtes war, ist wenige Jahre nachher zugegeben worden. Entschuldbarer Unmut führte dazu. Dafür, daß Rannicher ein anderer geworden, als er damals war, wie er gegen die Auflösung der Hermannstädter Stadtvertretung durch die Militärdiktatur protestierte, oder daß er in letzter Zeit in sonderlicher Gunst der Regierenden gestanden sei, hat niemand den Beweis geführt.

Er veröffentlichte ferner:

1. Das Haus Lebzeltern. Hermannstadt 1860.
2. Joh. Karl Schuller. Hermannstadt 1865.

Über seine Landtags- und Reichstagsreden s. den Anhang und das S. d. W. und hier den Artikel Franz Gebbel.

S b T., Nr. 569 (1875). Nekrolog von Franz Gebbel. Ferner Nr. 571, 572, (1875), 3962 (1886).
Friedenfels, Bedeus, II, 39, 41, 376, 389.
Allg. d. Biogr., 27, 269 von G. D. Teutsch.

Raupenstrauch Gustav Adolf, Dr. phil.,

geboren am 21. Juni 1859 in Bistritz als Sohn des dortigen ev. Predigers und spätern Pfarrers in Dürrbach Gottfried Raupenstrauch besuchte das Gymnasium seiner Vaterstadt und widmete sich nach Absolvierung der vierten

Klasse im Jahre 1874 dem Apothekerberuf. Nach fünfjähriger praktischer Thätigkeit in der Stadtapotheke in Bistritz kehrte er jedoch an das Gymnasium zurück und legte nach Absolvierung der beiden letzten Jahrgänge im Jahre 1881 die Maturitätsprüfung am Gymnasium in Bistritz ab. Hierauf bezog Raupenstrauch die Universität Wien, woselbst er in den Jahren 1881 bis 1886 Pharmacie und Naturwissenschaften studierte. Insbesondere widmete er sich dem Studium der Chemie, deren verschiedene Disziplinen er an der Universität und an der technischen Hochschule hörte. Hier betrieb er namentlich Laboratoriumsarbeiten, zu denen ihm unter der Leitung und Förderung von Professor Lieben an dem chemischen Universitätsinstitut eine besondere Gelegenheit geboten wurde. So konnte er schon bald mit der Ausführung selbständiger wissenschaftlicher Arbeiten beginnen. Im Jahre 1886 wurde Raupenstrauch an der Universität in Wien zum Doktor der Philosophie promoviert. Hierauf zog er nach Deutschland und war zunächst als Assistent und später als Abteilungsvorstand am chemischen Untersuchungsamt in Wiesbaden thätig. Die mannigfachen Arbeiten auf dem Gebiete der Nahrungsmittel, über pharmaceutische Präparate und über Gebrauchsgegenstände, wie über hygienisch-chemische Fragen gaben vielfache Abwechselung und die auf diesen Gebieten in Deutschland allen anderen Ländern voranschreitende Entwickelung der Chemie gaben reichlich Anregung auch zu eigener Bethätigung an der wissenschaftlichen Bearbeitung verschiedener Gebiete. Ergebnisse, welche von allgemeinem Werte geworden sind, erhielt Raupenstrauch bei längeren Untersuchungen über die zur Bekämpfung der Infektionskrankheiten angewandten Desinfektionsmittel. Es gelang Raupenstrauch ein neues Präparat herzustellen, dessen antimykotische Wirksamkeit derjenigen der früher am meisten angewandten Karbolsäure um etwa das Dreifache überlegen ist und welches die Giftigkeit der letzteren, der jährlich Hunderte von Menschenleben zum Opfer fielen, nicht besitzt. So fand das neue Präparat, welches Raupenstrauch nach dessen leichter Löslichkeit „Lysol" benannte, bald die vollste Anerkennung der wissenschaftlichen Kreise und ist bei der Prophylaxe der Infektionskrankheiten, in der Chirurgie und namentlich in der Geburtshilfe, wo seit der Einführung des Lysols die Puerperalfiebererkrankungen in wesentlicher Abnahme sind, von Bedeutung geworden.

Im Jahre 1890 ging Raupenstrauch nach Hamburg, wo er die Leitung der Einrichtung und des Betriebes eines für die Erzeugung der neuen Lysolpräparate begründeten Fabriksetablissements übernahm, war dann vorübergehend in Schweden, Belgien und Frankreich, um daselbst ähnliche Fabrikationen einzurichten und kam im Jahre 1892 wieder nach Österreich, wo er in Wien die Leitung der neuerrichteten Abteilung des in Hamburg begründeten Fabriksunternehmens übernahm, in welcher Stellung er sich gegenwärtig befindet.

Von wissenschaftlichen Arbeiten, welche zur Publikation gelangt und in den Sitzungsberichten der kaiserlichen Akademie der Wissenschaften in Wien, im Archiv der Pharmacie, Berlin ꝛc. erschienen sind, seien erwähnt:

1. Über die Bestimmung der Löslichkeit einiger Salze in Wasser bei verschiedenen Temperaturen. Sitzungsbericht der kais. Akademie der Wissenschaften in Wien 1885. 92. Bd., II. Abteilung.

2. Über Kondensation des Normalbutyralbehybs. Ebenda, 1887. 95. Bd., II. Abteilung.
3. Über die Löslichkeit des Gypses. Pharmaceut. Zentralhalle Dresden 1888, 29. Bd.
4. Über die Reaktionen einiger Phenole und analoger Körper zc. Pharmaceut. Zeitung. Berlin 1888, 33 Bd.
5. Über rohe Karbolsäure zc. Ebenda, 1889. 34. Bd.
6. Das Lysol, seine Darstellung, Eigenschaften und Prüfung. Archiv der Pharmacie. Berlin 1891. 29. Bd.

Reichjerstorffer Georg von,

(III, 86),

über dessen Chorographia Transylvaniae (a. a. O. 98, Nr. 2,) siehe D. Fr. Teutsch: „Drei sächsische Geographen des sechzehnten Jahrhunderts". Arch. f. Ldk., N. F. XV, 613.

Allg. d. Biogr., 27, 678 von Fr. Teutsch.

Reilich Gabriel.

(III, 102).

Durch D. Fr. Teutsch ist ein zweites Werk Reilichs bekannt geworden. Korr. f. Ldk., VIII, (1885), 123.

Der Titel desselben lautet:

T. N. J. | Ein | Neu-Musicalisches Wercklein | Von der Geburt unsers | lieben Heylands, Erlösers und | Seligmachers JEsu Christi. | Billig mögen wir begehen diese gna | benreiche Zeit, zc. | Mit 2 Disstanten und 5 Violinen, welche auch | auf allerhand Instrumenten, als auf Zincken, Posaunen, Fagoten und dergleichen | können gespielet werden. | Sambt dem Basso Continuo für die Orgel | Lauten, Clavicymbal. | Componiret durch | GABRIELEM REILICH | bestellten Musicum und Componisten | zur Hermans-Stadt | Anno MDCLXV. | Daselbst gedruckt, durch Blasium Prösel.

Das Werkchen, 3 Blätter Quart und zum Schluß die Noten, ist dem Hermannstädter Rat gewidmet und unterschrieben: Datum den 18. Oktober 1665. Gabriel Reilich, bestellter Musicus und Componist aßba. Die Noten sind gestochen und zwar steht auf der einen Seite: Gabriel Reilich comp. J. H. Schneb. exar.; auf der andern: Israel Hiebner exar.

Im Korr. f. Ldk., XVIII, (1895) 69, veröffentlichte F. Baumann folgenden Titel eines Manuskriptes Reilichs:

Ju Jesu Nahmen! Neu-Musicalische Con | certen von 1. 2. 3. 4. und 5 Stim | men theils mit und theils ohne | Violinen sampt dem Bas | so Continuo. | Mit besonderen Fleiß auffge | setzt und Componieret | von Gabriele Reilich | Componisten zu Her | mannstadt | 1668.

Das Manuskript befindet sich in der Mühlbächer Gymnasialbibliothek, ist Kleinquart und umfaßt außer dem Titelblatte 32 Blätter. Es ist im Oktober 1708 von dem Hermannstädter Jakoby Borbau geschrieben worden.

Reimesch Friedrich

am 26. Juni 1862 in Zeiden geboren, besuchte zunächst die Unterrealschule und dann das theol.-päd. Seminar in Kronstadt. Nachdem er von 1880—1882 als Lehrer in Zeiden gewirkt, studierte er an den Hochschulen Leipzig, Jena und Berlin in den Jahren von 1882—84 Pädagogik, Philosophie und Naturwissenschaften und arbeitete als Hilfslehrer am pädagogischen Seminar Zillers in Leipzig und Stoys in Jena. Nach einer Reise durch Süddeutschland, Tirol, Oberitalien, die Schweiz, Holland und Mitteldeutschland besuchte er die Lehrerseminare in Halberstadt und Eisenach und den Handfertigkeitskurs in Leipzig.

Von 1885—87 war er Rektor der Volksschule in St.-Georgen bei Bistritz. Seit 1887 ist er Elementarlehrer in Kronstadt.

Arbeiten Reimeschs:

1. Schumann-Reimesch, Magyarisches Lese- und Sprachbuch für Volksschulen mit deutscher Unterrichtssprache. 2 Bde. Verlag von Josef Schmidt, Iglau, (seit 1892 in mehreren Auflagen erschienen).
2. Handbuch für den Lehrer zu dem obigen Lese- und Sprachbuch. Ebenda.
3. Magyarisches Lesebuch (mit Wörterbuch) für Gewerbe- und Handelsschulen in demselben Verlage 1899.
4. Heimat- und Vaterlandskunde für die Volks- und Bürgerschulen der ev. Landeskirche A. B. der siebenbürgischen Landesteile Ungarns. Kronstadt, H. Zeidner 1897. [Bespr.: Korr. f. Ldk., XX, (1897). S. b. T., 7266 (1897)].
5. Gegen die Herrschaft der Männer. Singspiel. Verlag Danner, Mühlhausen in Thüringen 1898.
6. Taschenmerkbuch für die siebenb.-sächsischen Volks-, Elementar- und Bürgerschullehrer. Kronstadt 1898. Selbstverlag.
7. Liedersammlung. Zweite umgearbeitete Auflage. Kronstadt, W. Gabony 1899.
8. Sagen und Ortsgeschichte zur Belebung des heimatkundlichen Unterrichtes an den Elementar- und Volksschulen des Kronstädter ev. Kirchenbezirkes. Heinrich Zeidner, Kronstadt 1899.

Manuskript:

Valentin Bakosch, Vaterländisches Volksstück (mit Gesang) in drei Akten. (Am 28. Februar, 3. und 21. März 1900 vom Kronstädter sächs. Männergesangverein in Kronstadt aufgeführt.)

Reimesch Michael,
(III, 102),

am 4. Juni 1809 in Zeiben geboren, besuchte das Gymnasium in Kronstadt und wurde noch vor Beendigung desselben 1831 Lehrer in Petersberg und Honigberg und 1832 in seinem Geburtsorte. Großes Verdienst hat sich Reimesch um die Hebung des Gesanges nicht nur in Zeiben sondern auch im übrigen Burzenlande erworben. 1838 gründete er den ersten Kirchenabjuvantenchor, welche Einrichtung andere Gemeinden nachahmten. Nachdem 1882 sein 50. Dienstjahr festlich begangen worden, wurde er 1883 mit dem goldenen Verdienstkreuz ausgezeichnet. Im Jahre 1884 trat er aus dem Schuldienste und starb am 4. November 1890.

Außer dem im III. Bd., 102 angeführten „Liebergärtchen" gab Reimesch noch heraus:

Liedersammlung für die ev. deutschen Volksschulen in Siebenbürgen. Kronstadt, bei Fr W. Frank 1880. [Bespr.: S. b. T., Nr. 2125, (1880).]

Zur Erinnerung an die Jubelfeier des Herrn Michael Reimesch, Rektors der ev. Volksschule in Zeiben am 4. Juni 1882. Kronstadt, Joh. Gött und Sohn Heinrich 1882.

Reipchius Daniel.
(III, 103).

Ferner:

Lateinische Distichen auf Luthers und Melanchthons Schriften (Trausch-Netoliczka, Handschriftenk. Nr. 485.)

Reissenberger Friedrich Karl

wurde am 5. Mai 1870 in Hermannstadt geboren, wo er am 3. Juli 1888 das ev. Gymnasium absolvierte. Um sich dem Studium der Theologie und des Lehramtes (Mathematik und Physik) zu widmen, bezog er die Universitäten Leipzig, Budapest, Berlin, Heidelberg. Nach Beendigung seiner Hochschulstudien fand er im Jahre 1894 seine erste Anstellung an der ev. Elementarschule in Hermannstadt. 1898 wurde er Rektor der Hauptvolksschule in Heltau und 1900 Professor an der Realschule in Hermannstadt.

Er veröffentlichte:

1. Die Schulen der Siebenbürger Sachsen. Pädagogisches Archiv, herausgegeben von E. Dahn, Braunschweig. 38. Jahrgang, 1896. 2. Heft. [Bespr.: Korr. f. Ltde., XIX, (1896), 55.]
2. Das Corpus Evangelicorum und die österreichischen Protestanten. (1685 bis 1764). Jahrbuch des Vereins für die Geschichte des Protestantismus in Österreich 1896. Heft 3 und 4. [Bespr.: Korr. f. Ltde., XX, (1897), 70.]

Reissenberger Karl Friedrich, Dr. phil.,

wurde am 21. Februar 1849 zu Hermannstadt geboren, und dort besuchte er auch das ev. Gymnasium. Im Jahre 1867 bezog er die Universität Jena, um Theologie, deutsche Philologie und Geschichte zu studieren. In den drei Semestern, die er auf der Hochschule an der Saale zubrachte, beschäftigte er sich vornehmlich mit Theologie, indem er den diesbezüglichen Vorlesungen, namentlich bei Hase und Hilgenfeld, mit Aufmerksamkeit folgte und im Frühling des Jahres 1868 auch Mitglied des akademisch-theologischen Vereines in Jena wurde. Daneben trieb er — unter A. Schleichers Leitung — auch Studien germanistischer und allgemein linguistischer Art. Zu Ostern des Jahres 1869 verließ er Jena, um die Universität Leipzig aufzusuchen. Hier trat die deutsche Philologie voll und ganz in den Mittelpunkt seiner Bestrebungen. An Friedrich Zarncke und Rudolf Hildebrand, denen er auch persönlich näher treten durfte, fand er ausgezeichnete Vertreter dieses Faches. Ihren Abschluß fanden seine Studien in Leipzig mit seiner Promotion zum Doktor der Philosophie, die am 9. August 1871 stattfand. In die Heimat zurückgekehrt, war er vorübergehend als Aushilfslehrer am ev. Gymnasium und an der höheren ev. Mädchenschule thätig. Im November 1873 legte er vor der durch das Landeskonsistorium eingesetzten Prüfungskommission die Lehramtsprüfung aus der deutschen Sprache als Haupt-, der Geographie und Geschichte als Nebenfach ab. Da für ihn keine Aussicht vorhanden zu sein schien, vor Ablauf einiger Jahre die erworbenen Kenntnisse an einer Mittelschule seiner Vaterstadt zu verwerten, da andererseits Freunde aus Österreich ihm wiederholt den Rat gaben, dort eine Anstellung zu suchen, so reiste er am 10. Februar 1874 nach Graz, um dort die Lehramtsprüfung auch vor einer österr. Staatsprüfungs-Kommission abzulegen. Bereits am 15. Februar wurde ihm eine Supplentenstelle am Staatsgymnasium in Cilli (Untersteiermark) angeboten, die er auch sofort annahm. Als er dann am 26. Juni die Lehrbefähigung in derselben Fachgruppierung und demselben Umfang wie in Hermannstadt auch in Graz bestanden hatte, wurde er am 12. August von dem österr. Unterrichtsminister zum wirklichen Lehrer in Cilli ernannt. Am Anfang des Jahres 1875 trat er mit aufrichtigem Danke für die ihm durch die ev. Landeskirche Siebenbürgens zu teil gewordenen Segnungen aus der Reihe ihrer Kandidaten aus und im Herbste dieses Jahres erwarb er in Graz die Lehrbefähigung aus Geschichte und Geographie auch für die obern Klassen der Gymnasien. Im Jahre 1877 wurde er an die k. k. Staats-Oberrealschule in Graz versetzt, sodann im Lehramte bestätigt und erhielt den Titel „k. k. Professor." Als im Jahre 1884 die obern Klassen dieser Anstalt aufgelöst wurden, erhielt Reissenberger eine Stelle am k. k. I. Staatsgymnasium in Graz. Aus der Zeit seiner Wirksamkeit in der steierischen Landeshauptstadt wäre noch hervorzuheben, daß er im Jahre 1883 die Stelle des Obmannes im Verein „Innerösterr. Mittelschule" bekleidete, und daß er von 1883 bis zu seinem Abgang von Graz dem Ausschusse des historischen Vereines für Steiermark als Mitglied angehörte.

Nach zehnjähriger Amtsthätigkeit in Graz verließ er diese Stadt im Jahre 1887, nachdem er zum Direktor der k. k. Staats-Oberrealschule in

Bielitz (Schlesien) ernannt worden war. In dieser Stellung befindet er sich noch gegenwärtig.

Litterarische Arbeiten.

1. Über Hartmanns Rede vom Glauben Ein Beitrag zur deutschen Litteraturgeschichte. Inauguraldissertation zur Erlangung der philosophischen Doktorwürde auf der Universität Leipzig. Hermannstadt 1871. Druck von Jos. Drotleff.
2. Die Forschungen über die Herkunft des siebenbürgischen Sachsenvolkes. Arch. f. Ldke., N. F. XIII.
3. Zur Krone Heinrichs von dem Türlin. Programm der k. k. Staats-Oberrealschule in Graz 1879. [Bespr.: Korr. f. Ldke., II, (1879), 79.]
4. Bilder aus der Vergangenheit der Siebenbürger Sachsen. Wien, Hölder 1879. [Bespr.: Beilage zur „Wiener Abendpost" 1879, Nr. 241; Korr. f. Ldke., II, (1879), 117.]
5. Siebenbürgen, [XIII. Bd. von „Die Länder Österreich-Ungarns in Wort und Bild". Wien, Graeser 1881. Bespr.: Korr. f. Ldke., IV, (1881), 110; Grazer Tagespost, Nr. 192 (1881); Im neuen Reich, (1881), Nr. 82; Deutsches Litteraturblatt, (1881), Nr. 14; Zarncke Litterar. Zentralblatt, (1881) Nr. 45; S. b. T., 2324 (1881).]
6. Festrede, gehalten bei der Säkularfeier des Toleranzpatentes zu Graz am 13. Oktober 1881. (Jahresbericht der ev. Gemeinde in Graz für 1881.)
7. Über Anastasius Grün. Ein Vortrag. (Pädagogische Zeitschrift. Graz 1881.)
8. Ein Muster und Meister des deutschen Volkes. Festrede, gehalten bei der Lessingfeier des akademischen Lehrervereins in Graz. (Roseggers Heimgarten. Mai 1881.)
9. Prinzessin Maria Christierna von Innerösterreich (1574—1621) in den Mitteilungen des histor. Vereins für Steiermark. XXX. Heft (1882).
10. Zwei siebenb.-deutsche Dichter (Schuster und Kästner). Aus der „Wiener Abendpost" im S. V.-K. für 1883 abgedruckt.
11. Über den deutschen Unterricht im Obergymnasium in den Verhandlungen des Vereines Innerösterr. Mittelschule in Graz. Wien, Graeser 1886
12. Reinhart Fuchs. Altdeutsche Textbibliothek, herausgegeben von Hermann Paul. Nr. 7. Halle a. S. 1886.
13. Festrede, gehalten anläßlich des Namensfestes Sr. k. u. k. Majestät am I. Staatsgymnasium in Graz. Programm des I. Staatsgymnasiums in Graz für 1887.
14. Goethes Reineke Fuchs. Mit Einleitung und Anmerkungen. Wien 1889 (Graesers Schulausgaben klassischer Werke).
15. Der ev. Religionsunterricht an den Gymnasien und Realschulen in Österreich. Zeitschrift für den ev. Religionsunterricht 1891.
16. Des hundes not, untersucht und herausgegeben in Xenia Austriaca, Festschrift der österr. Mittelschulen zur 42. Philologen-Versammlung in Wien. Sonderabdruck Wien. Gerold's Sohn 1893. Erschien auch im Programm der k. k. Staatsoberrealschule in Bielitz 1893. Wien, Gerold's Sohn 1893. [Bespr.: Korr. f. Ldke., XVI, (1893), 108.]

17. Lessings Laokoon als Schullektüre in den Forschungen zur deutschen Philologie, Festgabe für Rudolf Hildebrand zum 13. März 1894. Leipzig 1894.

Über seine Mitarbeit an dem S. d. W. siehe hier den Artikel Franz Gebbel.

Hinrichsen, 507.

Reissenberger Ludwig.
(III, 105).

Im Jahre 1850 erhielt er seine erste Anstellung als Professor an dem neuorganisierten ev. Gymnasium in Hermannstadt, an dem er dann 30 Jahre hindurch, bis zu seiner auf eigenes Ansuchen erfolgten Versetzung in den Ruhestand (17. November 1880), mit redlichem Eifer, strenger Gewissenhaftigkeit und segensreichem Erfolge gewirkt hat. Das ev. Landeskonsistorium sprach ihm anläßlich seiner Pensionierung „die Anerkennung für seine langjährigen treuen und gewissenhaften Dienste auf dem Gebiete der Schule" aus. Zwei Jahre nach seiner Pensionierung legte er auch seine Stelle als Kustos und Bibliothekar am Brukenthal'schen Museum nieder.

In bemerkenswerter Weise hat sich Reissenberger auch am öffentlichen Leben, an der Vertretung und Verwaltung der ev. Kirche A. B. in Hermannstadt, deren Presbyter er viele Jahre hindurch war, ferner an der Gemeindevertretung der Stadt Hermannstadt beteiligt.

In den letzten Jahren seines Lebens wurde Ludwig Reissenberger von einem asthmatischen Leiden befallen, welches dem Leben des 77-jährigen, noch geistesfrischen Mannes am 27. November 1895 nachmittags 4 Uhr ein plötzliches Ende bereitete.

Für ein bleibendes Andenken bei seinen Mitbürgern hat Ludwig Reissenberger selbst besonders noch dadurch gesorgt, daß er in einer letztwilligen Anordnung nachfolgende Stiftungen und Vermächtnisse machte:

Einen Betrag von 4000 Gulden ö. W. zu einer bleibenden Stiftung, deren Zinsenertrag halbjährig den zwei rangältesten Professoren an den hiesigen evangelischen Mittelschulen A. B. zu gleichen Teilen als eine kleine Zulage zu ihrem sonstigen Gehalt ausgezahlt werde; ferner 2000 Gulden ö. W. zur Vermehrung des Schwestern-Unterstützungsfondes der hiesigen ev. Krankenpflegeanstalt; weiters 1000 Gulden ö. W. zu zwei Stiftungen, deren Zinsen dem Verein für siebenb. Landesk. und dem siebenb. Verein für Naturw. zu gleichen Teilen zufallen sollen.

Schließlich wurden von Reissenberger dem Hermannstädter ev. Gymnasium A. B. die meteorologischen und physikalischen Instrumente und dem Brukenthal'schen Museum die Büchersammlung, ferner die Sammlung von Photographien und sonstigen Zeichnungen von Kirchengeräten und architektonischen Objekten, sowie die Landkarten vermacht.

Ein fast erschöpfendes Verzeichnis der Schriften Reissenbergers giebt E. A. Bielz in den V. u. M. XLV, (1896).

Reissenberger gab hiernach folgende Arbeiten heraus:

I. **Aus dem Gebiete der Erdbeschreibung und besonders der Orographie Siebenbürgens:**

1. Die „Schwarze Koppe" (Verfu Sterpu, im Zibinsgebirge), eine Gebirgsreise auf dieselbe. Transsilvania, Beiblatt des Siebenbürger Boten, 1845.
2. Übersicht aller bis noch teils trigonometrisch, teils barometrisch bestimmten Höhenpunkte von Siebenbürgen. In den Sitzungsberichten der k. k. Akademie der Wissenschaften in Wien. 1851 und in V. u. M., I, (1850), 27.
3. Nachtrag zu den siebenbürgischen Höhenmessungen. V. u. M., III, (1852), 2.
4. Zweiter Nachtrag zur Übersicht der Höhenmessungen in Siebenbürgen. Ebenda, VI, (1855), 57.
5. Bericht von einer Reise von Hermannstadt nach Rimnik in der Walachei. Ebenda, VII, (1856), 145.
6. Dritter Nachtrag zur Übersicht der Höhenmessungen in Siebenbürgen. Ebenda, IX, (1858), 195.
7. Ein Ausflug auf das südliche Grenzgebirge von Siebenbürgen, bei Ober-Arpas. Ebenda, XV, (1864), 195.
8. Zur Höhenkunde von Siebenbürgen. Ebenda, XX. (1869), 115.
9. Zur Höhenkunde von Siebenbürgen. H. G.-P., 1869.
10. Drei Bergriesen des siebenbürgisch-romänischen Grenzgebirgs: Verfu Csortea, der große Negoi und Verfu Mundri. V. u. M., XXXVI, (1886), 15.

II. **Bezüglich der Witterungskunde (Meteorologie), sowie der Tier- und Pflanzen-Phänologie schrieb Ludwig Reissenberger:**

11. Über die in den Monaten Mai bis September 1851 in Hermannstadt herabgefallene Regenmenge. V. u. M., II, (1851), 159.
12. Übersicht der im Jahre 1851 zu Hermannstadt gemachten meteorologischen Beobachtungen. Ebenda, III, (1852), 130.
13. Die Feuerkugel am 4. November 1852. Ebenda, III, (1852), 170.
14. Übersicht der zu Hermannstadt im Jahre 1852 gemachten meteorologischen Beobachtungen und einige Erscheinungen im Leben einzelner Tiere und Pflanzen. Ebenda, V, (1854), 110 und 113.
15. Übersicht der zu Hermannstadt im Jahre 1853 gemachten meteorologischen Beobachtungen und einige Erscheinungen im Leben einzelner Tiere und Pflanzen. Ebenda, VI, (1855), 127.
16. Über die Regenverhältnisse Siebenbürgens. H. G.-P., 1860.
17. Über die Regenmenge zu Anfang des diesjährigen (1857) Maimonates und die dadurch bewirkte Überschwemmung. V. u. M., VIII, (1857), 83.
18. Über die Witterungsverhältnisse von Hermannstadt. Aus dem Programme zu der am 19. April 1860 im großen Hörsaale des Hermannstädter Gymnasiums A. B. abzuhaltenden Gedächtnisfeier des Todestages Ph. Melanchthons. V. u. M., XI, 1860, 171.
19. Zur Bestimmung des täglichen Ganges der Luftwärme und des Luftdruckes in Hermannstadt. H. G.-P., 1862.

20. Meteorologisches: Erdbeben vom 16. Oktober, Meteor vom 24. November, Nebensonnen vom 16. Dezember 1862. V. u. M., XIII, (1862), 227.
21. Meteorologische Beobachtungen in Hermannstadt, monatliche, vom Dezember 1862 angefangen bis November 1863. Ebenda, XIV, (1863), am Schlusse jeder Nummer.
22. Übersicht der Witterung in Hermannstadt im meteorologischen Jahre 1863. Ebenda, 232 u. ff.
23. Meteorologische Beobachtungen zu Hermannstadt vom Dezember 1863 bis November 1864. Ebenda, XV, (1864), am Schlusse jeder Monats-Nummer.
24. Übersicht der Witterung in Hermannstadt im meteorologischen Jahre 1864. Ebenda, 250 u. ff.
25. Mondhof vom 14. Februar 1865. Ebenda, XVI, (1865), 62.
26. Meteorologische Beobachtungen in Hermannstadt vom Dezember 1864 bis November 1865. Ebenda, XVI, (1865), am Schlusse jeder Nummer.
27. Übersicht der Witterung in Hermannstadt im meteorologischen Jahre 1865. Ebenda, 237.
28. Meteorologische Beobachtungen zu Hermannstadt vom Dezember 1865 bis Ende November 1866. Ebenda, XVII, (1866), am Schlusse jeder Nummer.
29. Jahres-Übersicht des meteorologischen Jahres 1866. Ebenda, 269.
30. Meteorologische Beobachtungen zu Hermannstadt vom Dezember 1866 bis November 1867. Ebenda, XVIII, (1867), am Schlusse jeder Nummer.
31. Übersicht der meteorologischen Beobachtungen vom Jahre 1867. Ebenda, 272.
32. Meteorologische Beobachtungen zu Hermannstadt vom Dezember 1867 bis November 1868. Ebenda, XIX, (1868), monatlich am Schlusse jeder Nummer.
33. Übersicht der meteorologischen Beobachtungen vom Jahre 1868. Ebenda, 216.
34. Meteorologische Beobachtungen zu Hermannstadt vom Dezember 1868 bis November 1869. Ebenda, XX, (1869), monatlich am Schlusse jeder Nummer.
35. Die Witterungserscheinungen des Jahres 1870 in Siebenbürgen. Ebenda, XXII, (1872), 56.
36. Die Witterungserscheinungen des Jahres 1871 in Siebenbürgen. Ebenda, XXIII, (1873), 40.
37. Die Witterungserscheinungen des Jahres 1872 in Siebenbürgen. Ebenda, XXIV, (1874), 65.
38. Die Witterungserscheinungen des Jahres 1873 in Siebenbürgen. Ebenda, XXV, (1875), 33.
39. Meteorologische Beobachtungen aus Siebenbürgen vom Jahre 1874. Ebenda, XXVI, (1876), 95.
40. Meteorologische Beobachtungen aus Siebenbürgen vom Jahre 1875. Ebenda, XXVII, (1877), 52.
41. Die Witterungserscheinungen der Jahre 1876 und 1877 in Hermannstadt. Ebenda, XXVIII, (1878), 126.
42. Übersicht der Witterungserscheinungen in Hermannstadt 1878. Ebenda, XXIX, (1879), 141.

43. Übersicht der Witterungserscheinungen in Hermannstadt in den Jahren 1879 und 1880. Ebenda, XXXI, (1881), 70.
44. Über die Abnahme der Wärme mit der Höhe, nach Beobachtungen in Hermannstadt und an einigen Orten auf dem südlichen Grenzgebirge von Siebenbürgen. Ebenda, XXXII, (1882), 95.
45. Übersicht der Witterungserscheinungen in Hermannstadt in den Jahren 1881 und 1882. Ebenda, XXXIII, (1883), 117.
46. Über die Kälterückfälle im Mai mit Beziehung auf Hermannstadt und Siebenbürgen, Ebenda, XXXVII, (1887), 6
47. Über die Zeit der Blüte und Fruchtreife des Roggens, der Weinrebe und des Maises, nach vieljährigen Beobachtungen in der Umgebung von Hermannstadt. Ebenda, XXXVIII, (1888), 121.
48. Die meteorologischen Elemente und die daraus resultierenden klimatischen Verhältnisse von Hermannstadt. Arch. f. Ldke., N. F. XXII, 413; XXIII, 545 und XXIV, 519.
49. Beitrag zu einem Kalender der Flora von Hermannstadt und seiner nächsten Umgebung. Ebenda, XXVI, 573.

III. Über Physik und Astronomie:

50. Der erwartete große Komet. „Transsylvania", Beiblatt des Siebenbürger Boten, 1856.
51. Über das Nordlicht am 20. August 1860. B. u. M., XII, (1861), 12.

IV. Aus dem Gebiete der Statistik und Völkerkunde:

52. Zur Kenntnis der Volksbewegung von Hermannstadt, ein Beitrag zur Statistik von Siebenbürgen. Arch. f. Ldke., N. F. I, 215.
53. Zur Kenntnis der Volksbewegung in Siebenbürgen, ein Beitrag zur Statistik dieses Landes. Ebenda, V, 48.
54. Zur Kenntnis der Volksbewegung in Siebenbürgen. Ebenda, 125.
55. Über den Kropf und Cretinismus in Siebenbürgen. Ebenda, V, 379.
56. Zur Kenntnis der Volksbewegung, III. Abteilung. Ebenda, VII, 84.
57. Statistik der evangelischen Landeskirche A. B. in Siebenbürgen (aus ämtlichen Quellen). Statistisches Jahrbuch der evangelischen Landeskirche A. B. im Großfürstentum Siebenbürgen, II, Hermannstadt 1865.
58. Statistik der evangelischen Landeskirche A. B. in Siebenbürgen. Statistisches Jahrbuch der evangelischen Landeskirche A. B. im Großfürstentum Siebenbürgen, III, Hermannstadt 1870.

V. Über Altertumskunde und Numismatik:

59. Zwei Kruzifixe aus Siebenbürgen. Mitteilungen der k. k. Zentralkommission zur Erforschung und Erhaltung der Baudenkmale, Wien 1861, VI.
60. Der Heidenkirchhof zwischen Kastenholz und Girelsau. Ebenda, 1861, VI.
61. Über zwei neu aufgefundene heidnische Grabstätten in Siebenbürgen: bei Neußmarkt und Petersdorf. Ebenda, 1863, VIII.

62. Der neueste archäologische Fund bei Hammersdorf, bestehend aus Bronze-Waffen und Werkzeugen, Gußkuchen, Bruchmetall ꝛc. Arch. f. Ldke., N. F. X, 8.
63. Bericht über kirchliche Altertümer. S. d. W., VI, (1873.)
64. Die siebenbürgischen Münzen des freiherrlich Samuel von Brukenthal'schen Museums in Hermannstadt. H. G.-P., 1878, 1879, 1880, 1881, 1882.
65. Kirchliche Kunstdenkmäler aus Siebenbürgen. (Herausgegeben vom Ausschuß des Vereins für siebenb. Landesk., Abbildungen auf Foliotafeln in Lichtdruck mit erläuterndem Texte von Ludwig Reissenberger. Hermannstadt 1878 bis 1895.) [I. Heft Bespr.: S. b. T., 1822 (1879); Beilage zur Wiener Abendpost, Nr. 199 (1878), von C. Lind; Anzeiger für Kunde der deutschen Vorzeit Nr. 9, (1878); Korr. f. Ldke., I, (1878), 87; Mitteilungen der k. k. Zentralkommission zur Erforschung und Erhaltung der Kunst- und historischen Denkmäler. 1878 CXXXII. — II. Heft: Nationalzeitung (Berlin), Nr. 9, (1880); Im Neuen Reich 1880, Nr. 8.]
66. Siebenbürgisch-deutsche Bildhauer, Goldschmiede und Siegelstecher. Korr. f. Ldke., VIII, (1885), 133.
67. Zur Kenntnis der von Sebastian Hann (dem Hermannstädter Goldschmied) zu seinen Darstellungen benützten Vorlagen. Ebenda, X, (1887), 40.
68. Über die Zeit der Montierung des bem Hermannstädter evangelischen Kapitel A. B. angehörigen griechischen Kreuzes. Ebenda, XII, (1889), 97.

VI. In Bezug auf ältere Baukunde und Kunstgeschichte:

69. Die Kirche des heil. Michael zu Michelsberg in Siebenbürgen. Mitteilungen der k. k. Zentralkommission zur Erforschung und Erhaltung der Baudenkmale. Wien 1857. Märzheft.
70. Die bischöfliche Klosterkirche bei Curtea d'Argisch in der Walachei. Jahrbuch der k. k. Zentralkommission zur Erforschung und Erhaltung der Baudenkmale. Wien 1860, IV, 175 bis 224.
71. Die evangelische Pfarrkirche A. B. in Hermannstadt. (Mit zahlreichen Holzschnitten, einer Lithographie und einem Kupferstich: das Wandgemälde des Johann von Rosenau 1445. Hermannstadt 1884, gedruckt bei Adolf Reissenberger.) [Bespr.: S. b. T., 2344; Korr. f. Ldke., VII, (1884), 127; Wiener Montagsrevue, 1884, Nr. 43.]
72. Überreste der Gotik und Renaissance an Profanbauten in Hermannstadt. Arch. f. Ldke., N. F XXI, 461. [Bespr.: Korr. f. Ldke., XI, (1888)].
73. Die Kerzer Abtei. (Mit zahlreichen Illustrationen herausgegeben vom Verein für siebenb. Landesk. Hermannstadt 1894.) [Korr. f. Ldke., XVII, (1894), 64; Allg. Ztg. (München), 236 und 237, (1894), Századok, VII, 1894; Erdélyi Muzeum, XI, (1894), 563; S. b. T., 6179, (1894)].

Zu diesen Arbeiten sind noch hinzuzufügen:

74. Über die Gesetzmäßigkeit in den scheinbar willkürlichen Handlungen der Menschen und ihre Beziehung zu dem Wesen und den Grenzen der menschlichen Willensfreiheit. S. b. W., III, (1870).
75. Über Erdbeben. Ebenda, V, (1872).

76. Über Wetterprophezeihung. Ebenda, V, (1872).

77. Karte von Siebenbürgen, redigiert von L. Reissenberger. Hermannstadt. Bielz, Lithogr. Institut, 1851.

78. Bericht über das freiherrlich Samuel von Brukenthal'sche Museum in Hermannstadt. Hermannstadt, Buchdruckerei der von Closius'schen Erbin 1877.

Aus Reissenbergers Nachlasse erschien:

Über die ehemaligen Befestigungen von Hermannstadt. Arch. f. Ldde., N. F. XXIX, 315—417.

Über Reissenbergers Mitarbeit an dem S. b. W., s. auch den Artikel Franz Gebbel.

    H. G.-P., 1881.
    S. b. T., 6679, (1895).
    Siebenb. Volksfreund (Verlag von W. Krafft) 1895, Nr. 50.
    Korr. f. Ldde., XIX, 7.
    V. u. M., XLV, (1896).
    Arch. f. Ldde., N. F. XXVII, (1897).
    LXVII. Ergänzungsheft des „Természettudományi Közlöny" s. auch Korr. f. Ldde., XXII, (1899), 81.

Reschner Martin.

(III, 108).

Über sein etwa 2600 Urkundenabschriften, einige hundert Regesten und Auszüge von Urkunden enthaltendes Diplomatarium handelt ausführlich Fr. Zimmermann im Arch. f. Ldde., N. F. XIX, 121, ebenso über die 7 Foliobände „Collectanea" Reschners.

Reschner starb am 16. Februar 1872.

    S. b. W., 1872, 121 und 542.
    Arch. f. Ldde., N. F. X, 299. Denkrede von G. D. Teutsch.
    Ebenda, XIX, 121.
    Preußische Jahrbücher, XLV, 579.
    Allg. b. Biogr., 28, 239 von G. D. Teutsch.

Reuschel Friedrich

wurde am 7. April 1853 in Weichenzell in Bayern geboren, besuchte zu Ansbach die Latein- und Gewerbeschule und zu Nürnberg die Kunstgewerbeschule. Am 12. Februar 1875 wurde er Zeichenlehrer am Gymnasium in Mühlbach. Nachdem er am 8. September 1881 über sein Ansuchen aus dem Dienste dieser Anstalt entlassen worden, begab er sich nach Rumänien, wo er in Crajova am 11. Oktober 1888 starb.

Er schrieb:

Die ev. Pfarrkirche in Mühlbach. Mit 7 photo-lithographischen Illustrationen. Mühlb. G.-P., 1878.

Rheindt Friedrich Georg,

geboren am 3. März 1857 in Brenndorf, absolvierte 1876 das Obergymnasium in Kronstadt und besuchte von 1880 an, nachdem er von 1876 bis dahin im 2. Genieregimente gedient hatte, die Hochschulen in Tübingen und Jena, um sich dem Studium der Theologie, Mathematik und Physik zu widmen.

Nach seiner Rückkehr in die Heimat (1883) war er teils als Volksschul- teils als Privatlehrer an verschiedenen Orten thätig, bis er 1892 zum Elementarlehrer in Hermannstadt und 1897 zum Pfarrer in Michelsberg gewählt wurde.

Außer zahlreichen Gedichten, die Rheindt in verschiedenen einheimischen Blättern [„Siebenbürger Volksfreund" (W. Krafft), „Akademische Blätter" (W. Krafft)] veröffentlichte, gab er heraus:

Heimatsklänge. Aus: „Nach langem Schweigen". Gedichte. W. Krafft 1895.

Rheter Franz.
(III, 114).

Von ihm rührt ferner her:

Leichengedicht auf Deidricus Georg, der h. Schrift Beflissenen, 17. Dezember 1672. Kronstadt in Petri Pfannenschmidts und Jakobi Zeckels Druckerey druckts Nicolaus Müller.

Rieß (Riß) Karl Ludwig

wurde (1813?) in Hermannstadt geboren und daselbst am 14. April 1814 getauft. Im Jahre 1834 verließ er das Gymnasium seiner Vaterstadt, um sich in Klausenburg dem Studium der Chirurgie zu widmen. Von dem chirurgischen Berufe jedoch nicht befriedigt, fand Rieß zunächst eine Anstellung beim Zollwesen, wandte sich aber 1849 dem Polizeidienst zu. Als im Jahre 1860 in Ungarn die verhaßte Polizei fiel, wurde Rieß in den Ruhestand versetzt.

In seine Vaterstadt zurückgekehrt, fand er vorübergehend eine Stellung als Inspektor der Versicherungsgesellschaft „Transsylvania" und bald darauf eine dauernde Anstellung bei dem Hermannstädter Versatzamte, welchem er seit 1871 erst als Kontrollor, dann als Verwalter bis zu seinem Tode angehörte.

Rieß gehörte zu den eifrigsten und thätigsten Mitgliedern des siebenb. Vereins f. Naturw., der ihn schon 1867, in welchem Jahre er in den Verein eintrat, in seinen Ausschuß berief. Er war in diesem Verein zunächst Kustos der botanischen und dann der zoologischen Abteilung. Rieß starb den 26. März 1883 in Hermannstadt.

Arbeiten Rieß':

1. Über Nymphaea thermalis DC. V. u. M., XVII, (1866), 3.

2. Über unsere Nymphaea alba L. Ebenda, XIX, (1868), 17.
3. Ausflüge in den Jahren 1868 und 1869, XX, (1869), 131.

V. u. M., XXXIV. (1884), 10.
Siebenb. Verein f. Naturw., 22.

Römer Georg

wurde am 22. Oktober 1822 in Felldorf geboren. Nach Absolvierung des theol.-pädag. Seminars in Schäßburg war er von 1842—1847 Rektor an der Volksschule in Nadesch, von 1847—1854 Pfarrer in Hohendorf. Von 1854 bis zu seinem Tode (10. November 1889) war er Pfarrer in Zuckmantel.

Er schrieb:

Geschichtliche Nachrichten über die evangelisch-sächsische Gemeinde Zuckmantel. — Zur Erinnerung an die Jahresversammlung des Schäßburger Zweigvereines der Gustav Adolf-Stiftung für Siebenbürgen in Zuckmantel am Fest Petri und Pauli 1876. Druck von Joh. Gött und Sohn Heinrich in Kronstadt.

Römer Julius

wurde am 21. April 1848 in Kronstadt geboren. Er besuchte das Unter- und Obergymnasium seiner Vaterstadt und absolvierte das letztere im Jahre 1866. Von diesem Jahre an bis 1870 studierte er an den Hochschulen in Wien, Jena und Heidelberg Naturwissenschaften und hörte auch theologische Vorlesungen.

Nach seiner Rückkehr in die Vaterstadt wurde er am 5. Dezember 1871 als Lehrer für Naturwissenschaften an der evang. Unterrealschule in Kronstadt angestellt. Seit dem 27. August 1872 ist er in gleicher Eigenschaft an der ev. Mädchenbürgerschule in Kronstadt thätig. Auch ist er an den mit dieser Schule verbundenen Fachkursen für Heranbildung von Kindergärtnerinnen und für Buchführung beschäftigt.

Er ist Mitglied der meisten weltlichen und kirchlichen Vertretungskörper seiner Vaterstadt, sowie einer großen Anzahl von Vereinen. Namentlich wirkt er seit Jahren zuerst als Schriftführer, dann als zweiter Vorstand im Kronstädter Männergesangverein, sowie im Siebenbürgischen Karpathenverein als Vorstandsstellvertreter und als Obmann der Sektion „Kronstadt" des Siebenbürgischen Karpathenvereines.

Litterarisch ist er besonders auf dem Gebiete der Naturforschung, namentlich der Botanik, und auf dem der Touristik thätig gewesen; auch hat er sich des öftern in der Dichtkunst, sowohl ernster, als heiterer Art, versucht.

Er veröffentlichte:

1. Über Steinkohlen. Vortrag. Sonderabdruck aus der Kronstädter Zeitung. Kronstadt 1877. Joh. Gött und Sohn Heinrich.

2. Die Steinkohlengrube „Concordia" bei Wolkendorf. Geologische Skizze. V. u. M., XXVIII, 1878.
3. Ist die Wolkendörfer „Concordiakohle" Braunkohle oder Steinkohle? Ebenda, XXIX, (1879).
4. Mitteilungen über 5 im Sommer 1878 beobachtete, morphologisch interessante Abweichungen von der normalen Entwickelung. Ebenda, XXIX, (1879).
5. Die Lehre Darwins als Gegenstand wissenschaftlicher Forschung. Ebenda, XXX, (1880).
6. Die Lehre Darwins als Gegenstand wissenschaftlichen, wie unwissenschaftlichen Streites. Ebenda, XXXII, (1882).
7. Beobachtungen an einer Wasserratte. Ebenda, XXXIV, (1884).
8. Mäuse, Albino's. Ebenda, XXXIV, (1884).
9. Beitrag zu einer Flora von Zaizon. Ebenda, XXXIV, (1884),
10. Der Durchschlag in der Steinkohlengrube „Concordia" bei Wolkendorf. Ebenda, XXXV, (1885).
11. Beiträge zur Flora von Salzburg (Vizakna) bei Hermannstadt. Ebenda, XXXV, (1885).
12. Über die Fortsetzung des von Michael Fuß begonnenen Herbarium normale Transsilvanicum. Ebenda, XLI, (1891).
13. Ein Blatt der Erinnerung an Dr. Ferdinand Schur. Ebenda, XLIII, 1893. Dieselbe Abhandlung ist auch in magyarischer Sprache unter dem Titel: „Schur Nándor emléke" erschienen in „A magyar orvosok és természetvizsgálok 1892 Augusztus 22—25-ig Brassóban tartott XXVI. vándorgyülésének történeti vázlata és munkálatai". Budapest 1893, Franklin társulat könyvnyomdája. 421.
14. Wesen und Begründung der Lehre Darwins. K. G.-V., 1876.
15. Von Törzburg auf den Bucsecs. K. V. J., II.
16. Die Besteigung des Königstein. Ebenda, II.
17. Die Malaieschter Schlucht am Bucsecs. Ebenda, III.
18. Vom Breazaer Paß bis zur Vistea mare. Ebenda, III.
19. Der Hegnes-Hegy bei Hoßufalu. Ebenda, IV.
20. Durch die Krepatura auf den kleinen Königstein. Ebenda, IV.
21. Der Komlós (die Tannenhöhe) bei Zaizon. Ebenda, IV.
22. Piliske Tetöje oder die Tartlauer Koppe. Ebenda, IV.
23. Die Sattelburg und die Spitzburg bei S.-Neen. Ebenda, IV.
24. Über den Omu nach Sinaja. Ebenda, V.
25. Das Edelweiß. Ebenda, VI.
26. Der hohe Nong und die hohe Koppe. Ebenda, VI.
27. Die Alpenrose. K. V. J., VII.
28. Der Csukás. Ebenda, VIII.
29. Die Mogura. Ebenda, IX.
30. Der Bucsoiu. Ebenda, IX.

31. Tetisoi und Gäh-Stuhh. Ebenda, IX.
32. Vom Predeal auf den Hohenstein. Ebenda, IX.
33. Vom Etwich auf die Schulerspitze. Ebenda, IX.
34. Die Gebirge des Burzenlandes. Ebenda, XIII. (Die Abhandlung ist auch in magyarischer Sprache unter dem Titel: „A Barczaság hegyei" erschienen in „A magyar orvosok és természetvizsgálok 1892 Augusztus 22—25-ig Brassóban tartott XXVI. vándorgyülésének történeti vázlata és munkálatai". Budapest 1893, Franklin társulat könyvnyomdája, 431.)
35. Durch die Malaiester Schlucht auf den Omu und durch das valea Cerbului nach Busteni-Azuga. Ebenda, XV.
36. Der Ceohlăn. Mit 2 Abbildungen. Ebenda, XVI.
37. „Transsylvania" in Sammlung gemeinnütziger Vorträge. Prag 1895. Juniheft. [Bespr.: in Korr. f. Lde., XVIII, (1895), 136.]
38. Mitteilungen über in Siebenbürgen als Volksspeise benützte Pilze. Zeitschrift für Pilzfreunde von Osmar Thüme. II. Jahrgang. Dresden, Alexander Köhler. 1885.
39. Linhart Georg, Ungarns Pilze. Zeitschrift für Pilzfreunde von Osmar Thüme. II. Jahrgang. Dresden, Alexander Köhler 1885.
40. Ein Ringkampf zweier Wurzeln. Österr.-botan. Zeitschrift. XXXVI. Jahrgang. Wien 1886. Gerold's Sohn.
41. Welcher Acker-Ehrenpreis kommt in Siebenbürgen vor? Mitteilungen der Sektion für Naturkunde des österr. Touristen-Klubs. Jahrgang III. Wien 1891. Verlag der Sektion.
42. Über das Vorkommen der Königsblume in Siebenbürgen. Wiener illustrierte Gartenzeitung. XIX. Jahrgang. 4. Heft. Wien, W. Frick 1894.
43. Die Blume und ihre Gäste. In „Natur und Haus" illustrierte Zeitschrift für Naturfreunde. 2. Jahrgang, 1894. Berlin, Robert Oppenheim.
44. Die Bedeutung des naturwissenschaftlichen Unterrichtes. Programm Nr. 3 der Kronstädter ev. Mädchenschule. Kronstadt, Johann Gött und Sohn Heinrich 1887.
45. Die Pflanzenwelt der „Zinne" und des „kleinen Hangesteines". Abschnitt VI, aus „Beiträge zu einer Monographie der k. freien Stadt Kronstadt". Kronstadt, Johann Gött und Sohn Heinrich 1892.
46. Héjjásfalva—Brassó. Abschnitt VII in „Das siebenbürgische Hochland". Nr. 175, 176 der europäischen Wanderbilder. Zürich, Orell Füßli u. Comp.
47. Der Krähenstein in Siebenbürgen. Deutsche Touristenzeitung von Dr. Theobor Petersen. Frankfurt a. M. 1884.
48. Michael Fuß. Allgemeine österreichische Litteraturzeitung. II. Jahrgang. Wien 1886. Nr. 11. G. Anger.
49. Aus der Pflanzenwelt der Burzenländer Berge in Siebenbürgen von Julius Römer. Mit 30 chromo-lithographischen Tafeln nach Aquarellskizzen von G. Lehmann, ausgeführt von der chromo-lithographischen Kunstanstalt Fr. Sperl in Wien. Verlag von Carl Graeser in Wien 1898. [Bespr.: Allg. bot. Zeitung von Kneucker, Karlsruhe. Heft 9, 1898; Naturae novitates, Berlin. Jahrgang 1898; Zoologische bot. Gesellschaft in Wien von Fritsch; Deutsche botanische

Monatsschrift von Bimbach. 10. Heft, 1898; „A kert", botanische Zeitschrift. 22. Heft, 1898; Turisták lapja. X. Heft, 1898; Österr. botanische Zeitschrift. Nr. 2, 1899; Natur und Haus, Berlin. Jahrgang 1899. Heft 17.]

50. Über die neuerschlossenen Bucsecshöhlen. K. V. J., XIX, (1899).

Ferner veröffentlichte das Korr. f. Ldke. zahlreiche kleinere Aufsätze aus der Feder Römers.

Die von Römer verfaßten Gedichte von denen mehrere komponiert wurden, finden sich teils in der „Blütenlese deutscher Lyrik aus Siebenbürgen", herausgegeben von Theochar Alexi. Kronstadt, Johann Gött und Sohn Heinrich 1877, teils in den Jahresberichten des Kronstädter Männergesangvereines, teils in der „Kronstädter Zeitung".

Im Sonderabdruck erschienen:

1. Ein Märchen. Kronstadt, Joh. Gött und Sohn Heinrich 1892.
2. Prolog zur Eröffnung des „Konzerthauses". Kronstadt, Joh. Gött und Sohn Heinrich 1894.

In dem „Liederstrauß" von Buchholzer und Wilk (Kronstadt, Verlag von H. Zeidner, 1894) fanden Aufnahme:

Hoch vom Königstein. VI. Heft. Hymne für das sächsische Volk. VIII. Heft.

Dieselben nach bekannten Melodien gesungenen Gedichte finden sich auch im „Deutschen Liederbuch", Kronstadt, Johann Gött und Sohn Heinrich. 1882.

Römer Karl,

geboren am 25. November 1860 in Buckmantel, absolvierte 1880 das Gymnasium in Mediasch und studierte hierauf in Klausenburg, Halle, Berlin und Jena Theologie und deutsche Sprache. Am 15. Juni 1888 erwarb er sich das Professoren-Prüfungsdiplom und wurde 1889 als Lehrer am Gymnasium in Mediasch angestellt.

Er schrieb:

Das Drama in der neueren siebenbürgisch-sächsischen Litteratur, M. G.-P., 1898. (Bespr.: Korr. f. Ldke., XXI, (1898), 117; S. d. T., 7544 und 7554, (1898).

Kirchner (s. d.) hat von ihm folgende Gedichte komponiert:

Wi huet de Streoß gebeangben, Bäm Honteristreoch, Däa äm Fräjör af der Wis, De Breokt vun Urbijen, De grän Jäjer, Saßelleb, Wänderlib.

Rohrmann Gallus.

(III, 118).

Aus dem Diplom, womit Rohrmann zum Magister der freien Künste von der philosophischen Fakultät der Universität in Straßburg ernannt wurde, und das sich jetzt in der Bistritzer Gymnasialbibliothek befindet, geht hervor, daß er einige Monate in Basel und 1½ Jahre in Straßburg die lateinische und griechische Sprache, sowie Philosophie und Theologie studierte. Von 12 Jünglingen, mit denen er gemeinsam die Prüfung für das Magisterium der Philosophie am 25. März 1591 ablegte, erhielt er nach dem einstimmigen Urteil der prüfenden Lehrer den ersten Rang. (Korr. f. Lkde., IV, (1881), 96.

Rösler Johann,

geboren am 3. Februar 1861 zu S.-Reen, absolvierte am 13. Juli 1880 das Gymnasium in Schäßburg und studierte in Wien und Bern Theologie und deutsche Sprache. Im Jahre 1886 wurde er an der evang. Bürgerschule für Mädchen in Hermannstadt und 1890 als Lehrer am evang. Untergymnasium seiner Vaterstadt angestellt.

Er veröffentlichte:

1. Verse in S.-Reener Mundart und Thanatopsis. Aus dem Englischen des Amerikaners William Cullen Bryant. Veröffentlicht in der Festschrift: Zur Feier der Einweihung des neuen Gymnasialgebäudes in S.-Reen am 28. Mai 1893. Dargeboten von den Mitgliedern des Lehrerkollegiums. Hermannstadt, Buchdruckerei W. Krafft 1893.
2. Die Handlung und Charaktere in Lessings Emilia Galotti. S.-R. G.-P., 1897. [Bespr.: S. d. T., 7223 (1897) Korr. f. Lkde., XX, (1897), 136.]

Rosenauer Michael,

geboren zu Mediasch am 3. Mai 1851, studierte in den Jahren von 1860 bis 1868 am Gymnasium seiner Vaterstadt, worauf er, um sich dem Studium des Lehrfaches und der Theologie zu widmen, die Universitäten in Leipzig, Heidelberg und Berlin besuchte. In die Heimat zurückgekehrt, erhielt er seine erste Anstellung am Realgymnasium in S.-Reen (1871). Aber schon 1872 kam er an die Mädchenschule und 1876 an das Gymnasium seiner Vaterstadt. Seit 1899 ist er Pfarrer in Pretai.

Er veröffentlichte:

1. Studium zur Kritik ungarischer Geschichtsquellen für die Zeit Stephans des Heiligen. M. G.-P., 1886.
2. Fachwissenschaftlicher Katalog der Gymnasial-Bibliothek in Mediasch. Ebenda, I. Teil, 1892; II. Teil, 1893.

Rosenfeld Johann Friedrich Czekelius Freiherr von
(III, 120)

wurde am 7. April 1739 getauft, nicht, wie Trausch a. a. O. angiebt, an diesem Tage geboren.

Siebenb. Provinzialblätter IV, 1803, 233—239.
Wurzbach, 27, 23.
Arch. f. Ltde., N. F. XVII, 448; XVIII, 43, 182, 185, 234, 236, 237, 239, 244.
Melzl-Herrmann, Das alte und neue Kronstadt, I, Einleitung XXII; II, 93, 94, 128, 157, 158, 278, 280, 283, 306, 399, 401, 420, 425, 462, 463, 473, 489, 515, 534.
Szinnyei M. J., II, 491.
Allg. b. Biogr., 29, 206 von Melzl.

Rosenfeld Karl Ludwig Czekelius Freiherr von
(III, 125)

hat eine umfangreiche Sammlung von Urkunden und Akten hinterlassen, welche sich seit 1882 als „Collectio Rosenfeld" im Baron Brukenthal'schen Museum befindet. Fr. Zimmermann berichtet über diese (Arch. f. Ltde., XIX, 125): „Aus dem Zeitraum 1301—1526 birgt diese Sammlung 483 Abschriften und 306 Regesten und Bruchstücke von Urkunden, meist von Rosenfeld selbst abgeschrieben aus Kopien des siebenbürgischen Gubernialarchivs, welches seit 1875 einen Teil des Landesarchives in Ofenpest bildet. Aus den Originalen entlehnt sind mehrere Abschriften von Stolzenburger Urkunden, welche aber nicht von Rosenfeld selbst geschrieben sind. Wertvoll für siebenbürgische Arbeiten sind besonders die oft nahezu fehlerlosen Kopien jener Urkunden, deren Originale sich bis Ende des Jahres 1882 in Karlsburg und Kolosmonostor befunden haben, und welche seitdem dem Landesarchiv in Ofenpest einverleibt sind."

Wurzbach, 28, 27.
Arch. f. Ltde., N. F. XIX, 124.
Friedenfels, Bedeus, I, 290.
Szinnyei M. J., II, 492.

Rosler Johann Friedrich,

am 26. Juni 1843 in Rohrbach geboren, absolvierte 1863 das Gymnasium in Schäßburg und studierte hierauf in Jena Theologie, Mathematik und Physik. Am 22. November 1866 wurde er als Lehrer an der damaligen Unterrealschule in S.-Reen angestellt und am 9. Januar 1873 zum Rektor der Volksschule in Agnetheln gewählt. Seit dem 2. März 1891 ist er Pfarrer in Seiburg.

Er veröffentlichte:

Die Elektrizität als Quelle des Lichtes, der Wärme und des Magnetismus.
S.-Reener Realschul-Programm, 1872.

Roth Daniel, Dr. med.
(III, 129).

Roths Schrift „Von der Union 2c.", (s. Trausch, III, 129, Nr. 9) wurde unter dem Titel:

Despre uniune și per tangentum, un cuvênt despre o posibilă Monarchie Daco-Română sub coroana austriei traducere de Septemiu Albini. Sibiu 1895. Institut tipographic T. L. Albini,

ins Romänische übersetzt. [Bespr.: Korr. f. Sbbe., XVIII, (1895), 136.]

Wurzbach, 27, 93.
Allg. d. Biogr., 29, 305 von Joh. Roth.
Schullerus Adolf: Michael Albert. Sonderabbruck, 64.

Roth Hermann,

geboren am 3. Februar 1860 in Mediasch, absolvierte das Gymnasium daselbst 1879 und studierte hierauf bis 1882 an den Universitäten Straßburg, Berlin und Wien Theologie und Geschichte. Am 30. September 1883 wurde er als Lehrer an der Bürgerschule und am 1. November 1885 am Gymnasium in Mediasch angestellt.

Er schrieb:

Der siebenb. Fürst Gabriel Bathori von Somlyo (1608—1613). M. G.-P., 1891.

Roth Johann, Dr. phil.,

wurde am 6. Dezember 1842 in Agnetheln geboren. Bis zu seiner Konfirmation besuchte er die Volksschule seiner Heimat, ein halbes Jahr lang auch die Schule in Kobor, um die magyarische Sprache zu erlernen. Von 1857—65 studierte er am ev. Gymnasium in Hermannstadt, von 1865—70 an den Universitäten Jena, Berlin und Wien Theologie und deutsche Sprachwissenschaft. Hilgenfeld, Grimm, Rückert und Hase waren seine theologischen, Merz, Bechstein und Schleicher, seine sprachwissenschaftlichen Lehrer in Jena. Das Berliner Jahr 1867/68 erweiterte unter Steinthal seine sprachwissenschaftlichen und unter Müllenhoffs Leitung seine speziell germanistischen Studien; namentlich bot Berlin durch seine großen Museen und Theater Roths Neigung zu ästhetischen Studien reichliche Nahrung. Die beiden letzten Studienjahre brachte Roth in Wien zu. Dort regte ihn Müllenhoffs Schüler Scherer zur Befestigung und Erweiterung des germanistischen Studiums an, während ihn Tomaschek zu einzelnen litterar-geschichtlichen Spezialstudien namentlich über Lessing und Schiller anleitete.

Von geschichtlichen Vorlesungen hatte Roth schon in Jena Simsons Geschichte der Völkerwanderung, Adolf Schmidts Geschichte der neuesten Zeit, in Berlin Droysens Geschichte des 16.—18. Jahrhunderts und Köpkes deutsche Geschichte gehört. Zu diesen kam in Wien Österreichische Geschichte von Lorenz und ein Stück römischer Geschichte von Aschbach.

Im August 1870 kehrte Roth von der Universität heim und wurde am Anfang des Jahres 1872 als Kanzlist bei dem ev. Landeskonsistorium und im September desselben Jahres als Lehrer an der Hermannstädter ev. Mädchenschule angestellt. Im August 1873 erkannte ihm die philosophische

Fakultät in Leipzig auf Grund seiner im Arch. f. Lkde. gedruckten „Laut- und Formenlehre der starken Verba im Siebenbürgisch-Sächsischen" mit Nachsicht des Colloquiums die Doktorwürde zu. Im Jahre 1875 schied Roth von der Mädchenschule, um die Lehrerstelle am Hermannstädter Gymnasium für magyarische Sprache zu übernehmen. Zwei Jahre darauf wurde er Stadtprediger in Hermannstadt, 1883 Pfarrer in Thalheim und 1899 Pfarrer in Neudorf. — 1908

Roth veröffentlichte neben zahlreichen kleineren Aufsätzen im S. b. L. folgende Arbeiten:

1. Laut- und Formenlehre der starken Verba im Siebenbürgisch-Sächsischen. Arch. f. Lkde., N. F. X und XI.
2. Gotthold Ephraim Lessing. Vortrag. Verlag von Jos. Drotleff 1881.
3. „Gott sprach: es werde Licht!" Ein Gruß an die deutschen und ev. Glaubensboten zu den Festtagen der Versammlung des „Vereins für siebenb. Landesk." und des „siebenb. Hauptvereins der Gustav Adolf-Stiftung" 20.—22. August 1882, den Ehrentagen meiner Heimat Agnetheln, von Dr. Johann Roth, Stadtprediger in Hermannstadt. (Der Reinertrag ist der öffentlichen Jugenderziehung gewidmet.) Hermannstadt, S. Filtsch's Buchdruckerei W. Krafft 1882.
4. Aus der Zunftzeit Agnetheln. Ein Beitrag zur Geschichte des sächsischen Handwerkerlebens in Siebenbürgen. Arch. f. Lkde., N. F. XXI und im Sonderabdruck.
5. Rede am Grabe Rudolf Philps. Erschien in Kamblis „Freies Christentum". Zürich 1885.
6. Aus trüber Zeit. Bilder aus der Geschichte des Hermannstädter ev. Kapitels A. B. 1600—1607. Im Auftrage des Kapitels verfaßt von Dr Johann Roth. Verlag von W. Krafft, Hermannstadt 1887. [Bespr.: Deutsche Litteraturzeitung, Nr. 18 (1888); Österr. Kirchenzeitung, Nr. 2 (1888.)]

Durch 5 Jahre (1887—1891) hat Roth auch das Korr. f. Lkde. redigiert, bis die mit dem Landleben unvermeidlich verbundene litterarische Vereinsamung ihn nötigte, die Redaktion niederzulegen.

Roth Josef, Dr. med.,

geboren am 31. Dezember 1839 in Torna in Oberungarn, bezog, nachdem er in Eperies seine Gymnasialstudien beendigt hatte, die Hochschule zu Budapest, wo er drei Jahre zubrachte. Nachdem er dann ein Jahr in Berlin studiert hatte, kehrte er nach Budapest zurück, wo er am 24. Oktober 1864 Doktor der Medizin wurde. Seit Januar 1866 ist er als praktischer Arzt in Kronstadt ansäßig und wurde hier im August 1880 zum Gerichtsarzt ernannt. Im Sommer 1866 war er Badearzt in Tusnád. Seit Dezember 1883 ist er Bahnarzt der Strecke Kronstadt—Predeal.

Er schrieb:

1. Tusnád, namentlich in hygienischer und thermischer Beziehung. (In Professor Sigmunds „die Bäder Siebenbürgens" 1868).

2. Über die Wirkung der Bäder. Kronstädter Zeitung, Nr. 185—186, 1876.
3. Einiges über die Elöpataker Mineralquellen. Kronstadt, Römer und Kamner 1883. 8°. 16 S. Erschien auch in magyarischer und rumänischer Sprache.
4. Grenzen zwischen Aufregung und Unbewußtsein, sowie Impuls und freier Wille. Grenzen zwischen Geisteskrankheit und Zurechnungsfähigkeit bei Verbrechern in strafgerichtlicher Beziehung, in Jogtudomány közlöny. Kuriale Entscheidungen. Nr. 17, 1884.

Roth Stefan Ludwig, Dr. phil.
(III, 138).

Franz Obert hat im 2. Bande seines Werkes „Stephan Ludwig Roth. Sein Leben und seine Schriften," folgende Arbeiten Roths veröffentlicht:

1. An den Edelsinn und die Menschenfreundlichkeit der sächsischen Nation in Siebenbürgen, eine Bitte und ein Vorschlag für die Errichtung einer Anstalt zur Erziehung und Bildung armer Kinder für den heil. Beruf eines Schullehrers auf dem Lande (1821).
2. Der Birthälmer Pfarrer und der lutherische Superintendent. Praevisa minus nocent (1843).
3. Die Zünfte. Eine Schutzschrift.
4. Untersuchungen und Wohlmeinungen über Ackerbau und Nomadenwesen (1842).
5. Der Sprachkampf in Siebenbürgen (1842).
6. Wünsche und Ratschläge. Eine Bittschrift fürs Landvolk (1843).
7. Der Geldmangel und die Verarmung in Siebenbürgen besonders unter den Sachsen (1843).
8. An mein Volk. Ein Vorschlag zur Herausgabe von drei absonderlichen Zeitungen für siebenbürgisch-deutsche Landwirtschaft, Gewerbe-, Schul- und Kirchensachen (1843).
9. Standrede vor dem Sarge des weil. hochw. Joh. Bergleiter, ev. Pfarrer in Birthälm und Superintendent der Augsburger Konfessions-Verwandten in Siebenbürgen (1843).
10. Freiheit, Gleichheit und Brüderlichkeit in Anwendung auf Wahl und Besoldung der sächs. Geistlichkeit (1848).

Besonders erschien in 2. Auflage ferner:

Der Sprachkampf in Siebenbürgen. Eine Beleuchtung des Woher und Wohin. J. Drotleff 1896.

Neben älteren biographischen Würdigungen St. L. Roths, über welche Franz Obert in „Stephan Ludwig Roth. Sein Leben und seine Schriften" I, 242 und 243, ein ziemlich erschöpfendes Verzeichnis giebt, sind noch anzuführen:
Wurzbach, 27, 98.
Allg. d. Biogr, 29, 341 von G. D. Teutsch.
Neuer Volkskalender für 1897. VIII. Jahrg. Hermannstadt, W. Krafft.

Kalender des Siebenb. Volksfreundes für 1897, redigiert von Dr. A. Schullerus und Dr. Fr. Teutsch. Hermannstadt, Josef Drotleff mit dem Bilde St. L. Noths und dem St. L. Roth-Denkmal in Mediasch. Unser St. L. Roth, ein Schüler Pestalozzis. S. b. T., 6737, (1896). St. L. Roth 6778, (1896].

Rothe Josef,

geboren am 18. Januar 1859 in Karlsburg, absolvierte 1876 die ev. Oberrealschule in Hermannstadt und oblag hierauf dem Studium des Bauingenieurwesens an der technischen Hochschule in Wien. Nach Vollendung seiner Studien war er ein und einhalb Jahr als Ingenieur, zuletzt als Sektionschef-Stellvertreter und Vorstand des Bau-Bureaus der Eisenbahn Bacău-Piatra im kön. rumänischen Staatseisenbahn-Baudienste thätig. Im Jahre 1884 wandte er sich dem Lehrberufe zu und wirkte bis 1889 als Lehrer, beziehungsweise Professor an der Staatsgewerbeschule in Bielitz (österr. Schlesien), dann bis 1893 an der Staatsgewerbeschule in Reichenberg (Böhmen). In letzterem Jahre wurde er zum Leiter der neugegründeten Staatshandwerkerschule in Tetschen (Böhmen) und im Jahre 1895 zum Direktor dieser Anstalt ernannt. Seit 1890 wirkt er auch als Regierungskommissär für die Inspektion gewerblicher Fortbildungsschulen in Böhmen.

Außer mehreren Abhandlungen im „Zentralblatt für das gewerbliche Unterrichtswesen in Österreich" veröffentlichte er:

1. Vorlagen für Bau- und Möbeltischler. Zum Gebrauche an gewerblichen Fach- und Fortbildungsschulen. Mit Unterstützung des k. k. Unterrichtsministeriums. I. Serie. 20 Blatt Folio (30/45 cm). Mit Text. 2. Aufl. 1892. II. Serie. 20 Blatt Folio (30/45 cm). Mit Text. 2. Auflage. 1897. (Erschien auch mit böhmischem Text.)
2. Vorlagen für Maurer. Zum Gebrauche an gewerbl. Fach- und Fortbildungsschulen. Mit Unterstützung des k. k. Unterrichtsministeriums. 20 Tafeln. Folio (29/45 cm). Mit Text. 1892. (Text auch in böhmischer Sprache.)
3. Vorlagen für Spengler. Zum Gebrauche an gewerblichen Fortbildungs- und Handwerkerschulen. Mit Unterstützung des k. k. Unterrichtsministeriums. 25 Tafeln mit Text. Folio (30/45 cm). 1893. (Text auch in böhmischer Sprache.)

Korr. f. Ldk., XII, (1889), 32.

Salzer Friedrich, Dr. med.,

wurde am 30. September 1827 in Birthälm geboren. Das Gymnasium absolvierte er 1847 in Schäßburg und begann hierauf seine medizinischen Studien an der Wiener Universität, wo er in den Jahren 1852 und 1853 zum Doktor der Medizin, Chirurgie und zum Magister der Geburtshilfe promoviert wurde.

Bereits 1854 war er Operationszögling Schuh's und vom Oktober desselben Jahres bis April 1859 dessen Assistent. 1857 wurde er auf Grund seiner Habilitationsschrift „Die Nervenresektionen am Trigeminus als Heilmittel gegen Neuralgien" zum Dozenten für chirurgische Operationslehre ernannt. Von 1859 bis 1865 war er Primararzt der chirurgischen Abteilung des St. Annen-Kinderspitales, von 1865—68 in gleicher Eigenschaft im Rudolfsspitale und seit 25. Juli 1868 Vorstand der II. chirurgisch-gynäkologischen Abteilung im allgemeinen Krankenhause. In das Jahr 1875 fällt seine Ernennung zum a. ö. Professor. Schon 1859 wurde er Chefarzt der Kaiserin Elisabeth-Bahn und 1887 Chefarzt sämtlicher Staatsbahnen. Viele Jahre hindurch behandelte und operierte er auch alle chirurgischen Fälle im Rothschild-Spitale sowie in der niederösterreichischen Landesirrenanstalt.

Schon dieser Bildungsgang sowie seine häufigen Supplierungen des Professor Dr. Schuh lassen es selbstverständlich erscheinen, daß Salzer alle Zweige der Chirurgie und Gynäkologie vollkommen beherrschte (wenn er auch dem gewaltigen Aufschwunge der letztgenannten Disziplin in den letzten Jahren seines Lebens wegen Kränklichkeit nicht mehr recht folgen konnte), — aber auf zwei Gebieten war er Meister und zwar in Laparotomien und Blasenscheiden-Operationen.

Er war einer der Ersten, der sich die Prinzipien der Antisepsis vollkommen aneignete und auf seiner Abteilung streng durchführte, und in diesem Geheimnisse liegt wohl auch der Grund, daß er mit so seltenem Glücke mit unter den Ersten an die Operation der Abbominaltumoren herantreten konnte. Schon in den Sechziger Jahren stellte er in der Gesellschaft der Ärzte ovariotomierte Frauen vor und seine begleitenden Vorträge zeigten seinen weitsehenden, klaren Blick, mit dem er Indikationen und Technik dieser Operationen in einer Weise begrenzte, die durch unsere heutigen Erfahrungen nicht wesentlich verschoben worden ist. Die Zahl seiner Laparotomien beläuft sich auf mehrere Hundert, und seine Erfolge gehören mit zu den besten.

Mit ganz besonderer Meisterschaft beherrschte er die Fisteloperationen, indem er auf Grund der reichen Erfahrung und der vorzüglichen Resultate Ulrich's rastlos weiter arbeitete, bis ihm die schwierige Technik dieser Operationen gleichsam spielend von der Hand ging. Die Zahl der operierten Fälle reicht weit über Hundert, und die ganz ausgezeichneten Erfolge auch in den schwierigsten Fällen, die er unermüdlich wieder und wieder operierte, bis das gewünschte Ziel erreicht war, verschafften ihm ein förmliches Monopol auf diese Operationen, so daß es selbst den Klinikern im Krankenhause nur selten gelang, eines Falles von Blasenscheidenfistel habhaft zu werden. Die hervorragendsten Gynäkologen zollten ihm rückhaltlose Anerkennung für diese seine Leistungen, so Marion Sims, Spencer Wells und andere.

Die geschilderten Verhältnisse, seine ausgezeichnete Lehrbefähigung und sein rastloser Fleiß lassen es begreiflich erscheinen, daß seine Abteilung, die Chirurgie und Gynäkologie vereinte, zu den gesuchtesten im Krankenhause gehörte, ebenso wie seine Operations-Kurse, die er schon bei Lebzeiten Schuh's als bessen Supplent gehalten und seither ununterbrochen fortgesetzt hatte, in denen er durch seine ausgezeichneten anatomischen Kenntnisse brillierte und sich die exakteste Ausbildung seiner Schüler auf das gewissenhafteste angelegen sein ließ.

Für die allseitige Anerkennung, die sich Salzer durch seine erfolgreiche Thätigkeit erwarb, zeugen zwei Berufungen, welche in seine Dienstzeit im

Kinderspitale fallen. Die eine nach Salzburg wurde unmittelbar vor der
Ernennung aus religiösen Gründen rückgängig gemacht; die zweite nach
Zürich lehnte Salzer ab, weil er sich durch häusliche Verhältnisse und sein
Engagement bei der Elisabethbahn an Wien gebunden erachtete, ein Entschluß,
den er nachträglich vielfach bedauerte.

Die Liebe und Anhänglichkeit seiner Schüler kam im Jahre 1887
dadurch zum Ausdruck, daß sie Salzer bei der Rückkehr von einem längeren
Urlaube mit seinem wohlgetroffenen Ölbild überraschten, das in seinem
Operationszimmer aufgehängt wurde. Salzer starb nach einem qualvollen
Nervenleiden am 30. November 1890 in Wien.

Die ersten wissenschaftlichen Arbeiten Salzer's fallen noch in seine
Assistentenzeit und sind fast ausschließlich in der „Allgemeinen Wiener
medizinischen Zeitung" und in der „Zeitschrift der Gesellschaft der Ärzte"
enthalten. So: Statistik der chirurgischen Klinik des Professors Schuh, 1856;
Medullarcarcinom am Vorderarme: Echinococcus der Parotis; Hydrophobie
nach Schuh's Vorträgen, Carcinoma recti und dessen Exstirpation; Kothfistel
in der Leistengegend; Epithelialcarcinom der Wange und des Unterkiefers;
12 kasuistische Mitteilungen über schwere Verletzungen 1857; Einige Fälle
von Harnblasensteinen, Amputation eines Carcinoma mammae mit Galvano-
kaustik 1858; Fachberichte über die Fortschritte der Chirurgie im 18.—21.
Bande der medizinischen Jahrbücher; Über eine eigentümliche Verkrümmung
des Fußes und deren operativorthopädische Behandlung, 1866; die Tracheo-
tomie bei Croup; Über Resektion des Hüftgelenks; Über die Uranoplastik
nach Langenbeck im Jahresberichte der Rudolfsstiftung 1867 u. v. a.

S. b. T., 5167 und 69, (1890).

Salzer Hermann

wurde am 11. April 1862 in Mediasch geboren. Hier absolvierte er im
Jahre 1880 das Gymnasium und studierte hierauf Theologie, Philosophie,
Mathematik und Physik auf den Universitäten Leipzig, Berlin, Heidelberg
und Wien. 1886 wurde er Gymnasiallehrer in Schäßburg und 1901 eb.
Pfarrer in Birthälm.

Er schrieb:

1. Beiträge zur Kenntnis der klimatischen Verhältnisse von Hermannstadt und
   Schäßburg. Sch. G.-P., 1892.
2. Lehr- und Lesebuch für Gewerbe-Lehrlingsschulen. Herausgegeben von Dr. Karl
   Petri, Hermann Salzer und Gustav Schuller. II. Teil. Hermannstadt. Druck
   und Verlag von W. Krafft 1897.

Salzer Johann Michael
(III, 155)

wurde am 23. Oktober 1823 in Birthälm geboren. Nach Absolvierung des
Gymnasiums in Schäßburg (1845) ging er an die Universität in Leipzig.

wo er neben theologischen und pädagogischen hauptsächlich naturgeschichtliche und philosophische Studien unter den Professoren Wiener, Theile, Weisse, Fricke, Drobisch und Hartenstein betrieb. Am 1. November 1847 wurde er zum Rektor der ev. Schule in Birthälm und 1852 zum Prediger daselbst erwählt. Als solcher besorgte er zugleich die Sekretariatsgeschäfte bei der Superintendentur und das Protokoll bei dem Oberehegericht. Aber schon im nächsten Jahre mußte er diese Stelle aufgeben und seinem Range nach — nach damaliger Ordnung bei sonstigem Verluste seines akademischen Ranges — eine Lehrerstelle am ev. Gymnasium in Mediasch übernehmen. In dieser Stellung blieb er bis zum 5. Februar 1865, wo er in den Predigerdienst der ev. Kirche in Mediasch eintrat. Als mit dem Tode des Bischofs und Pfarrers von Birthälm D. Georg Paul Binder die ev. Pfarre daselbst erledigt und die Superintendentur nach Hermannstadt verlegt worden, wurde Salzer zum Pfarrer von Birthälm erwählt. Bei seiner Einführung in das Pfarramt machte er eine Stiftung von 2000 Gulden mit der Bestimmung, daß 1000 Gulden zu dem einst in Angriff zu nehmenden Schulbau und 1000 Gulden zur Aufbesserung der Schullehrergehalte in Birthälm verwendet werden sollten. Dieser Schulbau wurde denn in der That in dem Jahre 1885 in Angriff genommen und das neue Schulgebäude am 31. Oktober 1886 durch Bischof D. G. D. Teutsch eingeweiht. Schon im Jahre 1872 war es Salzer gelungen, die ev. Schule in Birthälm zu einer Hauptvolksschule umzugestalten.

Nachdem er 1865 in den Ausschuß und zum Schriftführer des Gustav Adolf-Vereins in der Generalversammlung in Kronstadt berufen worden, wurde er vier Jahre darauf ins Mediascher ev. Bezirkskonsistorium und -Ehegericht, im Jahre 1882 zum Kapitelsdechanten und von 1885 an dreimal nach einander zum Bezirksdechanten erwählt. 1901 trat er in den Ruhestand.

Von Salzer sind folgende Arbeiten im Drucke erschienen:

1. Reisebilder aus Siebenbürgen. Hermannstadt 1860. Druck und Verlag von Theodor Steinhaußen.
2. Zur Geschichte der sächsischen Volksschule in Siebenbürgen. M. G.-P., 1861 und 1862.
3. Zur Seminarfrage. Schul- und Kirchenbote I, 1866.
4. Fünfter Jahresbericht des ev. Vereins der Gustav Adolf-Stiftung für Siebenbürgen über das Verwaltungsjahr 1865/66. Hermannstadt, S. Filtsch 1866.
5. Antrittsrede, gehalten von J. M. Salzer, evang. Stadtprediger in Mediasch, am Sonntage Septuagesimae 1865. Sonderabbdruck aus dem Schul- und Kirchenboten II, 1867.
6. Über Entstehung und Weiterbildung der Erde und deren Bewohner, oder was Mutter Erde von sich selbst zu erzählen weiß. Vortrag. Sonderabbdruck der Hermannstädter Zeitung. Hermannstadt 1874. Druck und Verlag von Theodor Steinhaußen.
7. Wann, wie und wo betrat der Mensch die Erde? Vortrag. Ebenda, 1876.
8. Darvinismus und Christentum. Ein Vortrag, gehalten in der Pastoralkonferenz des Mediascher Kapitels am 3. Januar 1876. Sonderabbdruck aus dem Schul- und Kirchenboten XI, 1876.

9. Die sogenannte Intervallfrage. Eine Studie. Ebenda, XIV, 1879.
10. Nach und von Petroseny und Hatzeg. Sonderabdruck aus dem S. d. T., 1879. Hermannstadt, Josef Drotleff.
11. Die Intervallfrage. Denkschrift an die evang. Landeskirchenversammlung A. B. vom Mediascher evang. Kapitel A. B., verfaßt von M. Salzer. Hermannstadt, Buchdruckerei der v. Closius'schen Erbin 1880.
12. Der kön. freie Markt Birthälm. Ein Beitrag zur Geschichte der Siebenbürger Sachsen. Wien 1881. Verlag von Karl Graeser. [Bespr.: Korr. f. Lkde., IV, (1881), 119; Schul- und Kirchenbote 1881, Nr. 11.]
13. Zur ältesten Geschichte des Mediascher Kapitels. Eine Festgabe des Mediascher evang. Kapitels A. B. zur vierhundertjährigen Gedächtnisfeier der Geburt Dr. Martin Luthers, verfaßt von J. M. Salzer, Kapitelsdechant und evang. Pfarrer A. B. in Birthälm. Hermannstadt, Michaelis 1883.
14. Kovaßna. Seine Bäder und Umgebung. K. B. J. XII, 1892.
15. Übersicht der zu Mediasch gemachten meteorologischen und phänologischen Beobachtungen in den Jahren von 1854 an bis 1865. B. u. M., VI—XVII. (1854—1865).
16. Borßek (In Bezug auf Geognoste, Botanik, Zoologie, Meteorologie und Mineralquellen). Ebenda, VII, (1856).
17. Die Thorenburger Kluft. Ebenda, XV, 1864.
18. Einige meteorologische Beobachtungen von I. Baassen im Jahre 1861; II. Borßek im Jahre 1862; III. Baassen im Jahre 1863. Ebenda, XV, (1864).

In der Transsilvania (Wochenschrift für siebenb. Landesk. Litteratur und Landeskultur, N. F. II, 1862) teilte Salzer mit:

19. Die neue wider Kleider- und Wählerexzesse gerichtete Synodalverordnung vom Jahre 1752.

Und:

20. Einige Nachrichten und Anmerkungen zur Geschichte der Sachsen-Unterthanen in Fundo Nobilitari vom Jahre 1805.

Wurzbach, 28, 165.

Sartorius Johann.

(III, 158).

Wurzbach (28, 258) bezweifelt, daß Trausch a. a. O. Recht habe, wenn er behaupte, Sartorius sei 1732 in Jena immatrikuliert gewesen, da Ludwig Haan in seiner Schrift: Jena Hungarica (Gyulae 1858) seiner weder zu diesem noch zu dem frühern oder spätern Jahre gedenke. Der Zweifel ist unbegründet. Sartorius wurde thatsächlich im Jahre 1732 in Jena und zwar am 10. Oktober immatrikuliert. (Vgl. Arch. f. Lkde., N. F. XII, 326.) Sartorius starb — nach Fr. Teutsch Sch.-D. XCVII — 1789. Seine Werke befinden sich in der Superintendentialbibliothek in Hermannstadt.

Wurzbach, 28, 258.
Teutsch, Sch.-D., XCVII.

Schaller Andreas,

der Sohn des Senndorfer Pfarrers Johann Schaller, trat am 2. Februar 1734 in das Bistritzer Gymnasium ein. Im August 1735 ging er nach Hermannstadt und kehrte erst 1738 wieder nach Bistritz zurück. Nach weiterem zweijährigem Studium am Bistritzer Gymnasium bezog er im August 1740 die Universität Halle a. S., woher er Ende 1744 in die Heimat zurückkam. Er diente in den Jahren 1745—48 am Bistritzer Gymnasium zuerst als III. dann I. Collaborator, hierauf als Lektor, bis er am 17. August 1748 zur Leitung der Anstalt berufen wurde. In dieser Stellung blieb er bis zum 28. Februar 1761. Schaller nahm eine vollständige Neugestaltung des Bistritzer Gymnasiums vor, welche der des Halleschen Waisenhauses nachgebildet war.

1. Projekt des Rektors Andreas Schaller von der Regulierung der Schulsachen aus dem Jahre 1754.
2. Memoriale des Rektors Andreas Schaller zu seinem Projekt. (Beide gedruckt im B. G.-P., 1896.)

Teutsch, Sch.-O. I, CIII.
B. G.-P., 1896, 37.

Scharsius Thomas
(III, 163)

folgte seinem Bruder Andreas Scharsius 1708 im Pfarramte in Meschen, (nicht Marktschelken, wie Trausch a. a. O. angiebt) wo er auch starb.

M. G.-P., 1896, 14.

Schaser Johann Georg.
(III, 164).

Mit Benützung von Drucken, Handschriften und Originalen brachte Schaser eine Sammlung von etwas über 1100 einzelnen Urkunden-Abschriften aus den Jahren 1189 (oder 1198) bis 1830 zusammen, welche er dem Brukenthalschen Museum schenkte. (s. Arch. f. Ldde., N. F. XIX, 124.)

Magazin für die Litteratur des Auslandes, herausgegeben von Josef Lehmann, Berlin. Jahrgang 1850. Nr. 102, 408. „Die Schriftsteller Siebenbürgens."
Wurzbach, 29, 122.

Scheiner Andreas Gottlieb, Dr. phil.,

wurde am 3. November 1864 in Mediasch geboren. Nachdem er hier das Gymnasium 1882 absolviert hatte, besuchte er die Hochschulen von Berlin,

Tübingen, München und Budapest. Im Jahre 1885 wurde er zum Doktor der Phylosophie promoviert. Von 1889—95 war er Mädchenschuldirektor in Mediasch. Im Jahre 1895 kam er als Seminarlehrer nach Hermannstadt, ging jedoch schon vier Jahre darauf nach Mediasch zurück und wirkt gegenwärtig dort als Rektor der ev. Volksschulen.

Er schrieb:

1. Die Mediascher Mundart. Paul u. Braune. Beiträge zur Geschichte der deutschen Sprache und Litteratur, XII. Bd. [Rezension hierüber: Korrespondenzblatt IX, (1886), 147.]
2. Die Stellung des sächs. Pfarrers in der Gegenwart. Sonderabdruck aus dem Csaki'schen Schulkalender 1887/8. Hermannstadt, W. Krafft, 1887.
3. Die Mundart der Siebenbürger Sachsen. In: Beiträge zur Sieblungs- und Volkskunde der Siebenbürger Sachsen. Sonderabdruck aus den Forschungen zur deutschen Landes- und Volkskunde, herausgegeben von Dr. A. Kirchhoff. Stuttgart, J. Engelhorn. Bd. 1895. [Vgl. S. b. T., 6566 (1895), Deutsche Litteraturzeitung 1897, Nr. 9, Korr. f. Lbe., XXII (1899), 82.]
4. Unsere nationale Kultur. Vortrag. Bericht über die am 29. Oktober 1893 in Mediasch abgehaltene Versammlung sächs. junger Männer. Hermannstadt, W. Krafft 1894.
5. Die Vokalkürzung im Siebenbürgischen. Philologische Studien. Festgabe für Eduard Sievers zum 1. Oktober 1896. Halle 1896, Niemeyer. [Bespr. Korr. f. Lbe., XXII (1899), S. 82.]
6. Zum sächs. Wörterbuch. Ein Wort zunächst an die sächs. Volksschullehrer. Hermannstadt, J. Drotleff 1896. (Sonderabdruck aus Nr. 6848 des S. b. T.)
7. Zur Geschichte des siebenbürgischen Vokalismus. Programm des theol.-pädag. Seminars der ev. Landeskirche A. B. in Hermannstadt 1897. [Bespr. S. b. T., 7219 (1897); Korr. f. Lbe., XXII (1899), 82.]
8. Wredes Berichte über G. Wenckers Sprachatlas des Deutschen Reiches und unsre Dialektforschung. Mit einer Karte zur Orientierung über das sprachliche Auswanderungsgebiet der Siebenbürger Sachsen. Entworsen nach Wredes Berichten über Wenckers Sprachatlas. Arch. f. Lbe., N. F., XXVIII. [Bespr. Korr. f. Lbe., XXII (1899).]
9. Über die Sprache des sächs. Volkes. Bilder aus d. vaterl. Geschichte, herausgegeben von Dr. Fr. Teutsch II, 403. [Bespr.: Korr. f. Lbe., XXII (1899), 82.]
10. Unsere Volkssprache (Kalender des Siebenbürger Volksfreundes 1899). [Bespr.: Korr. f. Lbe., XXII (1899), 82.]

Die kirchlichen Blätter veröffentlichten 1897 (auch im Sonderabdruck unter dem Titel „Aus dem Schatzhause der heiligen Schrift." Hermannstadt, Buchdruckerei W. Krafft 1898 erschienen) folgenden Vortrag Scheiners:

11. Paulus.
    Programm des theol.-pädag. Seminars der ev. Landeskirche A. B. in Hermannstadt 1900.

Scheint Daniel Gottlieb, Dr. med.
(III, 166).

Wurzbach (29, 166) weist auf den Widerspruch hin, der sich aus den Angaben Trauschs bezüglich Scheints ergiebt, „er sei 1772 geboren und unter Josef II. Physikus im Szolnoker Komitat gewesen. 1790 sei Josef II. gestorben, mithin müsse damals Scheint erst 18 Jahre gewesen sein." Der Einwand Wurzbachs ist vollkommen berechtigt. Am 8. September 1772 in Mediasch geboren (bezw. 11. September 1772 getauft), bezog Daniel Gottlieb Scheint, nachdem er das Gymnasium seiner Vaterstadt absolviert hatte, 1791 die Universität Wien, um sich dem Studium der Medizin zu widmen. 1801 finden wir ihn bereits als Stadt- und Stuhlsphysikus in Mediasch.
Er starb am 11. — nicht, wie Trausch angiebt, am 2. — Juli 1835.

Schelker Stephan.
Er gab heraus:

Ein christlich Handbuch darinnen enthalten und in gewisser Ordnung zu befinden: All, die in christlicher Versammlung zu Kron-Stadt, üblichen deutschen und lateinischen Gesänge, Wie auch: Vielerhand auserlesene Danksagungen und Gebethe. Zusammengetragen und verfertigt von Stephano Schellero p. t. Cantore ordinario bey der Pfarrkirchen daselbsten. Kronstadt, in der Pfannenschmiedischen Druckerei durch Nicolaus Müller 1677. Groß, Kr. Dr., Nr. 206 b.

Schell Karl
(III, 168)

wurde am 1. Februar 1886 als Elementarlehrer in Ruhestand versetzt und lebt in Bistritz.

Schenker Johann Gottfried.

Sch. G.-P., 1864, 32, 4.
Fr. Teutsch, Sch.-O., I, CXXXVI.
Sch. G.-P., 1896, 86.

Schesäus Christian
(III, 168)

wurde um das Jahr 1536 in Mediasch geboren. Seine „Ruinae Pannonicae" haben durch Michael Albert im Sch. G.-P. 1873 eine eingehende Würdigung erfahren. Albert giebt daselbst in dem Anhang auch metrische Übersetzungen einiger Teile der Schesäus'schen Trümmer Pannoniens, ebenso hat D. G. D. Teutsch eine metrische Übersetzung der Schilderung einiger Sachsenstädte aus der Chorographie Siebenbürgens in den „Ruinae Pannonicae" und eine Übersetzung der Schlußworte der „Ruinae Pannonicae" gegeben. E. Bielz, Transsilvania, Beiblatt zum Siebenbürger Boten. II. Jahrgang 1862. 8. Heft, vgl. auch Arch. f. Lde., N. F. XX, 211—214.) D. Fr. Teutsch teilt ebenfalls metrische Übersetzungen einiger Abschnitte der „Ruinae Pannonicae" im Arch. f. Ldbe., N. F. XV, 632—635 mit. Schesäus' am 8. Mai 1580 vor der in Birthälm tagenden geistlichen Synode gehaltene Rede: „De origine et progressu inchoatae et propagatae coelestis doctrinae in hac miserrima patria nostra" ist jetzt gedruckt in den „Synodalverhandlungen der ev. Landeskirche A. B. in Siebenbürgen im Reformationsjahrhundert. Herausgegeben vom Landeskonsistorium. Hermannstadt 1883, 230—251. [Korr. f. Ldbe., VI, (1883), 121.]

    Sch. G.-P., 1873, 13.
    Arch. f. Ldbe., N. F. XV, 631—637; XVI, 233—239; XX, 211—214.
    Allg. d. Biogr., 31, 139 von G. D. Teutsch.

Schiel Albert,

geboren am 1. Februar 1847 in Kronstadt, besuchte daselbst das Gymnasium, das er 1866 absolvierte. Er studierte hierauf bis 1870 in Jena und Leipzig Theologie und Geschichte und diente seit 1873 an den verschiedenen Anstalten seiner Vaterstadt anfangs als Elementarlehrer, dann viele Jahre fast ausschließlich an der Realschule und gegenwärtig am Gymnasium.

Er veröffentlichte:

1. Fahrten und Forschungen im nördlichen Eis-Ozean. Kronstadt Johann Gött und Sohn Heinrich 1877. Sonderabdruck aus der „Kronstädter Zeitung".
2. Demosthenes. Eine Studie. K. G.-P., 1884 und 1885.
3. Die Siebenbürger Sachsen. Sammlung gemeinnütziger Vorträge, herausgegeben vom deutschen Verein zur Verbreitung gemeinnütziger Kenntnisse in Prag, 114.
4. Die politischen Zustände Europas am Ausgange des Mittelalters. Gedruckt in dem Werke: Aus der Zeit der Reformation. Kronstadt, 1898.
5. Von Kronstadt nach Athen. K. G.-P., 1899.

Kleinere Aufsätze von Schiel veröffentlichte das S. d. T., u. zw.: Konrad Ferd. Meyer, 5772 (1893); Eduard Mörike, 6095 ff. (1894); ferner: Eine Tragödie aus der ung.-sächs. Geschichte und ihr Dichter Franz Nissel, 6529 (1895); Ranke Leopold 6711 ff. (1896); die Gegenwart, u. zw.: die Siebenbürger Sachsen und der Sachsentag XXXVIII. Nr. 34, Berlin 1890; Romänische Streitschriften und Memoranden. Ebenda, XLIII. Nr. 21, 22 (1893); die Grenzboten: die Magyarisierung der Ortsnamen 1898, II. Bd.

Schiel Friedrich

(III, 175)

starb am 12. Dezember 1868.

Im Superintendentialarchiv befindet sich von Schiel folgende

Dissertatio de temporibus, quibus Horatius sermonum libros scripserit et evulgaverit auctor Friedericus Schiel 1844. Manuskript.

Schiel Friedrich

wurde am 17. Februar 1861 als der jüngste Sohn des Kronstädter Stadtpfarrers Samuel Schiel in Kronstadt geboren. Nach Absolvierung des Honterusgymnasiums studierte er Theologie und Geographie und Geschichte in Bern, Berlin und Budapest. Nach seiner Rückkehr in die Heimat wurde er an der innerstädtischen Knabenelementarschule und 1889 an der Mittelschule in Kronstadt als Lehrer angestellt. Im August 1894 wurde er von der ev. Gemeinde Wolkendorf zu ihrem Pfarrer und 1901 zum Blumenauer und Spitalsprediger in Kronstadt gewählt.

Er veröffentlichte:

1. Lehrbuch der Geographie für die untern Klassen der Mittelschulen (erste Hälfte). K. G.-P., 1893.
2. Dasselbe (Schluß). Ebenda, 1894.

Beide Arbeiten erschienen auch vereinigt unter dem Titel:

Lehrbuch der Geographie für die untern Klassen der Mittelschulen und verwandte Lehranstalten. Kronstadt, Verlag von H. Zeidner 1896.

Außerdem gab F. Schiel heraus:

3. Lehrbuch der Weltgeschichte (Mittelalter und Neuzeit) für die unteren Klassen der Mittelschulen und verwandte Lehranstalten. Hermannstadt, Verlag von Ludwig Michaelis. Druck von Josef Drotleff 1894.

Schiel Gustav

wurde am 8. August 1850 in Kronstadt geboren. Nachdem er 1869 das Gymnasium seiner Vaterstadt absolviert hatte, bezog er die Universitäten in Heidelberg, Berlin, Jena und Leipzig, um Theologie, Mathematik und Physik zu studieren. Am 1. September 1874 wurde er als Professor am Gymnasium und an der Realschule in Kronstadt angestellt. Seit dem 10. August 1884 ist er Prediger der Martinsberger Diakonatsgemeinde daselbst.

Gustav Schiel veröffentlichte gemeinsam mit Fr. Herfurth:

1. Ung. und Siebenb. Studierende in Jena. Arch. f. Ldde., N. F. XII, 312.

Allein gab er heraus:

2. Besuch Kaiser Josefs II. in Kronstadt. Ebenda, N. F. XV, 653.

Im „Sächs. Burzenland" schrieb er den Abschnitt: „Die Bevölkerungsstatistik".

Schiel Samuel Traugott

(III, 177)

wurde am 14. April*) 1812 in Kronstadt geboren. Er starb am ersten Ostertage (17. April) 1881 nach gehaltener Festpredigt in Kronstadt.

---

*) G. D. Teutsch giebt den 11. April 1812 in seiner Denkrede auf Schiel (Arch. f. Ldde., N. F. XVI, 502), Trausch a. a. O. den 19. April und der Nekrolog im S. d. T., 2229 (1881) sogar den 10. Oktober als Geburtstag Schiels an.

Ferner:

1. Wörtliche Übersetzung des berühmten Anbreanischen Privilegiums, welches die ursprüngliche Grundlage der sächsischen Verfassung enthält. Kronstadt, Johann Gött 1843, 1—7. Dann folgt Übersetzung des Leopoldinischen Diploms oder der im Jahre 1691 bei Übergabe Siebenbürgens an das erlauchte Haus Österreich zwischen den Ständen und Leopold I. zu Stande gekommenen Bundesakte, 9—21.

In den „Protestantischen Jahrbüchern für Österreich" [herausgegeben von Viktor Hornyansky IV. Jahrg. 4. Heft (1857)] brachte Schiel aus dem damals allein bekannten Exemplar der Kronstädter Bibliothek den deutschen Text der Reformatio ꝛc.:

2. Die Kirchenordnung aller Deutschen in Siebenbürgen MDXLVII.

zum Abdrucke.

Ferner veröffentlichte er:

3. Warum auch wir verpflichtet sind uns an der ev. Stiftung des Gustav Adolf-Vereins zu betheiligen. Predigt. Kronstadt, Johann Gött 1861.

Auf die in Trausch a. a. O. 181 unter Nr. 12. angeführte Predigt erfolgte eine:

„Erwiederung der Kronstädter röm.-kath. Kirchengemeinde-Vertretung auf die vom Kronstädter ev.-luth. Stadtpfarrer H. S. Schiel gehaltene und durch den Druck verbreitete Predigt." Kronstadt, Römer und Kamner 1865.

An die von Trausch a. a. O. 179 Nr. 8 angeführten Jahresberichte schließen sich an:

1. Zwölfter Jahresbericht über das Jahr 1871. Predigt auf den 12. Sonntag nach Trinitatis 1871. Kronstadt, Johann Gött und Sohn Heinrich 1872.
2. Dreizehnter und vierzehnter Jahresbericht über die Jahre 1872 und 1873. Predigt auf den 1. Pfingsttag 1874 von S. Schiel. Kronstadt, Johann Gött und Sohn Heinrich 1874.
3. Fünfzehnter und sechszehnter Jahresbericht über die Jahre 1874 und 1875. Stiftungen zu Gunsten der ev. Gemeinde A. B. in Kronstadt. Kronstadt, Johann Gött und Sohn Heinrich 1876.
4. Siebzehnter und achtzehnter Jahresbericht über die Jahre 1876 und 1877. Stiftungen zu Gunsten der ev. Gemeinde A. B. in Kronstadt. Kronstadt, Johann Gött und Sohn Heinrich 1878.
5. Neunzehnter und zwanzigster Jahresbericht über die Jahre 1878 und 1879. Konfirmationsrede am Trinitatissonntage, 23. Mai 1880. Mit Vorwort von Samuel Schiel. Kronstadt, Johann Gött und Sohn Heinrich 1880.

Endlich veröffentlichte Schiel:

Welche Aufgaben stellt der reformatorische Geist der Gegenwart auch unseren Landeskirchenversammlungen. Predigt gehalten in der Pfarrkirche zu Hermannstadt zur Eröffnung der ev. Landeskirchenversammlung A. B. in Siebenbürgen am 10. November 1872. Kronstadt, Johann Gött und Sohn Heinrich. 1873.

Aus seinem Nachlasse gab das ev. Presbyterium in Kronstadt die von ihm an seinem Todestage gehaltene Predigt heraus:

Warum so viele Menschen den Glauben an die Unsterblichkeit schwer ergreifen. Predigt am 1. Ostertag, 17. April 1881. Kronstadt, Johann Gött und Sohn Heinrich 1881.

Im Manuskript bewahrt das alte Superintendentialarchiv in Hermannstadt auf:

De emendanda ratione, qua pueri prima linguae latinae cognitione imbuantur. Dissertationem paedagogicam scripsit Samuel Schiel gymn. lector II. 1844.

Denkrede auf Samuel Schiel von G. D. Teutsch. Arch. f. Ltde., N. F. XVI, 502.
S. b. T., 2229 und 2231 (1881).
Wurzbach, 29, 279.

Schilbach Johann Samuel.
(III, 181).

Von Schilbach rührt ferner her:

1. Ein Gedicht auf Georgius Schramm von Ottersfels bei dessen Beförderung zum Generalfeldmarschalllieutenant im Oktober 1733. Cron-Stadt, druckts Michael Heltzbörffer. Anno 1733.
2. Ein Gedicht über den Meuchelmord, welche 2 Soldaten an Catharina verw. Peter Rhener verübt. 5. Februar 1733. Cronstadt, druckts Michael Heltzbörffer, im Jahr 1733.

Schiller Wilhelm,

am 18. Juli 1864 in Reps geboren, besuchte das Gymnasium in Kronstadt. Im Jahre 1883 absolvierte er dasselbe und studierte hierauf an den Universitäten Wien, Jena, Tübingen und Budapest Theologie und Philosophie. Nachdem er 1889 die Lehramtsprüfung in Budapest gemacht, fand er 1891 seine erste Anstellung an der Hermannstädter ev. Mädchenschule, von wo er nach fünf Jahren als Philologe an das Gymnasium übertrat. Neben zahlreichen Artikeln, die Schiller für politische Tagesblätter auch des Auslands schrieb, erschienen von ihm folgende Arbeiten:

1. Die römischen Altertümer an unseren Gymnasien. H. G.-P., 1900. [Vespr.: Korr. f. Ltde.]
2. Die Revolution von 1848/49. Vortrag. Hundert Jahre sächs. Kämpfe. Hermannstadt, W. Krafft 1896.

Für die von Dr. Fr. Teutsch herausgegebenen „Bilder aus der vaterländischen Geschichte" bearbeitete Schiller und zwar für den ersten Band die Abschnitte:

    a) Gabriel Bathory und Michael Weiß, 1608—1613.
    b) Ungarn im Jahre 1848/49.
    c) Franz Deak, 1803—1876.

Für den zweiten Band die Artikel:

    a) Damasus Dürr, ein ev. Pfarrer des 16. Jahrhunderts.
    b) Drei Königsbesuche.
    c) Eine Komesinstallation und ein Begräbnis.

Schlandt Heinrich

wurde am 15. Oktober 1858 in Kronstadt geboren. Nach Absolvierung des Honterusgymnasiums studierte er Theologie und Philosophie an den Hochschulen von München, Wien, Berlin, Tübingen und Klausenburg. Im Jahre 1883 legte er die Lehramtsprüfung für magyarische Sprache und für Philosophie ab und ist seitdem am Honterusgymnasium als Lehrer thätig.

Er veröffentlichte neben kleineren Aufsätzen in der Kronstädter Zeitung (Für unsere sächsische Muttersprache 1888 Nr. 45, 46. Auch zur Diesterwegfeier. Ebenda, 1890 Nr. 253, 254) im Vereine mit Ludwig Korobi:

1. Übungsbuch zum Übersetzen aus dem Deutschen ins Magyarische. Zum Gebrauche an Obergymnasien u. s. f. Kronstadt, Verlag von H. Zeidner 1892.

    Allein gab er heraus:

2. Petöfi. Vortrag zu Gunsten des Fahnenfondes des Honterusgymnasiums. Erschienen im „Sächsischen Hausfreund" von Franz Obert, 1894.
3. Aus der Zeit des Humanismus und der Reformation in Ungarn. Gedruckt in: „Aus der Zeit der Reformation". Kronstadt, 1898.

Schlotz (Koßi) Samuel, Dr. med.,
(III, 184)

wurde am 29. März 1704 Stadtphysikus in Hermannstadt und starb als solcher in der ersten Hälfte des Februar 1730.

    Arch. f. Ldk., N. F. XVII, 462.

Schmeitzel Martin.
(III, 185).

Von der III, 187 unter Nr. 2 angeführten „Commentatio historica de coronis etc." erschien 1713 eine neue (Titel-)Ausgabe. In der Bibliothek der ev. Landeskirche A. B. in Hermannstadt befindet sich das von Trausch a. a. O. III, 196 Nr. 29 angeführte Werk unter dem Titel:

> Wunderwürdiges Leben und Thaten Gustav Adolphs, des Großen, Königs in Schweden, Aus denen besten Nachrichten zusammengetragen, Auch mit nöthigen Kupffern und raren Münzen erläutert von Johann Gottfried Mittag, Collega bey dem Gymnasio zu Halle ꝛc. Nebst einer Vorrede Herrn Martin Schmeitzels königl. Maj. in Preußen Hoffraths u. Proffessoris zu Halle. Von der Verbindlichkeit derer Deutschen Reichsstände und sonderlich derer Protestanten, gegen die Cron Schweden. Halle im Magdeburgischen, Chr. L. Sympher 1740. 8°. 280 S. Register ꝛc. Mehrere Abbildungen.

Die Schmeitzel'sche Vorrede ist 32 Seiten lang und keine bloße Höflichkeitsbezeugung gegen den Verfasser, sondern eine wissenschaftliche Abhandlung. (vgl. Korr. f. Ldk., X, (1887), 103).

Johann Fabricius sagt in seiner „Historia Bibliothecae suae", Bd. 5, 253 (1722) von Schmeizel:

> Florens egregiis ingenii dotibus insignibus in litteris, praesertim humanitatis politioris profectibus, scita et comta in conversatione vivendi consvetudine animo ad majora strenue tendente laudabilique erga alios modestia.

> Dreyhaupt, Beschreibung des Saalkreises. II, 710.
> Stipbritz, Auszug aus Dreyhaupt. II, 133.
> J. C. Förster, Geschichte der Universität Halle. 98, 145.
> Hoffbauer, Geschichte der Universität Halle, 170.
> Melzl-Herrmann, Das alte und neue Kronstadt, 147, 172, 212, 222.
> Wurzbach, 30, 158.
> Allg. d. Biogr., 31, 633 von G. F. Hertzberg.

Schmied Christian

aus Hermannstadt gebürtig. Am 6. Mai 1718 wurde ihm „ad interim, bis eine bessere Institution könne geschehen, vom Magistrat und der Kommunität in Hermannstadt das Vizerektorat" übertragen, „doch mit dieser expressen Condition, daß weilen vielle Variationes und Mutationes dem Schul Wesen sehr schädlich wären, Schmied zum wenigsten 10 Jahre bey dem Rectorat continuiren solle. Als sein Vorgänger im Rektorate Daniel Agnethler 1719 zum Pfarrer nach Großau berufen wurde, wurde Schmied einstimmig zum Rektor gewählt, und als am 20. August 1725 Magistrat und Kommunität von Hermannstadt das Stadtpredigeramt besetzen sollten, wozu Schmied dem Rang nach der nächste war, beschloß man, ihn zum Nutzen des Gymnasiums in seiner Stellung zu belassen, ihm aber einige Entschädigungen zuzuwenden. So blieb er Rektor bis ins Jahr 1728, in welchem er zum Pfarrer in Kreuz gewählt wurde. Ob dieser Christian Schmied mit dem von Trausch III, 204 angeführten ein und dieselbe Person ist, kann ich nicht entscheiden.

> Agnethler Daniel et Schmied Christianus Theses theologicae de Christo servatore nostro, quas sub praesidio viri pereximii, clarissimi ac doc-

tissimi M. Petri Herrmanni, R. in gymnasio Cibiniensi publice defendent
Daniel Agnethler, rex adolescentium, Christianus Schmied bibliothecarius.
Anno 1709 die 15. Julii. Cibinii per Michaelem Helczdörffor. Anno MDCCIX.

H. G.-P., 1877, 6.
Arch. f. Lkde., N. F., XVII, 81.
H. G.-P., 1896, 58, 206.

Schmidt Friedrich

wurde in Kronstadt am 5. März 1826 geboren; er besuchte das dortige
Gymnasium, erhielt 1846 das Reifezeugnis und bezog hierauf die Hochschulen in Leipzig und Berlin, um sich dem Studium der Theologie und
Naturwissenschaften zu widmen. Im Jahre 1848 kam er nach Wien und
nahm an der Revolution daselbst teil, indem er in die Studentenlegion
eintrat. Nach zweijährigem Aufenthalte in Wien, wo er hauptsächlich Theologie
studiert hatte, kehrte er in die Heimat zurück, wurde für kurze Zeit Real-
schullehrer in seiner Vaterstadt, dann Sekretär des Kronstädter Stadt- und
Distriktsgerichtes. Bald kehrte er jedoch wieder zu seinem eigentlichen Berufe
zurück, wurde Mädchenlehrer, der erste Mädchenschuldirektor und schließlich
Gymnasiallehrer. Seit 21. Juli 1864 war er Pfarrer in Galt. Als solcher
starb er am 5. Juni 1897.

Er veröffentlichte:

Blüten-, Zeit- und Gelegenheitsgedichte aus der Mappe eines abgedankten
Poeten ... Kronstadt, Johann Gött und Sohn Heinrich 1876. (Vgl. Kirchl.
Blätter. Hermannstadt, W. Krafft 1897. Nr. 8.)

Das Pfarramtsarchiv in Galt bewahrt von Schmidt im Manuskripte auf:

Pläne zu einer Monographie von Galt. Einleitendes und eine ausführliche
Beschreibung des Hatterts von Galt.

Schmidt Friedrich, Dr. med.,

geboren am 20. Juni 1841 in Kronstadt. Zuerst Pharmazeut, konditionierte
er von 1859—1867 als Assistent in Bukarest. Dann wandte er sich der
Medizin zu und studierte in Bukarest bis 1869 an der medizinischen
Militärschule, welche später in eine Fakultät umgewandelt wurde. Hier
setzte er dann seine Studien fort. Schon während seiner Studienzeit, also
von 1867 bis 1873, war er im Brancovanspitale als Assistent bei Dr.
Patzelt angestellt. Am 3. Dezember 1873 wurde er — als der erste Arzt
an der neukreirten medizinischen Fakultät in Bukarest — zum Dr. der
Med. und Chir. promoviert. Im Jahre 1874 erhielt er im Stirbey'schen
Spital auf dem Gute Busta bei Bukarest eine Anstellung, welche er auch
gegenwärtig noch besitzt.

Inaug. dissert.: Indicatiunile si contraindicatiunile Herniotomii. Bucuresci
Typ. Thiel & Weiss. 1873.

Schmidt Heinrich
(III, 205)

ist wahrscheinlich auch der Verfasser mehrerer unter dem Titel „Sächsische Briefe" in der Pester Zeitung vom Jahre 1847 erschienener Artikel (Arch. f. Lde., N. F. XXVI, 489.)

Friedenfels, Bedeus, II, 459.
Wurzbach, XXX, 256.
Neue freie Presse, (Wien) 1865, Nr. 880 und 1870, Nr. 2046.
Fremdenblatt, (Wien) 1865, Nr. 259.
Magazin für die Litteratur des Auslandes. Red. v. Lehmann. Berlin 1850, 408.

Schmidt Robert, Dr. med.,

geboren am 1. November 1858 zu Schäßburg, absolvierte das dortige Gymnasium 1876 und studierte hierauf Theologie und klassische Philologie in Wien und Tübingen. Seit 1879 war er Supplent, seit dem 14. August 1881 Lehrer am Gymnasium seiner Vaterstadt. Wegen dauernder durch Krankheit verursachter Dienstunfähigkeit vom 1. Januar 1891 in den bleibenden Ruhestand versetzt, verließ er Schäßburg und begab sich nach Wien, wo er sich dem Studium der Medizin zuwendete und 1898 den medizinischen Doktorgrad erwarb. Er starb 1901 in Wien.

Er schrieb:

Das geometrische Zeichnen in der ersten Klasse des Gymnasiums. Sch. G.-P., 1888.

Schmidt Rudolf,

geboren am 29. März 1839 in Schäßburg, absolvierte das dortige Gymnasium im Jahre 1858 und studierte hierauf an den Universitäten in Jena und Tübingen klassische Philologie. Seit 1863 ist er Professor am ev. Gymnasium in Schäßburg.

Er schrieb:

De rationibus quibusdam, quae efficiant, ut C. Cornelii Taciti opera tanti in historia literarum sunt momenti. Sch. G.-P., 1876.

Schmidt Wilhelm.
(III, 209).

1. Das Jahr und seine Tage in Meinung und Brauch der Romänen Siebenbürgens. Hermannstadt 1866.
2. Historische Splitter. Hermannstadts kirchliches Leben zur Zeit Mathias Corvinus. Arch. f. Lde., N. F. XV, 63.
3. Peter Gräf von Rothberg. Ebenda, 79.
4. Peter Graf von St.-Georgen und Pösing. Ebenda, 81.

In den Abhandlungen der kais. Akademie der Wissenschaften in Wien veröffentlichte Schmidt 1865:

> Die Stellung der Erzbischöfe und des Erzstifts von Salzburg zu Kirche und Reich unter Kaiser Friedrich I. bis zum Frieden von Venedig 1177.

Wurzbach, 30, 313.

Schneider Alfred, Dr. phil.,

geboren am 24. Oktober 1855 in Kronstadt, absolvierte das Gymnasium seiner Vaterstadt 1875 und studierte dann Theologie und Naturwissenschaften von 1876—1880 an den Universitäten Jena, Leipzig und Berlin. Im Jahre 1879 promovierte er an der Universität in Jena zum Doktor der Philosophie. Seine erste Anstellung erhielt Schneider als Rektor der Hauptvolksschule in Tekendorf. Von hier wurde er am 1. September 1884 als Gymnasiallehrer nach Mühlbach berufen. Am 19. September 1888 wurde er zum Pfarrer in Groß-Enyed erwählt und am 9. November 1901 in den bleibenden Ruhestand versetzt.

Er veröffentlichte:

Der Speziesbegriff in der Biologie. Mühlb. G.-P., 1888.

Schneider Johann.

(III, 210).

Von ihm bewahrt das Sup.-Archiv in Hermannstadt folgendes Manuskript:

> Brevis adumbratio de fatis linguae latinae inde ab saeculo quinto p. Chr. n. ad recentissimam usque aetatem. Dissertatio auctore Joanne Schneidero rectore. Sabesi 1830.

Schneider Johann Karl

(III, 211)

starb als Pfarrer in Kastenholz und Dechant des Hermannstädter Kapitels am 13. Februar 1876 in Kastenholz.

Schneider Johann Immanuel, Dr. phil.,

wurde am 27. Juli 1819 in Höslinswerth in Württemberg geboren und legte im Jahre 1848 die Maturitätsprüfung in Wien ab, ohne vorher an einem öffentlichen Gymnasium studiert zu haben, indem er durch seinen früheren Beruf als Volksschullehrer in Gaisberg bei Stuttgart und dann als Hauslehrer in der Familie des Edlen von Hoffmansthal in Wien darauf angewiesen war, die zu den Universitätsstudien erforderlichen Vorkenntnisse durch Privatunterricht bei verschiedenen Professoren in Stuttgart und Wien zu erwerben. Als im Jahre 1852 die philosophische Fakultät der Universität Tübingen die Preisaufgabe „Eine geschichtliche Darstellung der Hauptgesetze und Hauptformen der deutschen Verskunst bis zur Mitte des dreizehnten Jahrhunderts" ausschrieb, bewarb sich auch Schneider um den Preis und erhielt denselben. Auf Grundlage dieser Arbeit wurde er nach abgelegtem Colloquium zum Doktor der Philosophie promoviert. Im Jahre 1857 wurde Schneider zum Professor an das ev. Gymnasium nach Bistritz und 1864 zum Pfarrer in Waltersdorf erwählt. Von 1874 bis 1891 war er Pfarrer in Pintak. In dem letztgenannten Jahre ließ er sich wegen Heiserkeit emeritieren und lebt seitdem in Bistritz.

Er schrieb:

1. Systematische und geschichtliche Darstellung der deutschen Verskunst von ihrem Ursprung bis auf die neuere Zeit. Eine gekrönte Preisschrift in erweiterter Gestalt. Tübingen, Verlag von J. J. Heckenhauer 1861.
2. Die Alliterationsperiode der deutschen Dichtung. B. G.-P., 1858.
3. Übersetzung der Chorlieder des Sophokleischen Trauerspieles Antigone. B. G.-P., 1863.

Schneider Josef
(III, 211)

starb als Pfarrer in Urwegen am 3. April 1874.

Wurzbach, 31, 36.

Schnell Peter.
(III, 216).

Von ihm, Josef v. Greißing und Apotheker Josef Müller rührt noch her:

Analyse der Ferdinands- und Franzensquelle in Zaizon. Vorgenommen im Jahre 1842. Kronstadt, Joh. Gött 1843.

Schnitzler Jakob.
(III, 216).

Arch. f. Ldk., XVII, N. F. 54, 62.
H. G.-P., 1896, 37.

Schöffenberg Michael
(III, 224)

wird 1662 an der Universität Jena als Sempronio-Hungarus immatrikuliert. Er ist somit kein Siebenbürger gewesen. Vgl. Trausch a. a. O.

Arch. f. Ldk., N. F. XII, 315.

Schotsch Friedrich,

geboren am 19. Januar 1844 in Mediasch, absolvierte daselbst im Jahre 1863 das Gymnasium und studierte hierauf Theologie, Mathematik und Physik in Wien und Jena. Am 12. Dezember 1869 erhielt er seine erste und am 11. August 1872 seine gegenwärtige Anstellung als Gymnasiallehrer in Mediasch.

Er veröffentlichte:

Wie und in welchem Umfange ist die ebene Trigonometrie an unsern Gymnasien zu betreiben? M. G.-P., 1881.

Schreiber Friedrich,

geboren in Hermannstadt am 14. Dezember 1826, war nach Absolvierung des dortigen Gymnasiums mit Rannicher, Bedeus und Kirchner unter den ersten Hörern der neuen sächsischen Rechtsakademie. Im Jahre 1846 trat er bei dem Hermannstädter Magistrate und im folgenden Jahre bei dem Gubernium ein, wo er zum Honorärkonzeptspraktikanten ernannt wurde. Ende 1849 nahm ihn sein Vater, welcher ins Justizministerium als Referent eintreten sollte und zugleich einer der wegen Einführung der österreichischen Gesetze in Siebenbürgen hinaufgerufenen Vertrauensmänner war, nach Wien mit. Hier machte er den Übersetzer der von den ungarischen Mitgliedern gegebenen Gutachten, wie er schon vor der Abreise dem Zivil-Kommissär Eduard Bach kurze Inhaltsangaben siebenbürgisch-ungarischer Gesetze geliefert hatte. In Wien wurde er 1851 in der ungarisch-kroatisch-siebenbürgischen Abteilung des Obersten Gerichtshofes Konzipist, im Jahre 1862 Sekretär des nach dem Oktoberdiplom wiederhergestellten siebenbürgischen Guberniums, wo er ein selbständiges Referat erhielt, aber zu bedeutender Schädigung seiner amtlichen Laufbahn aus der gerichtlichen Sphäre, für die er auch durch Ablegung der Richteramtsprüfung qualifiziert war, herauskam. Im Jahre 1869 wurde er Sekretär im ungarischen Ministerium des Innern, in dem er bis zum Sektionsrate vorrückte. Als solcher ist er, da er früher noch von Sr. Majestät mit dem Orden der eisernen Krone dritter Klasse ausgezeichnet worden war, mit Titel und Rang eines Ministerialrates im Jahre 1889 in den bleibenden Ruhestand getreten.

Seine Lebensverhältnisse haben Schreiber frühe zur Politik und Journalistik geführt. Im Jahre 1847 zum sogenannten Urbarial-Landtag, im darauf folgenden Unionslandtag in Klausenburg den Hermannstädter Abgeordneten beigegeben, — die sogenannte Landtagsjugend ersetzte damals den Sendern die gedruckten Berichte — sah er im erstgenannten Landtag die Kämpfe einer konservativen Partei mit der durch begabte Redner und die Zeitströmung mächtigen Opposition, im 1848-er das Zustandekommen umwälzender Beschlüsse, die Rolle, die der Landtag bei der im Völkersturm herankommenden neuen Zeit zu spielen gehabt hat. Von dem Bürgerkrieg, in dem sich dieser Sturm noch austoben mußte, hat er die ersten Phasen auch mitgemacht. Im Jahre 1870 kam er als Abgeordneter von Mühlbach in den

Reichstag, in den folgenden wählten ihn die Mediascher. Doch hat er dies Mandat, noch bevor die Inkompatibilität desselben mit dem aktiven Staats=
dienste ausgesprochen war, und vor Ablauf der Mandatsdauer niedergelegt, weil er mit dem von der allgemeinen Meinung im Sachsenlande und auch von seinen Wählern gewünschten Austritte der sächsischen Abgeordneten aus der Deakpartei nicht einverstanden war. Nach seiner Pensionierung wurde er in Agnetheln und im Jahre 1892 für den ersten Wahlkreis seiner Vaterstadt Abgeordneter. Dieses Mandat ist ihm auch 1896 wieder übertragen worden, als Baron Banffy den Reichstag vor seinem Ablaufe auflöste. Im Jahre 1898 verzichtete er auf das Mandat und nahm seinen ständigen Wohnsitz in Hermannstadt. Im Abgeordnetenhause ist er als Redner seltener auf=
getreten; in den siebziger Jahren mag ihn die Zwitterstellung als Staats=
beamter und Abgeordneter einigermaßen beengt haben, später brachte die sächsische Politik thunlichste Zurückhaltung mit sich.

In dieser zweiten Periode des Mitwirkens an gesetzgeberischer Arbeit war Schreibers journalistische Thätigkeit mehr eine politisierende, Neigung zu solcher hatte schon 1847 die Augsburger Allgemeine Zeitung in ihm geweckt. Anfang der fünfziger Jahre gehörte er zu den jungen Leuten, welche, von einem einflußreichen sächsischen Staatsmann angeregt, Teilnahme für sächsische Zustände durch die Presse, nicht nur die inländische, wach halten sollten. Seine Berufsstellung führte ihn dann zur „Gerichtshalle", welche Dr. Pisko redigierte und deren ständiger Mitarbeiter er wurde. Er lieferte ihr oberst=
gerichtliche Entscheidungen und Besprechungen wichtiger Prozesse. Nach Siebenbürgen zurückgekommen, beteiligte er sich am S. b. W., in welches er übrigens schon aus Pest häufige Situationsberichte sendete, durch Ver=
öffentlichung kleinerer Aufsätze in den „Anregungen". (s. d. Artikel Franz Gebbel). Hier veröffentlichte er auch seinen Vortrag: „Ofen zur Zeit der Anjous und seine Beziehungen zu Hermannstadt". (S. b. W. 1871.) Als das Wochenblatt sich in das S. b. T. umwandelte, trug ihm Franz Gebbel, mit dem ihn nicht nur nahe Verwandtschaft, sondern auch ein nie gestörtes freundliches Einvernehmen verbunden hat, die Redaktion des neuen Blattes an. Schreiber lehnte jedoch den Antrag ab. Doch blieb er auch diesem Blatte ein treuer Mitarbeiter. Gleich die erste Nummer des S. b. T. brachte ein größeres Feuilleton „Honved und Bachhusar" aus seiner Feder. In seiner letzten Periode als Abgeordneter hat Schreiber fast wöchentlich dem S. b. T. einen Situationsbericht aus dem Abgeordnetenhause in Budapest zugesendet.

Auch in den Dienst der heimischen Geschichtsforschung hat sich Schreiber mehrfach gestellt. Noch in Wien besorgte er bis auf einige Druckbogen die nicht leichte Korrektur der Druckbogen der Kraus'schen Chronik, deren ungarische Einschaltungen und die hie und da im Dialekt verfaßten Pasquille er über=
setzte. In Budapest war er längere Zeit hindurch auch Kassier des Vereins für Landeskunde, dem er fast seit dessen Gründung angehört.

Über seine Reichstagsreden s. den Anhang.

Schreiber Simon d. J.,

geboren in Hermannstadt am 11. Dezember 1796, war der Sohn des im Jahre 1836 verstorbenen Hermannstädter Bürgermeisters gleichen Namens

(III, 226.) Er beendete seine Gymnasialstudien in Hermannstadt, nachdem er inzwischen drei Kurse in Klausenburg wegen Erlernung der ungarischen Sprache mitgemacht. Schreiber hatte sich anfangs dafür entschieden, Theologie zu studieren, und sollte sich (1817) nach Tübingen begeben, wohin sein Freund und Studiengenosse Stephan Ludwig Roth vorausgeeilt war, als das Verbot des Besuches ausländischer Universitäten dazwischen kam. Er studierte nun die Rechte in Klausenburg, diente in der Zentralkanzlei des Komes Tartler, wurde als Kanzlist beim Produktionalforum verwendet, 1821 Kommunitäts=Aktuar, im November 1836, als die Inkompatibilität durch den Tod des Vaters behoben war, aktiver Ratsherr, später Stuhlrichter, 1851 Gerichtseinführungskommissär, provisorischer Obergerichts= dann Urbarial=Obergerichtsrat und im März 1861 Gubernialrat. Im folgenden Jahre trat er in den Ruhestand.

Zum Landtagsdeputirten ward er für die letzte Hälfte des 1834=er Landtags gewählt, war dann Mitglied des 1837=er Hermannstädter, des 1841—43=er und des 1847=er sogenannten Urbarial=Landtags in Klausenburg. Den Posten, wohin ihn das damalige System stellte, wornach der erste Hermannstädter Deputierte Führer und Sprecher der sächsischen Abgeordneten zu sein berufen war, hat er vollauf ausgefüllt. Die Siegelverweigerung im Jahre 1842, deren Details auch heute noch nicht ganz objektiv wiedergegeben sind, machte ihn populär und brachte ihm, aber auch seinem Abgeordneten-Kollegen den Ehrenpokal. Die Landtagsprotokolle verzeichnen die Reden, die er bei jedem Angriff gehalten, die Archive enthalten die meist von ihm herrührenden Berichte, aber sie geben nur ein ungenügendes Bild seiner angestrengten Thätigkeit.

Nach Schluß des 1843=er Landtags erhielt er von Komes Wachsmann die wichtige Mission nach Wien, um bei der — wenig wohlgeneigten — Hofkanzlei und dem Hof die schwebenden Angelegenheiten der Komeswahl, Beamtenbestätigung, der juridischen Fakultät u. s. w. zu betreiben. Er hatte sich, um nicht Neid zu erregen, noch zwei Genossen erbeten, die ihm in der Person des Joseph Trausch und Meister beigegeben wurden. Die Mission, wobei viel Schwierigkeiten mit zäher Ausdauer überwunden werden mußten, hatte den gewünschten Erfolg.

Während des 1847=er Landtags ist er vom damaligen Regierungs=Kommissär Br. Puchner öfter gehört worden.

Ende 1849 wurde er als Referent in das Justizministerium berufen und kam zugleich als Vertrauensmann für die Arbeiten, welche die Einführung der österr. Gesetze in Siebenbürgen nötig machten, nach Wien. Außer ihm waren Vertrauensmänner Br. Kemény, Kabos, Horváth, Kozma, Gál, Dunka, Brán.

An diesen Arbeiten vielfach beteiligt, wurde er dann in den früher erwähnten dienstlichen Stellungen zuerst unter dem absoluten, später unter dem nach dem Oktoberdiplom mit mehr Einfachheit, als politischer Weisheit wieder hergestellten verfassungsmäßigen Regime verwendet.

Das stürmische Jahr 1848 hat ihn nicht in der Reihe der Vorkämpfer gezeigt und nur in der Karlsburger Konferenz 1861 hatte er noch einmal Gelegenheit, in einer politischen Versammlung, selbstverständlich den frühern Grundsätzen getreu, mitzuwirken. Im Jahre 1848 glaubte man eben jüngere oder doch lebhafter sich geltend machende Kräfte zu brauchen. Wenn hierin ein Zurücktreten seiner Persönlichkeit in der öffentlichen Meinung gesehen werden kann, so hat er darauf im folgenden Jahr die Antwort erteilt. Als Bem im März Hermannstadt einnahm, übernahm er die Leitung der Stadt und führte die schwierige Aufgabe, in der von den Wohlhabendern verlassenen Stadt die Prätensionen eines Revolutionsheeres ohne gänzliche Erschöpfung zu befriedigen und zu mildern, die Auswüchse des auf kurze Zeit von Csányi etablierten Schreckensregiments zu hindern, mit Ruhe und Festigkeit durch. Was er damals gerettet, wird nur eine spätere Zeit aus Einzelheiten würdigen.

Simon Schreiber hat wenig für den Druck geschrieben, nichts unter seinem Namen erscheinen lassen. Aber zahllos sind seine schriftlichen Arbeiten, in den Archiven deponiert, und von seiner Mannesreife an bis in die 50=er Jahre giebt es kaum eine bei uns zur Diskussion gekommene Frage der Verwaltung und Rechtspflege, zu welcher nicht Gutachten von ihm vorgelegen wären.

Von schwächlichem Körperbau und frühzeitig überanstrengt, hat ihm eiserner Fleiß ermöglicht, den oft genug an ihn herantretenden übermäßigen Ansprüchen gerecht zu werden. Von strengem Rechtsgefühl, puritanischer Selbstlosigkeit und Aufrichtigkeit hat seine aufopfernde Thätigkeit immer seinem Volke gegolten.

Er starb am 20. Juni 1878.

S. b. L., 1367, (1878).
Wurzbach, 31, 277.

Schuler v. Libloy Friedrich, Dr. jur.,
(III, 229 und 599),

wurde im Jahre 1875 an die juridische Fakultät der neugegründeten Universität in Czernowitz berufen, an der ihm die Lehrkanzel des deutschen Rechtes sowie die Vertretung des Völkerrechts zugewiesen wurde. Verschiedenemale übernahm er jedoch auch andere Fächer. Zweimal 1878/79 und 1890/91 bekleidete er an der Czernowitzer Universität das Rektorat in den Jahren 1875/76, 1880/81, 1881/82, 1883/84 und 1889/90 war er Dekan der rechts= und staatswissenschaftlichen Fakultät. Im Jahre 1883 wurde er zum k. k. Regierungsrat ernannt. Am 28. Mai 1892 wurde von der Universität in Czernowitz das Jubiläum der 40=jährigen Dienstthätigkeit Schulers in erhebender Weise gefeiert.

Im Jahre 1895 wurde Schuler mit allerhöchster Entschließung vom 7. August über sein eigenes Ansuchen in den Ruhestand unter gleichzeitiger Verleihung des Titels eines Hofrates versetzt. Er übersiedelte im September dieses Jahres zunächst nach Hermannstadt und von da nach Wien. Hier starb er am 8. November 1900.

Außer den in III, 229 und 599 angeführten Werken veröffentlichte Schuler noch:

1. Festvortrag am 4. Oktober 1875 für die feierliche Eröffnung der k. k. Franz Josefs-Universität in Czernowitz. Dritte Auflage 1894. Czernowitz, Pardini.
2. Aus der Türken- und Jesuitenzeit vor und nach dem Jahre 1600. Historische Darstellungen zumal Fürsten- und Volksgeschichte in den Karpathenländern. Berlin, Grieben 1876. [Bespr.: S. b. T., 892, (1876).] II. Auflage 1879.
3. Über die Entwicklung der staatsbürgerlichen Freiheit in Österreich. (Rektoratsrede.) I. Auflage 1878 und III. Auflage 1894. Czernowitz, H. Pardini.
4. Über wichtige Rechtsschöpfungen der Neuzeit. (Rektoratsrede.) II. Auflage. Czernowitz, H. Pardini 1894.

Die ung. Rechtsdenkmäler (s. Trausch a. a. O., 240) wurden von der ung. Akademie der Wissenschaften übernommen, jedoch nur im magy. Texte ohne die deutsche Übersetzung [vgl. S. b. T., 726 (1876)].

In den Aphorismen der anläßlich des 25-jährigen Bestandes der Lemberger Juristengesellschaft herausgegebenen Festschrift stellt Schuler-Libloy in kurzen Zügen die besonders juridisch-litterarischen Beziehungen Siebenbürgens zu Krakau zusammen (vgl. Czernowitzer Ztg. vom 18. Oktober 1894).

Erinnerungsblätter aus den Berichten „der akademischen Lesehalle" an der k. k. Franz-Josefs-Universität in Czernowitz. I. Grillparzerfeier 1891. II. Schuler-Libloy Jubiläum 1892. Czernowitz, Pardini 1894.
Wurzbach, 32, 149.
S. b. T., 2593 und 2601, (1882); 2756, (1883).
Hinrichsen, Das litterarische Deutschland.
Kürschner, Deutscher Litteratur-Kalender.
Kukula, Bibliograph. Jahrbuch der deutschen Hochschulen. Innsbruck 1892.
Neue freie Presse. Wien 1875, 12. September. Nr. 3969.
XIX. Jahres-Verwaltungsbericht der akademischen Lesehalle an der k. k. Franz Josefs-Universität in Czernowitz. Czernowitz 1895. Abschiedsfeier Schuler-Libloys, 27.

Schuller Friedrich, Dr. phil.,

wurde am 18. April 1857 in Kleinscheuern geboren und absolvierte 1876 das Gymnasium in Hermannstadt. In den nächsten drei Jahren besuchte er die Universitäten in Tübingen und Leipzig, um Theologie, Geschichte und Geographie zu studieren. In Leipzig gehörte er als ordentliches Mitglied dem von den Professoren Freiherr von der Ropp und Arndt geleiteten historischen Seminare beziehentlich Proseminare und dem unter Zillers Leitung stehenden pädagogischen Seminare an. Nach seiner Rückkehr in die Heimat nahm er eine Beamtenstelle an dem sächsischen National- und Hermannstädter Archive an und erweiterte seine bereits auf der Universität in Leipzig begonnenen paläographischen Studien. 1881 wurde er als Lehrer an der Filialelementarschule angestellt und gleichzeitig als Supplent am Gymnasium und an der Realschule verwendet. In dieser letztern Stellung ist er bis zu seiner definitiven Berufung an das Gymnasium verblieben. 1895 wurde er von der philosophischen Fakultät der Universität Halle-Wittenberg auf Grundlage seiner Dissertation „Volksstatistik der Siebenbürger Sachsen" und nach abgelegter mündlicher Prüfung zum Doktor der Philosophie promoviert.

Angeregt durch J. K. Schullers Arbeiten aus dem k. u. k. Haus-, Hof- und Staatsarchive in Wien und aus dessen Abschriften zur Erkenntnis gelangt, daß von J. K. Schuller das Urkundenmaterial des Haus-, Hof- und Staatsarchivs in Wien über die Ereignisse in Siebenbürgen nach der Schlacht bei Mohács bis zum Frieden von Großwardein lange nicht erschöpfend behandelt worden, überdies die Herausgabe der Akten, Urkunden und Briefe dieser Periode unabweislich sei, begann Schuller schon 1882 aus Schriftstücken des erwähnten Archivs Abschriften zu nehmen. Ihre Ergänzung fanden dieselben, als der Ausschuß des Vereins für siebenb. Landeskunde ihm im Jahre 1884 ein Reisestipendium zu archivalischen Studien in Wien verlieh. Kurz vor seiner Abreise nach Wien hatte Schuller die Ordnung des Bogeschdorfer Kapitelsarchivs, die ihm übertragen worden, beendet.*)

In den Jahren von 1895 bis 1899 hat Schuller im Auftrage des Landeskonsistoriums auch das 1869 von Birthälm nach Hermannstadt überführte und in einem Zimmer der Landeskonsistorialkanzlei notdürftig aufgestellte Superintendentialarchiv geordnet, ohne dabei jedoch die älteren und wertvolleren Urkunden zu registrieren, da diese Arbeit einer späteren Zeit vorbehalten blieb.**)

Dem S. d. T. gehörte Schuller schon seit 1884 als ständiger Mitarbeiter an. 1895 wurde er von dem Redaktionsausschuß in die Redaktion des S. d. T. berufen. Nicht gerne ist er dieser Berufung gefolgt, weil er erkannte, daß seine Thätigkeit bei dem S. d. T. bei den damaligen politischen Zuständen im sächs. Volke ihm die innere Befriedigung nicht gewähren würde. Ende August 1899 bat er daher den Redaktionsausschuß um seine Enthebung. Dieser nahm die Bitte Schullers mit Bedauern zur Kenntnis und hielt sich gleichzeitig für verpflichtet schriftlich ihm den Dank für seine „dem S. b. T. in jahrelanger redaktioneller Thätigkeit und fleißiger und eifriger Mitarbeit auch unter schwierigen Verhältnissen geleisteten vorzüglichen Dienste auszusprechen." Juli 1899 wurde Schuller vom k. u. k. Reichskriegsministerium zum externen Lehrer an der k. u. k. Infanterie-Kadettenschule in Hermannstadt ernannt.

Schuller veröffentlichte:

1. Grundzüge der Staatsverfassung Ungarns und der österr.-ung. Monarchie. Leitfaden zum Gebrauche in Mittelschulen und pädagogischen Seminarien. Hermannstadt, Kommissionsverlag Franz Michaelis 1885. [Bespr.: S. d. T., 3435, 3554, (1885.)]
2. Beiträge zur äußeren Geschichte der Erbgrafen der sieben Stühle. Arch. f. Ldbe., N. F. XXI, 313 und im Sonderabdruck. Hermannstadt, W. Krafft 1887.
3. Verlauf mit Siebenbürgen fürnemblich seyt König Johannis de Zapolia Zeit bis hieher (1614), von Georg Erasmus Tschernembl. Arch. f. Ldbe., N. F. XXII, 367 und im Sonderabdruck.
4. Zeitströmungen. S. d. T., 5990 ff. und im Sonderabdrucke. Hermannstadt, J. Drotleff 1893.

---

*) Korr. f. Ldbe., VII, (1884), 73.
**) Verhandlungen der XIX. Landeskirchenversammlung 1899. Hermannstadt, Josef Drotleff 1899. LXVI.

5. Urkundliche Beiträge zur Geschichte Siebenbürgens von der Schlacht bei Mohacs bis zum Frieden von Großwardein. Aus dem k. u. k. Haus-, Hof- und Staatsarchive in Wien. Arch. f. Ldke., N. F. XXVI, 223—287, 607—672; XXVIII, 441—581; XXIX, 507—660 mit einem alphabetischen Verzeichnis der Orts- und Personennamen und einer Tafel zur Geheimschrift. [Bespr.: S. d. T., 8322, (1901).]

6. Einwanderung der Sachsen nach Siebenbürgen. Aus einem Cyklus von Vorlesungen über die siebenbürgisch-sächsische Geschichte. Gehalten im großen Hörsaale des ev. Gymnasiums in Hermannstadt in den Wintermonaten 1894. S. d. T., 6403 ff., (1895) und im Sonderabdrucke. Hermannstadt, J. Drotleff 1895. [Bespr.: Korr. f. Ldke., XVIII, 29, (1895).]

7. Aus sieben Jahrhunderten. Acht Vorträge aus der siebenbürgisch-sächsischen Geschichte. Volksschriftenverlag Hermannstadt 6.—13. Heft. Hermannstadt, W. Krafft 1895.

   Die Vorträge behandeln:

   a) Einwanderung der Sachsen nach Siebenbürgen. (1141—1161.)
   b) Die deutschen Ritter im Burzenlande. (1211—1225.) Der Einfall der Mongolen in Siebenbürgen. (1241—1245.)
   c) Unter Anjous Lilien. (1308—1382.)
   d) Aus der Türkenzeit. (1382—1490.)
   e) Aus der Zeit der Reformation und des sächs. Humanismus. (1519—1557.)
   f) Aus der Fürstenzeit. (1538—1690.)
   g) Maria Theresia und die Siebenbürger Sachsen. (1740—1780.)
   h) Kaiser Josef II. und die Sachsen in Siebenbürgen. (1780—1790.) [Bespr.: S. d. T., 6414, 6699 (1895); Korr. f. Ldke., XIX, (1896), 6; S. d. T., 6770 (1896); Magdeburger Zeitung (Blätter für Handel, Gewerbe und soziales Leben) Nr. 1, 1897, vgl. S. d. T., 7071 (1897); Christliche Welt. Leipzig, Verlag von F. W. Grunow, Nr. 10, (1897), vgl. S. d. T., 7093 (1897).]

8. Volksstatistik der Siebenbürger Sachsen. Beiträge zur Siedelungs- und Volkskunde der Siebenbürger Sachsen. Gedruckt in den Forschungen zur deutschen Landes- und Volkskunde herausgegeben von Dr. A. Kirchhoff. Stuttgart Verlag von J. Engelhorn 1895. Erschien auch im Sonderabdrucke unter dem Titel: Volksstatistik der Siebenbürger Sachsen. Inauguraldissertation zur Erlangung der Doktorwürde der philosophischen Fakultät der königl. preußischen Vereinigten Friedrichs-Universität Halle-Wittenberg, Halle 1895. Die Dissertation trägt die Widmung: Sr. Hochwürden Herrn Dr. Fr. Müller, Bischof der ev. Landeskirche A. B. in den siebenbürgischen Landesteilen Ungarns rc. [Bespr.: Münchner Allg. Zeitung, Beilage 1895, Nr. 53, (6. Juli); S. d. T., 6566 (1895).]

9. Aus dem Märchen- und Sagenschatze der Siebenbürger Sachsen. Ausgewählt für Schule und Haus. Wien, Verlag von Carl Graeser 1895.

10. Lehr- und Lesebuch für Gewerbe-Lehrlingsschulen. Herausgegeben von Samuel Roth, Dr. Karl Petri, Dr. Friedrich Schuller und Gustav Schuller. I. Teil. Erste und zweite Klasse. Hermannstadt, W. Krafft 1896. [Bespr.: S. d. T., 6909 (1896).]

11. Zeittafeln zur Geschichte Ungarns. Hermannstadt, W. Krafft 1896. Zweite Auflage. Ebenda, 1902.
12. Canon der zu erlernenden Geschichtszahlen der alten, mittleren und neueren Geschichte. Verlag von G. A. Seraphin, Hermannstadt, Budapest, Wien und Leipzig (1897).
13. Vor fünfzig Jahren. Feuilleton des S. b. T., 7400—7407 (1898).
14. Johann Honterus, Festvortrag zur Feier des vierhundertjährigen Geburtstages desselben. S. b. T., 7404, 7405 (1898).
15. Unsere Toten. (Albert Arz von Straußenburg, Heinrich Joachim Wittstock, Gustav Bedeus von Scharberg.) Neuer Volkskalender für das Jahr 1902. XIII. Jahrgang. Hermannstadt, W. Krafft und im Sonderabdrucke.
16. Trausch-Schuller, Schriftstellerlexikon der Siebenbürger Deutschen. IV. Bd. W. Krafft, Hermannstadt 1902.

Für den ersten Band der „Bilder aus der vaterländischen Geschichte" herausgegeben von Dr. Fr. Teutsch bearbeitete Schuller folgende Abschnitte:

a) Einwanderung der Magyaren um 896.
b) Die deutschen Ritter im Burzenlande, 1211—1225.
c) Einfall der Mongolen in Ungarn, 1241—1242.
d) Johann Hunyady.
e) König Mathias Corvinus, 1458—1490.
f) Gabriel Bethlen, 1613—1629. (Nach Georg Kraus' Siebenbürgischer Chronik.)
g) Befreiung Ungarns von der Türkenherrschaft, 1688—1699.
h) Maria Theresia, 1740—1780.
i) Josef II., 1780—1790.
k) Das Wiederaufleben der sächsischen Nation, 1790.
l) Verfassung Ungarns.

Im zweiten Bande der „Bilder aus der vaterländischen Geschichte" erschienen von Schuller:

a) Gewerbe und Handel im 14. Jahrhundert.
b) Zwei Kirchenvisitationen.

In „Hundert Jahre sächs. Kämpfe", Hermannstadt, W. Krafft 1896, veröffentlichte Schuller den Vortrag:

Die Reaktion gegen die Josefinische Reform und die Regulation, (1790—1805).

Das Korr. f. Lkde. brachte u. a. folgende größere Artikel Schullers:

a) Zur älteren Geschichte der Königsrichter in Broos. IV, (1881), 49, 65.
b) Die Morgonbai in Großschenk. V, (1882), 61, 73.
c) Zur Einführung des Königsrichteramtes in den Stühlen der provincia Cibiniensis. VII, (1884), 61.
d) Das Bogeschdorfer Kapitelsarchiv. Ebenda, 73.
e) Regesten zur Geschichte Siebenbürgens vom Jahre 1551—1817 aus dem k. k. Kriegsarchive in Wien. VIII, (1885), 65, 77.
f) Zur Finanz- und Steuergeschichte Siebenbürgens. IX, (1886), 101, 113.

g) Siebenbürger in Wien am Ende des XV. und Anfang des XVI. Jahrhunderts. XV, (1892), 48; XVI, (1893), 114.

h) Über die Lostrennung Salzburgs (Vizakna) von der Hermannstädter Provinz. XVI, (1893), 82.

Von Schullers im S. b. T. erschienenen Artikeln mögen hier einige, welche Anspruch erheben dürften, nicht nur dem flüchtigen Interesse des Tages gedient zu haben, Erwähnung finden:

1896: Pfingsten, (6824); Weihnachten, (7005).

1897: Politische Streiflichter auf das Jahr 1896, (7009); Melanchton, (7045); Protestantisch-theologische Fakultät in Klausenburg, (7067); Ostern, (7097); Josef Anb. Zimmermann, Nekrolog, (7123); Unsere Hochschüler, (7207); Das Deutschtum in der Geschichte Böhmens, (7208); Zur Erinnerung an G. D. Teutsch 19. September, (7224)

1898: Karl Albrich vierzigjähriges Dienstjubiläum, (7316); Bischof D. Fr. Müller. Siebzigster Geburtstag, (7422); Pfingsten, (7433); Die Reform der Mittelschule, 7334, 7335; Albert Huet. Ein Erinnerungsblatt, (7452); Fürst Bismarck, Nekrolog, (7486); Zu den Festtagen in Kronstadt, (7501); Graf Andreas Bethlen, Nekrolog, (7508); Für den Neubau unserer Mittelschule, (7516); Königin Elisabeth, (7521); Feldzeugmeister Ludwig Fabini. Fünfzigjähriges Dienstjubiläum, (7569).

1899: D. Fr. Teutsch, (7808).

Schuller Adolf Georg, Dr. phil.,

geboren am 25. Dezember 1862 in Schäßburg, absolvierte 1880 das dortige Gymnasium und studierte von 1880 bis 1884 an den Universitäten Bern, München, Berlin und Tübingen Theologie und Geschichte. An der letztgenannten Universität erwarb er sich den philosophischen Doktorgrad und kehrte dann in die Heimat zurück, wo er in Agnetheln an der höhern Volksschule zunächst als Lehrer (1887) und 1889 als Rektor angestellt wurde. Am 23. August 1893 wurde er in Groß-Laßlen und am 18. August 1898 in Groß-Alisch Pfarrer.

1. Sächsisches Dorfleben in früherer Zeit. Neuer Volkskalender, Jahrgang 1892, (I) und 1893, II. Hermannstadt, Verlag von W. Krafft. [Korr. f. Ltde., XV, (1892), 126.]

2. Aus stürmischen Tagen. (Aufzeichnungen eines 1848/49-er Landstürmlers.) Gedruckt im Siebenbürgischen Volksfreund. Verlag von W. Krafft 1892, Nr. 33—35.

3. Aus der Vergangenheit der siebenb.-sächsischen Landwirtschaft. Dem siebenb.-sächsischen Landwirtschaftsverein zur Feier seines 50-jährigen Bestandes gewidmet und auf Vereinskosten veröffentlicht. Hermannstadt, W. Krafft 1895. [Bespr.: im Korr. f. Ltde., XVIII, (1895), 129; S. b. T., 6645 (1895).]

4. Groß-Laßlen in Vergangenheit und Gegenwart. Vortrag, gedruckt in: Zehnter Verbandstag der ländlichen Spar- und Vorschußvereine und Wirtschaftsgenossenschaften. Hermannstadt, J. Drotleff 1896. Ist auch im Sonderabdruck erschienen. [Bespr.: Korr. f. Ltde., XIX, (1896), 150.]

5. Johannes Honterus, im Kalender des Siebenb. Volksfreundes. Redigiert von Dr. A. Schullerus und Dr. Fr. Teutsch. J. Drotleff 1898.
6. Neues Leben. 1830—1848. Vortrag. Hundert Jahre sächs. Kämpfe. Hermannstadt, W. Krafft 1896.
7. Das Laßler Kapitel. Arch. f. Ldke., N. F. XXX, 97.

Für die von Dr. Fr. Teutsch herausgegebenen „Bilder aus der vaterländischen Geschichte" bearbeitete Schuller und zwar für den ersten Band die Abschnitte:

a) Stefan I. 997—1038.
b) Labislaus I. 1077—1095.
c) Samuel von Brukenthal. 1721—1803.

Für den zweiten Band die Artikel:

a) Die Gräfen.
b) Die landwirtschaftliche Entwicklung der Sachsen.
c) Die Kerzer Abtei.
d) Zunftleben.
e) In der sächsischen Kirche vor der Reformation.

Schuller Georg,

geboren zu Halvelagen am 4. März 1830, besuchte bis zu seiner Konfirmation die Volksschule seines Geburtsortes und begab sich dann nach kurzem Aufenthalte in Maros-Vásárhely im Spätjahr 1847 an das Schäßburger Seminarium. Schon im folgenden Jahre erlitt sein Studium durch die Wirren des Bürgerkrieges wiederholte Unterbrechungen. Erst nach der blutigen Schlacht bei Schäßburg zwischen Lüders und Bem kamen wieder ruhigere Zeiten, in denen die Studien wieder anhaltend betrieben werden konnten.

Durch Konrektor G. D. Teutsch veranlaßt, trat Schuller, nachdem er durch Privatstudium die lateinische Sprache erlernt hatte, bald nach Beginn des Schuljahres 1850/1 aus der IV. Seminarklasse in die sechste Klasse des Gymnasiums über. Nun begann das Privatstudium der griechischen Sprache und zwar mit dem Erfolg, daß er nach Jahresfrist auch in diesem Gegenstande an dem öffentlichen Unterrichte teilnehmen konnte. Im Jahre 1853 absolvierte er das Gymnasium und bezog die Universität Tübingen, um sich für den erwählten Lebensberuf, das Lehramt in Kirche und Schule, auszubilden. Hier brachte er drei Semester zu, neben den theologischen auch philosophischen, geschichtlichen und sprachlichen Studien obliegend. Das vierte Semester verlebte er in Berlin. Die theologischen Studien, die in Tübingen unter Baurs und Palmers Leitung ihre bleibende Grundlegung gefunden hatten, wurden hier unter Nitzsch und Vatke fortgesetzt; hauptsächlich aber trat er hier, wo er Ranke und Ritter zu hören bekam, geschichtlichen und geographischen Studien näher. Eben mit dem Plane beschäftigt, das für seine Mittel zu teure Berlin für ein weiteres Studienjahr mit Wien zu vertauschen, um sich dort durch Annahme einer Hauslehrerstelle die nötigen Subsistenzmittel zu verschaffen, erhielt er von G. D. Teutsch, der inzwischen Direktor des Schäßburger Gymnasiums geworden war, die Aufforderung, sich um eine an dieser Anstalt erledigte Stelle zu bewerben. Schuller folgte der Aufforderung und wurde am 13. September 1855 als Gymnasial= Professor angestellt. Nachdem er in dieser Stellung fast zehn Jahre gewirkt, ging er (1865) als Pfarrer in seinen Geburtsort Halvelagen und von da 1876 nach Großlaßlen und drei Jahre darauf nach Trappold, wo er noch gegenwärtig wirkt.

Von Schuller sind folgende Arbeiten im Drucke erschienen:

1. Volkstümlicher Glaube und Brauch bei Tod und Begräbnis im Siebenbürger Sachsenlande. Sch. G.=P., 1863 und 1865.
2. Rede bei Einführung des neuen Predigers A. S. in Halvelagen am 9. Januar 1870 gehalten. Schul- und Kirchenbote, V, (1870).
3. Rede zur Präsentation des Schäßburger Stadtpfarrers Johann Teutsch am 7. März 1882 gehalten. Ebenda, XVII, (1882).
4. Das Prinzip des Protestantismus. Referat in der Schäßburger Pfarrkonferenz vom 5. Juli 1882. Ebenda, XVII, (1882). [Bespr.: Korr. f. Lde., VI, (1883), 23].
5. Warum durch Gleichnisse? Eine exegetische Studie über Math. 13, 10—15. Vorgetragen in der Schäßburger Pfarrkonferenz vom 11. November 1889. Ebenda, XXV, (1890).
6. Zum Landbau der Siebenbürger Sachsen. Mitteilungen aus einem alten Folianten. Korr. f. Ldbe., IV, (1881), vgl. S. b. T., 2307 (1881)

Schuller Gustav,

geboren 20. April 1838 in Hermannstadt, absolvierte 1857 das Gymnasium seiner Vaterstadt und war 1857—61 Hörer der Rechte an der k. k. Rechtsakademie in Hermannstadt.

Nach Ablegung der judiziellen theoretischen Staatsprüfung bezog er 1861 die Universität Heidelberg, um Theologie zu studieren. Am 1. November 1863 als Elementarlehrer in Hermannstadt angestellt, dient er seit dem 5. November 1865 an der mit dem evang. Gymnasium in Hermannstadt verbundenen Realschule.

Schuller war seit der Gründung des S. b. T. Mitarbeiter desselben — hauptsächlich für das Feuilleton und von 1876 bis 1881 Theaterreferent.

Außer Gedichten, welche er in verschiedenen Zeitungen (Transsilvania, Siebenbürger Bote, S. b. T., Ährenlese, Beiblatt zu den Landwirtschaftlichen Blättern 2c.) veröffentlichte, rühren von ihm her:

1. Reinold. Ein Bild aus den Karpathen. Wien 1891, C. Gräser. 2. Aufl. Ebenda. [Vgl. S. b. T., 3124 (1881) und 3368 (1885), Berliner Nationalzeitung 1881, Nr. 309, Pester Lloyd 1881, Juni 8, Deutsche Wochenschrift (redigiert von Friedjung) 1884, Nr. 22.]

2. Krieg und Frieden. Eine Erzählung aus Hermannstadts Vergangenheit. S. b. L., 4455—4462, (1888).
3. Meister Lukas. Ein Bild aus der Vorzeit der Siebenbürger Sachsen. 2. Aufl. 1888. Hermannstadt, Michaelis und Seraphin. [Vgl. S. b. L., 4562, (1888). Korr. f. Ldbe., XII, (1889), 25.
4. Zur Pädagogik außer der Schule. H. G.-P., 1885.
5. Die Hausindustrie auf der Ofen-Pester Landesausstellung. S. b. L., 3710 bis 3715, (1886) und im Sonderabdruck.
6. Der siebenb.-sächsische Bauernhof und seine Bewohner. Eine kulturhistorische Skizze. Im Auftrage des Hermannstädter Komitates verfaßt von Gustav Schuller. Hermannstadt, Drotleff 1896. [Bespr.: S. b. L., 6812, (1896.)]
7. Leitfaden für den Unterricht in der Geographie von Österreich-Ungarn, zum Gebrauche an Bürger- und Gewerbeschulen mit 4 Kärtchen. 3. Aufl. Hermannstadt 1886. Verlag der Gewerbeschul-Kommission. In Kommission bei W. Krafft in Hermannstadt. [Bespr.: Korr. f. Ldbe., IV, (1881), 134.]
8. Leitfaden der Erdbeschreibung für die untersten Klassen der Mittelschulen sowie für Bürger- und Volksschulen. Hermannstadt, Verlag von Franz Michaelis 1892.
9. Prolog zu den lebenden Bildern in der zur feierlichen Eröffnung des Hermannstädter Elektrizitätswerkes veranstalteten Festvorstellung. Hermannstadt, Druck von Josef Drotleff 1896.
10. Studentenliebe. Schwank in einem Aufzug. Aufgeführt in Hermannstadt und Linz. (Manuskript.)

Im „Jahrbuch des Siebenbürgischen Karpathenvereines" veröffentlichte er:

1. Auf der Präsbe. V.
2. Ein Ausflug zur Bullea-Hütte. VIII.
3. Zwei große romänische Gebirgsdörfer. X.
4. Das Kurhaus auf der „Hohen Rinne" (mit 2 Abbildungen). XIV.
5. Michelsberg (mit 9 Abbildungen). XVI.

Von ihm rühren ferner her:

Reliefkarten: 1. Ungarn, 2. Siebenbürgen, 3. Hauptformen der Erdoberfläche.

Schuller Gustav Friedrich

wurde am 9. April 1840 in Birthälm geboren und absolvierte im Jahre 1860 das Gymnasium in Schäßburg. Um Theologie und klassische Philologie zu studieren, begab er sich zuerst nach Jena und von hier nach einem Jahre nach Tübingen. Im Jahre 1862 kehrte er in die Heimat zurück und wurde als Lehrer am Gymnasium in Mediasch angestellt. Seit dem 4. Oktober 1881 ist er Direktor dieser Anstalt.

Als Direktor veröffentlichte er die Programme des Mediascher Gymnasiums vom Jahre 1882 herwärts.

Er schrieb:

1. Hervorragende Mängel unserer gegenwärtigen Gymnasialorganisation. M. G.-P., 1876.
2. Geschichte des ev. Gymnasiums A. B. in Mediasch. M. G.-P., 1896. [Bespr.: Korr. f. Ldk., XIX, (1896), 150.

Schuller Hermann Friedrich Wilhelm

wurde am 31. Oktober 1841 in Gierlsau geboren. Nachdem er 1861 das Gymnasium in Mediasch absolviert, studierte er zwei Jahre in Heidelberg hauptsächlich Philologie und dann drei Jahre in Wien Geschichte und Geographie. In den Jahren 1866—1872 wirkte er als Privatlehrer in Hermannstadt; am 8. April 1872 wurde er hier zum Elementarlehrer und am 12. Januar 1881 zum Gymnasialprofessor gewählt.

Er starb am 1. September 1893.

Schuller veröffentlichte:

Beiträge zu einer Lebensbeschreibung des Freiherrn Samuel von Brukenthal. H. G.-P., 1886.

H. G.-P., 1894.

Schuller Johann Georg
(III, 247)

starb 1878 als Pfarrer von Großscheuern. Von 1869—1873 war er Bezirksdechant des Hermannstädter Bezirkes.

Wurzbach, 32, 166.

Schuller von Schulenberg Johann Georg, Dr. med.,*)

Sohn des am 4. August 1742 geadelten Goldschmiedes und Königsrichters von Neußmarkt Georg Schuller (III, 240), wurde am 11. November 1701 in Hermannstadt getauft und studierte an den Universitäten zu Halle, Jena (er wurde hier am 10. Oktober 1725 immatrikuliert) und Leipzig bis 1726 Medizin, Philosophie, Geschichte und Rechtswissenschaft. Im letztgenannten Jahre erlangte er die medizinische Doktorwürde und kehrte 1727 in die Heimat zurück. Hier erfreute er sich bald eines großen Ansehens, wurde am 31. Januar 1730 in die Kommunität aufgenommen, am 15. Dezember desselben Jahres Stadtphysikus, am 23. Januar 1734 Senator. In die für Siebenbürgen neuerrichtete k. k. Sanitätskommission berief ihn der damalige kommandierende General Fürst Lobkowitz als Beisitzer, 1743

---

*) Trausch verweist zwar III, 240 auf diesen Artikel, doch findet er sich thatsächlich in seinem Werke nicht.

wurde er vom Hofe zum consiliarius honorarius ernannt. 1748 erscheint er als villicus und 1766 als Präses der Polizeikommission. Er starb am 11. März 1767.

Er hinterließ eine reiche, wertvolle Büchersammlung und ein Naturalienkabinet und schrieb:

Dissertatio inaug. medica de morbo endemio hagymáz, oder Hitzigen Hautkrankheit addito in fine novo et specifico remedio in hoc morbo patriae usuali. Halae Magdeburg. 1726, typis Jo. Christ. Hendelii. 4°. VI, 40 S.

Wurzbach, 32, 120.
Arch. f. Ldbe., N. F. XVI, 472.

Schuller Johann Karl.
(III, 248).

Er veröffentlichte ferner:

1. Entwicklung der wichtigsten Grundsätze für Erforschung der rumänischen oder walachischen Sprache. Arch. f. Ldbe., I, 67.
2. Handschriftliche Vormerkungen aus Kalendern des 16. und 17. Jahrhunderts. Ebenda, III, 348.
3. Briefe aus der Vorzeit. Ebenda, IV, 66.
4. Zwei Bistritzer Urkunden von 1557 und 1366. Ebenda, N. F. I, 30.
5. Das Hahnenschlagen am Ostertag. Ebenda, N. F. I, 403.
6. Zur Geschichte Siebenbürgens von der Schlacht bei Mohatsch bis zum Tode J. Zapolyas. Ebenda, N. F. II, 128.
7. Ludwig Grittis Ende. Ebenda, N. F. II, 165.
8. Bündnis Joh. Zapolyas mit Franz I. von Frankreich. Ebenda, N. F. II, 320.
9. Magister Hißmann in Göttingen. Ebenda, N. F. VI, 201.
10. Siebenbürgische Eigennamen. Ebenda, N. F. VI, 328.
11. Zwei Originalschreiben von Marcus und Johann Pempflinger. Ebenda, N. F. VI, 423.

Außer den in der Fußnote bei Trausch III, 248 angeführten Werken bringen biogr. Nachrichten über Schuller:

Zarncke, Litter. Zentralblatt 1865, Sp. 622.
Magazin für die Litteratur des Auslandes, red. von Jos. Lehmann. Berlin 1850, Nr. 102, 408.
Arch. f. Ldbe., N. F. XIX, 423.
Allg. d. Biogr., 32, 682 von G. D. Teutsch.
Wurzbach, 32, 160.
Joh. Karl Schuller und die Gräfin Amadee. S. d. T., 6806 (1896) und im Sonderabdrucke.
H. G.-P., 1896, 159.

Schuller Michael

wurde am 25. Juli 1862 in Urwegen geboren. Er besuchte zunächst das Untergymnasium in Mühlbach und dann das Obergymnasium in Hermannstadt. Nachdem er 1882 die Maturitätsprüfung bestanden hatte, studierte er in den Jahren 1882—1887 Theologie und altklassische Philologie an den Universitäten Zürich, Leipzig, Klausenburg und Kiel. 1887—1890 war er Erzieher beim Grafen Palffy in Also=Szombatfalva, 1890—1893 Lehrer an der höhern Volksschule in Groß-Schenk, 1893—1896 Rektor an der höhern Volksschule in Agnetheln. Am 20. Mai 1896 wurde er zum Pfarrer in Schaas präsentiert.

Neben verschiedenen Aufsätzen im S. d. T. [die Neuerungen Josef II. in Siebenbürgen Nr. 5872 ff. (1893)], dem Volksfreund, den Landwirtschaftlichen und Kirchlichen Blättern und dem Kalender des Siebenbürger Volksfreundes (1898 und 1899) erschienen von ihm:

1. Stefan Ludwig Roth. Kronstädter Zeitung 1896 und im Sonderabdruck.
2. Über das Wesen der Religion. Vortrag gehalten in der Pfarrkonferenz des Schäßburger Kirchenbezirkes. Kirchliche Blätter 1898 und im Sonderabdruck, W. Krafft 1898.

Schuller Michael Gottlieb.

(III, 261).

Als Superintendentialvikar hat Schuller in der letzten alters=schwachen Zeit des Bischofs G. P. Binder einen Teil von dessen Amtslast getragen. In seinen Lebenserinnerungen bekennt Schuller, der in den fünfziger Jahren ziemlich allgemein als der zukünftige Bischofskandidat angesehen wurde, selbst, das Ergebnis der nächsten Bischofswahl seit dem Hermannstädter Landtag (1863) vorausgesehen zu haben, ohne Leid und ohne Neid, weil die Erhebung den Verdienteren getroffen.

Schuller war in den Jahren 1863/64 Abgeordneter auf dem Hermannstädter Landtag und, von diesem entsendet, 1863/64 Mitglied des Abgeordnetenhauses des österr. Reichsrates. Wie sehr die Hochachtung der Besten seines Volkes Schullers Wert würdigte, zeigte die Feier seines 50=jährigen Dienstjubiläums am 22. September 1875.[*]

Seit Ostern 1880 von schwerem körperlichem Leiden heimgesucht, schritt er um seine Emeritierung ein, die ihm das Landeskonsistorium am 14. Januar 1882, seine Verdienste um Kirche und Schule mit den ehrendsten Worten anerkennend, gewährte. Er starb 1882.

Über Schullers Mitarbeit an dem S. d. W. s. hier den Artikel Franz Gebbel.

[*] Das Kisder Kapitel gab zur Feier des Tages eine von K. Fabritius, Pfarrer von Trappold, verfaßte Festschrift: „Urkundenbuch zur Geschichte des Kisder Kapitels" heraus. Außerdem wurde eine Schullerstiftung zur Unterstützung von Pfarrern des Kapitels für Reisen nach Deutschland begründet.

Wurzbach, 32, 167.
S. b. T., 532 und 533, (1875).
Sch. G.-P., 1876, 48.
S. b. T., 2485, (1882).
G. D. Teutsch, Denkrede auf K. Gooß und Michael G. Schuller, Arch. f. Lde., N. F. XVII, 243.
Sch. G.-P., 1897, 59, 81.

Schuller Nathanael.

(III, 262).

Dessen „Jus Saxonum Transsilvanorum ecclesiasticum" (Trausch a. a. O. 263), von verschiedenen Händen im 18. Jahrhundert geschrieben, befindet sich im Hermannstädter und sächsischen Nationalarchiv.

Das Archiv der Stadt Hermannstadt und der sächsischen Nation von Franz Zimmermann, Archivar. Hermannstadt 1887, 99. Zweite Auflage. Ebenda, 1901, 163.
Arch. f. Lde., N. F. XVIII, 94.

Schuller Richard, Dr. phil.,

wurde am 7. Februar 1860 in Schäßburg als zweiter Sohn des eben zum Klosdorfer Pfarrer gewählten Gymnasiallehrers Michael Schuller geboren. Die sechs ersten Lebensjahre verbrachte er in dem stillen Frieden des weltabgelegenen Dorfes; 1866 wurde er in die erste Elementarklasse zu Schäßburg aufgenommen und absolvierte 1877 das Gymnasium seiner Vaterstadt unter der strengen, aber doch so freundlichen Aufsicht seines Großvaters, des Stadtpfarrers Michael Schuller, und in geistig anregendem Verkehr mit seinem Onkel, dem Archäologen Karl Gooß. Im Jahre 1877 besuchte er die Universität Leipzig, um sich dem Studium der Theologie und klassischen Philologie zu widmen. Von den bedeutenden Lehrern dieser Hochschule haben besonders einen bleibenden Eindruck in seiner Seele hinterlassen die Professoren W. Wundt, G. Curtius, L. Lange, O. Ribbeck, J. Overbeck, A. Springer, C. v. Noorden, H. Roscher, B. Windscheid, Fricke, Kahnis, T. Ziller. Im Frühjahr 1880 vertauschte er Leipzig mit Tübingen. Ein treues Andenken bewahrt er dort den Professoren L. Schwabe, Herzog, Siegwart, Köstlin, B. Kugler, Gutschmied und besonders dem jetzigen Heidelberger Professor Erwin Rohde, dessen geniale, den mystischen Zug Fr. Nietzsche'icher Philosophie atmende Persönlichkeit den Hörer förmlich bezwang. Im Jahre 1881 promovierte er mit der lateinisch geschriebenen Dissertation: „De Charmada Academico, artis mnemonicae scriptore."

In die Heimat zurückgekehrt, wurde Schuller als Supplent an dem Gymnasium seiner Vaterstadt in Verwendung genommen, wo eben durch den tragischen Tod Karl Gooß' eine Stelle in Erledigung gekommen war. 1883 erhielt er daselbst seine definitive Anstellung als Gymnasiallehrer. Seit 1901 ist er Pfarrer in Heltau.

Er veröffentlichte:

1. Andreas Beuchel. Arch. f. Ldke., N. F. XXIII.
2. Wolfgang Forster. Bistritzer Stadtgeschichten aus dem Anfang des 16. Jahrhunderts. Sch. G.-P., 1890.
3. Das Patriziergeschlecht der Polner in Schäßburg. Arch. f. Ldke., N. F. XXVII.
4. Das Türmchen auf der Stellau. In der Festgabe der Stadt Schäßburg bei Gelegenheit der vom 21.—25. August 1891 in Schäßburg tagenden Vereine. [Vgl. Korr. f. Ldke., XIV, (1801), 89 und 104.]
5. Geschichte des Schäßburger Gymnasiums. Sch. G.-P., 1896 und 1897. [Bespr.: Korr. f. Ldke., XIX, (1896), 127; XX, (1897), 136. Deutsche Zeitschrift für ausländisches Unterrichtswesen, III. Jahrgang, 92 und 186; S. d. T., 7221 (1897).]
6. Alt-Schäßburg Kulturhistorische Skizze. Herausgegeben anläßlich der am 25. Juni 1899 stattgefundenen Eröffnung der städtischen Altertumssammlung „Alt-Schäßburg". Hermannstadt, Buchdruckel W. Krafft 1899. 8°. 33 S. Mit einem Bilde Schäßburgs aus dem Jahre 1767.
7. Theodor Fabini. Ein sächsischer Heldenjüngling aus großer Zeit. Hermannstadt, W. Krafft 1900. [Bespr.: S. d. T., 7903 (1899); Korr. f. Ldke., XXIII, (1900), 10.]
8. Georg Paul Binder als Lehrer. Vortrag gehalten in der Lehrerversammlung des Schäßburger ev. Kirchenbezirkes A. B. am 25. Mai 1900. Kirchliche Blätter, IV, (1900), 7—10 und im Sonderabdruck. Mit einem Bilde G. P. Binders. Hermannstadt, Buchdruckerei W. Krafft 1900.

Schullerus Adolf Joh. Andreas, Dr. phil.,

wurde in Fogarasch am 7. März 1864 geboren. Nachdem die Fogarascher und Schönberger Volksschule und später der Privatunterricht seines Vaters ihn vorbereitet hatten, trat er in die fünfte Klasse des Hermannstädter Gymnasiums ein. Nach Absolvierung desselben im Jahre 1882 bezog er als Studierender der Theologie und Philosophie die Universität Bern, mit der Absicht sich hauptsächlich germanistischen Studien zu widmen. Hier hörte er bei den Professoren Vetter und Hirzel literargeschichtliche Vorträge und nahm an den von ihnen geleiteten Übungen Teil. Die mythologischen Arbeiten Fr. W. Schusters, die ihm zu dieser Zeit in die Hand kamen, erregten in ihm den Wunsch, auf demselben Gebiete thätig zu sein und führten ihn zu Simrocks Mythologie und W. Grimms Heldensage. Von theologischen Vorlesungen wurden namentlich die von Professor Nippold und Professor Steck besucht. Von Bern ging Schullerus nach Leipzig. Hier haben dann Zarnke und Wundt den tiefgehendsten Einfluß auf Schullerus genommen. In der Zeit seines Leipziger Aufenthaltes hörte er bei Zarnke deutsche Grammatik, ältere Litteraturgeschichte und das Nibelungenlied. Im dritten Semester wurde er außerordentliches und im fünften ordentliches Mitglied des kön. deutschen Seminars. Ebenso war Schullerus durch zwei Semester hindurch auch Mitglied des kön. pädagogischen Seminars. Grundlegend für seine philosophischen Anschauungen sind die Vorlesungen Professor Wundts gewesen, bei dem er Geschichte der Philosophie, Psychologie und Logik hörte. Theologische Vorlesungen besuchte er bei Fricke und Luthardt.

Im Herbste 1885 verließ Schullerus Leipzig und begab sich nach Budapest. Hier hat er insbesondere Vorlesungen bei Professor Heinrich, Gyulai und Szinnyei angehört. Juni 1886 promovierte er in Leipzig zum doctor philosophiae.

In die Heimat zurückgekehrt, wurde Schullerus im September 1887, nachdem er im Mai 1887 vor der staatlichen Prüfungskommission in Budapest sich das Professorendiplom für Mittelschulen erworben hatte, als Rektor der höheren Volksschule nach Agnetheln berufen, und nach zweijährigem Wirken an dieser Anstalt zum Professor für deutsche Sprache an das Landeskirchenseminar in Hermannstadt gewählt. (Juni 1889.) August 1900 berief ihn die ev. Gemeinde in Großschenk zu ihrem Pfarrer. Von 1894 an war Schullerus Ausschußmitglied und bis 1900 auch Sekretär des Vereins für siebenbürgische Landeskunde.

Schullerus schrieb folgende Abhandlungen und selbständige Publikationen:

1. Schelmuffsky von Christian Reuter. Abdruck der vollständigen Ausgabe 1696, 1697. [Besorgt von A. Schullerus.] Abdruck der ersten Fassung 1696. A. u. b. T.: Neudrucke deutscher Litteraturwerke des 16. und 17. Jahrhunderts Nr. 57 und 58 [und 59]. Halle a. S., Max Niemeyer 1885. [Bespr.: Korr. f. Ldbe., IX, (1886), 22.]

2. Zur Kritik des altnordischen Valhollglaubens, Inauguraldissertation zur Erlangung der philosophischen Doktorwürde in Leipzig. (Sonderabdruck aus den Beiträgen zur Geschichte der deutschen Sprache und Litteratur, XII, 221—282, herausgegeben von H. Paul und W. Braune.) Halle 1886. [Bespr.: Korr. f. Ldbe., X, (1887), 24; Litteraturblatt für germ. und rom. Philologie 1887, Nr. 7.]

3. 15. Jahresbericht über den Stand und die Fortentwickelung der Gewerbeschule in Agnetheln. Zum Schlusse des Schuljahres 1887/8. [A. Organisationsstatut der Gewerbeschule in Agnetheln. B. Schulnachrichten.] Hermannstadt 1888, J. Drotleff.

4. 16. Jahresbericht über den Stand und die Fortentwickelung der Gewerbeschule in Agnetheln. 1888/9. [A. Rede zur Eröffnung der Jahresprüfung. B. Schulnachrichten.] Hermannstadt 1889, J. Drotleff.

5. A himilrische-czimű középfelnémet költemény. Erschien in Egyet. philolog. közlöny. Pótkötet. 2. Bd., (1890). Ebenda, 1900, 149 ff. „Népköltészet" és „Népies költészet". [In der Festgabe für Professor Dr. Ponori Thewrewl.]

6. Die deutsche Mythologie in der Erziehungsschule. Erschien im Pädag. Magazin herausgegeben von Friedrich Mann. Langensalza, Beyer u. Söhne. 12. Heft, 1892.

7. Seelenkult. Vortrag. S. b. T., 5790 (1892) und im Sonderabdruck. Josef Drotleff. Hermannstadt 1892.

8. Bemerkungen zur Schweizer Familienbibel. Ein Beitrag zur Schulbibelfrage. Pädagog. Magazin. 38. Heft, 1894.

9. Volkstum und volkstümliche Erziehung. In: Der sechste siebenbürgisch-sächsische Lehrertag. Hermannstadt 1894.

10. Die Vorgeschichte des siebenb.-sächsischen Wörterbuches. Programm des ev. Landeskirchenseminars. Hermannstadt 1895.
11. Jahresbericht über die Erscheinungen auf dem Gebiete der germanischen Philologie, herausgegeben von der Gesellschaft für deutsche Philologie in Berlin. Leipzig, Reißner. Darin von Dr. A. Schullerus bearbeitet: Volkskunde 14 Bd. (1892), 121—165, Nr. 55—375. Mythologie und Volkskunde: 15. Bd. (1893), 119—145, Nr. 1—224; 16. Bd. (1894), 146—271, Nr. 1—271; 17. Bd. (1895), 140—179, Nr. 1—309; 18. Bd. (1896), 129—157, Nr. 1—228; 19. Bd. (1897), 115—151, Nr. 1—308; 20. Bd. (1898), 322—382, Nr. 1—217 und 1—234; 21. Bd. (1899), 335—378, Nr. 1—138 und 1—303.
12. Gellerts Leben und Werke. Leipzig. Bibliographisches Institut. Ohne Jahr. [Meyers Volksbücher, Nr. 1020.]
13. Gellerts Dichtungen. Kritisch durchgesehene und erläuterte Ausgabe. Leipzig. Bibliographisches Institut. [Biogr. Einleitung, 1—28.]
14. V. Kästner. Gedichte in siebenbürgisch-sächsischer Mundart. 2. Aufl. Hermannstadt, W. Krafft 1895. XLII und 15 S. [Biogr. Einleitung, S. VII—XLII.]
15. Zwei sächsische Volksdichter. In: Dr. Fr. Teutsch, Bilder aus b. vaterl. Geschichte I. Hermannstadt, W. Krafft 1895.
16. Kalender des Siebenbürger Volksfreundes [mit Dr. Fr. Teutsch]. N. F., Jahrgang I—VII. 1896—1902. Hermannstadt, J. Drotleff. [Darin: 1896, Ein Tropfen Schlaf. 1899, Die lange Nacht. 1901, Erika Brukenthalia. Gustav Adolf und Friedrich Schullerus.]
17. Unsere geistige Entwicklung seit den 50-er Jahren. Hundert Jahre sächs. Kämpfe. Hermannstadt, W. Krafft 1896.
18. Unsere Volkskirche. Vortrag. Kirchliche Blätter 1898 und im Sonderabbruck. Hermannstadt, W. Krafft 1898.
19. Michael Albert. Sein Leben und Wirken. Arch. f. Lde., N. F., XXVIII und im Sonderabbruck. Hermannstadt, W. Krafft 1898.
20. Alt Israel. Vortrag. Kirchl. Blätter I, 26, 43 ff.
21. Die Propheten. Vortrag. Kirchl. Blätter I, 77 ff. (Beide Vorträge erschienen auch im Sonderabbruck mit andern Vorträgen unter dem Titel: Aus dem Schatzhause der h. Schrift. Hermannstadt, W. Krafft 1898.)
22. Katharina von Bora. Vortrag. Kirchl. Blätter. II. Jahrgang 1899, 330, 338, 350, 358 und im Sonderabbruck. Hermannstadt, W. Krafft 1899.
23. Haus und Hof. Unsere Volksdichtung. Die sächs. Litteratur in der Gegenwart. Die ev. Landeskirche. Dr. Fr. Teutsch, Bilder aus b. vaterl. Geschichte. II. Bd. Hermannstadt, W. Krafft 1899.
24. Siebenter — siebzehnter Jahresbericht des Allg. Frauenvereins der ev. Landeskirche A. B. in den siebenbürgischen Landesteilen Ungarns. Hermannstadt, J. Drotleff 1890—1900.
25. Jahresbericht des Hermannstädter Männerturnvereins 1891/92. [A. Geschichte des Hermannstädter Männerturnvereins. B. Jahresbericht.] (A. u. d. T.: Aus dem Leben des Hermannstädter Männerturnvereins. Zur Feier des 30-jährigen Stiftungsfestes am 30. Oktober 1892. Hermannstadt, J. Drotleff

1892. 8°. 21 S.) 1892/93. [A. Die Feier des 30-jährigen Bestandes des Hermannstädter Männerturnvereins. Festrede. B. Jahresbericht.] 1893/94, 1894/95, 1895/96. [A. Bericht über das Volksturnfest zur Feier des 100. Geburtstages St. L. Roths. B. Jahresbericht.] 1896/97. Hermannstadt, W. Krafft 1893—1897.

26. Magyarisches Sprach- und Lesebuch für Volksschulen mit deutscher Unterrichtssprache. I. Teil. Hermannstadt, W. Krafft 1900.

27. Magyarisches Sprach- und Lesebuch für Volksschulen mit deutscher Unterrichtssprache. II. Teil. Hermannstadt, W. Krafft 1901.

28. Handbuch für den magyarischen Sprachunterricht an Volksschulen mit deutscher Unterrichtssprache. Hermannstadt, W. Krafft 1901.

29. Elisabeth Sklarek, Ungarische Volksmärchen. Ausgewählt und übersetzt. Mit einer Einleitung von A. Schullerus. Leipzig, Dietrich'sche Verlagshandlung (Theodor Wlicher) 1901.

30. Abschnitt „Mythologie" in der Festschrift der Gesellschaft für deutsche Philologie in Berlin: „Ergebnisse und Fortschritte der germanistischen Wissenschaft im letzten Vierteljahrhundert." Leipzig 1902.

31. Artikel M. Albert. Allg. d. Biogr. 45, 727.

32. Volkskunde. In: Enzyklop. Handbuch der Pädagogik von W. Rein. 7. Bd.

Von Schullerus erschienen ferner verschiedene Abhandlungen und Aufsätze in den Zeitschriften: Schul- und Kirchenbote, Kirchliche Blätter, Siebenbürgisch-Deutsches Tageblatt (darunter: Noch ein Wort über unsre Mundart, Nr. 6160—62; Pfarrhaus und Schule in M. Alberts Dichtungen, Nr. 6273 ff.; die Merkwürdigkeiten S. Hirtendorns, Nr. 5233; Luthers und Schillers Stellung zum Volkstum, Nr. 6370; Sprachwandlungen, Nr. 5630 ff.; Michael Alberts litterarischer Nachlaß, Nr. 6091 ff.; Volksforschung und Volkstum, Nr. 6450; Bischof D. G. D. Teutsch, Nr. 5946; Jugend, Nr. 5641; Fr. W. Schusters Gedichte, Nr. 6918; Das Andenken St. L. Roths, Nr. 6949; Hermannstadt — Cibinium — Nagyszeben, Nr. 8132; Unser Volk im Spiegelbild deutscher Wissenschaft, Nr. 7940), Kronstädter Zeitung, Korrespondenzblatt des Vereins für siebenbürgische Landeskunde, der Siebenbürgische Volksfreund (darunter: De wedmōd. Erzählung. Beilage zum Jahrgang 1891), Deutsche Blätter für erziehenden Unterricht, herausgeg. von Fr. Mann. Rezensionen erschienen im Litterarischen Zentralblatt (darunter: 1887, über: Kalewala, Das Volksepos der Finnen, übersetzt von Paul; B. Ryhberg, Undersökningar i germanisk Mythologi, 1889, über: Golther, Studien zur germanischen Sagengeschichte) Zeitschrift für hochdeutsche Mundarten, und im Litteraturblatt für germanische und romanische Philologie (darunter: 1892, E. H. Meyer, Germanische Mythologie; Fr. Kauffmann, Germanische Mythologie; 1896, R. Köhler, Aufsätze über Märchen und Volkslieder; 1899, E. H. Meyer, Deutsche Volkskunde).

Schullerus redigiert seit 1892 auch das Korrespondenzblatt des Vereins für siebenbürgische Landeskunde. Hermannstadt, W. Krafft 1892—1901, (XV.—XXVI. Bd.) Von ausführlicheren Beiträgen Schullerus' im Korrespondenzblatt sind zu erwähnen:*) 1888, Oper- und Kirchenmusik 2, Zur

---

*) Die Zahl vor dem Titel giebt das Jahr, die hinter dem Titel die Nummer des Korrespondenzblattes an.

Kritik des „Rosenmädchens" 3; 1891, Zur Sagenkunde 3, Die Vereinstage in Schäßburg 9; 1892, Brautlauf 2, Almesch-Trinken 4, Wenjwäjaltschan 6,7, Über Fr. Teutsch, Schulordnungen II, 12; 1893, Die ersten Spuren der finnisch-ungarischen Sprachvergleichung 2, Über E. Thullner, Ous der Rosestuw 3, Sagennachlese 4/5, Der graue Rock Christi 5, Über G. Kisch, Die Bistritzer Ma. verglichen mit der moselfränkischen 5, Über K. Neißenberger, Des hundes nôt 8, Die Tochter des Kommandierenden von Großwardein 10, Zum Märchen von den Wegen der Vorsehung 10; 1894, Johann Wolff †. 1, Zur neuen Ausgabe der Gedichte V. Kästners 12; 1895, Die Volksballade von der Nonne 1, Zur Geschichte des Lebens und Wirkens Bischofs D. G. D. Teutsch 1; Über Fr. W. Seraphin, Ein Kronstädter lateinisch-deutsches Glossar 2, Über Dr. G. Keintzel, Lautlehre der Mundarten von Bistritz und Sächs.-Reen 2; Zum Kronstädter lateinisch-deutschen Glossar 5; Zur Litteratur der Hameler Rattenfängersage 6 und 7; 1896, Aufruf zur Mitarbeit am siebenb.-deutschen Wörterbuch 3; Über Fr. Teutsch, Denkrede auf J. Wolff 3; Ein Nachtrag zur Litteratur der Hameler Rattenfängersage 5; Der historische Kern der Hameler Rattenfängersage 6; 1897, Zum Rosetum Frankianum 2; Über Karl Fischer, Die Hunnen im schweizerischen Eifischthale 2, Johann Samuel Keßler 6; Über J. Wolff, † Vorarbeiten zum siebenb.-deutschen Wörterbuche 9; Erster Bericht über den Fortschritt der Vorarbeiten zum siebenb.-deutschen Wörterbuch 9; Ein Einwanderungsdrama aus dem Anfang des 19. Jahrhunderts 11; 1898, Siwa in M. Alberts Schauspiel: „Die Flandrer am Alt" 5, Zur Volksliedlitteratur 6, Über Honterus' ausgewählte Schriften, herausgegeben von Dr. O. Netoliczka 8/9, Michael Albert-Bibliographie 10: 1899, Zum Märchen: König Scheibvogel 1, Über Dr. A. Scheiner, Abhandlungen zur Grammatik der sieberb.-sächsischen Mundart 6, 9/10; 1900, Zur siebenb.-deutschen Rätseldichtung 1/5, Über Märki Sándor, A Longobardok hazánkban, Über: Aus der Vergangenheit und Gegenwart des königl. freien Marktes Agnetheln 12; 1901, Über E. Sigerus, Siebenbürgisch-sächsische Burgen und Kastelle 1, Über G. Kisch, Nösner Wörter und Wendungen 1, Flandrenses Saxones 2, Auch ein Wort zu unsrer Geschichtsforschung 5/6, Über E. Siecke, Mythologische Briefe 10.

Programm des theol.-pädag. Seminars der ev. Landeskirche A. B. in Hermannstadt 1901.

Schullerus Adolf Gustav
(III, 243)

wurde am 13. Juli 1838 auf dem ev. Pfarrhof in Schönberg geboren. Sein Vater, Joh. Andreas Schullerus, nachmals ev. Pfarrer in Großscheuk und Bezirksdechant, war eine mildfromme Natur, geschätzt und geliebt ebenso als schlichtergreifender Kanzelredner wie als geistvoller Gesellschafter, dessen reines Kindergemüt fast sprichwörtlich geworden war. Als Student in Jena hatte er noch unter dem Banne der Weimarer Zeit gestanden und im Schloßpark des Großherzogs, unter dem Fenster Goethes, stolz den klassischen

Boden unter den Füßen gefühlt. Als reifer Mann hatte er in Großschenk zur Stärkung des eigenen festen, wenn auch nicht unfreien Bibelglaubens eine umfangreiche Widerlegung des Lebens Jesu von D. Fr. Strauß für sich niedergeschrieben. Zuversicht und Vertrauen auf die göttliche Vorsehung hat er nie verloren. Von ihm hat der Sohn mit der Gabe der geistlichen Beredsamkeit, mit dem kindlichen Gottesvertrauen die heitere Freude am Leben und am sinnig-gemütlichen Lebensgenuß geerbt.

Mit den Eltern übersiedelte der achtjährige Knabe nach Großschenk. Nachdem er hier wenige Jahre die Grammatikalschule besucht hatte, kam er auf das Gymnasium nach Hermannstadt. Das aufquellende Heimweh brach sich an der Liebe des schon hier weilenden älteren Bruders Josef, ihm an Lerneifer und ernster Lebensführung ein gern anerkanntes Vorbild. Auch dessen Freund Franz Gebbel nahm ihn zu guter Kameradschaft auf. In den späteren Jahren fand er im Hause Karl Guists Aufnahme und vielfach fördernde geistige Anregung.

Noch nicht 17 Jahre alt, absolvierte G. A. Schullerus das Gymnasium. Um ihn nicht so jung auf die Universität zu schicken, ließ ihn der Vater das letzte Jahr wiederholen. Daß er Theologie studieren werde, erschien nach den Traditionen des Vaterhauses selbstverständlich. So bezog er 1855 die Universität Berlin, hier mit ganzem Herzen im freundschaftlich ihm geneigten Hause Max Moltkes verkehrend. 1857 ging er nach Tübingen. Neben den theologischen Gegenständen zogen ihn namentlich geschichtliche und geographische Vorlesungen an. In Berlin machte Ranke tiefen Eindruck auf ihn, in Tübingen beteiligte er sich eifrig an den Predigtübungen unter Palmers Leitung.

In die Heimat zurückgekehrt, wurde er sofort als Oberlehrer in Fogarasch angestellt, wo er 1860 den Bund der Ehe mit Josephine Friedsmann schloß, der Tochter des geistvollen Pfarrers in Jakobsdorf J. Fr. Friedsmann (s. b.)

Nach kaum dreijähriger Lehrerthätigkeit wurde G. A. Schullerus zum ev. Pfarrer in Fogarasch gewählt. Er hatte knapp das kanonische Alter, als er Anfang Juli 1863 von Bischof G. P. Binder in Birthälm ordiniert wurde.

Dem jungen Pfarrer bot sich in Fogarasch ein fruchtbares Feld zu freudiger und erfolgreicher Arbeit. In den Bemühungen, zwischen den drei national getrennten Schichten der Einwohnerschaft ein leidliches Verhältnis herzustellen, in den Verhandlungen über die Erhebung Fogaraschs zu einer Stadt mit geregeltem Magistrate, über den Neubau der ev. Schule war bald sein Rat und seine Arbeit maßgebend. Das Schwergewicht seiner Arbeit aber lag in der pfarramtlichen Thätigkeit. Seine Predigten füllten die Kirche — es seien lauter Festpredigten, meinten einige — und schon der kaum Dreißigjährige trug sich, von Zuhörern darum angegangen, mit dem Gedanken, eine Predigtsammlung herauszugeben. C. Schwarz in Gotha, dem einige Proben vorgelegt wurden, munterte freundlich dazu auf.

Im Januar 1872 siedelte er, einstimmig zum Pfarrer dahin berufen, nach Schönberg über. Es war ein schwerer Abschied von Fogarasch. Und doch zog er mit der Empfindung in das schmucke Dorf ein, als kehre er in die alte Heimat zurück. Er war der dritte Schönberger Pfarrer dieses

Namens; der Großvater hatte zuerst dem alten Schulmeisternamen die lateinische Endung zugefügt.

Hier in Schönberg nun hat G. A. Schullerus 22 Jahre hindurch seine beste Kraft für eine Lebensarbeit eingesetzt, die von der breiten Grundlage seiner pfarrämtlichen Wirksamkeit aus weit über den Kreis seiner Pfarrgemeinde hinausging. Unter seiner Führung wurde die neue Schule gebaut, der Kirchplatz geregelt und mit einem Garten bepflanzt. Hier sangen sie an Sonntagnachmittagen die schönen mehrstimmigen Lieder, die er mit Mädchen und Burschen eingeübt hatte. Auf seinen Spaziergängen übers Feld lernte er den Bauer bei seiner Arbeit kennen, in Besuchen am Krankenbett, in der Wirtschaft sein häusliches Leben. Wie man es macht, um wirklich als „Herr Vater" sich das Herz der Gemeinde zu gewinnen, hat er, aus eigener Erfahrung, in seiner „Kinderlehre" gar fein beschrieben.

Seine Hauptarbeit aber galt dem Dienste am Worte Gottes, der Predigt. Das Wort floß ihm leicht von den Lippen, ja es schien, als ströme es von selbst übersprudelnd aus dem vollen Herzen, und doch hat er ernst und schwer zur Predigt sich vorbereitet — kurz vor seinem Tode hatte er die 1500. Predigt niedergeschrieben — und, wie er oft erzählte, nie ohne Bangen die Kanzel bestiegen. Auch seine Predigtart wies auf seine Künstlernatur zurück. Wie der Maler das Bild der Wirklichkeit in sich aufnimmt und es zuerst vor seinem inneren Auge in harmonischer Farbenausgleichung zum Kunstwerk umwandelt, ehe er es auf der Leinwand festhält, so nahm er scharfen Auges das Bild des Alltags in sich auf, durchströmte es mit seiner idealen Lebensauffassung und erwärmte seine Zuhörer durch das ihnen gebotene Bild des Lebens, das in seinen Grundfarben mit dem eigenerlebten übereinstimmte und doch nach aufwärts wies. Fremde Predigtsammlungen benützte er nicht, auch dem gelehrten Apparat der Predigtvorbereitung stand er kalt gegenüber. Zur eigenen Vertiefung und Vorbereitung nahm er wohl den griechischen Urtext zur Hand, die Predigt aber baute er ganz auf den Luthertext auf, der ihn durch Kraft und anschauliche Klarheit so mächtig ergriff, daß ihm moderne Übersetzungen geradezu unangenehm waren.

Die sittliche Seite des religiösen Lebens aber betonte er geflissentlich, weil ihm eben Religion Lebenskraft war.

1881 veröffentlichte G. A. Schullerus einen Band seiner Predigten über die Perikopen alter Reihe, 1893 einen zweiten über die Perikopen neuer Reihe. Die Sammlung, in der Heimat freudig begrüßt, im deutschen Mutterlande anerkennend aufgenommen, wird seinem Namen einen ehrenvollen Platz in der Geistesgeschichte unseres Volkes dauernd sichern, auch wenn die längst nicht mehr sind, die an seinem lebenden Worte sich erbaut haben. Dieses allerdings gehörte zum vollen Eindruck: eine volltönende Stimme, markige und doch weichfließende Betonung und endlich das tiefbringende Auge. Wie kindlich innig konnte er doch das Vaterunser beten!

Der Sammlung der Predigten ging eine andere zur Seite, die nicht minder davon Zeugnis ablegt, wie tief G. A. Schullerus in die Volksseele geblickt hat, und wie er es verstanden hat, das Geschaute auch für andere greifbar darzustellen. Es ist das aus verstreuten Aufsätzen zusammengestellte Buch: „Die Augen auf! Aus dem sächsischen Volk für das sächsische Volk."

Was das sächsische Volk in den Jahren bewegte, als diese Aufsätze geschrieben wurden (1887—1893), zieht hier an uns vorüber: die Frage der politischen Stellung, die kirchenpolitischen Gesetze, wirtschaftliche Fragen, Gustav Adolf-Verein, Kinderbewahranstalt, Landwirtschaftsverein, die Aufgaben unseres kirchlichen Lebens, die Generalkirchenvisitation des Bischofs Teutsch, der Stolz über seine Ehrung bei der Wittenberger Kirchenweihe, die Feier seines 70. Geburtstages, die Volksklage um seinen Tod. Aber diese Zeitereignisse dienen vor allem auch dazu, den Volks- und Menschenhintergrund in Bewegung zu setzen und ihn von allen Seiten betrachten zu lassen.

Der junge Schönberger Pfarrer wurde alsbald ins öffentliche Leben gezogen. Als Aktuar im Schenker Bezirkskonsistorium machte er unter der Leitung des Großschenker Pfarrers und Dechanten C. Brandsch, der mit seinem durchdringenden Geiste und seinem breit ausgedehnten Wissen den Schenker Kirchenbezirk in die von der neuen Verfassung verlangten Verwaltungsformen geprägt hat, eine tüchtige Schule mit. In der Komitatsversammlung in Schäßburg kämpfte er gegen die Willkürherrschaft Graf G. Bethlens an der Seite seiner Volksgenossen, den Schenker Stuhl vertrat er einmal in der Nationsuniversität, mehrmals das Kapitel in der Synode, in späteren Jahren fast ständig den Kirchenbezirk in der Landeskirchenversammlung. 1882 begleitete er — es waren Festtage für ihn — als Aktuar den Bischof G. D. Teutsch auf der Generalkirchenvisitation des Schenker Bezirks. Die Lutherstiftung der ev. Landeskirche geht auf seine bei Gelegenheit des Luthertages (1883) gegebene Anregung zurück. Der Ertrag für ein von ihm in Kreide gezeichnetes Porträt Franz Gebbels bildete den Grundstock derselben. 1888 wurde er als Abgeordneter des Siebenbürgischen Hauptvereines zur Hauptversammlung des Gustav Adolf-Vereines nach Halle entsandt. Im Bezirkskonsistorium lag ihm lange Jahre das Volksschulreferat ob. 1894 wählte ihn der Kirchenbezirk zum Dechanten.

Ende 1894 wurde er nach dem Tode Carl Brandsch's zum evang. Pfarrer in Groß-Schenk gewählt. Auch jetzt war es ein schweres Abschiednehmen von Gemeinde, vom Garten, der doch seine eigene Schöpfung war, gewesen. Das in den spitzen Giebeln des Schönberger Pfarrhauses eingeschlossene Glück der „alten Heimat" schien damit verloren. Und doch fand sich die Familie bald in die behaglichen neuen Verhältnisse ein. Der schöne geräumige Pfarrhof wurde rasch der Mittelpunkt des geselligen Lebens, die von der Wahl her befürchteten Gegensätze verschwanden schon in der ersten Zeit, der neue Pfarrer fand eine willige Kirchengemeinde, die opferwillig genug war, für die notwendigen Schulausgaben erhöhte Abgaben zu leisten, die gerne zu den Leseabenden kam, Kirchenkinder, die ihren Ruhm, auch fleißige Kirchengänger zu sein, als berechtigt erwiesen. In geregeltem Stundenmaß floß die Arbeit des Pfarramtes und des Dekanates, die Spezialkirchenvisitation im Bezirk war im besten Zuge, und alles deutete auf ein friedlich beglücktes Alter, da meldete sich in verschärfter Kraft ein veraltetes Magenleiden. Nach längerem Kränkeln starb er, nachdem ihm 1898 der Tod des zweiten Sohnes, des Malers Fritz Schullerus, schweres Leid zugefügt hatte, am 12. Juli 1900 in Karlsbad. Seine irdischen Überreste wurden am 20. Juli auf dem ev. Friedhof in Groß-Schenk begraben.

Im Drucke sind ferner von G. A. Schullerus erschienen:

1. Predigten über die Evangelien älterer Reihe der meisten Fest- und Sonntage des Jahres zum Gebrauche in Landgemeinden. Mediasch, G. A. Reissenberger 1881. [Bespr.: S. d. T., 2596 (1882.)]
2. Der Glaube ist die Allkraft des Lebens. Festrede in dem die Jahresversammlung des siebenb. Gustav Adolf-Hauptvereins zu Mediasch (am 23. August 1885) einleitenden Gottesdienste gehalten. Mediasch, G. A. Reissenberger 1886.
3. Franz Gebbel. Ein Gedenkblatt von Josef und Adolf Schullerus. Hermannstadt, W. Krafft. [Volksschriften-Verlag, Nr. 2 und 3.]
4. Predigten über Evangelien neuer Reihe zum Gebrauche in Landgemeinden. Hermannstadt, W. Krafft 1893. (Als Einleitung eine gedrängte Theorie der Predigt) 244 S. [Bespr.: S. d. T., 5823 (1893); Hermannstädter Zeitung, 1893, Nr. 20; Korr. f. Ldes., XVI, (1893) 28.]
5. Die Augen auf. Aus dem sächsischen Volk für das sächsische Volk. I. Teil. Was Andreas Wenig und Franz Glockhart einander schreiben. II. Teil: In der Kanzlei. Hermannstadt, J. Drotleff, 1893. [Bespr.: S. d. T., 6162 (1894); Korr. f. Ldes., XVIII, (1894) 78.]

Dazu verschiedene Aufsätze im Schul- und Kirchenboten (1898), „Kinderlehre" und im Siebenb. Volksfreund (1886), Fr. Fr. Fronius.

    S. d. T., 8078 (1900).
    Kirchl. Blätter. Hermannstadt, W. Krafft 1900. IV. Jahrg., 89 vom 18. Juli 1900.
    Kalender des Siebenb. Volksfreundes für 1900, redigiert von Dr. A. Schullerus und Dr. Fr. Teutsch. Hermannstadt, Josef Drotleff.
    Neuer Volkskalender für 1901. Hermannstadt, W. Krafft (1900).

Schullerus Josef Johann,

geboren am 7. Dezember 1833 in Schönberg, wo sein Vater Pfarrer war, absolvierte im Jahre 1852 das ev. Gymnasium in Hermannstadt und bezog in demselben Jahre die Universität Berlin, um Theologie zu studieren.

Der theologischen Fakultät inskribiert, studierte er außer Theologie bei Lehnert, Nitzsch, Twesten und Vatke Philosophie bei Beneke, Geschichte bei Ranke und Physik bei Dove. 1854 begab er sich nach Tübingen, um unter Baur, Köstlin und Palmer die theologischen Studien fortzusetzen und bei Theodor Vischer Geschichte der Malerei und der deutschen Poesie zu hören.

Im Jahre 1855 besuchte er in Wien Vorlesungen über Homer und griechische Syntax bei Bonitz, über Tacitus und Cicero bei Grysar, über Geographie bei Simony, über österr. Geschichte bei Jäger.

Am 18. August 1856 als Lehrer in Groß-Schenk angestellt, legte er im Februar 1857 die theologische Prüfung ab und wurde sodann zum Pfarrer gewählt im April 1859 nach Ziedt, im Dezember 1866 nach Magarei, im April 1872 nach Marpod und im August 1888 nach Alzen.

Im Drucke ist von ihm erschienen:

1. Franz Gebbel, ein Gedenkblatt von Josef und Adolf Schullerus. Volksschriftenverlag, 2. und 3. Heft. W. Krafft, Hermannstadt 1893.
2. Festpredigt, gehalten auf dem Hauptverein der Gustav Adolf-Stiftung in S.-Reen am 19. August 1894. (Gedruckt im Siebenb. Volksfreund, Nr. 87, 1894 bei W. Krafft, Hermannstadt.

Schullerus Josef Adolf

wurde den 3. März 1860 in Riebt geboren, wo sein Vater ev. Pfarrer war. Den ersten Unterricht erhielt er im Elternhause auf den Pfarrhöfen von Riebt, Magarei und Marpod und zwar nicht nur in den Unterrichtsgegenständen der Elementarschule, sondern der Vater brachte ihn soweit, daß er im September des Jahres 1874 in die fünfte Klasse des Hermannstädter Gymnasiums aufgenommen wurde. Nach abgelegter Maturitätsprüfung bezog er 1878 die Universität Bern, um außer Theologie auch Naturwissenschaften zu studieren. Von hier begab er sich für zwei Semester nach Tübingen und für drei Semester nach Berlin. Schullerus wurde 1885 an das ev. Gymnasium in S.-Reen und 1893 an das ev. Landeskirchenseminar in Hermannstadt berufen, an dem er auch gegenwärtig wirkt.

Im Drucke erschienen folgende Arbeiten von Schullerus:

1. Die physiologische Bedeutung des Milchsaftes von Euphorbia Lothyris L. Abhandlungen des Botanischen Vereins der Provinz Brandenburg XXIV. Berlin, Mesch und Lichtenfeld 1882.
2. Keimungsgeschichte von Euphorbia Lothyris L. S.-R. G.-P., 1886.
3. Entwurf eines Lehrbuches der Botanik für die untern Klassen einer Mittelschule. Ebenda, 1889.
4. Das Kochsalz, Natriumchlorid als erster Körper im mineralogisch-chemischen Unterricht der dritten Klasse einer Mittelschule. Ebenda, 1891 und 1892. [Bespr.: Korr. f. Lbde., XV, (1892), 143.]
5. Die Plattform des Gymnasialgebäudes im Dienste des naturkundlichen Unterrichtes. Zur Feier der Einweihung des neuen Gymnasialgebäudes in S.-Reen am 28. Mai 1893. Hermannstadt, W. Krafft 1893.
6. Der Volks-Schulgarten nach seiner Anlage, wirtschaftlichen und pädagogischen Ausnützung. Hermannstadt, W. Krafft 1895. (Vgl. Korr. f. Lbde., XVIII, 1895, Nr. 5 und Österr. bot. Zeitschrift 1895, Nr. 5.)
7. Zur Harbachregulierung. Eine naturwissenschaftliche wirtschaftliche Studie. Programm des Landeskirchenseminars in Hermannstadt 1896.

Im Manuskripte:

Schulflora für die Hand der Schüler.

Schullerus Martin Mathias,

getauft am 31. März 1738 in seiner Vaterstadt Hermannstadt, bezog 1760 die Hochschule in Tübingen und wurde hier zum Magister der Philosophie promoviert. Von 1766—1768 diente er an dem Gymnasium seiner Vaterstadt zuerst als Extraordinarius I, dann als Kollaborator IV und II, worauf er zum Stadtprediger vorrückte.

Er veröffentlichte:

1. Disquisitio academica: an Eudaemonismus cum fide et pietate Christiana conciliari possit? Tubingae 1763. 4⁰.
2. De miraculorum Christi et Apostolorum evidentia. Tubingae 1764. 4⁰.

Wurzbach, 32, 166.
Arch. f. Ldk., N. F. XIX, 484.
H. G.-P., 1896, 207.

Schunn Andreas.

(III, 264).

Die während Schunns Rektorat zustandegekommene „Hermannstädter Schulordnung von 1756—1758" ist gedruckt in Teutsch Sch.-O. I, 176 bis 241. Vgl. auch Arch. f. Ldk., N. F. XIX, 334. H. G.-P., 1896, 65.

Meltzl-Herrmann, Das alte und neue Kronstadt I, 471.
Wurzbach, 32, 214.
Teutsch, Sch.-O. I, CVII.
Arch. f. Ldk., N. F. XIX, 343.
H. G.-P., 1896, 64.

Schur Ferdinand, Dr. phil.,

wurde am 18. Februar 1799 in Königsberg geboren. Die bescheidenen Vermögensverhältnisse des elterlichen Hauses gestatteten ihm wohl noch nach Absolvierung der Bürgerschule seiner Heimatsstadt auch den Besuch des dortigen Kneiphoffschen Domgymnasiums. Als aber dieses aufgehoben wurde, sah sich Schur genötigt einen Lebensberuf zu wählen. Er wurde Pharmazeut und trat als Lehrling in eine Apotheke im Städtchen Gerdauen bei Königsberg ein. Die Gärten des gleichnamigen Schlosses wurden bald sein Lieblingsaufenthalt und bildeten geradezu seinen botanischen Garten. Nachdem er im Jahre 1819 die Gehilfenprüfung abgelegt, blieb er noch sieben Jahre in der Apotheke in Gerdauen und trat dann in eine Apotheke in Fischhausen ein. Hier fand er Gelegenheit, sowohl die Flora der Ostsee als auch die des frischen Haff's zu studieren. Dann kehrte er nach Königsberg zurück, verließ aber bald darauf seine Vaterstadt wieder, als er sich in seiner Hoffnung, den Pharmazeuten-Kurs mitmachen zu können, getäuscht sah.

Um sich die zum Studium nötigen Mittel zu erwerben, konditionierte er nun in mehreren Städten, so in Elbing und Danzig, und ließ sich bei der Wahl derselben besonders auch durch die Rücksicht auf die Flora der betreffenden Orte leiten. So vergingen vier Jahre. Als Schur aufs neue nach Königsberg zurückkehrte, fand er eine ihm zusagende Anstellung in der Apotheke des Dr. Dulk, welcher gleichzeitig Professor der Chemie an der Universität war.

Jetzt konnte er auch Vorlesungen über Chemie hören und gab sich vier Jahre ständig dem ungestörten Studium hin. Zur weiteren Ausbildung begab er sich nach Berlin. Das Jahr, welches er hier zugebracht, war eine Zeit freudiger Arbeit. An den botanischen Exkursionen eines A. Kunth, Link und Schlechtendal nahm er regen Anteil und bearbeitete nicht nur monographisch die Gattung Typha, sondern schrieb auch eine sehr beifällig aufgenommene Dissertation über die Metamorphose der Pflanzen. In Berlin legte er die Schlußprüfung als Apotheker erster Klasse ab und erlangte auch die Würde eines Doktors der Philosophie.

Er erwarb nun seinen Unterhalt durch Privatunterricht in Chemie, Pharmazie und Botanik und erfreute sich einer immer größeren Beliebtheit unter den Studierenden, so daß er an eine Habilitierung an der Universität dachte. Die in Berlin auftretende Cholera verjagte jedoch die Studierenden und beraubte ihn seiner Einnahms- und Erwerbsquelle. Da er unter solchen Umständen auch an die akademische Laufbahn nicht mehr denken konnte, nahm er in einer Fabrik eine Stelle als Chemiker an, ohne jedoch in diesem neuen Berufe Befriedigung zu finden. Bei dem Tode des Ministerialrates Bergemann bewarb er sich um dessen mit einem Apotheker zu besetzende Stelle, wurde jedoch abgewiesen, weil er keine eigene Apotheke besitze und zu jung sei.

Die in dieser Zurücksetzung gelegene Kränkung trieb ihn aus seinem Vaterland. Er folgte dem Rufe, die Direktorstelle einer chemischen Fabrik in Liesing bei Wien zu übernehmen. Einen Ersatz für die mit dieser Stellung verbundenen Unannehmlichkeiten fand er in der reichen Flora der Wiener Gegend, welche er gerne durchstreifte, und in dem anregenden Verkehr mit den Wiener Botanikern, welche er in den vertraulichen Abendzirkeln kennen lernte, die Baron Jacquin, der Sohn des berühmten Botanikers, bei sich abzuhalten pflegte. Nach einigen Jahren verließ er jedoch Liesing und errichtete in Inzersdorf am Wiener Berge eine eigene chemische Fabrik. Doch ging seine Fabrik bald in andere Hände über. Er verließ Österreich und wendete sich nach Ungarn, wo er sich an verschiedenen industriellen Unternehmungen, namentlich in Preßburg und St.-Georgen beteiligte. Doch glückte keine derselben und Schur war bald ein vollends armer Mann. Alle Mißerfolge seiner Unternehmungslust und alle pekuniären Verluste waren aber nicht im stande, ihm seine Lieblingsbeschäftigung, das Studium der Pflanzen, zu verleiden. So wie am Wiener Berge, so botanisierte er auch bei Preßburg und bei St.-Georgen und hatte unter anderem die Freude, bei St.-Georgen die Urtica Kiowiensis Rogow, zu entdecken. So lernte er auch einen großen Teil der ungarischen Flora kennen und eignete sich dadurch einen wichtigen Maßstab zur Beurteilung der Eigentümlichkeiten der transsylvanischen Pflanzenwelt an.

Mit dieser beschäftigte er sich auf das Eingehendste während der neun Jahre, die ihn sein Geschick in Siebenbürgen zubringen ließ, und von welchen er acht in Hermannstadt und eins in Kronstadt verlebte. Nach Hermannstadt wurde Schur im Jahre 1845 berufen, um die Anlage und Direktion einer Schwefelsäurefabrik zu übernehmen, welche eine Aktiengesellschaft ins Leben gerufen hatte. Wohl gab er sich dabei alle Mühe, er fand aber nicht die ersehnte Befriedigung und legte schließlich seine Stelle nieder.

Mit freudigem Eifer unterstützte Schur in Hermannstadt alle naturwissenschaftlichen Bestrebungen.

So war er einer der Hauptbegründer des siebenbürgischen Vereins für Naturwissenschaften, zu welchem bereits im Jahre 1847 die Anregung von Freunden der Naturwissenschaft gegeben wurde, und bekleidete nach erfolgter Konstituierung des Vereins, so lange er in Hermannstadt war, die Stelle des Vizepräsidenten desselben. In besonders regem Verkehr stand er damals in Hermannstadt mit den gleichstrebenden Männern Michael Fuß, E. A. Bielz, L. Neugeboren, Rektor Göbbel und anderen. Vom Jahre 1850 an datiert auch seine litterarische Thätigkeit, in welcher er ein solches Maß von Eifer und Entschiedenheit bekundete, daß er in Kürze zum Rufe einer Autorität gelangte, welcher die botanische Erforschung Siebenbürgens zu übertragen wäre. Auf Vorschlag und Empfehlung des siebenbürgischen Vereins für Naturwissenschaften beauftragte ihn auch thatsächlich der damalige Gouverneur von Siebenbürgen Fürst Schwarzenberg, eine botanische Rundreise durch Siebenbürgen auf Staatskosten zu unternehmen. Am 5. Juli 1853 trat er, von Bielz begleitet, seine botanische Rundreise an, welche bis zum 15. August dauerte. Während diesen 41 Tagen wurde eine Strecke von 120 Meilen bereist und mit solchem Eifer und solchem Glücke gesammelt, daß Schur mehr als 2300 teils neue, teils seltene Arten als Ergebnis seiner Reise aufweisen konnte. Auf dieser Exkursion war Schur auch nach Kronstadt gekommen. Hier wurde ihm der Gedanke nahegelegt, eine Professur für Naturwissenschaften am dortigen ev. Obergymnasium und der damit verbundenen Unterrealschule zu übernehmen. Da er sich hiezu bereit erklärte und die oberste Schulbehörde in Hermannstadt mit Rücksicht auf seine erwiesenen Kenntnisse ihn von der Ablegung einer Lehrerprüfung frei gesprochen hatte, wurde er nach Kronstadt als Lehrer für Chemie und Naturgeschichte berufen. Obwohl die Lehrerthätigkeit ihm zusagte, zwangen ihn doch unangenehme Erfahrungen, die er machen mußte, seine Stelle schon nach einem Jahre niederzulegen. Er ging nach Wien (1854) zurück und begründete daselbst eine Erziehungsanstalt für Mädchen, welche er 10 Jahre hindurch leitete. Auch war er einige Zeit Professor an der Wiener Handels-Akademie. Später bis zu seiner im September 1869 erfolgten Übersiedelung nach Brünn lebte er in Wien als Privatgelehrter, froh der vielfachen Anregungen, welche ihm aus dem Verkehre mit den Wiener Botanikern, insbesondere mit R. v. Heuffler, Kotschy und Skofitz erwuchsen. Doch brachte ihm auch dieser letzte Aufenthalt in Wien Enttäuschungen in Menge, die um so bitterer waren, mit je größeren Hoffnungen er nach Wien zurückgekehrt war. Mißliche Verhältnisse waren es, welche ihn im Jahre 1861 zwangen, sein großes und reichhaltiges Herbarium an die Universität Lemberg zu verkaufen. Auch sank Schurs Ansehen immer mehr, einmal durch die Angriffe des scharfsichtigen Viktor v. Janka, andererseits dadurch, daß er in den Verdacht der „Speziesmacherei" kam. Seine Arten wurden berüchtigt, sein Stern war im Niedergehen.

Doch verlor dadurch Schur seine Liebe zur Pflanzenwelt und zu seinen botanischen Studien nicht; eifrig setzte er diese auch in Brünn fort, wohin er zu seinem Sohne Ferdinand, welcher Pfarrer der dortigen ev. Gemeinde war, übersiedelte. Als dieser in gleicher Eigenschaft nach Bielitz berufen wurde, folgte Schur seinem Sohne nach. In Bielitz ist Schur am 27. Mai 1878 gestorben.

Selbständig erschienen von Schur:

1. Ennumeratio plantarum Transsilvaniae exhibens: stirpes, phanerogamas sponte crescentes atque frequentius cultas, cryptogamas vasculares characeas etiam muscos hepaticasque. Wien 1866, Braumüller.
2. Auszug aus dem Berichte über eine im Auftrage Sr. Durchlaucht Karl Fürsten zu Schwarzenberg vom 5. Juli bis 15. August 1853 unternommene botanische Rundreise durch Siebenbürgen von Dr. Ferdinand Schur auf Anordnung der k. k. siebenb. Statthalterei redigiert von Michael Fuß. Hermannstadt. 1859 [erschien auch in den V. u. M. für Naturw., X, (1859.)]

In den Verhandlungen und Mitteilungen des siebenbürgischen Vereins für Naturwissenschaften finden sich folgende Arbeiten Schurs:

1. Über eine neue Scilla. a. a. O., I, 38.
2. Über eine Centurie Pflanzen, welche Herr Albert Bielz auf dem Kuhhorn bei Rodna und auf dem Cziblés bei Bistritz im August 1848 sammelte. a. a. O., 101.
3. Andeutungen über den gegenwärtigen Stand der Naturwissenschaften in Hermannstadt. a. a. O., 5, 20, 77, 81.
4. Über die Hepatica Transsilvanica. M. Fuß. a. a. O., 113.
5. Alphabetisches Verzeichnis aller in Siebenbürgen bis heute mir bekannt gewordenen Gräser, (Gramina, Gramineae Juss.) Arten und Abarten, nebst Hinzufügung der Nummer, unter welcher diese in Baumgartens Ennumeratio stirp. aufzufinden sind. a. a. O., 182 und II, 65.
6. Über die siebenbürgische Pflanzengattung Scleranthus. a. a. O., II, 9.
7. Über die Umwandlung der Blattstielranke Cirrhus petiolaris bei Lathyrus hirsutus L. in vollkommene Laubblätter, Folia, nebst Abbildungen. a. a. O., II, 106 und 110.
8. Über eine neue siebenbürgische Pflanze Bulbocodium edentatum. a. a. O., II, 106, 110.
9. Beitrag zur Kenntnis der Flora Siebenbürgens. 1. Artikel: Botanische Excursion auf den Fogarascher Gebirgen. a. a. O., II, 167, 176. 2. Artikel: Übersicht der auf den Arpascher Alpen Ende Juli 1849 und 1850 gesammelten und beobachteten Pflanzen. a. a. O., III, 84. 3. Artikel: Über Bulbocodium edentatum Schur. a. a. O., III, 117. 4. Artikel: I. Verzeichnis von sämtlichen bis jetzt in Siebenbürgen entdeckten Euphorbien-Arten, nebst deren Varietäten oder Formen. a. a. O., III, 122; II. Berichtigungen und Zusätze zum 3. Artikel. a. a. O., III, 93. 5. Artikel: Erste Reihe, Erläuterungen und Beobachtungen

über die im Sertum florae Transsilvaniae verzeichneten siebenb. Pflanzen. a. a. O., IV, 3, 24, 46, 57, 105; V, 78.
10. Beitrag zur Entwicklungsgeschichte der Gattung Typha L. a. a. O., II, 177, 198.
11. Verzeichnis der von Dr. F. Schur am 19. November 1851 in der Umgebung von Hermannstadt beobachteten und vom Rechnungsrat Daniel Czekelius am Scholtener Berge gesammelten Pflanzen. a. a. O., III, 32, 95.
12. Über Josef v. Lerchenfeld und dessen botanischen Nachlaß. a. a. O., IV, 88.
13. Sertum florae Transsilvaniae sive Ennumeratio systematica plantarum, quae in Transsilvania sponte crescunt et in usum hominum copiosius coluntur. a. a. O., Anhang zu IV., 1—94.
14. Über Bulbocodium edentatum Schur varietas di — vel tri — styla. a. a. O., V, 3.
15. Über Plantago Schwarzenbergiana Schur und Centaurea Schwarzenbergiana Schur. Zwei neue siebenbürgische Pflanzen. a. a. O., VI, 3.

In der „Österreichischen botanischen Zeitung" veröffentlichte Schur die folgenden Arbeiten:

1. Über Viktor von Janka's Beiträge zur Flora Siebenbürgens. a. a. O., VI, 273.
2. Beiträge zur Kenntnis der siebenbürgischen Eichen. a. a. O., VII, 1.
3. Die siebenbürgischen Choroceen. a. a. O., 358.
4. Die siebenbürgischen Equiseten. a. a. O., 409.
5. Die siebenbürgischen Koelerieen. a. a. O., 304.
6. Der südliche Hochgebirgszug Siebenbürgens in botanisch-geographischer Beziehung. a. a. O., 393.
7. Die siebenbürgischen Farne. a. a. O., 133.
8. Die siebenbürgischen Lycopodien. a. a. O., 18.
9. Eine Exkursion auf den Büdöshegy im östlichen Siebenbürgen. a. a. O., 280.
10. Öcsém teteje im Csiker Stuhle im Szeklerland in Siebenbürgen. a. a. O., 18.
11. Beobachtungen in der Flora von Siebenbürgen nebst Beschreibung neuer Pflanzenarten und Varietäten. a. a. O., IX, 9; X, 70.
12. Beobachtungen in der Flora von Siebenbürgen. a. a. O., X, 177; XI, 20.
13. Juncus Czetzii Schur. Eine neue Form des Juncus castaneus. a. a. O., XIII, 111.
14. Zur Flora von Ungarn (Pulsatilla Zichyi). a. a. O., 818.

In den Verhandlungen der zoologisch-botanischen Gesellschaft in Wien erschien von Schur:

Die Seslerlaceen Siebenbürgens. VI, 191.

(Frauenfeld), Bericht über die österr. Litteratur der Zoologie, Botanik und Paläontologie aus den Jahren 1850, 1851, 1852, 1853. Wien 1855, Braumüller.
Kanitz August, Geschichte der Botanik in Ungarn. Gedruckt in 70 Exemplaren. Hannover 1863.
Derselbe, Nekrolog über Schur in Magyar növénytani lapok II.

Jul. Römer, Ein Blatt der Erinnerung an Dr. Ferdinand Schur in
Mitteil. für Naturw. XLIII, (1894), 1.
Wurzbach, 32, 220.
Siebenb. Verein für Naturw., 8.

Schuster Friedrich.
(III, 268).

Er starb am 14. Februar 1889 in Burgberg.

Wurzbach, 32, 258.
S. b. T., 4618, 4619 (1889).

Schuster Friedrich,

geboren am 29. November 1865 in Heltau, besuchte das ev. Gymnasium A. B. in Hermannstadt und studierte nach Absolvierung desselben im Jahre 1884 an den Universitäten in Jena, Leipzig, Klausenburg und Berlin vier Jahre hindurch Theologie, Geschichte und lateinische Sprache und Litteratur. Am 10. Juni 1890 an der Hermannstädter Elementarschule für Knaben angestellt, diente er an derselben bis 10. April 1896 und ist seither Lehrer an der mit dem Hermannstädter ev. Gymnasium verbundenen Oberrealschule. Er schrieb:

1. Aus dem Leben Michael Breckners von Brukenthal..S. b. T., 5788, (1892), Beilage.
2. Ungarns Beziehungen zu Deutschland von 1056—1108. H. G.-P., 1899.

Schuster Friedrich Traugott
(III, 269)

wurde am 9.*) August 1824 in Marbisch geboren, wo sein Vater damals Pfarrer war. Da dieser im Jahre 1829 nach Frauendorf übersiedelte und bis zu seinem Tode daselbst das Pfarramt bekleidete, so hat Schuster hier von seinem Vater den ersten Unterricht erhalten. Im Jahre 1832 kam er an das Gymnasium nach Mediasch, welches er 1842 absolvierte. Um sich für den Dienst in Kirche und Schule vorzubereiten, begab er sich an die Universität Leipzig und besuchte hier die Vorlesungen der Professoren der Theologie Winer und Theile, ferner die der Professoren der Philosophie, Philologie und Geschichte, Hartenstein, Weiße, — Hermann, Stallbaum, Westermann, Becker, — Wachsmuth und Wutke.

Nach einem Jahre bezog er die Universität in Berlin und verweilte hier drei Semester. Neben den theologischen Vorlesungen von Neander, Twesten, Marheineke, Hengstenberg und Strauß hörte er die der Philosophen Trendelenburg, des Philologen Boeckh, der Germanisten Jakob und Wilhelm

---

*) nicht 10. August wie Trausch angiebt.

Grimm und des Geographen C. Ritter. Das letzte Semester des Trienniums brachte Schuster, hauptsächlich mit Privatstudien beschäftigt, in Tübingen zu.

In die Heimat zurückgekehrt, erhielt er schon im Jahre 1846 seine Anstellung am Gymnasium in Mediasch. Nach 13-jährigem Dienste ins Diakonat der Mediascher Stadtgemeinde berufen, ist er durch neun Jahre in diesem Berufe gestanden, hat sich jedoch auch während dieses Dienstes am Gymnasium verwenden lassen und ist im Jahre 1868 als Konrektor wieder in den Dienst des Gymnasiums zurückgetreten.

Im Jahre 1874 folgte er dem Rufe zum Pfarramte in Seiden.

Er schrieb ferner:

1. Das älteste deutsche Kirchengesangbuch Siebenbürgens. Arch. f. Lbde., N. F. XXII.
2. Predigt zum Festgottesdienste des Schelker ev. Zweigvereines der Gustav Adolf-Stiftung in Baaßen bei Mediasch am 29. Juni 1887. Hermannstadt, W. Krafft.

Wurzbach, 32, 258.

Schuster Friedrich Wilhelm
(III, 269)

wurde in Mühlbach am 29. Januar*) 1824 geboren. Sein Vater, Georg Schuster, eines Bauern aus Marpod Sohn, war Stadtkantor in Mühlbach und starb daselbst nebst zwei Brüdern Friedrich Wilhelm Schusters an der Cholera im Jahre 1836. Seine Mutter, Amalia, Tochter des k. k. Oberlieutenants Friedrich Gottlieb Wilhelm Martins, seiner Geburt nach eines Dresdners, war nach dem frühen Tode ihres Gatten bemüht ihren drei Söhnen eine möglichst erfolgreiche Erziehung zu teil werden zu lassen. Seine Kindheit verlebte Schuster bis zum vollendeten 14. Jahre in Mühlbach.

Neben der Schule, die er besuchte, wirkte auch das Leben und die Natur in der Umgebung Mühlbachs entscheidend auf Schusters Entwickelung. Zu weiten, allein oder mit wenigen Kameraden unternommenen Spaziergängen in Berg und Wald bot die damals geringe Schulstundenzahl hinreichend Zeit. „Durch Anlage und Verhältnisse" — schrieb Schuster später selbst einmal — „war ich zu solcher Natureinsamkeit sehr geneigt. Von Anfang an mehr für ein Innerleben angelegt, wurde ich durch vielfache Kränkungen und Demütigungen, die der armen bald verachteten bald beneideten Waise oft genug begegneten, noch mehr in mich selbst gedrängt. Innerlich selbst bewußt, stolz, freigeisterisch, mehr als gedeihlich sein mochte, wurde ich nach Außen scheu und befangen, mißtrauisch gegen die Masse, durstig nach Freundschaft einzelner.

Ich gewöhnte mir ein herbes Urteil über Fehler, Mißbräuche, unnatürliche gesellschaftliche Formen u. dgl. an, und selbst meine Tugenden z. B. unerschütterliche Wahrheitsliebe waren in gewissem Sinne Leidenschaften. Die reiferen Jahre haben die schärferen Ecken abgeschliffen; jene

---

*) nicht 2. Februar, wie Trausch angiebt.

mit Selbstgefühl gepaarte Scheu und Befangenheit habe ich nie ganz überwinden können, und sie hat mir viele Bitterkeiten und Mißerfolge bereitet."

Im Jahre 1838 zog Schuster zur Fortsetzung seiner Studien nach Hermannstadt und trat hier in die zweite Oberklasse des Obergymnasiums, die sogenannte „Poesie", ein. Neben den Arbeiten, die die Schule auferlegte, wurden eifrig Schillers prosaische Werke gelesen. Im nächsten Schuljahre wurde im Freundeskreise neben Schiller, Goethe, Herder in Übersetzungen das Nibelungenlied, Homer, Ossian, Shakespeare durchgearbeitet. Das Jahr 1842 führte Schuster nach Schäßburg. Hier trat er in die letzte Klasse des Gymnasiums ein und legte 1843 die Maturitätsprüfung ab. Den größten Einfluß nahm in Schäßburg auf Fr. W. Schuster der damalige Konrektor und spätere Rektor Carl Gooß d. Ä. Dieser machte ihn bei der Erklärung der Taciteischen Germania zuerst auf die germanistischen Werke Grimms aufmerksam, deren Studium auf der Hochschule er ihm empfahl. Nach Vollendung seiner Gymnasialstudien kehrte er in seine Vaterstadt zurück. Da er bei der Armut seiner Mutter nicht sogleich in der Lage war die Universität zu besuchen, verließ er erst gegen Ostern 1844 Mühlbach, um sich nach Berlin zu begeben. Der Weg ging über Leipzig, wo ihn seine Landsleute und Schulkameraden zu bewegen wußten, vorläufig nicht nach Berlin zu gehen, sondern wenigstens ein Semester in Leipzig zu bleiben. Schuster hat es dann in dem freundlichen Leipzig so wohl gefallen, daß er hernach bis zum Schlusse seiner Universitätsstudien d. i. bis zu Ostern 1846 an diesem Orte geblieben ist.

Schuster hatte sich schon auf dem Gymnasium zum Studium der Theologie und des Lehramtes entschlossen und so hörte er in Leipzig im ersten Semester Einleitung in das alte Testament bei Anger, neutestamentliche Exegese bei Winer, daneben Pädagogik bei Plato und Nibelungen bei Haupt; im zweiten Semester Pastoraltheologie bei Großmann, hebr. Altertümer bei Tuch, deutsche Grammatik bei Haupt; im dritten Semester Encyklopädie der theologischen Wissenschaften bei Theile, Kirchengeschichte bei Lindner, Kirchenrecht bei Großmann, Moral bei Fleck; im vierten Einleitung in das neue Testament bei Theile, Dogmatik bei Fleck, Kirchengeschichte bei Lindner, Geschichte der asiatischen Litteratur bei Brockhaus, Biblische Archäologie bei Seiffart, Religionsphilosophie bei Theile, Juvenal bei Becker.

Mehr als die theologischen, zogen Schuster die germanistischen und philologischen Vorlesungen an. Insbesondere machten die Vorlesungen Haupts einen bleibenden Eindruck auf ihn.

Auch bei Historikern, Flathe, Wuttke hospitierte Schuster bisweilen. Zu Hause studierte er eifrig die Werke Grimms.

Neben dem Studium widmete Schuster seine Zeit während seines Aufenthaltes in Leipzig mit solchem Eifer dem Turnen, daß er gegen Ende seiner Universitätszeit kaum von Jemandem in dem später berühmt gewordenen dortigen Turnverein übertroffen wurde. Aus Liebe zu den Kindern beteiligte er sich auch eine Zeit lang an dem Turnunterrichte der Knaben.

In seine Vaterstadt zurückgekehrt, ließ er sich zunächst die Einführung des Turnens an der Schule angelegen sein. Eine Eingabe an das damalige Lokalkonsistorium hatte den Erfolg, daß eine alte Kapelle als Turnsaal

eingerichtet und Schuster der Unterricht anfangs unentgeltlich, später für
einen kleinen Gehalt übertragen wurde. Es war die zweite derartige Anstalt
im Lande — in Hermannstadt bestand bereits seit einigen Monaten eine ähnliche
in größerem Maßstabe — und hatte eine Zeit lang die besten Erfolge.
Noch in demselben Jahre erhielt Schuster auch eine Anstellung als ordentlicher Lehrer an der Schule. (16. September 1846.) Das Jahr 1848 und
seine Kämpfe stellten eine Zeitlang das Schulleben ein und entzogen namentlich
Schuster für mehrere Monate demselben.

Zur Stiftung des Jugendbundes war auch Schuster in Mediasch
erschienen und wurde zum Mitglied des Ausschusses gewählt. Die nachfolgenden Schreckenstage haben auch Schuster manches erleben lassen, so
den nächtlichen Überfall auf die flüchtig von Salzburg nach Mühlbach
gekommene Avantgarde Bems, den er von Karlsburg mitmachte, und die
sechsmonatliche Belagerung von Karlsburg, wohin sich Schuster nach der
Einnahme Hermannstadts durch Bem in Begleitung des Stadtkommandanten
von Mühlbach, des Obersten Bartels, begeben hatte. In der Gesellschaft der
Garnisonsoffiziere, deren Mitglied Schuster wurde, machte er hier ein
rechtes Soldatenleben durch. Ein zweimaliges heftiges Bombardement der
Stadt brachte ihm auch die Schreckensseite des Krieges in ernsterer Seite zur
Anschauung. Die große goldene Zivilverdienstmedaille, die er später erhielt,
wahrt Schuster als sichtbares Zeichen das Andenken an jene Tage. Nach
Rückkehr des Friedens widmete sich Schuster mit immer steigendem Erfolge
dem Schuldienste, zumal seit der durch das Ministerium Thun veranlaßten
Reorganisation unserer Mittelschulen, die er in Mühlbach durchführen half.
Im Jahre 1854 zum Direktor des dortigen Untergymnasiums erwählt,
war er fortwährend und unter den denkbar schwierigsten Verhältnissen bemüht,
die Wirksamkeit dieser Anstalt nicht sinken zu lassen. Daneben setzte er
früher liebgewonnene oder neuaufgegriffene Studien fort, erweiterte namentlich
seine germanistischen Kenntnisse und lebte sich in die Werke Lessings ein,
der fortan sein Lieblingsschriftsteller wurde.

Seit dem 15. Dezember 1869 ist Schuster Pfarrer der ev. Gemeinde
in Broos.

Friedrich Schuster ist ein „Mann von tiefem, scharfem Geiste und
festem, fast schroffem Charakter, der ihn dazu führte, schon seit Jahren, als
ihm im kirchlichen und politischen Leben unseres Volkes manches haltlos
erschien, sich vom öffentlichen Schauplatze auf das Gebiet seines engeren
Berufes zurückzuziehen. In den 50-er und 60-er Jahren gehörte er bei uns
zu den führenden Geistern vor allem auch auf wissenschaftlichem Gebiete.
Die große Arbeit der Volkskunde ist unter unserem Volke zumeist auf seine
Anregung hin unternommen worden." (Dr. A. Schullerus, in „Bilder aus
der vaterl. Geschichte" II, 473.)

Außer den im III. Bde., 269—272 angeführten Arbeiten veröffentlichte Fr. W. Schuster im S. d. W. eine Reihe politischer Gedichte
und belletristischer Aufsätze (s. h. den Artikel Franz Gebbel), ebenso hat
auch das S. d. T. und der von Dr. A. Schullerus und Dr. Fr. Teutsch
herausgegebene Siebenb. Volksfreund (N. F. 3. und 4. Jahrgang) Gedichte
Schusters gebracht.

Es erschienen ferner von Schuster:

1. Selb einig. Abschiedsrede von Mühlbach. Als Manuskript gedruckt 1869.
2. Kritik des Märchens vom Rosenmädchen. Arch. f. Ldbe., N. F. V.
3. Über die Heidengräber bei Petersdorf. Arch. f. Ldbe., N. F. VI.
4. Eine Heimstätte aus der Steinzeit. S. d. T., 710—712, (1876).
5. Alboin und Rosimund. Trauerspiel in fünf Aufzügen. Verlag von C. Graeser, Wien 1884. II. revidierte Auflage. Ebenda, 1884. [Bespr. von Dr. A. Schullerus: Die sächs. Litteratur in der Gegenwart in „Bilder aus d. vaterl. Geschichte," II, 474; S. d. T., 3194, 3196, (1884), 3474, (1885); Nordbeutsche Allg. Zeitung vom 26. Dezember 1884; Die „Post" vom 24. August 1884.]
6. Festrede, gehalten am 30. Mai 1889 bei der feierlichen Enthüllung des zum Andenken an den am 13. Oktober 1479 errungenen Sieg auf dem Brotfelde errichteten Denkmals. S. d. T., 4712, (1889) auch im Sonderabbruck.
7. Gedichte von Fr. W. Schuster. Zweite vermehrte Auflage. Verlag von W. Krafft in Hermannstadt 1896. [Bespr.: S. d. T., 6918, (1896); Nr. 28 der „Beilage zur Allg. Zeitung" in München vom 5. Februar 1897.]

Für das neue Gesangbuch (Hermannstadt, Verlag von Jos. Drotleff) wurden von Schuster bearbeitet: Nr. 42, 72, 173, 223, 225; ferner ist er der Verfasser der Gedichte Gottesliebe, Am Neujahrstage und Am Erntedankfeste im Andachtsbuche des neuen Gesangbuches.

Wurzbach, 32, 239.
S. d. T., 2681 und 2687, (1882).
Brümmer, Lex. II, 48.
S. V. K., für das Jahr 1883 von Dr. Karl Reißenberger.

Schuster Heinrich,

geboren am 29. Juli 1857 in Alzen, absolvierte 1877 das Hermannstädter ev. Gymnasium. Hierauf studierte er an der theologischen Fakultät und an der Universität in Wien vier Jahre hindurch Theologie und klassische Philologie. Nach seiner Rückkehr in die Heimat wurde er zunächst Rektor an der ev. Hauptvolksschule in Neußmarkt und 1886 Lehrer am Gymnasium in S.=Reen.

Er schrieb:

1. Das S.=Reener Gymnasium. Eine kulturhistorische Studie. S.=R. G.=P., 1890. [Bespr.: Korr. f. Ldbe., XVIII, (1895), 135.]
2. Gymnasium oder Bürgerschule. Ein Beitrag zur Beleuchtung unseres Schulwesens, in der Festschrift zur Feier der Einweihung des neuen Gymnasialgebäudes in S.=Reen am 28. Mai 1893. Hermannstadt, W. Krafft 1893.

Schuster Johann,

geboren am 15. April 1840 in Dürrbach, absolvierte 1863 das Bistritzer Gymnasium und studierte sodann drei Jahre hindurch in Wien und Heidelberg Theologie und Philologie. Nach seiner Rückkehr in die Heimat war er einige Zeit Hauslehrer in einer gräflichen Familie. Vom 13. April 1868 bis 10. April 1871 diente er als Lehrer an der Bistritzer ev. Knabenelementarschule. Seither steht er als Professor im Dienste des Bistritzer ev. Gymnasiums A. B.

Er schrieb:

Ein Beitrag zur Geschichte und Reform des fremdsprachlichen Unterrichts. B. G.-P., 1882.

Außerdem ist er der Verfasser einzelner Gedichte und eines Dramas: „Der Königsrichter", welches nicht gedruckt, aber in Bistritz aufgeführt worden ist.

Schuster Johann Traugott.
(III, 273).

Er starb in Mediasch am 30. Dezember 1873.

Wurzbach, 32, 248.

Schuster Josef,

geboren am 5. April 1849 in Mediasch, studierte, nachdem er daselbst 1867 das Gymnasium absolviert hatte, klassische Philologie und Theologie in Jena, Leipzig und Wien. Im Jahre 1876 wurde er als Lehrer am Gymnasium seiner Vaterstadt angestellt. 1892 erwählte ihn der Mediascher Wahlkreis zu seinem Reichstagsabgeordneten. Nach Ablauf dieses seines Mandates übernahm er wieder den Dienst am Gymnasium in Mediasch. Über seine parlamentarische Thätigkeit s. d. Anhang.

Er schrieb:

Zum Unterrichte in der magyarischen Sprache. M. G.-P., 1885.

Schuster Julius
(III, 275)

ist gegenwärtig Leiter der Komitats-Lehrwirtschaft in Hermannstadt.

Schuster Martin Wilhelm

wurde am 21. Oktober 1840 in Schäßburg geboren, wo er auch seine Gymnasialstudien begann, die er aber nach längerer Unterbrechung in Bistritz fortsetzte und 1861 mit der Ablegung der Maturitätsprüfung in Hermannstadt abschloß, dessen Gymnasium er seit 1854 besucht hatte. Schon am Obergymnasium hatte Schuster den Plan gefaßt Theologie zu studieren, da aber die Mittel zu diesem Studium seinen Eltern nicht zur Verfügung standen, beschloß er sich dem medizinischen Berufe zuzuwenden, und bewarb sich um einen Freiplatz an der k. k. Josefsakademie in Wien. Derselbe wurde ihm auch anfänglich zugesagt, dann aber in Wien selbst, wohin er Ende September 1861 abgereist war, verweigert. So kehrte Schuster zu seinem ursprünglichen Plane zurück, blieb in Wien und studierte hier vier Semester Theologie, Mathematik und Physik. In der letzten Hälfte seiner Universitätszeit — 1863 war Schuster nach Jena gezogen — bildeten neben Mathematik und Physik Pädagogik und Psychologie den größeren Teil seines Studiums.

1864 kehrte er in die Heimat zurück und wurde zunächst (1865) als Elementarlehrer und bald darauf (1866) als Gymnasiallehrer in Hermannstadt angestellt. In dieser Stellung befindet er sich auch gegenwärtig.

Bald nach seiner Anstellung am Gymnasium (1872) übernahm er die Leitung der damaligen Privat-, später (seit 1879) Filialelementarschule. An dem im Jahre 1876 durch den damaligen Stadtpfarrer Fr. Müller ins Leben gerufenen Kurs „Privatunterricht für Mädchen" war Schuster als Lehrer beteiligt. Der Kurs ging jedoch schon 1881 ein.

1883 wurde Schuster von dem Hermannstädter Handelsgremium zu seinem Sekretär berufen und ihm gleichzeitig die Leitung der seit 1832 bestehenden Gremialhandelsschule übertragen. Schon im Jahre 1884 führte Schuster deren Neuorganisierung durch. An diese Anstalt gliederte sich seit 1889 der Kontorfachkurs und seit 1897 der weibliche Handelskurs an.

Von 1873—1876 war Schuster auch an der Gewerbeschule als Lehrer beschäftigt gewesen, 1892 wurde er nun deren Direktor. Seiner organisatorischen Arbeit verdanken ferner eine ganze Anzahl von Fachschulen und Kursen zur Hebung und Entwickelung des Gewerbes besonders in Hermannstadt ihre Entstehung, vor allen die Fachschulen für Weberei, für Schuhmacher (1886), für Holzindustrie, die Kurse für Fachzeichnen der Baugewerbe, für gewerbliche Buchhaltung — beide in Verbindung mit dem technologischen Museum —, zur Heranbildung von Zeichenlehrern für Gewerbelehrlingsschulen und der Fachkurs für dekoratives Malen für Zimmermaler, Lackierer und verwandte Gewerbe.

Frühzeitig hat sich Schuster auch in den Dienst des öffentlichen und Vereinslebens*) Hermannstadts gestellt, und so ist es gekommen, daß es wohl keinen der vielen Vertretungskörper des politischen und kirchlichen Lebens in Hermannstadt giebt, in welchem er nicht Mitglied wäre. Schon 1870 wurde Schuster zum Sekretär des Gewerbevereins gewählt. Er hat erst 1881, als er zum Direktor dieses Vereins gewählt wurde, das Amt des Sekretärs niedergelegt. Im Jahre 1894 trat er freiwillig von dem Ehrenamt des Direktors zurück. Zum Zeichen seiner Anerkennung für die ihm geleisteten Dienste erwählte ihn der Gewerbeverein zu seinem Ehrenmitgliede. Als Gewerbevereinssekretär und noch mehr als dessen Direktor hat Schuster eine rührige Thätigkeit entwickelt. Er hat nicht allein in dem Gewerbeverein zahlreiche Vorträge gehalten, von denen der größere Teil im Drucke erschienen ist, und ein Jahrzehnt hindurch dessen Jahresberichte

---

*) Von 1870—1882 war Schuster auch Sekretär des naturwissenschaftlichen Vereins und von da an bis 1895 dessen Ausschußmitglied.

verfaßt, er hat vielmehr nach jeder Richtung das gewerbliche Leben Hermannstadts zu fördern gesucht.

In dem von ihm ins Leben gerufenen Montagszusammenkünften im Gewerbevereine wurden vor allem gewerbliche, wirtschaftliche und das öffentliche Leben berührende Fragen gewöhnlich im Anschlusse an einen Vortrag Schusters behandelt. Als 1886 durch den rumänischen Zollkrieg Gewerbe, Industrie und Handel in den sächsischen Städten sehr gelitten hatte, erkannte Schuster, daß diesem Übelstande nur durch Schaffung moderner Verkehrsmittel entgegengetreten werden könnte. Mit auf seine Anregung setzte die Hermannstädter Komitatsversammlung eine Kommission zur Beratung der wirtschaftlichen Verhältnisse des Komitates ein. Diese schritt sofort um die Vorkonzession der Eisenbahnlinien Alvincz—Hermannstadt—Rotenturm; Freck—Fogarasch—Kronstadt; Hermannstadt—Heltau und Hermannstadt—Resinar ein. Es gelang auch die Strecke Hermannstadt—Freck—Fogarasch im Jahre 1892, die Strecke Hermannstadt—Schellenberg—Heltau, deren Zustandekommen vorzugsweise Schuster zu danken ist, 1894 und die Linie Alvincz—Hermannstadt—Altbrücke—Rotenturm 1897 dem Verkehr zu übergeben.

Zu dieser Thätigkeit Schusters kommt seine Arbeit, die er bei der Veranstaltung von Lokalausstellungen und bei der Beteiligung des Hermannstädter Gewerbes an den hauptstädtischen Ausstellungen der Öffentlichkeit geleistet.

Für seine Mitarbeit an der Landesausstellung in der Hauptstadt 1884 und der Milleniumsausstellung 1896 erhielt er die Mitarbeitermedaillen und das goldene Verdienstkreuz mit der Krone.

Vom 27. November 1882 bis 30. November 1892 war Schuster auch Kustos des Brukenthal'schen Museums.

Außer zahlreichen Artikeln, welche Schuster im „Handel, Gewerbe und landwirtschaftlichen Teil" des S. b. W., im S. b. T., in der Hermannstädter Zeitung, im Berliner Export und verschiedenen anderen ausländischen Zeitungen veröffentlichte, schrieb er:

1. Über Maß und Gewichtssysteme. Vortrag. S. b. W., II, (1869), 302, 317, 334.
2. Über Münzsysteme. Vortrag. Ebenda, 349, 366.
3. Über Beleuchtungsstoffe und Beleuchtungsapparate. Vortrag. Ebenda, 818, 835, 849.
4. Ein Beitrag zur Statistik des ev. Gymnasiums zu Hermannstadt und der mit demselben verbundenen Lehranstalten in den zwanzig Jahren von 1850/1 bis 1869/70. H. G.-P., 1872, 1873, 1874, 1875.
5. Zusammenstellung der vom siebenb. Verein für Naturwissenschaften in den 21 Jahren seit seiner Begründung veröffentlichten Arbeiten. V. u. M., XXII, (1872).
6. Über Spektralanalyse. V. u. M., XXIV, (1874).
7. Das Metermaß in Österreich-Ungarn. 9. Jahresbericht der Hermannstädter Gewerbeschule 1875.
8. Über die Eiszeit. V. u. M., XXVI, (1876).

9. Die Ernteergebnisse auf dem ehemaligen Königsboden in den Jahren 1870, 1871, 1873 und 1874 auf Grund ämtlicher Erhebungen nebst einer Übersicht über die Bevölkerungsverhältnisse und die Aufteilung der Bodenfläche auf die verschiedenen Kulturen. Herausgegeben vom siebenb.-sächs. Landwirtschaftlichen Verein. Bearbeitet von Martin Schuster. Hermannstadt 1878. Verlag des Siebenb.-sächs. Landwirtschaftlichen Vereins.

10. Über das Alter des Menschengeschlechtes. V. u. M., XXVIII, (1878).

11. Die Expedition des Challenger. V. u. M., XXIX, (1879).

12. Die Rechnungsabschlüsse der Kreditinstitute in Siebenbürgen am 31. Dezember 1879. S. d. T., 2238 und 2240 und im Sonderabbruck. Hermannstadt, Josef Drotleff.

13. Einige Höhenbestimmungen im Zibin-, Mühlbach-, dann im Fogarascher Gebirge und in der Umgebung Hermannstadts. — Temperatur einiger Quellen und Gebirgsseen im Zibin-, Mühlbach-, dann im Fogarascher Gebirge. Der ungarische Karpathenverein. Anregung zur Gründung eines Karpathenvereins oder Karpathenklubs. V. u. M., XXX, (1880).

14. Die Farbenblindheit. — Das Erdbeben vom 8. Oktober 1880. V. u. M., XXXI, (1881). Erschien auch im Sonderabbruck.

15. Siebenbürgen in statistischer Beziehung. In: Geographische Nachrichten für Welthandel und Volkswirtschaft. Organ für Auswanderungs- und Kolonisationswesen. Herausgegeben vom Zentralverein für Handelsgeographie und Förderung deutscher Interessen im Auslande. III. Jahrgang. Heft 1—3. Berlin, April 1881.

16. Die Rechnungsabschlüsse der Kreditinstitute in Siebenbürgen am 31. Dezember 1880. S. d. T., 2549, 2556, 2565, 2579 und 2580 und im Sonderabbruck. Hermannstadt, Josef Drotleff 1882.

17. Die Schlammquellen und Hügel bei den Neußner Teichen. V. u. M., XXXII, (1882).

18. Das Gewerbemuseum. Vortrag. 1. Auflage, 1884. 2. Auflage. Hermannstadt, W. Krafft 1889.

19. Denkschrift des Hermannstädter Bürger- und Gewerbevereins und des Hermannstädter Handelsgremiums betreffend die Erneuerung der Zoll- und Handelskonvention mit Rumänien. Hermannstadt, W. Krafft 1885.

20. Die Vizinalbahn Hermannstadt—Fogarasch. Vortrag. S. d. T., 4246—4249 und im Sonderabbruck. Hermannstadt, Jos. Drotleff 1887.

21. Katalog der ersten Hermannstädter Kunstausstellung im Jahre 1887. Hermannstadt, W. Krafft 1887.

22. Das Handelsmuseum in Budapest. S. d. T., 4420 und im Sonderabbruck.

23. Katalog über die II. periodische Ausstellung in Hermannstadt September 1888. Hermannstadt, W. Krafft 1888.

24. Bericht über die Feier des 50-jährigen Bestandes des Hermannstädter Bürger- und Gewerbevereins. Im Auftrage des Vereinsausschusses ... zusammengestellt vom Vereinssekretär. Hermannstadt, W. Krafft 1890. [Darin: Die Aufgaben des Hermannstädter Gewerbevereins. Rede, gehalten beim 50-jährigen Stiftungsfest vom Vereinsdirektor Professor Martin Schuster. Die Rede erschien auch

im S. b. T., 5041 und daraus im Sonderabdruck. Hermannstadt, Jos. Drotleff 1890.]

25. Die Eisenbahn Alvincz—Hermannstadt—Rotenturm. (Hermannstadt, W. Krafft 1893.) Erschien auch in magyarischer Sprache.

26. Dreiundzwanzigster bis neunundzwanzigster Jahresbericht der Hermannstädter städtischen Gewerbeschule. (Gewerbelehrlingsschule.) Hermannstadt, W. Krafft 1895—1901.

27. Erster und zweiter Jahresbericht der Hermannstädter Gremialhandelsschule (Handelslehrlingsschule) und der mit derselben verbundenen Kontorsachkurse und des weiblichen Handelskurses. Hermannstadt, W. Krafft 1900 und 1901.

Schuster Michael,

am 13. April 1845 in Gürteln bei Großschenk geboren, absolvierte 1866 das ev. Gymnasium in Hermannstadt und bezog hierauf die Universitäten Jena und Berlin, um Theologie und Philologie zu studieren. Nach seiner Rückkehr in die Heimat (1869) nahm er die Rektorstelle an der Volksschule in Martinsberg, dann eine Lehrerstelle an der Volksschule in Fogarasch an. Letztere legte er Ende Juli 1873 nieder und begab sich nach Hermannstadt, wo er anfangs als Supplent am ev. Gymnasium, dann als Lehrer der romänischen Sprache an dieser Anstalt und der Realschule Verwendung fand. Am 22. Oktober 1875 wurde er als Lehrer für klassische Philologie am ev. Gymnasium in Hermannstadt angestellt. Seit dem 14. Juli 1885 ist er Pfarrer in Kleinschenk.

Er veröffentlichte:

Der bestimmte Artikel im Rumänischen und Albanesischen. H. G.-P., 1883. [Bespr.: Korr. f. Lde., VI, (1883), 142; Litteraturblatt f. germ. und roman. Phil. V. Jahrgang, Nr. 2.]

Schuster Michael Adolf.
(III, 276).

Am 18. September 1900 wurde er auf sein eigenes Ansuchen in den Ruhestand versetzt. Für seine ungewöhnlich lange, treue und ersprießliche Dienstleistung in Schule, Pfarramt und Dekanat sowie für seine thätige und erfolgreiche Anteilnahme an den höchsten Aufgaben der siebenb. Landeskirche sprach Bischof Müller dem aus dem Dienste Scheidenden den Dank der Landeskirche aus.

Er veröffentlichte ferner:

Zwei Jubelpredigten gehalten zu Deutsch-Kreuz am 8. Oktober 1882 und am 29. August 1886. Kronstadt, Druck von Gött 1887. Der Reinertrag ist der M. A. Schusterstiftung gewidmet. (Festgabe von Seite des Verfassers zum 70. Geburtstage des Bischofs D. G. D. Teutsch.)

Schuster Moritz, Dr. phil.,

geboren am 20. April 1857 in M.-Vásárhely, besuchte das Gymnasium in Hermannstadt, das er 1877 absolvierte. Im Herbste desselben Jahres bezog er die Universität Graz und nachher Wien, um sich dem Studium der Rechtswissenschaften zu widmen. Während der letzten zwei Jahre seines Quadrienniums studierte Schuster an der Rechtsakademie in Hermannstadt. Nach Beendigung seiner akademischen Studien nahm er eine Anstellung bei dem Hermannstädter Stadtmagistrate an, welche er jedoch bald aufgab, um seine Qualifikation durch Erlernung der Handelswissenschaften zu erweitern. Zu diesem Zwecke begab er sich 1887 nach Berlin, wo er einen kaufmännischen Privatkurs absolvierte. Seit dem Herbste dieses Jahres ist er Beamter der Bodenkreditanstalt in Hermannstadt. Am 29. Juni 1897 wurde er von der philosophischen Fakultät in Erlangen zum Doktor der Philosophie promoviert.

Von Schuster ist erschienen:

1. Ein Vorschlag zur Lösung der Agrarfrage. Vortrag Sonderabdruck des S. b. T., 7264—7270. Hermannstadt, Druck von Josef Drotleff 1897.
2. Ein Vorschlag zur Lösung der Agrarfrage. Inauguraldissertation. Tübingen, Buchdruckerei von H. Laupp jun. 1898.

Schuster Samuel

(III, 278)

wurde 1865 zum Pfarrer nach Neußdorf berufen, woselbst er bis Dezember 1870 wirkte. Am 6. Dezember d. J. kam er nach Haschag als Seelsorger und blieb daselbst bis zu seiner im Jahre 1897 erfolgten Emeritierung. Gegenwärtig lebt er in Mediasch.

Schwarz Karl.

(III, 280).

Er starb als Pfarrer zu Holzmengen am 11. Januar 1874.

Ferner:

1. Die Abendmahlsstreitigkeiten in Siebenbürgen im 16. Jahrhundert. Arch. f. Ltde., N. F. II, 246.
2. Die Vermählung des goldenen Zeitalters mit den Gauen von Siebenbürgen. Ebenda, N. F. V, 101.
3. Verzeichnis in Krakau studierender Siebenbürger. Ebenda, N. F. V, 1.
4. Die Familie „Siebenbürger" in Wien. (Vom 14.—16. Jahrhundert.) Siebenb. Quartalschr. I und II. Hermannstadt 1859.

Im Archiv der Stadt Hermannstadt und der sächsischen Nation befinden sich:

Acta Synodalia. Geschrieben von Karl Schwarz. 2 Bde. Der 1. Bd. (269 Blätter) enthält Blatt: 2—18′ Index actorum articulorumque synodalium; 20—39′ verschiedene Abschriften von Urkunden, welche sich auf die Kirche beziehen, aus den Jahren 1351—1526; 40—267′ Synodalakten aus den Jahren 1545—1620. 2. Bd. (228 Blätter) enthält Blatt: 2—227′ Synodalakten aus den Jahren 1621—1744. Quart, Halbpergamentbände. Seit dem Jahre 1880 aus Schwarz' Nachlaß im Archiv der Stadt Hermannstadt und der sächs. Nation.

 Wurzbach 82, 820.
  Fr. Zimmermann, Das Archiv der Stadt Hermannstadt und der sächsischen Nation. Hermannstadt 1887, 99.
  Fr. Zimmermann und Carl Werner, Urkundenbuch zur Geschichte der Deutschen in Siebenbürgen I. Hermannstadt 1892. In Kommission bei Franz Michaelis. Einleitung VIII.

Seeberg, Martin Wankel, Freiherr v. (s. Wankel Martin).
(III, 281).

Seivert Gustav Gottlieb
(III, 284)

wurde am 8. Juli 1820 in Hermannstadt geboren. Nach Absolvierung des Gymnasiums seiner Vaterstadt widmete sich G. Seivert von 1839—1843 den Rechtsstudien am k. Lyceum in Klausenburg und der Rechtspraxis (als Tabularkanzlist) an der k. Gerichtstafel in M.-Vásárhely und besuchte dann zu seiner weiteren Ausbildung bis 1845 die Hochschule in Berlin. Unter den Vorlesungen, die er hier hörte, haben ihn namentlich Puchtas Pandekten, Stahls Naturrecht, Homeyers deutsche Reichs- und Rechtsgeschichte, Heydemanns Staats- und Kameralwissenschaften, Niedels Nationalökonomie, Ritters geographische und Rankes geschichtliche Vorlesungen besonders angesprochen. Die Zeit seines Berliner Aufenthaltes benützte Seivert zugleich zu ausgedehnten Reisen in Deutschland (besonders in den Rheingegenden), in Belgien und Holland.

 Nach der Rückkehr aus Deutschland trat Seivert im Oktober 1845 in den Dienst bei der Stadtbehörde von Hermannstadt, zu der er sich schon 1841 als Praktikant und Honorärkanzlist hatte aufnehmen lassen, in der Stellung eines Steuer-Rektifikations-Kommissärs. Im Spätjahr 1846 nahm ihn Komes Salmen als Sekretär zum Landtag nach Klausenburg mit. Im April 1850 wurde er zum Kommunitätsaktuar und drei Jahre darauf zum provisorischen Senator ernannt. Als jedoch im Jahre 1854 durch die Verfügungen der absoluten Regierung die verfassungsmäßig bestellte Stadtvertretung und der Magistrat von Hermannstadt aufgelöst und durch ernannte Organe der k. k. Statthalterei ersetzt wurden, trat Seivert im Januar 1855 als Konzeptsadjunkt ins k. k. Handelsministerium in Wien ein. Aber schon im Februar 1856 kehrte er als Konzipist bei der k. k. siebenb. Grundentlastungs-Landeskommission wieder in seine Vaterstadt zurück. Drei Jahre darauf wurde er Kreiskommissär und am 10. Mai 1861 abermals zum Magistratsrat gewählt, nachdem schon 1860 die Statthalterei die Wirksamkeit der „ernannten Kommunität" eingestellt hatte. Als Magistratsrat hat Seivert in den folgenden Jahren namentlich in seiner Eigenschaft als Zunftinspektor eine seinen wissenschaftlichen Neigungen entsprechende Wirksamkeit geübt, bis er am 5. August 1872 zum ständigen städtischen Archivar gewählt wurde, um fortan seine volle Zeit den Arbeiten dieser Stelle zu widmen. Denn zu diesen, zu geschichtlichen Forschungen und Studien, sagt G. D. Teutsch in seiner Denkrede auf Seivert, zog es ihn vor allen. Seit er als Kommunitätsaktuar Anlaß gehabt hatte, der geschichtlichen Entwickelung der Gemeindeverfassung und der Gemeindeinstitute näher zu treten, trat die Frage nach ihrem allmählichen Werdegang packend an ihn heran und ließ ihn nicht mehr aus. Vielfacher Verkehr mit Karl Schuller, der den strebenden jungen Mann bald schätzen lernte, die Arbeiten und Ziele des Vereines für siebenb. Landeskunde, dessen Mitglied er war, förderten ihn wesentlich. Er begann schon als Kommunitätsaktuar zunächst zur Geschichte des sächs. Zunftwesens und Handels eine Quellensammlung anzulegen, für die ihm die Hermannstädter Zunftladen und das Nationalarchiv ihre reichen Schätze boten. Sie kamen vorerst zur Verwertung in Dr. Josef Grimms: Politische Verwaltung des Großfürstentums Siebenbürgen (Hermannstadt 1856—57). Die lehrreichen Mitteilungen im dritten Bande dieses Werkes über die Anfänge und ältere Entwicklung des sächsischen Gewerbewesens, darunter die erste korrekte Veröffentlichung der ältesten Zunftordnung von 1376 aus dem Original des Nationalarchivs stammen von Seivert, wenngleich Dr. Jos. Grimm, sein damaliger Chef, seinen Namen nicht nannte. Nach dem Wiedereintritt in den Magistrat im Jahre 1861 wandte Seivert einen Teil seiner Zeit auf die Ordnung und Regelung des alten Archivs. Mehr als 2000 Stück bisher unbekannte Urkunden, darunter sehr wertvolle Rechnungsfragmente aus dem 14. Jahrhundert wurden von ihm aufgefunden. Magistrat und Kommunität sprachen ihm hiefür ihre ehrende Anerkennung aus.

Seinem arbeitsfrohen und schaffensreichen Leben setzte ein Gehirnschlag in der Nacht vom 16. auf den 17. Januar 1875 ein Ende.

Die Hermannstädter geschichtliche Lokalforschung, rühmt G. D. Teutsch von Seivert, hat durch sein zu frühes Scheiden einen schweren, unersetzlichen Verlust erlitten. Seivert war seit 1842 Mitglied des siebenb. Vereins für Landeskunde, seit 1859 auch Mitglied des Ausschusses, in den Jahren 1865—69 erwählter Vorstandstellvertreter.

Außer den im III. Bd., 285 f. angeführten Werken schrieb Seivert:
1. Führer durch Hermannstadt und seine Umgebung. Hermannstadt bei Josef Drotleff 1869.
2. Zur Geschichte der Hermannstädter Münzkammer. Arch. f. Ldk., N. F. VI.
3. Georg Schulers Beschreibung einer Reise nach Java 1696—1699. Ebenda, VIII.
4. Die Brüderschaft des h. Leichnams in Hermannstadt. Ebenda, X.
5. Eine neu aufgefundene Urkunde von 1394. Ebenda, X.
6. Das älteste Hermannstädter Kirchenbuch. Ebenda, XI, 352 (XVII, 2).

7. Zwei Rechnungsfragmente von 1370 und 1413. Ebenda, XI.
8. Nachtrag zu „die Brüderschaft des h. Leichnams". Ebenda, XI.
9. Die Hermannstädter Plebane, Oberbeamten und Notäre. Ebenda, XII.
10. Aktenmäßige Beiträge zur Geschichte Siebenbürgens im 18. Jahrhundert. Ebenda, XIII.
11. Die ältesten Klausenburger Goldschmiedzunftartikel in Bielz, Trans. II, (1862).
12. Das goldene Kreuz Johann Sigismund Zapolyas. Ebenda, II.
13. Der Kirchenschatz zu Heltau. Eine wahre Begebenheit. Ebenda, II.
14. Das Inventarium der Hermannstädter Stadtapotheke von 1531 und 1580. Ebenda, III (1863).
15. Die Provinzialrechnung des Nikolaus Russe von 1467. Ebenda, III.
16. Das Hermannstädter Steuerverzeichnis von 1458 und 1468. Ebenda, III.
17. Das Bürgerspital in Hermannstadt im Jahre 1528. Ebenda, III.
18. Statuta civitatis Cibiniensis von 1603. Ebenda, III.
19. Aus einem alten Hausbuch. (Magazin für Geschichte, Litteratur und alle Denk- und Merkwürdigkeiten Siebenbürgens. Herausgegeben von Eugen v. Trauschenfels. N. F. II, Kronstadt 1860.)
20. Die deutschen Einwanderungen in Siebenbürgen von König Geysa II. Sächs. Hausfreund. Kronstadt 1874.
21. Politik und Liebe Historische Erzählung. Ebenda, 1865.
22. Die Michelsberger Burg. Hermannstadt 1870, Josef Drotleff. Mit einer lithographierten Ansicht der Burg und einem Grundriß der darin befindlichen Kirche. (Ohne Angabe des Verfassers.)
23. Ausgestorbene Originale aus dem siebenbürgischen Sachsenlande und sächsische Typen. S. B. K. 1866, 1867, 1868 und 1870, 1871, 1872, 1874.

Seiverts Handschriftensammlung ist in den Besitz der Brukenthal'schen Bibliothek in Hermannstadt übergegangen. Sie enthält u. a. 3 Foliobände Urkundenabschriften [I, 1236—1500; II, 1501—1576; III, 1577—1866]. 505 Blätter Urkundenabschriften über die Zeit von 1245—1740, 22 Urkundenabschriften über die Zeit von 1383—1698, ferner Collectanea historica (Urkundenexcerpte und Regesten unter bestimmten Schlagworten) 1 Bd. 4°. 109 Blätter Provinzial- und Stadtrechnungen aus den Jahren 1485, 1501, 1526, 1528, 1534, 1540, 1541, 1557, 1714 und die Rechnungen des Bürgermeisters Agathe. Schließlich einen Auszug des Hermannstädter Magistrats-Protokolles vom Jahre 1711. Notizen zur älteren Geschichte Ungarns und Siebenbürgens aus älteren und neueren Schriften (58 Blätter) und Articuli diaetales 1540—1571, (1 Quartband).

Über seine Mitarbeit an dem S. b. W., s. Artikel Fr. Gebbel.

   Denkrede G. D. Teutsch's auf Seivert. Arch. f. Lde., N. F. XIII.
   S. B. K., 1887 von E. A. Bielz.
   Neue freie Presse, (Wien) 1875, Nr. 37. 24. Januar.
   Wurzbach, 34, 34.
   S. d. T., 321 (1875).
   Allg. d. Biogr., 33, 665 von G. D. Teutsch.

Seivert Johann.
(III, 286).

(Seivert Joh. und Filtsch Daniel.) Fortuna redux publicae laetitiae causa, in festo quod onomasticum est... Adolpho Nicolao libro baroni a Buccow... piis votis celebrata a musis gymnasii Cybiniensis. Fol. Cibinii Johannes Barth 1762.

Arch. f. Ltde., N. F. XIX, 354; XX, 208.
Wurzbach, 34, 35.
Allg. d. Biogr., 33, 664 von G. D. Teutsch.

Seivert Michael,*) Dr. med.,

geboren am 27. April 1721, erlangte an der Universität in Halle a. S. den medizinischen Doktorgrad. In die Heimat zurückgekehrt, übte er seinen ärztlichen Beruf aus, ließ sich aber daneben auch in verschiedenen Stadtämtern verwenden. Seit 1773 finden wir ihn als Stuhlsrichter. Als solcher starb er am 24. September 1776 in Hermannstadt.

Als Inauguraldissertation gab er heraus:

De medicamentis resolventibus praecipue topicis. Halae 1743. Typis Joh. Christ. Hilligeri.

Wurzbach, 34, 39.

Semp Michael,

geboren den 3. April 1860 in Galt, absolvierte 1880 das Kronstädter Gymnasium und studierte hierauf in Leipzig und Halle a. S. Theologie, Geographie und Geschichte. Nach seiner Rückkehr von der Hochschule war er zunächst als Rektor an der Volksschule in Draas und Tekendorf thätig. Seit 10. März 1896 ist er Pfarrer in Rothbach bei Kronstadt.

Er veröffentlichte:

Die Gemeinde Rothbach und ihre wirtschaftlichen Verhältnisse. Sonderabdruck des Kronstädter Tageblattes, 260—265, 1896.

Sentz Alvis
(III, 296)

starb am 15. November 1887 in Hermannstadt.

Außer den III, 296 angeführten Arbeiten veröffentlichte Sentz:

1. Die Politik der Sachsen in Siebenbürgen, Trans. 1861.

---

*) Trausch verweist in seinem Artikel Seivert Joh. Friedrich (III, 294) auf den folgenden Artikel „Michael Seivert", ohne dann aber thatsächlich einen solchen folgen zu lassen.

2. Die Superioritätsmaxime der siebenbürgisch-ungarischen Sachsen. Ungarische Revue 1886.

Auch sind von ihm in „Haimerles Magazin für Rechts- und Staatswissenschaften" außer einigen Bücherbesprechungen erschienen:

3. Über die Beweiskraft des Geständnisses von einem Pflegebefohlenen im Zivilprozesse (IX, 335).
4. Die legislative Behandlung von dolus und culpa in den neuesten Strafgesetzbüchern Deutschlands (XIV, 23).
5. Über die culpose Kriba. (XV, 160).

S. d. T., 4236, (1887).
Wurzbach, 34, 130.

Seuler von Seulen, Lukas.
(III, 298).

Arch. f. Ltbe., XVII, 474.
Wurzbach, 34, 164.

Seraphin Friedrich Wilhelm,

geboren am 5. Mai 1861 in Hermannstadt, absolvierte dort das Gymnasium 1879 und studierte hierauf Theologie und klassische Philologie und Philosophie in Bern bei Nippold, Immer, Hagen, Hitzig, in Tübingen bei Kautzsch, Kübel, Weiß, Siegwart, Herzog, Schwabe, Rohde, Gutschmied und in Berlin bei Pfleiderer, Mommsen, Curtius, Vahlen, Kiepert. Dazwischen machte er Reisen — meist zu Fuß — durch die Schweiz, Italien, Süddeutschland, Rheinlande, Holland, Belgien, Frankreich. 1882 nach Hause zurückgekehrt, wurde er am 1. September 1882 an der Filialelementarschule in Hermannstadt und am 1. September 1884 am ev. Gymnasium in Bistritz angestellt. Seit 1. November 1884 wirkt er als Lehrer am ev. Gymnasium in Kronstadt.

Seraphin veröffentlichte:

1. Verzeichnis der Kronstädter Zunfturkunden. Festschrift, gelegentlich des Gewerbetages und der Gewerbe-Ausstellung zu Kronstadt im August 1886. Kronstadt, in Kommission bei H. Zeidner 1886. (Gemeinsam mit Nußbächer C. und Stenner Fr.) [Bespr.: Korr. f. Ltbe., IX, (1886), 110.]
2. Index (gemeinsam mit Fr. Stenner), dann allein „Lateinisches und deutsches Glossar" in: „Quellen zur Geschichte der Stadt Kronstadt," II. Bd., Kronstadt 1889. (S. Artikel Fr. Stenner.)
3. Sieben Gedichte des Petrus Mederus, eines sächsischen „Poeta laureatus" des 17. Jahrhunderts. Arch. f. Ltbe., N. F. XXIII, 190.
4. Kronstädter Schulen vor der Reformation. Ebenda, N. F. XXIII, 717.

5. Aus den Briefen der Familie von Heydendorff. (1737—1853.) Ebenda, N. F. XXV, 1—750. [Korr. f. Ldbe., XVII, (1894), 39; Korrespondenzblatt des Gesamtvereines der deutschen Geschichts- und Altertumsvereine 1894, 122.]

6. Ein Kronstädter Lateinisch-Deutsches Glossar aus dem 15. Jahrhunderte. Ebenda, N. F. XXVI. [Vgl. Korr. f. Ldbe., XVIII, (1895), 39 und 65.]

7. Quellen zur Geschichte der Stadt Kronstadt. III. Bd. Kronstadt 1895. [Für diesen Band besorgte Seraphin zahlreiche einzelne Nummern, dazu den Index (gemeinsam mit Stenner), die beiden Glossare allein; die Redaktion des ganzen Bandes mit J. Groß gemeinsam. (S. Artikel Fr. Stenner.)]

8. Kronstadt zur Zeit des Honterus. Gedruckt in der Festschrift: Aus der Zeit der Reformation. Kronstadt 1898.

Zahlreiche Aufsätze Seraphins sind auch im Korr. f. Ldbe., in der Kronstädter Zeitung, im Siebenb. Volksfreund, den er von 1889—1891 gemeinsam mit Fr. Herfurth (s. b.) redigierte, im Schul- und Kirchenboten und im S. d. T. erschienen.

Seraphin Georg,

geboren in Schäßburg wahrscheinlich am Anfang der vierziger Jahre des 17. Jahrhunderts, besuchte zuerst die Schule seiner Vaterstadt und begab sich hierauf zu seiner weiteren Ausbildung nach Groß-Schenk und Klausenburg. Nach kurzem Aufenthalte in Klausenburg ging Seraphin in das Ausland und zwar nach Nürnberg, wo er zuerst an der Schule „Zum heiligen Geist" und dann am Gymnasium publicum Aufnahme fand. In Jena vollendete er seine Universitätsstudien und nahm hierauf eine Erzieherstelle in einem adeligen Hause an. Vielleicht schon 1664 war er wieder in der Heimat und übernahm zwei Jahre darauf die erledigte Lektorenstelle am Gymnasium seiner Vaterstadt, wie er schreibt, „ut ex cathedra Dacorum, quicquid sapientiae hactenus hausissem, aliis propinarem." Am 23. November 1666 hielt er seine Antrittsrede.

Im Jahre 1669 wurde Seraphin Rektor des Schäßburger Gymnasiums. Als solcher schuf er 1675 neue Schulgesetze für die seiner Leitung anvertraute Anstalt. Nach achtjähriger Thätigkeit als Rektor wurde Seraphin zum Schäßburger Montagsprediger und 1678 zum Pfarrer in Hundertbücheln gewählt. Hier starb er als Dechant des Kosder Kapitels im Jahre 1700.

Seraphin hinterließ Schulreden, die er als Lehrer und Rektor gehalten. Sie sind in einem handschriftlichen Sammelbande von etwa 90 Quartblättern enthalten und in der Schäßburger Gymnasialbibliothek aufbewahrt. Seraphins obenerwähnte Antrittsrede: Oratio inauguralis de recte informanda juventute habita 23. Novembris hora 6., 7., 8. pro functione lectorali Schaessburgi in auditorio novo, anno 1666 wurde abgedruckt im Sch. G.-P., 1889, 25—37. Die Promulgation der im Jahre 1675 neugeschaffenen Schulgesetze leitete Seraphin durch eine Rede an die Schüler ein, welche den Titel führt:

1. Oratio de dignitate legum conservanda, ubi haec quaestio agitatur, utrum satius sit ex arbitrio, an ex jure scripto rempublicam administrare. (Im Auszuge in deutscher Übersetzung mitgeteilt im Sch. G.-P., 189, 20, 21.)

Außer den Reden bewahrt die Schäßburger Gymnasialbibliothek von Seraphin zwei starke Quartbände Manuskripte auf, welche die Diktate von Vorlesungen, die Seraphin in Jena gehört hat, enthalten.

> Duldner Johann, Der Schäßburger Rektor Georg Seraphin (1669 bis 1677). Sch. G.-P., 1889.
> Schuller Richard Dr., Geschichte des Schäßburger Gymnasiums. Sch. G.-P., 1896, 43—45.

Seraphin Karl,

geboren am 14. Februar 1862 in Schäßburg, absolvierte daselbst im Jahre 1879 das Gymnasium, um dann bis 1882 an den Universitäten in Bern, Tübingen und Berlin Theologie und Philologie zu studieren. Seit dem Jahre 1882 ist er am Gymnasium seiner Vaterstadt als Lehrer angestellt.

Er schrieb:

Römisches Babeleben. Sch. G.-P., 1891.

Siebenbürger Martin, Dr. jur.,

genannt Capinius s. b. I, 205; IV, 72.

> Allg. d. Biogr., 34, 168 von Zieglauer.

Sigerus Emil,

geboren den 19. Februar 1854 in Hermannstadt, studierte auf dem dortigen ev. Gymnasium, um dann Buchhändler zu werden. Seit 1880 ist er Oberbeamter der Versicherungsbank „Transsylvania" in Hermannstadt. 1881 erwählte ihn der siebenb. Karpathenverein zu seinem Sekretär, von welcher Stelle er 1901 freiwillig zurücktrat. Als solcher hat er sich namentlich durch die Errichtung des Karpathenmuseums, für dessen Mehrung er unermüdlich thätig war und dessen Kustos er seit 1895 ist, große Verdienste erworben.

Neben zahlreichen kleineren Arbeiten, die Sigerus im S. b. T. und in auswärtigen Blättern veröffentlichte, schrieb er:

1. Zwei Königsschlösser in den Karpathen. K. V.-J., 1888.
2. Libretto zum Ballett, „Das erste Veilchen". Musik von J. Mazalik. Aufgeführt vom 10.—19. September 1893 im städtischen Theater in Hermannstadt. [Bespr.: im S. b. T., 6010.]
3. Siebenbürgisch-sächsische Burgen und Kirchenkastelle. Hermannstadt, Jos. Drotleff 1900. Zweite und dritte Auflage 1901.

Sigerus Peter.

(III, 305).

Wurzbach, 34, 270.
Kanitz Aug., Versuch einer Geschichte der ungarischen Botanik. Halle 1865. Schwetschke. 72, 69.

Sigmund Carl Ludwig von Ilanor, Dr. med.

(III, 308.)

Im Jahre 1881 d. h. in seinem 70. Lebensjahr mußte Sigmund nach dem österr. Universitätsgesetze seine akademische Stellung niederlegen. Er starb am 1. August 1883 in Padua, wo er bei seiner ältesten Tochter weilte, und wurde am 3. August auf dem Friedhofe der Stadt Padua beigesetzt. An dem Leichenbegängnisse beteiligten sich außer den nächsten Angehörigen des Verstorbenen auch die Professoren der Universität Padua mit dem Rektor Magnificus an der Spitze. Die Letzteren gaben der Leiche bis an die Thore der Stadt das Geleite, woselbst der Dekan der medizinischen Fakultät und einer der Professoren — ein gewesener Schüler des Verstorbenen — Gedächtnisreden hielten, in denen sie in warmen Worten seiner Verdienste um die Wissenschaft und seiner liebenswürdigen Charaktereigenschaften gedachten.

Von Sigmund rührt ferner folgende Monographie her:

Die italienischen See-Sanitätsanstalten und allgemeine Reformanträge für das Quarantänewesen (1873.)

Wurzbach, 34, 274.
S. b. T., 2777 und 2780, (1883).
Allg. d. Biogr., 34, 300.
Biogr.-Lexikon von Hirsch, V, 399.

Sigmund Gustav,

geboren am 15. Juni 1855 in Mediasch, absolvierte das dortige Gymnasium am 11. Juli 1874 und studierte hierauf durch 3½ Jahre in Wien, Tübingen und Leipzig Theologie, Mathematik, Physik, Naturgeschichte und Philosophie. Von Ende März bis Ende Juli 1878 diente er als Lehrer für deutsche Sprache, Geographie und Geschichte an der landwirtschaftlichen Lehranstalt in Brandis, seit 21. November desselben Jahres als akademischer Lehrer an der ev. Mädchenhauptvolksschule in Mediasch und Bistritz. Am 31. Dezember 1882 wurde er in Bistritz zum Gymnasiallehrer gewählt. Im November 1894 wurde er von einer Augenkrankheit befallen, die von Jahr zu Jahr schlechter wurde, so daß er 1897 um seine Pensionierung einschreiten mußte. Er lebt gegenwärtig in Kronstadt. Sigmund ist Mitbegründer der im Jahre 1891 entstandenen Bistritzer Zeitung, die er gemeinsam mit Daichendt bis 1895 leitete. (S. Artikel Daichendt Mich. Gottfried.)

Außer zahlreichen Aufsätzen, die er für dieses Wochenblatt schrieb, veröffentlichte er:

Der Einfluß und die Geltung der wissenschaftlichen Pädagogik in der Gegenwart. B. G.-P., 1889.

Silex Albert,

geboren am 21. Oktober 1856 in Waltersdorf, absolvierte 1876 das Gymnasium in Bistritz und studierte durch drei Jahre Theologie, Mathematik und Physik an der Universität Jena.

Seit 15. November 1880 dient er als Lehrer am Gymnasium in Bistritz.

Er schrieb:

Geschichte der Entwicklung der Undulationstheorie. B. G.-P., 1886.

Simonis Ludwig, Wilhelm, Gottfried, Dr. med.,
(III, 312)

starb in Mühlbach am 6. Dezember 1888.

S. b. L., 4563, 4565, (1888).

Simonius Johann,
(III, 313),

geboren 1622 in Hermannstadt, von 1639 bis wahrscheinlich 1642 Schüler der oberen Klassen des Hermannstädter Gymnasiums, dann, wie er sich selbst nannte, (1648) Politicae Studiosus, wurde am 14. März 1650 Provinzialnotarius. Er starb am 11. Mai 1669.

Von ihm finden sich Berichte über die siebenbürgischen Landtage in den Jahren 1652—1657 in dem im Archiv der Stadt Hermannstadt und der sächs. Nation aufbewahrten Universitätsprotokollbuch von 1650—1657. Die Berichte des Simonius sind überaus wertvoll und eingehend.

Den Bericht über den Weißenburger Landtag von 1657 (25. Oktober bis 3. November) veröffentlichte Alex. Szilágyi nach einer unvollständigen und sehr fehlerhaften Abschrift der Kemeny'schen Sammlung des Klausenburger Museums im XI. Bb. der Erdélyi Országgyülési Emlékek auf S. 292—311. Höchstwahrscheinlich durch Bischof D. G. D. Teutsch angeregt (vgl. Korr. f. Lkde., X, 59), gab Szilágyi im XIII. Bb. der Erd. Orsz. Eml. sämtliche Berichte des Simonius nach dem im f. Nationalarchive befindlichen Originale heraus.

Es sind die folgenden:

1. Bericht über den Landtag vom 12. Februar 1651. a. a. O., 390.
2. Bericht über den Landtag vom 18. Februar 1652. a. a. O., 415.

3. Bericht über den Landtag vom 15. Januar 1653. a. a. O., 427.
4. Bericht über den Landtag vom 18. Januar 1654. a. a. O., 479.
5. Bericht über Octavalis terminus 25. Oktober bis 9. November 1654. a. a. O., 495.
6. Bericht über den Landtag vom 20. Februar 1655. a. a. O., 508.
7. Bericht über den Landtag vom 2. September 1657. a. a. O , 520.
8. Bericht über den Landtag vom 25. Oktober bis 3. November 1657. a. a. O., 530.

Die Simonius'schen Berichte sind auch in einer kleinen Anzahl von Sonderabbrücken erschienen. (Korr. f. Lde., XII, 56.)

Die Protokollbücher der sächs. Nationsuniversität bewahren noch gleichzeitige Aufzeichnungen des J. Simonius (1645—1657) über die Universitätsversammlungen auf. (Fr. Zimmermann, das Archiv der Stadt Hermannstadt und der sächs. Nation. 2. Auflage. Hermannstadt 1901, 147.)

Allg. b. Biogr., 34, 380 von G. D. Teutsch.
Korr. f. Lde., X, (1887), 59; XII, (1889), 55; XV, (1892), 24.

Sintenis Christian Friedrich
(III, 316)

starb bald, nachdem er nach Amerika gekommen war.

Sommer Johann.
(III, 319).

Von ihm stammt ferner:

Arbor Illustrissimae Heraclidarum familiae, quae et Dasorina, Basilica ac Despotica vocatur, justificata, comprobata, monumentisque et insignibus adaucta ab invictissimo Carolo V. Rom. Imp. et ab Imperiali consistorio. Anno 1555. (f. Groß, Kronstädter Drucke, Nr. 52.)

Wurzbach, 35, 289.

Soterius Andreas, Dr. med.,
(III, 325)

Sohn des Deutsch-Kreuzer Pfarrers Georg Soterius, Doktor der Medizin, studierte in Halle und wurde nach seiner Rückkehr in die Heimat am 14. Januar 1738 in die Hermannstädter Kommunität aufgenommen. Am 23. März 1748 wurde er Stadtphysikus und am 9. Mai 1761 Senator. Er starb am 9. Juni (nicht Juli, wie Trausch a. a. O. angiebt) 1775 im Alter von 67 Jahren.

Sein Werk s. Trausch a. a. O.

Arch. f. Lde., XVII, 475.
Wurzbach, 36, 32.

Soterius von Sachsenheim, Arthur, Dr. med.,

geboren am 31. Juli 1852 in Békés-Csaba, wo sein Vater als Oberlieutenant im 8. Uhlanenregimente in Garnison stand, übersiedelte 1860 mit seinen Eltern nach Mediasch, seiner Heimat. Hier absolvierte er 1870 das Gymnasium besuchte dann die Hochschulen in Graz, Würzburg, Berlin und Wien und wurde an der zuletzt genannten Universität zum Doktor der Gesamtheilkunde befördert. Während des Feldzuges im Jahre 1878 war er 3 Monate lang in Travnik in Bosnien als Freiwilliger im Feldspital thätig. Er wollte sich später ganz dem militärärztlichen Stande widmen und trat deshalb 1881 in den militärärztlichen Kurs in Wien ein, woher er am 25. Februar 1882 dem Garnisonsspital in Triest zugeteilt wurde. Hier übte der lebhafte Schiffsverkehr einen derart mächtigen Einfluß auf ihn aus, daß er am 28. Februar 1883 den Militärdienst aufgab und sich von der Dampfschiffahrtsgesellschaft des Österr.-ung. Lloyd als Schiffsarzt aufnehmen ließ. Als solcher besuchte er die Küstenstädte und Inseln von Dalmatien, Griechenland, der europäischen Türkei, Kleinasien, Syrien, Egypten, dann von Italien, Spanien, Portugal, machte zweimal die Fahrt nach Brasilien, bereiste hierauf die Küstenländer des roten Meeres, dann Vorderindien, die Inseln Ceylon und Sumatra, endlich Hinterindien und China. Nach diesen zweijährigen, fast ununterbrochenen Reisen gab er seine Stelle als Schiffsarzt auf und bewarb sich um die Kreisarztstelle in Marienburg, welche er auch am 31. März 1885 erhielt. Seit 1. Februar 1889 ist er Sekundararzt an dem städtischen Franz Josef Bürger-Spital in Hermannstadt.

Er veröffentlichte:

1. Von Siebenbürgen nach Spitzbergen. S. d. T., 6880, 6891, 6898, 6899, (1890).
2. Theodor Billroth. Vortrag, gehalten am 29. Dezember 1896 im Komitatssaale. Hermannstadt 1897. Druck von Josef Drotleff. (Sonderabbruck des S. d. T., 7013 ff., (1897).

Soterius von Sachsenheim, Friedrich.
(III, 325).

Friedenfels, Bedeus II, 14, 48, 101, 140, 155, 228.
Wurzbach 36, 30.

Soterius Georg.
(III, 326).

Die Collectanea ad historiam patriam pertinentia von Soterius (Trausch III, 330, 22) vereinigen in sich aus Mittelalter und Neuzeit zahlreiche Abschriften von Urkunden, Briefen und Aktenstücken, Urkundenregesten, historische, geographische und topographische Nachrichten, Beamten- und Pfarrerverzeichnisse und historische Abhandlungen verschiedener Verfasser ohne Ordnung und ohne kritische Sichtung. Die Collectanea haben jedoch nicht nur lokalen Charakter, sondern sie erstrecken sich, mit besonderer Berücksichtigung des Sachsenlandes, auf ganz Siebenbürgen.

Wurzbach, 36, 32.
Arch. f. Lbde., N. F. XVIII, 278; XIX, 113.

Stamm Alfred, Dr. phil.,

wurde in Kronstadt am 11. Januar 1869 geboren. Nachdem er 1889 das dortige Gymnasium absolviert hatte studierte er in Jena und Budapest Geschichte, Latein und Theologie. Am 27. Januar 1895 erwarb er sich an der Universität Jena den Grad eines Dr. phil. und nahm hierauf eine Lehrerstelle in Ödenburg an. Er ist gegenwärtig Supplent am ev. Gymnasium in Kronstadt.

Von ihm erschien:
1. Der erste Feldzug des Gabriel Bethlen, Fürsten von Siebenbürgen, gegen Kaiser Ferdinand II., König von Ungarn, bis zum Waffenstillstand von Preßburg im Dezember 1619. Inauguraldissertation. Kronstadt, Alexi 1894.
2. Allgemeine geschichtliche Verhältnisse in Ungarn und Siebenbürgen beim Beginn der Reformation. Gedruckt in: „Aus der Zeit der Reformation". Kronstadt 1898.

Stancarus Franciscus,
eigentlich Stancaro Francesco, Dr. med.,

wurde wahrscheinlich 1501 in Mantua geboren. Über seine Jugend wie über seinen Bildungsgang läßt sich nichts sicheres sagen. Daß er eine wissenschaftliche theologische Bildung genossen, geht aus seinem späteren Leben hervor. Sein Vaterland hat er wahrscheinlich deshalb verlassen müssen, weil er ein Anhänger der kirchlichen Reformation war. In den Jahren von 1543 bis etwa 1548, sicher aber bis 1547 lebte er in der Schweiz. Für das Jahr 1549 ist seine Anwesenheit in unzweifelhafter Weise für Siebenbürgen u. zw. für Klausenburg und Hermannstadt bezeugt. Im Juli dieses Jahres schickte nämlich der Hermannstädter Rat nach Klausenburg, Stancarus aufzufordern, nach Hermannstadt zu kommen, damit er hier sein Urteil darüber abgebe, wie man die Schule am besten einrichten könne. Stancarus folgte der Einladung, wurde ehrenvoll empfangen und gab das verlangte Gutachten schriftlich ab. Die ihm angebotene Stellung nahm er nicht an. Am 12. August begab er sich nach Klausenburg zurück.

Bei seiner Abreise erhielt er von dem Hermannstädter Rate eine silbervergoldete Kanne als Ehrengeschenk. Stancarus hat dann ein vielbewegtes, unruhiges Leben geführt, bis er am 12. November 1574 in Stobnica in Polen gestorben ist.

Gutachten des Dr. Stancarus über die Einrichtung der Schule in Hermannstadt, veröffentlicht von Fr. Teutsch in Sch.-O. I, 13 und im Arch. f. Lbde., N. F. XVII, 98.

Hermann Schmidt, Artikel „Stancarus" in Herzogs Realencyklopädie.
1. Aufl. (1861), 14, 778; 2. Aufl. (1884), 14, 590; daselbst auch
die Litteratur über Stancarus.
Allg. b. Biogr., 35, 436 von P. Tschackert.
Fr. Teutsch, Sch.-O. I, 23.

Staufe-Simiginowicz Ludwig Adolf
(III, 599)

wurde am 28. Mai 1832 in Suczawa in der Bukowina geboren und besuchte das Gymnasium zu Czernowitz, wo ihn der Ausbruch der Wiener Revolution zu seinem ersten Gedicht begeisterte, das er unter dem Namen Adolf Sand drucken ließ. Er ging dann nach Wien, wo er durch vier Jahre als außerordentlicher Hörer den philosophischen Studien an der Universität oblag, aber gleichzeitig und überwiegend journalistisch thätig war. Eine lange Reihe von Erzählungen, Novellen, Märchen, Tagesberichten, Theaterkritiken, Gedichten, Besprechungen von litterarischen Erscheinungen für die verschiedensten Wiener Blätter charakterisieren seine Thätigkeit nach dieser Seite hin. Im Jahre 1855 kehrte er in die Heimat zurück, gab 1856—1859 in Czernowitz die „Familienblätter" heraus und nahm dann eine Professur am röm.-kath. Gymnasium in Kronstadt an, die er bis 1871 bekleidete. In diesem Jahre wurde er zum Hauptlehrer an der k. k. Lehrer- und Lehrerinnen-Bildungsanstalt in Czernowitz und bald darauf zum Professor ernannt. Als solcher starb er am 19. Mai 1897.

Ferner:

Die europäische Hauptwasserscheide. Programm des röm.-kath. Untergymnasiums in Kronstadt 1859.

Brümmer, Lexikon der deutschen Dichter und Prosaisten des 19. Jahrhunderts II.
Hinrichsen 613.
Wurzbach 37, 272.
Bukowinaer Pädagogische Blätter, XXV. Jahrg. Czernowitz 1897, 154.
Bettelheim, Biographisches Jahrbuch und deutscher Nekrolog II, 101.

Stellner Karl

wurde am 28. Juli 1860 in Schäßburg geboren. Nachdem er 1878 daselbst das Gymnasium absolviert hatte, bezog er die Universitäten Leipzig und Berlin, um Theologie, Geschichte und Geographie zu studieren. 1882 wurde er Gymnasialprofessor in S.-Reen, 1890 Pfarrer in Hundertbücheln und 1894 Pfarrer in Mergeln.

Er veröffentlichte:

Deutsches Kolonistenrecht in Siebenbürgen im 12. und 13. Jahrhundert. S.-R. G.-P., 1888.

Stenner Friedrich Wilhelm

wurde am 26. August 1851 in Kronstadt geboren. Nach Erlangung des Maturitätszeugnisses am Honterusgymnasium bezog er im Herbste 1871 die juridische Fakultät in Graz, wo er die rechtshistorische Staatsprüfung (Juli 1873) ablegte. Hierauf begab er sich an die Universität in Budapest und absolvierte dieselbe im Sommer 1875. In seine Vaterstadt zurückgekehrt, trat er in den Dienst des Stadtmagistrates und wurde 1878 zum Stadtarchivar ernannt. Zur Erlangung seiner mit dieser Stellung verbundenen Qualifikation besuchte er 1879 den vom Archivar Zimmermann in Hermannstadt veranstalteten Kurs für Paläographie und Diplomatik. Mit Stenners Amtsthätigkeit beginnt eine neue Aera des Kronstädter Stadtarchivs, indem von nun an das früher mit der laufenden Registratur verbundene Archiv von dieser getrennt und die Registratur einem eigenen Beamten unterstellt wurde.

Stenner ist Mitarbeiter an der Herausgabe der:

1. Quellen zur Geschichte der Stadt Kronstadt in Siebenbürgen. Herausgegeben auf Kosten der Stadt Kronstadt von dem mit der Herausgabe betrauten Ausschuß. Kronstadt, Druck von Römer und Kamner 1886. Nebentitel: Rechnungen aus dem Archiv der Stadt Kronstadt. 1. Bd. Rechnungen aus 1503—1526. Kronstadt in Kommission bei H. Zeidner 1886. Beigegeben sind drei Tafeln mit Wasserzeichen und Schriftproben. [Neben Stenner arbeiteten am 1. Bd. die Gymnasialprofessoren Andreas Tontsch, Michael Türk, Gustav Schiel, Franz Herfurth und Stadtprediger Carl Nußbächer. Dem Ausschusse wurde noch seitens des Magistrats Oberstadthauptmann Friedrich. Schnell — später nach dessen Pensionierung Obernotär Traugott Boyer — als Obmann und seitens der Stadtvertretung Franz Maager zugesellt. Gymnasialdirektor J. Wolff in Mühlbach und Gymnasialprofessor Jul. Groß in Kronstadt übernahmen die Zusammenstellung des Glossars. Besprechungen hierüber erschienen in S. d. T., 3669, 3672 (1886); Kronst. Zeitung 1886, Nr. 9 vom 13. Januar; Korr. f. Ldde., IX, (1886), 10; Barnckes, Zentralblatt, 1886, Nr. 35; Mitteilungen des Instituts für österr. Geschichtsforschung 1886, VII, 683; Archäologiai értesítő. Budapest, VIII. 1888, 15. April, 159; Dr. Franz v. Löher, Archivalische Zeitschrift, XI, 319.]

2. Quellen zur Geschichte der Stadt Kronstadt in Siebenbürgen. Herausgegeben auf Kosten der Stadt Kronstadt von dem mit der Herausgabe betrauten Ausschuß. 2. Bd. Kronstadt, Druck von Albrecht und Zillich 1889. Nebentitel: Rechnungen aus dem Archiv der Stadt Kronstadt. 2. Bd. Rechnungen aus 1526—1540. Kronstadt, in Kommission bei Albrecht und Zillich 1889. [An dem 2. Bd., welcher neben einigen kleineren Stücken aus 1513 und 1526 die Rechnungen von 1527—1540 enthält, arbeiteten: Pfarrer M. Türk, Stadtprediger C. Nußbächer, Prediger A. Tontsch, Archivar Fr. Stenner, Professor J. Groß und Professor Fr. Herfurth. Das Verzeichnis der Orts- und Personennamen besorgte Archivar Stenner und Professor Fr. W. Seraphin, des Glossars Fr. W. Seraphin allein. Rezensionen über den 2. Bd. sind erschienen im Korr. f. Ldde., XII, (1889), 73 und 92; S. d. T., 4731, (1889); Historische

Zeitschrift von Sybel und Lehmann, N. F. XXXI, 543; Zarnckes, Litterar. Zentralblatt, Nr. 40, (1889.)]

3. Quellen zur Geschichte der Stadt Kronstadt in Siebenbürgen. Herausgegeben auf Kosten der Stadt Kronstadt von dem mit der Herausgabe betrauten Ausschuß. 3. Bd. Kronstadt, Druck von Theobor Alexi 1896. Nebentitel: Rechnungen aus dem Archiv der Stadt Kronstadt. 3. Bd. Rechnungen aus (1475) 1541—1550 (1571). Kronstadt, in Kommission bei Heinrich Zeidner 1896. [Für den 3. Bd. übernahm Gymnasialdirektor Julius Groß und Professor Fr. W. Seraphin die Redaktion. Außer diesen beiden arbeiteten mit: Stadtprediger Carl Nußbächer und Archivar Fr. Stenner. Bespr.: Korr. f. Ltbe., XX, (1897), 28; Mitteilungen aus der historischen Litteratur 1897, 186.]

Fr. Stenner arbeitete ferner mit an der Geschichte des Waldwesens der k. freien Stadt Kronstadt von Eduard Zaminer (f. b.), herausgegeben auf Kosten der Stadt Kronstadt und in ihrem Selbstverlage. Kronstadt, Buchdruckerei von Joh. Gött und Sohn Heinrich. Von den von ihm in der Kronstädter Zeitung veröffentlichten Aufsätzen haben eine nicht nur vorübergehende Bedeutung:

1. Die Fahne der Kronstädter Bürgerwehr. [Kronst. Zeitung, Nr. 249, 250 (1886.)]
2. Das alte und neue Klostergässer Stadtthor und die damit im Zusammenhange stehenden Regulierungen. [Ebenda, Nr. 157—165 (1889.)]

Stenner Peter Josef.
(III, 337).

Trausch giebt III, 337 als Jahr des von Stenner veröffentlichten Werkes „Die Heilquellen von Baaßen" 1846 an, während in „Magyarország természettudományi és mathematikai könyvészete" das Jahr 1843 als Zeit des Erscheinens bezeichnet wird. Spalte 731.

Stolze Samuel, Dr. med.,
gestorben zu Hermannstadt 1730.

De ubere herbae Kali proventu in Transsylvania. (?)

Stühler Franz
(III, 341)
starb am 15. September 1883 in Mediasch.

Süßmann Hermann, Dr. med.,
wurde am 22. Mai 1851 in Hermannstadt geboren. Nach Absolvierung des dortigen Gymnasiums widmete er sich in den Jahren 1869 bis 1875 auf den Universitäten zu Heidelberg und Wien dem medizinischen Studium.

Nachdem er an der Wiener Augenklinik unter Professor v. Arlt, an der chirurgischen Abteilung unter Professor Salzer und an der poliklinischen Abteilung für Ohrenkranke unter Professor Urbantschitsch in Verwendung gestanden, wurde er Mai 1875 zum Sekundararzt, Februar 1882 zum Primararzt des Franz Josef Bürger-Spitals in Hermannstadt gewählt und am 1. Januar 1887 von Obergespan Graf Andreas Bethlen zum Oberphysikus des Hermannstädter Komitates ernannt. In der zu Budapest am 21. Februar 1895 abgehaltenen Generalversammlung des hygienischen Landesvereins wurde er zum Ehrenmitglied des genannten Vereins gewählt. Mittels Innerministerialerlaß vom 16. Januar 1899 wurde er zum außerordentlichen Mitglied des Landessanitätsrates auf 6 Jahre ernannt.

Neben zahlreichen Aufsätzen, die das S. d. T. aus der Feder Dr. Süßmanns veröffentlichte, schrieb derselbe:

1. Erytherma nodoscum. Berliner klinische Wochenschrift 1878, Nr. 4. (Erschien auch im Sonderabdruck).
2. Rückblick auf die Entwickelung des Franz Josef Bürger-Spitals in Hermannstadt. Hermannstadt, Druck von Josef Drotleff 1888.
3. Über die Stellung des Schularztes und Mittelschulprofessors in Ungarn. V. u. M., XXXVIII, (1888). (Erschien auch im Sonderabdruck).
4. Über Städtereinigung. Ebenda, XXXIX, (1889).
5. Streiflichter zum Sanitätswesen in Ungarn. Hermannstadt, Druck und Verlag von Josef Drotleff 1890.
6. Melyek a közigazgatás feladatai a fertőző betegségeknek a falusi lakosság közt való fellépésekor? A magyar orvosok és természetvizsgálók XXVI-ik vándorgyűlésének munkálatai 1892. Budapest, Franklin társulat könyvnyomdája 1893.
7. Über Schulsperre bei Infektionskrankheiten. Zeitschrift für Schulgesundheitspflege, redigiert von Dr. Kotelmann in Hamburg. Hamburg 1890, Nr. 4. (Erschien auch im Sonderabdruck.)
8. Kritik des von Dr. Kotelmann, Augenarzt in Hamburg, verfaßten Werkes: „Gesundheitspflege im Mittelalter." Österreichische ärztliche Vereinszeitung, Wien 1891, Nr. 4 und 5.
9. Sanitäts- und Armenwesen. Budapest 1894.
10. Kritische Besprechung der in den verschiedenen Ländern beim Auftreten der Diphtherie in Anwendung stehenden Verfügungen. Vortrag, gehalten auf dem Budapester hygienischen Kongreß am 4. September 1894. V. u. M., XLV, (1896). (Erschien auch im Sonderabdruck.)
11. Über Geschichte und Bedeutung der transportablen Barake. Vortrag. Buchdruckerei Th. Steinhaußens Nachfolger (Ad. Meißenberger) in Hermannstadt. (Ohne Jahr.)
12. Die Steilschrift vom hygienischen Standpunkte. S. d. T., 6735, (1896). (Erschien auch im Sonderabdruck.)
13. Über Kanalisation und Abfuhr. Ebenda, 1898 und im Sonderabdrucke.

14. Zur Gründung eines auf die Munizipien des ehemaligen Königsbodens sich erstreckenden Ärztevereines. S. d. T., 7397, (1898) und im Sonderabdruck.

Süßmann gab ferner folgende Flugschriften heraus:

1. Über gute und schlechte Luft. Hermannstadt 1890. Verlag des hygienischen Vereines des Hermannstädter Komitates.
2. Erste Hilfe bei Unglücksfällen. Ebenda, 1891.
3. Über Nutzen und Aufgabe der Bäder. Ebenda, 1892.
4. Wie schützen wir uns vor der Lungentuberkulose. Ebenda, 1893.
5. Über Infektionskrankheiten und deren Abwehr. Ebenda, 1894.
6. Pflege der Kinder in den ersten Lebensjahren. Hygienische Briefe an eine Pfarrerin. Ebenda. Erster und zweiter Brief 1895, dritter Brief 1896, vierter Brief 1897.
7. Zur Prophylaxis der Lungentuberkulose. Ebenda, I. Teil 1899; II. Teil 1900.
8. Erste Hilfe bei Unglücksfällen, Wegweiser. Hermannstadt, Verlag des Hermannstädter Komitates 1898.

Surius Peter,
(III, 345),

aus Deutsch-Kreuz gebürtig, wahrscheinlich ein Sohn des dortigen Pfarrers Peter Saur, studierte um 1579 in Wittenberg, kam den 13. Februar 1586 als Stadtpfarrer nach Schäßburg, wurde 1590 Dechant und wohnte als solcher der Generalsynode bei, auf der am 18. März 1601 Mathäus Schiffbäumer zum Superintendenten gewählt wurde.

Er starb den 31. Juli 1603 an der Pest.

K. Fabritius, die Schäßburger Chronisten des 17. Jahrhunderts. Fontes Rerum Austriacarum Scriptores III, XVI—XVII.

Sygerus Bartolomäus
aus Kronstadt.

Theses disputationis septimae rerum physicarum. De quatuor rebus non naturalibus, somno, vigilio, evacuatione et retentione... Witebergae 1597, excusae typis M. Simonis Gronenbergii. 4°. 19 S.

Szell Karl, Dr. med.
(III, 347).

Ferner:

Theses inaug. med. pract. Viennae 1778, typis Schulzianis. 8°. 8 S.

Tartler Andreas.
(III, 348).

Meltzl-Herrmann, Das alte und neue Kronstadt I, 223.
Wurzbach, 43, 114.

Tartler Johann.
(III, 348).

Arch. f. Ldke., N. F. XVIII, 227, 239, 242, 334.
Wurzbach, 43, 112.

Tartler Marcus.
(III, 357).

Meltzl-Herrmann, Das alte und neue Kronstadt I, 459 f.
Wurzbach, 43, 115.

Tartler Thomas.
(III, 360).

Groß, Kronstädter Drucke führt von ihm Nr. 159 noch ein Gratulationsgedicht an Samuel Herbert an. Coronae excudit Michael Heltzbörffer 1736.

Meltzl-Herrmann, Das alte und neue Kronstadt I, 470.
Wurzbach, 43, 115.

Tellmann Gottfried, Dr. med.,
(III, 367)

starb den 11. September 1880 als emeritierter Hermannstädter Stadtphysikus in Eisenstadt.

S. b. T., 1047, (1880).

Teutsch Andreas, Dr. med.
(III, 367).

Meltzl-Herrmann, Das alte und neue Kronstadt I, 108, 136, 145, 154, 211.
Arch. f. Ldke., N. F. XVII, 476.
Wurzbach, 44, 94.

Teutsch Friedrich, Dr. theol. et phil.

In Schäßburg am 16. September 1852 geboren, wo damals sein Vater Rektor des Gymnasiums war, hat Teutsch diese Mittelschule 1869 absolviert, ist also auch dann noch an ihr geblieben, als sein Vater nach Agnetheln als Pfarrer und nach Hermannstadt als Bischof gewählt worden war. Nachdem er ein Jahr hindurch die juridische Fakultät in Hermannstadt besucht hatte, wo er vor allem röm. Recht und Siebenb. Rechtsgeschichte hörte, bezog er 1870 die Universität Heidelberg, um sich zunächst dort dem Studium der Theologie und der Geschichte zu widmen. Dem angehenden Historiker konnte kaum ein besserer Ort, keine größere Zeit winken. Wattenbach und Treitschke führten ihn in das Studium der Geschichte ein, die große Zeit der deutschen Siege gab den Hintergrund dazu, die freundliche Aufnahme, die er in zahlreichen, dem Vater befreundeten Familien Heidelbergs fand, machten ihm den Aufenthalt in der romantisch gelegenen Universitätsstadt lieb und angenehm. Zu Ostern 1872 ging Teutsch nach Leipzig. Die drei Semester, die er hier zugebracht, sind die schönsten seiner Universitätszeit gewesen. Roscher, Peschel, Friedberg lernte er hier kennen und schätzen, die Häuser von Stephani, Zarncke, Hirzel und Wachsmuth nahmen den jungen Studenten gastfreundlich auf. Der Freundeskreis der Landsleute, der Verkehr im akad. Turnverein boten dauernde Anregung, und Pläne zukünftiger Arbeit im Dienste des Volkes wurden oft und begeistert besprochen. Das vierte Studienjahr führte ihn nach Berlin, das er beim Einzug der deutschen Truppen am 16. Juni 1871 zum ersten Male gesehen hatte. Hier fand er Wattenbach und Treitschke wieder, die in alter gastlicher Freundlichkeit dem Landsmann aus der Ferne zum zweiten Male das Haus öffneten. Die Universitäts- und königl. Bibliothek gewährten, was man wollte und brauchte, die Stadt gab Gelegenheit, auch dem Gebiete der Kunst näher zu treten, am Theater, wie in Leipzig, sich zu erfreuen.

Bevor Teutsch die Rückreise in die Heimat antrat, zog er noch einmal nach Heidelberg, um die Prüfung zur Erlangung des philosophischen Doktorgrades abzulegen.

In Hermannstadt fand er vom 1. September 1876 an als Supplent am ev.-theol. Seminar, und als dies 1878 in die unmittelbare Obhut und Leitung des Landeskonsistoriums trat, als Professor seine Anstellung.

Neben die Arbeit in der Schule aber trat von allem Anfang an diejenige in öffentlichen Angelegenheiten und auf dem Felde der Wissenschaft. Schon auf der Hochschule war Teutsch Mitarbeiter an dem S. d. W. geworden,*) nach seiner Rückkehr in die Heimat trat er in die Reihen der Kämpfer des neu gegründeten S. d. T. ein und entwickelte bald eine hervorragende publizistische Thätigkeit. Unermüdlich ist er in diesem mit historischem Rüstzeug für das gute Recht seines Volkes und mit Berufung auf Recht und Gesetz eingetreten.

In seinen wissenschaftlichen Arbeiten, die sich hauptsächlich auf dem Gebiete der Geschichte seines Volkes bewegen, wendete er sich ursprünglich der älteren, allmählich aber auch der neueren und neuesten Zeit zu, indem

---

*) s. Artikel Franz Gebbel.

er aus den älteren Perioden hauptsächlich nur die Fragen festhielt, die mit der Einwanderung unseres Volkes nach Siebenbürgen im Zusammenhange stehen. In den zahlreichen Arbeiten, die von ihm im Archiv für siebenbürgische Landeskunde erschienen sind, hat er oft direkt die Forschungen seines Vaters weitergeführt, in den „Siebenbürgisch-sächsischen Schulordnungen", diesem „monumentum scholae Saxonicae Transs.", hat er die mehr als halbtausendjährige Geschichte unseres Schulwesens klargelegt, wie es bisher von niemandem geschehen. In seiner Arbeit „Zur Geschichte des deutschen Buchhandels in Siebenbürgen", bei der er in Ermangelung aller Vorarbeiten das Material erst mühevoll zusammensuchen mußte, führt er uns ein neues Kulturbild vor die Augen, das wieder Zeugnis ablegt von dem still und doch mächtig wirkenden Einfluß deutschen Geisteslebens auf die Entwickelung unseres Volkes. Seine Denkreden, die er als Vorstand des Vereins für siebenbürgische Landeskunde gehalten (G. D. Teutsch, Josef Zimmermann, J. Wolff, W. Wattenbach, A. Arz v. Straußenburg), bilden, wie die seines unvergeßlichen Vaters, „eine eigene Geschichtsdarstellung unserer äußeren und inneren Entwickelung", indem sie nicht allein die wissenschaftliche Thätigkeit der Männer schildern, denen sie gelten, sondern deren ganzes Leben durchleuchten und die Zeitverhältnisse uns vor Augen führen, in denen sie gelebt und durch die sie beeinflußt worden sind. Seine Programmarbeit Johannes Latinus, die, auf sicheres Urkundenmaterial gestützt, uns in das erste Jahrhundert sächsischen Lebens in der neuen Heimat führt, wie eine zweite in Kirchhoffs „Forschungen zur deutschen Landes= und Volkskunde" (9. Band) erschienene Abhandlung, welche sich mit denselben Fragen befaßt, bilden wertvolle Beiträge zur Geschichte der vorandreanischen Zustände im Sachsenlande. Seine „Geschichte des evang. Gymnasiums A. B. in Hermannstadt" ist die erste und zwar eine dieser Anstalt würdige pragmatische Geschichte von ihren Anfängen bis zur Gegenwart. Seiner Anregung verdanken „Die Bilder zur vaterländischen Geschichte" und die „Hundert Jahre sächsischer Kämpfe" ihre Entstehung. Das Korrespondenzblatt des Vereins für siebenbürgische Landeskunde hat seit seinem Bestehen viele wertvolle Beiträge von ihm gebracht.

Am 17. Mai 1889 wählte das Landeskonsistorium Teutsch zum Direktor des Landeskirchen=Seminars in Hermannstadt. Es war dies zu einer Zeit, als das Seminar noch dürftig untergebracht war. Daß die Anstalt ein neues Heim als Vorbedingung für ihr Gedeihen brauche, war allmählich — vor allem durch das Zuthun Teutschs — allgemeine Überzeugung geworden, und so hat er mitgeholfen, daß das neue Seminar erstand und daß nachher die Konzentrierung der sächsischen Seminarien durchgeführt wurde. Die Arbeit in der neuen Anstalt, die äußere und innere Einrichtung, die Schaffung eines neuen Lebens in derselben — sie füllen das Leben Teutschs in den nächsten sieben Jahren. Wie er seine Aufgabe als Direktor gelöst, davon legte sprechendes Zeugnis ab der Zustand der Anstalt, als er (1896), einstimmig zum Pfarrer nach Großscheuern berufen, die Anstalt verließ.

Mit seiner Stellung als Seminardirektor hing es mit zusammen, daß er außerhalb der Schule in vielfache öffentliche Arbeiten hineingezogen wurde: Kommunität und Komitatsversammlung, Nationsuniversität und Bezirkskonsistorium, Partei- und Zentralausschuß, der allgemeine ev. Frauenverein haben seine Zeit und seine Kraft immer wieder in Anspruch genommen.

Das Jahr seiner Erwählung zum Pfarrer von Großscheuern führte Teutsch als Abgeordneten zur Generalversammlung des Gustav Adolf-Vereins nach Bremen, die Landeskirche wählte ihn in das Landeskonsistorium, der Landeskundeverein zu seinem Vorstand, der siebenbürgische Gustav Adolf-Verein berief ihn in seinen Hauptvorstand, die Universität Jena verlieh ihm 1899 bei der Enthüllung des Denkmals seines Vaters in Hermannstadt das Ehrendoktorat der Theologie, die XIX. Landeskirchenversammlung wählte ihn am 29. August zum Superintendentialvikar, die Hauptversammlung des Gustav Adolf-Vereins in Königsberg im September 1900 auf neun Jahre in den Zentralvorstand des Gustav Adolf-Vereins.

Teutsch veröffentlichte:

1. Die Studierenden aus Ungarn und Siebenbürgen auf der Hochschule in Heidelberg von der Gründung derselben bis 1810. Arch. f. Lkde., N. F. X, 182.
2. Die letzten deutschen Einwanderungen im siebenb. Sachsenland. Im Neuen Reich. Leipzig 1872, 852 ff.
3. Th. Fabini und Fr. Teutsch, die Studierenden aus Ungarn und Siebenbürgen auf der Universität Leipzig von der Gründung derselben 1409 bis 1872. Arch. f. Lkde., N. F. X, 386.
4. Die „Unionen" der drei ständischen „Nationen" in Siebenbürgen bis 1542. Inauguraldissertation zur Erlangung der philosophischen Doktorwürde an der Universität in Heidelberg von Fr. Teutsch. Hermannstadt, von Closius'sche Erbin 1874. (Gedruckt auch im Arch. f. Lkde., N. F. XII, 37.)
5. Der Sachsengraf Albert Huet. Vortrag, gehalten im großen Hörsaale des ev. Gymnasiums in Hermannstadt am 19. Dezember 1874. S. b. T., 363, 367 (1875) und im Sonderabdrucke. Hermannstadt, Verlag von Franz Michaelis 1875.
6. Das Burzenland unter König Ludwig dem Großen. Sächs. Hausfreund. Kalender für 1875. (Kronstadt.)
7. Das deutsche Bürgertum in Ungarn. S. b. T. 350 ff., (1875). Sonderabdruck.
8. Zur Geschichte von Reps. (Teilweise vorgelesen in der Generalversammlung des Vereines für siebenbürgische Landeskunde in Reps am 17. August 1875.) Arch. f. Lkde., N. F. XIII, 155.
9. Siebenbürgische Bauern in alter Zeit. Im Neuen Reich. Leipzig 1876, 593.
10. Siebenbürgisch-sächsische Bauern in alter Zeit. S. b. T., 738—744, 1876. Sonderabdruck. Vermehrt im Kalender des Siebenb. Volksfreundes für 1897 und 1898. Hermannstadt, Drotleff.
11. Ungarn und die Einheit der Monarchie. S. b. T., 955 ff., (1877). Sonderabdruck.
12. Aus der Vergangenheit des sächsischen Bürgers. Vortrag, gehalten im großen Hörsaal des ev. Gymnasiums in Hermannstadt am 24. November 1877. S. b. T., 1199—1206, (1877) und im Sonderabdrucke. Hermannstadt, Jos. Drotleff und Komp. (1877).
13. Aus dem sächsischen Leben vornehmlich Hermannstadts am Ende des fünf-

zehnten Jahrhunderts. (Teilweise vorgelesen in der Generalversammlung des Vereins für siebenbürgische Landeskunde in Hermannstadt am 26. August 1876.) Arch. f. Ldbe., N. F. XIV, 176.

14. Hermannstadt und die Sachsen im Kampfe für Habsburg 1598—1605. (Teilweise vorgelesen in der Generalversammlung des Vereins für siebenbürgische Landeskunde in Hermannstadt am 23. August 1877.) Arch. f. Ldbe., N. F XIV, 359.

15. Zur Geschichte des deutschen Buchhandels in Siebenbürgen I. Die vorreformatorische Zeit. Archiv für Geschichte des deutschen Buchhandels IV. Leipzig 1879.

16. Unsere Bibliotheken. S. d. T., 1801, 1879.

17. Die germanistischen Studien im Siebenb. Sachsenland. Im Neuen Reich. Leipzig 1880, 46, 752 ff.

18. Deutsche Wissenschaft im Siebenb. Sachsenlande in den letzten Jahrzehnten. Preußische Jahrbücher, 45, 1880.

19. Drei sächsische Geographen des sechzehnten Jahrhunderts. (Teilweise vorgelesen in der Generalversammlung des Vereins für siebenbürgische Landeskunde in Hermannstadt am 20. August 1879.) Arch. f. Ldbe., N. F. XV, 586.

20. Quellen zur Geschichte Siebenbürgens aus sächsischen Archiven. Herausgegeben vom Ausschuß des Vereins für siebenb. Landesk. Erster Band, 1. Abteilung: Rechnungen I. Hermannstadt, Buchdruckerei der von Closius'schen Erbin 1880. [Die in diesem Bande enthaltenen Stücke wurden von W. Capesius, H. Herbert, St. Kast und Dr. Fr. Teutsch bearbeitet; Besprechungen über diese Arbeit erschienen im Korr. f. Ldbe., IV, (1881), 21; S. d. T., 2090, (1880); Korr. der deutschen Archive 1881, Nr. 9; Anzeiger für Kunde der deutschen Vorzeit 1880, Spalte 392; Neues Archiv der Gesellschaft für ältere deutsche Geschichtskunde VI, 467; Deutsche Litteraturzeitung 1881, Nr. 25, Spalte 1005; Mitteilungen des Instituts für österr. Geschichtsforschung II, (1881), 650.]

21. Deutsche Kämpfer in Siebenbürgen I. Markus Pemfflinger. Deutsches Familienblatt. Berlin, 17. Juli 1881, Nr. 29. II. Michael Weiß. 3. Bd., Nr. 9.

22. Die siebenb.-sächsische Frau im Mittelalter. Im neuen Reich 1881, II, 246—261.

23. Zur Geschichte des deutschen Buchhandels in Siebenbürgen II. Die Zeit von 1500—1700. Archiv für Geschichte des deutschen Buchhandels VI. Leipzig 1881. [Bespr.: Korr. f. Ldbe., IV, (1881), 43; Mitteilungen des Instituts für österr. Geschichtsquellen II, 1881, 653.]

24. Die Studierenden aus Ungarn und Siebenbürgen an der Universität Leyden 1575—1875. Arch. f. Ldbe., N. F. XVI, 204.

25. Aus der Zeit des sächs. Humanismus. (Teilweise vorgelesen in der Generalversammlung des Vereins für siebenb. Landesk. in Broos am 23. August 1880.) Arch. f. Ldbe., N. F. XVI, 227. Abgedruckt auch in der Allg. Litterar. Korr. Leipzig 1881, Nr. 92—93.

26. Ein sächsischer Königsrichter. (Albert Huet), Nationalzeitung. (Berlin) 1881, Nr. 246.

27. Die Voranschläge der sächsischen Städte für ihren Haushalt 1882. S. d. T., 2610 ff., (auch im Sonderabdruck 1882.)

28. Die Parteien des ung. Reichstags. S. d. T., 2678 ff., 1882.

29. Geschichte des ev. Gymnasiums A. B. in Hermannstadt (bis 1756). Arch. f. Ldbe., N. F. XVII, 1—132. [Bespr. im Österreichischen ev. Sonntagsblatt, Nr. 13, (2. Juli) 1882. S. b. T., 2612; Korr. f. Ldbe., V, (1882), 94 von J. Wolff.]
30. Einige Aufgaben und Ziele unserer Geschichtsforschung und Geschichtsschreibung. (Vorgelesen in der historischen Sektionssitzung bei der Generalversammlung des Vereins für siebenb. Landesk. in S.-Reen am 24. August 1881.) Arch. f. Ldbe., N. F. XVII, 226.
31. Beiträge zur alten Geschichte des Schenker Stuhles und der Marktgenossenschaft im Sachsenland. Arch. f. Ldbe., N. F. XVII, 526
32. Unsere Burgen. K. B. J., III, (1883).
33. Bruder Georg. Österr. Rundschau 1883, Nr. 11, S. 1021—29.
34. Die Lutherfesttage der ev. Landeskirche A. B. in Siebenbürgen in Hermannstadt am 10. und 11. November 1883. Hermannstadt, Franz Michaelis 1883. (Abschnitt IV: Das Kirchenkonzert ist von Wilh. Weiß.)
35. Geschichte des ev. Gymnasiums in Hermannstadt (von 1756 ff.). Arch. f. Ldbe., N. F. XIX, 326. [Bespr.: S. b. T., 3311, (1884); Neue ung. Schulzeitung, Nr. 32, (1884). Nachträge zur Geschichte des ev. Gymnasiums in Hermannstadt· im Korr. f. Ldbe., IX, (1885), 25, 54.]
36. Honterus als Geograph. Das Ausland 1884, Nr. 1.
37. Haus und Hof bei den Siebenbürger Sachsen. Das Ausland 1884, Nr. 26.
38. Reformation und Humanismus in Siebenbürgen. Deutsche Wochenschrift 1884. Nr. 12 und 14.
39. Hundert Jahre sächs. Tageslitteratur. S. b. T., 3055 ff., (1884) und im Sonderabbruck, Hermannstadt, Jos. Drotleff 1884. [Bespr. Korr. f. Ldbe., VII, (1884), 35.]
40. Die Seminarfrage der ev. Landeskirche. S. b. T., 3276 ff., 1884. Sonderabbruck
41. Dr. J. Loserths Leitfaden der allgemeinen Geschichte. Bearbeitet von Dr. Fr. Teutsch. I. Teil. Das Altertum. Hermannstadt, W. Krafft 1884. Zweiter unveränderter Abbruck 1892. II. Teil. Das Mittelalter. 1885. Zweiter unveränderter Abbruck 1892. III. Teil. Die Neuzeit. 1885. Zweiter unveränderter Abbruck 1892.
42. Erster bis Sechster Jahresbericht des Allg. ev. Frauenvereins. Hermannstadt 1884—1889, J. Drotleff
43. Unsere Armenpflege. S. b. T., 3529 ff. Sonderabbruck 1885.
44. Dr. Karl Wolff. Eine Lebensskizze von Freundeshand. Sonderabbruck des Sächs. Hausfreund (1886).
45. Aus der Vergangenheit Kronstadts und des Burzenlandes. S. b. T., 3833 ff., (1886) und im Sonderabbrucke.
46. Die ev.-sächs. Seminare in Siebenbürgen. Pädag. Blätter für Lehrerbildung und Lehrerbildungsanstalten. 1886, Nr. 4. Vgl. Schul- und Kirchenbote 1886, Nr. 11.
47. Wirtschaftliche Zustände unter den Deutschen in Siebenbürgen. Preuß. Jahrbuch, 58. Bd. Berlin, Reimer 1886.

48. Das sächs. Nationalprogramm. S. b. T., 4044 ff. 1887. Sonderabbruck.
49. Die siebenbürgisch-sächsischen Schulordnungen mit Einleitung, Anmerkungen und Register herausgegeben von Dr. Fr. Teutsch. Erster Bb. 1543—1778. Berlin, A. Hofmann und Komp. 1888. A. u. b. T.: Monumenta Germaniae Paedagogica. Schulordnungen, Schulbücher und pädagogische Miscellaneen aus den Landen deutscher Zunge. Unter Mitwirkung einer Anzahl von Fachgelehrten herausgegeben von Karl Kehrbach Bb. VI. [Bespr.: Korr. f. Ltde., XI, (1888), 61—68 von J(ohann) W(olf); S. b. T., 4437, 4443, 4444 (1888); Deutschland (Weimar) Nr. 272 (1888); Deutsche Zeitung, Nr. 9580 (1888); Mercur (Schwäbische Chronik), Nr. 142 (1888) Sonntagsbeilage; Szàzadok Juniheft 1888; S. b. T., 21. April 1888; Post, 1 Beilage vom 20. Mai 1888; Neue Freie Presse (Wien) 9. Juli 1888; Deutsches Wochenblatt, Berlin Nr. 16 vom 12. Juli 1888; Pester Lloyd, Nr. 200 vom 20. Juli 1884; Zeitschrift für das Gymnasialwesen (Berlin, Weidmann) XXXVII. Novemberheft 1888; Anzeiger für deutsches Altertum und deutsche Litteratur XVI, (1890), 136; Jahresbericht für Altertumswissenschaft 69. Bb. 1891, 47.]
50. Unsere Geschichtsforschung in den letzten zwanzig Jahren. (1869—1889.) Arch. f. Ltde., N. F. XXII, 619.
51. Unsere Burgen. K. B. J., IX, (1889) und im Sonderabbrucke. Hermannstadt, Jos. Drotleff (1889).
52. Die Seminarfrage. Schul- und Kirchenbote 1889. Sonderabbruck.
53. Die Entwicklung des Gewerbes in Hermannstadt in den letzten hundert Jahren. Hermannstadt, Drotleff 1890. [Bespr.: Korr. f. Ltde., XV, (1892), 27.]
54. Arbeitsziele. S. b. T., 4495 ff. (1868) und im Sonderabbrucke.
55. Ein Bild aus dem wirtschaftlichen Leben der Siegbächel-Gemeinden. Sonderabbruck des S. b. T., 4527 ff. Hermannstadt, Jos. Drotleff 1888.
56. Die Entwicklung unseres nationalen Bewußtseins. Sonderabbruck des S. b. T. Hermannstadt, Jos. Drotleff 1888.
57. Die Wegtaufungen. S. b. T., 5172 ff. (1890) und im Sonderabbrucke. Hermannstadt, Jos. Drotleff 1890.
58. Die Einweihung des ev. Landeskirchenseminars am 10. November 1891. S. b. T., 5451 ff. (1891) und im Sonderabbrucke. Jos. Drotleff (1891).
59. Die siebenbürgisch-sächsischen Schulordnungen mit Einleitung, Anmerkungen und Register herausgegeben von Dr. Fr. Teutsch. Zweiter Band 1782—1883. Berlin, Hoffmann und Komp. 1892. (Mon. Germ. Paed. XIII, LXXXVIII und 623 S. Als Anhang enthält der Band das Verzeichnis der bis 1850 in Siebenbürgen gedruckten und an sächsischen Schulen gebrauchten Bücher. Das Buch ist gewidmet: D. Georg Daniel Teutsch, Bischof der ev. Landeskirche A. B. in Siebenbürgen zum 10. Juni 1892 dem Tag des fünfzigjährigen Dienstjubiläums — dem Vater der Sohn. [Bespr.: Korr. f. Ltde., XV, (1892), 140; Szàzadok, 1892, 693; Deutsche Litteraturzeitung 1893, Nr. 9; Knocke, Theologische Litteraturzeitung 1893, Nr. 5; Anzeiger für deutsches Altertum und deutsche Litteratur XX, 1894, 403—405; Schraber, Zeitschrift für Gymnasialwesen XX, 1894, 112—115; S. b. T., 5865, (1893); 6153, (1894.)]
60. Zur Geschichte des deutschen Buchhandels in Siebenbürgen III. Von 1700 bis

zur Gegenwart. Archiv für Geschichte des deutschen Buchhandels XV. Leipzig 1892. [Bespr.: Korr. f. Ldek., XV, (1892), 31.]

61. Die Voranschläge der sächsischen Städte für ihren Haushalt 1892. S. b. T., 5473 ff. (1892) und im Sonderabdrucke. Hermannstadt, Jos. Drotleff 1892.

62. Johannes Latinus. Ein Beitrag zur Kenntnis der sächsischen vorandreanischen Zustände. Programm des theol.-pädagog. Seminars der ev. Landeskirche A. B. Hermannstadt 1893. [Bespr.: Allg. Ztg. (München). Nr. 236 und 237 (1894). Sybel, Hist. Zeitschrift, 72. Bd. (1894); Századok, VII, 1894; Korr. f. Ldek., XVIII, (1895), 98.]

63. Historische Parallelen. Vortrag. S. b. T., 5792 ff. (1893).

64. Abriß der Geschichte Siebenbürgens (Fortsetzung) von G. D. Teutsch herausgegeben von Dr. Fr. Teutsch. Arch. f. Ldek., N. F. XXVI, 5.

65. Denkrede auf D. Georg D. Teutsch. Zur Eröffnung der 46. Generalversammlung des Vereins für siebenbürgische Landeskunde am 17. August 1894 in S.-Reen. Arch. f. Ldek., N. F. XXVI, und im Sonderabdruck. Hermannstadt, W. Krafft 1894. [Vgl. S. b. T., 6378 (1894); Korr. f. Ldek., XVIII, (1895), 8 ff.]

66. Bischof D. G. D. Teutsch. Herausgegeben vom Ausschuß des Vereines für siebenb. Landesk. Hermannstadt 1894, W. Krafft. [Vgl. S. b. T., 6378, (1894); Korr. f. Ldek., XVIII, (1895), 8 ff.]

67. Predigten und Reden von Georg Daniel Teutsch, Bischof der ev. Landeskirche A. B. in Siebenbürgen. Herausgegeben von Friedrich Teutsch. Leipzig, Druck und Verlag von Breitkopf und Härtel 1894.

68. Sachs von Harteneck. S. b. T., 6215, 6216, (1894) und im Sonderabdrucke. Hermannstadt, Jos. Drotleff 1894.

69. Festrede anläßlich der Fahnenweihe des Hermannstädter Turnvereines am 1. Mai 1894. Jahresbericht des Hermannstädter Turnvereines über das Vereinsjahr 1893/4. Hermannstadt, W. Krafft 1894.

70. Bilder aus der vaterländischen Geschichte. Unter Mitwirkung von R. Briebrecher, W. Schiller, Dr. A. Schuller, Fr. Schuller, Dr. A. Schullerus, O. Wittstock herausgegeben von Dr. Friedrich Teutsch. Hermannstadt, Druck und Verlag von W. Krafft 1895. — Von Dr. Fr. Teutsch rühren in diesem Bande folgende Artikel her: Die Einwanderung der Sachsen nach Siebenbürgen; Hermannstadt um 1500; Der Sachsengraf Albert Huet; Sachs von Harteneck; Die Einwanderung der Landler und Durlacher in Siebenbürgen; Georg Daniel Teutsch. [Bespr.: Korr. f. Ldek., XVIII, (1895), 136; S. b. T., 6525, 6635, (1895).]

71. Die Art der Ansiedlung der Siebenbürger Sachsen. Kirchhoffs Forschungen zur deutschen Landes- und Volkskunde IX. Bd. 1. Heft. Stuttgart, Verlag von J. Engelhorn 1895 und im Sonderabdruck. [Bespr.: Korr. f. Ldek., XVIII, (1895), 100.]

72. Kurze Mitteilungen über die Volksschule der Siebenb Sachsen. Vom Landeskonsistorium. Hermannstadt 1896.

73. Denkrede auf Johann Wolff. Zur Eröffnung der 47. Generalversammlung des Vereins für siebenbürgische Landeskunde. Arch. f. Ldek., N. F., XXVII, 1—98. [Bespr.: Korr. f. Ldek., XIX, (1896), 87].

74. Kalender des Siebenb. Volksfreundes [mit Dr. A. Schullerus], N. F. Jahrgang I—VII, 1896—1902. Hermannstadt, J. Drotleff. [Darin: 1896 Dr. Josef Bedeus von Scharberg. 1900: Josef Gull.]

75. Bericht über die Arbeiten des Vereins für siebenb. Landesk. Mitgeteilt in der 47. Generalversammlung in Hermannstadt am 19. August 1895. S. d. T., 6600—6601, (1895) und im Sonderabdrucke. Hermannstadt, Jos. Drotleff 1895. [s. auch Korr. f. Ldbe., XVIII, (1895), 109.]

76. Stille Jahre 1805—1830; Die Sachsen im Jahre 1848/49; Um und Vorschau. Drei Vorträge. Gedruckt in Hundert Jahre sächsischer Kämpfe. Hermannstadt, W. Krafft 1896. [Bespr.: S. d. T., 6853, 6854, (1896.)]

77. Die sächsische Entwicklung in den letzten hundert Jahren. S. d. T., 6716, 6717, 6719, 6724, (1896).

78. Um und Vorschau. S. d. T., 6831, 6832, (1896).

79. Die Geschichte unserer Gymnasien. S. d. T., 6957, (1896).

80. Rede zur Eröffnung der 48. Generalversammlung des Vereins für siebenb. Landesk. (A. L. Schlözers Kritische Sammlungen zur Geschichte der Deutschen in Siebenbürgen.) Arch. f. Ldbe., N F. XXVII, 263. [Bespr.: Korr. f. Ldbe., XX, (1897), 113.]

81. Denkrede auf Josef Andreas Zimmermann. Zur Eröffnung der 49. Generalversammlung des Vereins für siebenb. Landesk. (Bistritz.) Arch. f. Ldbe., N. F. XXVIII, 5.

82. Festpredigt bei der 33. Jahresversammlung des Gustav Adolf-Vereins am 21. August 1898 in Kronstadt. Kirchliche Blätter II, Nr. 18 und im Sonderabdruck. Hermannstadt, W. Krafft 1898.

83. Jos. Andreas Zimmermann, Nekrolog, in Bettelheims Biogr. Jahrbuch und deutscher Nekrolog. II, 151. Berlin, Reimer 1898.

84. Schullerus Fritz, Nekrolog, in Bettelheims Biogr. Jahrbuch und deutscher Nekrolog. III, 1899, 58.

85. Rede zur Eröffnung der 50. Generalversammlung des Vereins für siebenb. Landesk. Arch. f. Ldbe., N. F. XXIX, und im Sonderabdrucke. Hermannstadt, W. Krafft (1899). [Bespr.: Korr. f. Ldbe., XXII, (1899), 116.]

86. Bilder aus der vaterländischen Geschichte. Unter Mitwirkung von R. Briebrecher, E. Neugeboren, W. Schiller, Dr. G. A. Schuller, Dr. Fr. Schuller, Dr. A. Scheiner, Dr. A. Schullerus, Oskar Wittstock. II. Bd. Hermannstadt, W. Krafft 1899.

Von Fr. Teutsch rühren in diesem Bande folgende Aufsätze her:
a) Die Besiedlung des Landes durch die Sachsen.
b) Die sächsische Frau in der Vergangenheit.
c) Aus dem Zeitalter des Humanismus und der Renaissance.
d) Unsere Burgen und die Wehrhaftigkeit der Sachsen in der Vergangenheit.
e) Zu der sächsischen Nationsuniversität.
f) Der siebenb.-deutsche Jugendbund.
g) Die Entwicklung unseres nationalen Bewußtseins.
[Bespr.: Korr. f. Ldbe., XXII, (1899), 140; S. d. T., 7658, (1899); Münchner Allg. Ztg., Beilage 1899, Nr. 66; Nordd. Allg. Ztg., Beilage 1899, Nr. 76.]

87. Bilder aus der Vergangenheit der sächsischen Volksschule. Arch. f. Lbe., N. F. XXIX, 436. [Bespr.: S. b. T. vom 4. und 5. April 1900.]
88. Gull Josef, Nekrolog, in Bettelheims Biogr. Jahrbuch und deutscher Nekrolog. IV, 1900, 100.
89. Geschichte der Siebenbürger Sachsen für das sächsische Volk. I. Bd. Von den ältesten Zeiten bis 1699 von G. D. Teutsch 3. Aufl. (Herausgegeben von D. Fr. Teutsch.) Hermannstadt, W. Krafft 1899. [Bespr.: Korr. f. Lbe., XXII, (1899), 126; S. b. T., 7805, (1899).)]
90. Denkrede auf Wilhelm Wattenbach. Zur Eröffnung der 51. Generalversammlung des Vereins für siebenb. Landeskunde. Arch. f. Lbe., N. F. XXX und im Sonderabbruck. Hermannstadt, W. Krafft (1901).
91. Rede bei der Beerdigung des Kurators der ev. Landeskirche A. B. Albert Arz von Straußenburg am 18. Februar 1901 in der ev. Pfarrkirche in Hermannstadt. Kirchl. Blätter, IV, (1901), Nr. 43 und im Sonderabbrucke. Hermannstadt, W. Krafft 1901.
92. Rede bei der Trauerfeier anläßlich der Beerdigung Heinrich Wittstocks, Pfarrer in Heltau, gehalten in der ev. Kirche in Heltau am 31. März 1901. Kirchl. Blätter, IV, (1901), Nr. 49 und im Sonderabbruck. Hermannstadt, W. Krafft 1901.
93. Das Verfassungsrecht der ev. Landeskirche A. B. in den siebenb. Landesteilen Ungarns. Desider Márkus: Magyar Jogi Lexicon [in ungarischer Sprache].

Aus den Artikeln, die Teutsch im S. b. T. veröffentlichte, seien folgende erwähnt:*)

1880: Wanderungen in Hermannstadt, 2024; Aus alten Rechnungen, 2090
1881: S. Tr. Schiel †, 2229; C. Gooß †, 2285.
1882: G. Dietrich †, 2681; Hermannstädter Handels-, Gewerbe- und andere Verhältnisse, 2702 f.
1883: M Fuß †, 2839, 2840; Das alte und neue Kronstadt, 2894 ff.; Zum 12. September, 2961; Zur Lutherfeier, 2988; Luthers Bedeutung für die Siebenbürger Sachsen, 3012.
1884: E. Geibel †, 3152; Die Generalkirchenvisitation des Schäßburger Kirchenbezirks, 3222 ff.
1885: Die Generalkirchenvisitation des Schäßburger Kirchenbezirks, 3529 ff.
1886: Fr. Fronius †, 3702; Eine Um- und Rückschau, 3719; J. Haltrich †, 3779, 3789.
1887: W. Neubwich †, 4054; L. Uhland, 4064; Volkswirtschaftliches, 4140, 4141, 4144.
1888: Devrients Luther in Hermannstadt, 4391, 4394, 4395, 4398, 4401, 4404, 4408.
1889: Ein Mahn- und Bittwort, 4670, 4675, 4688; W. Wattenbach, 4800; Fr. M. Herbert †, 4816.
1890: C. Hase †, 4889; Innere Aufgaben, 5006; Frau Therese Jikeli †, 5178.
1891: Die Präsentationskosten 5324; Zum 4. Dezember [1691], 5470.
1892: M. Gnist †, 5636; M. Albert †, 5888; M. Malmer †, 6088; Der Idealismus und das sächs. Haus, 6093; C. Fr. Jikell †, 6096.
1894: Joh. Wolff †, 6100; Ein Wort für Internate, 6269; Zum Jubeltag der Universität Halle, 6275; C. Brandsch †, 6313; Zum Gustav Adolfstag, 6385.

*) Die dem Artikel nachgesetzte Zahl giebt die Nummer des S. b. T. an.

1895: J. B. Teutsch †, 6437; Gottlieb Bubater, 6501; Zum 50-jährigen Jubiläum des siebenb.-sächs. Landwirtschaftsvereins, 6627; L. Reissenberger †, 6679; Ein Wort für Lesehallen auf dem Lande, 6681.
1896: Fr. Ernst †, 6756; H. Wittstock, 6771; St. L. Roth, 6978.
1897: Zur nächsten Landeskirchenversammlung, 7054; Die Rentenregulierung, 7056; Die niedersten Gehaltsstufen und die Geldbeschaffung, 7057; Die Predigerfrage, 7058; Das Vikariat und die neue Kandidatengruppe, 7059; Aufhebung und Affilierung der Gemeinden und die Herabsetzung der Dienstjahre, 7060; Noch einmal das Vikariat, 7072; J. A. Zimmermann †, 7124; Ein versteckter Angriff auf unsere Kirche, 7153 und 54; W. Wattenbach †, 7231; Für unsre Ortsnamen, 7274, 7282; Jurjew und Nagy-Szeben, 7289.
1898: J. Honterus, 7404.
1899: Ein stiller Gedenktag (Kath. v. Bora), 7638; Der Bischof von Siebenbürgen, 7717.
1900: G. A. Schullerus †, 8078; Ein sächs. Nationalmuseum, 7747.

Das Korr. f. Lkde. brachte unter andern folgende bemerkenswertere Artikel Teutschs:*)

1878: Der 23. April als Georgtag, 107; Wanderung der Sachsen nach Siebenbürgen, 43.
1879: Siebenbürger in Halle, 66; Zu Albert Huets Biographie, 74; „Siebenbürgen" als Bezeichnung des Sachsenlandes, 107.
1880: Der älteste Hermannstädter Druck, 15; Ein sächsischer Totentanz, 87; Zur Entstehung des Eigenlandrechtes, 38; Siebenbürgische Ortsnamen, 41; Die ältesten Hermannstädter Buchdrucker, 43; Heerfahrtsordnung des Hermannstädter Stuhls, 53; Aufzeichnungen aus dem 17. und 18. Jahrhundert, 54; Aus dem Billaker Kirchenprotokoll 1661—1720, 60; Die Bevölkerungszahl des Hermannstädter Stuhles 1468, 69; Hermannstädter Feuerlöschordnung von 1570, 70; Über Schmoller, Die Straßburger Tücher- und Weberzunft, 86; Hermannstädter Goldschmiede, 92; Das Verhältnis Robnas zu Bistritz, 112.
1881: Die Hermannstädter Buchdrucker und Buchhändler, 1; Die zwei ältesten sächs. Humanisten, 18; Über Ferd. v. Zieglauer, Die politische Reformbewegung in Siebenbürgen ꝛc., 31; Die Landkarte von Ungarn von 1528, 42; Über Franz Wieser, Magalhâes-Straße und Austral-Kontinent auf den Globen des Johann Schöner, 44; Die Rektoren der Hermannstädter Schule 1446—1598, 51; Die sächs. Provinz und die Stadt Hermannstadt im 15. Jahrhundert, 125; Über P. Hunfalvy, Die Ungarn oder Magyaren, 132.
1882: Zur Steuergeschichte der Hermannstädter Provinz im 15. Jahrhundert, 29, 41, 110, 121; Die Hermannstädter Buchdrucker und Buchhändler, 64.
1883: Siebenbürgisch-deutsche Altertümer, 17, 49, 73, 97. Zur Agrargeschichte des sächs. Volkes, 89; Die älteste sächs. Reformationsgeschichte, 121.
1884: Alte Landkarten von Siebenbürgen, 13; Die deutsche periodische Litteratur in Siebenbürgen, 49; Die Rektoren des Hermannstädter Gymnasiums, 52, 118.
1885: Neue Beiträge zur Hermannstädter Buchdruckergeschichte, 121.
1886: Nachträge zur Geschichte des ev. Gymnasiums, 25, 54; Die Kronstädter Buchdrucker, 39; Über Theodor Mommsens, Römische Geschichte, 5. Bd., 58; Zur

---

*) Die dem Titel nachgesetzte Zahl giebt die Seite des Korr. f. Lkde. an.

ältesten sächs. Baukunde, 79;* Zum sächs. Buchdruck und Buchhandel, 116;
Noch ein Wort zur ältesten sächs. Baukunde, 130.
1887: Tagebuchaufzeichnungen von 1768, 117.
1890: Zur Herkunft des beim Hermannst. Kapitel gehörigen griechischen Kreuzes, 105.
1891: Zur Geschichte der sächs. Jäger, 65.
1892: Der städt. Haushalt Kronstadts am Anfang des 16. Jahrhunderts, 1, 17, 93.
1893: Die Klosterschulen im Sachsenland, 1; Villa Riuetel, 81;
1894: Zur Geschichte der Gesundheitspflege (1745), 35.
1895: Honterus in Wien, 17.
1896: Die Bilder und Altäre in den ev. sächs. Kirchen, 41.
1898: Ein urkundlicher Beitrag zu unserer Agrargeschichte, 49; Zur Geschichte unserer Kirchenbauten, 133.

In der Allg. d. Biogr. erschienen von Teutsch folgende Artikel:

Huet Albert, 13, 283; Listh Johann, 18, 779; Marlin Josef, 20, 393; Teutsch G. D., 37, 618: Ungler (Ungleich) Lukas, 39, 305; Wenrich Johann Georg, 41, 724; Wächter Josef Dr. med., 40, 434; Wagner Valentin, 40, 584.

Wurzbach, 44, 85.
S. b. L. 7808, (1899).
Kirchl. Blätter, III, (1899), 136.

Teutsch Georg Daniel, Dr. phil., theol. et jur.
(III, 371).

Nach seiner Erwählung zum Bischof der ev. Landeskirche A. B. war sein erstes Bestreben, die organische Gesamtgemeinde der Landeskirche herzustellen. Beides ließ sich nur dadurch ermöglichen, daß er den Amtssitz in Hermannstadt einnahm und auf allen Gebieten des kirchlichen und Schullebens organische Gesetze durch das dazu von der Kirchenverfassung berufene Organ, die Landeskirchenversammlung, schaffen ließ. So übersiedelte er nach Hermannstadt und im Verein mit dem damaligen Sekretär der Landeskirche Franz Gebbel veranlaßte er die Schaffung der organischen Gesetze für die Kirche, die die Landeskirchenversammlung des Jahres 1870 beschloß: die Eheordnung, die Bestimmungen über die Organisation der Ehegerichte, die Schulordnung für den Volksunterricht, die Satzungen der allgemeinen Pensionsanstalt, das Gesetz betreffend die Erläuterung und Abänderung einiger Bestimmungen der Kirchenverfassung und die Disziplinarordnung. So wurde in demselben Augenblick, da die neuen staatlichen Einrichtungen die Axt an die alten Munizipaleinrichtungen der Sachsen legten, der Grund zur Einheit derselben auf kirchlichem Gebiet gelegt. Wie im 16. Jahrhundert durch Honterus und den Sachsenkomes Markus Pemßflinger und seine Nachfolger der einigende Mittelpunkt durch Annahme und rasche Durchführung der Reformation gesucht und gefunden und damit die Grundlage ferneren Bestandes der Sächsischen Nation geschaffen wurde, so schuf Teutsch durch die unter ihm werdende Einheit der evangelischen Landeskirche von neuem die sichere Grundlage für den Fortbestand seines Volkes.

Es schien für ihn kein Morgen zu geben, darum arbeitete er jeden Tag unausgesetzt, aus den alten Bausteinen, die er überkommen, ein neues Haus zu bauen und dasselbe wohnlich einzurichten. So wurde 1872 beschlossen, eine zweite Perikopenreihe herauszugeben, nachdem er schon 1870 die allgemeine Generalkirchenvisitation im Bistritzer Kirchenbezirk begonnen hatte, die er 1871 in Reps, 1872 und 1873 in Hermannstadt, 1874 in Reen, 1875 und 1876 in Mühlbach, 1877 und 1878 in Schelk, 1879 in Kronstadt, 1880 und 1881 in Mediasch, 1881 und 1882 in Schenk fortsetzte und 1884—1886 in Schäßburg vollendete. Die Aufgabe dieser Visitationen bezeichnete er mit dem biblischen Worte, er wolle „die Lücken verzäunen und die Wege bessern, daß man da wohnen mag."

Seit dem Antritte des Ministeriums Tißa 1875 begannen die Angriffe auf die bisherige Rechtsgrundlage der ev. Kirche und Schule, bis dahin auf Grund des § 14 des 43. Gesetzartikels vom Jahre 1868 respektiert. 1879 wurde das Gesetz über die obligatorische Einführung der magyarischen Sprache in den Volksschulen, 1883 das Mittelschulgesetz geschaffen, die Teutsch mit den Waffen des Gesetzes, freilich vergeblich, abzuwehren suchte. Die Dotation der ev. Landeskirche, die Se. Majestät der Kaiser 1861 allergnädigst bewilligt hatte, wurde fraglich und seit 1876 mußte um die Auszahlung derselben unaufhörlich gekämpft werden. Dann begann der Kampf um die Loslösung der Csangogemeinden von der ev. Landeskirche, der von 1877 bis 1892 geführt werden mußte. Im Jahre 1890 hatte man gegen das Gesetz über die Kindergärten und Bewahranstalten zu kämpfen und 1892 focht man auch den Titel der Landeskirche an, sowie aufs neue die Staatsdotation. In all' diesen Kämpfen stand natürlich der Bischof in der ersten Reihe, der die Rechte seiner Kirche in bedeutenden Staatsschriften verteidigte.

Eine besonders rege Thätigkeit hat Teutsch auf dem Gebiete der siebenbürgischen Landeskunde entwickelt. Er war von dem Landeskundeverein schon 1869 zum Vorstand gewählt worden und sofort zeigte sich neues Leben in demselben. Er selbst arbeitete fortwährend, und je länger er sich mit der Wissenschaft beschäftigte, nur um so gediegener wurden die Arbeiten, wovon namentlich die im Jahre 1874 in zweiter Auflage erschienene Sachsengeschichte vollgültiges Zeugnis ablegt. Es war ein Werk, durchwegs auf Quellenstudien beruhend, das sich der Anerkennung auch des Auslandes zu erfreuen hatte. Aber auch ebenso bedeutend waren die Anregungen, die er den Heranwachsenden gab. Es wimmelte bald von Historikern, die Arbeit teilte sich, wurde tiefer und gediegener, wie die Bände des Vereinsarchivs Jahr für Jahr bewiesen. Wer irgendwie sich für einen Spezialteil der Landeskunde informieren und die Wege zeigen lassen wollte, wandte sich an Teutsch, der in den Quellen und der Litteratur bewandert war, wie niemand vor ihm.

Wie er das alles vermochte: selber stets wissenschaftlich thätig, vom Amt fortwährend in höchstem Maße in Anspruch genommen, dabei einen ausgebreiteten Briefwechsel mit den hervorragendsten Vertretern der deutschen Wissenschaft, sowie mit allen Hervorragenden im Vaterland und einem sehr großen Freundeskreis unterhaltend und seit 1882 als Mitglied des

Zentralvorstandes des Gustav Adolf-Vereins in Leipzig, seit 1883 auch als Vorstand des Siebenbürgischen Hauptvereins besonders mit Arbeit überhäuft, wird für alle Zeit ein Zeichen seiner unermüdlichen Arbeitskraft und ungewöhnlichen Begabung bleiben.

Im Jahre 1882 verlieh ihm die Universität Jena den theologischen Doktortitel mit den Worten: „Saxonum, qui Transsilvaniam incolunt, historiographum meritissimum, virum doctum strenuum sobrium, cum in schola tum in ecclesia regenda bene probatum, Germanorum morum traditaeque libertatis defensorem intrepidum." Zwei Jahre später wurde er Doktor der Rechte von Berlin aus, „ob insignia in historiam atque doctrinam juris ecclesiastici evang. merita", nachdem schon früher, 1874, die baierische Akademie der Wissenschaften und die Göttinger Gesellschaft für Kirchenrecht, 1880, ihn zu ihren Mitgliedern ernannt hatten. Wattenbach hatte sein „Deutsches Schriftwesen im Mittelalter" ihm, „dem Stolz und der Zierde seines Volkes", gewidmet (1874), die Stadt Hermannstadt erwählte ihn am 12. Dezember 1887, zu seinem 70. Geburtstage zu ihrem Ehrenbürger. Dieser Tag wurde von der gesamten Landeskirche und dem ganzen sächsischen Volk in würdigster Weise gefeiert und es war aus aller Herzen gesprochen, was sein langjähriger Freund und Mitarbeiter, der spätere Nachfolger im Amt, Dr. Friedrich Müller bei dem Festmahle sagte, der Jubilar sei eine Geschichte oder eine Summe von Gedanken, die keiner Auslegung bedürften. Die vier Jahrzehnte, die er gewirkt, seien nicht zu denken ohne ihn, die Zukunft nicht ohne die Gedanken, für die er gekämpft. Er habe seine Lebensarbeit daran gesetzt, daß Recht Recht bleibe, Ehre und Treue habe seine Arbeit vergeistigt, wer ihn untreu schelte, schelte sein Volk untreu, darum sei unser Gelöbnis, fest und treu zu ihm zu stehen, so lange er unter uns weile. Der Herzog Ernst II. von Sachsen-Koburg und der Großherzog Karl Alexander von Sachsen-Weimar verliehen ihm hohe Orden.

Im Jahre 1890 setzte Teutsch die Erhöhung der Volksschullehrergehalte durch, bevor noch der Staat für seine Schulen es gethan hatte. Ein Jahr darauf wurde die Seminarfrage im Sinne der Konzentrierung gelöst und das ev. Landeskirchenseminar gegründet, die neue Anstalt dazu im November desselben Jahres eingeweiht. Im folgenden Jahre, 1892, wurden die Gehalte für die Mittelschullehrer erhöht.

Wenig später wurden die ersten Schlagworte von der Zivilehe und der Verstaatlichung der Matrikeln von Seite der Regierungspartei des Abgeordnetenhauses ausgegeben und damit eine neue Gefahr für Kirche, Schule und Volkstum heraufbeschworen. Mit Recht sah Teutsch in den diesbezüglichen Gesetzentwürfen nicht nur eine Verletzung der Autonomie der ev. Landeskirche, deren Rechtsstellung zu wahren und zu verteidigen er in seinem Amtseid geschworen hatte, sondern auch einen Vorstoß des mit dem Ultramontanismus verbündeten magyarischen Chauvinismus gegen das evang. Deutschtum. Darum wendete sich das Landeskonsistorium in einer von seinem Bischof verfaßten Repräsentation an den Reichstag, mit der Bitte, die siebenbürgischen Religionsgesetze nicht außer Kraft zu setzen, und Teutsch hielt in seiner Eigenschaft als Magnatenhausmitglied am 9. Mai

1893 in der Sitzung desselben eine Rede gegen die kirchenpolitischen Vorlagen. Mit dem Eindrucke, daß die letztern nach der damaligen Atmosphäre im Magnatenhaus nicht durchgehen würden, kehrte er von Budapest krank zurück. Doch besserte sich sein Zustand, so daß er Ende Mai in S.-Reen die Einweihung des neuen Schulgebäudes vornehmen konnte. Im Juni wiederholte sich die Krankheit und mit den Worten: „Ich muß" starb er am 2. Juli abends infolge eines Herzschlages, im 76. Jahre seines Lebens. im 51. seines Dienstes in Kirche und Schule, im 26. seines Bischofsdienstes, 51 Jahre war er Mitglied des Vereins für siebenb. Landeskunde gewesen, fast 50 Jahre Ausschußmitglied und 24 dessen Vorstand.

Bei seiner Geburt, im 300. Jubeljahre der Reformation, — so führt die Denkrede Fr. Teutschs auf ihn aus — gab es keine einheitliche ev. Kirche in Siebenbürgen, keine Zusammengehörigkeit der 16 Kapitel, darum auch keine gemeinsame Feier des großen Tages. Als er starb, hatte die Kirche schon lange und hauptsächlich durch ihn ihre Einheit äußerlich und innerlich gefunden, wie das Lutherjahr 1883 sichtbar bewiesen hatte. Im Jahre 1817 hatte die Kirche kein einheitliches Regiment und hatte ihren Rechtsboden unter den Füßen verloren; 1893 übte das erstere schon seit 32 Jahren seinen segensreichen Einfluß aus und die Kirche verteidigte den wieder gewonnenen Rechtsboden mit einer Entschiedenheit, die mit dazu beitrug, die sittlichen Kräfte im Volke zu stärken, und Ursache war, daß manches noch erhalten blieb. 1817 hatten wir noch keine gemeinsame Schulordnung, überhaupt keine Ordnung auf diesem Gebiet, im Jahre 1893 sahen wir auf gefestigte Einrichtungen zurück von der Volksschule bis zur Hochschule und freute man sich der einheitlichen Vorbildung auch der Volksschullehrer. In seinem Geburtsjahre hatten wir kaum die Anfänge einer historischen Litteratur, fremd und unbekannt stand das Volk seiner Vergangenheit gegenüber; als er starb, war die Kenntnis unseres eigenen Wesens hauptsächlich durch ihn uns eröffnet, denn er hatte eine historische Litteratur geschaffen und schaffen helfen, wie sie ein einzelner deutscher Volksstamm im Mutterlande kaum schöner und reicher besitzt. 1817 hatte unser Volk kein nationales Gesamtbewußtsein, der Gedanke der Zusammengehörigkeit war in breiten Schichten desselben gar nicht vorhanden; bei seinem Tode war der nationale Gedanke ein unverlierbares Eigentum und Gut unserer Volksseele geworden. In seinem Geburtsjahr hatten auch die leitenden Kreise unseres Volkes noch keine Ahnung von der Stellung dieses im Staate und zu den weiteren Aufgaben der Gegenwart; da er starb, war mit dieser Erkenntnis eine Fülle neuer Aufgaben in unserem Volke lebendig geworden. Wenn unser Leben niemals des Glaubens, der Treue, des Pflichtgefühles, der Gewissenhaftigkeit entbehrt hat, so hat Teutsch sie gestärkt, vertieft und unser inneres Leben bereichert und gemehrt. Wir halten Haus mit Gedanken und Anschauungen, die er uns in die Seele gelegt, und streiten um Ziele, die er uns gesteckt. Zu Anfang des 19. Jahrhunderts kannte Deutschland unsere Vergangenheit und Gegenwart nicht, stand uns kalt und gleichgiltig wie einem fremden Volk gegenüber, am Ausgange desselben wars vollständig anders, Teutschs Leben und Arbeit hat dort Verständnis und Liebe für uns geweckt, und da er starb, feierten sie im Prunksaale des Berliner Rathauses sein Andenken, wie das eines der Ihrigen (vgl. S. b. T., 6133 und 6134).

Das dankbare Volk hat ihm ein Denkmal gesetzt, das 1899 vor der großen evang. Kirche in Hermannstadt unter dem Zusammenströmen der gesamten Kirche und des gesamten Volkes, sowie im Beisein hervorragendster Männer der Wissenschaft und der ev. Kirche des deutschen Reiches enthüllt wurde. Dauernder als dieses aus Erz aber wird sein Andenken in der Geschichte seines Volkes und seiner Kirche erhalten bleiben. Er war einer der Größten, die unsere bald achthundertjährige Geschichte in diesem Lande aufzuweisen hat.

G. D. Teutsch veröffentlichte: *)

1. Beiträge zur Geschichte Siebenbürgens vom Tode König Andreas III. bis zum Jahre 1310. Arch. f. Ldk., I.
2. Der Zollstreit der Sachsen mit dem Großwardeiner Kapitel in dem letzten Viertel des 15. Jahrhunderts. Ebenda, I.
3. Über den Namen der Siebenbürger Sachsen. Ebenda, I.
4. Abriß der Geschichte Siebenbürgens. Beigedruckt G. Binders Übersicht der gesamten Erdkunde für Schule und Haus. Kronstadt 1844, 8°. Seite 139- 178. Zweite Auflage davon mit dem Titel: Abriß der Geschichte Siebenbürgens zunächst zum Gebrauch für Studierende. Kronstadt 1865. Gedruckt und im Verlag bei Johann Gött. In Kommission bei T. J. Haberfang in Schäßburg.
5. Aus den handschriftlichen Denkwürdigkeiten eines Sachsen des 17. Jahrhunderts. Arch. f. Ldk., II.
6. Beiträge zur Geschichte Siebenbürgens unter König Karl Robert. Ebenda, II.
7. Aus dem handschriftlichen Nachlaß eines Sachsen des 17. Jahrhunderts. Fortsetzung. Ebenda, II.
8. Urkundliche Beiträge zur Rechts- und Sittengeschichte der sächsischen Vorzeit. Ebenda, II.
9. Beiträge zur Geschichte Siebenbürgens unter König Ludwig I. 1342—1382. Archiv für Kunde österreichischer Geschichtsquellen, II. Wien 1850.
10. Aus Zacharias Filkenius handschriftlichen Denkwürdigkeiten. Arch. f. Ldk., IV.
11. Geschichte des Schäßburger Gymnasiums. Sch. G.-P., 1852, 1853.
12. Geschichte der Siebenbürger Sachsen für das sächsische Volk. Eine vom Verein für siebenb. Landesk. gekrönte Preisschrift. 6 Hefte, 1852—1858. Kronstadt, Druck und Verlag bei Johann Gött.
13. Die Reformation im Sachsenlande. Der ev. sächsischen Kirche dargebracht zur dritten Säkularfeier ihrer Gründung. Kronstadt, Druck von Johann Gött. 12°. 2. Aufl. 1858, 3. 1860, 4. 1865, 5. 1875, 6. 1886.
14. Die Schäßburger Gemeinderechnung von 1522. Arch. f. Ldk., N. F. I.
15. Siebenbürgische Zustände unter Michael Apaffy I. Ebenda, I.
16. Das Testament des Denndorfer Pfarrers A. Schwarz. Ebenda, I.
17. Aufforderung zur Sammlung von Materialien die Gemeinde- und Rechtsverfassung betreffend. Kronstadt 1856.

---

*) Vgl. auch Trausch III, 381.

18. Über die Schließung der Schäßburger Realschule zu Anfang des Schuljahres 1855/56. Kronstadt 1856.
19. Urkundenbuch zur Geschichte Siebenbürgens. Erster Teil, enthaltend Urkunden und Regesten bis zum Ausgang des Arpadischen Mannesstammes 1301. Gemeinsam mit Fr. Firnhaber herausgegeben. Erschien in den Fontes rerum Austriacarum 1857. Wien.
20. Rechtsquellen der ev. Landeskirche A. B. in Siebenbürgen, in W. Hornyansky's Protestantischen Jahrbüchern. Bd. IV und V, 1857 und 1858.
21. Das Zehntrecht der ev. Landeskirche A. B. in Siebenbürgen. Schäßburg, C. Habersang 1858. [Bespr. von H. Kämmel in der S. Qu. III. Heft, 1860.]
22. Eine Kirchenvisitation. Zur Kulturgeschichte der Sachsen im 17. Jahrhundert. Arch. f. Ldbe., N. F. III.
23. Autobiographien. Trauschenfels, „Magazin für Geschichte u. s. w." I. Kronstadt 1859.
24. Zur Geschichte von Bistritz. Arch. f. Ldbe., N. F. IV.
25. Vor dreihundert Jahren. Sächs. Hausfreund, Jahrgang 1860, Kronstadt.
26. Rede zum 100-jährigen Geburtstag Fr. v. Schillers. Kronstadt, Joh. Gött 1860.
27. Vier Schulreden. Sch. G.-P., 1861.
28. Bericht über die Verhandlungen der ersten Landeskirchenversammlung A. B. in Siebenbürgen vom 12.—22. April 1861. Hermannstadt, Theodor Steinhaußen 1861.
29. Chronik des Schäßburger Stadtschreibers G. Krauß 1607—1665, 2 Teile. In Fontes rerum Austriacarum. Scriptores III, IV. Wien 1862—1864.
30. Die Verhandlungen und Beschlüsse der ev. Landeskirchenversammlung in Hermannstadt vom 17. September bis 1. Oktober 1862. Hermannstadt, bei J. Closius 1862.
31. Christentum und Reformation in Siebenbürgen. Herzog, Real-Encyklopädie, XIV, unter Siebenbürgen. Gotha 1862.
32. Urkundenbuch der ev. Landeskirche A. B. in Siebenbürgen I. Hermannstadt, Theodor Steinhaußen 1862.
33. Um 1562. Bilder aus Mediaschs Vergangenheit. Transsilvania, N. F. II, 1862.
34. Zur Geschichte der Pfarrerswahlen in der ev. Kirche. Hermannstadt, Theodor Steinhaußen 1862.
35. Die Bischöfe der ev. Landeskirche A. B. in Siebenbürgen. Statistisches Jahrbuch der ev. Landeskirche. Hermannstadt 1863.
36. Die Rechtslage der ev. Landeskirche A. B. in Siebenbürgen. In R. Doves Zeitschrift für Kirchenrecht, III. Tübingen 1863. Auch im Sächs. Hausfreund, Kalender für 1867. Kronstadt 1866.
37. Reformatio ecclesiae Coronensis ac totius Barcensis provinciae. Cum praefatione Philippi Melanthon. Wittenbergae. Anno MDXLIII. Nova primam plane reddens editio. Vindobonae XIX. Mart. MDCCCLXV.
38. Drei Predigten. Gehalten in der ev. Pfarrkirche A. B. in Agnetheln. Hermannstadt 1868.

39. Die Stimme der ev. Stiftung des Gustav Adolf-Vereins an dieses Geschlecht. Predigt, gehalten am 5. August 1868 in Bistritz. Hermannstadt 1868.
40. Unsere Zuversicht auf die Zukunft unserer Kirche. Festpredigt zu seiner feierlichen Einführung in Amt und Würde gehalten in Hermannstadt, 12. November 1868. Ebenda, 1868.
41. Zur Geschichte der ev. Landeskirche A. B. in Siebenbürgen in den letzten zwei Jahrzehnten. Schenkel, Allgemeine kirchliche Zeitschrift. Jahrgang 1869, Heft 8 und 9.
42. Die Stellung unserer Kirche in der großen Entwicklung der Gegenwart. Predigt zur Eröffnung der VI. Landeskirchenversammlung am 17. Februar 1870. Ebenda, 1870.
43. Einige Züge aus dem Lebensbild unserer Synode im letzten Jahrhundert. In den Verhandlungen der Synode 1870.
44. Johann Karl Schuller. Ein Beitrag zur Geschichte seines Lebens und Wirkens. Arch. f. Ldbe., N. F. IX.
45. Vor zweihundert Jahren. Bilder aus dem Leben des Schenker Kapitels. Ebenda, IX.
46. Zwei Jahre aus dem Leben Hermannstadts vor zweihundert Jahren. Ebenda, X.
47. Siebenbürgische Studierende auf der Hochschule in Wien im 14., 15. und 16. Jahrhundert. Ebenda, X.
48. Über die ältesten Schulanfänge und damit gleichzeitige Bildungszustände in Hermannstadt. Ebenda, X.
49. Nachträge zur Abhandlung: Über die ältesten Schulanfänge und damit gleichzeitige Bildungszustände in Hermannstadt. Ebenda, X.
50. Denkrede auf Martin Reschner. Ebenda, X.
51. Aktenmäßige Beiträge zur Geschichte Siebenbürgens im 18. Jahrhundert. Ebenda, XI.
52. Geschichte der Siebenbürger Sachsen für das sächsische Volk. 2. Aufl. 2 Bde. Leipzig, S. Hirzel 1874. [Bespr.: S. b. T., 480, (1875); Deutsches Tageblatt Berlin 1883, vgl. S. b. T., 3019.]
53. Denkrede auf Josef Trausch. Arch. f. Ldbe., N. F. XII.
54. Denkrede auf Karl Fuß. Ebenda, XII.
55. Die Artikel der geistlichen und weltlichen Universität für die Generalkirchenvisitation von 1577. Statistisches Jahrbuch der ev. Landeskirche A. B. 1875.
56. Über Honterus und Kronstadt zu seiner Zeit. Arch. f. Ldbe., N. F. XIII.
57. Aus einer Pergamenthandschrift des Kronstädter Gymnasiums. Ebenda, XIII.
58. Denkrede auf Gustav Seiwert. Ebenda, XIII.
59. Denkrede auf Josef Fabini. Ebenda, XIV.
60. Ein Zug zum Lebensbild G. P. Binders. Ebenda, XIV.
61. Über die Entstehung und Weiterentwicklung des Interralls in der ev. Landeskirche A. B. Rede zur Eröffnung der auf den 8. Mai 1879 nach Hermannstadt einberufenen Generalsynode. Protokoll der Synode 1879.

62. Vorlage betreffend die Verwendung des Intervalles. Landeskonsistorialzahl 1601/1879.
63. An die hohe Landeskirchenversammlung, L. C. Z. 1871/1879. (Beleuchtung der Denkschrift des Hermannstädter Kapitels: Die Intervallfrage.)
64. Honterus, in der 2. Aufl. von Herzogs theologischer Realencyklopädie. Bd. VI, 1879. Ebenso in der 3. Aufl. Bd. VIII, 1900.
65. Denkrede auf Dr. Josef Wächter. Arch. f. Ltde., N. F. XVI.
66. Siebenbürgische Studierende auf der Hochschule in Wien II. Ebenda, XVI.
67. Denkrede auf Samuel Schiel. Ebenda, XVI.
68. Denkrede auf Carl Gooß und M. G. Schuller. Ebenda, XVII.
69. Zur Geschichte der Sachsen unter der Regierung Gabriel Bathoris. Ebenda, XVII.
70. Die Synodalverhandlungen der ev. Landeskirche A. B. in Siebenbürgen im Reformationsjahrhundert. Zur Feier des 400-jährigen Geburtstages von Dr. Martin Luther. Hermannstadt 1883. Dieses Buch bildet den 2. Teil des Urkundenbuchs der ev. Landeskirche. [Bespr.: Korr. f. Ltde., VI, (1883), 128; Nordd. Allg. Ztg. vom 25. Januar 1884; Deutsche Litteraturztg. Nr. 26, (1886.)]
71. Denkrede auf G. Fr. Marienburg. Arch. f. Ltde., N. F. XIX.
72. Der Generaldechant der ev. sächsischen Kirche. Korr. f. Ltde., 1884, Nr. 3 und 4.
73. Denkrede auf Michael Fuß. Arch. f. Ltde., N. F. XIX.
74. Vorlage betreffend die neue Agende (darin eine Geschichte derselben) in den Verhandlungen der 12. Landeskirchenversammlung. Hermannstadt 1885.
75. Beiträge zu den „Synodalverhandlungen der ev. Landeskirche A. B. in Siebenbürgen im Reformationsjahrhundert". Statistisches Jahrbuch der ev. Landeskirche. 1885.
76. Rede zur Eröffnung der 38. Generalversammlung des Vereins für siebenb. Landesk. (über Johann Seivert † 1785 und Christian Schesäus † 1585). Arch. f. Ltde., N. F. XX.
77. Denkrede auf Fr. Fr. Fronius. Ebenda, XXI.
78. Denkrede auf Josef Haltrich. Ebenda, XXI.
79. Über die Anfänge der siebenb.-sächs. Geschichtsschreibung. Ebenda, XXI. [Bespr.: Korr. f. Ltde., IX, (1886), 49].
80. Der Anteil Mühlbachs an der siebenb.-sächs. Geschichtsschreibung. Ebenda, XXII.
81. Zur Geschichte der Sachsen unter Gabriel Bathori. II, III, IV. Ebenda, XXII.
82. Rede im Magnatenhaus. S. b. T., 4665, (1889).*)
83. Zur Geschichte von Birthälm und Proben aus G. P. Binders Gedichten. Eröffnungsrede. Ebenda, XXII.
84. Die Sachsen unter Josef II. Eröffnungsrede. Ebenda, XXIII.
85. Der Siebenbürger Landtag von Klausenburg von 1790/91. Eröffnungsrede. Ebenda, XXIV. [Bespr.: Korr. f. Ltde., XV, (1892), 98.]
86. Die litterarische Bewegung unter den Sachsen vor 100 Jahren. Eröffnungsrede. Ebenda, XXIV. [Bespr.: Korr. f. Ltde., XVI, (1893), 27.]

---

*) Über Teutschs parlamentarische Thätigkeit s. auch den Anhang.

Außerdem war Teutsch einer der hervorragendsten Mitarbeiter des S. b. W. (s. den Artikel Franz Gebbel) und schrieb eine große Anzahl von Mitteilungen, Anregungen und Anzeigen bedeutender deutscher und magyarischer Werke im Korr. f. Lkde. und zwar:

1878: Über Honterus' Karte von Siebenbürgen, 85; Archäologisches aus Salzburg, 94.
1879: Über Szabo, Régi magyar könyvtár, 4; Über Szilágyi, Mon. com. regn. Trans., III und IV, 38; Kráczevez: Die Gurke, 90.
1880: Über Szilágyi, Mon. com. regn. Trans., V, 8; Mitteilungen zum „Diarium des Andreas Hegyes vom Jahre 1613—1617", 99; Archäologisches, 109.
1881: Nachträge zur älteren siebenb. Glockenkunde, 17 und 139; Über Szilágyi, Mon. com. regn. Trans., VI, 23; Ein neues Werk von Honterus, 136.
1882: Über Szilágyi, Mon. com. regn. Trans., VII, 35; Zur Geschichte des Aufstandes der Sachsen gegen den König Karl Robert 1324, 49; Die Lage der Schwarzburg im Burzenlande, 128.
1883: Über Szilágyi, Mon. com. regn. Trans., VIII, 46; Ein Schreiben von Honterus — angeblich — an Sebastian Münster, 61; Eine Quelle des verböczischen Tripartitum 2c., 25.
1884: Über Szilágyi, Mon. com. regn. Trans., IX, 45; Uber desselben Levelek és okiratok I. Rakoczy György keleti összeköttetései történetéhez. Budapest 1883, 46.
1885: Über Szilágyi, Mon. com. regn. Trans., X, 32; Über Szabó K., Régi magyar könyvtár, 47.
1886: Über Szilágyi, A Linzi béke okirattára, 20; Über die Anfänge der Geschichtsschreibung unserer Kirchenverbesserung, 49.
1887: Über Szilágyi, Mon. com. regn. Trans., XI, 59.
1888: Über Peter Bod, Historia Hungarorum ecclesiastica, 113.
1889: Zur vaterländischen Kirchengeschichte, 21; Zum Krieg Johann Zapolyas gegen Ferdinand von Österreich, 33; Über Szilágyi, Mon. com. regn. Trans., XII und XIII, 59; Honterus als Lehrer, 79.
1890: Ungarländer und Siebenbürger auf der Universität in Bologna, 25; Zur siebenb. Kunstgeschichte des 17. Jahrhunderts, 65; Zur Zunftgeschichte, 67; Siebenbürger Mitglieder der Bruderschaft des Hospitals zum heiligen Geist in Rom 1478—1590, 77, 89.
1891: Über Peter Bod, Historia Hungarorum ecclesiastica, 49, 57.
1893: Über Szilágyi, Mon. com. regn. Trans., XV, 33.

Ferner schrieb er in die Allg. d. Biogr. die Lebensdarstellungen der nachfolgenden Sachsen: Bergleiter Johann, Binder Georg Paul, Colb, Davibis, Eder, Fay, Filkenius, Filtsch Daniel, Fuß Carl, Goblinus, Gräser Andreas, Haner Georg, Haner Georg Jeremias, Helth Caspar, Hermann David, Honterus, Kelp G., Kinder J., Krauß G., Labiver, Lebrecht M., Lupinus Ch., Lutsch Johann, Lutsch Stefan, Marienburg G. Fr., Marienburg L. J., Massa Sim., Miles Math., Müller Jacob Aurelius, Müller S. J., Neugeboren D. G., Oltard A., Pankratius M., Rannicher, Reschner, Roth St. L., Salmen, Schesäus, Schuller J. C., Seivert Gustav, Seivert Joh., Simonius J., Trausch.

Im S. b. T. veröffentlichte Teutsch u. a. folgende Artikel:

1875: Franz Freiherr von Salmen, 377.
1884: Aus dem Leben der ev. Kirche (Gustav Adolf-Verein), 3338; Wilhelm Wachsmuth, 3357.
1885: Ein dunkler Erinnerungstag (Aufhebung des Ediktes von Nantes), 3606.
1886: Kronstädter Rechnungen, 3672; Ein 400-jähriger Erinnerungstag, 6. Februar 1486 (Bestätigung des Andreanischen Freibriefes für die Gesamtheit der Sachsen), 3694; Zum Jubiläum der Universität Heidelberg, 3840; Unser jüngster Doktor der Rechte, 3846; Zum 300-jährigen Todestage Stefan Bathoris, 3951; Kirchengeschichte von Hase, 3728.
1887: Zum Jubiläum der Universität Göttingen, 4149; Theodor Mommsen, 4248.
1888: Georg Binder, 4358; Über das deutsch-evang. Pfarrhaus von W. Baur, 4361.
1890: J. G. Giesel, 4894; Josef Gull, 5169.
1891: Rogge, Theodor Körner, 5412.

Aus seinem Nachlaß wurden herausgegeben:

1. Über die Notwendigkeit höherer Bildung unseres Volks. Rede bei der Rektorinstallation am 2. Januar 1851. Hermannstadt 1893, Josef Drotleff.
2. Predigten und Reden von G. D. Teutsch, Bischof der ev. Landeskirche A. B. in Siebenbürgen. Herausgegeben von Friedrich Teutsch. Leipzig, Druck und Verlag von Breitkopf und Härtel 1894. [Bespr.: Litterar. Zentralblatt 1894, Nr. 44; Die christl. Welt 1894, Nr. 49; S. b. T., 6171 und 6247, (1894); Groß-Kokler Bote, 26. August 1894; Korr. f. Lkde., XVIII, (1895), 9; Kronst. Zeitung, 5. Juli 1894; Pfarrhaus, Nr. 11, 1894; Litteraturzeitung, Nr. 44, 1894; Sächs. Gustav Adolf-Bote, Nr. 8, 1895; Litteraturbericht für Theologie, Nr. 4, 1895; Kapellenblatt, 2, 1895; Allg. litterar. Anzeiger für die evang. Geistlichen, 10, 1894; Theologische Litteraturzeitung, 1, 1895; Theologisches Litteraturblatt, 12. April 1895.]
3. Abriß der Geschichte Siebenbürgens II, 1526—1699. Arch. f. Lkde., XXVI, 1.

    S. V. K. für das Jahr 1873 und für 1894.
    S. b. T., 2475, (1882); 3100, (1884).
    Korr. f. Lkde., X, (1887), 125.
    S. b. T., 4257—61, 4268, (1887).
    Korr. f. Lkde., XV, (1892), 57.
    S. b. T., 5623, 5627, 5789, (1892).
    Wurzbach, 45, 84.
    Friedenfels, Bedeus, I, 91, 294; II, 41, 174, 241, 247, 248, 275, 314 und 446.
    S. b. T., 5946, (1893).
    Korr. f. Lkde., XVI, (1893), 97.
    Allg. d. Biogr., 37, 618 von Fr. Teutsch.
    Kronstädter Zeitung 5. Juli 1893.
    Bistritzer Zeitung, Nr. 28 1893, (8. Juli).
    Großkokler Bote, Nr. 758, (9. Juli).
    Siebenb. Volksfreund, Nr. 28, (9. Juli).
    Mediascher Wochenblatt, Nr. 10, (8. Juli).
    Dr. Fr. Müller, Rede aus Anlaß der Beerdigung des Bischofs D. G. D. Teutsch, am 5. Juli 1893 in der ev. Pfarrkirche in Hermannstadt. Hermannstadt, W. Krafft 1893.

F. Herfurth, Predigt zum Gedächtnis des am 2. Juli dahingeschiedenen hochw. Bischofs D. G. D. Teutsch gehalten im Trauergottesdienst der Gemeinde Neustadt, Kronstadt, Alexi 1893. Sonderabdruck des Schul- und Kirchenboten.
Schul- und Kirchenbote, Nr. 14, (1. September 1893).
Landwirtschaftliche Blätter, Nr. 15, (5. August 1893).
Kölnische Zeitung, Nr. 559, (11. Juli).
Deutsches Wochenblatt Berlin, Nr. 28, (13. Juli).
Das Deutschtum im Auslande. Berlin, Juli 1893.
Bezschlags deutsch-ev. Blätter. Heft VIII.
Ev. Gemeindeblatt für Rheinlande und Westfalen (Krefeld), Nr. 33, (1893), 18. August.
Rhein-Westf. Gustav-Adolfsblatt. Duisburg, Nr. 9, (1. September 1893).
Aus unseres Herrgotts Kanzlei. Ev. Gemeindeblatt für Magdeburg, Nr. 25, (16. September 1893).
Protestantische Kirchenzeitung, Nr. 28, (1893).
Leipziger illustrierte Zeitung, Nr. 2612, (1893).
Der sächsische Hausfreund für 1894 von Franz Obert, Kronstadt 1893.
Neuer Volkskalender. W. Krafft für 1894, Hermannstadt 1893.
Neuer und alter Hauskalender. Fr. Reissenberger für 1894.
Dr. Schwicker: Bischof D. G. D. Teutsch. Deutsches Wochenblatt (Berlin), Nr. 34 und 35, 1893.
Herfurth, G. D. Teutsch, Rede gehalten am 12. Dezember 1893. Hermannstadt, W. Krafft 1894.
Das Deutschtum im Auslande. XIII. Jahrgang. Berlin 1894 Januar, darin: Gedächtnisfeier für Bischof D. G. D. Teutsch, am 12. Dezember 1893 im großen Festsaale des Rathauses zu Berlin. Festreden und Ansprachen von Dr. Vormeng, Dr. Wattenbach und Dr. Frommel. Mitgeteilt auch im S. b. T., 6133—34.
Zu dankbar-frommem Andenken an D. G. D. Teutsch. Christliche Welt. Leipzig, Nr. 34—36, (1894).
Dr. Fr. Teutsch, Denkrede auf G. D. Teutsch. Zur Eröffnung der 46. Generalversammlung des Vereins für siebenb. Landesk. Arch. f. Ldbe., N. F. XXVI, 293—431. Darin: (413—418), Das curriculum vitae G. D. Teutschs.
Derselbe: Bischof D. G. D. Teutsch. Herausgegeben vom Ausschuß des Vereins für siebenb. Landesk. Hermannstadt, W. Krafft 1894.
Dr. F. Müller, Rede zur Eröffnung der 29. Hauptversammlung des siebenb. Hauptvereins der Gustav Adolf-Stiftung in S.-Reen. Hermannstadt, W. Krafft 1894.
Mitteilungen der Gesellschaft für deutsche Erziehungs- und Schulgeschichte. Herausgegeben von Kehrbach. Berlin 1894. 4. Heft, S. XXXII.
Bilder aus der vaterl. Gesch. I.
Sch. G.-P., 1897, 21.
Eine größere Biographie G. D. Teutschs, von D. Fr. Teutsch befindet sich in Vorbereitung.

Teutsch Johann Friedrich,

geboren in Schäßburg am 4. April 1835, legte am 7. September 1854 an dem dortigen Gymnasium die Maturitätsprüfung ab, und begab sich dann an die Universität in Tübingen, um Theologie zu studieren. Hier machte insbesondere Baur und der Ästhetiker Vischer einen tiefen Eindruck auf ihn. In Berlin, wo er das nächste Jahr studierte, wurde er zwar durch die an der Universität vertretene theol. Richtung abgestoßen, fand dafür aber reichliche Entschädigung an den Vorlesungen Doves. Ende September 1856 kehrte er in die Heimat zurück und wurde am 3. Oktober d. J. an dem Gymnasium seiner Vaterstadt angestellt. Nach zwölfjähriger Lehrerthätigkeit (1868) wurde er zum Stadtprediger in Schäßburg erwählt. Noch in demselben Jahre wurde Teutsch zum Pfarrer in Meeburg, im Jahre 1870 zum Pfarrsubstituten der Gemeinde Keisd und am 7. März 1882 zum Stadtpfarrer von Schäßburg präsentiert. Teutsch war seit 1876 Mitglied des Schäßburger Bezirkskonsistoriums und seit dem 14. April 1896 Bezirksdechant und Dechant des Kisder Kapitels. Vom Jahre 1876 an war Teutsch auch ununterbrochen Abgeordneter der sächsischen Universität und vertrat abwechselnd in dieser Körperschaft die Stadt Schäßburg und den Schäßburger ländlichen Wahlkreis.

Im Druck erschienen sind von Teutsch:

1. Beiträge zur klimatologischen und statischen Kenntnis der Stadt Schäßburg. Sch. G.-P., 1867 und 1868.
2. Die Not der ev. Kirche und das Rettungswerk des Gustav Adolf-Vereins. Predigt über Psalm 50, 14, 15. Gehalten in der ev. Kirche A. B. in Hermannstadt am 19. August 1884 bei Gelegenheit des Festgottesdienstes der siebenb. Hauptversammlung des Gustav Adolf-Vereins. (Der Reinertrag ist den Zwecken des ev. Frauenvereins in Schäßburg gewidmet). S. Filtschs Buchdruckerei (W. Krafft) in Hermannstadt 1884.
3. Predigt über Josua 24, 21—31. Gehalten von Johann Teutsch, Stadtpfarrer in Schäßburg am 29. Juni 1894 in der Bergkirche anläßlich der Festlichkeiten zur Einweihung der drei Gedenktafeln zur Bezeichnung der Geburtsstätten der ev. Bischöfe Georg Paul Binder und Georg Daniel Teutsch und des Wohn- und Sterbehauses des Dichters M. Albert. (Gedruckt in: Die Tage der Erinnerung in Schäßburg am 28. und 29. Juni 1894. Schäßburg, Kommissionsverlag C. Herrmann 1894.)
4. Die Predigt als Vortrag. Schul- und Kirchenbote 1898.

Teutsch Josef.

(III, 388).

Von ihm liegen ferner vor:

1. Zufällige Betrachtungen. Trausch-Netoliczka, Nr. 553.
2. Das Wunderbare in der Haushaltung Gottes auf Erden. Ebenda, Nr. 564.

Das Korr. f. Lde., XVII, (1894), 121, 129, 137 teilt folgende Handschrift Teutschs mit:

3. Aufgerichtetes Denkmal der verfallenen Burgen oder Schlösser im Burzenland. Gestellt von Josepho Teutsch, Adj. minist. 1750.

Wurzbach, 44, 91.

Teutsch Josef,

geboren am 17. März 1841 in Brenndorf bei Kronstadt, absolvierte 1861 das Kronstädter ev. Gymnasium, studierte 1861—1864 an den Hochschulen zu Jena und Wien Theologie und Geschichte, stand vom Herbst 1865 bis November 1868 an der Kronstädter ev. Unterrealschule in Verwendung, wurde am 1. Dezember 1868 an der Knabenelementarschule und am 28. August 1878 an der Mädchenschule angestellt.

Er verfaßte ein:

Handbuch der Formenlehre für die IV. Elementarklasse. K. G.-P., 1875.

Teutsch Julius

wurde am 23. Februar 1850 in Keisd geboren. Mit sieben Jahren kam er nach Schäßburg und absolvierte daselbst 1869 das Gymnasium. Anfangs wollte er sich dem Studium der Theologie widmen, wurde jedoch von seinem Oheim J. B. Teutsch für das praktische Leben gewonnen und für Handel und Verkehr erwärmt. Infolge dessen begab er sich nach Graz an die technische Hochschule, um hier Naturwissenschaften, Volkswirtschaftslehre, landwirtschaftliche und kaufmännische Fächer zu studieren.

Im Jahre 1874 kehrte er nach Schäßburg zurück und trat in das Geschäft seines Oheims J. B. Teutsch ein. 1890 nahm er eine Anstellung bei der Hermannstädter allg. Sparkasse als Revisor des Raiffeisenverbandes an. In dieser Stellung befindet er sich auch gegenwärtig. Von Dezember 1895 bis September 1899 war Teutsch auch verantwortlicher Redakteur des S. b. T.

Neben zahlreichen Aufsätzen im S. b. T., dem Siebenbürgischen Volksfreund (Hermannstadt, W. Krafft) und den Landwirtschaftlichen Blättern veröffentlichte Teutsch:

1. Landwirtschaftliche Ziele unserer ländlichen Genossenschaften. Vortrag. S. b. T., 5461 ff. (1891) und daraus in: Fünfter Verbandstag der ländlichen Spar- und Vorschußvereine und Wirtschaftsgenossenschaften. Hermannstadt, Jos. Drotleff 1891.
2. Erfahrungen im Vereinsleben. Vortrag. S. b. T., 2730 ff. (1892) und daraus in: Sechster Verbandstag der ländlichen Spar- und Vorschußvereine und Wirtschaftsgenossenschaften. Hermannstadt, Jos. Drotleff 1892.
3. Einsicht und Ausblick im Vereinsleben. Vortrag. S. b. T., 6052 ff. und daraus in: Siebenter Verbandstag der ländlichen Spar- und Vorschußvereine und Wirtschaftsgenossenschaften. Hermannstadt, Jos. Drotleff 1893.
4. Die Phylloxera und unser Weinbau. Ein Überblick. Hermannstadt, Jos. Drotleff 1893. Sonderabdruck des S. b. T., 5991 ff. (1893). [Bespr.: Korr. f. Ldbe., XVI, (1893), 156.]
5. Mißverständnisse. Vortrag. S. b. T., 6306 ff. und daraus in: Achter Verbandstag der ländlichen Spar- und Vorschußvereine und Wirtschaftsgenossenschaften. Hermannstadt, Jos. Drotleff 1894.

6. Raiffeisen- und städtische Kassen. S. d. T., 6339 ff. (1894).
7. Geschäfts- und Buchführung in den Genossenschaften, veröffentlicht in dem Siebenb. Volksfreund, Nr. 27 ff. Hermannstadt, W. Krafft 1895 und daraus in: Neunter Verbandstag der ländlichen Spar- und Vorschußvereine und Wirtschaftsgenossenschaften. W. Krafft 1895.
8. Festklänge und Wiederhall. Dem sächsischen Handwerk und Gewerbe gewidmet. S. d. T., 6559 ff. (1895).
9. Aus dem Alföld. S. d. T., 6586 ff. (1895).
10. Unsere Genossenschaften und der sächsische Handel S. d. T., 6872 ff. (1896) und daraus in: Zehnter Verbandstag der ländlichen Spar- und Vorschußvereine und Wirtschaftsgenossenschaften. Hermannstadt, Jos. Drotleff 1896.
11. Über sächsische Dörfer in der Umgebung von S.-Reen. Vortrag. S. d. T., 7216 und daraus in: Elfter Verbandstag der ländlichen Spar- und Vorschußvereine und Wirtschaftsgenossenschaften. Hermannstadt, Jos. Drotleff 1897.
12. Mitteilungen aus den Gemeinden Abtsdorf, Schorsten und Scholten. Vortrag. S. d. T., 7543 ff. (1898) und daraus in: Zwölfter Verbandstag der ländlichen Spar- und Vorschußvereine und Wirtschaftsgenossenschaften. Hermannstadt, Jos. Drotleff 1898.
13. Tekendorf. S. d. T., 7652, (1899) und im Sonderabdruck. Hermannstadt, Jos. Drotleff 1899.
14. Lechnitz. S. d. T., 7707, (1899) und im Sonderabdruck. Hermannstadt, Jos. Drotleff 1899.
15. Weg und Ziel im Raiffeisenverein. S. d. T., 7821 und daraus in: Dreizehnter Verbandstag der ländlichen Spar- und Vorschußvereine und Wirtschaftsgenossenschaften. Hermannstadt, Jos. Drotleff 1899.

Julius Teutsch giebt ferner seit 1897 heraus:

Mitteilungen des Verbandes Raiffeisen'scher Genossenschaften als Genossenschaft in Hermannstadt. Hermannstadt, Buchdruckerei W. Krafft.

Teutsch Michael,

geboren am 8. Januar 1855 in Schirkanyen, absolvierte im Jahre 1875 das theologisch-pädagogische Seminar in Kronstadt und wurde im August dieses Jahres zum Lehrer an der Kronstädter innerstädtischen Knabenelementarschule gewählt, in welcher Stellung er sich auch jetzt befindet. Seit 1889 bekleidet er auch die Stelle eines Nebenlehrers für rumänische Sprache am Gymnasium, der Real- und Mädchenschule in Kronstadt.

Er veröffentlichte:

Lehrbuch der rumänischen Sprache zum Schul- und Selbstunterricht von Michael Teutsch und Joan Popa. Kronstadt, Verlag von H. Zeidner 1897.

Das Werk wurde auch in die ungarische Sprache übersetzt und erschien unter dem Titel:

Román nyelvtan és olvasókönyv, szerkesztették Teutsch Mihály és Popa Ioan, átdolgozta Szabó Nándor, Teutsch Mihály közremüködésével.

Gemeinsam bearbeitet von Teutsch und K. H. Hiemesch, erschien:

Rechenbuch für die Mittelstufen der Volksschulen sowie für die unteren Klassen der Bürgerschulen. Kronstadt, Verlag von H. Zeidner 1898. (s. Artikel K. H. Hiemesch.)

Teutsch Traugott
(III, 393)

wurde am 12. Oktober 1829 als der Sohn des Stadtpredigers Samuel Teutsch in Kronstadt geboren. Die Knaben- und Jünglingsjahre verbrachte Teutsch, wenigstens in der schulfreien Zeit, auf dem Lande in Brenndorf und Zeiden, wo der Vater nachmals Pfarrer war. Noch als Schüler des Honterusgymnasiums machte er in den Jahren 1848/49 als Mitglied der Kronstädter Freischaar das Gefecht bei Honigberg mit. Das von den Kaiserlichen verlorene Gefecht bei Zeiden veranlaßte ihn wie so manchen seiner Mitschüler und Altersgenossen nach Rumänien zu flüchten. 1851 verließ er das Gymnasium als einer seiner vorzüglichsten Schüler und ging an die Universität Tübingen, um sich dem Studium der Theologie und der deutschen Sprache zu widmen. In Tübingen wirkte zu dieser Zeit der große Kunst- und Litteraturkenner Friedrich Theodor Vischer. Seine Vorlesungen haben auch auf Teutsch eine mächtige Einwirkung gehabt. Von Tübingen begab sich Teutsch nach Jena und Berlin und kehrte 1853 in die Heimat zurück. Die Liebe zum Landleben war in der Ferne in ihm nicht erstorben und so wirkte er zunächst als Rektor in Wolkendorf, worauf er als Lehrer an die ev. Volksschule in Kronstadt kam und daselbst 1860 Direktor der ev. Mädchenschule wurde. Zehn Jahre lang hat Teutsch die ihm anvertraute Anstalt geleitet, dann legte er seine Stelle freiwillig nieder. Was ihn dazu veranlaßte, war wohl der Zug zur Stille und Unabhängigkeit, vor allem aber der Wunsch, ausschließlich seiner Neigung zur Schriftstellerei leben zu können. In seinem Bienengarten bei Kronstadt hat Teutsch im stillen Frieden ländlicher Zurückgezogenheit der Verwirklichung der Kunstbegriffe gelebt, die er sich einst bei Vischer in Tübingen zu bilden begonnen. Eine Unterbrechung erlitt dieser ländliche Aufenthalt (1884—87) als das Vertrauen seiner Mitbürger ihn als Abgeordneten in den ungarischen Reichstag berief. 1884 erhielt Teutsch vom Kronprinzen Rudolf die Aufforderung an dem von ihm geplanten und geleiteten Werk „Die österreichisch-ungarische Monarchie in Wort und Bild" mitzuwirken und die Partie über den Königsboden zu schreiben.

Die erste größere Dichtung, mit der Teutsch vor die Öffentlichkeit trat, ist die Erzählung „Die Bürger von Kronstadt", eine Darstellung des unglücklichen Aufstandes der Kronstädter Bürgerschaft beim Übergang Siebenbürgens an Österreichs Herrschaft. Den „Bürgern von Kronstadt" folgte während Teutschs beruflicher Wirksamkeit noch der Roman „Ein sächsischer

Pfarrhof vor 100 Jahren" — ein Werk, in welchem das gesellschaftliche Leben auf einem Burzenländer Pfarrhof, wie es eben in längstvergangenen Zeiten vorkam, in idyllischer Heiterkeit und behaglicher Breite sich abspielt.

Die uneingeschränkte Muße, deren sich Teutsch seit seinem Rücktritt in der Zurückgezogenheit des „Bienengarten"-Lebens erfreute, zeitigte nun die Werke, in welchen der Dichter erst das ganze Maß seines Könnens offenbarte. 1874 erschien zunächst das Trauerspiel „Sachs von Harteneck", in dem Teutsch zuerst unter den heimischen Schriftstellern den Untergang des großen Sachsengrafen († 1703) dramatisch dargestellt hat. Das Stück wurde 1876 in Hermannstadt und 1879 in Kronstadt aufgeführt und brachte dem Dichter Ehren, wie sie ihm bisher nicht zu teil geworden waren. Zwei Jahre nach dem Harteneck folgte der Roman „An der Aluta", eine höchst beachtenswerte dichterische Behandlung der Frage der nationalen Mischehe. Im ersten Wurfe zum Teil etwas flüchtig gearbeitet, ist die in der Handschrift vollendete umgeschriebene Fassung der Öffentlichkeit durch einen beklagenswerten Vorfall vorenthalten geblieben.

Und nun kam das Werk, mit dem Teutsch eine noch nicht erreichte Höhe erstieg und das in der Geschichte unserer heimischen Dichtung geradezu einen Einschnitt bedeutet: die Schwarzburg.

Über diese schrieb das Berliner Tagblatt 1883 in seiner Nummer 310, „Die Schwarzburg ist ohne jede Frage und anerkanntermaßen das bedeutendste Buch, das bis jetzt einem Sachsen gelungen und überragt an Größe der Auffassung, Tiefe der Konflikte und unerschrockener Konsequenz in der Zeichnung der Charaktere das Meiste in ähnlichem Genre in Deutschland erschienene." [S. d. T., 3019 (1883.)]

Das ehrendste Zeugnis gab aber der Schwarzburg Teutschs Dichtergenosse Michael Albert, mit dem ihn neidlose Freundschaft verband. Dieser schildert einmal, wie wenig unsere Verhältnisse dem Entstehen von Dichtungen günstig waren, und fährt dann fort: „Da schlug Traugott Teutsch unvermutet ein gewaltiges Loch in diese lederne Stimmung und verschaffte dem poetischen Drange frische Luft und freien Atem. Woher er Mut und Kraft und Geistesfrische zu seiner Schwarzburg hernahm, ich weiß es nicht. — Ich mußte erstaunen, als ich das Werk gelesen: es riß mich empor."

Was sein Volk und Teutsch persönlich in den siebziger Jahren erlebten, war geeignet, ihn in schwer gedrückte Stimmung zu versetzen, die es erklärt, daß er erst nach einem Jahrzehnt — die Schwarzburg war 1882 erschienen — wieder mit einer größeren Schöpfung vor die Öffentlichkeit trat, unserm zweifellos bedeutendsten Romane Georg Hecht, dessen Besprechung Michael Albert kurz vor seinem Tode mit den Worten schloß: „Ich überlasse es billig anderen, an den schwachen und schadhaften Stellen dieser Dichtung kritisch herumzuzupfen und sich in hochmütigem Besprechen selbst zu bespiegeln... Auch die Werke der größten Meister sind nicht auf einen Ruck entstanden... Im übrigen aber schließe ich diese Besprechung mit dem Gefühle frohen Stolzes auf den Georg Hecht, daß auch wir hier etwas können."

Das letzte Werk, das Traugott Teutsch veröffentlicht hat, ist sein Drama „Johannes Honterus", um dessen Abfassung ihn das Kronstädter evang. Presbyterium im Hinblick auf die Honterusfeier des Jahres 1898 ersucht hatte; es ist vor und während derselben in Kronstadt aufgeführt worden. Es ist nicht ein Gelegenheitsstück im landläufigen Sinne, sondern ein nach strengen Kunstgesetzen aufgebautes wirkliches Drama, das uns den Reformator und das neue Geistesleben im siegreichen Kampfe zeigt gegen die Mächte der Finsternis und Sittenlosigkeit.

In voller Rüstigkeit hat Traugott Teutsch 1899 das 70. Lebensjahr vollendet; seine Mitbürger haben es sich nicht nehmen lassen, ihm aus diesem Anlaß ihre Verehrung an den Tag zu legen.

Von Teutsch sind ferner erschienen:

1. Das Volk hat gerichtet. Historische Erzählung. Sächs. Hausfreund für das Jahr 1861. XXIII. Jahrgang.
2. Geld und Liebe. Novelette. Siebenbürgische Blätter 1867. Druck und Verlag. S. Filtschs Buchdruckerei (W. Krafft).
3. Die Spiele und Spielplätze der Kronstädter Knabenwelt vor drei Jahrzehnten. Ein Sittenbild. Sächs. Hausfreund für das Jahr 1870. XXXII. Jahrgang, 45.
4. Sachs von Harteneck: Ein Trauerspiel in 5 Aufzügen. Kronstadt 1874. Verlag von Frank und Dresnandt. Druck von Jos. Drotleff und Comp. Hermannstadt 1874. [Zum erstenmale 1876 in Hermannstadt und dann in Kronstadt am 13. Dezember 1879 aufgeführt. S. b. T., 1825, 1826, (1879)].
5. An der Aluta. Roman, Feuilleton des S. b. T., 1877.
6. Heitere Bilder aus ernster Zeit. Skizze aus dem Kronstädter Bürgergardenleben von 1848. Kronstädter Zeitung 1880.
7. Ein Ritt auf den Butschetsch. K. V. J., I, (1881).
8. Schwarzburg. Historische Erzählung aus dem Siebenbürger Sachsenlande. Kronstadt 1882, Joh. Gött und Sohn Heinrich. [Vespr.: S. b. T., 2653 (1882) von M. Albert; Deutsches Tageblatt (Berlin), Nr. 310 vom Jahre 1883, vgl. S. b. T., 3019, (1883).]
9. Das letzte Gallusfest. Sächs. Hausfreund für das Jahr 1882. XLIV. Jahrgang.
10. Der Prediger von Marienburg. Ein Gedicht zur Erinnerung an den 16. Oktober 1612. Kronstadt 1883, Römer und Kammer. [Vgl. S. b. T., 3011, (1883).]
11. Wirtsstube und Gardinenpredigt. Novelle. Sächsischer Hausfreund für das Jahr 1886. XLVIII. Jahrgang.
12. Johanna Bald. Gedicht. Siebenb. Volksfreund 1888.
13. Georg Hecht. Historischer Roman aus der Vergangenheit der Siebenbürger Sachsen. Hermannstadt, W. Krafft 1893. [Vespr.: Korr. f. Lbde., XVII, (1894), 79; Die christliche Welt, Nr. 26, 1894; Kronstädter Zeitung, 1893; S. b. T. vom 24. März 1893, von Michael Albert (auszugsweise abgedruckt: Bilder aus b. vaterl. Geschichte II, 468.)]
14. Johannes Honterus. Drama in 3 Aufzügen. Kronstadt 1898. Verlag von H. Zeidner. [Vespr.: S. b. T., 7449 (1898); nach einigen in Übereinstimmung mit dem Dichter vorgenommenen Veränderungen von Dilettanten in Kronstadt aufgeführt am 15., 18., 20., [(vgl. S. b. T., 7504, (1898)], 21. August und am 4. und 9. September 1898. Vor dem Beginn der Vorstellung wurde

ein von Franz Obert gedichteter Prolog [veröffentlicht im S. b. T., 7478, (1898)] gesprochen; eine eingehende Besprechung des Dramas rührt noch von Dr. O. Netoliczka her, welche zuerst im Kronstädter Tageblatt und in der Kronstädter Zeitung (1897) und dann im Sonderabdruck unter dem Titel: „Zum Honterusdrama von Traugott Teutsch". Kronstadt, Verlag von H. Zeidner 1897, erschienen ist.

Zur Aufführung des Honterusdrama vgl. ferner: Honterus und die Honterusfestwoche im August 1898 in Kronstadt. Verlag von W. Hiemesch, Kronstadt 194—197. Lutz Korodi. Die Honterusjubelfeier. Kronstadt, Zeidner 1898. Kronstädter Zeitung, 1898.

15. Sächsische Kriegsgeschichten. Kronst. Kalender für das Jahr 1899, 1900, 1901. Herausgegeben von Tr. Teutsch. Kronstadt, Joh. Gött's Sohn.

Außerdem schrieb Teutsch zahlreiche kleinere Erzählungen, Aufsätze und Gedichte für den „Kronstädter neuer verbesserter und alter Kalender", den er von 1861—1886 und neuerdings von 1896 bis 1902 herausgab.

      Sächs. Hausfreund, Kronstadt 1891 von Franz Obert und daraus
        aufgenommen in desselben Verfassers
      Sächs. Lebensbilder. Wien, Carl Graeser 1896, 213.
      Wurzbach, 44, 93.
      Brümmer, Lexikon II, 199.
      Hundert Jahre sächs. Kämpfe. Hermannstadt, W. Krafft 1896, 314.
      Bilder aus d. vaterl. Geschichte II.
      S. b. T., 7853, (1899).
      Kronst. Zeitung, Nr. 236, (1899).
      Kronst. Tageblatt vom 12. Oktober 1899.
      Kronst. Kalender für das Jahr 1902. Herausgegeben von Dr. O.
        Netoliczka. 1.

Teutschländer Wilibald Stephan

(III, 395),

starb als Pfarrer von Bukarest am 3. November 1891.

Ferner:

1. Michael der Tapfere. Ein Zeit- und Charakterbild aus der Geschichte Rumäniens. Seiner königl. Hoheit dem Fürsten Carl I. von Rumänien ehrfurchtsvoll gewidmet. Wien, Verlag von Carl Graeser 1879. [Bespr. im S. b. T., 1696, (1879); Korr. f. Ltde., II, 80. Beilage zur Wiener Abendpost 1879, Nr. 198.]

Die III, 395 unter 2 erwähnte Monographie Teutschländers erschien neu bearbeitet und erweitert als:

2. Geschichte der ev. Gemeinde in Rumänien mit besonderer Berücksichtigung des Teutschtums. Ein Beitrag zur Kulturgeschichte Rumäniens. Bukarest, Verlag der ev. Gemeinde 1891.

Aus Teutschländers Nachlaß hat Stadtprediger Heinrich Neugeboren aus Kronstadt mehrere Gedichte in der Kronstädter Zeitung (1892, 1893) veröffentlicht.

> Kronst. Zeitung, November 1891.
> Wurzbach, 44, 97.

Thalmann Friedrich

wurde am 1. April 1830 in Mühlbach geboren. Nach Absolvierung des Untergymnasiums seiner Vaterstadt kam er 1844 an das Obergymnasium nach Hermannstadt und beendete daselbst 1849 seine Gymnasialstudien. Nach einjähriger Lehrerthätigkeit an der Elementarschule in Mühlbach studierte er in Leipzig und Tübingen Theologie. Nach seiner Rückkehr in die Heimat (1853) erhielt er in seiner Vaterstadt eine Anstellung als Lehrer später als Konrektor am Gymnasium. Im Jahre 1866 wurde er zum Pfarrer in Rätsch gewählt.

Er veröffentlichte:

> Die Schenkung der Gebietsanteile von Szaßcsor, Sebeshely und Sugag an den Magistrat von Mühlbach durch den Fürsten Stephan Bathori im Jahre 1575. M. G.-B., 1859.

Theil Rudolf, Dr. phil.,
(III, 396 und 601)

diente als Gymnasialprofessor in Mediasch bis zum 2. Dezember 1878, wo er zum Pfarrer in Wagarei präsentiert wurde. Am 20. Juli 1882 wurde er Pfarrer in Kirchberg und am 21. September 1887 Pfarrer in Neudorf bei Hermannstadt. Im Jahre 1899 trat er in den Ruhestand. Vom Jahre 1871 angefangen vertrat er bis zur Zertrümmerung des Königsbodens siebenmal hinter einander den Mediascher Stuhl in der sächsischen Nationsuniversität. Als weltliches Mitglied des Schelker Kirchenbezirkes und Ehegerichtes in den Jahren 1873 bis 1878 war er auch Aktuar der genannten Körperschaften und machte mit Bischof D. G. D. Teutsch die Generalkirchenvisitation des Schelker Kirchenbezirkes in den Jahren 1877 und 1878 mit.

Er schrieb:

1. Die Erbgrafen der zwei Stühle. M. G.-B., 1870.
2. Urkundenbuch zur Geschichte des Mediascher Kapitels. Festgabe zum 50-jährigen Dienstjubiläum Josef Fabinis, im Verein mit Carl Werner. Hermannstadt 1870.
3. Zur Geschichte der zwei Stühle im 15. Jahrhundert. Arch. f. Ldde., N. F. X.
4. Gehörten die zwei Stühle im Jahre 1224 zur Hermannstädter Provinz? Ebenda, N. F. XII.
5. Michael v. Heidendorf. Eine Selbstbiographie. Ebenda, N. F. XIII bis XVIII.
6. Geschichte der zwei Stühle bis zur Mitte des XV. Jahrhunderts. Ebenda, XXI.

7. Aus der guten alten Zeit. Vortrag zu Gunsten des ev. Frauenvereins in Mediasch. Erschien 1896 im Mediascher Wochenblatt und daraus im Sonderabdruck.

8. Aus der Zeit Maria Theresias und Josefs II. Vortrag zu Gunsten des ev. Frauenvereins in Mediasch. Erschien 1897 im Mediascher Wochenblatt und daraus im Sonderabdruck.

Seit seiner Pensionierung ist Theil einer der Hauptmitarbeiter des S. d. T. gewesen.

Über seine Mitarbeit an dem S. b. W. s. hier den Artikel Franz Gebbel.

Wurzbach, 44, 200.

Theiß Johann,

geboren am 1. März 1852 in Meschen, absolvierte 1874 das Gymnasium in Mediasch und studierte hierauf vier Jahre hindurch in Tübingen, Jena und Leipzig Theologie und Philologie. Seit 1881 ist er Gymnasiallehrer in Mediasch.

Er schrieb:

Der Lateinunterricht an unseren Gymnasien mit besonderer Berücksichtigung der Anfangsklasse. M. G.-P., 1889 und 1890.

Theiß Samuel,

geboren am 12. April 1846 in Hermannstadt, besuchte die Realschule seiner Vaterstadt, worauf er das Zimmermannshandwerk erlernte. Im Jahre 1861 begab er sich nach Wien und Holzminden, um sich in seinem Fache theoretisch auszubilden. Von seinem Berufe nicht befriedigt, trat er in Wien in die Konrabische Theaterschule ein und bereitete sich für den Schauspielerberuf vor. Seine Bühnenthätigkeit erstreckt sich auf die Jahre 1869—1886. Am 1. Juli 1887 trat er in die Redaktion des Chemnitzer Generalanzeigers verbunden mit dem Landboten ein und wurde im Jahre 1894 der Chefredakteur dieser Blätter.

Theiß' erste litterarische Arbeiten „Erlebnisse aus meinem Bühnenleben" veröffentlichte das S. b. T. in den Jahren 1884—1885.

Außerdem schrieb er eine große Anzahl Erzählungen aus dem Siebenbürger Volksleben, welche im Buch für Alle, im Berliner Sonntagsblatte, im Neuen Blatte, in der Illustrierten Chronik der Zeit, im Volkskalender [Hermannstadt Th. Steinhaußen (Reissenberger)] und im S. b. T. erschienen sind.

Thomas Karl

wurde am 28. September 1844 in Kronstadt geboren. Nach Absolvierung des Honterusgymnasiums (1864) studierte er bis 1868 an den Hochschulen zu Jena, Berlin und Wien Theologie und klassische Philologie. Seit 13. Dezember 1870 ist er Direktor der Kronstädter ev. Mädchenschule, seit 1884 zugleich Direktor der mit dieser Anstalt verbundenen drei Fachkurse: der Kindergärtnerinnen-Bildungsanstalt, des Handarbeits- und des Buchführungskurses. In dieser Stellung veröffentlichte er seit 1886 jährlich das Programm der Kronstädter ev. Mädchenschule und der mit ihr verbundenen Fachkurse.

Außer den Schulnachrichten enthalten die Programme folgende Arbeiten von Thomas:

1. Weibliche Berufsarten und die mit unserer Mädchenschule verbundenen Fachkurse 1886.
2. Die Begründung und Entwicklung des Handarbeitsunterrichtes an unserer Anstalt 1889.
3. Adolf Diesterwegs Lebensbild 1891.
4. Bilder aus der ungarischen Geschichte, (zunächst bis zur Schlacht bei Mohacs 1526), 1892.
5. Bilder aus der ungarischen Geschichte, (Abschluß der vorherigen Programmarbeit), 1893.
6. Biblische Erzählungen für das zweite, dritte und vierte Schuljahr 1894.
7. Entwurf eines weltgeschichtlichen Lehrbuches für die 1.—3. Bürgerschulklasse, (zunächst die alten Griechen) 1895.
8. Die Kindergärtnerinnen-Bildungsanstalt der Kronstädter evang. Stadtpfarrgemeinde 1897.
9. Wie läßt sich die Erziehung der weiblichen Jugend in den höheren Berufsklassen vom 15. bis zum 20. Lebensjahre am zweckmäßigsten gestalten? 1898.

Als Lehrbücher erschienen von Thomas (Verlag von Heinrich Zeidner, Kronstadt):

10. Erdkunde. 3. Aufl. 1894.
11. Bilder aus der ungarischen Geschichte 1894.
12. Biblische Erzählungen für das zweite, dritte und vierte Schuljahr 1894.

Als Vorsteher des Kronstädter Sächsischen Turnvereins verfaßte er 1886 zur 25-jährigen Stiftungsfeier desselben einen:

13. Rückblick auf das erste Vierteljahrhundert des Kronstädter sächs. Turnvereins 1861—1886. Mit einem Vorwort über die Entwicklung des Turnens. Kronstadt, Druck von Johann Gött und Sohn Heinrich 1886.

Ferner veröffentlichte er:

14. Rede, gehalten am 23. Oktober 1876 bei der Einweihung des Mädchenschulgebäudes vom Mädchenschuldirektor Karl Thomas. Kr. G.-P., 1877.

Bericht über das 25-jährige Dienstjubiläum des Direktors K. Thomas im Programm der Kronst. ev. Mädchenschule 1896/97.

Thön Karl Gottfried, Dr. phil.,

geboren den 9. Dezember 1831 zu Tübingen, studierte nach Ablegung der Maturitätsprüfung am Lyceum seiner Vaterstadt an der dortigen Universität klassische Philologie u. zw. mit solchem Erfolge, daß er sich, kaum 20 Jahre alt, an die Lösung einer mit seinem Fache zusammenhängenden juridischen Preisaufgabe: „De patria potestate apud Romanos," machte, und thatsächlich auch den Preis erhielt. Auf Grundlage dieser gekrönten Preisschrift erwarb er sich 1852 den philosophischen Doktorgrad. Nachdem Thön kurze Zeit an württembergischen Lehranstalten gewirkt hatte, folgte er im Jahre 1855 dem Rufe des ev. Presbyteriums von Bistritz eine Lehrerstelle am dortigen Gymnasium anzunehmen und kam nach Bistritz. Hier starb er schon am 15. September 1861.

Er schrieb:

Die römische Familie, besonders in privatrechtlicher Hinsicht dargestellt. B. G.-P., 1857.

B. G.-P., 1862.

Thullner Ernst,

geboren den 22. Dezember 1862, zu Birthälm absolvierte 1880 das Schäßburger Gymnasium und widmete sich anfangs medizinischen, dann philosophischen Studien an der Universität in Graz. Schließlich wendete er sich dem Studium der Theologie und des Lehramtes zu und studierte an den Universitäten in Leipzig und Klausenburg. Um seine theologischen Studien zu ergänzen, begab er sich 1885 an die Berliner Universität. Nach seiner Rückkehr in die Heimat wurde er 1885 Rektor der evangelischen Hauptvolksschule in Agnetheln, 1887 Direktor der Mediascher Mädchenschule, 1889 Stadtprediger in Mediasch, 1890 Pfarrer in Dobring und 1898 Pfarrer in Großpold.

Er veröffentlichte:

1. Dus der Rokestuw. Lastich Geschichten ä saksesche Reimen. Verlag von W. Krafft, Hermannstadt 1892. [Bespr.: Korr. f. Ldk., XVI, (1893), 43.]
2. Bä der Kalesok. Geschichten uch Liedcher. Verlag von W. Krafft, Hermannstadt 1898. [Bespr.: Korr. f. Ldk., XXI, (1898), 47; S. d. T., 7300, (1897).

Tontsch Andreas

wurde am 9. Dezember 1842 in Heldsdorf geboren, absolvierte 1865 das Honterusgymnasium in Kronstadt und studierte hierauf bis 1868 in Wien und Leipzig Theologie, klassische Philologie und Pädagogik. Im August 1868 kam er nach Kronstadt zurück und erhielt an einem Privatinstitut eine Anstellung. Doch schon im nächsten Jahre wurde er von dem Kronstädter Presbyterium beauftragt nach Deutschland und der Schweiz zu reisen, um die Einrichtungen der Seminarien, insbesondere die Übungsschulen und die Einrichtungen der Internate dieser Länder zu studieren. Ende Juli 1870 kehrte er wieder in die Heimat zurück und wirkte als Lehrer in Kronstadt und an dessen Seminar als Leiter bis zum Jahre 1885, wo ihn die Blumenauer ev. Kirchengemeinde zu ihrem Prediger berief. Er starb am 15. Oktober 1888.

Er schrieb:

1. Gedanken über eine Reform der Volkserziehung. (Handfertigkeitsunterricht.) S. d. T., 2424 ff.
2. Von Kronstadt bis Petroszeny und ins Hatßeger Thal. K. V. J., V, (1885).
3. Die Aufgabe des ev. Seelsorgers. Antrittspredigt, gehalten in der Blumenauer und Spitalskirche zu Kronstadt am 7. Februar 1886. Kronstadt, Joh. Gött und Sohn Heinrich 1886.

Korr. f. Ldde., XI, (1888), 124.
S. d. T., 4516 und 4525, (1888).

Transsylvanus Maximilianus.
(III, 406).

Wenn wir der Nachricht des Don Martin de Salinas, des Gesandten Ferdinand I., Glauben schenken dürfen, war Maximilianus Transsylvanus ein Siebenbürger. Der genannte Gesandte schreibt nämlich 1527 aus Valladolid: der Vater des Maximilanus Transsylvanus, welcher aus Siebenbürgen stamme, sei in der Schlacht bei Mohacs gefallen. (Századok, 1889, 54). Maximilianus Transsylvanus stand anfangs im Dienste Kaiser Maximilian I. (Krones, Handbuch der Geschichte Österreichs, II, 612, Berlin 1877) dann in dem Kaiser Karls V. (Ranke, deutsche Geschichte im Zeitalter der Reformation I, 285, 287, 288, II, 101.) Er war mit Francia (de) ab Haro verheiratet und ein intimer Freund Magalhâes (Magelhaens), hatte sich sehr um das Zustandekommen der Expedition desselben bemüht und sich erboten, die ganzen Ausrüstungskosten allein zu tragen, indem er die kaufmännischen Vorteile, die sie bringen konnte, im Auge hatte. Schließlich übernahm er wirklich die Tragung des fünften Teiles derselben in der Höhe von 4000 Dukaten.

Über die epochemachende Erdumsegelung Magalhâes hat Maximilianus Transsylvanus einen sehr wertvollen Bericht an den Kardinal Erzbischof von Salzburg Mathäus Lang geschickt, der sich rasch verbreitete und, vielfach gedruckt (zuerst 1523), allgemeines Aufsehen machte, auch in die italienische und spanische Sprache übersetzt wurde. Neuerdings wurde der Brief teilweise veröffentlicht von Franz Wieser in seinem Werke: Magalhâes-Straße und Austral-Kontinent auf den Globen des Johann Schöner. Beiträge zur Geschichte der Erdkunde im 16. Jahrhundert. Mit 5 Karten. Innsbruck, Wagner, 1881.

Korr. f. Ldde., III, (1880), 81, 116; IV, (1881), 44.
Századok, 1887, 286, 546; 1889, 52.

Trapolder Daniel.
(III, 409).

In dem Nationalmuseum in Budapest befindet sich, wie Trausch a. a. O. richtig vermutete, nur eine Abschrift Trapolders Paria Privilegiorum etc., u. zw. ist sie von zwei verschiedenen Händen des XVIII. Jahrhunderts geschrieben. (Arch. f. Ldle., N. F. XIX, 107.)

Trausch Josef Franz.
(III, 409).

Ferner:

1. Königliche Propositionen, ständische Verträge und Gesetzartikel samt Erledigungen siebenbürgischer Landtagsverhandlungen von 1790—1848 mit Rücksicht auf den Zusammenhang der Gegenstände zusammengestellt nebst übersichtlichen Tabellen. (s. Trausch-Netoliczka), Nr. 1204.
2. Biographisch-litterarische Denkblätter der Siebenb. Deutschen. (Ankündigung.) Kronstadt 1846, Joh. Gött.
3. Alte Namen des Kronst. Distriktes und seiner Ortschaften. Arch. f. Ldle., II, 163.
4. Verzeichnis sächsischer Studierender zu Krakau, Straßburg und Göttingen. Ebenda, N. F. VI, 266.
5. Über belgische Kolonien im Mittelalter von Borchgrave. Ebenda, 444.
6. Bruchstück eines Berichtes an Ferdinand I. von 1552. Ebenda, N. F. VII, 402.

Als Ergänzung zu Nr. 39, 418, III. Bd. der Trausch'schen Arbeiten stellt sich dar:

7. Supplementa et continuatio ordinationum normalium Joseph F. Trausch von 1691—1860. 4 Bde. Manuskript (s. Trausch-Netoliczka, Nr. 947).

Wahrscheinlich Trausch zuzuschreiben sind folgende zwei Arbeiten:

8. Verhältnisse der griechisch-nichtunierten Kirche in Siebenbürgen, (s. Trausch-Netoliczka, Nr. 1027).
9. Darstellung der älteren Gemeindeverfassung der Stadt Kronstadt nebst den alten Ortskonstitutionen dieser Stadt. Festgabe für die in Kronstadt versammelten Mitglieder des Vereins für siebenb. Landesk. Kronstadt, Johann Gött 1865. (s. Groß, Kronst. Drucke, Nr. 627.)

Über seine Mitarbeit an dem S. b. W. s. hier den Artikel Franz Gebbel.

Lebensskizze des Franz Josef Trausch aus Kronstadt in Siebenbürgen von C[arl] J[osef] T[rausch]. Druck von Römer und Kammer 1873. Denkrede G. D. Teutsch's auf Fr. J. Trausch im Arch. f. Ldle., N. F. XII, 1.
Wurzbach, 47, 30.
Kr. G.-P., 1874.

Urkundenbuch zur Geschichte der Deutschen in Siebenbürgen von Franz Zimmermann und Carl Werner. Hermannstadt 1892, XX und XXI.
Allg. b. Biogr., 38, 513 von G. D. Teutsch.

Trausch Karl Josef
(III, 421)

lebt als Magistratssekretär a. D. in Kronstadt. Außer den a. a. O. genannten Arbeiten Trauschs sind noch anzuführen:

1. Religion und Kirche in der Gegenwart (für den Verein für jüdische Wissenschaft in Kronstadt). Kronstadt, Römer und Kamner 1879.
2. Kronstädter ev. Choralbuch: a) Deutsche Ausgabe mit einem Register. Kronstadt, Alexi 1882. b) Magyarische Ausgabe. c) Deutsche Ausgabe für das Burzenland. Kronstadt 1882.
3. Cynisch und Hündisch. Zur Geschichte des Kultus. Kronstadt 1896.

Trauschenfels Eugen von, Dr. jur.
(III, 421)

wurde am 22. August 1874 zum provisorischen Senator in Kronstadt gewählt. Mittels allerhöchster Entschließung vom 11. März 1876 zum weltlichen Rat A. B. im k. k. ev. Oberkirchenrat ernannt, übersiedelte Trauschenfels nach Wien. Am 26. Mai 1896 erhielt er den Titel und Charakter eines Hofrates und wurde am 17. September 1901 über sein eigenes Ansuchen in den Ruhestand versetzt. Er lebt gegenwärtig in Kronstadt. Bis inklusive 1885 redigierte Trauschenfels den „Sächs. Hausfreund".

Er veröffentlichte ferner:

1. Vor zweihundert Jahren. Bilder aus dem Kronstädter Leben. Vortrag. Sächsischer Hausfreund für 1876 und im Sonderabdruck. Kronstadt, Joh. Gött und Sohn Heinrich 1875.
2. Zur Geschichte der Errichtung des Bürger-Krankenhauses in Kronstadt. Joh. Gött und Sohn Heinrich 1875. (Ohne Namen des Autors.)
3. Ein Leichenbegängnis und eine Hochzeitsfeier am siebenbürgischen Fürstenhofe. Vortrag. Sächsischer Hausfreund für 1877 und im Sonderabdruck. Kronstadt, Joh. Gött und Sohn Heinrich 1876.
4. Rechenschaftsbericht des Reichstagsabgeordneten Eugen von Trauschenfels im Juli 1878. Kronstadt, Joh. Gött und Sohn Heinrich 1878.
5. Konrad Schmidt. Ein biographischer Versuch. Sächsischer Hausfreund für 1885 und im Sonderabdrucke. Kronstadt, Joh. Gött und Sohn Heinrich 1884.

Über Trauschenfels' Mitarbeit an dem S. d. W. s. den Artikel Franz Gebbel, über seine parlamentarische Thätigkeit den Anhang.

Türk Michael,

geboren den 18. Mai 1843 in Tartlau, legte im Jahre 1862 die Maturitätsprüfung am ev. Gymnasium in Kronstadt ab, und bereitete sich hierauf an den Universitäten Jena, Berlin und Wien für das Pfarr- und Lehramt vor. Im Juli 1866 kehrte er nach Kronstadt zurück, wurde 1869 an der bortigen Knabenelementarschule und 1873 am Gymnasium angestellt. Am 29. Oktober 1882 wählte ihn die ev. Kirchengemeinde in Zeiden zu ihrem Pfarrer. Er starb am 19. Juli 1900.

Er veröffentlichte:

1. Zur Vergleichung der Iliade und des Nibelungenliedes. K. G.-P., 1873.
2. Eine Reise in Norwegen und Schweden. Kronstadt, Joh. Gött und Sohn Heinrich 1877. (Sonderabbruck der Kronstädter Zeitung.)
3. Der Kronstädter ev. Schulfondverein. Eine geschichtliche Skizze 1882. Joh. Gött und Sohn Heinrich.
4. Neunter Jahresbericht der ev. Kirchengemeinde A. B. in Zeiden. Buchdruckerei Alexi Kronstadt (ohne Jahr).
5. Zehnter Jahresbericht der ev. Kirchengemeinde A. B. in Zeiden. Kronstadt 1899, Buchdruckerei Joh. Götts Sohn.

Außerdem war Türk Mitarbeiter an dem ersten Bande der Quellen zur Geschichte der Stadt Kronstadt. Kronstadt, Römer und Kamner 1886. (s. auch den Artikel Fr. Stenner.)

Tutius Georg.

(III, 428).

Nach der Kirchenmatrikel in Schaas wurde Georg Tutius im Jahre 1684 von Schäßburg nach Schaas zum Pfarrer berufen und starb daselbst am 5. Mai 1705. Als Tradition lebt heute noch im Volksmunde in Schaas die Sage, er habe die Hatterbriefe über einige jetzt auf Schäßburger Hattert liegende Ackerstücke, die eigentlich den Schaasern gehörten, an Schäßburg ausgeliefert.

Korr. f. Lde., XXII, (1899), 77.

Unberath Julius,

geboren am 19. April 1862 zu Schäßburg, absolvierte das dortige Gymnasium am 13. Juli 1880 und studierte hierauf klassische Philologie und Theologie in Leipzig und Bern. Im Jahre 1888 wurde er als Lehrer am Untergymnasium in S.-Reen und 1895 am Gymnasium seiner Vaterstadt angestellt.

Er schrieb:

1. Der Turnunterricht an unseren Mittelschulen. Ein Beitrag zur Geschichte des Turnens unter den Siebenbürger Sachsen. S.-R. G.-P., 1893. [Bespr.: Korr. f. Ltde., XVI, (1893), 157.]
2. Der Turnunterricht an unsern Mittelschulen. Bemerkungen zur körperlichen Erziehung. Sch. G.-P., 1898. [Bespr.: Korr. f. Ltde., XXI, (1898), 139; S. d. T., 7577, (1898.)]

Ungar Georg,

geboren am 18. Juni 1851 in Schäßburg, absolvierte 1871 das Gymnasium seiner Vaterstadt und studierte hierauf in Jena bis 1874 Theologie und Naturgeschichte. Im Jahre 1880 wurde er als Lehrer am Gymnasium in Schäßburg angestellt, wegen fortdauernder Dienstunfähigkeit jedoch 1891 in den Ruhestand versetzt. Er starb am 14. Januar 1892.

Er verfaßte:

Über den Einfluß der Kunsttriebe bei den Tieren auf die Erhaltung und Wohlfahrt der Art. Sch. G.-P., 1887.

Unglerus (Ungleich) Lukas

(III, 448)

wurde am 9. Juli 1550 in Wittenberg immatrikuliert und erwarb daselbst die Magisterwürde. Nach seiner Rückkehr in die Heimat wurde er 1556 erster Lektor an dem Gymnasium in Hermannstadt.

Nach Trausch — beziehungsweise Seivert — soll Unglerus Rektor des Hermannstädter Gymnasiums gewesen sein. Dieser Behauptung widersprechen jedoch die Hermannstädter Rechnungen. (Vgl. Arch. f. Ltde., N. F., XVII, 21 f.) Er starb am 22. November 1600.

Einen Brief Lucas Ungleychs, wie er sich damals selbst schrieb, aus der Zeit seines Aufenthaltes in Wittenberg (1550) veröffentlicht das Korr. f. Ltde., XVII, (1894) 25.

Die von Ungler handschriftlich hinterlassene

Formula pii consensus inter pastores ecclesiarum Saxonicarum inita in publica synodo Mediensi anno 1572, die 22 Junii (Trausch III, 450, Nr. 1)

ist jetzt gedruckt in dem zweiten Teile des Urkundenbuches der ev. Landeskirche A. B. in Siebenbürgen: die Synodalverhandlungen der ev. Landeskirche A. B. in Siebenbürgen im Reformationsjahrhundert von D. G. D. Teutsch, Hermannstadt. Franz Michaelis 1883.

Während Trausch a. a. O. nur 10 Artikel der Formula anführt, finden sich in den Synodalverhandlungen (139—175) folgende 27 Titel:

Praefatio.

Art. I. De doctrina; Art. II. De deo et tribus personis divinitatis; Art. III. De lege e tevangelio; Art. IV. De peccato; Art. V. De remissione peccatorum et de justificatione hominis coram deo; Art. VI. De bonis operibus et eorum necessitate, seu de nova oboedientia; Art. VII. De praedestinatione; Art. VIII. De libertate voluntatis humanae, seu libero arbitrio; Art. IX. De sacramentis; Art. X. De baptismo; Art. XI. De coena domini; Art. XII. De potestate clavium et absolutione; Art. XIII. De poenitentia; Art. XIV. De oratione et invocatione; Art. XV. De conjugio; Art. XVI. De magistratu politico; Art. XVII. De ecclesia; Art. XVIII. De ministerio ecclesiae et verbi dei efficacia; Art. XIX. De adiaphoris ritibus et caeremoniis; Art. XX. De immortalitate animae; Art. XXI. De extremo judicio et vita aeterna; Art. XXII. De vita et moribus ministrorum ecclesiae; Art. XXIII. De excommunicatione; Art. XXIV. De visitatione ecclesiarum; Art. XXV. De sepulturis; Art. XXVI. De dierum festorum observatione; Art. XXVII. De scholarum regimine.

> G. D. Teutsch, Die Bischöfe der ev. Landeskirche A. B. in Siebenbürgen. (In: Statistisches Jahrbuch der ev. Landeskirche A. B. in Siebenbürgen. I. Jahrg. 1863, 7.)
> Arch. f. Ldbe., N. F. II, 246 und 282.
> Michael Salzer: Der k. freie Markt Birthälm in Siebenbürgen. Wien 1881, 387.
> Fr. Teutsch, Sch. O., I, XXVII.
> Arch. f. Ldbe., N. F. XXII, 518.
> Allg. d. Biogr., 39, 305 von Fr. Teutsch.

Unverricht Karl,

(III, 451)

starb im Frühjahr 1883 in Deutschland.

Ursinus Johann,

aus Bistritz gebürtig, war vom 13. September 1599—1602 Rektor der Repser Schule. Wahrscheinlich noch 1602 wurde er Notar in Schäßburg und starb als solcher den 22. März 1611, wie es scheint, in den besten Mannesjahren.

Ursinus ist der Verfasser einer Schäßburger Chronik, welche vom Jahre 366 bis in den August 1610 reichte und mit einer übersichtlichen Darstellung der großen Kriege und Schlachten in Siebenbürgen am Ende des 16. und Anfang des 17. Jahrhunderts schloß. Das Original ist frühe verloren gegangen.

> K. Fabritius, Die Schäßburger Chronisten des 17. Jahrhunderts. Fontes rerum Austriacarum. Scriptores III, XXI—XXIX.

Valentini Samuel,

geboren zu Schäßburg, war 1696 Pfarrer in Weißkirch im Repser Stuhl.

In der Mühlbächer Gymnasialbibliothek befindet sich ein Manuskript desselben mit folgendem Titel:

J. N. J. A. A. Currentes anniversarii, iique universarii | sub officio deca-
natus | viri maxime venerabilis clarissimi atque experientissimi | domini
Andreae Langii, | t. t. pastoris ecclesiae Rupensis fidelissimi, solertissimi |
emanati et ex ipsis authenticis descripti | a | Samuele Valentinj Seges-
variensi | t. t. ecclesiae communitatis Albanae pastore insufficientissimo. |
Inchoati anno 1696 Mense Martio. Vgl. Korr. f. Lde., XVIII, (1895), 70.

Vest Wilhelm von,

geboren am 27. September 1834 in Hermannstadt, studierte in den Jahren
1850—1853 am ev. Obergymnasium in Hermannstadt und war 1853 bis
1856 Hörer der Rechte an der Hermannstädter Rechtsakademie. Nach Beendigung seiner Studien trat er (1856) in den Staatsdienst bei der damaligen k. k. Finanz-Landes-Direktion und diente als Konzipist (seit 1858) bei
dieser Behörde, dann bei der k. u. Finanz-Direktion in Hermannstadt und
zuletzt bei der k. k. Finanz-Landes-Direktion in Prag bis zu seiner auf
eigenes Ansuchen erfolgten Pensionierung im Jahre 1882. Er lebt gegenwärtig in Hermannstadt.

Derselbe schrieb folgende conchyliologischen Abhandlungen:

1. Über Clausilia fallax Rossm. und die ihr zunächst verwandten siebenbürgischen Arten. V. u. M., X, 1859.
2. Myocardia, Klaffherzmuschel, ein neues Conchyliengeschlecht. Ebenda, XII, 1861.
3. Über die Abreibung der Wirbel bei den Süßwassermuscheln. Ebenda, XIII, 1862.
4. Über den Wert der Molluskengehäuse für die Wissenschaft im Allgemeinen und Wahrnehmungen über die Schale von Tellina L. insbesondere. Ebenda, XVII, 1866.
5. Über Margaritana Bonelli Fer. (Alasmodonta compressa Mke.) Mit 1 Tafel. Ebenda, XVII, 1866.
6. Über den Schließapparat der Clausilien. Ebenda, XVIII, 1867.
7. Nachtrag zu Margaritana Bonelli Fer. mit Tafel. Ebenda, XVIII, 1867.
8. Über die Bildung und Entwicklung des Bivalven-Schlosses mit Tafel I—III. Entwurf einer Einteilung der lebenden Bivalven nach dem Schloßbau. Ebenda, XLVIII, 1898.
9. Bivalven-Studien. Ebenda, L, 1900.

In den Jahrbüchern der deutschen Malakozoologischen Gesellschaft in Frankfurt a. M. erschienen von Vest:

1. Über die Genera Adacna, Monodacna und Didacna Eichwald und deren Stellung im System, mit 1 Tafel. Jahrgang II, 1875.
2. Über Adacna, Monodacna und Didacna Eichwald und verwandte Formen. Mit 1 Tafel. Jahrgang III, 1876.

Vette Johann Georg.

(III, 457).

Das Archiv der Stadt Hermannstadt und der sächs. Nation bewahrt von Vette auf: Annales rei publicae Cibiniensis. Papier 295 Seiten, Folio,

Halblederband. Die Handschrift war ursprünglich stärker, was sich darin zeigt, daß vorne einige Lagen Blätter herausgenommen worden sind. Sie enthält Seite: 1—10 Annales von 1711—1716; 35—37 Anfang von Johann Klubers handschriftlicher Arbeit: De comitibus Romanis, Germanis et Hungaricis antiquis; 51—52 Excerpta annalium 1567—1661; 89—98 Annales 1690—1705, bis hierher alles von Vettes Hand; 149—154 Lessus Transylvaniae sortis suae vicissitudinem deplorantis anno 1690 (lateinisches Gedicht); 154—157 Atrophias politicae corporis Saxo-Transsilvanici causa von Johann Sachs von Harteneck (von andrer Hand des 18. Jahrhunderts); 157—160 Universitätsbeschluß aus dem Jahre 1699; 161—162 Magistratssitzungsprotokoll von 1703; 163—164 Christiana reflexio super mortem Mikessianam (Michael Mikes, Oberkapitän in Haromßek, † im Dezember 1721); 177—205 Diploma Leopoldinum vom 4. November 1691, Instruktionen und Eidesformeln für den siebenbürgischen Gubernator, Kanzler, General, Thesaurarius, dann für die Gubernialräte vom 29. April 1693, Resolutio Alvincziana vom 14. Mai 1693; 207—211 Ortschaftszählung, Bemerkungen über die Steuerverteilung auf die drei ständischen Nationen Siebenbürgens; 213—240 Constitutiones et Statuta reipublicae Cibiniensis (von 1698), zum Teil von Vette geschrieben; im Übrigen waren von Seite 149 an bis hierher verschiedene Hände des 18. Jahrhunderts thätig; 253—263 Bruchstück eines Hermannstädter Beamtenverzeichnisses im 16. und 17. Jahrhundert, angelegt von Vette.

Wurzbach, 50, 229.
Hermannstädter Zeitung 1864, Nr. 100. (Feuilleton), Bunterlei 5. Die Halle'schen Arzeneien in Hermannstadt.
Arch. f. Ldk., N. F. XVII, 478.
Franz Zimmermann, Das Archiv der Stadt Hermannstadt und der sächs. Nation. Hermannstadt 1887, 103. II. Aufl., 167.

Victor (Bedner, Binder) Mathias
(III, 458)

starb am 26. September 1680. Er schrieb:

Expeditio bellica in Valachiam, ubi, quae initia, progressus et effectus, prout ex diversis relationibus scire potuimus, ostenditur.

Aus dem „Protocollum almi capituli Antesilvani auspicatum ... anno domini MDCXXXVII", in dem Victor seine Aufzeichnungen gemacht, von Dr. J. von Hannenheim (s. diesen) im Arch. f. Ldk., N. F. XXII, herausgegeben.

Wurzbach, 50, 281.
Arch. f. Ldk., N. F. X, 41; XXII, 14 und 688.
Mühlb. G.-P., 1892, 6.
Korr. f. Ldk., XVI, (1893), 70.

Vogt Johann.
(III, 459).

Am 4. März 1876 wurde Vogt zum Rektor des Honterusgymnasiums gewählt und blieb in dieser Stellung bis zu seiner Pensionierung. (1884).

Ferner:

1. Der Kronstädter Gevattersmann. Ein Kalender fürs Volk von Johann Vogt. (Neue Folge des „Burzenländer Wandersmann".) 9 Jahrgänge von 1862 bis 1870. Kronstadt, Römer und Kamner.
2. Der Religionsunterricht auf den höheren Schulanstalten. — Antrittsrede zur Eröffnung der Prüfungen. — Zur Eröffnung der Schulen. K. G.-P., 1877.
3. Zur Eröffnung der Prüfungen. — Zur Eröffnung der Schulen. Ebenda, 1878.
4. Zur Eröffnung der Prüfungen. — Zur Eröffnung der Schulen. Ebenda, 1879.
5. Ein Bild aus dem Leben der alten Schule. (Skizze aus meinem Leben.) Zur Eröffnung der Prüfungen. Zur Eröffnung der Schulen. — Aus unserem Gymnasialarchive I. Unsere Schulen vor 100 Jahren. Ebenda, 1880.
6. Zur Eröffnung der Prüfungen. — Zur Eröffnung der Schulen. Ebenda, 1881.
7. Die heutige Erziehung. Ebenda, 1882.
8. Der Organismus unserer Schulen vor 1850. Ebenda, 1883.
9. Eröffnung der Prüfungen an den ev. Mittelschulen und der Elementarschule A. B. zu Kronstadt am 5. Juli 1883. Kronstadt, Römer und Kamner 1883.

Vogt redigierte ferner als Rektor die Schulprogramme des ev. Gymnasiums in Kronstadt von 1876—1883, für welche er auch die Schulnachrichten bearbeitete.

Als selbständige Arbeit Vogts erschien:

10. Beiträge zur Gymnasialpädagogik I. Das Alumnatsleben auf dem ev. Gymnasium A. B. zu Kronstadt in Siebenbürgen in den Jahren 1829/30 bis 1839/40 von Johann Vogt, Rektor a. D. Mit dem Porträt und Facsimile des Verfassers. Kronstadt, Verlag der Buchdruckerei Alexi 1886. [Bespr.: Korr. f. Ldbe., IX, (1886), 86.]

Im Manuskripte im Sup. Arch. liegt vor:

Quantum valeant ludi pueriles a scholarum magistris bene instituti ad juventutem informandam et excolendam commentatione paedagogica exposuit Joannes Vogt. (Dissertation 1846.)

Wachsmann Andreas, Dr. med.,
(III, 466),

ein Hermannstädter von Geburt, studierte in Leipzig 1716 und in Halle 1720 Medizin, erlangte den Doktorgrad, kehrte hierauf nach Hermannstadt zurück und wurde am 29. Dezember 1722 Mitglied der Kommunität. Im

Januar besselben Jahres war er mit Elisabeth, der Tochter des verstorbenen Senators Michael Fabritius, aufgeboten worden. Seine weiteren Lebensschicksale sind unbekannt.

Sein Werk s. Trausch a. a. O.

Arch. f. Ldbe., N. F. XVII, 479.

Wachsmann Georg.
(III, 476).

In seiner Abhandlung: Die Schäßburger Chronisten des XVII. Jahrhunderts (Fontes rerum Austriacarum. Scriptores III, LIX.) weist K. Fabritius nach, daß die Georg Wachsmann — der am 16. Dezember 1663 gestorben sein soll — zugeschriebene Fortsetzung der sogenannten Johann Goebel'schen (s. b.) Chronik von Schäßburg nicht jemanden zum Verfasser haben könne, der zu Ende des Jahres 1663 gestorben wäre. Im 17. Jahrhundert findet sich nur ein einziger Träger des Namens Georg Wachsmann im Schäßburger Rate. Er war um 1623 in Birthälm geboren, und in unbekannter Zeit nach Schäßburg gekommen. In der stürmischen Zeit nach dem polnischen Feldzuge finden wir ihn bereits im Schäßburger Rate. 1659, 1662 und 1665 wird er als Mitglied verschiedener Deputationen genannt. Er starb im besten Mannesalter am 20. Januar 1669.

K. Fabritius, Die Schäßburger Chronisten des XVII. Jahrhunderts. Fontes Rerum Austriacarum. Scriptores III, LIX—LX.

Wächter Josef, Dr. med.,
(III, 466),

nahm in den Jahren 1863 und 1864 als „Kronberufener" am Landtage in Hermannstadt teil. In dieser Stadt lebte er ständig bis zum Jahre 1878, wo er, 86 Jahre alt, nach Schäßburg übersiedelte. Dort hat er seine letzten Tage in ungebrochener Rüstigkeit des Leibes und der Seele zugebracht. Er starb am 30. Januar 1880 nach kurzem Unwohlsein und wurde in Hermannstadt begraben.

Wächters Arbeiten s. III, 467.

Magazin für die Litteratur des Auslandes 1858, 408.
Denkrede auf Dr. Joseph Wächter von G. D. Teutsch. Arch. f. Ldbe., N. F. XVI, 1—19.
S. V. K., 1884 von E. A. Bielz.
Wurzbach, 52, 58.
S. d. T., 1860 und 1864, (1880).
Allg. d. Biogr., 40, 434 von Fr. Teutsch.

Wagner Georg.
(III, 468).

Der a. a. O. ohne Vornamen angeführte Verfasser der „Praecepta de conscribendis carminibus germanicis. Cibinii 1714" ist offenbar Georg

Wagner, der im Jahre 1716 als Lektor I. am Hermannstädter Gymnasium erscheint. Er wurde am 10. Juli 1716 zum Prediger in Hermannstadt ordiniert.

Arch. f. Ltde., N. F. XVII, 130.
H. G.-P., 1896, 206.

Wagner Johann,

geboren am 7. März 1844 in Kleinschelken, absolvierte 1865 das Gymnasium in Mediasch und studierte hierauf die drei folgenden Jahre Theologie und Philologie in Wien. Nach seiner Rückkehr in die Heimat war er zunächst Hauslehrer bei einem ungarischen Grafen, von 1873—76 Lehrer in Großschenk, von 1876—84 Stadtprediger in Mediasch. Seit dem letztgenannten Jahre ist er Pfarrer in Kleinschelken.

Er verfaßte:

Die Gesangbuchfrage in der ev. Kirche A. B. in den siebenb. Landesteilen Ungarns und die diesbezüglichen Beschlüsse der 17. Landeskirchenversammlung. Mediasch, Druck und Verlag von G. A. Reißenberger.

Wagner Valentin,
(III, 464),

wohl zwischen 1510 und 1520 in Kronstadt geboren, machte seine ersten akademischen Studien in Krakau (?) und bekleidete hierauf in Kronstadt für kurze Zeit ein geistliches Amt. Bei neuem Studienaufenthalt wurde er am 13. April 1542 in Wittenberg inskribiert, wo er allem Anschein nach mit einem noch erhaltenen exercitium scholasticum (Quaestio proposita etc.) den Magistertitel erwarb. Die bedeutungsvollere Frucht seiner Anwesenheit daselbst blieben für ihn und Kronstadt die aus persönlicher Berührung erwachsenen Beziehungen zu Wittenbergs reformatorisch-humanistischen Kreisen, namentlich zu Melanchthon. Noch 1542 erfolgte Wagners Rückkehr, mit der die Abfassung beziehungsweise Veröffentlichung der Formula Honters in dem nämlichen Jahre zusammenhängen mag. Gewiß hatte Honter in Wagner den ebenbürtigen Genossen im Reformationswerke gefunden, der — ein sächsischer Melanchthon — mit seiner Gelehrsamkeit und Frömmigkeit daheim wie in der Fremde tiefen Eindruck hervorgebracht hat. Als erster evangelischer Rektor der am 1. Dezember 1544 neu eröffneten Schule, deren noch erhaltene älteste Matrikel er anlegte, war Wagner berufen, die von Honter entworfene Organisation in Leben umzusetzen. Anteil an der Verbesserung des dortigen Bildungswesens dürfte Wagner im April 1546 auch nach Hermannstadt geführt haben, das sich wohl für diese Mitwirkung durch eine Ehrengabe zu Wagners Hochzeit im September jenes Jahres dankbar erwies. Aus dem Rektorate nach Ablauf der verordneten Jahresfrist in die Reihe der Lektoren zurückgetreten, blieb er wohl nach wie vor durch Wort und Schrift die Seele der Anstalt, bis er, Ende 1546 oder Anfang 1547, Ratsherr wurde. In dieser Eigenschaft vertrat er auch, im Vereine mit Matthias Glatz, das Burzenland auf der zur einheitlichen Regelung der kirchlichen Angelegenheiten für den März 1547 nach Hermannstadt einberufenen Versammlung, wie sonst wiederholt in weltlicher Mission. Am 29. Januar 1549 begann Wagner seine Wirksamkeit als Stadtpfarrer von Kronstadt und setzte in dieser Stellung seine im Dienste der christlichen wie der humanistischen Bildung stehende litterarische Thätigkeit bis in die letzte von Kränklichkeit heimgesuchte Lebenszeit fort; seit 1555 ist er auch der nachweisbare Inhaber der Honterischen Druckerei. Am 2. September 1557 ist er „zur Trauer aller Guten" dahingeschieden, nachdem er sich noch selbst (?) in der für sein Streben wie für seine Bescheidenheit gleichmäßig bezeichnenden Grabschrift charakterisierte:

> Exiguum vixi, sed fido pectore vixi,
> Cura fui patriae quantulacunque meae.

Zur Bibliographie*) bei Trausch III, 470 ff. ist zu ergänzen beziehungsweise richtigzustellen:

2. Compendii Grammatices Graecae Libri Tres. Val. Wag. Coron. MDXLIX. 8°. A—N (je 4 Blätter), O (8 Blätter) = 60 unpaginierte Blätter. *Colophon:* Impressum in Inclyta Transylvaniae Corona. MDXLIX. Schlußvignette (Kronstädter Wappen).

5. Praecepta vitae Christianae. Valent. Wagneri Coron. Coronae. 1544. 8°. A—E = 20 nicht paginierte Blätter. || Vulgus nec Caelum, nec Famae nomina curat, Verum in excelso pectore regnat honor. Coronae. MDLIIII. 8°. A—E = 20 nicht paginierte Blätter. *Colophon:* Impressvm in Inclyta Transylvaniae Corona. Anno MDXLIIII. Nur das Titelblatt und die Blätter des ersten Bogens sind neu gedruckt, alle weiteren Blätter stammen aus der ersten Auflage des Jahres 1544. Daher steht am Schlusse die Jahreszahl 1544 (Szabó, a. a. O., S. 12).

13. 1. Aufl. 1553 oder 1554, 2. Aufl. 1555.

Außerdem:

Valen[tinus] Wagnerus, Coronensis, Ad prudentes et circumspectos dominos, magistros civium, iudices iuratosque senatores civitatum ac sedium Saxonicarum, coloniarum Germanici imperii in Transylvania, in compendium iuris civilis carmen (A 2—4 des Honterischen Werkes). 1544. — Briefe, deren Echtheit noch zu untersuchen bleibt, bei Jos. Dück, Geschichte des Kronstädter Gymnasiums. Kronstadt 1845, 39 42. Vgl. schließlich im Artikel „Honter" (oben, S. 207 ff.) A, 36 und, für die 1555-er Ausgabe des Kleinen Katechismus, auch 40.

Dav. Czvittinger, Specimen Hungariae literatae. Francofurti et Lipsiae 1711, 396.

---

*) Vgl. Szabó, Régi magyar könyvtár II, Budapest 1885.

Jos. Teutsch, Aufgerichtetes Denkmal der königl. freien Stadt Kronen
1749. (Manuskript der Trauschischen Handschriftensammlung f. 67):
bei Jul. Groß, Kronst. Drucke 1535—1886. Kronstadt 1886.
Jos. Dück, Geschichte des Kronstädter Gymnasiums. Kronstadt 1845.
[Jos. Trausch], Beiträge und Aktenstücke zur Reformationsgeschichte von
Kronstadt. Ebenda, 1865.
Fraknói Vilm., Melanchthon és Magyarországi barátai. Budapest
1874. (Deutsch von A. Dux, ebenda 1874.)
Friedr. Teutsch, Aus der Zeit des sächsischen Humanismus. Arch. f.
Ldek., N. F. XVI, 227.
Jul. Groß, Katalog der von der Kronstädter Gymnasialbibliothek bei
der 400-jährigen Lutherfeier in Kronstadt ausgestellten Druckwerke
aus dem Reformationszeitalter. Kronstadt 1883, S. 12, 23.
Tr. Schuster, Das älteste deutsche Kirchengesangbuch Siebenbürgens.
Arch. f. Ldek., N. F. XXII, 29.
Theob. Wolf, Johannes Honterus, der Apostel Ungarns. Kronstadt 1894.
Allg. d. Biogr., 40, 584 von Fr. Teutsch.
Wurzbach, 52, 126.
Verschiedene Mitteilungen im Korr. f. Ldek., III, 37; VI, 96; VIII, 63;
IX, 39, 73, 89; X, 61.
Deutsche Übersetzung des Wagnerischen Liedergrußes zu Honters Compendium iuris civilis in [Schmidts] Siebenb. Quartalschr. 1860,
39 f. Deutsche Proben aus den Versen zum Totentanz (Imagines
mortis) von Fr. Teutsch im Arch. f. Ldek., N. F. XVI, 260, aus den
Praecepta vitae Christiana evon bemselben a. a. O. N. F. XVII, 29.

Ältere Nachrichten:

Wittenberger Universitätsmatrikel: Arch. f. Ldek., N. F. II, 136.
Briefe an und über Wagner s. bei Dück, a. a. O., unter B, II.
Kronst. Gymnasialmatrikel im Programm der Anstalt 1862/63, S. 18.
Album Oltardianum (Trauschenfels, Deutsche Fundgruben zur Geschichte Siebenbürgens, N. F.) Kronstadt 1860, 18.
Christian Schesäus, Historia repurgatae doctrinae coelestis in Transsilvania et vicina Hungaria, 1580 bei G. D. Teutsch, Urkundenbuch der ev. Landeskirche A. B. in Siebenbürgen II. (Hermannstadt 1883), 237.
Chronicon Fuchsio-Lupino-Oltardinum, ed. Jos. Trausch I. (Coronae
1847), p. 56.
Matth. Miles, Siebenb. Würgengel. Hermannstadt 1670, 67.
Enchiridion Martini Harvuug pastoris Coronensis (Manuskript der
Trauschischen Handschriftensammlung q. 16): bei Eugen v. Trauschenfels, M. Markus Fronius' Visitationsbüchlein. Kronstadt 1868, 49 f.
Georg Hauer, Historia ecclesiarum Transsylvanicarum. Francofurti
et Lipsiae, anno 1694, p. 194, 205.
Quellen zur Geschichte der Stadt Kronstadt II, III. Kronstadt 1889,
1896. (Bd. IV im Druck.)

Wal (Ball) Thomas,

einem wohlhabenden Hause Hermannstadts entsprossen, wurde am 30. Juni
1511 in die Artistenfakultät der Wiener Universität immatrikuliert. Nach
einem mehrmonatlichen Aufenthalte in der Heimat (1513) traf er am
19. Dezember 1513 wieder in Wien ein. Im Dezember 1514 war er in
Ofen. Nachdem er am 5. März 1515 in Wien die Magisterwürde erlangt
hatte, trat er am 12. Januar 1516 in die juristische Fakultät ein. Um

18. Juni 1516 brach er in die Heimat auf und übernahm am 26. Dezember 1517 das Rektorat der Schule seiner Vaterstadt, das er aber schon zwei Jahre später an seinen Nachfolger Magister Clemens von Oppeln übergab. Liebe zu den humanistischen Studien veranlaßten ihn abermals nach Wien zu gehen, wo er am 2. Mai 1520 eintraf. Schon Ende dieses Monates wurde er in die Prüfungskommission für die Baccalaureanden gewählt und hielt Vorlesungen an der Universität über die Satiren des Horaz und die Tristien des Ovid. Am 14. April 1521 wurde er zum Prokurator der ungarischen Nation an der Wiener Universität gewählt. 1524 war Wal wieder in Hermannstadt. 1527 erscheint er als Pfarrer von Schellenberg. Seine weiteren Schicksale sind nicht bekannt. Wal hinterließ von ihm eigenhändig in einen Kalender eingetragene Notizen zur Zeitgeschichte (1513 bis 1528), welche von D. Fr. Müller (Arch. f. Ldk., N. F., XV, 49—65) veröffentlicht worden sind.

        Arch. f. Ldk., N. F. X, 172, 175, 221, 222; XV, 48; XVII, 11, 12.
        H. G.-P., 1859, 11; 1896, 4.

Waukel Martin, Freiherr von Seeberg.
(III, 281).

    Wurzbach, 33, 303.
    Meltzl-Herrmann, Das alte und neue Kronstadt I, 264, 318, 327 ff.
    Arch. f. Ldk., N. F. XIII, 350, 566, 570, 572—576; XIV, 236 bis 238; XVI, 193; XVII, 481; XVIII, 277, 285, 294.

Weidenfelder Lorenz.
(III, 480).

    Diesem schreibt Seivert (Trausch a. a. O.) vier starke Bände (Abschriften handschriftlicher und gedruckter Werke) in Folio zu, welche an die Hermannstädter Kapitularbibliothek gekommen seien. Fr. Zimmermann (Arch. f. Ldk., XIX, 114) hat bis jetzt nur zwei Foliobände und zwar im Brukenthal'schen Museum gefunden.

    Wurzbach, 53, 254.
    Arch. f. Ldk., N. F. XIX, 114; XXII, 19.

Weiß Michael.
(III, 484).

    Wurzbach, 54, 155.
    Neue freie Presse, (Wien) 1869, Nr. 1891. Deutsche Männer in der Fremde. Michael Weiß, Bürgermeister von Kronstadt von [Wolff Carl].
    Familienblatt, (Grazer Unterhaltungsjournal) 1869, Nr. 346. Auch ein deutscher Held.
    Arch. f. Ldk., N. F. XVI, 441.

Michael Weiß, Eine hist. Skizze von B. v. M. in der Transsilvania.
Periodische Zeitschrift für Landeskunde. Redigiert von J. Benigni
von Mildenberg und C. Neugeboren 167.
Mika Sándor, Weiss Mihály, 1569—1612. Magyar Tört. Életrajzok.
Budapest 1893. [Vgl. Korr. f. Ldbe., XVI, (1893), 98.]
Bilder aus der vaterl. Geschichte I. 165.
Allg. d. Biogr., 41, 579 von Jul. Groß.

Weiß Wilhelm,

in Hermannstadt am 5. Februar 1853 geboren, absolvierte das dortige ev. Gymnasium im Jahre 1870 und studierte hierauf von 1870—1872 in Leipzig und von 1872—1873 in Berlin Theologie und Philologie. Er erhielt am 16. August 1876 seine erste Anstellung an der Hermannstädter Elementarschule, von der er am 6. September 1878 an das dortige Gymnasium berufen wurde, an dem er noch jetzt dient. Seit 1895 ist er auch Kustosadjunkt am Brukenthal'schen Museum in Hermannstadt.

Weiß hat sich besonders um das musikalische Leben seiner Vaterstadt verdient gemacht, als Ausschußmitglied (Archivar seit 1874, Vorstand seit 1892) des Hermannstädter Musikvereins, als Chormeister des Männerchor Hermania (1879—1900) und als Chormeister des Hermannstädter Allgemeinen Arbeiter-Bildungs-Vereins (1877—1882). Seit 1887 gehört er dem Hauptvorstande des ev. Vereins der Gustav Adolf-Stiftung für Siebenbürgen als Mitglied an, dessen Schriftführer und Kassier er bis zum Jahre 1901 war.

Weiß hat herausgegeben:

1. Der Hermannstädter Musikverein. Eine Skizze seiner Geschichte zur Feier der Grundsteinlegung des neuzuerbauenden Vereinshauses (September 1877) im Auftrage des Vereinsausschusses zusammengestellt von Wilhelm Weiß, derzeitiger Musikalien-Inspektor des Vereins. Der Reinertrag ist für die Vermehrung des Baufondes bestimmt. Hermannstadt, (W. Krafft) 1877.

2. Die Konzerte des Hermannstädter Musikvereins 1839—1889. Ein Beitrag zur Geschichte dieses Vereines, anläßlich der Feier des fünfzigjährigen Bestandes desselben im Auftrage des Vereinsausschusses herausgegeben von Wilhelm Weiß, Gymnasialprofessor, derzeitiger Musikalien-Inspektor des Vereins. Hermannstadt 1889. Verlag des Vereins. Gedruckt und in Kommission bei W. Krafft. [Bespr.: Korr. f. Ldbe., XII. (1889), 91.]

Nicht unter Nennung seines Namens, aber gleichwohl von Anfang bis zu Ende von ihm verfaßt, erschien:

3. Katalog der Bibliothek der ev. Landeskirche A. B. in Siebenbürgen. Herausgegeben vom Landeskonsistorium. Hermannstadt. Gedruckt bei W. Krafft 1889.

Über seine Mitarbeit an dem S. d. W. s. h. den Artikel Fr. Gebbel. Im S. d. T. veröffentlichte Weiß u. A. Vom IV. Deutschen Sängerbundsfeste 5087, (1890). Zur Verständigung 5613, (1892). Nach Darmstadt zur 47. Hauptversammlung des ev. Gesamtvereins der Gustav Adolf-Stiftung 1894. (6321—6324).

Weißkircher Karl,
(III, 490)

gründete nach seinem Austritte aus der Redaktion des Pester Lloyd (1868 ?) den Ungarischen Lloyd, den .er 1879 verkaufte, um sich ins Privatleben zurückzuziehen.
Er starb in Budapest im Jahre 1884.

>Wurzbach, 54, 187.
>Vasárnapi ujság, 25. Juni 1865, 26; „A pesti Lloyd társulat."
>Pest, [nach diesem ist Weißkircher am 11. Dezember 1821 geboren].

Wellmann Andreas.
(III, 491).

Im Arch. f. Lkde., I, 91. 135 erschien von ihm:

Zur Beachtung für alle Freunde vaterländischer Geographie.

>Josef Bedeus von Scharberg, I, 91; II, 118.
>Wurzbach, 54, 229.

Wellmann Christian Michael.
(III, 494).

Er starb im Jahre 1765.

>Wurzbach, 54, 230.

Wellmann Johann Joseph

wurde am 6. Juni 1820 in Hermannstadt geboren, absolvierte 1839 daselbst das Gymnasium und studierte hierauf zunächst an dem reformierten Kollegium in Groß-Enyed die Rechtswissenschaften und dann an den Universitäten in Wien und Halle Theologie und Philosophie. Am 30. Oktober 1849 wurde er Lehrer an der Elementarschule, am 23. Juni 1861 Lehrer am Gymnasium seiner Vaterstadt und am 21. Juni 1865 Pfarrer in Hahnbach. Er trat Ende 1897 in den Ruhestand und lebt seitdem in Hermannstadt.

Er veröffentlichte:

1. Siebenbürgische Kleinigkeiten.
    a) Ein Brief des siebenbürgischen Fürsten Michael Apafi I. an Karl XI., König von Schweden, aus dem Jahre 1687.
    b) Eine siebenbürgische Tragödie aus dem Jahre 1738; (beides Übersetzungen aus dem III. Jahrg. des von Franz Szilaghi in Klausenburg herausgegebenen Taschenbuches Clio, vom Übersetzer eingeleitet und a) auch mit Anmerkungen begleitet.)

2. Der Bauernaufstand in Ungarn aus dem Jahre 1514 unter dem Szekler Georg Dozsa (Übersetzung aus dem IV. Jahrg. von Kovácsoczi, Felsö-Magyar-Országi Minerva.) H. G.-P., 1865.

Wenrich Johann Georg.
(III, 495).

Wurzbach, 55.
Wenrich Caroline von Schelblein, J. G. Wenrich, professeur de la littérature biblique, professeur de langues et de littératures orientales etc. Paris 1847.
Arch. f. Ldek., N. F. XIX, 402.
Allg. d. Biogr., 41, 724 von Fr. Teutsch.

Wenrich Wilhelm

wurde zu Schäßburg den 14. November 1822 geboren. Nachdem er die Gymnasialstudien in seiner Vaterstadt im Jahre 1841 vollendet und die Maturitätsprüfung abgelegt hatte, bezog er das reformierte Kollegium in Klausenburg, an welchem er den für das Studium der Rechtswissenschaften vorgeschriebenen Kurs 1843 absolvierte. Die nächstfolgenden drei Jahre diente er als Honorarkanzlist bei der k. Gerichtstafel in Maros-Vásárhely und legte am Schlusse dieser Dienstzeit Ende Juni 1846 die Advokatursprüfung daselbst ab.

In seine Vaterstadt zurückgekehrt, wurde er zunächst Honorärsekretär bei dem damaligen Stadt- und Stuhlsmagistrate. Als aber im Herbste des Jahres 1848 von Seite der sächsischen Nationsuniversität der Aufruf an die siebenb.-sächs. Jugend ergangen war, zum Kampfe für Fürst und Vaterland und angestammtes deutsches Volkstum um die Fahne des damals in der Errichtung begriffenen siebenb.-sächs. Jägerbataillons sich zu scharen, folgte auch er diesem Rufe und trat am 4. November 1848 als Freiwilliger in das sächs. Jägerbataillon ein. Wenige Tage darauf wurde er vom damaligen Landeskommandierenden Baron Puchner auf diesbezüglichen Vorschlag der sächs. Nationsuniversität zum Lieutenant zweiter Klasse im Bataillon ernannt.

Als solcher machte er den 1848/49 Winterfeldzug in Siebenbürgen mit, nahm Teil an den Schlachten und Gefechten bei Hermannstadt, Salzburg, Piski, Mediasch u. s. w., trat mit auf rumänisches Gebiet über, war im Feldlager bei Csernetz an der Donau, machte von da aus den Vorstoß über Orsova gegen Karansebes, sowie den abermaligen Rückmarsch nach Rumänien und das Wiedereinrücken nach Siebenbürgen mit.

Nach wiederhergestellter Ruhe im Lande und nachdem er mittlerweile am 11. September 1849 zum Oberlieutenant im Bataillon befördert worden war, wurde er mit mehreren anderen Offizieren des siebenbürgischen Armeecorps zu der vom k. k. Kriegsministerium angeordneten Volkszählung in Siebenbürgen beordet. Die zu diesem Zwecke speziell ihm zugewiesenen Gebietsteile waren die damaligen Unterbezirke von Banffy-Hunyad und von Gyalu.

Von hier rückte er, nachdem er unterdessen vom 23. zum 12. Jägerbataillon transferiert worden war, in die Garnison des letzteren nach

Leipnik in Mähren ein, ging aber bald darauf infolge einer abermaligen
Transferierung zum 22. Jägerbataillon nach Nagybánya und dann nach
Szathmár. Im Verbande des letztgenannten Bataillons brachte er bis zum
Jahre 1861 seine Militärdienstzeit meist in ungarländischen und sieben-
bürgischen Garnisonen zu. Nur das Jahr 1859, das des italienischen
Feldzuges, sah ihn mit seinem Bataillon auf Märschen in Krain, Istrien
und im Venetianischen, ohne daß er indessen diesmal mit demselben in die
Gefechtslinie hätte vorrücken können.

In manchen seiner vielen Garnisonsorte bot sich ihm die Gelegenheit
dar, seine dienstfreien Stunden zu archivalischen Forschungen zu benützen.
In Fünfkirchen war es, wo er in der dortigen bischöflichen Bibliothek eine
siebenbürgisch-sächsische Originalurkunde vorfand, von welcher er ein von
ihm verfertigtes Facsimile dem im Jahre 1853 in Mediasch tagenden Verein
für siebenb. Landeskunde einsandte. Die Folge hievon war, daß er von
diesem zu seinem korrespondierenden Mitgliede ernannt wurde.

Umfangreichere archivalische Studien machte er in Bistritz in den
Jahren 1854—55. Infolge einer von der k. k. Statthalterei an ihn er-
gangenen Aufforderung, etwaige auf die Geschichte des Hauses Habsburg
sich beziehende Urkunden des Bistritzer Archives auszuforschen, verfertigte
er ein Verzeichnis der wichtigeren älteren Dokumente desselben, das der
Akademie der Wissenschaften in Wien zur Benützung zugewiesen wurde.
Regierungsrat Chmel äußerte sich hierüber in der „Wiener Zeitung" vom
11. Dezember 1856 in sehr anerkennender Weise; die siebenbürgische Statthalterei hatte ihm bereits mittelst Note vom 16. Juli 1855 die Anerkennung für seine ersprießliche wissenschaftliche Thätigkeit ausgedrückt.

Im April des Jahres 1857 wurde er zum Hauptmann zweiter und
im Oktober 1860 zum Hauptmann erster Klasse befördert und bald darauf
zum 16. Jägerbataillon nach Hermannstadt transferiert. Mit 1. März 1861
wurde er als halbinvalid unter gleichzeitiger Vormerkung für eine Friedens-
anstellung in den Pensionsstand übernommen. Nun war ihm in seinem
Domizil Schäßburg reichliche Muße zur Wiederaufnahme der bis dahin
nur gelegentlich betriebenen Arbeiten im Dienste der vaterländischen Geschichte
geboten. Zwar wurde er mit 1. Mai 1866 nach Ausbruch des österr.-preuß.
Krieges noch einmal zur aktiven Dienstleistung und zwar diesmal bei dem
62. Linien-Infanterie-Regimente nach Maros-Vásárhely einberufen, er kehrte
aber nach Abschluß des Friedens noch im Sommer desselben Jahres nach
Schäßburg zurück und wurde 1870 als ganz invalid in den bleibenden
Ruhestand versetzt.

Nach dem im Jahre 1867 erfolgten staatsrechtlichen Ausgleiche zwischen
Ungarn und Österreich war im Sachsenlande, namentlich aber in Schäßburg
ein heftiger Parteikampf zwischen Alt- und Jungsachsen entbrannt. Auch
Wenrich mußte sich für eine der Parteien entscheiden. Er nahm Stellung
im Lager der Jungsachsen, die damals noch fest vertrauend auf die Hoch-
herzigkeit der magyarischen Nation in deren politischer Führerschaft die sicherste
Gewähr für die freiheitliche Entwicklung des sächsischen Bürgertums sahen.
Doch beteiligte er sich am Parteikampfe weniger in öffentlichen Versammlungen
als in der Redaktion des zur Vertretung der Parteiinteressen gegründeten

politischen Organs, das unter dem Titel „Sächsisches Volksblatt" wöchentlich einmal im Laufe des Jahres 1869 erschien und in ihm seinen hauptsächlichsten Leiter und Mitarbeiter fand. Einige aus seiner Feder stammende kleinere Aufsätze geschichtlichen Inhaltes im Feuilleton desselben zeigen, daß er auch als Zeitungsredakteur seine wissenschaftlichen Ziele nie ganz aus den Augen gelassen. Im Jahre 1871 wurde er von der sächsischen Nationsuniversität mit der Ordnung des sächsischen Nationalarchivs auf die Dauer von drei Jahren betraut. Mit Zuhilfenahme noch eines ihm zu diesem Zwecke bewilligten vierten Jahres führte er diese Ordnung in der Art durch, daß er vier Bände „Grundrepertorium", zwei Bände „Realrepertorium" über die Urkunden des Mittelalters bis einschließlich das Jahr 1500 ausarbeitete und einen Teil der neuverzeichneten Urkunden neu aufstellte. 1875 kehrte Wenrich wieder in seine Vaterstadt zurück.

Noch während seiner Anstellung an diesem Archive hatte er (1874) eine Reise nach Königsberg unternommen, um die in Siebenbürgen veröffentlichten Urkunden über die Verleihung des Burzenlandes an die deutschen Ritter mit den im dortigen Staatsarchive befindlichen Urschriften zu vergleichen.

Die Reichstagsabgeordnetenwahl für die 1881—84-er Periode führte endlich die erste Annäherung der sich bekämpfenden Alt- und Jungsachsen des Schäßburger Wahlkreises herbei. Beide Parteien einigten sich, Wenrich zum Abgeordneten zu wählen. Die Altsachsen erklärten sich damit einverstanden, daß Wenrich in die Regierungspartei eintrete, die Jungsachsen dagegen schlossen sich allen Anschauungen jener in Bezug auf Selbständigkeit von Kirche und Schule, auf munizipale und kommunale Selbstverwaltung u. s. w., soweit diese auf gesetzlicher Basis beruhten, an. In dem Reichstage hat dann Wenrich gelegentlich der Beratung des Mittelschulgesetzes sowohl in der General- wie Spezialdebatte den Standpunkt gesetzlich gewährleisteter Autonomie von Kirche und Schule der rezipierten Glaubensbekenntnisse in Siebenbürgen vertreten. Immer mehr erkannte Wenrich, daß seines Bleibens nicht in der Regierungspartei sein könne, daß der Anschluß an die Regierung, die sich dem immer gewaltiger anschwellenden Strome nationaler Leidenschaften gegenüber immer widerstandsloser erwies, nicht der zur Wahrung sächsischer Volksinteressen führende Weg sein könne.

Er trat infolge dessen, nachdem er hiezu auch die Einwilligung seiner Wähler eingeholt hatte, aus der Regierungspartei aus und schloß sich den damals der Mehrzahl nach ebenfalls außerhalb derselben stehenden sächsischen Abgeordneten an.

Nach Ablauf dieser Reichstagsperiode wurde Wenrich auch für die nächste (1884—87) wieder gewählt. Seit dieser Zeit hat er eine Kandidatur nicht mehr angenommen und lebte in Schäßburg seinen Studien. Dort starb er am 20. Januar 1895.

Wenrich veröffentlichte folgende Arbeiten:

1. Bericht über eine alte Urkunde. Arch. f. Ldk., N. F. I.
2. Schematismus der k. k. Feldjägerbataillone. Zusammengestellt von W. Wenrich, k. k. Hauptmann im 22. Feldjägerbataillon. Ödenburg 1859, Druck von Adolf Reichard in Ödenburg.

3. Vorbedingungen zur moldauischen Lehensherrschaft an der Bistritz. Arch. f. Ltde., N. F. VI, 63.
4. Über ein altes italienisches Siegel. Ebenda, VII, 51.
5. Wenywanjeltchen. Erschien unter dem angenommenen Namen Hans Willmoser in den Siebenb. Blättern. Jahrg. 1867. Nr. 48—51. Feuilleton.
6. Pastor Transsilvanicus Saxo. Nach einer alten Handschrift ins Deutsche übersetzt und mit Noten versehen. Sächsisches Volksblatt. Schäßburg 1869, Druck und Verlag von Friedrich Carner. Feuilleton 1—27 mit Unterbrechungen.
7. Aus der Vergangenheit Trappolds. Ebenda, Nr. 8 und 9.
8. Eine siebenb.-sächs. Urkunde aus dem Vatikan. Mit einer Exkursion über die Siebenbürger Bischöfe von 1300—1356. Ebenda, Nr. 13 und 14.
9. Über die Hermannstädter Nachtsglocke. Hermannstädter Zeitung 1874, auch im Sonderabdruck erschienen.
10. Néhány szó két hazai művészről. Századok, a magy. tört. társ. közl. 1879-ik évi folyam.
11. Rechenschaftsbericht 1884—87. Sonderabdruck des S. b. T., 4083—87, (1887).
12. Künstlernamen aus der siebenb.-sächs. Vergangenheit. Arch. f. Ltde., N. F. XXII, 42.

Wenrich hinterließ eine Urkundensammlung in 30 Quartbänden, welche Abschriften aus der ältesten Zeit bis 1600 enthält. Die Abschriften sind meist von Wenrichs eigener Hand gemacht worden, sorgfältig kollationiert und mit Namensunterschrift und Datum versehen. Viele sind schon veröffentlicht. Die meisten Urkunden stammen aus dem Bistritzer und Hermannstädter Archiv, aber auch aus andern Orten, wohin Wenrich während seiner Militärzeit verschlagen wurde. Der Vorzug dieser Abschriften besteht darin, daß sie unbedingt zuverlässig sind.

Über Wenrichs parlamentarische Thätigkeit s. den Anhang.

Arch. f. Ltde., N. F. XXVII, 8 von Fr. Teutsch.
S. b. T., 6423, (1895).
Korr. f. Ltde., XVIII, 31.
Századok 1895.
Allg. b. Biogr., 41, 725 von Fr. Teutsch.
Zimmermann, das Archiv der Stadt Hermannstadt und der sächs. Nation. II. Aufl. Hermannstadt 1901, 170.

Werner Karl,

(III, 396 u. 601),

geboren am 28. Januar 1845 in Birthälm, studierte von 1855—1863 am ev. Gymnasium in Mediasch, von 1863—1866 an der ev. theologischen Fakultät in Wien und an den Universtäten in Leipzig und Berlin Theologie und Geschichte. Nach seiner Rückkehr in die Heimat wurde er zunächst an der ev. Mädchenschule in S.-Reen angestellt. Von 1869—1893 war er

Professor am ev. Gymnasium und dem damit verbundenen theol.-pädagog. Seminar in Mediasch. In dem letztgenannten Jahre berief ihn die evang. Gemeinde Groß-Kopisch zu ihrem Pfarrer.

Er schrieb:

1. Geschichte Ungarns mit besonderer Berücksichtigung Siebenbürgens. Ein Hilfsbuch für die obern Klassen der ev. Mittelschulen A. B. in Siebenbürgen. Hermannstadt, Druck und Verlag von W. Krafft 1885.
2. Geschichte Ungarns mit besonderer Berücksichtigung Siebenbürgens. Ein Leitfaden für die höhern Volksschulen, Bürgerschulen und die untern Klassen der Mittelschulen der ev. Landeskirche A. B. in Siebenbürgen. Hermannstadt, Druck und Verlag von W. Krafft 1888.
3. Geographie von Österreich-Ungarn. Ein Leitfaden für die höhern Volksschulen, Bürgerschulen und die untern Klassen der Mittelschulen der ev. Landeskirche A. B. in Siebenbürgen. Hermannstadt, Druck und Verlag von W. Krafft 1888.
4. Die ev. Pfarrkirche in Mediasch. M. G.-B., 1872. Im Sonderabdruck auch als Festgabe der Stadt Mediasch für die dort 1872 tagenden Vereine verteilt.
5. Die Generalsynode der ev. Kirche A. B. in Siebenbürgen vom Jahre 1708. Festschrift des ev. Gymnasiums A. B. in Mediasch zur 400-jährigen Geburtsfeier Dr. M. Luthers. Hermannstadt 1883. [Bespr.: Korr. f. Lde., VI, (1883), 130.]
6. Geschichte der zwei Stühle unter Wladislaus II. und Ludwig II. Im Arch. f. Lde. N. F. XII, 270—311.
7. Ein Fund römischer Konsulardenare. Ebenda, XIV, 1—46.
8. Die Schulvisitation im Mediascher Kapitel vom Jahre 1765. Ebenda, XXIII, 215—247.
9. Dreizehnter, vierzehnter, fünfzehnter und sechzehnter Jahresbericht des ev. Hauptvereins der Gustav Adolf-Stiftung für Siebenbürgen. Mediasch 1876. Hermannstadt 1877, 1878, 1879.

Ferner gab er heraus:

1. Mit Dr. Rudolf Theil: Urkundenbuch zur Geschichte des Mediascher Kapitels bis zur Reformation. Hermannstadt 1870.
2. Mit Franz Zimmermann: Urkundenbuch zur Geschichte der Deutschen in Siebenbürgen. I, (1191—1342) mit 4 Tafeln Siegelabbildungen. Hermannstadt 1892.
3. Mit Franz Zimmermann und Georg Müller Urkundenbuch ꝛc. II, (1342—1390) mit 7 Tafeln Siegelabbildungen. Beide Bände herausgegeben vom Ausschuß des Vereins f. Landeskunde. Der zweite Band erschien Hermannstadt 1897 in Kommission bei Franz Michaelis. (S. Artikel Franz Zimmermann.)
4. Die hinterlassene Arbeit von Rudolf Braudsch: Kaiser Friedrichs III. (IV.) Beziehungen zu Ungarn in den Jahren 1440—1458. M. G.-B., 1883 und 1884. (s. R. Braudsch.)

Wurzbach, 55, 98.

Wieland Johann Andreas von.
(III, 501).

Trausch a. a. O. kann nicht entscheiden, ob die von Wieland herrührende Übersetzung aus dem Französischen des Falbaire „Der Tuchmacher" oder „Der Schuhmacher von London" zwei verschiedene Druckschriften sind.

Bei Fenouillot de Falbaire lautet der Titel des Stückes: Le fabricant de Londres. Drame en 5 actes et en prose. Meusel in seinem „Gelehrten Teutschland" 4. Ausgabe, Bd. IV, 208 führt an, daß Wieland auch Falbaires „L'honnête criminel ou l'innocence reconnue" ins Deutsche übersetzt habe; ob diese Übersetzung auch gedruckt erschienen, ist nicht bekannt.

Wurzbach, 56, 17.

Wigand August Christian

wurde am 15. November 1834 in Pürben in Preußisch-Schlesien geboren. Nach der im Jahre 1854 bestandenen Maturitätsprüfung am Gymnasium zu Sagan und nach Absolvierung eines 3½-jährigen Studiums der Theologie und Philologie auf den Universitäten zu Breslau und Greifswald war er mehrere Jahre Hauslehrer in Preußen und dann zwei Jahre Lehrer für Latein, Griechisch, Deutsch, Religion und Geschichte am Privat-Realgymnasium des Direktors Fr. Lähne in Ödenburg. Nach Erlangung des österr. Staatsbürgerrechts kam er 1866 nach Hermannstadt und bewarb sich um eine Lehrerstelle an den dortigen ev. Lehranstalten. Seit der Einführung des französischen Unterrichtes als obligaten Lehrgegenstandes an der Realschule in Hermannstadt, das ist seit 1877/78, hat Wigand als Supplent an dieser Anstalt vor allem in der französischen Sprache Unterricht erteilt. Er starb am 8. Mai 1896.

Er gab heraus:

Formation et flexion du verbe français basées sur le latin après les résultats de la science moderne par A. Wigand. Hermannstadt, Verlag von Franz Michaelis 1882. [Bespr. im S. b. T., Nr. 2594, (1882). Vgl. auch ebenda, Nr. 4077, (1887.)]

Wittstock Heinrich Joachim
(III, 502)

wurde am 18. März 1826 in Bistritz geboren. Der empfängliche Geist des heranwachsenden Knaben fühlte sich schon frühe zur Bücherwelt hingezogen. Gefördert wurde diese Neigung durch die Krankheit des ältesten Bruders, dem der jüngste durch Vorlesen die Zeit kürzte. Dreizehnjährig kam der Knabe an das Gymnasium seiner Vaterstadt, das gerade damals nach einer Periode großer Herabgekommenheit durch mehrere zu gleicher Zeit wirkende Lehrer, die nicht allein zu unterrichten, sondern auch ihre Schüler anzuregen verstanden, in eine ganz anerkennenswerte Anstalt sich umwandelte.

Nach Ablegung der Maturitätsprüfung begab sich Wittstock an die Hochschule nach Wien. Hier widmete er sich zunächst dem Studium der Theologie, doch besuchte er auch das Polytechnikum, um Vorlesungen über Physik und Chemie zu hören. Auch litteraturgeschichtliche Studien wurden eifrig getrieben und bei alledem der Umgang mit den Landsleuten, die damals zahlreich die Wiener Hochschule besuchten, nicht vernachlässigt. In einem Kreise von Zöglingen der Künstler-Akademie, welche an den Winterabenden im Hause des Professors Ritter von Perger Shakespeare, die Nibelungen und andere Werke von künstlerischem Standpunkte aus lasen, lernte der junge Theologe zuerst die deutsche mittelalterliche Dichtung und deren wunderbares Erzeugnis, die Nibelungen, kennen. So boten denn die drei Jahre des Wiener Aufenthaltes dem Jünglinge reiche geistige Nahrung. Dennoch wuchs, da sich bei Wittstock auch ein körperliches Mißbehagen und eine trübsinnige Stimmung einstellte, die Sehnsucht nach der Heimat immer mehr. So verließ er denn Wien im Sommer 1847, um nach Bistritz zurückzukehren. Hier hat er schon am 1. September des genannten Jahres die damals übliche Lehramtsprüfung abgelegt und vorübergehend eine Lehrerstelle am Gymnasium und dann eine Erzieherstelle in einem adligen Hause innegehabt. Am 5 Oktober 1848 erfolgte seine definitive Berufung an das Gymnasium. Die Unruhen des Bürgerkrieges, der inzwischen in Ungarn und Siebenbürgen ausgebrochen war, machten seinen Amtsantritt allerdings erst am 1. April 1849 möglich. Seit dieser Zeit ist Wittstock — fast 52 Jahre — unermüdlich im Dienste seines Volkes gestanden. Die ersten zwanzig von diesen Jahren hat er dem Gymnasium seiner Vaterstadt, dem er bis 1862 als Gymnasiallehrer und von da bis 1869 als Rektor gedient hat, gewidmet. Das erste Jahrzehnt in dieser Thätigkeit verfloß in stiller Schularbeit und vaterländischer Geschichtsforschung, das zweite war mehr dem öffentlichen Wirken im kirchlichen und Schulleben, der Teilnahme an politischen und sozialen Bestrebungen zugewendet. In die erste Zeit fällt die Einführung des österreichischen Organisationsentwurfes auch an dem Bistritzer Gymnasium. Es war eine schaffensfreudige Zeit auch für Wittstock, der mit ganzer Seele Lehrer war und sich alle Mühe gab, nicht einseitig den Intellekt des Schülers zu bilden, sondern den ganzen Menschen zu erziehen. Viele von den tausenden von Schülern Wittstocks sind später zu seinen treuen Mitarbeitern an der Schule und zu seinen warmen aufrichtigen Freunden geworden. Wenn aber Wittstock von 1860—1869 mit voller Absichtlichkeit sich in den Strom der politischen, sozialen und kirchlichen Bewegung warf, so geschah es aus dem Grunde, weil er auch diese Arbeit für das Wohl seines Volkes für notwendig befand. So entstanden zum Teil unter seiner Mitwirkung, zum Teil über seine Anregung eine Anzahl von Vereinen in Bistritz, welche teils mehr auf das sittlich-gemütliche Volksleben, teils auf die Förderung des Gewerbes und des allgemeinen Wohlstandes einzuwirken bestimmt waren. Als Ergebnis und Folge hauptsächlich dieser Richtung seiner Thätigkeit ist es anzusehen, daß das Vertrauen seiner Mitbürger ihn als Abgeordneten in den Landtag von 1863/64 entsendete und ihn auch in den Pester Landtag von 1866 wählen wollte. Den letzteren Antrag hat Wittstock aus mehrfachen Gründen nicht angenommen.

Eine ähnliche, wenn auch nach Beruf und Neigung näher liegende Thätigkeit bot sich Wittstock in denselben Jahren dar in der Bewegung auf kirchlichem Gebiete, welche durch den Ausbau der Kirchenverfassung der ev. Landeskirche A. B. in Siebenbürgen hervorgerufen wurde. Schon 1861 und 1862 hat er als weltlicher Abgeordneter seines Kirchenbezirkes und von da an als Gymnasialdirektor an den spätern Landeskirchenversammlungen teilgenommen.

Am 25. April 1869 wurde Wittstock, dessen Name längst über das Bistritzer Gelände hinaus bekannt geworden, von der Gemeinde Heltau zum Pfarrer berufen. Schwer wurde der Abschied von Bistritz. „Er läßt eine große Lücke, welche auszufüllen vor der Hand niemand im stande ist, die sich überdies später nur noch fühlbarer machen wird, hinter sich zurück. Denn er bildete für Bistritz einen geistigen Mittelpunkt, dessen Strahlen nach allen Seiten hin sich verbreiteten, um anregend, fördernd und schaffend zu wirken." So schrieb man dem Siebenbürgisch-deutschen Wochenblatte damals aus Bistritz. Wenige Tage später empfahl im geräumigen Pfarrhause in Heltau Pfarrer Budaker den bisherigen treuen Genossen in gar mancher schweren Berufsarbeit, „den zwanzigjährigen Lehrer am Bistritzer Gymnasium, das von wärmstem Eifer und ausdauerndster Pflichttreue erfüllte Mitglied des Bistritzer Presbyteriums und Bezirkskonsistoriums, den auf dem Gebiete des bürgerlichen und gewerblichen Lebens, wie insbesondere des Vereinswesens mächtigen Rufer und Ansporner zum Fortschritt" allen den neuen Kreisen, in welche nunmehr seine bewährte Kraft und tüchtige Gesinnung, ein edler offener Charakter verpflanzt werde. Wie sehr aber Wittstock zum Segen seiner Pfarrgemeinde geworden, dafür spricht deutlich die Feier, die die Heltauer am 25. Jahrestage des Eintreffens Wittstocks in Heltau veranstalteten, in der mehr als einmal der 25-jährigen pflichttreuen Wirksamkeit Wittstocks und seiner unvergänglichen Verdienste um das religiös-sittliche Leben seiner Gemeinde wie um ihren materiellen Fortschritt nach den Forderungen der Zeit gedacht wurde.

Bis zu seinem Tode ist Wittstock in Heltau geblieben, obgleich ihm die Möglichkeit geboten war, in die Nähe seiner Vaterstadt oder nach Hermannstadt als Pfarrer zu kommen.

Daß Wittstocks Wirksamkeit auch während des zweiten Teiles seines Lebens nicht auf das Pfarramt allein beschränkt bleiben konnte, läßt sich leicht erklären. Auf dem politischen wie auf dem kirchlichen Gebiete hat er, wie in der früheren Zeit, eine hervorragende Thätigkeit entwickelt. In der Nationsuniversität, die ihn immer wieder zum Kurator der Mediascher Ackerbauschule gewählt, im Zentral- und Kreis-Ausschusse, in den Wähler- und in den Komitatsversammlungen wie in der Presse ist er für das Wohl seines Volkes oft und oft eingetreten.

Im Jahre 1873 wurde Wittstock Ersatzmann des Bezirkskonsistoriums, im darauffolgenden Jahre Ersatzmann des Landeskonsistoriums. Von 1887 bis 1894 war er auch Bezirksdechant des Hermannstädter Kirchenbezirkes und von da an bis 1899 Superintendential-Vikar. Er hat dann eine Wiederwahl zum Superintendential-Vikar und eine Neuwahl in das Landeskonsistorium mit Rücksicht auf sein Alter und seine angegriffene Gesundheit abgelehnt. Er starb am 29. März 1901.

Über die Mitarbeit Wittstocks an dem S. b. W. s. den Artikel Franz Gebbel.

Wittstock veröffentlichte ferner:

1. Wittstock H., Präsentationsrede desselben, gehalten am 7. Juni 1869 anläßlich seiner Installierung als Pfarrer in Heltau. Siebenbürgische Blätter 1869, Nr. 46 und im Sonderabdruck.
2. Rede von Franz Obert und H. Wittstock am Grabe Franz Gebbels. Kronstadt, Joh. Gött und Sohn Heinrich 1880.
3. Aus Heltau. Vergangenes und Gegenwärtiges. Gedenkblatt zum 400-sten Gedächtnistag der Geburt Dr. Martin Luthers im Namen des ev. Presbyteriums A. B. veröffentlicht. Hermannstadt, in Kommission bei Franz Michaelis. [Bespr.: Korr. f. Ldk., VI, (1883), 130; S. b. T., 3024, (1883.)]
4. Festpredigt zur Eröffnung der 19. Landeskirchenversammlung und zur festlichen Enthüllung des Bischof Teutsch-Denkmals am 19. August 1899. S. b. T., 7807, (1899) und im Sonderabdrucke. Hermannstadt, Josef Drotleff 1899; ferner gedruckt im Kalender des Siebenb. Volksfreundes, redig. von Dr. A. Schullerus und D. Fr. Teutsch für 1900. Hermannstadt, Jos. Drotleff (1899), 100. [Bespr.: Korr. f. Ldk., XXIII, (1900), 9.]

Wurzbach, 57, 179.
S. b. T., 6771, (1896), 70. Geburtstag Wittstocks.
Neuer Volkskalender für das Jahr 1898. IX. Jahrg. Hermannstadt, W. Krafft (1897), 89, mit dem Bilde Wittstocks.
Kirchliche Blätter, Rede bei der Trauerfeier anläßlich der Beerdigung Heinrich Wittstocks, Pfarrer in Heltau, gehalten in der ev. Kirche in Heltau am 31. März 1901 von D. Fr. Teutsch, Superintendentialvikar. Erschien auch im Sonderabdrucke. Hermannstadt, W. Krafft 1901.
S. b. T., 8294, (1901).
Kalender des Siebenbürger Volksfreundes für 1902, redigiert von Dr. A. Schullerus und D. Fr. Teutsch. Hermannstadt, Jos. Drotleff (1901), mit dem Bilde Wittstocks.
Neuer Volkskalender für 1902. XXIII. Jahrg. Hermannstadt, W. Krafft mit dem Bilde Wittstocks.

Wittstock Oskar,

geboren am 27. August 1865 in Bistritz, erhielt seinen ersten Unterricht an der höheren Volksschule in Heltau und im väterlichen Hause. Die Gymnasialstudien vollendete er an dem ev. Gymnasium in Hermannstadt und nachdem er hier das Reifezeugnis erhalten, bezog er im Herbste 1883 das reformierte Kollegium zu Sárospatak in Oberungarn. Im nächsten Jahre vertauschte Wittstock diese inländische Bildungsstätte mit der Universität Tübingen, wo er drei Semester bis zum Frühjahr 1886 verweilte. Hier begann erst die Einführung in sein eigentliches Fachstudium deutsche Sprache und Litteratur, gefördert durch den persönlichen Verkehr mit den beiden Fachlehrern E. Sievers und Strauch. Neben den Arbeiten in seinem Fachstudium lief das Studium der Kirchengeschichte und des Nebenfachs der lateinischen Sprache. Nachdem er in Pest die Grundprüfung bestanden, bezog er die Universität Leipzig.

In der Germanistik waren hier Hildebrand und Zarncke seine Lehrer. Dem Seminar des Letztern gehörte Wittstock zunächst als außerordentliches, dann als ordentliches Mitglied an. In Tübingen hatte er in erster Reihe Mittelhochdeutsch getrieben und in der Litteraturgeschichte des XIV. und XV. Jahrhunderts gearbeitet, in Leipzig konzentrierte sich sein Interesse hauptsächlich auf die Litteraturgeschichte des XVIII. Jahrhunderts. Von Leipzig begab sich Wittstock an die Universität nach Berlin, wo er in das Seminar Erich Schmidts eintrat. Im Sommer 1887 kehrte er in die Heimat zurück. Am 17. September 1890 wurde er als Lehrer an der Elementarschule und am 16. Oktober 1893 als Professor am Gymnasium in Hermannstadt angestellt.

Er veröffentlichte:

1. Bilder aus der Zeit der Minnesänger. Ein Vortrag. S. d. T., 5767—71 und im Sonderabdrucke. Hermannstadt, Druck von Jos. Drotleff 1892.
2. Josef Marlin. Ein Beitrag zur sächs. Litteraturgeschichte der vierziger Jahre. Arch. f. Ldde., N. F. XXVI. [Bespr.: Korr. f. Ldde., XVIII, (1895), 113.]
3. Schlimmes Fahrwasser. S. d. T., 6137 und im Sonderabdrucke. Hermannstadt, Druck von Jos. Drotleff.
4. Volkstümliches der Siebenbürger Sachsen. Beiträge zur Siedlungs- und Volkskunde der Siebenbürger Sachsen. Sonderabdruck aus den Forschungen zur deutschen Landes- und Volkskunde, herausgegeben von Dr. A. Kirchhoff. Mit einer Karte und zwei Trachtenbildern. Stuttgart J. Engelhorn 1895. [Bespr.: im S. d. T., 6566, (1895); Deutsche Litteraturzeitung 1897, 9.]
5. Beiträge zur siebenb.-sächs. Trachtenkunde. H. G.-B., 1895. [Bespr.: Korr. f. Ldde., XVIII, (1895), 132; Egyetemi philol. közl. 1896.]
6. Das litterarische Leben der vierziger Jahre. Vortrag. Hundert Jahre sächs. Kämpfe. Hermannstadt, Verlag von W. Krafft 1896.
7. Grün oder Schwarz? Eine Beleuchtung der gegenwärtigen politischen Verhältnisse der Siebenbürger Sachsen. Hermannstadt 1896. G. A. Seraphin.
8. Kleine Geschichten aus dem Siebenbürger Sachsenlande. Hermannstadt, G. A. Seraphin 1897. Auch unter dem Titel: Bibliothek Deutscher Erzähler aus Siebenbürgen und Ungarn 1. Bd. [Bespr.: Korr. f. Ldde., XXI, (1898), 20; S. d. T., 7298, (1897).)]
9. Prolog zu der bei der Enthüllung des Teutsch-Denkmals abgehaltenen volkstümlichen Theatervorstellung. S. d. T., 7808, (1899). Ferner auch gedruckt im Kalender des Siebenb. Volksfreundes für 1900, redig. von Dr. A. Schullerus und Dr. Fr. Teutsch. Hermannstadt, Jos. Drotleff (1899).
10. Aus deutschem Frauenleben. Festspiel zur Feier des 25-jährigen Bestandes des ev. Frauenvereines zur Unterstützung der ev. Mädchenschule A. B. in Hermannstadt. Der Reingewinn fällt dem oben genannten Verein zu. Hermannstadt, Druck von Josef Drotleff. Inhaber: Peter Drotleff 1900.
11. Heinrich Wittstock. (1826—1901). Kalender des Siebenb. Volksfreundes für das Jahr 1902. XXIII. Jahrg., N. F. VII. Redig. von Dr. A. Schullerus und D. Fr. Teutsch. Hermannstadt, Jos. Drotleff. Inhaber: Peter Drotleff [1901].

Für die von Dr. Fr. Teutsch herausgegebenen „Bilder aus der vaterländischen Geschichte" bearbeitete O. Wittstock und zwar für den ersten Band:

a) Die Reformation in Ungarn und Siebenbürgen.
b) Graf Stefan Szechenyi 1792—1860.
c) Das Jahr 1848/49 in Siebenbürgen.
d) Stefan Ludwig Roth 1796—1849.

Für den zweiten Band:

a) Eine sächsische Familie des 18. Jahrhunderts.
b) Unsere Volkstracht.
c) Sitte und Brauch.
d) Die Nachbarschaft.

Wolf Peter.
(III, 507).

Im Anfang der 60-er Jahre zog er als Pfarrer nach Seiden und vertauschte im Jahre 1873 diese Stelle mit der Pfarre in Weißkirch, wo er 1887 starb.

Wolf Theobald Peter

wurde am 1. Juli 1852 in Neußdorf geboren. Er absolvierte das Gymnasium in Bistritz im Jahre 1874 und bezog darauf die Hochschule in Berlin, wo er zwei Jahre, nachher die Hochschule in Leipzig, wo er ebenfalls zwei Jahre geschichtlichen, philosophischen und theologischen Studien oblag. In die Heimat zurückgekehrt, wirkte er lange Jahre als Lehrer, zuletzt als Rektor an der ev. höheren Volksschule A. B. in Reps. 1893 erwählte ihn die Gemeinde Schirkanyen zum Pfarrer.

Neben kleineren Arbeiten, teils wissenschaftlichen, teils poetischen Inhaltes, die er in der heimischen periodischen Litteratur niederlegte, erschien von ihm:

1. Fürst Georg Rakoczy I. in Reps. Eine geschichtliche Erzählung aus dem Jahre 1639. Verlag der Buchhandlung Albrecht und Zillich. Kronstadt 1888.
2. Johannes Honterus der Apostel Ungarns. Von Theobald Wolf. Herausgegeben vom Ausschuß zur Errichtung eines Honterusdenkmals in Kronstadt. Kronstadt 1894. Kommissionsverlag von H. Zeidner. [Bespr: Korr. f. Ldbe., XVIII, (1895), 26; S. b. T., 6392, (1894.)]
3. Ein Stückchen alte Chronik der Gemeinde Schyrkanyen zur Grundsteinlegung des Gemeindehauses im Jubeljahr der 400. Wiederkehr der Geburt des Magisters Johannes Honter 1898 vom dermaligen Ortspfarrer Th. Wolf. Hermannstadt, Buchdruckerei W. Krafft 1898.
4. Festrede zur Feier der 400. Wiederkehr des Geburtstages des Magisters Johannes Honter, gehalten in der Gemeinde Schyrkanyen am Sonntage Jubilate. 1. Mai 1898 von Th. Wolf. Kronstadt, gedruckt und verlegt von Joh. Götts Sohn 1898.

5. Kanzelrede zur Feier der 70. Wiederkehr des Geburtstages D. Dr. Friedrich Müllers, Bischof der ev. Landeskirche A. B. in den siebenb. Landesteilen Ungarns, gehalten in der Gemeinde Schyrkanyen am Sonntage Rogate des Honterus-Jubeljahres, 15. Mai 1898 von Th. Wolf. Hermannstadt, Buchdruckerei W. Krafft 1898.

Wolff Carl, Dr. jur.,

am 11. Oktober 1849 zu Schäßburg als der Sohn des dortigen Stadtphysikus Josef Wolff geboren, besuchte das Gymnasium seiner Vaterstadt, an dem damals hervorragende Lehrer und Fr. Müller als Rektor thätig waren.

Wolffs rastloser Geist gab sich schon auf der Schule zu erkennen. Mit den nächstliegenden Aufgaben kam er rasch zu Ende; daß er darnach spät in stiller Nacht griechische Dichter übersetzte, die Schöpfungen von Byron und Shakespeare sich nahe rückte, war das Zugeständnis, das er seinem Wisseneifer machen mußte. Ein hervorragend begabter Schüler, verließ er 1867 das Schäßburger Gymnasium; seines Rektors Versuch, ihn dem theologischen Studium zuzuwenden, konnte nicht Folge gegeben werden, er wurde zunächst Techniker. Aber die technischen Hochschulen setzten damals zu unvermittelt, nur mit den Realschulen genaue Verbindung haltend, in ihren Vorträgen ein und gerade das Schäßburger Gymnasium mit seinen theologisch-philosophischen, historisch-philologischen, germanistisch-ästhetischen Überlieferungen war nicht die geeignete Vorschule für das technische Studium gewesen. Rasch erspähte Wolff die trennende Kluft und nach kurzem Zögern verließ er die technische Hochschule und wurde Jurist. In Wien und Heidelberg waren es wieder seine Anlagen und sein Pflichteifer, die die Professoren aus dem Bannkreise des Katheders heraus und ihm näher treten ließen. In Pest, Hermannstadt und Klausenburg setzte er seine Studien fort, erwarb sich in Heidelberg und in Wien den Doktorhut und erhielt 1871 den Ruf, in die Redaktion der „Neuen freien Presse" einzutreten, wo er dann unter Friedländer und Etienne als Subredakteur bis zum Herbst 1873 thätig blieb. Dann rief ihn die Heimat und mit dem 1. Januar 1874 flog unter seiner Leitung die erste Nummer des durch ihn begründeten „Siebenbürgisch-Deutschen Tageblattes" in die Welt.

Waren schon seine Studien auch für den neuen Wirkungskreis vorbereitend gewesen, die 2-jährige Arbeit in der Redaktion des Weltblattes hatte seinen Geist nach dieser Richtung noch besonders geschärft. Im wogenden Kampfe in unseres Volkes Mitte, besonders aber gegenüber dem jähen Eingriff in unsere Rechte hatte er schon von Heidelberg aus Stellung genommen. In Wien den Verhältnissen der Heimat näher, verfolgte er Zug für Zug die Vorgänge und so stand er, der geistig schon in der Ferne an die Seite unserer Männer getreten war, nun plötzlich mitten unter ihnen leiblich und geistig, fortan unzertrennlich mit den Besten unseres Volkes für seine Rechte, für seine Aufgaben, für seine Zukunft kämpfend.

Sein Lebensprogramm war bald entworfen und treu mit beispielloser Festigkeit, freilich später auch verkannt und verleumdet, hat er sich unermüdlich dem Wohle seines Volkes gewidmet.

Wolff's scharfem Auge war die wirtschaftliche Hilflosigkeit und Notlage des sächs. Volkes nicht entgangen. Solchem ansehnlichen Volkskörper zumal beim Heranrücken der Eisenbahnen zur Seite zu treten, das Interesse für gesunde, zielbewußte Volkswirtschaft zu wecken, die rüstige Schaffensfreudigkeit der so angeregten Volksgruppen besorgt weiter zu führen, das lebte in ihm als Bedürfnis und Pflicht zugleich und wir finden von nun an unschwer heraus, daß er mit Franz Gebbel geeint des Volkes Rechte verteidigte, jeden Angriff auf unser Deutschtum zurückwies, aber auch rastlos sich bemühte, die wankenden Stützen unseres Volkswohlstandes durch zeitgemäße neue Formen zu festigen.

Damals gerade kam unser Zunftwesen zu Fall. Man stritt um die Frage: Zollschranken, Freihandel? Die „Gewerbefreiheit" brach unvermutet herein und brachte manch morschen Bau zum Wanken. Hier mußte Rat, hier Hilfe geschaffen werden, denn mit Schrecken legte die unerbittliche Zeit täglich neue Schäden und Mängel bloß. Aber zunächst ließ Koloman Tißa nicht Zeit, für dergleichen Ziele einzustehen. 1875 zum Ministerpräsidenten ernannt, begann Tißa ohne Achtung der bestehenden Rechte und Gesetze die Zertrümmerung des Sachsenlandes.

Meisterhaft verteidigte Wolff im Tageblatt den vom 1868-er Gesetz gewährleisteten, von Tißa nun 1876 niedergerissenen Rechtsstand der sächsischen Nationsuniversität. In den Komitatsversammlungen stand er seinen Mann in der Verteidigung der Reste, die das Nationalitätengesetz von 1868 dem sächsischen Volke ließ. Das Tageblatt nahm an allen Phasen dieser Kämpfe Teil und bürgerte sich dadurch rasch in allen Kreisen unseres Volkes ein. Man fühlte das Band, das uns alle umschlang. Es drang in zahlreichen Blättern jeden Tag hinaus auch über die Grenze und gab im fernen Mutterlande Kunde von unsern Kämpfen.

Die Verteidigung der Rechte der Universität gegenüber dem schmählichen Mißbrauch der Gewalt verwickelte Wolff in einen Preßprozeß, der ihn vollends zum Freunde seiner Volksgenossen machte.*)

Als 1881 Karl Gebbel aus Rücksicht auf seine Gesundheit eine Neuwahl zum Reichstagsabgeordneten nicht mehr annehmen konnte, wählte die Hermannstädter Bürgerschaft Wolff zu ihrem Vertreter. Mit dem stolzen Worte: „Ich fühle mich als Deutscher und bin stolz auf die Nationalität, der ich durch Geburt, Erziehung, Überzeugung und Kampf angehöre. Aber ich achte zugleich jede andere Nationalität" — nahm er die Wahl an.

Die Ausfälle gegen den deutschen Schulverein und die Mittelschuldebatte boten den Männern der führenden Nation Gelegenheit, die sächsischen Abgeordneten, das sächsische Volk zur Zielscheibe der heftigsten Angriffe zu machen. Wolff war als Begründer und mehrjähriger Leiter des Tageblattes in erster Reihe den Schmähungen ausgesetzt; mit seinen Freunden und Gesinnungsgenossen stand er fest, aber vergeblich waren Kampf und Streit. Jede Schlacht ging verloren, Tag für Tag, möchte man sagen, erlitt das sächsische Volk unter Tißas Regierung neue Einbußen in seinen Rechten. Müde dieses aussichtslosen Kampfes mag damals Wolff geworden sein, mutlos

---

*) Vgl. Der Preßprozeß gegen das S. d. T., am 29. Januar 1878. Nach stenographischen Aufzeichnungen. II. Aufl. Hermannstadt 1878, Franz Michaelis.

war er nicht. In seinem Rechenschaftsbericht 1883 sprach er zu seinen Wählern: „Der erschwerte Kampf um unser nationales Dasein hat überall in unserm Volkstum die Lebensgeister, die Kräfte der Selbsterhaltung zu regerer Thätigkeit geweckt — ein Fingerzeig, wo wir die Rettung finden und wie wir das Problem lösen können, unsere nationale Kultur zu behaupten, deren Erhaltung heute unter dem Druck der Zeit bedeutendere materielle Opfer, eine gesteigerte wirtschaftliche Leistungsfähigkeit, mit einem Wort größeren Volkswohlstand voraussetzt. Auch auf dem engen knappen Raume, der uns zu selbstthätiger Bewegung geblieben ist, namentlich im Gemeindeleben und Vereinswesen, auf dem Gebiete der freiwilligen Verwaltung vermag die intensivere, energischere und planmäßigere Arbeit die Einbuße an äußerem Einfluß zu ersetzen, welche wir durch die Einschränkung des nationalen Arbeitsfeldes erlitten haben. Gelingt es uns, strenge und stark gegen uns selbst zu sein, kleine Interessen dem Gemeinsamen unterzuordnen, für die Aufgaben die Personen zu suchen und nicht in weichherziger Schwäche die Aufgaben Personen aufzuopfern, dann wird auch nicht die Ironie der Weltgeschichte eintreten, daß hier im Osten ein Eiland deutscher Kultur in der Brandung versinkt, während der deutsche Name überall in der Welt aus langer Nacht zu hellem Glanz emporsteigt. Bloß das Evangelium der Arbeit hat das deutsche Volk groß gemacht; es wird auch uns retten. In dem Zeichen der Arbeit werden wir siegen...."

Ihm selbst legte sein Geschick Arbeit bergehoch vor. Im Mai 1883 berief ihn die Hermannstädter allgemeine Sparkasse zu ihrem Vorstande. Am 20. Dezember 1885 wurde er der Direktor dieser gemeinnützigen Anstalt. Hatte er von 1883 bis 1885 Gelegenheit, der Arbeit eines Geldinstitutes näher zu treten, so bedeutet das bei ihm zugleich, daß er dies neue Feld seiner Thätigkeit nach allen Richtungen auf das Gründlichste kennen zu lernen bestrebt war. Und nun galt es von 1885 an dies Geldinstitut entsprechend den Anforderungen des Marktes und der Zeit aus seinem Anfangsleben herauszuheben und kräftig, konkurrenzfähig, achtunggebietend auszugestalten. Welchen Weg er dabei eingeschlagen und mit welchem Erfolge er ihn gegangen, giebt am besten seine Jubiläums-Festschrift „Geschichte der Hermannstädter allgemeinen Sparkassa während der ersten fünfzig Jahre ihres Bestandes von 1841 bis 1891" zu erkennen, in der aktenmäßig die Phasen der Entwickelung der Hermannstädter allgemeinen Sparkasse bis 1891 niedergelegt sind. Gestützt auf die Sparkasse, sollte nun das sächsische Volk in seinen Dörfern bei seinen täglichen Arbeiten Hilfe in vorbedachter Gestaltung finden. Im Oktober 1883 schon waren seine Anregungen, Raiffeisen-Vereine zum Schutz und Schirm des schaffenden Volkes zu gründen, in die Dörfer hinausgeflogen, und daß seither bis heute 91 Genossenschaften erstanden und segensreich wirken konnten, ist ein vollgültiger Beweis dafür, daß Wolff auch in diesem Werke seiner regen Schaffenskraft dem thatsächlichen Bedürfnis wohlerwogene Abhilfe zukommen ließ.

Von 1885 an haben wirtschaftliche Lebensfragen unseres Volkes Wolff vollauf beschäftigt.

Am 31. Dezember 1885 legte er die Leitung des Tageblattes in die Hände Heinrich Häners, des bisherigen langjährigen verantwortlichen Re=

dakteurs des Tageblattes.*) Von da an beginnen Wolffs Bemühungen um das sächsische Gewerbe; durch Begründung von Gewerbe-Assoziationen in Bistritz, Hermannstadt u. a. O. versuchte er in neuzeitlichem Sinne neu zu errichten, was die Niederreißung der Zünfte zerstört hatte.

1889 hatte ihn das Altthal gefangen genommen. Er dachte über die Möglichkeit der Altregulierung und über die Schaffung der Rotenturmer Bahn nach. Die an Naturprodukten aller Art so reichen Gebiete des Alt und die saumselige Bewegung des Handels und Verkehrs in diesen weiten gesegneten Landstrichen ließen ihn nicht zur Ruhe kommen, und schon 1892 konnte er sich an der Eröffnung der Linie Hermannstadt—Freck, 1897 an der Eröffnung der Strecke Talmatsch—Rotenturm und Hermannstadt—Alvincz erfreuen.

Diese Bahnlinien, die von Hermannstadt ausstrahlen, müssen notwendigerweise der Stadt Hermannstadt, die Wolff zur Heimat geworden, neues Leben, neuen Verkehr bringen und Ersatz schaffen für vieles, das die Zeit seit 1868 aus Hermannstadt unwiederbringlich wegfegte. Da galt es denn zugleich auch in der Stadt selbst Vorbereitungen hiefür rechtzeitig zu treffen. Die Versorgung der Stadt mit gesundem, reinem Trinkwasser durch Legung einer zeitgemäßen Wasserleitung, die Schöpfung einer zentralen Beleuchtungsquelle durch den Bau des Elektrizitätswerkes, damit zugleich die Herbeischaffung einer Kraftquelle zum Betriebe zahlreicher Maschinen in den gewerblichen und industriellen Anlagen von Heltau und Hermannstadt, nahmen in den Jahren 1895 und 1896 Wolff's Kraft mit in Anspruch. Und manches andere gemeinnützige Werk für Stadt und Umgebung ist seiner weitblickenden Vorsorge mit zu verdanken.

Die Bürgerschaft Hermannstadts blickte dankbar auf diese Bestrebungen Wolffs; im Jahre 1897 erwählte ihn der Hermannstädter Gewerbe-Verein zu seinem Ehrenmitglied, die ev. Kirchengemeinde A. B. — 1893 — zu ihrem Kirchenkurator. Dabei fand Wolff Zeit, im Jahre 1880 den Karpathenverein zu begründen, 1884 das Zustandekommen des großen historischen Festzuges zu sichern und auszugestalten.

Daß aber einem Manne, der wie Wolff in den erregten Debatten des Abgeordneten-Hauses, in dem Saale der Nationsuniversität, in Komitats-Versammlungen, so hervorragend auch in dem Blatte seines Geistes für seines Volkes Gegenwart und Zukunft gestritten und gelitten hatte, der politische Kampf des Volkes weniger am Herzen gelegen, seit er die wirtschaftlichen Fragen des Volkes sich näher rückte, wird niemand glauben. Keinen Augenblick hat seine staunenerregende Arbeitskraft auch auf diesem Felde versagt.

Es war eine unsäglich bedrückende Zeit, als man nach den verlorenen Schlachten und schweren Kämpfen der Jahre seit 1875 bis 1885 sich mit dem Bewußtsein trösten mußte, daß man tapfer gekämpft und, wie deutschen Männern ziemte, — zäh sich gehalten, aber alles verloren habe. Wer diese Zeit gesehen, in welcher neben Wolff Gull, Lanßnern, Bacon, Kästner, Gusbeth, Dörr, Grassius, Imrich, Steinacker, Kaiser, Holzgräff, Wenrich, Bay wie ein Mann in steter Fechtbereitschaft mannhaft einstanden für Recht und Gesetz, für den deutschen Bestand und die ungestörte Entwickelung

*) Abschiedswort (Wolffs). S. d. T., 3661, (1885).

ihres Volkes, wer die besten Männer daheim in innigstem Einverständnis mit ihren Vorkämpfern sah, wer da wahrnahm die seltene Einmütigkeit, in welcher einige schöne Jahre unser Volk nach schweren innern Kämpfen wieder litt und stritt, der wird Wolff's Sorge um den Bestand auch dieser Einheitlichkeit ermessen können.

Sein Blick erspähte mit Sorge die Zeit, die nun kommen werde, in der die Masse des Volkes daheim kampfesmüde Frieden finden müsse zur Ausgestaltung seiner so sehr notwendigen, von Jahr zu Jahr notwendiger gewordenen Arbeit daheim. Viele verstanden ihn damals nicht, als er 1888 lieber den Eintritt in die liberale Partei des Reichstages anzuraten geneigt war, als der Gefahr eines neuen Bruderzwistes in unserm Volke entgegenzugehen. So konnte eben nur raten der Mann, der unsere Kräfte kannte und erwogen hatte, der ermessen konnte, welcher Zerfall hereinbrechen müsse, wenn ohne einheitlichen Zusammenschluß, ohne feste Bindung der Glieder des Volkes die einzelnen Wahlkreise und Volksgruppen dem wechselnden Bedürfnis des Tages, das hier und dort ein recht zwingendes Bedürfnis, ja eine Notwendigkeit geworden war, anfingen nachzugeben. Da galt es klug zu handeln und weise zu sein. Nach besorgtem Ausspähen in die Regungen jener Tage, nach oft betrübenden Ausblicken in die Zukunft unseres Volkes ward mit D. G. D. Teutsch, D. Friedrich Müller und Heinrich Melas und anderen, — die Form gefunden, die wie ein neues festes Band um die Brüder auf dem alten Sachsenboden sich legte und neu zusammenfaßte, was auseinander zu fallen drohte. Das Jahr 1890 wurde für unser Volk trotz aller Sorge und Not ein erhebendes Jahr durch seinen Hermannstädter Sachsentag, durch die Besiegelung des sächsischen Volksprogrammes, durch Festigung der politisch-sächsischen Einheit mit der neuen Aufgabe der wirtschaftlichen Belebung und Kräftigung des Volkes in Stadt und Dorf.

Dieser Schritt, dieses Werk hat viele für unser Volk begeisterte Männer besorgt gemacht, und Mancher mochte lieber festhalten an dem alten ehrbarschönen Wahlspruch „Recht muß Recht bleiben" und damit untergehen, als mit einem so kritischen Gegner, als den sich die liberale Partei sattsam genug erwiesen hatte, Frieden zu suchen. Wer tiefer in die breite Masse des Volkes gesehen, wer kundig den Einfluß erkannte, der im Volke nach der Pein der vorangegangenen Jahre doppelt wirksam werden mußte, der verstand Wolff und folgte seiner Führerschaft.

Nun kamen regsame Jahre. Das neue Volksprogramm hatte in allen Städten und Wahlkreisen neues und neuartiges Leben entfacht, von einem gemeinsamen Mittelpunkte sollte die Tagesparole ausgehen und gleichmäßig wirksam werden an allen Ecken und Enden des alten Sachsenlandes. Wer den Grundton im sächsischen Volksprogramm verstehen will und heraushört, muß als Sachse in der Gegenwart und in absehbarer Zukunft darauf halten. Hier ist schönem Aufleben des Volkes in edler Mithilfe am innern Ausbau des Staates, in reger Bemühung um das nähere eigene Heim vollauf Raum geboten und die Zeit wird es diejenigen, die sich abseits stellen möchten, lehren, daß Dr. Wolff's königstreue, vaterlandstreue, volkstreue Arbeit und Wirksamkeit des sächsischen Volksprogrammes Spiegelbild ist.

Die wichtigen Fragen, die seither das sächsische Volk berührt haben — die kirchenpolitischen Gesetze, dann das Ortsnamengesetz, die Parteistellung der Sachsen im Abgeordnetenhause und anderes mehr hat Wolff stets streng vom Standpunkte des Volksprogrammes beurteilt. Es ist ihm Gesetz geworden, im Rahmen dieser Schöpfung in Stadt und Dorf, die realen Lebensregungen im Volke fortschrittlich zu beeinflußen. Man hat das oft so beurteilt, als ob er der idealen Güter des Volkes über materiellen Lebensfragen vergesse. Dies ihm angethane Unrecht hat die Zeit überwunden. Heute wetteifern diejenigen, die ihn bekämpften, mit ihm und in seinem Sinne unser Volk kräftig zu unterstützen in seiner Tagesarbeit, die Hindernisse dieser Tagesarbeit zu beseitigen und auf diese Weise seine bedrohte Stellung zu verteidigen. Von allen unterstützt sind Wolff's Bemühungen, das große Kapital zur Begründung von Fabriken in unsere Heimat zu leiten, dann hinwelkende Dörfer durch neue Siedler neuzubeleben (Innerkolonisation), endlich die großen Waldgebiete der Nations-Universität einer nützlichen Verwertung zuzuführen. Wenn in Fragen der Politik die Meinungen zuweilen auseinander gingen, in den Fragen der Arbeit des Volkes haben sich Wolff's Gedanken durchgerungen. Am Beginne seiner Arbeit inmitten des Volkes stehend, schrieb er: „Die Dürftigkeit, Enge und Zersplitterung unseres wirtschaftlichen Lebens ist für unsern Bestand gefahrvoller, als der äußere Ansturm auf unser Recht. Anspornend, belehrend und ratend wollen wir nach Kräften dem redlichen Streben und der ehrlichen, unverdrossenen Arbeit zur Seite stehen."

Die schweren Kämpfe, die im letzten Jahrzehnte unsere Tagesfragen begleiteten, gingen nicht spurlos an der Gesundheit Wolff's vorüber. Glücklicherweise vermochten sie aber nicht dauernd dieselbe zu schädigen. Wie vor seiner Erkrankung steht Wolff heute wieder an der Spitze des sächsischen Volkes. Die XVIII. Landeskirchenversammlung berief ihn in das Landeskonsistorium, die XX. in erhebender Einhelligkeit zum Landeskirchenkurator.

Wolffs Zeitungsartikel und Abhandlungen über Tagesfragen zählen nach Hunderten. Sie begannen schon in seiner Studienzeit und fanden in der Kölnischen Zeitung, der Frankfurter Zeitung, der Augsburger später Münchner Allgemeinen Zeitung, der Neuen freien Presse, dem Berliner Export und vor allem in dem S. b. T. ihre Aufnahme.

Außer diesen veröffentlichte Wolff

1. Die Fälle des § 199 des österreichischen Strafgesetzbuches von 1852 und die entsprechenden Bestimmungen des neuen Strafgesetzentwurfes von 1874. Eine vergleichende Studie. Doktordissertation für die rechts- und staatswissenschaftliche Fakultät in Wien.
2. Die Zertrümmerung des Siebenbürger Sachsenlandes. Nach den Debatten des ungarischen Landtages am 22., 23., 24. und 27. März 1876. München, Theodor Ackermann. (Darin: die Einleitung. I—XX von Dr. Wolff.)
3. Magyarisierung in Ungarn. Nach den Debatten des ungarischen Reichstages über den Unterricht in der magyarischen Sprache in sämtlichen Volksschulen. München, Theodor Ackermann 1879. Darin: Einleitung von Dr. Wolff.
4. Die direkten Staatssteuern in sächsischen Städten mit besonderer Rücksicht auf Hermannstadt. Jos. Drotleff 1881.

5. Die Deutschen in Ungarn. Geographische Nachrichten für Welthandel und Volkswirtschaft. III. Jahrg. Heft 1--3. Berlin 1881, 1—33.
6. Der Orienthandel Deutschlands und die wichtigsten Bahnverbindungen im Dienste desselben. Ebenda, 60.
7. Die sächsischen Städte und ihr Haushalt. Vortrag. Hermannstadt 1881. [Bespr. in Zarncke's Litterarischem Zentralblatt 1881, Nr. 33.]
8. Die Ausrottung des Deutschtums in Ungarn. S. d. T., 2200, (1881) und im Sonderabdruck. Hermannstadt, Jos. Drotleff 1881.
9. Der Mittelschulgesetzentwurf im ungarischen Reichstage. Mitteilungen der wichtigsten Reden aus der Generaldebatte des ungarischen Abgeordnetenhauses vom 5. bis 17. März 1883. Hermannstadt 1883, Jos. Drotleff. In Kommission bei Franz Michaelis. Darin: die Einleitung (V—XI) von Dr. Wolff.
10. Rechenschaftsbericht. Gehalten in der Wählerversammlung zu Hermannstadt am 8. Juni 1884. S. d. T., 3188, (1884) und im Sonderabdruck. Jos. Drotleff 1884.
11. Handfertigkeitsunterricht und Hausindustrie. S. d. T., 3110, (1884) und im Sonderabdrucke. Hermannstadt, Jos. Drotleff 1884.
12. Sind ländliche Vorschußvereine notwendig? S. d. T., 3587—3589, (1885) und im Sonderabdrucke. Hermannstadt, Jos. Drotleff 1885.
13. Aktenmäßige Darstellung der Geschichte der Altschiffsfahrt. Hermannstadt, Jos. Drotleff 1886. [Bespr.: S. d. T., 3850, (1886.)]
14. Gedenkrede auf Friedrich Michael Herbert. Gehalten in der Generalversammlung der Hermannstädter allg. Sparkassa am 2. April 1890 von Dr. Carl Wolff. Hermannstadt, Druck von Jos. Drotleff 1890. Sonderabdruck des S. d. T., 4963, 4965, 4966, 4967, (1890). [Bespr.: Korr. f. Ldbe., XV, (1892), 28.]
15. Unser Parteiprogramm. S. d. T., 5006, 5009, 5010, 5016, (1890) und im Sonderabdruck. Hermannstadt, Jos. Drotleff 1890.
16. Die Geschichte der Hermannstädter allg. Sparkassa während der ersten 50 Jahre ihres Bestandes 1841—1891. Jubiläumsfestschrift verfaßt von Dr. Carl Wolff, Direktor der allgemeinen Sparkassa. Hermannstadt, Verlag der Hermannstädter allgemeinen Sparkassa 1891.
17. Offenes Schreiben an die Universitätswähler. S. d. T., 5605, (1892) und im Sonderabdruck. Hermannstadt, Jos. Drotleff 1892.
18. Die Alt- und Kettenschiffahrt und ihre Bedeutung für Hermannstadt. Vortrag, gehalten im Hermannstädter Bürger- und Gewerbeverein. Hermannstadt, Jos. Drotleff 1892.
19. Besuch der Elektrizitätswerke in Fürstenfeld—Bruck, (Bayern) und Heilbronn (Württemberg) und die Verwendung von Elektromotoren in gewerblichen Betrieben. Vortrag. S. d. T., 6009 und im Sonderabdruck. Hermannstadt, Jos. Drotleff 1893.
20. Die Beleuchtung der Flugschrift „Das projektierte Elektrizitätswerk für Hermannstadt und Heltau von der Schattenseite." Hermannstadt, Buchdruckerei W. Krafft 1893.
21. Die elektrische Bahn Hermannstadt—Junger Wald—Neschinar. Vortrag. Hermannstadt, W. Krafft 1893.

Unter dem Titel:

22. Bemühungen um das siebenbürgisch-sächsische Gewerbe von Dr. Carl Wolff — als Manuskript gedruckt — (1901)

hat Wolff folgende Berichte, Aufsätze und Flugschriften gesammelt:

I. Bericht an den sächsischen Zentralausschuß. (31. Dezember 1900.)
II. Sächsische Städte.
III. Bericht über die gewerblichen Assoziationen in Bistritz von Dr. Carl Wolff. (S. b. T., 4237—4240.)
IV. Neue Wege für das Wollwebergewerbe in Heltau. Vortrag, gehalten von Dr. Carl Wolff in der Generalversammlung der Heltauer Wollwebergenossenschaft. S. b. T., 6907 und 6908.
V. Denkschrift über die Gründung deutscher Industrie- und Handelsunternehmungen in Siebenbürgen. (Als Manuskript gedruckt.) Hermannstadt, W. Krafft 1899. Mit 5 Beilagen: Nr 1. Zur Gründung deutscher Fabriken im Siebenbürger Sachsenlande. Hermannstadt, W. Krafft 1899. Nr. 2. Zur Erwerbung von Eisen- und Kohlenwerken in Siebenbürgen. Hermannstadt, Jos. Drotleff 1899. Nr. 3. Die Altschiffahrt und ihre Bedeutung für Ungarn und Rumänien. Hermannstadt, W. Krafft 1899. Nr 4. Karte Siebenbürgens und seiner Nachbarländer. Nr. 5. Karte des südlichen Grenzgebietes Siebenbürgens am Rotenturmpaß.
VI. a) Mitteilungen über industrielle Unternehmungen in Siebenbürgen von Dr. Robert Jannasch. Als Manuskript gedruckt. Hermannstadt, W. Krafft (1900); b) Mitteilungen über industrielle Unternehmungen in Siebenbürgen von Dr. Robert Jannasch. Als Manuskript gedruckt. (Fortsetzung.) (1900.) Druck von Felix Freyhoff, Schwedt a. O.
VII. Bericht über die von Dr. K. Oebbeke, Professor an der technischen Hochschule in München, und Dr. M. Blanckenhorn, Privatdozent an der Universität Erlangen, im Herbste 1899 gemeinsam unternommene geologische Rekognoszierungsreise in Siebenbürgen. Sonderabdruck der V. u. M., L, (1900).
VIII. Vorschläge über die Exploitierung der Siebenrichterwaldungen. Eingabe an die sächsische Universität von O. v. Meltzl und Carl Wolff. Hermannstadt, W. Krafft (1901).

Der sächs. Hausfreund, Kalender für Siebenbürgen zur Unterhaltung und Belehrung auf das Jahr 1886. Herausgegeben von Franz Obert und Traugott Teutsch. XLVIII. Jahrgang. Kronstadt, Druck und Verlag von Joh. Gött und Sohn Heinrich. Darin: Dr. Carl Wolff, Reichstagsabgeordneter und Leiter des S. b. T. Eine Lebensskizze von Freundeshand.

Der Siebenbürgische Volksfreund. Kronstadt, W. Hiemesch. V. Jahrg. 1890, 356 von T[eutsch Fr.], mit dem Bilde Wolffs.

Großkokler Bote, 1045 vom 8. Januar 1899 und im Sonderabdrucke.

Wolff Hans, Dr. phil.,

wurde am 8. November 1865 in Großschenk geboren. Nachdem er in den Jahren 1878—1884 das Gymnasium in Schäßburg besucht hatte, bezog er im Herbste 1884 die Universität Jena und widmete sich vornehmlich deutschsprachlichen und litterarischen Studien.

Die nächsten Jahre lag er seinen Fach- und theologischen Studien an den Universitäten Klausenburg, Berlin, Straßburg i. E. und Berlin ob. Im Sommer 1888 kehrte er in die Heimat zurück. Nach Absolvierung des Probejahres am Schäßburger Gymnasium wurde er September 1889 als akademischer Lehrer an der höheren Volksschule seines Heimatsortes Groß-Schenk angestellt; im Februar des nächsten Jahres tauschte er diese Stelle gegen eine Lehrerstelle am ev. Seminar zu Schäßburg ein. Gegenwärtig wirkt er am Gymnasium der genannten Stadt.

Neben verschiedenen Aufsätzen politischen, sprachlichen und litterarischen Inhalts im S. d. T., der Kronstädter Zeitung und Berliner Blättern gab Wolff folgende Arbeiten heraus:

1. Der Purismus in der deutschen Litteratur des 17. Jahrhunderts. Straßburg, Heitz und Mündel 1888. (Doktordissertation, aber zugleich auch als selbständige Schrift erschienen.) [Bespr.: Korr. f. Lbde., XII, (1889), 20.]
2. Zur Geschichte der deutschen Schriftsprache in Siebenbürgen mit besonderer Berücksichtigung Schäßburgs. (Erschienen in der von der Stadt Schäßburg zu Ehren der dort im Jahre 1891 tagenden sächsischen Vereine herausgegebenen Festschrift.)
3. Unsere politische Lage. Vortrag, gehalten von Dr. Hans Wolff (Schäßburg) in einem zu Kronstadt am 29. Dezember 1894 versammelten Kreise jüngerer Volksgenossen. Sonderabdruck der Kronstädter Zeitung. Kronstadt, Joh. Gött's Sohn (1894).
4. Johannes Lebel, ein siebenb.-deutscher Humanist. Sch. G.-Pr., 1894. Vgl. Beilage zur M. Allg. Ztg., Nr. 236, 237, (1894).
5. Deutsches Lesebuch für Mittelschulen. II. Teil. Zweite Klasse. Hermannstadt, W. Krafft 1895. (Herausgegeben mit Dr. Oskar Netoliczka.)
6. Deutsches Lesebuch für Mittelschulen. III. Teil. Dritte und vierte Klasse. Hermannstadt, W. Krafft 1896. (Herausgegeben mit Dr. Oskar Netoliczka.)
7. Unser Internat. Sonderabdruck aus den „Kirchl. Blättern" 1898. W. Krafft, Hermannstadt.
8. Deutsches Lesebuch für Mittelschulen. IV. Teil. Hermannstadt, W. Krafft 1902. (Herausgegeben mit Dr. Oskar Netoliczka.)

Wolff Johann,
(III, 506),

opponiert im Juni 1702 der Dissertation des Samuel Kephalides, Neosoliensis Ungarus, de primis Polonorum numis sive grossis Pragensibus.

Wolff Johann,

geboren am 12. Januar 1844 zu Malmkrog, kam in seinem zehnten Jahre auf die Schäßburger Schule und hier nach anderthalb Jahren aus der

Elementarschule in das Gymnasium. Unter der Leitung trefflicher Lehrer, Ludwig Fabinis, Johann Teutschs und vor allem Georg Schullers machte Wolff insbesondere im Obergymnasium ausgezeichnete Fortschritte.

Leicht — nach der materiellen Seite hin — ist Wolff das Leben schon in Schäßburg nicht geworden. Je höher er stieg, desto schwerer empfand er die Ärmlichkeit der Verhältnisse des Vaterhauses als eine Knechtung an Leib und Seele. Und als in der Sexta die Bedürfnisse ihn zwangen, auch eine Privatstunde zu übernehmen, da war eine übernatürliche Überspannung der Kräfte unvermeidlich und er erlag. Er zog sich ein Magenleiden zu, das er sein ganzes Leben lang nicht mehr los geworden ist. Auch die Ferien brachten ihm nicht, was er dringend bedurft hätte, Ruhe und Erholung. Er hat in ihnen daheim in der elterlichen Wirtschaft ehrlich und redlich mitgeholfen. „Damals wohl," schreibt Wolff selbst, „ward der Sinn für das Lokale und Individuelle und die Freude an der stillen und starken Kraft der das Bauernleben beherrschenden Überlieferung in mir geweckt, damals auch die unauslöschliche Liebe zum heimatlichen Boden. Das mag der Grund sein, warum mir nachher unter allen meinen vielspältigen Studien die agrarhistorischen und onomatologischen die liebsten wurden."

Im Juli 1865 bestand er mit Auszeichnung die Maturitätsprüfung, aber erst nach schweren Sorgen und bangen Kämpfen, ob es überhaupt möglich sein werde, die Kosten der Hochschulstudien aufzubringen, zog er im Oktober 1865 mit einem kleinen Darlehen in der Hand nach Wien. Dort hoffte er am ehesten durch Nebenbeschäftigungen sich die Mittel zum Leben erwerben zu können. Diese Hoffnung ging nun allerdings nicht in Erfüllung, und so blieb Wolff auch nur ein Semester in Wien. Wochenlang hat er sich dort durch all die Gassen, Straßen und Plätze, durch all die Kirchen, Museen, Vergnügungssäle und Theater getrieben und hat sie erschöpfen wollen diese zaubervolle, chaotische Welt. Ein Abend im Burgtheater war hundertfacher Ersatz für alle sonstige Entbehrung.

Daß übrigens Wolff nur so kurze Zeit in Wien blieb, hatte nicht zum wenigsten auch seinen Grund an der theologischen Fakultät selbst, an der er keine Befriedigung finden konnte. Als er daher am Schlusse des Semesters für ein gutes Kolloquium und eine wohlaufgenommene schriftliche Arbeit von der Fakultät fünfzig Gulden erhielt, war er rasch entschlossen, Wien den Rücken zu kehren und nach Tübingen zu wandern. Es ist eine schöne und glückliche Zeit gewesen, die er dort anderthalb Jahre genießen durfte. Neben theologischen Vorlesungen bei Palmer, Beck, Öhler, Weizsäcker besuchte er philosophische, germanistische und ästhetische bei Sigwart, Keller, Köstlin, Vischer. Die zuletzt genannten drei Professoren haben dann insbesondere einen tiefen Eindruck auf Wolffs Studiengang genommen. Vischer war gerade damals aus Zürich nach Tübingen berufen worden, und wie die gesamte Studentenschaft begrüßte auch Wolff dieses Ereignis — denn ein solches war es für sie — auf das Freudigste. Nicht nur für die Litteratur gab Vischer Wolff einen neuen kritischen Maßstab in die Hand, auch seine Ansichten über Theologie und Philosophie nahmen unter dessen Einwirkungen unvermerkt einen andern Charakter an. Durch Vischer gewann er ein Verständnis für Schillers sittlichen und Goethes ästhetischen Idealismus.

Bei Keller aber wurde Wolff wieder ein Schüler mit täglichen mündlich oder schriftlich zu lösenden Aufgaben. Bald fühlte er sich in dem Studierzimmer Kellers, wo dieser zumeist mit Wolff allein seine Vorlesungen hielt, so wohl und frei wie daheim. Die Bibliothek Kellers aber hat Wolff durch ein ganzes Jahr Tag für Tag mindestens eine Stunde lang Unterhaltung und Belehrung geboten. Neben Vischer und Keller zog Köstlin Wolff durch die Tiefe seiner Auffassung und die Feinheit seiner Kombination in seinen ästhetischen Vorträgen an.

Wie lieb und lehrreich aber das Leben für Wolff im „schwäbischen Athen" auch war, wie viele Vorteile seine Konnexionen daselbst auch hatten, er entschloß sich dennoch Tübingen mit einer andern Universität zu vertauschen. Im Oktober 1867 ließ er sich an der Hochschule zu Leipzig inskribieren.

Hier fand Wolff Dank einer Empfehlung des Bischofs D. G. D. Teutsch eine freundliche Aufnahme bei Professor Zarncke und wurde von diesem sogleich in die höhere Abteilung seines deutsch-philologischen Seminars aufgenommen.

Den streng philologischen Beschäftigungen gingen theologische, philosophische, ästhetische und eine Zeit lang künstlerische Studien zur Seite. Er besuchte die Vorlesungen Luthardts über Dogmatik, Drobischs über Einleitung in die Philosophie und Logik, Hermanns über Geschichte der Ästhetik u. a. Auch die Kunst wurde nicht ganz vernachlässigt, indem Wolff bei Dr. v. Zahn, dem nachherigen Direktor des neuen Museums in Weimar, dessen Vorlesung über die Malerei des 15. und 16. Jahrhunderts anhörte. Aus der philosophischen Gesellschaft, die Ziller leitete, blieb Wolff schon nach wenigen Tagen aus, da, wie er selbst schreibt, die Schmiede Zillers für ihn nicht die rechte Schmiede war.

Das Sommersemester 1868 schloß und damit auch die akademische Studienzeit Wolffs. Er hatte während derselben viel und hart zu kämpfen gehabt. Wie oft war er von Hause aufgefordert worden, seine Studien aufzugeben und heim zu kommen, wie oft wußte er nicht, woher die bringendsten Bedürfnisse zu befriedigen seien, und trotzdem hatte ihn nichts bewegen können vor der Vollendung des Trienniums die Hochschule zu verlassen. Zwei Studienstipendien, welche Wolff vom Landeskonsistorium in Hermannstadt erhielt, halfen ihm gerade nur die allerpeinlichsten Verlegenheiten zu beseitigen, auf der andern Seite wurden diese Stipendien das Band, das ihn mit der Heimatsscholle verknüpfte, denn als Professor Zarncke ihm vorschlug, er solle mit seiner Hilfe in Sachsen eine Anstellung suchen, konnte Wolff das freundliche Anerbieten aus dem angeführten Grunde nicht einmal in Erwägung ziehen.

So zog er denn schweren Herzens aus Leipzig wieder gegen Süden, nach Tübingen, holte sich von Professor Keller seine Doktordissertation ab, weil es ihm unmöglich war, die hohe Promotionstaxe zu beschaffen und zog heimwärts.

Da er, in der Heimat endlich angelangt, keine Anstellung an einer Schule fand, nahm er zunächst in einem adeligen ungarischen Hause eine Hauslehrerstelle an, die ihn wenig befriedigte. Den einzigen Lichtpunkt während dieser Zeit bildete der Umstand, daß er mit Franz Gebbel und dem von diesem redigierten S. d. W. in Verbindung trat.

Nach einem Jahre legte er seine Hauslehrerstelle nieder und bewarb sich um eine Kanzlistenstelle bei dem Landeskonsistorium in Hermannstadt, und da er diese nicht erhielt, mußte er bis zum 9. Januar 1870 auf eine Anstellung warten, wo ihn das Mühlbächer Presbyterium an das dortige Untergymnasium berief. In eisiger, grimmiger Winterszeit traf er in Mühlbach ein, das er nun, bis wenige Wochen vor seinem Tode, nicht wieder verlassen sollte. Hier wirkte er zuerst als Lehrer und dann als Rektor, hier spielt sich „die Tragödie ab, die sein Leben umfaßt." „Denn eine solche ist's," — schreibt Dr. Fr. Teutsch in seiner Denkrede auf Wolff — „die uns erschütternd entgegentritt, und sie wirkt noch erschütternder dadurch, daß sie überhaupt ein Bild des Märtyrertums deutscher Wissenschaft hier an der Ostgrenze europäischer Kultur giebt, das leider nicht vereinzelt dasteht, wenn es auch selten gerade so ergreifend sichtbar wird."

Neben die Arbeit in der Schule traten die Vorbereitungen für die Lehramts- und theologische Prüfung, Programm- und journalistische Arbeiten. Überdies nahm er regen Anteil an dem öffentlichen Leben und der öffentlichen Arbeit.

Das Rektorat, das Wolff 1874 von dem ev. Presbyterium in Mühlbach übertragen wurde, brachte ihm neue, schwere Arbeit. Er nahm die Nächte zu Hilfe, um sich in dieses einzuarbeiten, umfassende Gutachten wurden von ihm verfaßt, um Neuerungen zu begründen oder abzuwehren, die unnütz gewordene Vorstadtschule einzubeziehen in die Stadtschule, die Lehrpläne zu verbessern, das Unterrichtsverfahren und die Disziplin zu fördern, Programmaufsätze zu schreiben u. s. w.

Völlig erschöpft, suchte er 1875 Erholung in Karlsbad. Nur für kurze Zeit fand er hier Linderung seines Leidens. Bald darauf übernahm er auch die Leitung des Mühlbächer Bürger- und Gewerbevereins, des Schullehrer- und landwirtschaftlichen Bezirksvereins, die Geschäfte des Karpathenvereins und für kurze Zeit das Aktuariat des Bezirkskonsistoriums. Es war gleichsam selbstverständlich, daß Wolff ferner bei allen größeren Veranstaltungen mitarbeiten müsse, daß die gewerblichen und landwirtschaftlichen Ausstellungen, die Einleitung der Kommassation, die Gründung des Frauenvereins ein Recht hätten auf seine Hilfe. Der Landeskundeverein berief ihn in seinen Ausschuß (1877), das Landeskonsistorium in die Kommission zur Prüfung der Lehramtskandidaten. Von 1880—1887 redigierte er auch das „Korrespondenzblatt des Vereins für siebenb. Landeskunde," zu dessen Gründung er die erste Anregung gegeben hatte.

Dazu kam, daß er auch den politischen Kämpfen, die damals in Mühlbach die Gemüter erregten, nicht fern bleiben durfte, und wenn Wolff dabei eine Art von Führerstellung eingenommen hat, so hat er jedenfalls diese nicht gesucht, noch weniger aber sie zu behaupten getrachtet. Ihm ist es immer als ein Gebot der Pflicht erschienen, dem Ganzen zu dienen und sein Bestes dafür hinzugeben. Und als sich die politischen Verhältnisse in Mühlbach änderten und Wolff erkannte, daß er nicht mehr mitthun könne, da fand er in den jungen Kreisen Mühlbachs, die er (1888) im „Deutschen Jugendbund" zusammenschloß, neuen Boden für fruchtbare Arbeit, warme begeisterungsfähige Herzen, die er an sich zu fesseln und für höhere Ziele zu begeistern verstand.

Da es mit seiner Gesundheit nicht besser werden wollte, sah er sich veranlaßt, ein Gesuch vom Jahre 1885 zu erneuen und das Presbyterium in Mühlbach zu bitten, ihm das Rektorat abzunehmen und ihn in eine ordentliche Lehrerstelle eintreten zu lassen. Dem Gesuche wurde nicht willfahrt, und so stellte sich Wolff der Petersdorfer ev. Gemeinde bei der Erledigung ihrer Pfarre zur Verfügung. Von den Petersdorfern zum Pfarrer erwählt, übersiedelte Wolff im Dezember 1893 an seinen neuen Bestimmungsort. Hier ist er schon am 30. Dezember 1893 gestorben.

Wolff ist bald nach der Rückkehr von der Universität in die Heimat schriftstellerisch thätig gewesen, indem er zunächst in die Reihe der Mitarbeiter des S. d. W. eintrat. (s. den Artikel Franz Gebbel.) Neben selbständigen Aufsätzen veröffentlichte das genannte Blatt zahlreiche Korrespondenzen aus Mühlbach, die Wolff schickte. Auch das S. b. T. verdankt ihm Einiges, was zum Besten in seinen Spalten gehört. [Martin Luther 3012 (1883)].

Große Verdienste hat sich Wolff um das sächs. Wörterbuch erworben. 1876 empfing er von Haltrich, was bis dahin für dasselbe gesammelt worden. Wolff selbst hatte damals schon auch umfassende Sammlungen für das Wörterbuch gemacht. Die Hoffnung Wolffs, es werde ihm, allerdings im Bunde mit andern, gelingen, die große nationale Aufgabe zu lösen, hat sich nicht erfüllt. Das Wörterbuch ist aber doch wesentlich durch ihn gefördert worden, indem er zunächst die Aufgabe und das Wesen desselben umschrieben hat, dann aber auch dadurch, daß er durch seine Sammlungen und durch die Haltrichs den Grundstock des Wörterbuches zusammengetragen hat. Fast 50 Bände und Mappen, die sich in Wolffs Nachlaß fanden, ausschließlich mit Arbeiten und Sammlungen seines Fachs und seines Berufs, enthalten auch den Grundstock für das Wörterbuch; es entfallen auf dieses 26 Mappen mit rund 10.000 Zetteln.*)

Arbeiten Wolffs:

1. Der Konsonantismus des Siebenb.-Sächsischen mit Rücksicht auf die Lautverhältnisse verwandter Mundarten. Mühlb. G.-P., 1873. [Bespr.: Barncke, Litterarisches Zentralblatt, Nr. 45, 1873 von W. Braune.]
2. Über die Natur der Vokale im siebenb.-sächsischen Dialekt. Ebenda, 1875. [Bespr.: S. b. T., 520, (1875.)]
3. Deutsche Ortsnamen in Siebenbürgen. Mühlb. G.-P., 1879. [Bespr.: S. b. T., 1735 und 1748, (1879); Anzeiger für deutsches Altertum und deutsche Litteratur VI, 116; Jahresbericht der german. Philologie I, Nr. 35; Zeitschrift für österr. Gymnasien 1880, 879.]
4. Deutsche Ortsnamen in Siebenbürgen. Mühlb. G.-P., 1880. [Bespr.: Korr. f. Ltde., III, (1880), 75; Zeitschrift für österr. Gymnasien 1880, 879.]
5. Deutsche Ortsnamen in Siebenbürgen. Mühlb. G.-P., 1881. [Bespr.: Korr. f. Ltde., IV, (1881), 99; S. b. T., 2333, (1881.)] Die genannten drei Programmabhandlungen erschienen auch im Sonderabdruck unter dem Titel: Die deutschen

---

*) Über diesen Nachlaß Wolffs s. Fr. Teutsch, Denkrede auf Johann Wolff, Arch. f. Ltde., N. F. XXVII, 36, 37.

Dorfsnamen in Siebenbürgen. Eine sprachliche und geschichtliche Untersuchung. Hermannstadt, Franz Michaelis 1881.
6. Unser Haus und Hof. S. d. T., 2654—59, 2668—72, 2680—2686. [Bespr.: Korr. f. Ltde., V, (1882), 139.] In Form und Inhalt wesentlich anders erschien diese Arbeit Wolffs unter dem Titel: Unser Haus und Hof. Kulturgeschichtliche Schilderungen aus Siebenbürgen im Sächs. Hausfreund Kalender für Siebenbürgen zur Unterhaltung und Belehrung auf das Jahr 1883. Herausgegeben von Dr. Eugen von Transchenfels, 45. Jahrg. Kronstadt, Gött. Hieraus auch im Sonderabdruck. Kronstadt, Gött 1882. [Bespr.: S. d. T., 3130.]
7. Zur Deutung geographischer Namen in Siebenbürgen. Zeitschrift für Schulgeographie IV, (1883), Nr. 4—6.
8. Zur Etymologie siebenb. Fluß- und Bachnamen. Arch. f. Ltde., N. F. XVII. [Bespr.: Wagner, Geographisches Jahrbuch 10, (1885) von Egli.]
9. Zur Volkskunde der Siebenbürger Sachsen. Kleinere Schriften von Josef Haltrich. In neuer Bearbeitung herausgegeben von Johann Wolff. Wien, Graeser 1885. 8º. XVI, 535. [Bespr.: Gottschalls Blätter für litterarische Unterhaltung 1885, Nr. 21 von Anton Schlossar; S. d. T., 3367 und 3375, (1885); Barnde, Litterarisches Zentralblatt 1885, Nr. 31; Weserzeitung, Nr. 14071; Nationalzeitung, (Berlin), 26. Februar 1886; Litteraturblatt für germ. und rom. Philologie 1886, März.]
10. Beiträge zur siebenb.-deutschen Agrargeschichte. Mühlb. G.-P., 1885. [Bespr.: Korr. f. Ltde., VIII, (1885), 120; S. d. T., 3621 (1885).]
11. Deutsches Lesebuch für Elementar-, Bürger- und höhere Volksschulen. I. Teil. 2. Schuljahr. Hermannstadt, W. Krafft 1886. 2. Aufl., 1888; 3. Aufl., 1893.
12. Deutsches Lesebuch für die Elementar-, Bürger- und höheren Volksschulen der ev. Landeskirche A. B. in den siebenb. Landesteilen Ungarns. II. Teil. 3. Schuljahr. Hermannstadt, W. Krafft 1886. 2. Aufl., 1888; 3. Aufl., 1895.
13. Deutsches Lesebuch für die Elementar-, Bürger- und höheren Volksschulen der ev. Landeskirche A. B. in den siebenb. Landesteilen Ungarns. III. Teil. 4. Schuljahr. Hermannstadt, W. Krafft 1886. 2. Aufl., 1888; 3. Aufl., 1895.
14. Deutsches Lesebuch für die Elementar-, Bürger- und höheren Volksschulen der ev. Landeskirche A B. in den siebenb. Landesteilen Ungarns. IV. Teil. 5. und 6. Schuljahr. Hermannstadt, W. Krafft 1887. 2. Aufl., 1891; 3. veränderte Aufl., 1896.
15. Deutsches Lesebuch für die Elementar-, Bürger- und höheren Volksschulen der ev. Landeskirche A. B. in Siebenbürgen. V. Teil. 7., 8. und 9. Schuljahr. Hermannstadt, W. Krafft 1889.
16. Deutsche Dorf- und Stadtnamen in Siebenbürgen. Mühlb. G.-P., 1891. [Bespr.: Korr. f. Ltde., XV, (1892), 12; S. d. T., 5109, (1891).]
17. Deutsches Lesebuch für Mittelschulen. I. Teil. Erste Klasse. Hermannstadt, W. Krafft 1893.
18. Ein Bild aus dem alten sächs. Handwerksleben. Vortrag, gehalten im Mühlbächer Jugendbund von Johann Wolff. S. d. T., 6217 ff., (1891) und im Sonderabdruck. Hermannstadt, Josef Drotleff 1891. (Aus dem Nachlasse Wolffs.)
19. Zwei Vorträge über die deutsche Frau. (Die Frau im altdeutschen Familienrecht 1886 und die altgermanische Frau 1889.) S. d. T., 6296 ff., (1894) und im Sonderabdruck. Josef Drotleff 1891. (Aus dem Nachlasse Wolffs.)

20. Die Mundart in der Schule. Schulrede. S. b. L., 6187, 6188, (1894). (Aus dem Nachlasse Wolffs.)
21. Über das rechte Reden. Schulrede. Ebenda, 6189, 6190, (1894). (Aus dem Nachlasse Wolffs.)
22. Vorarbeiten zum siebenb.-deutschen Wörterbuch. (Arch. f. Ldde., N. F. XXVII, 531—586.) (Aus dem Nachlasse.) [Bespr.: Korr. f. Ldde., XX, (1897), 114.]

Im Korr. f. Ldde. veröffentlichte Wolff (nach einer Zusammenstellung Dr. Fr. Teutschs im Arch. f. Ldde., N. F. XXVII, 27, wobei Anzeigen über ausländische Bücher weggeblieben sind,) folgende Arbeiten:

1878: Kramer, Idiotismen des Bistritzer Dialekts (die Zahl bedeutet die Nr. des Blattes) 1. Kräm 4. Käp 5. Hochwarten, Wartberge, Wartburgen 6. J f. G im Anlaut 8. biwerswag 9. Mhb. wan im S. 12.
1879: Die Vertreter des alten stammhaften u und i und die Mouillierung der Konsonanten im Sächsischen 1, 2, 3. Vraller 5. Helbsdorf 7. Auf dem breiten Stein stehen 8. Zur Laut- und Formenlehre 10. Kropbusch 11.
1880: Noch einmal der muerlef 1. Sprichwörtliche Redensarten für trunken sein 3. Einsiedel 4. Harbach 5. Der schwere Wagen 6. Gräl 7. Zum Wörterbuch 8. Beiträge zum siebenb. Wörterbuch 10. Zum Landbau der Siebenbürger Sachsen 12.
1881: Epithetisches t 1, 2, 4. Freischer 7. Beiträge zum Wörterbuch 8. Haus, Hof und Heim 11. Das Deutschtum der Siebenbürger Sachsen 12.
1882: Käppes 4. Beiträge zur siebenb.-sächsischen Agrargeschichte 8. Beiträge zum Wörterbuch 8. Der Grenzfrevel in deutscher Rechtsanschauung 12.
1883: Zur Agrargeschichte 8. Aberglauben 9. Artikel der Rätscher Bruderschaft 10.
1884: Seligstadt, Alt-Reichau 5. Feldwirtschaft 7. Siebenb.-deutsche Waldnamen 8. Der deutsche und die nichtdeutschen Namen Hermannstadts 8. Zur siebenb.-deutschen Feld- und Waldwirtschaft 9. Zum Wörterbuch 12.
1885: Das sächsische Haus in Pflicht und Recht 1. Der Aschertag in Galt 7. Nauthal 9.
1886: J. Haltrich † 6. Scheiner: Die Mediascher Mundart 12.
1888: Die siebenb.-sächsischen Schulordnungen 6.
1892: Die Hausseligung 6, 7. Wibhof, Wiberde 11.
1898: Materialien zur Etymologie siebenb.-deutscher Ortsnamen 2, 3, 4. (Aus dem Nachlaß herausgegeben.)

Mühlb. G.-P., 1894, 31.
S. b. L., 6100, (1894).
Korr. f. Ldde., XVII, (1894), 6.
Denkrede auf Johann Wolff von Dr. Fr. Teutsch. Arch. f. Ldde., N. F. XXVII, (1896), 10.
Allg. d. Biogr., 44, 38.
Jahresbericht über die Erscheinungen auf dem Gebiete der germanischen Philologie 1894. (XVI. Jahrg.) 21, 46. E. Henrici. Ebenda 1895, (XVII. Jahrg.) 21, 44.

Wolff Josef, Dr. med.,
(III, 507)

war, nachdem er seine ärztliche Praxis in seiner Vaterstadt auszuüben begann, zuerst Spitalsarzt und dann Stadtphysikus daselbst. Er starb in Schäßburg im Jahre 1875.

Wortitsch Theobald,

geboren im Dezember 1856 in Klosterneuburg, absolvierte die VI. Klasse des Staatsgymnasiums der Benediktiner in Melk und hierauf die Kunstgewerbeschule in Wien, besuchte durch zwei Jahre die Akademie der bildenden Künste in Wien und vom 1. Oktober 1875 bis Ende Juli 1878 den Lehrerbildungskurs an der Kunstgewerbeschule des k. k. österr. Museums für Kunst und Industrie. Wortitsch wurde im März 1881 als Fachlehrer für den Zeichenunterricht am ev. Gymnasium, dem Seminar und der ev. Mädchenschule in Bistritz angestellt. Mitte der 80-er Jahre legte er die Lehramtsprüfung für Zeichnen an Mittelschulen in Wien ab. Infolge einer schweren Erkrankung, die ihn im Mai 1888 heimsuchte, legte er 3. November 1889 seine Lehrerstelle nieder und lebte hierauf in Wien. Hier starb er am 18. Januar 1896.

Er veröffentlichte:

1. Das ev. Kirchengebäude in Bistritz, eine kunstgeschichtliche Studie, mit Originalzeichnungen von dem Verfasser. Bistritz, W. Haupt'sche Buchhandlung 1885. [Bespr.: Korr. f. Ltbe., IX, (1886), 79 von Fr. Teutsch; Entgegnung Wortitschs hierauf ebenda, 106, 114; Erwiderung Fr. Teutschs hierauf ebenda, 130.]
2. Die Inschrift im Chore der ev. Pfarrkirche in S-Meen vom Jahre 1330. Korr. f. Ltbe., XI, (1888), 28, 98.

Zabanius Isak.

(III, 523).

Eigenhändige Aufzeichnungen Zabanius' über sein vielbewegtes Leben veröffentlicht Fr. Teutsch im Arch. f. Ltde., N. F. XVII, 68 und das H.G.-P. 1896, 42.

Er veröffentlichte ferner:

J. N. J. | David | ob | intempestivam populi nume | rationem | triduana peste punitus | Dramatis | a | M. Isaaco Zabanio, | Lycei Eperiensis Conrectore, | Anno | quo | CIVItas LVe MaDebat, | adornati, | Materjes. Cassoviae | Apud Marcum Severinum. Anno 166(2). [Vgl. Korr. f. Ltbe., V, (1882), 2.]

Sch. G.-P., 1853, 10.
Melzl-Herrmann, Das alte und neue Kronstadt I, 72, 76, 213.

Zabanius Johann, Sachs von Harteneck.

(III, 533).

Arch. f. Ltde., N. F. XVIII, 50.
Zieglauer: Harteneck, Graf der sächs. Nation und die siebenb. Parteikämpfe seiner Zeit 1691—1703. Hermannstadt 1869, Druck und Verlag von Th. Steinhaußen.
Melzl-Herrmann, Das alte und neue Kronstadt I, 33, 37, 54, insbesondere 72, 81.
Allg. d. Biogr., 30, 134 von Zieglauer.

Zachariae Georg

aus Mediasch in Siebenbürgen.

Disputatio astron. De stellis fixis novis. Wittebergae 1659, typis Joh. Hacken.

Zaminer Eduard

wurde am 26. Januar 1835 in Kronstadt geboren. Nach Anhörung der Hilfs- und Grundwissenschaften an den Universitäten München und Tübingen beendete er an den Forstakademien in Schemnitz und Tharand seine Fachstudien. Hierauf wurde er am 25. Februar 1857 in Kronstadt mit Zuweisung des Apáczaer Reviers zum Forstadjunkten ernannt. Am 2. Dezember desselben Jahres wurde er als substituierender Förster nach Tömösch und in derselben Eigenschaft am 25. Februar 1860 nach Krizba versetzt, in welcher Stellung er über ein Jahrzehnt verblieb, bis er am 1. Mai 1870 aus den städtischen Diensten trat und Forstingenieur wurde, nachdem er schon 1865 in Klausenburg die Staatsprüfung mit vorzüglichem Erfolge bestanden hatte. Am 12. März 1873 wurde er von der Kronstädter Stadtkommunität zum städtischen Oberförster erwählt, seit dem Jahre 1878 führte er den Titel städtischer Forstmeister. Im Jahre 1889 hatte er das Unglück, durch eine Gehirnembolie das Sprachvermögen zu verlieren, welches nur langsam und stark beeinträchtigt wiederkehrte. Dabei hatten aber seine übrigen geistigen Fähigkeiten nicht gelitten. Am 19. April 1893 wurde sein Pensionsgesuch von der Stadtvertretung in ehrenvollster Weise bewilligt. Er starb am 8. Juni 1900 in Kronstadt.

Er hat folgende Schriften veröffentlicht:

1. Komitat Kronstadt mit Rücksicht auf seine geologische Beschaffenheit, Bevölkerungs-, Boden- und insbesondere Forstkulturverhältnisse von Eduard Zaminer. Kronstadt 1885. [Vespr.: Korr. f. Lfde., VIII, (1885), 63.]
2. Geschichte des Waldwesens der kön. freien Stadt Kronstadt. Herausgegeben auf Kosten der Stadt Kronstadt und in ihrem Selbstverlage. Kronstadt, Buchdruckerei von Joh. Gött und Sohn Heinrich 1891. [Vgl. S. d. T., 5589, (1892); Korr. f. Lfde., XVI, (1893), 29.]
3. Biographische Notizen aus dem eignen und aus dem Leben von Vorfahren und Familiengenossen. Sächs. Hausfreund für das Jahr 1896.

S. d. T., 8051, (1900).

Zieglauer Ferdinand, Edler von Blumenthal.
(III, 533).

Bei der Gründung der Universität in Czernowitz (1875) wurde Zieglauer als ordentlicher Professor der österreichischen Geschichte dahin berufen. Im Jahre 1876/77 war er rector magnificus und 1878/79 wie 1882/83 Dekan der philosophischen Fakultät der Czernowitzer Universität. Am

26. September 1884 wurde ihm „in Anerkennung der vorzüglichen Wirksamkeit auf dem Gebiete des Lehramtes und der Wissenschaft" der Titel eines Regierungsrates verliehen. Am 28. Februar 1899 feierte er in seltener Jugendfrische seinen 70. Geburtstag und erhielt von Nah und Fern die zahlreichsten Beweise der Liebe und Dankbarkeit, der Sympathie und Verehrung. Der Rektor magnificus der Universität an der Spitze des gesamten akademischen Senates überreichte dem Jubilar eine Adresse.

Auch aus Hermannstadt wurden dem Jubilar herzliche Glückwünsche gesendet. Anläßlich seiner Übernahme in den Ruhestand (1900) wurde Zieglauer der Titel eines Hofrates verliehen.

Zieglauer hat außer den im III. Bde. 533 veröffentlichten Arbeiten noch folgende Werke herausgegeben:

1. Geschichte der Freimaurerloge „St. Andreas zu den drei Seeblättern" in Hermannstadt 1767—1790. Nach den Quellen des Archivs der bestandenen Loge dargestellt. Arch. f. Ldke., N. F. XII und XIII. Erschien auch im Sonderabdrucke.
2. Die politische Reformbewegung in Siebenbürgen zur Zeit Josefs II. und Leopolds II. Wien 1881 Braumüller. [Bespr.: S. b. L., 2175 (1881); Korr. f. Ldke., IV, (1881), 31; Im neuen Reich 1881, Nr. 20; Litt. Zentralblatt 1881, Nr. 40; Mitteilungen des Inst. f. österr. Geschichtsforsch. III, 1.] Neue Ausgabe Wien 1885. Verlag von Carl Graeser.
3. Nachwort. Gegen Herrn Heinrich Marczali (früher Morgenstern). Eine Antikritik. Sonderabdruck aus der neuen Ausgabe des Werkes: Die politische Reformbewegung ꝛc. Wien, Verlag von Carl Graeser 1885.
4. Die Befreiung Ofens von der Türkenherrschaft 1686. Ein Beitrag zur zweihundertjährigen Gedächtnisfeier. Mit einer Tafel. Innsbruck 1886. Verlag der Wagner'schen Buchhandlung.
5. Der Zustand der Bukowina zur Zeit der österreichischen Okkupation. Dargestellt im Spiegel der ersten Denkschrift des kommandierenden Generals Freiherrn von Splenyi. Czernowitz 1888.
6. Geschichtliche Bilder aus der Bukowina zur Zeit der österreichischen Okkupation. Dargestellt im Spiegel der Denkschriften des kommandierenden Generals Freiherrn von Enzenberg. Czernowitz 1893.
7. Geschichtliche Bilder aus der Bukowina zur Zeit der österreichischen Militär-Verwaltung. (Zweite Bilderreihe. Die Jahre 1780 und 1781.) Nach den Quellen des k. u. k. Kriegsarchivs und des Archivs im k. k. Ministerium des Innern. Czernowitz 1895.

Wurzbach, 60, 43.
Wiener Zeitung vom 26. Februar 1899. „Zieglauer" (zu seinem 70. Geburtstage).
S. d. L., 7662 und 7689, (1899).

Ziegler Johann
(III, 538)

soll im Großschenker Stuhl geboren sein. Bis zum Jahr 1713 ist er Schüler des Hermannstädter Gymnasiums gewesen und hat wahrscheinlich in den nächsten drei Jahren auf deutschen Universitäten studiert. Von 1716—1718 war er Erzieher im Hause des Bistritzer Kaufmanns Schankebank. 1723 bis 1730 erscheint er als Prediger der Gemeinde Heidendorf bei Bistritz.

Im Januar 1730 kam er als Pfarrer nach Obernendorf und starb als solcher 1748.

Seine Schriften s. a. a. O.

 Wurzbach, 60, 60.
 Arch. f. Ldke., N. F. XVI, 607.

Ziegler Johann,

am 14. Januar 1838 in Schäßburg geboren, legte 1857 am dortigen Gymnasium die Maturitätsprüfung ab und bezog hierauf die Universität in Jena, um Theologie, klassische Philologie, Geschichte und Pädagogik zu studieren. Neben den Vorlesungen Hases, Kuno Fischers, Rückerts, Nipperdeys bot Ziegler Anregung und geistigen Genuß das Theater des nahegelegenen Weimar, auf dessen klassischem Boden die Kunst noch immer ihr Heimatsrecht behauptete; außerdem gewährte das schöne, an historischen Erinnerungen und Denkmälern wie an landschaftlichen Reizen so reiche Thüringerland der Wanderlust und dem Bedürfnis nach Bekanntschaft mit Land und Leuten die angenehmste Befriedigung.

Der Drang nach Erweiterung der Lebensanschauungen führte Ziegler 1858 nach Berlin, wo er hauptsächlich theologische und geschichtliche Vorlesungen hörte. Nach Ablauf des Studienjahres 1858/9, mit welchem die damals gesetzlich vorgeschriebene zweijährige Studienzeit erfüllt war, kehrte er in die Heimat zurück, um nach kurzem Aufenthalte daselbst nochmals nach Wien zu gehen. Ein halbes Jahr hindurch widmete er sich hier vor allem dem Studium der Pädagogik und trat dann, 1860 nach Hause berufen, als Supplent in den Dienst des Gymnasiums seiner Vaterstadt. Am 24. Januar 1869 wurde er zum Bergprediger und gleichzeitig Direktor der höheren Mädchenschule gewählt. Dieses Amt bekleidete er bis zum 23. November 1872, wo er zum Rektor des Gymnasiums und der damit verbundenen Lehranstalten in Schäßburg gewählt wurde.

Seit 3. April 1878 wirkt er als Pfarrer in Arkeden.

Außer den Schulnachrichten in den Schäßburger Gymnasialprogrammen von 1873—1877 und journalistischen Arbeiten schrieb Ziegler:

1. Johannes Hunyadi. Ein Vortrag. 1873. J. Drotleff und Komp. Hermannstadt.
2. Luthers Bedeutung für die Volksschule 1883. Ein Vortrag.
3. Aus dem Leben des ev. sächsischen Dechanten Joh. Gottlieb Milb (1757 bis 1840). Sonderabdruck aus dem S. d. T., 3741 (1886).

 Sch. G.-P., 1878 und 1897. In dem letztgenannten Programm ist S. 79 irrtümlich der 18. Februar als Geburtstag Zieglers angegeben.

Ziegler Martin.
(III, 540).

Nach Meltzl-Herrmann „Das alte und neue Kronstadt" I, 223, starb Ziegler am 6. Oktober 1716.

> Meltzl-Herrmann, Das alte und neue Kronstadt. I, 223.
> Wurzbach, 60, 62.

Zintz Ferdinand,

geboren am 22. Oktober 1842 in Zenderich, besuchte das Gymnasium in Schäßburg, an dem er 1863 die Maturitätsprüfung ablegte. Nachdem er an den Hochschulen in Heidelberg, Jena und Berlin Theologie, Geschichte und Geographie studiert hatte, erhielt er 1869 eine Anstellung an dem Gymnasium in Mediasch. Am 27. Oktober 1886 wurde er zum Pfarrer in Großkopisch gewählt; er starb als solcher 1893.

Er schrieb:

> Die römische Kolonie Sarmizegetusa. M. G.-P., 1880. [Bespr.: Korr. f. Lbe., III,
> (1880), 94.]

Zimmermann Franz Josef,

geboren zu Hermannstadt am 9. September 1850 (Taufschein fälschlich 10. September) als Sohn des Professors der Rechtsakademie Josef Andreas Zimmermann, kam mit seinen Eltern und seinem älteren Bruder Wilhelm 1851 nach Wien, wohin sein Vater als Beamter in das k. k. Ministerium für Kultus und Unterricht berufen worden war. Nachdem er die unteren Gymnasialklassen in Deutschland absolviert hatte, trat er 1866 als Schüler in das k. k. Gymnasium zu den Schotten in Wien ein, von welchem er nach Absolvierung des Gymnasiums und Ablegung der Maturitätsprüfung an die Universität entlassen wurde. In den ersten Semestern wendete sich Zimmermann vornehmlich dem Studium der altklassischen Philologie zu (in Leipzig), diente hierauf sein Präsenzjahr als Einjährig-Freiwilliger ab und widmete sich sodann, philosophische Studien weiter treibend, unter den Professoren Sickel, Zeißberg und Tausing in Wien insbesondere dem Studium der Geschichte und der historischen Hilfswissenschaften. Nachdem Zimmermann im Jahre 1872—1873 das Vorbereitungsjahr behufs Bewerbung um eine der ordentlichen Mitgliedstellen in dem k. k. Institute für österr. Geschichte absolviert hatte, wurde er mit Ministerial-Erlaß vom 16. Juli 1873 zum wirklichen Mitglied des Institutes ernannt, welchem er zwei Jahre hindurch (1873—1875) angehört und in welchem er die burch den Studienplan vorgeschriebenen Studien betrieben hat. 1875 bestand Zimmermann die Staatsprüfung mit der Empfehlung „für diejenigen Zweige des öffentlichen Dienstes, für welche eingehende Kenntnis der österreichischen Geschichte und ihrer Quellen sowie der historischen Hilfswissenschaften erfordert wird, und speziell zu Anstellungen in Archiven und Bibliotheken."

Als die Stelle des Stadtarchivars in Hermannstadt zur Besetzung gelangen sollte und eine Neuorganisation des Dienstes an dem Archiv der Stadt Hermannstadt und der sächsischen Nation in Aussicht genommen war, trat er als Bewerber um die genannte Stelle auf, welche er durch einstimmige Wahl am 27. September 1875 erhielt. Schon im Dezember desselben Jahres wurde Dank der eifrigen Förderung durch Universitätsnotär Karl Schneider eine neue Archivorganisation zur That, nach welcher Zimmermann als Archivar zum gemeinsamen Archivamtsleiter seitens der Stadt Hermannstadt wie der sächsischen Nationsuniversität bestellt wurde und die Systemisierung einer Archivsekretärsstelle erfolgte, zu deren Besetzung es infolge der kläglichen Dotierung der Stelle erst nach Erhöhung der Bezüge im Jahre 1894 gekommen ist.

Die Verwaltung des Archives vor 1875 ließ viel zu wünschen übrig. War man einerseits leichtsinnig genug, wichtige Archivalien ohne Garantien an einzelne Private auf unbestimmte Zeit auszuleihen — oft gab nur ein Bleistiftvormerk an der Kastenthüre oder an dem Archivpfeiler über das Ausleihgeschäft Aufschluß —, so stand das Archiv, über dessen Inhalt nichts veröffentlicht vorlag, andererseits ohne regen Verkehr mit der Außenwelt isoliert da. So hat das Archiv, nachweislich wenige Jahre vor 1875, unter Anderen verloren die Protokolle der sächsischen Nationsuniversität 5, 6 und 12. Über die älteren Urkunden des Archives, bis einschließlich das Jahr 1500, hatte Wilhelm Wenrich neue Repertorien angelegt, aber die großen Abteilungen der Protokolle und Rechnungen waren ungeordnet, über dieselben existierte kein Verzeichnis, keine Übersicht, und die Aktenbestände lagen nach dem Kubikmaß zusammen eingepfercht in der Mitte des Archivgewölbes ohne jedwede Anordnung. In diesen Wirrwarr hineingestellt, versuchte Zimmermann zunächst die Neuregistrierung der Urkundenabteilung von dem Jahre 1501 an weiter zu führen, jedoch drängten sich bald dringendere Archivarbeiten in den Vordergrund, welche zur Sistierung der Registrierungsarbeiten in der Urkundenabteilung haben führen müssen. Da die Urkunden des Archives bis auf einige Irregestrata ohnedies in lateinischen Repertorien schon verzeichnet sind, erschien die Neuordnung weniger, hingegen Arbeit in andrer Richtung mehr dringlich; ein schwer fühlbarer Mangel war das Fehlen einer Übersicht des Archivbestandes, welche aus Zimmermanns Feder zuerst in Löhers archival. Zeitschrift, dann (1887) erweitert selbständig erschienen ist (siehe unten). Die großen Massen der Akten des Hermannstädter Magistrates und der sächsischen Nationsuniversität wie des sächsischen Komitates und des Hermannstädter Komitates (Josephinische Zeit) aus den Jahren 1701 bis 1850 sind von Zimmermann unter Verzeichnung der fehlenden Stücke geordnet worden. Neuaufstellung dieser Akten wird erst vor sich gehen können nach Zuweisung ausreichender Lokalitäten. Für Kompletierung des Archives durch Wiedererwerbung von Archivalien aus Nachlässen ehemaliger Beamten und Benützer des Archives wie Neuerwerbungen von Zünften, Nachbarschaften und Privaten wurde vorgesorgt, während Zimmermann maßgebenden Ortes wiederholt auf die Nachteile hingewiesen hat, welche die durch Jahre betriebene massenhafte Zufuhr neueren Akten- und Rechnungsmateriales aus den städtischen und Universitäts-Registraturen dem Archive gebracht hat, wodurch das Archiv einerseits vorzeitig mit neuerem, in die Registraturen gehörigem Material belastet, andererseits in einer den Räumlichkeiten nicht entsprechenden, daher dem Archivdienst abträglichen Weise überfüllt worden ist. Die Unzulänglichkeit des Raumes nötigte zu magazinmäßigem Aufschichten der Aktenmassen, welche dadurch ganz unzugänglich geworden sind.

Zimmermann veröffentlichte:

1. Das Archiv der Stadt Hermannstadt und der sächs. Nation in Siebenbürgen. Löher, Archivalische Zeitschrift, III, (1878) und IV, (1879). — Auf Grund der fortschreitenden Ordnungsarbeiten vermehrt, als selbständige Druckschrift herausgegeben 1887; 2. Aufl., Hermannstadt 1901, enthaltend eine Übersicht über die vormaligen politischen Einteilungen Siebenbürgens und vollständiges Verzeichnis der siebenb. Ortschaften in drei Landessprachen: deutsch, magyarisch und romänisch.
2. Über die Herausgabe von Urkunden, Hermannstadt. Korr. f. Ldde., I, (1878), 45, 68.
3. Die mittelalterlichen Siegel der Stadt Kronstadt und des Burzenländer Distriktes. Ebenda, 107, 116.
4. Photographien von Urkunden aus siebenb.-sächsischen Archiven. Herausgegeben von dem Archivamt der Stadt Hermannstadt und der sächs. Nation. Hermannstadt 1879. 27 Photographien. Zu dieser Sammlung erschienen auch Texte. [Bespr.: Századok 1880, Heft 1, 71; Korr. f. Ldde., III, (1880), 33; Im neuen Reich 1880, 644; Mitteilungen des Instituts für österr. Geschichtsforschung, II, 184.]
5. Das Archiv der Stadt Kronstadt. Archivalische Zeitschrift von Löher, V, (1880).
6. Das Brooser Urkundenbuch. Eine Kritik. Hermannstadt 1880, Franz Michaelis. (Bespr.: Zarncke, Litterar. Zentralblatt 1881, Nr. 11.)
7. Das Register der Johannes-Bruderschaft und die Artikel der Hermannstädter Schusterzunft aus dem 16. und 17. Jahrhundert. Arch. f. Ldde., N. F. XVI, 355.
8. Die Wirtschaftsrechnungen der Stadt Hermannstadt in dem Archiv der Stadt Hermannstadt und der sächs. Nation. Ebenda, 629.
9. Das mittelalterliche Siegel der Stadt Bistritz. Korr. f. Ldde., V, (1882), 97.
10. Die Vereinigung des Kapitelsarchives von Karlsburg und des Konventsarchives von Kolosmonostor mit dem Landesarchiv in Ofenpest. Hermannstadt, Franz Michaelis 1882. [Bespr.: Korr. f. Ldde., V, (1882), 70.]
11. Der Schweden Durchzug durch Siebenbürgen um das Jahr 1714. Arch. f. Ldde., N. F. XVII, 291.
12. Das Wappen der Stadt Hermannstadt. Ebenda, XVII, 338.
13. Die Urkunde König Andreas II. aus dem Jahre 1206 für Siebenbürger Deutsche. Mitteilungen des Institutes für österr. Geschichtsforschung, V, (1884). (Bespr.: Századok, XVIII, Nr. 8.)
14. Aus alten Einbänden von Rechnungen aus den Jahren 1506—1691. Arch. f. Ldde., N. F. XIX, 78.
15. Handschriftliche Urkunden-Sammlungen siebenb. Ursprunges für die Periode bis 1526. Ebenda, XIX, 99.

16. Chronologische Tafel der Hermannstädter Plebane, Oberbeamten und Notare von 1500—1884. Ebenda, 529.
17. Die Nachbarschaften in Hermannstadt. Ein Beitrag zur Geschichte der deutschen Stadtverfassung und -Verwaltung in Siebenbürgen. Arch. f. Ldke., N. F. XX, 47. (Bespr. in Mitteilungen des Instituts für österr. Geschichtsforschung, VII, 486.)
18. König Ludwig I., Urkunde von 1380 über das Asylrecht der Marienburger Kirche. Mitteilungen des Instituts für österr. Geschichtsforschung, VIII, (1887).
19. Die Zeugenreihe in den mittelalterlichen Urkunden des Weißenburger Kapitels. Arch. f. Ldke., N. F. XXI.
20. Über den Weg der deutschen Einwanderer nach Siebenbürgen. Mitteilungen des Instituts für österr. Geschichtsforschung, IX, (1888).
21. Über Archive in Ungarn. Ein Führer durch ungarländische und siebenbürgische Archive. Arch. f. Ldke., N. F. XXIII.
22. Urkundenbuch zur Geschichte der Deutschen in Siebenbürgen I, (im Verein mit Karl Werner herausgegeben), Hermannstadt 1892; II, (im Verein mit Karl Werner und Georg Eduard Müller herausgegeben), ebenda 1897; III, (im Verein mit denselben), Hermannstadt 1901. [Der Arbeitsanteil, welchen die drei Herausgeber an dem gemeinsamen Werke haben, stellt sich, wie folgt: Zimmermann hat gegenüber dem von dem Ausschusse des Vereins für siebenb. Landesk. (1. August 1866) gefaßten Beschlusse, vom Jahre 1901 an weiter „die Urkundenschätze der in den Kreisen befindlichen Archive in abgesonderten Bänden und von verschiedenen Bearbeitern gesammelt und vorbereitet" herauszugeben, den Plan zu einem allgemeinen Urkundenbuch zur Geschichte aller Teutschen Siebenbürgens, dann zur Ausbeutung der Archive und Bibliotheken, der handschriftlichen Überlieferungen und der Litteratur entworfen, aus den verschiedensten Archiven, Bibliotheken und Museen Urkundentexte gewonnen und überhaupt die Redaktion des ganzen Unternehmens geführt und die Urkundentexte im ersten Bande bearbeitet. Von Karl Werner sind Urkundentexte aus dem Stadtarchiv von Mediasch und dem dortigen Kapitelsarchiv, Abschriften aus dem ung. Landesarchiv in Budapest und aus den Stadtarchiven von Kronstadt und Dees geliefert worden, und rührt von ihm ausschließlich her die Ausarbeitung des Namenverzeichnisses zu den bisherigen Bänden. Georg Eduard Müller verdanken wir die Bearbeitung der Urkundentexte im zweiten und dritten Bande.]
23. Zur siebenb.-deutschen Geschichtschreibung besonders über die Besiedelungsfrage. Mitteilungen des Instituts für österr. Geschichtsforschung, Ergänzungsband VI, (1901).

Die beiden ersten Jahrgänge des Korr. f. Ldke. (1878 und 1879) hat Zimmermann redigiert.

Arch. f. Ldke., N. F. XXII, 628, 677.

Zimmermann Josef Andreas

wurde am 2. Dezember 1810 zu Schäßburg als Sohn des dortigen Bürgers und Riemermeisters Josef Zimmermann geboren und absolvierte das Gymnasium seiner Vaterstadt im Jahre 1829. Hierauf begab er sich nach Klausenburg an das Lyceum und reformierte Kollegium, wo er 1832 seine juridisch-politischen Studien mit Auszeichnung beendete. Am 15. März 1832 trat er in den politischen Staatsdienst als Kanzlist bei dem königl. siebenbürgischen Gubernium in Klausenburg ein und wurde (von Ende Mai 1835 bis Anfang Dezember 1836) dem Schäßburger Stadt- und Stuhls-Magistrate im politischen und gerichtlichen Fache zugeteilt.

Vom Beginn des Monats Dezember 1836 bis April 1838 diente er teils bei dem siebenbürgischen Gubernium in Klausenburg, teils bei dem Oberkapitän des Fogarascher Distrikts Karl Freiherrn von Brukenthal, welcher ihn meist mit der Ausarbeitung von Präsidialstücken betraute und im Jahre 1837 zu dem siebenbürgischen Landtage in Hermannstadt mit sich nahm.

In den Jahren 1838 und 1839 trat er bei der königl. Tafel, dem siebenbürgischen Obergerichte, zu Maros-Vásárhely in Dienst; hier benützte er auch sehr fleißig die gräflich Teleki'sche Bibliothek und vermehrte seine schon reichen Kenntnisse in der vaterländischen Geschichte. Am 21. September 1839 wurde er zum Lehrer des sächsischen Privatrechtes und der öffentlichen vaterländischen Rechte an das ev. Gymnasium und am 22. Januar 1844 als ordentlicher Professor an die neu errichtete sächsische Rechtsakademie in Hermannstadt berufen. In dem neuen Berufe hat er ausgezeichnete Erfolge erzielt. An der Hermannstädter Rechtsakademie trug er besonders siebenbürgische Rechtsgeschichte und Diplomatik, siebenbürgisches Staats- und Kirchenrecht, ungarisches Privatrecht und ungarische Gerichtsordnung vor.

Für sein Hauptfach schrieb er die meisterhaft ausgearbeitete „Siebenbürgische Rechtsgeschichte", welche zwar nicht im Drucke erschien, aber — in Abschriften unter seinen Schülern verbreitet — den späteren Arbeiten auf diesem Gebiete, namentlich Fr. v. Sachsenheim für dessen allgemeines bürgerliches Gesetzbuch zur Grundlage und zum Vorbilde diente.

Eine Reise nach Deutschland bis Kiel, Köln und Karlsruhe von März bis September 1844 brachte Zimmermann in Berührung mit hervorragenden Staatsmännern und Gelehrten. Sein Versuch, in Hermannstadt einen juridisch-politischen Leseverein ins Leben zu rufen, scheiterte an dem Widerstande Bedeus' und J. K. Schullers, welche beide der politischen Gruppe Friedenfels-Reichenstein-Rosenfeld angehörten.

Noch als Professor der sächsischen Rechtsakademie nahm Zimmermann in erfolgreicher Weise an dem Verfassungsleben seines Volkes teil; er war Abgeordneter beim Landtage zu Klausenburg in den Jahren 1846—1847 und auf dem Reichstage in Pest 1848. Am 12. Mai 1848 wurde er von der sächsischen Nationsuniversität in einer Deputation — wozu auch Superintendent G. P. Binder, Peter Lange aus Kronstadt und Dr. Josef Wächter aus Hermannstadt gehörten — an das kaiserliche Hoflager nach Wien entsendet, „um dem Kaiser im Namen der Nation zu huldigen, die Ansichten, Wünsche und Erwartungen der neuen Regierungsorgane zu erforschen, die Interessen der Nation zu vertreten und die Universität von den geschöpften Erfahrungen zu unterrichten".

Das Anerbieten des Ministers Graf Franz Stadion, Zimmermann als Departementschef in das Ministerium zu übernehmen (1849), schlug er aus.

In Hermannstadt war Zimmermann Mitglied der Versammlung der sächsischen Nationsuniversität, welche am 17. Dezember 1849 unter dem Vorsitze des gewählten Komes Franz von Salmen zusammentrat, um im Sinne des kaiserlichen Reskriptes vom 22. Dezember 1848 „die zum weiteren organischen Anschluß an die Gesamtmonarchie und den zukünftigen Verhältnissen des Sachsenlandes entsprechenden Einrichtungen zu beantragen". Die vielen Arbeiten und Beschlüsse dieses Nationalkongresses, welcher mit mehreren Unterbrechungen über zwei Jahre dauerte, haben aber niemals die höhere Bestätigung erlangt und sind von der späteren absolutistischen Regierung beseitigt worden. Nur einer der wichtigsten Beschlüsse dieser Nationsuniversität, welcher wesentlich unter Zimmermanns Mitwirkung zu stande kam und später durch seine einflußreiche Verwendung die allerhöchste Sanktion erlangte, ist wirklich ins Leben getreten und hat seine segensreichen Wirkungen bis in die Gegenwart bethätigt; es ist dieses die unterm 22. August 1850 beschlossene und am 16. August 1851 genehmigte Dotation der sächsischen Gymnasien und einiger Hauptvolksschulen aus der Nationalkasse.

Noch im November 1850 wurde Zimmermann in das k. k. Ministerium für Kultus und Unterricht nach Wien berufen.*) Er erhielt diese Berufung über Vorschlag des Ministerialsekretärs Ludwig von Heufler, welcher von Graf Leo Thun auf die Suche nach einem der ungarischen und siebenbürgischen Verhältnisse kundigen Referenten entsendet worden war und Zimmermann in dessen Vorlesungen als Hospitant kennen gelernt hatte.

Am 9. April 1852 zum Ministerialsekretär ernannt, wurde er mit allerhöchster Entschließung vom 1. März 1855 zum Sektionsrat befördert, mit allerhöchstem Kabinetschreiben vom 20. November 1858 durch den Titel und Rang eines Ministerialrates ausgezeichnet und am 1. September 1859 mit der Leitung der Wiener ev. Konsistorien A. B. und H. B. betraut.

Am 22. April 1860 zum wirklichen Ministerialrat bei der Abteilung für Kirchen- und Schulangelegenheiten der ev. Glaubensgenossen im k. k. Ministerium für Kultus und Unterricht ernannt, wurde er noch in demselben Jahre als Ministerialkommissär nach Hermannstadt entsendet, um mit den Vertrauensmännern der ev. Kirche A. B. in Siebenbürgen die Verhandlungen zu leiten, welche die Ordnung der Kirchenangelegenheiten dieser Glaubensgenossen bezweckten. Hier konnte er in ernster Arbeit mit den Vertrauensmännern G. D. Teutsch, G. Budacker, A. Graeser, Samuel Schiel, Fr. Phleps, Jakob Rannicher und Konrad Schmidt „die provisorischen Bestimmungen für die Vertretung und Verwaltung der ev. Landeskirche A. B.

---

*) Das Departement, dem Zimmermann zugewiesen wurde, befaßte sich mit Organisationsarbeiten, betreffend die Regelung der kirchlichen Angelegenheiten der Evangelischen beider Konfessionen im ganzen Reiche, dann der Unitarier in Siebenbürgen; mit den Verhandlungen über die Besetzung der Superintendenturen in Ungarn und Siebenbürgen; mit Klagen gegen Übergriffe in der Sphäre der kirchlichen Gerichtsbarkeit; mit der Überwachung der kirchlichen Repräsentativorgane in Ungarn und Siebenbürgen durch Revision ihrer Protokolle; mit Verhandlungen über Dotationen, Sammlungen und Unterstützungen für Kirche und Schule; mit den Ehedispensangelegenheiten aus Ungarn, der Woiwodina und Siebenbürgen; mit den Angelegenheiten der k. k. evang.-theologischen Fakultät in Wien; mit dem theologischen Studienwesen in Ungarn und Siebenbürgen; und mit Angelegenheiten des Volksschulwesens aus Ungarn und der Woiwodschaft.

in Siebenbürgen" feststellen, aus welchen die Verfassung unserer Landeskirche hervorgegangen ist.

Schon im nächsten Jahre 1861 erhielt Zimmermann die Ernennung
zum Vorsitzenden des k. k. Oberkirchenrates der Evangelischen beider Bekenntnisse in den österr. Kronländern und versah diese angesehene Stelle
durch mehr als sechs Jahre, wobei er noch immer Gelegenheit fand, sich an
der politischen Vertretung seiner engeren Heimat zu beteiligen.

In den Jahren 1863/64 nahm er nämlich als Regalist an dem
siebenbürgischen Landtage zu Hermannstadt teil, war 1860 Abgeordneter beim
verstärkten österr. Reichsrate in Wien, dann 1863/65 im österr. Reichsrate und schließlich 1866/67 beim ungarischen Reichstage in Pest.

Das letztere Jahr brachte Zimmermann mit der allerhöchsten Entschließung vom 31. Juli 1867 die Beförderung zum Präsidenten des k. k.
ev. Oberkirchenrates des augsburgischen und helvetischen Bekenntnisses in
Wien mit dem Range eines Sektionschefs.

Er bekleidete diese Stelle, bis er nach 42-jähriger pflichtgetreuer und
ehrenvoller Dienstleistung durch die allerhöchste Entschließung vom 15. November 1874 in den bleibenden Ruhestand versetzt wurde. Seit dieser Zeit
lebte J. A. Zimmermann teils in Wien, teils in Hermannstadt, fortwährend
mit litterarischen Studien und seinen Büchern beschäftigt, regen Anteil
nehmend an dem Gange der öffentlichen Verhältnisse, die er stets freimütig,
aber immer sachlich, nicht persönlich beurteilte. Wo es nötig, warnte er ein-
dringlich vor den gefährlichen Eigenschaften der ambitio und avaritia.
Selbst bescheiden und anspruchslos, verurteilte er Weihrauchstreuen, wo immer
ihm dergleichen begegnete. Er wußte sich in der deutschen und der magyarischen
Litteratur auf dem Laufenden zu erhalten, und wie er fortwährend an die
ev. Gymnasien in Siebenbürgen große Bücherspenden gemacht hat, so schenkte
er seine ganze reiche Bibliothek (etwas mehr als 3000 Werke zählend*)
1875 an die ev. Landeskirche in Hermannstadt, wofür ihm die XII. Landeskirchenversammlung warmen Dank in den Worten aussprach: „Wir haben
nicht vergessen, was Sie einst als Lehrer, was Sie in öffentlichen Sendungen
für die geistige und sittliche Erstarkung Ihrer Nation gethan; wir wissen,
was unsere Kirche Ihrer grundlegenden Arbeit für die Widmung und Erhaltung der Nationaldotation, für den Aufbau und für die Fortbildung ihrer
Verfassung verdankt, umsomehr freut unser Herz, wie wir sehen, wie Sie
nicht müde werden, auch in dem würdigen otium cum dignitate, das
Ihnen Gott noch lange, lange erhalten wolle, durch so reiche Widmungen
wissenschaftlicher Schätze, welche ebenso an Zahl wie durch Wahl hervorragend sind, nach dem schönen Wort der Schrift die Seelen zu stärken und
so an Ihrem Teil auch weiterhin beizutragen, daß es unter uns nicht
Abend werde und der Tag sich nicht neige."

Für die Rechtslage der Protestanten in Ungarn und Siebenbürgen
hat Zimmermann das Fundament gelegt, die bezüglichen Verhältnisse in
der österreichischen Reichshälfte aber vorbereitet.

---

*) Diese Schenkung wurde in den folgenden Jahren mehr als verdoppelt,
denn nach Zimmermanns eigenhändiger Aufzeichnung aus dem Jahre 1896 zählte
dieselbe damals 6867 Nummern.

Er starb am 19. Mai 1897 in Hermannstadt.

Die aus dem Nachlasse von Zimmermann in den Besitz des Brukenthal'schen Museums in Hermannstadt um den Betrag von 2500 fl. übergegangene Handschriften-Sammlung nimmt unter den verschiedenen Sammlungen dieser Art, welche in Siebenbürgen durch Sachsen gemacht worden sind, eine ganz eigenartige Stelle ein.

Stofflich enthält die Sammlung zunächst siebenbürgisches Material und zwar insbesondere Stücke, welche auf die ev. Kirche Siebenbürgens Bezug haben, dann Material zur Geschichte der ungarländischen protestantischen Kirche und zur Geschichte des Protestantismus in den im Reichsrate vertretenen Königreichen und Ländern.

Zeitlich erstrecken sich diese verschiedenen Abteilungen vornehmlich auf das 18. und 19. Jahrhundert, hinsichtlich der ev. Kirche in Siebenbürgen und Ungarn sowie in Österreich namentlich auf die Zeit der Thätigkeit Zimmermanns als Konzeptsbeamter und Referent „in Evangelicis" im Ministerium, beziehentlich als Vorsitzender der Konsistorien A. B. und H. B., später als Präsident des k. k. ev. Oberkirchenrates in Wien. Zur Geschichte der Organisation der ev. Kirche in Siebenbürgen, Ungarn und Deutschösterreich bietet die Sammlung wertvolle Schriftstücke.

Die Abteilung „Siebenbürgen" (in Gruppen eingeteilt und uneingeteilt) und „Ev. Kirche in Siebenbürgen" enthalten Material vornehmlich aus dem 18. Jahrhundert und aus der 1. Hälfte des 19. Jahrhunderts, Abschriften aus zum Teil nicht leicht zugänglichen Archiven und Ankäufe von Antiquaren in Klausenburg, Pest und Wien, im Ganzen etwa 5000 Stücke, worunter mehr als 300 Originalakten und über 1000 Original Aktendrucke.

Die Hauptabteilung von Zimmermanns Sammlung bildet die Abteilung Siebenbürgen und darunter wieder Abschriften von Urkunden und Aktenstücken verschiedener Archive, einen weiteren immerhin bedeutenden Teil Originalaktendrucke, wie solche namentlich in der zweiten Hälfte des 18. und in der 1. Hälfte des 19. Jahrhunderts von staatlichen und Provinzialbehörden zu amtlichem Gebrauche durch die untergeordneten Amtsstellen und auch zur Verständigung und Information der Bevölkerung in vielen Exemplaren hinausgegeben worden sind. Die Bedeutung und Eigenart der Sammlung liegt in dem Stoff, in der Auswahl, welche der Sammler in Rücksicht auf die siebenbürgische Geschichte und vor allem Rechtsgeschichte mit Sachkenntnis getroffen hat. Nicht alle von Zimmermann aufgestellten Materiengruppen sind gleichwertig durch Schriftstücke vertreten, denn Zimmermann hat die Sammlung, wie die vielen hundert nicht eingeteilten (in Gruppen nicht eingelegten) Schriftstücke zur Geschichte Siebenbürgens beweisen, nicht zum Abschlusse gebracht. So finden sich denn Matrien-Gruppen, wie jus detractus, Accise, Armenwesen, Kirchenvisitationen, Religion im Allgemeinen u. a., welche nur dürftiges Material über den durch das Schlagwort angezeigten Gegenstand enthalten. Anderes ist von Zimmermann selbst als revisionsbedürftig bezeichnet worden. Wichtige Fragen aber, welche inmitten des sächsischen Volkes als Kardinalpunkte im siebenbürgischen Verfassungs- und Verwaltungsleben angesehen worden sind, finden sich in der Sammlung Zimmermanns in einem Umfange und in einer Qualität ver-

treten, wie das kaum in einer zweiten siebenb.-sächsischen Sammlung der Fall
sein dürfte. Hieher gehören die Materien-Gruppen Komeswahl, Gravamina,
Gubernium, siebenb. Landtage, Regulation, Siebenbürger Sachsen, Sprachenfrage, Walachen, Sekrete, ev. Kirche in Siebenbürgen, ev. Kirche in Ungarn,
ev. Kirche in Deutsch-Österreich. Was in diesen Gruppen sich vereinigt findet,
dürfte in solcher Vollständigkeit, gleich gewissenhafte Arbeit, welche un-
kollationiert selten etwas durchgehen ließ, vorausgesetzt, nur sehr schwer zu-
sammengebracht werden können, auch wenn die betreffenden Archive und Registraturen unbeschränkt zugänglich wären. Eine ganze Anzahl Allerhöchster
Handschreiben von Franz I., Ferdinand I. und Franz Josef I., dann Allerhöchster Resolutionen und an die Monarchen gerichteter allerunterthänigster
Vorträge dürfte heute kaum zu erlangen sein.

  Zimmermann hat in ausgiebigster Weise das Archiv des k. siebenb.
Guberniums (bis 1872 in Klausenburg, seither in das ung. Landesarchiv
in Budapest einverleibt) und das Archiv der siebenb. Hofkanzlei (bis 1872
in Wien, seither gleichfalls im ung. Landesarchiv in Budapest) benützt, in
einer umfassenden und gründlichen Weise, wie vor ihm und nach ihm bis
jetzt noch kein Zweiter. Es haben weiter für Zimmermanns Sammlung
Verwertung gefunden die Archive des k. k. Ministeriums für Kultus und
Unterricht, des k. k. ev. Oberkirchenrates A. B. und H. B. in Wien, die
städtischen Archive von Hermannstadt und Schäßburg, das Archiv der ev.
Landeskirche A. B. in Hermannstadt und eine Reihe kleinerer siebenb. Archive.

  Da Zimmermann fast ausnahmslos auf Urkunden und Akten zurückging,
ist seine Quelle immer authentisch. Nur vereinzelt hat Zimmermann aus handschriftlichen Sammlungen kopiert u. zw. aus Handschriften der beiden Haner,
Ballmanns, Soterius' und aus einigen Handschriften der Graf Teleki'schen
Bibliothek in Maros-Vásárhely, hier aus den Handschriften Chartophylacium
actorum fiscalium et nationalium, Chartophylacium juridicum, Ana-
lecta diaetalia, Insurrectionalia et alia publico-politica und Miscellanea
historico-statistica. Den Hauptinhalt der Zimmermann'schen Sammlung
bilden Aktenstücke. Handschriftliche Ausarbeitungen, rechtshistorischen und
historischen Inhaltes, finden sich nur wenige vor.

  Neben der Bedeutung des Materials in stofflicher Hinsicht ragt hervor
die genaue Art der Wiedergabe der Akten-Texte. Viele hat Zimmermann
eigenhändig kopiert, für sorgfältige Kollationierung aller mit den benützten
Vorlagen ist meistens von ihm gesorgt worden.

  Aber noch in einem ganz wesentlichen Punkte unterscheidet sich Zimmermanns Sammlung von andern siebenbürgischen handschriftlichen Sammlungen.
Er giebt bei jeder Kopie regelmäßig die Quellen an, aus welcher er geschöpft
hat, und bezeichnet genau den Aufbewahrungsort. Bei sehr wichtigen Aktenstücken findet der Benützer auch Angaben über die kanzleimäßige Behandlung
des Stückes, über das Expediatur und über die Unterschriften.

  Außer Aufsätzen, die Zimmermann hauptsächlich im Siebenbürger
Wochenblatt (Kronstadt, Johann Gött) erscheinen ließ, veröffentlichte er:

  1. Die Frage der Taggelber für sächsische Landtagsdeputierte und Mitglieder
   der systematischen Deputationen. Satellit 1844.

2. Siebenbürgens ehemalige Abhängigkeit von Ungarn und Einfluß in desselben Gesetzgebung vor der Schlacht bei Mohacs. (Aus Nr. 63 und 64 des Hon és Külföld, dem Beiblatt des Mult és Jelen übersetzt.) Transsilvania 1845, 367—392.

3. Ein gewichtiges Votum in der Frage der Wahl eines Komes der sächsischen Nation. Transsilvania 1845, Nr. 47.

4. Handbuch für die ev. Landeskirche Augsburgischen Bekenntnisses im Großfürstentum Siebenbürgen. Eine Sammlung von Gesetzen und Aktenstücken herausgegeben vom Oberkonsistorium der ev. Landeskirche A. B. in Siebenbürgen. (Der Ertrag ist für Pfarrer-, Prediger-, Schullehrer-, Witwen- und Waisen-Pensionsfonde bestimmt.) Wien, Selbstverlag der ev. Landeskirche A. B. zu Hermannstadt in Siebenbürgen 1857.

5. Einige Daten zur Geschichte des höheren Unterrichtswesens. Statistisches Jahrbuch der ev. Landeskirche A. B. in Siebenbürgen V. Hermannstadt 1880.

Über seine Mitarbeit an dem S. d. W. s. den Artikel Franz Gebbel, über seine parlamentarische Thätigkeit den Anhang.

Unsere Zeit. Deutsche Revue der Gegenwart von Rudolf Gottschall. Leipzig, F. A. Brockhaus 1865, 494.
Wurzbach, 60, 126.
Arch. f. Lde., N. F. XIX, 435.
Friedenfels, Bedeus v. Scharberg, II, 239.
S. d. T., 6682, (1895).
Kirchliche Blätter, 1897, 34.
S. V. K für 1898 von E. A. Bielz.
S. d. T., 7123 und 7124, (1897).
Landwirtschaftliche Blätter, Nr. 11 und 12 vom 5. und 20. Juni 1897. Hermannstadt, Jos. Drotleff 1897.
Bettelheims Biographisches Jahrbuch und deutscher Nekrolog. Berlin, Georg Reimer 1898, II, 151 von Fr. Teutsch.

Böhrer Franz
(III, 542)

starb im Jahre 1883 in Hermannstadt.

Anhang

über die parlamentarische Thätigkeit der sächsischen Abgeordneten in dem verstärkten Reichsrat 1860/1861,[1]) auf den siebenbürgischen Landtagen in Hermannstadt 1863/1864[2]) und in Klausenburg 1865/1866,[3]) ferner im österreichischen Reichsrate 1863/1865[4]) und auf dem ungarischen Reichstage 1865 bis September 1901.[5])

Bacon Joseph.
(Abg. 1878—1881 und 1881—1884).

1878, November 22, zur Adreßdebatte für den bosnischen Okkupationskredit. — 1879, Februar 25, zum Budget, für die Erhöhung der Steuerkraft durch Unterstützung der Industrie. — 1879, Mai 3, gegen den G.-E. bezüglich der ungarischen Unterrichtssprache in den Volksschulen. — 1881, Januar 27, zum G.-E. bezüglich des Zucker- und Kaffeezolls und der Bierkonsumsteuer, gegen die Durchführungsmodalitäten. — 1883, März 14, bezüglich der Mittelschulen. — 1883, April 13, zu demselben G.-E.; Amendement wegen Prüfungssprache der Kandidaten an konfessionellen Mittelschulen. — 1883, April 5, zum Gewerbegesetz u. zw. für Einschränkung der Jahrmärkte.

---

[1]) Verhandlungen des österr. verstärkten Reichsrates 1860. Nach den stenographischen Berichten. Wien 1860. Verlag von Friedrich Manz. 2 Bände.
[2]) Der siebenbürgische Landtag 1863–1864. 3 Bände. I. Stenographischer Tagesbericht. II. Protokoll. III. Urkunden. Hermannstadt, Theodor Steinhaußen. (Über diesen Landtag brachte die Hermannstädter Zeitung ausführliche Berichte, welche im Sonderabdruck unter dem Titel: Der siebenbürgische Landtag 1863. Protokoll und Reden nach den Berichten der Hermannstädter Zeitung. Hermannstadt 1863, Druck und Verlag von Theodor Steinhaußen, erschienen sind.)
[3]) Az 1865 November 19 Kolozsvártt egybegyült Erdélyi országgyülés Gyorsirói naplója. Szerkeszti Hajnik Károly. Kolozsvártt 1865. (Auch über diesen Landtag brachte die Hermannstädter Zeitung ausführliche Berichte, welche im Sonderabbruck unter dem Titel: Verhandlungen des siebenbürgischen Landtages 1865/6. Hermannstadt 1866, Druck und Verlag von Theodor Steinhaußen, erschienen sind.)
[4]) Stenographische Protokolle des Hauses der Abgeordneten 1863—1865 und Beilagen zu den Reichstagsprotokollen.
[5]) Im ung. Reichstage einfach überreichte Gesuche sind hier nicht erwähnt. Die Ansprachen, zumal die größern Reden sind größtenteils wenige Tage, nachdem sie erfolgten, im S. d. Wochenblatt, seit dem Bestehen des S. d. Tagblattes in diesem und meist auch in der Kronstädter Zeitung und im Kronstädter Tagblatt auch in deutscher Sprache erschienen.
  Besondere gewöhnlich aus den stenographischen Reichstagsberichten veranstaltete deutsche Übersetzungen wichtigerer Debatten sind veröffentlicht worden über:
  1. Die Zertrümmerung des Siebenbürger Sachsenlandes. Nach den Debatten des ungarischen Landtags am 22., 23., 24. und 27. März 1876. München, Th. Ackermann 1876.

Baußnern Guido Edler von.
(I, 75; III, 551; IV, 21).
(Abg. 1869—1890).

1872, Februar 28, zum Wahlrecht, gegen das allgemeine Stimmrecht. Er betont Vereinbarkeit des deutschen Stammesbewußtseins mit der Staatstreue. — 1874, November 23, zum Notariats-Gesetze u. zw. gegen den Sprachzwang in den Notariats-Urkunden. — 1874, Dezember 10, bewilligt die Indemnity, wünscht aber gewissenhafte Berücksichtigung der Not und der Interessen des Volks. — 1875, April 2, zur Besteuerung der Bahn- und Schifffrachten, gegen die Steuererhöhung. — 1875, November 12, zum Budget, spricht über die Politik der Regierung in finanzieller und nationaler Beziehung. — 1876, März 22, zum Beschlußantrag Kapps: den G.-E. bezüglich des Königsbodens abzulehnen und den Minister zur Anhörung der Betreffenden anzuweisen. — 1876, November 20, gegen das 1877-er Budget; empfiehlt ernstern Kampf mit dem Defizit. — 1877, September 27, interpelliert wegen der Begegnung des Grafen Andrassy mit Bismarck in Salzburg. — 1879, November 10, zum G.-E. über die Verwaltung von Bosnien und der Herzegowina, zustimmend. — 1882, Februar 7, motiviert in persönlicher Frage seinen Austritt aus der Honvedschaft. — 1883, März 15, zum Mittelschul-G.-E.; April 13, zum selben G.-E. für den Beschluß-Antrag Bacon wegen der Prüfungssprache für Kandidaten an konfessionellen Anstalten. — 1884, Oktober 17, zur Adreßdebatte, empfiehlt wirtschaftliche Reformen. — 1885, Januar 13, acceptiert das Budget und bespricht die wirtschaftliche Invasion aus dem kornreichen Ausland. — 1887, Februar 1, zum Handels-Vertrag mit Deutschland, das politische Bündnis betonend. — 1889, Januar 11, für den Wehrgesetzentwurf.

Baußnern Guido Edler von, Dr. jur.
(Abg. 1892—1901).

Als Schriftführer des Ökonomats referierte er fast jedes Jahr das Resultat der Rechnungen, sprach 1896 zum Gesuch bezüglich der Agnethler Bahn.

2. Die Debatte vom 27. Januar 1882 im ungarischen Abgeordnetenhause über die deutsche Bewegung. Zweite mit einem Anhang vermehrte Auflage. Kronstadt, Johann Gött und Sohn 1882.
3. Der Mittelschulgesetzentwurf im ungarischen Reichstag. Mitteilung der wichtigern Reden aus der Generaldebatte des ungarischen Abgeordnetenhauses vom 5.—17. März 1883. Hermannstadt 1883. Druck und Verlag von Jos. Drotleff. In Kommission bei Franz Michaelis.
4. Die Spezialdebatte über den Mittelschul-G.-E. im ungarischen Reichstag Hermannstadt 1883. Druck und Verlag von Jos. Drotleff. In Kommission bei Franz Michaelis. Sonderabbdruck des S. b. T., 2827, 2830, 2842
5. Die Spezialdebatte über den Mittelschul-G.-E. im ungarischen Abgeordnetenhause. Verhandlung über den § 71. Hermannstadt 1883. Druck von Jos. Drotleff. (Sonderabdruck des S b. T., 2842.)
6. Aus der Debatte über den Bewahranstalts-G.-E. am 19.—22. Januar 1891 im ungarischen Abgeordnetenhaus Hermannstadt 1891. Jos. Drotleff. (Sonderabdruck des S. b. T., 5206, 5211 und 5213.)

Ein vollständiges Sach- und Namen-Register zu den stenographischen Aufzeichnungen der reichstägigen Verhandlungen erscheint seit 1896 ämtlich unter dem Titel: Általános mutató a m. országgyülés képviselő házának napló köteteihez. I. Bd. 1861—1892; II. Bd. 1892—1896 u. s. f.

Bedeus von Scharberg Josef, Dr. jur.
(I, 94; III, 556; IV, 23).
(Abg. 1863—1864, 1865—1866).

1863, August 14, 17, zum Adreßentwurf; August 29, zum G.-E. über die Gleichberechtigung der Romänen und ihrer Konfessionen; September 25, zum Sprachengesetz. — 1864, Juni 25, zur Abkürzung der Militärdienstzeit; Juli 2, zum G.-E. über die Neueinteilung Siebenbürgens (s. G. D. Teutsch); Juli 8; September 28, 30, zur Regelung der Militärpflicht; August 13, 19, zur Landtagsordnung.

Binder Michael.
(1863—1864, 1863—1865, 1865—1866, 1865—1872).

1863, August 11, 14, 19, zum Adreßentwurf; August 31; September 3, 4, 5, zum G.-E. über die Gleichberechtigung der Romänen und ihrer Konfessionen; September 12, für die Inartikulierung des Diplomes vom 20. Oktober 1860 und des Patentes vom 26. Februar 1861 als siebenbürgische Landesgesetze; September 18, 19, 21, 22, 25, 29; Oktober 1, zum Sprachengesetz; Oktober 8, 9, zur Beschickung des Reichsrates; Oktober 30, Dezember 9, zum Staatsvoranschlag für 1864. (Österr. Reichsrat); Dezember 16, zum Gebührengesetz. — 1864, Januar 14, zur Luxussteuer; Juni 1; Juli 1, zur siebenbürgischen Eisenbahnfrage; Juni 7, 8, 13, 15, 16, 17; September 17, zur Errichtung des obersten Gerichtshofes für Siebenbürgen; Juli 5, zur Sanktionierung und Kundmachung der Landtagsartikel für Siebenbürgen; Juli 18, 22, 27, 29; August 5, 6, 9, 10, 13, 15, 17, 19, 26, 30, zum G.-E. über die Landtagsordnung; September 12, zur Ablösung der ablösbaren Leistungen; September 15, zum G.-E. betreffs Beschickung des Reichsrates; Oktober 21, 25, 28, zum Budget über den Grundentlastungsfond. — 1865, Mai 31, zur Permanenz des Steuerreformausschusses. (Österr. Reichsrat); Dezember 6, zur Unionsfrage. — 1868, Oktober 19, betont in der Debatte über die Grundsätze für die Rechtspflege, daß die sächsische Nationsuniversität Appellationsinstanz gewesen und sonach ein entsprechend organisiertes Obergericht zu errichten sei; November 12, zum Kultus-Budget, betont den Charakter der a. h. Dotation der evang. Kirche A. C. in Siebenbürgen, welch' letztere Bsebenyi als eine der fünf Superintendenzen wie diese behandelt wissen wollte; November 28, lehnt die Annahme des Nationalitäten-G.-E. ab; Dezember 1, spricht für den Antrag Mannichers zum Unionsgesetz; acceptiert am selben Tag den Antrag Kapps wegen Beibehaltung der Komeswahl. — 1869, Juli 3, gegen den G.-E. über die Ausübung der richterlichen Gewalt.

Birthler Friedrich.
(Abg. 1863—1864 und 1865—1866).

1863, September 1, zum G.-E. über die Gleichberechtigung der Romänen und ihrer Konfessionen; September 14 und 28, zum Sprachengesetz. — 1864, August 16, zum G.-E. über die Landtagsordnung; Oktober 19, zum Budget über den Grundentlastungsfond.

Bömches Friedrich.
(Abg. 1865—1866, 1865—1872).

1865, Dezember 2, zur Unionsfrage (für die Union). — 1868, Mai 14, spricht gegen Raunicher, welcher die Beschwerdeschriften von Hermannstadt, Schäßburg und der Nationsuniversität wegen der mit Dekret des Innerministers verfügten Amovierung des Komes Conrad Schmidt befürwortet hatte: die Beschwerdeschriften seien nur Ausdruck der Bestrebungen der bureaukratischen Aristokratie, die Leitung des Volkes in Händen zu halten, der Regierungsakt sei vollkommen zu billigen; Oktober 19, beantragt zum G.-E. über die Grundsätze der Rechtspflege, daß bei Ernennung der Tafelrichter auf Sprache und Qualifikation Rücksicht zu nehmen sei; November 25, überreicht ein Kronstädter Gesuch wegen Modifizierung des Nationalitätengesetzentwurfs; November 25, erklärt, sämtliche Vorschläge zum Nationalitätengesetz nicht annehmen zu können, es sei denn am Schlusse werde gesagt, die entgegenstehenden Verfügungen früherer Gesetze werden aufgehoben, mit Ausnahme der auf die sprachlichen Verhältnisse der sächsischen Nationalität und der ev. Kirche A. C. in Siebenbürgen Bezug nehmenden. — 1871, Dezember 5, interpelliert wegen des seitens der romänischen Regierung angeblich geplanten Bahnanschlusses beim Ojtozer Paß.

Bömches Julius.
(Abg. 1869—1872).

1870, Juli 9, zum G.-E. über die Ausübung der richterlichen Gewalt und für jene Bestimmung, daß die Regelung des Königsbodens späterer Zeit vorbehalten werde.

Brandsch Karl d. Ä.
(I, 168; IV, 58).
(Abg. 1863—1864).

1863, August 19, zum Abreßentwurf; September 3, zum G.-E. über die Gleichberechtigung der Romänen und ihrer Konfessionen; Oktober 10, zur Beschickung des Reichsrates. — 1864, Juni 14, zur Errichtung des obersten Gerichtshofes für Siebenbürgen; August 10, 13, zum G.-E. über die Landtagsordnung.

Brecht Johann.
(Abg. 1863—1864).

1863, September 19, zum Sprachengesetz. — 1864, Juli 28, zum G.-E. über die Landtagsordnung.

Brennerberg Franz von.
(Abg. 1863—1864 und 1865—1866).

1865, Dezember 2, zur Union (für dieselbe).

Brennerberg Moritz von, Dr. jur.
(Abg. 1869—1872, 1872—1875).

1871, Januar 28, verteidigt die Sachsen gegen den Vorwurf, nicht Anhänger der Union zu sein. — 1871, März 22, akzeptiert im Allgemeinen den Gemeinde-G.-E. und modifiziert seine Äußerung über die Unionstreue. — 1871, März 27, zum Gemeinde-G.-E. für die Virilstimmen; März 28, für die Wahl der Gemeindebeamten durch die Vertretungskörper; Mai 26, für den Beschlußantrag Kapp wegen Talmatsch-Szellistye. — 1872, Januar 24, bezüglich der Expropriation aus Anlaß der Regulierung des Schenkbaches; September 12, wegen gleichmäßiger Behandlung der Abgeordnetenmandate. — 1873, Februar 6, für die Fristerstreckung zur Vorlage des G.-E. über den Königsboden. — 1874, April 24, wegen Belassung der in Siebenbürgen amtierenden öffentlichen und Wechselnotare.

Bruckner Wilhelm, Dr. phil.
(I, 198; III, 562; IV, 62).
(Abg. 1898—1901).

1899, Juni 24, bezeichnet die Regierungsvorlage betreffs Verlängerung des Zoll- und Handelsvertrags mit Österreich als glückliche Auskunft in den bestehenden Ausgleichschwierigkeiten und äußert sich auch über den Austritt sächsischer Abgeordneten aus der liberalen Partei.

Budaker Gottlieb.
(I, 200; III, 563; IV, 65).
(Abg. 1863—1864).

1863, August 11, zum Adreßentwurf; September 1, zum G.-E. über die Gleichberechtigung der Romänen und ihrer Konfessionen; September 22 und 28, zum Sprachengesetz. — 1864, Juni 4, 16; September 23, zur Errichtung eines obersten Gerichtshofes für Siebenbürgen; Juni 30, zur siebenb. Eisenbahnfrage; Juli 27; August 9, 16, 17, 23, zum G.-E. über die Landtagsordnung; September 5, zur Ablösung der ablösbaren Leistungen; Oktober 13, zum Antrage Oberts behufs Gründung von niederen Ackerbau- und Gewerbeschulen; Oktober 14, 17, zur Regierungsvorlage über den Landeskonkurrenzfond; Oktober 19, 20, 21, 24, 25, 26, zum Budget über den Grundentlastungsfond.

Conrad Moritz.
(Abg. 13. September 1864—1865, 1865—1866).

1864, September 24, zur Repräsentation über Abänderungen des Heeresergänzungsgesetzes. — 1865, Dezember 6, zur Union (für die Union).

Decani Gustav.
(IV, 83).
(Abg. 1872—1877).

1873, Februar 22, für die Bistritzer Ackerbauschule; März 18, für das Amendement Kapp zu § 2 des G.-E. über Personalerwerbsteuer, interpelliert wegen nachlässiger Pflichterfüllung seitens der Klausenburger Handelskammer.

Decani Karl.
(Abg. 1872—1875).

1874, Mai 9, bespricht die Anwendung des Nationalitätengesetzes; Juni 20, beantragt, es möge das Gesuch der Stadt Bistritz wegen Versetzung des Innerministers in den Anklagestand zugleich mit dem Antrage Gulls und Fabritius' bezüglich desselben Gegenstandes verhandelt werden.

Drolleff Thomas.
(Abg. 1865—1868).

1868, November 28, erklärt sich in der Debatte über das Nationalitätengesetz wegen Nichtberücksichtigung des Sprachrechtes für den Antrag Mannichers.

Eitel Friedrich.
(Abg. 1863—1864, 1868—1872, 1872—1875).

1863, August 11 und 13, zum Adreßentwurf; September 3, zum G.-E. über die Gleichberechtigung der Romänen und ihrer Konfessionen; September 16, 18, 22, 28, zum Sprachengesetze; Oktober 9, zur Beschickung des Reichsrates. — 1864, Mai 30, zur siebenbürgischen Eisenbahnfrage; Juli 7, zum G.-E. betreffs Sanktionierung und Kundmachung der Landtagsartikel; August 6, 10, 12, 13, 17; Oktober 3, zum G.-E. über die Landtagsordnung; September 9, zur Ablösung der ablösbaren Leistungen; September 28, zur Repräsentation über Abänderungen des Heeresergänzungsgesetzes; Oktober 24, zum Budget über den Grundentlastungsfond. — 1868, Juli 25, wünscht in der Debatte über die Einkommensteuer eine klarere Bestimmung über das Zinseneinkommen, soweit es ständiges Einkommen kirchlicher Personen und Körperschaften ist (mit Rücksicht auf die Grundentlastungsfonde); November 25, lehnt den Entwurf zum Nationalitätengesetz, der weder gerecht noch zweckmäßig sei, ab. — 1870, Juli 23, zum Munizipalgesetz und zwar gegen die Belassung der eigentlichen Administration bei den Vertretungskörpern — 1871, Mai 4, zum G.-E. bezüglich der Gerichte erster Instanz; Prozesse über Grundbesitz unter 300 fl. seien den Einzelgerichten zu überlassen. — 1869, Juli 6, zum G.-E. über die Ausübung der richterlichen Gewalt, wünscht, daß die Richter Angehörige des betreffenden Komitats seien; Juli 7, über die Art des Vorganges bei den Richterernennungen solle ein besonderes Gesetz verfügen. — 1873, Februar 16, spricht für Beibehaltung der Gendarmerie und tadelt die Beseitigung der österr. Justizgesetze in Ungarn; März 20, zum Stempelgesetz § 10. — 1871, Mai 5, zur Vollziehung der Notariats-Urkunden seien der Landessprachen kundige Richter zu ernennen; Juli 18, zum Wahl-G.-E. § 5 für 10 fl. Census; Dezember 12, zu den Steuergesetzen, die Sorge für Einbekenntnisse und Eintreibung der Rückstände bis zu der revidierten Steuergesetzgebung dem Finanzminister zu überlassen.

Fabini Samuel Josef.
(I, 289; IV, 96.)
(Abg. 1863—1864).

1863, August 17, zum Adreßentwurf; August 31, September 1, 5, zum G.-E. über die Gleichberechtigung der Romänen und ihrer Konfessionen; September 22, 24, 28 zum Sprachengesetze; Oktober 9, zur Beschickung des Reichsrates. — 1864, Juni 7, zur Errichtung des obersten Gerichtshofes in Siebenbürgen; Juli 7, zum G.-E. über die Landtagsordnung; September 24, 28, zur Repräsentation über Abänderungen des Heeresergänzungsgesetzes; Oktober 21, Antrag für eine Repräsentation an Se. Majestät, daß bei gemischten Militärehen der Revers zur Erziehung der Kinder in der röm.-kath. Religion zu unterbleiben habe.

Fabritius Karl.
(I, 290; IV, 102).
(Abg. 1865—1878).

1868, Mai 6, reicht ein Gesuch ein, worin die Partei der Jungsachsen in Schäßburg mit zahlreichen Unterschriften gegen die von Mannicher befürwortete Beschwerdeschrift protestiert; Mai 14, befürwortet die Zuweisung der Eingaben wegen Amovierung des sächsischen Komes an den Petitionsausschuß und weist darauf hin, die Tabler des Regierungsaktes seien im Jahre 1863 bereit gewesen, die wichtigsten Rechte preiszugeben. — 1872, Februar 19, interpelliert betreffs der Anklage des Tyrnauer protestantischen Pfarrers gegen die dortige katholische Geistlichkeit. — 1873, März 17, spricht gegen den G.-E. bezüglich der Erwerbsteuer speziell gegen Steuererhöhung und bringt einen Beschlußantrag ein, wonach die Steuerrückstände über 10 fl. auszuweisen seien; Juni 25, zum Unterrichtsbudget, den Bedürfnissen des Königsbodens sei mehr Berücksichtigung zu schenken. — 1874, Juli 9, zum Wahlgesetz gegen die Wählerqualifikation auf Grund des alten Rechts. Antrag, den Entwurf an den Zentralausschuß zurückzuweisen; Juli 23, zum Wahlgesetz, u. zw. für das Erfordernis des Steuerzahlungsnachweises. — 1875, Juni 24, interpelliert wegen ungleicher Behandlung der Steuerrückstände; Juni 30, interpelliert wegen Mautfreiheit des Adels auf der Wenchbrücke. — 1876, März 18, nimmt den G.-E. über die Volksschulbehörden und das System der Schulinspektoren an; März 23, spricht zum G.-E. über den Königsboden, billigt die Verfügung betreffs der Universität und des Nationalvermögens (polemisch gegen die Altsachsen, s. Gebbel). — 1877, April 28, gegen den G.-E. betreffs der Wahlkreise wegen Belassung der kleinen privilegierten Orte; April 30, zum selben Gegenstand, Abrudbanya und Verespatak seien nicht aufzunehmen. — 1878, Dezember, Antrag, das Gesuch von Schäßburg wegen den die Rechte der Nicht-Magyaren schmälernden Bestimmungen des G.-A. 44/1868 dem Innerminister zu empfehlen.

Fillenbaum Franz von.
(Abg. 1865—1872).

1869, Juli 2, zum G.-E. über Ausübung der richterlichen Gewalt, von Vormundschafts- und Kuratels-Übernahme seien die Richter nicht auszuschließen. — 1871, Mai 26, für Beschlußantrag Kapp wegen Talmatsch-Szelistye; Dezember 19, beantragt Erhöhung des Quartiergeldes für die Kanzlisten der obersten Gerichtsstelle; Januar 21, unterstützt Amendement Brennerberg bezüglich des Schenkbaches.

Filtsch Josef.
(Abg. 1863—1864, 1864—1865, 1865—1866).

1863, August 17, zum Abreßentwurf; August 31, zum G.-E. über die Gleichberechtigung der Romänen und ihrer Konfessionen; September 16, 19, 28; Oktober 7, zum Sprachengesetze. — 1864, Juni 7, 13, 16, zur Errichtung des obersten Gerichtshofes in Siebenbürgen; Juli 22; August 5, 8, 16, 17, 26, zum G.-E. über die Landtagsordnung; September 13, zur Ablösung der ablösbaren Leistungen; Oktober 25, zum Budget über den Grundentlastungsfond — 1865, Februar 3, zur Verminderung der Personalsteuer in Siebenbürgen. (Österr. Reichsrat.)

Filtsch Josef Wilhelm.
(IV, 111).
(Abg. 1887—1896).

1889, Februar 19, gegen den ursprünglichen Text des § 14 in der Wehrgesetzvorlage. — 1891, Januar 19, gegen den G.-E. bezüglich der Kinderbewahranstalten; ferner Januar 23, 26, 27, zu den §§ 3, 4, 6, 8, 18, 41 desselben G.-E. wegen unbedingten Rechtes, die Konzession zu verweigern und Bewahranstalten wo immer einzuführen, dann wegen besserer Berücksichtigung der Muttersprache der Kinder; Januar 29, Beschluß Antrag wegen Umarbeitung des G.-E. betreffs der Sonntagsruhe. — 1893, November 10, zum 94-er Budget, bespricht das Versicherungswesen.

Fluger Karl.
(Abg. 1869—1872, 1884—1901).

1869, Juli 8, zum G.-E. über die Ausübung der richterlichen Gewalt, u. zw. für die vom Zentralausschuß beantragte Modifikation bezüglich der Gerichtssprache (§ 5). — 1885, Januar 28, zum Justizbudget gegen die Ersatzrichter in zweiter Instanz. — 1886, Januar 27, zum Budget des Handelsministers. — 1887, Februar 21, zum Justizbudget; März 9, für Revision des Gewerbegesetzes, besonders des § 50; Oktober 17, zur Abresse, für den Majoritätsentwurf; Dezember 4, zum Budget, gegen Überstürzung der Reformen. — 1892, Dezember 12, zum 93-er Budget, über allgemeine Aufgaben der Gesetzgebung. — 1896, Januar, zum Justizbudget.

Friedenfels Eugen Freiherr von (Trolleß).
(III, 566; IV, 119).
(Abg. 1863—1864, 1863—1865, 1864—1865).

1863, August 13, 14, 17, zum Abreßentwurf. — 1864, Juni 7, 8, 11, 13, 15, 16, 17, zur Errichtung des obersten Gerichtshofes in Siebenbürgen; Juli 1, zur siebenbürgischen Eisenbahnfrage; Juli 5, 7, 13, zum G.-E. betreffs Sanktionierung und Kundmachung der Landtagsartikel; Juli 18, 20, 22, zum G.-E. über die Landtagsordnung; Oktober 17, zur Regierungsvorlage über den Landeskonkurrenzfond; Oktober 19, 20, 24, 25, 26, 28, zum Budget über den Grundentlastungsfond.

Gebbel Carl.
(Abg. 1875—1881).

1876, Januar 11, gegen den G.-E. über den Verwaltungsausschuß; Februar 16, Amendement zum G.-E. über die Steuer-Manipulation, der Steuerinspektor solle nicht auch in zweiter Instanz entscheidende Stimme haben; März 17, acceptiert im allgemeinen bedingungsweise den G.-E. über die Volksschulbehörden; März 23, gegen den G.-E. zum Königsboden — gegen Fabritius' Angriff auf die Altsachsen und gegen den parlamentarischen Absolutismus; Dezember 9, für die Dotation der nichtkatholischen Kirchen; Dezember 18, zum Jagdgesetz (Amendement); nicht der Minister, sondern der Vizegespan solle zur Gestattung der Treibjagden kompetent sein. — 1877, April 28, gegen die unbillige Einteilung der Wahlbezirke. — 1878, Februar 12, für den Zoll- und Handelsvertrag; Mai 3, für die Kirchendotation; Juni 14, gegen das Budget, weil er kein Vertrauen zur Regierung habe. — 1879, März 1, Beschlußantrag: der Vorgang bei Besetzung der Vizegespansstelle in Hermannstadt möge für ungesetzlich erklärt werden; April 30, gegen den G.-E. bezüglich der Verpflichtung zum ungarischen Sprachunterricht in den Volksschulen.

Gull Josef.
(IV, 161).
(Abg. 1863—1864, 1863—1865, 1865—1866, 1865—1875 und 1881—1896).

1863, August 13, 14, zum Adreßentwurf; August 28, September 3, 5, zum G.-E. über die Gleichberechtigung der Romänen und ihrer Konfessionen; September 16, 18, 19, 21, 25, Oktober 1, 7, zum Sprachengesetze; Oktober 30, zum Staatsvoranschlag für 1864 (österr. Reichsrat); Dezember 18, zum Gebührengesetz. — 1864, Januar 14, 16, 19, zur Luxussteuer (Amendement); Mai 30, Juli 1, zur siebenbürgischen Eisenbahnfrage; Juni 6, 8, 11, 14, 15, zur Errichtung des obersten Gerichtshofes in Siebenbürgen; Juli 2, zum G.-E. über Neueinteilung Siebenbürgens u. s. w. (s. G. D. Teutsch); Juli 20, 27, August 6, 10, 12, 13, 16, 17, 26, 30, Oktober 3, 7, zum G.-E. über die Landtagsordnung; September 5, zur Ablösung der ablösbaren Leistungen; September 15, zur Beschickung des Reichsrates; September 17, 23, zum G.-E. betreffs Errichtung des obersten Gerichtshofes in Siebenbürgen; September 30, zur Repräsentation über Abänderungen des Heeresergänzungsgesetzes; Oktober 13, zum Antrage Oberts behufs Gründung von niederen Ackerbau- und Gewerbeschulen; Oktober 17, zur Regierungsvorlage über den Landeskonkurrenzfond. — 1865, Mai 31, zum Staatsvoranschlag für 1865 (österr. Reichsrat); Dezember 2, 6, zur Unionsfrage (für Antrag Mannicher). — 1868, April 7, befürwortet die Überweisung der Beschwerden wegen Amovierung des Komes an den Unionsausschuß; Mai 4, Interpellation wegen Aufrechthaltung der Preßordnung von 1852 im Verordnungswege, wünscht Aufhören der Präventiv-Zensur und loyale Handhabung der Preßordnung gegenüber den Zeitungen; Mai 14, beantragt Überweisung der Beschwerdeschriften — s. Mannicher — an das Gesamtministerium und spricht gegen Bömches, der auch auf die Regulativpunkte hingewiesen; Mai 16, bleibt bei dem gestellten Antrag. — 1873, Dezember 6, für den Antrag Fabritius (s. d.), wie das Gesuch von Schäßburg zu behandeln sei. — 1874, Juli 6, gegen die Wahlnovelle; Dezember 9, für die Indemnity. — 1875, Februar 10, zum Budget für den Dualismus. — 1882, Januar 27, wider die Beschuldigung sächsischer Wühlereien in Deutschland. — 1883, März 6, motivierter Beschlußantrag auf Ablehnung des Mittelschulgesetzes (14 Unterschriften); März 17, den Antrag empfehlend. — 1885, Februar 26, zur Reform des Oberhauses, wünscht Vertretung durch die protestantischen Kirchenobern im Verhältnis zu den Katholischen; Februar 27, zum selben Gegenstand seine Äußerungen richtig stellend. — 1886, Februar 12, zur Dotation der ev. Landeskirche (Kultusbudget).

Haupt Friedrich.
(Abg. 1863—1864).

1864, Juli 27, August 16, zum G.-E. über die Landtagsordnung; September 24, 28, 30, zur Repräsentation über Abänderungen des Heeresergänzungsgesetzes.

Herberth Eduard.
(Abg. 1863—1864, 1865—1866).

1863, August 17, zum Adreßentwurf; September 1 und 2, zum G.-E. über die Gleichberechtigung der Romänen und ihrer Konfessionen; September 18, 28, zum Sprachengesetze. — 1864, Mai 30, Juli 1, zur siebenbürgischen Eisenbahnfrage; Juni 4, 8, 15, 16, September 21, 23, zur Errichtung des obersten Gerichtshofes in Siebenbürgen; August 9, 13, zum G.-E. über die Landtagsordnung; Oktober 19, 20, 21, 24, 25, zum Budget des Grundentlastungsfondes.

Hofgraef Johann.
(Abg. 1881—1883).

1883, März 15, gegen das Mittelschulgesetz.

Kaiser Johann.
(Abg. 1881—1884 und 1887—1892).

1883, März 8, gegen den Mittelschul-G.-E. für Beschlußantrag Gull. — 1888, Februar 9, zum Budget des Finanzministers, speziell zur Brückenmaut bei Rabnotfája.

Kapp Gustav.
(IV, 232).
(Abg 1865—1866, 1867—1877).

1868, August 6, beantragt in der Wehrgesetzdebatte Änderung der für mittellose Einjährig-Freiwillige aufgenommenen ungünstigen Bestimmungen; Dezember 1, spricht für den Antrag Rannicher's zum Unionsgesetz, am selben Tag beantragt er die Beibehaltung der freien Wahl des sächsischen Komes. — 1870, Februar 28, zum Unterrichtsbudget, zu Gunsten der Rechtsakademien; Juli 16, zum Munizipalgesetz für Selbstverwaltung der Städte; Juli 21, zum selben G.-E. gegen Virilismus. — 1871, März 22, protestiert dagegen, daß Brennerberg im Namen der Sachsen fürs Gemeinde-Gesetz gesprochen; Mai 20, gegen § 82 des G.-E zur Regelung der Urbarialverhältnisse. Beschlußantrag, daß damit bezüglich der Dominien Talmatsch-

Szelifte nichts präokkupiert sei. — 1869, Juni 11, Interpellation wegen der provisorischen Regelung der Vertretungen und Beamtenwahlen auf dem Königsboden. — 1871, Juni 2, Interpellation wegen Abverlangung der Prozeßakten Talmatsch-Szelifte vom Obersten Gerichtshof. — 1872, März 16, Interpellation wegen des Tadels, der bei der Inspizierung des Kronstädter Gerichtshofes über den Gebrauch der deutschen Sprache ausgesprochen wurde. — 1873, März 18, zur Personalerwerbsteuer. — 1874, April 20, gegen den Notariats-G.-E., worin nebenbei über die Sprachenfrage entschieden werde; Juli 9, zum Wahlgesetz für Beschlußantrag Fabritius (f. b.) — 1875, Januar 23, zur Steuerfreiheit für Neubauten in Budapest; April 2, gegen Erhöhung der direkten Steuern; April 20, zum G.-E. über die Gerichtsstellen erster Instanz. — 1874, Februar 21, interpelliert wegen Regelung des Königsbodens und April 27, wegen Bahnanschluß. — 1875, November 13, gegen das Budget; November 22, für Herabsetzung des Dispositionsfondes; Dezember 7 gegen den G.-E. über Einkommensteuer; Dezember 12, acceptiert im allgemeinen die Vorlage über die 80 Millionenschuld. — 1876, Februar 9, acceptiert im allgemeinen den G.-E. über Testamente; Februar 11, zu § 2 desselben G.-E. und zu § 14 Amendement, wonach Testator erklären müsse, eine bestimmte Verfügung als mündliches Testament betrachtet wissen zu wollen; Februar 12, Beschlußantrag, das Gesetz über Testamente sei auf Siebenbürgen nicht auszudehnen; März 22, zum G.-E. über den Königsboden, Beschlußantrag den G.-E. nicht anzunehmen und den Innerminister zur Vorlage eines neuen mehr gesetzlichen anzuweisen (15 Unterschriften); März 24, empfiehlt nochmals seinen Beschlußantrag. — 1877, März 17, für den Antrag Zay betreffend den willkürlichen Vorgang bei Beamtenbestellung im Groß-Kokler Komitat.

Kasper Michael.
(Abg. 1872—1878).

1873, Februar 10, spricht für die Beibehaltung der Gendarmerie in Siebenbürgen; März 18, zur Personalerwerbsteuer; Juli 21, zum Justizbudget, Wirkungskreis der Einzelgerichte. — 1874, April 22 und 23, gegen den Sprachzwang in Notariatsurkunden; November 23, für Ablehnung der vom Oberhause beantragten Änderung der Wahlnovelle; Dezember 12, für Verbesserung des Grundsteuerkatasters; Dezember 16, für Modifizierung des § 1 des G.-E. zur Grundsteuer; Dezember 17, gegen das Amendement Balogh bezüglich des Marktpreises der Früchte. — 1875, April 5, zum Gebührengesetz; April 7 und 8, Amendements zur Gewehrsteuer. — 1876, Januar 25, zum Gemeindegesetz § 7; März 20, zum G.-E. über Volksschulbehörden; März 24, Amendements zu § 4 und 6 des G.-E. über den Königsboden; Juni 2, zum G.-E. über territoriale Abrundung einiger Komitate, gegen Antrag Tibab, wie der Udvarhelyer Komitat zu vergrößern sei; Juni 8, zu demselben G.-E., gegen Losreißung des Burzenlandes von Kronstadt.

Klein Karl.
(Abg. 1860—1864).

1861, Juli 5, 13, zum G.-E. betreffs Sanktionierung und Kundmachung der Landtagsartikel; Oktober 19, 20, 21, 24, 25, 28, zum Budget des Grundentlastungsfondes (Referent).

Horodi Ludwig.
(II, 301; IV, 248).
(Abg. 1875—1878).

1877, Juni 30, unterstützt den Beschlußantrag Bay zum Gesuch des Groß-Koller Komitates wegen Nichtbeachtung des Nationalitätengesetzes. — 1878, Februar 25, zum Zolltarif, Kaffeezoll sei nicht zu erhöhen.

Lassel August.
(Abg. 1863—1864).

1863, August 11, 13, 17, zum Adreßentwurfe; September 18, Oktober 1, zum Sprachengesetze. — 1864, Juli 20, 22, August 16, 17, zum G.-E. über die Landtagsordnung.

Lindner Gustav, Dr. jur.
(IV, 267).
(Abg. 1869—1872).

1869, Juli 1, zum G.-E. bezüglich der Ausübung der richterlichen Gewalt, für Ernennung der Richter und Verhandlung ohne Rücksicht auf Administrations-Regelung. — 1870, Januar 25 und März 3, Beschlußantrag, die Stenographie als obligaten Lehrgegenstand für Mittelschulen aufzunehmen; Juli 8, zum Munizipalgesetz, den G.-E. annehmend und bezüglich des Königsbodens keine Privilegien, aber immerhin vorher Anhörung der Nationsuniversität wünschend.

Maager Karl.
(II, 377; IV. 272).
(Abg. 1860—1861, 1863—1864, 1865—1866).

1860, Juni 4, Erklärung über seine Stellung im Reichsrate; September 10, Rede über die Stellung der Protestanten, insbesondere in Siebenbürgen; September 11, zu den Militärpensionen und Militärbildungsanstalten; ferner über Preßfreiheit; September 17, gegen das Konkordat und für konfessionelle Gleichberechtigung; September 21 und 24, über die Notwendigkeit einer Reichsverfassung; September 21, über den Bau einer Eisenbahn für Siebenbürgen; September 24, zur Organisation des Reiches. — 1863, August 14, 17, zum Adreßentwurf. — 1864, Mai 30, Antrag auf Anschluß der österr. an die rumänischen Eisenbahnen; Juni 1, 30, Juli 1, zur Debatte darüber; September 15, zur Beschickung des Reichsrates; September 17, zum G.-E. betreffs Errichtung des obersten Gerichtshofes in Siebenbürgen; Oktober 7, zur Repräsentation über Abänderungen des Heeresergänzungsgesetzes. — 1865, Dezember 4, zur Unionsfrage (für Antrag Rannicher auf Revision des I. G.-A. ex 1848).

Meltzl Oskar von Lomnitz, Dr. jur.
(IV, 284).
(Abg. 1887—1900).

1888, Januar 17, zum Budget gegen die magyarisierenden Tendenzen und Sprachenzwang in der Volksschule; November 21, gegen den G.-E. betreffs der Regalien-ablösung. — 1889, März 14, zum Wehrgesetz. Er verteidigt die Hermannstädter Komitatsvertretung, welche die Verschleppung des G.-E. mißbilligte; Juni 5, zum Bericht über die Finanzverwaltung, gegen starke Vermehrung der Finanzdirektionen und für getrennte Ämter für direkte und indirekte Steuern. — 1890, Februar 7, zum Budget, bespricht Feldpolizei, Kommassation und Besitzregelung. — 1891, Januar 21, interpelliert wegen Lieferungen für die Honvedschaft mit Nachweis der steigenden Armeebedürfnisse. — 1893, Dezember 7, zum Finanzbudget, bespricht die projektierten Steuerreformen. — 1895, Januar 21, zum Regierungsantritt Banffys, erörtert das Paktum. — 1897, März 17, Interpellation wegen Verspätung des Bahnanschlusses. — 1898, Januar 29, Interpellation wegen Pression der Stationschefs und andrer Bahnbeamten zur Namensmagyarisierung; Februar 4, reflektiert auf die nur halb befriedigende Antwort des Ministers, bezüglich Namensmagyarisierung; April 16, lehnt den G.-E. über die Ergänzung der Seelsorgerbezüge besonders vom sächs. Standpunkt ab und beantragt dessen Rückleitung an den Minister; Mai 10, zum G.-E. über die landwirtschaftlichen und gewerblichen Kreditgenossenschaften, welchen er nur bei Annahme der von ihm in der Spezialdebatte vorzubringenden Verbesserungsanträge annehmen zu können erklärt; stellt letztere in den Sitzungen vom 16., 18. und 20. Mai.

Melzer Wilhelm.
(Abg. 1896–1901).

1898, Januar 7, äußert sich nach Rückkunft des vom Oberhause noch ungünstiger gemachten Gesetzes über die Ortsnamen über die Modifikation und das Wesen desselben; April 30, gegen das im G.-E. zur Verstaatlichung des Forstwesens befolgte System zu weit gehender Staatsaufsicht. Den G.-E. könne er nur unter der Bedingung annehmen, daß das in § 1 Punkt f. gewissen Waldbesitzern reservierte Recht der Forstbeamtenbestellung auch den Gemeinden, Städten und Munizipien belassen werde. — 1899, März 16, äußert sich in der allgemeinen Budgetdebatte über das Programm der neuen Regierung (Kabinet Szell) und besonders über die darnach voraussichtliche Nationalitätenpolitik. — 1900, Februar 20, spricht in der Debatte über das Budget des Innerministers zu den von mehrern Rednern, Pulßfl, Molnar und besonders Werner gegen die Haltung der Sachsen gemachten Äußerungen. — 1901, Januar 15, rektifiziert die Beurteilung einer im Hermannstädter Stadttheater von jungen Leuten iniscenierten Demonstration gegen improvisierte Anwendung der ungarischen Sprache.

Obert Franz, Dr. phil.
(IH, 21; IV, 326.)
(Abg. 1863—1864, 1864—1865 (Österr. Reichsrat), 1864—1865).

1863, August 13, 17, 19, zum Adreßentwurf; August 28, 31, September 2, 3, zum G.-E. über die Gleichberechtigung der Romänen und ihrer Konfessionen; September 14, 16, 18, 22, 24, 25, Oktober 1, 7, zum Sprachengesetze; Oktober 7, Antrag auf Herabsetzung der Militärdienstzeit; Oktober 8, 9, zur Beschickung des Reichsrates. — 1864, Mai 23, Antrag auf Schaffung niederer Ackerbauschulen, und niederer Gewerbeschulen, ferner auf Ausbau der Landstraßen und auf Veranstaltung periodischer Ausstellungen; Juni 11, 15, 23, September 17, 23, zur

Errichtung des obersten Gerichtshofes in Siebenbürgen; Juni 25, zur Herabsetzung der Militärdienstzeit; Juni 30, zur siebenb. Eisenbahnfrage; Juli 1, 16, 20, 22, 26, 28, 29; August 5, 6, 8, 9, 10, 23, 26, 30, Oktober 1, zum G.-E. über die Landtagsordnung; September 12, zur Ablösung der ablösbaren Leistungen; September 24, 30, zur Repräsentation über Abänderungen des Heeresergänzungsgesetzes (Referent); Oktober 13, zu seinem Antrage behufs Gründung von niederen Ackerbau- und Gewerbeschulen; Oktober 14, zur Regierungsvorlage des Landeskonkurrenzfondes. — 1864, November 29, zur Adresse (österr. Reichsrat); Dezember 7, zur siebenbürgischen Eisenbahnfrage (österr. Reichsrat). — 1865, Februar 3, 6, zur Personalerwerbsteuer (österr. Reichsrat); Mai 8, zum Staatsvoranschlag (österr. Reichsrat); Mai 21, zur Personalsteuer (österr. Reichsrat).

Plecker Josef.
(Abg. 1863—1864).

1863, September 30, Oktober 3, zum Sprachengesetz. — 1864, Juni 16, zur Errichtung des obersten Gerichtshofes für Siebenbürgen; August 10, 17, 23, 26, 30, Oktober 3, 6, 7, zum G.-E. über die Landtagsordnung; September 9, 12, 13, zur Ablösung der ablösbaren Leistungen; Oktober 21, zum Budget des Grundentlastungsfondes.

Rannicher Jakob.
(III, 80; IV, 344).
(Abg. 1863—1864, 1863—1865, 1865—1866, 1865—1875).

1863, August 10, 13, 14, 17, 19, 24, zum Adreßentwurfe; August 31, September 1, 2, 3, 5, zum G.-E. über die Gleichberechtigung der Romänen und ihrer Konfessionen; September 16, 18, 19, 21, 22, 24, 25, 28, 30, Oktober 17, zum Sprachengesetze; Oktober 8, 9, zur Beschickung des Reichsrates. — 1864, Mai 30, Juni 1, 30 und Juli 1, zur siebenbürgischen Eisenbahnfrage; Juni 6, 11, September 17, 23, zur Errichtung des obersten Gerichtshofes in Siebenbürgen; Juli 2, 22, 29, August 12, 16, zum G.-E. über die Landtagsordnung; September 30, Oktober 7, zur Repräsentation über Abänderungen des Heeresergänzungsgesetzes; Oktober 13, zum Antrage Oberts behufs Gründung von niederen Ackerbau- und Gewerbeschulen; Oktober 20, 25, zum Budget des Grundentlastungsfondes. — 1865, Dezember 2, zur Union zwischen Ungarn und Siebenbürgen, beantragt die Revision des I. Artikels des siebenbürgischen Landtages vom Jahre 1848, bezüglich der Union Ungarns und Siebenbürgens; Dezember 6, erkennt den Unionsartikel nicht als gesetzlich an. — 1868, April 7, befürwortet die Beschwerdeschriften wegen Amovierung des Komes Konrad Schmidt und deren Zuweisung an den Ausschuß, der den gesetzlichen Vollzug der Union vorzuberaten hat; Juli 11, acceptiert ein Amendement zum G.-E. über die Personalerwerbsteuer, wornach dieselbe in Siebenbürgen statt Kopf-Vermögenssteuern und Weidegebühren einzuführen sei; November 27, aus dem G.-E. zur Nationalitätenfrage sei Siebenbürgen ganz wegzulassen, falls dies nicht geschehen könne, so lehne er jede vorgeschlagene Textierung ab, weil sie dem Schutz von Religion, Sprache und Name nicht entspreche; Dezember 1, lehnt den G.-E. zur Regelung des Unionsvollzuges ab und beantragt, es solle die Regierung mit Berücksichtigung aller seitherigen Amtsakte und Zusagen einen die Unionssache endgiltig erledigenden G.-E. dem nächsten Reichstag vorlegen. — 1869, Juli 1, gegen die Verhandlung des G.-E. über Ausübung der richterlichen Gewalt vor Regelung der Verwaltung; Juli 8, gegen die Unvereinbarkeit des Richteramtes mit der Reichstagsabgeordnetenschaft. — 1870, Februar 14, gegen den Fortbestand des k. Kommissariates in Siebenbürgen; Mai 23, für ununterbrochene Verhandlung des G.-E. über Ausübung der richterlichen Gewalt; Juli 11, erörtert seine Einwände gegen den Inhalt des Munizipal-G.-E. zumal gegen Virilstimmen, nimmt den Entwurf im allgemeinen an. — 1871, März 27, zum Gemeinde-Gesetz gegen die Virilstimmen; November 18, zum Gewerbegesetz, für Gewerbefreiheit. — 1874, Juni 20, für Antrag Karl Decani wegen Verhandlung des Bistritzer Gesuchs um Versetzung des Innerministers in den Anklagestand; Juli 4, über den israelitischen Schulfond und Regelung der israel. Kultusverhältnisse.

Reichenstein Franz Freiherr von.
(Abg. 1863—1864 und 1863—1865).

1863, Oktober 1, 7, zum Sprachengesetze; Dezember 7, zum Staatsvoranschlag. (Österr. Reichsrat.) — 1865, April 1, zum Staatsvoranschlag. (Österr. Reichsrat.)

Rosenfeld Karl Ludwig Czekelius Freiherr von.
(III, 125; IV, 365).
(Abg. 1863—1864).

1863, August 11, 17, zum Adreßentwurfe; September 16, Oktober 7, zum Sprachengesetze; Oktober 9, zur Beschickung des Reichsrates. — 1864, September 23, zur Errichtung des obersten Gerichtshofes in Siebenbürgen; Oktober 3, 6, zum G.-E. über die Landtagsordnung; Oktober 13, zum Antrage Oberts behufs Gründung niederer Ackerbau- und Gewerbeschulen; Oktober 14, zur Regierungsvorlage des Landeskonkurrenzfondes; Oktober 20, 21, 24, zum Budget des Grundentlastungsfondes.

Roth Christian.
(Abg. 1875—1878).

1875, Dezember 7, zum Budget des Ackerbauministeriums für bessere Dotierung gewisser Zweige der Landwirtschaft. — 1876, Februar 12, bringt mehrere Amendements zum G.-E. über Testamente ein und unterstützt den diesfälligen Antrag Kapps. (s. d.).

Salmen Eugen Freiherr von.
(Abg. 1863—1864, 1887—1896).

1863, August 11, 14, zum Adreßentwurf; September 5, zum G.-E. über die Gleichberechtigung der Romänen und ihrer Konfessionen. — 1864, Juni 3, 6, 7, 8, 11, 13, 16, 17, 23, September 21, zur Errichtung des obersten Gerichtshofes in Siebenbürgen; September 13, zur Ablösung der ablösbaren Leistungen; Oktober 21, 24, 25, zum Budget des Grundentlastungsfondes. — 1889, Januar 21, für Annahme des Wehrgesetzes; Dezember 10, zum Gesuch des allgemeinen Beamtenvereins wegen Gehaltsregulierung. — 1891, Januar 20, gegen den G.-E. bezüglich der

Kinderbewahranstalten und Januar 23, in derselben Angelegenheit, Richtigstellung seiner Äußerungen. — 1893, Februar 7, zur Gebühren-Aufbesserung für Staatsbeamte und Diener und Dotationserhöhung für die Munizipien.

Schmidt Carl, Dr. jur.
(Abg. 1896—1901).

1896, Februar 27, zum Budget des Gewerbe- und Handels-Ministers, Unterstützung des Kleingewerbes, Darlehen im Wege der Genossenschaften auszufolgen. — 1897, März 12, zum Justiz-Budget für Unterbringung des Gerichtshofs in Kronstadt; Mai 24, unterstützt das Amendement Schreiber (f. b.) zum G.-E. über die Schwurgerichte; Dezember 10, unterstützt das Amendement Schreiber (f. b.) zu § 5 des Ortsnamengesetzes.

Schmidt Conrad.
(Abg. 1863—1864, 1863—1865, 1865—1866).

1863, August 11, 13, 14, 17, 19, zum Adreßentwurf; August 29, 31, September 1, 3, 4, 5, zum G.-E. über die Gleichberechtigung der Romänen und ihrer Konfessionen; September 14, 16, 18, 19, 21, 22, 24, 25, 28, 30, Oktober 1, 7, zum Sprachengesetz; Oktober 9, zur Beschickung des Reichsrates; Oktober 20, Erwiederung Schmidts auf die Ansprache des Präsidenten des österr. Reichsrates Ritters von Hasner anläßlich des Eintrittes der siebenbürgischen Abgeordneten in den Reichsrat; Oktober 21, zur Belassung der Steuer-, Stempel- und Gebührenerhöhungen für November und Dezember 1863; Oktober 29, zum Staatsvoranschlag für 1864; November 5, Ernennung Schmidts zum Vizepräsidenten und Ansprache desselben an das Haus anläßlich dieser Ernennung; Dezember 3 und 4, zum Staatsvoranschlag für 1864. — 1864, Mai 30 und Juni 1, zur siebenbürgischen Eisenbahnfrage; Juni 3, 7, 8, 11, 13, 14, 15, 16, 17, September 17, 21, 23, zur Errichtung des obersten Gerichtshofes in Siebenbürgen; Juli 2, zur Neueinteilung Siebenbürgens (f. G. D. Teutsch); Juli 2, 16, 18, 20, 22, 26, 29, August 5, 8, 10, 12, 13, 16, 17, 19, 23, 26, 30, zum G.-E. über die Landtagsordnung; Juli 8, September 3, 5, 7, 9, 12, 13, zur Ablösung der ablösbaren Leistungen; September 28, zur Repräsentation über Abänderungen des Heeresergänzungsgesetzes; Oktober 20, 21, 24, 25, 26, 28, zum Budget des Grundentlastungsfondes.

Schmidt Heinrich.
(III, 205; IV, 384).
(Abg. 1863—1864).

1863, August 14, 17, zum Adreßentwurf; September 3, zum G.-E. über die Gleichberechtigung der Romänen und ihrer Konfessionen; September 22, 24, zum Sprachengesetze. — 1864, Juni 6, zur Errichtung des obersten Gerichtshofes in Siebenbürgen; Juni 30, zur siebenbürgischen Eisenbahnfrage; Juli 29, August 9, 19, zum G.-E. über die Landtagsordnung.

Schneider Friedrich.
(Abg. 1863—1864.)

1863, August 14, 19, zum Abreßentwurf; September 2, zum G.-E. über die Gleichberechtigung der Romänen und ihrer Konfessionen; Oktober 8, zur Beschickung des Reichsrates. — 1864, Mai 30, Juni 30, zur siebenbürgischen Eisenbahnfrage; Juni 6, zur Errichtung des obersten Gerichtshofes in Siebenbürgen; August 6, 8, 9, zum G.-E. über die Landtagsordnung; September 24, zur Repräsentation über Abänderungen des Heeresergänzungsgesetzes.

Schneider Josef.
(Abg. 1863—1864, 1865—1866.)

1863, August 17, zum Abreßentwurf; September 3, zum G.-E. über die Gleichberechtigung der Romänen und ihrer Konfessionen; September 19, Oktober 1, zum Sprachengesetz; Juni 7, 13, zur Errichtung des obersten Gerichtshofes in Siebenbürgen.

Schnell Karl.
(Abg. 1863—1864.)

1863, August 13, 14, 17, 19, zum Abreßentwurf; September 4, 5, zum G.-E. über die Gleichberechtigung der Romänen und ihrer Konfessionen; September 14, 18, 19, 22, 24, 28, Oktober 1, 7, zum Sprachengesetz; Oktober 8, zur Beschickung des Reichsrates. — 1864, Juni 30, zur siebenbürgischen Eisenbahnfrage; Juli 28, zum G.-E. über die Landtagsordnung; Juli 5, zum G.-E. betreffs Sanktionierung und Kundmachung der Landtagsartikel; Juli 7, 8, September 3, 7, 9, 12, 13, zur Ablösung der ablösbaren Leistungen. (Referent.)

Schreiber Friedrich.
(IV, 387).
(Abg. 1870—1874 und 1891—1898.)

1870, Juli 11, spricht zum Munizipal-G.-E. und zwar bei der besonders vorbehaltenen Regelung des Königsbodens für Berücksichtigung der Eigenart der Nationalitäten. — 1871, Mai 15, für § 2 des G.-E. über die Gerichte erster Instanz; Mai 26, für den Beschlußantrag Kappa wegen der Dominien Talmatsch—Szeliste. — 1872, Januar 24, äußert Bedenken gegen die Regulierungslinie des Schenker Bachs. — 1872, November 27, zum G.-E. über die Hauptstadt, für den Originaltext in der Vertretungsfrage. — 1873, Februar 10, für die Genbarmerie; März 3, für die Dotation der ev. Landeskirche; November 27, motiviert, warum die betreffenden Abgeordneten die Vorlage über den Königsboden nicht forcieren. — 1894, Mai 19, konstatiert, daß die Sender mit den kirchenpolitischen Gesetzentwürfen nicht sympathisieren, daß aber die Abgeordneten unbedingt nötiger Reform nicht entgegentreten. — 1894, November 12, zum Budget gegen die Strömung zu zentralisieren und für die Notwendigkeit der Gemeinde-Autonomie. — 1895, Februar 1, zur Prediger-Lehrerfrage. — 1896, Juni 12, zur Kurialgerichtsbarkeit in Wahlsachen, und zwar gegen Vergütung der Fuhrkosten der Wähler und deren Intertention. — 1897, März 9, zum Kultusbudget, gegen Verstaatlichung der Volksschulen; Mai, zur Schwurgerichts-Vorlage, über die im Gesetz über Str.-Pr.-O. bereits angenommene Forderung des Verstehens der Staatssprache sei nicht hinauszugehen; Mai 22, beantragt das entsprechende Amendement bei § 4 und (Mai 24) reflektiert bei § 5 auf die Einwürfe des Justizministers; Dezember 9, zum Ortsnamengesetz, motiviert, daß er es, so wie es vorliege, nicht annehmen könne; Dezember 10, bringt als Bedingung der Annahme des Ortsnamen-G.-E. das Amendement zu § 5 desselben: das Wort „ausschließlich" sei zu streichen, Innerverwaltung der Gemeinden zu berücksichtigen.

Schuler von Libloy Friedrich, Dr. jur.
(III, 229 und 599; IV, 390).
(Abg. 1863—1864 und 1863—1865).

1863, August 11, 13, 14, 19, zum Adreßentwurf; August 28, September 1, 3, 4, 5, zum G.-E. über Gleichberechtigung der Romänen und ihrer Konfessionen; September 14, 16, 19, 22, 24, 25, 28, zum Sprachengesetz (Referent); Oktober 9, zur Beschickung des Reichsrates; Oktober 20, zur formellen Behandlung der Regierungsvorlagen über die Reform der direkten Steuern (österr. Reichsrat); Oktober 29, Dezember 9, zum Staatsvoranschlag für 1864. — 1864, Januar 30, zum Nachtragskredit für die Bestreitung der Kosten der Bundesexekution in Holstein-Lauenburg; Juni 6, 11, 15, 23, September 17, zur Errichtung des obersten Gerichtshofes in Siebenbürgen; Juli 2, zur Neueinteilung Siebenbürgens u. s. w. (s. G D. Teutsch); Juli 5, 7, zum G.-E. über die Sanktionierung und Kundmachung der Landtagsartikel; Juli 22, 27, 29, August 8, 9, 19, 26, Oktober 6, zum G.-E. über die Landtagsordnung; September 3, 5, 7, 9, zur Ablösung der ablösbaren Leistungen; Oktober 13, 14, zur Regierungsvorlage des Landeskonkurrenzfondes (Referent); Oktober 24, zum Budget des Grundentlastungsfondes. — 1865, Januar 27, zum Steuernachlaß bei Erzeugung gebrannter geistiger Flüssigkeiten (österr. Reichsrat); Februar 3, zur Verminderung der Personalsteuer in Siebenbürgen; März 30, 31, April 5, zum Staatsvoranschlag für 1865; Juni 14, 20, zum G.-E. über die den Kreditanstalten zu gewährenden Ausnahmen von den Bestimmungen der Finanzgesetze (als Berichterstatter); Juni 16, zur Erläuterung des § 13 des Grundgesetzes über die Reichsvertretung.

Schuller Michael Gottlieb.
(III, 261; IV, 401).
(Abg. 1863—1864, 1863—1865 und 1864—1865).

1863, August 13 und 17, zum Adreßentwurf; August 28, September 1, 3, zum G.-E. über Gleichberechtigung der Romänen und ihrer Konfessionen; September 22, 25, 28, zum Sprachengesetze; Oktober 8, zur Beschickung des Reichsrates; November 3, zum Staatsvoranschlag für 1864 (österr. Reichsrat); Dezember 1, zum Salzgefälle (österr. Reichsrat). — 1864, Juni 6, 15, zur Errichtung des obersten Gerichtshofs in Siebenbürgen; August 6, zum G.-E. über die Landtagsordnung; September 21, zur Repräsentation über Abänderungen des Heeresergänzungsgesetzes; Oktober 19, zum Budget des Grundentlastungsfondes.

Schuster Josef.
(IV, 423).
(Abg. 1892—1896).

1891, Januar 20, spricht gegen den G.-E. betreffs der Kinderbewahranstalten.

Schwicker Heinrich.
(Abg. 1892—1901).

1893, Februar 22, zum Unterrichts-Budget, über die Lehrergehalte. — 1896, Februar 18, verteidigt sich gegen die Denunziation (A. Kiss), durch Bemerkungen über die Maturitätsprüfungen in Fünfkirchen sich unpatriotisch gezeigt zu haben [er hatte gegen Monarchie und Dynastie lautende Stellen in den Maturitätsarbeiten in seinem Amtsberichte gerügt]. — 1898, April 15, zur Ergänzung der Seelsorgerbezüge, — wegen Verletzung der kirchlichen Autonomie ablehnend und für Beschlußantrag Melzl.

Steinacker Edmund.
(Abg. 1875—1888).

1875, November 17, lehnt das Budget für 1876 ab; Dezember 2, zum Budget des Handelsministers, wünscht ausgiebigere Unterstützung für Industrie und Handel; Dezember 11, zum Pariser internationalen Vertrag über das Metermaß, derselbe sei besser zu übersetzen; Dezember 17—20, zum Handelsvertrag mit Romänien, wünscht stilistische und Übersetzungs-Korrekturen. — 1876, Januar 17, gegen den G.-E. über die Verwaltungsausschüsse; März 24, zum G.-E. über den Königsboden, ablehnend; Mai 20, zum G.-E. betreffs Aufhebung der kleinern Städtejurisdiktionen; Mai 22, zu demselben G.-E. wegen Belassung von Käsmark und S.-Meen; November 23, lehnt das 77-er Budget ab; November 24, in persönlicher Angelegenheit wegen Äußerung betreffs der schwarzgelben Fahne; Dezember 9, zum Unterrichtsbudget für Gewerbeschulen; Dezember 18, zum Handelsvertrag mit Großbritannien für den Ablehnungsantrag Chorin, später Amendement wegen der Titulatur. — 1877, Januar 23, gegen die Wuchergesetznovelle; April 28, gegen die Einteilung der Wahlbezirke; April 30, unterstützt den Antrag Földvary, daß Bistritz und Naßod 4 Abgeordnete bekomme; November 6, acceptiert im allgemeinen den G.-E. über das Bankprivilegium; November 27, zum Strafgesetz für den Antrag Zay bezüglich Preßvergehen. — 1878, Februar 8, zum Zoll- und Handelsvertrag mit Österreich für den Vertagungsantrag Lonyai; Februar 25, zum Zolltarif für den Antrag Korobi bezüglich Kaffeezoll; April 4, nimmt das Budget im allgemeinen an; April 30, zum Budget des Handelsministers, empfiehlt Berücksichtigung der Industrie; Mai 2, zum industriellen Fachunterricht seien die Mittel genauer anzugeben; Mai 20, lehnt provisorische Aufrechthaltung der Ausgleichgesetze und Indemnity ab; Juni 19, lehnt den G.-E. über die 80 Millionenschuld ab; Juni 25, zum Gesuch des allgemeinen Industrievereins um Modifizierung des Gewerbegesetzes. — 1880, Dezember 5, zum Handelsvertrag mit Serbien stilistische Änderungen; Dezember 9, zum Konsular-Übereinkommen mit Serbien, acceptierend; Dezember 15, interpelliert wegen Resultaten des Zucker- und Kaffeezolls sowie der Bierkonsumsteuer und wegen Verschiebung der Verzehrungssteuer-Maßnahmen; Dezember 17, wegen Instruierung eines Gesuchs der Miskolczer Handelskammer. — 1881, Januar 21, gegen das Budget; Februar 14, widerlegt die Behauptung des Abg. Dr. Knöpfler, daß die Sachsen am wenigsten fruchtbar seien; Februar 15, zum Posten Maschinenlehre, bemerkt, auf die Erziehung praktischer Leute sei zu wirken. — 1882, Februar 17, zum Budget des Finanzministeriums, speziell zum Antrag Szalay fremdsprachige Firmentafeln mit 100 fl. zu besteuern; Februar 20, zum G.-E. betreffs der Zollzuschläge. Antrag, dieselben auf die vor dem 15. Februar aufgegebenen Waren nicht anzuwenden; März 6, zum Budget des Handelsministeriums, Beschlußantrag, die Revision des Gewerbegesetzes anzuordnen und zu demselben Budget, als Unterrichtssprache in der Altenburger Lehranstalt neben der ungarischen die deutsche zu gestatten; März 22, zum Wehrgesetz; März 27, zu demselben G.-E. u. zw. zum Einjährig-Freiwilligen-Institut, dasselbe sei auszudehnen, für Landwirte im aktiven Dienst der Honvedschaft mögen Begünstigungen eintreten; Mai 11, für den österr.-ungar. Zolltarif; November 18, zur Beamtenqualifikation. Erfordnis: Kenntnis der landesüblichen Sprachen und zu demselben G.-E., es sei auch von den Obergespänen eine bestimmte Qualifikation zu verlangen (dieser Antrag wurde zurückgezogen); Dezember 17, zum Unterrichtsbudget, für das Gewerbemuseum. — 1883, Januar 15, gegen G.-E. betreffs Kaffee- und Zuckerzoll und Bierkonsumsteuer; Februar 1, die Kundmachung des Wuchergesetzes solle in allen in der Gemeinde üblichen Sprachen erfolgen; Februar 12, zur Landesausstellung, die Selbstbestimmung der Aussteller sei möglichst wenig einzuschränken und gegen Halasz' Antrag, nur inländisches Produkt zuzulassen; März 16, gegen das Mittelschulgesetz; Mai 9, zum Tauschgeschäft mit der Waagthalbahn; November 23, zur Heirat zwischen Christen und Juden im Ausland. — 1884, Januar 21, zum Budget des Handelsministeriums, für Entlohnung der landwirtschaftlichen Vorträge, für die landwirtschaftlichen Vereine, für deutsche Sprache an der Altenburger Anstalt; März 22, zur Modifizierung des Gewerbegesetzes im allgemeinen und am März 28 bis April 25, zu einzelnen Bestimmungen desselben; Mai 2, zum Bau des Reichstagsgebäudes; Dezember 12, zum Budget des Finanzministers gegen den Übereifer der Organe. — 1885, Januar 17, zum Budget des Handelsministeriums, acceptiert den Posten Zentralverwaltung; Januar 19, für gewerblichen Fachunterricht; Januar 30 und 31, zum Budget des Honvedministeriums; Februar 24, zu den Ausstellungskosten; Februar 28, zur Reform der Magnatentafel; April 14, stilistische Bemerkung zum Postsparkassengesetz; April 29, zur Ablösung des Kettenbrückenzolls, urgiert das Institut der Fabriksaufsicht; Mai 12, zum Gesuch der Kronstädter Industriellen und zum Budget des Handelsministeriums, speziell die Resultate der Budapester Gewerbemittelschule bemängelnd. — 1886, März 12, zum G.-E. über Verwaltungs-Reform, ablehnend; März 30, zu demselben G.-E. für Einschränkung des Kandidationsrechtes seitens der Obergespäne; Februar 26, für Heimbringung von Liszt's Gebeinen und zum Gesuch der Kronstädter Handelskammer wegen Lieferungen. — 1887, März 4, zum Ausstellungsdefizit; März 9, zur Revision des Gewerbegesetzes. — 1888, Februar 1, zum Handelsvertrag mit Deutschland; Februar 4, zum Budget des Handelsministeriums für Unterstützung gewerblicher Zwecke und über den Zollkrieg; Februar 29, für den Grenzvertrag mit Rumänien und gegen Angriffe auf den Dualismus; April 13, zur Lloyd-Subvention; Juni 1, für den Zollzuschlag auf gebrannte Flüssigkeiten; November 23, gegen den G.-E. wegen Regalien-Ablösung [dabei gegen Magyarisierung sich äußernd].

Teutsch G. D., Dr. phil., theol. et jur.
(III, 371; IV, 457).
(Abg. 1863—1864, 1864—1865, österr. Reichsrat).

1864, Juni 4, 8, 13, 14, 17, zur Errichtung des obersten Gerichtshofes in Siebenbürgen; Juli 1, zur siebenbürgischen Eisenbahnfrage; Juli 2, zum G.-E. über die neue Einteilung des Landes, über die Organisation der politischen Verwaltung sowie über die Organisation der Gerichte erster Instanz; Juli 7, zum G.-E. betreffs Sanktionierung und Kundmachung der Landtagsartikel; Juli 20, 27, August 5, 6, 8, 10, 13, 16, 19, 23, 26, 30, zum G.-E. über die Landtagsordnung; September 12, zur Ablösung der ablösbaren Leistungen; September 23, zum G.-E betreffs Errichtung des obersten Gerichtshofes in Siebenbürgen; September 28, 30, zur Repräsentation über Abänderungen des Heeresergänzungsgesetzes; September 28, zur Modifizierung des Steuersystems in Siebenbürgen; Oktober 24, 25, zum Budget des Grundentlastungsfondes. — 1865, März 28 und April 1, zum Staatsvoranschlag (österr. Reichsrat); April 25, zum Münzwesen; Mai 31, zur Permanenz des Steuerreformausschusses; Juni 27, zur Portofreiheit.

Thiemann Friedrich.
(Abg. 1863 - 1864, 1865—1866).

1863, August 14, zum Adreßentwurf. — 1864, September 3, 7, 12, 13, 15, zur Ablösung der ablösbaren Leistungen; Oktober 13, zum Antrage Oberts behufs Gründung niederer Ackerbau- und Gewerbeschulen; Oktober 14, 17, zur Regierungsvorlage des Landeskonkurrenzfondes; Oktober 19, 25, 26, zum Budget des Grundentlastungsfondes.

Trauschenfels Emil von.
(Abg. 1865 - 1878 und 1896—1901.)

1867, März 8, acceptiert die Ermächtigung der Regierung, für Siebenbürgen bis zur Schaffung des Gesetzes die nötigen Verfügungen im Verordnungswege zu treffen. — 1868, Mai 14, schließt sich den Gegenanträgen Bömches' und Fabritius' in Angelegenheit der Beschwerden wegen Amovierung des Komes Conrad Schmidt an; November 2, befürwortet ein Kronstädter Gesuch wegen besserer Organisierung der dortigen Vertretungskörper; November 29, unterstützt den Antrag von Joh. Gal, daß die Munizipien im internen Verkehr und untereinander auch die eigne Protokollsprache gebrauchen dürfen; Dezember 1, protestiert dagegen, daß die in der Debatte über das Nationalitätengesetz bisher von sächsischer Seite laut gewordenen Äußerungen die Meinung der Mehrheit der Sachsen wiederspiegeln, nimmt am selben Tag jenen Absatz des Gesetzes über den Unionsvollzug an, wornach die Regierung in Betreff des Königsbodens nach Anhörung der Betreffenden dem Reichstage einen Gesetzvorschlag unterbreiten solle, mit dem Bemerken, das Ministerium werde wohl die „Betreffenden" so finden, daß die wahre öffentliche Meinung zum Ausdruck gelange. — 1874, April 22, zum Notariats-G.-E. gegen den unbedingten Sprachenzwang und gegen Tißas Vorwurf der Staatsfeindlichkeit; April 22, zum G.-E. über die Gerichte erster Instanz, Amendement, der Richter solle zwischen Versetzung und

Pensionierung freie Wahl haben; Mai 20, interpelliert wegen des Bahnanschlusses nach Romänien; Juli 31, in der Debatte über die Wahlgesetznovelle äußert er sich gegen die Begriffsbestimmung der Aufreizung. — 1876, Januar 19, interpelliert er wegen des Vorganges der Gerichtshöfe von Weißkirchen, Kronstadt und Hermannstadt, welche den Advokaten sowohl im mündlichen wie im schriftlichen Verfahren nur die ungarische Sprache gestatten und findet Februar 22, die Interpellationsbeantwortung unbefriedigend; Februar 12, für den Antrag Rapp: das Gesetz über Testamente auf Siebenbürgen nicht auszudehnen; März 18, gegen die Vorlage betreffs der Volksschulbehörden; März 23, für den Beschlußantrag Rapp zum G.-E. über die Regelung des Königsbodens und März 24, in persönlicher Angelegenheit, eine Tags vorher gethane Äußerung aufklärend, in der Angelegenheit wegen Auslieferung des Dr. Miletits, beziehungsweise Aufhebung der Immunität für Vertagung des Beschlusses. — 1878, April 11, Interpellation wegen Bevorzugung des Orsovaer Bahnanschlusses. — 1898, April 23, für den Beschlußantrag Melzl auf Rückleitung des G.-E. über Ergänzung der Seelsorgerbezüge dabei über Pulßkis Kritik der Haltung, welche die siebenbürgische protestantische Landeskirche zeige, sich äußernd und namentlich auch das von demselben berührte Unionsprojekt mit den ungarländischen Protestanten besprechend.

Trauschenfels Eugen von, Dr. jur.
(III, 421; IV, 481).
(Abg. 1863—1864, 1863—1865, 1865—1866).

1864, Juni 3, September 17, 21, 23, zur Errichtung eines obersten Gerichtshofes in Siebenbürgen; Oktober 3, 6, zum G.-E. über die Landtagsordnung.

Trauschenfels Franz von.
(Abg. 1863—1864, 1863—1865).

1863, August 11, zum Adreßentwurfe; August 26, 29, September 1, 2, 4, 5, zum G.-E. betreffend die Durchführung der Gleichberechtigung der romänischen Nation und ihrer Konfessionen (Referent); September 16, 18, 19, 22; Oktober 7, zum Sprachengesetze.

Wächter Friedrich.
(Abg. 1865—1866, 1865—1878).

1865, Dezember 2, zur Unionsfrage (für die Union). — 1870, Februar 12, für das Nationaltheater in Pest und gegen ein romänisches Theater in Kronstadt. — 1872, Januar 24, zur Kleinschenker Bachregulierung; März 12, Interpellation wegen Vorlage über den Königsboden. — 1874, April 22, zum Notariatsgesetz gegen den Antrag Rapp; November 5, für den frühern Beschluß zum Notariatsgesetz, den die Magnatentafel abzuändern beantragt hatte. — 1876, März 18, legt als Referent den G.-E. über den Königsboden vor und befürwortet März 22 und 24 dessen Annahme; Juni 7, zum G.-E. über territoriale Abrundung einiger Komitate, für Belassung des Kronstädter Komitates in seinen Grenzen.

Wenrich Wilhelm.
(IV, 495).
(Abg. 1881—1887).

1883, April 12, gegen den Mittelschul-G.-E.; April 14, für 10-jährige Frist zur Erlernung der ungarischen Sprache.

Willstock Heinrich Joachim.
(III, 502; IV, 500).
(Abg. 1863—1864).

1863, August 13, 17, 19, zum Adreßentwurf; August 29, September 4, zum G.-E. über die Gleichberechtigung der Romänen und ihrer Konfessionen; September 18, 24, Oktober 1, zum Sprachengesetze; Oktober 8, 9, 1864, September 15, zur Beschickung des Reichsrates. — 1864, Juni 7, 8, 16, zur Errichtung des obersten Gerichtshofes in Siebenbürgen; Juni 25, zur Abkürzung der Militärdienstzeit; Juni 30, zur siebenbürgischen Eisenbahnfrage; Juli 26, August 13, 16, zum G.-E. über die Landtagsordnung; September 9, 12, zur Ablösung der ablösbaren Leistungen.

Wolff Carl, Dr. jur.
(IV, 506).
(Abg. 1881—1887).

1882, Januar 27, zum Budget des Ministerpräsidiums. In persönlicher Abwehr gegen seine Bezeichnung als publizistischen Magyarenfressers; Februar 14, für die Hermannstädter Rechtsakademie; Februar 17, gegen den Antrag Szalay auf Besteuerung der nicht magyarischen Firmentafeln; Mai 22, spricht zum bosnischen Okkupationskredit und speziell zur Anfrage, ob den Sachsen ein Daco-Romänien gefalle; bespricht die Unterdrückung der Nationalitäten. — 1883, März 6, gegen das Mittelschulgesetz, für konfessionelle Autonomie in Schulsachen, für Beschlußantrag Gull; März 8 und 12, in persönlicher Verteidigung gegen Verzeviczi und andere; April 10, zum Mittelschulgesetz gegen Qualifizierung zur juristischen Laufbahn durch Realschulen; April 12, zum Mittelschulgesetz gegen Disziplinargewalt des Ministers über konfessionelle Anstalten und betreffs der Verfügung über das Vermögen von Privatanstalten; April 14, gegen § 71 des Mittelschulgesetzes wegen ungleicher Behandlung katholischer und nicht katholischer Schulen. — 1884, April 1, zum Gewerbegesetz über Befähigungsnachweis; Dezember 2, zum 85-er Budget, acceptierend, aber nicht als Vertrauenskundgebung.

Zay Adolf.
(Abg. 1875—1896).

1875, November 23, für den Antrag Kapps auf Herabsetzung des Dispositionsfondes. — 1876, März 22, zum G.-E. über den Königsboden für Beschlußantrag Kapp; Mai 31, gegen den G.-E. wegen territorialer Abrundung einiger Komitate. — 1877, März 17 und Juni 30, zum Gr.-Kokler Gesuch wegen willkürlicher

Besetzung der Beamtenstellen; November 22, acceptiert im allgemeinen den Entwurf des Strafgesetzes. — 1877, November 24 — 1878, Januar 15, an der Spezialdebatte über das Strafgesetz lebhaft beteiligt (48=mal). — 1878, Februar 21, zum Zoll- und Handels-Vertrag für Antrag Szilagyi, Fixierung des Zollgebietes; März 22, der Verlängerung des Ausgleichs mit Österreich bedingt zustimmend und Votierung der Indemnity ablehnend; Mai 18, zum Kronstädter Gesuch wegen gleichzeitiger Eröffnung der Orsovaer und Predealer Linie, dann zur Arvaer Petition wegen Mißbrauch des Kandidationsrechts; Juni 24, zum Gebührengesetz in Besitzregulierungssachen; Dezember 17, für Indemnity, aber nicht als Vertrauenskundgebung. — 1879, Januar 25, interpelliert wegen Mißbrauch des ämtlichen Charakters der Hermannstädter Zeitung vereinigt mit dem Siebenbürger Boten; Februar 1, zu den Schlußrechnungen; Februar 5, interpelliert wegen Pestgefahr; Februar 7, über Vertagungsanträge sei zuerst abzustimmen; März 1, für den Gegenantrag K. Gebbels betreffs der Besetzung der Vizegespansstelle in Hermannstadt; März 4, nimmt das Budget für das Ministerium am a. h. Hoflager an; März 20, zur Dotation der ev. Landeskirche — gegen die Verdächtigung des Bischofs; März 8, wegen Gleichzeitigkeit der Bahnanschlüsse; März 16, zu den justizministeriellen Verfügungen anläßlich der Szegediner Katastrophe; April 2, zum Übereinkommen mit Romänien wegen Bahnanschluß; April 29, zur Sprachenfrage in den Volksschulen — gegen den G.=E.; November 6, gegen eine Äußerung des Ministerpräsidenten anläßlich des Postens „Hofhalt"; November 8, zum Kronstädter Gesuch wegen Interpretation des Munizipalgesetzes; Dezember 3 und 4, gegen Erhöhung von Zoll und Steuer auf Petroleum. — 1880, Februar 3 und 7, zur Inkompatibilität; März 17, bemerkt, daß der Innenminister gegen den Biharer Vizegespan auch die Verantwortlichkeit hätte aussprechen sollen; Mai 4, zur Festsetzung der Tagesordnung; Mai 5, zu den Maßregeln gegen die Rinderpest; Juni 5, die Verschiebung des G.=E. über die Besitzregelung sei nur für einige Tage zu gestatten, nimmt den G.=E. im allgemeinen an; Juni 7, über die Okkupationen. — 1881, Januar 14, zur Serajevoer Bahn; Januar 17 und 18, zur Organisierung des Sicherheitsdienstes; Februar 12, zu dem von Blasius Orban befürworteten Gesuch von Hoßufalu wegen Talmatsch—Szeliste; Februar 24, spricht bei Verhandlung des Stempelgesetzes zu den Namensänderungen; März 16, zur hauptstädtischen Polizei; März 19, zur Tagesordnung für Modifizierung der Zivil-Prozeßordnung; März 28 und 29, zur Verhandlungssprache, dann zum Gesuch der Lederindustriellen und Interpellation wegen der Stiftungen für die Kronstädter gr.=or. Kirche; Oktober 15, zur Adresse (Sprachenfrage berührend). — 1882, Januar 27, zum Budget im allgemeinen, Verhältnis der Sachsen zur Regierung, deutsches Theater; März 14, Petroleum=Zoll und =Steuer sei gleichzeitig einzuheben; Dezember 19, gegen das Petit mehrerer Komitate, den Volksschullehrern Präklusivfrist zur Erlernung der ungarischen Sprache zu verordnen. — 1883, Januar 20, zur Begünstigung bei den Rückständen der Weinzehntsteuer; März 13, gegen das Mittelschulgesetz; April 10, zu demselben G.=E., die Realschule sei nicht geeignet, das Gymnasium zu ersetzen; April 12, für Antrag Wolff betreffs des Vermögens der geschlossenen Schulen und betreffs Entziehung des Öffentlichkeitsrechts; April 13, zum Mittelschulgesetz für Amendement Albert Kiß' wegen Organisation der Lehramtsprüfungen an konfessionellen Anstalten und gegen Nachweisung des Grades, in dem der Kandidat der ungarischen Sprache mächtig; März 29, Gewerbe-G.=E. im allgemeinen annehmend; April 3, zum Befähigungsnachweis; April 5, Ausverkäufe; April 21 und 22, zum Lehrlingswesen, zur Religionslehre und zum Aufsichtsrecht der schulerhaltenden Korporationen. — 1884, Dezember 12, zum Budget des Innerministeriums für Antrag Iranyi, die Dienstesinstruktion der Gendarmerie sei vorzulegen. — 1885, Januar 15, zum Budget, Maßregeln zur wirtschaftlichen Entwicklung sollen nicht Nebenzwecke verfolgen; März 2, Oberhausreform, die Kirchenkuratoren seien zu berücksichtigen; Mai 8, zum Wasserrechtsgesetz im allgemeinen annehmend, an der Detailberatung 12-mal beteiligt; Mai 12, zum Gesuch der Kronstädter Industriellen; November 28, zu jenem von Raab wegen Militär-Lieferungen und jenen von Hermannstadt in Sachen der Notärsprüfung; Februar 12, zur Dotation der ev. Landeskirche gegen den Streichungsantrag Szontagh. — 1886, März 11, gegen das Munizipalgesetz; März 22, Verleihung des Stimmrechts an einige Beamte; März 27, zu Disziplinargewalt; April 6 und 12, zum Gemeindegesetz, Stempelfreiheit, gegen Ernennung des Polizeihauptmanns, zur Kandidations- und Degradierungsfrage. — 1887, Februar 11, zum Budget, speziell zum wirtschaftlichen Verkehr mit Romänen; Februar 25, zu Militär-Lieferungen; Mai 15, interpelliert wegen angeblicher Fruchtlosigkeit der Verhandlungen mit Romänien bezüglich der Erneuerung des Handelsvertrags und acceptiert Mai 20 die Antwort. — 1888, Februar 13, zur Dotation der ev. Landeskirche; März 12, zu den Schlußrechnungen. — 1889, Februar 15, zum Benehmen der während der Wehrgesetzdebatte vor dem Hause aufgestellten Militärmannschaft; Februar 19, zum Wehrgesetz und zwar für § 14, nachdem der ursprüngliche Text fallen gelassen worden; März 27, zum Wehrgesetz, Begünstigung der Lehrer und Beschlußantrag wegen endlicher Schaffung des Militär-Strafgesetzes; April 1, Schlußwort hiezu, lehnt das Budget ab und bespricht die Angelegenheit der Tschangobörser. — 1889, Oktober 23, zum G.-E. über Straßensteuer und Schlußwort; Oktober 26, zu demselben G.-E. für Bestimmung durch den Komitat, welcher Teil der Wegsteuer in natura zu leisten sei. — 1890, Januar 23, zum Kultus-Budget; Januar 29, für die griechische Sprache; Januar 31, gegen die Zumutung, die Sekler herabgesetzt zu haben; Februar 7, acceptiert das Budget des Ackerbauministers und urgiert das Feldpolizeigesetz; Mai 16 und 17, zur Modifikation des G.-A. XXX ex 1883. — 1891, Januar 19, zum G.-E. über Kinderbewahranstalten. Antrag auf Rückleitung an den Minister; Januar 23—27, zu demselben Gegenstand. — 1893, Mai 5, fragt, wie der Antrag Apponyi bezüglich Aufhebung konfessioneller Schulen, die um Staatshilfe einschritten, gemeint sei. — 1893, November 13, zum Budget des Innerministers, die Parlamentsreform habe der Verwaltungsreform nicht vorzugehen und gegen allgemeines Stimmrecht. — 1894, April 26, acceptiert den Handelsvertrag mit Romänien, der die Schäden des Zollkriegs einigermaßen heilen soll. — 1895, Januar 22, zum Regierungsantritt Banffys über die Haltung der Sachsen. — Februar 1, zur Prediger-Lehrerfrage.

Zimmermann Josef Andreas.
(IV. 528).
(Abg. 1863—1864, 1864—1865, 1865—1865, 1866—1867).

1863, August 11, 13, 17, 19, 21, zum Adreßentwurfe; August 29, 31, September 1—5, zur Gleichberechtigung der Romänen und ihrer Konfessionen; September 28, Oktober 1, 7, zum Sprachengesetze; Oktober 9, zur Beschickung des Reichsrates; Oktober 29, 30, zum Unterrichtsbudget für 1861 (österr. Reichsrat); Dezember 7,

9, 12, zum Staatsvoranschlag für 1864. — 1864, Januar 30, zum Nachtragskredit zur Bestreitung der Bundesexekution in Holstein-Lauenburg; Juni 23, September 17, 21, 23, zur Errichtung des obersten Gerichtshofes in Siebenbürgen; Oktober 1, 3, zum G.-E. über die Landtagsordnung. — 1865, Juni 27, zur Portofreiheit. — 1867, März 8, stellt gegenüber dem Vorschlag, die Regierung zu ermächtigen, für Siebenbürgen die auf dem Gebiet der Regierung, Verwaltung und Rechtspflege nötigen Verfügungen zu treffen, den Gegenantrag, es solle das jetzige System der Verwaltung und Rechtspflege bis auf weitere Verfügung der Gesetzgebung aufrecht erhalten werden, motiviert ihn mit der notwendigen Beruhigung der Bevölkerung und erklärt an demselben Tag, persönlichen Bemerkungen gegenüber, bei diesem Antrag keine Hintergedanken gehabt zu haben, die gesetzliche Regelung brauche nur auf kurze Zeit hinausgeschoben zu werden und die Ermächtigung der Regierung und Entsendung von k. Kommissären könne entfallen.

Alphabetisches Namenregister

über die von J. Trausch herausgegebenen drei Bände und den vorliegenden Ergänzungsband des Schriftsteller-Lexikons.

(Die römischen Ziffern bezeichnen den Band, die arabischen die Seiten.)

Abraham Friedrich, IV. 1.
Abrahami Johann, I. 1.
Ackner Johann Michael, I. 1, IV. 1.
Adami Michael, I. 8.
Adami Stefan, I. 8.
Adelphus Michael (Ableß), I. 9, II. 125, III. 546, IV. 1.
Agnethler Daniel, IV. 2.
Agnethler Michael, I. 9, IV. 2.
Agnethler Michael Gottlieb, I. 9, IV. 2.
Albelius Simon, I. 15, IV. 2.
Albert Georg, I. 17, IV. 3.
Albert Michael, III. 546, IV. 3.
Albrecht Gustav Wilhelm, Dr. phil., IV. 8.
Albrich Johann, I. 20.
Albrich Johann, I. 20, IV. 9.
Albrich Johann Karl, I. 18.
Albrich Karl d. Ä., I. 27, III. 547, IV. 9.
Albrich Karl d. J., IV. 12.
Albrich Martin, I. 28.
Albrich Wolfgang, I. 32.
Alesius (Olescher) Johann, I. 32.
Amlacher Albert, Dr. phil., IV. 13.
Andrae Gustav, IV. 14.
Andreae Stephan, I. 33, III. 548.
Aquilinus (Adler) Thomas, I. 33.
Armbruster Christof, IV. 14.
Arz August, I. 33, IV. 15.
Arz Franz, IV. 15.
Arz Gustav d. Ä., III. 548, IV. 16.

Arz Gustav d. J., IV. 16.
Arz Johann, I. 33.
Arz Martin, I. 34, IV. 17.
Arzt Johann, I. 36.
Arzt Johann, I. 36.
Arzt Johann, I. 36.
Auner Stephan, I. 37.
Aurifaber Michael, I. 37.

Bachmaier Johann, Dr. med., I. 41, IV. 17.
Bachner Samuel, I. 41.
Bacon Josef, IV. 534.
Badewitz Karl, I. 41, III. 549, IV. 18.
Bakosch v. Kecskemet Johann, I. 43.
Bakosch Johann, I. 46.
Ballmann Johann Michael, I. 47, IV. 18.
Bánfi Martin, I. 55.
Bánfi Peter, I. 56.
Barbenius Johann Samuel, I. 57.
Barbenius Josef Benjamin, I. 59.
Bartesch Peter, IV. 18.
Barth Christian, I. 61.
Barth Josef, IV. 19.
Bartosch Martin Traugott, I. 62.
Basch Simon, I. 62.
Basilius Leonhard, I. 63, IV. 20.
Baumann Ferdinand, IV. 20.
Baumgarten Johann Christian Gottlieb, I. 64, IV. 21.
Bausner Bartholomäus Antonius v., I. 70, IV. 21.

Bausner Bartholomäus, I. 70, III. 553.
Baußnern, Edler v., Guido, I. 75, III. 551, IV. 21 u. 536.
Baußnern, Edler v., Guido, Dr. jur., IV. 536.
Baußnern Johann Georg v., I. 71, III. 552.
Baußnern Josef v., I. 76, III. 551, IV. 22.
Baußnern Karl v., I. 76, IV. 22.
Bayer Johann, I. 77.
Bayer Michael, I. 78.
Beddeus Samuel Siegfried, I. 78.
Bedeus v. Scharberg Joachim, I. 78.
Bedeus v. Scharberg, Josef d. Ä., Freiherr, I. 82, III. 554, IV. 23.
Bedeus v. Scharberg Josef d. J., Dr. jur., I. 94, III. 556, IV. 23 u. 537.
Behm Martin, I. 94.
Beldi Karl, Dr. med., I. 95, IV. 34.
Bell Albert Friedrich, IV. 35.
Bell Georg, IV. 35.
Bella Johann Leopold, IV. 36.
Benigni, Edler v. Mildenberg Josef, Heinrich, I. 95, IV. 37.
Benkner Johann d. Ä., I. 103, IV. 37.
Benkner Johann d. J., I. 105.
Benkner Paul d. Ä., I. 107, III. 557.
Benkner Paul d. J., I. 107, III. 557.
Berger Albert, Dr. phil., IV. 37.
Berger Andreas, IV. 38.
Bergleiter Johann, I. 108, IV. 38.
Bergleiter Michael, I. 112.
Bergleiter Stephan Adolf, I. 112, IV. 38.
Bergler Stephan, I. 114, IV. 39.
Bertleff Andreas, IV. 39.
Bertleff Johann Georg, IV. 39.
Bertleff Martin, I. 129, IV. 40.
Bertleff Michael, I. 130.
Bertleff Michael, I. 131, III. 554.
Besodner Peter, I. 131.
Berwerth Friedrich Martin, Dr. phil., IV. 40.
Berwerth Wilhelm Josef Friedrich, IV. 43.
Bielz Eduard Albert, Dr. phil., I. 133, III. 557, IV. 43.
Bielz Johann, I. 135.
Bielz Michael, III. 557, IV. 49.
Binder Friedrich, I. 136, III. 560, IV. 49.
Binder Georg, I. 145, IV. 50.
Binder Georg Paul, Dr. theol., I. 136, IV. 51.

Binder Johann, IV. 51.
Binder Johann, I. 147, IV. 52.
Binder Johann Andreas, I. 150.
Binder Johann Friedrich, I. 150.
Binder Johann Georg, I. 151.
Binder Josef, IV. 52.
Binder Karl, Dr. med., IV. 52.
Binder Ludwig, IV. 53.
Binder Michael, I. 151.
Binder Michael, IV. 53.
Binder Michael, IV. 537.
Birthelmer alias Henrici Daniel, I. 151.
Birthler Friedrich, IV. 54.
Birthler Friedrich, IV. 537.
Bisterfeld Johann Heinrich, I. 152, IV. 53.
Bock Josef, I. 155.
Bock Martin, I. 155.
Boetius Johann, I. 156.
Böhm David, IV. 54.
Böhm Johann, I. 155.
Böhm Michael, IV. 55.
Bömches Friedrich, III. 560, IV. 55.
Bömches Friedrich, IV. 538.
Bömches Julius, IV. 538.
Bogner Petrus Apus, I. 156.
Bomel Thomas, I. 159, IV. 54.
Bönicke Hermann, IV. 56.
Bordan Thomas, I. 161.
Born, Edler von, Ignaz, I. 162.
Brandsch Friedrich, IV. 57.
Brandsch Gottlieb, IV. 57.
Brandsch Heinrich, IV. 57.
Brandsch Karl d. Ä., I. 168, IV. 58 u. 538.
Brandsch Karl d. J., IV. 59.
Brandsch Rudolf, IV. 59.
Bransch Michael, I. 170.
Brath Johann, I. 172.
Brecht Johann, IV. 538.
Brecht v. Brechtenberg Andreas, I. 172, IV. 60.
Brecht v. Brechtenberg Josef Clemens, I. 174, III. 561, IV. 60.
Brem Ignaz Anton, IV. 60.
Brenner v. Brennerberg Franz, IV. 538.
Brenner v. Brennerberg Franz, Dr. med., IV. 61.
Brenner v. Brennerberg Moriz, Dr. jur., IV. 539.

Brenner Josef Christian, I. 178.
Brenner Martin, I. 179, IV. 61.
Brenner Simon, I. 182.
Briebrecher Rudolf, IV. 61.
Bruckner Wilh., Dr. phil., I. 198, III. 562, IV. 62 u. 539.
Brukenthal, Freiherr v., Michael, I. 183, III. 562, IV. 63.
Brukenthal, Freiherr v., Peter Karl, I. 182, IV. 63.
Brukenthal, Freiherr v., Samuel, I. 188, IV. 64.
Brukner Johann, I. 198.
Buchholzer Andreas, IV. 64.
Buchholzer Ernst, IV. 64.
Buchinger Johann Georg, I. 199, IV. 65.
Budaker Gottlieb Georg, I. 200, III. 563, IV. 65 u. 539.
Budaker Martin, IV. 66.
Burg Carl, I. 201.
Busner Johann Andreas, I. 202.
Büttner Michael, I. 202.

Capesius Bartholomäus, I. 202.
Capesius Bernhard Julius, IV. 67.
Capesius Franz Michael, I. 203.
Capesius Gottfried, I. 203, III. 563, IV. 67.
Capesius Gustav, IV. 67.
Capesius Josef Franz, Dr. phil., IV. 68.
Capesius Karl, IV. 69.
Capesius Viktor, Dr. jur., IV. 70.
Capesius Wilhelm, Dr. med., I. 204, III. 564.
Capesius Wilhelm, I. 205, IV. 71.
Capesius Wilhelm d. J., IV. 72.
Capinius Martin, I. 205, IV. 72.
Christoph Simon, I. 212, IV. 72.
Clausenburger David, I. 215.
Clausenburger Mich., I. 217, (Anmerkung) IV. 73.
Clemens Andreas, I. 217, IV. 73.
Clompe Georg, I. 218.
Clompe Petrus, I. 219.
Clos Peter, I. 220, IV. 73.
Closius Martin Traugott, I. 224.
Closius Petrus, I. 224.
Closius Stephan v., I. 225, IV. 73.
Colb Georg, I. 225.
Colb Lukas, I. 226, IV. 74.

Connert Daniel, IV. 74.
Connert Georg Traugott, I. 229.
Conrad Johann Simon, I. 230.
Conrad Julius, IV. 74.
Conrad Moritz, IV. 539.
Conrad Oskar, IV. 74.
Conradt Johann Georg, IV. 75.
Cromer Peter, I. 230.
Csaki Michael, IV. 75.
Csaki Samuel Martin, I. 230.
Csallner Alfred Karl, Dr. phil., IV. 76.
Csallner Daniel, III. 564, IV. 76.
Czack David, I. 231.
Czako v. Rosenfeld Franz, I. 231.
Czeibert Elias, IV. 77.
Czekelius Daniel, I. 232, IV. 77.
Czekelius Daniel Kurt Hermann, Dr. med., IV. 78.
Czekelius Friedrich Ernst, IV. 78.
Czekelius Josef, I. 232, IV. 79.
Czekelius Simon, IV. 79.
Czirner Andreas, I. 233.
Czoppelt Mathias, I. 233.
Czynk Eduard, IV. 79.

Dacia Petrus be, I. 234.
Daichendt Michael Gottfried, IV. 80.
Davidis Franz, I. 235, IV. 81.
Decani Ernst, I. 248.
Decani Gustav, IV. 83 u. 540.
Decani Johann, I. 248.
Decani Johann, I. 249.
Decani Karl, IV. 540.
Decani Samuel, I. 249, IV. 83.
Decani Stephan, I. 250, IV. 83.
Deldrich Andreas, I. 250.
Deldrich Georg, I. 251, IV. 83.
Dendler Georg Andreas, I. 254.
Dengler Albert, IV. 84.
Dietrich Andreas, I. 255.
Dietrich Georg, I. 255.
Dietrich Georg, I. 255.
Dietrich Heinrich Gustav, Dr. chem., I. 256, IV. 84.
Dietrich v. Hermannsthal Friedrich, I. 257, III. 565.
Dietrich v. Hermannsthal Gustav Michael, IV. 84.

Dietrich Johann Gottlieb, I. 256.
Dohler Johann, I. 258.
Dörschlag Karl, IV. 85.
Dokoupil Wilhelm, IV. 87.
Draudt Georg, I. 258.
Draudt Marcus, I. 260.
Draut Johann Ferdinand, I. 261.
Drauth Johann, I. 262, IV. 88.
Drauth Samuel v., I. 266.
Drauth Samuel Friedrich v., I. 266, IV. 88.
Drotleff Josef, IV. 88.
Drotleff Thomas, IV. 540.
Dück Josef, I. 267, IV. 89.
Dürr Damasus, IV. 90.
Duldner Johann, IV. 92.
Duldner Martin, IV. 92.

Eber Josef Karl, I. 268, IV. 93.
Eitel Friedrich, IV. 540.
Eitel Victor Adolf, IV. 93.
Emrich Martin, IV. 94.
Ettinger Josef, I. 278.
Ewerth Johann, I. 279, IV. 94.

Fabini Friedrich, I. 279, IV. 95.
Fabini Johann, Dr. phil., I. 280.
Fabini Johann, IV. 95.
Fabini Johann Gottlieb, Dr. med., I. 281, IV. 96.
Fabini Samuel Josef, I. 283, IV. 96 u. 541.
Fabini Theodor, IV. 99.
Fabricius Johann, I. 285, IV. 99.
Fabricius Johann, I. 287.
Fabricius Josef Christian, I. 288, IV. 99.
Fabricius Josef, Dr. med., IV. 100.
Fabricius Tobias, I. 289.
Fabricius Valentin, I. 290.
Fabritius August, Dr. med., IV. 101.
Fabritius Josef, Dr. med., I. 292, IV. 101.
Fabritius Karl, I. 290, IV. 102 u. 541.
Facetius Elias, I. 292.
Fandert Johann Georg, I. 293.
Fay Martin, I. 293, IV. 106.
Felmer Johann Michael, I. 295.
Felmer Josef Michael, I. 301, III. 566.
Felmer Martin, I. 295, IV. 106.
Femger Daniel, IV. 107.
Femger Georg, I. 302.

Femmich Johann, I. 302.
Fenser Johann, I. 302.
Fichtel, Ehrenreich Johann v., I. 303, IV. 108.
Fiebick Benjamin, I. 305.
Filkeni Bartholomäus, I. 307, IV. 108.
Filkenius Zacharias, I. 308, IV. 108.
Fillenbaum Franz v., IV. 542.
Filstich Johann von, I. 308, IV. 109.
Filtsch Daniel, I. 316, IV. 109.
Filtsch Eugen d. Ä., IV. 109.
Filtsch Eugen, Dr. phil., IV. 109.
Filtsch Johann, I. 319, IV. 110.
Filtsch Johann, I. 325.
Filtsch Johann, I. 325.
Filtsch Josef, I. 326, III. 566.
Filtsch Josef Wilhelm, IV. 111 u. 542.
Filtsch Thomas, IV. 112.
Fink Heinrich, IV. 112.
Fischer Georg, IV. 113.
Flechtenmacher Adolf, III. 566.
Flechtenmacher Christian, I. 327, IV. 113.
Flechtner Caspar, I. 331.
Fluger Karl, IV. 542.
Fogarascher Carl, IV. 113.
Fogrescher Thomas, I. 331.
Folberth Ernst, IV. 114.
Folberth Friedrich, Dr. phil., IV. 114.
Forgáts Michael, I. 332.
Frätschkes Karl, I. 333, IV. 115.
Frätschkes Samuel, I. 334, IV. 115.
Francisci Johann, I. 335.
Francisci Marcus, I. 336.
Francisci Paul, I. 336.
Frank Andreas, I. 337, IV. 115.
Frank Peter Josef, I. 338, IV. 117.
Frank Valentin, I. 338.
Frank von Frankenstein Valentin, I. 339, IV. 118.
Franke Christian, I. 337.
Franzenau Josef v., IV. 118.
Friderici Johann, I. 346.
Friedenfels, Freiherr v., Eugen (Drotleff), III. 566, IV. 119 u. 542.
Friedenfels, Freiherr v., Rudolf (Drotleff), III. 572, IV. 119.
Friedenreich Johann Christof, I. 346.
Friedsmann Andreas, I. 347.

Friedsmann Friedrich Johann, IV. 120.
Fritsch Ludwig, IV. 120.
Fröhlich Adolf, Dr. med., I. 348.
Fröhlich Josef, IV. 120.
Fronius Andreas, I. 348.
Fronius Franz Friedrich, I. 348, III. 573, IV. 121.
Fronius Johann Friedrich, IV. 124.
Fronius M. Markus, I. 349, IV. 124.
Fronius Martin Gottlieb, I. 358.
Fronius Mathias, I. 358.
Fronius Michael, I. 366, IV. 124.
Fronius Michael, I. 368.
Fronius Michael Traugott, I. 378.
Fronius Petrus, I. 384.
Frühbeck Franz, I. 385, III. 574, IV. 125.
Fuchs Johann, I. 385.
Fuchs Marcus, I. 386.
Fülger von Rechtborn Maximilian Alois, Dr. jur., I. 387, III. 574, IV. 125.
Funk Andreas, I. 389, IV. 125.
Furmann Johann, I. 389.
Fuß Christian, I. 391.
Fuß Karl, I. 390, III. 574, IV. 126.
Fuß Michael, I. 391, III. 574, IV. 126.

Gandl Wilh. Karl, II. 1, III. 575, IV. 128.
Gebauer Simon, II. 1.
Gebbel Carl, IV. 543.
Gebbel Franz, IV. 129.
Gebell Andreas, IV. 143.
Geltch Johann Friedrich, II. 2, IV. 144.
Gemmarius Thomas, II. 8, IV. 144.
Gerger Andreas, IV. 145.
Gerlinus (vielleicht Gierling) Mathias, II. 4.
Gestalter Michael, II. 4, IV. 145.
Gierend Johann Andreas, II. 4.
Giesel Johann Georg, IV. 145.
Girald (alias Gotharb) Michael, II. 5.
Girischer Johann, II. 5.
Girscht Andreas, IV. 146.
Glatz Julius Karl, IV. 146.
Göbbel Johann, II. 5, IV. 147.
Goebel Johann, II. 6, IV. 147.
Göbel Wolfgang, II. 6.
Göbri Johann, II. 7.
Gokesch Valentin, II. 7.

Gokesch Valentin, II. 8.
Gonbosch Michael, IV. 147.
Gooß Karl, IV. 148.
Gorgias Andreas, II. 8.
Gorgias Johann, II. 8.
Gorgias Valentin, Dr. med., II. 9.
Gotterbarmet Jakob, II. 10, IV. 150.
Gottschling Adolf, IV. 150.
Gottschling Daniel Josef, II. 11.
Gottschling Paul Rudolf, II. 11, IV. 151.
Graef Friedrich Jakob, IV. 151.
Graef (Gereb) Michael, III. 575.
Gräser Andreas II. 14, III. 577, IV. 152.
Graeser Daniel, II. 15, IV. 153.
Gräser Daniel, II. 16, IV. 153.
Gräser Gustav, IV. 153.
Graeser Karl Andreas, IV. 153.
Graff (Graffius) Simon, II. 17.
Graffius Andreas, II. 17, III. 578.
Graffius Daniel, II. 18.
Graffius Georg, II. 18.
Graffius Johann, II. 19.
Graffius Johann, II. 21.
Graffius Lukas, II. 22, IV. 154.
Grau Valentin, II. 26.
Greger Jakob, II. 26.
Greißing Christof v., II. 27, IV. 154.
Greißing Johann, II. 28.
Greißing Jos. v., Dr. med., II. 28, IV. 154.
Greißing Karl v., Dr. med., II. 26, IV. 155.
Greißing Paul, II. 29.
Greißing Valentin v., II. 30, IV. 156.
Grell Andreas, II. 34.
Grimm, Ritter v., Josef Andreas, Dr. jur., II. 34, IV. 156.
Groß Julius, IV. 156.
Grosse Andreas Karl, II. 38.
Grotovsky Johann Stanislaus, II. 39.
Gündesch Johann, II. 39.
Gündisch Georg, IV. 157.
Guist Johann Karl, II. 40.
Guist Karl Georg Johann, IV. 158.
Guist Moritz, IV. 159.
Gültsch Michael, II. 40.
Gull Andreas, II. 40.
Gull Josef, IV. 161 u. 513.
Gundhardt Johann Samuel, II. 41.

Gundhart Stephan, II. 41.
Gunesch Andreas, II. 41, IV. 163.
Gunesch Andreas, II. 45, IV. 163.
Gunesch Gustav, IV. 163.
Gunesch Johann, II. 47.
Gusbeth Christoph Carl, IV. 164.
Gusbeth Eduard, Dr. med., IV. 165.

Haas Christian, IV. 166.
Haas Johann, II. 47.
Haasenwein Johann, II. 48, IV. 167.
Hager Johann Daniel, II. 49.
Hager Michael, II. 50, IV. 167.
Hain Daniel Johann, IV. 167.
Haltrich Josef, II. 51, III. 578, IV. 168.
Haltrich Karl, IV. 173.
Haltrich Konrad, IV. 173.
Hammer Franz, II. 54.
Hammer Nicolaus, II. 54.
Haner Georg, II. 54, IV. 173.
Haner Georg Jeremias, II. 60, IV. 174.
Hann Friedrich, II. 69, IV. 174.
Hann v. Hannenheim Julius, Dr. phil., IV. 175.
Hann Michael, II. 71.
Harth Johann, II. 71.
Hauenschild, Edler v. Révár, Friedr. Leopold, II. 71.
Haupt Friedrich, IV. 544.
Harteneck, Sachs v., Johann Zabanius, III. 533. s. Zabanius Johann, Sachs v. Harteneck.
Hausmann Wilhelm, II. 75, IV. 175.
Hebler Mathias, II. 76, IV. 176.
Hederich Carl, II. 81.
Hedjesch Andreas, II. 82.
Hedwig Johann, II. 83, IV. 176.
Hedwig Johann Lukas, II. 92, IV. 176.
Hegenitius Trostfried, II. 94.
Heidendorf Michael v., IV. 178.
Heilmann Samuel, II. 95.
Heinrich Daniel Gottlieb, II. 95.
Heinrich Franz Karl d. Ä., II. 96, IV. 178.
Heinrich Franz Karl d. J., III. 579, IV. 178.
Heinrich Gustav Adolf, IV. 179.
Heitz Andreas, IV. 179.
Heitz Rudolf, IV. 179.
Helch Michael, IV. 180.

Heldmann Andreas, II. 96, IV. 180.
Hellwig Wilhelm, II. 98, III. 579, IV. 181.
Helner Georg, II. 99.
Helth Kaspar, II. 101, III. 580, IV. 181.
Hendel Isak, II. 118.
Henning Gottfried Wilhelm d. Ä., II. 119, IV. 182.
Henning Gottfried Wilhelm d. J., IV. 184.
Henning Karl, Dr. med., IV. 184.
Henrich Friedrich Christian, II. 119.
Henrich Gustav, IV. 185.
Henrich Johann Daniel, II. 120, IV. 185.
Henrich Samuel Valentin, II. 121.
Hentz Martin (Hentzius), I. (S. XV im Vorwort), IV. 186.
Herberth Eduard, IV. 544.
Herberth Heinrich, IV. 186.
Herberth Johann, II. 121.
Herbich Franz, Dr. phil., IV. 188.
Herfurth Franz, Dr. theol., IV. 190.
Herman Andreas, IV. 194.
Hermann David, II. 121, IV. 194.
Hermann Friedrich, IV. 194.
Hermann Leonhard, II. 124, IV. 195.
Herman Lucas, II. 126, IV. 195.
Hermann Martin, Dr. med., IV. 195.
Hermann Peter, II. 128, IV. 195.
Hermann Stephan, II. 129, IV. 195.
Herman, Edler v., Victor Gustav Eugen, IV. 196.
Herrmann George Michael Gottlieb v., II. 129, IV. 196.
Herrmann Johann Theodor v., II. 131, IV. 197.
Hertel Johann, II. 148.
Herzog Michael, IV. 198.
Heydendorf Michael Conrad v., II. 148, IV. 198.
Henser Christian, I. 60, II. 151, III. 580, IV. 199.
Hiemesch Johann Friedrich, II. 156.
Hill Georg, II. 156, III. 580.
Hillner Johann, IV. 199.
Himesch Johann, II. 159.
Himesch Karl Heinrich, IV. 200.
Hintz Georg Gottlieb, II. 159, IV. 200.
Hintz Johann Andreas, II. 160, III. 581, IV. 201.
Hirsch Georg, II. 161.

Hirscher Lucas, II. 162.
Hißmann Michael, II. 166, IV. 202.
Hoch Josef, IV. 203.
Hoch Karl, IV. 202.
Hochmeister Adolf v., IV. 204.
Hochmeister Johann Georg, IV. 205.
Hochmeister Martin v., II. 171, IV. 205.
Höchsmann Johannes, IV. 205.
Höhr Daniel, IV. 206.
Hofgraef Johann, IV. 544.
Hofsinger Johann Georg, II. 183.
Homner Andreas, IV. 207.
Honigberger Johann Martin, II. 181, IV. 207.
Honter(us) Johann, II. 197, IV. 207.
Honterus Johann d. J., II. 219, IV. 218.
Hornyanßky Julius, IV. 218.
Horwath Peter, IV. 219.
Hoßmann von Rothenfels Johann, II. 220, IV. 219.
Hubbes Johann, IV. 220.
Huber Samuel, II. 221.
Hübner oder Hiebner Israel, II. 221, IV. 220.
Huet Albert, II. 223, IV. 220.
Humius Stephan, IV. 223.
Hutter Georg, II. 229, IV. 223.
Hutter Georg, II. 230.
Hutter Jakob, Dr. med., II. 231, IV. 223.
Hutter Johann, II. 231.

Jacobi Julius, Dr. phil., IV. 224.
Jakobinns Johann, II. 232.
Jeckel Julius, II. 233.
Jeckelius Jakob, II. 234.
Jekel Friedrich, Dr. jur., IV. 224.
Jekeli Johann, IV. 226.
Jekelius August, IV. 227.
Jekelius Ernst, IV. 227.
Jekelius Eugen Ferdinand, IV. 227.
Jekelius Friedrich, Dr. med., IV. 228.
Jeremiae Johann, II. 234.
Igel Valentin, II. 234.
Zickeli Carl Friedrich, Dr. phil., IV. 229.
Zikeli Friedrich, II. 236.
Johannis Erasmus, II. 236.
Jordan Thomas, II. 237.
Josephi Eduard, IV. 231.
Josephi Josef, IV. 231.

Josephi Michael Traugott, II. 240.
Irthell Johann, II. 241.
Jüngling Johann, II. 241.
Jüngling Karl, IV. 231.
Junk Michael, II. 243.

Kaiser Johann, IV. 544.
Kapp Gustav, IV. 232 und 544.
Kästner Johann Daniel, II. 243.
Kästner Viktor, II. 243, IV. 235.
Kasper Michael, IV. 545.
Kayser Gustav Adolf, Dr. phil., II. 244, IV. 235.
Keintzel Georg, Dr. phil., IV. 236.
Kelp Johann, II. 245.
Kelp Martin, II. 246, IV. 237.
Kelp Stefan Johann, II. 249, IV. 238.
Kenzeli Joseph, II. 250.
Kertsch Christian (früher Kärtsch), IV. 238.
Kerzer (Kerzius) Paul, II 250.
Keßler Eduard, III. 586, IV. 239.
Keßler Johann Georg, II. 253.
Keßler Johann Michael, II. 254.
Keßler Johann Samuel, II. 254, IV. 239.
Keßler Karl Adolf, IV. 240.
Keßler Stephan, II. 255, III. 587, IV. 240.
Kimakowicz Mauritius v., IV. 240.
Kinder v. Friedenberg Johann, II. 256, III. 587, IV. 241.
Kinn Gustav Friedrich, IV. 242.
Kinn Johann, II. 265, IV. 243.
Kirchner Hermann, IV. 243.
Kirchner Johann Karl, II. 266, III. 588.
Kisch Gustav, Dr. phil., IV. 243.
Kisch Gustav Oswald, IV. 244.
Kisch Johann Daniel, II. 268, III. 588.
Kisch Johann Georg, II. 268, IV. 244.
Kißling Johann, II. 268.
Kläger Justus, II. 269.
Klein Johann, II. 270.
Klein Johann, IV. 244.
Klein Josef Traugott, II. 270, IV. 245.
Klein Karl, IV. 545.
Klein Michael, II. 271.
Klein Valentin, II. 271.
Kleinrath Josef, II. 272, IV. 245.
Klingsor (Clynsor) Nicolaus, II. 272, III. 588.

Kloeß Victor Karl, IV. 245.
Klutsch Nikolaus, II. 279.
Knall Samuel, II. 280.
Knöpfler Wilhelm, II. 280, IV. 246.
Koch Thomas, II. 280.
Köleschéri von Keres-Eer Samuel, II. 281.
Költsch Martin, II. 300.
König Heinrich, Dr. med., IV. 246.
Königer Marcus, II. 301.
Körner Andreas, IV. 246.
Körner Daniel, II. 301.
Konnerth Josef Georg, IV. 247.
Korobi Franz Ludwig, II. 301, IV. 248 und 546.
Korobi Lutz, IV. 249.
Kräger Johann Michael, II. 302.
Krafft Johann Georg, II. 302.
Kraft Karl, IV. 250.
Kramer Friedrich, II. 303, IV. 250.
Kramer Michael, IV. 251.
Krasser David, II. 303, III. 589, IV. 252.
Krasser Friedrich, Dr. med., II. 304, III. 589, IV. 252.
Kratky Wenzel Eduard, Dr. phil., III. 316.
Kraus Andreas, II. 304.
Krauß Georg d. Ä., II. 305, IV. 253.
Krauß Georg d. J., II. 308, IV. 253.
Kraus Honorius Ludwig, II. 309.
Kraus Johann, II. 310.
Krauß Andreas, II. 311.
Krechwitz Georg, II. 311.
Krempes (auch Krembs) Johann, IV. 253.
Krempes Johann, II. 312, IV. 254.
Krotz Julius, IV. 254.
Kreuz Karl, IV. 254.
Kropffen Johann Franz Leopold, II. 314.
Kühlbrandt Ernst, IV. 255.
Kurz Anton, II. 314, IV. 256.
Kusch Lorenz, II. 318.
Kyr Paulus, II. 318.

Ladiver Elias, II. 319, IV. 256.
Lamäsch Josef, II. 321.
Lander Gustav, IV. 256.
Lander Johann, IV. 257.
Lang Friedrich, IV. 258.
Lang Georg, II. 322.
Lang Johann, II. 322.
Lang Johann, II. 323.

Lang Michael, II. 323, IV. 258.
Lange Johann, II. 323.
Lange Martin, Dr. med., II. 324, IV. 258.
Lange Theodor, II. 333.
Lange v. Burgenkron Emil, IV. 258.
Lange v. Burgenkron Peter Traugott, II. 327, IV. 260.
Langer Stephan, II. 336.
Laranus Michael, II. 336.
Lassel August, IV. 546.
Lassel Eugen d. Ä., IV. 261.
Lassel Eugen d. J., Dr. phil., IV. 261.
Lassel Franz d. Ä., II. 336, IV. 262.
Lassel Franz d. J., II. 337, III. 590, IV. 262.
Lassel Rudolf, IV. 262.
Lebel Johann, II. 337, IV. 263.
Lebrecht Michael, II. 343, IV. 263.
Leitner v. Leitentreu Theodor Ignaz, II. 345.
Lenk v. Treuenfeld Ignaz, II. 346, IV. 264.
Leonhard Daniel Josef, II. 348, IV. 265.
Leonhardt Johann, IV. 265.
Leonhard Johann Andreas, II. 349.
Leonhard Martin Friedrich, II. 347.
Lerchenfeld v. Rabitschnig Josef, II. 353, IV. 266.
Leutschaft Ludwig, IV. 267.
Letz Martin, II. 354.
Leybecker Adam, II. 355.
Lieb (Amicinus) Emerich, II. 355, IV. 267.
Liebemann Martin, II. 356.
Lindner Gustav, Dr. jur., IV. 267 und 546.
Linczing Stefan, II. 359.
Linzing richtiger Linzigh Johann, II. 359.
Listh Johann, II. 361, IV. 268.
Listh Sebastian, II. 366.
Litschel Johann Wilhelm, IV. 269.
Loew Wilhelm, II. 368, IV. 269.
Loy Simon, II. 368.
Lupini Daniel Martin, II. 369.
Lupinus oder Wolf Christian, II. 369, IV. 269.
Lurtz Franz Eduard, II. 371, IV. 269.
Lurtz Wilh. Alexander, Dr. med., IV. 270.
Lutsch Andreas, II. 375.
Lutsch Georg, II. 375.
Lutsch Johann, II. 376, IV. 271.
Lutsch Johann Adolf, IV. 271.
Lutsch v. Luchsenstein Stephan, II. 373, IV. 271.

Maager Karl, II. 377, IV. 272 und 546.
Mägest Hans, II. 382, IV. 272.
Mätz Johann, IV. 273.
Mätz Johann, Dr. jur., IV. 273.
Malmer Martin, II. 385, IV. 273.
Manchen Georg, IV. 275.
Mankesch Johann, II. 386.
Marienburg Adolf Woldemar, IV. 275.
Marienburg Friedrich Georg, II. 387, IV. 277.
Marienburg Lucas Josef, II. 387, IV. 278.
Martin Josef, II. 394, IV. 278.
Martini Martin, II. 396.
Marzloff Lorenz, II. 396.
Massa Simon, II. 397.
Matthiä Georg, II. 398, IV. 280.
Maurer Friedrich Christian, IV. 280.
Maurer Martin, II. 399.
May Johann, III. 590.
Meberus Asarele, II. 400, IV. 281.
Meberus Peter, Dr. phil., II. 400, IV. 281.
Mecht Paul, IV. 282.
Meilmer Johann, II. 406.
Meißner, Ritter v., Karl Ludwig, II. 406, IV. 282.
Meißner Paul Traugott, II. 408, IV. 282.
Melas Bartholomäus, II. 416.
Melas Heinrich, IV. 282.
Melas Lukas Christian, II. 417.
Melas Michael Benedikt, II. 416, III. 591.
Melchior Nikolaus, II. 418.
Melzer Thomas, II. 419.
Meltzl v. Lomnitz Oskar, Dr. jur., IV. 284 und 546.
Meltzl v. Lomnitz Samuel, III. 591, IV. 287.
Melzer Wilhelm, IV. 284.
Melzer Wilhelm, IV. 547.
Menning Andreas, IV. 288.
Meschendörfer Josef Traugott, II. 419, IV. 288.
Meundt Johann Georg, Dr. phil., III. 592, IV. 289.
Meyr Ignaz, II. 419.
Michaelis Johann, II. 420, III. 592, IV. 290.
Michaelis Julius, IV. 291.
Michaelis Ludwig Johann, IV. 291.
Mieß Johann Christian, III. 593, IV. 292.

Mild Johann Gottlieb, II. 425, IV. 292.
Mild Johann, IV. 292.
Miles (Milles) Mathias, II. 426, IV. 292.
Miles Mathias, II. 427, IV. 293.
Miller Johann Clem. Ferdinand, II. 433.
Möckel Christian, IV. 293.
Möckel Johann Michael, IV. 293.
Moeckesch Friedrich, II. 435, IV. 294.
Moeckesch Johann Michael, II. 436, IV. 294.
Moeckesch Martin Samuel, II. 436, IV. 294.
Möckesch Viktor, IV. 295.
Moeß (Mös) Michael, II. 438, IV. 295.
Mohr M. Kaspar, II. 438.
Mohr Friedrich Samuel, II. 439.
Moldner Andreas, II. 439, IV. 296.
Moltke Leopold Maximilian, II. 440, III. 595, IV. 296.
Monau Friedrich, II. 441.
Morres Eduard, Dr. phil., IV. 298.
Morres Wilhelm, IV. 300.
Moses Michael, IV. 301.
Müller Andreas, II. 444.
Müller Friedrich, Dr. theol. et phil., II. 446, IV. 301.
Müller, Freiherr von Reichenstein, Franz Josef, II. 444.
Müller Georg, II. 450.
Müller Georg Eduard, IV. 312.
Müller Georg Friedrich, II. 450, IV. 312.
Müller Gottfried Johann, Dr. jur. et phil., II. 451, IV. 313.
Müller Heinrich, Dr. med., IV. 313.
Müller Heinrich, IV. 313.
Müller Jakob Aurelius, II. 455, IV. 314.
Müller Johann, II. 457.
Müller Johann Gottlieb, II. 458.
Müller Karl, II. 458.
Müller Michael Josef, II. 458.
Müller Michael Traugott, II. 459, IV. 314.
Müller Samuel Jakob, II. 459.
Müller Wilhelmine geb. Maiich, II. 461.
Mylius Bartholomäus Wolfgang, II. 462.
Mylius Johann Friedrich, II. 462.
Myß Eduard, Dr. med., IV. 315.
Myß Martin, II. 463.

Neidel Christoph, III. 3, IV. 315.
Neidel Paul, III. 4.

Nekesch Andreas, III. 5.
Nera Daniel, III. 5.
Netoliczka Oskar Franz Josef, Dr. phil., IV. 315.
Neugeboren Daniel Georg, III. 5, IV. 318.
Neugeboren Emil Julius, Dr. jur., IV. 319.
Neugeboren Emil Julius Gustav, IV. 321.
Neugeboren Heinrich, III. 13 und 598, IV. 321.
Neugeboren Johann Ludwig, III. 13 und 595, IV. 323.
Neugeboren Karl, III. 15, IV. 326.
Neuhauser Franz, III. 16.
Neunachbar Paul, III. 17.
Neustädter Martin, III. 18.
Neustädter Michael Gottlieb, III. 18, IV. 326.
Nösner (auch Schwarz genannt) Simon, III. 20.
Nußbächer Karl, IV. 326.

Obert Franz, III. 21, IV. 326 und 547.
Oberth Johann, III. 24 und 598, IV. 330.
Ohrendi Johann, III. 26.
Ohrendi Simon, III. 27.
Olert Friedrich d. Ä., III. 27.
Olert Friedrich d. J., III. 28.
Oltard Andreas, III. 28, IV. 331.
Oltard Johann d. Ä., III. 38.
Oltard Johann d. J., III. 42.
Orendi Gottfried, IV. 331.
Orendi Johann, III. 42.
Orendi Johann Chrysostomus, IV. 331.
Orendi Julius, IV. 332.
Orendi Victor, IV. 332.
Ostermayer Hieronymus, III. 43, IV. 333.

Pankratius (ein Mönch), III. 44.
Pankratius Michael, Dr. jur., III. 44, IV. 333.
Paul Friedrich, III. 48, IV. 333.
Paulinus Simon, III. 49.
Pauschner (Pausner) Sebastian, Dr. med., III. 49, IV. 333.
Pelger Michael, IV. 334.
Petri Karl Robert, Dr. phil., IV. 334.
Petri Samuel, III. 50.
Pfaff Leopold, Dr. jur., IV. 335.
Philippi Friedrich, IV. 339.

Philippi Simon, III. 51.
Philp Rudolf, IV. 340.
Phleps Friedrich, III. 51, IV. 341.
Phleps Johann, III. 51.
Phleps Peter, III. 52.
Pildner v. Steinburg Karl, III. 333.
Pinzner Andreas, III. 52.
Piso Jakob, Dr. jur., III. 54, IV. 341.
Piso Stephan, III. 60.
Plajer Georg, III. 64.
Planz Michael, III. 64.
Plattner Johann, IV. 341.
Plecker Friedrich, Dr. med., III. 64.
Plecker Georg, III. 67, IV. 342.
Plecker Johann, Dr. med., III. 65.
Plecker Johann Gottlieb, Dr. med., III. 66.
Plecker Josef, IV. 548.
Pöldner Georg, III. 67.
Pomarius (vor der Latinisierung Baumgarten) Christian, III. 68, IV. 342.
Poor (Porus) Johann, III. 71.
Poretz Karl, III. 72.
Poschner Gottfried, IV. 342.
Preßling Paul, III. 72.
Preidt Georg, III. 73, IV. 343.

Rabetz (Rabecius) Valentin, III. 77.
Rampelt Johann, IV. 343.
Rannicher Jakob, III. 80, IV. 344 und 548.
Rau (Rhau) Michael, III. 82.
Raupenstrauch Gustav Adolf, Dr. phil., IV. 346.
Rauß Johann, III. 83.
Rauß Kaspar, III. 82.
Rauß Lukas, III. 84.
Regis Simon, III. 86.
Reichenstein, Freiherr v., Franz, II. 445, IV. 549.
Reicherstorffer Georg v., III. 86, IV. 348.
Reilich Gabriel, III. 102, IV. 348.
Reimesch Friedrich, IV. 349.
Reimesch Michael, III. 102, IV. 350.
Reinert oder Reinhard Johann, III. 103.
Reipchius Daniel, III. 103, IV. 350.
Reißenberger Friedrich Karl, IV. 350.
Reißenberger Karl Friedrich, Dr. phil., IV. 351.
Reißenberger Ludwig, III. 105, IV. 353.

Rempler Andreas, III. 107.
Reschner Martin, III. 108, IV. 358.
Reuschel Friedrich, IV. 358.
Reußner v. Reißenfels Georg, III. 109.
Reußner v. Reißenfels Johann Georg, III. 111.
Rheindt Friedrich Georg, IV. 359.
Rhener Mathias, III. 112.
Rhener (Regentus) Paul Michael, III. 113.
Rheter Franz, III. 114, IV. 359.
Richter Peter, III. 116.
Rieß (Riß) Karl Ludwig, IV. 359.
Risbörsser Franz, III. 116.
Ritter Gabriel, III. 117.
Römer Georg, IV. 360.
Römer Julius, IV. 360.
Römer Karl, IV. 363.
Römer Lukas, III. 118.
Rohrmann Gallus, III. 118, IV. 363.
Rösler Johann, IV. 364.
Rosenauer Michael, IV. 364.
Rosenfeld, Czekelius Freiherr von, Johann Friedrich, III. 120, IV. 364.
Rosenfeld, Czekelius Freiherr von, Karl Ludwig, III. 125, IV. 365 und 549.
Rosler Johann Friedrich, IV. 365.
Roth Christian, IV. 549.
Roth Daniel, Dr. med., III. 129, IV. 365.
Roth Franz Friedrich, III. 131.
Roth Hermann, IV. 366.
Roth Johann, III. 131.
Roth Johann, Dr. phil., IV. 366.
Roth Johann, III. 132.
Roth Johann Josef, III. 132.
Roth Johann Peter, III. 134.
Roth Johann Peter, III. 135.
Roth Josef. Dr. med., IV. 367.
Roth Martin, III. 135.
Roth Paul, III. 136.
Roth (Russinus) Paul, III. 138.
Roth Stefan Ludwig, Dr. phil., III. 138, IV. 368.
Rothe Josef, IV. 369.

Sachsenheim f. Soterius.
Sadler Andreas, III. 154.
Sadler Georg, III. 155.
Salmen, Freiherr von, Eugen, IV. 519.

Salzer Friedrich, Dr. med., IV. 369.
Salzer Hermann, IV. 371.
Salzer Johann Michael, III. 155, IV. 371.
Saral Andreas, III. 156.
Sartorius Johann, III. 158, IV. 373.
Sartorius Johann Georg, III. 159.
Scaevola (Schlemm) Paul, III. 159.
Schaller Andreas, IV. 374.
Schaller Siegfried Traugott, Dr. med., III. 159.
Schankebank Johann, III. 160.
Scharsius Andreas, III. 160.
Scharsius Thomas, III. 163, IV. 374.
Schaser Johann Georg, III. 164, IV. 374.
Schatzberg, Edler von, Johann, III. 165.
Schech v. Sternheim Karl, III. 337.
Schech v. Sternheim Martin Gottlieb, III. 338.
Scheiner Andreas Gottlieb, Dr. phil., IV. 374.
Scheint Daniel Gottlieb, Dr. med., III. 166, IV. 376.
Scheller Benedikt, III. 168.
Scheller Stephan, IV. 376.
Schell Karl, III. 168, IV. 376.
Schellenberger Martin, III. 168.
Schenker Johann Gottfried, IV. 376.
Schesäus Christian, III. 168, IV. 376.
Schiel Albert, IV. 377.
Schiel Friedrich, III. 175, IV. 377.
Schiel Friedrich, IV. 378.
Schiel Gustav, IV. 378.
Schiel Samuel Traugott, III. 177, IV. 378.
Schilbach Johann Samuel, III. 181, IV. 380.
Schiller Wilhelm, IV. 380.
Schimer Franz, III. 182.
Schimert Johann Peter, III. 184.
Schlandt Heinrich, IV. 381.
Schloß (Koßi) Samuel, Dr. med., III. 184, IV. 381.
Schmeitzel Martin, III 185, IV. 381.
Schmid Johann Christian, III. 204.
Schmidt Carl, Dr. jur., IV. 550.
Schmidt Christian, III. 204.
Schmidt Conrad, IV. 550.
Schmidt Friedrich, IV. 383.
Schmidt Friedrich, Dr. med., IV. 383.
Schmidt Heinrich, III. 205, IV. 384 und 550.

Schmidt Johann, Magister, III. 207.
Schmidt Robert, Dr. med., IV. 384.
Schmidt Rudolf, IV. 384.
Schmidt Wilhelm, III. 209, IV. 384.
Schmied Christian, IV. 382.
Schneider Alfred, Dr. phil., IV. 385.
Schneider Friedrich, IV. 551.
Schneider Johann, III. 210.
Schneider Johann, III. 210, IV. 385.
Schneider Johann Karl, III. 211, IV. 385.
Schneider Johann Immanuel, Dr. phil., IV. 385.
Schneider Josef, III. 211, IV. 386.
Schneider Josef, IV. 551.
Schnell Karl, IV. 551.
Schnell Martin, III. 213.
Schnell Peter, III. 216, IV. 386.
Schnitzler Jakob, III. 216, IV. 386.
Schobel Samuel Georgius, III. 223.
Schobel Valentin, III. 224.
Schochterus Josef, III. 224.
Schöffenberg Michael, III. 224, IV. 386.
Schoger Johann, III. 225.
Schoppel Andreas, III. 225.
Schoppel Andreas, III. 225.
Schotsch Friedrich, IV. 387.
Schreiber Friedrich, IV. 387 und 551.
Schreiber Simon b. Ä., III. 226.
Schreiber Simon b. J., IV. 388.
Schuler von Libloy Friedrich, Dr. jur., III. 229 und 599, IV. 390 und 552.
Schuler Georg, III. 240.
Schulerus Andreas, III. 241.
Schulerus Andreas, III. 243.
Schulerus Georg, III. 243.
Schuller Friedrich, Dr. phil., IV. 391.
Schuller Adolf Georg, Dr. phil., IV. 395.
Schuller Georg, IV. 396.
Schuller Gustav, IV. 397.
Schuller Gustav Friedrich, IV. 398.
Schuller Hermann Friedrich Wilhelm, IV. 399.
Schuller Johann Alexander, III. 245.
Schuller Johann Georg, III. 246.
Schuller Johann Georg, III. 247, IV 399.
Schuller von Sonnenberg Johann Gottlieb, III. 247.

Schuller v. Schulenberg Johann Georg, Dr. med., IV. 399.
Schuller Johann Karl, III. 248, IV. 400.
Schuller Martin, III. 261.
Schuller Michael, IV. 401.
Schuller Michael Gottlieb, III. 261, IV. 401 und 552.
Schuller Nathanael, III. 262, IV. 402.
Schuller Richard, Dr. phil., IV. 402.
Schulleri Daniel Josef, III. 244.
Schullerus Adolf Johann Andreas, Dr. phil., IV. 403.
Schullerus (Neckesch) Daniel, III. 244.
Schullerus Adolf Gustav, III. 243, IV. 407.
Schullerus Josef Johann, IV. 411.
Schullerus Josef Adolf, IV. 412.
Schullerus Martin Mathias, III. 244, IV. 413.
Schun Jakob, III. 265.
Schunkabunk Markus, III. 263.
Schunn Andreas, III. 264, IV. 413.
Schunn Jakob, III. 267.
Schur Ferdinand, Dr. phil., IV. 413.
Schuster Friedrich, III. 268, IV. 418.
Schuster Friedrich, IV. 418..
Schuster Friedrich Traugott, III. 269, IV. 418.
Schuster Friedrich Wilhelm, III. 269, IV. 419.
Schuster Heinrich, IV. 422.
Schuster Jakob, III. 272.
Schuster Johann, III. 272.
Schuster Johann, IV. 422.
Schuster Johann Adolf, III. 273.
Schuster Johann Peter, III. 273.
Schuster Johann Traugott, III. 273, IV. 423.
Schuster Josef, IV. 423 und 553.
Schuster Julius, III. 275, IV. 423.
Schuster Martin, III. 276.
Schuster Martin Wilhelm, IV. 423.
Schuster Michael, IV. 427.
Schuster Michael Adolf, III. 276, IV. 427.
Schuster Moritz, Dr. phil., IV. 428.
Schuster Samuel, III. 278, IV. 428.
Schwarz Georg, III. 279.
Schwarz Karl, III. 280, IV. 428.
Schwarz Michael, III. 280.
Schwicker Heinrich, IV. 553.

Seeberg, Wankel Freiherr v., Martin
  s. Wankel Martin.
Seibriger Michael, III. 284.
Seivert Gustav Gottlieb, III. 284, IV. 429.
Seivert Johann, III. 286, IV. 432.
Seivert Johann Friedrich, III. 294.
Seivert Michael, Dr. med., IV. 432.
Semp Michael, IV. 432.
Sentz Alois, III. 296, IV. 432.
Seuler Lukas, III. 297.
Seuler v. Seulen Lukas, III. 298, IV. 433.
Seraphin Friedrich Wilhelm, IV. 433.
Seraphin Georg, IV. 434.
Seraphin Karl, IV. 435.
Severinus Johann Andreas, III. 300.
Siebenbürger Martin, Dr. jur., IV. 435,
  s. Capinius, I. 205 und IV. 72.
Siegler Michael, III. 301.
Sifft Christian, III. 303.
Sifft Daniel, III. 303.
Sigerus Emil, IV. 435.
Sigerus Johann, III. 304.
Sigerus Karl, III. 304.
Sigerus Peter, III. 305, IV. 436.
Sigmund Josef, III. 308.
Sigmund v. Flanor Carl Ludwig,
  Dr. med., III. 308, IV. 436.
Sigmund Gustav, IV. 436.
Silex Albert, IV. 437.
Simonis Ludwig Wilhelm Gottfried,
  Dr. med., III. 312, IV. 437.
Simonis Martin, III. 313.
Simonius Johann, III. 313, IV. 437.
Simonius Paul, III. 315.
Sintenis Christian Friedrich, III. 316,
  IV. 438.
Sobola Johann, III. 316.
Söllner Johann, III. 319.
Sommer Johann, III. 319, IV. 438.
Sonntag Michael, III. 324.
Soterius Andreas, Dr. med., III. 325,
  IV. 438.
Soterius v. Sachsenheim Arthur, Dr. med.,
  IV. 439.
Soterius v. Sachsenheim Friedrich, III. 325,
  IV. 439.
Soterius Georg, III. 326, IV. 439.
Soterius Georg, III. 330.

Spech Eduard, Dr. med., III. 332.
Stamm Alfred, Dr. phil., IV. 440.
Stancarus Franciscus, Dr. med., IV. 440.
Stause-Simiginowicz Ludwig Adolf,
  III. 599, IV. 441.
Stegmann Joachim, III. 332.
Steilner Karl, IV. 441.
Steinacker Edmund, IV. 553.
Steinburg s. Pildner.
Stenner Friedrich Wilhelm, IV. 442.
Stenner Mathias Friedrich, III. 335.
Stenner Peter Josef, III. 337, IV. 443.
Sternheim s. Schech v. Sternheim.
Stinn Lukas, III. 341.
Stotze Samuel, Dr. med., IV. 443.
Stühler Franz, III. 341, IV. 443.
Süßman Hermann, Dr. med., IV. 443.
Sulzer Franz Josef, III. 342.
Surius Peter, III. 345, IV. 445.
Sutoris Paul, III. 346.
Sygerus Bartholomäus, IV. 445.
Szeli Abraham, III. 346.
Szeli Josef, III. 346.
Szeli Karl, Dr. med., III. 347, IV. 445.

Tartler Andreas, III. 348, IV. 446.
Tartler Johann, III. 348, IV. 446.
Tartler Marcus, III. 357, IV. 446.
Tartler Thomas, III. 360, IV. 446.
Tellmann Gottfried, III. 367, IV. 446.
Teutsch Andreas, Dr. med., III. 367, IV. 446.
Teutsch Friedrich, Dr. theol. et phil., IV. 447.
Teutsch Georg Daniel, Dr. phil., theol. et
  jur., III. 371, IV. 457 und 555.
Teutsch Johann, III. 386.
Teutsch Johann Friedrich, IV. 467.
Teutsch Josef, III. 388, IV. 468.
Teutsch Josef, IV. 469.
Teutsch Julius, IV. 469
Teutsch Michael, IV. 470.
Teutsch Paul, III. 392.
Teutsch Traugott, III. 393, IV. 471.
Teutschländer Willibald Stephan, III. 395,
  IV. 474.
Thalmann Friedrich, IV. 475.
Theil Rudolf, Dr. phil., III. 396 und 601,
  IV. 475.
Theilesius Georg, IV. 396.

Theiß Johann, IV. 476.
Theiß Michael Gottlieb, III. 396.
Theiß Samuel, IV. 476.
Thiemann Friedrich, IV. 555.
Thierry v. Menonville, Wilhelm Heinrich
  v. J., III. 397.
Thieß Karl, III. 397.
Thomas Karl, IV. 476.
Thön Karl Gottfried, Dr. phil., IV. 478.
Thorwächter Andreas, III. 398.
Thullner Ernst, IV. 478.
Todt Andreas, III. 399.
Tontsch Andreas, IV. 478.
Töppelt (Toppeltinus) Lorenz, Dr. jur.,
  III. 400.
Trangus Elias, III. 406.
Transsylvanus Maximilianus, III. 406,
  IV. 479.
Trapolder Daniel, III. 409, IV. 480.
Trausch Josef Franz, III. 409, IV. 480.
Trausch Karl Josef, III. 421, IV. 481.
Trauschenfels Emil von, IV. 555.
Trauschenfels Eugen v., Dr. jur., III. 421,
  IV. 481 und 556.
Trauschenfels Franz von, IV. 556.
Tröster Johann, III. 424.
Türk Michael, IV. 482.
Tutius Georg, III. 428, IV. 482.
Tutius Martin, III. 428.

Unberath Julius, IV. 482.
Uncius Leonhard, III. 428.
Ungar Georg, IV. 483.
Unglerus (Ungleich) Lukas, III. 448, IV. 483.
Unverricht Karl, III. 451, IV. 484.
Ursinus Johann, IV. 484.

Valentini Samuel, IV. 484.
Valentinian Franz, III. 455.
Vest Wilhelm v., IV. 485.
Vette Johann Andreas, III. 456.
Vette Georg, III. 457.
Vette Johann Georg, III. 457, IV. 485.
Vietor (Vedner, Vinder) Mathias, III. 458,
  IV. 486.
Vogt Johann, III. 459, IV. 487.
Voigt Christoph, III. 460.
Voß Franz A., III. 462.

Wachsmann Andreas, Dr. med., III. 466,
  IV. 487.
Wachsmann Georg, III. 466, IV. 488.
Wächter Friedrich, IV. 556.
Wächter Josef, Dr. med., III. 466, IV. 488.
Wagner Georg, III. 468, IV. 488.
Wagner Lucas, Dr. med., III. 468.
Wagner Johann, IV. 489.
Wagner Valentin, III. 469, IV. 489.
Wal (Vall) Thomas, IV. 491.
Walser Jakob, III. 479.
Wankel, Freiherr v. Seeberg, Martin, III.
  281, IV. 492.
Weber Simon Peter, III. 479.
Weidenfelder Lorenz, III. 480, IV. 492.
Weiß Michael, III. 484, IV. 492.
Weiß Wilhelm, IV. 493.
Weißkircher Karl, III. 490, IV. 494.
Weißkircher Paul Christian, III. 491.
Wellmann Andreas, III. 491, IV. 494.
Wellmann Christian Michael, III. 494,
  IV. 494.
Wellmann Johann, III. 494.
Wellmann Johann Josef, IV. 494.
Welthern Johann Michael v., Dr. med.,
  III. 494.
Wendel Martin, III. 495.
Weurich Johann Georg, III. 495, IV. 495.
Weurich Wilhelm, IV. 495 und 557.
Werner Mathias, III. 499.
Werner Karl, III. 396 und 602, IV. 498.
Widmann Johann, III. 501.
Widmann Karl, III. 501.
Wieland Johann Andreas v., III. 501,
  IV. 500.
Wigand August Christian, IV. 500.
Wittstock Heinrich Joachim, III. 502, IV. 500
  und 557.
Wittstock Oskar, IV. 503.
Wolf Andreas, Dr. med., III. 504.
Wolf Peter, III. 507, IV. 505.
Wolf Theobald Peter, IV. 505.
Wolff Carl, Dr. jur., IV. 506 und 557.
Wolff Daniel, III. 506.
Wolff Hans, Dr. phil., IV. 513.
Wolff Johann, III. 506, IV. 514.
Wolff Johann, IV. 514.
Wolff Josef, Dr. med., III. 507, IV. 520.

Wolff Samuel, III. 508.
Wolff Simon, III. 508.
Wolfhard Adrian, III. 509.
Wonner Valentin, III. 513.
Wortitsch Theobald, IV. 521.

Zabanius Isak, III. 523, IV. 521.
Zabanius, Sachs von Harteneck, Johann, III. 513, IV. 521.
Zachariae Georg, IV. 522.
Zaminer Eduard, IV. 522.
Zay Adolf, IV. 557.
Zickell Lucas Friedrich, III. 533.
Zieglauer, Edler v. Blumenthal, Ferdinand, III. 533, IV. 522.
Ziegler Andreas, Dr. med., III. 534.

Ziegler Christian, III. 535.
Ziegler Daniel, III. 537.
Ziegler Johann, III. 538.
Ziegler Johann, III. 538, IV. 523.
Ziegler Johann, III. 539.
Ziegler Johann, IV. 524.
Ziegler Johann Gottlieb, III. 539.
Ziegler Karl, III. 540.
Ziegler Martin, III. 540, IV. 525.
Zintz Ferdinand, IV. 525.
Zimmermann Franz Josef, IV. 525.
Zimmermann Josef Andreas, IV. 528 und 559.
Zöhrer Carl Franz, III. 542, IV. 534.
Zultner Jakob, III. 543.